中山大学与现代中国学术

主　编　吴承学
副主编　李青果

创于1897
商务印书馆
The Commercial Press
2014年·北京

图书在版编目(CIP)数据

中山大学与现代中国学术/吴承学主编.—北京：商务印书馆，2014

ISBN 978-7-100-10689-4

Ⅰ.①中…　Ⅱ.①吴…　Ⅲ.①中山大学—学术研究—文集　Ⅳ.①G649.286.51-53

中国版本图书馆CIP数据核字(2014)第193488号

中山大学与现代中国学术

吴承学　主编

商务印书馆出版
(北京王府井大街36号　邮政编码100710)
商务印书馆发行
北京瑞古冠中印刷厂印刷
ISBN 978-7-100-10689-4

2014年10月第1版　开本787×1092　1/16
2014年10月北京第1次印刷　印张64

定价：280.00元

编辑说明

一、本书编选研究中山大学校史、学科与学人的文献,依次分为三辑。

二、本书编选文章时间跨度大,分属不同时代,为尊重历史,除明显的文字错误外,一仍其旧。一些文章收入本书后,作者重新修订。

三、从图书、期刊辑录的文章,均在文末注明出处。个别文章题目有改动,一并在文末注明原题。未标出处者,为本书专稿。

四、中山大学建校将近一个世纪,传统深厚,名家辈出,史料丰富,因编者识力与本书篇幅所限,遗漏或不当之处,敬请专家、读者指教。

序

许宁生

吴承学教授惠示《中山大学与现代中国学术》书稿，嘱我写序。该书洋洋百余万言，一时难以遍赏。然走马观花，也可大致领略其佳胜。

今年恰值中山大学建校90周年，全校师生、校友怀着欣喜之心，以各种方式迎接校庆。吴承学教授主编此书，是一份切题而有意义的献礼。校史研究的形式可以多种多样，比如以往有年谱、通史、散文随笔等，而此书另辟蹊径，以教育史与学术史为视角，广泛钩稽史料，收集深度研究中山大学校史、学科、学人的文献，以学理方式呈现中山大学与中国现代学术发展的关系，我以为，这是一种颇有深度与特色的校史研究方式。

读了这部书稿，我有一些感想。中山大学建校90周年，时间虽然不算很长，但它的建立与中国现代政治、文化、教育、学术关系之密切，却是罕有其匹的。中山大学1924年由孙中山先生手创，始为国立广东大学，中山先生逝世后，为纪念先生，遂于1926年更名国立中山大学。为实现中山先生"振兴教育"、"陶冶人才"、夯实"立国大本"的创校目的，几任校长如邹鲁、戴季陶、朱家骅、许崇清等勉力制定办学规划，完备学科建制，多方延揽优秀人才，使中山大学在很短时间内就成为办学规模一流、科研实力雄厚的著名高校。其时正值中华民族万方多难、亟须振衰起敝的时刻，但即使处于动荡环境，中大学人都不忘以"研究高深学问"为旨趣，追求"博学、审问、慎思、明辨、笃行"的治学境界；"革命不忘读书"、"要以学问求人生"更成为他们为人为学、贡献社会的坚定信念。他们坚信国家的发展，始终离不开科学的进步；大学的立校根本，始终在于学术。在学术处于新旧汰变、中西交通的路口，他们推陈出新、融会贯通，孜孜以求地致力于中国学术的现代化，为中国新教育和新学术的建立作出了不可磨灭的贡献。

读了这部书稿，有一个问题引起我的思考：为什么中山大学建校之后，在很短的时间内就建成一所雄居前列的高水平的综合性大学？我以为除了政府高度重视、重点支持之外，还有重要的一点，这是一所崭新的、没有历史负累的大学，大学掌门人以及许多教授具有强烈的现代大学制度意识和国际性眼光。这在当时中国的大学之中，是非常突出的。中山大学自建校之日起，就以建设高水平综合性大学为目标。1927年国民政府教育行政委员会议决的《大学规程》规定，高校分设文、理、法、医、农、工、商、师范、美术、音乐等科，须有两科以上方得称为大学。中山大学在 1927 年就完成了文、理、法、医、农五科的建设；至 1934 年增设工科，中山大学终成为“有统系的整个的中山大学”。学科建制的系统完备和学术研究的深入开展齐头并进，迎来了学校发展的一个黄金时代。当时的语言历史研究所、两广地质调查所、民俗学会、教育研究所、西南研究会、涵盖文法理农工医各科的中山大学研究院等学术机构，以及活跃于二三十年代的古史辨派、现代史学派等学术共同体，都站在中国学术前沿，使中山大学成为影响深远的中国学术重镇。1952 年院系调整，在中国教育史上有重要地位的岭南大学并入中山大学，其文、史、农、医和社会、经济研究等学科力量，充实并促进中山大学的学术研究向着多元纵深发展。这些重要史实，在本书中都有深入的研究成果。回顾中山大学精彩纷呈的历史，我们是有着深深感怀的，前人筚路蓝缕，我们后人应该追踪其后，发扬光大。

多年以来，关于大学精神的讨论是一个热门话题。我以为，大学的精神，主要是从一批大师、名师身上体现出来的。优秀学者是一所大学的灵魂。中山大学自创校以来就名流荟萃，大师云集。举要而言，文科著名教授有陈寅恪、朱希祖、岑仲勉、朱谦之、罗香林、梁方仲、刘节、鲁迅、傅斯年、顾颉刚、郭沫若、赵元任、容庚、商承祚、冼玉清、王力、詹安泰、王季思、董每戡、梁宗岱、钟敬文、冯友兰、杨荣国、王亚南、陈序经、杨成志、梁钊韬等，理工农等科著名教授有姜立夫、黄际遇、张云、罗宗洛、邓植仪、丁颖、陈焕镛、蒲蛰龙、陈国达、朱物华、卢鹤绂、冯秉铨、高兆兰、乐森浔、孙云铸、罗雄才等，医科有号称“八大金刚”的一级教授梁伯强、谢志光、陈心陶、陈耀真、秦光煜、林树模、钟世藩、周寿恺，可谓“星汉灿烂，若出其里”。当然，限于篇幅，本书所选只是中山大学名家的一部分。借斑窥豹，已足见中山大学的精神气韵。中山大学学者以坚毅刻苦、开阔怀抱和创新精神，在各自的研究领域启疆拓土，取得了傲人的成绩，为中国的学术发展贡献了聪明才智。同样重要的是，他们也是高尚人格的风标和大学精神的孳乳之源。他们身上体现着为振兴中华而献身学术和教育，谨守科学精神的优秀品质，也表现出由积学、修身而散发出的丰富才情和大家风采。对他们而言，立言、立德、立功其实是融为一体的。因此，我们既要继承他们的学术遗产，也要追慕他们的学人品格，和他们作深长隽永的心灵对话。

我注意到本书的编纂采用“详远略近”的方式，具体来说，就是对中山大学早期历史的研究收录比较多，对于晚近的研究则收录比较少，对于当下则没有涉及。从某种角度来讲，这是有其局限的。但我还是理解这种编纂方式，因为历史需要时间的积淀，也需要长时段与有距离的观察。对于离我们太近的人与事,评价起来有时反而不易公允、准确。所以从积极方面看,“详远略近”的历史研究方式对于当下的人们来说,既是一种期待,也是一种鞭策,一种勉励。中山大学的同仁们,让我们一起记住历史,传承历史,同时创造历史吧。

中山大学九十校庆前夕于康乐园

目　录

第一辑　校史研究

第二辑 学科研究

第三辑　学人研究

第一辑　校史研究

孙中山与中山大学

黄义祥

中山大学原名国立广东大学，是孙中山于1924年2月4日倡办的。孙中山对筹办工作高度重视，不仅以国立广东大学前身三校之一的国立广东高等师范学校为阵地进行革命活动，扩大它的影响，且常以陆海军大元帅名义发布命令，解决筹办和办学中的具体问题，使国立广东大学开办后即成为华南第一所由国人自己创办的多科性最高学府。孙中山逝世后，为永远纪念并继承、发扬孙中山的伟大革命精神，第一次国共合作期间成立的国民政府于1926年7月17日正式明令将国立广东大学改名为国立中山大学。

一

国立广东大学的创办，是与孙中山毕生的奋斗目标相一致的。

孙中山于1923年3月重新在广州设立大元帅府就任陆海军大元帅后，在广东政局十分混乱，亲自部署并指挥军事力量统一广东的繁忙日子里，还念念不忘发展高等教育，1923年11月27日，他以大元帅名义令将广东高等师范改为国立，并任命邹鲁兼国立广东高等师范学校校长。邹鲁为“专心教育”，呈请孙中山免去他所担任的广东省财政厅长职务，孙中山对此表示赞赏，准许他的请求。

1924年1月20日至30日，在孙中山亲自主持下，中国国民党在广州举行有共产党人参加的第一次全国代表大会，这次大会，标志着国共两党第一次合作的实现。孙中山鉴于历次革命斗争失败的教训和列宁所领导的俄国十月社会主义革命成功的经验，深感建立革命军队和培养革命的理论科学文化建设人才的重要，于同年1月24日下令筹办陆军军官学校，以孙中山为总理，蒋介石为校长，是为黄埔军校。2月4日，孙中山又以大元帅名义发布两道命令，一是《着创建国立广东大学令》，“着将国立高等师范、广东法科大学、广东农业专门学校合并，改为国立广东大学”；二是《委派邹鲁职务令》，“派邹鲁为国立广东大学筹备主任”。①

① 《孙中山全集》第9卷，中华书局1986年版，第433—434、590—591、452页。

孙中山创办国立广东大学的思想，是和他一生的奋斗目标相一致的。孙中山是一位伟大的爱国者，他一生的奋斗目标就是救中国和救中国人民。

为了具体解决救国救民的道路，孙中山仿效列宁领导的俄国革命的经验，深感建立革命军队的重要。于是，他在改组国民党时就提出并亲自创办了黄埔陆军军官学校，并在6月16日开学典礼那天亲自前往讲话，阐明办学宗旨和办学方针，指出办这所学校，“就是仿效俄国”，“组织革命军”，强调“大凡建设一个国家，革命军是万不可少的”。他希望大家要“立志做革命军”，并“要有高深学问做根本”。[①] 孙中山也从多年革命经历中注意到从深层培养、造就革命的理论科学文化建设人才的重要。1923年8月15日，孙中山在广东高等师范学校礼堂对在广州举行的全国学生联合会第五次评议会演说时，多次提到学生应担当起革命的重任。他早已看到培养高级专门人才的迫切性，把广东高等师范学校改为国立正是这个思想在行动上的具体反映。1923年12月21日，他在百忙中应岭南大学学生会之邀，前往岭南大学怀士堂（今中山大学小礼堂）作《学生要立志做大事不可做大官》的讲演，更把这个思想表述得一清二楚，他对比了美国人经营的这所大学，提出：“中国何以不能自己创办呢？”他计算，岭南大学仅有一千几百名学生，而广东“人数号称三千万，如果提十分之一，也有三百万青年，应该象诸位都有受这种教育的机会。”“人民受教育，是大家都要有平等机会的。就今日情形看，他们不能受高等教育的，是没有平等的机会。”他在论述了青年受高等教育应机会平等的理由后，进而分析了革命与培养人才的关系，希望岭南大学学生把自己培养成为中国革命所需要的人才，担负起“救贫救弱的责任”，使中国“转弱为强，化贫为富”。他当场告诫岭南大学学生要“立志，是要做大事，不可要做大官”。他指出：“因为国家的大事，不是一个人单独能够做成功的，必须要有很多的人才，大家同心做去，那才容易。要有很多的人才，那么，造就人才的好学校，不可只有一个岭南大学。广东必要几十个岭南大学，中国必要几百个岭南大学，造成几十万或几百万好学生，那才于中国有大利益。”[②]可见在此讲演后孙中山创办国立广东大学的思想是酝酿良久，早已胸中有数了的。

孙中山从中国革命和建设的需要出发创办国立广东大学，说明他重视人才的作用，重视培养人才的教育事业。正如邹鲁在一项呈文中所说的，他视“教育为神圣事业，人才为立国大本”。“故国家设立大学，实振兴教育之总键，陶冶人才之巨炉。东西各国莫不注重大学，其在该本国无论已，即近来在吾国设立者，几无不接踵而起，所以不惜竞投

---

① 《孙中山全集》第10卷，中华书局1986年版，第255—256、253、260、287、369、442—443、319页。

② 《孙中山全集》第8卷，中华书局1986年版，第535—542页。

巨资，莫非为国家奠定基础。我大元帅有见及此，将本省高师、法大，农专三校合并，改为广东大学。”①

孙中山为了在广东和全国创办更多的大学，以适应中国革命和建设人才的需要，通过创办国立广东大学积累办大学的经验。在筹办国立广东大学过程中，即陆续制订了各项规章制度。其中的《大学条例》共 8 条，于 1924 年 6 月 6 日在《广州民国日报》发表的《广东大学之宏观》一文中刊出，及后作了个别文字修改，孙中山以大元帅名义于同年 8 月 13 日公布《大学条例》令，作为办大学的一个规范。其第一条所规定的大学之旨趣，“以灌输及研讨世界日新之学理、技术为主，而因应国情，力图推广其应用，以促社会道义之长进，物力之发展副之”，与其后经讨论修改的《国立广东大学规程》第一章《宗旨》的规定基本一致，可见《国立广东大学规程》是以其为依据制定的。孙中山公布《大学条例》令，说明他对办大学以培养革命和建设所需人才的重视和紧迫感。

二

孙中山提出合并为国立广东大学的三间学校，分别创办于 1905 年（高师、法大）和 1909 年（农专），均有一定的办学基础和办学经验，但作为最高学府的多科性大学来创办，任务却是十分艰巨的。孙中山决定创办国立广东大学并任命邹鲁为筹备主任后，亲自抓筹备工作的落实，解决办学的具体问题。

1924 年 2 月 9 日，孙中山发布大元帅令第 52 号，令广东省长廖仲恺训令合并国立广东大学的三间学校，“嗣后所有用人、行政，悉由该筹备处主管办理，以归划一，而促进行”。同日训令邹鲁：“即日将各该校接管，以速筹备成立具报。”②

广东省长廖仲恺，坚决执行孙中山的训令。1924 年 2 月 20 日发布省长训令 314 号，令省教育厅，指出由于孙中山将三校合并改为国立广东大学，并派邹鲁为筹备主任，所有用人行政，悉由筹备主任主管办理。但因“法科大学及农科专门学校，悉属省立性质，校长原为本署委任，现既合并改为国立大学，各该校校长，自应即予取销，以便筹备主任及时接管办理”。③

同年 2 月 21 日，邹鲁遵令正式就任筹备主任职，着手进行接管三校的工作，并分别聘请学术界、教育界知名学者，已改组的国民党和孙中山大元帅府的要员、广东省政府要员及有关人士胡汉民、汪精卫、廖仲恺、伍朝枢、马君武、孙科、许崇清、蒋梦麟、李大

①② 《孙中山全集》第 9 卷，中华书局 1986 年版，第 433—434、590—591、452 页。

③ 《省令取销两校长》，《广州民国日报》1924 年 2 月 22 日。

钊、石瑛、胡适、王星拱、王世杰、周览、皮宗石、郭秉文、吴敬恒、李石曾、易寅村、杨庶堪、陈树人、熊希龄、范源濂、顾孟余、任鸿隽、杨铨、胡敦复、黄昌谷、关恩助、程天固、徐甘棠、梁龙、何春帆、陈耀祖、邓植仪等35人为筹备员。同时，特别邀请几位著名学者，如王世杰、王星拱、石瑛、周览、皮宗石等，来校协助草拟计划规章。

国立广东大学筹备处成立后，为使筹备工作有条不紊地开展，先行制定有关筹备工作的规定，并于1924年3月3日召开第一次筹备会议，讨论并通过了国立广东大学筹备处组织大纲十条，对筹备处机构设置、各机构职责、人员分工、筹备工作程序及有关会议制度等，均作了明确的规定。

筹备工作开展后，孙中山针对当时广州“各军云集，杂居市尘，教练管理，诸多困难，亟应移驻郊外，以资整理，而立国至计，端肇树人，建设伊始，需才尤众，设立大学，需款正殷”的情况，特以大元帅名义训令广东省长杨庶堪，“于四月一日起，在该市征收租捐一月，以该款之半在市外建筑兵房，俾居军队，以其他半数，拨交国立广东大学，充开办设备两费”，并特别指示：“事关整军兴学，仰即迅速遵照办理。”[①]筹备工作伊始，孙中山即注意筹集经费，这对国立广东大学及后的顺利开办，起了重要的保证作用。

国立广东大学筹备处第一次筹备会议后，根据筹备处大纲规定，每周开会一次，制订有关规章制度，有些议案及规则，邹鲁还邮寄未能到会的筹备员阅签。根据筹备处议决，三校合并改为国立广东大学后，将国立广东高等师范学校改为文科、理科，广东法科大学改为法科，广东农业专门学校改为农科，另筹设工科及预科。对所设科、系、课程内容和设备，按规定成立各种特科委员会负责研究并拟订各该科的计划。据此，成立六个特科委员会：

(一)预科委员会。预科分文、法、理、农、工五科办理。其组成人员及预科主任，均由大学各本科教授担任，以利于预科与本科衔接，并节约用人经费及提高办事效率。

(二)文科委员会。设中国文学、外国文学、史学、哲学四个学系。学生由原国立广东高师文史部、英文部学生转入肄业。

(三)法科委员会。设法律、政治、经济三个学系。学生由原广东法科大学学生转入肄业。

(四)理科委员会。分设数学、物理、化学、生物、地质五个学系。学生由原国立广东高师数理化部及博物部学生转入肄业。

(五)农科委员会。分设农学和林学两大部。学生由原广东农业专门学校学生转入肄业。

---

① 《建筑兵房与筹办大学》,《广州民国日报》1924年3月20日。

(六)工科委员会。计划先办土木、机械、电气三个系。因未有本科学生来源,决定从预科办起。

国立广东大学筹备处针对原来三校情况和合并改为大学的起码要求,对原三校学生合并转为国立广东大学学生规定了八条办法,内容是:

"(一)高师、法大、农专学生依照所学学科,归入广东大学各学院学科。(二)原有三校在学学生归入大学后,其待遇照旧,至各校原定毕业时止。原有三校之休学学生准予复学期限内,得入本大学各科继续其学业,但仍不得逾民国十四年十月(1925 年 10 月)以后。(三)原有三校在学学生,不愿履修大学课程者,得仍照未改大学以前各校之课程修业。(四)以上二三两条,仅于民国十六年七月(1927 年 7 月)以前适用之。(五)原有三校在学学生归入大学以前所修之科目由各学院审查后,认为所授与大学程度相当时,准其免修,其不相当者,由各学院酌量情形,另定办法。(六)原有三校已毕业学生,一律为广东大学同学会会员。(七)未改大学以前,原有三校毕业生,如欲得本校学位者,准其补习大学课程,其应补习之科目学分,由各学院规定之。(八)凡前在原有三校毕业,现在本大学专任教职员者,如欲履修大学课程,亦得酌量选修。惟最多每学期不得超过六学科。其欲多修科目者,应酌量情形,改为兼任教职员。"①

从 1924 年 3 月 3 日至 7 月 11 日,筹备会议开了 29 次,除中间有两次因筹备员出席者甚少,未曾议决外,实际会议 27 次,议决案 88 起。其中重要的有:"(一)国立广东大学规程集。(二)国立广东大学特别会计规程集。(三)国立广东大学预科及文、理、法、农、工五科之计划课程设备案。(四)原有高师、法大、农专三校学生归并广东大学办法案。(五)关于经费之筹措案。(六)图书之扩充案。(七)教职员之待遇案。(八)暑期中招收预科生及下学年成立大学案。"②

1924 年 7 月 15 日至 27 日,国立广东大学召开第一次筹备员大会,对筹备处历次筹备会议所通过的 88 项决议案进行详细的讨论和审议。其中花了大量时间审查并修正国立广东大学规程案,先推出若干位筹备员进行专门审查,再提交大会修正通过。由于国立广东高师并入后改为文科、理科,为使高等师范人才的培养不中断,筹备大会特别决议设置师范特科。同时,对于回国侨生和外国留学生的入学问题,也分别作出规定。

开办一所大学,艰巨的任务是筹措经费。孙中山亲自抓经费来源,采取行政手段加以特殊解决。筹备处当时拟定国立广东大学的开办费预算为 60 万元,每年经常费约 80 万元。经费除原三校经费来源的九龙、拱北两海关厘金和省河筵席捐两项收入外,孙中

---

① 《三校合并办法》,《广州民国日报》1924 年 5 月 14 日。

② 《广东文献》第 20 卷第 1 期,台北市广东同乡会 1980 年 3 月发行,第 1—7 页。

山以大元帅名义特别提拨几项款充当国立广东大学经费，计有："（一）恢复契税减收原额二元。（二）广东全省各属筵席捐三分之二。（三）田土业佃保证费。（四）香山、顺德两县民产保证费。（五）广东士敏土厂余利及江北多处石矿收入。（六）花县、英德两县出口灰石特别照费。"①同时，成立财政委员会负责解决国立广东大学的经费问题。该委员会由大元帅府财政部长叶恭绰、建设部长林森、广东省长廖仲恺、广东政务厅长陈树人、财政厅长郑洪年、盐运司长邓泽如、广州市政厅长孙科、市财政局长陈其瑗、市公安局长吴铁城等为委员组成，会同邹鲁筹措国立广东大学开办费和经常费的款项。

为了筹集国立广东大学经费，原三校学生也尽了自己的力量。当孙中山下令三校合并后，国立广东高师学生即"通电力争关余及庚子赔款，充作改大经费。并于市内各处分途演讲，散发宣言，以期引起社会之援助"。② 3月1日，广东农专学生会发起成立国立广东大学经费运动委员会。3月7日，该会成立后即发表宣言，并致电国内外机关团体，争取社会的广泛支持。3月13日，广州学生联合会为该会筹款事致电北京公使团、外国驻华领事，提出在广东所收关税余款，应拨回广东作为国立广东大学经费。同一天，国立广东大学经费运动委员会在原国立广东高师礼堂开报社代表会议，许多报社代表如《光报》、《国华报》、《广州民国日报》等都支持以群众运动力争关余和庚子赔款，并利用报刊予以宣传，扩大影响。原广东农专学生会还在《农声》旬刊出版《国立广东大学经费运动号》。

国立广东大学经费运动委员会开展的宣传活动效果颇佳，得到社会各界人士的大力支持。《广州民国日报》5月12日刊登的《筹划广大经费之运动，请争关余及赔款宣言》，与该会一起签名的，就有广东省教育会、广东全省商会联合会、广东总善堂总所、广州学生联合总会、广东总工会、留东同学会等单位。《广州民国日报》5月14日刊登的《退还赔款用途之宣言，表明坚决一致之主张》，与该会共同署名的，有广东省教育会、广东全省商会联合会、中华工学会、留东同学会、广州学生联合总会等单位。

1924年6月初，由于"开办费所差尚远，统计非有四十万元，不足以敷开办之用"，③邹鲁呈请孙中山令广东省长分令各县筹解款项，并开列各县应缴款数目。孙中山于6月7日给广东省长杨庶堪的训令指示："令该省长即便遵照通令各县按所派数目，依限筹足解缴，以资开办。"④ 与此同时，国立广东大学经费运动委员会发起募捐，制订《国立广东大学劝捐章程》，由邹鲁呈请孙中山批准发布训令执行。遂组织学生上街沿门劝捐，从7月3日至

① 《广东文献》第20卷第1期，台北市广东同乡会1980年3月发行，第1—7页。

② 《广大经费运动》，《广州民国日报》1924年3月8日。

③④ 《孙中山全集》第10卷，中华书局1986年版，第255—256、253、260、287、369、442—443、319页。

10日，向广州市区住户、商号共捐得款2329元，机关各职员1000余元。捐款最多者，大元帅孙中山和广东省长廖仲恺各带头捐两万元，一些军政要员、政府部门和绅商也捐了款。

孙中山在筹办国立广东大学过程中，对筹备工作经常过问、检查、督促并指导，使工作得到顺利开展。在筹备工作进行一段时间后，1924年6月5日，孙中山据邹鲁所呈报三校已合并改为国立广东大学，及"定下学期成立，招收新生等情，并附呈章程、办法"，即予批示："准如所拟办理。"在筹备工作大体就绪之后，孙中山于6月9日"任命邹鲁为国立广东大学校长"。[①]

为使原三校毕业生按时离校，以利于首次招生工作的顺利进行，孙中山对邹鲁所呈报"高师第十一届各部学生毕业试验"[②]、"广东农业专门农学科四年级毕业试验"[③]、"法科学院法律本科十六班暨政治经济各科丁班毕业试验[④]，都分别给邹鲁发出指令遵照执行。

6月21日，邹鲁遵令就任国立广东大学校长职，在原国立广东高师礼堂举行就职礼暨原三校毕业生毕业典礼。党政要人胡汉民、陈树人、许崇清，军政部长程潜等出席。孙中山因事未能前往，委托大元帅府总参议胡汉民以大元帅名义向三校学生致训词。训词内容是："学海汪洋，毓仁作圣，大学毕业，此发其轫。植基既固，建业立名，登峰造极，有志竟成。为社会福，为邦家光，勖哉诸君，努力自强。"[⑤]广东省长廖仲恺的代表陈树人（省政务厅长）在会上祝词，高度评价孙中山创办国立广东大学缘于对教育的重视，指出："从前三院分立学生，向未有联络。现三院能于广东最艰难困苦之际，合组大学，实由大元帅注重教育所致。"[⑥]邹鲁在讲话中对毕业生也给予勉励。

筹备工作把招生列入重要议事日程。1924年5月间，筹备处对首次招生问题作出决定，拟订招考新生办法："师范学院，决定停止招考高师在附师班新生。法科学院、农科学院，亦停止招考专门班新生。"[⑦]接着，邹鲁以国立广东大学筹备主任身分致函各省教育厅委托代为招生，说明国立广东大学是大元帅孙中山亲手创办的，"除将原有三校学生改并外，亟应添招预科学生。拟于暑假期内，招文预科学生一百二十名，理工农三科预科生各一百名，法科学生一百名"。学生报名资格："曾在中等学校毕业，或新制中

---

① 《孙中山全集》第10卷，中华书局1986年版，第255—256、253、260、287、369、442—443、319页。

② 同上。

③ 同上。

④ 同上。

⑤⑥ 《广大毕业纪盛》，《广州民国日报》1924年6月23日。

⑦ 《广大招考预生》，《广州民国日报》1924年6月28日。

等第四年修业完竣，及有同等学历者，无论男女，皆得报名投考。”报名日期：广东省内从6月10日起至8月5日止；外省则由6月10日至7月15日止。所有入学考试，“第一次为初试，第二次为复试。初试不及格者不得复试。但在外省第一第二两次考试，连接进行，将考卷邮寄本大学，汇核录取后，仍由各代办处揭晓”。至于考试负责者，“省内由本大学办理。其省外委托福建厦门大学、上海大同大学、国立东南大学、国立武昌师范大学、国立北京大学、山东济南大学、山西大学、云南东陆大学、湖南大学筹备处办理”。①国立广东大学并成立由徐甘棠、邓植仪、吴康、徐甘树、黄枯桐、杨果庵、陈长乐、梁龙、石衡青、张天才、陈宗南、陈耀祖等12人组成的考试委员会。

与此同时，邹鲁还就招生后学生宿舍不敷安排一事呈报孙中山，请下令将学校后门对面的番禺驻军移出，作为学生宿舍。孙中山据呈，发出大元帅训令298号，批示“照准”，并令广东省长转饬广州政厅、番禺县分别遵照备案，并令行湘军总司令谭延闿、中央直辖第三军长卢师谛，“即将各该部所驻堂屋让移，以备各生寄宿。”②

孙中山创办的国立广东大学第一次招考预科生报名相当活跃，统计全国各地报名者共有1260人，经过初试复试之后，共录取372人。其中广东省报名931人，录取265人；广西、四川、湖南、江苏、江西、陕西、安徽、浙江、福建、云南、贵州、湖北、山西报名共327人，录取105人；留学预科生有朝鲜报名2人，录取2人。录取人数与招生计划数520名相差较大，可见国立广东大学选择学生相当严格。根据国立广东大学1924年9月12日第二次校务会议决定：“本校各科一律定于本月十九日开课。”③

上述各项有关工作，均由原国立广东大学筹备处主任、校长邹鲁呈报大元帅孙中山核准办理的。

三

孙中山创办国立广东大学伊始，即以原三校之一的国立广东高师为阵地进行革命活动，并对国立广东大学成立典礼的一系列准备工作给予高度重视，使国立广东大学一经成立便成为华南举世瞩目的多科性最高学府。

从1924年1月27日孙中山为悼念伟大革命家列宁，而在原国立广东高师礼堂重新解释三民主义为起点，孙中山就三民主义的三个专题，分别定期在此进行演讲，一般

---

① 《广大托各省教厅招生》，《广州民国日报》1924年6月9日。

② 《孙中山全集》第10卷，中华书局1986年版，第255—256、253、260、287、369、442—443、319页。

③ 《国立广东大学十三年度校务会议纪事录》，1924年铅印，第5、8、17、21、22页。

安排在星期天休息日，有时也安排在星期六进行。他每次演讲，均由黄昌谷笔记，邹鲁读校。听讲者是党、政、军人员和学校的教职员生，国立广东大学师生员工更是常得到他的教诲。孙中山对前来听讲的人要求严格，须持写有单位、姓名并盖上公章的入场券方准进场。4月间，由于改组后国民党进行党员登记，发给党证，前往听讲的党员改为持党证进场。孙中山“素以俭德耐劳闻于世”，但“鉴于侈风日靡，一般肉食者，无不养尊处优，一步出门，即汽车飞驰，行人辟易。故欲矫此恶习，非先以身率众不可”。他到高师演讲时，步行前往，如1924年3月22日，孙中山“特摒去车从，徒步至该校，随卫者抵副官三数人”①。这一举止，足见孙中山以身作则，严于律己的典范作用。每次演讲，孙中山常把右手按在肝部，可见他是常带病振作精神向大家宣传革命道理的，且每次讲话时间均达两个钟头以上。孙中山的三民主义演说，一直到同年8月底止。

孙中山十分关注国立广东大学的开学和成立典礼。早在1924年6月间，孙中山就指令邹鲁呈报准备工作情况。对此，筹备处除抓紧首次招生工作外，还从多方面进行开学和成立典礼的准备工作。这些工作主要是：

（一）注意聘请学有专长的学者来校任教。孙中山任命邹鲁为国立广东大学筹备主任后，邹即“积极物色相当人才，充任教授”。查有“外交部第二局长兼省署交涉局副局长陆敬科，曾在香港皇仁书院掌教将及二十载”，“故特敦聘陆为广东大学英文教授”②。聘任英国剑桥大学文科硕士毕业生梁龙为国立广东大学法科学院主任。聘原广西省长马君武充任德文及进化论教授（马应聘到校不久赴港）。“搜罗国内外鸿儒硕学以充教授”，“聘定者计有张真如（英美两国哲学博士）、曹四、费鸿年（生物）、谢无量（国学）、周鲠生、皮宗石、张寒、严石莫（理科）、许崇清（教育）、周佛海（经济）、王雪艇、萧诚、黄国华诸先生”。③ 并由法科学院主任梁龙聘得法科各门教员：政治财政兼英文邓文炳、陈应宝，国际法兼英文狄侃，工业农业王守寅，刑律民律潘震亚、狄侃、莫培元，英文教授刘少碧和宋某两女士。中国共产党高度重视国立广东大学教师队伍的建设，中国共产党创始人之一李大钊是应聘广东大学筹备员之一，他曾推荐刚从德国经苏联回来的共产党员张申府到广东大学任教授兼图书馆长，张于1924年二三月间受到孙中山的热情接见，同时被任命为黄埔军校政治部副主任。中国共产党的不少党员和领导人，也应聘到广东大学任教授、演说，向师生灌输革命的道理。

（二）注重学术交流和开展学术活动，显示了浓厚的学术气氛。1924年5月至7月，先后组织原高师毕业生两批分赴日本和国内京津宁沪等大城市进行教育考察。8月上

① 《大元帅徒步赴高师》，《广州民国日报》1924年3月25日。

② 《广东大学敦聘教授》，《广州民国日报》1924年2月19日。

③ 《广大教授之人才主义》，《广州民国日报》1924年7月1日。

旬,接待日本东京各大学来粤考察教育团体。还与国立北京大学共同发起组织国立大学联合会,作为校际之间交流学术的桥梁。开展学术活动以法科学院为先导。1924 年 4 月间,法科学院开成立大会时,即由该科主任梁龙讲演欧洲各国政治经济学派源流及其势力之发展,并请经济学教授黄典元演讲日本帝国大学政治经济学会设置及活动之状况。会上,政治经济学二部教授及学生成立了国立广东大学法科学院政治经济学会,通过该会章程八条,规定其宗旨"以研究政治经济学术为主,促进社会文化副之"。① 同年 6 月间,法科学院政治经济学会和法律学会联合举行学术活动,请大元帅府大理院长吕天民演讲《五权宪法中之考试弹劾两权》;又请该科学院专任讲师潘震亚演讲《犯罪成立与刑罚之适用》。这时,曾赴法国留学"精研数理五年"的湖南著名教育家徐特立,从香港顺道来广州,"广大知同学社社员闻悉,立即晋谒",请他到校演讲,"第一日为法国大学教育,附比、德二国大学教育;第二日为法国普通教育,及该国之自治教育;第三日为中国学生留欧洲情形各问题"。②

(三)改组办事机关。校长邹鲁"对于旧日高师局部之办事机关、多不适合,因此感觉困难","特将教务处总务处取消,改组为秘书处与会计处"。到开学时,学校已组成由下列委员担任的校务会议:"校长邹鲁,秘书长陈耀祖,文科学长杨寿昌,法科学长梁龙、理科学长徐甘棠,农科学长邓植仪,预科主任林炳光,教授代表卢兴源、费鸿年、黄枯桐。"③

(四)筹备开学和成立典礼的具体工作。9 月 19 日按期开学后,9 月 20 日第三次校务会议作出有关开学典礼的决定:"由本大学各科每科举出一人,会同秘书派出之员,与各科学生所举出之代表,合组筹备典礼会筹备举行之。"④11 月 1 日第七次校务会议关于筹备大学开学典礼名义作出决定:"开学典礼名称改为成立典礼。"⑤对校徽、校歌、学生校服等,在第一次校务会议上,均作出采用征求意见的办法加以解决。在举行成立典礼前,已征集并审定的有校服、校徽、帽式几项。10 月 11 日第五次校务会议审定:"校服定企岭土货,夏用白,冬用黑。大学本科生制服,议决照法科提出款式制定。"⑥11 月 1 日第七次校务会议审定校徽"以梁学长提出之款式通过采用"。⑦ 11 月 8 日第八次校务会议决定:"大学生帽式,帽顶四方形,帽前饰校徽;中学生帽式,帽顶圆形,帽前饰校徽;预科

① 《成立法科学院》,《广州民国日报》1924 年 4 月 11 日。
② 《徐特立之讲演》,《广州民国日报》1924 年 6 月 26 日。
③ 《广东文献》第 20 卷第 1 期,台北市广东同乡会 1980 年 3 月发行,第 1—7 页。
④ 《国立广东大学十三年度校务会议纪事录》,1924 年铅印,第 5、8、17、21、22 页。
⑤ 同上。
⑥ 同上。
⑦ 同上。

生及附师生，帽式与中学生同”，并决定：“凡附校校徽须于国立广东大学之下注明‘附设师范’或‘附设中学’或‘附设小学’字样。”①经筹备，最后决定于11月11日举行国立广东大学成立典礼，计划中请国立广东大学创办人孙中山大元帅到会训词，从成立典礼这天起一连三天举行各种活动以示庆祝。

正当国立广东大学紧张筹备成立典礼之时，传来冯玉祥在北京发动政变并邀请孙中山北上的消息。孙中山从统一全国的愿望出发决定接受邀请北上。1924年11月3日，孙中山亲临黄埔军校，对学生作告别演说，国立广东大学学生也前往参加，孙中山对两校学生说：“今天诸君在这地听讲的，有文学生，又有武学生。”他讲了和大家告别的原因，指出北京的政变，“虽然不是完全的革命举动”，他这次北上，只“不过借这个机会，可以做宣传的工夫，联络各省同志，成立一个国民党部。从党部之内，成立革命基础。”他强调在场的文学生武学生“都负得有革命的责任”，启发大家应懂得读书不忘革命，革命不忘读书。

孙中山在讲话中，教育两校学生要学习列宁领导的俄国革命的成功经验。他分析革命的组织纪律性与革命成败有着直接的关系，指出俄国革命所以成功，“就是由于打消无政府的主张，把极端‘平等’、‘自由’的学说，完全消灭”。俄国所以能做到这个地步，“就是由于俄国出了一个革命圣人。这个圣人，便是大家所知道的列宁！他组织了一个革命党，主张要革命党有自由，不要革命党员有自由。各位革命党员都赞成他的主张，便把各位个人的自由，都贡献到党内，绝对服从革命党的命令。革命党内因为集合许多党员的力量，能够全体一致，自由行动，所以发生的效力便极大，俄国革命的成功便极快。俄国的这种革命方法，就是我们的好模范”。他在指出中国革命都是不成功之后，对两校学生说：“你们黄埔的武学生，都是从各省不远数百里或者是数千里而来，到这个革命学校来求学，都是有很大希望很大抱负的。广大的文学生，今日也是不远数十里到黄埔来听革命的演说，研究革命的方法，对于革命前途，也当然是很希望成功的。”他针对两校学生的希望和抱负，要求他们“要牺牲个人的‘自由’，个人的‘平等’；把个人的‘自由’、‘平等’都贡献到革命党内来。凡是党内的纪律，大家都要遵守，党内的命令，大家都要服从。全党运动一致进行，只全党有‘自由’，个人不能自由；然后我们的革命，才可以望成功！”他特别强调：“诸位文学生同武学生，都是有知识的阶级，都应该明白这个道理。”最后，他说明这次“临别赠言没有别的话，就是要大家拿出本钱来，牺牲自己的‘平等’和‘自由’，更把自己的聪明才力，都贡献到党内来革命，来为全党奋斗！大家能够不负我的希望，革命便可指日成功！”②

国立广东大学成立典礼临近，大元帅孙中山“当以该校为全国最高学府，且自经

---

① 《国立广东大学十三年度校务会议纪事录》，1924年铅印，第5、8、17、21、22页。

② 《孙中山先生演说集》，上海民智书局1925年版，第314—327页。

邹氏整顿后，成绩大有可观。而生额扩展至二千人以上，尤为全国不可多得之大学。而该校学生亦多已加入国民党，为主义上奋斗，其前途尤未可量。故特拟于是日亲临大学为长时间之演说，以资启导”①。然而，就在 11 月 11 日国立广东大学举行隆重的成立典礼这天，孙中山却因准备北上(11 月 13 日离穗)大量公务缠身，抽不出空亲临成立典礼讲话，委托广东省长胡汉民代其向师生致训词，并特题“博学、审问、慎思、明辨、笃行”10 个意味深长的字，成为国立广东大学(及后改名国立中山大学)的校训。

孙中山北上后，广东革命政府为解决该校办学中各种实际问题，发布了一系列命令，责成有关部门解决及办理。据《孙中山全集》第 11 卷，孙中山北上后至 1925 年 3 月 10 日孙中山临终前的四个月时间，有关解决国立广东大学问题的大元帅训令、指令有 13 件之多，涉及事情有：

(一)关于提拨有关捐款以解决国立广东大学经费问题。如 1924 年 11 月 26 日训令军政各机关并指令邹鲁，对邹鲁呈请“通令各机关一律维持筵席附加教育经费，不得发用免捐字据”，批示：“照准”，着军政各机关“一体遵照”。12 月 12 日对邹鲁“呈请派队全省进口洋布匹头厘局，并通令各军政机关不得索借提用此项厘费，以重校款”一事，要邹鲁“候令行各军政机关遵照办理，并着建国桂军总司令酌派军队妥为保护”。1925 年 2 月 6 日给广东省长胡汉民训令和给邹鲁指令，对邹鲁“呈请明令将里昂中法大学海外部依照原案定为国立广东大学海外部之一，及确定管理权责，并永远不能将现有经费变更”一事，特批“应予照准”，并“令行广东省长遵照，并转行财政厅，教育厅暨里昂中法大学查照”。

(二)关于给原高师毕业生印发毕业证书问题。1925 年 1 月 13 日对邹鲁所“呈送该校前高师第十届各科毕业生成绩表、报告表，请察核准予毕业，并准由校印发毕业证书”一事，批示：“准予毕业”，并由“该校印发毕业证书”。

(三)关于邹鲁因公北上，请示将校务由褚民谊代理问题。1925 年 2 月 4 日指令：“呈报因公北上，校务委托褚教授民谊代拆代行，请予备案”一事，批复“如所呈备案”。可见 1924 年国立广东大学教职员名单，褚民谊的职务是署理校长，应是此时担任的。

(四)关于原所拨番禺学宫为国立广东大学宿舍未如期交付，于 1925 年 2 月 25 日再次训令有关部门移交，以维持教育事业。

(五)解决国立广东大学学生操练学军事利用废枪支问题，1925 年 3 月 10 日训令各军总司令，按国立广东大学校长所呈请，“将各军废枪拨作该校教授体操之用”。

---

① 《广大今日举行成立典礼》,《广州民国日报》1924 年 11 月 11 日。

四

孙中山由于长期从事艰苦的革命工作，积劳成疾，患了肝癌，经多方医治无效，不幸于 1925 年 3 月 12 日与世长辞。

孙中山逝世的消息于当天午刻传到广州，广东省长公署立即开会，成立胡汉民、伍朝枢、廖仲恺等九人组成的治丧筹备委员会，公布“即日起全省下半旗一个月，停止歌舞乐曲一星期，在职官吏停止宴会一个月，又电前线军士，奋勇杀敌，奠定全省，慰大元帅在天之灵”。[①] “广东大学、岭南大学均设位致祭，学生多痛哭失声。”[②]国立广东大学电慰孙夫人及孙科，“略谓丧此国父，栋折榱崩，北望燕云，惟有痛哭，第国忧党事，来日方长，冀为国自爱，顺变节哀。”[③]国立广东大学还作出如下悼念决定：各部钢琴歌诗功课，均停习一星期，私人演习也一律停止；教职员自 3 月 14 日至 19 日，每日上午 11 时大礼堂大元帅灵堂望祭一次。3 月 17 日、19 日，粤军政界、广州学界等分别在国立广东大学举行孙中山追悼大会。4 月 12 日，国立广东大学师生员工参加广州各界 20 多万人的孙中山追悼大会，廖仲恺、苏联顾问加伦将军及国立广东大学代校长褚民谊等均在大会上发表演说，会后举行了大规模的悼念游行。

当全国各地和海外华侨及国际友人沉痛悼念孙中山之际，处在国共合作期间的一名国民党员致函国民党中央《改广大为中山大学之提议》（刊登在 1925 年 3 月 24 日《广州民国日报》）；廖仲恺在 1925 年 3 月 30 日的国民党第一届中央执委会第 71 次会议上，正式提议将国立广东大学改名为国立中山大学，作为对孙中山的纪念。1925 年 8 月 5 日，国立广东大学第 38 次校务会议上，将“本大学改为国立中山大学案”提出讨论，决定：“由本校申叙改为国立中山大学理由，提出国民会议及广东人民代表大会会议决定，以示郑重。”[④]校长邹鲁根据校务会议决定，呈请国民政府，说明将孙中山手创并演讲三民主义的国立广东大学改名为国立中山大学，以作纪念，并于 11 月 11 日学校成立一周年时改名。国民政府据呈批示：既经中央执委会议决改名为中山大学，“自应积极筹备，俾名副其实”，改名时间过于仓促，“应从缓议。”[⑤]

国民政府和国民党中央执委会将国立广东大学改名为国立中山大学一事交由政治

① 《孙中山昨晨逝世》，上海《民国日报》1925 年 3 月 13 日。

② 《孙先生将暂厝西山》，上海《民国日报》1925 年 3 月 17 日。

③ 《广东大学辍乐望祭》，上海《民国日报》1925 年 3 月 20 日。

④ 《第三十八次校务会议纪事录（1925—1926 年）》，秘书处出版部 1926 年 8 月 20 日印行。

⑤ 《中山大学暂缓成立》，《广州民国日报》1925 年 10 月 16 日。

委员会办理。政治委员会决定成立一个调查委员会，调查国立广东大学的办学情况，再行办理改名手续。经政治委员会第 69 次会议决定，“派甘乃光（监察院）、马洪焕（教育厅）、陈公博（青年部）等，为调查广东大学委员，以甘乃光为主席。”①

在调查国立广东大学过程中，由于调查委员会工作上的失误，将调查写成查办，不仅引起部分学生，而且引起教授们的不满和反对。后虽经学校当局以及国民政府负责人做了工作，在学生和教授中所引起的波动，以及教授辞职风潮平息了下来，但最后有 38 名教授坚决辞职离校，这对孙中山手创的这间大学来说，无疑是一大损失，是一个严重的教训。其时，校长邹鲁已经去了北京，1925 年 11 月 23 日参加“西山会议”，上海《民国日报》11 月 24 日发布了《取消广大校长》消息，报道组织一个由汪精卫等五人组成的广东大学管理委员会。12 月 1 日，《广州民国日报》以《广大校长问题》为题报道了 11 月 30 日政治委员会的决定：“任命顾孟余为校长，顾未到任之前，暂由陈公博代理。至于邹鲁，将有明令免职。”陈公博代理校长职务两个多月后，“以代理时期已满，本身兼职务过多，精神不能集中，迭请政府开去校长职务，早日遣员接替”。经政治委员会“将陈辞职案讨论，结果，陈既不干，则准其辞职，而改任褚民谊署理校长职务，并着褚筹备广大改组中山大学事宜”。②

褚民谊代理校长后，于 3 月 13 日第 70 次校务会议上，决定组织筹备中山大学委员会，并致函各应选派单位派人参加。这时，郭沫若、郁达夫、成仿吾等“创造社”的创始人应聘来校任教授，郭沫若任文科学长，成为当然的筹备委员。4 月 6 日，已聘定的筹备委员开了第一次筹备会议，初次拟定有关筹备工作的规定。及后，国民党中央党部第 18 次常务会议推定中央青年部长甘乃光，广东省党部第 24 次会议推定黎樾廷为筹备中山大学委员。4 月 13 日，在陈树人、陈其瑗、郭沫若等 30 余人参加的第二次筹备会上，讨论并通过了中山大学筹备委员会章程 11 条，对筹备委员会组成人员分布，筹备委员会任务、制度、开会时间等均作了具体规定。4 月 20 日第三次筹备会议，除报告事项：“（一）本委员会章程，现已呈奉国民政府批准照办。（二）本委员会原定人数姓名”外，从这次会议开始至 6 月 17 日的第十次筹备会议，着重逐章逐条讨论并通过了《中山大学规程》。筹备委员会还委托文科学长郭沫若订定了中山大学校歌。

1926 年 6 月 19 日，国民政府批准了筹备中山大学委员会名单。筹备委员会由褚民谊、甘乃光、沈宝同、陈树人、陈公博、蒋中正、金曾澄、许崇清、郭沫若、邓植仪、黎国昌、熊锐等 40 人组成，并特聘委员林伯渠、孙科、陈其瑗、蔡元培、吴稚晖、顾孟余、蒋梦麟、

① 《派员查办广东大学》，《广州民国日报》1925 年 10 月 16 日。

② 《陈公博代理广大校务之措施——四大计划经已次第实现》，《广州民国日报》1926 年 2 月 18 日。

张伯苓、于右任等人。政治委员会还批复了广东大学署理校长褚民谊关于改办中山大学的10条提案。7月17日，国民政府发布命令，正式宣布将国立广东大学改名为国立中山大学。

国立广东大学改名为国立中山大学消息传出后，全国各地陆续创办或筹办的中山大学尚有八所之多。主要是：1926年11月，湖北政务委员会决定，将国立武昌大学、商科大学、湖北省立文科大学、商科大学、医科大学合并为国立武昌中山大学。由徐谦、邓演达、戴季陶、顾孟余、周佛海、董必武、郭沫若、李汉俊、章伯钧组成筹备委员会，徐谦为委员长。1927年2月1日正式开学。学校领导实行委员会制，委员长先后为邓演达、顾孟余，委员徐谦、顾孟余、李汉俊、周佛海、章伯钧。1927年7月15日，汪精卫发动"七·一五"政变后，学校工作被迫停顿，同年冬停办。1928年7月，国民政府决定将原国立第二中山大学改名为国立武汉大学。

国立第三中山大学。1927年6月以筹建中的杭州浙江高等学校(1897年成立的求是书院，1901年更名为浙江大学堂)为基础成立国立第三中山大学。1927年8月，改组前浙江公立工业专门学校为工学院，前浙江公立农业专门学校为劳农学院，校长蒋梦麟。由于当时的南京国民政府实行大学区，故该校设立大学行政处，兼理浙江全省教育行政事宜。在学校校长之下设一秘书处及一评议会，作为学校立法机关。全校设立扩充教育部、普通教育部和高等教育部。扩充教育部面向社会，分设谘询处、讲演所、公共图书馆、劳工学院、劳农学院。普通教育部主管浙江省中小学教育，设立小学、中学两部。高等教育部即校本部，设商学院、工学院、农学院、艺术院、医药学院和研究院。1928年4月1日，正式宣布改校名为浙江大学。

国立第四中山大学。《广州民国日报》1927年4月2日报道了《国民政府筹备东南中山大学》消息，国民党中央政治委员会决定将东南大学改为东南中山大学，由吴稚晖、顾孟余、郭沫若、经亨颐等为筹备委员。不久因实行大学区改名为国立第四中山大学，校长为张乃燕。1927年7月9日由东南大学、河海工程大学、上海育才大学、江苏法政大学、江苏医科大学、南京工业专门学校、苏州工业专门学校、上海商业专门学校、南京农校合并于南京。1928年3月中旬改名江苏大学，4月24日再改名为国立中央大学。

河南中山大学。1927年6月，国民党中央政治委员会开封政治分会，委徐谦、顾孟余等筹办国立中山大学。将原河南农业专门学校和河南法政专门学校与中州大学合并，成立国立开封中山大学，委徐谦为校长。后因国民党中央无款接济，1927年8月将国立改为省立，改名为河南省立中山大学，改张幼山为校长。全校设文、法、理、农四科。1930年秋，张广兴接任校长后，"援大学以地为名之例，呈准易名河南省立河南大学"。

此外，筹办中山大学的尚有:《广州民国日报》1927年1月7日报道《南昌中山大学不日可以成立》的消息;3月8日报道《筹备江西中山大学》:“江西中山大学业于二月一日由政务委员会委任王恒、傅尔、李为通、吴恺、彭学沛、陈礼江、吴有训等七人，为大学委员。”他们于2月9日开第一次委员会议，举王恒为主任委员，并举定国立武昌中山大学教授张有桐任该大学秘书主任。各委员并分头接收省立工、农、医、法四专门学校。第四次委员会议上，决定将省立四专门学校一律改为大学专门部，待在校学生毕业，再把专门部撤消。从当年暑假起招大学预科生。校址设在南昌东湖边贡院。

上海《民国日报》1927年6月14日报道了《安徽中山大学决定筹设》的消息。安徽教育科长张仲琳上任后多次提议成立安徽中山大学，经政委会和省党部第二次联席会议通过该提议，成立筹备安徽中山大学委员会，制订筹备大纲12条，以原有省立法政专门、高级中学及其它适宜之专科各校合并，设文学、法学、农学、工学四个学院。8月23日又报道《安徽中山大学招生广告》消息，共招本科生150名、预科生400名，男女兼招，不限省籍。

上海《民国日报》1928年2月8日报道《兰州筹办中山大学》消息:“自冯总司令将中山学院改大学后，即由教育厅拟定，将法政专门学校及中山学院合并改组。”并经省政府委员会议决，“委胡民政厅长、杨财政厅长、本省教育会长、省政府第三科肖科长、法专杨校长、中山学院王主任等七人为筹备委员，组织筹备委员会。”3月10日报道了《兰州中大开始招生》消息:“甘省筹备兰州中山大学，业已就绪，现在开始招生。”3月30日又报道《兰州中大不日开学》:校长一职，由省政府任命省教育厅长马鹤天暂兼，并于3月1日到校视事。内部组织除原有法专本预科改为大学法律本科及第一部预科外，又新招预科一班，国文、艺术、体育专修科各一班。4月14日报道了《兰州中大开学纪》:“兰州中山大学于三月二十九日举行开学成立典礼。”

有关资料提供，尚有一间西安中山大学。

以上次第成立的中山大学，国民政府大学院为了统一管理大学，公布了《大学组织条例》，决定仿效法国在全国实行大学区。其第一条规定:“全国依现在之省分及特别区，定为若干大学区，以所在省或特别区之名名之。每大学设校长一人，综理区内一切学术与教育行政事项。”[①]为此，把大学区具体化，就是在各省或区设立一间中山大学，由中山大学校长综理该省或区的一切学术与教育行政事项，所在中山大学校长实际成了该省或区的学术机构与教育机构的最高负责人。率先实行大学区的为广东、湖北、浙江、江苏四省，将国立中山大学改为第一中山大学区——广东;将国立武昌中山大学改

① 《大学组织条例》，上海《民国日报》1927年7月13日。

为第二中山大学区——湖北；将国立第三中山大学改为第三中山大学区——浙江；将国立第四中山大学改为第四中山大学区——江苏。

以上第二、第三、第四中山大学区以及河南中山大学，在筹备成立期间及成立后，均与孙中山亲手创办的国立广东大学（国立中山大学），即第一中山大学区均有密切的关系，尤以人事关系为突出。国立武昌中山大学的筹备委员徐谦、戴季陶、顾孟余、周佛海、郭沫若、章伯钧；国立第三中山大学校长蒋梦麟；国立第四中山大学校长张乃燕、高等教育部长王星拱，以及该校前身国立东南中山大学筹备委员吴稚晖、顾孟余、郭沫若、经亨颐和筹办开封中山大学的徐谦（河南中山大学）、顾孟余等，均曾在国立广东大学（国立中山大学）以及此时仍在第一中山大学区担任要职。他们中，被聘为国立广东大学筹备员的有顾孟余、蒋梦麟、王星拱、吴稚晖；被聘或特聘为国立中山大学筹备委员的有郭沫若、吴稚晖、顾孟余、蒋梦麟，其中郭沫若担任过国立广东大学校务委员、文科学长兼教授；张乃燕、周佛海、章伯钧曾聘为国立广东大学教授，张乃燕为理科委员会委员、工科筹备委员；徐谦曾任国立中山大学委员兼政治训育部（与委员会平行）主任，戴季陶在国立广东大学正式改名国立中山大学时被任命为校长，改委员制时为委员长，此时仍任第一中山大学校长，经亨颐曾任国立中山大学代校长；国立武昌中山大学所聘教授张资平、陈启修、朱公准、周佛海、韦悫等，均在国立广东大学时聘为教授或讲师（韦悫）。蒋梦麟担任国立第三中山大学校长职时，还致函广东省国民政府，告知任职情况，《广州民国日报》1927 年 8 月 10 日报道了《蒋梦麟就国立第三中大校长职》的消息。

除人事关系外，他们间还进行校际交流。如 1927 年秋冬之交，第一中山大学收到第三、第四两间中山大学来函，嘱代征求各款植物种子。由于其时长江一带霉雨之患，棉花减产，棉种受害，而两广棉种能抵御霉雨之害，故来函请予帮助。第一中大接函后，“以各大学均负改进中国农业之责任，自宜合作，以收实效”，[①]即将新从法国寄来的多项种子，如大麦、小麦、燕麦、芹菜、甘蓝、番茄、花椰菜、生菜等百数十种寄去。至所要征集的两广棉种，除由学校农场自行在广东代为征集外，还函寄当时出差到广西的农科教授邓植仪代为征集，及后寄去。同时，又以第三、第四中大均有农场设备，分别复函，请互相交换。

国民政府大学院实行大学区约半年时间，于 1928 年初在上海作出决定：“将各地中山大学悉易以所在地之名，只留广州第一中山大学，以资纪念总理。”同年 2 月中旬，大学院副院长杨杏佛答记者问时指出：“大学以中山名，原是纪念总理的意思，但纪念并不在多。”然各省纷纷成立中山大学，“不但失却了纪念的意义，而且在国际交际上，尤感

① 《第一中大与各大学交换种植物》，《广州民国日报》1927 年 11 月 1 日。

不便”，故有上项决议。现所实行大学区制，“系仿效法国，照该制度定义，某大学区之大学，即以该大学区所在地地名名之，是以先在第三中大，本拟改为杭州大学，然多数人以为杭州不能代表浙江一区，主张改为浙江大学，第四中大，将来亦将援例改为江苏大学。”[①]同年2月15日和16日，大学院大学委员会在南京开会，关于大学区大学名称案，议决：“第三中大改名浙江大学，第四中山大学改名江苏大学，均不加国立二字。”[②]这样，国立第三中山大学正式通令浙江省各县市，宣布该校从1928年4月1日起改名为浙江大学。而国立第四中山大学学生，对于将该校改名为江苏大学并去掉国立二字持反对态度，多次呈文大学院和大学委员会，表明他们的态度。并于1928年4月20日起罢课三天，发表反对改名为江苏大学的宣言。4月24日，大学委员会开临时会议决定：江苏大学改称中央大学，得冠以国立二字。国立第二中山大学此时停办，至1928年7月复办时，则根据上述决定精神，改名为国立武汉大学。国立第一中山大学则在大学院决定保留以中山名称作为纪念之时，于1928年2月仍正名为国立中山大学。时至今日，中山大学仍为纪念孙中山的唯一以中山命名的大学，为全国重点大学之一而名闻中外。大学院实行大学区制时间很短，随着国民政府将大学院改为教育部，所实行的大学区也随之取消了。

（原载《中山大学学报论丛》1994年第1期）

---

① 《近日教育上重大问题之答案》，上海《民国日报》1928年2月17日。

② 《大学院大学委员会议决七要案》，上海《民国日报》1928年2月20日。

邹鲁与中大

周兴樑

邹鲁是孙中山先生信赖的国民党文化人之一。他一生不仅以治国民党史而著称，且以创办中山大学的前身广东大学，及长期主持中山大学的校政而闻名。

20年代初，邹鲁奉孙中山之命开始主办大学教育事业。在孙的领导和各方的支持下，他于1924年11月在广州创办了广东大学，并担任该校的第一任校长。1925年3月孙中山在北平病逝后，国民党员黄引等提议“宜将广东大学改为中山大学”，以永远纪念孙先生。[①] 邹鲁接受了这一建议，并在他主持的广东大学第三十八次校务会议上决定：将广东大学改名为中山大学，呈广州国民政府核准。同年11月邹鲁离粤北上，广州国民政府下令免去其校长职务。次年7月，广州国民政府正式核准将广东大学改名为中山大学。

1932年初，在宦海中几经沉浮的邹鲁，被当时国民政府的西南政务委员会任命为中山大学校长。他于是年2月走马上任，直到1940年4月才自请辞职。在长达八年多的岁月里，邹鲁积极设法宏大学校规模，努力抓好校风与学风建设。他作为中大最有建树的校长之一，为把中山大学办成有自己独特风格的名校，花费了不少心血，并作出了应有的贡献。

一

坚持教学和科研并重，将大学办成教学与科研两个中心，是中山大学养成的优良校风和学风之一。邹鲁为它的形成做了很多的工作，且收到良好的效果。

邹鲁主持广东大学校政时，常以孙中山关于“要革命不能不读书”的话来勉励师生，强调“革命非有学问不可”，[②]并注意抓好教学与科研两项工作。1932年邹鲁重长中山大学后，为将它办成名校，重新修订公布了《国立中山大学组织大纲》65条，确定

---

① 《改广大为中山大学之提议》,《广州民国日报》1925年3月24日。

② 广东大学秘书处编印:《国立广东大学演讲录》第一辑，第122页。

本校“以阐扬三民主义，研究高深学问，培植专门人材，发展社会文化为宗旨”，突出了教学、科研两大中心工作。该大纲对全校教师的教学工作提出了具体的要求，规定学校及其各院系要分别召开校务会议、院务会议和系务会议，研讨教学与科研工作；广大教职员应专志于教学事业，“教授、副教授、讲师、助教，及其他职员，均为专任职，非经校长特许……不得在校外兼任职务”。它强调学校和各院系要奖励教师进行科研工作，规定学校聘任的“教授继续服务满五年以上者，得出外考察研究一年，照支全薪”，各教授、副教授之薪额，要依各人的“在校年期及研究成绩”来确定；各系“得附设研究所及试验所”，“目的在求促进教授与学生之间共同研究”。[①] 鉴于搞好教学是师生间共同的事，邹鲁又发布了《国立中山大学学生须知》，对学生的学业也提出了严格的要求。它规定学校各院系的课程分为基本、辅助、专门、实习和外语五类，学生必须修完各种课目后经考试及格，才能取得该课目的学分；每一课目内缺席钟点在该课目规定钟点五分之一以上者，不得参加该课目之考试；各种课目考试不及格而成绩过四十分以上者，可以补考一次，不满四十分者，课目要重修或改修；在一学年中有三门必修课目不及格者，留级一年，有五门必修课目不及格者，令其退学；各学院的学生在修满规定的年限及课目并通过毕业考试后，还须完成三民主义和体育两项考试，方可领取毕业证书和授予相应的学士学位。[②] 这期间，邹鲁还修订公布了各学院的学则，建立健全了学生的注册、考试、课勤、奖惩等项规章制度，使全校办学有章可循。上述各项规章制度的贯彻施行，对中山大学教学、科研工作的开展，以及这两方面良好风气的形成，具有很大的指导与促进作用。

在实际工作中，邹鲁始终努力抓紧抓好教学和科研工作，力求成效。在教学工作方面，他主要抓好以下几项工作：(一)抓好全校教授的聘任和招生工作。邹鲁认为：“教授不好，固有负于青年孜孜求学的苦心；学生程度不佳，也难提起教授讲学的兴趣。所以要双方面着重，才能够使一个大学办好。”[③]因此，他一方面特别注意并不惜重金多方聘请国内外各学科的著名专家学者来校任教，为了争取一位名教授来校，他往往亲自写信诚邀，或派人专程登门求贤。另一方面，他又注意严格招生考试，杜绝奔竞钻营之风，择优录取新生，不断提高生员的质量。(二)狠抓教学纪律和严格训练。邹鲁强调只有强化纪律与施行“严格训练，始能养成有刻苦精神的好人才……诚如是，本校学风乃能在教育界辟一新纪元”。[④] 为此，他要求教务处严格教学管理，裁并不必要的课程，核定每位教授周教学时数不得少于 12 小时，并对利用“择师”运动来猎取权位的两教授，及不

① 《国立中山大学法规集》，第 1—10 页，1937 年 5 月印。

② 《国立中山大学学生须知》，第 7—18 页，1933 年 9 月印。

③ 邹鲁：《回顾录》第二册，第 385 页，独立出版社 1946 年版。

④ 《邹校长对二十三、四年度新生演讲录》，第 27 页，中大 1936 年 10 月编印。

严格管束学生的体育主任，给予严肃处理；他亲自召见学生会负责人等训话，宣布学生"一不准停课，二不准免试给学分，三不准于上课时间开会"，并责成有关部门在课堂考勤、缺席限制与成绩考核方面，"均从严办理，故一洗从前停课缺课、不重学业之陋习"，"提起学生求学之精神"。[①] (三)注重与教授沟通，联络感情。邹鲁认为搞好教学的关键在教师，因此他常通过接见谈话、轮流宴请及参加周六学术政治讨论会等途径，来认识各院系的教授，了解其专业特长和教学情况，虚心听取他们的意见，集思广益以搞好全校的教学工作。(四)特别关注与抓好三民主义和体育两课的教学。邹鲁认为学校要培养德、智、体全面发展的人才，政治与体育教育至关重要。为搞好政治教育，他计划出版一套《孙中山文库》，要求各学科根据自身的特点研究孙中山的有关著作，熔孙之遗教于各科教材之中，用于教育学生。为便于学生进行体育锻炼，他批准在新校区兴建了体育馆和12个篮球场，又在校内和珠江边修建游泳池多个，并将学校马路的一部分筑成跑道。1933年初，中山大学在石牌召开了新校成立运动会，有500多名师生参赛，打破省纪录数项。这对全校的体育教学推动很大。

邹鲁本人是治史专家，向来注重研究工作。他深切认识到科学研究在高校工作中的地位，强调"要得到学问，自然要切实去研究……就教授和教授方法来看，也特别需要有研究精神"。[②] 在日常工作中，他身体力行，努力抓好学校科研方面的工作。这些工作主要有：(一)成立全校各级与各类科研机关。当时邹鲁亲自主持的研究机构有中山大学研究院，下辖文科、教育、农科三大研究所。在他的大力提倡与支持下，各学院还成立了院属的社会、病理、药理、解剖、微菌、生理、农林植物、稻作、蚕桑等各研究所；各系则设有如中国文学、史学、法律、经济等各种研究会，它们多在老师指导下由学生集体组成。这些研究所、会，都确定了自己的研究方向与重点课题，进行有计划的研究工作。(二)不断改善各学科的科研条件。邹鲁鉴于图书资料、实验场地和仪器设备是进行科研工作的必要条件，于是"就定充实图书、仪器为主要方针之一"。[③] 他要求有关部门尽量地购置图书、设备，以供科研之用。据1934年的统计，学校图书总馆及各院系分馆的藏书已达30多万册，教育系有齐全的外文书籍，生物系有17套完整的杂志；全校有仪器21593台，其中医学院有显微镜200多架，数学天文系则有子午仪、赤道仪、地震仪、气候仪、曲线曲面模型等各种设备。在实验场地方面，物理系设有普通电机、无线电、光学等实验室，而学校附设的农林场，则是专供农林各系师生进行实习、试验、研究的基地。后来，全校和各院系的科研条件还逐年得到改善。(三)提倡学

---

① 邹鲁：《回顾录》第二册，第395、384、425页，独立出版社1946年版。

② 《邹鲁全集》(九)，第224—225页，台湾三民书局1976年版。

③ 邹鲁：《回顾录》第二册，第385页，独立出版社1946年版。

术自由与活跃学术气氛。邹鲁认为"树一最高学府，自宜养成学术自由之风气"，因为"学术的进步，要依靠互相观摩，所以自由研究精神的提倡，实不能少，也只有尊重研究的自由，才能够养成蓬勃的学术风气"；他主张"对于每个问题，全校同事同学有发表言论自由之机会"，让"各种理论，形形色色，无不具备，凡能'持之有故，言之成理'者"，都应"许其畅所欲言，而且极力提倡"，以使学术自由研究的精神能弥漫全校。[①]（四）大力资助创办学术刊物，以供师生发表各种研究成果。邹鲁从学校的经费中划拨专款，用于支持刊物与成果的出版。全校当时出版的定期刊物有近 20 种，如《文史汇刊》、《文科研究所季刊》、《史学季刊》、《教育研究》、《社会科学论丛季刊》、《社会知识月刊》、《农声月刊》、《农林植物研究所季刊》、《琼农半月刊》、《两广地质调查专刊》、《天文台月刊》及《理学院年报》等，另外还出版了一些研究专刊和各种调查研究报告。同时，邹鲁还有一套"中大丛书"的出版计划，拟请各教授提供专著及有价值的讲义稿，列入丛书出版。各教授对此大力支持，踊跃投稿，"凡重要科目已成书的有二百多种"[②]，可惜由于抗战爆发，这套丛书除有十多部著作出版外，绝大多数书稿无法付梓。

20 世纪三四十年代，中山大学能在教学与科研方面形成自己的特色，自立于全国大学的名校之列，这显然与校长邹鲁的努力工作分不开。

二

坚持以教学科研服务于社会生产与国家建设，是中山大学培育的又一优良校风和学风。邹鲁在这方面也作出了自己的贡献。

邹鲁的一个重要教育思想，就是认为"大学要注意理论与实践相互贯串，必须将理论与实践联系起来"。[③] 他"素来主张学校和社会，应该发生密切的联系与关系"，"学术研究的成果，应当尽量贡献于社会"；学校应"负起社会事业的责任"。因此，他提出，理工学院除"研究科学原理以提高学术之地位"外，"应注意于科学之应用，以匡救国家之危急"；"农学院除造就人才外，对于农林事业，有研究改良之责"，其研究成果经证明"有实效者，应陆续介绍农民采用，以谋农林事业之逐渐改进"；中文系应"特别注重经学的研究"，"定五经、四书、老庄、史传为必修课目"，以期恢复"我国固有的旧道德"；英语应以研究现代文学为主；史学应以研究近代史与文化史等为重点；法学等应注重研究近代

---

① 邹鲁：《回顾录》第二册，第 389、540 页，独立出版社 1946 年版

② 同上书，第 390、420 页。

③ 同上书，第 225 页。

中国的社会、政治、经济等实际问题；医学院则可通过为社会上医治病人，使师生的“实践经验增加，而社会也获得其益”。[①] 邹鲁的上述教育主张，除尊孔读经、提倡旧道德有失偏颇而不适时代要求外，其余大多是可取的。他的这些主张，当时在中山大学基本上得到了贯彻实施。

在邹鲁的倡导支持下，中山大学师生在坚持教学科研面向现实生活服务方面，主要做了以下几项工作：

（一）编撰广东省通志

1932 年 8 月 1 日，邹鲁派员接收了广东通志馆，并组织全校各院系教师开始着手修省志的工作。当时拟订的省志编纂大纲，分为列传、外交、古迹略、教育、金石略、宗教、艺文略、物产、宦绩略、职官表、财计略、舆图、矿物地质、民族略、风俗、灾变、公路、林业、航政等门类，“聘请史学专家总其成，其余关于地理、天文、测量、物产等事项，则分别交理工农各学院办理”。[②] 邹鲁要求全校教师通力合作，编写出一本“适应近代潮流”的新通志。到 1938 年中山大学迁离广州前夕，省志全部门类的志稿均已完成，但因经费缺乏，只先印了列传四本，其余志稿则随校搬迁未能付梓。

（二）组织开展社会学术调查与社区性服务

在邹鲁大力支持下，中山大学的两广地质调查所组织人力，对广东、广西的地质进行了全面地普查，广东土壤调查所则对全省的土质认真地开展了考察。第一项普查工作全由学校负责，第二项工作也有中大教师参加。调研工作开展后，中山大学地质所的师生分为矿物、岩石、古生物、化验、试金、陈列、储藏、制图、摄影、仪器等十个组。他们经过两年多的工作，到 1937 年底已分别将广东、广西的地质调查完毕，并写出了相应的报告书。广东土壤调查所人员的考察成绩也很可观，他们先后完成了全省各县的土质查验，制成了许多土壤图。在为社会服务方面，邹鲁支持师生成立了“两处”、“一区”的组织。“两处”是指民众法律顾问处和经济调查处。前者旨在服务民众，义务解答民众遇到的法律疑难问题；后者旨在服务于社会，主要调查广东经济状况及研究中国近代经济的变迁。“一区”是指建立乡村服务实验区。其任务是：在广州石牌附近的十个乡设立识字班、阅书报处和组织歌咏会、国术会，并对每个乡的民众进行自给、自卫、自治、自学的训练。广大师生通过上述调研及服务活动，既使自己所学的理论有所用，提高了应用技能，又进一步了解了社会，增强了自己服务社会的精神。

---

① 邹鲁：《回顾录》第二册，第 392—393、389、401、385、403—404 页，独立出版社 1946 年版。

② 同上书，第 393、396—397、424 页。

（三）积极推广应用农学院的水稻、蚕桑等多项研究成果，促进我国农林业的发展

在邹鲁的支持下，中山大学农学院先后在校本部和茂名两地设立了稻作研究所和南路稻作育种场，进行稻种改良的研究试验，并取得很好成绩。其中竹粘稻种推广给农民种作，“较土种增收百分之十”；东莞白稻种在中山、番禺推广后，“较土种约可增百分之三十”；杂交种中山一号，可比土种“增百分之二十一”；其余还有十五种稻种，“试验结果，比原种增收百分之五至二十”。农学院还分别在三水县和茂名设立了蚕种改良所和南路蚕业试验场，其改良出来的新蚕种结茧大，很受蚕农欢迎，年销蚕种达 31000 多两。① 此外，农学院还在虎门设有沙田试验场，专门研究改造全省 200 多万亩沙田的问题；它的植物研究所在进行植物分类、介绍新品种及繁殖稀有植物方面，也取得了可喜成果。同时，农学院在开展化肥施用、树苗培育、果树与甘蔗种植、农产品加工、农具加工、农具改进、养蜂及畜牧改良等研究方面，也取得了不少成果，从而促进了农林业的全面发展。

坚持教学科研面向社会和为现实服务，应是高校办学的方针之一。当时邹鲁清楚地认识了这一点，并不遗余力地予以倡导与支持。三四十年代中山大学能在服务国家社会方面有所建树并形成风气，自有邹鲁校长的一份功劳在内。

三

师生从事教学科研而时刻不忘爱国和革命，更是中山大学突出的优良校风与学风。中山大学的一位老校友曾指出：在中大的优良传统与成就中，最突出者，则为中大与国民革命关系之密切。② 的确，中山大学是一所具有光荣革命传统的学校。第一次国内革命战争时期，广大师生积极参加了孙中山领导的反帝反封建的国民革命斗争，如支持省港大罢工运动，进行收归教育权的斗争，参加与援助东征和北伐战争，等等。抗日战争时期，中山大学师生在华南地区掀起了抗日救亡运动的高潮，他们开展了抵制日货、抗战宣传、组织团体支援前敌将士等各项爱国抗日活动，使中大一时成为南方学生抗日民主爱国运动的大本营。中山大学抗日救亡各项工作的开展，主要是有赖于以共产党人为核心的中大进步势力的努力实干，但与得到邹鲁校长的支持也分不开。

“九・一八事变”后，邹鲁在全国民众抗日救亡爱国浪潮的推动下，激发自己的爱国

---

① 邹鲁：《回顾录》第二册，第 385 页，独立出版社 1946 年版。

② 郑彦棻：《我与国立中山大学》，《校友通讯》第 56 期，第 3 页，台湾中山大学校友会 1985 年 6 月编印。

热情，要求实行抗战。他在以校长身分发表演说时，曾告诫同学们说：孙先生“创办本校的主旨，在养成革命人才，负起救国的使命”，今天各位应“奋起同仇敌忾的勇气，本着孙先生的救国主义，读书、救国、抗日”。[①] 他认为“坚持抗日是我国自救救人的国策”，我们应停止内战、唤起民众和联合苏俄等国，“全力抵抗日本”；他强调“学生、农民、工人、商人、兵士一致团结起来，为长期之普遍抗战”，去夺取最后胜利。[②]

全国抗日战争正式爆发前，邹鲁已代表校方出来领导学生的救国运动，对师生的抗日活动给予支持与赞助。在他的支持下，学校建立了一些准备抗战的组织，并采取了抗日救亡的举措。1932年，全校组织大学生及高中生1180人成立了义勇军，接受军事训练；后来，学校还设立了军事训练部，使学生的军训正规化，以适应抗战形势发展的要求。次年，学校又筹办成立了救护人员养成所，学员三个月毕业后，即出发北上奔赴前线，为救护抗日的伤兵效力。为了集中全校师生员工警之抗日力量，邹鲁将原来的反日会改为抗日会，并成立了抗日会执行委员会，自任该会的监察职务。1936年1月初，进步师生何思敬、曾振声等组建中山大学抗日救国会时，邹鲁表示支持并担任了该会的执行委员。不久，发生了广东军阀陈济棠下令镇压广州爱国学生的“荔湾惨案”。在广大师生与社会舆论的压力下，邹鲁出面保释了因游行而下狱的学生吴近保、张凤娄等人，并撤销学校的成命，允许曾振声、钱兴、李苏民等学生抗日积极分子，照常到校注册上课。

全面抗战爆发后不久，中山大学的广大师生积极奋起支持爱国军民进行抗战。1937年9月，中山大学成立了全校性的御侮救亡工作团，邹鲁任该团的总指导；该团曾先后派出50多个工作队，深入市郊各县进行抗日宣传和组织工作，发动民众投身抗日救国斗争。1937年底至1938年初，中山大学又成立了战地服务团，以邹夫人梁定慧为团长，邹鲁则担任名誉团长。该服务团在穗港人士的大力支持下，先后派出几批团员，“北上服务于华北、华中各战区，由粤而桂而湘而豫而陕而鲁而苏而赣，足迹之所至，凡八九省”；“彼受命服务前方之工作同志，亦咸能以英勇之姿态，出入于锋镝危难之中，刻苦自励，忠于所职”，“树立为民前锋之楷模”。[③] 他们所到之处，担负起了慰劳、救护、宣传、战地教育及新闻报导等项工作，对鼓舞抗日军队的士气发挥了重要作用。这期间，中山大学还有抗敌后援工作团、潮籍学生抗战工作团、抗战教育实践社、抗日先锋队等组织。这些组织或经常性地举行各种报告会，请学者、名流甚至共产党人来宣讲抗战的形势，或定期出版各种宣传抗战的刊物和墙报，或从事支援抗战的各项实

---

① 邹鲁：《回顾录》第二册，第454、465页，独立出版社1946年版。

② 同上。

③ 参见《国立中山大学战地服务团工作第一年》内的《邹校长序》和《梁团长序》。

际工作。总之,全校当时呈现出一片蓬勃向上的民主抗战气氛。

在抗战的头一年,中山大学的各院系为加强抗战教育,都“结合专业改开或增开了一些与抗战有关的课程”,“一些杂志也为配合抗战教育与研究举办专号”,成为“这学年教学和科研的最大特点”。[①] 1938 年 6 月,邹鲁召集全校师生员工大会,报告学校的前段工作,分析抗战的形势,指出中国抗战必胜。他号召全校师生员工团结一致,“尽一切的可能,一面鼓励前方作战将士的勇气,奋发后方民众的精神,使他们组织起来;另一方面为抗战服务,尤其加紧做科学方面的研究。全体在三民主义领导之下,共同努力,以达到最后胜利之目的”。[②] 此后,广大师生在以邹鲁为校长的中山大学当局的领导与支持下,一面坚持进行正常的教学科研活动,一面又将全校抗日救国的活动搞得更为有声有色。中山大学一时成为广东青年抗日救亡运动的中心,成为华南地区学界读书不忘进行抗日救国斗争的坚强堡垒。

综观前文的论述可知,中山大学在 20 世纪三四十年代的发展过程中,逐步形成了自己优良的校风与学风。这些宝贵的无形资产的形成与积累,当然首先应归功于广大师生的首创能力与敬业精神,不过其中也有邹鲁的一份功劳。邹鲁在担任中大校长期间,不仅高度重视学校优良校风学风的养成,而且还身体力行地与广大师生一起不断培育它成长,终使中山大学能凭着较高的学术水平与优良的校风学风,与燕京大学、中央大学并驾齐驱,跻身于中国高校的名校行列。

(原载吴定宇编《中华学府随笔·走近中大》,四川人民出版社 2000 年版)

① 梁山等编:《中山大学校史》,第 90—91 页,上海教育出版社 1938 年版。
② 《邹鲁全集》(九),第 257 页,台湾三民书局 1976 年版。

戴季陶与中山大学

杨鑫洁

戴季陶是中国近现代史上一位十分重要且很有特色的人物。作为国立广东大学更名为中山大学后国民政府委任的第一任校长、第一位委员长、第一位国立大学董事会主任，戴季陶凭借自己特殊的身分和地位，对中山大学进行了改造，在中山大学的校史上留下了浓重的一笔。

“不流血的清党”

1926年7月17日，国民政府发布命令，正式宣布广东大学改名为中山大学。8月7日，国民政府委任戴季陶为中山大学校长。此时他适在湖州养病，不能到任，暂由经子渊代职。

中山大学和黄埔军校是孙中山为国民党培养文武人才的地方。中山大学的领导权向来为国民党各派所重视。学校成立时，由元老派邹鲁掌权。1925年11月，邹鲁因为西山会议问题被罢免，大学的领导权就由汪精卫派所掌握。1926年7月，在广东大学改为中山大学时，汪派势力又遭到蒋介石的挑战。由于北伐战争进展顺利，北伐军总司令蒋介石势力日益扩张。蒋一手控制黄埔军校，一手插入中山大学，安排戴季陶执掌中山大学，把中山大学作为培植自己势力的工具。20年代的戴季陶是蒋介石最倚重的人物之一，蒋介石曾表示，“不能须臾离兄”。蒋安排戴任中山大学校长，中山大学就在他的手里了。

1926年9月下旬，戴季陶来到广州，但他不肯从代理校长经子渊手里接事。这是因为当时中山大学的学生革命运动，在中国共产党的领导下迅猛发展，成为当时全国青年学生革命运动的中心。至1926年，中山大学有中共党员60多人，共青团员300人左右，团支书是广东省共青团区委中人数最多的一个。朱家骅曾说，当时校内“共产党猖獗异常”。左派右派学生之间的斗争剧烈。校内有一批思想进步的教授学者，传播新知识、新思想，还对学校某些学科进行整顿，采取了一些新的改革措施。

戴季陶得知这些情况，坚持不接校务。张静江与谭延闿竭力劝说，敦促其任事。于是戴季陶建议政府下令解散学校，重新整顿。他提出了三条意见，主要内容是：第一，暂时取消校长制，改设校务委员会，负责整顿工作。他本人担任委员长，请顾孟余为副，另请丁惟汾、徐谦及朱家骅为委员。第二，明确大学的党化问题。他提出，"大学政治训育""必以党化为原则"，并强调，"在大学的一切科学的研究，应造成科学的党化，俾一切科学的发展，皆能完全为革命的发展而存在"。第三，要求学校的财政由政府及党中央共同负责。这三个问题是关系到学校领导权、办学方针和办校经费的重大原则问题。10月间，国民政府采纳了戴季陶的意见，免去了经子渊代校长的职务，任命新的五人委员会。这似乎是一个蒋、汪两派平分秋色的名单，但戴季陶是实际的决策人，蒋派明显占有优势。其他几个人在中央另担有重要职务，校务交由朱家骅处理。一个多月后，国民政府北迁，顾、丁、余都先后离粤，只留下戴、朱二人。

戴、朱两人的友谊可追溯到辛亥年间。那时，朱家骅与张静江、戴季陶等人经常来往，他与戴季陶又都是浙江吴兴人。戴、朱两人以后在中大共事四年，实际工作都交给朱家骅来处理，原则的问题则向戴季陶请示。朱家骅对戴季陶十分钦佩，说戴"处理事情，见解的明确和决定的迅速，实有过人之处"。戴季陶对朱家骅的工作也十分满意，1927年底，他曾说："大学之有今日，骝先(朱家骅)之力也。"戴季陶甚至表示要与朱家骅在中山大学共进退。

1926年10月16日，国民政府发表了一个关于中山大学的训令，全盘否定了广东大学的过去，说"从前广东大学，因循旧习，毫无成绩，人员既多失职，学生程度亦复不齐"，责成五人委员会作根本的改造。同年10月17日，五人委员会举行隆重的就职典礼，然后根据国民政府的"训令"，议决六条贯彻方法：(一)一切规章重新厘定；(二)先行停课；(三)中小学幼稚园划出另办；(四)以下学期为新规之始业；(五)全体学生一律服饰分别去取；(六)教职员一律停止另任。戴季陶就此拉开了"改造"中山大学的帷幕。

戴季陶改造中山大学首先从组织方面着手，从上而下进行整顿。校领导班子改组后，即马上着手整顿教职员和学生。他虽然在中央另有许多重要职务，但他还是忙里抽空，天天来校，所有主要方针，都由他决定。这次整顿主要是针对共产党人士和进步人士的。对学生则举行所谓的"甄别考试"，借口成绩低劣和不遵守校令参加考试，把许多因工作关系一时不能赶回参加考试的进步学生，予以停学及留级处分。全校学生甄别后被淘汰的达200余人。中山大学的这次整顿，被称为"不流血的清党"。

在组织整顿的同时，戴季陶还注重抓紧党化教育工作。他认为中山大学是党化大学，是直接受党的指挥，以党的意志为意志的唯一大学。它为造就党的人才而设，因此要用党的主义和政策来教育学生。整饬学风，必得先从青年思想抓起，所以在制定校务整顿方针之后，他把实际行政工作都交给朱家骅来执行，自己则抓紧时间对学生讲演。尤其是国民政府11月北迁后，戴季陶每天下午都对学生讲话两小时。

戴季陶认为党化教育的目的是要使学生和教职员对政治有一致的认识，对政治有一致的方向，对主义有一致的了解。他宣称，“最适当的完全的革命理论就是孙先生给我们的三民主义。我们信仰三民主义，要有彻底的信仰，不要怀疑，不要说哪是错了哪是矛盾的”，“总理的三民主义的思想理论是一定不错的，若能看得出他的不错时才能算真正明了三民主义”。他这个主张，胡适认为无法接受。胡适后来写信给蔡元培提出：“所谓‘党化教育’，我自问决不能附和。”胡适为此而被吴稚晖指为“反革命”。

戴季陶党化教育的主要目的是要消除马克思主义对青年学生的影响。他强调中国与俄国的国情不同，中国的产业不发达，所以“不能拿俄国社会革命的口号来用”。此时期的戴季陶具有民族资产阶级的二重性。一方面，他反对三大政策，在反帝问题上表现出软弱性和妥协性，1927年初，他还代表蒋介石到日本寻求日政府的支持。他提倡封建蒙昧主义，鼓吹盲从迷信，反对学术自由，实行文化专制，对教学科研(尤其是社会科学领域的研究)的发展产生了消极的影响。另一方面，他仍未脱离革命统一战线，尚保留某些革命性，具有一定的民族主义爱国思想。由于受到帝国主义和军阀的压迫，他也看到，在帝国主义的侵略之下，在那些受帝国主义接济的反动军阀的统治下，“我们是无法，我们是不能建设新产业起来的”。所以，他提出：“我们的敌人，是帝国主义、军阀、官僚、洋奴隶和一切反革命的势力。”在一定条件下，他还有反帝反军阀的要求。此外，由于国民党当时还要借助共产党和工农群众的力量达到反帝反军阀、夺取政权的目的，为争取民心，他在口头上仍声称“极力赞助劳工运动”，没有与共产党决裂。在1926年12月成立的中山大学政治训育部里，还暂时有共产党人恽代英和施存统。

确立三民主义教育的方针

1927年“四一二”政变以后，戴季陶向国民党中央提出了确立三民主义教育方针的意见。他认为，教育工作的当务之急是确定教育方针。他有感于五四运动以后，广大青年学生受到马克思主义等新思潮的影响，靠拢共产党，积极参加革命活动，认为全国青年已误入歧途，“危险昭然，实近三百年所未有”，如不从速救济，不但教育破产，一切社会机能也皆将陷于绝境。在他看来,教育"为一切建设之基础,教育方针之当否,影响于国家社会之治乱",而确定教育方针,才可以从根本上救国。为控制教育,控制青年学生的思想,他在当年提出的《维持教育救济青年案》和以后的许多提议及讲话中,一再反复要求重新确定教育方针。他认为,以往提党化教育,内容不确定,国民党主张以三民主义化民,故国民党的教育方针,"正名定义,宜直称三民主义教育"。他要求学校"必须将三民主义之精神,融化于一切教科教材之中,无一处一时不具三民主义之功用而后可"。他还提出,学校教育要注重造就实业的人才,发展自然科学及应用科学。要使全国的青年,能够得到健全的知识,健全的体格,健全的道德,"都要走到不偏不倚的适中的三民主义的唯一大道"。

戴季陶把"党化教育"的原则进一步发展为"三民主义教育"的方针后,又约同中山大学和广东、广西两教育厅的负责人来讨论这个问题,并亲自起草了《确立教育方针实行三民主义的教育以立救国大计案》,提交 1928 年 5 月 15 日召开的全国教育会议,他"屡称此案两粤已决定实行,务请全案通过"。大会通过此案后,国民党便正式确立了以三民主义为标准的教育方针。这个三民主义教育方针有如下一些主要特点:

第一,以蒋介石统治集团的三民主义为最高准则,在学校形成以党治为目的的政教合作的统治模式。为保证他们所主张的三民主义在学校中占统治地位,戴季陶主张从思想上控制师生。他对学生说:"三民主义是我们的纪纲","一切学问知识,只有用来作证明的材料,说明的方法,如果要怀疑中山先生的思想和他的学说,就是中国人的自杀"。他还说,无论搞什么运动,要站在三民主义的上面,才不致发生错误。为防止学生受到其他思想的影响,他反对学生学习研究外国的哲学社会科学理论。他说:"空泛之政治理论,哲学理论,在科学未进步,实业未普及之中国,弊多而利少,——颇易引起误解及偏信。吴稚晖先生谓中国今日,只应以全力发展纯正科学及实业教育,而不宜学洋八股,其义正在于此。"戴季陶还实行党治下面的政教合作。他说:"中央要将一切党的主义政治主张,来指导学校进行。"他把自己那套关于充分发挥国民党的"独占性、排他性、统一性和支配性"的理论贯彻在他的教育方针和实践中。

第二,以中国旧道德为体,以西方科技为用,是他的三民主义教育方针的又一显著特点。戴季陶认为,中国只是在科学技术方面落后于西方,而中国古代的伦理哲学和政治哲学,则是全世界文明史上最有价值的人类精神文明的结晶,为西方思想文化所不及的,"要求全人类的真正解放,必须要以中国固有的仁爱思想为道德基础,把一切的科学文化,都建设在这一种仁爱的道德基础上面"。他把中国的旧文化、旧道德视为巩固统治之本,而科学技术则为低于固有文化的器与末。他认为,中国的"最大病根,是在抛却民族道德"，这是引导青年走入死路的最大原因，所以，他表示要理直气壮地恢复中国民族固有的旧道德、旧文化。他对青年学生说，要达到三民主义的目的，"第一是要恢复民族的道德，第二是要努力学西洋的科学"。恢复哪些民族的道德呢？就是忠孝、仁爱、信义、和平。正如他所说的："因为孔子是讲为国为天下尽责的，尊孔子，就是要一般人民替皇帝尽忠，而皇帝自己暗学老子，发展他的个人主义，把天下人民，拿来做他一人的臣仆，这种只要他人尊孔，自己却尊老，明地里尊孔，暗地里尊老的帝王，自汉以后，都是如此。"他希望实行以中国旧道德为体，以西方科技为用的方针，使青年学生"三能具备"，"八德俱全"，成为社会"有用之人才"、国家"忠良之国民"。

戴季陶在"四一二"政变以后，一面制定三民主义的教育方针，一面在中山大学积极贯彻。为能更牢固地控制中山大学，校方开展了大规模的清党运动。戴季陶声称："任何政党可以容其存在，而共产党则非绝对禁止不可。"朱家骅积极执行戴的指示，开除了464名学生与教职员，改组了学校政治训育部，以戴季陶、朱家骅、傅斯年等代替了施存统、恽代英、顾孟余等人的委员职务，在中山大学建立起一套与新政权相适应的秩序。朱家骅因能出色贯彻戴季陶的意图，被戴推荐为中山大学副校长。戴季陶还主张把独裁的手段与"攻心"的办法结合起来，要"劝迷信共产主义的青年们抛弃那一种错误的思想行为来做心口如一的三民主义的信徒"。他花了大量时间和精力来做这种"攻心"的工作。1927年6月中旬，他外出回到中山大学后，每星期一的纪念周和星期三下午，都亲自对学生训话两小时，直到9月，共做了20多次训话。其讲演记录后来经整理出版，约12万字，就是著名的《青年之路》。此时期的戴季陶，公开反对三大政策，主张"拼命实行一种迪克推多(即独裁，dictator——编者注)，建设起国民党的纲纪来"，主张用和平手段反抗帝国主义等等。在他这条三民主义教育方针的指导下，许多进步的、革命的、有才华的教师被迫相继离开学校。

大抓基本建设

戴季陶在中山大学所致力的另一方面工作，就是大抓学校的基本建设。

戴季陶认为中山大学的办学目的，是建成国民党的最高学府，养成为国民党服务的、有专门科技技能的人才，作民国建设的基础。为达到这个目的，他一方面强调三民主义教育，以保证学校不偏离为国民党统治集团培养人才的根本方向；另一方面，是注重提高学校的学术地位。他认为，今后中国的改造，在于科学的发展；大学之基本价值，终在学术。为了提高学校的学术水平，使学校具有进行学术研究的设备和条件，戴季陶自接手中山大学起，就提出许多计划，并为此而苦心经营。

在中山大学建设一个具有相当规模的图书馆是戴季陶的一个理想，上任之前，他便认为这是大学能够具有真实的学术价值的首要基本因素。为此，他曾向国民政府建议，向海内外募捐1000万元，作为学校基金，此基金专门用于建设图书馆和试验所。戴季陶这一气魄颇大的募集计划，在那时是无法实现的。当时中山大学的图书馆，除了有若干中国的旧书以外，外文书籍几乎为零。管理的方法又不善，书也散失了不少，房子也快倒塌。戴季陶接任以后，一方面注意寻求管理图书馆的专门人才，另一方面扩充图书馆。他设法让政府通过了一项150万的建馆预算案，其中三分之一请政府筹拨，三分之二拟在海内外募捐。他还打算亲自到海外去募捐，但因别的工作而未能成行。当时正忙于北伐，政府也不可能筹一大宗款子来建大学的图书馆。所以，实际上他只能从政府的日常经费项下，尽力节省经费来购置图书。初时，中山大学每日经费实得毫洋4.3万元，他的原则是，每月经费开支不能过半数，其余半数需充当图书仪器设备之用。几年之后，中山大学图书馆已小有规模。他对此颇为得意，曾在信中对友人说，中山大学图书馆经他之努力，"虽不及北京图书馆，而在全国已取得第二名。概书籍卷数，贤任内购者，共十六万余卷……有名巨著及知名定期刊(如各学会专门杂志自第一卷至其最近刊，二十年以上完全者，有五种以上。其中英国皇家植物学会报为最知名，寻常市价，号称值五万美金，其实只有此说，并无书卖，虽有五万英镑，恐亦未必能得。此系以瑶山采集动植物标本一套换得者，该采集品中，只羊齿类，即在两千五百种以上……)共五万余册"。中文书中，他尤其注意搜求志书族谱，及各省各种行帮会馆之章程会规等印刷品。结果搜得碑帖2万余种，地方志900余种，族谱400余种。朱家骅在此项工作中出力甚大。至1934年，中山大学的藏书量已为全国各大学之冠。如此可观的发展，与戴、朱二人在任时打下的基础是分不开的。

戴季陶对于教学与科学研究工作也非常重视。其做法之一是尽力广揽国内外一流的学者。他曾说："学校自身之建设，其最重要基础，则不外两事。一则如何延揽基本之人才，与培养基本之人才。"1926年、1927年之交，鲁迅、许寿裳、施存统、孙伏园、孙伏曦、傅斯年、何思敬、许德珩、江绍原、容肇祖等人相继应聘来到中山大学。1927年夏，走了一部分人，又来了顾颉刚、俞平伯、赵元任、罗常培、汪敬熙、赵振声等人。他们中的许多人，曾在中山大学传播新知识、新思想，是当时中山大学的台柱。1927年应聘来校医科任教的德国专家就有七人，大大加强了医科的教学科研力量。

其二是加强学科建设，扩充实验场所及设备，支持各科开展科研考查工作。戴季陶上任头三年，就从每月几万毫洋的拮据的经费开支中腾挪出70万元以上来添置设备。他初到中山大学时，最注重医科的发展。因为当时的医科刚从美国人手里收回自办，所以他表示“不能不努力从事，以表示我们的决心”。他上任后，医科新设置了生理研究所、细菌学研究所、病理学研究所，比较全面地引进外国先进医疗技术。他还亲自参与设计筹建中山大学天文台，这是国内高等院校中的第一座天文台。他积极支持组织南方生物调查会和两广地质调查所。生物系1928年成立采集队后，在西南各省采集到动物标本6万余件，植物标本20余万件，著称于国内大学。尤其是广西瑶山植物标本，填补了世界标本的空白。在瑶山采集的一套植物标本中，只羊齿类即在2500种以上，一时名震世界。朱家骅兼任系主任的地质系每年均有十余次到各地考察调查，该系师生所做的地质调查研究，在我国地质科学发展史上曾起过一定的作用。戴季陶对农科的发展也十分重视，他认为农业是工业的基础，发展改良农蚕畜牧是避免中国民族亡国灭种的重要工作。他曾打算亲任农科院院长，“尽力把中大农科办得完善，使农业有更大的进步”。广东大学改为中山大学后，模仿美国办农科，实行教学、科研、生产三结合体制，成立了农场，设立农林植物研究所，并继续开发中山大学在石牌的第二农场，种植果树、热带作物，改良新稻种。戴季陶还曾在石牌亲自量度，参与设计中山大学农场的工作。他对植树造林开垦工作甚有兴趣，曾创办林场，领导发动开发荒山荒地2.5万亩，其中1.7万亩在白云山上。

建设中山大学的新校舍，是戴季陶就任校职后一直策划的大事。旧校舍原分散校内各处，大都年久失修，且在繁华的市中心，无法扩张校园。创办广东大学之初，孙中山曾命邹鲁择石牌官地建校。戴季陶接任后，就着手从事在石牌建设大学村的计划。他对土木工程素有兴趣，曾对人说：“如果我的家境好，我会学工程的。”自1926年在中山大学亲自参与设计了天文台以后，他对于建筑、园艺、美术更是上了瘾，对于建设大学村的计划兴致十足、雄心勃勃。他曾请著名建筑家吕彦直（广州孙中山纪念堂设计人）和本校德国海克教授先后做过两个设计，因感不够理想，没有采用。最后由一名杨姓工程师就山水所宜设计了一个模型。在设计过程中，戴季陶不辞辛苦，亲自到石牌量度，与工程师互相研讨。戴季陶对此模式甚满意，自信是中国300年来所未有的建筑模型。此模型的底案是就周朝辟雍制度而加以扩大的。为了使这个计划得以实施，从1926年底至1929年间，他先后三次向国民党中央提出申请，要求拨给新校建筑经费。经过努力，中山大学建筑新校舍的提案得以在1930年1月通过，当时批准拨200万元。戴季陶离开中山大学后，建筑新校的工作开始由许崇清接续，后来主要由邹鲁继续实施此项庞大的建校计划。中山大学新校舍的建成，凝聚了中山大学几任校长的心血，戴季陶在其中所作的贡献，是不应抹杀的。

戴季陶在中山大学四年，由于在中央另兼有许多重要职务，所以并不常在校内。尤其是担任考试院院长以后，他便与在浙江兼职的朱家骅轮流来校处理事务，他们不在时便由沈鹏飞教授代理校务。戴季陶又当校长，又当院长，两地相隔又远，实在难以兼顾，最后还是辞去校长之职。他在任时，曾向国民党中央建议在中山大学设立董事会，并自愿担任董事长。1929 年 9 月间，国民党中央通过成立中山大学董事会的决议，以蒋介石、胡汉民、戴季陶、谭延闿、宋子文、古应芬、孙科、陈铭枢、朱家骅九人为董事，戴季陶兼董事会主任，该会负有大学的建设、发展之责，这是我国公立大学设董事会之始。这样，戴季陶虽然于 1930 年 9 月辞去校长的实际职务，但是他仍兼任校董事会主任至 1932 年 2 月，以表示他对中山大学建设发展的关切。

中山大学是国民党创办的大学，戴季陶对它有着特殊的感情。他把办好中山大学与自己的理想紧密联系起来，为办好大学花费了不少心血，对这个学校始终特别重视。据朱家骅所讲，“可说时时刻刻念兹在兹”，“照他本人的志愿，他宁可不担任中央的职务，来专心办理这个学校”。此话可能有些夸张，但他对主持中山大学的工作确是很有兴趣的。他对中山大学较有价值的贡献在于改善了某些方面的办学条件，进行了一些重要的学科基本建设，对中山大学的医、农、理科的发展作出了一定的贡献。

戴季陶执掌中大，若即若离，故并没有一直在中大履行职务，这种情况一直持续到 1930 年，这一年他结束了校长使命。由于戴的特殊地位及国民党对中大的大力支持，使学校面貌大为改观。学校经费由原来的每月毫洋 9 万元增加到 1930 年的 14 万元。再加上长期实行节约事业行政费用的开支，以保证供给教育经费，使得各科室的设备仪器基本上置齐，图书馆藏书由原来的 4 万余册增加到中文书 21 万余册，西文书 4 万余册，各种学术刊物 500 余种。另外，学校新建了占地 1.7 万余亩的白云山林场，开辟了占地 8000 余亩的新校址。这与戴季陶的贡献是分不开的。

（原载《文史精华》2011 年第 9 期）

国立中山大学筹备之经过和将来之希望

朱家骅

诸位同志，诸位同学：

今天是我们中山大学开学的日子，今天的开学典礼，是与平常的开学典礼不同，为什么呢？我们知道今天是中山大学第一次的开学日子，所以今天的开学典礼，是最当纪念他对于中山大学的将来关系，非常重要的。

本校自从政府下令改革以后，直到今天才开学，但我们心里实在非常高兴，为什么的呢？当初政府有改革本校的决心，对于中大有很大的希望，并把这种重大责任，交给我们委员会执行，在当时的情形，困难虽多，但我们都想在这比较短的时间中，要努力工作，故委员会开第一次会议，即决定在今年三月一日正式开学。

当时虽然决定三月一日开学——因为我们想上一学期，虽有补习及政治训育等功课，而究竟许多专门学科，没有上了，开学日子，不能再晚了，故定下三月一日为开学日；我们实不知在这短期内，能不能开得成功。兄弟自那天委员会开会后，实在非常担心，非常忧惧，想不到今天果如前愿正式开学，故更加万分高兴。

中山大学使命的重大，是不用再说了，委员会成立后，我们虽努力地做，但能不能办得好，在那时实毫无把握；然照这几个月的经过，和今天开学的情形看起来，兄弟现在敢大胆地说，我们是有把握将大学办得好的。

中山大学的责任，是非常重大，且比无论那一个中山大学，都较重要，因为我们的中山大学，是广东大学的化身，广东大学是总理费尽苦心，在当日广东恶劣环境中，在极大的困难中奋斗，然后创办的唯一的一个大学，尤其是这个礼堂，本党改组第一次全国代表大会，是在这里举行的；总理的主义，建设中国的三民主义，救中国的策略，是总理自己在这礼堂上讲演的。

中山大学的历史，与别的不同，所以责任特别重大，现在别地方的中山大学渐渐多了，革命势力，发展到长江，中山大学便多了几个，将来全国的国立大学，或都要以中山大学的称号来纪念中山先生，可是我们这一个中山大学，诸君要知道，并且要牢记，是在广东的；广东是什么地方？他是国民革命的根据地，策源地，不但在革命史上有重大的意义，且对于革命的将来，应负重大的责任。要救我们的党，救我们的国，救我们的民族，都得在中山大学求一个解决；我们中山大学，是要为革命的利益，为革命的工作，使成为中国建设革命事业的中心，使大学与社会结合。

我们要知道中国的革命与别的革命不同，尤其与欧洲各国革命不同；欧洲各国，一方已有人才，一方又是已建设起的国家，现只要在经济制度上求改进；我们中华大陆的社会生活，在物质的建设，差不多一点儿都没有，不但制度上欲要求改革，并要物质建设和制度改革并行。所以大家要起来负担责任，不但推翻旧势力，打倒军阀，打倒帝国主义，打破中国一切恶习惯、社会恶组织便算了事，更要把新中国建设起来。

说到建设大学，是占非常重要的位置的。你看帝国主义者，能够把全世界来压迫制服，全靠他的大学办得好，做他们帝国主义侵略和压迫的大本营。

再看苏俄自革命后，马上改革大学，把他们党内的学者，集合起来，使各大学党化，使学者以他们的理论，指导青年，做革命事业建设的基本工作；俄国一般大学学者，在很短期中，有许多贡献于他们的社会，许多新的发明，他们比以前工作更努力，向自然现象各方面放射他的光线，而想有贡献于将来的社会；并因为基础立定，所以他的国家，能够巩固，政权可以不致摇动了。

现在我们要知道国民革命，非单单要打倒什么，一方面还要建设什么，要发展民众的能力，以巩固革命的势力，然后中国民族才能得到解救，民生问题才能解决。不特要使中华民族得到幸福，并要使全世界的民众都得到幸福。

总理的思想，并不是一时代的，也不是限于一地方的。他向来是为中国、为世界的永久和平而努力，为中国人民、全世界人民永久的幸福着想而奋斗的；我们看他对于大学，虽则并没有一定计划，如像对于实业有实业计划、对于建国有建国大纲一样遗给我们；但看他创知难行易的学说，并在当时给军阀蹂躏的广东这样困难中而创设起一个广东大学，可见总理对于科学，对于文化，并没有一时忘记；总理很早就见到国民革命与大学的重要关系了。

我们知道革命若不求建设，不巩固革命势力，便不能成功。纵使得到一时的成功，但反革命派，即要起来推倒了；试看辛亥革命的势力，像是比现在并不弱，一起义而有十几省响应，可是不多时，政权给军阀旧官僚抢去了，弄成现在这样糟的局面，这即是未彻底革命的结果。法国大革命也靠知识分子的参加，当时是非常彻底的，但他们不能继续努力；因为我们知道学者固然可以崇拜，但如革命事业成功一部后，不再振作，便要堕落下去，变为反革命的了。故现在法国仍然闹革命。又以德国的革命来看，仅仅推翻了一个帝王的政府，就不能前进，反后退了。他们第一步很快，系因德国文化经济各方面，已立好了基础。然而他们不能从彻底二字着想，把各大学改组，这些大学，是反革命的，故革命未久，而反革命的势力，侵入进去了。弄到现在情形，与帝政时代，相差不远，不过换了一个新宪法,没有了皇帝;至于社会,则还未改变,人民未尝得到什么好处。

委员会成立之初,即着想到几点,就是要使大学办得好,成为革命化的,科学化的,并使革命早日成功,基础巩固,不致被反革命派抢了去。几个月来,——在这四个半月当中,我们时时刻刻都设想种种法子,总要使这革命的中山大学,成为与革命的社会结合的大学。

可是我们遇到的困难也不少:

第一,中国人才根本缺乏,现在比辛亥革命以后,虽则人才多了些,但细细的考察,仍然是十分缺乏。

第二,委员会成立后,中央党部和党政府便北迁武汉,许多已聘定了的人才,都给他们带了去。

第三,有许多已聘定的在他处的人才,也因中央北迁,给他们吸收了去。

第四,因为革命势力,发展到了长江流域,于是武昌也设中山大学,南昌也设中山大学,这么一来,将来虽多共作之团体,而目前却使这个聘人的困难,加了一层。

第五,革命的大学,并不是可以随随便便的,不能拿那些只知道科学在学术上有贡献的人物,随便可以请求的,对于他们的思想,是应该十分注意的,切不要使革命的大学,被反革命占了去;故有些学者,学术虽好,但其思想不合革命的便舍掉了。

这五种原因,可说是对于中山大学的妨碍及不方便。但是在这困难之下,我们在这短期中,也还集合得一些人才。中国人不够,便请外国人来补充。不过这里也有点困难,我们不能听见那个是外国学者,便请了来。至少要他们能不妨碍我们革命工作的,要他们对于中华民族的革命运动,是很表同情的。

在现已聘请的也不少,不过因为他们的冬学期未完,大多数都没有到来,大概要迟几星期可以到了。

在这种种困难当中,能够得条出路,使我们中山大学,能依期开学了。我们决意于秋季开学以前,还要极力地尽量地集合人才,要把中央吸收去的吸收回来,别方面的好的也请来。就是现在这一学期当中,陆陆续续,可以到校的,还有很多。

我们现在对于进行上可以分三点来说:

(一)开始工作,就是把那些一时不能更改的,暂不更改,姑且将就下去;那些可能改动的,即行改动。

(二)计划根本的为大学立一个良好的基础,对于各方面,都须有一个根本的计划。

(三)图谋发展,要设想怎样去发展这个大学,这一点是要大家继续努力,多做工夫的。

说到现在的进行,更可分开二部来说,一是全部的,一是分部的。

回想到从前广东大学，我们知道那是由高师改组，并联合几个专门学校而成的；因此在客观上，很不容易改动，结果法科为一个大学，农科、医科，各自成为一个大学，似合似离，并无整个的一致的系统。原来当时对于大学全部，没有打算过；现在则不然，把他们结合成一个，打破以前分离的现象，成为有统系的整个的中山大学，把全校分为三大部，即教务处、事务管理处、图书馆，去统理一切。在这个原则下，我们规定了一个比较详细的新章程，本来预备给大家今日可以看见的，因为政治分会才于星期五通过新章程，一时来不及印出来。

本校有了这个新章程，好比国家有了宪法，我们要大家努力，照着做下去，然后学校才可以发展。

新章程有几个特点，我们可以说一说。他是根据我们党的精神，要实现三民主义的教育，举一个例说罢，现在本大学把学位制度废除了，学位这些旧名词，是带有阶级性的，故不能不把他打消。

其次是根据我们党的精神，发展学院的好处，学院的良好成分，是在于能发展学问，有种种创作和发明，以供社会之用；但不好的地方也很多，如太保守，太不经济。现在去短取长，故规定新章程时，特别注意下面几点：

一由大学教授组织成的评议会来主持大学一切，务使教授与大学发生最密切的关系和兴趣，大家共同担负责任，这就是要使大学成为民治化，使大学得到德模克拉西这种办法，是以前广大所没有的。

再说我们并根本把普通大学所常用的名词——毕业二字取消了，中学小学是可以说毕业，但在大学里，是无所谓毕业的，故把他取消了，这并非说以后不用考试了，考试是用以测验学业的成绩，是仍然要的。

其次把基本科目，辅助科目，实地工作，外国语等教科，分配得适当，使学者从此得了一个作学问的基本。

再要使大学与社会联结起来，使大学供社会的效用，将来要临时依情形成立各种人员造成所，如中学教员、党政人员、司法官吏、技师、医士等各种人才的造成所，务使大学不要成为一个装饰品。要脚踏实地，做实际的工作。这并非像平常一样，徒然定了章程，便不做事的；我们是要按着一定的程序而努力。比方将来还打算设一切研究所，一方求学术的发挥，一方求学术的实效，这是关于全部的。

再说到分部的，即各科的进行，现在也可以作一简短的报告。

本大学原来分文、理、法、医、农、预等科，现在分开来说一说。

文科的进行怎样，可以说文科方面的新人才多一点，面对于各系也有一种彻底计划的试验。现在因为文科的内容，比较容易变化，故先实行单位的选课制，使学生自由选课，在思想上得到自由，在研究上也得到自由，不像一般学校的办法，硬使你选习你不喜欢的功课，现在给学生以一宽大的自由，使在学问的研究上，得到新的意味。在欧洲各国，如法、如德、如奥等国的大学中，在研究上不能缺少的东西，现在都在文科试办起来，并且把文科的名，改为文史科了。再把文科各系分别说起来：

先说哲学系。这是最关重要的一种学问，因为今天一般人研究哲学的方法不彻底，这好比中国人做八股文章一样，故哲学不进步。关于这个，可以分数点来说，在思想方面，务须除去只读古书的，或古书的高头讲章之恶习。从前研究哲学的，只读希腊罗马，或者欧洲大陆古代学者的著作，如亚里斯多德、柏拉图、康德……等的著作，甚且专读这些人著作讲章。对于他的思想，并无自由的研究；只管陈言，不去研究事实，这种读古书的办法，是错误的，要得快快改进。总之在思想上，要自己去思想，自由发挥做一种试验。我们知道中古时代的研究方法，都不是直接的研究材料，而是间接的研究学说，他们错误了。现在要用直接的研究方法。还有一点，我们要知道哲学常常因科学的研究，而得到进步和发展的。以前的大哲学家，有名的，对于社会有贡献的，均是科学基础很好的，如斯毕诺若（Spinoza）是精于光学的；哲学家笛卡尔脱（Descartes）是个算学及解剖学者；洪波脱（Humboldt）是自然科学很好的；康德（Kant）是哲学家，但他的天文学和算学，是很好的，他是拉拍拉斯的介绍人。现在专研究哲学，不顾其他的科学，如何可以呢？因这几点，故注重辅课科学，使自研究哲学得来的思想，对于现社会生活有用，成为实用的，致用的，而不是做抄古书的工夫。所以研究论理学的，要研究算学力学；研究心理学的，要求得医学上的基本知识，要以生理学做辅课，因为要得到了自然科学的知识，然后才能得到研究心理学的正当方法。

又如教育学，并不是读了两本教育学的教本，知道什么教授法，便算了事。对于一般社会上人的情况，完全不顾虑到，我们现在要使教育学者与社会联合起来。

从以上说的几点看来，我们可以简括地说，哲学是要成为活的东西，而不是死的古董，是要从哲学的研究，得到一种新精神，这一点是与外国不同的。在德国或奥国的大学，学文史理科或医科的学校，要强迫他学哲学，我们现在恰恰把他倒转过来，学哲学的要学自然科学，作为一种辅课，使哲学“活”起来。

说到文学系，实在有点困难。因为大多数人，都以为文学不过是人们的装饰品，不当一个正当的重要的科学看待，尤其是中国人只重念古书，背古书，他们对于这一门科学的观念，完全不对。

我们现在把他改为语言文学系，因为我们看见语言与民族是有重大的关系的，他并且与时代同时变迁，所以我倒要使国文科学化，使中国文学革命化，故有中国语言文学系的设置。

再看英文方面罢。中国人读英文，好的不过只能读读外国书。至于坏的，那就去做买办阶级，做帝国主义的走狗了。说他们研究英文吗，完全不是的，这一点也是要改革的地方。

现在说到历史方面。中国史学，在世界上是占有重要位置的，他是有系统的一种史学。但研究方法数千年一模一样，毫无进步，并且范围太小，只限于中国，对于世界各地方的史实，完全不注意到。

这以上说的三点，是文史科当中现在已办到的，本学期可以开课的；尚有许多要开办的，这个学期来不及，只得移到下学期，如中国东方语言，历史科学研究所，心理学实验室，以及哲学、英文等之阅览室，都是要设备的。又如他国语言文学，如德、法、俄、日等国的，都要有讲座的设置，至少也要成为第二外国语。

由文史科我们要说到法科了：

戴委员长提议把法科改为社会科学科，这一科实在觉得困难之点很多。以前的法律，法律家的著作，政治经济的著作，多是为帝国主义着想的。这些法律，这一类的著作，现在已不适用了；所以对于这一科功课上的改革，是有点困难。

戴委员长本已新拟好一个根本改革的计划，因还要和专门家讨论，故要等他从日本回来，才能够知道新计划的详细内容，知道后，才能着手做，这一学期，实在来不及，希望下学期有比较新的改革。上面已说过，现在开始工作的时候，能改的即改，未能改的，暂时仍旧。就是说，暂时为同学全体着想，虽一时尚未能十分把新计划完全实现，便按期将这法律、政治、经济三系姑且开起课来了。

他如"理科"这个名词，也旧得很，不能包括他的内容，故改为自然科学科。这一科方面，因他本来的根基比较好，所以容易进行。自委员会成立后，即派生物学系教授到广西海南等处，采集标本，现在他们已经带回的也有五六千种，很可以给同学研究研究。还有我们更得市政厅的特别帮忙，他们允许本大学在粤秀公园建设一个动植物园，这生物学一项，是很有发展的希望的。现为进行便利起见，分为动物学系和植物学系。

旧时用的数学系名词，是抄日本人的，但他不能包括这一系的功课。现在我们仍采用中国原有的名词，即算学二字。又因算学与天文系关系最为密切，故改为算学天文系。这一系可以说有大规模的计划，现已进行建设一个天文台，有了天文台，研究的机会不愁没有了。

物理学系我们想注重电学方面，就是要使中国的工业，达到电气化。至于化学系，要注意应用方面，力求他的进步，使中国化学工业发达。要晓得在求解决民生问题中，需要化学上帮助的地方，是很多的。矿物地质学系，从前可说无一点基础，但现在已向外国定购标本仪器书籍了，将来还要想法子把他规模扩大，这是很重要的一门科学，尤其是我国藏于地下的财源甚富，须要加以研究，以发展我国的实业，而实现总理的民生主义。还拿古生物学来说，他说人类史的种种，知道从前人生活各种情形，可以决断现在人生活的趋向种种，这个对于革命方面，是关系很大的。

以上说的各系是现在已成立的，下半年要成立的还有一个地理学系。中国人本来除对于历史学外，对于地理学，也是很有贡献的，可是现在已堕落了。我们看那一个中国的大学，有地理学这一科呢？地理学对于政治、经济、历史、军事，均有密切的关系，不用多说了。我们现在是要大家注意到我们要以前有过好的研究的，今后要重新建设起来，研究起来的。

医学科这一科关系非常重要，广州相信中国旧医的人还这样多，旧式的中医的势力还这样大，要把他推翻改革，是要靠新的医学去建设中国。因为医学不发达，致人口之夭折，统计上比各国多得多，于我们的中华民族，是很危险的。我们总理不是常常说外国人口增加比我国的快，为可虑么？还有此次革命势力扩展，因为医学的不昌明，致使北伐的同志，冤枉死了不少，这也是一个很可痛心的事。当委员会成立时，便决意想一个办法，使广东一般人避免疾病的来侵，得到幸福。我们可以说医科的规模，还算不错，房子也好，开办费是可以不用十分多了，不过要把积弊除去，大加整顿一翻。

还有一层，中国人学医的虽多，但专于研究学理的人不多，只得请些外国人来补充。现在已请了六个外国教授，希望同学把医学理论的基本功课的基础打得好。他们大约三四星期后，可以到校了，并且更定了很多仪器及书籍。预备等这几个德国专门家到后，即行成立解剖、生理、病理、微菌四个研究所，来做切实研究的工夫，同时供我们的第一、二两个病院的需用。

还有一层，我们希望养成一般医生，能够对于革命事业有帮助，于一般民众有幸福。不要像一些医校养成一般医生，出校后跑到租界上去挂招牌，为帝国主义者，为资本家、军阀、官僚，和买办阶级的利用。

农科这一科的学生虽少，但我们知道农学是非常重要的，因为中国向来是一个农业国，而总理也十分注重农业的。尤其是广东、福建等省的农业不发达，农产品不多，谋生不易，故有一般华侨出洋卖力，吃尽各种劳苦。拿进出口货表来看，可以看见中国农产品的不足，每年进口到广东的米，有几千万之多，这不是很可怕的数目吗？

再我们更觉得奇怪的，是广东是近热带的地方，水果一项，应该出产丰富，但市面上卖的，反而多有金山的苹果啊，桔子啊等，这也可见农业堕落的一斑。说到森林，中国到处是缺乏，广东更甚，山地虽多，但都没有植林，致使洪水常常为患地方。这边的蚕，每年可以培育五次至七次之多。譬如我的家乡湖州，本来以蚕丝最著名的地方，但那边育蚕，只有二次，且第二次成绩，每每不好，照这种情形看起来，故对蚕桑这方面，是很有注重的价值的了。现在本大学对于农场、森林、蚕桑，都拟有具体的计划，对于现在的农学、林学、农业化学三系，均竭力添置设备，以图进步，这是应该报告给大家知道的。

现在说到预科。本来预科程度，是等于高级中学最后三年级的。本校为提高大学程度，且因普通中学程度不能与大学程度衔接，故仍将旧有预科，改设甲乙两部，甲部注重历史地理等科目，乙部注重数理化。从前文法预科归于甲部，理医农预科归于乙部，将来每位教授均须在预科担任二小时的功课，大概下学期可以完全做到，这是关于预科的计划。

至于大规模的图书馆计划，去年委员会成立之后，已经发表了，大家早已知道，不要多说了。现在对于原有的图书外，已经再定购了十万元外国书籍，以作同学的参考。

从以上的说话看来，我们知道中山大学的希望是很大的。而完成这大希望的责任，当然不仅是在委员会几个委员的身上。一般教授、职员、同学以及校工，大家都应该同时负担起大学的责任。——使他办得好，能完成他所负的使命的责任来。我们一方面要自己共同努力，同时又希望政府的帮忙，一般社会及地方人士的帮忙，使大学容易发展。

我们知道能够把中山大学办得好，能够把这唯一的革命的大学的基础建树起来，并巩固他，那才可以真正的做一个总理的信徒，那才可以对得住去世的总理。最紧要的，是革命不忘读书，读书不忘革命。

最后，希望在党的指挥之下，大家相亲相爱，把责任由自己来担负，把这个很有希望的大学来办好，为党国建设一个稳固的基础。希望各位同志同学，共同努力。

（选自《朱家骅先生言论集》，中央研究院近代史研究所 1967 年版）

中大的改进

戴季陶

对于中大组织上之意义（节选）

中山大学，为中国革命的最高学府，今后中国之改造，须赖于中山大学者至大。吾党所持之原则在以党建国，则大学政治训育之必施党化主义，至无疑义。惟大学之基本价值，终在学术，今后中国之改造，亦在于科学的发展。故私意以为中山大学之前途，应以学术的价值为体，以政治的价值为用。换言之，则当实施大学之党化时，有两层意义：一、在大学内之党，应造成“党的科学化”，俾党的一切施设，皆能尽量扶助科学的发展；二、大学之一切学问的研究，应造成“科学的党化”，俾一切科学之发展，皆能完全为革命的发展而存在。此一理论，自制度上言，一方面大学之行政，既宜属之于有持久性之行政委员会，同时关于大学之政治的训育，宜由党的中央，设大学政治训育部于校中，任命政治训育委员三人，于三人中任命一委员长，负大学政治训育之全责。俾无论何时，大学之政治训育，完全受党中央之直接指挥，并主任政治训育之人，随时为党中央所信任之人。如此，则在大学之永久的性质上，行政委员会，恒居于安定之地位，而政治训育则绝对随党中央之组织而进。换言之，在大学之行政上，不必因党中央之改选而更易其人物，而大学之政治训育，则必须随党中央之改选而更易其人物。此一调剂的制度，既富于永久性而又富于弹性，既可保持以发展学术的价值为基础之原则，俾既定之行政计划教育计划，不致时起变动，又可实行完全之党化政策于有利。

关于各科的现象（节选）

在文科方面，我们得到好几位热心的教授，做了许多新的设计，现在已经一步一步着手进行，在下一个学期，可望有许多新工作新发展。我对于文科，属望甚殷，自己也有一些见地，曾经贡献给文科的主任教授。一个综合大学的生命在文科，一个民族的文化主动力在文学哲学宗教美术的思想。一代革命的创造力，造端和完成，也在于此。文科的关系之重大，不待我特别说明，凡是稍有思想有智识的人，都能见到的。而且在学术上，文科和任何一科的关系，都很密切。历史学、地理学和国文学，这三科的进步和发展，是一切学术建设的基本，尤其中国今天的情形，上述三种学问，可以说都是一片荒地杂生着若干乱草，开拓整理的工作，全在从今天努力作起。而且这三种学问，又都是异常困难的。不单是学问困难，并且在思想上在实际上，常含着不少的暗礁。越是关系重大，便越是不易进行，而又不能不勉力作去，我想说一句奇怪话，就是"只要真能把文科办好，革命的前途，便有了八分的把握"。这或者不是过分的话，确实文科的困难和重要，真是如此，并且无论那一科，都可以借材外国，只有文科，当中许多重要科目，是绝对不容借材外国的。我们今后，必须要努力把法科办好，建国的基本问题才能有解决的方法。法科的几个最基本的科目，便完全是荒地，而这些荒地，也是绝不能单靠法科独立去开，非和文科通力合作是不行的。譬如中国的政治史，法制史，哲学史，经济史，经济思想史，如果这几种学问建设不起来，法科的学问，便毫无基础。讲到这里，我只有以二十分的诚恳，希望全大学的各教授，认清楚文科的关系重大，谅解文科发展和进步的困难，努力扶助文科的设备和工作。更希望文科的教授，切实地担负起这一个很重大而困难的责任，以战场上拼死命的斗士的精神，为中国的民族，建设最基本最重要的学问。给中国的民族，创造出一个能动的势力，使一切的科学建设，得到活动的新生命。

在民族的经验上，文科的学问，常常是"能作"的基础，而在"所作"的方面，理科的学问，是一切科学的基础。在一个综合大学里，为各科的领导的，文科而外，当然要算理科了。但是我觉得这一科的困难，却比文科要轻得多。因为理科的学问，常常是世界的，人类的，和文科的学问，许多是民族的历史的，情形大不相同。我们如果有感觉人才缺乏的时候，只要是财力所许，人才和材料，都可以求之于世界。并且除了发明的能力而外，我们可以确定在若干年中，培养出相当的理科人才。这一点比起文科来，似乎要有把握得多。我们本大学更有一个便利，就是很热心而负实际责任的朱副校长，是理科的教授，他对于理科的建设，自然是热心而且内行的。从前理科各系，本有相当的设备，半年以来，增加的材料和设计，很可以使我们确信今后理科必然有顺利的发展。现在大学正在设计中的天文台，动植物园，和政府所办的两广地质调查所，都是理科前途的新光明。今后只要财政和事实容许，理科各系，我们都可以加聘世界有学问有经验的专家，也可以设计大规模的研究所。关于理科的内容，大学有专门的报告，不待我的述说了。

在医科方面，我们较为可以放心的，就是几个重要讲座，都得着适宜的德国教授，新设备的细菌学，病理学，生理学，解剖学，四个重要的研究所，在短期间里面，已经能够表现出很多的成绩。而且几个主任教授，每天从早至晚，很热心地在研究室工作，这种情形，是颇足令我们安慰的。只要教授们肯这样实际作去，几年之后，累积起来的研究成绩，便成为中国医学界的新基础，不单是本科学的医科可以巩固，在行政上，在社会上，都可以得着很大的帮助，中国的人民生活也可望得到改良的教训的。附属医院的内容较之去年委员会接手的时候，也整理得许多，虽然有很多缺陷，是中国社会的反映，不容易一时去净，但并不是不能改革，只要我们肯去作，一定可以作得好。关于医科的情形，使我有很大的感触的，就是几个德国教授，他们不是中国社会的组成分子，和政治社会，没有连带的关系，没有政治上的风波去牵动他们，影响他们，没有社会的不良风习去引诱他们逼害他们。在学校所定的很严格的合同拘束底下，他们绝对不能到外面去兼差，不能到外面去行医。大学的职务，是他的事业，同时也就成了他的趣味。用心既专一，时间又充分，自然他们在学问上的成绩，可以希望特别不同。为中国学术和教授的前途计，我十分希望中国的教授们，也忍耐着一些心理的痛苦，把一切扰乱我们研究学问的心思和关系丢开，很单纯地为学问而研究学问。也希望社会的人们，大家要尊重学者的研究工作，不要拿不相干的问题，牵动教授们研究的心绪。要发展专门的学问，必须要靠专门的人才，而要造成专门的人才，必定要能够专心致志去做研究的工作。为别的关系分心，断断乎研究不了学问，这一层是要校内校外的人们，大家体谅的。

中大的农科，本来学生不多，设备不足，规模不大，以后要求确实的进步，非大大地扩充大大地改造不可。自从今年春天以来，农科的教授们，在不言不语的当中，也作成了不少的新计划，一件一件地在进行。对于地方的农业改良农务行政的建设，也不断地帮助着做种种工作。农场的开发，在这半年多当中，成绩也大有可观。近郊的第二农场，我们希望在三年之后，成为广东唯一的农事试验场，并且成为省城附近第一风景优美的区域。环绕着广州市的白云山一带，现在我们也有了很确实的造林计划。预计五年以后，满布着死人坟墓毫无半点生活气象的荒山，可以变成绿荫浓布的胜地。给广州人民的精神上一个很伟大的新印象，使死气沉沉的肃杀的广州，化作生机勃勃的平和的广州。我对于这一种物质的建设，认为不单是为大学建学术的基础，并且是为千百万的民众造生活的原素。我们民众的真实永久的生命，要靠丰富优美的森林农地，才可以培养得起来。可是说到农科今后的进步，还是不容易得很。并且只有这一科，和本省的政治各县的行政，关系异常密切。倘若本省的政府，对于农业的改良农政的建设，没有大大的决心，只靠着大学去工作，终是事倍功半。譬如就各科的志愿生来说，向来就以农科为最少。这一回入学试验，情形依旧如此，据说报名的不过二十多人。这一个现象，是很明显地说明地方的农政没有发展，农业没有改良，所以求学的人们，不感觉农科的重要和农学的用处。要是不然，以一百县的地方，三千万的人口，何以志愿考农科的，只有二十多个人呢。因此，我对于这一个情形，不但是为大学农科的前途发急，并且替两广地方的农业前途发急。我觉得两广政治的当局，对于这一件事，赶快要用全力向农政上去做工夫。

说到改革中国的政治，改造中国的社会，农业是最重大而最紧急的。我们想想，中国号为农业的古国，在政治上，也号为重农的国家。而今天情形怎样，这几年来，农产品的进口，年年加多，最近五年当中，突然由三四千万加到了一万万三四千万。诸位同志，你们想，可怕不可怕！单就水果一项来说，现在南北中部各地，哪里不是充满了美国的水果？乡下的绅士们，居然也有人买三角钱一个的美园橙子苹果来吃。长江一带销的香蕉，尽都是台湾货。几年前日本从中国北方取了水蜜桃种子，现在变成很大的水蜜桃，年年运来卖给中国。从前唐朝的杨贵妃，因为贪吃荔枝，几乎因此亡了国。从六朝的衰败之后刚刚恢复起的中国民族，自此又复沉衰下去。现在买外国果子吃的，不知几百千万人，这样的情形，不亡何待。至于说到蚕桑丝织和棉织物毛织物等，更是痛心得很。我们中国人现在不说别的，已经是弄成一个没有吃没有穿的贫国了。大家还不发大愿心，努力求农科学问的进步，做改良农蚕畜牧的工作，这不是眼睁睁地等候亡国灭种吗！诸位同学同志，我不是常说，三民主义的基础是民生主义。就广义的说来，一个民生的主义，可以把三民主义的理论，都包括在内。民族主义是什么，是求民族的生存，民权主义是什么，是民众生存的方法，而民生主义是他的实体，所以离了民生，没有革命。民生的基础是在哪里呢？求达到民生主义的实现，要从何作起呢？我们单就中山先生的思想主张上来说，我们要晓得中山先生改革政治的观念，最先就是由改良农业的志愿而起。他本是研究医学的，而他出了医学校以后，便热心于农学之研究，尤其注意的是蚕病的救治。他的革命思想，最先就是由救济农民，解决土地问题而起。所以中山先生最初所组织的革命团体，就是农学会。他在二十几岁的时候所定下的改良政治的四大纲领，所谓“人尽其才，地尽其利，物尽其用，货畅其流”这四大政策的基础，就是放在农业的改造上面。最早出版的一部讲新学的盛世危言书中，有两篇关于农政的文字，还是先生的手笔。所以后来先生主张民生主义，在政策上，就把一切问题，归结到平均地权，要达到耕者有其田的目的。但是我们晓得，他主张耕者有其田，还有一个很重大的内容，就是“人尽其才，地尽其利”，决不是空泛的一个乌托邦的理想。我们又晓得中山先生最后十几年当中，把全部的精力，都用在工业建设的上面。一部建国方略，都是工业建设的基本。却是我们不好忘记了先生是时时刻刻认定农业是工业的基础，土地是一切财富的根源。直到他逝世的时候，我们是常常听他讲到这一点。广东是中国革命的策源地，中山先生在四十年前，就倡发展农学改良农业。中山大学，是永远纪念中山先生的大学，我们如果不用全力把这农科改革好，怎样可以对得起先生，怎样说得上纪念中山先生呢！可是这一件大事，断断不是大学独自的工作，而且不是靠中央的力量所能为力的。要靠两广的省政府，尤其是广东的省政府，看明白，认清楚，下一个大的决心。不好把这些事情，当作不急要的工作，不好说现在是打仗的时代，是政治改造的时期，把农学农政，丢在脑后。要政府尽力与大学来合作，然后我们农科才有办法。现在我们已经几次和农科的教授商议，赶紧定出发展农科的计划，书籍，仪器，标本，建筑，实验，种种方面，应该怎样施设，都正在研究规划之中。还要望同学同志们，大大的把从前那种鄙弃农业和只认识工商业的错误观念除去，到底要进农科的学生多一点，农科的教授们，也才鼓得起劲，而种种工作，也才做得起。

现在我要把法科的问题，对诸君说一说了。这是我们大学里面一个顶麻烦顶困难的问题。但是我们无论怎样麻烦，怎样困难，都一定要把这些难关打破，造起一个基础来，我们这一个革命的大学，才能够名副其实。我们改造国家改造社会的工作，才有希望。前面所讲的那些人才拂底，法制不立，行政不清明，官吏不廉洁，民众运动不切实，党国的一切政治工作作不起的困难问题，才可以希望逐渐有办法，诸位同学同志，你们晓得法科的困难在那里呢，这一件事我从前也常常对诸君讲过了，现在且把他列举出来罢。

第一，现在是革命时期，无论什么人，都带三分政治狂革命狂，人心是动荡得利害，尤其是学政治法律，社会经济的人，更加如此。很多的人，都是愿意参加政治工作，很少有愿意关在大学里做图书馆研究室的工作的。而且因为政治上的人才缺乏得很，所以四方八面稍有能力有学问的人，都拉到政治方面去了，于是大学便生出求才难。而学生在实际工作的名目之下，跑到外面去兼差，一年四季不到校，问起来都是为党工作，这更是一件根本上的大毛病。

第二，我们是一个国立的大学，实在说，也就和党立大学差不多。在思想主义的派别关系上，法科受政治的冲激最大。办学的人，对于这一个问题，真有说不出的困难，而求人才的艰难也就倍上加倍。并且政治上每有一个风潮，必然影响到大学里来。在大学首当其冲的，就是法科，动荡的次数越多，而法科的衰弱和颓败也就愈甚。

第三，学生的科学基础太差，去年改组时候，考试的结果，看出法科学生的程度，实在是参差得太利害了。这一件事和学风的败坏是互为因果的。凡是懂得求学门径的人，他才有研究的兴趣，要有相当的学问，才晓得时时注意自己的不足，要晓得不足，才会去用功。如果程度太差得利害，他就会变成一个糊涂自大的病人，再也不懂得求学的紧要。这是中国一般学界的通病，而中大法科，不单是不能免，并且很大。因为中大，不是一个从根本上建设起来的大学，而法科则更继承着法政学校以来的种种缺陷。

第四，完全没有研究的设备和组织。这本是中国一般学校的通病，所以中国的一切大学，比起外国的大学来，简直说不上，就是在此。图书是没有的，研究的资料是没有的，而且也不曾打算去做设备。因此，除了教习讲一点照例的讲义，学生照例上讲堂——从前连上讲堂的似乎也就不多——听讲而外，也就没有工作。在这样的情形之下，怎样可以建设得起学问的基础来呢？我们现在办法科大学，目的是为中国造人才。且不说外国的法律政治经济种种理论，历史的学问，中国人没有高深的研究，就算是有了，是否便算够用呢，绝不是的。我们中国所要建设起来的科目多得很。譬如我们讲中国法制史，中国法制思想史，中国经济史，中国经济思想史，中国政治史，中国政治思想史，中国哲学史，再细说起来，还多得很。这些科目，那一样不是法科大学中的基本科目。这些科目，在中国学术界中，过去可以说是一点基础也没有，何处请专家来讲，当然是都要从新建设起来的。所以大学的责任，是要研究学问，建设学问，纯正一些说，真是为世界造文化的基础。而中国在过去，是一点也没有准备。至于说到无论任何一门学问情形也都一样，贫乏和衰弱，差不多可说是中国学术界的通病罢。至于在实际问题的研究上，更加可叹得很。无论是土地问题，金融问题，货币问题，贸易问题，社会问题，民法上的问题，刑法上的问题，税制问题，外交问题，条约问题，那一样不是空虚得利害？如果中国本身的问题，一点没有研究，而且不预备去研究，也不作研究的计划，何从说得上学问呢！

（原载《戴季陶集》下卷，上海三民公司 1929 年 11 月）

办理国立中山大学(上、下)

邹　鲁

上

我重长国立中山大学时,系在“九一八”和“一·二八”事件之间。当时学生爱国运动,风起云涌。青年热血,不免时有越轨的行为,甚至包围政府机关。这不但学校当局无法制止,即政府机关,也无如之何。但荒废学业,破坏秩序,实莫此为甚。我到校后,立刻布告员生,定时上课。到了那天,我前往各教室视察,看见教授和学生,一个都没有,心中十分惊讶。我便走到布告处,上面贴着学生会开会的通告,才知道大家去开救国会了。我想:假使这样,不加纠正,那末救国运动,将成为害国运动。于是我便即刻召各院院长及各系主任谈话,请他们转告各教授,以后务必按时上课;如若学生不到,则另有处置办法。学生散会后,我又召集学生会主持人训话,恳切地对他们说:“学生以读书为职责;就是救国,也要学问。学生绝对不该因为救国运动,抛开学问,更不应因救国运动不守学校的纪律。”同时我又警告他们:“以后上课的时候,不准开会,即使要开会,或者举行其他的救国运动,必须在上课的时间以外进行。”从这次告诫后,学校中就不再见上课时开会的事情。但是我仍以为这只是消极的方法,未必能满足学生救国的热情,便实施积极的办法,由学校来领导救国运动,员生一齐参加,并成立了一个特别区党部,从旁协助。这样之后,学生的救国运动日上正轨,抗日情绪更加浓厚。结果日本人称中山大学为“抗日大本营”。

那时学生还有一种嚣张的风气,就是择师运功。凡是他们认为不满的教授,便立刻表示拒绝。因此好的教授,也不安于位。更有少数教授,竟借学生的力量,来保全自己的地位。我到校之初,法学院有一位教授,正在利用学生,以图夺取院长之职;另有一位我长广大时的教授,这时跟我回校,也想用同样的方法,以争取生物系主任。我以为此风不可长,并且原来的法学院院长和生物系主任都不坏,所以我极力维持他们,还解除了那两个想利用学生的教授的聘约。对于这种行为,平时我非常注意。到了暑假,不好的教授,固然没有续聘,所有借学生以自重的教授,一概不再蝉联。经过这样处理以后,学生择师的坏习气才不发生，教授中也没有利用学生来争取地位的人了。

此外，学生中还有一种极坏的流行习气，就是在校外聚会时，公然打牌。有一次，广州大中学校举行联合运动会，筹备时他们在小北宝汉茶楼聚餐，约我参加。我到了那儿，看见参加的人很多，但有两三台麻雀。我们的体育主任已到会，但是若无其事，并不制止，我一见大怒，立刻返校。本来我想彻底严办，但是到会的各校学生都有，而打牌的是否是中大学生，无法调查清楚，便将该体育主任，因为他是职员，记大过一次、并扣薪水一月。这样一来，学生知道我对于这种事，决不会宽恕的，因此他们不敢再犯了。

在这种情形之下，我想：今日的学生，即我国国家社会将来的中坚。如若学生的道德堕落，则国家社会，将根本无法整顿。我觉得常时学风之坏，是由于我国的教育制度，对于德育方面，还没施行有效的指导办法。但是我国的教育制度，却是沿袭欧美的。何以欧美行之，社会人心不致堕落，而我国行之，却产生这种现象？症结所在，不外欧美社会道德的训练，有教会负责。不论男女老幼，每逢星期，都到教堂里去听讲、受教育方面的种种训导，因此学校不注意这个问题，也不至于有不好的后果。我国既极少教堂的组织，而在新旧的过渡时期中，时髦者又不免以破坏旧道德为能事，无怪有此结果。我考虑以后，认为我国学校，却不能不负德育方面的责任。所以我在这方面，除对学生灌输三民主义并时对学生讲演做人的道理外，就叫员生多多研究旧道德，文学院中文系并特别注重经学的研究。于是有人诋毁中大为“中大读经”，“中大复古”。同时陈济棠先生和广东教育厅跟着也有这种主张，弄得全国都说广东的教育是复古的教育。那时曾有人问我：“你是不是想学孔子，删书定礼？”我沉痛地答道：“现在世风日下，眼看着我中华民族赖以立国的基础，将归于毁灭。为此我对于中大学生，竭力灌输三民主义，积极倡导我国固有的旧道德，希望挽救颓风，真能利用现代的科学以救国。万一国家不幸沦亡，我们后一代的人民，被我们种下了三民主义和旧道德的因，将来也还有光复祖国的可能。所以我今日之所为，非学孔子删书定礼，正想学王船山、顾亭林播下些复国的种子。”

以上所说，系我接任初期所做消极的整顿工作。经过这时期后，看见员生都能渐上轨道，因此我就从多方面开始实施积极的改革方案。

其一，提高学生的素质。我认为教授不好，固有负青年孜孜求学的苦心，学生程度不佳，也难提起教授讲学的兴趣。所以要双方面着重，才能够使一个大学成为真正研究学术的机构。到了暑假，招考新生的困难便立刻发生了。当时奔兢的风气，学校亦被波及。一班有力量的人都请托了人出来说情面，要我收容他们的子弟入学；更真接与主持招考的教授说通，从宽品评。甚至升级的时候，也有同样情形发生。结果取录的学生非常复杂，程度也不合标准。我想长此下去，不特学生的程度无法整齐，难于教授，而且助长了他们依赖的心理和钻营的恶习。其害之大，尤为不堪设想。于是在次年招考新生的时候，我便特地请政府派人前来监考，以期破除情面，选拔真才。同时又严订考试办法，以杜绝一切流弊。考试题目，事前指定各科教授每人各拟三题，直接送交校长保存。到了考试那一天，校长和政府派来的监考员以及其他有关人员，都于清晨五时到校，然后把当日所考的各科题目全部拿出，临时由校长、监考员和当时指定两三位教授，在全部题目中选出若干条做为正式试题。凡被指定为选题的教授事前所拟的试题，一概除外，其余教授所拟的，限定每人至多只选一题。选定之后，即交付油印，封送各考场，由监考教授负责拆开分发。试卷上面，不署考生姓名，只编号码两种：一为公开的明码，是指示座位的；一为弥封的密码，是代表姓名的。监考人员先对明码分发试卷，阅卷地点设在大礼堂，我和监考员都亲自在场主持，阅卷者为各科教授。照例当天阅完，当天计算分数。不合格的，全部剔除；合格的，逐卷按暗号码查封姓名。此法实施后，请托者固可婉辞，即其他弊端，亦皆得有效的解决。几次西南政务会派来监考的，都是邓泽如、杨熙绩两先生。他们不但大公无私，还不辞劳瘁，一天到晚都在学校主持，真属难得。这样，新生取录的标准，既已一致，便更进一步，对于学期及学年考试，也订定严格办法，请各教授切实执行。久之，学生的程度就普遍提高了。当时录取的新生，规定须于开学前十天来校报告，先授以旬日的训练及精神讲演。在这时期中，每天我每亲临训话。凡是不守规则的学生，都不许入校。曾经有两个学生受过这种处分，以后学校的纪律便益见整肃了。

其二，增聘好教授和促进教授与学校间的关系。对于聘请好教授，我向来就非常注意，而自主持中大后，每届秋季，必依学校的需要，多方罗致。因广州虽然不是全国文化最集中的地点，同时中大的待遇比较起来不能说是很优渥的，但是各院系都有杰出的教授。我对于教授，不论他们什么时候来看我，我必随时接见，而他们所贡献的意见，莫不虚心采纳。他们和学生接触较多，知道学生的需要应常较切；尊重他们的意见，非特对于校内教育得益不少，就是其他的一切，都有极大的裨益。然而我觉得教授和学校之间的关系，只是这样，还不能做到我所期望的地步。所以我除规定的例会和他们商榷外，还于每日中午，分别约请各院系的教授聚餐。这样，一方面可进一步认识各位教授，另一方面得彻底明了各院系的详情，并悉各学科的最新知识。现在回想起来，不说别的，就是我个人在这种叙会中所得到的益处，也已经不少。那时全校大约有三十余系，每天中午请一系的教授和副教授、讲师叙会一次，大约一个多月，才能够和各系的教授快谈一次，这显然不够。同时我觉得学术思想，进步惊人，政治形势，变化万端。于是我就定于每星期六下午举行学术政治讨论会，请全体教授参加。办法是一星期前，由我提出问题，除把这个问题通知全体教授外，还请和这问题有关系的学科方面的教授加以研究。

例如关于政治的问题请政治系教授担任，关于水利的请农学院以及工学院中有关的教授担任等等。到了开会的时候，先由担任研究的教授提出报告，继由各教授提出意见，加以讨论，以达到大家了解或得到共同认为满意的结论为止。如若教授方面有问题，也可以同样提出。当时大家对于这种会议，都非常感觉到兴趣。他便成为全校交换学术和意见的中心。甚至学校方面的许多重要问题，也在这会议里提出商讨，因此减轻了校务会议的职务。不过以上种种的集会，形式上未免严重；并且有许多比较小的问题，必须立刻解决。为补救起见，我又在办公台上置一意见簿，如教授来时，我适有事他往，教授即可将意见写在簿上，我回到办公室后，则分别予以答复。这样，我对于全体教授，可说个个认识，而教授之间的情感，也日形浓厚；一切意见，都有正当发挥的路径。结果融洽的空气，充满于全校之内。

其三，促进员生的研究工作，并把研究所得的成果，尽量发表，以贡献于社会。在我重长中大之前，各种研究的机关，民国十六年成立了语言历史研究所，教育研究所，十七年成立了农林植物研究所，十九年成立了土壤调查所，后来语言历史研究所易名为文史研究所。我到任后，便使文史研究所和教育研究所，先后相继招生。到了二十四年春，政府正式公布研究院组织法和硕士学位授予法。本校也奉教育部令，将各研究所合并，成立研究院，下设三所：即文科研究所、教育研究所和农科研究所。每所又分两部：文科为中国语言文学部及历史学部；教育为教育学部及教育心理学部；农科为农林植物学部及土壤学部。二十七年，师范学院成立，教育研究所就改为师范研究所。此外还有几个不隶属于研究院系统之下的研究所，如文学院的社会研究所、医学院的病理研究所和药物研究所、农学院的农林植物研究所、稻作研究所和蚕桑研究所等是。这些研究所的研究工作之积极及其成绩，并不减于研究院所属各研究所。如梁伯强教授所主持的病理研究所和陈焕镛教授所主持的农林植物研究所，其成绩之辉煌，不特见称于国人，而且蜚声于国际，中华文化基金委员会因此特别给予他们以经济上的帮助。除了以上这些研究机关之外，在各院系，又有各种研究会，如文学院中文系有中国文学研究会，史学系有史学研究会，法学院经济系有经济研究会，法律系有法律研究会，其余院系类推。这些研究会纯由学生发起组织，研究的方式为集体的，而非个别的，研究的问题为一般的也有，特殊的也有，与各研究所的工作又截然不同。我认为学术的进步，要依靠互相观摩，所以自由研究精神的提倡，实不可缺少；也只有尊重研究的自由，才能够养成蓬勃的学术风气。全校员生数千人，各种理论，形形色色，无不具备，凡能“持之有故，言之成理”者，我不特许其畅所欲言，而且极力提倡。这种自由研究的精神，后来逐渐由校内而扩展至于社会。我又认为学术是天下的公器，学术研究的成果，应当尽量贡献于社会，同时多多发表，也可藉以与国内外学术界交换意见，益求进步。所以若研究机关或团体，凡具有优良成绩的，都由学校补助经费，创办刊物，尽量发表他们研究的成果。当时校中定期刊物，举其要者，研究院有《文史汇刊》、《文科研究所季刊》、《史学专刊》、《民俗季刊》和《教育研究》等；文学院有《文学院专刊》、《文史专刊》、《现代史学》、《社会研究》和《文学生活》等；法学院有《社会科学论丛季刊》、《社会知识月刊》等，农学院有《农声月刊》、《农林植物研究所季刊》(英文)、《琼农半月刊》和各种专刊，如各县土壤调查报告、各县农村经济调查报告等，理学院则有各种研究报告和特刊，及英文的《年报》等。两广地质调查所复有《两广地质调查专刊》。此外，我还订了两种有系统的出版计划。第一种是关于研究总理遗教。我以为学校所教授的党义，获益实微，无裨于总理遗教的阐扬。而总理的理想与计划，博大精微，包含各种学科，非将总理遗教由各科分别研究，不足以发扬其微，付诸实施。于是乃将总理遗教分门别类，编入各科，由各科教授就其学科，加以研究，熔遗教于各科之中，而各科皆可以研究所得，作为教材，见诸实用。学生研究一科，即有遗教一部的精神存于其间。这样即无教授党义之名，亦可得全部遗教的真谛。这计划业经几度讨论，订定具体办法，卒因抗战发生，未能全部完成。第二种是中大丛书计划。办法是请各科教授提出专门著作及讲义，组会审查，认为有学术价值的，即列入丛书出版，以补充一般大学教本及参考书的不足。当时各教授均极努力，凡重要科目，已成书的二百多种，但因抗战起后，学校搬迁，经费困难，未能出版。诚为遗憾！

其四，提倡军训及体育。学校军训既可使学生整齐而有纪律，又可使学生皆知军事学识，尤其在国难期间，遇必要时可执干戈以卫社稷。所以广东大学时，即有军训一课，由蒋先生派黄埔军校教官担任。及至中大时，学生入学以前，先受若干日军训，由我每日训话。其后教育部令全国中学以上普遍军训，宿舍亦军事管理；中大已有根基，举办至为便当。至于体育，我更竭力提倡。因为我国人民日趋孱弱，寿命亦日渐减短，不讲究体育，实其重大原因；且鉴于第一次大战时，美国常备兵不过数万，但战事爆发，立刻就可以大量增加，亦由于其国体育普及之故。然自广东大学以来，提倡体育，及养成运动选手这种特殊阶级，只为竞赛之用；而多种体育器具，且专供他们享用。一般学生虽有锻炼身体之心，想学习各种运动，反有困难。当时校址在城内，体育场不大，球场尤少，一时亦无法改善。因此在石牌建新校址，我特建体育馆，复在校门之内，辟极大的运动场，并在理工两学院之间，设立篮球场十二所，而各员生宿舍及各公共场所，各种球场无不齐备。还将原有的大水塘，改为游泳池，并拟凿一小溪，直通珠江，可为赛艇之用。珠江上面，亦拟设校外游泳场，加以校内及林场农场各马路，长至数十里，其中有一小部分，宽及一百二十尺，而各种建筑，均依山坡天然的形势，尤便于走路越山等运动。员生因体育设备已多，运动亦易，于是体育遂日渐普及，即昔日以运动员为特殊阶级的恶习，亦为之一革。

其五，增添图书仪器。本校由高师、法政、农专、公医各校合并而成，其中历史悠长者，有四五十年，集各校所有的图书仪器，为数已经不少，我在广东大学校长任内时，又积极筹划添置。除于学校经费中指定图书仪器的款外，又特别在中法庚子赔款拨助本校经费内拨出一部，专在北京购置图书。此后历任校长，也陆续添置不少。我既重长中大，就定充实图书仪器为主要方针之一。一面增加图书仪器的经常购置费，一面另设法筹募专款添置，及劝人捐赠图书。其后因添加院系，图书仪器愈与日俱增，除校内有总图书馆外，各院系亦有分馆，理学院则每系均有图书室。至于工学院一院的图书仪器，全部都是新购的。就我们所知，全国大学中，如以学校做单位来比较，则本校图书仪器之多，似应首屈一指。举例言之，图书方面，如教育研究所所藏的外文教育图书杂志，至为丰富完备，仪器方面，如医学院共有显微镜两百架，亦为国内各大学所罕见，标本方面，如生物系有动物标本六万余件，植物标本二十余万件，其中大部分为员生之自采自制，尤为珍贵。

其六，调整与充实学校机构。我接任时，校中大学部只有文、法、理工、农、医五学院，而各学院的学系，大都尚未应有尽有，我就积极调整和扩充。先把理工学院分为理学院和工学院，而工学院除原有的土木工程系和化学工程系外，另添设冶金工程、机械工程和电气工程三系，于二十二年度开始招生。其他各学院，则视国内的需要而添设学系，如农学院的蚕丝学系、文学院的社会系等。二十四年成立研究院，这是前面已经叙述过的。二十七年又奉教部令，增设师范学院。于是本校组织系统，益告完备。纵的方面说，自幼稚园、小学、中学、大学而至研究院，均已成立；横的方面，凡文、法、理、工、农、医、师范七学院，以及各院所应有的学系，几无不具备。当时全体教职员合计八百余人，学生近五千人。

其七，使学校负起社会事业的责任。我素来主张学校和社会，应该发生密切的联系关系；同时学校必须生产化。重长中大后，我便先把广东通志馆接收过来，准备编纂适应时代的省志。当时拟订省志的总目如下：列传、外交、古迹略、教育、金石略、宗教、艺文略、物产、宦绩略、职官表、财计略、舆图、矿物地质、民族略、风俗、灾变、公路、林业、航政等二十余门类，分别聘请人员及由有关教授分别负责编辑。在二十七年学校西迁前，全部已告编成。但因经费缺乏，只先印了列传四本。其他稿件，由于学校搬迁，能否保全，诚属堪虑。其次，我又接收两广地质调查所，由学校负责办理。该所依研究性质，设立矿物、岩石、古生物、化验、试金、陈列、储藏、制图、摄影、仪器等十室及地质图书馆一所，以供员生实习之用。二十四年底，广西的地质已初步调查完竣。二十六年后，广东的也调查完毕。凡是一个地方的调查工作结束时，都有一本报告书出版。再次，农学院的土壤调查所,也有很好的成绩。广东各县的土壤,已由该所调查清楚,详细化验后并制成许多土壤图,还有报告书出版。至于稻作研究所,则成效尤著。据报告,它所出的改良种,能够增加收获量到百分之三十。最初我半信半疑,后来我道经东莞,访蒋光鼐先生,他极赞中大在该县所设稻作试验场的成绩,并说该县附近的农田,都已采用中大试验场的改良种,收获量的确有百分之三十的增加。茂名也有中大所设的稻作试验场,成绩也和东莞一样。并据林云陔先生说,当地农田,都已采用了中大的改良种。其他如广州附近,以及西江、北江、南路和海陆丰各县,也都大量采用。甚至江西亦有中大改良种的种植。二十七年我道经广西,据当地服务的中大学生报告,广西在二十六年曾从各省采取百余种稻种来选种,结果认为优良的三种都是中大的改良种。还有蚕桑研究所,也有显著的成绩。广东的蚕,每年八造,但蚕茧只有小指那么大,经过本校改良后,便大如中指了。此外尚有:(一)民众法律顾问处。凡是民众对于法律事件发生疑问时,都义务助其解答。(二)经济调查处。它以调查本省经济状况和研究本国经济的变迁情形为目的。当时广州市的物价指数,就是该处调查编制的。(三)乡村服务实验区。这以推进乡村教育和辅导乡村建设为职责,并为乡村义务种痘。这三个机构都由教授领导学生来主持。(四)医学院附设之第一第二医院,一方面可为社会上医病人,一方面教授可率学生实习。结果不但师生的关系更为密切,学生的实际经验增加,而社会也获得其益。

除以上所述者外,还有几桩事情,不妨顺便提及。(一)当时中大附中升入大学的,为数颇多。我既然要提高新生的程度,那末自己的附中附小,当然要加以整顿。从前附中附小的教员,尤其是附小的,大都是普通师范的毕业生。他们的学识,由于那时普通师范的一般情形,似乎很难使人满意。于是我把附中附小所有的专门科目,都改由本校专门科的毕业生去担任。因此附中附小学生的程度,也与日俱进。因为这事,使我对于本校教育系的科目,发生了个疑问。本校教育系所注重研究的,都是方法,学生毕业后,都感觉到没有实在的科目可以担任。我便请教育系的教授来商量,都公认为后当多添些实在的科目,以增进学生的知识和经验,庶可胜任毕业后的职务。以前师范学堂的办法,就着重这点,我很赞成,后来政府办理师范学院,也符合我那时这种理想。(二)当我办理广东大学的时候,就招收了许多台湾、朝鲜的青年来校读书。对于这些学生,除免费外,其余一切必需的应用品,也由学校供给。其目的在培养台湾、朝鲜解放运动的青年干部,以便将来共负维持远东和平的责任。我重长中大时,便立即继续办理。抗战以后,他们相继离开学校,参加抗日工作,不负我当时的期望。再者,广东的海南岛和北江有黎、苗、徭等族,除少数已同化者外,其余甚少和汉人往来,仍然保持着半原始的生活,文化的落后,自不待言。我感到他们是中国民族的一分子,开化他们,使之共同进步,实我们应尽的责任。所以在广东大学时代，我早就订定优待办法，鼓励黎、苗、徭青年来校就读，造成开化的干部，这次重长中大，仍然继续办理。所有黎、苗、徭学生毕业回去后，对于开化工作，都能各尽其力。可惜人数不多，未能收到显著的效果。（三）我为奖励学生及预备养成教材起见，多派优秀而研究有成绩的学生出洋。前在广东大学时，我就将以前留法勤工俭学的学生，政府不能接济经费的时候，全部由校接济，特设一海外部属校主持，以后陆续有毕业，人数日少，我就决定额为六十名，不足时，随时由校派学生补足。民国十四年缺额十二名，我就由校补派十二名往补。原想各国都续派往，后来离职，也就作罢。重长中大后，我仍抱着已往的办法，但因建筑校舍，外汇又高的关系，一时未能多量派出，却是派到德国学医的，派往美国、日本学农的及派往日本学理科、文科、法科的，亦为数不少，惜二十五年我出国，二十六年以后抗战，我的主张，可说是大部没有做到。[①]

中山大学概况（在西南各机关联合纪念周报告，二十一年九月十二日）

鲁奉命接长中山大学，历七阅月，对于校务与兴革，可分别报告如次：

精神方面：（一）提起学生求学精神——年来学生视停课为常事，竟有一学期上课不及一个月者，及至考试，则要求免考，给学分；即平日上课，学生自由开会，可以辍课；接事之初，此风尤炽，乃抱定：一、不准停课；二、不准免试给学分；三、不准于上课时间开会之主张，督促学生。结果，上半年除政府准令停课外，未曾自停一小时课，学生开会，复不于上课时间，前学期未考试者，并悉行补考。弦歌不辍，宿舍无荒，可为告慰。（二）勉励学生救国须先自救——年来全国学生，用救国二字为其轨外行为之护符，甚至本分内之功课，亦可以救国停止之；倘有政治上人每月为若干元之津贴，更不惜成群结队，为其作猪仔式工具，教育破产，无过此极。故接事以来，日以救国先从自救入手，勉励学生。自救之道，欲其认清学生地位至高；须顶天立地，须旋乾转坤。目前危急存亡之中国，非我学生负责不能救。要造救国之学问，须将中国之旧道德力行起来，将世界之新科学迎头赶上。要造救国事实，须从一衣一食做起，学生服用土布制服，节省一切宴会，即是实行救国之初步。

事实方面：（甲）筹集新校舍建筑费——石牌新校舍尚未完成，校务无由发展，必须筹备巨款，以为建筑费，因而呈准政府，增收舶来肥田料附加税，自八月十日起，招商承办，每年可得国币八十万元，指定为建筑专款，计每年可成一学院，不数年而

---

① 兹附录二十一年在西南各机关联合纪念周报告中山大学概况演词于后 文中所述，为我接长中大七个月之全校情形，以后历年均有演进，故此篇仅可视为中大发展之开端。

全校可完成。(乙)筹备工学院——本大学前以土木工程、化学工程两系,合并于理学院,改称为理工学院。此系一时权宜之计。鲁莅事之始,即决意将工学院独立。七月间聘请萧冠英、何衍璇等十一人为工学院筹备委员,并以萧冠英先生为主席,拟先设矿冶工程、机械工程、电气工程、化学工程、土木工程五系。编订专章、积极进行,期能于二十二年招收新生。(丙)订正课目及授课时数——本大学各学院前因不相联络,致有课目重复之弊,本学期由教务处悉心厘订,其有课目重复者,悉删改之,又前学期教授授课钟点有未及定章十二时之限度者,悉合并之,致裁缺教授有遗才之憾,然因遵照定章及节省糜费,诚非得已。(丁)救济国难失学学生——今春"一二八"沪变突起,上海各大学多蒙绝大损失,东北学生亦流离失学,请求入学者颇众,留日归国学生亦有同样要求。本大学为救济前项学生起见,于一月十日第十次教务会议,决准收做特别旁听生。(戊)救济时疫——前因霍乱传播,全市彷徨,当即决将附属第一第二两医院,暂改为传染病院,并免费注射预防针,以资救济。(己)兴办义勇军——外侮日亟,国人莫不同仇敌忾,本大学因之举办义勇军,大学及高中学生,均受军事训练,计分两总队,合共一千一百八十人,现改组为军事训练部,一切章制,悉遵部令办理。(庚)接收广东通志馆——广东省政府委员会决议将修志事宜托本大学办理。当于八月一日派员接收,聘请史学专家总其成;其有关于地理、天文、测量、物产等事项,则分交理工农各学院办理。务求适应近代潮流,成为最新之通志。(辛)考取新生——本届各级报考新生约有六千五百余名。经分别试验,计取录本科一年级生一百七十八名,高中二年级生八十六名,高中一年级生二百五十三名,附属初中一年级男生一百一十五名,女生三十一名。附属小学各年级生三百八十八名,又在上海南京武昌福建各属取录新生九十八名,免试升学本科生六十一名,高中生五十四名,全校各级计取录新生一千三百〇四名。本校大学教员二百八十八名,职员三百三十二人,附属初级中学校教职员五十二人,附属小学校教职员四十九人,附属第一医院职员九十七人,附属第二医院职员二十六人,全校教职员合计八百四十四人。文学院男生三百二十六人,女生七十五人;法学院男生三百一十八人,女生二十三人;理工学院男生三百五十九人,女生一十六人;农学院男生一百三十六人,女生四人;医学院男生一百一十二人,女生十人;高中部男生六百二十三人,女生四十七人;附属初级中学四百七十人,附属小学及幼稚园八百四十七人;全校学生合计三千三百六十六人。本大学图书馆计有中日书籍二十二万〇四百〇七册,西文书二万四千五百〇九册,合计二十四万四千九百一十六册;各院各系之图书,尚不在内。仪器二万一千五百九十三件。校具二万二千一百六十三具。

以下分述各学院概况：

(一)农学院　本大学农学院，系在广东大学成立时，就前广东省立农业专门学校改组而成。依本大学设立之宗旨，农学院之学制，分大学本科及农业专门部二级。本科造就高深学术研究之人才，而农专则注重实用之训练。学生人数约二百，本科农专约各占其半，农学院之学科，分农学、林学、农林化学三系。农学系内分为农艺、园艺、畜牧、蚕桑、昆虫、农业经济六门；林学系分土壤肥料与农林产制造二门；此教务上之组织也。农学院除造就人才外，对于农林事业，负有研究改良之责，故除上述组织外，设有研究委员会，由教授与技师共同组织、担任各个农林问题之研究，其结果经证明有实效者，陆续介绍农民采用，以谋农林事业之逐渐改进。为利便研究之进行起见，因而附设有各种场所，计现设有之场所：附校农场、第一模范林场、南路稻作育种场、农林植物研究所、蚕种改良所、南路蚕业试验场、沙角沙田试验场、潮州苗圃。兹将各附属场所之责任及其工作成绩，约略分别报告之：(1)附校农场——附校农场分设于东山农学院及石牌，专供员生实习试验研究之用。石牌农场，面积约一万亩，本属荒山荒地，现尽已垦辟，其中以水稻育种试验研究，得有相当成绩，计现有竹粘一种，经已推广于农民，比较土种增收百分之十；次为东莞白一种，在附近番禺及中山属，经证明比较土种约可增收百分之三十。至用交配育种法育成之新种，为中山一号等，现经试验，比土种增百分之二十一，俟再经试验确定成绩，然后推广普及之。其他用纯系育种法育成之纯洁品种，尚有十五种，试验结果，比原种增收百分之五至二十，俟试验成绩确定，再事推广。吾粤粮食缺乏，稻种改良，为治本重要问题，倘继续力行，加以水利整理，则粮食缺乏问题，不难解决也。此外果树、蚕桑、畜牧、甘蔗、波罗、桐油等，均在研究栽培中，尚未获确实成绩足以报告者。(2)第一模范林场——场址设于白云山，面积约二万亩，内辟模范林道，环山而行，长有四千余公尺，小林道二万余公尺，造林面积约及三分之二(一万余亩)。并建亭台楼阁以点缀风景，足为人民造林之模范。林之种类，以松为最多，次为杉樟等。(3)南路稻作育种场——农学院研究水稻计划，因地方气候与土壤之关系，在茂名县公馆附近设立南路稻作育种场，以就地研究南路稻种，同时与附校农场之育种事业联络进行。计近两年来将改良稻种在茂名地方推广于农家者，其增收成绩比之同期成熟之土种，有达百分之三十者。(4)农林植物研究所——农林植物研究所之初步计划，为采集南路中国植物标本，尤注意于广东方面，并搜集各省及国外标本从事分类研究，继而为经济植物之研究，以介绍新品种。就现有已登记者：有干制标本二万六千一百七十五号，液浸标本五百三十七号，木材标本二百二十五号，种子标本三百一十五号，其未登记者，有干制标本约三万号,液浸标本一百余号,木材标本二三百号,种子标本一百余号。此外鲜花解剖绘图谱,亦经完成其一部,附入标本中,以供参考。年来就附校农场增设苗圃以保存繁植稀有之植物,计有六七千号。(5)蚕种改良所——此所原设于清远县城,现在迁于三水之西南,就研究所得之蚕种改良法,制造蚕种,推销农民。民国十五年初办时,销额不过三千余两,去年已达三万一千余两。所有三水、四会、清远一带,及顺德一部分,已陆续改用改良蚕种。惟是蚕桑根本问题甚多,同时在学院蚕桑门内陆续分别研究之。(6)南路蚕业试验场——广东南路各属地多荒芜,然亦宜于蚕桑。前因地方人士之请求,在茂名县初办蚕桑巡回讲习所,继而成立试验场,并得省政府之补助,建有缫丝厂。因地方人士协助提倡,该处蚕桑事业较前稍有起色,倘能多筹经济扩充,南路蚕丝生产增加,亦意中之事也。(7)沙角沙田试验场——广州三角洲之沙田面积约二百万亩,多属水稻田,以土质带有碱性,而灌溉水受海潮之限制,致稻种特殊而收获量低,与内地比较,恒不及其半数。去年因土壤调查之研究,结果明显其土质原与滨江内河之田相差不远,认为有设法改善之可能;复因地方人士之要求,在虎门沙角设立场所,就近试验。但以问题颇多,而试验时间有限,暂时无足述者,惟希望继续试验,研究有年,倘能设法于稻种改良及灌溉改善,则造五收获,想亦不难。将来若得实效,推及全部沙田,其增收利益,年当以千万元计。(8)潮州苗圃——此苗圃设于潮安县,面积约二百余亩,原由地方设立,因缺乏专门人才指导,故于民国十六年收归管辖。专育树苗,供潮州各属地方造林之用。十八年在揭阳东门外设立分圃,面积十余亩;同年并在揭阳紫陌山成立模范林场,面积约数百亩。以上所述各研究问题,只农林问题中略举其认为目前重要者,先事试验研究,再其他尚待研究改良之事正多,历年来均以经费所限,不能陆续举办。近得西南政委会准拨舶来肥田料捐之一部分为农科研究之用,此后研究事业,得以陆续增加。兹将本年内拟增加研究之问题,列举于后:(1)土壤调查——广东土壤调查所,原于民国十九年由广东建设厅农林局、广州农产品检查所及农学院共同筹设,以经费由农林局及农产品检查所分提,故隶属于农林局。自成立迄今,计全省重要土壤系区已经调查者,有南路十六县,琼崖四县;而各县详细调查,亦已有番禺、南海、中山、顺德、东莞五县;其余各县之简略调查,则尚未开始。现农林局由本年九月起,将该所移归农学院办理,已照原定计划继续进行。(2)肥料研究——舶来肥料与作物生长及变化土质有极大关系,拟先从事研究,将所得结果宣传、指导农民。现经开始调查,并搜集各种舶来肥料,积极分别研究试验。(3)其余拟定之稻作、果树、甘蔗、制糖、农产制造、农村经济、畜牧、蚕桑、养蜂、农具、林产制造、植物病理、水稻害虫等各种研究,亦在陆续进行中。

（二）理工学院　我国天然富源，未知开发，而国防设备，又付缺如；遂启强邻觊觎之心，强占土地，劫夺我财源，陷我国家于垂危之境，贻我民族以莫大之羞。乃知救我国族，则发扬科学，实刻不容缓。本校为先总理手创之大学府，而本院又为本校研究科学大场所，对于发扬科学，责无可辞。一方面固应注意于科学之应用，以匡救国家之危急；一方面更应研究科学之原理，以提高学术之地位；同时对于科学家之人格，尤宜使莘莘学子，充分修持；期能毕生尽瘁于学术；此皆本院所负使命，应全力以赴之者也。本院在前高等师范时，原为数理化及博物两部；至广东大学成立，则改为理科，内分数学、物理、化学、生物、地质五系，规模已具；迨民国十五年，则将数学系改为数学天文系，又依中央明令，将两广地质调查所附属于地质系内；而天文台，师范部暨地理学系，亦先后开设。去年筹办工科，先设土木工程、化学工程两系，而与理科合成今之理工学院。现计本院学生，约有五百余人，教授四十余人，图书仪器标本药品等物，共值百万金，规模之宏大，诚为国内所罕见。近鉴于工科关系国防及实业前途甚大，决定设工学院，经由鲁聘定萧冠英等为筹备委员负责筹划。佥以机械电气为各种动力之根据，而采矿冶金又为开发天然富源之要图，故决定先行增设机械、电气、冶金诸学系，其他如造船、建筑、航空等系，均在筹划中。而国防化学研究之设备，尤为今日国难期间不可缺，一俟经费有着，即可陆续开办。本院各教授更于教学之余，从事著述。至实地研究，足供报告者，有防毒面具之制造，牛胶制法之改良，楂油蒸馏之研究，纸粕纤维之研究，与傜山采集队、地质调查团、边境考察团之组织。兹将本院近数年来之设备与著述方面分述如下：（一）设备——数学天文系则有子午仪、赤道仪、地震仪、气候仪，暨曲线曲面之模型等，足供该系员生测验之用。物理系则除普通实验仪器以外，复有电机实验室、无线电实验室、光学实验室等。化学系则无机有机定性定量各种化学实验室，均逐步扩充。生物系则有二千余倍之显微镜数具，及整套专门杂志十七种。土木工程系则有多种工程杂志及测量绘图仪器，而材料试验仪器，亦已逐渐购定。化学工程系则有汽锅打纸机、成纸机、煎熬机、蒸馏器等。他如地质系之标本万余件，地理系之标本数百件，生物系之动植物标本十余万件，皆各该系员生历年采集成绩，对于学术贡献，不无裨益也。（二）著述——本院各教授为发表专门研究及宣传科学教育起见，除每季编印自然科学外，并刊行丛书多种，计已出版之书籍，有张云之《变星研究法》，何衍浚之《整数论》，袁武烈之《微分方程式简要》，苏熊瑞之《投影几何》，何衍浚、袁武烈合著之《解析几何》，黄巽之《电学》，陈宗南、区其伟合著之《近代无机化学》，李翼纯之《冶金学》，邬保良之《普通化学原理大纲》，董爽秋、张镜澄合著之《植物生态学》，黄鸿章之《最新动物学》。此外尚有天文台两月刊，化学系与物理系之考察报告,地质系之专报年报等,对于学术之研究宣传,实足多也。

(三)文学院(一)沿革——本学院由前广东高等师范改组为广东大学之文科,再改组而为今之中山大学文学院。(二)学科门类——本学院分设中国语言学系、英吉利语言学系、哲学系、史学系、教育学系、社会学系,共计六学系。(三)专门学术之研究——本学院设有文史研究所及教育研究所,以便于专门学术之研究。(四)会议——本学院关于解决重大教务,设有全院教育会议,及各系教授会议。(五)职员——本学院设院长一人,各学系各设主任一人,主理院系事务。本学年新聘吴康先生为本院院长。(六)教员——本学院教员不少著名学者,上学期全院各系教授共有六十八人,本学年五十人。本学年依据课程以定聘任教员额数,力求经费之节省,故人数比上年减少。(七)学生——本大学各学院以本学院人数最众,上学年有学生四百零四人,另有借读生、旁听生、国难寄读生共四十人。本学院各学系学生,以中国语言学系最多,教育学系次之,本学年本学院新生约有百人。(八)毕业生——本学院学生毕业已历六届,共二百九十五人;毕业生出路以任中学校教师者最多。(九)本学年本学院各学系之新规划——本学年本学院积极从事刷新中国语言文学系;本学年编订新课程,定五经、四书、老庄、史传为必修课目。必使学生多读古籍,且多作笔记,而训诂研究与名篇之熟诵,亦定为治学方法要着。英吉利语言文学系,则首要注重语言与文法之基础,次及于近代文学之研究,务使学生能说话,能作文,多读名家著述。而法、德、日文亦定为必修课目,使学生对于法、德、日文学有相当认识。教育学系则开设各种基本学科:哲学的、文学的、社会学的学科,务使学生博通群籍,而成良好教师。史学系则改变向日古史家之侧重古籍与古物之研究,而以史学为社会学科之一,注重各种基本学科,注重文化史与近代史,注重理论史学。社会学系则注重中国社会之研究,近代史之研究,其治学方法,一二年级注重基础理论之实习,三四年级注重实际问题及专家学说之探讨。哲学系则除基本学术外,特注重中国及西洋哲学,历史哲学,文化哲学,中西哲学派别研究,中西哲学专家研究,而以印度哲学、佛教哲学等随之。一二年级多习基本学科,三四年级注重专门研究。

(四)法学院——分法律、政治、经济三系,学生约共四百余人。法学院有二个附属机关:一为民众法律顾问处,一为经济调查处。民众法律顾问处之宗旨,在解答人民法律事件之疑问,及增进学生法律上之实际智识,举凡一切诉讼事件及非诉讼事件,如有民众询问时,均不取酬报,加以详细之解答与指导。该处自十九年开设以来,质问者月必数十件,且颇多已委托律师者,仍来该处质问,教授择其中饶有研究价值之案件,作为助教与学生之研究材料。经济调查处之宗旨,在于调查本国经济实况，研究本国经济变迁，及增进学生经济实际知识。该处之调查报告，已出版者，有广州之银业，将付印者，有广东烟酒税史，其他待整理之材料尚多。法学院出版一定期刊物，定名《科学社会论丛》，月出一册，文稿由该院教授及助教担任，现已继续出版至第四年，为我国社会科学方面唯一之月刊杂志，且我国专门学术之杂志，大都皆不数期而停刊，该杂志能维持至四年之久者，确系该院教授奋斗努力之成绩。至于法学院之办理情形，法学院之一切计划，均循着一大目标进行。此目标即欲办成中国之法学院，不是仅模仿外国之法学院，建设一个适合于中国情形与需要之法学院。因此本大学法学院之制度，颇有与其他不同之处。第一，学分选修制度，本近来最流行之学制，而本校法学院则以学年必修制度为原则，定各系之基本科目，为各系之必修科目，又根据各科目间之关系，依照顺序，分排于年级，仅以辅助科目与专门问题之研究为选修科目；此种办法对于法学院更其必要。因社会科学之一知半解，仅涉皮毛，颇为危险。而文化落后之中国，任何思想均有输入中国，使中国学生接受之可能，是故非先造成学问之基础不可。必修制度便为免除学生不顾学问只顾学分之阶梯。第二，该院鉴于我国从来留学办法之失败，及金价腾贵后，留学经济之困难，每年择成绩优良之毕业生，每系各数人，委为助教，在学校内由教授指导，从事专门研究，研究若干年后，对于自己所研究之科目，已经有充分之基础，且对于中国国情有相当深刻之认识，又复精通某种外国语者，派到外国再求深造。其理由：因到外国方学外国文，到外国方从基本书读起，以目前之金价本不合算，此其一也；对于中国国情若无深刻之认识，则回国后亦将学无所用，此其二也；研究若干年后，认其在学问上确有成功之希望，始派出留学，不至于虚费国币，且穷学生亦得留学之机会，此其三也。此种办法，确可作我国各大学之参考。第三，该院年来逐渐增加关于中国法律、政治、经济研究之科目，而附属机关又复集中注意于中国法律、经济之研究。民众法律顾问处，不独备民众之顾问，且因中国法律大多抄自外国，未免有不适合国情之处，利用此机会，得汇集实际所发生或中国特有之法律问题，以为法律研究之材料，并可为将来法律修正之参考。经济调查处除已从事广州市物价指数之编制，与广州私人经济统计之分析外，现更拟研究广东农村经济与广州工人家庭状况，使我国将来研究经济者均以中国之实际情形为出发点，不至于思想离开事实太远。总之，法学院系一难得有成绩之学院，本校法学院此数年来的确进步不少，照此目标而进行，将来应有相当之希望。

（五）医学院　本大学医学院采德国制，聘德籍人古底克为院长，林椿年为副院长，用德语教授课目。现有教员十三人，学生一百〇八人。设备情形：附属于本院者，第一医院、第二医院、解剖研究所、生理研究所、病理研究所、微菌学研究所、药物学研究所、寄宿舍。将来计划,第一医院之病人为临床实习所不可少者。但该院仅有病床一百六十张,分为五科,必须增至现有床数之一倍,始足敷用。第二医院,其使命等于第一医院,但距离颇远,在授课方面专科几无所用,拟将第二医院完全改为儿科医院,将学生儿科之授课,交由该院负责。留医人数报告,由二十年七月一日起至二十一年六月底止,共二千一百九十八人。

(六)高中部　本校高中之课程,为升大学之预备,分为甲乙两部:甲部预备升入大学文科、法科;乙部预备升入大学理科、农科、医科、工科,高中部课程由大学教务会议决定。各科用书或讲义,则由高中部各组——(1)文科组(国文、历史、地理、社会科学等属之),(2)理科组(数学、物理、化学、动物、植物、生物等属之),(3)外国语组(英文、德文属之)——会议决定之。本部职员前学年共十人,本学年裁减至六人,比前学年少四人。本部教员前学年共三十四人,讲师十三人,本学年教员二十六人,讲师十三人,比前学年少八人。本部学生前学年分为十九班,共有学生人数六百八十余人,本学年缩分十七班,学生人数则共八百六十余人,比前年约多一百八十人。本学年(在十七班内)特设华侨班、补习班,以收容华侨子弟之投考大学落第者。训育,前学年本部设训育委员会,计划及主理训育事宜,并每班聘定一教员兼任指导学生之团体生活,及其个人修学行动。唯以高中部未有宿舍,学生多散居各地,训育工作殊属困难。本学年拟将训育工作,从新计划,积极推行,务使学生之气质纯化,洗除以前一切恶习,使各具高尚之理想,远大之意志,刻苦力学之精神,并成高尚之品德,充实之能力,为国家有用之人材。本高中部关于物理化学实习方面,因限于经济,仍须借用大学之实验室,及一切仪器药品。关于生物学实验一切仪器药品,以前全向大学生物系借用,殊多不便,前学年暑假时本部特办暑期学校,除支教员薪水外,所得二千余元,尽拨购买生物仪器,内有显微镜五架,仍不敷用,今复拟设法续行增置,以稍充实生物实习之工具。

以上所陈,为中山大学校务兴革近况之大略,附中附小、海外部各节,因时间关系略焉。

下

当民国十三年,国父命我创办广东大学的时候,他就觉得学院散在各处,管理上十分不方便,而且校舍毗连市区,车马喧阗,也不适于修养及求学,就命我另觅新校址。我多次查勘,最后选定了广州东郊外的石牌。但是当时军事倥偬,财政困难,无法进行建筑事宜,只决定了在那儿成立一个农场,先行垦殖。嗣国父北上,忧劳成疾,旋即逝世,我因主张清共,也离开了学校,继任者对于这桩事情,虽然注意,而在十八年中央党部第三十七次常会曾有一次拨足建筑费国币二百五十万元的决议案，但是始终没有着手进行。

自决定以石牌为新校址之后，我就有建筑新校舍以完成国父遗志的决心。这次重长中大，看见学生数额与日俱增，非特原有校址不敷分配，而且多已陈旧不堪，时虞倾圮。于是就开始实行筹建石牌新校的计划，为中山大学奠定永久的基础。

我拟订了一个六年建设计划，以两年为一期，预计全部工程分三期完成。我公布整个计划的时候，正值经济不景气的狂潮泛滥于全球，国内党政军各方面的急需都陷于极度窘迫的境地，因此许多好友都劝我暂缓开始，以免半途而废，徒劳无功。建筑费固然浩大，看起来似乎没有办法筹足，可是我向来做事，相信只要有决心，愿意埋头苦干，一切困难，并非无法克服，我遂毅然进行。先请求中央按照民国十八年中央常会的决议案，一次拨足国币二百五十万元，并且以后按月由粤海关关余项下拨给十万元，同时又请求西南政务委员会设法拨款。当时虽没有圆满的结果，但我志已决，仍然放手作去。

第一期工程是二十二年三月开始的，预算费用约二百万元，但当时可靠的款项，只有西南政务委员会拨给的舶来肥田料捐及洋米捐的一部，共计十万元，不敷至巨。于是由本校在粤各董事发起向海内外募捐，承各界人士和侨胞的热烈赞助，结果非常圆满。是年十二月起，又得财政部长孔祥熙先生允每月拨助五万元或拾万元。第一期建筑费就完全解决。而第一期建筑工程，也于二十三年九月全部竣工。这期完成的工事，计有国父铜像一座，农学院的农学馆一座，简易蚕室、调桑室，及附属房舍数座。稻作场办公室及附属房舍数座，理学院的化学教室一座，工学院的电气工程、机械工程教室合一座，土木工程教室一座，男宿舍六座，女宿舍一座，膳堂二座；另开公路七十余里。尚在建筑中的，有发电厂和自来水厂。

民国二十三年秋，农、工、理三学院遂先迁入新校开学。当时除举行新校落成及文、法两学院奠基庆祝典礼外，还开十周年纪念大会，情况热烈。我并撰了一篇《国立中山大学新校舍记》，说明建筑石牌新校的目的和经过，立碑纪念，原文如下：

中华民国十三年春，吾党总理孙中山先生命鲁创办国立广东大学，是年秋成立。总理以原有校舍散处市区，不适藏修，尤难发展，复命得择定石牌为新校址。甫事经营，而总理英逝，本校遂易今名，以资纪念。十四年秋，余以清党事去职，自是新校建筑，虽有计划，莫之实行。二十年冬，曾兴筑农学馆，未三月而中止。二十一年春，鲁复长本校，以新校计划亲受于总理，不敢不勉力筹建，终始其事，乃先后请准西南政务委员会，拨舶来肥田料捐及洋米捐之一部为建筑费,复与本校在粤董事发起募捐,遂于二十二年三月兴工建筑,于十一月十一日本校九周年纪念日行奠基礼。由是年十二月始,财政部复按月拨款补助。迄本年九月止,先后竣工者,有总理铜像一座,农学院之农学馆一座,工学院之电气工程、机械工程教室共一座,土木工程教室一座,男宿舍六座,女宿舍一座,膳堂二座;除缘附建筑物之公路外,全校可通车之公路凡七十余里,发电厂及自来水厂,则尚在建筑中。农、工、理三学院则于本年秋季迁入新校焉。现复兴工建大门石牌坊一座,文学院全座,法学院全座,农学院之农林化学馆一座,乳牛房一座,理学院之数学天文物理教室共一座,生物地质地理教室共一座,工学院之化学工程教室一座,工厂数座,宿舍数座,计期明年七月可以竣工。若夫礼堂、图书馆、博物馆、天文台、体育馆、总办公厅、农学院之林学馆、农林植物研究所、蚕种冷藏库、教职员宿舍等,兴工建筑,则有待于明年。全校建筑物之位置:礼堂居中,左为文学院,右为法学院,礼堂正北为农学院,其东南为理学院,西南为工学院。礼堂之南则总理铜像,巍然在目,像东为图书馆,西为博物馆,礼堂东南高峰为天文台,其西南则为大门,门之左为稻作场,礼堂之西北隅,湖光潋滟,湖之东为女生宿舍,湖之西南为蚕学馆、调桑室,男生宿舍则居礼堂东北隅,据数平冈,错若置基,教职员宿舍则攒据图书馆东南隅,运动场、游泳场则散居各处。凡兹计划,使各学院等自成一区,分途发展,而不相妨焉。以言形势,则白云山环其侧,珠江绕其前,校内冈峦起伏,池沼荡漾,分割区段,以我国诸行省分为其区,复因各区之冈峦池沼,附以行省内山川湖泽名号,使入本校者,悠然生爱国之心,即毅然负兴国之责。全校占地万余亩,除建筑物外,均为农场,凡植竹木果树二百万株有奇;复辟道路至白云山林场,联贯为一,林场种树约一百六十余万株,是不特可增河山之美丽,而资全校员生之修养,亦有足多焉。预计五年后,有收益者,可得五十万株,每年每株以一元计,则年可得五十万元;十年后三百万株,皆有收益,每年每株以一元计,则年可得三百余万元,畜牧园艺尚不与焉。盖欲使向来消费之教育,化为生产之教育。此后理工医各科,亦将分门计划,达此目的。是则鲁积年来之教育主张也。溯总理之创办本校也,除广州一隅外,四境皆敌,当日财政复为军人所据,终排万难而创立本校,且画定石牌为新校基,其高瞻远瞩,为何如哉!余素承总理之教,复受命计划建筑新校,故不惮于世界经济不振、广东经济不振之今日,毅然决然兴工建筑,幸获在粤诸董事及财政部长之助,得以经营有成;而个人忍辱迈进,降心从事,每当困难纷沓之际,辄绕室彷徨,寝不安,食不饱,岂有他哉?亦欲完成总理之付托,为党为国,树一最高学府,以救中国救民族而已!但作始甚简,若本总理创造本校之旨,发扬而光大之,则其责又诸同志及国人所应共负者也。兹乘本校成立十周年之纪念,又庆新校落成,农工理三学院迁入,及文法两学院奠基之时,综厥始末记之。已告成事,且督后功。

第一期建筑费本来没有把握，可是结果却顺利完成，实给我无限的安慰和鼓励，于是就接着进行第二期建筑计划。这期的预算约三百万元，而投标的总值仅二百四十余万元，比预算还低，这使我对于本期工程更加乐观，不料进行起来，事实刚刚相反。当初预算的大概情形是这样的：中央每月补助大洋十万元，每年可得一百二十万元，伸为小洋加水最少以二五计，共为一百五十万元；肥田料捐和生豆捐总共可得六十万元；拍卖旧农学院校址可得数十万元；拍卖旧附中校址也可得数十万元，总计约在三百万以上。如是，建筑费用当无不敷之虞。但是中央的补助款项，后来全年实际上得五十万元，肥田料捐和生豆捐降至三十余万元，农学院和附中旧址又都卖不掉，所以已开标的二百四十万元工程费，及临时增加之工程费，只能付出八十余万元，其余约二百万元，完全没有着落。然而工程业已开始，无法停止。当时焦头烂额的情形，真非笔墨所能形容。我曾对学生说，为了筹款，除没有叫人爸爸和向人叩头之外可说一切都已做到。这并非戏言，而是实在的情形。我不得已，在西南政委会提出比例捐资的办法，卒得通过，而交通银行和国华银行复慨然借款五十万元，才使我安然渡过这个难关。这期工程，遂于二十四年秋完成。建筑物计有：大门石牌坊一座，文学院全座，法学院全座，农学院的农林化学馆一座，园艺温室一座，农场总务股办事处一座，农场贮藏室一座，蚕学馆一座，乳牛房一座，理学院的数学天文物理教室共一座，生物地质地理教室共一座，工学院的化学工程教室一座，工厂数座，宿舍数座；另增筑公路五十余里。文、法两学院亦于是年秋迁入新址，而我使中山大学全体在同一环境中藏修的计划，遂得初步告成，我复撰《国立中山大学新校舍后记》，立碑以为纪念：

去年今日，国立中山大学新校第一期工程告成，农、工、理三学院迁入，余既综其始末记之矣。今年今日，第二期工程告成，文、法二学院迁入，余更不可以无言。盖第一期工程开始于经济困难之中，余毅然进行，其无负于总理之付托，卒赖众助，获观厥成。故当第二期工程将开之际，乃预计资源，方始招工，自谓当减困难。孰意期之中央拨款，期之肥田料捐，期之卖地及募捐者，综计减至二百万元，而第二期之工程，几陷于不振者屡。幸赖广东党政军机关按薪捐资，及银行之慨然借款，仅克成之，文、法二学院得继农、工、理三学院迁入其中。形神俱瘁，苦辱交加，虽同事亦有莫知其百一者。今则大学全部俱迁入矣。教室、研究室、试验室、办公室、各处所办事处、教职员宿舍、男女宿舍，与工厂、电灯厂、自来水厂、蚕桑馆、试验场，乃至鸡舍、牛房、猪房，莫不咸备。去年公路筑七十余里者，今筑至百余里；去年农场林场之植物三百余万株者，今至四百五十万株。三年前荒旧之山丘，至今轮奂一新；觇国者，至目之为文化城。虽一草一木，皆经心血之灌溉，在人莫不以为可喜，而余于此乃有三惧焉：宏伟之校舍，所以充实光辉，发扬学问，以贡献于国家社会，若虚有物质,而无精神,是上之为虚糜国帑,下之为徒竭民膏,可惧者一;校舍之适宜,为学生便于藏修,倘安于舒适,此后不能刻苦耐劳,甚至从田间来者,不复能再归田间,则此校舍之设,无异养成残废之人,可惧者二;多量之种植,为生产教育也,或不加爱惜,予以摧残,或管理不善,所入不如所期,不特此后生产教育不能完成,人将视生产为畏途矣,可惧者三。本校建筑时之困难,渐成过去,本校建筑后之忧惧,正在未来;万一不幸所惧之事不能免焉,则余艰难困苦以建此校,实适成为罪过矣。瞻望前途,中心惕虑!愿与我员生互相策勉,禀承总理创办本校以救中国之旨,日就月将,俾文化发扬,人才蔚起,则余亦少减罪戾焉!是则余之厚望也夫。中华民国二十四年十一月十一日邹鲁撰并书。

第二期建筑工程完毕,石牌新校的规模业已粗具,当初荆榛遍地的荒野,突然变成堂皇瑰玮的大学区。当我前次游历海外,经历二十九个国家,每到了一国,必定去参观有名的大学,现在根据这种经验来观察本校,自觉其规模,不但求之中国不落后,即求之世界各国中亦不落后,而国内外人士前来参观的,都和我有同感。例如意国公使,便亲自对我这样说过。他于赞许之余还向其本国建议,赠送本校一个讲座;德国领事曾偕同亚力山大学会的代表来参观本校,亦极称赞规模的伟大,亚力山大学会自是年起,即赠送本校免费学额一名,本校即选派了医学院一位研究小儿科的同学前往攻读;在英国领事和香港大学副监督先后来本校参观的时候,看见这种完美的设备,都愿意代本校争一笔"庚款"做建筑费,虽然没有完全达到目的,但已允助十二万元的补助赞,及答应补助工学院讲堂一座经费。还有,那年有一位意大利罗马大学的教授并代表热那亚大学来本校参观之后,就提出交换学生和教授的建议,依照他的办法,关于学生,除免收学费外,船费减十分之三,车费减半。当时我即允诺,并计划每学院至少选送一人到意大利去。这种交换,在国内还是创举。至二十六年夏,罗马大学的交换教授已到,本校亦正选教授前往,卒以抗战发生,罗马大学的教授即起程回国,本校教授和学生赴意的事,也就中止。不过,当时我并不因为外间的赞扬,就以为满足,仍然继续进行第三期建筑计划。

第三期建筑的工事,计有工学院强电流实验室一座,锻冶镀金实习工厂一座,木工实习工厂一座,电话室一座,热力机实验室一座,研究院一座,天文台一座,观测所一座,图书馆一座,体育馆一座,教职员会食堂一座,桑蚕馆冷藏库一座,医学院细菌学研究所一座,附属第一医院院舍一座,护士宿舍一座,农场猪舍一座,稻作试验场堆肥室一间,铜钢室一间,工人宿舍二间,邮政局一间,停车场一间,候车室一间,教职员住宅大小共四十六间;并兴筑校门大道蜡青路,工学院前南堤三合土路,法学院三合土路,学生宿舍三合土路等。截至二十七年本校西迁时止,已完工的,有体育馆一座,研究院一座,天文台一座,教职员宿舍一座,木工实习工厂一座,锻冶镀金实习工厂一座,教职员会食堂一座,教职员家属住宅数十幢,其余的则未完工。第三期建筑经费,因五全大会决议拨壹百万元，故减少困难甚多。

我素来感觉到生产对于国家非常重要，因此提倡生产教育。在计划石牌新校址的时候，我便决意把这种理想付诸实施。结果面积四万余亩的石牌新校址（连林场计算在内）除建筑物外，其余都成为农场、林场、果园和花圃。以二十五年所得的统计字数来说：栽培的农作物，如稻、茶、山薯、草棉、甘蔗、粟、笋、蔬菜等等，约占地六百亩。果树如荔枝、龙眼、凤眼果、蕉、橙、柑、柠檬、沙梨、枇杷、桃、李、橄榄、黄皮果、柚、栗、菠萝、人面子、莆萄、番石榴、杏、杨桃、芒果、柿、加梨果等，占地约八百亩，共四十余万株。桑占地约二百亩，共二十余万株。树木如柏木、麻黄、油桐、杉、红豆树、木棉、石栗、银桦、台湾相思等，约占地五千亩，共七十余万株。此外地亩，则种赤松、黑松和器用竹，共数百万株。饲养的家畜家禽，如纯种力行鸡、本地鸡、北平鸭、军用鸽、肉用鸽、力行改良种鸡、鹅、观赏鸽、荷兰乳牛、印度乳牛、耕牛、约克西改良猪、本地猪、羊等，共七百余头。只就果木言，预计五年之后，有收益的，约有五十万株，每年每株以一元计，便可得五十万元。以后陆续增加，十年之后，每年有收益的，可有二百万株，即每年收入可达二百万元。其他如农场、畜牧、园艺等等的收入，还不计算在内。

我想照这样逐步顺利发展，中大就不难实现自给自足的计划。因为在事实上，本校除盐、煤两项外，其他物品都有生产。例如米，除本校附近的农场外，尚有东莞农场、茂名农场、计划中的海陆丰农场，所入当能勉强敷用。他如蔬菜，遍地皆可种植，供给有余，肉食也可自给；而校内所出的牛乳，除供给全校需要外，还可销于校外。这些还只是初创时期的情形，以后盈余更多，当可补充本校消费部分的开支。不料二十七年十月，敌军由大鹏湾登陆，十日而陷广州，本校仓猝之间，迁至罗定；继以敌人将沿江西上，广州湾情势又急，乃迁至广西龙州；随而敌人由广西南部侵入，乃又迁至云南的澂江，我因为身体有病，未能亲自前往主持，当时内心的悲痛，实不可以语言表示。所幸员生能整个成行，未遭伤亡，而图书仪器亦运出八成以上。

现在我们中大的石牌新校舍仍在敌寇蹂躏之下。回想当年建筑的艰难，诚然有无限的悲怆！但是我相信，我们如能本着国父的精神，努力奋斗，则非特国父所手创的学校不致毁坏，并且一定能击溃敌人，复我失地，复兴我们理想中的中山大学。这是中大同事同学人人应有的责任，愿共勉之！

[附录一]

国立中山大学校杂诗

作于中华民国二十三年十一月十一日中山大学十周年纪念新校

落成农工理三学院迁校文法两学院奠基庆祝典礼时。

黉舍纵横入望中,十周刚届庆竣工。从来缔造非容易,令我低徊国父功。(民国十三年春,吾党总理孙中山先生命余合国立广东高等师范、广东法政大学、广东农业专门学校为国立广东大学,计今成立十周年,适新校落成)。

救国须培济世才,最高学府岭南开。当年国父兼师傅,讲演三民月数来。(国立广东大学时,总理每星期来校讲演三民主义一次,今之三民主义通行本,即当日之演讲稿,而三民主义总理又解释为救国主义。)

为策藏修择地宜,石牌山林最称奇。白云侧拥珠江绕,远避尘嚣合校基。(石牌地方系国立广东大学成立后总理择为新校址者。)

蓝缕筚路启山林,寸寸山林尽化金。树木树人兼树谷,规模远托百年心。(去岁余取管子"一年树谷、十年树木、百年树人"语,署林场办事处额为"三树轩"。今秋新校成,余书"筚路蓝缕以启山林"八字刻石。)

亲将博学数言留,行易知难此可求。今日重书示学子,好依遗教事藏修。(国立广东大学成立时,总理书"博学之、审问之、慎思之、明辨之、笃行之"贻本校;今秋新校成,余重书于石,以志遗教。此五语,杨少炯先生以为四言知,一言行,是知难行易之旨。)

十年教训励诸生,横海深仇莫与京。尝胆卧薪勾践志,沼吴终久见功成。(去年"九一八",余书"十年教训"四字树武彝山高处,以励诸生。)

校址宏开万亩强,跨连几处领林场。忆昔环游摩纳可,舆图犹弱我宫墙。(摩纳可系法国南方世界上最小之国,余乘汽车半小时,游完其国,本校校址实超过其国土。)

水抱山环拥礼堂,居中形胜领诸方。未能官室百官备,基石浑如数仞墙。(全校以礼堂为中心,礼堂未建,只立奠基石一方。)

铜像巍巍国父仪,羹墙如见日神驰。他时救国完遗教,珍重无忘共告知。(总理铜像在礼堂前,去岁九周年纪念日开幕。)

行省名区寄意深,入门爱国发忠忱。于今东北舆图变,每到长城便痛心。(校内分区,各区以中国行省之名名之。)

校萃名山地势雄,苍苍翠翠气蓬蓬。谪仙喜梦游吴越,我意婆娑五岳中。(校内多山,以中国之名山名之。)

处处山光接水光,五湖烟景费平章。爱他潋滟湖中水,不载笙歌润稻粱。(校中有水数处,以中国各大湖之名名之。)

移山填坎地成平,百尺高楼拔地生。得到安居思创造,一沙一石费经营。(校址在山中,故建筑时皆须移山填坎,方能成平地,尤以土木工程系教室为最。)

院分文法理工农，全体形成恰似钟。若网在纲毫不紊，只想调洽不相冲。（本校有文法理工农医六院，医学院仍在旧址，新校只有五学院，而分布全局，有如钟形。）

千间广厦据丘冈，学子莘莘尽狷狂。从此潜修欣得所，切磋磨琢好成章。（男女生宿舍分东西，据数丘冈。）

蜿蜒交辟路康庄，蛛网纵横达八方。若问里程得多少，行来七十尚加强。（本校公路，除附建筑物之公路外，共有七十余里。）

筑塔临流引水来，更加凿井近楼台。原泉混混昼和夜，学问工夫应悟哉。（自来水塔在校东北，引增城所来之水至水塔，水塔未成之前，并凿井十数供用。）

工厂巍峨建筑中，计期烟突插天空。于今闪闪电光亮，小用也经夺化工。（工厂正建筑，发电厂亦未成，现用小电机供用电。）

别开环境事蚕桑，蚕理研求百种强。自是岭南佳气候，一年八造茧优良。（蚕桑馆另在一隅，其研究之蚕有百八种，而广东育蚕每年有八造。）

稻作精研十数年，居然成绩著南天。农人争种中山白，我自乡间听互传。（稻作场在校南，改良成绩甚佳，用其种能增收获百分之三十。农人争种之中山白，系改良种之一种。前年余访蒋光鼐先生于东莞，伊并为余俱道其事。）

高峰耸处天文台，日月星辰境别开。测雨测风利民事，岂徒学术表奇瑰。（天文台预定在武彝山最高峰。）

红墙碧瓦额丹黄，双翼飞檐古殿妆。共羡中邦佳式样，庄严华丽轶殊方。（所有重要建筑均用古宫殿式，外国人士来参观者均有好评。）

山平坎满广千寻，无数球场壁垒森。愿得练成好身手，偏教勇锐见于今。（理工两院中间有球场十二，其地系填成者。）

一心祈雨复祈晴，自笑书生太不情。最好日晴宵降雨，不妨工事不妨耕。（今春建筑工程，因赶秋季开课，每忌下雨停工；同时种植甚多，又忌不雨致枯。一日在车中沉吟此事，不觉言曰：最好日晴夜雨，可两不妨。旁人闻而笑，余亦辗然。）

置之死地始能生，岂好危言耸世惊。自是拊心忍痛语，他时终自有分明。（置之死地而后生，系新舍建筑开始时余对同事语。）

居然不日庆功成，国库私囊赖众擎。多士欢颜得大庇，诗章容我赋菁菁。（此次建筑费，由西南政务委员会拨舶来肥田料捐及洋米税一部，又得财政由去年十二月起按月拨款，及海内外踊跃捐款，用能第一期建筑如期告成。）

多少楼台计日成，又从平地事经营。算来尚有千间厦，莫漫思量且力行。（去年三月开建农学院之农学馆、蚕桑室、稻作场，理学院之化学教室，工学院之电气工程教室、机械工程教室、土木工程教室，及男女宿舍七座，膳堂二座，本年九月竣工；十月建筑农学院及农艺化学馆、温室牛房，理学院之数学天文教室，生物地质地理教室，工学院之化学工程教室，文学院全座，法学院全座，及宿舍数座，明年八月可以竣工。若夫礼堂、天文台、图书馆、博学院、体育馆等，则有待于明年。至以后扩充，更非可以目前预计。）

忍痛经营计十年，四邻今竟为开筵。树人树木求无愧，颂起舆人总坦然。（石牌经营之始，所派员生为乡人所殴，去年及今年纪念，四乡皆送猪送酒舞狮，以伸庆贺。）

钟声嘹亮讲堂开，济济员生上课来。日不足时月计足，寸阴是惜勉乎哉！（上课）

把耒持锄镇日忙，种瓜种菜种麻桑。从今洗却空言托，学校原来实验场。（自迁校至石牌后，学生皆知实习工作，务达手脑并用之旨。）

课余游艺各纷忙，泅泳抛球互竞强。更有观山与玩水，三三两两自成行。（课余）

粒粒俱从辛苦来，诸生每饭勿忘哉。伤心中国农为本，洋米何因市满堆？（膳堂）

山居接触自然多，诸子情怀近若何？但愿坚贞效松柏，莫教依附似藤萝。（新校离市数十里，校内复山峦起伏。）

种就青青百万松，他年长大看成龙。四时不断涛声壮，自有坚操足耐冬。（农场种松可数十万，林场种松可百余万。）

武彝山上是茶园，俨若云梯接斗门。尝试成功莫惊怪，胜天人定是名言。（武彝山辟为茶园，一级一级有若梯焉。广州附近不宜茶，此次种茶为试验，但成绩甚佳。）

绿竹春栽千万年，也宜作壁也宜看。他年密密成林后，枝好编篱笋好餐。（今春种竹二十万，多植四周。即可作园林，又可供用。）

前度栽梅补漏天，者番移植傍山巅。此花专爱冲寒放，斗雪凌霜态更妍。（去春在白云山林场种梅数千株，有在蒲涧寺东坡诗所云“百尺飞涛渡霜天”处，亦践罗岗洞观梅时“也拟种梅补漏天”句，现拟移附中之梅，植于新校。）

佳种波萝海外来，离离结实遍山隈。诸君莫自食奇味，此果身中有刺堆。（波萝身有刺，其种来自外国，尤以美国檀香山者为佳。）

荔枝从古岭南佳，结实累累傍水涯。莫羡宫中妃子笑，寻常糯米压简侪。（糯米糍、妃子笑，均系荔枝名，糯米糍味最佳，妃子笑最劣。）

桃梅橙橘与黄皮，果木培成百万枝。四季有花兼有实，满车入市竞居奇。（本校农场之果，市上称佳争购焉。）

菜根原本士夫风，广辟蔬园菜类丰。花发满园红间白，可茹可玩叹天工。（今秋广辟菜园，全校蔬菜，拟自供给。）

植果培林费苦心，他时结果悉黄金。欲将教育成生产，我抱情怀不自今。（农场林场共种果木三百万株，五年有收益者，可得五十万株，十年以后，三百万株皆可收益。)

鸡舍牛房列几行,园中犹有养猪场。叮咛畜牧供需要,第一先宜校富穰。(本校畜牧,拟先供足本校食用。)

刘义将军旧将台,每登遗垒辄徘徊。抱薪救火伤今日,安得干城不世才。(刘义将军即刘永福将军,中法之战,屡挫法师,现新校即其驻军处,尚有遗垒数座。)

入门亭额署菁菁,饥溺为怀励各生。得豆得瓜因名种,天人一理至分明。(进校门有菁菁亭,其联为"种瓜得瓜,种豆得豆;人溺己溺,人饥己饥"。)

一亭峙立水中央,消夏曾来备酒囊。傍晚归时轻棹桨,微波荡漾入斜阳。(洞庭湖有一亭,额曰湖中亭,本夏初,张农主任曾设宴于此。)

回首当时不胜情,十年树木已繁荣。建亭合是留鸿爪,缔造艰难为署名。(十周纪念日,农学院员生集资建亭于创始经营被殴处,余为书"缔造艰难"四字。)

禹惜寸阴陶惜分,共成日晷策精勤。此中用意殊深远,少小无成老曷闻。(十周纪念日,法学院员生集资建日晷。)

诗文字画不嫌多,草本禽鱼拟广罗。佳种满园飞跃趣,篇章尤得记经过。(十周年题新校,曾征诗文字画,并盼学生捐以乡土之草木鱼鸟为新校纪念。)

藏拙经年戒又开,诗成五十漫敲推。琳琅珠玉佳篇什,也许抛砖引得来。(蒲留仙言,从此不作诗,是一藏拙之一道。余屡欲守其戒,去年至今不作诗经年矣,此次乃吟成五十首,又破戒焉。)

[附录二]

中山大学概况

(在西南各机关联合纪念周报告,二十二年四月四日)

二十二年在西南各机关联合纪念周中报告词一篇,下半段全关于建筑新校舍之计划,后来因事实关系,多未能照原计划办到,然当初原定之规模,固可于此演词中见之。

此次纪念周由兄弟担任报告,现将国立中山大学本年度现况梗概言之。因中山大学为我党总理所创立,其设施在在与党有关也,关于中大之沿革、组织、学制、设备、教务、训育等整个学校情状,兄弟于去年九月十二日纪念周中,曾有详细报告,惟至今计历七阅月,今昔比较,颇有进展之象。兹分别略述于下:

(一)组织之扩展。本年度中大组织之扩展,可分两方面言:(甲)增加任务;(乙)推宏造就。关于增加任务方面者,为:(子)接收广东通志馆,除由全校员生负责办理外,复延聘史学舆学专家,从事编纂,务期早日完稿,以成我粤文献;(丑)接收广东土壤调查所,交农学院负责办理,已分区按期工作,务期早日藏事,以利农业。关于推宏造就方面者,为:(子)增设农业专修科,定两年毕业,所以多量造成农业人材;(丑)增开土木工程学系与化学工程学系之班级,所以多量造就工业建设人才;(寅)附属高中初中各增开华侨补习班,附属小学增开各年级计九班,所以求中等初等教育之普及;(卯)筹办救护人员养成所,定三个月毕业,以为北上前线救护抗日伤兵之效力。

(二)学生之增加。中大上年度有学生三千二百十四人,本年度有学生四千四百十四人,即增加学生一千二百人。

(三)学生学业之增进。本年度凡中大学生之参观旅行与各项集会,均在课外举行。而缺席之限制与成绩之考核,又均从严办理。故一洗从前停课缺课,不重学业之陋习。因而全学期上课时间,悉符校历规定,不再受停课影响。学生上课人数,因受点名限制,而不再任意缺席。而上学期终结,所得学生成绩,亦较前增进多矣。

(四)学生体育之努力。中大于民国十三年兄弟任内,曾开第一次运动会。迄今九年,本年一月初旬开第二次运动会,学生参加竞技者凡五百余人,其中成绩较前确见进步,计有打破全省纪录者多项。而近来于运动上各生致力体育练习者,更渐呈紧张,且有普及之象。

(五)抗日会之新组织。中大现为集中全校员生工警之抗日力量起见,特改组向时反日会而为抗日会,依据总理之直接民权行使法,亲订会章,全校分教职员区,学生区,工警区。而教职员与学生区又各分若干分区。由分区选出代表若干人,联合而选出区代表若干人,以组织成立此抗日会执行委员会。而校长则为全会之监察。全校员生工警则得以行使其选举、罢免、创制、复决之权焉。

(六)党务之整理。在广东大学时期,中大党务由中央直属之特别党部办理。其后乃取消此特别党部,校中各党员分别隶属于广州市党部中各区分部,由是力量涣散,难收集中一致之效。兄弟于去秋呈准西南执行部,重组中央直属之中大区党部,现已筹备完竣,选出区部及分部之执监委员矣。

(七)筹建校舍,以上所举,系中大最近之一般进展状况。而目前中大认为根本问题者,则为石牌新校舍之建筑。溯中大成立之初,经奉总理指定石牌地方九千五百余亩为计划建筑校舍之用,因中大筹办,因仍高师、法大、农专等校旧址,着手兴办文、法、农、工、理五科学院,其后又因公医增设医科学院,合之为六科学院。十年以来踵事演进,规模日广,计校舍,文学院分设中国语言文学、哲学、史学、教育学、英国语言文学、艺术学等六学系。法学院分设法律学、政治学、经济学、商学、社会学等五系。理学院分数学、天文学、物理学、化学、生物学、心理学、地质学、地理学等七学系。工学院设土木工程、化学工程两学系,因经济未充,暂附于理学院,改称理工学院。本属一时权宜之计,现工科学系学生已升进二年级,工学院一切计划,亦已筹备就绪,二十二年度必须分立,并增设电气工程学、机械工程学、冶金工程学等共为五系。农学院分设农学、林学、农林化学等三学系。医学院不分系。又于各院系中附设文史、教育、工业、化学、农林植物、细菌生理、病理解剖、药物等九研究所。他如经济调查处、民众法律顾问处、两广地质调查所、天文台、附属第一医院、附属第二医院、农场、林场、苗圃、蚕业所、土壤调查所、广东通志馆等,除工学院拟增设三学系外,皆为中大历年所已办,此外又附设高中、初中、小学、护士、助产等五附校。全校学生几及五千人,教授、讲师、教员、技士、技术员、助教职员等约六七百人。惟校舍为从前高师等校旧址,建筑已久,时虞倾圮,而学生人数日益增加,非另行建设扩充实已无法收容。且地址密迩市区,纷扰喧闹,实感不适,此又非另觅藏修游息之地,实难期养成俭朴醇美之风。总理早见及此,指定石牌为新校址。今总理逝世之后,久未切实从事建筑,至二十年冬,始决定分部建筑办法,先行建筑农学院。讵经开始未久,又由于经费不敷,势将中缀。去岁极力筹继,得西南政委会准在广东征收舶来肥料附加费,每年可得数十万元,以为建筑之费,但为全部设计建筑,为数仍甚微也。查农学院建筑费预算为八十八万六千元,此系就农学院所属农学、林学、农林化学三馆,及学生宿舍之建筑费而言;至于蚕学馆、工人宿舍、教员住宅及各场所办事处之建筑费,尚未列入预算,故照现在计划,农学院全部及附属各场所建筑费暨设备费共需二百万元。工学院暂设三学系,建筑费约占一百四十五万余元。将来应设之航空、兵器、造船、建筑、金属组织学、染色、纺织业等学系,及附属工厂实验室尚未计入。又文、法、理、医等四学院建筑费合计约占三百余万元。是单就建筑六学院而言,建筑费已达六百余万元。此外如总理纪念堂、大讲堂、教职员学生工人校警等宿舍之建筑费,一切图书仪器及设备费,预算都约需五百余万元。又况各学系各研究所及各病院等,已成立者固待扩充,未成立者亟宜筹设,预算之数,当在二千万元以上。兹拟建筑计划,分为三期,每期二年,限六年完成。其计划程序及预算表,说明如下:

第一期		
项　别	金额(单位:银元)	
农学院　建筑费	一、一三〇、〇〇〇	
农学院　设备费	五〇〇、〇〇〇	
工学院　初期建设费	一、〇一四、五〇九	
工学院　设备费	二、〇〇〇、〇〇〇	购置书籍约五十万元、仪器机械约一百五十万元。
理学院　建筑费	五〇〇、〇〇〇	本学院数学、天文、物理、生物、地理、地质、心理,七学系之建筑费如上数。
理学院　设备费	六七〇、〇〇〇	拟添购书籍二十三万元,添购仪器约四十四万元。
全校自来水电灯	四〇〇、〇〇〇	

续表

工厂	四〇〇、〇〇〇	
马路	二〇〇、〇〇〇	
教职员住宅	五六〇、〇〇〇	拟筑七十间,每间估计八千元,以便各教职员住眷,学生宿舍九座,每座六万元,教职员宿舍二座,每座五万元,工人宿舍二座,每座一万元。
合计第一期预算需银	八百零三万四千五百〇九元。	
第二期		
工学院　中期建设费	六〇〇、〇〇〇	此期拟设航空、造船、建筑、金属组织工程等学系教室,及附属工厂实验室。
工学院　设备费	一、二〇〇、〇〇〇	
医院建设费	四〇〇、〇〇〇	传染隔离病院容二百人,小儿科病院容一百人,内外科病学院四百人。
医院设备费	二〇〇、〇〇〇	
法学院　建筑费	三五〇、〇〇〇	本院法律、政冶、经济、商学、社会学五系之建筑费如上数。
法学院　设备费	一〇〇、〇〇〇	
文学院　建筑费	四〇〇、〇〇〇	本院中国语言学系、哲学系、教育学系、英国语言学系、艺术学系等六学系之建筑费如上数。
文学院　设备费	一〇〇、〇〇〇	
宿舍	七二〇、〇〇〇	学生宿舍十一座,每座六万元,教职员宿舍一座,均计五万元,工人宿舍一座,约计一万元。
教职员住宅	四〇〇、〇〇〇	拟建五十间,每间八千元,以便教职员住眷。
运动场	五〇〇、〇〇〇	
马路	一〇〇、〇〇〇	
合计第二期预算需银	五百零七万元	
第三期		
工学院　后期建筑费	八〇〇、〇〇〇	此期拟设兵器、火药、纺织、染色、窑业等五系,并附属工厂及各系研究所实验室。
工学院　设备费	一、八〇〇、〇〇〇	
医院　建设费	六〇〇、〇〇〇	热带病病院,眼科病院,耳鼻喉科病院,生理研究所等。
医院　设备费	一〇〇、〇〇〇	
图书馆　建筑费	三〇〇、〇〇〇	
图书馆　设备费	一五〇、〇〇〇	
博物院　建筑费	三〇〇、〇〇〇	
博物院　设备费	一五〇、〇〇〇	
大院办事处　建筑费	二五〇、〇〇〇	
教职员住宅	五六〇、〇〇〇	
宿舍	五〇〇、〇〇〇	学生宿舍八座,工人宿舍二座。
运动场	三〇〇、〇〇〇	

续表

纪念堂	一、〇〇〇、〇〇〇	
马路	二四〇、〇〇〇	
合计第三期预算需银	七百零五万元。	
总计三期合需银	二千零一十九万元。	

本年三月一日，经由中大董事会与宏益建筑公司订立合同，在石牌开工建筑农工两学院，计农学院新舍之一部建筑费八万元，限五个月完工；工学院新舍建筑费及附属马路建筑费共九十七万元，限十五个月竣工。预计今年暑假农学院可迁至新舍，明年工学院可迁至新舍矣。中大为欲完成六年建筑新校计划起见，经由董事会及建筑董事联席会议议决，发起向海外大规模劝捐，并订定募捐章程，举其最要者：凡负担成一建筑物者，则以其省名县名或团体名或私人名名该建筑物之额，使入此校者了然于校之某部为某省某县某团体或某人捐款，或拨款所建造，此不特足以表示一地方一团体或个人诚意赞助中大建校也。近查于国内方面已将中大捐册收据分送各省省政府、本省各县市政府及商会进行劝捐；又于国外方面，将捐册收据分送美洲、加拿大、三藩市各总支部分部，日本、法国、荷兰各总支部，南洋、英属荷属各总支部分部，安南、暹罗各总支部分部，分别函聘劝捐专员，或组织劝捐总会，进行劝捐。截至现在止，捐款数目，计有胡文虎先生捐款大洋五万元，林椿先生捐款毫洋一万元，蔡昌先生、赵大光先生各捐毫洋三千元，又由萧教务长冠英到汕头募捐，汕头市商会议决，征收汕头全市租捐半个月，又照商业牌照资本额征收千分之五，以为赞助，其捐额约大洋十余万元。更合全校员生募捐，总数可及三十万元，足见国人赞助中大建校之热诚。惟三十万之捐款数目，仅及二千万元之预算数百分之一五，相差尚远，嗣后应有待于吾人之努力者尚多，此即中大募捐之进行近况。在此国难当前，明知公私交窘，此二千余万元之建筑费，诚不易筹，但回溯总理创办本校之初，只有广州一隅，敌人四聚，外舰复行重集示威，而总理为立国根本计，竟毅然创办此校。故今本总理之计划以建筑新校舍，又安敢避其艰难哉！敢请同志及国人体总理万难中创造本校之心，于万难中赞助建成新校舍，以完成总理之计划，是则愿与同志及国人共同努力者也。

（原载邹鲁《回顾录》，岳麓书社 2000 年版）

中山大学民族中心制教育与20世纪20—30年代中国教育

曹天忠

20世纪20—30年代，是近代中国教育由洋化的新教育向中国化转型的重要时期。这一转型大体包含教育的本位由个人向社会(民族)过渡，主导理论由以心理学为主向以社会学为主置换、教育重心从无到有[①]以及迁就穷的国情，缩短年限以普及义务教育等重要内容。应时而生的民族中心制教育，是研究极为薄弱而重要的流派。[②] 它不仅集课程、理论和实践于一身，并涉及蔡元培、戴季陶、梁漱溟、傅斯年、许崇清、雷沛鸿、姜琦、崔载阳、庄泽宣、陈礼江等教育界名人，而且与上述教育转型的各种内容均有内在、深刻的联系。深入剖析民族中心制教育，不仅有助于揭示近代中国教育转型时期的隐情及内在发展规律，而且可为研究教育史提供方法上的借鉴。

一

民族中心制教育是以崔载阳为首、有“全国最先设立的一个教育专门研究机关”之称的国立中山大学教育学研究所集体创造的产物。[③] 它首先从课程改革开始。课程的内容结构和编制方式源自苏俄及法国，理论依据为生活教育说。在演进过程中，一开始即与南京大学院颁布的反映“三民主义教育”宗旨的《小学课程标准》有明显的对立和修正；后逐渐离异于三民主义，且愈来愈与民族的需要相结合。

民族中心制教育课程的内容结构与编制方式源自苏俄及法国。1927年南京国民政府成立，全国形式统一。为巩固统治，1928年5月，大学院召开第一次全国教育会议，以“三

---

① 有人认为，中国现代教育以1927年为界，之前“缺乏中心主义，类皆抄袭东西洋各国流行之教育学说”，以后“始有中心主义之教育，即实施三民主义教育”。卢绍稷：《中国现代教育·序》，商务印书馆1935年11月。

② 学界对民族中心制教育有简单的提及，但囿于校史和地方教育史的角度，多轻描淡写，既难窥其全貌，更因条块分割、以类相从的一般教育史的做法，忽略了它与当时中国教育转折时期的重大关系。黄福庆：《近代中国高等教育研究：国立中山大学(1924—1937)》第146—148页，台北“中央研究院”近代史研究所1988年6月；黄义祥：《中山大学史稿(1924—1949)》第267—269页，中山大学出版社1999年版；何国华：《民国时期的教育》第86页，广东人民出版社1996年版。

③ 崔载阳：《从教育学研究所到师范研究所》，《教育研究》第100期(1941年2月)。

民主义的教育”代替原来有争议的“党化教育”。三民主义的教育“就是各行政机关底设施,各种教育机关底设备和各种教学科目,都是以实现三民主义为目的的教育”。① 教育宗旨决定课程。大学院组织课程委员会,重新编订适应新形势需要的中小学课程,函请国立中山大学教育研究所首任所长庄泽宣参与其事。庄氏因公未克前往,但召集所里同人崔载阳、曹漱逸、刘孟晋、古楳及专门研究小学课程的研究生陆厚仁,对邮来的议案提出书面意见,上报南京。② 同年7—8月,崔载阳作《三民主义化小学课程草拟》,对小学课程如何三民主义化作了专题研究。崔载阳系教育研究所教授,在所内的地位仅次于首任所长庄泽宣。庄氏离职后,继任掌所,曾到法国里昂大学研究教育哲学,博士论文为《比较杜威与法国哲学家涂尔干在教育上的主张》。③ 这种留学经历和论文选题,无论是对他研究三民主义化小学课程,还是在此基础上创造民族中心制教育,都产生了直接的影响。崔氏是较早从事这一问题研究的中国学者,在草拟三民主义化小学课程时,国内可资借鉴者不多,迫使他将目光投向域外。1928年11月,蒙庄泽宣之嘱,他译介了法文版的《苏俄的小学课程》,从俄国的党化、主义化教育,以及独具一格的法国小学教育中,吸取了丰富的养料。法国小学课程主张简化内容、少而精和按心理学原理授课:“从已知到未知,从易到难”;“根据事实,引学生发见原理,和应用原理找寻事实”。④ 从苏俄小学课程的研译中,则借鉴了其课程的组织方法及内容。国民政府教育党化或主义化的主张,本源于苏俄。中大教育所对俄国教育共产主义化的做法十分倾心,并给予高度评价:“苏俄小学课程,系苏俄官方报告,诚所谓彻底主义化的课程。由此可见苏俄以教育改造社会的决心,以打破以科学为单位的因袭式的课程,是很值得我们注意的。”⑤这种新课程以三个中心、根本的观念为基础:教材组织应以共产主义教育为“极确定的目的”,即主义化;教材内容应儿童化,深浅与儿童认知心理在空间上由近到远成正比,即从本地、学校、到苏俄再及世界;“注重实现及实际”,指课程的方法和效果。⑥ 换言之,苏俄小学课程实是一种“不顾一切教育传习,采取大单元设计法去组织他的主义化、儿童化、效率化的小学课程”。⑦ 因此,他们主张中国小学课程欲主义化,应以此为标准。

三民主义化课程的理论依据为杜威的“生活教育说”。三民主义教育及其前身党化教育在推行之初即有不同声音。反对者理由之一,认为它没有或违反教育理论。因此,

① 教育部编:《第一次中国教育年鉴》甲编,《教育总述》第10页,开明书店1934年。
② 《教育学研究所对于大学院编订课程之意见》,《国立中山大学日报》1928年11月15日第2版。
③ 庄泽宣:《苏俄小学课程·译介》,上海民智书局,1929年。
④ 崔载阳:《法国小学教育研究》,《教育研究》第1期(1928年2月)。
⑤ 《教育研究所丛书付印》,《国立中山大学日报》1929年5月14日第2版。
⑥ 崔载阳译:《苏俄的小学课程》,《教育研究》第7—8期(1928年11月)。
⑦ 崔载阳:《新土耳其的小学课程》,《教育研究》第24期(1930年9月)。

寻找三民主义化的理论依据，就成为当时教育界迫切的任务。1929年4月，崔载阳承担“小学生活化课程大纲的草拟”课题研究，主张以与杜威“生活教育说”相发明，使主义生活化，生活主义化。在三民主义“在骨子里不过是人类间一种平等的关系”的观点支配下，生活实可分为“物质生活”——衣食住行等等的供求和“人事生活”——个体与团体，或团体与团体的关系。而民族主义“原即是团体与团体间一种平等的关系”；民权主义是“个体与团体间平等的关系”；民生主义是“物质生活间一种平等的关系”。故三民主义“实是我们的生活，三民主义不特与生活混合为一，而且包括生活之全部”。[①] 在教育三民主义化的阵营里，具体如何化法，又有两种不同的见解。一派以杜威的教育哲学为依据，主张人类生活的整个不可分和连贯一致，课程应该把各科打成一片，互相联络；道德的观念和主义的要素寓于各科之中，毋须单立党义一科，使整个教育的意义变为破裂支离状态。另一派以科学方法为原理，将人类生活分类排列，单独编排，即在各科之外，将三民主义单设一科，细化内容，进行教育。[②]

显然，崔载阳主张前者，反对后者，并参照苏俄小学课程的标准，提出小学课程主义化、儿童化和效率化的见解与具体途径；批评大学院（含稍后的教育部）按照后一种观点编成颁布的《初级小学课程暂行标准》。

主义化的课程，就是“一种真能将三民主义做全部教材骨干的课程，亦就是一种真能把全部科目融进在三民主义里的课程”。具体的途径有两个：第一，“须将目前与各种学科平排并列，彼此毫无干系的三民主义变为一切教材的纲领”，使目前每周只教二小时者，今后无时无刻进行教授；第二，从前只将三民主义生吞活剥的以传授儿童者，今后“须将三民主义变为实际的生活，使入学的儿童能从生活中学习三民主义，复从三民主义中学习生活”。儿童化的课程，就是“一种适合儿童经验的内容及生长的课程”。其编配的原则有两个：第一，取消分科制，采取混合制（即分科制与单元制结合——引者）；第二，教材之选取由近而远。儿童整个不分和最接近的生活环境，首先“当为学校与家庭，其次为当推乡土，再其次为本国，最后则为世界”。儿童化的课程要效率化，就是“‘以做学做’、‘在生活中学习生活’代替‘以读学读’”的千篇一律、脱离各地生活实际的教科书制度。课程效率化，其实是生活化、社会化。据此判断，现行中国小学课程非主义化、儿童化、效率化。[③] 可见，小学课程由“三民主义化”草拟，到“生活化”的变迁，以及二者的互相结合，实际上是崔载阳及其同事以杜威的“生活教育”学说为依据，结合中国现状，借鉴俄法小学课程的内容、编制和教学方法，为小学课程的意识形态化寻找理论依据的结果。

---

① 崔载阳：《如何使小学课程主义化儿童化效率化》，《广州民国日报》1929年4月14日。

② 姜琦：《三民主义课程论》第17—20页，上海华通书局1930年4月版。

③ 崔载阳：《如何使小学课程主义化儿童化效率化》，《广州民国日报》1929年4月14日。

大学院《小学课程暂行标准》规定，除小学应修科目为党义、国语、社会、自然、算术、劳作、美术、体育、音乐九种外，特别“加入党义教材一项”。[①] 崔载阳根据上述编配课程的观点，指责《课程暂行标准》规定课程太多，没有尽量合并，尤其是取消教儿童做国民的公民科，“不能造就三民主义的国民”；教材编配“不是由浅入深，由近至远”；“各科教学缺乏联络”；并提出建言：第一，“主张分别在各处尽量加入如何教儿童做人的具体教材”；第二，“取消分科制，以三民主义为组织一切教材的纲领，以期养成儿童彻底主义化”；第三，“编配教材应以深浅远近为标准，绝不宜用理论的方法，将各教材勉强安置排列起来给儿童学习”；第四，“如何联络各科教材的方法，要详细说明。最好能将每年的教材预做成几个互相联络的中心问题，使教师于教学时有所凭藉”。[②] 其中第二点强调，要真正彻底实现三民主义化的教育宗旨，不是孤立地增加党义或三民主义一种科目；或删除违反三民主义的一切便可成功，而必须以三民主义为组织一切教材的中心和纲领，把一切教材都融汇在三民主义里。这表明在如何实现教育三民主义及其效果的问题上，中大教育学研究所与大学院分歧明显，且走得更远，更为彻底。力主以三民主义为教育宗旨的教育名家姜琦对此表示“绝对佩服”，并详加引申和发挥。[③] 1932 年 10 月，教育部小学课程及设备标准起草委员会，对《小学课程暂行标准》中存在的问题，接受各方意见，修正、颁布了正式《小学课程标准》。规定科目为公民训练、卫生、体育、国语、社会、自然、算术、劳作、美术、音乐等 10 科。它与《小学课程暂行标准》明显不同之处有：取消党义，将其融化于其他各科之中；社会科加入公民教材，并居于各科之首。[④] 这显然与崔氏及中大教育学研究所对《小学暂行标准课程》的批评不无关系。

课程中心由三民主义化向民族化转换。五四运动以后，杜威民主教育思想流行，教育界采取放任主义，学生运动与政治运动相结合，[⑤]严重冲击着国民党的一党专政，离散了民族凝聚力。国民政府遂于 1929 年 5 月颁布教育宗旨：“根据三民主义，以充实人民生活，扶植社会生存，发展国民生计，延续民族生命为目的。”在教育政策上以“严格主义”取代“放任主义”。[⑥] 换言之，教育以社会(民族)本位代替个人本位。“九一八”事变的爆发，强化了这一政策。为适应转变，进入 30 年代后，中大教育学研究所在课程的中心上作了新的探索和试验。为了验证小学课程可行性和寻求课程的中心，1931 年秋至

---

① 邰爽秋、黄振祺：《中国普及教育问题》第 63—64 页，商务印书馆 937 年。

② 崔载阳：《批评小学课程暂行标准》，《教育研究》第 16 期(1928 年 12 月)。

③ 姜琦：《三民主义课程论》第 34—37 页，上海华通书局 1930 年 4 月。

④ 邰爽秋、黄振祺：《中国普及教育问题》第 64 页，商务印书馆 937 年。

⑤ 吕芳上：《从学生运动到运动学生》(民八年至十八年)一书，“中央研究院”近代史研究所 1994 年。

⑥ 《教育部次长马叙伦播讲教育宗旨稿》，《中华民国档案资料汇编》(第五辑)，第一编，教育(一)，第 5、7 页，江苏古籍出版社 1994 年。

1932年秋,该所在中大附属女子初中进行单元设计教学法的试验。课程分两类:一为研究的,一为工作的。前者包括社会研究、英文、数学等科。其中,社会研究又含"党义、历史、地理、国文等科,以研究民族生活为中心,由此推而及之其他有关之民族生活"。[①] 此为小学课程由理论研究到试验之始,也是以"主义化"为中心,向以"民族化"为中心转化的重要环节。1932年11月—1934年4月,崔载阳牵头组织所内师生方惇颐、林锦成、戚焕尧、何绍甲等人,以"民族中心小学课程之研究"为题,申报教育部课题,获得了通过。其主要目的有二:"找出一种民族化儿童化效率化的课程方案",标志着"民族化"名称上正式置换了"主义化";"求出一种比较有效的教育方法",即如何在缩短年限的前提下,又达到普及教育的效果。研究方法和步骤,包括分析部颁《小学课程标准》、分析及比较各书局小学教科书、求出我国民族各方面之需要等。[②] 研究的最后结果,发表了《根本改造我国小学课程之偿试》(又名《民族中心制小学课程论》——原注)和《民族中心制小学课程编制之演进》等论文。其要点,据研究者的概括有十:发现现行课程无中心,学科分类太繁,其间又无联络,教学以文字为中心;根据时代需要,以民族为中心,而以经济、政治、军事、人文四者为骨干;根据民族需要,拟得160个中心问题;依照心理原则,把这些小问题汇为16个小单元,复归为四个大单元;以每一小问题为一周之学习中心,由此每季每年也各有一学习中心;把现制小学六年改为四年,每年包括四学季,每季十二周;把现制小学十科合为四科;教学以动作为主;教学用书初稿编至第三学年;自1934年2月开始实验,结果颇觉乐观,[③]指出了部颁《小学课程标准》存在的各种毛病,确立了课程的民族中心及其编配的根据,简化科目,缩短学制,改革教学方法,公布教学用书的编写情况以及初步实验结果。涉及课程的几乎所有重要方面,但主旨仍是针对部颁小学课程分科过多和如何才能切合民族的需要。

课程简化合并,由十而六再四。民族中心制主张小学课程简化,但部定课程共有十科,"太繁杂而破碎,不特不合儿童的心理,并且会减低教学的效率"。[④] 尤其是从立国要素和改造中国的民族性上看,各科亦须简并。根据三民主义教育的宗旨内容,教育必须"经济化、政治化、军事化(三民主义化——原注)"。三者为民族生命所系,教育欲"能够延续民族生命,发展国民生计,扶植社会生存,就非彻底变成经济化、政治化、军事化不可"。于是"主义化"与"民族化"在内容上也得到了衔接和转换。中国民族最显著的劣根性为政治上"自私自利";经济上"虚伪不切实际,不讲求国计民生";军事上"文弱萎

---

① 崔载阳:《国立中山大学教育研究所之过去现在与将来》,《教育杂志》第25卷第7号(1935年7月10日)。

② 《国立中山大学教育研究所概况——纪念本校成立十周年》第12—13页,1934年11月11日印。

③ 教育部编:《全国专科以上学校教员研究专题概览》(下册)第425页,商务印书馆1937年1月。

④ 崔载阳、方惇颐:《民族中心小学课程实验的总报告》,《教育研究》第85、86合刊(1938年9、10月)。

弱”。要改造这些劣根性，就非使之“三化”不可，以培养民族的“自治自给自卫的能力为鹄的”。[①] 按照教育要“三化”，以求民族“三自”的观点，小学课程宜合并为国语、算术、音乐美术、公民社会、劳作自然和体育卫生等六种为当时教育界大多数人所公认的科目。[②] 经近一年的研究，又觉得课程合并还不够彻底，深感小学教育内容，须完全根据民族的需要方能发挥效能。民族的需要，根据社会学的理论，可分为“经济、政治、军事及文化四大方面”，其最大的目标“在求民族自养、自治、自卫及自觉”。为配合这四大目标，小学教育科目最好归并为“经济基础教育，政治基础教育，军事基础教育及人文基础教育”四科。[③] 增加最后一科，是要使小学生都“能了解人生的意义，都能发扬民族的精神”。四种基础教育，与现行部颁小学十科课程的对应关系分别为，经济基础教育，包括“自然、劳作和算术”；政治基础教育，包括“社会、公民、说话”；军事基础教育包括体育、卫生；人文基础教育，包括“国语、美术及音乐”。为了直观起见，可将简化之民族中心课程与部颁课程的对应关系列表如下：

科目名称	经济基础	政治基础	军事基础	人文基础
与部颁课程关系	自然、劳作、算术	社会、公民、说话	体育、卫生	国语、美术、音乐
目标	自养	自治	自卫	自觉

可见，民族中心制小学课程简化合并，由十科变六，再为四；民族需要由政治化、经济化、军事化“三化”，变为经济、政治、军事、人文基础“四大方面”。相应地，其目标也由自养(给)，自治、自卫“三自”，演变为自养、自治、自卫、自觉“四自”，从而日益切合民族的需要。

二

民族中心制教育，除课程之外，还有理论。两者是该教育流派创立过程中，互相交织的两个不同方面。相对而言，如果说课程演进比较明显的话，那么支撑整个民族中心制教育的理论的形成则比较隐晦，但更为重要。从中不仅寻到该种教育的历史学理论基础，而且可以发现它与当时的各种“民族教育”，乃至“战时教育”的关联和区别。尤其值得注意的是，它的创设，隐含着教育界对居于意识形态领导地位的三民主义教育宗旨的不满和试图所作的统整改进。

民族中心制教育的理论基础与基本信念。民族中心制教育基本理论以涂尔干(Dur-

① 崔载阳、方惇颐：《根本改造我国小学课程之偿试》，《教育研究》第51期(1934年4月)。

② 崔载阳：《八年来中国民族教育之研究》，《教育研究》第65期(1936年2月)。

③ 方惇颐：《民族中心制小学课程编制之演进》，《教育研究》第60期(1935年5月)。

kheim)的教育社会学为基础,批判、参考和吸收了杜威的心理学说。1928年10月,崔载阳在《近代训育思想之派别及其批评》一文中,重点评介涂氏的训育思想,认为优缺点并存:儿童应服从并为社会牺牲的思想,“极足以打破我们个人主义之迷梦”,但“过于重视社会之威权,忽于个人之创性”,则受到世人疵议。中国训育不要照搬外国主张,而应该走“纯以中立态度为基础”的路径。[①] 取一种扬弃、综合创造的态度。为了系统介绍涂尔干的教育社会学理论,1929年9月,崔载阳特作《涂尔干教育学说》一文,这是了解民族中心制教育理论来源的基础性论作,辨析涂氏教育学说最基本的观点及其与杜威学说之不同,指出前说以社会学为理论依据,“以社会为教育的起点和中心”,后说以心理学为指导,“以儿童为中心”。关于教育的功能、本质、方法和目的:教育的最大效用“在维持社会生命,将社会生命从前一代移到后一代”;教育之有无,“与社会之存亡有绝大的关系”。教育的本质是“传递,是创造,而不是生长与发展”;教育者不可能将社会全部经验传授于儿童,决定教育的方法必须是“选择”。教育的最终目的在于维持社会生命。换言之,教育之目的,不在个人而在社会。[②] “九一八”事变后,民族矛盾不断上升,为重社会而轻个人的教育思想的抬头,提供了适宜的大气候。1932年4月24日,崔载阳在中大教育系作《战时大学生应有工作》的演讲,强调个人服从、保卫民族国家的必要性和重要性。[③] 这是民族中心制教育诞生的一个信号。接着有四年制民族中心小学课程方案的研究,以找出“民族化”的课程。1934年12月下旬,崔氏在回答《教育杂志》关于教育救国信念的笔谈意见时,主张将救国教育定为建国教育,并以此作为自己重要的教育主张和基本信念。从综合方面论,首次明确提出“民族中心制教育”的理论概念;从分析方面说,要办“中国的,民族的,乡村的,青年的,人生的,创造的教育”,并阐述了其大体内容。“中国的教育”,从教育的本位言,指为中国全民所有的教育,而非由外国抄袭回来的教育。“民族的教育”,从教育所有权论,指为民族国家所有的、“使整个民族对内更能融合,对外要有力量”,同时又能“保全个人的个性与创造性”的教育,而非部落或联邦帝国所有的教育。“乡村的教育”,从教育的布局论,指适应乡村需要,而非照搬外国的都市教育。“青年的教育”,从教育对象论,重视与目前国家前途密切相关的15—25岁少壮人物的教育,而非时下人所注重的成人或儿童教育。“人生的教育”,从教育的目的而言,指教人做人,教人生活的教育,主要包含自给、自卫、自治、自学的教育。“创造的教育”,从教育的时代性论,指不能办反映中国旧有文化的传递式或当今放任的个人自由式的教育,而是创造尤其是团体共同创造的新教育。[④] 这一“教育基本信念“的提出,既是民

① 崔载阳:《近代训育思想之派别及其批评》,《教育研究》第6期(1928年10月)。

② 崔载阳:《涂尔干教育学说》,《教育研究》第13期(1929年9月)。

③ 崔载阳讲、叶恭信记:《战时大学生应有工作》,《国立中山大学日报》1932年4月29日,第3版。

④ 崔载阳:《全国专家对于教育救国的信念·崔载阳先生的意见》,《教育杂志》第25卷第1期。

族中心制教育内容的雏形，也是其理论的基本架构。

1935年4月，崔载阳发表《民族中心制教育的基本理论》一文，比较全面、系统地阐明民族中心制教育的起源论、本质论、目的论和方法论。起源论，申明民族中心制教育主要不是源于外铄的国难，而是从民族社会的本身而来。教育是社会的根本机能，与社会互相依存，融为一体，这是教育社会的一元观。在这种观念下，教育必然以社会为中心——为社会所有而有，以社会之理想为理想，设施为设施。因为民族是近代现有社会的最高组织形式，故现代教育又必然逻辑地和事实地以民族为中心。这是涂尔干"教育以社会为中心和起点"思想的自然延伸。本质论，是指民族中心制教育综合近代西方世界关于教育本质论中的"协同论"和"演进论"两大流派而成的"协进论"。"协同论"以涂尔干、德人克里克(Krieck)为代表，"视教育为使社会协同生活的一种作用"；"演进论"以马克思、杜威为代表，"视教育为一种使社会演进的历程"。但协同、协进两派有所偏重。[①] 厦门大学教授吴家镇将"协同论"称作"横的方面"，"演进论"为"纵的方面"，以示区别。[②] 崔载阳认为两派均未能说明教育的真义，应该同时顾及，综合考虑，"协"、"进"并举，"纵"、"横"结合，才能说明教育的本质。所以，民族中心制教育的本质，是"'协进'，是协同创进，是协力改进，是协和上进"；并以此作为判断是否为教育的标准："是'协进'便是教育，不是'协进'便不是教育；又能进之'协'才是真'协'，能协之'进'才是真'进'。若仅是'协'或仅是'进'，都未能尽表教育之真性。"[③]教育源自民族社会，民族的本质决定教育的本质。中华民族的本质，据崔氏看法，从"协"的方面论，是"协和内外"；从"进"的方面说，则是"至大至刚"。关于"协和内外"，究其原因，中国家庭上互相辅助，社会上以修身为本，无政治、宗教特权，经济上均贫富，无阶级对立，民族根本上富于礼俗，重义务而轻权利，重礼让而薄夺取。这显然受两个月前梁漱溟在中山大学所作的《中国文化的特征在哪里?》演讲的影响。[④] 关于"至大至刚"，吴家镇引为同调，并加以补充和发挥。"至刚"，是指有自己的立场，自我的表现，能发明，能创造，能不断地开拓生命的前途，而不为外界所压抑及摧残；"至大"则指对于历代异族的文物，外来的文化，不断的吸收、兼并，不断的同化、长养，而绝不深闭固拒，不求进步；并将"大"概括为"在对人与物"，"刚"则"在持己"[⑤]。

民族中心制教育的本质是协进，这决定了其教育的目的，"必然是更协进，使民族更

① 崔载阳：《民族中心制教育的基本理论》，《教育研究》第60期(1935年5月)。

② 吴家镇：《民族中心制教育的基本理论之商榷》，《教育研究》第62期(1935年10月)。

③ 崔载阳：《民族中心制教育的基本理论》，《教育研究》第60期(1935年5月)。

④ 梁漱溟讲、李渊庭记：《中国文化的特征在哪里?》，《教育研究》第59期(1935年4月)。方惇颐干脆说梁文就是"关于民族中心制教育的讨论"。方惇颐：《教育研究百期回顾与今后展望》，《教育研究》第100期(1941年2月)。

⑤ 吴家镇：《民族中心制教育的基本理论之商榷》，《教育研究》第62期(1935年10月)。

能生存与发展。因为是更‘协’,所以它的目的不是极端的个人主义,也不是极端的社会主义,而是社会与个人之间的大众协和主义;同时因为是更‘进’,所以不偏于极端的自然主义,也不偏于极端的理想主义,而是数者间的绵延上进主义。因此,从协和上进到更协和上进,这就是民族中心制教育的目的”。具体而言,则是(1)培养民族成员,(2)改进民族家乡,(3)建设民族国家,(4)开辟民族国际。这与民族中心制小学课程内容结构相适应,也是一种折衷、调和各种教育思潮的主张,吴家镇称之为“中和哲学”。教育的本质决定教育的方法。民族中心制教育的本质是协进,那么教育的方法,自然渗透了协进的精神:“一方面要将一切教育机会及于各个人,使社会的关系更趋于平衡谐协;别的方面应给每个人的特别才能发展得透彻,使社会的文化更趋于向上进展”。表现在教育制度上,前者是单轨制,后者为多轨制,二者之间达到平衡结合。单轨制倾向普及,多轨则强调个性天才的发挥。这实是对杜威片面强调个性而忽视群体,以及涂尔干过分强调群体而忽略个体两个极端的纠偏。同理,在协进主义下的教育行政,不是采取偏于集权的或分权制,而应该是“均权”主义。课程上,不采取成人中心论与儿童中心论,而是在民族中心论教育之下,将二者“统摄”起来。①

在民族中心制教育“基本理论”的基础上,崔载阳进一步作系统化和抽象化的概括,提出“民族中心制教育哲学”的说法。1935年5月18日,他在中大教育系民二十七班班会作《民族中心制教育哲学》的演讲。据记载:“查民族中心制教育学说,为崔先生费许多时光,研究所得之结晶……此日虽倾盆大雨,莅场听讲者,仍极形踊跃。关于民族中心制教育之哲学的意义、本质、方法及目标,无不发挥尽致。”②这是民族中心制教育从一般理论层面向哲学层面思考的过渡。两年之后的1937年7月23—31日,国际初等教育与民众教育会议在巴黎召开,崔载阳奉中山大学指派,并代表中国社会教育社前往出席,在大会上用法文作了《中国民族教育哲学》的演讲。该文有助于了解民族中心制教育哲学成型的观点,并在理论依据上有新的变化,须作深入一点剖析。

第一,从民族性格和文化历史特征的角度加以补充和论证,不仅明确中国民族教育哲学的本质是“协进主义”,而且肯定其学科理论基础为历史学。根据历史的昭示,及与西方、印度的比较,中国民族最独特超越的文化成就,“不在神的赞美,也不在物的开发,而在人的协进”。孔子是中国文化协进人生的首要代表。按教育特质随民族的特质而变异的观点,中国历代教育要培养的是协进人生态度的模范人格,“天地为怀,民族物与”,“日新又新,自强不息”。③ 或许是为了在国际讲坛上强调“中国民族”的教育哲学,崔

---

① 崔载阳:《民族中心制教育的基本理论》,《教育研究》第60期(1935年5月)。

② 《教一班会举行首次公开演讲——敦请教研究所崔主任演讲》,《国立中山大学日报》1935年5月21日,第4版。

③ 崔载阳:《中国民族教育哲学——巴黎国际初等教育及民众教育会议演讲词》(中、法文单行本),中大教育研究所1937年7月,藏广东中山文献馆。

氏这时特别注重从民族性格和文化特质的历史进行论证。与此不同，以 1935 年 5 月为界，此前民族中心制教育的学科理论，是杜威的心理学生活教育说和涂尔干的教育社会学说的结合体，渐进为以后者为主。此后，随着认识和研究的深入，最后认定中国民族教育哲学“非基础于心理学，亦非基础于社会学，而是基础于中国数千年来的历史。在全部中国历史上找出一种具有永存而具最高支配力量的元素，以为建立全部教育体系的基础，这就是中国民族教育哲学方法的神髓，亦就是中国教育者近年来盛倡民族中心制教育的缘由”。[①] 此即崔氏 1937 年 6 月出国前，在中大研究院同人欢送会上所答的“述其十余年研究教育心得，以历史演进为教育中心理论之新见解”的因果。[②] 看来，此前那种认为协进主义的民族中心制教育哲学仅“兼具有心理学与社会学的基础”的说法，并不全面。[③] 由注重从中国历史文化特质中取材，并最终确定民族中心制教育的学科理论为历史学。这是民族中心制教育在理论基础上的一大变化。

第二，吸收教育学术界的新观点，勾勒民族新教育体系的轮廓。除参考梁漱溟关于中国文化特质的思想外，还着重吸收了吴家镇对民族中心制教育理论补充和发挥的成果。“协”系指从“横面”而言，重在协，有彼此相连之意；“进”，系指从“纵面”而言，重在于进，为生生不已之谓。中国民族所谓“协进”，并非凝滞不进，亦非“‘只许我进，不许你进’的竞进”的西方式的露道行为，而是“‘我有进步，希望你亦有进步’”的王道思想。[④] 民族新教育体系的轮廓，其实是前述民族中心制教育基本理论中之教育目的论、制度论、方法论等的进一步概括和提炼。[⑤] 从上可知，崔载阳自提出“民族中心制教育”的概念起，确定自己在教育上的“基本信念”，进而提出“基本理论”，最后形成“中国民族教育哲学”。既是民族中心制教育在理论上的变化发展，由理论上升到哲学高度的过程，也是批判地吸收中西教育理论和思想，由心理学、社会学，最后回归到历史学，弘扬中国传统文化的优良特质的一种较彻底、深层的中国化过程。民族中心制教育理论是中西文化合璧创造的产物，也成为重建近代中国教育重心十家的代表性成果之一。[⑥]

---

① 崔载阳:《中国民族教育哲学——巴黎国际初等教育及民众教育会议演讲词》(中、法文单行本)，中大教育研究所 1937 年 7 月，藏广东中山文献馆。

② 《研究院同人欢送崔载阳教授出国志盛》，《国立中山大学日报》1937 年 6 月 11 日第 4 版。

③ 梁瓯第:《非常时期中国教育哲学的趋向》，《教育研究》81 期(1938 年 2 月)。

④ 吴家镇:《民族中心制教育基本理论的商榷》，《教育研究》第 62 期(1935 年 10 月)。

⑤ 崔载阳:《中国民族教育哲学——巴黎国际初等教育及民众教育会议演讲词》(中、法文单行本)，中大教育研究所 1937 年 7 月，藏广东中山文献馆。

⑥ 梁瓯第:《非常时期中国教育哲学的趋向》，《教育研究》第 81 期(1938 年 2 月)。

民族中心制教育理论上注意吸纳和整合相关有价值的教育资源，并不意味着其本身没有个性和原则。这可从它与当时各种“民族教育”思想和派别的联系与区别中清楚地反映出来。大体情况，从1936年度上学期教育研究所开设的选修课程《民族教育研究》(每周3时数，3学分)中，能窥知一二。该课程的目的“在使学者明瞭中国新兴的民族教育思潮底理论与实际，以为负荷中国新教育任务之准备”。其内容规定：“(一)中国民族教育之来源及其异于各国者何在；(二)协进的中国民族教育意义、背景及与现代各教育学说之比较；(三)中国民族教育的目的及其与各国民族教育目的比较；(四)中国民族教育的方法及其与现代流行的教育方法的关系；(五)中国民族教育的前途。”[①]目前虽尚未发现有关详细讲义，或课堂笔记之类的材料，但是，同一时期崔载阳所作的《八年来中国民族教育之研究》的长篇研究综述论文，在间接和相当程度上，弥补了民族中心制教育与各种民族教育思想较为具体关系情况的不足。[②] 在中国，民族教育一词大约出现于20世纪20年代，30年代期间大量流行，形形色色。从起源论，注重民族对外关系者有“民族主义教育”、“民族运动教育”；注重民族内部关系者，有“民族性教育”；注重复兴民族国家和未来者，有“民族复兴教育”；在注重反帝和反封建的同时，关注发扬民族优良特质者，有“民族本位教育”和“民族中心制教育”。从阐明民族教育的本质的理论出发，按照“由对外到内，由政策到本质”，大概可分为民族自救论、民族精神论、民族改造论、民族适应论、民族协进论五派。

无论从起源，还是理论的本质上看，民族中心制教育均属其中一个重要流派。它与上述各家各派的关系，除了参考和借鉴外，尤有明显的区分。民族中心制教育与一般民族主义教育，有两点不同：首先，它们的最终企图，虽然是求民族生存与发展，但前者“在使民族大众协和缓延上进”，关注民众；而后者则“每每偏重国家方面”。其次，后者是“从外部的侵略引发的，而且出于一时，侵略松散了”，也就不需要了；前者则是“从内部发生，随民族社会内部之生长而生长的，它永久与民族社会相互依存着而不灭的”。从教育目的上而言，民族中心制教育协进的本质，决定其教育的目的是“更协进”，因而不走个人主义与社会主义两个极端，而是“社会个人间的大众协和主义”。虽然提倡民族教育的人众多，但“很少人顾到此点”。[③] 这一与民族主义教育起因不同的观点，在抗战爆发后左右了他们对极盛一时的所谓“战时教育和平时教育之争”的看法。崔载阳试图将二者调和起来：“实则所谓战时教育，只是当民族抗战时着重民族抵抗侵略，力行民族自救的教育。所谓平时教育就是当民族非抗战时着重力谋独立，自由国家的建设，

① 《本所研究事业十年》第10页，国立中山大学研究院教育研究所，1937年6月。

② 崔载阳：《八年来中国民族教育之研究》，《教育研究》第65期(1936年2月)。

③ 崔载阳：《我们要办什么教育》，《国立中山大学日报》，1934年12月8日第3版。

去发展民族为己为人的天才的教育。他们二者不特一贯不分,而是连环相系。故根本上所谓平时教育与战时教育只是民族教育的两面。”①关于民族中心制教育与战时教育的关系,不少人分别从课程、建议等方面探究二者的关系。戚焕尧“接受崔载阳先生的启示”,提出一个《抗战教育短期课程大纲》。全部课程根据民族中心制教育的基本做法,“采单元编制,分保卫乡土,抵抗侵略,复兴中华,建设新世界四大单元。每大单元,分几个小单元。每小单元有两节目”。② 方惇颐在《对于抗战时期教育的几个建议》中,建议将“民族课程与抗战技术的溶合”,并强调“民族中心制教育理论可做我们课程的指针”。民族中心制教育中的军事、政治、经济和人文四种教育,不仅充分改造小学课程,而且可以改造中学课程和大学课程,③从而在理论上将民族中心制教育的课程范围由初等教育扩大到中、高等教育,有试图成为一种完整的教育理论体系的趋向。由此可知,民族中心制教育与战时教育关系之密切,二者并非冲突,而是互相促进,并指导战时教育。

这里涉及“民族中心制教育”论者崔载阳与“战时教育”主张者尚仲衣冲突的一桩公案。1939 年左右,时任中大教育研究所所长的尚仲衣与前任所长崔载阳发生激烈的冲突,前者因此离开单位。此事在当时教育界炒得沸沸扬扬,事后又被赋予浓重的褒贬色彩,事关战时教育的分歧,还牵涉到党派、个性之争,值得多费点笔墨。目前看到的对此事最早记载的是庄泽宣。他说:“崔载阳先生自欧考察回国,朱有光、曾昭森兄欢宴崔载阳先生于岭南招待室,余与尚君(仲衣——引者)均在座,忆对某问题曾有紧张之辩论。”④庄氏大约因为二人均是老朋友,尚已死于车祸,崔高居中大研究院院长之位,不便言明为何事争辩,更不便作任何评论。五十年后的回忆则说:“在岭南大学崔载阳回国举行的一次欢迎会上,他吹嘘自己在美国如何受欢迎,并大肆散布所谓‘互助互让’的教育思想。”尚仲衣听了十分愤慨,立即起来反驳说:“大敌当前,国难当头,这种所谓‘互助互让’的教育思想,实际上是一种替日本人宣传的奴化教育思想,使崔载阳狼狈异常,会场的正气得到伸张”。⑤ 因何而争,是非曲直,似跃然纸上。这里暂不论是非,只对二人争论的深层原因,略作剖析。

首先是教育观念的不同。崔氏是民族中心制教育论者,主张“将战时救国教育宜定

---

① 崔载阳:《敬致全国教育同仁》,《教育杂志》第 28 卷第 6 号。

② 戚焕尧:《提供一个国民抗战教育短期课程》,《教育研究》第 80 期(1937 年 12 月)。

③ 方惇颐:《对于抗战时期教育的几个建议》,《教育研究》第 81 期(1938 年 2 月)。

④ 庄泽宣:《我所认识的尚仲衣博士》,《尚仲衣博士纪念册》第 25—26 页,尚仲衣博士纪念委员会编并发行,1940 年 2 月。

⑤ 中共广东省委党史资料征集委员会、研究委员会编:《尚仲衣教授》第 285—286 页,1989 年 5 月。

名为建国教育”，前者从属后者；战时教育是暂时，民族中心制教育是永恒的，即使进行战时教育，“均须保存教育意味”。[①] 尚氏是“救亡教育论”的倡导者和实行家，提倡民族斗争的教育及民主救亡的教育，“主张把握自由主义的教育，以肃清封建文化。在民族教育上，并重征发性与自发性的贡献。”[②]自由主义教育是为了对抗封建政权的神秘主义、禁欲主义、权威主义而产生出来的。在教育范围上的独占与分享，目的上的空渺与现实，精神上的服从与自由，方法上的强求与顺应，正是自由主义和权威主义的分野。重征发性与自发性的训练，前者属于政府的积极训练与系统教育，后者属于民众自发的训练以及学生自动的教育，即自下而上与自上而下之交织网成或相互为用的姿态。而崔载阳则强调发扬中国文化协进特质，强调有条件的、集体的自由，二人分歧昭然。

其次，在抗战教育理论与实践关系上，崔氏亦主张课程战争化，但不能完全违背教育规律，而要重视教育理论的研究。尚是一个行动型的教育家，极力主张“排除经院派的气习”，[③]在中大开设抗日教育课程，带领研究生参加抗日活动，与崔氏有明显的冲突。以至心理学家高觉敷回忆说，二人冲突的“主要焦点是崔对尚仲衣带研究生搞抗日救亡活动深怀不满”。[④] 事实上，教育研究所研究生梁瓯第、陈孝禅等人似乎更加认同尚的主张，前者对抗日战时教育的极力主张不亚于尚仲衣，并认为尚的救亡教育论“最适合现实”；而崔的协进说有保守之嫌，“所谓协进须是动态的协进，即非侵略的，退守静止的协进，否则，协进主义将不免陷入于保守懦怯的情态”。[⑤] 学生公开对尚的赞扬和对崔的批评，甚至以前者观点修正后者看法，表明二人因教育观念的不同，在争夺研究生问题上的确有很大的分歧。有个叫静君（疑为陈孝禅的化名——引者）的人也说，教育观念的不同，是尚离去的原因。尚氏的抗战实践教育，“在某些人看来，正是一种旁门外道，甚至于是洪水猛兽。结果，他不能不又一度跳出那尊严的学院”。[⑥] 再次，在思维方式和处世个性上，崔氏尚崇不偏不倚的综合思维，主张中庸哲学；尚仲衣推服对立性的思维，认为中国当时的教育趋势是“从阶层对立的教育走向民族斗争”，[⑦]力持斗争哲学。所以，时人回忆尚、崔二人的冲突是，前者“以斗争哲学驳斥”后者的“反动学说”。尚是自由主义者，个性刚强，同事杨寅初说他“谈锋异常犀利，语外之意，隽永有力”。[⑧] 为北大拒聘，

---

① 《全国专家对于教育救国的信念·崔载阳先生的意见》，《教育杂志》第25卷第1号。

② 梁瓯第：《战时教育论》，第23—24页，民族文化研究会出版，1938年10月。

③ 《尚仲衣博士纪念册》，第29页，尚仲衣博士纪念委员会编并发行，1940年2月。

④ 中共广东省委党史资料征集委员会、研究委员会编：《尚仲衣教授》，第41页，1989年5月。

⑤ 梁瓯第：《非常时期中国教育哲学的趋向》，《教育研究》第81期。

⑥ 静君：《做为教育家的仲衣》，《教育新时代》第1卷第2期（1940年5月）。

⑦ 《尚仲衣博士纪念册》，第30页，尚仲衣博士纪念委员会编并发行，1940年2月。

⑧ 同上书，第29页。

辞广西中山纪念学校校长之职,后离开中大教育所以及他与崔辩论时的措词,与其鲜明的个性不无关系。此外,崔氏是国民党员,尚则为中共秘密党员。党派立场不同当也是导致二人冲突,后者出走的一个不可忽视的因素。总之,崔、尚二人的冲突,有教育观念、思维方式、处世个性及党派等不同原因。从崔氏协进抗日的民族中心制教育理论与实践上看,主张全民族的抗战,尚氏将其视为"奴化思想",失之偏颇。后人将二人之争上升到"反动的",敌我之间的对立面去理解和评判,更是后来观念的作怪。因此,二人冲突够不上上纲上线,顶多是在共同抗日的大前提下,对战时教育侧重点的强调不同的分歧而已。

民族中心制教育与儿童中心教育关系,有两种不同观点。一种认为相容,另一种则认为相反。相容者又分两种意见:第一,民族中心教育是目的,儿童中心教育是方法;第二,与儿童中心教育冲突者只为成人教育,并非民族中心制教育。关于第一种观点,崔载阳引述并同意谢循初的意见。谢氏认为,两种教育的着眼点不同,是目的与方法的关系。儿童中心教育最大的作用,"在求学习的效率增加",是一种方法;民族中心制教育最主要的意义就是"整个的民族间应该存着互相亲爱的观念",为一种目的。因此,最好应以前一种教育的方法来达到后一种教育的目的。此外,关于两种教育相容的关系,小学教育专家俞子夷作过比喻,民族中心制教育好比穿军服,要齐整美观,儿童中心教育好比军服的长短阔窄,要合身材,"二者并不冲突"。对此,崔氏作了补充和发挥,"以为长短阔窄不能独立,他要依附在军服上,成为军服中的一个条件",亦即儿童中心教育是民族中教育的一个组成部分。对于第二种观点,崔氏"很赞同",并引述对该问题研究最透彻的黄建中的观点:"儿童本位只应对成人本位言,不应对社会本位言",强调从"民族中心(社会本位——原注)的立场看来……儿童中心教育与成人中心教育(尽管)都各有其道理,然均应绝对的统摄在民族中心制教育之下,然后才能够健在,亦惟民族中心制教育然后能够统摄他们"。[①] 在民族中心制教育与国际主义教育关系上,反对民族教育者(包括民族中心制教育),"辄讥谓完全激起民族之夸大狂,酿成民族之偏执成见,而敌视他族,防碍国际合作与和平"。高良佐对此做出解释:"民族教育非徒以狭义的民族主义为其哲学基点,其于内为激发国民之爱国心、民族之自信力,以发挥民族之意识与精神,于外则以其民族之智识文化,促进世界之进步……民族教育之得失,则不在制度之本身,而在于此制度所依据之理论健全与否"。崔氏认为该见解"很精辟"。证之民族中心制教育本质的理论是协进,即"'我有进步,希望你亦有进步','我与你都要生存,不断的求进步'"的说法,[②]当知其说非虚。可见,民族中心制教育和国际主义教育,并非如反

---

① 崔载阳:《民族中心制教育的基本理论》,《教育研究》第60期(1935年5月)。

② 崔载阳:《中国民族教育哲学——巴黎国际初等教育及民众教育会议演讲词》(中、法文单行本),中大教育研究所1937年7月,藏广东中山文献馆。

对者所言那样背道而驰，而是互相促进。

民族中心制教育理论的形成，与官方正统的三民主义教育的关系非同寻常。二者先后存在着“彻底结合”，“统整改进”等关系。仔细考察可知，后来成为三民主义教育哲学研究“宗师”的崔载阳，[①]其实一度对三民主义很不以为然。[②] 由此进而牵扯出作为国民政府指导思想和教育宗旨的三民主义，受到当时教育界普遍抵制的真相；而这一点又恰好被迁台后的国民党看作是败退最重要的原因之一。

如前所述，1930年以前，崔载阳及其同人是三民主义教育宗旨忠实的信仰者和彻底的执行者。1935年前后，“民族中心制教育”概念正式提出，“民族化”置换“主义化”后，它与三民主义教育宗旨的关系发生了根本转变。民族中心制教育成为“体”，三民主义教育变作“用”，并试图以前者“统整改进”后者。对此，崔载阳有过一段重要的表述：

> 民族中心制教育与三民主义教育宗旨的关系怎样呢？这点有待表明：一般人或以为民族中心制教育是三民主义教育一部分，包括在三民主义教育之内。但我们的见解适得其反，以为三民主义教育应包括在民族中心制教育之内。其中最重的理由就是三民主义是为中国民族所有，为中国民族而有，绝不是中国民族是为它所有与为它而有，所以中国民族中心制教育是体，三民主义教育是用，或且是一部分的一时间的用，三民主义教育如适国家现时需要，也有待民族中心制教育为之统整改进。

其具体理由是，第一，三民主义教育的本质存在多元化的解释，没有统一性，而民族中心制教育则相反，能提供给前者一种统一的基础和健全的教育哲学；第二，民族中心制教育实足以弥补自由不尽义务、平等不讲礼让的不足，使三民主义教育更进于完整；第三，三民主义本应包括民族、政治、经济三大内容，而三民主义教育实际上主要是一种政治教育，有所遗漏，民族中心制教育正是要提供整个人生观念，使三民主义教育益能改善；第四，实现三民主义教育之目的，需要一种不断向上的进步观念，而这正是主张绵延进步的民族中心制教育之所长。[③] 作者运用逻辑的力量，论证了民族中心制教育的范围大于三民主义教育，从而决定二者的“体与用”的主从归属关系；分析了以民族中心制教育“整顿改进”三民主义教育的四个理由，或者说三民主义教育有待整改，是因为它事实上存在四个方面的缺陷，即解释歧异，片面强调自由平等，局限于政治，没有向上进步。

---

① 毛松年：《教育哲学宗师崔载阳先生生平—— 一生阐扬国父思想著作等身》，台北《广东文献》21卷1期(1989年3月)。

② 1981年崔氏出版《五十年学术论文选》一书，精选自己一生代表性作品，惟独剔除《民族中心制教育的基本理论》这一关于民族中心制教育最重要而又试图修正三民主义教育宗旨的论文，此举颇耐人寻味。该书藏台北“中央研究院”近代史所，感谢郑月理女士的提供。

③ 崔载阳：《民族中心制教育的基本理论》，《教育研究》第60期(1935年5月)。

这种企图以民族中心制教育凌驾于三民主义教育之上，并加以整改的大胆做法甫出，商榷、误解者有之，反对者更有之。吴家镇认为这一观点尚有商榷余地：第一，三民主义为孙中山所特创，系融化中西思想而成，以此治国施教，尚无多日。“吾人只宜观其结果若何，考其成绩如何，再谋修正补充；似不宜于统一开始，群情方殷之际，有政治上忽创一种新格，在教育上，另找一个办法，以乱观听而涉纷歧”。第二，现时中国，教育上一切设施，“系以三民主义为根据；如其缺乏统一的基础，吾人应使其有统一的基础，如其缺乏健全的教育哲学，吾人应令其有健全的教育哲学。”因而，他的结论是：“综之三民主义教育以民族为中心则可；若以民族中心制教育代替三民主义教育，似为未可。”[①]崔载阳看到这番话，觉得吴氏将其“改进”论误为“代替”论，特通过借《教育研究》编辑之口转达其意见：“关于民族中心制教育与三民主义教育一问题，两人意见其实也很相同，因为崔先生的原意亦只是主张用民族中心制教育来统整改进三民主义教育，并不是主张用民族中心制教育来代替三民主义教育的。”[②]张志智明确加以反对，直截了当地指出，民族中心制教育等“无非是些头痛医头脚痛医脚的办法，还不能算是解决中国教育问题的根本办法”，三民主义教育才是解决中国教育问题的根本办法。[③] 任时先则批评民族中心制教育理论，“全是纯粹以民族自救自存为前提，似乎不必限于以主义学说为中心的。因此，无形中必陷于陈袭来自中国的民族教育思想的错误，使教育与民族国家背道而驰。我们决不可迷恋于民族教育的美丽名词，而忽略了他的内质里还须得有个绝对不易的主义作核心”。[④] 前部分的批评未必确切，后一部分的指责则强调民族中心制教育必须以三民主义为核心。换言之，三民主义教育为体，民族中心制教育为用，而不是相反。

三

民族中心制教育不仅有课程、理论，而且付诸实践。这包括实验及其扩大、运用和推广。民族中心制教育实践，一方面可以检测课程改革成效及其跨地区的影响力，另一方面更重要的是探寻普及中国教育最有效的途径。普及义务教育的重要性和紧迫感在当时已成教育界的共识，但究竟照搬西方六年做法，还是结合中国落后实际，缩短时间，以求尽快普及，存在争议。蒋梦麟等人建议义务教育时间为四年，各地纷纷进行试验。其中以河南开封的李廉方、中山大学附属小学、江苏教育学院惠北实验区和广西国民基础教育实验最具代表性。四者中，后三者均与民族中心制教育课程实践有关。

---

① 吴家镇：《民族中心制教育的基本理论之商榷》，《教育研究》第 62 期（1935 年 10 月）。

② 《编辑后记》，《教育研究》第 62 期（1935 年 10 月）。

③ 张志智：《中山先生之教育思想》第 4 页，正中书局 1940 年 3 月。

④ 任时先：《中国教育思想史》（下册），第 408 页，上海书店 1984 年据 1937 年商务印书馆本重印。

中山大学附属小学民族中心制课程实验：1934年2月，实验班开办，按时间先后分甲(28人)、乙(26人)两个班，主要动机在于：第一，“为着找寻一个最经济、最有效的办法，使六年小学教育能于四年修完”；第二，“为矫正现行小学课程的缺点，创造一个适合时代要求社会需要的民族中心课程”，并通过试验、考查，以评定读过四年的民族中心小学课程的效果，其教育程度是否和读了现制六年小学的学生相当；训练内容是否比受了现行小学课程的学生，更适于培养健全的国民。[①] 试验班采用新编的“民族中心制小学用书”，分为六科，共编160册。实验方式，采用与广州市十所六年制小学进行比较，时间起自1934年2月，止于1938年2月。实验一开始，就引起教育界注意。义务教育名家邰爽秋认为，中大教育研究所小学教育限四年的做法，其实验结果“很可供订定义教期限和入学年龄的参考”。[②] 后虽因抗战爆发，未能全程试验完毕，但在中间分三次逐年测检的基础上，三年来总的试验结果“发现”：第一，实验班学生三年的成绩，似已达到普通六年制小学四年半的程度，乙班成绩占优势。假如最后一年能够保持同样的进度，那末，民族中心小学课程以四年修学期间完成六年小学教育的企图，似乎不难成功。第二，就各科成绩分别看来，实验班社会、国语及卫生三科最优，而算术科较劣。这或许因为受单元编制课程的影响。第三，课程以民族为中心，由乡土研究出发，以次及于民族与世界，极合儿童心理。[③]

同时，实验也存在不足：除了因战事影响，不够完整外，还有课程究竟对于民族协进精神，养成了几许，尚乏明确的测定，[④]以及实验范围过小，重城市轻乡村的缺点。民族中心小学课程的设置、理论的成型，尤其是实验班的开办，成绩颇为可观，引起广东和全国各地的注意，纷纷来穗参观(除本地外，有北平、南京、上海、无锡)，或增设实验班(广州市教育局、勷勤大学师范学院)，或索要教科书(青岛市教育局、无锡江苏省立教育学院、广西教育厅)。[⑤] 特别是最后两个单位在实验的扩展和实践运用的推广，标志着民族中心制教育影响的扩大跨出粤省，并弥补了中大附属小学实验班的不足。

民众教育的重镇——江苏省立教育学院惠北实验区的扩大实验：实验由原在中山大学教育学研究所供职过的教育名家陈礼江主持，秉承了民族中心制教育试图寻找一条最经济、有效的普及义务教育途径的宗旨，改变原来小学组织、学历、课程、教材和教法等，将四年应受的义务教育于两年完成(实验时间从1934年秋至1936年7月底)，以期半年抵一年，或一学期抵一学年。其动机之一，是“要以民族主义为中心来试办义务教

① 崔载阳、方惇颐：《民族中心小学课程实验的总报告》，《教育研究》第85、86合刊(1938年9、10月)。

② 邰爽秋、黄振祺：《中国普及教育问题》，第232页，商务印书馆937年。

③ 详参崔载阳、方惇颐：《民族中心小学课程实验的总报告》，《教育研究》第85、86合刊(1938年9、10月)。

④ 庄泽宣、陈学恂：《民族性与教育》，第622页，商务印书馆1938年。

⑤ 《本校民族中心制小学实验班》，《国立中山大学日报》1934年9月5日第5版。

育”,使之“能成为培养民族意识和促进民族团结的一个工具”。课程改订根据民族中心课程以“民族为中心”、“儿童为本位”和“混合课程纲要”为原则。教材编辑的要点之一是由浅入深,由近入远——由自家的乡村出发,至全世界人类终结。[①] 为核实效果,采用比较测验法,在实验班每一个学期结束时,即举行一次测验。测验材料,系从商务印书馆、中华书局、世界书局和开明书店四大书局,根据教育部所颁布的《小学课程标准》而编印的小学国语、算术、自然、社会等教科书的内容中选取,用混合方法编制而成。

两年四期的实验结果,可概述如下。第一,第一学年第一学期(1934 年 8 月—1935 年 1 月底),义教实验班所得成绩与特约城市普通小学比较组所得的成绩相比,前者为 93.53 分,后者为 66.2 分,高出 27.33 分。这表明“实验组半年的成绩比普通小学比较组读完一年级学生的成绩好多了”,也表示“六年义务教育在四年内完成之理想的可能了”。[②] 第二,第一学年第二学期(1935 年 2 月—1935 年 7 月底)检验结果,实验班所得成绩总平均数为 95.2 分,比较组甲(特约乡村小学)为 66.26 分;比较组乙(特约三个城市小学)为 65.3 分。前者较后两者所得成绩均高。这表明实验班读完一年,不特可抵比较组读完普通小学二年,且有超过他们之势。[③] 第三,第二学年第一学期(1935 年 8 月—1936 年 1 月底),实验班所得的结果是,总平均分数为 89.35 分。因此,实验班成绩“既甚高,则实验班读完一年半可抵普通小学生读完三年之标准,想甚可靠”。[④] 第四,第二学年第二学期(1936 年 2 月—1936 年 7 月底),在比较范围上较前扩大,取南京、镇江、无锡、苏州、金山等地共六校作比较组,所用测验材料编制同前。结果发现实验班所得的总平均成绩为 67.58 分,较乡村小学比较组甲高 1.58 分,但较城市小学比较组乙低 16.76 分。原因是实验班“设在乡村,假若设在城市,因环境较为优越,成绩或能提高亦可知”。[⑤] 在两年共四期逐期测验结果的基础上,得出总的结论:“将四年义务教育缩短在两年内完成,实有可能。”[⑥]民族中心制教育在江苏教育学院的实验,系中山大学附小实验班的扩展。它试图寻求一种更加经济、有效实施义务教育的办法,困难增大(将四年缩为两年,中大则是六年缩为四年),测验比较分城市和乡村小学进行,对比面更

① 陈礼江、王倘、喻任声:《一个义务教育实验的计划及初步结果——江苏教育学院惠北实验区乡村实验之一》,《教育杂志》25 卷 6 号(1935 年 6 月)。

② 同上。

③ 陈礼江等:《四年义务教育两年完成实验之第一年》,《教育与民众》第 7 卷 3 期。

④ 陈礼江等:《四年义务教育两年完成实验之经过及其结果——江苏省立教育学院惠北民众教育实验报告之一》,《教育杂志》27 卷 4 号(1937 年 4 月)。

⑤ 同上。

⑥ 每期均有详细的测验过程和结果,可详参陈礼江等:《四年义务教育两年完成实验之经过及其结果——江苏省立教育学院惠北民众教育实验报告之一》,《教育杂志》27 卷 4 号(1937 年 4 月)。

广，范围由实验班扩大到实验区，由珠江流域而长江流域。其实验结果，为根据国穷和国难的实际而缩短义务教育年限提供了事实依据。但实验也有与中大附小实验班同样的缺陷，即民族意识的养成的效果如何，“很难评价”。[①]

民族中心制教育的运用与推广，主要表现在广东儿童教养院和广西国民基础教育上。广东儿童教养院，全称是国民政府中央赈济委员会广东儿童教养院(1939—1949)，为抗战时期广东省政府主席李汉魂的夫人吴菊芳在粤北所创。一般收容和接纳11—16岁抗日将士、公务员子女和战区儿童，授予爱国教育和生活技能，为当时全国最著名的儿童教育与赈济机构之一。它之所以办理出色，在很大程度上是因为引入民族中心制教育的理论和课程，并结合时代和实际环境加以发展，从而使民族中心制教育由实验走向实施。

儿童教养院的教育理论，以“民族中心制教育为根据”；[②]课程编订，则“脱胎于中山大学教育研究所民族教育实验班的办法”。[③] 缩六年课程为四年，采用单元制，自己动手编撰课本。组织由中大教育研究所毕业的陈孝禅负责主持的课程编纂委员会，以崔载阳提出的当时“中国教育的四种根本的需要”为宗旨：第一，彻底运用史地科目，做全部课程组织的中心，系统启发民族意识，有计划培养民族精神；第二，充分运用动的教学法及大单元的编制，增强儿童心身活力及提高学习兴趣；第三，精选全部教材，经济学习时间，使儿童在学四年有六年的实效，以期迅速普及全民的教育；第四，调整全部科目，归并为政治、文化、经济、军事等四科，培养管教养卫各种知能，以期真确实现文武合一，术德兼修的完人教育。[④] 课程的根本精神，“在于民族精神的发扬，由认识民族的本质‘协同迈进’、‘协力长进’、‘协力上进’”。教育目的“在培养民族成员，改进民族家乡，建设民族国家，及开辟民族国际，使民族大众协和绵长上进，便更适于生存与发展”。[⑤] 可见，除结合抗战时代需要的课程宗旨，强调课内外一元化外，儿教院的课程在根本精神、目的、内容等方面，与民族中心制小学课程相差无几。儿教院的实践再次证明了民族中心制教育，以四年制代替六年制的训练成绩，“并不较一般小学程度为差”，[⑥]并使实施面与受教人数较中山大学附小实验明显扩大。受教学生七个分院共8000多人(1942年统计)，是原中大附小实验班54人的约148.1倍；且弥补了后者实验民族协进精神养成多少缺乏明确测定的不足。民族中心制教育理论和课程在儿教院实施之后，学生的抗日

---

① 陈礼江、王倘、喻任声：《一个义务教育实验的计划及初步结果——江苏教育学院惠北实验区乡村实验之一》，《教育杂志》25卷6号(1935年6月)。

② 广东儿童教养院编：《广东儿童教养院民族中心制教育实施概况·教育方针》，第1页，1941年3月。

③ 清流：《记广东儿童教养院课程讨论会》，《教育新时代》第1卷第5期(1940年7月)。

④ 崔载阳：《儿童教育建设实施》，《教育新时代》第1卷第8期(1940年8月)。

⑤ 汪煦棠：《一年来本院的教导工作》，《广东儿童》第2卷第2期(1941年1月)。

⑥ 吴菊芳：《我怎样办理广东儿童教养院——为三周年纪念而写》，《广东儿童》4卷2、3期合刊(1942年9月)。

民族意识得到了提高。在反奴化斗争中，他们“深入前线和沦陷区，和敌人作争夺儿童的战斗”；采用民族中心课程，反击敌伪修改教科书，加强民族观念，发扬民族精神，使儿教院成为“反奴化教育的堡垒”，①从而弥补了此前民族中心制教育，在民族意识培养效果难以测定的不足。

民族中心制教育的应用推广于广西的国民基础教育，主要表现在课程的采借上。对这一问题的研究，既证明了民族中心制教育在实践中的生命力与跨省的辐射和影响力，又为雷沛鸿教育思想研究进入高原状态难题的突破开出一条新路。② 国民基础教育是 1933 年 9 月，由广西教育厅长、著名教育家雷沛鸿（字宾南），结合广西穷省的实际，在全省大规模推行普及两年义务教育而闻名全国的初等教育改革运动。它之所以成效卓著，与借鉴了民族中心制教育的课程密不可分。雷沛鸿青年时求学于广州，参加辛亥革命，中年时一度任广东省教育委员会委员，后为中山大学教育研究所教授，与广东有极深渊源。因此，他一直与广东教育界保持着密切联系，对中大教育研究所更是心仪。1930 年 3 月，尚在江苏教育学院任教的雷沛鸿应省主席陈铭枢之邀，南下帮助筹备成立广东民众教育学院之际，即前往中大“晤教育系主任庄泽宣先生”。③ 1931 年 3 月 21 日，又为教育系 1932 年级学生作演讲。④ 1934 年 4 月，崔载阳、方惇颐发表《根本改造我国小学课程之尝试》（又名《民族中心制小学课程论》）一文；8 月，雷沛鸿即决定国民基础教育在课程和教材方面参考民族中心制的课程和用书。⑤

关于国民基础学校课程如何参考民族中心制课程的问题，1934 年 11 月 12 日，据专门负责编订国民基础教育课程工作的武宝琛说，是“遵照雷院长（教育厅长雷沛鸿同时兼任广西国民基础教育研究院院长——引者）之指示起草”。在编制原则、教学科目、教材范围与学习单元等多方面，接受了民族中心制小学课程的做法。课程中心是“民族运动”。⑥ 课程编制原则为“适合学习心理”和“适应社会需要”。前者就是适合学习者的需要与兴趣，亦即“由小而大，由近及远，由浅入深”。⑦ 1935 年，民族中心小学课程，根据民族需要，再简化为政治基础教育、军事基础教育、经济基础教育和人文基础教育四科。

---

① 汪煦棠：《纪念儿童节要展开反奴化教育的斗争》，《广东儿童》第 2 卷第 5 期（1941 年 4 月）。

② 马清和主编：《教育家韦善美纪念集》，第 1—2 页，香港天马图书有限公司 2001 年 3 月版。

③ 雷沛鸿：《广东民众教育事业的曙光——参加广东省立民众教育学院筹备的报告》，载韦善美、马清和主编：《雷沛鸿文集》（上册），第 72 页，广西教育出版社 1989 年 10 月。

④ 《教育系民廿一年班同学会敬约》，《国立中山大学日报》1931 年 3 月 21 日第 4 版。

⑤ 方惇颐：《民族中心制小学课程编制之演进》，《教育研究》第 60 期（1935 年 5 月）。

⑥ 雷沛鸿：《六年来广西国民基础教育》，载韦善美、马清和主编：《雷沛鸿文集》（下册），第 256 页，广西教育出版社 1990 年版。

⑦ 武宝琛：《采取设计方法进行的两年来之本院课本编辑工作》，《广西国民基础教育研究院三年总报告》，第 211 页。

1936年，崔载阳在参加广西国民基础教育研究院第四次会议时，提出广西壮丁成人教育的主要科目，也应分为四科："军事基础教育（包括军训、体育、卫生）；政治基础教育（包括公民和社会）；经济基础教育（包括自然、劳作、算术）；文化基础教育（包括国语、美术、音乐）。后被大会修改接受为壮丁要教授"政治、经济、军事和文化四种"课程。[①] 这四大基础课程与广西政治、经济、军事、文化四大建设的内容与思想基本相同。最后民族中心制教育的名称亦一度定为"民族基础教育"，与国民基础教育简直如同一辙。表明国民基础教育课程不止一次受民族中心制教育课程的影响；或者说前者对后者的采借是动态性的。民族中心制教育课程被采借的同时，本身也受到借方的影响。这是一种良性、互惠的互动关系。教材范围和单元制，也直接来源于民族中心制教育。国民基础教育的教材范围和学习单元为："一，乡土概况；二，本省建设；三，民族历史及现状；四，世界大势。"[②]教材范围、学习单元和课程大纲，除多了个"本省建设"外，内容几乎完全相同。可见广西在参借民族中心制教育做法的同时，注意结合本省实际加以变通。从而也说明了这时中国的教育不仅要本国化，而且需区域化。

采借民族中心制教育课程的广西国民基础教育，无论在实施面及其成效上都是巨大的。椐1941年统计，全省99县1市"受教及在学儿童2855459人，占同龄人口79.3%，受教成人5705848人，占同龄人口84.5%"，[③]不愧"为中国教育改造之大实验……规模宏大，普遍实施"。[④] 又以难以测定的民族意识提高而论，国民基础教育也提供了令人信服的依据。广西与今越南交界之地，"所有居民一向不知有国界，复不知身属何国"。但"自从国民基础教育运动发轫以来，边地居民的心理为之大变。从前对于国家意识毫无所有，现在如果有人问他们属于何国，他们毫无疑难地自认为中国人"。[⑤] 因此，国民基础教育的实践效果和影响，远非广东儿童教养院所能比拟，引起全国瞩目。当然，有如此成就，采借民族中心制教育课程并非惟一的原因，但无疑是要因。广西教育成就斐然，成为抗战爆发后，广东教育厅试图重新学习广西做法的缘由之一。1939年2月，受粤省教育厅的委托，迁桂的勷勤大学教育学院教授林仲达、钟鲁斋等人，经过实地考察和详细研究国民基础教育制度的特点、优点和缺点，结论是在民族国家生死存亡的紧要关头，广西这一教育制度"未尝不可以推行于广东，乃至中国的其他各省"。[⑥] 广东试图实行该教育制度的做法，虽因战乱等因素最后未果，但为国民政府采纳广西这一制度，

---

① 《本院第四次学术会议提案的讨论经过及其整理结果》，《国民基础教育通讯》第14号。

② 武宝琛：《国民基础学校课程编制纲要及说明书》，《广西教育旬刊》1卷7—8期。

③ 广西省政府统计局编印：《广西年鉴》第三回，下册，第1173页，1944年。

④ 广西省十年建设编纂委员会：《桂政纪实·文》下册，第108页，1940年。

⑤ 雷沛鸿：《三年间广西国民基础教育运动的回顾与前瞻》，《教育杂志》26卷9号（1936年9月）。

⑥ 钟鲁斋：《广西战时教育的实施及其特点》、林仲达：《民族解放战争与新兴广西国民基础教育制度》，《教育杂志》，第28、29卷第7、2号（1938年7月、1939年2月）。

推行全国造了舆论。因为两位教授的研究成果先后发表在全国教育界最著名的《教育杂志》上，其影响不言而喻。1939 年，国民政府推行新县制，实施国民教育。广东高要县人周作福认为，国民教育“在办法上很多地方是采纳广西的成果”，因而称桂省为“国民教育的发源地”。[①] 因此，民族中心制教育直接影响了广西国民基础教育，并促使其由地方走向中央，从而间接为国民教育在全国的推展做出了贡献。

民族中心教育的影响，理论上勇于修正三民主义教育宗旨，“能独树一帜”；课程上在大学院课程标准颁布之后，“能另辟蹊径”。[②] 除此之外，在创建民族教育哲学和弥补南方革命性有余而学术性不足等方面，均产生了不容忽视的影响。

（一）中西教育之间的关系如何处理，是近代中国教育史上必须面对的主题选择。吴家镇将近 100 年来中西教育交流进程之先后，划为“自尊卑他”、“尊他自卑”和“中西融化”三期。“融化”，即指“治中西于一炉，合新旧为一致；或则取人之长，医我之短；或则以我所有，益彼所无；集思广益，取精用宏，此之所谓‘折衷办法’、‘调和态度’”。[③] 崔载阳本人对此十分自觉。在谈到民族中心小学课程实验的动机时，说“要使中国获得一个圆满的方法，以图教育事业的改进，决非抄袭模仿所能收效，一定要根据自己的环境，利用自己的聪明，参证欧美的成法，另辟途径，实地试验，才有成功的把握”。[④] 梁瓯第甚至认为，民族中心制教育的创立“所表现出来的政治必须除去被统治的或侵略的意味”。[⑤] 因此，民族中心教育，不仅切合要求中西教育交流进入融合创造阶段的需要，而且因为“民族化”、中国化而具有反侵略的意义。

（二）为创建中国民族教育哲学贡献力量。进入 30 年代后，为适应外来教育中国化的要求，创建中国民族教育哲学，或者说重建近代中国教育的重心，迫在眉睫。抗战爆发前后，教育界开展过民族教育哲学创建的讨论，计有张佛泉的“教育目标说”、吴俊升的“最高原则说”、张君劢的“大综合说”、邱椿的“生产教育说”、叶青的“统一哲学说”、姜琦的“教育哲学问题说”、梁漱溟的“新礼俗说”、尚仲衣的“救亡教育说”、崔载阳的“协进主义说”、陶行知的“生活教育说”，凡十家。百花齐放，说法不同，表明近代中国教育依然没有一个重心，其重建的工作仍在探索过程之中；但他们“都公认教育哲学的需要，并且主张应即速建立一个中国本位或民族本位的教育哲学之理论的体系，以为教育政策或教育事业的遵循基石”，[⑥]则说明重建近代中国教育重心的共识和重要。从

---

① 李绍雄编：《广西教育史料·序二》，广西史地学社 1946 年 12 月重印；周作福：《桂林纪行——广西教育印象》，《教育新时代》3 卷 8、9 期合刊(1941 年 12 月 15 日)。

② 吴家镇：《民族中心教育的基本理论之商榷》，《教育研究》第 62 期。

③ 同上。

④ 崔载阳、方惇颐：《民族中心小学课程实验的总报告》，《教育研究》第 85、86 期合刊(1938 年 9、10 月)。

⑤ 梁瓯第：《民族中心制小学政治基础研究》，《教育研究》第 60 期(1935 年 5 月)。

⑥ 梁瓯第：《非常时期中国教育哲学的趋向》，《教育研究》第 81 期。

“协进主义说”列为上述十种派别之一，并以《中国民族教育哲学》为题，被推荐代表中国在国际会议上宣讲，且“一时颇得会员好评，谓能撷集古今中外之优长，与满足个人民族及世界各方之需要”。[①] 由此可知，民族中心教育为创建中国民族教育哲学尽了自己的力量。

（三）近代广东是民主革命和国民革命的策源地，革命空气浓烈；相反，学术空气与北方相比，显得不足。1934年8月，崔载阳北上开会和参观考察，感触尤深：“革命的精神，进取的气概，南方比北方较为雄厚。可是深沉的学术研究，文化的保全和创造，即以北方为最著，而是我们最缺乏的。我们如欲永久使南方对国家有贡献，必须多多注意向这方面努力。”[②]为改变这种状况，以中大为首的南方学术界作了不懈的努力。1935年，《教育研究·民族中心教育研究专号》发表，洋洋数十万言，令人刮目相看。外埠学者对此评价颇高：“以一校机关之力量，师生数人之合作，而有此等宏篇巨著，在国内研究教育学术院校中，实罕其匹。”[③]与此同时，粤人也自认中大所刊《教育研究》、《语言历史研究所周刊》等为数不多的学术性刊物，“有相当的价值”，足以“影响文化，提携学术”。[④]因此，民族中心教育的创设，在一定程度上弥补了南方学术研究不足的缺陷。

四

民族中心制教育的重心，由“主义化”到“生活化”再到“民族化”的移动，这是民族中心制小学课程和理论演变过程中的重要变化。其中有深刻的教育背景和社会原因，背后牵涉到20世纪20年代末到30年代前中期，以中山大学为首的两广教育界与南京大学院（教育部）在教育方针、课程上的分歧，中国教育趋势和教育主导理论的转型，以及三民主义的权威受到挑战等一系列重大问题。

时人以为民族中心制教育的课程，在大学院课程标准颁布之后，“能另辟蹊径”。[⑤]教育研究所甚至敢于对大学院课程标准直陈意见，几乎给予全盘否定。除课程编配理念的冲突外，这与后者在制定小学课程标准时，征求前者的意见而又拒不采纳；以及在大学院第一次全国教育会议上，国立中山大学、广东、广西教育厅联名所提实行三民主义教育方针议案，被打折扣通过有关。两广为国民革命的策源地与最早统一区，一向以

① 崔载阳：《敬致全国教育同人》，《教育研究》第83期。

② 《崔载阳教授在昨晨纪念周之演词》，《国立中山大学日报》1934年9月26日。

③ 吴家镇：《民族中心教育的基本理论之商榷》，《教育研究》第62期。

④ 谭卓恒：《广州定期刊物的调查（1927—1934）》，《岭南学报》（抽印本）4卷3期（1934年）。

⑤ 吴家镇：《民族中心制教育的基本理论之商榷》，《教育研究》第62期（1935年10月）。

革命正统自居；教育上早已连成一气，并惟西南最高学府中山大学马首是瞻。麾下的教育学研究所乃其最主要的教育智囊机构。前述大学院征求教育学研究所关于小学课程的意见，后者集所内主要同仁的智慧，"经详审之讨论"，上报南京。其最要之点有二：一是中小学各级教育目标，应据国民政府所颁教育宗旨，先逐项加以分析，再按各级之程度能力等分配，然后归纳成"一个整个而贯连的系统"，以免若即若离、偏倚或凭空虚拟，而"犯各不衔贯之病，此为最要原则"；二为小学科目，"不宜分析太细，过于切碎儿童之活动"，分基本智能和涵养身心两大类即可，细目混合编制，科目应简单。[①] 但这些建议"惜当时未蒙采纳"，以致教育学研究所认为大学院所订的《小学暂行课程》不免存在种种弊端，并特别声明，此间发表不同的意见，目的"绝非在破坏，而在改进"，[②]给人以此地无银三百两之感。

教育学研究所的上述意见以及关于课程三民主义化的具体途径，基本上是1928年5月在南京召开的第一次全国教育会议上，国立中山大学、广东、广西教育厅联名所提《确立教育方针，实行三民主义的教育建设以立救国大计案》要点的重申。该案强调三民主义教育的整体性和融合性。内容分为九类，而全体之计划，则合为一宗，"冀以此整个的计划，矫过去支离蔑裂的教育之失，立今后三民主义的教育建设之基础"；所谓真正之三民主义教育，"必须将三民主义之精神，融化于一切教材之中，无一处一时不具三民主义之功用而后可"。[③] 提案乃中大校长戴季陶、教育所长庄泽宣、教授傅斯年、岭南大学校长李应林等人，"竭其诚意，尽其知能，本平素之学识、经验"，经反复讨论，最后由许崇清起草而成。戴氏对此十分重视，迭电大学院长蔡元培，"屡称此案两粤已决定实行，务请全案通过"，但结果未尽人意，只是修改通过。蔡元培以其兼容并包的胸怀，特在闭会词中圆场声明："如两广状况，依原案试办，亦何必以修正案绳之。"广东代表许崇清在代表全体会员所做的简短答词里，特别对蔡氏"两广有特殊情形，不必严格的受大会决议之拘束"的通融，表示感谢。[④] 其中分歧，明眼人一看便知，反映了大学院和以中大为首的两广教育界，在三民主义教育宗旨、方针和课程上的不一致。这当是大学院征求教育所关于小学课程的意见，又拒不采纳的原因，也为中大教育研究所日后创制民族中心制教育课程，似刻意针对大学院及后来的教育部所颁布的《小学课程标准》而发，[⑤]埋下伏笔。

---

① 《教育学研究所对于大学院编订课程之意见》，《国立中山大学日报》1928年11月15、17日，第2版。

② 崔载阳：《批评小学课程暂行标准》，《教育研究》第16期。

③ 大学院编：《全国教育会议报告·丁编》，第39—41页，见沈云龙主编：《近代中国史料丛刊·续辑》第43辑，第429号，台湾文海出版社有限公司印行。

④ 同上书，第8—9页。

⑤ 顾树森：《十年来的中国初等教育》，载中国文化建设协会：《抗战前十年之中国（一九二七——一九三六）》，第560页，台北龙田出版社1980年6月影印初版。

这次拒绝的远因，还可溯至1926年10月，许崇清与大学院教育股股长韦悫在三民主义教育方针解释上的公开争论。许氏发表的《党化教育，方针草案》一文，主张今后中国的教育“应当注重产业”，以经济为主。韦氏对此很不以为然，作《教育方针讨论》与之商榷，强调“中国的发达，还是要解决政治问题才有办法……我们最急切的问题，就是把教育变做促成国民革命的工具”，持政治为主的观点。双方展开笔战。教育学研究所鉴于上述论文主要见于上海各报，广东人士见之者尚少，特转登于所刊《教育研究》第1、2期上，“以广流传”，从而扩大了分歧争论的知情面。

民族中心制教育理论的变化，还与30年代中国教育发生转型、教育主导理论出现置换分不开，即教育趋势由外国化转向中国化，贵族化转向社会化；教育的理论由以心理学为主让位于以社会学为主，并加以平衡创造。南京国民政府统一中国后，训政开始，教育成为建设的中心，作用由被支配变成支配地位。但晚清以来，从域外引入的新教育，无论理论、制度、方法、学校系统、训育规则等等，均系轮流抄袭日本、德国和美国，弊窦丛生。“九一八”事变，日本闪击中国，新教育的缺陷暴露无遗。林砺儒将其概括为两点：一是“太贵族化”——少爷小姐受益，专门造就高等消费者，和生产劳动脱节；二是“闭户造车”，甚至于孤芳自赏，和政治完全脱节。[①] 这引起教育界的普遍反省，痛感教育“非根本改造”，不足以救中国。其途径，依吴稚晖、陈筑山等人的看法，就是使教育“中国化、大众化、乡村化”。[②] 吴家镇从中西教育交流的角度，论及民族中心制教育的产生，是外来教育中国化的产物：“自数年以来，教育有识之士，多悟前此之非计（指教育全盘洋化——引者），以为教育在于改造经验，在于适应环境。我国既具特殊之环境，自然需要特有之教育；否则削足适履，或则举鼎绝膑，非徒无益，而又害之。所以苦心焦虑之结果，如在学校系统方面，前有三院制之主张；在教学方面，前有协动教学法之试行，最近蒋梦麟氏发表学制改革之计划，颇引起全国人士之注意，是者有之，非者亦有之，足见其思想之转变矣。”今教育研究所“忽出其创作之《民族中心制教育的基本理论》一文，以与海内同志相商讨，振导簇新学说，促进自由研究，不为一义一旨所拘泥，洵属难能可贵者”。[③]

随着教育由洋化转向国化，其重心由个人移向社会，反映在教育的主导理论上，是以儿童为本位的心理学，逐渐让位于以社会为本位的社会学。受中山大学教育研究所首任所长庄泽宣影响很深的社会教育专家董渭川指出：“要教育中国化，必先研究中国的历史，民族性，社会，政治，经济……各方面的传统，特点与其趋势。由此种认识与抉择

① 林砺儒：《教育危言》，北京师范大学编：《林砺儒文集》，第415—416页，广东教育出版社1994年版。

② 董任坚摘录：《中国教育改造论文》，《图书评论》第1卷9期。

③ 同上。

中，确定中国教育底路向，要求，内容，做法，以至于制度，以此之故，真要为中国底教育打出路，在现阶段，社会学的研究比心理学更为重要。”[①]心理学让位于社会学的背后，实际上是统治中国教育界十多年的杜威的生活教育说，与新近引入的涂尔干的教育社会学说地位降升和消长的反映。国民政府的教育政策规定“励行教育普及，以全力发展儿童本位之教育，整理学制系统”。据姜琦、邱椿的看法，“以儿童为本位，即教育上之自由主义”。[②] 儿童为本位的个人主义教育，则以杜威生活教育说为依据。作为这一政策起草人的许崇清，曾译过杜威的《哲学之改造》，自称其教育思想“受了实用主义底响导者杜威教育底思想底启发却不少”。[③] 进入 30 年代后，人们对杜威教育学说，不再盲从，而是非议不断。如课程编制方面的缺点，“在偏重儿童生活，而轻视社会的需要，课程缺少组织，施行时颇感困难”。[④] 尽管蒋径三将杜威学说归入社会本位范畴，[⑤]吴俊升也辩解说杜“并不主张偏倚的儿童中心教育”，[⑥]但不少学人仍坚持认为，其学说“虽以民主社会底建设为教育底目标，但他立论的出发点却是尊重儿童有自我发展的个人主义”。[⑦] 在国难当头，且教育要与中国实际相结合的背景下，力持个人主义的杜威生活教育，自然不再受到青睐；而针对杜威学说而起，以“社会为教育的中心和出发点”的涂尔干教育社会说，因之应运而生。于是，教育界撰文介绍其学说，蔚然成风。[⑧]

涂尔干教育社会说一个基本的观点是，不同的环境和国度有不同的教育，教育必须本土化。“每一个社会环境，都有他的特殊精神和制度……有不同的社会环境，就有不同的特殊精神与态度的传递方法，就有不同的教育”。[⑨] 崔载阳因缘际会，藉做《比较杜威与法国哲学家涂尔干在教育上的主张》博士论文之机缘，成为中国对两种学说均有精湛研究，最早比较异同，明了优缺，检讨其消长的学人之一。1928 年 11 月 30 日，崔氏在中大附中高中教育研究会，作题为《现代教育两条路》的学术演讲，“先就教育两条路——心理学和社会学——的本体解剖内容，次复证明此两学说在教育史的全部与教育概论之历史上的势力消长和递嬗的状态，并指出提倡不顾社会之儿童本位主义教育

① 董渭川：《中国教育民主化之路》第 35 页，上海中华书局，1949 年。

② 姜琦、邱椿：《请大学院确定三民主义为全国教育宗旨案》，《全国教育会议报告・乙编》，第 5 页。

③ 许锡挥编：《许崇清文集》，第 3 页，广东教育出版社 1994 年 7 月。

④ 武宝琛：《国民基础学校课程编制纲要及说明书》，《广西教育旬刊》1 卷 7—8 期。

⑤ 蒋径三：《现代教育思想》，《教育研究》第 69 期（1936 年 9 月）。

⑥ 杜威原著、吴建屏译、吴俊升校：《新学校教育有几多自由》，《明日之教育》1 卷 6—7 期。

⑦ 许绍棣：《论整顿学风》，《教育研究》第 100 期（1942 年 2 月）。

⑧ 除崔载阳外，尚有邓叔耘译：《涂尔干的教育学》，《中华教育界》17 卷 4 期（1928 年 4 月）；朱介民：《涂尔干的社会学的教育学说》，《教育杂志》23 卷 4 号（1931 年 4 月）；吴俊升的《社会学和教育学的关系》，《明日之教育》2 卷 1 期（1933 年 1 月）等。

⑨ 崔载阳：《涂尔干教育学说》，《教育研究》第 13 期（1929 年 9 月）。

的谬误，中国现在教育见解的偏迷，于今后致力教育应具的态度和改造的途径与方法，尤能精警入微，发挥透辟，故一时听者多为动容，钦服不置云云”。[①] 对以心理学为基础的杜威儿童个人本位教育的不满，和对以社会学为理论的涂尔干社会本位教育的向往，溢于言表。其稍后所作的《涂尔干的教育学说》在相当程度上也是扬涂抑杜的。

这一时期的中国教育理论界已经开始了超越轮流抄袭外国理论和思想的恶习，主张“倡导一种教育批判，使中国教育的理论与实施，可以折中至当，不至俯仰随人，东扶而西倒”。[②] 崔载阳甚至能在折中平衡杜威和涂尔干理论的基础上，加以创造，并非持单纯的心理学或社会学之说。正如他的同事雷通群所说的这实是“所谓心理的社会学(psychological sociology)与社会的心理学(social psychology)”的结合。两者认识社会的路径相反：前者是从个人到社会，后者从社会团体推到个人，各有所偏。“欲真了解社会，非从个人的见解及社会的见解双方研究不可”。[③] 崔氏在坚持集体(社会)自由的前提下，并不否认个人的自由，持社会与个人之间平衡的大众协和主义。这与其受“五四”运动的洗礼有关。1919年5月，他和陈荣捷、李朴生等人在广州组织“人社”，出版《人声》杂志，文章一律用白话文，排版由左至右横排，“揭橥争取人格尊严，解除人性桎梏”。[④] 此外，教育由个人向社会中心转变，也与世界思潮的转移和中国所处现实的刺激分不开。伍启元说：“近世西洋文化的中心——个人本位主义，自欧战以后，已渐渐失去一部分人的信仰。一切学术思想，都很明了地要转变到社会本位主义(社会本位主义，早已萌芽，但直到战后才特别发达)。中国的学术思想，既是跟着西洋的思想而转移，自然也受这种转变的影响。”[⑤]“九一八”事变后，中华民族“已处在危亡的境地”，而要解救民族的危亡，就须“振起民族的精神……延续民族的生命，非实行民族中心制教育不可”。[⑥]

民族中心制教育理论上勇于修正官方教育宗旨，“不为一义一旨所拘泥”，“能独树一帜”，[⑦]这与三民主义信仰陷入危机的大环境息息相关。其时理论界的情况，如曹聚仁所说：“讲唯物论即有反动之嫌，讲三民主义即有守旧之讥。”[⑧]这可从坚持以三民主义教育为宗旨的著名教育哲学家姜琦，所感受到压力中反映出来。他所著的《教育哲

① 《附中高中教育研究会举行第三周学术演讲》，《国立中山大学日报》1928年12月4日第4版。
② 吴俊升：《近五十年来西方教育思想之介绍》，载《近五十年来之中国教育》第35页，复兴书局1977年11月。
③ 雷通群：《教育社会学》第20页，商务印书馆1934年3月。
④ 愚公：《中国童子军元老李朴生》，台北《广东文献》第19卷4期(1989年12月)。
⑤ 伍启元：《中国新文化运动概观》，第104页，现代书局1934年3月。
⑥ 崔载阳、方惇颐：《民族中心制教育课程论》，《教育研究》第51期(1934年4月)。
⑦ 吴家镇：《民族中心制教育的基本理论之商榷》，《教育研究》第62期(1935年10月)。
⑧ 姜琦：《教育哲学·跋》，上海群众图书公司，1933年8月。

学》一书，为研究三民主义教育为数不多的专著。本以“三民主义或三民主义教育”为书名，但遭到许多朋友的反对。其理由是，第一，教育哲学是一种独立超然的学问，因此它有一种普遍妥当性与必然性，但是“三民主义是一种有特殊性的根本假定”，为意识形态；第二，三民主义哲学的理论问题，究竟怎样解答，迄今尚未有定论，“万一本书的内容解释的三民主义之哲学的理论问题，与政府当局解释的意见有所歧异的地方，那么，反为不便”；第三，“在根本上就反对三民主义，至少对于它有所怀疑，所以，他们一看见本书的副签——三民主义教育，不管它的内容何若，就表示绝对不赞同的意思”。姜因此只好放弃副签。最后，甚至连出版社也面有难色，不愿发行：“以为迩来政府当局监察书局出版甚严，局方颇感困难，而涉及三民主义及社会理论之作，尤多窒碍。”[①]国外研究中国教育者，如美国哥伦比亚大学师范学院教授罗格（H. Rugg）也批评道：“教育本应超于党派，但中国教育已彻底党化，这在酷爱自由者看起来实属一种很危险的现象。”[②]这在崇美思想极重，哥大师范学院留学生遍布的中国教育界，其影响可想而知。

教育界不以三民主义教育宗旨为然，有学界本身的原因，也有官方的因素。后者，尤其是国民党当局对三民主义一直没有一个统一、权威的“定论”解释，难辞其咎。对此，1935年，姜琦在另一篇文章说得更明白：“中国教育哲学所以不能辄应用三民主义来做它的根据，其原因在于三民主义本身之哲学的基础，向来未曾有人把它确定。”有些人，如胡汉民等把三民主义解作“唯理史观”；有些人，如蔡元培等把三民主义解作“心物并行论”；有些人，如高承元等把三民主义解作“唯物史观”或“民生史观”；最近有些人，如陈立夫把三民主义解作“唯生论”。因为如此，所以国内一般教育学者对于这种种关于三民主义之见解，“莫知所从”。[③] 鉴于三民主义没有统一的基础，如前所述，崔载阳正是在这个意义上强调“民族中心制教育是要提供三民主义教育一种统一的基础和健全的教育哲学”。1935年，距姜琦《教育哲学》出版已两年，教育界对三民主义的反感有增无减，后果堪忧。姜氏的结论是，“总括一句话，在大量上观察起来，国内一般教育学者对于应用三民主义来建设中国教育哲学这一件事，大都是不赞同的”。即使一些持与三民主义的教育相符合的教育哲学者，除他本人外，“无一胆敢公然地声称他的教育哲学就是三民主义的教育之全部或一部，尤其不肯用‘三民主义’的字样来解释，而一定要应用别的新名词来标榜，以示歧异”。这反映出三民主义教育名声不佳，也表明姜琦对包括崔载阳等在内，用“民族中心制教育”之类新名词标榜者的不满。

① 姜琦：《教育哲学·自序》，上海群众图书公司，1933年8月。

② 勺庭：《罗格（H. Rugg）对于中国新教育的批评》，《明日之教育》1卷4期。

③ 姜琦：《八年来中国教育哲学之研究》，《教育研究》第65期。

如此造成的后果是，旁观者因此“怀疑国内一般教育学者对于三民主义有‘无意疏忽’或‘有意违背’之嫌”。[①] 这与20年代末知识界普遍相信国民党主义是“切中于救中国的”的情形，迥然不同。[②] 1949年3月，蒋介石在第三次全国教育会议上斥责，三民主义教育宗旨颁布十余年，直至抗战以前，“全国民众和一般青年实际上并没有普遍受着三民主义的教化”。[③] 诚然，教育工作者绝大多数拒斥三民主义教育宗旨，遑论一般民众和青年。1951年，败退台湾的蒋介石在总结失败教训时，认为教育的失败，造成在大陆的全面失败。其中，特别提到没有树立三民主义的中心思想是教育失败的主因。自1928年以来，“我们党的历次全国代表大会以及全体会议，几乎每一次都有关于教育政策的最大决议，只可惜一般主持教育的同志们……大家都把党的决议案看成具文，与实践教育漠不相关。因此，我们国家的教育从来就未能实现本党的教育政策，更没有树立我们三民主义的中心思想。”[④]蒋氏对国民党在大陆失败的分析未必准确，但对三民主义教育宗旨没有“树立”的检讨，却千真万确。

国立中山大学定性及其学风变化的影响。国立中大及其前身广东大学，位于国民革命策源地广州，号称革命最高学府，惟一党化大学，其重要性与后来者不可同日而语。虽然孙中山生前寄以厚望，誉之为培养宣传、研究革命“文学生”的文校，与造就“武学生”的黄埔军校齐名。[⑤] 但随着国民革命重心的北移，它的政治色彩逐渐淡化，学术定性日益加强。1925年10月，邹鲁为校长的广东大学遭到查办，原因之一是身为革命化大学竟不讲授三民主义。[⑥] 1926年7月，经张静江、戴季陶、谭延闿等提议，以“为建设三民主义新中国，培养革命政治人才”为宗旨的国民党中央学术院亦在广州开办。谭延闿对该院的定位是“武有黄埔军校，文有中央学术院”。[⑦] 公然更改孙中山对国立广东大学的定位，以中央学术院取代中山大学。可见，校内外均开始不再将中大定位为国民党党化高校。1926—1930年掌校的戴季陶虽力主党化教育，强调学术的党化和党的学术化，但对校内以学术价值，还是政治价值为本位的教育方针的分歧，坚持前一种观点。所谓“惟大学之基本价值，终在学术，今后中国之改造，亦在于科学的发展。故私意以为中山大学之前途，应以学术的价值为体，以政治的价值为用。”[⑧]这一出自国民党理论权威兼

---

① 姜琦：《八年来中国教育哲学之研究》，《教育研究》第65期。

② 中国社会科学院近代研究所编：《胡适来往书信选》上册，第426页，中华书局1979年5月。

③ 《中国国民党教育政策》第65页，转引自熊明安：《中华民国教育史》第214页，重庆出版社1999年。

④ 转引崔载阳：《三民主义教育哲学研究》，第9页，台北中央文物供应社1981年8月。

⑤ 孙中山：《在黄埔军官学校的告别演说》，《孙中山全集第》第11卷，第264—273页，中华书局1986年7月。

⑥ 李廷铨：《我对于广大风潮的感想》，《广州民国日报》1925年10月31日第4版。

⑦ 姚希明：《大革命时期的中央学术院》，《文史资料存稿选编·教育》，第1059、1063页，中国文史出版社2002年8月。

⑧ 戴季陶：《中大的改进(一)》，《戴季陶集》下卷，第3页，上海三民公司1929年11月。

校长之口关于中大的办学取向，以学术为主，以政治为辅的体用观，简直就是崔载阳“民族中心制教育为体，三民主义教育为用”思想的翻版。崔与戴的关系非同一般，前者不仅于1927年应后者之邀回中大任教，①而且思想上深受其影响。②

在对待孙中山和三民主义的态度上，国民党元老和高层有不同看法。胡汉民主张“迷信”论：“要绝对信仰他和他的主义，甚至于迷信他也是应该的。”③戴季陶坚持发展和“创造论”，力主“在科学的分工合作”的原则下，应用专门知识作基础，“永远努力下去，不断的继承，不断的创造”和“不断的发展、不断的进步”。④ 邹鲁则秉持“演进论”，认为三民主义是“因时而演进”的。⑤ 持“创造论”和“演进论”的两位国民党元老，又恰恰是中大两任最有影响的校长，这绝非偶然。在学术本位的取向下，中大弥漫的主要不是革命的气息，而是自由研究和创造的氛围，孕育民族中心制教育的教育研究所这一特定环境尤甚。教育系主任兼教育研究所教授林本回忆：“中山大学规模很大，学术研究极为自由，难免龙蛇杂处。”⑥首任所长庄泽宣强调，应正确对待孙中山的学说：“孙总理的伟大便是他能创定建国方略，但是，假如大家抱住他的著作像四书五经一般去死读，去咬文嚼字，便失了他的本意。我们应当学他的创造精神组织能力。”⑦留所工作的毕业研究生余一心也说：“每一个研究所的成员都有他的爱好和专题，无论是属于古典的或现实的，科学的或哲学的，都不受任何的干涉。”⑧显然，国民党元老、要人对孙中山遗教的态度和中山大学及其教育研究所相对比较宽松的环境，是诞生将民族中心制教育置于三民主义教育之上的思想的肥沃学术土壤。

（原载《学术研究》2005年第7期，原题《民族中心制
教育与20世纪20—30年代中国教育》）

---

① 毛松年：《教育哲学宗师崔载阳先生生平—》，《广东文献》21卷1期（1989年3月）。

② 羽尧：《读崔载阳先生“以明耻教战为教育宗旨”后》，《广州民国日报》1928年6月11日第14版。

③ 胡汉民：《清党之意义》，存萃学社编辑：《胡汉民事迹资料汇辑（二）》，第83页，（香港）大东图书公司1980年。

④ 戴季陶：《行易知难》，《戴季陶集》上卷，第15页，上海三民公司1929年11月。

⑤ 邹鲁：《中国国民党史稿》，第604页，商务印书馆1938年7月。

⑥ 林本：《苜蓿生涯七十年》，《教育思想与教育问题》（第三集），第497页，台北中国文化大学出版部1984年。

⑦ 庄泽宣：《如何使新教育中国化》，第33—34页，上海民智书局1929年11月。

⑧ 余一心：《研究生活的回忆》，《教育研究》第100期（1941年2月）。

民国高等教育制度的转型：国立广东（中山）大学的建立与变制

李兴韵

晚清新政前后，中国高等教育走上了颠覆性的变革之路，基本形成以日本教育为模式的体系，第一所也是唯一的国立大学——京师大学堂完全是在模仿日本帝国大学的基础上创办起来。其后，为了解决教育体制自身及其与社会适应的种种问题，中国教育界开始了一次又一次的外求。1920 年前后，随着美国实用主义教育理论在世界范围内影响的扩大和留美学生在中国教育界势力的大增等因素的作用，中国高等教育走上将高专改为大学和将高专、高师合并为综合大学的改革之路。此时，高等教育的变革面对的是一个比晚清民初时更为复杂的环境：清季建立起来的仿日学制，民初仿照德国学制建立的单科性大学，正在不断宣传中的美国综合大学制度，得到一些著名教育家支持的法国大学区制度……各种制度叠加交错，各种观念时有交锋，各方派系常生纠葛，民国教育界的多重纠缠、多面复杂的情形，都在 20 世纪 20 年代高等教育的变革过程中展现出来。

高专改为大学和高专、高师合并为综合大学是 20 年代中国学制改革的重点，也是民国高等教育转型的关键，特别是 1922 年学制的颁布，为这一变革提供了制度的依据和导向。一时之间，各省纷纷建立综合性大学。可是盲目攀比，仓促上马，遭遇各种复杂的情形，又往往导致难产。政治上处于相对独立状态的南国广东的高等教育，连续经历了这两个方面的改革，特别是 1924 年初快速合并几所高校成立国立广东大学，很是引人瞩目。广东的高等教育改制是在中国教育界学制转型的背景下进行的，又与广东的政治变动、社会变化息息相关，背后还牵连国民党对教育界的统一控制，涉及广东各校师生的态度立场差别，夹杂大学在教育与政治之间的摇摆。对这一过程进行详细剖析，参比它省高等教育改制的情况，既可把握全国教育变革中广东教育的发展特点，也可显示民国时期高等教育制度转型的多样化面貌。①

---

① 中山大学在近代广东高等教育史上占有重要地位，已有学者对其发展过程做过详细的研究，主要有梁山等编著《中山大学校史（1924—1949）》，上海教育出版社 1983 年版；黄福庆著《近代中国高等教育研究：国立中山大学（1924—1937）》，中央研究院近代史研究所 1988 年版；黄义祥编著《中山大学史稿（1924—1949）》，中山大学出版社 1999 年版；周兴樑《国民革命与统一建设：20 世纪初孙中山及国共人物的奋斗》一书中的《邹鲁与中山大学的创办及其前期建设》，天津古籍出版社 2004 年版等。其中对于中山大学的前身国立广东大学是如何合并广州各专门学校、高等师范成立一所多学科综合性大学的，大都只列出相关的命令规程，至于原因和过程，语焉不详。

一、文化争胜与筹建国立大学

1924年1月，国民党一大召开，国民党内的文治派认为行将成立的建国政府治下不可无一最高学府，皆赞成组织一所大学。① 1924年2月4日，孙中山下令将广东国立高等师范学校、广东省立法科大学、广东省立农业专门学校合并为国立广东大学，经过紧锣密鼓的筹备，11月11日国立广东大学举行成立典礼。②

虽是外来的学术建制，作为中西文化竞争的产物，大学一直被看作一地的文化中心。晚清学制制订者就曾考虑到"泰西各国国内大学甚多……中国地大民殷，照东西各国例，非各省设立大学不可"，③所以"物力富，人才多"的大省所设的高等学堂，如果"十年之后，其功课程度真足与大学规模一律，即可称大学堂"。④ 然而学制订立不满十年，清朝即告结束。民国第一任教育总长蔡元培鉴于各省所办的高等学堂，程度不齐，毕业生进大学时，甚感困难，所以取消高等学堂，改设附属于大学的大学预科。⑤ 广东高等学堂是由清后期著名的广雅书院延续而来。在朝廷停办书院时，1902年广雅书院按谕改为两广大学堂。1903年，清政府变革学制，规定各省设立高等学堂，不得立大学堂，两广大学堂改为广东高等学堂。民初学制再度变更，广东高等学堂又改为省立广雅中学。民初全国范围内名义上的大学有北京大学、北洋大学、山西大学三所，其中只有北京大学基本上能称为大学。⑥

为了有效应付与西方的"学战"，一所大学显然是不够的，胡适在1914年所写的《非留学篇》中，就把兴办大学，尤其是国立大学视为教育救国的重要方针。⑦ 1920年第六届全国教育会联合会在请教育部增设国立大学的呈文中论道："查欧美各国，大学如林，用能人才辈出，国势日强。反视我国，最高学府，仅一北京大学，以研究高深学术，成材势必有限，以之作育各省学子，形势犹觉偏植。际兹学战时期，研究高深学术，实与推广义务教育，同其重要，惟是推广义务教育，各省区既已积极筹维，而增设国立大学，责在大部……用特呈请大部，迅赐增添国立大学，以宏教育而顺舆情。"⑧增建大学，必然考

---

① 《粤省教育近况》，《申报》1924年2月21日第12版。

② 参见黄义祥编著《中山大学史稿(1924—1949)》，中山大学出版社1999年版，第6、34页。

③ 《奏定大学堂章程》，《中国近代教育史资料汇编・学制演变》，上海教育出版社2007年版，第349页。

④ 《钦定高等学堂章程》，同上书，第264页。

⑤ 蔡元培：《我在教育界的经验》，《蔡元培全集》第8卷，浙江教育出版社1997年版，第508页。

⑥ 由于教会所办的高等学校在南京国民政府要求其立案前，一直与中国教育变革没有正式联系，所以主要部分不涉及教会高等学校。

⑦ 胡适：《非留学篇》，《胡适全集》第20卷，安徽教育出版社2003年版，第20—25页。

⑧ 《请速增设国立大学案》，《教育杂志》第12卷12号(1920年12月)。

虑地点问题,作为南方的文化要地,广州一直是入选之地。胡适、蔡元培在倡导和规划建立国立大学的地点中都有广州。民初全国设立的六所国立高等师范学校中,也包括设在广州的广东国立高等师范学校。

广东地处南粤,万山重叠的南岭将广东与中原地区隔离开来,使得古代的广东在很长一段时间内落后于内地,文化教育上也是如此。直至明时江门学派兴起,广东才成为全国重要的学术中心。因清初战争和文网深严等缘故,广东学术文化一度陷入停滞闭塞状态。① 学海堂创建后,“数年间文风丕变”,②随后有东塾、九江两大学派并著时望,广雅书院盛名远播,广东学界在全国的地位得到极大提升的一次机会。得张之洞赞襄之力,广雅书院成为清末广东最高学府,但限于官办的身分,必须遵照朝廷的命令,不得改办为大学堂,后又改为中学,使得广东失去一个聚集人才、发展学术的文化中心。对于取消各省高等学堂,胡适等人认为有一个缺点:“就是每一省会,没有一种吸集学者的机关,使各省文化进步较缓。”③而且各省没有大学,对学生求学也有阻碍。20年代初,居于内地的四川人就感叹:因省内没有大学,该省学子“欲达高深学问,造就硕学闳才”,必须到省外求学,使贫穷者失去机会。④

袁世凯死后,军阀割据,几年之内,由地方势力主导筹设的大学纷纷兴起,如张作霖欲办东北大学,陕西欲成立西北大学,浙江欲筹建杭州大学等,在广东也有倡议。1919年9月21日,陈炯明以军政府关税余款分配困难,致电军政府各总裁,倡设护法大学,得到诸多赞同,遂开以关余办西南大学之议,拟以百万关余为开办费。根据《西南大学大纲》规定,该校的分科规划和当时北大的模式较为相似,基本是以文理两科为先,待筹得开办费及常年经费后,将陆续设立法农工医等分科。⑤ 令人遗憾的是,由于政治派系的斗争,军阀占据款项,西南大学最后胎死腹中,广东失去了一次建立大学的良机。⑥

1920年底,广东高师的郭天布、容肇祖等28位学生呈文省长,要求将广东高师办成广东大学。他们指出:“教育为国家之元气,非力图发展,不足以光民治之前途,非日事刷新,不足以促文化之进步。而高级学校之教育,与国家关系,尤为重要。”当时西南数省只有一所高师,内设四部,学额仅两百余人。西南大学虽久经筹备,始终没有建立起来。所以学生们呼吁“诚欲开张西南文化,则大学之设,实有不容或缓者”。⑦ 广高师学生提出的“高级教育,为文化之基”⑧的看法有一定的普遍性。1921年,金章接任广东

---

① 李绪柏:《清代广东朴学研究》,广东省地图出版社2001年版,第2—8页。

② 同上书,第29页。

③ 蔡元培:《我在教育界的经验》,《蔡元培全集》第8卷,浙江教育出版社1997年版,第509页。

④ 《旧事重提之四川大学》,《学灯》1924年9月28日。

⑤ 《西南大学大纲之披露》,(上海)《民国日报》1920年3月9日,第6版。

⑥ 关于西南大学从倡设到弃置的整个过程,参见陈三井:《民初西南大学之倡设与弃置》,《中央研究院近代史研究所集刊》第19期(1990年6月)。

⑦ 《粤高师改大学动机》,(上海)《民国日报》1920年12月24日第6版。

⑧ 同上。

法专校长，也持“广东为文化先进区，教育提倡，实刻不容缓”，计划将法专提高程度，改为大学。[①]

1922年，北京政府颁布了“壬戌”学制，这是继晚清“壬寅·癸卯”学制、民初“壬子·癸丑”学制以来的近代中国第三部整体性学制。该学制规定：大学校设数科或一科均可，其单设一科者称某科大学校，并要求依旧制设立之高等师范学校和专门学校在相当时期内提高程度，招收高级中学毕业生，高师尽快办为师范大学。此规定出台后，各省区的旧制高师和专门学校纷纷请改大学，当时最为引人注目的是北京国立高师和各国立高专纷纷改为大学，广东也不例外。时人感觉到，“自新学制颁布后，提高教育之声浪弥漫全国，广东为西南文化之要区，仅设专门学校不足以供学生宏大之研究，故专门学校有改建大学之必要”。[②] 不同于北京的高师和高专改为大学有着复杂的派系纠葛，广东高专改大最明显的理由除了学制改革外，一是受国内同类专校改大的影响，如农专很注意北京农专和山东农专改大，高师很注意南京高师和北京高师改大；一是强调广东在西南的特殊地位，以广东的专校是西南同类专校的最高代表，不能不提高程度。谋求广东与国内其它地区在教育方面的平等，是广东教育界对地方教育的特别关切。

一开始，广东省内建立大学的呼声多是着眼于西南地区的文化领袖地位，特别是出自学校自发想升为大学时。然地处南粤，广东与北京政府几度分合，时有地方中央化的追求，与北京政府较劲角逐成为思维上的习惯，当政府想建立大学时，关怀也就宽泛许多。1921年，广东打算建立省立广东大学，正值北京各校为经费问题全体罢课，广东省教育委员会认为广东是西南政府所在地，为救济莘莘学子无学可求，应立即筹办大学，并得到批准由盐税附加拨出专款，计划暑假先招预科。这样，“将来莘莘学子，可离开专制政府淫威之下，来粤安心求学，而海内积学之士，亦可联翩来粤，以尽教育英才之责。故广东将来不独变为政治之中心，而且人才荟萃，尤可为全国文化之中心也”。[③] 虽然是建办省立的广东大学，其创办还是从成为全国政治和文化中心着眼，大有和北京政府分庭抗礼之意。1921年1月，张煊给孙中山上书请速办大学，也是基于设立大学可请世界著名学者，可与北大相互提携，成为全国学联会中坚的考虑。[④]

孙中山建立大元帅府后，希望在广东建立国立大学，辐射全国的目的就更为明显了。1923年底，邹鲁就以西南数省一直没有设立国立大学面请孙中山准予从速筹备西南大学，作为学术研究的最高机关，孙中山表示赞同。不久，计划定为创办国立广东大学。[⑤] 在

---

① 《公立法政改为大学之提议》，《广东群报》1921年6月9日第3页。

② 张农：《提议本校应改建农业大学之理由书》，《农专改大运动特刊》第1号（1922年12月16日），第652页。

③ 《省教育委员会对筹办大学尤为积极》，《广东群报》1921年4月29日第3页。

④ 《张煊请速办大学》，《广东群报》1921年1月15日第3页。

⑤ 《国立高师扩充为西南大学之先声》，（上海）《民国日报》1924年1月8日第7版；《广州早期的市政建设专家——程天固》，《羊城今古》1995年第1期。

筹办该校的过程中,孙中山发布了多种相关的命令、训令、指令并进行演讲,每每突出广东大学在西南地区的独一无二的地位、作用和以全国最高学府为目标的期望,体现出强烈的使命感和超越省界的全国意识。作为国立广东大学第一任校长,邹鲁也以将该校建成中国最完善的大学为目标。他在一项呈文中说:“国家设立大学,实振兴教育之总键,陶冶人才之巨炉,东西各国莫不注重大学,其在该本国无论已,即近来在吾国设立者,几无不接踵而起,所以不惜竞投巨资,莫非为国家奠定基础。我大元帅有鉴及此,将本省高师、法大、农专三校合并,改为国立广东大学。”①

合并的三校之中,国立广东高师被改为文科学院、理科学院,作为校本部所在地。国立广东大学以高师为校本部,不仅是高师有办文理科的基础,也是因为在国立高师的基础上发展起来的大学可继承高师国立的名分。要办“国立的”大学,就涉及设立这所国立大学的政府是中央的,对国民党政府来说,国立大学的名分就变得非常重要了。

在陈炯明主粤期间,广东曾发生过关于广东高师“改隶”问题的讨论。1914 年,北京政府教育总长范源濂采取高师国立制度,将全国分为六大师范区,每区各有一国立高师协助当地的教育行政机关,办好中等教育,并对该区教育情况提出改进意见。在六所高师中,北京、武昌、沈阳三地的高师由国费开办,南京、成都、广州三地的高师则由省费办理。到 1918 年,教育部还公布南京、成都、广州三地的高师“仍准由省费继续办理,俟国库稍裕再为接收”。② 根据高等教育谁受益谁出资的原则,如果以省费支出,办学主体是省级政府,学校自应是省立。虽然广东高师的经费名义上是在广东省收入中华民国的国税项下支给,实则广东已经自成独立状态,所以 1921 年 3 月,省长陈炯明训令:“国立广东高等师范,应即改为省立,直隶教育委员会管辖。”③

此令引起高师改隶的大争论。广东高师的师生大多数不赞同改为省立,他们认为西南自主,护法政府应维护中华民国教育事业,扩充国立学校,而不是以广东长官命令取消已是国立的学校,缩小范围。④ 而且,“国立高师是中华民国设立的,并不是北京非法政府设立的,为什么因为反对非法政府而自主,反要把中华民国本身设立的学校更改?”⑤赞成改为省立者则认为广东高师的校长、教务主任是省长任命的,经费实际是由省费支出,实质上已是省立,高师的教职员和学生反对省立是因为他们的虚荣心作怪,因为“国立名称好过省立。国立两字何等冠冕堂皇,省立则觉偏于一隅”。⑥ 陈炯明治粤后,以省自治为旗号,高师改隶与广东当时的特殊情势不无关系。不过,有意思的是,北

---

① 《给杨庶堪等的训令》(1924 年 3 月 12 日),载《孙中山全集》第 9 卷,中华书局 1986 年版,第 590—591 页。

② 《教育部公布全国高等师范学校概况》,中国第二历史档案馆编:《中华民国史档案资料汇编》第 3 辑“教育”,江苏古籍出版社 1991 年版,第 191 页。

③ 《高师改称底我观,和我对于丁宗城君的主张底驳议》,《广东群报》1921 年 3 月 18 日第 3 页。

④ 《高师反对改隶学生呈请省长辞》,《广东群报》1921 年 3 月 21 日第 6 页。

⑤ 《高师改称底我观,和我对于丁宗城君的主张底驳议》,《广东群报》1921 年 3 月 18 日第 3 页。

⑥ 《我对于高师改隶的主张》,《广东群报》1921 年 3 月 19 日第 3 页。

京政府并不认可广东高师的国立性质，在1922年编印的中央教育行政机构设置及编制表中，对“隶属机关”只列北京、武昌、沈阳三所高师，并无成都、南京和广州高师。[①] 与广东高师处于同样境遇的南京高师也自认为国立，后又改为国立东南大学，并得到了北京政府的承认。

虽然有设立国立大学合法权力的中央政府威望已是荡然无存，但国立大学在普通民众心里尚有很大的威信力。当时有报纸报道，某父亲一定要儿子考国立大学，否则就不寄钱供他上学。[②] 北京国立八校、国立东南大学每年也是应考者众多。事实上，独立于北京政府的广东政府建立国立大学，本是北京政府不能代表国家，已经成为“虚悬”的明证，反过来又显示出国民党政府力求通过教育，在更高的基准上谋求自身合法性和正统地位的倾向及姿态。所以，孙中山1923年11月下令将广东高师改为国立，[③]随后很快又开始合并各高等专门学校，建立起国立广东大学。1924年8月，《广州民国日报》刊登文章赞扬广东大学诞生不过半年，“在这六七个月的短时间中，公然闹得轰轰烈烈，好比摩托车似的，风驰电掣，快得无以复加，我们实在有些乐观”。该文将广东大学与北京大学进行对比，盼望“他们俩切实竞争一下，于我们中国的文化，东亚的文化，乃至世界的文化，都付托在他们的身上”，并希望广东大学“一天一天改造成具□灿烂最高学府，和着北京大学南北巍然对峙”。[④] 当时很多省份有建立大学的倡议，但多不顺畅，广东大学的迅速成立，立刻增加了广东作为全国文化中心地位的竞争力，这在广东争取庚款的活动中有所体现。

其时广东各界联合发表的《关于日本退还庚子赔款用途提议之声明》特意指出：“广东现正筹设综合大学，期为西南事业之中枢”，希望日本当局“了解广州在中国之地位，使与北京、上海有同等参加此项事业之机会，庶几文化无偏枯之弊，而事业有圆满之功”。[⑤] 另一份《请争广东关余及欧美各国退回庚子赔款为广东大学经费宣言书》，也强调创办国立广东大学培养人才的深远意义，“岂惟缝掖青衾之幸，实乃神州赤县之光”。[⑥] 眼望庚款的省份很多，比如四川、江西都在力争庚款以办大学。而国立大学的身分具有一定的优势。当时北大就计划利用国立大学的有利地位，参与庚款用途计划。“如对日本的庚款，早在1922年7月，胡适、蒋梦麟等人就拟订计划，主张提倡东方文化研究，设

① 《光绪三十一年至民国十一年中央教育机构设置及编制的演变》，中国第二历史档案馆编：《中华民国史档案资料汇编》第3辑《教育》，江苏古籍出版社1991年版，第4—5页。

② 《迷信国立的大学》，《晨报》1924年9月9日第4版。

③ 黄义祥编：《中山大学史稿(1924—1949)》，中山大学出版社1999年版，第10页。

④ 《广东大学与北京大学(一)》，《广州民国日报》1924年8月30日第10版。

⑤ 《退还赔款用途之宣言》，《广州民国日报》1924年5月14日第6版。

⑥ 《筹划广大经费之运动》，《广州民国日报》1924年5月12日第6版。

立历史、自然博物馆和图书馆,在中国国立大学设日本文学、历史、法制等讲座,附带图书购置费,以及设日本留学中国学额,在日本帝大设中国讲座等。该计划显然使北大享有绝大部分利益。后来中日双方协议,在北京设人文科学研究所和图书馆,北大又有谋划'将图书馆及人文研究所馆长、所长归校长兼理之说'"。[①] 正在筹备中的国立广东大学也积极交涉,争取此款,最后争得庚子退款 20 余万元。邹鲁派易培基用此款在北京就近购买教材。据当时法科的学生回忆,邹鲁和法科学长梁龙向各国购回大批英、法、日、德、意等西文原版书,从上海、北京等地购进史籍,使学生受益匪浅。[②]

国立广东大学建立后,对广东的学术发展具有促进作用。广东高师的学生曾建议其校长金曾澄"聘请几位中原第一流的学者来高师讲学",金表示因为广东的教育经费少,教授待遇低;军阀凶暴,仇视知识分子;广东偏处一隅,非出名之地,中原学者来此的如果不是有传教士的服务精神,便有下乔木而入幽谷之感,所以难以办到。[③] 经费欠缺是教育发展的最大限制,同一时期,江西的公立法、农、医三所专校因"新学制颁行各省教育均应提高程度"而组织改大促进会,奔走呼吁,但江西全年的学款不过 70 万元,全用在三所专校上尚难支持,遑论还要高、中、初等各级教育合理分配。所以当局虽知三专有改大的必要,可是巧妇难为无米之炊,终因改大经费太多,最后推翻了法农医三所专校合为大学的原案。[④] 在孙中山的支持、邹鲁的筹措和广东高师、农专、法政等校学生的努力下,广东大学顺利建立,并成立"管理广州中上四校经费委员会",确保学校经费独立。[⑤] 经费有了保障,加之当时广州的环境较为安定,广东大学在延聘术有专攻的学者方面有了一些成效,黄季刚、董作宾、袁同礼、黄季陆等人被聘为广东大学教授。礼聘学者,不仅大学得人,对于扩展广东的文化教育声名,树立政府的形象,也很有帮助。

胡适曾说"此等国家大学,代表全国最高教育,为一国观瞻所在,故学科不可不完也"。[⑥] 显然,广东大学也是朝这一方向努力。成立之初,就设置文理法农四科学院及工科学院预科,一年后又增加了医科学院。建校短短一年间,国立广东大学的影响迅速扩大。为谋求全国各国立大学学术上之合作,广东大学还与北京大学共同发起组织国立大学联合会,以便互相在制度与课程上联络,促成全国教育与文化事业的发展。[⑦] 虽然

---

① 桑兵:《晚清民国的国学研究》,上海古籍出版社 2001 年版,第 43 页。

② 郭寿华:《记述"公立法政"与"国立广东大学法科学院"》,载黄仕忠编:《老中大的故事》,江苏文艺出版社 1998 年版,第 43 页。

③ 李朴生:《广东高师的奶娘金湘帆》,(台湾)《传记文学》第 6 卷第 5 期(1965 年 5 月)。

④ 《江西新学制委员会》,《学灯》1923 年 6 月 5 日第 5 版。

⑤ 袁征:《1924—1927 年广东教育的基本制度与史实》,《学术研究》2001 年第 5 期。

⑥ 胡适:《非留学篇》,《胡适全集》第 20 卷,安徽教育出版社 2003 年版,第 25 页。

⑦ 《国立大学之联合章程》,《广州民国日报》1924 年 7 月 2 日第 6 版。

此会未见开展具体的活动，还是可以看出广东大学在学术发展方面的追求。蒋梦麟等人在《杭州大学意旨书》中谈到筹办大学有三要："仪器不完，不可以言发明新理；图书不备，不可以言深求知识；故图书仪器之设备，须求丰富，一要也。师资不尊，不足以言重学术；待遇不丰，不足以言一心志；故崇视教授之座位，而厚其俸给，二要也。研究学术而有所顾忌，则真理不明；故保障学术自由，三要也。"[①]比较而言，邹鲁治下的广东大学，三方面都奠定了一定的基础。所以时人论到："广大成立，虽在国立各大学之后，然而规模之大，进步之速，实为全国国立各大学之冠。"[②]初期的广东大学留给后人很好的印象："具有北京大学的兼容并包精神，各种学派都能在此并存，形成较为宽松自由的学术气氛。"[③]

通过筹建国立广东大学，国民党努力争取广东在全国学术文化界的中心地位，并通过文化争胜进而确立广东政府在全国的政治地位。国立广东大学的建立与国民党把"国家"作为一种象征性资源的认识是分不开的。广东政治情势的发展使得这所大学得以迅速成立，并促使广东高等教育发生进一步的学制转型。

二、学制变更与高专升大

（一）高专与大学

根据蔡元培等人的建议，1917 年 9 月 27 日《教育部公布修正大学令》规定："大学分为文科、理科、法科、商科、医科、农科、工科。设二科以上者得称为大学，其但设一科者，称为某科大学。"[④]这一命令改变了民初学制中大学必须设置两科以上的规定，增加了单科大学的类型。1919 年后，从日本学来的师范教育自成独立体系的制度遭到越来越多的质疑，要求打破师范教育独立体制的呼声四起，高等师范开始被作为高等专门学校的一种对待。随后，教育界对高专改革方向的争论增多，一种意见是保留高专，条件好的就升为单科大学，这与东邻日本正在进行的高专升大运动颇为相似；一种是取消高专这一名称，废止高专或提高程度办为单科大学，其指向为德国学制；一种是通过合并各专门学校为多科性的综合大学或将单科大学扩展成多科性综合大学，这有仿行美国学制的倾向。进入 20 年代时，中国能够称得上大学的只有北京大学一所，高等学校多是高等师范和

---

① 《杭州大学意旨书》，载《蒋梦麟教育论著选》，人民教育出版社 1995 年版，第 230—231 页。

② 《广大离校教授之宣言》，《申报》1925 年 12 月 16 日第 10 版。

③ 李同德：《漫步大钟楼》，载《走进中大》，四川人民出版社 2000 年版，第 193 页。

④ 《中国近代教育史资料汇编·学制演变》，上海教育出版社 2007 年版，第 829 页。

高专,所以它们的发展方向就成为中国高等教育整体转型的关键。教育界人士倾向于"吾国高专制,仿自日本,而日本现亦有'升格'之运动,我国又何必采此'时代落伍'之制度"。[①] 于是在 20 年代初,"(专门学校——引者注)近来的趋势都要改为大学。"[②]

1920 年底,广东高师学生呈文省署要求改良学制,将该校改为大学。他们认为高师之制仿自日本,英美等国并无此制,而是在大学里设教育门,养成专门人才,并培养中学师资。[③] 当时关于高等师范的改革方向有两种意见,一种是办为师范大学,以北京高师拟改为北京师范大学为代表;一种是办为综合性大学,以南京高师改为东南大学为代表。从广东高师学生提议的文中意思看,他们希望扩展的大学是以成为综合性大学为目标,而非改为师范大学,以实现由日本式的定向型师资培养制度向美国式的开放型师资培养制度的转型。广东高师的程度尚不能超过大学二年级结束时的水平,要自为综合大学实有困难,[④]相似程度的南京高师从突破原有的文理学科设置规模、设置各类专修科,到东南大学成立、文理教育农工商六科并设,共用了四年时间,而且只是粗具大学规模,所以广东高师校长金曾澄还是考虑按北京高师的办法,提高程度办师范大学。

另外,1921 年广东法政专门学校和广东公立医药专门学校也分别有筹办法政大学和医科大学的提议。[⑤] 不过,法专升大始终未落实到具体实施,公立医药专门学校则在 7 月被教育委员会委员长陈独秀以办理不良呈请陈炯明下令解散。当时正值广东省教育会讨论第七届教联会学制提案期间,会长汪精卫对解散公医医药专门学校一事立即表示反对,认为"现在学制系统研究会,尚主张大学之外仍设高等专门,即使将来议决,只有大学一级,亦可提高程度,为改大学之预备"。[⑥] 有报道称,陈独秀"此一解散旧校开办新校,乃是为了扩张私人学阀",目的在成立彼所计划的高等医学专门学校。[⑦] 不过,公立医药专门学校不如公医、博济、韬美等私立医校办理良好,也是不争的事实,即使该校学生的反驳中也不见对母校办理不良的申辩。公立医药专门学校停办后,广东省在医药科方面就没有了公立的高等学校。

---

① 彭师勤:《高专改大及广东农专改大之必要与可能》,《农专改大运动特刊》第 1 号(1922 年 12 月 16 日)。

② 陶孟和:《论学制系统》,《新教育》第 4 卷 2 期(1922 年 4 月)第 194 页。

③ 《粤高师改大学动机》,(上海)《民国日报》1920 年 12 月 24 日第 6 版。

④ 1922 年时,广东高师的教务长李应南表示高师经过一年来的改革程度提高,学生留学外国可直接插入大学三年级,以后改组增加修业两年便与大学程度相合。所以在这刚开始改组时,高师的程度不超过大学二年级。彭师勤:《高专改大及广东农专改大之必要与可能》,《农专改大运动特刊》第 1 号(1922 年 12 月 16 日)。

⑤ 《公立法政改为大学之提议》,《广东群报》1921 年 6 月 9 日第 3 页;《医药专校录取新生》,《广东群报》1921 年 1 月 26 日第 6 页。

⑥ 《汪精卫之维持医校谈》,《广东群报》1921 年 7 月 14 日第 6 页。

⑦ 《陈独秀扩张学阀计划》,《真共和报》1921 年 8 月 1 日。

在1922年学制要求旧制高师和专门学校都要尽快提高程度，高师尽快办为师范大学的规程颁布后，各地专门学校纷纷请改大学。随此大势，广东几所主要的高等学校——广东高等师范学校、公立法政专门学校、公立农业专门学校和私立的公医医科专门学校，相继于1922年到1924年间筹备或正式改为单科大学。在各校的改大运动中，学生都是最积极的支持者，时人观察到："（第八届教联会后——引者注）吾粤专门以上学校的学生，脑筋中，心目中，总有大学成立的观念。"[①]1922年底，广东高师学生苏鄂元提议，依照北京高师的方式将广东高师改为师范大学，得到学生评议会的全体通过，引起了教职员的注意。改大的意见很快达成。广东高师一方面成立了筹备改办师范大学委员会，发出通告，征求各方意见，印行大学运动特刊，以策进行；[②]一方面增聘各科教员，向政府要求经费。[③] 后来有人批评广东高师学生，也提到"政府决定改该校为大学时，他们做大学生的狂热，不可向迩，开会哪，请愿哪，促成运动哪，也成了一种躁动"，[④]可见高师学生对于改办大学的热情之高。

在农专，学生会负责人张农联合数百名学生从事大规模的改大运动，还出版专号讨论改大的理由和步骤，取得校长和部分教师的支持。1923年初，因广东政局变化，改大暂停，学生们却没有放弃。几个月后，学生们的热情感染了刚从法国回校的教员黄枯桐，他在学校大会中阐明农专应改大的理由及改革之策，取得学校一些有力教师的支持，农专改大又重新进行。法专改大后规定旧班学生是专门生，新入学的是大学生，两块校牌都挂，学生好高骛远，向校长请求取下法专的校牌。[⑤]

大学比高专的名声大，站在学生的角度，升大有百利无一害，自是积极倡导支持。当时《新学生》上还有人撰文不满广东的学生对"提高教育的个人主义的改大运动"很是热心，对各种革命运动却不积极。[⑥] 不止广东各高专学生，当时报载北京各专校为了抵制北大的合并，一个办法就是运动改大，给学生授予学士学位，使得学生愿意为学校单独改大出力。[⑦] 其实不仅是学生受"大学"之名的吸引，就是教师也一样。1923年暑假，广东甲种工业学校一位教员转而接受了农专聘任，学生因其学问、技术与教学都很好，所以前往挽留，该教员给学生的转校理由有两点，一是相较农专，甲工的工资低，任课时间又长；二是农专即将改大，名誉上也较好些。[⑧] 结果，甲工在开学一个月后还没有聘请到接替的老

---

① 杨尊三：《农专改大之观察》，《农专改大运动特刊》第2号（1923年1月10日）。

② 《广东高师运动改办大学》，《晨报》1922年12月13日第7版；《广东高师呈廖省长关于改办师范大学》，广东省档案馆藏，档案号：33—1—2。

③ 《高师教员新聘一大批》，《七十二行商报》1924年4月4日第6版。

④ 《〈值得查办之广东大学生〉之批评》，《广州民国日报》1925年10月23日第4版。

⑤ 《法科大学风潮近讯》，《新国华报》1923年10月24日第3版。

⑥ 菊英：《南北政府与南北学生》，《新学生》第1期（1923年7月1日）。

⑦ 《暑期中之京学界活动》，《时报》1922年7月22日第1张，第2版。

⑧ 季岳：《教员的人格与权利——金钱——名誉》，《新学生》第6期（1923年9月16日）。

师。学生非常气愤地指责教员的高尚人格被金钱名誉所牵动。

相较于学生的积极态度,教员的反应要复杂一些。农专第一次改大运动中就有教职员表示反对,最后经“邓校长及利寅教授等用力斡旋,强可云已得全体教职员同意”。[①] 改为大学,教师资格相应应该提高,例如广东高师计划 1923 年下半年新聘到校上课者就有 14 人,其中至少 7 人有硕士以上的学历。[②] 有人提出改大要增聘学识高的教授,“免得一声大学成立了,教授方面,还是换汤不换药,依然感受缺乏之苦”。[③] 可是如此一来,原有教员中的一些人就会因为改大而职位动摇,因而加以反对。1921 年初,法政专门学校校长金章计划将该校办成大学时,就有传闻说教员中有教授专门学校资格者不过二十余人,如果改大,一些教员必将被淘汰,所以多数教员表示反对。[④] 农专有学生专门撰文批评学校里几位“南乳”脑筋的教员,“抱了几本陈腐的讲义,在那儿天明念到晚,年初念到尾……他们根本没有担任大学教授的能力”,对于学校要改大学,“他们更尽力的反对,一预定了他们为大学的教授,或主任,他们也就不反对了”。这位学生很强烈地表示,大学教授的“人格”、“学问”,都应是青年学生的楷模,而实际上教员的素质却没有因学校程度的提高而提高。[⑤]

广东农专的情况具有一定的代表性,当时报载北京的专校反对并入北大,也有“各专校校长主任及职员与大部分之教员,以归并成则饭碗将打破,所以出而抵制”。[⑥] 而广东各高专那些赞成改为大学的教师,如农专校长邓植仪、教授欧华清、张天才、沈鹏飞,广东高师校长金曾澄、教授黄希声等,都是美国、日本留学生或国内大学毕业生,资格具备,又皆是校长或校中重要教授,如张天才和沈鹏飞是农专选派到东南大学农科和北京农大做交换教授之人,高专改大不会危及其位置。同时,各高专正可趁机要求政府拨发更多经费,以及关注学校课程等方面的改进,这对学校发展是件好事。另外,凭借大学的名头,能够吸引更多的学生。两年后,当已经改为工业专门学校的甲工奉命并入中山大学成为其专门部时,投考的人一下子就增多了,甚至出现“举行入学试验后,再请补考的函件,好象雪片飞来一般”的情况。[⑦]

改办大学,经费最为关键。高师要办大学,全年所需常费要增加七八万,同时要补充图书仪器、教室和扩充校舍,所以需要增加临时经费。因为广东的战乱连连不断,教

---

① 张农:《我校年来改大运动之经过与成功》,《农声》第 14 期(1924 年 2 月 20 日)。
② 《高师教员新聘一大批》,《七十二行商报》1924 年 4 月 4 日第 6 版。
③ 张农:《筹备国立广东大学农科应讨论的几个问题》,《农声》第 16 期(1924 年 3 月 15 日)。
④ 《公立法政之近况》,《广东群报》1921 年 6 月 20 日第 6 页。
⑤ 善友:《忠告》,《农声》第 15 期(1924 年 3 月 15 日)。
⑥ 《暑期中之京学界活动》,《时报》1922 年 7 月 22 日,第 1 张第 2 版。
⑦ 《工专旬刊》第 1 期,第 1 页。

育经费多被军政费占去，完全公费制度的高师也无法得到政府拨款，还是靠校长金曾澄在商场、银号借垫，才暂免断炊关门。虽然高师在1923年6月8日呈请省长廖仲恺下令财政厅将前经教育委员会核准却一直拖欠未发的十年度、十一年度的临时费九万六千余元清发，以便改为国立广东师范大学，[①]但实际上，高师连教职员的薪水也发不出，更没有改办大学的费用了。农专情况与之相似。相较之下，公立法专的改大稍微顺利一些。

法专在金章任校长时的改大虽以失败告终，但在1922年学制颁布后，1923年新上任的校长黎庆恩以新学制规定高中直接升入大学，高专一级无存在之必要为由，呈请将法专改为大学，得到省长廖仲恺的批准。[②] 法科大学随即成立，将原来法律部和政治经济部改为法律、政治、经济三系，并从1923年下半年开始招收预科新生。1923年暑假，广州中上学校因为政府欠费，商议罢课，法大教职员开会讨论，认为该校改大伊始，又有学费支持，不可作无病呻吟之举，决意不受团体罢课之拘束，日内单独开课，并于1923年9月新招预科生三班。[③] 法专改大后，新生为大学生，旧生依然为专门生，一校两牌。[④]

法专此次改大成功，主要有两个原因，一方面民初教育部颁布的《法政专门学校规程令》中规定法政专门学校分法律科、政治科和经济科，在《大学规程令》中规定大学法科分为法律门、政治门、经济门，法专与大学法科不仅科与门名称对应，就连所学科目也基本相同，[⑤]虽然法专是以改为单科性大学为目标，但在单科性法大应怎样设置科目的规定出台前，改大就是以大学法科为参考，变动自是不大；另一方面法专有学费支撑，改大又不像农科、高师理科所需经费较多，所以相对容易。[⑥]

各种报刊关于改大后的广东法科大学报道甚多。有消息称，1923年9月，法科大学挂牌令专门部前学年考试不及格的三十余名学生转学私立法校。[⑦] 另一则报道则说黎庆恩宣布学生考试成绩不满50分的一律降级，不少学生因为不能通过，所以请求补考多次，到考满50分为止，黎最后鉴于学生的团结，只好答应。不过对于学生们请除去法专校牌的要求，虽已得校董事会赞同，黎校长还是坚持不同意。[⑧] 有些报道互相出入，难

① 《广东高师呈廖省长关于改办师范大学》，广东省档案馆藏，档案号：33—1—2。

② 《国立广东大学概览》沿革栏，十三年度(1924年6月—1925年7月)，第4页。

③ 《法大单独开课之表示》，《广州民国日报》1923年9月12日第7版。

④ 《法科大学风潮近讯》，《新国华报》1923年10月24日第3版。

⑤ 中国第二历史档案馆编《中华民国史档案资料汇编》第3辑《教育》，第111—114、122—124页。

⑥ 时人认为大学的文法商诸科只要有校舍、有桌椅、有黑板，教员即能挟策登堂，俨然施教。(《北京私立各学校之概况》，《申报》1924年10月20日第6版。)

⑦ 《各校消息》，《新学生》第6期(1923年9月16日)。

⑧ 《法科大学风潮近讯》，《新国华报》1923年10月24日第3版。

以核实,综合起来看,黎庆恩的确是打算提高学生程度,而非只满足于改换招牌。不过,专门学校要改为大学,不但添置设备需要经费,教员也尚待养成,有非再历数年不能进行的困难。[①] 法专学校预算委员会原来提议改大一年追加预算 36696 元,其中图书馆购书需增 12000 元,聘请教授需增 12000 元,实际都没有实现。改大不到一个月,法大遂发生风潮,原因起于戊班上课时,己班的学生因停课而围观,己班一个学生现场对教员不发讲义和用笔记的教授法加以批评,使该教员很不自然。学监出而干涉,与学生起了口角,后校方开除了这名学生,风潮遂起。因为该学生是社会主义青年团成员,此次风潮使得黎的校长地位亦为之动摇。学校提高教学水准更是一纸空言,法科大学难以名副其实。[②]

1923 年暑假,私立的公医医科专门学校也将改办大学及学科课程表呈请省署备案。省署指令云:"该校应时势之要求,照单科制改办医科大学,系依原定计划进行,应准先行备案,俟订定详细章则,再行呈核。"[③]1923 年的战事中,各军伤兵多到公医的附属医院诊治,政府一直积欠该院大量的医费不还,导致公医专校的经费也受影响。虽然如此,该校还是在 1924 年初改办成公医医科大学,学制从五年延长为六年,并四处募捐,进行扩充。经费一节,乃是学校发展的基础,也往往成为瓶颈,受限于经费的公医大,后来因此而发生了巨大变故。

许崇清曾强调单科的工科、医科、农科大学应与理科并置,至少要附设理科实验室,单科的法科也须并置文科。[④] 若以此标准,广东的这几所专校都很难说达到单科性大学的程度。不过,1922 年学制对单科性大学和专门学校作出的区别,主要是在年限上,并要求依旧制设立的高等专门学校尽快提高程度、收受高级中学毕业生、延长学制,从而改为单科性大学。[⑤] 收受高中毕业生,在 1922 年学制设立高中后不难进行,提高程度也无具体规定,所以高专升大的主要突破点是年限。清末民初的学制模仿日本,设立预科一级,1922 年学制的规程因为要延长中学年限,提高中学程度,所以规定取消预科一级,有些专校为了改大,就将预科改为本科,学制变成四年,以符合大学年限的规定,广东农专改大就曾计划将预科改为本科一年级。[⑥] 预科本是因中学毕业生程度不够而设立,在新制六年中学没有毕业生以前,将预科变为本科,其实就是换汤不换药。

---

① 《大学改制之事实及理由》,《蔡元培全集》第 3 卷,浙江教育出版社 1997 年版,第 255—256 页。

② 季岳:《法大风潮》,《新学生》第 7 期(1923 年 10 月 1 日)。

③ 《公医改大之省署令》,《广州民国日报》1923 年 8 月 6 日第 6 版。

④ 许崇清:《欧美大学之今昔与中国大学之将来》,《许崇清文集》,广东教育出版社 1994 年版,第 154 页。

⑤ 《大总统颁布施行之学校系统案》,《中国近代教育史资料汇编·学制演变》,上海教育出版社 2007 年版,第 1011 页。

⑥ 《校闻》,《农声》创刊号(1923 年 5 月 25 日),第 14 页。

广东各高专的改大一波三折，碍于经费欠缺和时局影响，筹备最早筹划较密的农专、高师都因为经费无着改大受挫，虽然法专、公医专挂上了大学的招牌，问题也是所在多有。根据1922年学制，大学有设数科和一科的区别，专门学校要改为数科设立的多科性大学较为困难，所以高专改大基本以改为单科性大学为目标。不过，一方面，清末民初的学制，大学发展主要以多科性为目标，[①]只是在蔡元培北大改革后，才带来单科性大学的兴起；另一方面，随着1920年后建立综合大学的倡议增多，以及留美归国学生的介绍和努力，英美式多科性综合大学的模式逐渐被中国教育界所重视。在广东省，虽有各高专改单科性大学的运动，很快也被合并成了综合性的国立广东大学。

（二）综合大学的倡议与成立

1922年学制以杜威的教育理念作为基本指导思想，以教育平等作为教育变革的目标之一，所以，对于中国高等教育采取日本学制中大学与专门学校分轨的制度，时人认为“由学校造成阶级的观念，与民治精神大不适合，且失吾国历来学制平民化之优点”。[②]可是将专门学校改为单科性大学后，依然形成德国学制中文化系统与职业系统的分轨。为了符合教育平等化的要求，1922年学制整体上有转向美制的趋势。1920年后，随着东南大学的筹建和“大学为最高学府，非仅办一二学科，即能餍学者之望”的普遍看法，[③]中国教育界建立多科性综合大学的倾向很是强劲。1921年筹设的厦门大学设科的规定就是分为师范部、法制经济学部、商学部、工学部、农林学部、医学部。[④]

单科性大学要独立发展成综合性大学很难，有文理两科的南京高师历经四年才初具综合大学规模，其它的工、农、医等专校就需要更长的时间。相较之下，另一种建立综合性大学的方案——合并同一地方的各个专校似乎就要快捷很多。这一方案已先后被留学美国的胡适、留学英国的周春岳等人分别在1914年、1917年提出过。[⑤] 广东省教育会在讨论学制草案时，留美哲学博士韦悫坚持应该将各高专合并为综合性大学，[⑥]后来农专教员欧华清更提出过具体的规划：“吾粤之高等教育机关如高等师范（文史、理

---

① 清末京师大学堂建立的是一个多科性的综合大学。1912年，北大“曾制定了一项扩充北大所有学科的系科计划，但后来鉴于某些系科，例如医科和农科等，宜于归并到其它一些对此已具有良好设备条件的大学中去，因而放弃了这一计划。在考虑了这些情况以后，北大确认对它最必要的，是设置文、理、工、法等科”。后来，北大又增设了商科。可以说，民元后北大也是以多科性大学为发展方向的。（《中国现代大学观念及教育倾向》，《蔡元培全集》第5卷，浙江教育出版社1997年版，第310页。）

② 彭师勤：《高专改大及广东农专改大之必要与可能》，《农专改大运动特刊》第1号（1922年12月16日）。

③ 《国立东南大学缘起》，《中华教育界》第10卷第7期（1921年1月），第77页。

④ 《厦门大学大纲》，《中华教育界》第10卷第10期（1921年10月），第82页。

⑤ 分别见胡适的《非留学篇》，《胡适全集》，第20卷，安徽教育出版社2003年版，第25—26页；周春岳：《大学改制之商榷》，《新青年》第4卷5号（1918年）。

⑥ 韦悫：《关于大学学制的意见》，《广东省教育会杂志》第1卷2号（1921年8月）。

化、博物三科）、农业专门（农科林科）、法政专门（法律政治经济科）、公医专门各校，均在广州市中，诚可因利乘便，统改为大学分科。工科一门，或将省立第一甲等工业学生拨入第一中学选科学习中等工业，而将甲工原有地址设备，从新规划，课程教授，重起炉灶，另招六年制中学毕业生为肄业生，如此则年余呼声颇高之广东大学，庶可实现。而此大学分文理（高师改组）、医（公医改组）、法（法政改组）、农（农专改组）、工等科，同在一处，教材与设备，当然较为经济，而分科大学学生，自可任意选习别科，以救其偏重一科之弊。"①

1921年夏，广东省教育当局曾考虑就现有的高校资源办理广东大学，计划先办农科、师范科、法政科三科，农科讲堂设于岭南大学，师范科设在高师，法政科设于公立法政，以便节省经费与容易进行。② 随着陈独秀离开广东，因为乏人筹划，同时孙中山和陈炯明的矛盾激化，局势动荡，建立广东大学的计划基本停滞。③ 直到1922年底，因为新学制的颁布，广东农专、高师相继提出改大，广东省教育委员会再次召集各专门学校校长开联席会议，有将农专、法专、高师合办广东大学之表示，准备将农专改为农科，高师改为师范科，法专改为政治科。④ 当时高师对此表示反对，该校教务长李应南认为高师改大筹备顺利，能于次年暑假后改办，如果"待各校同时并进，以各校基础不同，需要亦不同，设为其中部分所牵动，反于进行有碍"。⑤ 此说遭到更为赞成成为广东大学农科的农专师生的指责，他们不仅指出农专程度和高师一样"可追及国内同等学校"，还认为"广东现有之高专，即算情形完全不同，而筹备经费，分配教师，亦不能不有通盘之筹算，尤不能不有总挈之机关"，"高师实无独立行动之可能与必要，总以作有规模之全盘的大学运动为宜"。⑥ 此时管理全省教育的是留学美国出身的陈宗岳，在广东省教育会新学制系统研究会讨论学制提案时，他虽赞成保留高专，使教育便于施行，但对于大学制度，他认同的是"英美综合大学类多集合无数高等专门学校而成……我辈为人才及经济计，为防高等专门人才之易流于狭隘计，亟宜取法斯制"。⑦ 所以，1921—1922年间，广东已

---

① 欧华清：《根本改造广东农业教育制度之商榷》，《广东省教育会杂志》第2卷第2号（1922年2月）。

② 《广东大学之进行》，《广东群报》1921年9月2日第6页。

③ 1922年9月4日，陈达材还代陈炯明邀请过胡适去广东办广东大学。不过胡适拒绝了，并且认为北大也无人会去。胡适倾向于认为陈炯明是想借文化事业做招牌。（曹伯言整理：《胡适日记全编（三）》，安徽教育出版社2001年版，第786页。）

④ 陈宪：《我对于本校改大运动怀疑者种种之解释》、《农专改大之观察》，《农专改大运动特刊》第2号（1923年1月10日）。

⑤ 彭师勤：《高专改大及广东农专改大之必要与可能》，《农专改大运动特刊》第1号（1922年12月16日）。

⑥ 同上。在农专所出版的改大运动特刊上，大多数人对成为广大的一科没有意见，或者认为大学可设，在经费允许的情况下，还是应保存专门学校，以满足不同的需要。只有一人明确认为应设立农科大学。

⑦ 《学校系统研究会大学及高等专门委办报告书》，《广东省教育会杂志》第1卷第3号（1921年8月）。

经讨论过合并专校建立综合性广东大学之法并形成意向。不过,1923 年初孙中山回粤,武装冲突不断,政潮迭起,尚未有所具体规划的“省立广大又成画饼”。[①]

在广东建一所综合大学的计划虽然多次夭折,随着时局的变更,总是不时被提出。1923 年 11 月,曾担任广州市第一任工务局局长、在美国加利福利亚大学政治经济系获得硕士学位的程天固向邹鲁提出强烈的意见,要求将广东高师、公立法政、农专和公医四校合并,成立综合性的国立广东大学。合并后,原有各校提高程度,改称学院,隶属大学本部。[②] 此时正值孙中山任命邹鲁为高师校长之际。邹鲁上任不久,就以西南数省一直没有设立国立大学,面请孙中山准予从速筹备西南大学,作为学术研究的最高机关,孙中山表示赞同。邹鲁认为高师规模宏大,决定将高师扩充为西南大学,并组织了西南大学筹备委员会,计划先办文理商教育等科,待经费充裕后再增农工医等科,预计半年内即可开办,第二年秋季可招生。[③] 以高等师范为基础改办综合性大学,这一计划与东南大学的建立过程相仿。不过创办一所新的大学所需经费甚多,“自平地做起,需款过巨,不易成事”,[④]就是以高师为基础扩展,要建立多个学科也需要较长时间,郭秉文在南京高师经过四年的努力,才勉强实现“农、工、商与文、理、教育并重”,[⑤]程氏的建议正好解决了这一难题,所以邹鲁加以采纳。

1924 年 2 月 4 日,孙中山下令将广东高等师范学校、广东法科大学、广东农业专门学校合并为综合性的广东大学,并委高师校长邹鲁为筹办主任。1924 年 5 月 9 日筹备工作完成,三校合并。高师被改为文科学院、理科学院,作为校本部所在地,法大被改设为法科学院,农专被改设为农科学院,另外还设有先从预科招生的工学院。建立之始,国立广东大学就突破文理科大学的模式,以美国式的多科性综合大学为发展目标。

当时中国教育界中较有影响力的教育家,几乎清一色是留学生,他们的文章和见解,难免受到各自留学地的制度思想或潮流的浸染。1916 年后,留学德国的蔡元培在德国古典大学观的影响下,对全国最高学府北大进行建立文理科大学的改革,教育部在蔡元培的提议下,也通过可以设置单科大学的规定,使得中国的高等教育一时罩上德制的色彩。而自杜威、孟禄等美国教育家访华以及随着留美归国生的增多,具有明显的美国色彩的综合大学,在中国教育界获得越来越多的认同。建立综合大学的呼声与留美归国生的倡导密不可分,广东省内,倾向合并专校成为一个综合性大学的韦悫、程天固、陈

---

① 张农:《我校年来改大运动之经过与成功》,《农声》第 14 期(1924 年 2 月 20 日)。

② 程天固:《程天固回忆录》上册,龙文出版社股份有限公司 1993 年版,第 189 页。

③ 《国立高师扩充为西南大学之先声》,(上海)《民国日报》1924 年 1 月 8 日第 7 版。

④ 程天固:《程天固回忆录》上册,龙文出版社股份有限公司 1993 年版,第 189 页。

⑤ 朱斐:《东南大学史》第 1 卷,东南大学出版社 1991 年版,第 118 页。

宗岳等人,都是留美学生。美制移植中土,与美国在中国的影响力扩展同步发生。

与广东相同,20年代前期,合并各专门学校成立一综合大学成为潮流。北京、直隶、奉天、四川、江西、湖南、浙江等省都有将现有的专门学校改组,合组大学的计划。一些著名人士也赞同合并专校成立大学,如梁启超劝河南人合并各专门学校为河南大学,胡适建议武汉各高校合并为武昌大学。不过,各地的合并大学多不顺利,相较之下,国立广东大学在孙中山的一道命令下成立,并迅速发展成规模最大的国立大学,个中原因,除学制改革的背景,还与这一时期广东的特殊情势有关。

三、广东高等教育界的统一与国立广东大学变制

(一)广东高等教育界的统一与国立广东大学的扩展

1923年,《向导》周报有记者批评农业专门学校、法政专门学校和甲种工业专门学校的惠州籍学生骂孙中山是军阀,并宣传无政府主义。[①] 虽然农专校刊马上反驳这一指责不确,[②]但孙中山认为"现在广东的教育不但濒于破产,而且未能接受本党主义",所以在任命邹鲁为国立广东大学筹备主任时,还提到广东工业学校和广州第一中学亦由邹鲁去指导,"使广东整个高等教育能在党的指导之下,免人渗入"。[③] 而合并各专门学校组建成综合性大学,就能最广泛地控制广东高等教育界。《申报》曾有报道:1924年广东学校风平浪静,罢课一事也未发生,原因一是经费有着,不致积欠;一是广东大学成立,各校俱惟其马首是瞻,不便独异。[④] 显然,该记者注意的是针对政府机构的学潮,但由此可见,广东大学的成立对国民党政府稳定统一教育界作用甚为明显。

一开始,广东大学的几个学院保持原地办理的方式。分散办学容易各自为政,却避免了与河北大学一样因另择校址而起纠纷。河北大学是在1921—1922年间合并直隶工专、高师、医专、农专成立的,以曹琨之弟曹锐为校长。[⑤] 1922年暑假刚过,因曹锐下台,拥护直隶高师恢复的呼声顿起,主要的理由有两点:一是现在正值学制革新,各省已见实行,直隶中小学会议也已议决采用新学制,师资的培养刻不容缓。直隶高师并入河北大学后,班次日减,由原来的六科十级变为只存师范生一班,就连这一班也即将停办,

---

① 曾国光:《国民党领袖与教育事业》,《向导》第27期(1923年)。

② 善友:《请看向导记者的言论》,《农声》第2期(1923年6月5日);善友:《答向导瘦真君》,《农声》第4期(1923年6月25日)。

③ 邹鲁:《回顾录》,岳麓书社2000年版,第118页。

④ 《过去一年之广东教育》,《申报》1925年2月2日第11版。

⑤ 《保定教育界互相倾轧》,《晨报》1922年10月10日第6版。

新学制所需的百余名师资将无法补充；二是黄河流域只有北京高师一所高等师范学校，供不应求。现在北京学制会议议决高师有存在的必要，北高师改为大学后，在经费欠缺的情况下，很难另设新的高师，所以应该恢复直隶高师。[①] 而坚持河北大学的一派反驳道："近代教育原理及教育制度之不适于恢复高师。"[②]

1922 年学制要求旧制高师提高程度办师范大学，河北大学派基于高等教育的发展趋向，有反对高师恢复的依据。不过，1922 年学制同时要求教育普及，需要众多教员，独立的师范教育制度本来就是为迅速培养师资而设，高师派基于中小学教育的发展需要，也有恢复高师的诉求之理。双方各有所据，在公开的宣言里，二者之间很难做是非判断。只是事情往往不如表面那么单纯，在学制改革的争论下，恢复直隶高师的呼声背后还有一层利益关联。河北大学成立时看中了第六中学和第二师范学校阔绰的校舍，六中被迁往高师旧址，第二师范学校的校长则交了两万元校款得以仍留原地。六中校长曾私占校舍，迁校后自己每年就要出二百多元的房租，而二师校长私用校款为自己经营谋利，交出两万元后做买卖的资金就减少了。河北大学的成立使得这两位校长的私利受损，他们一直心怀不满。有舆论揭露组织恢复直隶高师的就是六中和二师的校长，借曹锐下台，他们就以恢复高师为名，想推翻河北大学，重得其利益。[③]

邹鲁曾考虑过三校分立"管理不便，且房舍破旧，随时有圮坍之虞。更由于学生人数日渐增多，校舍已不敷使用。市区车马喧闹，不适修养与求学，更不能养成学生节俭风气"，建议孙中山指定石牌地方为新校址，筹划迁建。当邹鲁奉命着手规划时，因受到地方人士的阻力，仅在石牌开辟了一个农场，校舍则完全没有进行兴建。[④]

邹鲁在筹划新校址的同时，也设法从人事上对各校加以控制。他认为三校中以法大最为腐败，上任后即任命留英回国的梁龙为法科学院院长，饬令其认真调查积弊，为改革做准备。梁龙上任不久，法科发生教员辞职风潮，导致学校课业停顿。关于此事原由，当时舆论有三种说法：一说梁龙为革除法专时的积弊，所以严格限制学生请假和教员缺席，使得一些兼职它处的教员感到不便，群起非难，遂有辞职之举；一说有一二教员为前任校长的旧人，恐怕换长后地位不保，所以联络十余人提出辞职，以期牵动全校功课停顿，抵制梁龙；[⑤]一说梁龙就任后撤换几名教员，和他们有连带关系的人就实行联合

---

① 《高师毕业生恢复母校》，《大公报》1922 年 10 月 14 日第 3 张第 2 页；《恢复直隶高师意见书》，《大公报》1922 年 10 月 24 日第 3 张第 2 页。

② 《河北大学同人宣言书(续)》，《益世报》1922 年 10 月 16 日第 3 张第 11 版。

③ 《保定教育界互相倾轧》，《晨报》1922 年 10 月 10 日第 6 版。

④ 黄福庆：《近代中国高等教育研究：国立中山大学(1924—1937)》，中央研究院近代史研究所 1988 年版，第 19 页。

⑤ 《法大教员辞职之内幕》，《广州民国日报》1924 年 3 月 20 日第 6 版。

辞职。[①] 对此舆论伤叹："近日民德衰落，几无一事无黑幕，不徒教育界亦然。"[②]法专学校整体形象不良，是全国教育界的共识，广东法专在广东教育界的声名也不佳。对于辞职之人，梁龙一律照准，并很快就新聘各科教师照常开课。但据该校教员回忆："梁龙系英国留学生，就延揽其弟梁明致、卢兴原(系澳门著名赌商卢九混号挂炉狗之子)、周先觉(系广州西关富翁周东生又名周老十之子)等留英学生在该院任教。"[③]剑桥大学毕业的卢兴原在广东大学任法理学教师，有一位听过此课的学生黎思复回忆说："初时以为他所讲法理学一定是英国湛深的法理，及至领得他所编的讲义时，始知他也是照赵欣伯的日译'法学通论'搬过来，他常对人说，'中文读熟了《东莱博议》这一本的文章就够用了'。"[④]黎思复是法专前校长黎庆恩之弟，卢兴原是新校长之人，所以黎的评价可能有欠公允。但也有可能黎思复因其兄的影响，水平较一般学生为高，所以能够指出卢的学识有限。梁龙延揽留英派后，法大教员之间的派系矛盾加深，"留法学生如谢瀛洲、孔宪铿、刘懋初等，留美学生如程天固、陈炳权等，留日学生如陈守宪、周佛海、周斯铭、杨光潜、黄季陆等，北京大学毕业生如余凯湛、陈嘉霭、沈祥龙、莫培元等，都各树一派，为了维护本派利益，时相倾轧。其后是演变成左、右两派开展更激烈的斗争。"[⑤]不过其时派系斗争尚限于学院内部，并没有因此而影响广东大学筹备的进程。

校长培植私人势力，新的主事者上台更换旧人重拟人脉，教员随之更替去留，是中国教育界的惯例，邹鲁同样如此作为。他任广东大学校长后，"要从新建立他做高祖的王国，不想有高师的旧关系，旧影子留下"，首先拿学监赵策六和附小主任(是附小的最高管理者)陈赞垣开刀，将其解聘。赵氏是高师最早期的简易师范毕业生，毕业后留校做学监，他能记住从附小到本科一千余人的名字，与学生关系良好，也是毕业学生的联络中心。陈氏任附小主任后，推行启发式教学法，提高功课水准，举办学校市政府，将暮气沉沉的附小变成活泼、进步、富有朝气的附小，很得各方赞誉。邹鲁此举失去很多的人心。邹鲁后来向曾捐款给附小 11 万元的冯平山继续募捐时，冯因此而表示婉拒。所以广东大学的童子军教师李朴生曾感叹到："把好人去掉，表现出恃势力，无是非，给很多青年以坏印象，不是高明的办法。"[⑥]

各校合并之初，虽有报道称"农科因某项问题，旧教员多辞"，[⑦]相比之下，还是农专的过渡最为平稳。某项问题应该是指农专在计划改农大时拟分九系，每系设主任一人，

① 《法校教员罢职之结果》,《广州民国日报》1924 年 3 月 26 日第 7 版。
② 《法大教员辞职之内幕》,《广州民国日报》1924 年 3 月 20 日第 6 版。
③ 沈翔龙、莫擎天:《中山大学前身——国立广东大学》,《广东文史资料》第 33 辑。
④ 黎思复、邝震林:《广东司法界派系及其主要人物》,《广州文史资料》第 11 辑。
⑤ 沈翔龙、莫擎天:《中山大学前身——国立广东大学》,《广东文史资料》第 33 辑。
⑥ 李朴生:《广东高师的奶娘金湘帆》,《传记文学》第 6 卷第 5 期,第 38—39 页。
⑦ 《法农两校风潮》,《广州民国日报》1924 年 3 月 22 日第 7 版。

邹鲁接办后，仅留农学和林学两系，其余七位主任改为专任教员一事。[①] 不过，在邹鲁的挽留下，农专教员多又复职。有农专学生揭露邹鲁接事的那几天，把原有的组织略加变更，所以遭到部分教员反对，当邹"答应了组织虽变，待遇仍旧，他们便马上不放声了"。[②] 学生的评论说明，一些教员反对学校并入广东大学并非理念上的大学格局、高等教育定位之争，更多的是为个人职位等实际利益考虑，这一点始终是近代中国高等教育发展的巨大干扰。农科主任是原校长邓植仪，各部主要人员多仍其旧，小小的骚动后，农专内部意见还是主要是集中在质量提高上，如要预备好农科教材、确立经费、请熟悉各校情形及各科的专门人员为筹备员等。

因为合并影响的多是主事者的位子、权力和既得利益，所以合并中常表示反对的是校长。如在北京，当传出国立八校有一起合并于北大的意向后，国立法专、高师、农专校长反对最为强烈，北大校长蔡元培和国立法专校长王家驹、北京高师校长李建勋等人还因中华教育改进社年会上高等教育组通过的"废止法专案"在报上打起了笔墨官司，属于北大一派的教育总长汤尔和则有意更换国立法专、高师、农专校长。[③] 广东大学成立过程中，没有遇到来自原各校校长方面的强力抵制。在合并前，邹鲁已接任高师校长，原高师校长金曾澄为人温和，在高师办校的艰难困苦中，"不声不吭，出钱出力，挑起高师的重担子七八年"，他长年任高师校长和广东省教育会副会长，是广东省教育界的三位领袖人物之一，却不眷恋权位，也没有明显的培植私人之举。当邹鲁奉命接管高师校长时，金曾澄作为广东省教育会代表正在云南参加第九届全国教育会联合会，回粤后立即进行移交，并无暗中动作加以妨碍。农专校长邓植仪在省立广东大学筹设时就赞同合并之法，[④]他是位专门的农业家，没有明显的派系倾向。法大校长一职历来就是各方争夺的对象，更换频繁，新上任的梁龙是邹鲁所委，自是没有反对意见。

通过建立国立广东大学，国民党政府统一了广东高等教育界的公立学校。而随着广东情势的发展，私立学校也被纳入统一的范围。

1922 年 7 月，中华教育改进社第一届年会高等教育组通过"废止法专案"后，有传闻说此案涉及南开大学想合并直隶法专，东南大学想合并江苏省立法专，立刻就有人指出此种传闻很是荒谬：南开是私立，直隶法专是公立；东大是国立，江苏省立法专是省立，属权不同，无法合并。[⑤] 但在广东，因为这一时期的特殊情势，国立广东大学所称的"国"

---

① 《广东大学筹备情形》，《申报》1924 年 3 月 16 日第 11 版。

② 善友：《忠告》，《农声》第 15 期（1924 年 3 月 15 日）。

③ 《教育界之比较的好消息》，《大公报》1922 年 9 月 20 日第 2 张第 3 页。

④ 李杰：《我对于农专改建大学之面面观》，《农专改大运动特刊》第 1 号（1922 年 12 月 16 日）。

⑤ 沈步洲：《废止法政专门学校案刍议》，《晨报》1922 年 8 月 1 日第 7 版；蔡元培：《中华教育改进社第一次年会高等教育组通过"废止法政专门学校法律政治经济各科应在大学教育案"之说明》，《晨报副镌》1922 年 8 月 8 日第 2 版。

并不以北京政府为合法代表,而是孙中山的大元帅府为象征。实际上,省政府一切听从海陆军大元帅大本营之命,广东大学成立过程中,国立与省立并没有什么矛盾,基本是一致的。为将本为省立属于省教育厅管辖的法科大学和农专合并入国立广东大学,广东省长廖仲恺专门训令教育厅,取消法大和农专的校长,以便筹备主任接管办理。[①] 其实不仅公立学校如此,在国民政府治下,就连私立的公医医科大学也一样在非购买捐赠等情况下变成广东大学的一个学院。

广东公医医科专门学校1924年改为广东公医医科大学,改大后经费开支增加,捐款又无着,在拖欠教职员半年薪金,挪尽学生所缴的膳宿费后,只能靠借贷维持,导致"负债十余万金,几致学校破产,渐现不能维持之状",遂有和美国煤油大王接洽以获取经费支助的举动。1925年6月底,该校学生以学校当局拟将该校卖于美国煤油大王而发动风潮,学生们"忿当事人之献媚帝国主义者,胆敢密订卖校之约,于是呈请政府收回,归并国立广东大学"。[②] 6月27日,公医学生会执委会召开会议,决定组织公医归并广大运动委员会,次日开全校大会通过,并整队请愿。国民党中央党部的陈公博、大元帅府代表李文范和广东大学校长邹鲁接见了学生,均"表示实行由广大接收该校"。胡(汉民)代帅即批令广大校长即日派员接收公医。7月1日下午,邹鲁派员前往接收公医。因为公医董事会反对,公医的接收延迟到16日。是日国民政府派秘书协同邹鲁及广大重要职员二十余人,强行将私立的公医大并入广大,成为广东大学医科学院,[③]国民党员褚民谊成为学院院长兼学科学长,广大预科也相应增加了医学组,两个附属医院院长仍由原公医医院院长美国人达保罗担任。

1924年,公医曾因学生要求驱除不良教员而发生风潮,当时学生中就有运动公医大并入广大的意思,[④]最后在该校毕业同人的调停下,学校收回被革除的学生,风潮结束。1925年,广东的情势比一年前更为激进,随着民族主义情绪的高涨,在以国权为号召的广东国民党政府的指令下,广东正轰轰烈烈地进行收回教育权运动。公医因为校长是香港人、附属医院院长是美国人,所以也被视为与教会学校同样是外国人侵犯中国教育权的机构。对此,公医毕业同人发表宣言申辩:以前岭南大学曾商请合并,但公医以岭南的校权操于外人之手未允,本年煤油大王虽派人到校参观,实际并未捐助。学生们本是不满校长和学监,却不依正当的程序要求董事会撤换二人,而以狭隘报复之谋破坏私人法团自由发展。宣言同时指出,近年来粤省战事频繁,公医医疗的伤兵众多,政府积

---

① 黄义祥编著:《中山大学史稿(1924—1949)》,中山大学出版社1999年版,第14页。

② 《本校沿革概略》,《国立广东大学概览》1926年版,第6页。

③ 《政府点收公医情形》,《广州共和报》1925年7月18日第3页。

④ 《广东公医风潮续讯》,《申报》1924年4月25日第10版。

欠公医医院医药伙食费过万。省立医药专门学校停办后转入公医的学生应给的经费也数年未发，这些是使得公医负债累累的原因。他们指责政府“未予维持，侧亦已矣，乃竟据而有之”的行为。[①] 有广东大学教师在多年后的回忆中提到，当时公医的后台是孙科，[②]所以公医的合并或许还涉及国民党内以胡汉民为首的元老派和以孙科为首的太子派之间的斗争。

公医经济发生困难，国民党政府要负很大责任。而其非但不对公医加以扶持，反趁人之危，借助高涨的民族情绪，支持作为运动先锋的学生对抗校方，强行将这所私立学校的所有权转移变为公立，以扩充大学的规模和自己在教育界的力量，这一行为于情于理于法，都不无可议，只有在革命的名义下，才有政治正确可言。公医被指为权限操诸外人之手，但并入广东大学其实是相当顺利的。由于达保罗被认为有恢复公医独立的阴谋，[③]所以一年后，广东大学又接管了两所附属医院。作为公医创始人之一的达保罗离职，自设门诊谋生，另外还有几位医生也同时辞职。[④] 公医合并后，广东大学的办学规模进一步扩大，共设文、理、法、农、医 5 个正式学院和 1 个待立的工学院，分为 16 个学系。

根据北京政府教育部 1924 年公布的《国立大学校条例》，国立大学的分科设置是文、理、法、商、医、农、工共七科，广东大学有五个正式的科和一个正在成立的科，而同时期著名的国立大学中，北京大学因缘蔡元培的理念，只设立文理法三科，东南大学设立文理教农工商六科，可是其中只有五科合乎《国立大学校条例》的规定。以专业教育为主的综合大学的综合性和规模是其强弱的主要指标，参比《国立大学校条例》，广东大学成为全国科目设置最全的国立大学，其声望更进一层。

在 1922 年学制制订的过程中，合并各专门学校成为综合大学被认为是发展高等教育最快的途径，而具体实施则一直进行得不顺利，很多省份成立大学时常因各方利益冲突产生重重阻碍。如山东省打算合并六所专门学校成立山东大学，但专门学校一直由该省教育界中的东洋派操制，该派人士不愿权力旁落，所以从中作梗，使得山东大学无法成立。[⑤] 除了教育界内部的不合，也有教育界与政界的冲突，如湖南省拟整合公立商专、工专、法专成为大学，该省教育司聘请三校校长和其他一些人组成了大学董事会，结果省议会认为教育司只是董事之一，不能由它包办大学，要取消大学的董事会。[⑥] 广东

---

① 《公医毕业同人宣言》，《广州共和报》1925 年 7 月 7 日第 3 页。

② 周鼎培：《中山大学工作三十九年见闻》，《广东文史资料》33 辑。

③ 《公医院之余臭》，《广州民国日报》1925 年 9 月 10 日第 9 版。

④ 《公医医生辞职》，《广州民国日报》1926 年 8 月 3 日第 1 版。

⑤ 《鲁教育界派别之新变化》，《申报》1924 年 3 月 11 日第 10 版。

⑥ 《湖南法专学生促进改建大学之运动》，(长沙)《大公报》1924 年 1 月 5 日第 6 版；《省议会要取消大学董事会》，(长沙)《大公报》1924 年 1 月 22 日第 7 版

大学的迅速成立和规模扩大,与国民党在广东政学界的势力扩展直接关联。孙中山去世后,表面统一的国民党发生分裂,并对广东大学的发展产生了很大影响。广大成立时就要设立的工科学院,因人事派系纠葛,经过自设,合并工专,再到自设,几度反复,迟迟未成。

(二)人事纷争与工科学院的"流产"

广东大学筹备时即计划建立工科学院,并和文理法农四科一起招收预科学生,确定第一次预科生毕业时就正式添设工科。1925年8月起,工科筹备会多次开会,先后商讨了工科的专业设置,推定了起草员拟订教授课程表和时间安排等。广东大学第一期工科预科生将于1926年暑假毕业,学校必须为学生的升学打算。是年初,广东大学工科筹备委员桂敬铭、郑允衷、李其苏、邓盛仪、萧冠英、李敦化、余凯湛(校长陈公博的代表)开会讨论增设工学院问题,余凯湛鉴于经费欠缺工科学院暂时无法成立,提议考虑将工业专门学校归并的必要和可能。工专是由广东省立第一甲种工业学校发展而成。因为1922年学制取消了甲种学级,各省从前的甲种实业学校俱改办职业学校或高级中学,广东省立第一甲种工业学校的程度不及专门但高于甲种学级,课程与经费也与中等学校不同,所以1924年2月,教育厅督学拟请改称为省立工业学校,以符合1922年学制和便于改组高等专门学校。教育厅同意并下令该校废去第一甲种四字,改称广东省工业学校。是年暑假起,改招中学毕业生及有中学毕业程度者,慢慢过渡到高专。① 鉴于广东大学的各科学院都是合并已有的高专和大学,所以合并工专成立工学院也有前例可援。不过余凯湛的提议被当场否定,李其苏说,"工业专门学校与大学工科性质程度各不相同,均为技术上必不可少之一,现在中国工业教育幼稚,亟应增设扩充,以谋逐渐发达,且日本西洋各国无不以大学与专门分设,此本席主张应以打销互并为是",众无异议。② 事实上,大学与专门有所分别的主张后面另有隐情。

广东大学工科筹备会的人员多为工专的教员,工专校长萧冠英和邹鲁是大埔同乡,邹派的要员,他任工专校长三年,在校内势力很大。当时邹鲁已被撤销广东大学的校长职务,广大由左派掌权,所以将工专并入广大很难得到工专教员的同意。此议被打消后,工科筹备会讨论决定还是以广大文理科宿舍改为工科教室较为适合。③ 1926年2月起,褚民谊代理广东大学校长,他决定将广东工专并入广大。5月间,国民政府下令将工专并入新改组的中山大学,成立中大工业专门部,由工专校长萧冠英任部长,工专校

---

① 《甲工学校改组》,《广州民国日报》1924年2月25日第7版。

② 《关于筹备工科学院和药学系的文书材料》,广东省档案馆藏,档案号:31—1—5。

③ 同上。

牌保持，原地继续办学。不过，广东大学受政潮影响很深，高层人事也不稳定。8月的校务会议议决工业专门学校更名为工科学院，附设的工业专门部继续招收新生，[①]但国民党中央政治委员会要求“取消省工业专门学校，改为国立中山大学工科，开办费自筹”。[②]

广东大学改组中山大学时，中山大学五人委员会认为广东一省实需要一个工专，大学工科以重新创办为宜，决定将工专拨回广东省管辖。委员之一的朱家骅在接待工专部学生代表时谈到萧冠英三项不妥的举动：一是不出席校务会议，仅有的一次也是要求经济独立；二是在中大改组全校停课复试时，以工专部性质不同呈请无须停课；三是在工专部学生的招收上独断专行。学生们据此认为萧有意使工专脱离中大，遂宣布萧冠英心中无上级机关中大，违背国民政府的命令和阻止中大委员会改组工专，间接妨碍学生学业等罪状，发动了驱除萧冠英的风潮。[③] 学生要求政府早日将工专并入中大一起改革，以“领略革命科学化之教育”。[④] 萧冠英的回应说明也被学生予以驳斥。经此变动，萧冠英去职。五人委员会的副委员长顾孟余是汪精卫一派的人，与委员长戴季陶和实际主持校务的朱家骅非同路，后来在顾孟余的坚持下，工专被拨回省立，[⑤]工科学院的筹设也因为改名中山大学的停课整顿而中辍，并长期停止进行。直到1931年，中山大学才在理科增设两个工科的系，1934年正式建立了工学院。

四、整合与提高

国立广东大学成立后，《中华教育界》作了一个评价，认为五科中，“当以文科较为完备，农科次之，理法工三科又次之。盖高师中原有文史地英语教育心理诸部，教授图书，均甚充足。此次新聘之有名教授，其属于文科者亦不少。有此凭藉，发展自属不难。农专年来办事整顿，设备经费，均大增加。且曾与东大农科及北京农大互订种种契约，今次合并改大，其主事者一仍其旧，故内容亦甚有可观。理科系就高师之数理化博物两部改办，自目下言，机器标本药品等项，尚可足用。加本科后，则非大加扩充不可。至改办法科之法大，素甚宽放，设备亦属简单，改办后，力矫前非，且拟加设市政科，以为改良中国市政之准备，将来或亦不无可观也。工科系新近筹设，雏形未具，无可记述。”[⑥]应该说，这样的描述评价大体与实情吻合。

广东大学合并各校而成，水准的提升至关重要，因而致力于各科的提高。合并时农

① 《中山大学校务会议》，《广州民国日报》1926年8月13日第5版。

② 黄义祥编著：《中山大学史稿（1924—1949）》，中山大学出版社1999年版，第108页。

③ 《工专发生驱萧风潮》，《广州民国日报》1926年10月28日第5版。

④ 《工专驱萧风潮尚未解决》，《广州民国日报》1926年11月4日第5版。

⑤ 李宗侗：《朱家骅傅斯年致李石曾吴稚晖书》，《传记文学》第5卷第6期（1964年12月），第52页。

⑥ 《广东大学五科之内容》，《中华教育界》第14卷3期（1924年9月），国内教育新闻栏第17页。

科分为农林两部。有人认为此法过于简陋,应该参照农专前一年拟办大学时的提议,多设几个系,年限、学生入学等方面也应参考东南大学办农科和北京农专改大的办法。不过提高有一个过程,尤其是农专的林科一直很差,四位专任教授中的两位还因欠薪、学潮等改任他校,[①]所以要勉强多分系科,也只能是空有其名。经过近一年的努力,1925 年 1 月,农科学院才将两大部改设为农艺、农艺化学、林学三个系。邹鲁还为农专新建了学生宿舍。

广东大学一开始的系科设置中没有教育系或教育科。当时就有人指出在教育学很发达、教育学系不可少的情况下,从前无教育学系的北大正在着手建立,有高等师范做根底的广东大学却将教育学系付之缺如,很是遗憾。[②] 关于这一点,广东高师的学生也曾联名上函请邹鲁增设教育科,他们认为中国“教育制度窳败,东抄西袭,不适国情”,须得良好的教育家急起研究,以利学子,以适国情,而且广东需要更多的教师解决师资缺乏问题,这些都要求有专门研究教育之所。函请中还特别指出近年来国内著名大学都注意专门的教育研究,如北大添设教育系,东南大学保留了原南京高师的教育专修科,北京师范大学有教育研究科,东陆大学有附设高等师范。最后,他们恳请为了广东的教师一职不落在没有教育学识不学无术之人手中,为了培养广东教育界所需的师资和教育行政人员,为广东文化、教育前途计,必须在广东大学设立教育科学院,至少也要有教育系。[③] 1925 年 1 月,广大文科学院添设了教育系。从清末到民初,中国大学的分科中一直没有教育科,自东南大学保留南京高师的教育专修科,并将其扩展为教育系、心理系、乡村教育系和体育系后,教育一科才成为大学的一个分科。大学设立的学科体现着近代学术研究的基本科目,影响并主导着学术研究的范围和方向,大学加入教育科研,有利于教育学科的科学化和专门化,其重要性不言而喻。

学术教育方面的整顿提高之外,广东大学的革命性也引人注目。广东大学的诞生不仅仅是为国家培植人才,更要为国民党训练革命人才,实负有西南最高学府和国民党革命人才的大本营双重任务。[④] 人们对广东大学在革命中的作用寄予厚望,甚至说“广东大学办不好,国民革命不会成功”。[⑤] 作为广东一文一武的“双子星座”,广东大学和黄埔军校使全国学生“心之向往”,是他们的“投奔之地”。香港的圣保罗,上海的同济、东吴、沪江、南海、南海医科,广州的岭南、圣三一、兴华医学校等中高等学校的学生在和校方发生冲突后,纷纷投向革命的广东大学。

---

① 彭师勤:《为本校会议广东大学事致筹备主任及诸同学》,《农声》第 14 期(1924 年 2 月 20 日)。

② 《广东大学与北京大学(一)》,《广州民国日报》1924 年 8 月 30 日第 10 版。

③ 《函请增设广大教育科》,《广州民国日报》1924 年 6 月 12 日第 6 版。

④ 邹鲁:《回顾录》,岳麓书社 2000 年版,第 121 页。

⑤ 《专论》,《广州民国日报》1926 年 8 月 5 日第 6 版。

1925年，为了纪念刚刚去世的孙中山，广东国民政府决定将广东大学改名为中山大学。孙中山去世后，国民党左右派的内斗表面化。趁此机会，左派批评广东大学是“不革命”的学校，校长邹鲁是“不革命的领袖”，他们以革命的名义开始争夺广东大学的控制权。先是迫使邹鲁离职。1925年的“查办”风潮，又使得38位教授离开了广东大学，此次人才流失使得学校不得不在1926年1月提前放假。[①] 1926年4月，在校长褚民谊的支持下，文科学长郭沫若对文科进行整顿，随即文科发生了驱除饭桶教授的择师运动，接着又引起教员辞职风潮。虽然此一事件所涉及的问题和原因很多，[②]但经过停课选科一闹，本为巩固的良好意愿，又在各种复杂关系作用下适得其反。

从6月到10月，经过国民党派系斗争的反复折腾，[③]中大五人委员会成立。委员长戴季陶，副委员长顾孟余，委员是徐谦、丁惟汾和朱家骅。中大五人委员会因为“中大虽为广大蜕化而来，而广大又为旧日各专门学校及师范学校之后身，一切规章制度，与夫实际内容，充满多年旧习”，所以下令中大停课整顿。[④] 1926年10月至1927年2月，为停课改革时期。朱家骅指广大是高师改组并联合几个专门学校而成的，“在客观上，很不容易改动，结果法科为一个大学，农科、医科，各自成为一个大学，似合似离，并无整个的一致的系统”。[⑤] 虽已合并，学校仍是貌合神离的巨无霸。为了成为“有统系的整个的中山大学”，整顿后的中山大学把全校分为三大部，即教务处、事务管理处、图书馆，去统理一切。院系名称随着新的学科发展重点也有所变动，文科改称文史科，设中国语言学系、史学系、哲学系、教育学系、英吉利语言文学系；理科改称自然科学科，设数学天文学系、物理学系、化学系、矿物地质学系、动物学系、植物学系；法科学院改称社会科学科，设经济学系、政治学系、法律学系；农科学院改称农林学科，设农学系、林学系、农业化学系；医科学院改称医科，不分系。同时，中大预科亦同时改组，废除根据本科而分组的制

---

① 详细过程参见袁征《郁达夫在广东大学》，《孔子·蔡元培·西南联大》，人民日报出版社2007年版，第250—252页。

② 此次学生择师运动确有一些问题，本应是文科的本预科一起开会，但因为多数本科生旅行西江，出席会议的多为预科生，预科同学对于本科教员未完全明了，导致良莠不分。后来有34位本科学生联名上呈，认为请辞退的教员中有“品学兼优忠于职守勤于海人”者，如杨寿昌、黄希声、李次薰等都是“卓绝之师资，国中所不易多得者”。另外，也有九名本科生上书要求挽留韦悫，因为他对“哲学一门确有相当研究，为南方不易得之人才”。学生们指出，当时会上学生们反对韦悫有两个原因，一是怀疑他为鼓动风潮之人，但事后证之韦悫，韦表示对“各教授请求撤换郭学长事亦殊不满意”；二是韦悫为基督教徒，但韦悫没有在学校宣传过教义，他不仅“入党有年，于革命工作亦颇努力”，还因为在岭南大学表示应收回教育权而遭到岭大反对派的攻击。学生们表示，此次择师应以学问为标准，不宜杂其它感情。（《该校文科一部分教员反对改选课程举行罢教风潮的材料》，广东省档案馆藏，档案号：31—1—19。）其时中山大学文科课程水平不高固然是事实，郭沫若的批评也有不实之处，如文科并没有哪个系如郭所说的开设有簿记这门课。（胡晶君：《国立中山大学学校管理探析(1924—1931)》，华南师范大学2004年硕士学位论文，第12页。）

③ 详细过程可参见袁征《郁达夫在广东大学》，《孔子·蔡元培·西南联大》，人民日报出版社2007年版，第266—267页。

④ 《中大委员会议决之规划》，《广州民国日报》1926年10月22日第3版。

⑤ 朱家骅：《国立中山大学筹备之经过和将来之希望》，载《老中大的故事》，江苏文艺出版社1998年版，第56页。

度,改为甲乙两部,甲部预备升入文科或法科,乙部预备升入理科、农科或医科。

从广大到中大,学校规模不断扩大,逐渐成为学科较为齐全的多科性综合大学,但因为国民党内部以及国共两党的斗争,中大那些与政治联系较紧密的学科,发展受到了影响。朱家骅对此很清楚:法科与政治关系最密切,整顿后正遇国民党中央北迁,一些聘定的人不来了,一些到校的人又随中央北迁了。1927 年秋季开学本有起色,又遇张黄之战,政局变迁,跑了许多教师。广东地处偏僻,许多本省的人跑到外地,而外省的人因为存在语言障碍,不愿来省,加上聘定外国学者也比别科难,所以朱氏大为感叹法科聘教师之困难。①

1927 年 2 月,教育行政委员会议决的《大学规程》中规定,大学分设文理法医农工商师范美术音乐等科,须有两科以上方得称为大学,单设一科者称为某科大学。大学各科要分设各系,要设研究院以及各项专修科、函授部、推广部。入学资格是在高中毕业或同等学校毕业经入学考试及格者,大学毕业才能入研究院,本科 4—6 年,研究院 1—3 年。② 这一条例比以前任何大学条例对大学的设科范围都要宽泛,在传统的文理法医农工商和一直有争议的师范科外,又增加了美术和音乐。不过,作为一个多科性的综合大学,中大在分科规模上基本定型,到 1934 年增设工科学院前,一直维持文理法医农五科,只在系一层有所增减调整。

大学自有其发展的规律,即使是高唱党化教育的戴季陶也承认:"惟大学之根本价值,终在学术,今后中国之改造,亦在于科学的发展,故私意以为中山大学之前途,应以学术之价值为体,以政治之价值为用。"③1926 年,中大学生会在欢迎戴季陶的宣言中也说:"盖本校两年来混乱之历史,其原因由于一般办学者根本不知大学教育之意义,而徒骛虚名,同学无正确之指导,罔知所适,办学者无一定之具体方针,而日惟社会之风气是尚。政治教育,症结莫解,则百病丛生矣。"④大学教育是学术化教育,大学的地位更多是由学术水平和科研成果来体现。随着国民党北伐及统一全国,广东逐渐失去显赫的政治地位,中大要在教育界立足,就必须建立学术上的地位,所以 1927 年以后,中山大学的发展重点放在充实设备、提高程度和办研究所上。

此时担任正副校长的是戴季陶和朱家骅。朱家骅一直很重视大学地位,他曾说:"建设大学,是占非常重要的位置的","帝国主义者,能够把全世界来压迫制服,全靠他的大学办得好,做他们帝国主义侵略和压迫的大本营。"⑤戴、朱掌管中大后,就仿效德国办医科,仿效美国办农科,仿效北京大学办文科。⑥ 即使最难办的法科,在 1928 年秋季

① 《中山大学最近之概况》,《广州民国日报》1928 年 11 月 3 日第 14 版。
② 《教育行政委员会议决大学规程》,《广州民国日报》1927 年 2 月 10 日第 4 版。
③ 《戴季陶来粤及对中大主张》,《广州民国日报》1926 年 9 月 30 日第 3 版。
④ 《中大学生会欢迎戴季陶宣言》,《广州民国日报》1926 年 10 月 5 日第 5 版。
⑤ 朱家骅:《国立中山大学筹备之经过和将来之希望》,载《老中大的故事》,江苏文艺出版社 1998 年版,第 53 页。
⑥ 黄义祥编著:《中山大学史稿(1924—1949)》,中山大学出版社 1999 年版,第 160 页。

开学后，也日渐刷新，“讲授科目比以前略具系统，渐近欧洲大陆及日本各国立大学法科之制”，所聘教授九人皆归国留学生，两人留德，三人留美，四人留日。[①] 而理、工、医、农各科及文科中的语言、考古、民俗等专门学科，都有较明显的发展。比如医科，新聘了德国教授数十人，并扩充各研究院，购仪器药品，水准提升明显，被媒体赞为“南中国最高学府研究医学之场所”。[②] 据当时的学生回忆，学校只给学生半年的时间学习德语，半年后上德籍教授的课就不再有中文翻译。德国医学制非常严格，考试与英美制也大不相同，没有学期考试也没有学年考试，预科两年考一次，本科三年考一次，一科不及格有一次补考机会，两科不及格就留级，留级次数超过两次就被退学。由于考试非常严格，毕业考试的时间甚至长达五个月。[③]

在充实师资、提高教学质量的同时，中山大学开始了研究所的建立。“清季的学制，于大学上，有一通儒院，为大学毕业生研究之所。”蔡元培“于大学令中改名为大学院，即在大学中分设各种研究所。并规定大学高级生必须入所研究，俟所研究的问题解决后，始能毕业(此仿德国大学制)。但是各大学未能实行”。[④] 研究所是大学的最高学问机关，蔡元培1920年在北大倡议建立的研究所就是要“仿德、美两国大学之Seminar办法，为专攻一种专门知识之所”。[⑤] 1922年学制也规定，本科之上有大学院，大学院为大学毕业及具有同等程度者研究之所，年限无定。名称虽不相同，实质却为一致。有无设研究所虽然不一定能表现实际研究的水平，却是研究组织功能的主要指标。在广东大学初设时，就有待第一届本科毕业生毕业即成立研究所的计划。1927年始，中大各研究所陆续开始建立，医科在一批德国教授的努力下，成立了生理学等三个研究所，文史科筹办了语言历史、教育学、心理学三个研究所。1928年又有化学工业、植物学等研究所相继成立。各个研究所都取得很明显的成绩，并开始招收研究生。到1935年，中山大学成立研究院，与北大、清华一起成为教育部第一次批准设立研究院的三所高校之一。至此，中山大学在学制方面的纵横规制都基本建立齐备，改革也告完成。

五、结　语

作为民国时期成功合并高等专门学校成立综合性大学的典范，对国立广东大学—

---

① 《改进后之中大法科》，《广州民国日报》1928年11月22日第14版。

② 《国立广州中山大学医科学院概况》，《申报》1927年8月1日第7版。

③ 白龙淮：《五十六年前百子路上的片段回忆》，载《老中大的故事》，江苏文艺出版社1998年版，第320—321页。

④ 蔡元培：《我在教育界的经验》，《蔡元培全集》第8卷，浙江教育出版社1997年版，第509页。

⑤ 《公布北大〈研究所简章〉布告》，《蔡元培全集》第3卷，浙江教育出版社1997年版，第439页。

中山大学的成因和格局变动的讨论,可以加深对民国高等教育转型发展的真切认知。

由制度论,1922 年学制规定高等教育可以设立多科大学、单科大学,可以因学科及地方特殊需要设立专门学校,大学与专门学校还可附设专修科,是较为灵活和富有弹性的制度。高专改大本有单科性大学与多科性大学的分别,随着第一次世界大战后美国国力的逐渐强大和留美学生的倡导,以多科性综合大学为代表的美国高等教育成为中国教育界仿效的对象。广东的几所专门学校在短暂的改为单科性大学的运动后,很快合并成为了多科性的国立广东大学。

国立广东大学的建立颇具典型性,也不无独特性。首先,广东高专类型的学校较为齐备,有较好的高等教育的基础。一般而论,大学必须有文理科,设科由以文理为主的高等师范改建,较为容易。因为北京政府实行高师国立,全国只设六所高等师范(后增为七所),所以不是每省都有此基础。而广东不仅有程度不错的高师,同时还有农、法、医等各类专校。其次,广东大学的成立,得到国民党积极扩展在教育界的权力,试图通过提高广东在全国的文化地位进而提升在全国的政治地位意向政策的有力支撑。许多省份在成立综合性大学时,也都考虑过合并各高专学校的方案,但各校自有渊源,又涉及人事调整和经费局限,遂多归于失败,就是合并成功的大学,在其过程中,常有明显的中央、地方和私人的竞争,一波三折。而在国立广东大学的成立过程中,因为国民党正逐渐成为一个统一强有力的政党并在广州站稳了脚跟,孙中山一声令下,省长廖仲恺就令法大和农专将用人行政悉归邹鲁全权办理,使得事权划一。而且在广东特殊的政治情形下,广大没有费一分一毫就拥有了医科学院,成为民国时期第一个有医科学院的国立大学。广东高等教育段的学制改革,背后有国民党控制教育界和争取全国中心地位的渊源牵连,借凭美国教育制度在中国的引入与学制转型之机,国民党也得以占据学术要津,掌握了广东省的最高学府,进而影响全国。

本来学制转型,因为理念有别,人脉各异,难免引起冲突摩擦。尤其是涉及日本、欧洲和美国的取向及系统,渊源不同而又占据要津的留学生势必彼此竞争角逐。可是 1922 年学制颁行前后,恰值中国政局大幅动荡,各种势力重新组合,教育理念的差异与政治、文化的派分相互缠绕,结果前者的本义被明显冲淡,让位或服从于其他因素的考量。如此一来,各种教育理念及其相关制度设计,并未得到充分认识和具体探索,学制体系呈现混杂而未必兼容的状况,学制与人脉的纠葛又并未得到厘清解决,造成后来中国教育制度及其运作的诸多隐患。

(原载桑兵等《近代中国的知识与制度转型》,经济科学出版社 2013 年版)

国立中山大学川边调查团
民国十九年至二十年旅行纪略

哈　姆著　李承三译

计　划

民国十八年中山大学第一次四川地质调查团，十月返南京时，该队长向戴季陶先生提出组织一规模较大之川边调查团计划，当蒙首允。

据我十一月十八日之计划书，主要目的是研究打箭炉南北世人罕知之大山之地形及地质。以前各调查团，非未至其境，则竟达其西侧(J. F. Rock，1929)。即戴维氏(Daies)所测之云南地图，亦无此山。此山挟有两大冰川，位于峨眉山西，约距一百四十公里。民国十八年九月二十五日，余等在峨眉山顶，曾用望远镜窥过。

经过限定手续，最后电聘瑞士新法测量专家，本校副校长朱家骅博士签名之日，乃一九三〇年二月二十四日也。用意是在非竟限于地质研究，并制最新式之中国高山及冰川地图。新式摄影测量法，可以测一部分人所难到之区。最贵摄影经纬仪，乃野外之主要仪器，该法已流行于瑞士，对于中国尤其重要焉。一九二九年，南京陆地测量局，设一摄影测量专门学校，聘瑞士工程师充当主任。

中国之高山及冰川，无新式地图，一般地质学家及地理学家，均感不便。测此图惟一妙法，采用摄影测量。此工作最佳之区，是四川西部，西康属之大山脉，最高峰名曰木耶公干尔。山之美丽，不亚于高巍之阿尔卑斯及喜马拉亚，多数中国人及康民居此山中，咸未注及于彼。

拟定旅行路程如下——(1)搭轮至海防，转车达昆明。雇驼马至目的地之打箭炉。工作三月于公干尔雪山冰川中。(2)冬季则经行西康诸山，向西至巴塘，归由云南。拟经阿萨姆(Assam)；未得英政府允许。

广州至打箭炉

余等于最短时间内，预备一切，五月廿七日离粤，次日到香港，三十日到海防。搭滇越车，于六月三日抵昆明。

本团由九人组成，分为地质地形两队：地质队五人，除作者外，有中山大学教授古力齐，两广地质调查所技士、中山大学地质系助教、本团管理员李君承三，两广地质调查所技士徐君瑞麟，最有希望之地质学生李君贻才。地形队由四人组成，队长是瑞士联邦专门学校测量系主任英豪夫教授，同其助手那波儿斯，广东陆军测量局古君振今魏君大鸣，亦系助手也。

当时内战适起，云南出兵讨桂，转运行装，雇马维艰，故在此最美丽位于海拔一千九百公尺平原上之云南昆明市，停留三周，此乃最不幸之机遇也。最后雇到驼马，分为两队，向北进发。前队是本团团长及李承三徐瑞麟两君，交涉保护及换马等事。后队稍迟数日，测量沿途地形及地质。

前队于七月四日抵河边，扬子山峡，风景庄严，大河深切云南高原地质，下达一千五百公尺，支流亦然。最老岩层之云母片岩，结晶石灰岩及石英岩暴露于红色岩系之下。该老岩层倾斜陡直，与褶皱缓和之红色岩系成不整合接触，此乃一甚老造山运动之确证也。石英岩中产有铜矿，且有辉长岩之老侵入体。

四川会理位于海拔一千九百公尺之河谷，绿稻遍野，四周镶以血红小山，较高者为石灰岩山，风景佳甚。城内居民约一万五千余。由昆明至此，计行十二日。

苏旅长对于本团，招待周详，且饬军队保护，平安经过猓猓匪区，无任感谢之至。

会理住留四日，预备一切及换马，天气甚好，继续进行。次日越一低岗至南宁河滨，山田阶级地，美丽异常。此地海拔一千三百五十公尺。第五日抵宁远府（即西昌）。城建于宽而倾斜缓和红色岩系河谷之东侧，河谷大部分被湖占据。政府人员异常客气，宴会余等两次。余等为赶程起见，不愿消费时间于此，再三辞却不脱。

离宁远之第三日，不沿南宁河谷。第四日越海拔三千公尺高之小相岭，最美丽之阿尔卑斯山花，遍开于此。沿河谷进行，过一坡斜缓和小山，以达海棠村。在此得识一猓猓首领及猓猓村庄，虽系一瞥，切永难忘。早饭以前，余等由海棠向西北行约一小时，攀登小山，竟数分钟，清爽无雾，得见一异常闪耀之冰峰，矗立云表，高于邻近一切冰丘，此乃余等见木耶公干尔之第一次也。

七月廿七日乘船过大渡河，抵位于大渡河滨之富林（海拔九百公尺）。此区属热带气候。再换驼马，沿山谷东侧进行。盘登飞越岭，据气压表数目，几达三千公尺。从云南至打箭炉，此乃第二高山。

在此区域（化林坪），余等首先认识大山脉之大侵入体花刚岩。并可以断定花刚岩上升，非竟火成活动，最烈之幼年褶皱，亦同时发生。故白垩纪之红色岩系成一极美之向斜层，西翼直立，凭倚于花刚岩之上。

过飞越岭之后，直抵大渡河。沿河至泸定桥。该桥用铁索造成，悬跨两岸，美丽异常。沿此河西侧进行一日，纯系花刚岩。次日转西入瓦斯沟，小河流急，瀑布甚多。由海拔一千五百至二千五百公尺之狭窄山谷，打箭炉即位于此。

打箭炉乃西康之省会，西藏之门户，居民约万余。藏人驱毛牛来自西或西北，驼茶，棉花及丝而归。此项物货由苦力从四川运来，归则转运羊毛，羊皮及他种西藏土产。当余等在打箭炉时，甘孜大金喇嘛寺喇嘛作乱，马旅长出兵讨之，故生意异常凋零。

八月八日，余等与教授古力齐，学生李君贻才，握别炉城，伊等往大渡河，岷江间，研究地质。本校冬季开学时，须得返粤。

公干尔雪山之研究

余等所研究之大雪山，在打箭炉之南，一般牧师以为世界之最高者。西康政府人员对于本团，帮忙准备一切，八月十三日离炉。因前逗留云南三周，来此日日雨雾，最不幸也。前余等住于寺庙或学校中，今则睡于帐篷矣。越海拔四千六百公尺之结崧山，至海拔四千二百公尺之玉龙石沟牛场。牛场娃居于黑牛毛帐篷中，养有高大毛牛数群，凶恶黑狗数只。天气已寒，始衣冬服。佳味之熬牛奶和糌粑（大麦炒熟，磨成细粉。康民主要食品），虽不甚洁净，诚一正真养身品。越海拔四千五百公尺之姊妹山，达公干尔喇嘛寺，时乃八月卅日也。余等居此海拔三千七百公尺处，乃雪山之西麓，距公干尔冰川尾约二公里。最高冰峰，时为云雾拥抱，实一憾事。

次早天朗气清，余等努力登山，得瞻最佳风景。但空气稀薄，上达不易。及抵五千二百公尺处，而奇异山峰，已为云拥抱。少倾，云雾弥漫，急驰下山，被雨雹猛击，衣衫湿尽。次日又遇相同阅历。余等在此留居两周有半，日日雨雾，即不能上山考察，乃专于地区地质之研究。地形队到公干尔喇嘛寺，在余等之后，所遇恰同。

九月八日离公干尔喇嘛寺，向北进行，扎帐篷于六结岭（海拔四千八百公尺）之日，天气异常清爽。小小冰峰与花刚岩圆丘毗连冰川，毕现于前，实一绝伦美景也。

公干尔雪山东侧，自来无人调查，余等起点于泸定县之磨西面及喇嘛寺。此二村位于冰川冲积阶级地上，高海面一千七百至一千九百公尺。

首先向西进燕子沟，在公干尔之东南侧（海拔三千七百公尺），发现人所罕知之大冰川。九月廿八日，余等不顾云雾，爬上冰川，切遇良机。数分钟间，云离山现，得摄公干尔之最高莹白冰峰。余等宿于帐篷中，或多风且湿之大石崖下。计十二日卧此湿地，时时生火，暖身体，烘衣服。有时云雾稍开，花刚岩奇峰矗立千仞，供列于前。

降雪后，余等离此风景如画之燕子沟，转入海螺沟。在此发现较大冰川，其形如舌，下达于三千公尺之美丽杉桧及落叶松森林之中部。余等宿于冰川上石崖之下。两日早晨,天气均佳。余等急急上进,直至冰川上部。高约五百公尺之冰川瀑布,峙立其前,极顶乃公干尔之莹白主峰也。幸见野黄牛约十头于冰川岭上,据德国动物学家魏古尔脱(Weigold)云:"此乃一种山羚羊之大者。"海螺沟冰川,乃三大冰川之最大者,长达十五公里许。就其下部宽度而论,平均约一公里。此冰川即作者一九二九年七月,在峨眉山顶所见者也。

其次绕转公干尔雪山南麓,先经四川越嶲田湾村,位于大渡河旁,异常贫穷肮脏。戴维氏云南地图,注有此村。当八月时,余等拟由宝旺直赴田湾。均云河水凶猛,势不可能。现在水势减小,余等沿沟向西南行,转西又转西北,计行五日,复到干尔公雪山西麓之宝旺。留食物于帐篷中,试登雪山。十月卅日是三月以来之第一晴朗天气,余等从宝旺后沟爬上冰川。正午攀至五千公尺处,天气过暖,厚雪消软。欲以一日中攀达公干尔冰川南之冰峰,实不可能。若再上八百公尺,奇绝风景,可以毕览。余等住此两夜,试再攀登;但天气已变,雾分两层:下层高约四千八百公尺;上层猛向南行,拥抱较高冰峰。在此无望,遂往公干尔喇嘛寺,仍然预备由此攀登。直至十一月六日,无一晴日。预定时间超过甚多,遂决定返打箭炉。归途次日天气,乃冬季良好天气之开始。得此良辰,在郎季马拉①(海拔约四千八百公尺),摄得公干尔雪山全景。此峰由西北或北北西瞻望,形状最美,可以联想及瑞士最有名之"熳特好音"(Matterhorn)。

十一月一日,余等返打箭炉,英豪夫教授已去,因其在瑞士假期将满。伊虽未至公干尔东部工作,但打箭炉北最有名之加拉雪山,伊切测量矣。古魏两君从速离此,返南京求学于摄影测量学校。伊等既有野外工作之认识,亦须作室内画图之学习焉。

孟加拉,藏语意即"群山之王"。一般土民认为加拉是西藏东部之最高山。一八七八年克锐丁纳(Kreitner)之化容四七尼调查团(Hungarian Szechenyi Expedition)测量地图,注加拉海拔七千八百公尺。据英豪夫教授测量,加拉高不及六千公尺,木耶公干尔高约七千五百公尺。此山高度略同于克锐丁纳及软克(Rock)之结果。然公干尔高虽不及喜马拉亚诸峰,但其形状及位置,可以比伦于孟爱瓦斯特(Mount Everst)。公干尔异常巍峨,耸出一切邻近冰峰。由远眺望,尤其卓越。

西康高原之经过

据余等计划,经西康高原,西至巴塘,归由云南。因有各种原因,势不可能。

---

① "拉"藏语即山也。

(1)因天气不好,超过预定时间甚多。

(2)经费告尽,不能获得本校回电,扶助一切。因国内大战发生,一九三〇年四月二十三日,本团长所要之款,仅由成都收到一部。

(3)因甘孜战争,银洋甚不易得。

(4)政府人员劝余等勿往巴塘,彼地匪盗甚多,政府无力保护。打箭炉之比小仆(Bishop)亦劝勿冒此险。

余等滞留打箭炉十二日,专于筹凑银洋,旅行西康高原。动身时,又迟一日,因雨雪之后,关于驼马食料,甚是艰难。寒冬虽来,但余等目的,终未更变。

计至里塘,须在严冬,崇喜土司辖境,为必经之地,经福音堂牧师吴钦克(Urech)君代雇崇喜娃之驼牛,并请其保护,始护安全。①

十一月二十四日,越(海拔四千六百公尺)折多山,此山往拉萨必经之大道也。雪深约一英尺,风携雪粒,击打面部,寒冷异常。天复晴朗,余等在此较高山谷,宿于炮楼式房中,煮饭暖手,俱烧牛粪。

此篇难以详述奇异之旅行。夜间温度虽降至摄氏零下二十度,但日间太阳甚暖。

十一月二十日,余等由营官寨向南三十五度东远眺,则见奇异之锥体形公干尔主峰,遥遥矗立。但完全山脉,被海拔四千五百公尺高之该喜拉遮蔽。彼乃十一月廿八日余等必经之岭也。下岭则为广阔杉林。两日之后,抵鸦珑江滨之河口(雅江县)。该江流于海拔约二千六百公尺深谷中。一九一二年经赵尔丰延聘法国工程师建一大铁桥,名曰平西桥。一九一六年陈步三变乱,桥遂被毁。今仅留残基两壁。乘船渡江后,入崇喜土司地界。越将达五千公尺高之软马拉,寒风刺骨,经西俄洛沟崇喜土司之炮楼,至牛场山区。牛场娃居于黑牛毛帐篷中。白雪遍野,枯草被埋,数千牛羊嚼食其间。晚抵马夫帐篷中,宴余等以糌粑生肉及羶臭牛乳。

此区人民惊惧摄影机。不能摄妇女影片,实一憾事。

帐篷内温度甚低,两手几失知觉,早晨穿衣甚艰。继续绘图及定方向,颇感困苦。十二月六日越海拔四千五百公尺之土鲁拉,抵里塘(理化县)。灿烂辉煌之喇嘛寺,内容喇嘛约三千左右,实一世界之大观,亦一藏民之最特殊居所也。瑞士有名之由福酿(Juugfran)山,海拔四千一百五十公尺,几同高于里塘山谷(海拔四千一百公尺),故里塘山谷,实世界最高山谷之一也。

里塘人民厌恶外国人,县长警告余等,切勿摄影画图于喇嘛寺内,但余等考查其外

① 按西康里塘人民,性情强悍,处事刚直,对于白人异常厌恶。同行牧师叶的干(Edgar)时受土人凌辱。故外人游行此地,须出重资,求崇喜土司保护。但对于政府人员,异常恭顺。

周，结果颇佳。在此狂暴气候中，谷类及蔬菜，难以生长。故除肉外，食品甚难得到。草枯以后，每日平均宰毛牛七十头。羊更多。绕城皆是屠宰，引来无数乌鸦老鹰等鸟，其中之橘色胸膛皂雕，飞翔于碧天中，尤为美观。

里塘住留六日，交涉保护乌拉①等事，办妥之后，向北行四日于无人烟之高原。此区为白人第一次经行也。越数岭，于十二月八日复抵鸦珑江岸。沿河行两日，达瞻化（即瞻对）城。一九一一年以前，此地属于拉萨。人性野蛮，声名不佳，一九〇九年法国探险家邦口脱（Bacot）不能入境。自归汉官治理以来，旅行各处，毫无危险。该县长张次培宴会余等，海味甚多。处此交通困难之地，有此盛馔，真令人难忘也。

瞻化计有炮楼十七，可以巩固城池。县公署设于大炮楼内。最奇异之西藏式木桥，横跨于鸦珑江上。

由此分为两队，李承三徐瑞麟二君沿鸦珑江而上，抵甘孜。作者同叶牧师向东往道孚，约一周后复会。

道孚河谷两次转折，最堪使人注意者也。一九二三年三月二十四日之第一次灾害地震，叶君曾循视所有裂缝，且发现古人化石。是乃原始人居此之一证也。河谷底部，确高海面三千公尺。

十二月廿六抵道孚，转进西北之新楚②沟。两日至霞拉图。该村天主教徒甚多。一九二三年之地震裂缝，沿河谷约二十公里，两侧黄土小山上，小裂缝尤多。就地质观察之结果，可以证明此区灾害地震，须在千百年以前。进一步研究地震与断层线之关系，余等在道孚河谷，曾发现一古生代地层大逆掩断层，石灰岩居于暗色板岩及砂岩之上。宽约十公里，走向与地震谷平行。由霞拉图向西南行约一小时，至叶君寻获人类牙齿处。叶君从黄土层下部，又掘出石器两块。③

时届快乐新年，余等复会于道孚，欧阳县长宴以盛馔，感谢殊深。旦布雷特（Doublet）赠以自制甜面包两块，马铃薯一篮。际此新年，余遇一良好机会，摄得天葬影片，此乃我所见最残忍者也。喇嘛寺北约一公里之小山，系天葬地，一行红衫喇嘛，为死者诵经。祈祷之后，给死尸于群鹰。彼等凶猛啄食，血肉淋漓。十分钟后，仅留脊椎及大腿骨于血中。所有小骨已同肉及内脏下咽矣。④ 此意以为死者升天堂也。此种葬法盛行于牛场各地。

---

① 乌拉——藏语纳税之意，人民牲畜向政府支差，名曰乌拉，每头毛牛或马，每日只予藏洋半元。

② 楚——藏语即河边。

③ 译者识——据余意见，牛场娃或驼茶娃钉帐篷钉及拴牛钉，用石击钉，致成凹形，埋于土中，类似石器。沿新楚沟，此石甚多，谓为石器，尚待后证。

④ 译者识——所有残留骨骼，用石捣碎，用糌粑和血搅拌，再伺以鹰，食之愈尽愈佳。

顺路至太宁,经四千四百公尺高之海子山。于一九三一年一月八日返打箭炉。此次全康旅行,颇觉满意。

归 来

返打箭炉后,天复阴雾。原先计划越雅加根山到磨西面,写绘或摄影公干尔雪山之东侧,难以实现。且钱及时间,两皆有限,实无归由大渡河之机会。一月十五日离此美丽之打箭炉,政府人员陈厅长东府,龙主席邦俊,程处长仲梁,其他及教堂牧师送于郊外,握手而别。

在泸定桥时,云雾弥漫,赴磨西面考察,已成绝望。抵化林坪(海拔二千三百公尺)时,天气清亮。黎明动身,向娘娘山攀登。雪深尺许,无路可循,穿走于短竹丛中。雪压满枝,雪上新鲜豺迹,处处可见。闻前数日在此山麓,两人被噬。余等绕转攀登,行约六小时,始达海拔四千公尺之娘娘山顶。公干尔雪山全景,毕现于前。但迟到半小时,大批浮云,猛起天空,同时大渡河烟雾应运而生。余等从速写绘最爱之雪山。曩日调查冰川时,云雨连天,帐篷之所在地,仍能指认。

由此往雅州旧道,已经古力齐英豪夫两教授测量。余等决定取道新路,马夫虽云百般艰困,概置不理。道旁二叠纪石灰岩褶皱殊多,尤其美丽。沿此路考察之结果,可以完成公干尔东边之地质剖面图;并可以证明四川红色盆地之成因,非最新中国地理中所云折断下降也。

一月二十四日,抵雅州。前戴季陶先生曾电嘱款存于向师长育仁处。次日由雅州往成都,日日雨雾,寒冷殊甚。至则向先生于昨日赴京矣!余之私款,尚敷路用。遂乘车返雅,赴峨眉山考察,以完成前年未竟之功。

二月九日返嘉定,以最迅速最经济返校为目的,遂搭船顺珉江扬子江而下。

二月廿日抵宜昌,当晚得一噩耗,一轮载客百余,触石新滩,完全沉没。后余接欧洲来信,得悉英豪夫教授乘美国轮船至此时,船破几溺,他船适来,推至河干,始免于难。余等平安归来,可谓万幸也欤。

余等拟往南沱研究冰积层,请宜昌县长保护。伊虽接中央及省政府专电,饬其保护;但附近红枪会匪及共产党,异常猖獗,不敢负责,难以成行。余去年拟往两次,未成,此乃第三次也。

三月廿七日到京,戴季陶先生优予招待,并嘱候朱家骅博士由沪返来,报告一切。朱先生于四月四日返京。余等于当晚乘夜车赴沪。洗印照片。作者有病,赴医诊治。

四月十三日,作者同李君承三从北返来广州,计离此南去,十月有半矣。此次阅历意外困难虽多，而地质工作结果，切十分满意。逗留昆明三周，失去良好天气，调查公干尔雪山时，日日雨雾，摄影测量无法工作，此实最不幸者也。

在此简短报告中，仅可叙述工作之结果，关于余等野外观察之记载，摄影测量图，草绘地图，千张影片，活动影片，全景图画，岩石化石等标本，整理及鉴定，非短时间所能办也。

广州，一九三一，四，一四。

本团此次旅行西康，略如上述，但由云南至打箭炉，困难殊多。蒙各地军民官长指导扶携，得以完成工作，应表而出之，以志不忘。当余等由粤出发时，蒙两广地质调查所副所长朱庭祜先生，予以介绍信多封，得识云南农矿厅长缪云台，昆明市长庾俊侯，东陆大学校长董雨苍，教授袁蔼耕诸先生，招待周祥，筹措备至。如本团留滇住所，离滇预备，雇马保护等事，无不由诸先生代为办理。道经会理，宁远，富林，又蒙苏旅长海澄，范团长星垣，伍县长乃言，康校长宗潞（以上会理），羊旅长仁安，吴秘书履安，财务处长周楚三（以上宁远），军需处长羊珍安（富林）诸先生热烈招待，代为兑款雇马，又予以安全保护。抵打箭炉后，关于本团住处，换洋银，[1]支乌拉，保护等事，均由陈厅长东府先生办理。并饬黄君国庆专理本团琐事。陈先生热心扶助科学团体之精神，洵足令人钦佩，而龙主席邦俊，程处长仲梁，对于本团扶助之处，亦复不少。至于理化县长刘九如，瞻化县长张次培，道孚县长欧阳苇衫诸先生，招待保护，甚属周详，换支乌拉，尤其劳碌，故此次本团得以完成工作，非仅余等努力之结果，沿途诸先生扶助指导，均有力焉。爰志于此，以表谢意。

承三写于广州廿年五月一日

（原载《自然科学》第3卷第2期，1931年）

---

① 西藏币制复杂，打箭炉用大洋，云南半元洋，生银，藏洋。雅江，瞻县，理化，甘孜，炉霍，道孚等县只用藏洋。近四川边界者，拒用藏洋。

中山大学迁滇办学考

温梁华

抗日战争期间,因广州沦陷,全国著名的中山大学曾西迁云南澂江办学,历时两年。这对云南的经济、政治、文化、特别是教育,都发生过不同程度的影响,回顾这一历史事件,既是研究云南高等教育史的重要任务,也能从"中大"迁滇办学的经过中总结汲取一些宝贵的经验教训,以为我们今天发展教育事业的借鉴。为此,谨根据所搜集到的资料将这一段历史评述于后,疏漏不当之处尚乞方家教正。

一、迁滇起因及其过程

中山大学原名广东大学,为中国民族民主革命的伟大先行者孙中山先生所创办,始建于1924年,与黄埔军校并称为一文一武两校,是培育革命的军事、政治干部和科学人才的摇篮。1925年3月12日,孙中山先生在北京逝世,为了纪念孙中山先生,经廖仲恺先生提议、国民政府批准,于同年10月由广东大学更名为中山大学。

中山大学是当时中国一所十分重要的综合大学,属国立,国民政府非常重视其发展,蒋介石、宋子文、孙科等人均曾任中山大学董事会董事(董事会共九人),鲁迅、郭沫若等国内一大批知名学者,都先后在中山大学执教或任职,可谓人才济济,是国内颇有影响的大学,到抗日战争前夕,中山大学已设有文、法、理、工、农、医、研七个学院,有23个学系以及天文台、各研究所、医院、中小学等19个附属单位,有中外文图书30余万册,藏书量为当时全国各大学之冠(其次才是燕京大学、北京大学等)。当时已有在校本科生2017人,另有附中学生1356人,附小学生1631人。

1937年"七·七"事变后,日本侵略军在中国领土上长驱直入,仅仅一年多,日寇便从东北直达华南,1938年10月21日,广州陷落。从此,中山大学便与自己的祖国一同陷入了多灾多难的悲惨境遇,在八年抗战中,中山大学曾三易校址:初迁云南澂江(1938年10月—1940年10月),再迁粤北坪石(1940年10月—1945年1月),又迁东江和连县(1945年1月—1945年10月),长途跋涉,辗转迁徙,校舍图书损失极其惨重,仪器设备几乎荡然无存。本文只评述中山大学迁滇办学这一历史,对其后的两次搬迁不再赘述。

尚在广州告急，日寇欲侵占之时，中山大学便接到国民政府命令，自择大后方一地，迁往办学。这时，学校的大部分学生正在广东北部的坪石接受军训。再说，几千人的一所大学，图书设备、仪器标本，真可谓堆积如山，说迁就要迁走，谈何容易！然而广州沦陷在即，如不立即迁走，岂非坐以待毙？于是，接到命令后，校内的教职员工及家属即刻仓促迁往广东西部的罗定，图书仪器亦同时装箱西迁。刚抵罗定，旋闻广州失陷，大家立足未稳，又于11月中旬改迁广西龙州。中山大学校长邹鲁由重庆发电报与有关人士商议迁校地址，当时在昆明的原中山大学法学院院长邓孝慈（云南省盐津县人）闻讯后，建议中山大学迁往云南澂江，当时，云南澂江县人吴信达（留日学生，后任中山大学副教授）亦极力促成此事，邹鲁经过一番权衡，毅然决定中山大学迁往云南澂江办学！中山大学师生正在迁往广西龙州途中，又奉命再迁云南，定址澂江。

迁澂江之令发出后，分散在各地的"中大"师生，纷纷动身向云南澂江汇拢。为了方便师生迁滇，学校组织人赶印了《赴滇指南》，同时分别派人在龙州、河内、同登、海防、香港、昆明等地设立了办事处。办理师生赴滇手续及给予师生旅途方便。于是，罗定的师生溯西江而上，进入广西，向云南西进，这批师生中的大部分人是先到广西龙州，然后出镇南关（今友谊关），抵越南同登转河内，乘滇越铁路火车到昆明，再去澂江，一部分则从广西柳州步行到贵阳再到昆明；有的则从广西百色步行到云南开远，再乘火车到昆明。从坪石启程的师生，经湖南衡阳步行到昆明。从香港动身的，则乘海轮到越南海防登陆，经河内至昆明。那时，越南尚属法国殖民地，所有经越南转昆明的"中大"师生员工及家属，都要办理出入越南境的手续，受尽种种刁难，据说连围棋子都被海关人员当作珠宝玉器而课税。

从越南转道的师生，先后有15批，共750人，真是历尽艰辛，方抵昆明。其中最艰苦的，要算负责押运图书仪器的教工，当时的图书馆主任杜定友教授曾将此历程绘了一幅地图，并作了记述，幸而保存至今，其文曰：

> 西行志痛
>
> 使命：护送图书，脱离险境，由广州运至云南澂江。
>
> 行期：自中华民国二十七年十月二十日零时三十分至二十八年二月二十二日下午五时三十分，凡一百一十五天。
>
> 行程：经过广东、广西、云南、香港、安南，停留十八站，凡一万一千九百七十余里。
>
> 行侣：离广州时，同行者中大图书馆同仁及眷属四十三人，中途离队者十四人，受重伤者一人，病故者一人，到达目的地时仅二十七人。

交通：步行、滑杆、骑马、公共汽车、自用汽车、货车、火车、木船、太古船、邮船、飞机。

饮食：餐风、干粮、面摊、粉馆、茶楼、酒店、中菜、西菜，甜酸苦辣。

起居：宿雨、泥屋、古庙、民房、学校、衙门、客栈、旅店、地铺、帆布床、木床、铁床、钢床、头二三四等、大舱，天堂地狱！

广州沦陷后一百三十天

无县人杜定友泣记

迁徙之苦，于此记述可略见一斑。

餐风宿露，旅途艰辛也还可忍受，最令人叹惜的，是由于仓促搬迁，既无时日人力以从容捆扎收拾，又无工具，因此各类设备，损失惨重，据初步统计，仅理、工、农、研各院及两广地质所、广东通志馆未能迁走而丢失的图书、仪器、标本、模型等，即达 640 箱！图书馆损失图书杂志达 20 多万册！损失的设备、家具、用具，更是无法计数！

各路师生陆续汇集昆明后，多数以昆明青莲街附近的一些小学校为落脚点，少数投宿旅店，稍事休息后，即先后转赴澂江。

二、因陋就简艰苦办学

澂江在昆明之南，约相距 60 公里，当时已通公路 40 公里，其余 20 公里亦修成毛路，交通尚属便利，又素有“鱼米之乡”之称，南濒抚仙湖，气候四时如春，确实算得上大后方一个办学的理想环境。

中山大学迁到澂江后，主要利用庙宇及一些公共建筑办学，校部设在县城的普福寺，其它学院则分散开来，各择地址安顿：

文学院在城内外两处：城内有文庙、凤麓小学男子部和女子部、玉光楼及观音阁五处，城外有斗田阁和翠竹庵两处。

法学院设在澂江县属第二区圩溪镇与备东乡两处，共占用庙宇十间。

理学院分散在东浦乡、六人庄、东山村、东龙洋等九处。

工学院在澂江城外金莲乡、梅王村、中所乡，计有院舍九处，又另租民房作为教授宿舍及女生宿舍。

农学院在鲁溪乡玉皇阁、吉利村关圣宫、洋澜村莲万寺、关圣宫，归马乡上寺，鲁溪乡下寺，洋源营乡凤台寺等处。

医学院在小城西乡关圣宫、三教寺，县城南门外火龙庙，县城南门楼，小里村下寺，城内玉光楼、城西土主庙等处。

师范学院在城内玉皇阁、建设局、极乐寺及北门外王灵庙等四处。

到1939年2月底，除校本部人员外，各院系教职员已达到245人，学生1736人。稍后，学校的图书、仪器等亦先后押运到澂江，只工学院实习用的机器、机床，医学院教学用的尸体，留在云南呈贡归化镇(距澂江仅几十公里)，并将归化作为实习的基地。

1939年3月1日，中山大学在抗日烽火弥漫的祖国的大后方——云南澂江恢复了教学。全校师生员工经历了长达四个月、历程万余里的艰苦跋涉后，总算又寻到了一个较为安宁的环境，得以继续办学，这在当时是多么不易，又多么宝贵啊！

1939年5月，根据国民政府教育部颁发的专科以上学校行政组织规程暨大学各学院所属学系订正名称的规定，中山大学行政设教务、训导、总务三处，设教务长、训导长、总务长各一人；校长室设秘书一人；会计室设主任一人；研究院设院长一人；均由教育部直接委派。教务处下设注册组、出版组和图书馆；训导处分设生活指导组、体育卫生组和军事管理组；总务处分设文书组、出纳组和庶务组；各组均设主任一人。

各学院所设的学系数，均照教育部所修定的名称予以订正，各院系如下：

文学院：中国文学系、外国语文系英文组、哲学系、历史学系；

法学院：法律学系、政治学系、经济学系、社会学系；

理学院：数学天文系、物理学系、化学系、生物学系、地质学系、地理学系；

工学院：土木工程学系、化学工程学系、电机工程学系、机械工程学系、建筑工程学系；

农学院：农学系、森林学系、农业化学系、蚕桑学系、农业经济学系、畜牧兽医学系；

医学院：不分系；

师范学院：教育系、公民训育系、国文系、英语系、史地系、数学系、理化系、博物系；

研究院：文科研究所分设中国语言文学部和历史学部，师范研究所分设教育学部和教育心理学部，农科研究所分设土壤学部和农林植物学部，医学研究所设病理学部。

中山大学在澂江办学的条件是艰苦的，师生员工的生活也相当清苦。就住宿、教室而言，大多是寄住在寺庙和部分民房中，这些寺庙，除城内的文庙较大些，有数十间屋子外，其余的寺庙最大的不过一二十间小屋，小的仅七八间房子。学校迁来后，也自己动手盖了一点房子。教室大多为土坯垒成，至于桌椅，就更简陋了，当时师范学院写给学校的报告中说："本院各教室所用椅桌，均以木作柱，其上横置一板即为台；以土砖作基，其上横置一板即为凳。每桌四尺，按教室的大小而定多寡。"又说："宿舍内床铺均用木制辘架床，自修室兼膳堂，椅桌均以土砖为基，上置木板二块，用膳时用一面，自修时转用他面……”师生又自己动手开辟了篮球场和排球场，设置了一些简单的体育器械。谈到生活，其变化之巨大，与广州时真是不可同日而语，一是当时中国十分发达的大城市，一是非常落后荒凉的穷乡僻壤，师生们不习惯这种急遽变化的心情是不言而喻的。学生多为广东籍人，华侨子弟颇多，从家乡迁来澂江，山水草木皆异，既有离乡背井之愁，更怀国破家亡之痛，其心情可想而知。加上广州失陷，许多学生因家产荡毁，全靠多方借贷筹措，方得辗转跋涉来到数千里外的澂江就读，且仅能依靠战时极微薄的学生贷金度日，那自然是非常之清苦了。当时正值战争期间，物价特别昂贵，特别是天天要吃的大米，更是贵得吓人，但绝大多数师生都深明大义，忍辱负重，能以抗日民族革命战争为重，体念时艰，坚持学习和研究，当然也不乏醉生梦死、得过且过者。

1939 年夏季，中山大学开始设先修班，招收高中毕业生和社会上的失学青年，从这一年起，一共在抗战八年中招收了六届先修班，历年结业升入国内外各大学者近千人。

中山大学各学院在澂江期间，克服困难，因陋就简，因地制宜，积极开展教学和科学研究。文、理等科学术报告会较多，工、农、医等科则教学实习、考察、社会调查、自然勘查较多。这些活动既提高了师生的学术水平，又加深了师生们对云南等地社会的认识，促进了学校师生与当地群众的联系。

各学院不定期地举办学术报告会、讨论会，由院长、系主任或约请知名学者负责。其中理学院生物系每月举办“月夜会”，内容丰富，形式生动，既有学术报告、讨论，也有游艺活动。

工、农、医、法、师范等学科，虽然条件相当差，但仍然十分重视教学实习和社会教育，师生们走出校门，走出教室，不怕艰苦，接触社会，接触实际，开展教学实习和普及文化知识。工学院电机工程系曾到云南蒙自资源委员会锡矿工程处实习，土木工程系往叙昆铁路、滇西铁路实习，医学院到昆明医院实习，师范学院博物系到澂江县城东南的松子园采集动植物的标本。

1939 年 9 月，中山大学恢复了在广州石牌时期开创的社会教育工作，由教务长、训导长、总务长及各学院院长组成社会教育推行委员会，领导全校师生参加，举办了平民学校，先后办了三至五个班。此外，结合各学科特点，法学院设立了法律顾问处，农学院则推广农业科学技术，师范研究所则与云南省立实验小学合办了该校澂江分校，等等。农学院森林系系主任侯过教授，为选择实习森林场，于 1939 年暑假期间奔赴滇西、丽江、大理、阳宗海、开远等地调查，途中还曾遇匪遭劫，最后选定了离澂江较近的阳宗海北岸的姜家山、夏家山、五亩山一带为实习林场，直到 1944 年 4 月才停办。农学院农经系在 1939 年组织了平南农村经济调查团，对澂江农村进行了普遍调查。研究院文科研究所师生，经常结队到澂江附近的少数民族地区，搜集该地语言、歌谣、风俗习惯的资料，该所还与国民政府军委会委员长西昌行辕合作，用了半年左右时间对大凉山彝族进行调查，由研究院将资料整理出版。1940 年暑假，研究院又利用学校由澂江迁往坪石的机会，组织了暑假学术考察团，沿途考察滇、黔、桂、湘、粤五省边区各地的文史、教育及农业等情况。另外，研究院文科研究所还于 1940 年恢复出版了该所的《语言文学》专刊。

三、因派系相争而奉命回迁

中山大学自创办人孙中山先生逝世后，一直由广东人主持。第一任校长邹鲁，即是国民党粤系元老，为 1924 年 2 月 6 日由孙中山先生以“大元帅令”任命(先是筹备主任，同年 6 月 9 日又任命为校长)。次年孙中山逝世，国民党“左”派汪精卫趁机夺取了学校大权，并于同年 11 月经国民党中央执行委员会政治委员会议决定，免去邹鲁的校长职务。此后，由于汪精卫与蒋介石都想控制这所培养高级专门人才的著名大学，以致中山大学的领导人象走马灯似的上台、下台，不断更换，戴季陶、许崇清均任过中山大学校长。1931 年“九一八”事变后，胡汉民返回广东，组成西南政务委员会，于 1932 年 2 月，任命邹鲁为中山大学校长，调许崇清(前任校长)任广东省教育厅厅长，邹鲁这次重任校长，直到 1940 年 4 月。

中山大学迁澂江后，中央各派与广东地方实力派的角逐交替进行。1940 年初，教育部部长陈立夫和次长顾毓琇到昆明视察各大学(当时由国内各地迁往昆明办学的有西南联合大学等九所高等学校)，亦专程到澂江视察中山大学。陈立夫找了校内一些 CC 派的教授、学生到昆明，策划“倒邹”运动。这些 CC 派的学生回校后，即提出了“打倒萧冠英”(邹鲁的亲信，任校长室秘书、工学院院长)的口号。

原来早在 1939 年暑假期间，中山大学师范学院院长崔载阳同一些系的系主任和教授发生了意见分歧，因而影响了院务和教务工作的正常进行。在 1939 年度第二学期行将开学时，师范学院 16 名教授联名写信给校长，认为“师院去秋以来，风纪荡然，崔载阳君迭次指使学生驱逐主任，侮辱教授，同人等实逼处此，万难继续任教，为爱护学校计，唯有请假待命”。这些教授以罢教来要求撤换崔载阳。由于校长邹鲁长期住在重庆，校务均由校长室秘书萧冠英代理，为此，由萧冠英主持的中大当局宣布，“为维护学业，彻底解决此事”，于是免去了崔载阳为师范学院院长职务，其缺另委范锜教授代理。但一部分受国民党 CC 派以及崔载阳控制的学生对免去崔载阳的职务不满，提出了“挽崔拒范”的口号，要求萧冠英主持的学校当局收回成命，并亦以请假待命相威胁。

不久，陈立夫来中大视察，自然支持CC派师生，他找了一些人去谈话后，这些人回校即提出了“打倒萧冠英”口号，并发动了“倒萧护校运动”。这场斗争的实质，是陈立夫CC派要趁机打击、排挤地方实力派，并夺中山大学的权。这场斗争波及文、法、理、工、农各个学院，均先后罢课，最后形成全校性的学潮。

当时，中山大学中共地下组织分析了形势，认为CC派控制了中大，比地方实力派更反动，因而在这场斗争中支持地方实力派，反对CC派。青年生活社负责人罗培元、李文浩等团结了不少同学，与CC派激烈斗争，教授们则写了《告全体同学书》，劝告同学体念时艰，珍惜不可多得的学习机会，保全后方教育，发扬抗战文化，充实抗战力量。但由于地方实力派在这次斗争中力量不足，结果萧冠英被迫辞职，飞往重庆。邹鲁因自己的代理人已倒，自己又正患病，无力抗争，于是连挂名的中大校长也不当了，于1940年4月向教育部“请辞校长职”，陈立夫自然马上批准“给假休养”。于是，中山大学校长一职的争夺战，便转变为陈立夫与朱家骅之间的明争暗斗。中大中共地下组织鉴于这种形势，又动员中山大学师生强烈反对让政治色彩浓厚的人来接任中大校长职务。陈立夫与朱家骅双方相持不下，于是，邹鲁趁机向教育部提议，由许崇清再度出任中大校长。1940年4月，国民政府教育部任命许崇清代理中山大学校长。

陈立夫视察中山大学时，随意指责中大，提出一大堆似是而非的理由，无非是澂江乃穷乡僻壤，不宜办大学等等，目的是要将中山大学迁往重庆，与南京迁来的中央大学合并，好掌握在自己的控制之中。中山大学的师生对陈立夫这一意图极为反感，坚决反对两校合并，特别反对更改“中山大学”的校名。广东籍的国民党军政要员得知陈立夫这一意图后，均十分震惊而且无比愤怒，纷纷主张马上将中山大学迁回广东。当时，日军虽侵占了广州，但尚无力量侵扰控制广东北部的大片地区。特别是当时掌握广东军政大权的余汉谋也积极支持中山大学迁回广东，认为华南地区的广大青年，“应有个就学场所，以培养抗日力量”。立法院长孙科也认为，中山大学不必久留后方。这些因素促成了中山大学迁回广东。1940年7月，中山大学正式决定迁回广东，校部设在韶关，各学院分别设在坪石和梅县。

中大师生本来思念家乡，听说迁回广东，皆大欢喜，于是在代理校长许崇清主持下，陆续迁回粤北坪石。第四战区司令长官张发奎积极支持中大迁回广东，派了好几十辆军车协助搬迁。由于有这些条件，中山大学迁回广东时比迁来澂江之时便顺利得多了。一些学院还组织了各种考察队，一面回迁，一面从容考察。

四、对云南的影响

澂江是云南的一个小县，县城也因交通闭塞、文化落后而很小。中山大学迁来后，小县城一下子猛增了几千人，又都是知识分子，各个学科的都有，这一下可热闹起来了。中大师生都很活跃，深入社会各界，广泛接触群众，将许多政治、经济、文化、教育的新观点带到了澂江。当时的中心是宣传抗日，学生的热情极高，课堂外组织街头演出，组成剧团及各类社团，举办报告会、晚会，出壁报，出画报，鼓舞人民群众的抗日情绪。据解德厚文章回忆说，澂江中学的学生在中山大学师生的支持下，上街演出街头活报剧，那天正是赶街，围观的群众看了剧中汉奸的丑恶狠毒，十分激愤，当场把演汉奸的学生抓起来，齐声喊打，幸得领队的老师出面加以解说，才化险为夷。

当时，中大学生中组织的社团极多，除各年级有级会外，还组织了许多各类社团，如民风剧团、粤声音乐社、青年生活社、政治学会等，而且绝大多数学生都参加了社团活动，这在国民党统治区中的各大学都是十分罕见的。为了推进抗日救亡工作和活跃师生员工的文化生活，各个社团都积极开展活动。如民风剧团演出的《葡萄美酒》（以锄奸爱国为内容）、《最后一滴血》（以纪念上海"八·一三"抗战中坚守四行仓库的八百壮士为题材）等，深获师生和人民群众的欢迎，评价极高。这些社团常抽空时和利用假期，组织同学从事抗日宣传、兵役宣传、寒衣募集、节约储蓄、劳军义卖，以及改进社会旧风气、移风易俗破除迷信、卫生防疫等活动。

青年生活社还在抚仙湖畔组织过"1939 年中大同学暑假夏令营"，一面游泳、爬山，一面举办演讲，内容丰富多彩。

由于滇南物价暴涨，师生生活日益困难，青年生活社的同学曾为了解决全校师生吃饭的问题及中大迁校问题，组织全社开展讨论，提出了许多办法供学校参考，如：要求学校报请有关当局一律供给军米；同时由学校办一个消费合作社，以杜绝商人垄断，办好公共食堂；改善澂江卫生设备，布置读书环境，开辟运动场，购买运动器材等等。

此外，中大从 1939 年 9 月开始，在澂江开展社会教育工作，曾举办了平民学校；法学院设立了民众法律顾问处；农学院积极推广农业科学技术；师范研究院与云南省立实验小学合办澂江分校；研究院文科研究所师生深入附近少数民族地区调查当地语言、歌谣、风俗等；农学院还组织了平南农村经济调查团；此外，高年级的学生还利用课余时间，应聘到澂江中学兼课，大力支持当地发展文化教育。

中大师生员工多为两广人，与云南澂江的语言大异，因而在交往之中难免发生误会，但都能相互谅解，睦邻相处。当地有一个姓华的恶霸，十分妒恨中大师生打破了他的一统天下，常利用双方发生的口角进行挑拨离间，以致因此发生过几次殴斗，但不久当地群众即识破了华某的险恶用心，而更加真诚热情地对待中山大学的师生，双方关系越来越融洽。

特别是中大的许多教授，尽管以全国名教授、名学者的身分来到这“不毛之地”的小县，却一点也不拿架子，慢慢地便有当地人上门去请教问题，他们总是平易近人，耐心解答，给当地群众留下了极好的印象。如澂江中学校长解德厚去请教和接触过的名教授就有国际知名小提琴家马思聪、经济学家黄元彬、教育家崔载阳、文学家吴康和康白情、图书馆学家杜定友、西医内科专家叶少芙等，都给他留下了极好的印象。学过中医的康白情教授看到澂江十分缺乏中医，便在极乐寺内开设了一家中医诊所，业余为大家看病，很受民众欢迎。马思聪教授更是热情接受各方邀请，尽力而为地举行小提琴演奏会，据说，有一次他应邀在昆明的昆华女中演出，门票卖到五元一张，还是场场客满，他的琴声被誉为“人间能得几回闻”的“仙乐”。在澂江时，马思聪住在西正街一间临街的房子里，每天早晚只要他一练琴，都准有一大群人站在街上倾听。

总之，中山大学在云南澂江两年，无论在宣传抗战，还是在普及文化教育方面，都做了力所能及的工作，对澂江和云南的文化开发、社会变革等方面都起到过程度不同的影响，这是毋庸置疑的历史事实。遗憾的是，一则由于中大在澂江办学时间不长，二则澂江各方面不如昆明的条件好，因此中大迁回广东时未能像“西南联大”北迁时给云南留下了一所“昆明师范学院”，否则，不仅是澂江和玉溪地区，就是整个云南的高等教育必将会是另一番景象吧！

（原载《玉溪师范学院学报》1986 年第 Z1 期）

中山大学在澂江

杨应康

1938年下半年，日军加紧了对华南的军事行动，广州受到威胁，形势日益恶化。中山大学奉命迁移，但事前对迁移的事，并未作好计划和准备。1938年10月，学校迁至广东西部的罗定，仅一个月后又拟改迁广西南部的龙州，但校方仍考虑选择更为适合的新址。当时，曾于1935年左右担任过中山大学法学院院长的邓孝慈教授（云南盐津县人）住在昆明，中大校长邹鲁便直接打电报给邓，请他在云南找地方，邓又与也在中山大学法学院担任主任的副教授吴信达商量。[①] 吴是澂江县人，就建议把学校迁往云南澂江。吴的意见被校方采纳。因此，师生正往龙州途中时，又改迁云南澂江。

澂江在云南省中部，离昆明60余公里。1935年昆明至玉溪的公路已修通到呈贡县的马金铺以外，从马金铺到澂江的23公里支线公路，也已修通10多公里到了中关坡，到澂江县城仅有10来公里未修通（未修通的这段路，若走小道只有七八公里），在交通闭塞的云南，澂江交通还算方便；[②]另外沿南盘江盘旋的滇越铁路，从徐江渡和滴水车站到澂江县城，步行也只需四五个小时。在决定搬迁澂江时，中山大学曾要求云南省公路总局（报经云南省政府同意）五个月内修通中关坡至澂江路段，并表示可补助部分工程费。省公路总局局长杨文清派出工程处长何飞，澂江公路段段长罗乐山、工程技术指导员李远等四人组织勘测。中山大学的工程人员便协助他们研究设计，结果这段公路四个月就修建完成了。以后，这条路线就成为澂江通往昆明的主要公路干线。

澂江一直是滇中三县二州的府治所在地。府城有一定规模，寺庙、古建筑比较多，

---

① 吴信达，1908年9月出生在澂江凤麓镇（即县城），1930年在日本东京早稻田大学攻读政治经济学，并与萧隽英（中大法学院教授）、陈建宸、于振云等成立马列主义政治经济学研究会。1934年回国，历任中山大学法学院、师范学院讲师、副教授。曾组织出版《新宇宙》，任社长。后又与萧隽英、秦元邦接办广州《群声报》宣传反蒋。1945年在重庆参加三民主义同志联合会，当选为中央执行委员。1948年在香港参加民革，任第一届中央委员。全国解放前夕，与万宝邦组织滇黔人民自卫军，做过策动卢汉起义的工作。解放后，任昆明人民代表、民革中央委员。1952年在山西大学财经学院任教授，组建山西民革，并任常务委员、副主任。1953年后任山西省政协委员。1986年3月病逝于山西。

② 在澂江中关坡公路旁，现还立有一块一米多高的石碑，上刻护林告示："照得完成公路，两傍栽植树木。逐日派伕浇灌，沿途催人看护。禁止牲畜践踏，成林路基稳固，另修马道一条，过往自有坦途。不得走入公路，免致摧践树株。"碑上落款为"路工办事处""民国二十四年四月一日"。这说明澂江中关坡这段公路，早于省内其它大干线。

坝区村寨密集。中山大学迁来后，主要利用这些建筑以及自盖简易房屋作校舍。当时，中山大学在澂江设有文学院、医学院、农学院、工学院、理学院、师范学院、研究院共七个学院、30 余个系，还有一个学部。地点分布如下：

文学院：设在占地约两万平方米的城内孔庙及孔庙背后的凤麓小学一部分、玉光楼、观音阁、城外北面的斗母阁和翠竹庵。

医学院：设在城内西门旁边的土主庙、火龙庙、南门城楼、城西南面的小西城村、小里村。

师范学院和研究院：设在城内玉皇阁、极乐寺、建设局、城西北的五灵庙。

农学院：设在离县城两公里的鲁溪营、吉里村、洋廖营。

法学院：设在城东南面离城 4 公里的圩溪镇(现叫右所乡)，上备乐、下备乐两村。

工学院：设在县城东南面，离城 3 公里的金莲乡(现叫旧城)，中所、梅玉村，同时在村东自盖部分简易房屋。

理学院：设在县城东面，离城 3 公里的东龙潭，大仁庄、东山村、跨马村。

学部设在县城的普福寺内。

若以县城为中心，学院的分布最远距离为 4 公里左右。每个学院的分布区又集中于相邻近的村落，一般相距几百米。按原来的老路有三条辐射路线连县城：过东门到中所、旧城、梅玉、东龙潭、大仁庄、东山村、跨马村；过南门到鲁溪营、吉里村、洋廖营、右所(圩溪镇)、上备乐和下备乐村；过西门到小西城、小里村。

澂江的习俗，每个村子都建有两座寺院，一座建于村头，一座建于村尾，习惯上村头的寺院叫上寺，村尾的叫下寺。住在村中的师生，大都集中于两座寺内。无论上寺或下寺，除大殿外，两厢为一楼一底的三开间，再加上门楼，一座寺内总计有八九间房。

学校师生大部分经广西镇南关(今友谊关)，先到越南河内，乘滇越铁路火车到昆明，再转澂江。另有一部分则从柳州到贵阳再转昆明到澂江。有的还从百色、香港方向到昆明转澂江。至 1939 年 2 月，到澂江的师生员工达两千余人。3 月 1 日，中山大学正式在澂江开学。

中山大学从大城市迁来边疆小城，教学、科研、生活条件很差。学校因陋就简，利用土坯或木柱做成桌脚、凳脚、床脚，再铺上木板，解决了床、桌、凳等缺少的困难。教室设在寺内，有些殿、阁还作为宿舍，而庙中又塑有菩萨，学校就用篾笆、旧布把神殿间隔开来。实习用的机器因道路条件差，无法拉来澂江，便在离澂江城 20 余公里外的呈贡归化村设立实验室。晚上无电灯照明，就用汽灯、蜡烛甚至油灯照明。

虽然环境条件差，但在全校师生的努力下，教学实习、社会调查、抗日救亡宣传活动，很快就开展起来。

由于澂江地处农村，农学院教学实习特别活跃：栽桑、养蚕；搜集植物标本；建立农作物试验场；在鲁溪营搞稻谷良种试验，并对澂江主要农作物水稻、蚕豆作过全面调查研究；还对栽种鲜藕较多的上下秧郎村擦制藕粉的情况，对萝卜村栽出优质黄萝卜的成因进行研究分析；又在离澂江县城30余公里外的阳宗海附近办了阳宗林场，研究华山松（土名果松）、云南松（土名灰松）的特性。医学院也结合实际开办门诊，下乡考察地方病，因地制宜进行教学实习。小西城有位老妇人李张氏，患甲状腺肿大，非常痛苦。医学院结合教学，就地帮她作了成功的切除手术。还有一位年轻妇人，怀胎满月难产，医学院给她作了剖腹产手术。这是澂江有史以来的第一例剖腹产，曾轰动了澂江。

师范学院的教学活动也非常丰富，除学校自身安排的学习内容外，师生还在澂江中小学兼课，又在凤山小学创办了民众识字班，教认字、写字、画画、唱歌；在极乐寺创办幼儿班，招收6—9岁未上学的儿童50余人，教知识，教唱歌。当时教唱的歌曲有《长城谣》、《松花江上》、《大刀进行曲》等等。其它院系，也结合实际，各自安排了教学内容，学生们仍像在广州一样刻苦学习，积极参与校务活动。

实习调查的规模也很大，遍及西南几省。仅在澂江县境，师生们几乎走遍山区、坝区的村村寨寨，对澂江的资源、人口、历史、民族、农业、手工业、土特产品以及江河湖泊、交通、邮电等等作了详细的调查和论述。1939年10月中旬，由农学院教授谢申、黎旭祥、刘致清等组成土壤调查队，对澂江东山南盘江沿岸，中越铁路的滴水（解放后已划归宜良）车站附近新街、松子园，抚仙湖西岸的路歧，阳宗海畔及草甸（解放后已划归宜良）的土质进行了调查，历时共45天，写成《澂江之土壤调查》一书。师范学院的博物系还对澂江境内的植物也进行了调查，写成《澂江植物志》。地质学教授吴尚时对澂江抚仙湖地形进行考察后，在中山大学地理学会出版的《地形专号》上发表了《澂江盆地地形》，论证抚仙湖为地壳断陷所造成，此说被后来的研究证实是正确的。研究院历史部、文学院等院系，还对澂江历史人物蜀汉兴亭侯李恢、清代康熙吏部左侍郎赵士麟等进行了考证；对澂江松子园的彝族、苗族的风土人情、生活习俗、民间歌谣进行了搜集整理，编写成专书；[①]还对澂江的风景名胜，特别是澂江在明、清时期文人所定的"澂江十景"的景观，根据各种史料作了引证阐述。如"澂江十景"中的"罗藏朝云"一景，指的是罗藏山（又名梁王山）巅，每当清晨，白云萦绕，山埋云中，时隐时现，犹如仙境。但迷信的人认

---

① 据风麓镇副镇长曹福生回忆，中山大学一位王教授对搜集的资料，经过整理后，出版过小册子，介绍澂江松元彝族的婚丧嫁娶习俗和彝族火把节、歌舞、花灯等等文化习俗及属该乡管辖的大塘子苗族的婚俗、丧葬习俗。可惜，这种册子至今在澂江仍未找到。

为是龙湫。中山大学的师生经过考察，作了科学的解释：该山距地面颇高，地面空气饱含水分，流动受阻，乃循山麓逾山巅，中途遇冷遂凝结成水点，因晨早温度最低，故云雾最大。中山大学师生在澂江的社会调查，不仅完成了教学、科研工作，还给澂江人民留下了这个时期澂江地方变革、丰富的资源等方面极为珍贵的史料。此外，中大的一些学者、教授还出版过一些其他著作，如当时的学校负责人之一的廖英蛟所著《澂江社会之一瞥》、《潮声灯影录》等。这些著作，“文革”前澂江还有人珍藏，但“文革”时都作为“四旧”被焚。

中山大学在澂江开展的抗日宣传活动，内容丰富，适应形势，唤起了民气。据城里老居民回忆，中山大学曾在澂江府门口的空房间里，创办了一个书报室，内有报纸、书刊，供居民阅读，学校派人专管，其中以抗战内容的书报最多。街头、学校门口辟有《青年生活》、《民众壁报》等。宣传栏由学校组织的宣传组负责，两三天换一次内容，宣传栏的内容很丰富，有诗歌、漫画、随笔、杂文，也多以抗战为主题。学校还举办各种报告会、晚会。原城隍庙有一个老戏台，师生们利用这个戏台宣传抗日，演出戏剧，还在北门西头盖了一个简易会场（现澂江粮食局内）。师生们曾在这里演出过曹禺的《日出》、《雷雨》，还演出过《复活的玫瑰》、《孔雀东南飞》、《可怜闺里月》、《兰芝与仲卿》。师生们喜欢唱反映保卫上海的《八·一三抗战纪念歌》、《战士们冲啊》、《大刀进行曲》等等爱国歌曲。

当时，中山大学有很多进步社团，如民风剧团、粤声音乐社、青年生活社等等，特别是青年生活社影响很大，他们的抗日宣传内容很多，有兵役宣传、寒衣募捐、飞机募捐、节约储蓄、卫生防疫等，还举办体育活动、篮球比赛，召开联欢会进行宣传，有时还到附近村寨宣传。在中山大学师生的影响下，澂江中学也曾组织上街演出活报剧，宣传抗日。抗战的宣传真正把穷乡僻壤的群众动员起来了。

澂江经济、文化、社会生活原都比较落后。中山大学迁来后有了改变。中大曾在县城开办珠江饭店，开办小商店，省里又来开办了银行，外地商贩也纷纷涌来做买卖，澂江的商业有了较大发展。当时，进步师生还支持小西城的保长李树华于1939年在凤山麓创办了一个合作社，这个村几乎户户都有人参加。根据进步师生的指导，李树华把志愿参加合作社的社员，按劳动力强弱分成三等，不分配农作物，而用当时市场流通的新币（当地叫飞马票）按等级给予报酬，因此合作社劳动效率高，头年就获得丰收。李树华受学校进步势力的影响，比较开明，在解放以后，作为民主人士被安排了工作。

在澂江，因受封建道德观念的束缚，男女间不能直接交往，男女更是不平等。中山大学的师生，不论男女，一起研究学问，同台演出，一起散步、闲谈。夏天，男男女女还到城南面的抚仙湖游泳，学校也组织男女学生到湖边进行野炊活动，他们自然、大方、开朗，这种男女平等、相互友爱的交往，冲击了当地的封建意识，渐渐地本地的男女青年相互交谈、一起唱歌，也没有人再说三道四了。

1940年春节前后，国民政府教育部部长陈立夫、次长顾毓琇来澂江视察中山大学。其后约半年，中山大学就从澂江迁走，搬迁时使用军车，不几天就全迁完了。

在陈立夫视察中山大学前约半年。师范学院十几名教授，因院长崔载阳"侮辱教授"事件，曾联名要求撤崔的职务。后因学校派系斗争激烈而演变到"打倒代理校长萧冠英"，并形成了全校性的学潮。最后萧冠英被迫辞职，许崇清被任命为代理中山大学校长。在中山大学迁回粤北坪石前，许崇清代校长亲自撰文，在澂江孔庙享台东侧立了一块石碑，叙述了中山大学迁校及在澂江的史实。这块碑立好后，许代校长曾请澂江人汤继昌拍过一张照片带回广东。解放后，孔庙曾作过粮仓，后又改为县委党校，碑已被搬走，澂江县文化部门曾几次寻找石碑，但至今仍未寻到。

中山大学离澂江后迁到广东坪石，但有一部分教授没有跟着迁去，其中有理学院院长、著名数学家何衍璿，师范学院院长范锜，教授吴信达、吴兴元等。

中山大学在澂江的日子，距今已半个世纪。但颇具意义的是，中山大学迁走后，在东龙潭碧泉的层青阁门头上，用墨笔题写的英文字"澂江第一景"（原文为"First Scenery of Cheng Chiang"）还清晰而又完整地保存着。游人到此，看着题字，总回想起中山大学师生在澂江的艰苦生活，中山大学对澂江文化、教育以及研究澂江社会历史、社会生活所作的贡献。

（原载《中山大学学报（哲学社会科学版）》1989年第4期）

中山大学在坪石

黄义祥

1940年8月，国立中山大学在许崇清代理校长主持下，迁回广东北部山区坪石办学。

在澂江办学虽仅有一年半时间，却与当地民众结下不解之情。山青水秀的澂江，为中大师生提供了一个做学问的优美环境；纯朴勤劳、充满热情的澂江人民，大力支持中山大学办学，中大师生对澂江的发展进步也做出了应有的贡献。

离开澂江前，学校举行了澂话别会：话别会由总务长邹卓然教授发起筹备，请许崇清代校长、张云教务长、吴康院长和部分著名教授撰写诗文，编成《骊歌》出版，以留纪念。许崇清校长写了《告别澂江民众书》，代表全校师生员工，向澂江人民道谢告别。原文节录如下：

澂江民众公鉴：

本校于民国二十七年冬，奉命迁滇，以澂江山明水秀，风土纯朴，是为士林潜修之所，经呈准迁此，蒙滇省当局龙主席龚厅长予以指导，澂江李县长王县长、华大队长及当地耆绅多方协助，各乡保镇长及地方民众，亦奔走效劳，恳勤相爱，以故年来本校员生，得以弦歌不辍，游息有所，皆拜诸君之赐也。兹以前方教育上之需要，奉令迁粤，席未暇暖，又备登程，别绪离情，彼此同感。回忆年余以前，本校员生，初客他乡，生活习惯，不无互异，幸赖各民众之热诚推爱，庇荫有加，使千里游子，于故乡沦陷之后，仓皇迁徙之秋，不致托足无方，尚能安居研读，幸何如之！……惟前者曾与省县合筑昆澂公路，以利交通，与县政府合办卫生协进会，以作地方整洁。各学院举办日夜学校，以促进民众教育。协助中小学校，以提高教育水准。开办本校附属医院，以便民众疗治。推行防疫运动，以防流行病之传染。各学会各剧团举办兵役宣传，表演抗战戏剧，图书馆复公开阅览，举行抗战图书展览会，杜氏集品展览会，以期贯输民众知识，增厚抗战力量。此外，于地方建设，除修理庙宇及公共建筑七十余所外，尚拟建筑大礼堂、总图书馆，及增添各学院宿舍，惜以时间及经济关系，未克次第举办，而骊歌忽唱，征马又将在途……此后，惟有率领同仁，随诸君之后，努力本位工作，共负时艰，以完成抗战建国之伟业。是则吾人之所以自勉，而重望我澂江父老兄弟共勉之也。[①]

国立中山大学由云南澂江迁往粤北坪石，是由多种因素促成的。当时广东迁省会于粤北韶关，广东当局认为本省除敌占区外局势较为稳定，而本省及邻省湖南、江西等地区学生入大学读书十分困难，中大迁回粤省，可以解决这个问题。国民党在广东的元老，亦多认为纪念孙中山的大学以迁回广东为合适。广东文化教育界进步人士，积极支持把中大迁回粤北，希望中大在坪石能与桂林相呼应，开展进步文化工作，把中大办成文化运动基地。代理校长许崇清决定迁校后，先到重庆找教育部长陈立夫商量，陈以费用无着落为由，不答应。到了7月初，大概是日寇策划从越南（时称安南）进攻云南之故，陈突然奉蒋介石之命，电令所有搬到云南的大学"立刻准备万一，快速搬迁"。

这样，学校奉准迁回坪石后，许崇清校长即聘任重要人员组织迁校委员会及新校址筹备处两处机构。迁校委员会设干事部，专掌回粤人员及公物的运输事务。迁校工作得到各方面的大力支持，尤其是七战区余汉谋将军派出军车解决运输问题。新校址筹备处，则负责选择新校址及办理新校址的修缮、设计建筑等事宜。新校址筹备处先派出先遣人员，并指定各学院新址筹备负责人。主持人员多由教授讲师助教担任。

坪石处在广东、湖南交界地方，是粤北通往湖南的门户，粤汉铁路贯穿其间，为南北交通的要冲。根据坪石的环境和各学院的情况，各单位、各学院仍分散在各个地方。学校总办公厅、研究院、先修班、学生贷金审查委员会设在坪石镇。文学院设在清洞，因地盘太窄，不久迁坪石镇附近的铁岭。法学院在乳源县属武阳司（后迁车田坝）。理学院在坪石附近的塘口。工学院设在坪石附近的三星坪。农学院设在湖南宜章县属的栗源堡。医学院设在乐昌县城。师范学院设在乳源县属的管埠。全校一年级设在坪石附近的车田坝（后迁武阳司）。[②]

除充分利用原有的寺庙空舍外，各院新建房舍88座，其中男生宿舍22座，女生宿舍3座，教职员宿舍6座，大小课室36座，膳堂兼课室12座，膳堂兼礼堂2座，绘图室2座，实验室3座，医学院门诊部1座，办公厅1座。

坪石办学期间，随着时局和国民党内派系斗争的变化，学校曾两度易长。1941年7月，许崇清被免去代理校长职务，教务长张云代理校长，教务长一职由董爽秋教授接任。1942年5月，张云的代理校长职务，又为金曾澄所取代。同年6月，邓植仪教授重新接任教务长。[③]

---

① 《骊歌》由国立中山大学离澂话别会出版（1940年8月13日），藏中山大学图书馆校史资料室（油印本）。

② 梁山、李坚、张克谟：《中山大学校史（1924—1949）》，上海教育出版1983年版，第107—108页。

③ 同上。

1941年9月,师范学院增设初级部及附属中学。一年级教育委员会改称新生部,迁武阳司,而法学院迁车田坝。1942年5月,学校行政会议决定撤销新生部,成立军事训练总队部,另组新生训练委员会主持新生入学训练事宜。1943年1月,实行公库法,为公开财政,合理支配,组织财务委员会。为落实师资,提高学术,组织教授聘任委员会,人选在教授中推定。同年3月,建立校舍建筑委员会。并将训导处的生活指导、军事管理、体育卫生三组,分别改为生活管理、课余活动、体育卫生组。

根据抗战时期的需要,工学院的电机工程学、土木工程学、机械工程学三系,招生各增加一班。法学院增设司法组,招生一班。师范学院初级部招生增加一班。研究院增设医科研究所。同时收容战区和沦陷区的学生,并接受借读生。学校迁到粤北后,交通较为方便,物价也较低廉,学生人数激增。1942年度,学生总数由迁校初期的1736人增加到4197人,其中各院系本科生3439人,研究生18人,先修班384人,附中210人,借读生146人(内香港大学借读生58人,香港专科以上借读生88人)。①

在坪石,各学院虽散居各地,物质缺乏,生活艰苦,但广大师生均体谅时艰,发扬澂江艰辛办学精神,因陋就简,潜心学问,使教学、学术研究活动得以正常开展。

就学生而言,迁到坪石后,"的确是读书了,宿舍里、教室里、图书馆都有人看书。""外国文普遍的被注意着,研究的空气和写作的空气都相当浓厚,各院各系的'本行'研究会、讨论会、演讲会,普遍的建立起来,刊物亦如雨后春笋。这些集体活动,都说明了中大学生的读书空气和生活态度。"②

校长许崇清早年是国立广东高师和国立广东大学教授,创办国立广东大学和改名国立中山大学的筹备委员,曾任国立中山大学代理校长,这次再任代校长,对学校情况了如指掌,富有治校经验。

迁校坪石后,在许崇清主持下,校务工作有条不紊地开展起来。在各学院分散情况下,为正常进行教学研究工作,学校对一些与教学秩序有关的问题作了统一规定,如统一上课时间,于1940年12月13日召开1940年度第一次教务会议,决定:"依照标准时刻,各学院每日上课时间,一律是上午七时至十一时,下午十二时三十分至三时三十分。"③同时制定并公布1940年度校历,按常规,学年开始仍是8月1日;学年终止为1941年7月31日。另外,1939年5月订定各学院所属学系时,社会学系划归法学院,但因迁澂江时社会学系归文学院,法学院地址容纳不下,未做调整。迁至粤北新址后,

---

① 梁山、李坚、张克谟:《中山大学校史(1924—1949)》,上海教育出版社1983年版,第108页。

② 《读书空气与生活态度》,《中大向导》,学术新潮出版社编印,1941年。

③ 《二十九年度第一次教务会议》,《国立中山大学日报》1940年12月16日。

从1940年度起，社会学系正式调入法学院。

为提高学校行政效率，许崇清校长于1941年2月3日在坪石举行的联合纪念周上，针对学校行政工作存在的问题，作了《行政机构问题》的专题报告，指出："全校八十余个单位，组织上虽属各处院，然遇处理业务，对学校有所请求时，皆不按级办理，未能做到上下相通，层层负责，各单位之机能构造仍须增进。"他要求全校教职员工，要发扬奉公尽责精神，认真服务，发展学校、增进学术研究，贡献意见。为解决办事机构存在的问题，他亲自部署举办职员训练班和工友训练班，提高他们的办事能力和为教学、学术研究服务的质量。

许崇清尤其注意师资队伍的建设，积极物色，聘请了一批著名学者来校任教。这批著名学者有李达、王亚南、洪深、梅龚彬、石兆棠、许幸之、胡世华、卢鹤绂等。这批学者，有的是在许崇清在校长任上来校的，如李达、王亚南、洪深等。聘洪深教授时，《国立中山大学日报》这样介绍说："洪深先生为海内外之名剧作家，前曾在本校任教。嗣以抗战军兴，辞职从事政训工作。许校长长校后，即敦聘洪氏为本校文学院英文系主任。业经洪氏来函应聘。"[①]有的则是他任上聘请，他被免去校长职后才陆续到校的，如梅龚彬、许幸之等。胡世华当时在欧洲留学，获博士学位，应聘后于1941年8月来理学院担任数学天文系副教授。卢鹤绂当时在美国留学，获博士学位，应聘后于1941年10月来校任理学院物理系教授。许崇清还聘请因支持民主运动被国民政府免职的前广西大学校长雷沛鸿和前广东省立文理学院院长林砺儒任研究院师范研究所的导师。雷沛鸿、林砺儒都主张政治民主，宣扬全民抗战，抨击时政，提倡学术自由。许崇清重视人才的开明措施，促进了中大爱国民主运动和学术自由空气的发展，也提高了中大的教学质量和学术地位，但却引起国民政府教育部的注意。1941年7月，许崇清聘请原上海共产主义小组发起人之一、中共"一大"代表李达到中大任教一事，被教育部发现，李达即被解职离校，许崇清也于同月被免去中大代理校长职务。

教务长张云教授接任代理校长后，仍重视教学和学术活动的发展。在他任上，创办了全校性学术刊物《中山学报》，在当时困难的条件下，仍以铅印出版。该刊创刊号于1941年11月出版，他亲自写了《发刊词》。[②] 他写道："传播文化，探讨学术，是大学的重大使命。""一个大学的存在，正是反映着一个民族的灵魂，也是一个国家的乃至全世界的最高学术、文化成就的表征。"他指出："中山大学是华南的最高学府，它有宏大的规模和光荣的历史，而国父生前讲述三民主义就在本校，尤其值得纪念。"抗战以来，学校一

① 《洪深教授即可来校》，《国立中山大学日报》1941年2月14日。

② 张云：《发刊词》，《中山学报》第1卷第1期，1941年11月国立中山大学出版。

再迁移，给办学带来很多困难，“但是中山大学的同事同学，大家都依然能够专精一志，致力于学术的研求，因为大家都很明白，无论从大学建立的本旨说，从民族国家的遭遇说，我们今天都应该排除万难，为传播文化，研讨学术而努力。《中山学报》的刊行，正是这种努力的部分的表现。”

1942 年 5 月，张云被免去代理校长职务，由老教育家、曾任本校前身三校之一的广东高等师范学校校长的金曾澄接任代理校长。在他任上，设立了特约教授席位，特聘著名历史学家陈寅恪为研究院文科研究所特约教授，并聘请早年曾在本校任教的著名古植物学家斯行健为理学院地质系教授。

这期间，教育部为改进历史、地理两课教育，于 1940 年度设立全国史地教育委员会，吴稚晖、陈寅恪、柳诒徵、顾颉刚等著名史地专家共 10 人为委员，中山大学原历史系教授黎东方为常务委员兼秘书。后来该会扩大委员名额，中山大学历史系郑师许教授、历史系主任陈安仁教授、地理系主任吴尚时教授陆续被聘为该会委员。1943 年 3 月 23 日在重庆举行的中国史学会成立大会上，陈安仁当选为该会理事。1944 年 5 月间，吴尚时被中国地理学会聘为《地理学报》编辑。

1944 年春，邓植仪、丁颖、萧锡三、崔载阳四教授被国民参政会经济建设促进会聘为顾问会员。陈宗南教授被中国工程师学会聘为坪石分会会长。

（原载黄义祥《中山大学史稿(1924—1949)》第二节《从云南澂江到粤北坪石》和第三节《在坪石的教学与学术活动》一部分）

活跃的中山大学战地服务团

梅　海

“七七”事变后，中国人民奋起抗击日本帝国主义。为了抗日，广州各界成立了广东民族御侮救亡会。中山大学也成立了御侮救亡工作团、抗敌后援工作团、抗战教育实践社、战地服务团、抗日先锋队等二十多个团体。其中的战地服务团成绩较为显著。这里，作一简单介绍。

北上活动

中山大学战地服务团是抗日战争初期，中山大学师生群众性的抗日救亡组织，它成立于1937年年底。校长邹鲁为名誉团长，邹鲁夫人梁定慧为团长。成员中有许多进步学生，其中有一些是中国共产党党员。① 该团得到香港、澳门及南洋华侨等地各界人士捐赠的大批物资、药品和金钱。所获金钱除小部分用于该团工作人员开支外，绝大部分转送前方将士。

中山大学战地服务团选派20人组成北上的第一战区工作队。除团长外，男团员有冯伯恒、方持正、张克明、谭绍铭、黄杏文、潘达刚、黄文彪、黄凝汉，女团员有陈璇珍、刘惠华、梁妙琼、陈铭娟、钟健志、梁桂英、曾美容、陈惠超、张秀梅、黄容仪、谭毅贤。团员中有七位是中山大学各学院已毕业的同学，两位尚未毕业，两位是中山大学护士学校的毕业生，在第一医院任职，另一位是该院护士长。其余八位多是该团的骨干，曾在广州参加过救亡工作和救护训练。② 该团北上成员于1938年2月底在广州集中。校方办理好证明及介绍信，在第四军总部副官处帮助下，定购北上的车票。他们事先拍电报给战区长官报告行程，③1938年3月6日到达武汉，受到当地各界人士的热烈欢迎。团员们到武汉各伤兵医院慰问、慰劳空军将士。八路军驻汉口军事代表叶剑英将军曾看望服务团成员，向他们详尽地说明目前形势，指出抗战胜利的可能和条件，对他们表示热烈

---

① 《中山大学校史》，1983年11月出版，第93页。

② 《中山大学战地服务团·工作一年》，1939年4月出版，第14、15—16、22—23、66—73、74—76、77—78、86、97、93—94、118、4、9页。

③ 同上。

的欢迎。在武汉，他们还获得陈铭枢、郭沫若、梅龚彬、田汉等指导，第五路军和第四路军等驻汉口办事处负责人也答应照料他们奔赴前线工作。[①] 他们还会见了西北战地服务团副主任吴奚如。该团经验丰富，由丁玲任主任。吴奚如对中大服务团的同志说：战地服务团的服务范围是很广泛的，如军队的政治教育工作，伤兵、散兵之处置等。除了参加军队政治工作，发挥其政治作用和参加战斗外，对人民，我们也要工作。目前的抗战，是全民族的，要打击敌人，一定要靠广大民众的力量。[②]

吴奚如同志对该团的谈话，使战地服务团的成员增强了信心。3 月 21 日，服务团在团长的带领下，离开武汉向郑州出发。郑州当时是第一战区司令长官程潜的司令部所在地。服务团抵达郑州后，着手调查当地救亡会团体，了解群众思想情况。3 月 30 日，服务团受到第一战区长官部李世璋处长的欢迎，经其介绍，在郑州会见了九十二军的蔡参谋长。蔡是广东人，他详尽地介绍了该军的情况。后来，服务团团员到该军驻郑州办事处和军部所在地白庄。他们在郑州受到李仙洲军长的迎接。他对服务团员们把南方高涨的抗战热忱带到北方来，表示十分感谢。服务团代表中山大学全校师生员工以及华南人民向坚持抗日、坚守黄河的李仙洲军长致敬，并敬献“民族之光”锦旗一面。服务团随后到广武县城慰问驻军。翌日，有的团员对守兵作个别慰问，到伤兵医院慰劳伤兵，有的团员替伤兵缝补衣服，代写家信等。战地服务团还派出团员协助各团体推行各项抗日工作计划，并请求政训处继续举办干部训练班。有的与各团体一起宣传救亡工作，以提高广大群众对抗日民族统一战线的认识。

服务团从黄河渡口回来，决定到开封去。开封驻军是第二十集团军总司令部所在地，总司令为商震。4 月 4 日，该总司令部派人来接。梁团长由郑州南返广州，服务团其他成员则赴开封。抵达后第二天早晨，该部宋科长来接服务团到柳园慰问河防将士。7 日下午 5 时，台儿庄大捷的消息传来，服务团全体出发，趁民众狂欢祝捷的时候，到各处讲演，直到晚上 11 时。凌晨 3 时，火车站忽来电话，说徐州运来 1500 余伤兵，需要人去照顾，服务团成员立即到开封火车站，当时伤兵已经到达车站，服务团成员逐个车厢地忙着替伤员换药、包扎、送水、送饭、代写家信。[③]

4 月 12 日，第一战区警备司令部帮助团员们办妥乘车手续，随后前赴台儿庄慰问。服务团员刚到台儿庄，正值徐州各界举行祝捷大会。服务团成员也汇入祝捷人流。4 月

---

① 《中山大学战地服务团·工作一年》，1939 年 4 月出版，第 14、15—16、22—23、66—73、74—76、77—78、86、97、93—94、118、4、9 页。

② 吴奚如：《战地服务团的经验——对中大战地服务的谈话》，《救亡日报》1938 年 3 月 21 日第 1 版。

③ 《中山大学战地服务团·工作一年》，1939 年 4 月出版，第 14、15—16、22—23、66—73、74—76、77—78、86、97、93—94、118、4、9 页。

15 日，战地服务团举行献旗仪式，由参谋长徐祖诒代表受旗。午饭时，同席的各级长官谈到战地服务团的工作，认为目前迫切需要这项工作，但尚没有普遍完善的组织。有的说，我们从京沪线打到津浦线，碰见的服务团体很多，但以一个大学为单位的组织，你们是第一个。[①] 后来，服务团的成员还去看战俘，有的用日语同战俘交谈，向他们宣传侵略战争必败，中国人民争取抗战胜利的道理。日本战俘诉说了他们怎样被日本军阀强迫征调到前线盲目战斗，现在又怎样思家和厌战。[②] 服务团成员由台儿庄回到徐州的第二天，司令长官李宗仁便派员约见。见面时，李宗仁说，他刚从前线回来，就来见大家。他热情地从台儿庄争夺战谈到围攻韩庄的胜利，以及军民配合的问题。[③] 服务团向徐州出发前，恰巧第二十集团军筹备成立一个妇女宣传队。队员大部分是河北、河南一带的中学生。队长是第二十集团军总部秘书王文田。她曾经留学德国。当她听说中山大学战地服务团到来，便热情地来访问。在谈话中，她说现在她们很缺乏女干部，要求中山大学服务团派女同志协助。第二十集团军总司令商震表示，希望大家参加该军工作，由他们负责生活费。于是服务团女同志决定以全团的名义参加第二十集团军的妇女宣传工作。[④]

服务团在徐州的活动结束后，又沿陇海铁路赴西安。他们到达西安后，5 月 2 日适逢丁玲领导的西北战地服务团也到了该地，于是又与丁玲会晤，交流经验。服务团还会见了当地民族解放先锋队、西北青年救国联合会及青年代表，交换救亡工作的意见。当时，边区政府的林伯渠主席因公事到西安，战地服务团成员本来颇想找机会到延安一带观光，因此又去拜会林伯渠。林伯渠表示感谢服务团过去对八路军及新四军的物质援助，还热情地谈到边区政府的抗战工作和青年等问题。谈话时，他们询问可否到陕北一行，林伯渠答应关照八路军驻西安办事处照料服务团赴陕北观光。[⑤] 但后来由于多种原因，未能成行。

服务团成员北上采取集体消费方式，团员无薪志愿服务，自广州赴武汉、郑州、开封，沿途个人零用都由自己负担。到徐州后，大家所带费用差不多用完，于是队本部议决由队按月津贴每人五元零用。[⑥] 该团从 1938 年 4 至 12 月，先后到达武汉、开封、考城、徐州、台儿庄、潼关、西安、洛阳、南昌等地，表达中山大学师生员工对抗战将士的慰

---

① 《中山大学战地服务团·工作一年》，1939 年 4 月出版，第 14、15—16、22—23、66—73、74—76、77—78、86、97、93—94、118、4、9 页。

② 同上。

③ 同上。

④ 同上。

⑤ 同上。

⑥ 同上。

问，并在军队中进行抗日宣传鼓动，出版《抗战导报》，所到之处均受抗战将士的热烈欢迎。他们的宣传方式有以下几种：(一)口头宣传。分为街头演讲、按户访问和个别谈话三种，主要宣传抗日救亡的意义；敌机空袭时讲解防空知识和防毒常识。(二)歌咏宣传。除唱一般流行的抗日救亡歌曲外，还搜集本地民谣，改编成具有民族形式的抗战歌谣。(三)戏剧宣传。(四)文字宣传。有壁报、标语、图画、漫画，宣传抗战形势、抗战故事、抗敌知识等。以上几种宣传，受到群众的普遍欢迎。

服务团在郑州会齐后，回到武汉。这时第二十集团军部队已调往南昌一带驻防，服务团成员在武昌遇到商震，受邀又到南昌一带工作了一段时间。这时，日寇正入侵华南，坏消息不断传来，广州沦陷在即，团员思乡心切。10 月 23 日，服务团在醴陵途中从报章中了解到广州失陷，便折广西桂林，后又辗转入粤北而到潮汕，推派一部分成员留在龙川工作。另派三位成员由汕头回港向梁团长报告，至 1939 年元旦始抵香港。①

在服务团成员中，有一部分是受过医科专门训练的。大家决定在老隆开办一间平民医院。战地服务团东江队和香港总会救济难民队在老隆办起平民医院，设立民众诊疗所，为民众解决了一部分疾苦。开诊初时每天有四五十人来看病，后来每天增至 100 人以上。他们为治疗伤兵与平民做了不少工作。②

在港澳等地的活动

服务团北上前的筹备和出发后的给养，需要得到社会各界人士的赞助。当时广州受日本飞机的轰炸，中上层市民大部分迁往香港避难，市面上十分萧条，因此，在广州募捐困难。他们决定到香港设立办事处进行募捐。1937 年 11 月，中山大学战地服务团驻港办事处成立，地址设在香港华人行五楼。成立时，得到周寿臣和李星衢先生的赞助。他们除答应担任名誉理事外，还事先与香港当局和社会各界人士联系，给募捐工作带来不少方便。③ 服务团团长梁定慧亲赴香港主持。为发动募捐，服务团成立征集委员会，聘请香港热心人士担任委员，请香港名流担任顾问。办事处成立以后，即发捐册，由工作人员向亲友进行劝捐。该团名誉理事陈济棠夫人莫淑英女士首先捐出国币 500 元。瑞兴百货公司总司理古瑞，自动将该公司一个月零十天门市收入的 5%，捐作该团的出

---

① 《中山大学战地服务团·工作一年》，1939 年 4 月出版，第 14、15—16、22—23、66—73、74—76、77—78、86、97、93—94、118、4、9 页。《回粤急难》，第 143 页。

② 《中大战地服务团——东江队访问记》，香港《工商日报》1939 年 2 月 2 日第 3 张第 3 版。

③ 《中山大学战地服务团·工作一年》，1939 年 4 月出版，第 14、15—16、22—23、66—73、74—76、77—78、86、97、93—94、118、4、9 页。

发经费。结果共募捐到港币1391元[1]。

为在香港扩大宣传，1937年12月15日，服务团举办赈灾游艺会，聘请60余人担任委员。游艺会由事务部和游艺部负责筹备。游艺部请大观影片公司关文清和《伶星杂志社》协助负责。节目由香港粤剧名伶、电影明星及中山大学实验剧团的演员担任。伶星社黄花节及黄素民对服务团有很大的帮助。通过周寿臣和李星衢的联系，顺利获得香港当局核准，定于12月15日在太平戏院公演。参加义演的演员有马师曾、谭兰卿、李绮年、杨桂芬、陈云裳、吴楚帆、林妹妹、小燕飞、刘桂康等，中大实验剧团演出以东北义勇军活动为主题的三幕剧《猎人之家》(即《烽火》改名)。节目丰富多彩，演技熟练，获得观众的热烈欢迎。这次公演除去支出费用，实收入1800余元。这项赈灾游艺活动，在香港社会各界人士中留下深刻的印象。[2]

开展药物征集运动，是服务团在香港的又一项活动。为了完成这个任务，驻港办事处向香港商号及工厂以至热心公益的人士等，发出500多封函件。他们还登报列明征集药物的种类，向各界呼吁捐助。他们得到该团名誉理事香港厂商联会主席叶兰泉、香港电器商会主席陈履霜的热心帮助，联名签署征集函件，向各厂商劝募。陈先生还亲自引导该团到香港的电器制造厂征集，募捐800多支手电筒和许多干电池。这批电筒和干电池大部分送给新四军。服务团还编成征集队，分别到商店沿门劝募，成绩可观。还有不少热心人士，自动替该团征集了不少东西。征集药品中，有30多箱各类药品。服务团在返广州前几天，香港女青年会送来大批棉衣和炒米饼，广东妇女习艺所送来赶制的两万多个炒米饼和几百打毛巾，交该团带到北方战场劳军。香港妇女兵灾筹赈会主席谭庆萱还送了一批恩蒙酒店捐赠的贵重药物及其他米饼等20多箱，交该团带交第一战区和第八路军。[3] 最令人感动的是有几位英国海军将士，特地给服务团送来几包旧衣和用品，赠送给前方将士。这使服务团的成员深切感受到国际上对中国抗日战争的支持。

1938年5月22日，服务团团长梁定慧偕团员数人前赴澳门，联络各界领袖和救亡团体，商谈在澳门发动募捐办法。抵澳不久，记者纷至访问前线实况和此行任务。服务团成员都给以详尽答复。服务团经华报记者及崇实中学校长梁彦明的介绍，先后与各救灾会和妇女慰劳会社团接触，颇获各界同情，商定由服务团发出捐册，分交各委员签捐，向各界人士劝捐，再商议筹款征集药物的具体办法。当时妇女慰劳会正配备棉纱和其他救伤药品甚多，因各种原因，尚未寄出，愿全数拨该团北运前线。第二天，梁团长应

---

① 《中山大学战地服务团·工作一年》，1939年4月出版，第14、15—16、22—23、66—73、74—76、77—78、86、97、93—94、118、4、9页。

② 同上书，《十二月十五日的赈灾游艺会》，第9页。

③ 同上书，《药品征集运动》，第11页。

花界救灾会邀请参加座谈会。她在会上讲述了前线将士艰苦卓绝的作战情况，受到在座花界人士的支持。该会主席当即答应捐出毫银470元、毫券100余元，交服务团购买药物慰劳品。服务团在澳门举行卖花活动前两天，即派数人先与社团取得密切联系，得到他们的支持。6月5日，澳门报章以显著篇幅登载服务团卖花的消息。这次参加卖花的团体有20多个，分为50多队共200多人。在妇女慰劳会的帮助下，大家拿着绸花、钱箱、证章分赴酒楼、旅店、娱乐场所等热闹地点售卖。澳门各界人士对卖花筹款，慷慨解囊，打破澳门卖花记录。这次卖花万余朵，得款国币23万元、毫银1000余元、毫券400余元，港币200余元。①

为了解决经费困难，支持长期抗日，1938年7月，服务团又在香港开展"一仙运动"（作者按："一仙"即当时一分钱）。该团征募专员范汉柱与茶居②工业总会主席凌康发一起与香港酒楼、茶室、茶居、饭店、西餐五行商会主席团商量如何开展一仙运动，首先得到酒楼司理文乐轩赞成，其后又得各主席周惠南、冯俭先、颜乐天、许霭云等赞成。"一仙运动"可说是开香港救国筹款之先河。香港五行商店，决定参加七天一仙运动，将全部收入捐给服务团。开始只求五商行加价一仙，而五行主席等以为此次义举，不应茶客负担，而应由宾主双方负担。后来决定两项：（一）酒楼、茶室、茶居，茶价每盅增收一仙，各商店将本身茶价每盅抽一仙，即宾主各捐一仙。（二）西餐、饭店以客为单位，每客结数时多收一仙、各商店一客光顾则多出一仙，即宾主各出一仙。这实际上成为两仙运动。参加"一仙运动"的商店共439家，占香港商店的九成七以上。结果七天内共得港币25000余元。③ 周惠南经营的东园餐室，将8月20日一天的收入港币540余元，全数捐给服务团。许多商店还积极参加各种捐款。④ 6月9日，殷商黄杰云的公子结婚，只设茶会谢客，而将所有筵席喜金和亲友贺礼金全数捐给服务团，计港币1500元、国币494元。黄杰云经营的香港九龙的河北、光明及砵仑影院将"七七"、"八一三"纪念日的收入400余元全部交服务团。⑤

此外还开展慰劳袋运动。从1938年9月20日起，服务团陆续收到各方面募集的慰劳袋。第一批8大箱共1600余个，送广东宝安县。第二批17小箱793个，送东江别动队。

---

① 《中山大学战地服务团·工作一年》，1939年4月出版，第14、15—16、22—23、66—73、74—76、77—78、86、97、93—94、118、4、9页，《澳门卖花运动》，第157页。

② 茶居：酒楼、茶室（馆）、茶居，是上、中、下之分，都是饮茶的地方。茶居是比较简易的平房，没有装修的门面，经济实惠。工人与一般市民都喜欢到此饮茶。当时有茶居工会、酒楼工会之分。

③ 《中山大学战地服务团·工作一年》，1939年4月出版，第14、15—16、22—23、66—73、74—76、77—78、86、97、93—94、118、4、9页，《一仙运动》，第159—163页。

④ 《中山大学战地服务团·工作一年》，1939年4月出版，第14、15—16、22—23、66—73、74—76、77—78、86、97、93—94、118、4、9页，第164页。

⑤ 同上书，第170页。

第三批6箱400余个，转香港鹤山商会、鹤山筹赈会、赠鹤山自卫团。第四批10大箱1010个，转澳门妇女慰劳会，赠送中山唐家湾抗日自卫团第六队。第五批慰劳袋1114个，另袜子408打、毛巾83打交广西银行转赠第五路军。[①]

服务团送出的物品也收到回音。如第二十集团军总司令商震在武汉表示："中山大学战地服务团由香港送来银鹰金星纪念章一座，另救伤药品三十九大箱。隆情厚意，不远千里，良足深感。"[②]

服务团梁团长于1939年年底奉国民党中央海外部命令，出国慰问华侨，并为伤兵难民请命。在南洋时领得侨胞之赞助，军委会政治部亦以服务团不畏艰苦，为国效劳，服务于各战区，为之嘉奖。[③]

梁定慧团长及秘书潘达刚等人，自1940年1月24日由越南赴星马慰问侨胞，申谢侨胞过去捐助中山大学石牌校舍，报告该团工作概况，并向侨胞募集药费，历时四个月，5月26日返抵新加坡。梁团长等人，先后经柔佛、马六甲、森美兰、吉隆坡、彭享、怡保、太平、金保、槟城等埠，所到之处，受到侨胞的热烈欢迎，足见侨胞爱国之挚意。该团在马来亚募集医药费，得到侨胞热心赞助，计柔佛5万元(国币，下同)、马六甲24000元，芙蓉3000元、吉隆坡14万元、霹雳4万元、槟城4万元，其他彭享、新加坡等地预计可达共50万元。另外吉隆坡热心侨商陈永氏，所捐30万元，指定为医院设备之用。[④]

1940年8月，服务团设在老隆的平民医院迁往桂南续办。医科毕业生及受过救护专业训练的成员往桂南续办医院，其余亦于9月下旬前往。留在香港的成员在安乐园欢迎赴南洋慰问的回国成员，并欢送先行往桂南成员，席间讨论今后的工作。[⑤] 1941年香港沦陷前夕，港澳居民疏散，该团驻港办事处工作亦结束，返回内地。梁定慧团长由香港赴南宁，代表服务团慰劳伤兵、义兵、救济难民等工作。她本人也捐助药品等及国币500元作为救护之用。[⑥]

后来沿海各省城市及香港等地相继被日本帝国主义占领，所有抗日机关团体均转入农村。1942年，梁定慧团长带领服务团成员也转入农村做宣传工作及妇女工作。

(原载《中山大学学报(哲学社会科学版)》1986年第1期)

---

① 《中山大学战地服务团·工作一年》，1939年4月出版，第14、15—16、22—23、66—73、74—76、77—78、86、97、93—94、118、4、9页，《慰劳袋运动》，第165页。

② 《抗战导报》创刊号，1938年8月，第17页。

③ 《中大服务团政部嘉奖》，《工商日报》1940年4月22日第3张第2版。

④ 《中大战地服务团在星洲募捐医药费》，《华侨先锋》1卷24期，1940年6月。

⑤ 《中大服务团将赴桂》，《工商日报》1940年8月28日第2张第3版。

⑥ 《广东妇女》2卷4、5期合刊，1940年12月，第38页。

1948 年中山大学易长与国民党的派系之争

桑　兵

民国学界的乱象之一，是各大学易长往往牵扯各种政治势力明争暗斗的矛盾纠葛，因而牵一发而动全身，不时引起轩然大波。在此过程中，为了争夺或是维护权利，各派反复较量厮杀，台面台下的斗争进一步加剧。能量的充分释放与展现，导致包括人事在内的权力格局的重新洗牌，或此消彼长，或重归平衡。如此，大学校长的更换，影响早已超越学校内史的范围，成为政局波澜起伏的指向。1948 年围绕中山大学校长王星拱的去留而展开的政治角力，背后不仅牵涉国民党内各种派系的争权夺利，而且卷入国共斗争的旋涡，惊动最高当局。这一事件放在学校内史的框架之下，自然无足轻重，只能轻描淡写，[①]一旦纳入抗日战争以后国内政局波谲云诡的整体架构之中，便全然改观，可以凸显近代中国大学作为社会脉点的重要位置。此事原来的公开报道只见表面，近年来，随着台湾中研院近代史所藏朱家骅档案的利用渐趋便利，可以与其他资料相互印证，深入内幕，究明真相。

一、学潮与倒王

1949 年 7 月 21 日，“在各路解放大军直趋华南，‘石牌’儿女正以紧张学习来迎接解放的时候”，《华商报》刊登了题为“陈可忠滚蛋・张云上场：看朱家骅控制中山大学阴谋”的广州通讯，其重心不在指摘新旧校长以及易长之事，而是试图揭示中山大学校长人选“为什么变来变去都是朱系门内的‘一丘之貉’的原因”。通讯称：

> 事实上，从朱家骅在中大做校长时起，这个反动头子便在中大收买甘心做奴才的“教授”、“学生”，同时不断的把它的爪牙插入中大来，树植他的反动势力。在反动统治的全盛时期，号称“无孔不入”的 CC 势力，在中大亦无法立足。虽然在坪石

① 关于中山大学已有的几种校史，或者时间范围不及抗战及以后，或者侧重于校内的学生运动。

时候CC曾导演过一次包围张云，强迫下台的丑剧，但当复员后朱重长伪“教部”，委王星拱做校长，王一上台便把CC的毛礼锐（当时毛是师院院长）一脚踢走，同时把CC的爪牙如陈粤人、袁飞翰、何心石等连根拔除。此后，实际上，中大便成了“朱家天下”。虽然王星拱不是朱派人物，但一切大权都落在朱派人物手上。同时，还特地派一个喽罗宋嘉贤以“秘书其名，监视其实”的跟着他，使他动弹不得，迫他不得不辞职。王星拱下台后，朱便一意提拔他的忠实干部陈可忠，但苦于陈可忠在国内外无藉藉名，同时又鉴于接长台大不成的经验，便决定采偷龙转凤的手法，把自己袋里的一等王牌张云打出来，使他担一个校长的假名，叫陈可忠代理。陈到任后，虽然有朱家骅撑腰，但因为自己没有威望，又没有班底，单人匹马来到石牌，一抵埗即给地头蛇打了个杀手锏，险些儿登不上台。幸得几次“疏通”，并请朱家骅亲自出马，才把对方的势炎压下来。陈可忠摔了这一跤之后，便深深觉悟到要在中大立足，只有跟同学合作，所以一年来陈在与同学或多或少的“合作”下总算没有被挤出中大。但为什么又要在这个时候下台呢？据陈的表示是因为“健康问题”，但查实陈的下台一方面是因为当局不满他对同学的“软弱”政策，要他滚蛋，另一方面是因为反动当局决定不迁校，他不肯做俘虏，所以便愤然一走了之。这样陈可忠的离职便成了定局，一向被视为朱系“王牌”张云，便脱颖而出了。

此则通讯提示三点：其一，此次张云取代陈可忠，不过是上一次中大易长即王星拱去职的余波回澜；其二，王星拱的上台与落台，与朱家骅牵连不小；其三，中大易长背后，隐藏着朱家骅与CC派在大学系统的争权夺利，彼此倾轧。由于后来时事的变化以及通讯所取的立场，所谈及的三点固然部分反映了事情的真相和时人的观感，但也不免表面甚或误解，有必要进一步深入探究讨论。

关于王星拱的去职，现有的三种中山大学校史中，只有最后撰写的《中山大学史稿》简略提及曰：“1948年6月，王星拱校长因病辞职，国民政府教育部提请行政院任命张云担任校长，当时张云尚在国外，教育部同时提请发表陈可忠代理。同年10月，张云回国辞去校长职务，陈可忠继任校长。”①此说不错，只是背后的情形远比上述复杂，所牵涉的不仅仅是国民党内部的纠纷，还有国共冲突的大背景在起作用。

王星拱在抗日战争后于1945年12月正式接长中大，此前中大的正式校长为邹鲁，而由金曾澄代理。抗战期间，中山大学辗转迁徙，遭受重创，图书设备和师资均受到很大影响。王星拱留学英国，曾任教于北京大学，后长期担任国立武汉大学校长，接长中

① 黄义祥编著：《中山大学史稿》，中山大学出版社1999年版，第418页。

大后，提倡学术自由，聘请多位知名教授，扫除在教育界势力极大而声名狼藉的CC派势力，对学生的态度也比较开明。1945年5月，国民党第六次全国代表大会通过“促进宪政实现之各种必要措施案”，其中内容之一，是各级学校不设党部。[①] 随后，全国各学校的国民党党部陆续关闭。此举对于国共两党在大学师生当中力量对比的升降变化，很快产生了重大而深远的影响。[②] 中山大学师生中的中共党组织及其外围组织迅速恢复、发展，并且发动了一系列大规模的游行示威和罢课抗议活动，声势日渐壮大。中山大学因此被称为“民主堡垒”和广州“小解放区”。[③] 随着国民党统治危机的深化和财政金融的恶化，教师群体也开始出现不稳定的倾向。

有知情者这样描绘当时中山大学学生的异动和当局的无所作为：“中大内部情形日见恶劣，最近文学院学生以标语传单‘驱逐’外文系主任周其勋先生，并对其他系主任之同样举动，亦已布置就绪，而在位者束手无策，旁观者乘机取利，开学以后想益将不宁矣。……来此数月，耳闻目见，益为中大前途悲观，东南教育之未来恐惧，国家耗费亿万，维持此形同地狱之文化衙门，殊有辱此有历史性之学府，而无以对百粤之青年矣。”这位知情者虽然站在政府立场，似非存心与学生为敌，他对朱家骅向合众社记者发表关于最近学潮的谈话表示不胜感慨，认为所说各点“亦具至理”，还是坦率指出：“对青年对学生，以理喻以情导忍让处之较为得计，如加之以其他准绳，恐益生枝节，不可收拾。时局如此，人心惶惶，铤而走险，意中之事。”[④]

眼看局势快要失控，广东的国民党各级组织大为不安，暗中酝酿倒王行动。1948年2月2日晚，国民党广东省党部主委余俊贤、广州市党部主委高信等召集学运小组举行会议，“议决推倒中大校长王星拱，另拥蒋梦麟继任。其步骤1、向宋主席献议；2、向吴秘书长献议（吴原定今日下午三时抵穗）；3、联名向朱部长献议；4、向高廷梓及任国荣疏通。”2月7日，朱家骅接到任国荣2月3日所发关于广东学运小组密谋倒王，提请教育部对此事如何应付，须及早准备的报告，认为所议“似不甚妥”。[⑤] 2月13日，朱又接到洪谦报告中大内部情形的信函，即分别致函王星拱和复函洪谦，要求“尽速彻底整饬，纳入轨范”。[⑥] 3月1日，王星拱复函说明有关情况：“上学期大考完毕之时，外文系学生（一二三年级）具呈攻击周其勋主任，并推举代表二人，陈述意见。弟比即言辞谴责不应有此等越轨行为。当晚文学院中复张贴攻击周主任之标语，次晨发见，即行撕毁，追询

① 朱汇森主编：《中华民国史事纪要》，1945-05-18，台北国史馆1986年。

② 参见金以林：《战时国民党教育政策及实施效果》，日中战争の国际共同研究第3回国际会议“日中战争期の中国における社会と文化”论文。

③ 黄义祥编著：《中山大学史稿》第七章，中山大学出版社1999年版。

④ 1948年2月9日洪谦致朱家骅，台北中研院近代史研究所藏朱家骅档案301-01-09-101，国立中山大学文卷。以后凡不特别注明者，均引自该档案。感谢谢国兴教授给予的大力襄助。

⑤ 朱家骅档案馆国立中山大学文密卷84257。

⑥ 1948年2月16日朱家骅致王校长函。

该系学生，坚不承认。此必系有作用之行动。一月以来，已在各方防范诘诫之中。迩来第二学期开学，学生陆续返校，有无其他[事]同类事件继续发生，未敢断言。如果发生，弟必遵旨整饬，纳入规范也。”

按照王星拱的说法，所谓中山大学文学院风潮，其实早已发生并且得到解决，翻出旧事作新闻，显然醉翁之意不在酒。3月13日，朱家骅再度接到广州密报：“此间学运小组若干同志谓中山大学王校长对党的意识不足，应付软弱，以致奸党潜伏，将滋事端，提请决议，专电中央学运小组，察转钧部核办。宝猷人微力薄，对此决议，未能阻止，至为罪咎，谨电报闻，伏祈垂察。”①报告人引咎自责，是因为预感到此事可能令朱家骅陷入被动。果然，国民党中央学运小组将情况直接报告蒋介石。3月21日，国民党主席侍从室交下蒋介石代电：

> 教育部朱部长勋鉴：据报：广州中山大学自王星拱接长后，对学风极为放任，因之反动分子利用该校作宣传赤化根据地，一般反动教授学生在学校附近乡村从事秘密组织活动，至为积极。所有反动刊物报纸等到处张贴，明目张胆，肆无忌惮。该校同情本党或曾入三青团学生，常受若辈威胁，影响社会人心至巨。今后整顿之道，对该校校务负责人应予更易，另选党内干员接充，始足以辟邪说，攻异端，挽学风，正视听，防患未然等情，希注意切实整顿为要。②

最高当局的直接指令，虽然只是转述意见，还是令朱家骅相当紧张，不能不高度重视，他致函中山大学教务长邓植仪，几乎逐字逐句地转达了蒋介石的来电，接道：“未知究竟如何，至以为念。闻抚五兄近日请假离粤……务请查明，切实整顿，是所企盼。”③

王星拱与国民党渊源甚深，早就担任过国民党安徽省党务指导委员。1940年武汉大学成立国民党区党部时，王星拱任监察委员。④ 1945年国民党第六次全国代表大会时，又当选为中央监察委员。和同时期的许多大学校长一样，身为国民党员的王星拱主张学术自由，反对学校过度政治化，尤其不愿意国民党控制学校，自然对于师生的言行较为宽容。广东的国民党组织为了压制校园内日益活跃而且左倾的师生民主运动，不惜对本党人士下手，反而显得虚弱。

邓植仪如何回复，尚未查见。6月17日，朱家骅收到中山大学总务长邝嵩龄于6月6日发出的关于中山大学近况及今后应行整理事项的报告，其中第一点就是“学风方面，自王校长到校后，历经整饬，已比前良好”。报告中并无中山大学学生风气不正的内容，

① 1948年3月13日姚宝猷致朱家骅寅文电。
② 1948年3月21日蒋中正致朱家骅侍字字第40375号。
③ 1948年3月24日朱家骅致邓值仪函。
④ 吴贻谷主编：《武汉大学校史》武汉大学出版社1993年版，第137页。

反而于师资及行政方面提出改进意见，认为“教员众多，品流复杂，不无影响学风及行政进度，尚须一番整肃”，师范学院、法学院、附中等单位的主管或挂名而不负责，或长于任教而短于任事，会计主任则能力稍逊，有必要进行调整。① 这些至少反映出中山大学部分教职员的看法感受，与广东国民党组织系统的判断相去甚远。

二、朱家骅与王星拱

如果说邝嵩龄是想为王星拱打圆场则为时已晚，在中央学运小组乃至蒋介石的压力下，朱家骅不得不考虑换人的棘手问题。只是并非如后来《华商报》的广州通讯所说，换掉王星拱是为了安插朱氏自己派系的骨干。事实上，朱家骅并不愿意换掉王星拱，即使面对来自最高当局的压力，他仍然尽力维护和挽留。由于王星拱一再力辞，中山大学又不能无人主事，朱家骅才不得不留意其他人选。

最初国民党广东省市党部酝酿倒王拥蒋（梦麟），朱家骅即批示“似不甚妥”，正式答复时又改为“此君似不甚妥”，明确表示不赞成用蒋梦麟。② 在转述洪谦的报告内容时，也有意将“而在位者束手无策”等字样抹去，希望洪谦对中大事务“惠予协助，以求改善”。③ 后来致函邓植仪了解中大情况，又将蒋介石来电中“自王星拱接长后”一句删去，处处为王星拱留余地。其时王星拱因为身体欠佳和家庭不幸等原因请假离校，回到安徽安庆，迫于内外交困，多次提出辞呈，要求即选贤能继任，以便尽快卸任，兼利校务。朱家骅则屡屡发电函慰留，不允其辞职。

5 月 25 日，王星拱在各方一再催促返粤的情况下，再度提出辞呈，并阐述了不能不辞的理由：“弟历承绾护殷勤，原未敢轻于言去。……自抗战复员以来，虽无贡献，颇经艰苦。迩来年衰力竭，百病丛生，跬步难具，饮食锐减，复值境运多乖，遭众不造，内人不幸哀逝，小儿又因劳毁而致疾，抛弃远离，于心未忍，奔波应接，更觉难堪。夫学校事务之推进无有已时，而个人体力之支持终有限度，哀苦余生，已不能从事于牺牲矣。”希望朱家骅准其辞职，即日派人接任。④

与此同时，中山大学方面再度传来学生异动的消息。5 月 24 日，教育部收到广东省政府主席驻南京代表办公处转来的广州致朱家骅密电：“中大理工学生要求实习费，罢课数日，今起除医学院、附中外，各院均参加响应。……学生筹建石牌游泳池，募款两亿余元，

---

① 1948 年 6 月 6 日邝嵩龄致朱家骅函。
② 1948 年 2 月 21 日朱家骅致任国荣丑马电。
③ 1948 年 2 月 16 日朱家骅复洪谦函。
④ 1948 年 5 月 25 日王星拱致朱家骅函。

训导处令饬新机构接办，学生群起反对。学风疎懈，益感棘手。”[1]王星拱再提辞呈的当天，朱家骅收到任国荣于 5 月 24 日发来的信函：“周栽衍兄来函述中山大学近况颇详，特专呈左右，足见母校之中落不振，自有原因，未必如师台所想象，由于毕业同学之不与抚五先生合作之所致也。”[2]周栽衍于 5 月 17 日写给任国荣的信中说：

反动分子本年来采用分工性质之组织，吸收能力颇大，“五四”全面活动，系一种和平姿态的攻势——但一般人以为幸无风潮发生可喜，弟于前函曾经述及。现在反动分子在科学研究会统率之下，竟于五月十二日先由工学院三年级各系代表发动罢课，藉口学校不能履行他们的要求——先发五、六、七、八、九、十、十一等月公费作为三年级实习费，学校答复他们，已去电向教部及校长请示(照去年办法，只发一个月公费)，他们不等待部复，竟行罢课，张贴种种标语，五光十色。十三日，理院生三年级亦开大会作同样要求(无此办法)，并即日罢课。十四日，理工两院二年级各系亦罢课声援。十五日，理工两院一年级生亦罢课声援。至此，全校人数最多之工学院再加上理学院，已去其大半矣。今日此种情况更劣，法学院二年级生又起来响应理工两院，预料即将波及师、文等院。上周星期六日，学校曾为此事召集会议，商讨应付方法，但结果只是请有关之院长、系主任等协助劝导而已。又此间报载新行政院成立、教部易长消息后，校内早已无人肯卖点气力，各长、主任莫不怀五日京兆之心，群龙无头，不知所为，就弟亦感头痛！[3]

收到 5 月 21 日张嘉谋的电报，朱家骅的反应较前显得紧张，他于 5 月 25 日致电邓植仪，认为学生“动辄以罢课相要挟，实属非是，显系别有作用(底稿原为‘有人策动’)，企图扩大风潮。(底稿还有‘政府对于藉端滋事学生，决不姑息’)务请查明滋事者，从严惩处，为首者开除学籍，切勿姑息，以肃学风为要。”[4]次日，朱家骅看过昨天收到的任国荣、周栽衍来函，在文件摘由笺上批示：“交万处长速与任、高、陈(案：疑为陈可忠)三兄商之。”征求意见的内容有二：一是是否换人；二是适当人选。眼见局面失控，朱家骅开始萌生换人易长的想法。

不过，大学校长的更替往往会引起派系斗争的连锁反应，而且一时间要找到合适的

---

① 1948 年 5 月 21 日张婉嘉致朱家骅电。该电报广东省政府主席驻京代表办公处于 5 月 23 日收到，次日送交教育部高等司。据教育部批改，发电人“疑为张嘉谋”。

② 1948 年 5 月 24 日任国荣致朱家骅函。

③ 1948 年 5 月 17 日周栽衍致任国荣函。

④ 1948 年 5 月 25 日朱家骅致邓植仪辰有电。

人选来接替王星拱,亦非易事。向任国荣、高廷梓等人征求意见的结果如下:"(一)任先生意见:因邓植仪有长校野心,故目前易人,难免引起问题。似只得慰留王校长,俟暑假时就外省人士中找人更换。因广东人现无适当人选也。又云高廷梓为人作风太小,如派其前往,恐难有效果。(二)陈先生意见:目前只能慰留,拖至暑间换人。(三)高先生意见:似可再慰留王校长。至校长人选,有陈受颐者,似可考虑。"①陈受颐是近代广东大儒陈澧的后人,曾任北京大学史学系主任,并一度被视为改造香港大学中文系出任主任的理想人选。教育部有关部门查询了陈受颐的情况,认为其"关系单纯,学识亦相当,惟于战时长期在国外教书,国内情形隔阂,如使之应付该校复杂环境,恐不相宜"。建议按照任国荣等人意见,先行慰留王星拱。除陈受颐外,高廷梓还建议考虑翁之龙、黄巽两人继任中山大学校长。

朱家骅见人选未定,内讧已生,于5月30日批示:"恳切慰留,并催速返。"并于次日拟定致王星拱的电报:"中山大学意义重大,故借重清望,勉为主持。二年以来,成效显见,缅念贤劳,无任感佩。时会艰难,端赖共济,务请勉抑退思,续任艰巨,并请早日返校。"鉴于王星拱去意甚坚,而中大校务不能无人主持,朱家骅双管齐下,一面电函及托人催促王星拱留任返校主事,一面暗中准备应变措施。5月31日,他在准备次日发出的慰留王星拱的电报纸上批示:"电催张子春返国。"②张子春即张云,朱家骅催其返国,显然意在出现万一之时随时救急。

接下来事态的发展令朱家骅大为头痛。6月7日,收到王星拱自安徽怀宁的复电,内称:"星拱[体]羸病增,行食俱困,倘不退休,危及生命。力与愿违,事非得已,谨再渎呈辞职,至恳惠予照准,并乞原宥,无任感祷。"③本来事情至此,可以顺水推舟,同意王星拱的辞呈,改换他人。不料教育部酝酿中大易长的消息传出,中大教职员闻讯,大为不安,由教务长邓植仪、总务长邝嵩龄等人领衔,160余名教授联名致电教育部长朱家骅:"本校王校长德高望重,士林共仰,长校以来,尽筹硕画,建树甚多,方期继续主持,更图发展,忽闻有辞职之讯,群情惶惑,难以言宣。为本校前途计,敬乞鉴督,俯予恳切挽留,以慰喁望。"④表达了中大教师对王星拱的敬意以及对于易长的担忧。

这封联名电显然对朱家骅造成压力,6月9日,他在摘由笺批示:"已一再恳切慰留",似乎意有不悦。迫于形势,朱家骅还是调整了方案。6月10日,他在三天前收到的

① 教育部人事处长万绍章便笺(无时间)。

② 1948年5月31日朱家骅致王星拱电。

③ 1948年6月7日王星拱致朱家骅电。

④ 1948年6月5日邓植仪等致朱家骅函。签名者包括朱师辙、王力、陈守实、刘节、陈国达、罗雄才、黄昌谷、杨树达、罗香林、董家遵、王宗炎、梁钊韬等多位知名学者,其中也有我的老师、现已95岁高寿的陈锡祺先生。

王星拱请辞电报上批示："请陶校长就近代为劝驾。"并于6月11日分别致电王星拱和安徽大学校长陶因，前者内称："兄以过劳损及健康，至为歉疚。惟中山大学逐渐复原，非借重清望，并承全力主持，无以臻此，实无妥人可以为继。且目前学校切需安定"，请其"打消辞意，早日回校"。后者则请陶因就近代为敦劝，"务请其早日回校"。6月12日，朱家骅复函邓植仪等："王抚五校长确有辞职之意，本部业已一再恳切慰留，并已电催克期返校，一面又托安大陶校长往访敦促其行。尚祈诸先生再为恳劝，幸甚感甚。"不过，这一次朱家骅却是有点儿故作姿态，以应付中山大学教师的诉求：一方面，他知道让王星拱回心转意的可能性已经不大；另一方面，相关人士也有不同声音，其中既有政治正确，也有畛域之见。

6月7日，任教于中山大学的周达夫长函向朱家骅建议中山大学各项事宜，认为"中山大学情形，实须彻底整顿"，其中不少条目与易长之事有关：

(一)自宋子文先生来主省政之后，中山大学易长之说，即时有传闻。今年因资源委员会及国家行局等自东北撤退人多，往往不录用大学新毕业生，没出路，不无恐慌，而宋主席因筑港等项之需要，闻又自办训练班，未免不甚经济。就此点而言，中山大学宜以蒋梦邻先生担任校长，俾与宋主席合作，而中山大学工学院极不充实，尤须获得宋主席之协助，以资改进。

(二)王抚五先生宜调长安徽大学，因(1)王校长体力恐不耐此校繁剧，故乡之起居饮食或较适宜。(2)王校长用人有皖籍，难免此校粤籍旧人误会。若在安徽本省，自甚相宜。(3)王校长与武汉大学关系深，此间之与武汉，中隔湘省，不若安大与武大，声气更可相通。(4)安大现状，似亦亟须易人整理。

(三)如梦邻先生不允就任，可否请叶玉甫(恭绰)先生担任校长名义。因叶先生为交通界元老，可与华南建设配合，现在退休在乡，国家如以大学校长礼遇之，亦眷念耆宿之至意，且玉甫先生在抗战中大节凛然，宜尊重之。闻其回粤有避嫌之意，如任以职务，更可根绝流言。

……

(十三)此校现状不佳，远非昔比，整顿之道，首在力复当年季公及我公在此之旧观。顾颉刚先生系当年旧人，是否可胜校长之任？……如蒋梦邻先生、叶玉甫先生，声望固高，而无冀期刷新，且与部中联系，或更不密，未足以赴事功也。

(十四)王抚五先生可以无过，而不易有功。教务、总务两长，则均才力不胜。邹海滨先生兴建校舍而未竟全功，实为可惜。现在校容极不整饬，校舍、校车、水电，无一不须整顿。……①

① 1948年6月7日周达夫致朱家骅函。

宋子文于1947年9月30日到广州接任广东省主席，他未必会主动直接插手中山大学校长的人事安排，可是一则走马上任照惯例人事上会相应有一番变动，二则身边亲信出自各种考虑也会有所建言，这两种因素，都有地缘关系作用于其间。

在此期间，朱家骅还收到一封转来的关于中山大学现状的通信，内称："中大愈弄愈糟，现已公开贴出打倒政府，欢迎共军渡江，打倒蒋光头（即指总裁）等标语。纪念国父之学府，竟成为反动分子之大本营。王校长久假不归，萨院长亦不在，教务长不理，训导长亦不管，乌烟瘴气，陷于无政府状态，其腐败从所未有。苟不早图解决，中大不难成为燎原之星火。到斯时责任究由谁负？教部似应作断然处置，非有党性极强，大刀阔斧，敢作敢为者，不能挽此危局。"①

6月18日，张嘉谋也致函朱家骅："中大王校长想难返校，教部对中大问题究将新派人选，抑抄袭中央大学之旧文章。中大人心不定，议论纷纷，若再拖延，殆将发生事件。"言下之意，希望教育部在王星拱不继续留任的前提下尽快解决接任人选问题，以免久拖不决，出现权力真空，导致局面失控。

就目前所见资料，最晚到6月17日，不仅张云接长中山大学一事尘埃落定，而且人还在欧洲的张云已经同意先派陈可忠代理中大校长一职。② 在此之前，朱家骅不但要和张云、陈可忠反复协商，因为"此时觅人不易，尤其于粤省人士中能得各方同意者更为困难"，朱家骅"事前曾与在京之粤省前辈及中大校友商量定妥"。如此，则自5月末考虑由张云接长之后，联系咨询等相关动作一直没有停止。再向王星拱劝驾，不过聊尽人事，敷衍塞责而已。

经过一番短暂的行政手续，张云接长中大以及陈可忠暂时代理之事正式确定。6月26日，陈可忠拟于6月28日飞粤履新。朱家骅匆忙之中赶紧于当天分别电函邓植仪和宋子文、欧阳驹（广州市长）、徐景唐（教育厅长）等人，告以"王校长再三坚辞，苦留不获，不得已，准予辞职，并已提院发表，由张子春兄继任，在张兄未到校前，校务暂由陈可忠兄代理，决定俭日飞粤。"并请各方面惠予协助。③ 接着，又陆续以函电形式将消息通知周达夫、张嘉谋、黄尊生等相关人员。

朱家骅可能担心粤省及中大人士对人选有异议，特意说明"陈可忠为中大多年之老教授"。④ 不过还是出现一些异调，只是对象为张云。宋子文听说张云"前曾在中大任教代理

① 1948年6月8日"信"致"梓林"函。
② 1948年6月17日教育部笺。
③ 1948年6月26日朱家骅致邓植仪电。
④ 1948年6月26日朱家骅致宋子文等函。

校长,措置多未适当,旋即去职。现为防范职业学生鼓动学潮,采取积极注意及严格制止办法,但亦须极力避免,可资为藉口之原因。特据筹虑所及,但供参酌,尚祈密察为幸”。[①]朱家骅连忙解释道:“渠上次代理校长期内种种,弟所深知。惟当时攻讦张兄者,尚有其它原因。渠近年在美进修,甚得美方之同情,在天文学上亦有贡献,美人并赠中大以天文仪器,即此可知。且彼现在欧洲,秋间方能返国,校务暂由陈可忠兄代理,陈虽非粤人,但系中大老教授,在学术界上尚有声称。”[②]只是这样的打圆场未必真的有效。

三、朱家骅与 CC 派

1948 年中山大学的易长事件,除了地缘纠葛外,表面看似与国民党内的派系斗争牵扯不大,王星拱虽然不是朱家骅派的骨干,朱家骅还是努力维护,迫不得已,才安排自己的人马。而自抗战以来在文教界尤其是大学系统与朱家骅派一直明争暗斗的 CC 派,也没有直接现身。不过,联系到王星拱的接长中山大学与朱家骅派和 CC 派的缠斗关系密切,以及由 CC 派掌控的广东国民党党部系统率先发难预谋倒王,则背后派系矛盾的阴云依然笼罩。

朱家骅与二陈,既是同乡,又是同门,因为轮流掌管国民党组织部和国民政府教育部,用人行事相互排斥,遂成水火不容之势。在国民党的组织系统当中,朱家骅派的势力远不及 CC 派,不得不与其他派系联合,但在教育界,尤其是大学系统当中,朱家骅却能凭借其他资源,与 CC 派抗衡。双方的矛盾在抗战期间已经日见尖锐,组织部系统朱家骅派改变 CC 派旧轨,教育部系统则 CC 派排挤朱家骅的人脉。与朱家骅关系紧密的顾颉刚,即因为“不愿在 CC 统制下过生活”,与不堪忍受陈立夫压迫而辞职的中央大学校长顾孟馀共同进退。[③]

1944 年 5 月召开的国民党五届十二中全会,朱家骅与二陈互换组织部和教育部职位,此举引发两大系统人事的重新洗牌,进一步加剧了两派的冲突,各自在自己掌控的领域内加速排挤对方人马。[④] 据 1944 年 8 月 7 日王子壮日记:“近日政治风气日坏,盖生存竞争激烈之表征。朱骝先自组织部去职,其所属人员相继为新任所汰,彼所主之中英庚款董事会已决定裁撤,中央秘书处所管之文化驿站,系朱之亲信贺师俊所主持,中

① 1948 年 7 月 3 日宋子文致朱家骅午东电。

② 1948 年 7 月 5 日朱家骅复宋主席电。

③ 顾潮编著:《顾颉刚年谱》,中国社会科学出版社 1993 年版,第 313 页。

④ 关于两派在国民党内的争斗,王奇生《党员、党权与党争——1924—1949 年中国国民党的组织形态》第 13 章《“六大”前后的派系政治与精英冲突》论述最详。

央秘书处以紧缩名义并入宣传部。余并非支持此等机关者，其待调整亦为事实，惟朱氏甫下台，纷纷出此，实不免打落水狗之讥。在朱氏僚属，非[均]不免有走投无路之悲。此种现象，惟有使壁垒日深，冲突激烈，为党国前途计，实堪忧虑。”[①]

朱家骅派在国民党内虽然整体实力不足以和CC派抗衡，在文教界却有着相当深的根基和广泛的人脉。1940年8月中研院选举院长，尽管陈寅恪反对单举几个蒋先生的秘书，其中也包括朱家骅，其实只是相比于胡适，朱家骅毕竟是官员。投票结果，朱家骅得23票，与翁文灏并列第一。傅斯年分析道：“朱票多，王(世杰)票少，其故事后想来有三：1、朱任总干事二年，院中人甚熟；2、中英庚款会整年的礼贤待士；3、朱为人善与各人要好。王之少票如下：1、王在部长任内，惹恼了好多有大学背景之人；2、不习自然科学，与‘科学家’少认识(评议会大多数为科学家)，人以为是个法官。”[②]有大学背景的评议员，在各校均为重量级人物，朱家骅在他们心目中的形象正面，间接反映了朱家骅在教授中的地位。

朱家骅与二陈的派系矛盾，尽管双方在公开场合一再否认，实际不仅普遍存在，而且相当严重。抗战期间，国民党开始在各大学普设区党部，[③]而此时刚好朱家骅接任国民党组织部长，与二陈的位置互换，双方一方面在新掌控的系统中排斥对手，一方面力图利用新的权力资源和原有的人脉关系维持甚至扩张在旧系统中的势力，冲突愈演愈烈。而大学为双方利益交叉重迭最大的领域，各自都视为己方的禁脔，于是成为两派争夺的焦点。[④] 中山大学可以说是朱家骅的政坛发祥之地，历来十分重视，两派在此的争夺持续不断，校长的人事更替，更成为矛盾的集中体现。

1940年春，教育部长陈立夫借反对代邹鲁主持校务的萧冠英以打击掌握中山大学的地方实力派，策动倒邹，迫使邹鲁辞职。许崇清代理校长一年多，到1941年7月被免职，由教务长张云代理。1942年5月，张云又被金曾澄所取代。[⑤] 张云代理校长期间担任教务长的董爽秋于1942年10月辞去中大教职，据称：“教育部督学张北海在坪石曾公开声言，中大此次之易长，乃为陈、朱之争，而教育部以迅雷不及掩耳之手段，撤换张子春之代理校长职，金曾澄甘作人傀儡，而解除弟与康辛元兄之长期聘约，以至其他直接间接与吾人有关者，无不去之欲尽。至各省党部内之对立，亦甚明显。是则因过去各省党部人员，皆陈氏所委用者，今我公任组织部长，每改委一人，旧有者即认为异己，而

---

① 中研院近代史编印:《王子壮日记》(第9册)，第317页。

② 1940年傅斯年致胡适函。中国社会科学院近代史研究所中华民国史组编:《胡适来往书信集》中册，中华书局1979年版，第476页。

③ 关于战时国民党在大学的组织发展，详见王奇生《战时大学校园中的国民党:以西南联大为中心》,《历史研究》2006年第4期。

④ 关于两派在大学系统进行争斗的情形，牵涉广泛，另文详论。

⑤ 梁山、李坚、张克谟:《中山大学校史(1924—1949)》，上海教育出版社1983年版，第106—108页。

欲排除之。可知在此形势之下，我虽不与人争，而人终不肯谅。彼且有金钱，有联络，因而活动力大，协作人多，而我所赖者，道义之结合耳。以道义之交，而切磋学问固可，一入政治旋涡，则属一盘散沙，不堪一击。兹特具体陈供数点：(一)各地与公有关之人，应本亲爱之情，互相关怀，互相协助。(二)以后对干部人员，极应多多选拔忠实而有能力者充任之，必要时或加以数月训练。(三)吾人对中山大学如欲争取，即应设法于暗中协助其发展，暂时屈抑，无关大体，但若抛弃时间过久，以后再欲恢复，则难为力矣。以上数点，虽出弟之笔述，实为各地友好所同感者。”

朱家骅接到1942年10月1日董爽秋的告状信，不愿其将自己与二陈的矛盾公开化，遂于10月13日复函表示：

> 承示外传与某方相争各节，全属无稽之说。弟处世做事，一向至公无私，人所共知，公事机密之外，无事不可对人言，衷怀坦白，与任何人一无所争也。凡此挑拨离间有意中伤之语，皆不足信。至同学会、校友会等等关系，乃历史有以致之，决非他者可比，同学同事只可因公而团结，相互亲爱联系，系当然之事，不可藉此有所自私。弟本“助人为快乐之本”之训条，凡人有求必应，对一切事均如此，对各教育文化团体亦然。中大既有多年历史关系，又系总理所手创，当然更应如此，傥有所见，无不直言。子春兄系多年同僚，遇有所询，必诚挚答之，前许崇清先生时代悉如此，现在金湘帆、陈宗南二兄，仍常有所嘱，亦无不尽力相助。①

朱家骅的这番话，看似冠冕堂皇，大公无私，可是并不能否认教育界其属下自成一派与CC派恶斗的事实。1943年六七月间，朱家骅到各地视察党务，其间曾到中山大学，所接到的近况报告称：“中大教职员派系错综复杂，蔚为大观”，形成因素主要有政派、地域、院系等，其中派系主要为朱家骅派、CC派、黄埔派、邹鲁派和第三党。朱派骨干有理学院教授任国荣(国民党中大特别党部书记)、地理系主任吴尚时、工学院兼理学院院长陈宗南、医学院院长李雨生等。前校长张云与朱家骅关系颇深，法学院教授叶元龙、钱清廉亦为朱派，1942年张云去职时离校。“朱派人物在校者虽不少，然均为个人的关系，对中大似无具体计划，行动殊不一致，自相倾轧之事一再发生，似需有一领袖人物从中主持。”

中大CC派“以教育部为后台，一切活动，均较方便。校长金曾澄为保持地位计，一切均遵从教部意旨，可说已倾向此派。此派中心人物为前训导长王慕尊、师范学院院长

---

① 1942年10月13日朱家骅复董爽秋教授为中山大学易长事辟谣。

齐沫林、会计室主任王俊人，以师范学院为大本营。一年以前，师院尚有接近张云者如卢文、叶述武、任国荣(时任博物系主任，未与张云发生意见)及一部分本校留校服务同学在，未能为所欲为。金氏上台后，齐氏排除异己，已成清一色之势。现任训导长陈劭南、训导处办公厅主任周梅羹及各学院训导员均属此派。先修班主任萧锡三因中委萧吉珊之关系，亦倾向之。最近齐沫林有在渝供职，不再回粤之说，陈劭南对师院院长一职，颇思染指，引起师院一部分CC分子之不满”。后王慕尊调广西大学，齐沫林为中大CC派领袖。

黄埔派以陶林英为代表，法学院院长汪洪法、政治系主任刘求南属之，以法学院助教刘次修、刘显琳、谭让、黄沛榕等为触角。邹鲁派有吴康、古文捷、邓植仪及潮梅籍教职员，“时发邹氏重长本校之幻梦，年来势渐衰。”第三党有经济系主任王亚南、教授梅龚彬、陶大镛、卓炯、彭芳草等，“学生思想问题与此派大有关系”。各派借助地域、院系等纽带，相互缠斗。由此可见，派系冲突在战时的中山大学校园里已是公开的秘密。只是国民党的势力不能笼罩一切，有时其他因素的作用更为显著。如“中大教授有把持一院一系而自成派系者，其斗争之烈，尤甚于党派斗争。盖与饭碗发生直接关系也”。[①]

朱家骅给蒋介石的报告，隐去了派系斗争的内容，所提出的整饬意见之一，是“请钧座派一具有革命历史之老同志为校长，以示范学子，并派一在教育学术界素有地位之精干同志辅助之”。[②] 此法可谓人才不足的朱家骅在大学与CC派竞逐的一大妙招，既迎合了大学教授对CC派普遍反感的心理，有效地瓦解盘根错节的CC势力，又能够示以公心，博取学界的好感。后来他用王星拱长中大，用沈兼士攻夺东北大学，目的都在于此。

朱家骅一生，先后在北京、中山、中央三所大学任教长校，这三所大学不仅地域上分别位居北、南、中部中国的重要位置，更具有社会旗帜性的广泛影响力。1944年2月25日，朱家骅在中央大学纪念周讲话时说：“中央大学在学术贡献上和学生在社会成就上，都应该领导他人，起一种示范作用。中央大学不仅具有一般大学与大学生的使命，还应负起特殊的责任。”[③]对于中山大学，他也抱有同样的期望。他在1943年8月31日《报告奉命视察中山大学经过附拟整饬办法》中说：“伏查该校自十三年创办，十五年改组以来，既为南中最高学府，亦为与本党最有深切关系之大学，所有教职员学生，在任何时

---

① 《中山大学近况》。

② 1943年8月31日报告奉命视察中山大学经过附拟整饬办法，松字第244号。

③ 杨仲揆：《中国现代化先驱——朱家骅传》，近代中国出版社1984年版，第60页。

期，大都能拥护中央，服从领袖，历届毕业生约数千人，今两广闽赣浙各省各部门工作干部，多出自该校，在渝党政军机关工作者亦有三百人。故该校办理良否，关系党国实巨，尤其于安定南中之前途，所关尤切。"所以主张"从速整饬"。[①] 不过，正因为抗战期间国民党过于将大学作为政治地盘或势力范围，与大学本身应有的独立性发生尖锐矛盾，由此导致国民党和国民政府在知识界声名恶化，又由大学的辐射力得以迅速扩张。其在大学内部的派系冲突，造成国民党形象的私利化，一方面使得校内师生对国民党日益离心离德，另一方面激起了社会的连锁反应，成为其失去大学乃至整个政权的重要原因。

（原载《学术研究》2008年第1期）

① 1943年8月31日报告奉命视察中山大学经过附拟整饬办法，松字第244号。

许崇清教育哲学理念的形成、发展及其在中山大学的实践

黄　悦

一、许崇清教育哲学理念的形成及其学术背景(1888年—1920年初)

许崇清是广州高第街许氏家族的第五代,出生于1888年1月20日(光绪十三年十二月初八)。他的父亲许炳暐由户部郎中转调山东济南帮办治河工程,当时黄河水质清澈,为历年少见,因此将新生儿取名为"清",以纪念这个祥兆①。其后许炳暐升任江西盐运使,丁母忧服丧于广州,服满复官于江西洋务局办差②。许崇清幼年时期随父母生活,及至1894年许炳暐病故,许崇清返回广州高第街随母亲朱氏居住。在许氏族学跟随薛子敬、姚韵笙两位先生学习旧学和新学,因为天资聪慧常获得先生的称赞③。1900年,许崇清应童子试,"初试发榜,竟得复选,并能终场,余母之心甚慰"。④ 同年,许崇清随兄长许崇灏前往湖北武昌,寄居在姑父冯子材家中,入读博文书院,此后毕业于博文中学校。博文书院是教会学校,许崇清在此接触到算术和自然科学知识以及基督教教育和道德观念。博文书院地理上邻近两湖书院,许崇清得以与宋教仁、黄兴等结交往还,从而受到了反清革命思想的影响⑤。1904年,许崇灏和许崇清到南京投靠叔父许苓西,1905年许崇清考取官费到日本留学⑥。

许崇清到达日本后,入读第七高等学校⑦。就读期间,许崇清学习成绩优秀,因在数

---

① 许锡挥:《许崇清传略》,载《许崇清文集》,中山大学出版社2004年版(以下简称"中大版"),第1页;《许崇灏回忆录》,未刊稿。

② 梁鼎芬:(宣统)《番禺县续志》,卷十七《职官》,民国二十年出版刻本;《许崇灏回忆录》,未刊稿。

③ 《许崇灏回忆录》,未刊稿。

④ 《许崇灏回忆录》,未刊稿。

⑤ 许崇清:《我所认识的孙中山先生》,《许崇清文集》,广东人民出版社1994年版(以下简称"广东版"),第18页;山军、庆山:《现代中国教育界的卓越前驱许崇清》,载《崇正树德　清风亮节:纪念教育家许崇清》,广东人民出版社2013年版,第117页,原载《中山大学学报》1986年第4期;《许崇灏回忆录》,未刊稿。

⑥ 许锡挥:《许崇清传略》,载《许崇清文集》(中大版),第1页;《许崇灏回忆录》,未刊稿。

⑦ 许锡挥:《许崇清传略》,载《许崇清文集》(中大版),第1页。

学课上采用有别于老师教导的方法解题而受到赞赏，有一次考试得了102分。某次学年终结时他的成绩名列第一，但日本规定第一名不能是外国人，只好将他降为第二名。当是时，日本正处于欧美科学文化大量翻译传入的时期，许崇清在其世界观形成过程中吸收的西方文化占有压倒性地位，当论及国人不满向来的生活和思想，寻求新出发点时，他认为："我们寻求创造的出发点的地方，不在国故，却在欧洲民族的生活和学理。"①

同时，日本也是许多中国先进思想学人和革命者聚集活动的地方，许崇清在这个大环境中受着影响，他经常阅读孙中山先生创办的《民报》，导致有中国同学警告他："看《民报》回国是要杀头的。"②孙中山领导的革命组织同盟会于1905年在东京成立，日本正是其招收成员和策动革命的基地。1911年，许崇清由宋教仁介绍加入同盟会，为机关刊物《民报》撰写文章，向留学生和国内青年传播新知识和革命信息③。1911年辛亥革命爆发，许崇清停止学业回国参加革命活动，1912年重回日本继续求学④。许崇清在第七高等学校毕业后，进入东京帝国大学文学部学习，攻读教育学和哲学；1918年大学毕业后进入研究院继续深造，研究题目为"修身教授"（可理解为道德教育）⑤。

在东京帝国大学攻读是许崇清走上学术道路的起点，他在自述文章《关于我的学术思想》中提到："我在大学时，是由哲学而社会学，最后才走上教育学这条路来的。我搞哲学时，搞的是新康德哲学；我搞社会学时，搞的是孔德社会学；我搞教育学时，搞的是赫尔巴特的教育学。总之，那一学科的主讲教授是那一学派的，我也跟着搞那一学派的东西。"在对各个学派有了深入透彻的了解之后，许崇清发现它们的不足之处和相互矛盾之处，开始寻求一个能够令他接受和信服的体系。他从康德哲学转向杜威实用主义是摆脱唯心主义哲学的重要一步。他自述道："实用主义哲学——宁说是实用主义思想法——虽免不了只知适用而没根据，只知通融而没归宿底诽难，但在阐发思想与生活的关系而要求并实行改造了哲学一点，确比从来只埋头于么先天，么绝对，以为这就可以绳墨一切底那些哲学，高出一等。这是我当时底见解，是我从康德哲学转向实用主义底一个缘因。"⑥后来，许崇清又发现杜威的哲学"并不彻底"。他说："我走的门路越多，那些学派的对立和矛盾，纷纭错杂在我的脑海里就越加使得我无从收拾。于是我想独自创立一个新体系。我几乎走遍了唯心论各种形态的哲学歧路，结局是摸上了唯物论的

① 许崇清：《今后思想家当取的针路》，《许崇清文集》（广东版），第76页。

② 许崇清：《今后思想家当取的针路》，《许崇清文集》（广东版），第76页；庄向阳：《矢志教育堪称"范式人师"》，《崇正树德　清风亮节：纪念教育家许崇清》，第214页，原载《晶报》，2008年12月2日。

③ 许崇清：《我所认识的孙中山先生》，《许崇清文集》（广东版），第18页；李竟先、王祥：《风雨翰墨——粤盟先贤及其书法研究》，群言出版社2013年版，第73—74页。

④ 许锡挥：《许崇清传略》，《许崇清文集》（中大版），第1页。

⑤ 许崇清：《我与杜威〈哲学之改造〉》，《许崇清文集》（广东版），第3页；许锡挥：《许崇清传略》，《许崇清文集》（中大版），第1页；黄悦：《崇正树德　清风亮节：纪念教育家许崇清》，第VIII页。

⑥ 许崇清：《我与杜威〈哲学之改造〉》，《许崇清文集》（广东版），第3页。

最高发展形态——辩证唯物论的道路。从那时起(1919年),在马克思主义理论的基础上建立教育学的一个新体系就成了我的理想。"[①]许崇清走上辩证唯物论的道路是与政治无关的,在1918年前后,这个学说从欧洲传入日本,还没有多少中国人知道。许崇清不仅精通日语,而且掌握了英语和德语,他直接阅读欧洲学者的著作。他说:"我曾把辩证唯物论只当作哲学各种学派中的一个学派,只不过是在逻辑的领域内来玩味它的分析的精到和组织的严密。"[②]

在大学和研究院期间,他发表过多篇学术论文,中山大学出版社2004年出版的《许崇清文集》中的多篇文章都是撰写于此时期。其内容涉及哲学、教育学、社会学,多发表在当时留日学生组织丙辰学社主办的《学艺》杂志上。有学者认为,许崇清在此时期发表的文章,"侧重于概念的分析"[③],这可能与他还未回国参加教育工作有关。但在他与蔡元培争论宗教与信仰的关系问题时,他已经能够在理论辩论的基础上,运用日耳曼民族的实际事例加以证明了。

1917年1月12—13日的《中华新报》连载了蔡元培在信仰自由会上的演说,谈论孔子、宗教、国家三者的关系。许崇清不同意他的观点,撰文反驳,分析了宗教和信仰的不同之处,认为"孔子之教,本与今之宗教(Religion)有别","孔子平天下大一统之思想,即我汉族之政治理想","其所谓大同,所谓大一统,既为我汉族之理想,则此大一统之理想,当然为汉族中心之世界一统主义也";并且说明国家与宗教之间的关系:"故曰国与教二者界限不能相废而相赞助,是以有定其名而并存之以示其关系之要也。"最后运用图表演示蔡元培讲话中的自我矛盾之处[④]。蔡元培读了许崇清的文章之后,对自己的观点进行了订正并撰文进行答辩,发表在《新青年》上。许崇清再次与其争论,指出认识论与自然科学和精神科学的研究方法均不相同,蔡元培"所举之哲学问题,都非今日之哲学问题。亦非现今科学所能解决之问题,实则二千年前古代希腊哲学之问题耳";并通过引用爱因斯坦的相对论来说明现今自然科学的发展"实已深入玄奥之境",哲学问题也"今与夕异"[⑤]。许崇清此文首次将相对论介绍到中国,成为我国近代科学史上的一个重要文献[⑥]。1917年蔡元培又在出席北京神州学会时发表演说,提出"以美育代宗教"

---

① 许崇清:《关于我的学术思想》,《许崇清文集》(广东版),第9页。

② 同上书,第10页。

③ 黄凤漳:《许崇清教育思想简介》,中山大学学报编辑部:《许崇清教育论文集》,1981年,第365页。

④ 许崇清:《批判蔡孑民在信仰自由会之演说并发表吾对孔教问题之意见》,《许崇清文集》(中大版),第7—15页。

⑤ 许崇清:《再批判蔡孑民先生信教自由会演说之订正文并质问蔡先生》,《许崇清文集》(中大版),第16—19页。

⑥ 中山大学学报编辑部:《崇正树德 清风亮节:纪念教育家许崇清》,第93页,原载《中山大学学报(自然科学版)》1979年第3期。

的口号，许崇清亦不同意其观点，再次撰文《美之普遍性与静观性——主张以美育代宗教说者之二大谬误》予以反驳[①]。许崇清与蔡元培的三次争论，体现他对学术的执着以及对权威的无畏，这两种品格在此后多次闪耀，贯穿了他的整个人生历程。

许崇清的教育哲学理念在他学成回国初期已经初步形成，其标志是他在关于“学校与社会”和“教师与社会”的论述中明确提出了“社会的所在即教育的所在，教育和社会是不可分离的”。他从有机体和环境的相互作用出发，认为学校教育必须置于“社会的刺激之中”。他反对学校与社会脱离，反对将教师工作视为“个体行为”的观点，都是源于其唯物主义教育哲学。[②]

二、许崇清教育哲学理念的定型及其在教育领域的实践(1920年—1949年)

许崇清的教育哲学理念形成后，在他的教育工作实践中始终以此为指导。1930年，他在向广东省中学教员的一次讲演中，强调哲学与教育学的密切关系时指出：“哲学可以说是教育的一般的原理，教育可以说是哲学的具体的实行。”[③]他关于教育本质的定义，被学者认为是他教育哲学研究的最高成就，并发展了辩证唯物主义的教育哲学[④]。

关于教育的本质，从哲学范畴思考，不仅唯心论和唯物论有分歧，就是唯物论者之中也各有不同论点。许崇清认为，教育既不属于客观存在，也不是主观意识，而是主客观相互作用的一个形态。他指出：“人在变革现实的过程中，人类自己底本性也随着实践的活动而变化，教育学的出发点就在于此。”他又认为，“教育是人底实践的一个形态”，“教育是教人自己去学习，自己从实践中作育自己，人是他自己底实践的活动底结果”。[⑤] 许崇清有关教育本质的明确科学表述，初见于1941年发表于抗战时期在韶关出版的《教育新时代》第2卷第1期题为《所谓“社会底教育作用”其实是人类底社会的实践活动底自己发展自己学习》。抗战胜利后，他发表了另外两篇文章：《人底本质与教育》(1946)和《人类底实践与教育底由来》(1948)对此问题作出更加深入和全面的论述，自此正式确立了“一家之言”。

他从自己对教育本质的理解出发，坚持教育过程就是人在实践中改造环境，而环境

---

① 《许崇清文集》(中大版)，第24—25页，原载《学艺》1920年第1卷第3号。

② 许崇清：《学校之社会化与社会之道德化》、《教师与社会》，《许崇清文集》(广东版)，第155—160、166—168页。

③ 许崇清：《教育哲学是什么》，《许崇清文集》(广东版)，第192页。

④ 黄凤漳：《许崇清教育思想简介》，中山大学学报编辑部：《许崇清教育论文集》，第379页。

⑤ 许崇清：《人类底实践与教育底由来》，《教育研究》第110期(1948年9月)。

又改造了人的理念。他在民国时期的教育工作中的许多举措，都与这个理念有着密切的关系。

(一)第一次执掌中山大学前后

有学者认为："许崇清的教育社会理论和教育革命理论来源于他任职广州市教育局局长和广东省教育厅厅长时组织参与的教育活动，而高校建设理论则是他担任中山大学校长时治校方略的结晶。"①但笔者认为，许崇清在日本留学时期已对欧美日各国的高等教育模式有所留意和研究。1920 年 5 月在《学艺》上发表文章《欧美大学之今昔与中国大学之将来》，此时距 1931 年许崇清首次担任中山大学校长还有十年之遥。在此文中，他深入讨论了英、法、美、德、日等国的大学发展沿革、学位制度、学院职能，指出："我国大学之当取法德国，以专门科学之教授及学术之基础研究为本务。"并结合我国实际，认为"要在现在的中国设立完全的综合大学，实属难事"，若组织单科大学则须有完善的理科教室②。近代中国社会变化发展迅速，许崇清可能亦未曾料到，此文发表后短短几年间，他就参与筹备华南第一所综合大学，将心目中的"难事"变成现实。1924 年，孙中山先生筹备成立国立广东大学，时任广东省教育厅厅长、国立高等师范学院教授的许崇清兼任广东大学筹备委员会委员。广东大学是由国立高等师范学院、广东公立法科学院、广东公立农业专门学校三校合并而成，含有预科和文、理、法、农、工五科的课程设置，是一所综合性大学。在筹备过程中，许崇清为文科委员会成员，具体负责指导文科的课程设置、教师聘任、学生招收等工作③。11 月 11 日，广东大学举行了成立典礼，孙中山亲临会场写下校训，许崇清亦发表了演说④。

1925 年 10 月，国民政府决定将广东大学改名中山大学，许崇清再次受邀为筹备委员会委员。此次更名，不仅仅是学校名称的变动，更是在第一次国共合作的大背景下，国民政府和教育工作者对高等教育理念变化发展的一种体现和实际行动。筹备委员会制定新的中山大学规程，对其办学目的作了新的规定，要把三民主义的理论散播在学校工作的每一个方面，并强调学校与社会之间的沟通，因此中山大学的行政组织和学科设置也作出了变动⑤。在 1927 年 3 月国立中山大学开学典礼上，许崇清发表演说，肯定中大改革后的新面貌，"希望他能够成为一个研究团体，发明新事物"，并殷切希望"改组后

① 胡杨：《试论民国时期许崇清的教育理论与实践》，《高教探索》2010 年第 5 期。

② 许崇清：《欧美大学之今昔与中国大学之将来》，《许崇清文集》(广东版)，第 146—154 页。

③ 黄福庆：《近代中国高等教育研究 国立中山大学(1924—1937)》，中央研究院近代史研究所，1987 年 6 月，第 2—10 页。张荣芳：《许崇清校长的孙中山情怀》，《崇正树德　清风亮节：纪念教育家许崇清》，第 103 页。

④ 梁山、许军：《许崇清在中山大学》，《崇正树德　清风亮节：纪念教育家许崇清》，第 119 页。

⑤ 黄福庆：《近代中国高等教育研究 国立中山大学(1924—1937)》，第 40—41 页。

的中大,使广东成为一个革命文化的策源地"[①]。

1921年,许崇清在《产业革命与新教育》一文中提出"学校与社会的关系,总不外乎教育与产业的关系",指出教育必须与国民经济相结合,中国民族的命运才不会"委诸天演"[②]。但此时许崇清的教育观念仍偏向于理论化,较少涉及实际操作层面。经过五年在教育领域的学习和实践(包括开展工人识字运动,在国立高等师范学院任教,创办广东大学,筹备中山大学,在青年讲习班讲授《教育与革命》等),并受到十月社会主义革命成功的启发,他的教育观念有了很大的变化。在《新教育思潮批判》一文中,他批评了"一般教育者都想将教育与政治分离了,脱出它的影响范围以外,以为如是就可以维护教育使得遂其发展"。通过介绍、梳理和分析当时社会思潮,他提出"教育的根本原理罕有这形式及实质两方面,形式的原理注重个人的活动的方面,实质的原理注重国家的社会的方面",因此,"教育断不是与国家社会绝无交涉的事"[③]。1926年,许崇清响应推行党化教育的潮流,向国民政府提出《教育方针草案》,通过研究中国社会现状,比较日本明治维新和俄国十月革命的经验,认为中国只有摆脱旧制度,"超脱这种制约向前跃进,为今后发展的唯一可能";他深信"孙中山先生所定下节制资本,平均地权,以及发展实业的计划,即是我们今后的跃进所当遵由的一条线路","而且今后的教育政策,所指导的方向,亦只有与这个革命的一般政策所进取的方向相一致,然后所设施的教育,才能尽致发挥他固有的价值","学校教育当与社会生活的活动事务相结合,不独是材料的内容要与社会环境相联络,并其方法的内容亦须与社会生活相一致"。在文章的最后,他提出了14条具体的教育纲领,涵括了中国教育的各个方面,为此后的教育工作勾勒出一个可实现的蓝图[④]。有学者认为,许崇清提出的教育方针草案,是"以民生主义为出发点,以产业教育为主,政治教育为次作为党化教育方针",在理论和视野上都较为先进广阔,但始终不能被南京国民政府采纳使用,是因为方针中隐藏的"左倾理论因素"。[⑤]

1927年国共合作破裂后,国民党右派掌握了国民政府的主导权,许崇清虽在政治上不从属于任何一个派别,但他偏向于马克思的辩证唯物主义的教育理念在当时的中国必然不会得到实现。他在文章中写道:"1927年革命失败后,我认为我的教育理想只有

---

① 许崇清:《在革命文化的旅程前进》(潘庆涛笔记),载《金声玉振:名人在中山大学演讲录》,中山大学出版社2004年版,第35—36页,原载《国立中山大学开学纪念册》,国立中山大学出版部印行。

② 许崇清:《产业革命与新教育》,《许崇清文集》(广东版),第162—164页。

③ 许崇清:《新教育思潮批判》,《许崇清文集》(广东版),第169—178页。

④ 许崇清:《教育方针草案》,《许崇清文集》(广东版),第412—418页。

⑤ 曹天忠:《辛亥革命与国民教育》,《人文杂志》2011年第6期。

在未来的理想社会才能够实现，现在是无所作为的，于是便致力于教育理论的研究，着手在辩证唯物论的基础上建立教育学的一个新体系。"[①]虽然有理想不得实现之憾，但许崇清依旧努力践行他在《教育方针草案》中提出的纲领，进行收回岭南大学主导权，整理广东全省省立学校，取缔私立学校，进行农村学校改造等实践。1930年，中山大学校长更替频繁，9月戴季陶辞任，朱家骅副校长升任校长，12月朱家骅奉命接掌中央大学，由金曾澄出任中大校长。因为金的派别背景，中大学生发起了长达两月的"拒金迎戴"活动，在校内戒严、罢课，金曾澄不得就职，校长职位虚悬[②]。最后，戴季陶授意请派许崇清出任校长，事件才得以平息[③]。1931年6月，许崇清被任命为中山大学代理校长。事后许崇清曾自言被利用了做国民党内派系斗争的缓冲人物[④]。但执掌中山大学，许崇清得以在高等教育领域实践自己的教育理念。他在6月15日的就职典礼上的发言阐述了他对中山大学的期望："我们要把它造成一个民主的、以学术研究做中心的，师生的共同团体，发挥光大总理的遗教，向世界的文化，迎头赶上去。"[⑤]9月，他召开了中山大学董事会第三次会议，决定对学校的体制进行改革，实行学院制[⑥]。学校实行校、院、系三级管理，"将文科改为文学院、法科改为法学院、理科改为理工学院、农科改为农学院、医科改为医学院"[⑦]。为了适应国内革命和建设的需要，他于文学院增设社会学系，于理工学院增设土木工程系和化学工程系[⑧]。

"九·一八事变"后的9月23日上午，中山大学全校师生员工在大礼堂召开反日救国运动大会，组织成立国立中山大学抗日救国运动大会和执行委员会，选举许崇清等21人为执委会委员。大会于9月24日组织中大学生游行请愿，并向国民政府提交请愿书。9月26日上午，全市学生在中大操场召开抗日运动大会，会后到市区示威游行，中山大学成为广州学界抗日活动的中心。9月28日，执委会发出《告全世界学术机关电》，呼吁学界联合抗日[⑨]。许崇清对大学师生抗日救亡活动的支持和参与，为国民政府所不容，1932年被免去中大校长职务[⑩]。1933年，主政广东的陈济棠主张"尊崇孔孟"，重刊

---

① 许崇清：《关于我的学术思想》，《许崇清文集》（广东版），第10—11页。

② 黄福庆：《近代中国高等教育研究 国立中山大学(1924—1937)》，第104—112页。

③ 《广东中山大学学潮》，国民政府档案2-11.01.4/1，台湾"国史馆"藏。

④ 许崇清在1952年全国知识分子思想改造运动期间"自我检查"草稿，广东省档案馆，档号D00218-00011。

⑤ 《中大校长许崇清昨日就职盛况》，《广州民国日报》，1931年6月17日。

⑥ 黄福庆：《近代中国高等教育研究 国立中山大学(1924—1937)》，第113页。

⑦ 易汉文：《三次执掌中大的许崇清校长》，《崇正树德 清风亮节：纪念教育家许崇清》，第110页，原载《中山大学校报》2003年11月18日。

⑧ 张荣芳：《许崇清校长的孙中山情怀》，《崇正树德 清风亮节：纪念教育家许崇清》，第104页。

⑨ 吴定宇：《中山大学校史(1924—2004)》，中山大学出版社，2005年，第138—139页。

⑩ 易汉文：《三次执掌中大的许崇清校长》，《崇正树德 清风亮节：纪念教育家许崇清》，第111页。

孝经及注解，并在他任校长的广东军事政治学校“人手一编，朝夕探讨，以涵养其德性，濬发其孝思”[①]，还准备进一步在广东中小学推行，欲将《孝经新诂》当作教科书。当时西南政务委员会秘书处将此事转交广东省政府办理，由许崇清和金曾澄负责审查。许崇清负责起草审查意见书，他通过陈述日本“修身教授”模式的特殊之处及中国不能仿效的原因，并运用心理学、进化论、生物学等科学知识结合教育学，论证“道德之范围实包括人人相与间一切行为”，需要通过“学校的社会化”和“社会三民主义化”，才能实现民族道德的光辉和充实，并不是读经可以达到的。审查意见书经西南政务委员会开会通过，陈济棠推行读经的步伐遭到阻碍。胡汉民在《三民主义月刊》第 4 卷第 1 期刊登了审查意见书的全文，在社会上引起较大反响。“陈闻报大怒，立即召开西南政务委员会紧急会议，免去我的广东省政府委员的职务”，此后许崇清被迫离开广东。广州市中小学一律采用《孝经新诂》作为读经教科书，及至 1936 年许崇清重任广东省教育厅厅长才“重新扭转复古读经的逆流”[②]。

（二）第二次执掌中山大学时期

抗日战争爆发后的 1938 年，广州沦陷，许崇清撤退到粤北。国共两党合作形成，但对抗战持不同态度。他自述道：“按照既往的事例，在这样的情况下，国民党当权者是不会给我独当一面的职位的。”1939 年春，陈济棠的亲信黄麟书接任许崇清广东省教育厅厅长的职位[③]。当是时，中山大学已迁到云南澂江，邹鲁任校长，由校长室秘书萧冠英主持校务。1939 年度第二学期，师范学院院长崔载阳的免职引发了学生的不满。1940 年春，部分教授和学生发动“倒萧护校活动”，各学院学生罢课，形成全校性的学潮，萧冠英被迫辞职。在重庆患病的邹鲁校长向教育部提交了四次辞呈，中山大学校长一职虚悬。在此情况下，1940 年 4 月，教育部任命许崇清代理中山大学校长[④]。他上任的第一件要务，就是因应当时抗战的形势变化和政治文化上的需求，将中大从云南澂江迁至粤北坪石。此举得到教育部与广东省府主席李汉魂的支持，得到共约 70 万元的搬迁费用，聘任重要人员组织迁校委员会和新校址筹备处。经过“多方策划，辛苦经营”，“满足了学校师生员工所企盼，实现了广东文化教育界的愿望”[⑤]。1940 年 9 月，中大召开迁至坪石后的第一次教务会议，公布 1940 年度校历和作息时间，学校的教务活动和学生生活

---

① 陈济棠：《重刊孝经注解序》，《广东文征续编》第三册，广东文征编印委员会，第 298—299 页。

② 许崇清：《孝经新诂教本审查意见书》、《陈济棠提倡读经和我审查〈孝经新诂〉经过》，《许崇清文集》，第 461—466、13—17 页。

③ 许崇清：《我的经历》，《许崇清文集》（广东版），第 461—466 页。

④ 吴定宇：《中山大学校史（1924—2004）》，第 176 页。

⑤ 许崇清：《我的经历》，《许崇清文集》（广东版），第 6 页；吴定宇：《中山大学校史（1924—2004）》，第 176—178 页。

踏入正轨[①]。

迁校初期，许崇清本打算“与桂林遥相呼应”，“把中大做成文化运动的一个基地”，但因为任期短暂和客观条件所限，未能有所作为[②]。虽然如此，他在任内仍做了不少实事，奠定了抗战期间中山大学学术自由、进步开明的基调。第一，聘请经济学家王亚南、哲学家李达和石兆棠、法学家梅龚彬、戏剧家洪深等进步教授；第二，兼任研究院院长，在研究院讲授辩证唯物主义与历史唯物主义，并聘请广西大学前校长雷沛鸿、广东文理学院前院长林砺儒担任研究院导师；第三，主持举行多次学术讲演会，如朱谦之教授讲演《天德王之谜》、洪深教授讲演《抗战期间的地方戏》、张云教授（教务长）讲演《关于今年9月21日之日蚀》；第四，提议由中山大学牵头，搜罗孙中山先生的遗教、手泽以及相关中外人士的著述和研究成果，建立中山文献馆，以便后学参考研究，继续发扬孙中山先生的至理[③]。“皖南事变”后，国民政府加强对文化教育界的控制，“朱派分子”借口许崇清聘请了李达、王亚南等进步教授，联名向戴季陶密告他“引用异党，危害中大”。戴乘机推荐了朱派的张云。1941年7月，许崇清的代理校长职务被免，张云任代理校长[④]。7月11日，中大法学院学生以护校委员会的名义发起“迎邹挽许拒张”运动，号召全校同学以罢考来抗议教育部的任命。当晚其他各学院纷纷响应，贴出“拥护邹校长回校”、“挽留许校长继续代理校务”、“请张云自避贤路”等标语；并于14日派学生代表面见张云，让他签字同意向教育部辞职。此次学潮提出“拥邹”口号是虚晃一枪，因他在重庆养病不可能回来，“挽许”才是主旨，但未能成功。最后在广东省府主席李汉魂主持的协商会议上，张云和新任教务长董爽秋同意保证“追随邹许校长之后”，“恪守成规”，不开除参加运动的学生，不解聘进步教授，保持中大学术自由等条件后履任代理校长[⑤]。此次许崇清出任中大校长仅一年多，他的办学主张尚未真正实现就离任了。许崇清被免职后，赴韶关主持第七战区编纂委员会工作。许崇清虽然离开了中大，但仍发挥着影响，他主持出版的《新建设》、《教育新时代》、《学园》、《阵中文汇》等刊物，成为中大师生追求的精神食粮。《阵中文汇》在中大所在地坪石每期零售600多份，当时的中大中文系钟敬文教授称这些刊物是“浓黑中的几盏灯火”[⑥]。

---

① 易汉文：《中山大学编年史(1924—2004)》，第36页。

② 许崇清：《我的经历》，《许崇清文集》（广东版），第7页。

③ 胡杨：《试论民国时期许崇清的教育理论与实践》，《高教探索》2010年第5期；易汉文：《中山大学编年史(1924—2004)》，第37页；许崇清：《新年头的一个贡献——中山文献馆的设置》，《许崇清文集》（广东版），第507—508页。

④ 许崇清：《我的经历》，《许崇清文集》（广东版），第7页；易汉文：《中山大学编年史(1924—2004)》，第37页。

⑤ 张江明等：《抗战时期中大学生的“挽许”运动》，《崇正树德 清风亮节：纪念教育家许崇清》，第130—134页。

⑥ 黄焕秋：《许崇清和七战区编纂委员会》，《崇正树德 清风亮节：纪念教育家许崇清》，第21—22页。

抗战胜利后，许崇清回到广州，在中大师范学院教育系讲授“教育哲学”，在文学院哲学系讲授“哲学概论”。其间他发表了《人底本质与教育》、《人类底实践与教育底由来》等文章，结合自己在高等教育领域中的实践心得与学术思考，阐发唯物主义的教育哲学[①]。后一篇论文是他于中大教学时的讲稿，正是这篇论文成为他“发展了马克思主义教育哲学的里程碑”。[②]

在1920年从日本回国至1949年期间，许崇清的教育哲学理念在不断地发生着变化。其中固然有受中国国情和时局的影响，亦有追随孙中山先生三民主义理想的缘由，也有吸收辩证唯物主义哲学的成果，但他在教育界的实践，尤其是在高等教育领域的实践，对于他发展教育理念的影响尤为明显。通过筹备广东大学、国立中山大学，任职于广东省教育厅，担任中山大学校长、代理校长职务，他有机会将胸中丘壑付诸实践，也切身体会了作为筹备者、一校之长、任课教授等多种身分需要承担的责任和面对的实际问题；得到直接与学生、教职员工接触交流的机会，也在多次的学生运动和文化运动中感受到国家、社会对高等院校的期望和要求。以上种种，促使他不断改造和完善自己的教育理念、学术思想。然而，在当时的社会历史条件下，在理论与实践上出现了极大的矛盾，一方面是他的理论体系日益成熟，另一方面是他的实际工作屡遭挫折，难有他所期望的建树。这个时期的许多经验只能为他日后的教育实践和学术思考提供更多新的角度、空间和依据。

三、许崇清教育哲学理念在中山大学最后的实践(1949年—1969年)

解放战争时期，许崇清因为其唯物主义教育学、哲学的思想言论以及《新建设》等进步刊物产生的影响，受到匿名信恐吓和国民党监视，遂于1949年初赴香港暂避。10月，他参加了港九教育工作者庆祝中华人民共和国诞生的大会，并在《文汇报》上发表了《迎接新中国教育工作者底新方向》一文。对于中国历史的这一转变，许崇清是充满希望和期待的，他似乎感到心目中的那个“理想社会”正在到来。广州解放后，许崇清随即返回广州。11月，他“秉承广东省军事管制委员会的意旨，接管了广州大学”[③]。11月2日广州市军事管制委员会正式开始接管中大，至1950年2月20日接管工作基本结束，由军

① 许崇清：《我的经历》、《人底本质与教育》、《人类底实践与教育的由来》，《许崇清文集》(广东版)，第7—8、286—290、297—318页。

② 黄凤漳：《许崇清教育思想简介》，中山大学学报编辑部：《许崇清教育论文集》，第379页。

③ 许崇清：《我的经历》，《许崇清文集》(广东版)，第8页。

管会成立的临时校务委员会管治学校。在此期间，许崇清在中大任教授，与中大师生一起参加俄文学习活动，成为认真学习的典范[①]。1951 年 2 月，中央正式任命许崇清和冯乃超为中山大学正副校长，临时校务委员会结束，中大步入正轨[②]。

许崇清第三次执掌中大的时间长达 18 年，与过去两次短暂的任期形成鲜明对照。在这 18 年中，以 1957 年整风运动作为分界线，他的处境经历了两个时期。1951 年至 1957 年，许崇清与冯乃超、黄焕秋两位中共负责人合作无间，带领中山大学在新时期稳健发展。在此期间，社会上的文化环境并非没有干扰。1954 年至 1955 年间，全国开展了《关于红楼梦研究》的批判运动，随后扩展为对胡适思想的批判运动，并逐渐由学术思想批判运动转到政治运动[③]。据说，当时北京曾有人告知中山大学，要开展对陈寅恪的"唯心主义历史观"的批判，但许崇清和冯乃超都没有理会[④]。1956 年，中共中央提出"百花齐放，百家争鸣"方针和"向科学进军"的号召，学术气氛趋向宽松。1957 年夏季之前的数年间，无论文化环境是"春暖花开"还是"乍暖还寒"，许崇清与冯乃超、黄焕秋一起，始终稳妥地驾驶着中山大学的航船沿着繁荣学术的方向前进。

1957 年整风运动后，冯乃超、黄焕秋相继淡出和离开中大领导岗位，许崇清鲜少再参与学校决策，他对当时的运动和革命也持不赞成态度。他的晚年是在无奈中度过的，直到 1969 年逝世。

（一）面对思想改造运动和全国高校院系调整

1951 年，中山大学面临百废待兴的局面：八年抗战和三年内战的创伤尚未完全恢复，新旧政权更替也在一定程度上造成人心浮动；在此情况下，还需要按照上级指示对学校进行彻底的制度性改造。但这一局面在困难重重的同时，也给予许崇清一个全新的施展和践行其教育理念的机会。他在中山大学员生欢迎会上，回顾了中大曲折的历史，认为："我们从此努力耕耘，今后的丰收是可以预期的。"[⑤]

1951 年 11 月，中共中央发出《关于在学校中进行思想改造和组织清理工作的指示》，思想改造运动在全国开展。1952 年 6 月，中山大学作为华南地区的试点开展运动。这次运动的主要对象是从旧社会过来的知识分子，要求他们清除"帝国主义、封建主义和官僚资本主义的政治思想影响"[⑥]。许崇清既是运动的对象，也是运动的领导者。他认为："中国知识分子是爱国的，也是要求进步的，但每个人进步都要有一个过程，也需

---

① 《热烈开展俄文学习运动》，《中大校报》1950 年 2 月 3 日，第 2 版。

② 《国立中山大学校史（征求意见稿）》下册，中山大学校史研究室，1993 年 11 月，第 5.1—5.5 页。

③ 同上书，第 5.85—5.88 页。

④ 许锡挥口述回忆。

⑤ 许崇清：《在中山大学员生欢迎会上的讲话》，《许崇清文集》（广东版），第 519 页。

⑥ 《国立中山大学校史（征求意见稿）》下册，第 5.19 页。

要实践，不应该采取粗暴的方法。"他多次说道："这些老师是中大的宝贵财富，他们留下来就说明他们是进步的，是爱国的。今后中大要办好要靠他们的努力。思想改造要进行，但绝不能挫伤他们的积极性。"他再三对当时在中大担任学生干部的陈国强叮嘱说："国强，一定要跟同学们讲，对老师提意见，必须实事求是。"他与冯乃超一起确定了指导原则："集中力量，搞好中大，小心谨慎，宁慢勿乱，创造经验，推动全盘。"对暴露出来的问题，贯彻"不追不逼，启发自觉，认真审查，宽大处理"的原则，绝大多数教师因而得以通过[①]。运动期间，中南教育部副部长徐懋庸来中山大学检查工作，在全校教师大会上发言，说这次思想改造运动就是要旧知识分子将自己的老底翻出来晒太阳，我们投鼠不能忌器，如果这老鼠躲在器里不出来，就连器一起打碎。据称，当时这位副部长在武汉大学就是推行这种粗暴做法的。许崇清和冯乃超都认为他的讲话不妥，要给予澄清。但许崇清感到自己的身分不方便出面，商定由冯乃超在党组会议上对这位副部长提出温和而中肯的批评，制止了武汉大学的粗暴做法在中大推行[②]。与此同时，许、冯两位校长对中山大学各学院进行课程改革，力求提高教学质量。1951 年 5 月，两位校长与教务长一同召开工学院师生座谈会，充分听取师生对课程改革的意见，致力于解决工学院课程繁重、影响学生学习和健康的问题。随后，农学院、医学院、文学院相继召开座谈会，课程改革和建设在全校范围开展起来，对建立正常教学秩序，促进教学质量进一步提高起到很大的促进作用[③]。

1952 年，中央教育部决定进行全国高校院系调整。2 月，广东省广州区高等学校院系调整工作委员会成立，于 10 月开始实施调整。中山大学工学院、农学院、医学院、师范学院调出，分别成立华南工学院、华南农学院、华南师范学院、华南医学院。中山大学的文、理学院与岭南大学、华南联合大学、广东法商学院的有关系科合并为一所文理科综合大学。此外，中山大学天文学系调至南京大学，人类学系调至中央民族学院，哲学系调至北京大学。中山大学校址从广州市东郊的石牌迁至原岭南大学所在的河南康乐，校园从原来"世界大学中最大的占地面积"剧减至只有 8 万平方米。1953 年 10 月，中山大学再次奉命进行第二次院系调整，将财经、政法类专业调至武汉大学、中南财经学院和中南政法学院，同时将武汉大学、湖南大学、广西大学、南昌大学、华中师范学院部分系科师生调入中山大学。1954 年，又将中山大学语言学系调至北京大学。至此，中山大

---

① 《国立中山大学校史(征求意见稿)》下册，第 5.19—5.20 页；李欣蔚等：《情系中大二十载，魂牵教育毕生愿》，《崇正树德　清风亮节：纪念教育家许崇清》，第 142—147 页；陈国强口述回忆。

② 王季思：《永怀与深思——悼念冯乃超同志》，载黄仕忠编：《老中大的故事》，江苏文艺出版社 1998 年版，第 286 页；许锡挥口述回忆。

③ 吴定宇：《中山大学校史(1924—2004)》，第 251 页。

学的院系调整告一段落[①]。这次院系调整的理由，是"对旧教育制度作彻底的根本的改革的需要，是为适应国家建设事业发展的需要"。但对于中山大学而言，它削弱了中大的实力和地位，从原来学科门类齐全的综合性大学变成仅有文理科的大学，原有的知名教授和闻名国内外的研究机构被调出。所幸的是，通过此次院系调整，从岭南大学等其他院校接收了陈寅恪、姜立夫、容庚、梁方仲、高兆兰等知名教授，充实了被严重削弱的师资队伍[②]。

对于"院系调整"，许崇清校长是持反对意见的，他曾与冯乃超副校长一道，和中央派至中大督促执行的中南教育部副部长徐懋庸进行了激烈的争论。他们"认为中山大学是有国际地位的大学，院校调整，中山大学被大大削弱了"，"中山大学应该发展，发挥更大的作用"；"各个大学都有良好的传统，都应该保存下来"[③]。虽然最终无法抗拒这个全国必须执行的政策命令，但在执行的过程中，许、冯二位校长尽力使这项工作平稳进行，减少波动。在师资调整过程中，他们为了保护和留任某些骨干教师，事先将他们转到不受影响的学系，让他们得以留在中大，等以后有机会再重建原来的院系。例如将经济系的梁方仲教授和王正宪教授分别调至历史学系和地理系。在迁址的过程中，他们对师资设备、科系调整、房舍调配以及家属安置等都做出妥善的计划和安排，并约见部分存有疑虑的师生，深入细致地进行思想交流，既保持了学校秩序的稳定，又保持了师生思想的安定[④]。"面对着院校调整后的种种困难，许、冯两位校长团结全校师生员工，艰苦创业。有一段时间，冯乃超同志身体不好，离校疗养，许崇清先生肩负重担，埋头苦干，保证了学校教学计划的实施，并开拓了学校专业设置和科研的新局面。"[⑤]

（二）引领中大步入"黄金时期"

院系调整之后，国家进入建设阶段，中山大学也进入了一个历史上少有的稳定和兴旺时期。

全面学习苏联是50年代初期的国家政策，教育领域当然不会例外，院系调整就是

---

① 《国立中山大学校史（征求意见稿）》下册，第5.23—5.30页；黄焕秋：《给耀邦、剑英、紫阳同志关于成立重点大学的信》，《黄焕秋文集》，中山大学出版社2012年版，第26页。

② 吴定宇：《中山大学校史（1924—2004）》，第255—260页。

③ 黄焕秋：《光辉的一生——纪念敬爱的老校长许崇清教授》，《崇正树德　清风亮节：纪念教育家许崇清》，第10页；许锡挥口述回忆。

④ 《国立中山大学校史（征求意见稿）》下册，第5.26—5.27页；李欣蔚等：《情系中大二十载，魂牵教育毕生愿》，《崇正树德　清风亮节：纪念教育家许崇清》，第147页；黄悦：《曾汉民教授采访稿》，同上书，第138页；许锡挥、陈国强口述回忆。

⑤ 黄焕秋：《光辉的一生——纪念敬爱的老校长许崇清教授》，《崇正树德　清风亮节：纪念教育家许崇清》，第10页。

借鉴苏联的做法。调整之后,全国各大学进入在正常教育秩序下吸取“苏联先进经验”的阶段[①]。许崇清秉承唯物主义的教育哲学,对以马克思主义名义建立起来的苏联教育制度有着认同感,他早于1926年就将美国学者所著《苏俄之教育》全书翻译为中文,并在《学艺》上陆续发表[②]。同时,他早年发表的多篇论文所主张的教育与社会结合,教育与劳动结合,以及批判和清除西方学者的某些唯心主义学术思想等,都与当时苏联的教育制度和思想有一定程度的吻合,因此,他对在高等教育领域学习苏联经验是持支持意见的。但是,许崇清也清醒地了解中国的实际情况,不同意“硬搬”苏联经验,而是要与国情相结合。1953年,他为《中大周报》题词:“加强思想领导,加强学习苏联,结合中国实际进行教育改革,克服困难,创造条件,稳步前进。”[③]依照教育部指令,中山大学从教学行政和组织、教学内容和方法都实施了仿效苏联的做法。据1954年统计,全校97门课程,采用苏联教材、教学大纲或以苏联书籍作为教材的有59门,占60.8%,理科基本采用苏联的教材和教学大纲[④]。教学方法则普遍采用欧洲式“课堂讨论”和考试考查方法,并推行“四级记分制”,推行学年论文和毕业论文。在教学组织方面,推行由班长、班主席、团支书管理班级的“班三角制”,实行上午集中上五节课的“五节一贯制”,实施教师工作日和工作量制度[⑤]。经过一段时间的实践,“学习苏联”出现负面影响,“存在的主要问题是,学得多,学得不好;限管很多,不仅限制了学生独立思考、独立工作的能力,也限制了教师的积极性与创造性”[⑥]。事实表明,照搬苏联的教材和教学大纲,超越了中国学生的接受水平;课程门数和上课时数太多,学生、教师负担过重,身体健康也受到影响;强调教材的权威性,压抑了学生的创造精神;照搬苏联的教学组织也忽略了中国大学原有的优良传统和宝贵办学经验[⑦]。

1956年8月,高等教育部召开全国高等学校校院长教务长座谈会,讨论1949年以来学习苏联经验与中国实际相结合进行教学改革的收获和存在的问题。许崇清校长在会议上结合中山大学的实际情况,提出现行的教学改革导致学生学习负担过重、健康下降,违背了德智体全面发展的教育方针;提出调整教学计划,精简课程,改进教材教法的意见和培养学生实际工作能力和首创精神的目标。8月10日,高等教育部综合大学司

---

① 《国立中山大学校史(征求意见稿)》下册,第5.40页。

② 史考特·聂尔宁(Scott Nearing):《苏俄之教育》,《许崇清文集》(广东版),第583—704页。

③ 转引自梁山:《建国后许崇清先生对中大的主要贡献》,《崇正树德　清风亮节:纪念教育家许崇清》,第127页。

④ 《中山大学筹备委员会报告》,中山大学档案馆1954年行政卷第1号第83页。

⑤ 《国立中山大学校史(征求意见稿)》下册,第5.44—5.55页。

⑥ 黄焕秋:《中山大学1956—1957年度教学工作》,《黄焕秋文集》,第70页。

⑦ 《国立中山大学校史(征求意见稿)》下册,第5.58页;黄焕秋:《光辉的一生——纪念敬爱的老校长许崇清教授》,《崇正树德　清风亮节:纪念教育家许崇清》,第10页。

发出《解决当前教学工作中存在若干问题的临时措施》，在全国高等院校范围开展“纠偏”工作。9月8日，许崇清校长召开系主任会议，并安排组织教师进行教学工作经验总结。在经过讨论统一认识的基础上，实行一系列具体措施，将学习苏联引向更符合国情和校情的轨道，如精简课程减轻学生负担、改革教学方法鼓励学生独立思考、要求各系自编教材、增加教师在教学中的自由度、贯彻“百家争鸣”方针等。在校园文化生活方面，强调开展文体活动和增进学生健康，许崇清校长亲笔题写的“健康第一”牌匾悬挂在校医室。由于这些措施及时有力，中山大学很快出现了新的局面，教学质量得到进一步提高，学生学习自觉性增强，独立思考和自由争论蔚然成风①。

当时各门学科大都由著名教授讲授低年级的基础课，成为中山大学的一个特色。这也正是许崇清教育哲学理念的体现。他强调，无论是文科还是理科的人，都要有哲学头脑②。

中山大学在抗日战争之前曾经拥有学术的繁荣时期，尤其是20年代末至30年代中期。但在经历多年战乱之后，人员流散，机构萎缩，已处于衰微状态。1951年，许崇清重新执掌中大时，在中山大学员生欢迎会上，冯乃超副校长的讲话中提到：离开北京时李四光先生说“中大有‘化外’之感”，那就是说中大在中国学术界还没有一定的地位。这位学术界老前辈的话是语重心长的，那就是希望中大向加强学术研究这方面多加努力③。

许崇清上任后，与冯乃超一起采取有力措施开展学校的科学研究。虽经院系调整，中山大学仍然具有文、理科方面的精英优势，许多造诣深厚的知名教授可以成为研究的引领者和中坚力量。中大因此提出依靠老教师，以老带新，加强学术队伍，开展科学研究的做法。在校务教务工作方面进行了精简会议，减轻教师教学任务，重视教师科研时间。筹建了六个科学据点，给陈寅恪、梁方仲、容庚、徐贤恭等文理科教授配备了助教或教学助理员，并设法改善教师的居住环境，录用教师家属在学校就业，使用福利金补助教师生活等系列措施，尽力解决教师在科研、教学、生活中遇到的问题，让他们把更多的精力投入科学研究当中④。为了推动科学研究和促进对外学术交流，中山大学于1955

---

① 《国立中山大学校史(征求意见稿)》下册，第5.57—5.60页；黄焕秋：《光辉的一生——纪念敬爱的老校长许崇清教授》，《崇正树德 清风亮节：纪念教育家许崇清》，第10页；黄焕秋：《中山大学1956—1957年度教学工作》，《黄焕秋文集》，第69—73页；梁山：《建国后许崇清先生对中大的主要贡献》，《崇正树德 清风亮节：纪念教育家许崇清》，第127页。

② 许锡挥、曾汉民口述回忆。

③ 冯乃超：《在中山大学员生欢迎会上的讲话》，《金声玉振：名人在中山大学演讲录》，第131页。

④ 吴定宇：《中山大学校史(1924—2004)》，第264—265页。

年3月成立学报编辑委员会，由许崇清、冯乃超兼任正副主任委员。《中山大学学报》分为社会科学版和自然科学版，自1955年6月至1957年底共出版10期，面向全国公开发行[①]。为了有组织地推动中山大学具有优势的研究工作，在1956至1957年期间，增设了中国思想史研究室、中国近现代文学研究室、古文字研究室、东南亚史研究室、昆虫研究室等科研机构，集中学校的科研力量，并且增加图书、资料、仪器的采购经费[②]。

许崇清十分关注开展学术讨论的工作，他本人在中山大学教学时，经常采用课堂和课后讨论的方法与学生互动。因此他倡导中山大学举办科学讨论会，要求每年举办一次。1954年11月12日，是中山大学成立30周年纪念日，进行了持续三天的中山大学第一次科学讨论会。1955年12月24日至1956年1月28日，举行了第二次科学讨论会，包括2次全会和24次分会，许崇清校长在全会上致开幕词。会议共讨论了41篇科研论文。1956年12月15日至1957年1月16日，举行第三次科学讨论会，包括3次全会、30次分会和22次分组会，讨论论文180篇[③]。许崇清校长在第三次科学讨论会中作题为《人的全面发展的教育任务》研究报告。在这篇论文中，许崇清从教育哲学的角度，深入论述了"人的全面发展"的含义和内容，并对历史上和当时的某些见解进行分析批判。他不同意当时的全国教育方针"全面发展因材施教相结合"，认为两者不是共性与个性的关系，把"因材施教"放入教育方针，容易导致忽视全面发展"漫无目的围绕着个性团团转"[④]。论文随后分别发表于《中山大学学报》1957年第1期和《人民教育》1957年第4期；《光明日报》和《文汇报》亦有相关报导，认为是解放以来在教育理论研究中最富科学性和战斗性的文章，在全国教育界引起了重视和反响。虽然"全面发展因材施教相结合"并未有所动摇和改变，但此后多位教育学研究者认为这篇报告代表了许崇清教育哲学理念的最高成就，是许崇清晚年最成熟的一篇重要论著[⑤]。从这篇论著背后，可以感受到他当年最操心的问题是：如何在建设新社会实践中培育"新的人"。

在许崇清和冯乃超两位校长的推动下，中山大学学生的科学研究也得到蓬勃发展。1954年开始成立了各种学生科学研究小组，在教师和教研室的指导下，结合课堂学习和社会调查进行科学研究。1956年成立中大学生科学研究协会，举办了"本校学生科学研

① 吴定宇：《中山大学校史（1924—2004）》，第268页。

② 同上书，第270页。

③ 同上书，第268—271页。

④ 许崇清：《人的全面发展的教育任务》，《许崇清文集》（广东版），第359—383页。

⑤ 赵锦英：《许崇清与"人的全面发展"的教育哲学》，《学术研究》2010年第5期；黄凤漳：《许崇清教育思想简介》，中山大学学报编辑部：《许崇清教育论文集》，第381页；《校影》，中山大学出版社2004年版，第82—83页。

究成绩展览会”，展出优秀毕业论文、学年论文、同学搜集资料制作的卡片和读书笔记等，并主编出版两期《学生科学研究》刊物，编辑学生科学研究论文集①。至1957年初，中山大学的学术研究出现了繁荣景象，学术争鸣空气尤其浓厚，许崇清深感欣慰。在这个时期，许崇清的心情是愉快的，他不仅在中大努力实践其教育哲学主张，而且不时对全国性的教育问题发表意见。

(三)在风雨飘摇的中山大学里作最后努力

1957年夏季以前，康乐园师生正在响应“百花齐放、百家争鸣”号召，举行多次座谈会，对教学、科研工作的开展提出意见，对中山大学的建设和发展有很大的促进。5月，党内整风运动扩展为反右派运动，一年一度的科学讨论会暂时停止举行，中山大学错划了190名师生为右派分子。10月至12月，学校进入整改阶段，政治运动接踵而至，出现了粗暴的“革命”行动，师生受到很大的冲击。陈寅恪教授愤而写信辞职，向错误政策提出强烈抗议，许崇清、冯乃超、陈序经正副校长多次登门拜访挽留，陈寅恪教授才同意收回退休要求，不搬出校园②。

1959年，在全国进行“大跃进”形势下，6月下旬起中山大学以“政治挂帅”和“到生产劳动中去”为重心，提出改革教学和改革科学研究的“双改运动”。9月至年底，中山大学师生放下书本投入生产劳动。这样的改革和运动，与许崇清向来的教育哲学理念有相吻合之处，他赞同教育与生产劳动相结合的方式，但他认为劳动教育应该具有“综合技术教育”的意义，是培养全面发展的途径。当他看到中大学生被安排去参加简单的体力劳动，如土法炼钢、做工地搬运工人、杂工等，他指出适当进行这类劳动锻炼是可以的，但大学学生所从事的生产劳动应该建立在高度发展的科技基础上，不能使劳动教育变成手工业③。

1958年，全国性的“反右倾”整风运动波及中大校园，对师生造成很大冲击。许崇清第三次任中大校长以来，与党的主要领导人冯乃超合作无间。冯乃超因病退居二线之后，黄焕秋成为党委主要负责人。在这次“反右倾”运动中，黄焕秋受到错误批判并调离中大。他离开前与许崇清挥泪话别，对于有长期合作经历与默契的同事的离去，许崇清感到惋惜而无奈。随后，教育部任命马肖云任中大副校长兼党委第二书记。他作风比较简单粗糙，许崇清跟他虽然没有公开的意见分歧和冲突，但心中不悦。许崇清“已越

① 《国立中山大学校史(征求意见稿)》下册，第5.81—5.85页。

② 吴定宇：《中山大学校史(1924—2004)》，第272—273、284页。

③ 同上书，第274—276页；梁山、许军：《许崇清在中山大学》，《崇正树德　清风亮节：纪念教育家许崇清》，第123页。

来越不管事，许多事情，党委方面也不来征求他的意见了”[①]。

面对全国性的违背教育发展客观规律的粗暴政治活动的做法，许崇清从哲学的高度进行了含蓄的反抗和批评。1959年8月，许崇清发表《怎样解决人民教育发展过程中的内部矛盾》。他认为，社会主义国家的文化教育与国家的经济、政治现状的矛盾是非对抗性的性质，教育革命不是“一天之内”或者“搞一次活动”就能完成，而应该是“一个新东西逐渐代替旧东西的过程”，不应该“通过爆发”的方式进行。后人认为，“该文实际上是反对当时‘教育革命’的做法”[②]。1960年4月，新一轮的“教育改革”重新掀起，中山大学仍然采取大鸣大放大字报大辩论等旧有方式，对教学和科研正常秩序影响巨大。1961年1月，教育部召开全国重点高等学校工作会议，制定了《教育部直属高等学校暂行工作条例（草案）》（简称《高教六十条》。中山大学认真学习了条例内容，许崇清在《关于贯彻〈六十条〉的意见》中指出：“调整的目的性必须明确，是为提高教学水平。”并就调整学校规模和调整专业的问题提出具体的意见。中大再次恢复了教学秩序，执行以教学为主的方针，教学质量和科研都有了好转[③]。1962年1月至3月，中山大学借全国科学技术工作会议在广州召开之机，邀请华罗庚、苏步青、郭永怀、卢嘉锡、唐敖庆、童第周等著名科学家来校作学术报告和座谈，专家们介绍了有关学科的国内外研究动态，大大拓宽了中大师生的视野，推动了学术水平和教学质量的提高，学校出现了活跃的学术气氛[④]。

但好景不长，1963年至1966年，政治热度再次升温，在再次强调阶级斗争的总形势下，全国城乡开展了“四清”运动，学校也被波及，很快“烧掉”这次教育改革的成效。1964年之后，随着一个又一个的运动接踵而至，政治压力越来越大，许崇清很多时候只能尽自己的绵薄之力来保护教师，很多方针政策是上级制定并要求执行的，他即使持不同意见，也无法与之抗衡[⑤]。他的幼子许锡挥在回忆录中忆述：“20世纪50年代末期开始的事态发展，令父亲深感困惑和不解。面对那些违反事物发展规律和教育发展规律的‘改革’和‘革命’，他虽有含蓄的反对表示，但无济于事。在中大身为校长，也不由自主了。晚年，他是在无奈中度过的。”[⑥]

---

① 许锡挥：《黄焕秋与许崇清》，《崇正树德　清风亮节：纪念教育家许崇清》，第27页；许锡挥：《李嘉人来中大前后》，《广州伴我历沧桑》，广东人民出版社2012年版，第112—113页；吴定宇：《中山大学校史（1924—2004）》，第281页。

② 许崇清：《怎样解决人民教育发展过程中的内部矛盾》，《许崇清文集》（广东版），第384—389页；许锡挥：《许崇清传略》，《许崇清文集》（中大版），第10页。

③ 吴定宇：《中山大学校史（1924—2004）》，第278—279页；许崇清：《关于贯彻〈六十条〉的意见》，《许崇清文集》（广东版），第541页。

④ 《国立中山大学校史（征求意见稿）》下册，第6.58—6.59页。

⑤ 李欣蔚等：《情系中大二十载，魂牵教育毕生愿》，《崇正树德　清风亮节：纪念教育家许崇清》，第147页。

⑥ 许锡挥：《关于父亲的教育思想若干忆述》，《广州伴我历沧桑》，第149页。

1966年5月，“文化大革命”开始，中山大学是广东的风暴中心，学校主要负责人以及大批教工被关押批斗，曾有力支持许崇清工作的冯乃超副校长被宣布为“中大党内头号走资本主义道路当权派”，学校工作陷入无政府状态。许锡挥忆述当时许崇清校长的情形：“父亲是中大的第一把手，但运动开始很久，都没有触动他。直到1968年‘夺权’和‘革命委员会’成立之后，才公开宣布‘打倒’父亲。他虽然只被批斗过一两次，但已年届八十，又从未见过这种场面，更未受过这种侮辱，身心受到的伤害可想而知。”许崇清大约在1968年被炒家，闯入者是中大学生。1968年底，与许崇清一同生活的幼子许锡挥被派往坪石“五七”干校，年迈的许崇清夫妇留在中大继续面对冲击①。在“文化大革命”中，始终没人提出批判许崇清的教育哲学理念，只是他在一份“自我检查”中反省了自己的学术观点②。

1969年许崇清逝世，据他的两个儿子忆述，直接导致他心肌梗塞的刺激，不是来自中大，而是来自校外。他的去世与前文提及的“第七战区编纂委员会”有很大关联。幼子许锡挥在回忆录中忆述：“令父亲最气愤的是，外调人员多次上门逼供，要他证明抗战时期在第七战区编纂委员会内的中共地下党员都是‘叛徒’，想利用他去迫害那些老同志。”③长子许锡振在回忆录中描述了3月14日的情况：“逝世当天，曾有从外地来的造反派到家中，调查抗战期间他在广东韶关主持第七战区编委会工作时曾掩护过的共产党员张铁生等人的情况。在盘问中态度十分横蛮，语带谩骂和威胁，使这位老人的身心受到极大的侮辱和刺激，晚饭后便哮喘不止。”④家人请校医救治无效，于当晚离开人世。

四、结　语

1980年5月30日，许崇清追悼会在广东省政府礼堂举行，宣布他受“四人帮”迫害去世，表彰他对教育事业作出的重大贡献。后任的中山大学校长黄焕秋、曾汉民亦多次在不同场合中提到，许崇清校长第三次执掌中山大学期间的许多做法和理念，都很值得后来者参考。但纵观1951年至1969年这18年间，许崇清身任校长，但并不掌握将这所学校按照自己的教育理念来治理的权力；更多的时候，他是作为中央、教育部的政策执行者的角色而存在的。许崇清校长对某些方针、政策持有不同意见，他能够影响的往

---

① 吴定宇：《中山大学校史(1924—2004)》，第294—297页；许锡挥：《天降人祸》，《广州伴我历沧桑》，第96—97页。

② 许崇清：《我的历史检查》，写于1968年，许锡挥家藏手稿。

③ 许锡挥：《天降人祸》，《广州伴我历沧桑》，第96页。

④ 许锡振：《许崇清与七战区编委会》，《雪泥鸿爪文集》，未正式出版，第134页。

往只是实际执行的力度。他发表的文章在教育界和新闻界的确具有影响力，却难以对实际的高等教育实践产生作用。他与副校长冯乃超在政治环境宽松时作出的有益建设，取得改善教学质量、提高科研水平等方面的成果，亦常常被下一波猛烈的政治风潮破坏。同时，随着时间的推移，政治运动的增多、加剧，作为校长的许崇清，在中山大学有所作为之处日渐减少，最后在文革的暴风骤雨中离世。但即使处于政治风气多变的时世，许崇清没有放弃自己的教育理念，也没有无原则地跟随上级领导乃至中央的指令和决定，他一直坚持自己对高等教育的理解，并与冯乃超、黄焕秋等同事一起努力将中山大学引向他认为正确的方向。他们作出的种种努力，不仅造就了一批学业优秀的中大学生和学术水平领先的教师，也为教育事业的发展留下了值得借鉴的经验。

在许崇清残余手稿的片言只语中隐约可以看出，他对自己“教育家”的身分认同在1952年时就已颇有感慨：“不少人把我看作‘教育家’。起初，人家这样称呼我，我遂感到有点惭愧，后来习惯了，就任人家这样称呼，自己也不觉得什么了。但经过这次的学习，检查了自己以往的工作，循名核实，我认为这件事应该弄清楚。不错，我留学外国时，在大学里曾专攻过教育学。我回国后，从一九二一年起，一直就在教育界服务。但看看我的经历，甚么局长、厅长、委员、大学校长……等等，一连串的官职，我几乎没间断过。”①根据许崇清的同事、学生、家人的忆述，他的晚年亦常感无奈，这可能就是一种身在其位而不得谋其政的无力感。许崇清幼子许锡挥教授认为其父亲的教育理想，无论在民国时期还是在共和国时期都未能实现②。笔者认为，经历多年的风雨和变迁，在此时探讨许崇清教育哲学理念的形成、发展和成熟，不能囿于他所发表的文章的文本解读，应该着眼于其在教育领域的实践工作以及对当时校园乃至社会的影响。探讨许崇清之于中山大学的影响，与其关心种种已经湮没在时间和风潮中的“功绩”，更应该注重他为中大留下的“学术自由”、“重视基础研究”的优秀传统，对学生“全面发展”、“独立思考”的要求，对于教育改革应当缓慢、有序地结合实际情况进行的清醒认识，以及尊重教育发展客观规律的科学态度。

---

① 许崇清在1952年全国知识分子思想改造运动期间“自我检查”草稿，广东省档案馆，档号D00218—00011。

② 许锡挥口述。

柯麟对中山大学医科发展的贡献

鲁　阳

柯麟(1901—1991),原名柯辉萼,1901 年 9 月出生于广东海丰一个工商业者家庭。他是中国共产党杰出的地下工作者、著名的医学教育家,被誉为中山医学院的一代宗师。

柯麟以医生为职业,从事党的秘密工作。早在中学时代,柯麟就与中国共产党的早期领导人、著名农民运动领袖彭湃成为至交,一起参加讨伐袁世凯、恢复民国的斗争。1924 年,柯麟在广东公医大学(中山大学前身之一)加入中国共产主义青年团,不久加入中国共产党,任校团支部书记,是活跃的学生领袖。毕业后,他曾任叶挺教导大队军医处军医、国民革命军第四军军医处医务主任,参加了广州起义。从 1928 年起,他以医生为职业,在上海、沈阳、厦门、香港、澳门等地长期从事党的秘密工作。在 21 年的秘密工作中,他孤身深入龙潭虎穴,在变幻莫测、鱼龙混杂的环境中,一次又一次出色地完成了党交给的任务。

柯麟在 1951 年春节,举家迁到广州。因为他接到中共中央华南分局的调令,派他到广州担任由军管会接管了的中山大学医学院的院长。其实早在一年多前的 1949 年 11 月,柯麟就托他回中山大学医学院复课的大儿子柯小麟带了一份"工作汇报"到广州给叶剑英。叶剑英和广州市副市长朱光嘱咐柯小麟转告柯麟,党和人民政府准备调柯麟回广州工作。柯麟乃于 1949 年底赶回广州同叶剑英见了面,并同曾在上海并肩战斗的老战友、解放军第四兵团司令员陈赓重逢。1951 年 3 月,柯麟正式就任中山大学医学院院长,并被推选为中华医学会广东分会理事长。

柯麟回到中山大学医学院就任院长时,正是抗美援朝战争激烈进行之际,他上任的第一件事,就是继中山医学院已派出一批抗美援朝志愿医疗队之后,又先后派出两批医疗队开赴前线为伤病员服务。接着,柯麟抓紧组织教师参加广州各高等学校教师的思想改造学习,在清除帝国主义、官僚资本主义、封建主义的思想影响,提高大家为人民服务的自觉性上,收到了显著效果。

1952 年,全国高等院校进行院系调整,柯麟从华南的实际情况出发,为适应培养大批医疗人才的需要,主张把中山大学医学院、岭南大学医学院、光华医学院三院合并。经广东省和中央批准,这三间医学院先后合并,成立了华南医学院,由广东省文教厅长杜国庠兼任院务委员会主任，柯麟和周寿恺任副主任，实际工作由柯麟负责。1955年撤销院务委员会，由柯麟担任院长，梁伯强和周寿恺担任副院长。华南医学院成立前后，柯麟针对三个医学院原先政治背景、历史情况各异，学术派别、办学特点不同等情况，亲自主持召开多次座谈会，对三个学院的成员作了深入细致的思想工作。他强调，为了发展新中国医学教育事业，要搞好团结，和衷共济。他对人事安排，尽量慎重协商，一视同仁，因材使用。因此华南医学院成立后，原来三间医学院之间的隔阂逐渐消除，一批有学术造诣、教学经验、医疗专长的人材在教学、科研、医疗等方面的作用，进一步得到显示和发挥。三个学院合并后，柯麟召开第一次有各方面师生代表参加的教学工作会议，交流教学经验，讨论教学改革和建立教学新秩序，有力地促进了华南医学院的大团结。

1953年，柯麟和梁伯强教授作为中国医学代表团成员出席了在维也纳举行的世界医学会议后，访问了苏联。归来后，他吸收了苏联的教学经验，在华南医学院逐步实行了“废科建组(室)”，即在教学体制上，将带有独立王国性质的担任教学的“专科”废除，建立了“教研组(室)”;并且同广州市以至广东各地的医院建立技术合作关系，为学生到校外进行临床实习扩大了基地。此外，他还组织师生学习辩证唯物主义作为指导工作的世界观方法论，学习俄文作为学习苏联医学的手段，并且学习苏联的医学理论——巴甫洛夫学说，学习苏联的医学教学大纲、教材、教学法，等等。当时，从响应新中国建立初期“向苏联学习”的号召出发，柯麟在组织师生学习苏联先进经验上是积极的，但他并不主张完全照搬苏联那一套。他认为，应当把苏联先进经验同中国具体实际相结合，把苏联有用的东西中国化。他还认为，在学习苏联先进经验的同时，也得注意利用古今中外一切对我国有用的东西，包括批判地继承中国几千年来的医学遗产和吸收资本主义国家有益的医疗科技和办学经验。他主张在学术上不应当随便“肯定一切”或“否定一切”，应当允许讨论研究，取长补短，总之，要靠中国人的努力，走出自己的办学和医疗事业的道路来。

1954年，柯麟当选第一届全国人大代表，赴京出席会议。1955年，在担任华南医学院院长的同时，担任了新成立的学院党委书记。为了贯彻“向工农开门”，积极培养工农干部的方针，华南医学院开设了“干部生班”，工农学生的比例迅速增加。为了培养德、智、体全面发展的新人，在学生中注重培养共产主义道德品质和安顿学习纪律的思想教育，开展了马列主义毛泽东思想和时事政策的教育，开展了“劳卫制”的体育锻炼，提出培养优秀学生和先进集体的要求，还在毕业班学生中进行服从国家统一分配的教育。与此同时，柯麟抓紧组织教师学习时事政策，并开办马列主义夜大学，组织教师系统学习中国革命史，学习马列主义基本原理和毛泽东著作。

华南医学院在1956年曾一度改名广州医学院，1957年正式定名为中山医学院。这期间，柯麟和他的同事们坚决贯彻党中央提出的卫生工作“面向工农兵”、“预防为主”、“团结中西医”、“卫生工作与群众运动相结合”的方针，对医学院所属的两个附属医院进行了一系列的改造，使广大工作人员树立“一切为了病人”的思想，逐步端正了医疗作风，医疗质量有了显著提高，医院面貌为之一新。

1956年，以柯麟为首的医学院响应中共中央提出的向科学进军的号召，强调科学研究要坚持为社会主义服务的方向，提出医学院教学、医疗、科研并重，科研不单是为了提高我国科技水平，也是为提高教学、医疗质量服务。医学院建立了学术委员会(其中又分设教学委员会、科学委员会)作为教学、医疗、科研的咨询机构。在科学委员会成立前后几年间，柯麟等领导大力推动和支持教师、医生的医学科研工作，强调科研要实行专家和群众相结合，理论与实践相结合，强调基础理论研究和应用研究相结合，科研要为生产服务，把消灭危害广大劳动人民的疾病的研究列为主要任务。1952年，医学院配合广州卫生机构开展防治恙虫病的调查研究，使其后五年收到了基本扑灭恙虫病的效果。特别令人注目的是：在柯麟大力支持下，著名寄生虫学专家陈心陶教授为使广东省在全国率先消灭血吸虫病作出了卓越的贡献。在柯麟支持下，医学院与广东省卫生厅积极合作，在研究和防治流行性乙型脑炎的病源、病媒方面也取得了一定成绩。此外，医学院还对麻风、疟疾、伤寒、鼻咽癌等疾病的研究和防治工作，获得了不同程度的显著成果。

在科研与医疗的大力协作下，中山医学院在救治危重病人、保障人民健康方面成绩显著。1958年8月，柯麟亲自挂帅、亲临病房，全院协作，抢救大面积烧伤的炼钢工人李苏的成功，为其后一连串救治大面积烧伤病人积累了宝贵经验。一些教师、医生、护士根据这些临床经验写下了一批有创造性的科研论文。

柯麟重视在医学院开展对祖国医学遗产的研究和应用，正确贯彻中西医结合的政策。学院设立了中医研究委员会，成立了祖国医学教研组，派西医出外进修中医，培养中医学专门人才，提倡中西医结合诊断治疗，中西医合作创造我国新医学。他组织师生下乡普查，挖掘了民间蛇药处方，各科中医验方、秘方共数十万条，经过整理，与有临床经验的中医共同鉴定，筛选出了有显著疗效的处方两千条，还制成了大量中药标本。

为了使医学教育、科研不脱离实际，面向广大群众，为生产服务，柯麟等领导人先后组织医学院师生到广大农村、工地开展医疗卫生工作和预防传染病的群众性爱国卫生运动，组织对鼻咽癌、眼病的普查工作，等等。

在开展医学科研工作方面，柯麟等领导人倡导医学人员钻研新的医学技术，重视对尖端医学科学和理论科学的研究，分别取得了许多重要成果，对于除害灭病提供了有力的医疗技术和科学依据。

在1958年大跃进、大炼钢铁、人民公社运动中，医学院师生完全脱离教学下乡、下厂参加体力劳动的时间太多，打乱了正常教学秩序。柯麟当时虽无法抵制这种违背教育规律的做法，但他一有机会就强调师生参加生产劳动结合医学专业，以参加卫生服务为主，时间也不宜太长，以免过分影响上课。在这期间，在全国范围内掀起了不顾客观条件大办高等院校的浪潮，广东各地也有大办医学院之势。柯麟认为，多办医学院多培养医生当然是好事，但办学要有条件，不宜一哄而起，降低质量。在“大跃进”浪潮冲击下，中山医学院也出现了“师生合作编讲义编教材”的现象，而且有人说：“一般来说，青年教师编的比老教师编的好，学生编的又比青年教师编的好。”他听了大不以为然，说：“如果真是这样，就可以不要教师了！”1960年，中山医学院在全国学校进行课程改革的影响下，也在酝酿搞课程“一条龙”改革，正在北戴河休养的柯麟马上写信回校，提出：课程改革要先通过有计划有领导的试验，不宜轻率、莽撞。他提出四条原则：一、基础课不要削弱；二、教研组不要打散；三、课程时数不要大减大砍；四、一切通过试验，不能一下就铺开。他这些意见，对当时过热地随便对课程“大砍大改”之风显然起了制约作用。后来中山医学院总结三年“大跃进”的经验教训时，柯鳞感慨地说：“由于我们顶住了关门风，教改逐步试验，我们的教学秩序基本上还算稳定，也没有大伤元气。”

1961年12月，柯麟在中共广东省第二次代表大会上被选为省委委员。也是在这一年，柯麟领导中山医学院广大师生员工按照党中央提出的“调整、巩固、充实、提高”方针，大力贯彻《高等学校暂行工作条例》(60条)。柯麟认为，“60条”是新中国成立以来根据正反方面的实践，我国自己办学经验的总结；执行“60条”也应该结合中山医学院的实际，摸索在社会主义中国办医科大学的规律，不能简单地照套照搬。柯麟在中山医学院贯彻“60条”，首先着手实行在党委领导下、以院长为首的院务委员会负责制。院委会和其他一系列会议制度的建立和实行，对贯彻党的方针政策，发挥集体智慧，调动教师特别是老教师的积极因素，办好医学院，起了很好的作用。柯麟在贯彻“60条”过程中，特别重视和强调贯彻学校要以“教学为主”的思想，正确处理好教学与生产劳动、科学研究、医疗工作的关系；安排好学生的学习、生活和劳动三方面。他强调在教学过程中加强“三基”(基本理论、基本知识、基本技术)的学习和训练，培养“三严”(严肃的态度、严格的要求、严密的方法)精神。1963年校庆，中山医学院全院举行教学经验交流会上的许多论文，反映了加强“三基”、“三严”，提高教学质量的成绩。

在柯麟领导下，中山医学院切实加强师资培养工作。一方面，动手帮助老教师改善工作条件，充分发挥他们的潜力，在培养青年一代方面起主导作用；另一方面，强调大力加强对青年教师特别是骨干教师的培养，做到后继有人。正是通过共同努力，中山医学院在一个不太长的时间内，一支又红又专的师资队伍逐步形成和壮大起来了。

1964年1月，全国医学教育工作会议在广州召开，柯麟代表中山医学院作了贯彻"60条"的情况汇报，受到与会者的赞赏。会后，他传达会议精神时，特别强调：要树雄心，立壮志，积极创造条件，努力攀登世界医学高峰。

1964年暑期，柯麟主持中山医学院的教学改革座谈会，强调要把学生培养成为又红又专、身体健康的医务工作者。他说："所谓红，就是服从党的领导，忠于社会主义事业，全心全意地发挥专长为人民服务；所谓专，就是练好基本功，逐步掌握和精通本专业的理论和技术，在科学技术上不断取得新的成就，争取攀登新的高峰。"因此，他要求"教师要教书又教人。至于教书又教人的具体做法，最重要的一条是以身作则，言传身教，其次是要求教师不仅要关心学生业务学习，而且要关心学生德育、智育、体育的发展"。他指出："教师的职责，不仅要交给学生一把打开科学知识宝库的技术钥匙，更要交给学生一把为社会主义服务的政治钥匙。"他要求从高标准来进行业务教育，强调贯彻"少而精"的原则，克服教学上的一些片面观点，清除一些洋教条、土教条的思想束缚。为此，他要求各教研组在调查研究基础上，精选教学内容，适当减少教学总时数，调整讲课和实验时数的比例(增加实验时数)，适当安排自学内容，加强实验(实习)的教学，改进考试方法，加强教学领导工作以及加强学生保健工作，等等。

由于柯麟和他的同事们的共同努力，从1960年起，中山医学院成了全国四间重点医科大学之一。到了"文革"前，它更成了国际知名的医学院了。除了学院本部外，还设有几间附属医学院和护士学校。

柯麟主持中山医学院取得显著成绩，原因许多，其中非常突出的一条就是：尊重知识，尊重人才。由于他对中国知识分子的特点有深切了解，而且出于他长期从事党的秘密工作和统一战线工作，尤其在澳门镜湖医院工作时争取、团结知识分子的感受和体会，柯麟主持医学院工作以后，就对教师队伍进行调查研究。他认为，医学院的教师队伍中，许多是学有专长、爱国情深的知识分子，其中更不乏造诣深厚、经验丰富的学者、专家。柯麟深深觉得，医学院许许多多知识分子，不仅有从事医疗、教学、科研工作的专门本领，而且也具有为新中国医学教育事业服务的强烈愿望，那么有什么理由不团结、尊重、信任、依靠和使用他们，发挥他们的所长，让他们作出自己的贡献呢？正是从这种认识出发，柯麟常说："办大学不依靠知识分子依靠谁？特别要依靠高级知识分子。"因此，他不断注意物色和推荐有特长，有抱负，有爱国热情的高级知识分子担任各部门的领导工作；十分注意为他们提供助手、实验室以及创造各种必要的工作条件，并且大力推广他们的教学、医疗、科研的经验和成果。

柯麟不仅尊重和大胆使用老教师、老医生，而且注意培养和提高中青年教师、医生。

例如：支持一些中年专家开拓颅脑外科、胸外科等新的专科，派出一批青年教师到苏联留学，使他们回来后成为各科教学、科研、医疗的骨干；又派出一批青年教师去进修中医中药，回来后成为开展中西医结合的重要力量。1964 年，青年讲师黄承达，在邝公道教授指导和朱家恺讲师协助下，创造了为海员梁锦开被钢缆撕断脚掌进行断肢再植成功的先例，这是世界第一例。柯麟鼓励青年教师说："作为一个好医生，既要有好思想，又要有好技术，一定要努力学习，争取 30 岁有苗头，40 岁有成就。""要取得成就，除了要自身刻苦学习外，青年医务工作者应当尊重老专家，虚心向他们学习。"

柯麟重视对知识分子的思想教育工作，但是他认为应该采取和风细雨的方式，积极帮助与耐心等待相结合。他重视组织教师学习马列主义理论和形势、政策，帮助他们解开思想上的疙瘩，又诚恳地对他们的缺点提出中肯的意见。他经常上门拜访或请一些老教授到家里来征求意见。他及时地把党中央和省委的精神传达给他们知道，让党外人士了解共产党和人民政府的意图。他经常倾听党内外的批评意见，让人们畅所欲言。柯麟说："要跟他们说心里话。"即使在历次政治运动中，医学院的教师难以例外地受到一些过火的冲击，积极性遭到挫伤的时候，柯麟仍然设法要把这些消极影响缩小到最低程度。在他力所能及的范围内实事求是地对一些学有专长、工作有贡献的教师、医生、干部采取保护的措施。在"反右"运动中，他冒着政治风险，据理力争，使一些老知识分子免于"戴帽子"。他注意引导青年教师要从团结愿望出发，用一分为二的方法和与人为善态度，实事求是地对待老专家、老教授，在开展批评和辩论时切不要"一棍子把人打死"。有些老教授说："与柯麟院长在一起，并无他改造我，我被改造的感觉，而是有一种同志式、朋友式的亲切感，使人感到共同办好学校责有所归，义不容辞，心情感到舒畅。"

柯麟认为，要在工作上放手使用和大力依靠知识分子，就必须在政治上真正信任他们。1956 年他就说："现在我们只有这一点点高级知识分子，我们有什么理由不尊重他们，使用他们？不仅现在，而且将来都要尊重和使用他们，充分发挥他们的积极性。"他批评有些干部对解放以后广大知识分子的政治变化估计不足，没有与他们建立同志式的关系。他强调："我们学院的知识分子在解放后几年来思想上有了明显提高。进步的、中间的比例相同，而且两者占了大多数，后进的只是少数。但是有的同志却看不到他们的现实表现。"在中山医学院党委的领导和帮助下，医学院的新老知识分子的成长进步很快。到了 60 年代上半期，有三分之一的正副教授分别担任了全国、广东省和广州市三级的人大代表、政协委员。在院内担任行政业务部门负责人的高级知识分子占了负责人总数的 81%。医学院党委在老、中、青年知识分子中开展建党工作。柯麟在 1966 年还专门批评过一些不重视发展老知识分子入党的倾向。虽然由于主客观因素的限制，特别是“左”的影响，中山医学院当时还不可能大规模发展知识分子入党，但五六十年代仍然培养和吸收了一批著名教授、中层骨干教师、医生和一批优秀青年教师、医生、干部成为中共党员。

柯麟对广大师生员工的生活极为关心。他常到学院饭堂去了解伙食状况，随时发现问题随时要求有关部门予以改进。在国家经济困难的年代里，他更执行省委决定，在院内开办了专为老年、中年知识分子服务的小饭堂。为了改善一些老专家、老教授的居住条件，他与总务部门商量，设法建造一批条件较好的专家楼。有一位老教授住处的楼顶上，窜来一只野猫夜夜嚎叫，他指示有关部门把它赶走。有一位老教授走在住地附近长满青苔的台阶上时滑倒，他要求有关部门立即设法以防止再有此类问题发生。他对行政部门的干部强调：“为专家、教授服务，也是为人民服务，为社会主义建设服务。我们有些人对高级知识分子的生活待遇照顾不好，有平均主义思想，影响了他们专心工作。我们必须端正观念，努力搞好为他们服务的工作。”

为了及时听取知识分子的意见，柯麟决定每周举行一次公开接待日，由他和其他领导接见学院师生员工的来访，同他们对话，回答和“拍板”解决问题。柯麟每年元旦或春节都亲自主持团拜活动。1963 年他还主持了一次全学院教龄 30 年以上的教师表彰大会。

柯麟非常爱护、关怀青年学生。他抓紧利用各种方式和机会对学生进行革命传统教育。他现身说法地向学生进行为革命而学的教育，树立崇高理想和培养艰苦奋斗精神的思想教育。以他为首的医学院领导干部提出了“踏踏实实，勤勤恳恳，刻苦钻研，好学深思，力求上进”的学风，制定并严格执行学习守则和教学、考试、升学、留级、退学等种种制度。他大力提倡体育运动，组织学生体育锻炼。他经常亲临学生运动会，勉励运动员赛出成绩、赛出风格。他一有空就到现场为学院足球队督战，为运动员“打气”。每当运动会结束，他都设法抽空同运动员一起总结，进行表彰、鼓励。在他支持下，医学院成立了各种运动队，规定队员必须是学习成绩好、思想作风好的学生才能参加。这些运动队既是全校的选手又是辅导群众性体育运动的骨干。中山医学院不但群众性体育运动蓬勃发展，而且运动代表队荣获了 1965 年度广东省高等学校校际运动会全部项目的男、女冠军称号。

到 1966 年春夏之交，史无前例的“文革”浩劫开始了，柯麟和中山医学院遭到巨大的打击和摧残。柯麟被电报催促从北戴河疗养院病房赶回来，一下飞机就被“造反派”押送回医学院隔离审查。一时间，“揭露批判”柯麟的大字报铺天盖地而来，柯麟竟被打成广州地区最早揪出来的“走资派”了。此后数年，他受到了不止百场的批斗和其他种种折磨。

柯麟身心惨遭摧残的时候，不少师生员工关怀他的处境和健康。有的学生偷偷给他送食物，送药品。有的教师、医生冒着"包庇走资派"的罪名给他诊病，当他被轮番批斗时，甚至还以"柯麟血压太高，批斗下去会出现生命危险"为理由，"迫使"某些人不敢继续开批斗他的大会。学院理发室有个老师傅罗理德，主动替柯麟理头发，以至烧水给他洗澡，煮羹汤给他喝，帮洗脏衣服……毫不顾忌"造反派"的责难。柯麟在澳门的老朋友马万祺同柯麟的弟弟柯平商量详写柯麟在澳门的革命表现等材料，为他被打成"牛鬼蛇神"鸣冤。柯麟的老战友、老上级叶剑英设法帮助他脱出"牢笼"，以治病为名，把他接到北京，安排住进解放军总参招待所里保护起来。

十年浩劫结束后，柯麟被彻底平反，恢复名誉。1978 年，他被聘为复办后的暨南大学的董事会董事。1979 年，他被任命为国家卫生部顾问，1983 年为第五、六届全国政协常委。从此他踏上了晚年的新里程。

1977 年秋，笔者因公赴京，曾访问过柯麟。当时看到他书桌上摆着一幅不久前他与邓小平、杨尚昆、聂荣臻、徐向前、粟裕、贺诚等到叶剑英家里祝贺叶剑英 80 寿辰时，大家与叶剑英及其孙儿辈一起照的相片。相片中的这些老人，都是"劫后余生"的革命家、柯麟熟悉的老同志。在总参招待所，柯麟同笔者谈起"文革"和他在"文革"中的遭遇时说，"文革"不仅涉及他个人，而且是全党和全国人民的一场大灾难，当前的任务应当是认真总结这场浩劫的经验教训，设法避免今后重蹈覆辙。大家要共同向前看，不要纠缠旧账，计较个人的恩怨得失。

1980 年，已近 80 高龄的柯麟，回到中山医学院再任院长。他回到了这间在 1924 年至 1927 年的大革命完全失败前夕和"文革"后期两度被迫离开过的，他曾在这里学习、工作、战斗过的医学院，受到全院师生员工无比热烈的欢迎。他在中共十一届三中全会以后中山医学院第一届党政领导班子就职仪式上，噙着热泪兴奋地谈了他对中山医学院的期望和打算。

他回到医学院，就立即分别上门探访、慰问"文革"期间被错伤的许多教授和领导干部。他狠抓平反冤假错案的工作，使许多受错伤的师生员工恢复名誉或安排了适当工作。他找到原来在他身边工作的个别同志作陪，先后到了学院各部门和五个附属医院找领导干部和基层工作人员谈话，并接见广大群众，倾听意见，了解情况。在解决各种遗留问题的同时，他对医学院的拨乱反正，开拓创新作了全盘考虑和初步部署。有些曾在"文革"中批斗过柯麟的人心存顾虑，柯麟通过大会、小会和个别谈话，强调说明："罪在林彪、四人帮，不要纠缠历史旧账，要吸取经验教训，允许改正错误，团结起来向前看。"为了使一些在"文革"期间耽误了学业或在大学学习时间较短就任职的青年教师、医生安心工作，他鼓励他们努力补课，提高自己，指出学院应爱护他们，给予培养提高的条件。

1984年，柯麟因年事已高，离职休养。他虽住在北京，仍然时刻关心中山医学院的新发展。他对医学院从1985年起改名中山医科大学，并得到邓小平亲自题名，邓颖超为树立在校门内的孙中山青年时代铜像题词，非常高兴。他曾两度南返，每次归来都要登门拜访或约请一些当年的老教授以及已逝世的教授的遗孀见面，表示慰问。1987年底，已经86岁高龄的柯麟，专门前往广州起义烈士陵园瞻仰已故叶剑英委员长陵墓，还到银河公墓凭吊把骨灰安置在那里的8位当年中山医学院同事的英灵。

1991年9月23日，柯麟在北京因病逝世，终年90岁。

与20世纪几乎同龄的红色医生、著名医学教育家柯麟的出色贡献和崇高风范，将永留人间！

（节选自《红医教育家柯麟传》，原载《广东文史资料》第77辑《医林群英——广东著名医学家传》，广东人民出版社1996年版）

岭南大学接回国人自办之经过

高冠天

一、接回自办之远因

岭南大学原为美国人所创办，造端之始，乃在民国纪元前28年，即西历1884年。当时有热心教育之香便文牧师，以传教久居广州，乃商同哈巴牧师，决计筹办一高等学校，俾应中国学子需求，使不须远涉重洋，便可直接研究欧美教育。于是向美国基督教徒募捐，历时四载，筹得美金八万二千元。付托传道万国总会主持其事，以扶助中国教育之发展为宗旨；当时并有"一俟中国人得有办学之经验及能力，便将学校主权归还"之宣言。是则本校接回自办之因，早种于未曾立校之际，由来远矣。

至学校设于何地，当事者初无一定主张，有以首都所在，应设北京者；有以交通中心，应设上海者；因承粤籍官绅士商李宏彰等四百余人联名函请设在广州，学校地点问题，于是确定。初设于城外沙基金利埠（即今之六二三路）名曰格致书院，管教二责，统由哈巴牧师任之，时民国纪元前廿四年，即西历1888年也。越三年，哈巴牧师遄返美国，遂告停办。民前十九年，即西历1893年，续办议起，脱离传道万国总会，成为一独立团体，另举董事七人，负财产之责。规划既定，乃于民前十五年，即西历1897年，推定尹士嘉博士为监督，后二年尹博士挈眷来粤，复开格致书院于城内四牌楼。随迁于花地，未几，义和拳乱作（民前十二年，即西历1900年），乃迁澳门，易名岭南学堂。是时主持校务者，于尹博士而外，则有钟荣光先生。成绩日著，学生日多，遂决计迁回广州，以图永久。于是寻得珠江南岸之河南岛东隅地名康乐者，因以价购地二百余亩。先盖板屋两幢，于民前八年，即西历1904年，自澳门迁归，此即今之校址也。自兹以后，尹士嘉博士、钟荣光先生，经营筹策，通力合作，学务发达，与年俱进，校地校舍亦逐年增加，中国人得有办学之经验与能力，日渐显著，接回自办之准备，于是乎开始矣。（中华基督教《教育季刊》于民国十六年3月出版之第三卷第一期，登有《广东岭南大学改组及筹备立案之经过》一文，其中沿革一段，叙述年月，颇有错误；此编不厌详求，汇载当时事实，阅者幸参照之。）

[附]李宏彰等公函

公启者 吾粤地处海滨势居泽国愧非文人之薮难逢特达之材多士攻帖括以冀科名众庶狃故常而忘考综盖久矣竟尚词章习焉不察矣近年潘峄琴少司有请开艺学一科之奏实有以见夫格致之益而欲嘉惠士林者也惜廷议以既有同文诸馆自可抡才擢彦未奉准行诚为憾事然教化之任董率虽自朝廷转移要由草野苟得有心人勤求厥始力任其难又安见人才不蒸蒸日上哉夫格致之道固圣贤入德之初基即所以为诚正修齐治平之本古人入小学而通六艺之后则从事于格致者岂浅鲜欤 贵国哈巴教师老先生秉铎东来宦游粤省久于其位展二酉之经纶泽及斯民发五车之蕴蓄粤之人士咸深感其沾溉之广且远焉去岁因闻以玉体违和言旋锦里乘便集有巨款欲汇来粤创设中西格致书院以育英髦而培实学恩明谊美莫过如斯某等分忝缙绅情关桑梓遥盛闻举大慰私衷想缔造之雄规拭目而俟冀栽培之雅化如愿相偿此不独同人所翘企尤为阖省之瞻依专此敬请 贵董事先生大人道安伏惟鉴照不宣 广东阖省绅耆公启

谨将绅耆姓名列后

蓝翎候选同知爱育堂董事李宏彰 两广总督翻译官邝其照 二品衔江苏即补道刘绍宗 丙戌科进士即选知县刘学询 翰林院庶吉士余赞年 翰林院庶吉士翁天祐 翰林院庶吉士朱祖谋 翰林院庶吉士梁汝霖 翰林即用知县黄金钺 翰林院编修黎荣翰 翰林院编修钟德祥 翰林院庶吉士杨森 翰林院庶吉士姜自驹 翰林院庶吉士姜自驺 翰林院庶吉士区震 翰林院按察司衔督粮道曹秉濬 丙戌科进士钦点知县李贺礽 钦点主事何达聪 进士羊城书院掌教罗家勤 进士即用知县茹宝书 丙戌科进士龚其藻 丙戌科进士工部主事谭国恩 附生刑部山西司主事李启隆 顺德进士刑部主事何其敬 香山进士钦点知县何文耀 东莞进士礼部郎中谢元俊 刑部主事江西司行走傅誉荪 进士骆景宙 进士罗寿崇 进士吴应扬 中书科中书郑常春 中书科中书范若荣 户部郎中梁廷枢 内阁中书曹大镛 候选郎中刘蕃衔 番禺进士崔其濂 翰林院待诏李士淞 翰林院孔目刘式珩 翰林院孔目左崇垣 举人户部主事陈乔森 大良凤山书院掌教举人罗棻 举人大挑知县叶纫兰 举人潘瑞霖 举人蔡兰年 举人梁干渭 举人冯维鉥 举人邹兆祥 举人俞守义 举人梁维谦 举人冯国盛 举人刘谱 举人何仲尧 举人刘承藜 举人盛文英 举人张振声 举人周濬 举人梁肇修 举人李洵安 举人何增庆 举人黄孔芬 举人吴大猷 举人罗家 顺天举人詹事府主簿马銮光 选用员外郎韩钧 钦加员外郎韩坤 候选六部笔帖式延绵 花翎侍卫刘鲲 武进士杜龙光 詹事府主簿温纶鉴 太常待典簿温纶铠 国子监典簿温纶镳 布政司衔花翎候补道唐廷枢 直隶候补道陈桂士 兵备道卢文英 候补道罗章澍 钦加

道衔赏戴花翎郑有庸　钦加道衔赏戴花翎韦廷俊　广西即补道杨玉书　二品顶戴分巡肇罗道施在钰　花翎三品衔湖南即补府段凤澜　盐运司衔江苏即补道林桐芳　三品衔江西即补道龙锡题　三品衔江苏即补府欧品超　记名总镇胜勇巴图鲁夏长林　尚有显宦甚多未尽录

此柬为吾粤缙绅联名请求美国善董，将格致书院设立羊城之公函副本也。先君子桥先生，于世界之趋势，得风气最先，知积弱之中国，非变法不足以图存，又非与学不足以言变法。三十年前美国教会牧师哈巴先生因事回美，受美国善董之嘱托，携巨资来粤，为设学以培育吾人子弟之计，粤中明达之士，靡不额手称庆。乃哈巴先生似有不满于吾粤，拟迁地于上海。粤人闻信，大为失望，而先君为尤甚。因集同志，草此公函，由粤中缙绅联名寄达美国善董，使挽留之。羊城遂终有格致书院之设，仍以哈巴先生长之。僦屋于城之西南，于 1888 年开校招生，余以先君之督促，实为投考之第一人，亦即收录入校之第一学生也。翌年，余以改习西医于香港之医学堂离校去，而是校亦不三年遂告闭歇，哈巴先生无何又归道山。继之与复斯校，为尹士嘉牧师，晏文士博士等，改名岭南学堂。校址屡迁，卒于河南康乐购地筑舍，复改今名，即今日之岭南学校也。规模伟大，雄视南中国，复使吾兄弟子侄，得肄业于其间，先君有知，能勿欣慰，况此校之发展，又未有穷斯乎。语有之，作始虽微，将毕也巨，校之来历，似非偶然，此柬所以有一存之价值欤。近于旧笥中检得之，特撮叙其前后事如此。

民国六年十月　陈少白记于香江

二、接回自办之准备

民国纪元前 7 年，即西历 1905 年，由美国董事筹资建筑一伟大教室，是为本校永久校舍建筑之始，颜曰东院，又曰马丁堂，盖以捐款最多之人名之也。后二年，尹士嘉博士辞职返美，继监督任者，为晏文士博士，而对内对外种种规划，钟荣光先生实居中主持之。方钟先生被聘入校，即定有进行方针，尝谓中国教育未发达，自不能不藉仗外人助力，若徒事依赖，则不独天职有忝，更非久远之图，应视时机递进，以备接回自办。此种工作，可分三期：第一期，国人应参与校务，供给意见，相助为理；第二期，国人应有实际之担负，筹措一部分经费；第三期，应勉力自立，使主权属诸国人。其许尹博士邀请者，即为实见第一期之工作，迨国人渐知教育重要，始为第二步进行。民前三年，即西历 1909 年，开始向国人募捐款项，筹策奔走，独任其劳，内而粤垣，港，澳，沪，汉，京，津之人士，外而安南，暹罗，英荷两属之南洋各岛，及南北美洲，欧洲各国，以至西印度之侨胞，咸悉教育对于国家之重要，且鉴纳钟荣光先生之毅力与热诚，先后捐款数在120万元以上。其中多作为建筑校舍之费用，与发展农科大学之开销。除东院，西院，格兰堂，怀士堂，与乎东部之职教员住宅等，由美国人捐建外；则所有学生寄宿舍，华侨校舍，护养院，招待室，同学会屋，小学礼堂，及小学校舍，与西部之职教员住宅之一部分之建筑费，皆出自该款者也。

本校当格致书院时代，已有大学预科，惟本科只办至两年程度。自迁回广州之后八年，乃废止预科之名，而易以附设中学，继又附设小学，与华侨学校。直至民国五年秋季，文理科大学方始完成，而授予学位，则自民国七年始。

关于接回自办之切实准备者，则为民国十年之增设农科大学。当时钟副监督荣光，以本校农科历年试验之成绩，与增设农科大学之重要，请准广东政府每年由省库补助经常费10万，另给过一次增加设备费30万元；同时由中国人组织董事局，主持其事，并价买附近冈地，开拓农场，于是完全由中国人自办之岭南农科大学，遂告成立。接回自办之积年准备，此为实见之第一步，亦钟荣光先生前定计划第三期之初步也。

三、接回自办之近因

民国十四年6月间，旧同学中，有本校组织应行改良之议。当同学会大会时，曾以长时间讨论之。众谓详审国情，细察校务，董事局之中国人数，亟须增加；并应分设计政部于广州，指挥学校行政事宜，方易收指臂之效。随于是年8月1日致函董事局，略谓：母校事业，日益发达，以后进展，将为同学之辅助是赖，并表示热诚拥护之意。嗣得董事局函覆，先行组织同学顾问部，就地规划一切；并请林逸民，李应林，黄启明，关恩佐，韦悫，陈廷恺，司徒卫，招观海，陈肇祥九人为顾问。同时国内及留美之旧同学，对于母校自立，亦极力鼓吹。接回自办之实见，能如是其速者，多赖旧同学之力也。

民国十五年4月，董事局年会时，钟荣光监督适在北美洲墨西哥募捐，因赶赴纽约出席，在议场发表意见，略云："董事局创立本校初意，原为扶助中国发展教育。待中国人得有办学之经验与能力，便将学校主权还诸中国人。现在时机，恰好成熟。国民政府成立以后，有益人民之事业，多能尽力办理；一般人民之知识，亦日见增高，正是发展校务之良好机会。但今日发展校务之第一者，即为速行立案：一是尊重中国政府，及中国主权；二是符合美国人创立本校之宗旨；三是年来中国社会变动频仍，而学校之组织与事业，适应时势需求，自然有改革之必要；清源正本之办法，厥为立案而已。"更将本校应向中国政府立案为正式提议，在会董事，皆以立案为当然，遂一致通过。时国民政府尚未颁布私立学校立案规程也。

同年 6 月 8 日，钟荣光监督回自美洲，全校开一欢迎大会。钟监督报告在纽约董事年会曾提议及通过立案之始末，员生一致赞同。是月 12 日，同学会年会，钟荣光监督复以同学资格出席，报告董事年会议决立案之经过，同学皆表示满意及赞助；并以筹备完足基本金为重要责任。遂表决组织同学基金委员会，委员人选，由钟监督提名后，举定林逸民，李应林，甘乃光，钱树芬，陈廷恺，陈肇祥六人为委员。

同学年会后，同学顾问部以立案一事，不独为钟荣光监督所主张，实为全体同学及母校员生所认为急务；且案经决定，自宜从速实行。乃于十五年 9 月 18 日致函美国董事局，认定本校为基督教的，国际的，私立的，中国人主权的大学；要求将董事局改组，由中国人主持，并设立行政部常驻广州，学校行政事宜，交由中国人自主。

同年 11 月 9 日，美国董事局会议，以立案既经决定，而国民政府教育行政委员会亦已颁布“私立学校立案规程”，遂议决任金佛（W. W. Comfort）、蔚时（R. L. Watts）、晏文士（C. K. Edmunds）三博士，与在广州之董事钱树芬博士为岭南大学董事局特派员，赴粤与同学顾问部妥商下列事项：

（一）在中国内组织岭南大学校董会，为岭南大学最高机关。

（二）纽约董事局特许岭南大学校董会用纽约董事局名下之校产，以作大学使用。

（三）岭南大学宗旨，当仍为私立基督教高级学府。凡中美两国及其他友助本校之各国团体所供给一切教育上之最良好方法及教材，应兼收并采之。

（四）岭南大学校董会组织成立之后，当将所需之外国人员，通知纽约董事局；纽约董事局，即按照所能供给之人数答覆。

同年 12 月 25 日，董事局特派员由美抵校。26 日，同学会在西堤亚洲酒店设谯欢迎。27 日，开全体学生大会。28 日，开外国职教员会。29 日，开中国职教员会。该特派员于历次开会时，均宣读纽约董事局 11 月 9 日之议决案（议案见前），并轮流发表意见，其要点为“美国董事历年维护学校之诚意，与现在送交华人办理之希望”。于是岭南大学之接回国人自办，由准备时期，以至实现时期矣。

四、接回自办之实现

经董事局特派员与同学顾问部会商之后，即根据该局之议决案，首先在中国内组织校董会，为岭南大学最高行政机关，名额定由 15 人至 21 人。于是由同学顾问部代表全体同学选出钟荣光，金曾澄，孙哲生，钱树芬，李煜堂，林护，谢作楷，马应彪，李星衢，黄启明，林逸民，郭琳爽，陈秋安，黄典娴，廖奉恩，晏文士，金佛，蔚时，龚约翰等 19 人为校董(尚余两名额待选)。即日纽约之董事局改为岭南大学美国基金委员会。

民国十六年1月11日,岭南大学校董会在校内举行第一次会议。举定钟荣光为该会主席,黄启明为书记,林逸民为司库。又成立三委员会:(一)执行委员会,(二)财政委员会,(三)校产委员会。以上三委员会之委员,由校董分别充当,私立岭南大学校董会乃于是日正式成立。

同日并举定钟荣光为私立岭南大学校长,李应林为副校长,香雅各为顾问。以学生课程及校内工作,尚须继续进行,不便临时变更,而行政事宜,筹备改组,又需时日,因定期是年8月1日将全校正式接收。从前中美合办之岭南大学,至是成为中国人主权之岭南大学矣。

同年2月3日,校董会开第二次会议。林逸民君因赴美国调查市政,辞司库职,乃举谢作楷君代校董司库。

当第一次会议时,钟主席荣光,曾发表组织华侨基金委员会之意见:以海外华侨,历年赞助本校甚多,今接回国人自办,当能加增其同情与热力;深望能为本校筹集巨额基本金,教育前途,借以发展。林君以美洲华侨,对于本校富有感情,人数又众,慨然允许到美洲时,负发起华侨基金委员会之责。是日通过重要议案计有:

一、接收岭南农科大学董事会移交董事会产业及工作。

二、校董会修正章程。

三、校董会与美国基金委员会所订合约。

四、本校五年内发展计划。

五、校长所提出之岭南大学组织大纲,校务会议章程,及职教员待遇细则等。

校董会与美国基金委员会所订合约,共分二章,节录如下:

第一章 关于校产者:其中要点,为"一切校地,校舍,校具,除有特别规定者外,均由美国基金委员会借与岭南大学校董会,以五年为期,每年租银一元,期满得再议续借"。

第二章 关于供给职教员者:其中要点,为"外国教职员之聘请,由岭南大学校董会函请美国基金委员会代聘,额约38名。其俸薪,费用,住宿及来往川资,概由美国基金委员会担负,该委员会派驻校代理一人以料理之。校长得校董会之许可,得罢免该外国职教员,但须通知美国基金委员会驻校代理人协同进行"。

合约条文通过后,即行缮正,交由原日纽约董事局特派员晏文士博士带回美国签押,双方交换。

同年3月11日,校董会遵照国民政府教育行政委员会公布之"私立学校校董会设立规程”,呈请广东省教育厅转呈国民政府教育行政委员会核示。旋奉广东省教育厅第四百二十八号令照准。中有现奉国民政府教育行政委员会第三三一号批,“该校校董会列报事项及章程,大致妥协等语”。依照手续,于校董会立案以后,则进行学校立案矣。

[附]私立岭南大学岭南大学校董会会章

第一章　总则

第一条　本会由岭南大学校董所组织定名为岭南大学校董会。

第二条　本会设置于广州。

第三条　本会为接收美国人在广州所创立私立基督教及国际的岭南大学由本国人全权管理。本会承认继续创立者之美意,施行人格之教育,养成科学之人才,适合中国之需要为宗旨。

第二章　组织

第四条　本会校董人数之规定由十五人至二十一人其组合下:

(甲)校长一人,副校长一人,顾问一人,均为出席会员但无选举权。

(乙)旧同学三人由旧同学顾问部荐任。

(丙)本校驻纽约董事会三人由该会荐任。

(丁)现留广州市西人三人,由本会选定后,须经本校驻纽约董事局认可。

(戊)中国普通会员六人至十一人,由旧同学顾问部提名,校董会选任。

第五条　本校董会第一次成立时分校董为同数之甲乙丙三组,以抽签法选定甲组任期一年,乙组任期二年,丙组任期三年。

第六条　如各组校董有缺席时,应照其组合法之规定另选补充,任期悉照缺席者为限。

第七条　本会校董自经第一次选定后凡年会之选举任期均以三年为限,期满得连任。

第三章　职员

第八条　本会设置职员如下:

(甲)主席一人。

(乙)副主席一人。

(丙)书记一人。

(丁)司库一人。

(戊)执行委员会委员五人。

(己)财政委员会委员五人。

(庚)产业委员会委员五人。

第九条 校董会主席应为委员会主席。

第十条 校董会书记应为执行委员会书记。

第十一条 本校校长,副校长及顾问,均可出席各委员会会议。

第十二条 本会得聘任职员助理会务。

第十三条 本会各职员均于年会时票选,任期满后得连任。

第四章 职权

第十四条 本会之职权如下:

(甲)选任校长完全负责校务。

(乙)于年会时选任校董。

(丙)于年会时选任本会职员。

(丁)对于本校经费之筹划。

(戊)对于本校预算及决算之审核。

(己)对于本校财产之保管。

(庚)对于本校财务之监察。

第十五条 本会主席,书记,司库之职权悉照其职之通常任务行之。

第十六条 执行委员会之职权

(甲)除变更校内行政大计及发给学位事项外,凡关于校内各事项(不在其他委员会权责之内)在未开校董会期内而不须校董会解决者,执行委员应有权处决之,但须报告校董会。

(乙)执行委员会于校董会未开会期内不能变更校董会之议决案。

第十七条 财政委员会之职权

(甲)凡关于校内财产事项而为校董会或执行委员会要求解决者,财政委员会有权处理之,但须报告校董会。

(乙)有权为大学筹款并指导校董会及其雇员进行筹款事宜。

第十八条 产业委员会之职权

凡关于一切建筑计划与更改校舍及校地之改善,产业委员会均有权处理之,但须征求校董会之同意。

第五章 会议

第十九条 常会 每年三月六月九月十二月之第二次星期二日为校董常会期,六月之常会当为是年之年会。

第二十条 特别会议 主席或有校董三人以上之要求，得召集临时会议。凡开临时会议须用书面连同议案于未开会前十天邮寄或电知各校董。

第廿一条 法定人数 有校董七人出席为通常叙会之法定人数，如选举校董聘任校内职员及变更校内行政大计时，应以超过半数之出席校董为合法。

第六章 修改会章

第廿二条 本会会章于年会或召集修改会章特别会时，有三分之二出席之校董赞同得修改之，但须于未开会前三月将修改之条文通告校董。

五、接回自办之交代典礼

外国人在中国设立之大学，其将主权完全交由中国人接管者，实以本校开其先河，故举行交代典礼时，甚觉隆重。是日上午大雨如注，正午又为省政府改组成立，委员行就职礼之期；而各界来宾，尚座为之满，洵盛况也。典礼秩序如下方：

岭南大学新旧校董交代典礼秩序表

时间：民国十六年八月一日下午二时

地点：岭南大学怀士堂

主席：岭南大学同学会会长钱树芬博士

（一）就座 （二）宣布开会：本大学秘书长高冠天 （三）奏乐：南大暑期军乐队 （四）向国旗党旗总理遗像行三鞠躬礼 （五）恭读总理遗嘱 （六）主席致开会词：同学会会长钱树芬博士 （七）旧校董会代表演说并行交代礼：香雅各博士 （八）新校董会主席演说并行接收礼：钟荣光校长 （九）祷告：招观海牧师 （十）奏乐：南大暑期军乐队 （十一）来宾演说：国立第一中山大学校长戴季陶先生 政治分会秘书长胡春霖先生 省政府委员伍观淇先生 （十二）答词：同学会代表：罗有节女士 （十三）校务报告：李应林副校长 （十四）校歌 （十五）高呼口号 （十六）拍照 （十七）茶会

[附]旧校董会代表香雅各博士行交代礼时之演说词

今日兄弟代表岭南大学驻美国纽约之董事局行交代礼，是一件十分荣幸之事。岭南大学在广州设立已历数十年，对于教育一途，不无多少贡献。当设立之始，实根据广州缙绅之请求，我等美国人乃以基督教服务之精神，来中国尽多少义务耳。

岭南大学自始至今,都是一中西合办之教育事业,当为在座诸君所深知。更自始至今,都有交回中国人办理之意思,今日能得实现,举行交代典礼,可谓得偿夙愿,完成董事立校初志,真是极愉快极庆幸之事。诸君勿以为今后我等旧董事就此卸责,不再帮忙:其实我等旧董事,当听候新校董会指挥,更尽力以求岭南大学之进步。因为宗教及教育是无国界,是无种界,倘若中国人需用我等帮忙,我等一定热烈帮忙,以冀造就人才,为党国服务。兄弟此时谨代表岭南大学驻美国纽约之董事局以学校之印,即代表学校最高之权,交与新校董会。兄弟又以学校全图,表示全校之地方房舍,交与新校董会应用。

[原载李瑞明编《岭南大学》,岭南(大学)统筹募发展委员会 1997 年版]

钟荣光与岭南大学

余齐昭　李　坚

钟荣光是南中国著名的教育家，他的一生同私立岭南大学以至广东的教育事业紧密联系在一起。

钟荣光，号惺可，1866 年 9 月 7 日出生于广东省香山县小榄镇一个富庶的农家。父亲玉龙，初在家务农，后赴香港经商。钟荣光自小随父亲到香港读私塾，其后回广州就读大馆，曾随岭南国学家海堂学长吴道镕学习。17 岁中秀才，28 岁中举人，其后在广州设馆授徒。这时，正值中日甲午战争，清廷战败，举国骚然。钟荣光眼看国家内忧外患，而清政府奴颜婢膝，惧外忌新，感于爱国有心，报国无门，因而意气消沉，流连烟赌，纵情花酒，过着旧式士大夫沉迷颓废的生活。

这时，比钟荣光年岁小两个月的香山同乡孙中山，已在檀香山组织革命团体——兴中会，以推翻清廷、建立民国为职志，并于 1895 年 2 月回到香港设立兴中会总部，策划在广州发动第一次武装起义。这次起义虽然以陆皓东等革命党人死难、七十余人被捕而告失败，但对于当时死气沉沉的社会，却如暮鼓晨钟，振聋发聩，振奋人心。这年夏天，康有为联合各省入京会试举人"公车上书"，要求清政府变法维新。国难当头，人心思变。年轻的钟荣光受时代风潮的刺激，也开始了他一生中最重大的转变。他参与了孙中山领导的第一次武装起义的筹饷工作，并于 1896 年加入了兴中会。从此，他一改过去放荡不羁的生活作风，剪辫易服，以示和清朝决绝，释放婢妾，资助她们上学习医，并积极从事爱国活动。他认为救国宜首先开通民智，鼓吹爱国思想，于是投身新闻界，为《课艺日新报》、《文坛报》等撰稿；其后又与人创办《博闻报》(不久改名《安雅报》)和《可报》，发表许多抨击朝政、切中时弊的文章。不到两年，报馆连遭清廷封闭。这些年代，钟荣光在与教会人士区凤墀、左斗山以及美国传教士等的来往中，对基督教义逐渐发生兴趣，接受洗礼入教。后来他深感要救国救民非学西方先进科学不可，遂决心从事教育事业。

1899 年，钟荣光被格致书院(岭南大学前身)聘为汉文总教习。同时报名为该校学生，随班学习英文、算学和自然科学。至 1905 年在该校第二届预备班(中学)毕业。这时钟荣光已 39 岁。

格致书院是1885年美国基督教长老会的哈巴与香便文两牧师发起创办的，得到中国留学生监督容闳和海内外名流的赞助，在美国募捐基金，成立基金会董事局。1888年在广州沙基金利埠（今六二三路）设校招生，哈巴任监督（校长），宣称该校的宗旨“乃造就教育人才，从事牧师、教员、医生以及其他人生历程之使命，用以传授西方科学、医学以及宗教”。帝国主义者往往利用教会开办学校、医院进行文化侵略，但也有不少外国人士是为促进中西文化交流而热心办学的。格致书院也是在这种复杂情况下创办起来的。

1900年，兴中会会员、原格致书院学生史坚如在广州谋炸署理两广总督德寿事败被捕，钟荣光多方营救无效，史坚如终于被清政府杀害。

同年，格致书院迁至澳门，改名为“岭南学堂”。岭南邻街有一间著名的灌根学校，校长陈荣衮是钟荣光的旧友，一位以主张改革文言提倡白话而闻名的学者。两人异地相逢，格外亲切。每到假期，钟荣光就请陈荣衮到岭南国文讲习班讲课。灌根毕业的学生也都被保送到岭南升学。后来的女诗人冼玉清教授，就是在灌根毕业后被保送岭南升学的。

这年，沙俄乘八国联军侵略中国之机，出兵占据东三省。次年，中俄谈判，沙俄名为交还东三省，实则限期勒令清政府签订实际出卖东三省的条约。草约公布后，举国哗然。当时在澳门的钟荣光，奔走呼号，联合海外名流150人，于同年4月致电直隶总督兼北洋大臣李鸿章，力促“严拒”签约，“以救危亡”，不料反遭李鸿章复电申斥。

1904年，岭南学堂由澳门迁回广州，在河南康乐村购地建校。钟荣光举家迁住学校临时木屋宿舍。从此他以岭南为家，致力于教育事业。岭南建校之初，只有木屋平房两座，男女学生61人，全部寄宿学校，六七名女生没有宿舍，钟荣光就拨出自己住宅二间给她们寄宿。民国初年，钟荣光任广东省教育司司长期间，又派女生出洋留学。钟荣光力排二千多年来的封建陋规，开创我国教育史上男女同校的先声。

1907年，钟荣光赴日本参加世界基督教学生组织会议，回程时顺道往华北考察教育。在华北参观时，被清政府以“革命党”“图谋不轨”罪名逮捕入狱35天。他自忖必死，曾作诗：“世间并无不死药，我生最爱自由花”，表示他准备为国牺牲的决心。后得同乡营救，才免于难。

1908年，钟荣光任岭南学堂教务长。他不愿完全仰赖外国人的捐款来进行学校建设，发起向学生家长募款建造中学生寄宿舍和添置图书仪器。次年，他环游世界各国，满怀爱国热情向华侨宣传募捐建校的意义，号召华侨子弟归国升学，接受祖国文化。

1909—1910年，钟荣光先后在新加坡、越南和美国各大城市募得巨款，用于建设中学生寄宿舍。

1911年农历三月二十九日，在广州爆发了黄花岗起义。岭南学生高剑父（岭南画派三杰之一）等参加了这次起义。辛亥革命爆发后，岭南除了有一部分学生参加广东学生军随师北伐外，全校停课，组织“筹饷队”，分赴全省城乡演戏宣传，为新成立的财政十分困难的广东军政府募得饷款5万余元。

1912年春，孙中山辞去临时大总统职务，回到广州，于5月7日应钟荣光之请，到岭南学堂向师生发表演说，勉励青年学生为祖国建设努力钻研科学。[①] 孙中山对于钟荣光办理岭南的规划和成就，寄予极大的期望。就在这个月，钟荣光应聘出任广东军政府教育司司长。军政府初期的民政、外交两司长钱树芬、陈少白都是出身岭南，当时被称为“岭南三司长”。钟荣光在担任教育司司长期间，大力推行教育总长蔡元培的民主办学方针，改革旧学，提倡新学，废除清代关于学生尊孔读经的规定；鼓吹信教自由；下令拆毁封建时代遗留下来的匾额旗杆和神像；将清代的科举试场改为公共体育场；成立中小学教科书改编委员会，革新教学内容，请准省议会通过拨款20万元，选拔男女学生100多人分赴德、美、日等国留学。他根据我国文盲众多的实际情况，特别重视社会教育，设立图书馆、图书室，并派出巡回演讲队到各县市宣传新文化和科学常识，破除封建迷信。通过各种图片、幻灯、白话戏、通俗小报、新式通书等向民众进行宣传教育。为了实行阳历，1913年他下令各校阳历新年放假两周，阴历新年严禁放假，学生一律上课，如学生请假过半，给校长记过的处分，若擅自放假，则扣发校长薪俸半个月。

1913年7月，袁世凯走狗、桂系军阀龙济光入据广东，大肆镇压革命党人，钟荣光也被搜捕，由于岭南学校监督晏文士的掩护，侥幸得脱，当晚乘美舰出走香港，经檀香山赴美国。在太平洋舟中，他感怀时局，痛惜革命事业遭受挫折，写成《广东人之广东》一书，列述辛亥革命后，特别是他任教育司司长时期广东军政府革旧布新的各种措施和革命精神，详述教育司的改革工作，用大量事实揭露袁世凯收买爪牙为祸广东的罪行，让海外华侨及时了解辛亥革命后广东的真实情况。

这年冬天，钟荣光访问檀香山，发动华侨子弟回国升学，同时联络热心人士，扩大海外“岭南之友”的组织，争取他们对岭南作更大的援助。

1914年，钟荣光入纽约哥伦比亚大学，选修教育学，研究西方教育原理和办学经验。这年，钟荣光的妻子何氏在岭南病逝。后来，有个曾在香港创办安怀女校的老同盟会会员、钟荣光的旧识钟芬庭，任教檀香山，青年丧偶，两人于1915年在纽约宣布结婚。当时社会上同姓不婚、夫丧守寡的封建旧习还根深蒂固。两钟订婚的消息传出后，亲朋议论纷纷，有的还出面反对。钟荣光以早年反封建的精神，破除陋习，行其所

---

① 《在广州岭南学堂的演说》（1912年5月7日），《孙中山全集》第二卷，第359—360页。

是,力树新风。

在哥伦比亚大学学习期间,钟荣光担任国民党纽约支部长,创办《民气报》,团结海外华侨,积极宣传反袁斗争。

1914年第一次世界大战爆发后,西方帝国主义各国忙于应付战争,无力东顾。平素仰赖外国捐款维持的岭南学校,也顿时失却了财源。为了摆脱困境,岭南学校董事局于1917年改聘钟荣光为学校副监督(副校长)。钟荣光意识到依赖外国人捐款办学终非善法,中国的学校还是应由中国人自己出钱自己办,才是正理。他周游美国各大城市,想方设法,发动华侨捐款和遣送子弟回国升学。

1917年,孙中山为反对北洋军阀,率领海军和部分国会议员南下广州,成立南方护法军政府。钟荣光自美国回到岭南,为解决学校财政困难向孙中山和广东省省长朱庆澜要求援助。当时桂系军阀盘踞广东,孙中山领导的军政府经济异常拮据,靠借债和华侨捐款勉强度日。为了支持钟荣光办教育,孙中山还是捐了两千元给岭南①;再加上朱庆澜省长的拨款和华侨学生家长的捐助,终于使岭南渡过了难关。

1918年秋,钟荣光再次到新加坡、印尼、泰国、越南等地向爱国华侨募捐,兴建归国侨生的寄宿舍。这年岭南特设华侨班,招收百余名回国侨生入学,为我国大学开设华侨班首创先例。

这几年,钟荣光先后为学校向华侨捐款建成四座中学生寄宿舍,以及张弼士堂、爪哇堂、陈嘉庚堂、陆祐堂、十友堂,马应彪招待室、马应彪夫人护养院等,使岭南不仅成为当时广东最堂皇秀丽的花园式的学校,而且是主要靠中国人自己的力量建设起来的华南第一所大学。

钟荣光的教育思想,是重视学以致用。他环游美洲、南洋各国,参观当地农业,感于中国以农立国,而农业落后;广东农业人口占全省人口八成以上,而粮食不能自给,认为欲求中国富强,非急谋农业之改进不可,因此决心筹办岭南农科大学。他说,创办"农科目的,一面在养成实用人才,一面在改进农民生活"。② 岭南农科大学的创办得到孙中山和军政府财政部部长廖仲恺的支持,由省政府拨给开办费30万元,自1921年起,每年补助常年经费10万元,并拨给坟地900亩,建立农林试验场。纽约岭南董事局无意扩办岭南农科大学,于是钟荣光决心摆脱对外国人的依赖,单独由中国人组成岭南农科大学董事会,负责学校的领导和经费筹措工作。这是中国人收回岭南大学管理教育行政权的先声。岭南农科大学设蚕桑、园艺、农艺、畜牧等学系。它不仅为国家培养了一批

---

① 岭南同学会编:《钟荣光先生传》。

② 《在美芝城青年会演说词》,《南大与华侨》第二卷第一号。

专家教授和科研骨干，而且为华南农业在改良稻种、推广瓜果优良品种和农产品加工等方面作出了贡献。

1922年6月，广东军阀陈炯明背叛革命，炮轰总统府，孙中山只身走驻永丰舰。孙夫人宋庆龄化装脱险至沙面，钟荣光派汽船把她接到岭南大学，转往黄埔与孙中山会合，然后经香港安全赴上海。

1923年，孙中山在广州重建大元帅府后，又曾两次偕夫人视察岭南，并发表演说，勉励学生“立志要做大事，不可做大官”，学习黄花岗七十二烈士的革命精神，为国家为人民服务。这是孙中山对钟荣光创办岭南大学的期望。

钟荣光在“五四”时期就曾提出过收回帝国主义在中国的教育权，中国学校由中国人自办的主张，其后不但在国内而且在国外募捐的各种集会上屡次宣传这一主张，受到各界人士和广大华侨的热烈拥护。

1924年初，钟荣光与美国人香雅各同任岭南大学监督（不分正副）后，他前往南北美洲为岭南农科大学筹款时，更加积极宣传收回教育权的主张。他在美国芝加哥青年会上演说：“兴办学校，实为现在救乡救国之事”，“岭南为中西合办，但靠人终非久计，应当尽量发达，以得将来接收华人自办”。[①] 同年6月，他在致书芝加哥《少年报》主笔时又指出：“中国教育何以免外人管辖？外国政府及教会在中国所办学校，如与国际条约无背，不容易收归吾人自办，吾政府但按教育部章取缔之足矣。日本对于外国人在日本所立学校亦如此。岭南则并非美国政府及教会所办，其始只一二美国传道中国之牧师所发起，托某教会管理，其后脱离教会，在纽约改组董事局（1893年），担任筹款与派教员等，至今董事屡易，全赖三五位名望人物勉力维持，并加入中国董事三人协助，至执行部则设在岭南校内，中国任部员者逐年增加人数，随时可收回自办。”他认为：“收回岭南之第一步，即今岭南农科大学。再进而收回岭南全校。”他还申明，他多年经营“期以逐渐脱出外人管辖者”，盖出于“念吾家子弟学生何以全靠邻人教育，吾国土地（农场）何得交与外国管辖”。又说：“光服务岭南二十五年，由学生而教习而至今职，自信深知底里，苦心全力，以收回岭南自办为唯一目标。幸农科大学成立，第一步已达到矣。”他向华侨呼吁：“大家鼎力则收回外人在中国所办学校，当以岭南为嚆矢。”[②]事实正是如此，收回外人在中国经营的第一所学校就是岭南大学。钟荣光这种苦心经营、力求从外国人手中收回岭南大学教育权由中国人自办的爱国主义精神，是值得称赞的。

1924年国共合作形成后，钟荣光支持孙中山的革命政策。当时帝国主义者和国民

---

① 《在美芝城青年会演说词》，《南大与华侨》第二卷第一号。

② 《致少年报主笔书》，《南大与华侨》第二卷第三号。

党右派在华侨中散布广东"赤化"的谣言，攻击国共合作。钟荣光在美国芝加哥向华侨演说："粤省现有八省客军……中山政府擘画自属不易，吾人为粤省计，皆应协助之，而多加谅解。"

1925年6月23日，岭南大学与广州各校师生响应"五卅"反帝运动，举行游行示威，行经沙基时被沙面租界的帝国主义者开枪杀死游行群众40多人，伤100多人，酿成历史上有名的沙基惨案。岭大教师区励周、学生许耀章中弹牺牲，十余人受伤。岭南学生会为此出版《沙基惨案真相》分发国内外，揭露帝国主义者屠杀中国人民的罪行。17位美籍岭南教授也联名通电美国，要求主持公道，支持中国人民的正义斗争。独有英籍副监督白士德，发表为帝国主义暴行辩护的反华言论，受到师生的强烈谴责，被逐离学校。

1926年6月9日，岭南大学师生隆重集会欢迎为农科大学筹款、奔波南北美洲历时两年半归来的钟荣光监督。在全校公宴会上，钟荣光发表演说，再次申明他"此次出洋捐款，完全为农科大学收回我华人自办，向华侨募捐。近年来收回教育权之呼声日高，予不敢说有先见之明，但六七年前已觉教育有收回自办的必要。"①在纪念沙基惨案一周年大会上，钟荣光满怀激情地发表反帝声明："传教西人挟不平等条约而来。故我同学应继续努力，与群众一致奋斗以期打倒帝国主义。总之，对外人之侵略，取抵抗主义；对内部之攻击，取不抵抗主义，欲达吾人之目的，必持以必死之决心……人谁不死，只〔在〕死得其所耳。"②钟荣光这种爱国精神是值得称赞的。

岭南师生积极参加了"五四"运动和"六二三"运动。据一位在"五四"当年参与省会学联领导工作的广东高师学生回忆说："广东在五四运动中，高师和岭南的学生，成为反日反军阀的有力群众。""岭南学生都和我们在一起，并不后人！"他还说，作为广东省会学联顾问和岭南大学领导人的钟荣光，曾计划组织学生军配合粤军驱逐盘踞广州的桂系军阀，派他去上海向孙中山请示，因孙中山不同意而作罢。③

1926年10月10日，钟荣光在双十纪念会上鼓励岭大师生要真诚信仰中山主义，要大家实力奉行，革命自然成功。他说："现在我国尚为帝国主义者所压迫，不平等条约尚束缚我们的国家。但是我们如果遵从孙先生之遗嘱，唤起民众及联合世界上以平等待我之民族，共同奋斗，这也不久可以达到解放目的的。"又说："现在非快乐的时期，是奋斗的时期。在这革命时代中，最不可中立，最不可旁观，因为辛亥革命至今中立和旁观的两派人，可东可西，不冷不热，已弄成今日不清不楚之政局。我们到今只有分别是非，今日之北伐

---

① 《本校欢迎会上的演说》，《南大与华侨》第四卷第二号。

② 《钟监督致学生父兄书》，《南大与华侨》特刊，第4页。

③ 李朴生：《钟荣光先生——严禁春节放假》，《传记文学》第六卷第三期。

战争是是非之争，应该一齐加入革命战线，然后能对外打倒帝国主义，对内打倒军阀。本校有工界、有学界，总要两家携手协助，同走上革命战线，以辅助革命之进行。”他告诫学生：“学生时代，旨在求学，但在求学之中，应不忘救国；有可以为国民利益的事，我们就要加以赞助。”①

在北伐战争高潮的影响下，经过钟荣光和爱国师生的多年奋斗，岭南大学终于从美国纽约董事局手中收回中国人自办。1927年1月，岭南大学在国内成立了新的校董会。同年8月1日，新旧校董会举行交接典礼，原纽约董事局改名美国基金会。以新成立的校董会为岭南大学的最高行政机关。钟荣光作为新校董会主席兼校长在会上演说，指出：“接收本校的原因”是“（一）尊重本国政府教育法令；（二）顺应中国民族运动潮流；……”表示希望旧董事局改名基金会后，“将来为友谊上之助力”，并宣布“接收后之方针：（一）最低限度要维持现在之成绩；（二）保存基督教牺牲服务精神；（三）一切科学注重实用；（四）实行学生工读制度；（五）施行农村教育，以加惠农民”。②

钟荣光接收岭南后，改岭南农科大学为岭南农学院，继续出国为学校募款。这时岭南学生包括大学、预科、华侨班、高初中和小学，总计1000多人，中西教职工200多人。在二三十年代，它为祖国培养了大批人才。我国已故的著名音乐家冼星海、画家司徒乔、诗人梁宗岱，乃至日本著名诗人草野心平都曾在岭南受过教育。廖仲恺、李济琛和孙科等都先后把子女送到岭南大学学习。

1927年至1928年间，国民政府先后聘钟荣光为教育行政委员、华侨教育委员会常委、侨务局局长。由于他不满有职无权，也看不惯官场的腐败，便辞职返校办学。

1929年，上海圣约翰大学特赠钟荣光名誉法学博士学位。那时，岭南大学校董孙科任国民政府铁道部长，下属骨干和总工程师等多出身岭南大学。钟荣光商得孙科同意，由铁道部拨款创办岭南工学院，以培养铁道公路专门技术人才，并先后在上海、香港等地设立分校，宋庆龄任上海岭南分校校董。

1930年，岭南大学接收长堤外国教会创办的博济医院，这是孙中山青年时代学医的地方。钟荣光为纪念孙中山，积极筹办孙逸仙博士纪念医学院。1935年，他带着计划书向南京政府请款，领得50万元的建筑费，建成了当时广州最堂皇美观的新型建筑物——孙逸仙博士纪念医学院，从而使岭南大学成为拥有文理学院、商学院、农学院、工学院、医学院的多科性大学，为南中国培养专门人才作出了贡献。

抗日战争爆发后，钟荣光在庐山养病一年。这时他已年逾七十，体力衰弱。1938年

① 《国庆日演说词》，《南大与华侨》第四卷第三号。

② 《在岭南大学新旧校董交接典礼上的演说词》，《南大与华侨》第六卷第一号。

6月，他被任为岭南大学名誉校长，宣告退休。同年7月，国民参政会在汉口成立，他被任为参议员，出席了这次会议；会后返广州办了岭南大学校长移交手续，旋迁居越南海防。岭南大学亦于1939年迁往香港。其后他几次飞往重庆出席参政会。1940年秋，日军进犯越南，钟荣光抱病偕夫人返香港疗养。次年9月7日，留港的岭南大学同学发起为他七十五寿辰祝寿，钟荣光从未做过生日，这次他打算借此为岭南大学开展百万基金募捐运动。他出任基金募捐运动会主席，亲作小启，对抗日战争的胜利和恢复岭南旧校充满信心。由于太平洋战争爆发，香港沦陷，岭南基金募捐受阻，钟荣光身陷敌境，心脏病日重，就医于养和医院，延至1942年1月7日逝世，终年76岁。

钟荣光生前撰一联自挽："三十年科举沉迷，自从知罪悔改以来，革过命，无党勋；作过官，无政绩；留过学，无文凭；才力总后人，唯一事工，尽瘁岭南至死。　两半球舟车习惯，但以任务完成为乐，不私财，有日用；不养子，有徒众；不求名，有记述；灵魂乃真我，几多磨炼，荣归基督永生。"①钟荣光在他的遗嘱中有如下一段："余夫妇生平以学校为家庭，不私财，不治产，余与妻曾双方订定，我夫妇无论何人先死，得同意后死者将家私什物公开拍卖，将所得款充作学额基金。"②

钟荣光的挽联和遗嘱，充分表现出他毕生尽瘁岭南大学教育事业，以学校为家的献身精神。他没有子女，没有遗产。他的遗嘱还念念不忘扩建孙逸仙博士纪念医学院和在岭南大学校内建筑纪念陆皓东、史坚如、郑弼臣三烈士的中学校舍；还要求把他的棺柩葬在岭南大学校园旗杆下梁发牧师的墓旁。③ 抗日战争胜利后，岭南大学迁返康乐。遵照钟荣光的遗嘱，于1947年1月将其灵柩从香港迁葬岭南大学校园内。

（原载《中山大学学报（哲学社会科学版）》1984年第4期，
原题《钟荣光传略》）

---

① 《纪念钟荣光先生特刊》。

② 《纪念钟荣光先生特刊》。

③ 梁发（1789—1855），是中国第一个宣教师，印刷工人出身，曾编写《劝世良言》。他的骨灰于1920年由钟荣光迁葬岭南。

陈序经最后二十年的浮沉

张晓唯

20 世纪 30 年代初，中国知识界围绕“全盘西化”问题展开大论争，岭南大学青年教师陈序经(1903—1967)持激进立场，一时间名声大噪。那场笔战只是陈序经亮相学术界之始，此后他北上任职南开大学经济研究所，西南联大时期担任法商学院院长，乃联大院长中最年轻的一位。如今已成美谈的关于他宁肯不做院长也不肯按规定加入国民党一事，显露出这位学人的鲜明个性。陈序经终其一生未加入任何党派，即使 1949 年后颇得中共领导周恩来、陶铸等人的赏识器重，即使友人力劝他加入民主党派，他也始终保持无党派人士身份。他平生也未涉足宗教团体，但后来出掌具有教会背景的岭南大学，竟成为该校创办以来首位无教籍的校长。陈序经的“清高”自守，加上他的耿直敢言和优容雅量，颇得高级知识分子的好感和信赖。在生命的最后 20 年里，他先后出任岭南大学校长、中山大学副校长、暨南大学校长和南开大学副校长，被赞誉为新旧政权交替之际“难得的大学校长”。亦因如此，他为极左的政治氛围所不容，以致由波峰跌入浪底，终于消失在“史无前例”的大劫难之中。

临危受命接手岭大

1948 年 8 月，陈序经正式出任广州岭南大学校长(初为代理)，时年 45 岁。此前，他担任南开大学教务长、经济研究所所长和政治经济学院院长等要职，是张伯苓校长倚重的中坚力量。有分析说，张伯苓甚至考虑在自己因出任考试院长不得兼任校长的情况下由陈序经接任。可是，张伯苓几经权衡之后，同意且催促陈序经返回岭南就任校长一职，这可能是时局使然。当时国共两党逐鹿中原，平津高校隐然成为“第二战线”，办学读书均非其时，比较之下南国还相对平稳。陈序经在大变局到来前夕返乡办学，竟使原本平平的岭南大学骤然“灵光一现”，却是他本人未曾料想到的。

陈序经，海南文昌人，当时籍属广东，获美国伊利诺伊大学博士学位，回国后最初任教的学校就是岭南大学。这是一所建校较早、历史繁复、亦中亦西的私立高等学府。

仔细算来，陈序经担任校长近四年，前 14 个月尚在国民党治下，后一阶段的两年半则已是新中国初期。在“改朝换代”过程中，广州作为国民党政府在大陆的最后一个政治中心，有段时间政要云集，其中亦不乏向本地文教人士示好者。蒋介石、何应钦或邀宴或要求来校园暂住，陈序经均巧妙地加以回避和婉拒。中共进入广东初期，执掌粤省文教工作的是著名学者杜国庠，陈序经对之尊敬有加，并与广州市市长朱光将军以及杨东莼等领导人相处融洽。不过，当军管会查出学校出纳处违规存有金条，欲拘捕相关职员时，陈序经却挺身而出，表示：“他是出纳员，我是校长，要逮捕，就逮捕我。”肃反期间，校内地下室发现枪支，一时间风声鹤唳，陈序经调查后行文陈情：枪支为以前学生军训时所用，多为一战时旧物，已锈蚀为废弃物云云。一场风波得以化解。

其实，岭南的创办人乃美国基督教长老会牧师，在纽约设有“岭南大学基金会”，属于私人捐募性质。美国基金会对岭南大学提供的资金支助，往往换成金条以求保值，为了避开当时国内严重的通货膨胀，学校用金条到香港兑换港币以发放教职员的薪酬。陈校长的人望，他的诚恳与平易，他的积极主动，加之学校的“硬件”设施，以及时人对于局势的各自判断，岭南大学形成了众贤汇集岭表的难得一见之景观。

岭大办学的得意之举

当年岭南大学的学生、后来成为中国科学院院士的卢永根先生，在一篇纪念陈序经校长的文章中写道：“正当中国人民解放军解放北平后挥师南下的时候，不少名教授和学者对党的政策存在疑虑而纷纷南下，准备经香港转往台湾或外国。就在这个时候，陈校长毫不动摇地坚守岗位，以自身的行动和礼贤下士的风范，把一批来自北方的名教授罗致到岭大，说服他们留下来，使他们成为广州解放后的学科带头人。广东省的多数一级教授就是这样来的，在医科领域尤为明显。”

这里所说的北方的医学专家，实际上主要来自北京协和医学院，关键人物是著名的医学放射学专家谢志光教授。陈序经出任岭大校长刚刚两个月，就利用回天津办事的机会，数次赶赴北平拜访谢志光，恳切相邀，几次相谈后，谢欣然应允，并带来一批协和的名医。他们南下任教岭大医学院，谢志光出任院长，使得学院盛极一时，雄踞海内。外科专家司徒展晚年在美国撰文忆述：“岭大医学院开办在各学院之后，自1948年声誉骤然公认为全国当时最佳者。”岭大医科的兴盛，乃陈序经办学最得意之举。

不仅如此，陈序经还聘请了陈寅恪、姜立夫、王力、陶葆楷、张纯明、吴大业、陈永龄、容庚、梁方仲等多位著名学者来岭大任教，大大提升了学校的师资水平。数学大家姜立夫长期担任南开大学教授，与陈序经有同事之谊，他本来已到台湾，但不适应那里的生活，陈序经遂邀他来岭大任教，设立数学系，请他做系主任。陈序经与陈寅恪相识于

1934年,两人共同参加一个在南京举行的会议,会后北返列车中相谈甚欢,后又在西南联大共事,彼此相知渐深。陈寅恪与胡适同机飞离北平后,一路南来,事先与陈序经联系,表示愿来岭南大学"避风"。陈序经复电欢迎,随即电汇一笔充足路费。陈寅恪先生如约抵穗,而其家人却到了香港,正在进退两难之际,陈校长亲自赴港劝说调解,终于将陈家接回康乐园妥为安置。

人们赞誉陈序经"不但是个学者,而且是个很有远见、很有组织能力、很能团结人的教育家"。他的办学能力突出表现在"识才"与"容才"这两点上。凡遇稍有资历的教师前来求职,他首先要了解该教师是长期从事学术工作,还是以谋官做官为主。对于后者,他认为必不能专心致志于教学,十之八九必婉谢。而对于所聘教师的学术经历、治学特点及教育背景等,他几乎烂熟于心,每每提及,如数家珍。识才不易,容才更难。居高位或具有权力资源之人,能够真正做到"不忌才"实属难得。陈序经对于教授学者不搞宗派,不分是否"海归",只要有才学者,他都很敬重。曾在岭南大学任教的法学家端木正评述道:"陈校长和知识分子交朋友,最成功的道理就是能尊重人。他说过,他当教务长也好,当校长也好,从来不到教室去听教授讲课,不去检查教学。他说,每位教授在我决定下聘书的时候,已经是相信他的教学水平,不能等他教了几年书,还去检查他。如果我不信任他,就不请他。"

像多数旧时大学一样,岭大的行政系统精干而富于实效。陈序经聘用冯秉铨、任锐麟两位资深教授分任教务长、总务长,前者乃哈佛博士、电子物理学家,口才好,善交际,教学方法高明,深受中外师生佩服;后者是20世纪30年代即来岭大任教的加拿大华侨、神学博士,曾经兼任广东国际红十字救灾会工作,忠于职守,富有才干,社会活动能力强。此二人在陈校长短暂而光耀的岭大办学生涯中作用重大。

还有一个人不能不提及,他是岭南大学理学院院长、美国教授富伦先生。在陈序经看来,富伦乃外籍教授中最有真才实学者,他还是美国基金会在校内的代表。对于新校长的若干举措,富伦不仅理解,而且支持配合,二人间的友谊与日俱增。1949年6月,即陈序经履职将满一年时,富伦在向美国基金理事会提交的一份报告中,对陈序经的治校才能大加称赞,尤其提到:"在政治动荡之际,他处事不惊,使得全体师生能面对变迁保持平静,令人赞不绝口,而广东一些人却惶惶不可终日。"

1950年夏,朝鲜战争爆发,抗美援朝随后开始,反美浪潮汹涌而至,岭南大学的外籍教师纷纷离去。富伦是最后一批撤离的美国教授,离别康乐园之际,陈序经一人前来送行。此时,岭南大学前景黯淡,教育部已经召开了"全国处理接受美国津贴的高等学校会议",真正的"社会变迁"才刚刚开始。

院系调整后的“赋闲”与“出山”

当初有些人动议，将岭南大学迁往香港，遭校长陈序经否定。他的理由是，如此完善的一所大学迁移异地，谈何容易！而他内心则认为，国民党腐败失去江山，取而代之的共产党应当有希望。抗战时期陈序经在南京、重庆曾见到过周恩来，他对这位中共领袖印象不差。江山易手后，他拥护人民政府，与粤省主政者也建立起融洽关系。但是，他担任岭南大学校长的后半段，总的感觉是危机四伏，精神压抑。除了“思想改造”的政治压力外，过去办学的一些有效做法行不通了。他自述：“政府命令停止使用外币，本校若是使用了是违背政府命令。校长是学校负责人，做了违法事情，坐牢或任何处分，校长是最先一个。假使不用外币，教职员工的生活又必有了很多困难：有段时间人民币从五百元兑换一港币贬至五六千元兑换一港币。私立学校校长在经济上无办法，就做不下去。”私立学校的生存空间越来越小，本来生龙活虎的陈校长也愈加无可奈何。他甚至后悔自己离开南开而来岭南的选择，在一份“检查”中他写道：“我曾经将这个意思向杜（国庠）厅长说，他劝我勉为其难做下去”，“可是在精神上，在一个相当长的时期内，我始终是感觉到痛苦”。

1952年春，大规模的“院系调整”拉开帷幕，岭南大学与其他十余所具有外国教会背景的大学一并被取消。岭大取消校名后被并入中山大学，其原有的医、农、工、法、经济各学科被调整出去，只有文理二科进入新的中山大学，而康乐园变为中大新址。对于如此“大动作”的学科调整，陈序经内心不无保留，但他配合工作，并无外在的抵触。从这时开始到1956年的四年间，陈序经没有担任任何实质性的行政职务，被安排到中山大学历史系做一名研究教授。因为他所从事的社会学、政治学以及“文化学”已通通被当作“资产阶级文化”取消了学科，研究历史乃唯一选择。好在他对古匈奴史、东南亚各国史、西南民族史等均有兴趣和学术积累，默默耕耘成为他这四年的主色调。自1952至1966年间，陈序经撰写书稿约250万字，计有《东南亚古史研究》八种、《匈奴史稿》、《西双版纳历史释补》及《中西交通史稿》等。在“树欲静而风不止”的五六十年代，取得如此成果，其勤奋与毅力令人唏嘘不已。据其家人介绍，他养成了早睡而凌晨4时起来写作的习惯，多年不辍，即使日间肩负繁杂公务亦是如此。

海外报章对陈序经离开校长职位长期“赋闲”有过失实报道，一些朋友于是劝他出国另谋出路，国民党人士也来信鼓动他“脱离铁幕”。对此，陈序经平静处之，他自信平生教书办学，从未涉足任何政治活动，新政府不会难为自己，自己仍能安心作学术研究。问题在于，陈序经虽无“官职”，但威望与影响仍在，原岭南大学的教授乐于与他接近，听取他的意见,甚至有一稍嫌夸张的说法:陈寅恪唯陈序经之言是听。如此一来,已经实行党委制的大学权力机构感觉遇到了挑战,必欲“纠正”而后快。某位学校领导用暴君的姿态对待高校知识分子,以致连很有涵养的陈序经也私下忿忿抱怨:有的人不仅要用脚踩在你的身上,而且还要用脚踩在你的鼻子上!

1956年对于陈序经来说是个转折点,先是被评为一级教授,后被国务院任命为中山大学副校长,还当选全国政协委员和广东省政协常委。这一变化,与那段时间知识分子整体处境的改善有关。据传,主政广东的陶铸某次进京汇报工作,周恩来总理特别提起广东有一位能聘到一级教授、善于团结高级知识分子的教育家陈序经,应当向他学习知人善任的本领。后来,陶铸与陈序经几乎结为莫逆之交。还有一个背景不可忽略:当时东南亚华侨筹建新加坡南洋大学,在全球杰出的华人学者中物色校长人选,陈序经的呼声很高,反映出他在华侨社会的声誉和影响,此事对中共高层不可能没有触动。

再次担任校长(副职),陈序经意识到自己是十几所被解散的私立教会大学校长中极少被重新启用者,但此刻履行职责的情形与以往主持岭大已明显不同。上有党委会负责思想政治和干部人事,各位正副校长各有分工,只要各安其职即可,全不似私立校长独自当家的劳顿与风险。陈序经分管基建、房管和卫生,几年间增建了体育馆(临时会堂)、生物楼,还扩建了学校医务室。但他上任刚刚几个月,“帮助党整风”的大鸣大放就紧锣密鼓地开始了。

陈序经一向以“敢言”、“好辩”闻于世,颇有所谓“一士谔谔”之概。可是在1957年“鸣放”时,他却显得比较谨慎,发言很迟,那篇发言记录稿《我的几点意见》6月间发表在《南方日报》时,与“事情正在起变化”的事态转折已非常接近了。他的发言温和含蓄,但不失锋芒,其中谈到:高校内泛政治化现象严重,学术与政治不分,一些党员用搞政治运动的经验,硬套到高等教育上;一些党员做事往往不讲法律和制度,一些干部与其说是违法乱纪,不如说是无法无纪。他在发言中强调,高校如果不要党的领导,是很难想象的,问题不在于要不要党的领导,而在于如何领导。曾有报纸点名批评这个发言,而陈序经在反右运动中竟安然无事。据知情者透露,陈乃“内控右派”。由此或可推断:中共高层在对陈序经的使用问题上存有分歧,而对其肯定者居于上风。

出掌暨南大学

粤省政治区位特殊,从清代中后期的“十三行”到现代的毗邻港澳,加之沿海侨乡居多,流动性与开放性明显,其主政者需要灵活应对,为官也就比较开明。当年陶铸作为“中南王”,肯于善待陈寅恪、陈序经等人,显示出他过人的眼界和气魄。1958年,为适应华侨子弟的入学要求，新暨南大学在广州成立，陶铸以中共中南局第一书记兼广东省委第一书记身分兼任该校校长。其间，他多次访晤陈序经，探询办学方策。经过几年草创，学校初具规模。1962年底，陶铸执意卸去兼任的校长一职，坚请陈序经接任。这样，年近花甲的陈序经便开始了一段暨大校长生涯。

自1963年至翌年上半年，作为暨南大学校长，陈序经主要致力于两件事：一是提高教学和学术水平，二是建设校园。他筹划自外校调入一批骨干教师，几经努力，仅小有所获。社会组织形态已然变化，过往的成功经验如今难以奏效。他秉持教育管理要有“优容雅量”的想法，亲自登门造访暨大每一位教授，亲自接待返乡来校探访的侨生家长。他虚怀若谷，平易近人，对教职员工从不摆校长架子，每每清晨乘小车远道来校，途中遇有本校人员必定招呼上车，以至校长的乘用车被称作“小巴士”。他在任期间，暨南大学作为一个特例成立了校董事会，廖承志为董事会主席，成员包括费彝民、王宽诚、何贤等海内外知名人士。陈序经的亲和力不仅在校内大行其道，也不断扩延到海外人士中，无论相识与不相识，人们愿意与他商谈各类办学事宜。在不长的时间里，学校增设外贸系、东南亚研究所，筹办医学院，增加图书仪器，扩大海外学术交流，华侨子弟回祖国读书的人数明显增多。

陈序经办暨南大学有声有色，本是利国利民的大好事，但在极左年代里，却无意中犯了政治上的大忌。还在他上任暨大校长之初，上边即有责难声：“为什么找一个党外人士做正校长？”

在南开的最后岁月

1964年6月，中央突然下达调令：陈序经转任南开大学副校长，调离广东。陈序经不明所以，也极不情愿重返南开。他求助于陶铸，陶铸坦言此次自己也是爱莫能助，反而劝他北上就职为宜。究竟是何原因促成了此项调动？陈序经与粤省高级知识分子由来已久的密切关系及与海外人士的互信合作，在一些人看来，已事实上形成与党争夺知识分子、与党抗衡，影响恶劣，有人甚至贬称他为“土皇帝”。其实，此类“反映”在极左和封闭的政治环境里始终存在，当然构成一种推动因素。值得一提的是，“文革”之初，陶铸上调中央，党内尚有人指责他任用有大量海外关系的陈序经，欲借以阻挠陶的升迁。

1964年9月，陈序经怀着无奈的心情回到阔别多年的南开大学。世事难测，转了几圈又回到了原点，旧人已零落，而新人反将旧人当新人，他的内心难免感到苦涩。当时南开已有六位副校级干部，他是第七位，只能分管卫生之类，实际上无事可做。遇见西南联大老友、历史系教授郑天挺，郑问他现在做些什么，他答说练习烹饪技术，可见其初返南开之境况。“文革”初起，陈序经作壁上观，以为与己无涉。岂料严冬时节狂飙突起，他被揪出批判，“反动学术权威”、“美帝文化特务”、“黑线人物”等罪名汹涌而至。随后被抄家，住房遭强占，夫妻二人被赶至仅几平方米的一小屋内安身，还被责令不断地写交代材料。陈序经身体一向强壮，此时却急转直下，听力、排尿均出现障碍，1967 年 2 月 16 日终因心脏病突发而离世，年仅 64 岁。

长歌当哭，总在痛定之后。像陈序经这样的学者型校长、才华横溢的教育家，却被狭隘的偏见、俗陋的嫉贤妒能所戕害，时代和民族的悲哀莫此为甚。陈序经的学养、经验和操守，值得后人尊重和感念。可是，他因遭遇高校的厚重壁垒而不得尽展其才，则是必须痛切反思的一个制度性课题。

（原载王家声等主编：《文人的骨气和底气》，世界知识出版社 2011 年版）

第二辑　学科研究

国立中山大学研究院扩充计划书

吴　康

民国十三年春，国父孙中山先生以大元帅明令创办本校，校长邹鲁先生恪承帅命，艰难缔造，廿一年春，再长大学，手定大计，创立规模，建筑新校，经营肯构，裁及五年，于是昔岁石牌荒野之区，骤见雕梁画栋之盛。康归自海外，见黉舍巍峨，黌堂连辍，纡徐为妍，卓荦为杰，以为欧土名都所称"大学城"Cité Universitaire 者，方之吾校，殆犹未逮。私叹邹校长之毅力宏愿，大学同人之赞襄盛业，与夫中央政府之拨款兴学，社会人士之乐助厥成，足以铭金石而不朽矣。康游欧洲，忽近二年，襆被归来，复从诸同人后，赞襄校务。以谓吾校为华南最高学府，且为纪念　国父孙先生之唯一大学。今中国于改造历程之中，国民革命全功，尚未告成，则念　总理"革命基础在高深学问"之言，本校在未来学术文化上所负使命之重大，当可知其达于何度。今中国学制，大学各分科之上，复立研究院，为大学生毕业后作高深专门学术研究，并预备硕士博士学位考试而设，其意义至崇宏，其作业极伟大。本校规摹宏巨，自廿四年夏，已奉教育部明令核准设立研究院，内分文科教育农科三研究所，所各分部，皆渊源有自，史迹悠长，设备内容，咸有考绩，非徒然新立之机关也。康自廿四年秋，承乏文科研究所主任，遭回海外，辄思考览，以为异日献替之资。前月归自欧洲，复承大学委以代主持研究院务，自惟荒陋，何敢遽承？惟念新校建筑未竟全功，邹校长及大学同人筚路蓝缕，黾勉从公之诚，鄙虽无似，何敢自外？亦思竭其愚昧，随诸君子后，为学校前途文化事业尽力而已。行装已卸，人事稍定，乃得考校故案，斟酌新知，约其大凡，为研究扩充计划，条列如次焉。

甲、建筑新院

本院三研究所，农科研究所暂设于农学院内，文科教育二所，去岁（廿五年）由广州市旧校迁入石牌，学校为权宜安置计，暂在总办公厅后面雁门山筑一新舍，将二所寄托其间，考其内容，缺点可数如下：

一、房舍狭隘，除总会客厅（同时为礼堂）及研究院总办事处外，由教育文科两研究所分占，而房间不敷，末由部署，教育研究所图书室既嫌狭小，文科研究所则图书室几同无有，古物陈列室及风俗物品陈列室，施之现有区区藏物，已不敷分布，则将来发展，更计划无从，而现有各所研究生，不能为之部署寄宿，更无论矣。

二、房舍建筑材料拙薄，今落成数月耳，而风雨侵蚀，外无骑楼，图书及风俗物品，渐呈朽蠹崩坏之状，将来岁月悠悠，何堪设想？

据上述理由，谨提议速定计划，在现房舍前山上广场，建筑一规模宏大之新院，预计建筑费为六十万元，三研究所平均每所二十万元，至三所房舍分立抑合筑，则俟测勘地势切实比合后决定。建筑费由大学建筑设备费内拨付，如遇特殊情形，不得已时，请校长以研究院名义，向外募捐，其办法另定之。新院建筑落成，则目前房舍，可改为各所研究生寄宿之用，而其他计划，可以渐图发展矣。

乙、确立预算

本研究院总办事处及各研究所独立预算，迄今尚未确立，故每月用费，仍由大学总办公处及文农各学院支用，东移西补，程叙劳烦，以致一切预定计划，莫能实现。今后宜确立研究院独立预算，明定年费总额，则按其预算，规划扩充，使设备渐臻完全，而院务亦可力图进步矣（按现依本院第七次即上届院务会议，议决案第二条条文，编制本院二十六年度预算，盼将来能实现独立预算之计划也）。

丙、增聘教授

本院各研究所为大学毕业生考入后研究高深学术之用，故宜有专任教授为之指导。今各所指导教授，事实上仍由本校各学院教授兼任，则两地授课，职责不专，钟点繁多，精力分散，此自然之势，人无如何也。今后各所宜聘专科指导教授各若干人，视其部别而定，有独立教授为授课基本，其不足者，则求各学院教授为之补充；如是则专科研究必有进步一日千里之势，而研究作业之基础，始能由是确立也。

丁、扩充设备

图书仪器标本实物，为作专科研究不可缺之资料，此夫人而知之也。今本院各研究所中，惟农科研究所之农林植物学部（亦名农林植物研究所），仍藉中华文化基金董事会之资助，得以稍图发展，教育研究所，则昔年文化基金补助，现已中辍，其他所部，亦无校外津贴，故一切设备计划，为之沮而不行。今拟从二十六年度起，确立本院独立预算，仍设法求外津贴，并与国内外专门学术机关，联络交换合作办法，俾得逐渐扩充各所图书仪器及标本实物之设备焉。

戊、增设所部

本研究院成立，内分文科教育农科三研究所，皆经奉部令核准立案者。惟研究事业，关系高深学术文化之发展，自当日求扩张进步。故今后本院组织内容，宜求增设所部，如各学院已成立之研究机关，若：

文学院——社会研究所；

法学院——经济研究部；

理学院——天文台，化学工业研究所，两广地质调查所；

农学院——稻作试验场，气象观测所，蚕种改良所；

工学院——机械实习研究等；

医学院——解剖学研究所，生理学研究所，病理学研究所，药物研究所，细菌学研究所。

可先并入研究院，成一本大学研究机关总体，并照章呈请教育部准予立案，此后仍可视事实需要，随时增设计究所部焉。

己、外界联络

本研究院各研究所，既以研究各种高深学术为最高目的，则宜与国内外专门学术机关为切实之联络，商量合作交换办法。如国内各地研究院，及国外日本欧美各处专门学术研究机关，皆宜设法与之联络合作，其办法如下：

一、国内：

1. 交换指导教授。

2. 交换研究生为定期实习。

3. 交换出版物及标本或其他研究材料。

4. 交换专门学术讲演。

5. 共同组织学术研究调查团。

二、国外：

1. 交换专门问题研究。

2. 交换出版物及标本或其他研究材料。

3. 派遣研究生到国外专门学术机关研究，而本院亦得酌收外国研究生。

4.选派各所指导教授，出席国际各种学术会议。

5.共同组织学术研究调查团。

上举各项，皆其荦荦大者，其他子目，如临时研究讨论，或合办出版刊物等事（此在国外学术机关常见者）可随时酌定，不备述。

庚、编刊丛书

本研究院为本大学最高学术研究机关，除定期刊物外，宜编印有系统之丛书，汇纳各种专门著述，为研究成绩之最高表现。其计划如下：

（总名）国立中山大学研究院丛书：

内容分类：

一、文哲丛书

二、史学丛书

上文科研究所

三、教育学丛书

四、心理学丛书

上教育研究所

五、农林植物学丛书

六、土壤学丛书

上农科研究所

此外类别，可以次增加，俟丛书计划定后，即可组织研究院丛书委员会，负责审查稿件及编印丛书全责。以出版程叙繁复，刊行丛书费用，宜另编预算，不入本院常年经费之内。

结　论

本研究院成立，裁及二年，经费独立预算尚未确立，故各所研究作业进行，不能如吾人理想中计划，——求其实现。兹就鄙见所及，约举上列七事，述其办法纲要，为研究院扩充计划书，以就正于　校长及大学同人，俾得详加参讨，补其未备。使此华南最高学府之唯一高深学术研究机关，能实现其在学术文化上所负伟大之使命，则岂独本校之幸？亦中国国家民族复兴之幸也！

（原载《语言文学专刊》1937年第3—4期）

本校文史科概况

佚　名

本校文科在春季开学时，尚未有充分之组织，以半年之经营、现已为中国各大学文科中范围最广，有数种特殊质素，并在数线上为设备最充实者。兹将其概况分列如下。

(一)教授　除原有之教授徐绍启、陈懋、伍俶、黄尊生、何畏、傅斯年、江绍原、顾颉刚、崔载阳、龚如里续聘外，新聘定之教授如下(均以先后为叙)。

汪敬熙　美国张合金大学(Johns Hopkins University)心理学博士。留校历为助手、导师、协教。于动物行为，历有重要之发明。在美国心理学者中甚知名。汪君极不喜空谈之风气，专精勤于实验工作。

俞大维　美国哈佛大学施尔登旅行学员，在德留学数年，为此时在欧洲留学者中，公推为天资最高、学业最博者。本习哲学，在哈佛时，名重一时。后治算学，于算学逻辑，有甚重要之发明，历登算学杂志中最有声望之 *Mathematische Annalen*。更于中国近代外交史一科，收集一切直接材料。所读各国著作，及政府报告，不下数百种，为一能多方面有原见之学者。过年后回国。

冯文潜　留学美德二国，于近代文艺思想最有研究。将与俞同归。

毛　准　原为北大派出学地理学者。毛君于汉学曾受精密之训练，后习算学于北大。在德习地理学。所专长在数学的地理，及物理的地理等。

马　衡　北大考古教授。北大古物之搜集，由其一手成之。现来粤先调查古物之征集，再返北京，广收古物。年后返粤，建设历史博物馆。

黄希声　前广东大学心理学教授，在广东教育界中，甚知名，现任附属中学主任。

珂罗掘伦　瑞典古登堡大学教授，为现在世上研究汉语流变之最大家。曾以译名及方言恢复切韵之音读。现以任古登堡副校长，未能即来，但以通信为工作。并托校派学生前往习方言调查等法。

丁　山　前厦门大学讲师，系金文小篆专家。著有《说文阙字考》。

罗常培　前厦门大学讲师。专研究方言学，曾作闽南方言调查工作。

庄泽宣　前清华心理学主任，于教育学著作极多。来任教育学系主任，并筹备中学教员养成所。

吴　梅　前北大、东大教授，为中国研究词曲律则之最大家，著作久行于世。

石坦安狄特　柏林大学哲科博士，来任德文。

俞平伯　北京诗人，燕大教员，来任教诗歌词曲。

沈康培　在英专习近代史，及东方史，富于史学工具，及语言知识。

陈嘉蔼　前北大哲学系毕业，于经传子家，最有研究。

赵元任　清华研究所教授，始于美洲习物理及逻辑，声闻一时。后专研究音乐及言语学，贡献甚多。将以方言研究辟汉语学之路。现来广州，专为方言调查工作。

诺　布　柏林大学教授，掌普鲁士国家图书馆印度部。明春来粤任教梵文、巴里文。兼扩充图书馆之东方学文籍部，及为编目工作。

杨振声　燕京大学教授，来任六朝文学及近代英文学。

马古烈　俄人，巴黎大学文学博士，来任俄文法文。

商承祚　前东南大学教授，为殷文专家，著有《殷文类编》等。

史禄国　俄国人类学家，前厦门大学教授，英国亚洲协会会员，在满洲实地工作多年（已允来，尚未发聘）。

此外尚有在瑞典托珂聘之地理教授一，在德国聘之德文学教授一，在法托伯希和聘之法文学教授一，在英托琼斯聘之英语学教授一，托基尔柏末利聘之英文学教授一，均在函电往来中，开学时可定。中国教员中亦有数人正在接洽者。

（二）建置　原有之哲学，中国语言文学，英吉利语言文学，史学四系外，下学期添置亚洲语言文学系，心理学系，教育学系。亚洲语言文学系中设藏语，暹罗语，缅甸语，安南语，马来语，日本语，朝鲜语，蒙古语，东突厥语，梵语诸导师座；并于其中设荷兰语，西班牙语导师座。因设此系之意，实兼欲使人通习南洋事件也。每系必有一研究所对之。其各语言文学系及史学系，则以一个范围广大之语言历史学研究所当之，因此中各系多沟通也。研究所中，均广为设备。目下心理学研究所已开始工作，所工作范围，多属动物行为。教育学研究所，开学时成立，语言历史学研究所即设中实验语音、汉语、汉字、考古、文籍校订、民间文学、汉乐、梵汉番经论较读、民俗学、人类学、中国古史、近代史料、英语学、英当代文学等组。后来因工作者所欲研究之方向增置之。除由各指导员自作或引导学生作研究外，有下列数种，合众研究。

（一）南中方言调查。

（二）广东及邻省之民俗及人类学材料征集。创设人类学馆。

（三）民间音乐之研究。

（四）广东古物调查及征集。

（五）广东通志以新定体制，及方则重修。

（六）语言及国语之教育法研究。

(七)公文之研究。

(八)汉字之见于经传,及骨甲金刻文者之 Concordance。

(九)发刊中国语言历史学之目录学报。

此外有语音实验室,统计学工作室等,并将于广东闽南各地,设方言调查站。

(三)设备 各种典著的字典,如牛津新字典,哥里母兄弟之德字典,拉丁字典,彼得堡梵字典,及百七十余种之法英德意俄希腊拉丁东方语言及各方言字典,均已购到或往订。其他已购或已定者,有重要之参考书,如英国人之列传典,各种大丛书,法德所刊各种史料及史乐,牛津圆桥大学印局一切文学史学语学刊物,各学院刊物,各种考古学古代学汇刊,德人吐鲁番队刊物,奥若斯谈新甘旅行报告,斯文里丁及其他欧人在中亚之旅行集,数十种,十余种东方学报、目录学报之全份(通报等在内)。一切历法学书,千余种希腊罗马学丛书,五六种乐史乐章集,柏林国家图书馆所作之各种语言音片数种。美术史,英国文学家,自吞斯以来,直至当代作家之全集,最善本。及若干文艺批评书,法德文集,及其他文学书百余种。一切即可得之研究东方史学刊物。法国学者之汉学著作,印度学集,各地亚洲学会报,自耶稣会以来欧人关于中国事之著作。至于其他常用必备之书,不及类举。

大约关于东方文史学之设备,最为精富,因专据巴黎柏林两处存目索稽之,非复中国任何大学所能比。至于英文系之设备,则高文典册,当代文学,及语学字典,均为充盈,既非教会大学之存心,自非教会大学之设备所可及也。

至于中国图书之购置(不属文科)则有顾颉刚教授之搜集一切研究材料之计划,其大意不先讲求版本,而先收集可研究之材料。现已有沪杭购书,实行其计划。

心理学系有八千元设备之实验室,关于动物行为一类为在中国之实验室中最完备者。

实验语音学一讲座,拟向巴黎聘一专家,即托其就近购置。统计学工作室已购重要算具及全份杂志数种。

校中方针,法医农三科,以科为大单位设备之。文理两科以系为小单位设备之。文理两科,各系在本年暑假中,每系均至少增六千元值之设备。若中国图书收集,天文台,动植物园之建设,在外焉。

(四)从学风气 校中公见,极不以专作上课听讲等事为是。故于第一第二年级生,施以基本之训练,第三四年级生,则须实地工作。虽机械的工作,亦可得到方法上之训练,不若专为上课之习惯,不特未必受益,且或养成脑筋膨胀之患焉。常作公开讲演,以布其研究结果。十月中发刊文史科刊集,语言历史学刊集两种。其长篇专著,则列入丛书或讲义集中刊之。文科成绩,后来将全于此中定之。若教程上虚排科目,讲义中多作抄写,实无取焉。

(原载《国立第一中山大学校报》第19期,1927年8月25日)

现代中国学术的转承与分合：中山大学人文学科的设置及取向（1926—1949）

刘小云

晚清民国，中国固有的知识与制度在外部冲击和影响下发生巨变，出现了中西新旧的碰撞、冲突、调适与交融的过程。在这场巨变中，作为知识与制度的酝酿、产生和运作的主场地，大学及其研究机构的设立运行，集中体现了变化的各个层面。在现代学科体制下，分科教学和综合研究双轨并行；同时，由于学术自身演变规律和学者个体差异等因素的影响，学术分歧和人事纠葛交织，使得中国学术的转承显得错综复杂。1926—1949 年中山大学人文学科的教学与研究所体现出来的学术转变，浓缩了中国学术转型过程的诸多层面，管中窥豹，可以见微知著。

一、从国学到史学

整理国故运动对于中国固有学术的解构具有重要影响，它使以经学为主导的传统学术格局最终解体，整个学术按照现代西学规范重新分类，史学地位上升。中山大学语言历史学研究所（中大语史所）明确标举语言历史学，从笼统的国学研究，转向历史学研究，民俗学、语言学、考古学、人类学成为历史学的辅助学科。中大语史所上承北京大学文科研究所国学门（北大国学门）、清华国学研究院（清华国学院）、厦门大学国学研究院（厦大国学院），下启中央研究院历史语言研究所（中研院史语所），在人脉关系、机构建制、学术精神上，具有重要的转换枢纽地位。

中大语史所人员来源广泛，主要来自北大国学门、厦大国学院和清华国学院，留学回国人员也不少，他们是中大语史所的基干，有的还是中研院史语所初期的重要成员。1927—1930 年，中大语史所陆续成立了事务委员会、出版物审查委员会、民俗学会、考古学会、历史学会、语言学会，其重要成员也大都来自北大国学门和厦大国学院。他们或多或少地受到过去经验的牵制和影响，使得语史所朝着北大国学门、厦大国学院一线下来的方向发展。清华国学院和留学回国人员的加盟，注入了新鲜血液，使得语史所既有传承的一面，又有新创和发展的一面。语史所还创办了《国立中山大学语言历史学研究所周刊》(《语史所周刊》)、《民间文艺》、《民俗》周刊三种学术期刊，印行了语言学、民俗学、考古学、历史学丛书，尤以民俗学丛书为多，影响最大，共有34种。

早在语史所成立之初，时为清华大学学生的张荫麟就撰文说："广东中山大学近创办语言历史学研究所，其规模略仿旧日北京大学国学研究所，并印行周刊，其体例亦仿旧日北大研究所周刊。"[①]杨堃在清算中国民俗学史时，分析《民俗》周刊的《发刊辞》，认为："广州中大所展开的民俗学运动，在人材与精神两方面全是继承北大的歌谣研究会"，"这个民俗学运动原是一种新史学运动，故较北大时期的新文学运动的民俗学运动，已经不同，已有进步。这是代表两个阶段，亦是代表两个学派的。"[②]

亲历了北大国学门和中大语史所民俗学运动的钟敬文，对比两个机关的出版物，认为："从《歌谣》周刊到《国学门周刊》等，对一般民俗资料的记录数量仍然不多(评论更少了)，影响范围也比较狭窄。中大的《民俗》周刊(以及民俗学会丛书)，在这点上，不仅仅是北大事业的一般继续，而且是大踏步前进了。"[③]《民俗》周刊在搜集故事、歌谣的同时，增加了风俗、传说、信仰等的分量，《歌谣》后期，虽已重视风俗资料的刊载和对它的谈论，"毕竟分量和范围都比较有限"；而看百多期《民俗》的目录，"真不禁有波澜壮阔的观感。许多古代文献上和现代记录上所没有(或者很少)提到的民俗资料初次被发掘出来了。其中有不少不但对于我国民俗学来说是相当重要的；而且对于许多世界性学术研究，如原始社会文化史、人类学、民族学、民间文艺学及民族心理学等都提供了一定的参考材料，有的还是一种极珍贵的材料。"[④]不仅如此，《民俗》周刊发行的几年里，还"培养了一批散在各地的青年民俗学工作者。他们由于它的启发、诱导和帮助，一时成为这门学术热心的参与者和传播者"。[⑤] 当中大民俗学运动走向消沉时，是他们把中大民俗学的种子散布于全国各地，正应了顾颉刚的预言："即使我们这个团体遭逢不幸，但这些初露面的材料靠了印刷的传布是不会灭亡的了：这些种子散播出去，将来也许成为长林丰草呢！"[⑥]

中大语史所"以作语言与历史之科学的研究，并以造成此项人才为宗旨"。[⑦]《语史

---

① 张荫麟：《评中山大学语言历史学研究所周刊论文》，《国立中山大学语言历史学研究所周刊》第1集第19期(1928年3月6日)。

② 杨堃：《我国民俗学运动史略》，《民族学研究集刊》第6期(1948年6月)。

③ 钟敬文：《重印〈民俗〉周刊序》，《钟敬文学术论著自选集》，首都师范大学出版社1994年版，第618页。

④ 钟敬文：《重印〈民俗〉周刊序》，同上书，第618—619页。

⑤ 钟敬文：《重印〈民俗〉周刊序》，同上书，第619页。

⑥ 顾颉刚：《闽歌甲集序》，谢云声编：《闽歌甲集》，国立中山大学语言历史学研究所1928年版，第3页。

⑦ 《本所组织大纲》，《国立中山大学语言历史学研究所年报》，国立中山大学语言历史学研究所1929年版，第2页。

所周刊》是其机关刊物，被视为民国时期对新史学发展具有关键性作用的学术期刊之一，与《古史辨》、《中央研究院历史语言研究所集刊》、《禹贡》、《食货》一道，扩大了国史研究的领域与资料范围，开拓了历史解释框架与范畴，加深了史学分析角度与幅度，养成了众多兼具史才、史学、史识并多具科学分析方法的青年史学家。总其成果，便是引导中国史学研究进入一境域，为近代中国史学标界立基。[①] 这样的评价，显然与后来学术发展主流的转向不无关系。沿着上述路线，自然有此结论。而中山大学以史学为中心的各项学术活动，的确是延续北京大学国学门一脉的宗旨路线。

北大考古学会初期，主要呼吁保护文物古迹，收集或接受外界捐赠金石甲骨玉砖瓦陶等器物，制作拓本图录和照相。虽然先后派马衡、徐炳昶、李宗侗、陈万里调查河南新郑、孟津出土周代铜器、大宫山明代古迹、洛阳北邙山出土文物、甘肃敦煌古迹以及参观朝鲜汉乐浪郡汉墓发掘，但除了后一项参观活动外，其余和现代田野考古学仍有相当大的距离。北大考古学会和日本东亚考古学会联合组成东方考古学协会，力图在实地发掘上有所作为。由于中日学者的分歧，加上中方学者受金石彝器本行的牵制，终使北大国学门坐失在中国考古学领域的领导地位。[②]

南下的国学门人在筹备厦大国学院过程中，将考古发掘提上日程，制订了具体的计划：一是推举代表参加正在协商成立的东方考古学协会；二是组织发掘团，拟先进行安阳发掘。[③] 可惜厦大国学院很快解体，发掘计划落空。

厦大国学院停办后，一部分人转到了中山大学，他们继承和发扬厦大国学院"掘地"与"旅行"的志愿，提出："我们要打破一切学术界上的一切偶像，屏除以前学术界上的一切成见！我们要实地搜罗材料，到民众中寻方言，到古文化的遗址上去发掘，到各种的人间社会去采风问俗，建设许多的新学问！"[④]1928 年 4 月，中大语史所尝试了小型发掘。先是，商承祚考察了番禺县员村发现的晋代古冢，认为应收回散失的古物，并发掘墓旁或下层，希有所得。戴季陶、傅斯年等乘车前往参观，众人"同到冢地细加考察，皆疑下层是棺柩所储地，预备日内来发掘"。[⑤] 1929 年 1 月 11 日，考古学会开会，讨论东山发掘事宜。[⑥] 至于真正现代意义上的考古发掘，则后来由中研院史语所考古学组主持进行。

---

① 张春树：《民国史学与新宋学——纪念邓恭三先生并重温其史学》，《国学研究》1999 年第 6 期。

② 桑兵：《晚清民国的国学研究》，上海古籍出版社 2001 年版，第 114—135 页。

③ 《厦门大学国学研究院发掘之计划书》，《厦大周刊》第 158 期（1926 年 10 月 9 日）。

④ 《发刊词》，《国立中山大学语言历史学研究所周刊》第 1 集第 1 期（1927 年 11 月 1 日）。

⑤ 商承祚：《调查员村乡发现晋代古冢始末记》，《国立中山大学语言历史学研究所周刊》第 3 集第 30 期（1928 年 5 月 23 日）。

⑥ 顾颉刚：《颉刚日程》1929 年 1 月 11 日。谨谢顾潮女士提供顾先生日记抄件。

1917年，北大哲学门通科(一、二年级)开设了人类学课程。1918年，陈映璜著《人类学》作为“北京大学丛书”之四出版。北大国学门主要从事汉民族歌谣、风俗调查研究，对非汉民族关注较少，这与北京地处华北，并非非汉民族聚居地区也有一定关系，但妙峰山调查开实地调查的新风气。顾颉刚、容肇祖等人到厦大后，成立风俗调查会，到福州、厦门等地采风问俗。林幽为厦大国学院风俗调查会作《风俗调查计划书》，关注到有别于汉族的其他部族：“我们底调查虽注重普通人民底风俗，但是对于有特别文化的人群(如曲蹄，畲民等)我们也极想调查。”[①]俄籍人类学家史禄国(S. M. Shirkogoroff)应聘厦大国学院教授，开展了福建人种考、福建孩童长成测验、东胡语言比较字典三项课题研究。[②]

厦大国学院主要成员转移到中大后，史禄国深感“在厦门无与言学者”，转而应聘中大教授。中大语史所按史禄国的研究方向，设人类学组，拟招研究生，征集广东及邻省之民俗及人类学材料，以创设人类学馆[③]，又聘他为中大人类学系的筹备员之一。[④] 1928年4月，史禄国由中大和中研院合聘为人类学教授。[⑤] 按合同规定，“史教授于学期内，未出外调查时，须在大学讲授人类学人种学及实习等题目；其自己研究之结果，亦应提要讲演之”；并“应担任由大学派定之助手，及在研究室工作之学生之从学训练；养成学生在科学上之确切知识，及研究工具之取得”。[⑥] 史禄国用英语为文史科学生讲授《民族学之一般引论》(*General Introduction to Ethnology*)，每周三课时，附有实习钟点；[⑦]不过，他的工作还是“以中国南方(大略属珠江流域及南海各陆岛)人类人种之研究为主”[⑧]。5—6月间，史禄国在广州测量男女学校儿童，旨在探求南部中国人身体发育问题[⑨]。7—10月，开展了云南民族调查。

通过成立学会、发行学术期刊、印行丛书等方式，中大语史所传承和发展了北大国学门开创的新学术事业。由于中大语史所人员来源广而杂，各人的出身经历、教育背景、治学志趣、办事作风、性格气质等方面存在诸多差异，造成学术分歧和人事纠葛交织，使得语史所的发展跌宕起伏。

---

① 林幽：《风俗调查计划书》，《民俗》第7期(1928年5月2日)。

② 《国学院最近之工作》，《厦大周刊》第164期(1926年11月20日)。

③ 《第一次招生简章》，《国立中山大学语言历史学研究所年报》，第5—6页。

④ 《本校新增各系筹备员》，《国立中山大学日报》1927年9月29日。

⑤ 《本所大事记》，《国立中山大学语言历史学研究所年报》，第25页。

⑥ 《本校与史教授签订合同内容》，《国立中山大学日报》1928年4月30日。

⑦ 《文科告白一》，《国立中山大学日报》1928年5月19日。

⑧ 《本校与史教授签订合同内容》，《国立中山大学日报》1928年4月30日。

⑨ 傅斯年：《国立中央研究院历史语言研究所十七年度报告》，欧阳哲生主编：《傅斯年全集》第6卷，湖南教育出版社2003年版，第15页。

顾颉刚与傅斯年从箕篪相应到分道扬镳即为典型事例。[①] 作为左右中大语史所的两强，其学术理念大同小异，具体做法则有不同。顾颉刚的疑古思想从北大国学门发轫，主要取向还是继续胡适的理念，用科学方法整理中国史料，但与胡适有所分别。胡适赞同国学的系统研究，意图重建一部包括民族史等十项专史的中国文化史。这几乎是一部通史，而不仅着重于民史。顾颉刚并不反对国学，强调对于考古、史料、风俗歌谣都要用平等的眼光，只是受个人知识的局限，对考古力不从心。他研究古史的计划限于准备研究古器物学，未及真正的考古发掘。他致力于民间传说、歌谣、神道和上古神话的研究，主要还是借助民俗学材料去印证古史，是作为历史研究的辅助，而没有直接着力于民史的重建。到厦大国学院后，他提出只有理解现代社会才能认识古代社会，要掘地看古人的生活，旅行看现代一般人的生活。在与协和大学合组"闽学会"的宣言中，他进一步提出要到民间去寻求新史学的意向。到中大后，他建立民史的取向日益显明。他宣称要实地搜罗材料，到民众中寻方言，到古文化的遗址去发掘，到各种的人间社会去采风问俗，建设许多的新学问。这表明他对民俗学的宣传和推动，不仅仅是要印证古史，而是要打破以圣贤为中心的历史，建设全民众的历史；打破以贵族为中心的历史，打破以圣贤文化为固定的生活方式的历史，揭发全民众的历史。顾颉刚以史学为中心而不是以文学或文艺为中心的取向显得特别突出。北大新文学的民俗学由此转向中大新史学的民俗学。[②]

傅斯年对顾颉刚的民俗学取向，颇不以为然。傅斯年并不完全排斥民俗学，他后来组建中研院史语所，也包括人类及民物一组。他主要反对顾颉刚等人编印民俗学丛书太过随意，不少浅薄无聊，缺乏学术水准，认民俗学为下等材料，其背后是对建设民史缺乏热情。新史学的建设开始包含在门类甚多、取径不一的整理国故之中。傅斯年反对国故，明确标举语言历史学，使笼统的国学研究分流，转向综合的史学研究。他虽赞同史学为一切科学的总汇，认可的主要还是自然科学和语言文献学。而认社会科学主观太甚，尤其是马克思主义影响下的社会科学，与历史客观性要求不符。后来，他进一步提出"史学就是史料学"，反对玄想和疏通，认史学与文学、哲学不同。傅斯年反对普及，认为只需书院式十几个学究专门从事研究即可，但也希望所得成绩能博取社会的欣赏和批评。顾颉刚则主张通过工作的预备和运动，费十年的工夫，培养若干从事研究语言学和历史学的少壮学者，使若干年后有若干的专门家向着这方面做正式的研究工作。

---

① 中大语史所学术分歧与人事纠葛交织的事例，尚有《吴歌乙集》风波、史禄国事件等，可参见施爱东：《私情歌谣与〈吴歌乙集〉风波》，《民俗研究》2001 年第 3 期；刘小云：《〈吴歌乙集〉风波背后》，《民俗研究》2008 年第 1 期；刘小云：《知行两相难：史禄国云南调查事件探析》，《学术探索》2007 年第 4 期。

② 桑兵：《从眼光向下回到历史现场——社会学人类学对民国史学的影响》，《中国社会科学》2005 年第 1 期。

二者只是普及与专精的先后次序不同。[①]

傅斯年、顾颉刚二人为北大的同学兼同道，在学术大端上基本保持一致，故在中大语史所和中研院史所语所初期，两人尚能够志同道合。不过，由于留学欧洲后傅斯年的学术理念发生重大变化，具体做法与顾颉刚不同，兼受人脉关系的牵制，两人最终分道扬镳。1928年4月29日，傅斯年、顾颉刚在讨论研究所事务时发生口角，"赖金甫，元胎解劝而止"。顾颉刚在日记中自我分析说："予之性情有极矛盾者，极怕办事，而又极肯办事。孟真不愿我不办事，又不愿我太管事，故意见相左，今晚遂至破口大骂。"[②]1973年，顾颉刚在日记中补记两人平生交谊，对比分析了两人的不同：

> 傅在欧久，其欲步法国汉学之后尘，且与之角胜，故其旨在提高。我意不同，以为欲与人争胜，非一二人独特之钻研所可为功，必先培育一批班子，积叠无数资料而加以整理，然后此一二人者方有所凭藉，以一日抵十日之用，故首须注意普及。普及者，非特学术浅化也，乃以作提高者之基础也。此意本极显明，而孟真乃以家长作风凌我，复疑我欲培养一班青年以夺其所长之权。予性本倔强，不能受其压服，于是遂与彼破口，十五年之交谊臻于破灭。[③]

王汎森注意到傅、顾二人产生矛盾冲突的原因或许更在权争，[④]他引顾颉刚致胡适函中所说的话为据："最好，北伐成功，中央研究院的语言历史学研究所搬到北京，由先生和我经管其事，孟真则在广州设一研究分所，南北呼应。这也须先生来此商量的。"[⑤]对于此点，杜正胜另有别见。他认为，这是顾颉刚"对傅斯年的规划似乎一无概念，对胡适在傅斯年的新学术中的地位也相当模糊"。[⑥]其实傅斯年的要科学的东方学之正统在中国，也有竖旗划界的用意，未必是单纯步法国汉学的后尘。据余英时对顾颉刚日记的解读，顾颉刚受事业心的强烈驱使，与傅斯年暗地较劲大半生而不能胜之，直至傅斯年病逝，这场竞争才得以结束。即使两人友谊"破灭"，各自仍在内心里尊重对方的学术信仰。[⑦]

---

① 桑兵：《从眼光向下回到历史现场——社会学人类学对民国史学的影响》，《中国社会科学》2005年第1期；桑兵：《晚清民国的国学研究》，上海古籍出版社2001年版，第272—273页。

② 顾颉刚：《颉刚日程》1928年4月29日。

③ 顾颉刚：《颉刚日程》1928年4月30日。

④ 王汎森：《中国近代思想与学术的系谱》，河北教育出版社2001年版，第286页。

⑤ 顾颉刚致胡适函，见耿云志编《胡适遗稿与秘藏书信》第42册，黄山书社2001年版，第353—354页。

⑥ 杜正胜：《无中生有的志业——傅斯年的史学革命与史语所的创立》，《古今论衡》1998年第1期。

⑦ 余英时：《顾颉刚：未尽的才情——从〈日记〉看顾颉刚的内心世界》，《文汇报》2007年1月29日。

晚清民国以来，西学强力东侵，对中国固有的知识系统产生巨大冲击。面对中学解构的变局，学人的感受更为直接而深切。因学养、兴趣、爱好以及对新知敏感度各有轩轾，中国学人对域外之学的认同、接受或取舍难免会有所差异。有时观念上已吐故纳新，实行上并不能完全告别过去。诚如论者言，云南调查“理念上确已逃出传统恶习的范围之外，实际上还在既有学术的框缚之中”。[①] 中大语史所人事纠葛和学术分歧缠绕，揭示了现代中国学术转型的普遍性难题，如何解决这一难题，至今仍然需要深思。

从中大语史所发展而来的中研院史语所，改变过去的做法，割断旧的人脉，大量注入新鲜血液，以留学欧美的清华国学院导师赵元任、陈寅恪、李济等人为中坚，吸收北大等名校毕业的研究生为基干；在学术理念上，傅斯年进一步提出“史学只是史料学”、“现代的历史学研究已经成了一个各种科学的方法之汇集”，[②]沿着找寻新材料，发掘新问题，援引新工具的路线，在考古学、语言学、历史学、民族学、人类学领域，取得重大突破。以中大语史所为中转，以顾颉刚、傅斯年为代表的学者，追求纯学术研究，崇尚“为学问而学问”，跃升到 20 世纪 30 年代中国学术界的主流地位。

二、经史致用

20 世纪三四十年代，中国主流学风的偏弊引起一些学者的不满和批评，受到政局变动与外患加剧的影响，关注时代、服务现实的议论抬头。这些学者取径各异，却殊途同归。

在整理国故运动中，一部分依恋中国传统文化的学者重提读经。而中大中文系 1930 年代推行读经，既有对“五四”新文化运动反传统一面的拨正，又有对脱离现实的纯学术研究之风的纠偏，旨在提倡“以经为文”、“读经救国”，企图恢复经学致用的功能，引起校内新旧之争。随着各种政治势力的介入，学校读经引发了新一轮全国性的新旧之争。“中大读经”不仅是 20 世纪 30 年代读经与反读经浪潮的滥觞，而且集中体现了经学在近代乃至整个中国历史文化发展进程的极端复杂性。

1932 年 8 月，古直受聘任中大中文系主任，进行课程改革。他慨叹五四以来，文学堕落，白话流行，“期挽狂流”，于是倡行读经，主张：“《孝经》为六艺之总汇，六经为文章之奥府，故刘氏《文心》，特标宗经。今依此旨，以经为基本国文，而子史辅之。”同校的容肇祖反对读经课程以群经为必修，以文学、文学史、音韵学为选修；定为必修的诸经，又

---

① 桑兵：《晚清民国的国学研究》，上海古籍出版社 2001 年版，第 274 页。

② 傅斯年：《历史语言研究所工作之旨趣》，欧阳哲生主编：《傅斯年全集》第 3 卷，湖南教育出版社 2003 年版，第 7 页。

以诵读为主,研究为后,"薄系统之知识而尊盲从之诵读";各科学分比例失调,古书选读主次不分。他认为:"编定大学各系课程,虽间有可以自由出入之处,必须名副其实,次序井然,未可以意想妄为之者。"古直反驳道:"刘彦和云:'论说辞序,则《易》统其首;诏策章奏,则《书》发其源;赋颂歌赞,则《诗》立其本;铭诔箴祝,则《礼》总其端;纪传铭檄,则《春秋》为根:并穷高以树表,极远以启疆,所以百家腾跃,终入环内者也。'然则一切文学,经包之矣。郑玄洽熟经传,乃为纯儒;杜甫精熟选理,始称诗圣;韩愈起八代之衰,其本在能暗记《论语》、《尚书》、《毛诗》、《左氏》、《文选》也。欲得专门技能,舍诵经其奚由哉?"①

古直认为,"一切文学,经包之"的观点,是经学时代的一般倾向,即认定经学为一切学问的中心,其他各门学问都是经学的注脚,本身并无独立研究的价值。1918年,陈独秀就批评了这种"学者不自尊其所学"而盲目攀附经学的心理:"中国学术不发达之最大原因,莫如学者自身不知学术独立之神圣。譬如文学自有其独立之价值也,而文学家自身不承认之,必欲攀附《六经》,妄称'文以载道','代圣贤立言',以自贬抑。"②不过,各种学问皆有其独立价值的判断,多少受到近代分科治学观念的影响,而且中国固有的文学,也并非近代以来可以独立成科的文学。通过编辑文学史等学术行为逐渐划定的文学疆界,所体现的实为明治日本学人的观念。

古直提倡读经得到校长邹鲁的赞许:"吾为此目已成,以说明质邹校长,邹校长亟赞许之。"③文学院长吴康在总理纪念周大会上称赞说,由系主任古直手编、经系教授会议审议通过的中文系课程,"必修以群经、史传、小学、文选为主,选修则泛滥于经传、四史、诸子、专家、骈文、诗词。采金于山,探珠于渊,举其要略,亦可以见其大凡矣。"④

文史学研究所主任朱希祖、史学系主任朱谦之,对此反应不一。朱希祖是章太炎弟子,趋新是太炎学派的特色;⑤而且朱氏早有"有意趋新"的美名,⑥他曾主张把"中国古书中属于历史的、哲学的、文学的,以及各项政治、法律、礼教、风俗,与夫建筑、制造等事","抽寻出来,用科学的方法,立于客观地位整理整理"。⑦ 对于儒家"七经",尤应"就各项

① 容肇祖:《一件反抗读经的旧事》,《独立评论》第114号(1934年8月19日)。

② 陈独秀:《随感录》(十三),《新青年》第5卷第1号(1918年7月15日)。

③ 国立中山大学文学院:《国立中山大学文学院概览》,国立中山大学出版部1933年版,第28页。

④ 《本校昨晨举行总理纪念周详志》,《国立中山大学日报》1933年11月22日。

⑤ 桑兵:《晚清民国的国学研究》,第266页;王汎森认为,章太炎即兼具复古与趋新两种因子的"奇特的复合体"。参见王汎森:《章太炎的思想(1868—1919)及其对儒学传统的冲击》,时报文化出版事业有限公司1985年版,第176页。

⑥ 中国革命博物馆整理、章孟源审校:《吴虞日记》上册,四川人民出版社1986年版,第608页。

⑦ 朱希祖:《整理中国最古书籍之方法论》,载蒋大椿主编:《史学探渊——中国近代史学理论文编》,吉林教育出版社1991年版,第671页。

学术分治，经学之名，亦须捐除”。[1] 在他看来，“经之本义，是为丝编，本无出奇的意义。但后人称经，是有天经地义，不可移易的意义，是不许人违背的一种名词。”[2]“所以经是永远使人不许独立进步的。我们治古书，却不当作教主的经典看待。”[3]儒家“七经”一直为今古文家所共信，朱希祖捐除“经学”之名，等于不承认经学是一门客观存在的学问，与古直所持迥异。

朱谦之取“门罗主义”态度。在人事安排上，他接纳容肇祖从中文系调到史学系；在学术研究上，他提倡“现代史学运动”，暗含针对古直之意。后来他说：“中文系主任古直，提倡复古，提倡读经，我想提倡学术，别开新生面。”[4]从治学取径而言，古直与朱谦之的确殊途，一主“复古读经”，一倡“现代史学”；从治学目标而言，实则同归，都力倡学以致用，反对脱离现实和时代的纯学术研究。

随着中大读经之争的兴起，社会上关于读经与反读经的争论不绝于耳。以《教育杂志》为代表，专门开辟了读经问题讨论专栏，社会各界有头面的人物都发表了自己的见解。在这些讨论中，绝对反对读经和绝对赞成读经的人都很少，大多数人都主张相对反对读经或相对赞成读经。不管是持哪一种观点的人，都认为读经不能像过去那样子去读了，而应该按照分科的观念，把经学分置于不同学科领域里来进行研究。[5] 这可以说是清季以来经学逐渐退出历史舞台的继续或反复，而所谓退出，确切地说是一方面离开中心位置，另一方面失去独立地位。

各种政治势力也介入学校读经。从地方实力派到国民党中央，以陈济棠、何健、宋哲元、蒋介石等为首的军政长官，在各自的地盘上推行读经和“新生活运动”。他们侧重的经典或有不同，打出的旗号也各有别，根本目的则相当一致，都是从中国古代经典中取我所需，借以维系人心，稳定社会秩序。其共同的社会和思想背景，应是经历了北京政府时期政治动荡与割据纷争，逐渐巩固了势力范围的当政者，试图进一步加强权力，以便增强力量，应对内外压力。在他们看来，五四以来思想界日新月异的情形显然与这一目的不相凿枘。

中大读经以经学在大学中文系课程体系的定位之争开其端，从一个侧面反映了经学地位的变迁。清代诸子学复兴，史学地位上升，长期独尊的经学开始式微。面对西学日益成为新知以及体用关系颠倒的时势，经学无以应世变，地位动摇；科举停罢，经学失

---

① 朱希祖：《整理中国最古书籍之方法论》，载蒋大椿主编：《史学探渊——中国近代史学理论文编》，第678页。

② 同上书，第679页。

③ 同上书，第680页。

④ 朱谦之：《中大二十年》，《朱谦之文集》第1卷，福建教育出版社2002年版，第183页。

⑤ 《全国专家对于读经问题的意见》，《教育杂志》第25卷第5号（1935年5月10日）。

去重要的制度性社会支撑；清朝灭亡，经学与王朝政治的联系断裂；民初宣布废止大学经科，将经学研究并入文科各学门，本来龟缩为一科勉强挤进新学体系的经学，丧失了独立地位，加速了没落的脚步。[①] 整理国故运动将中国固有学问拆解，在现代学科体制下重组，经学最终解体。趋新学者因应时变、附会西学的做法，遭到了一部分依恋中国传统文化的学者的批评和讥刺。

胡适为《国学季刊》撰《发刊宣言》，视经学为史料，主张分科治经，对中国现代学术研究产生重要影响。宋育仁就公开批评该宣言"说来说去只是一件历史考据"，"太看重汉后二千年史料，未窥经术门径，故忽却秦前二千年史料"；所说方法，"是史家本色，非治经门路"；因此导致"后学治史而不知经，则眼光视线，到汉唐为止，于春秋以来之三代时间二千余年皆茫然，所以错比；又因中外文字统系不同，致多错译"。[②]

坚持通经治学的蒙文通抨击晚清以来用西学分类来衡量并肢解经学的做法："自清末改制以来，昔学校之经学一科遂分裂而入数科，以《易》入哲学，《诗》入文学，《尚书》、《春秋》、《礼》入史学，原本宏伟独特之经学遂至若存若亡，殆妄以西方学术之分类衡量中国学术，而不顾经学在民族文化中之巨大力量、巨大成就之故。"他认为，"经学即是经学，本为一整体，自有其对象，非史、非哲、非文，集古代文化之大成，为后来文化之先导"，绝不能割裂开来。[③]

然而，蒙文通说这番话时，经学被肢解和分科治经已成现实。到了20世纪30年代，有学者甚至提出要"不循情地消灭经学"，要"用正确的史学来统一经学"。[④] 1951年9月5日，顾颉刚致函王伯祥，对自己的学术努力总结道："窃意董仲舒时代之治经，为开创经学，我辈生于今日，其任务则为结束经学。故至我辈之后，经学自变而为史学。惟如何必使经学消灭，如何必使经学之材料转变为史学之材料，则其中必有一段工作，在此工作中我辈之责任实重。"[⑤]1961年2月3日，周予同在《文汇报》撰文说："五四运动以后，'经学'退出了历史舞台，但'经学史'的研究却急待开展。"[⑥]

经学在走过二千年的行程之后，就真的到了尽头吗？蒙文通给出了他的答案："由秦汉至明清，经学为中国民族无上之法典，思想与行为、政治与风习，皆不能出其轨范。

① 陈以爱：《中国现代学术研究机构的兴起——以北大研究所国学门为中心的研究》，江西教育出版社2001年版，第193页。

② 问琴：《评胡适国学季刊宣言书》，《国学月刊》第16期（1923年）。

③ 蒙文通：《论经学遗稿三篇》，《蒙文通文集》第3卷，巴蜀书社1995年版，第150页。

④ 周予同：《治经与治史》，《申报每周增刊》第1卷第36期（1936年9月13日）。

⑤ 顾颉刚：《经学史》，顾洪编：《顾颉刚学术文化随笔》，中国青年出版社1998年版，第295页。

⑥ 周予同：《中国经学史的研究任务》，朱维铮校注：《周予同经学史论著选集》，上海人民出版社1983年版，第661页。

虽二千年学术屡有变化，派别因之亦多，然皆不过阐发之发明不同，而中心则莫之能异。其力量之宏伟、影响之深广，远非子、史、文艺可与抗衡。”[①]20 世纪 80 年代以来，“读经热”回潮，再次表明经学在近代乃至整个中国历史文化发展进程的极端复杂性，引发对晚清民国趋新人士经学观简单化的重新反省。

朱谦之等人的“现代史学运动”同样含有补偏救弊之意。在批评随中国社会史论战而兴的所谓史观一脉理论空疏之弊的同时，着重批评了那种轻视理论、沉迷于考古考证、不问世事的学风，主张历史学为社会科学的一种，并将“现代史学运动”和“南方文化运动”结合，以期实现学术文化救国的目标。此举顺应了国际学术界社会科学化的潮流，却使得历史学的特色有所损失。

20 世纪三四十年代，朱谦之主持中大史学系，提出史学为社会科学之一种，注重文化史与近代史研究，定中国各部通史为必修，[②]把史学课程分为史学理论、文化史、世界史、现代史、基本科学五组，厘定课目百种，[③]谋求与社会学、哲学等系合开课程，一改过去侧重古籍、古物研究之风，促进史学与社会科学关系，成为中大史学课程发展史上的重要转折。[④]

中大社会学系成立于 1931 年 6 月，周谷城任系主任时，曾提出改革课程、成立研究室、出版一个季刊的构想，[⑤]未及实行即去。傅尚霖继任后，在课程设置上，既注重中国社会研究及近代社会史研究，又主张学理探讨与实际问题相结合；[⑥]在学术研究上，成立中大社会研究所，出版《社会科学周刊》、《社会研究专刊》、《社会研究季刊》，印行社会学丛书等。到 1935 年，中大社会学系发展成为全国最大的社会学系。[⑦] 在傅尚霖看来，社会科学应包括人类学、经济学、教育学、历史学、法律学、哲学、政治学、心理学、社会学、伦理学、社会工作、统计学等。[⑧] 他承认史学是社会科学的一种，与朱谦之所持一致，但他从社会学角度强调：“社会科学是各为专门和独立的科学；同时，也是个综合，包涵广博，互相关系的科学。因其各为专门，故应自分领域，自划界限，以作精细，局部，单独的分析和研究。但社会为整个的事实，如只作局部的探讨，而无综合，互关，广博的研究，便难成一个学术的体统。”[⑨]

---

① 蒙文通：《论经学遗稿三篇》，《蒙文通文集》第 3 卷，巴蜀书社 1995 年版，第 149—150 页。

② 《文学院各系主任联席会议纪录》，《国立中山大学日报》1932 年 9 月 10 日。

③ 《史学系廿一年度修正课程表》，《国立中山大学日报》1932 年 10 月 7 日。

④ 《朱主任谦之关于史学系的报告原文》，《国立中山大学日报》1933 年 12 月 20 日。

⑤ 《本校社会学系第一次谈话会志》，《国立中山大学日报》1932 年 3 月 30 日。

⑥ 黄义祥：《中山大学史稿(1924—1949)》，中山大学出版社 1999 年版，第 181 页。

⑦ 《傅主任在总理纪念周演辞》，《国立中山大学日报》1935 年 3 月 25 日。

⑧ 傅尚霖：《发刊词》，《社会研究季刊》1935 年 10 月。

⑨ 同上。

中大哲学系始设于广东大学时期,[①]1927年3月1日颁布的《国立中山大学规程》宣称:“文史科之设哲学系,将来当更分为一般哲学思想,逻辑统计,心理学,教育四组。其一般哲学思想组,不为读陈书而设,将使学生必修经济等为副科,以科学材料和训练造成一般思想及人生观,作革命精神之主力。”[②]中大第一任哲学系主任为傅斯年,[③]他曾提出“废哲学”主张,对胡适影响甚大。[④] 他任中大文史科长兼哲学系主任后,并未实施其“废哲学”主张,反而主讲了哲学课程《尼采与巴特勒》、《中国古代方术家言叙论》。[⑤] 后者正是典型的傅斯年用语,他对中国先秦诸子,不称“哲学家”或“思想家”而称“方术家”,并以“言”称其“思想”;现存有讲义稿《战国子家叙论》。[⑥] 在他任内,教授们曾商议从速成立哲学研究所等几个研究所,[⑦]后来各研究所相继成立,惟独该所不见下文。1929年,中大哲学系毕业生远超过史学系而略少于中文系。[⑧] 1932年秋,学校决定停办哲学系。9月2日,中大文学院开第一次教授会议,校长邹鲁列席,讨论哲学系停办后其重要学科应编入何系案。经议决,由院长会同哲学科教授决定课目,并定于5日上午10时开会商议。[⑨] 其时,文学院长吴康兼任哲学系主任。他毕业于北大哲学系,又是法国巴黎大学哲学博士。他认为,哲学系实有存在的必要。经与校长商定,中大续办哲学系,已转他系的学生仍可到哲学系注册,并欢迎他系学生报读哲学系。[⑩]

此事并未就此了结。中大《教务处二十二年度上学期报告书》重提哲学系存废问题,建议:“不甚需要,且学生太少之学系,宜废止或合并。如哲学系可废止(哲学课目可分别归入中文系与英文系)。”[⑪]1933年9月27日,哲学系举行第一次系务会议,重点商议了本年度本系一年级是否继续开办案。经议决:照旧开办。理由是:(1)哲学系基本课程,不能废除;(2)哲学系为文学院中心学系;(3)哲学系虽停办,学校经费亦未必能节省;(4)国内各大学哲学系学生,类皆不多,不独本校为然;(5)学生志愿研究哲学者,学

---

① 1924年度上学期广东高师改办大学后,即设哲学系,社会科学组隶之。1929年6月,哲学系有6名毕业生。广东大学档案:31(1):1(档案编号依次代表为全宗号、目录号、案卷号,下同);《文科朝会记》,《国立广东大学周刊》1925年10月26日;《国立中山大学文科概览》,国立中山大学出版部1930年搜藏,第91—92页。

② 中山大学档案:20(1):59。

③ 《本校各科系主任业已聘定》,《国立中山大学校报》第5期,1927年3月7日。

④ 王汎森:《中国近代思想与学术的系谱》,河北教育出版社2001年版,第305页。

⑤ 《国立中山大学开学纪念册》,国立中山大学出版部1927年版,第39、40页。

⑥ 李泉:《傅斯年学术思想评传》,北京图书馆出版社2000年版,第165页。

⑦ 《本校文史科第四次教授会议纪事录》,《国立中山大学校报》1927年7月25日。

⑧ 1929年,哲学系毕业生24人,中文系27人,史学系3人。国立中山大学秘书处:《国立中山大学现状》,国立中山大学出版部1934年印行,第15页。

⑨ 《廿一年度文学院第一次教授会议》,《国立中山大学日报》1932年9月5日。

⑩ 《本校文学院哲学系仍旧开设之要讯》,《国立中山大学日报》1932年9月8日;《文学院布告(二)》,《国立中山大学日报》1932年9月8日。

⑪ 中山大学档案:20(2):28。

校不便阻止之。提出开办办法：(1)由文学院出示，凡志愿进哲学系的学生，尽可自由加入；(2)文学院各系课程，凡与哲学系科目相同者，不再重设。① 嗣后，经吴康与校长面商，仍决定本年度哲学系一年级暂不招生。② 此后连续三年，哲学系停招一年级新生。③基于哲学系生源太少，并为樽节经费起见，④朱谦之兼任哲学系课程，其《历史哲学》即为哲学、史学两系学生共同开设的必修课，⑤《文化哲学》为哲学系必修、史学系选修⑥。史学系与哲学系合开的课程还有《中国哲学史》、《西洋哲学史》等。⑦

1935 年，朱谦之进一步调整史学课程，每一年级以一种系统的必修课目为中心。⑧如第一年级以通史为中心，第二年级以古代史为中心，第三年级以近代史为中心，第四年级以论文为中心。⑨ 朱谦之的课改思路与朱希祖一脉相承。1929 年，朱希祖全面检视北大史学系课程时发现，大半以教师讲授为主，学生缺乏学习的主体性，便将四年课程一分为二，前两年强调基本科学的训练和通史的讲授，后两年则由学生自行选定一科，作为专门研究的项目，意在“由普通史的灌注进而为专门史”的研究。⑩

朱谦之主系十年，极力于罗致良师。如朱希祖的南明史，吴宗慈的清史，杨成志的人类学，黎东方的西洋通史，容肇祖的中国思想史，姚宝猷的日本史，罗香林的隋唐五代史，郑师许的考古学，罗志甫的希腊史，均能卓然成家；陈国治的中国经济史，王兴瑞的中国现代史，江应樑的西南民族研究，也都是后起之秀。⑪ 在他们的支持、配合下，朱谦之的课程改革顺利进行并见成效。1936、1937 年头两届史学系毕业论文选题，均注重经济史、社会史、史学理论和现代史研究，⑫王兴瑞、刘伟民、王启澍还考取本校历史学和人类学部研究生。

---

① 中山大学档案：20(2)：25。

② 中山大学档案：20(2)：1。

③ 据 1936 年 10 月 24 日召开本年度第二次教务会议公布的《国立中山大学各学院部各年级男女学生人数统计表》显示，哲学系仅有一年级生 13 人。可知该系自 1933 年起，连续三年没有招收新生。中山大学档案：20(1)：35。

④ 哲学系停办与 1932 年教育部推行大学文法等科设置改革以改善文实结构失当举措也有关系。参见孙宏云《中国现代政治学的展开：清华政治学系的早期发展 1926—1937》，生活·读书·新知三联书店 2005 年版，第 77—80 页。

⑤ 《国立中山大学二十一年度概览》，国立中山大学出版部 1933 年版，第 100、103 页。

⑥ 国立中山大学文学院：《国立中山大学文学院课程总目》，国立中山大学出版部 1932 年版，第 66 页。

⑦ 国立中山大学文学院：《国立中山大学文学院课程总目》，第 54 页。

⑧ 中山大学档案：20(2)：2。

⑨ 《文科研究所历史学部文学院史学系廿四年度第六次联席会议录》，《国立中山大学日报》1936 年 6 月 9 日。

⑩ 刘龙心：《学科体制与近代中国史学的建立》，载罗志田主编：《20 世纪的中国：学术与社会·史学卷》(下)，山东人民出版社 2002 年版，第 569—570 页。

⑪ 朱谦之：《奋斗廿年》，《朱谦之文集》第 1 卷，福建教育出版社 2002 年版，第 80 页。

⑫ 两届毕业生的毕业论文题目，见《国立中山大学文学院二十四年度毕业论文题目登记表》，《国立中山大学日报》1936 年 6 月 25 日；《二十五年度史学系教授会议录》，《国立中山大学日报》1937 年 6 月 12 日。

史学研究会是由学生发起组织的学术团体，以互助精神，科学方法，研究中外历史为宗旨，大有继承中大语史所历史学会未竟事业的雄心，惜因缺少老师指导，未能发挥其学术功能，而以联谊为主务。朱谦之主系后，把史学研究会作为联络师生感情和提倡学术的"重要支柱"，[①]他和各位教授"隐然居于领导的地位"。[②] 在老师们的指导和引领下，史学研究会实现了师生联谊和学术研究的夙愿。[③]

《现代史学》是"现代史学运动"的舆论阵地。其经费先是由朱谦之捐赠，后来其他教授也参加捐助，学校则给予一定的津贴。稿件主要由史学系师生提供，编辑初由陈国治担任，后由会员们轮任。《现代史学》始终为经费问题所困扰，加上时局跌宕，学校辗转流徙，未能按月出版，变为不定期刊，且数遭停顿。该刊共出版 6 卷 16 期，刊登各类文章 200 余篇。[④] 至少在同人看来，成绩有三：一是专号、特辑较有影响，在已出"中国经济史研究专号"、"中国现代史"两个专号和"文化评论"、"史学方法论"两个特辑中，以"中国经济史研究专号"影响最大，《中国经济》、《食货》半月刊，有意无意受到它的影响；二是刊文多有创见，如朱谦之提倡"史的论理主义与心理主义综合"、"南方文化运动"、"文化八类型"说等，陈国治提出"历史为独立的法则的科学"、"佃傭社会说"、"解释中国不能走上资本主义之路"等，他如董家遵的婚姻史、陈中凡的文学史、梁瓯第的教育史、岑家梧的艺术史等，贡献亦不少；三是专题论文多扩充成专书。据统计，朱谦之六部、陈国治三部、朱杰勤两部、陈安仁、王兴瑞、岑家梧、梁瓯第、董家遵、关燕祥、彭泽益、黄庆华、全汉昇各一部。[⑤] 12 人中，仅全汉昇是校外人员，其余均系中大人文社科各院系师生。

《现代史学》深得华南学子的青睐："华南的刊物，就形式及内容论，除《三民主义月刊》及中山大学《现代史学》外，无一可取。"[⑥]"现代史学"同人也为该刊"渐露头角，翘然为南方史学界的唯一刊物"[⑦]而自豪。

---

① 朱谦之：《中大二十年》，《朱谦之文集》第 1 卷，福建教育出版社 2002 年版，第 183 页。

② 朱谦之：《世界观的转变——七十自述》，《朱谦之文集》第 1 卷，第 144 页。

③ 史学研究会的组织及与朱谦之的关系，参见杨思机：《朱谦之与"现代史学运动"》，中山大学历史系本科毕业论文 2005 年，第 12—15 页。

④ 据《中山日报》(1945.9.27)刊登《〈现代史学〉第 6 卷第 1 期不日付印》，内有朱谦之《奋斗廿年》、陈安仁《劫后记》、曾纪经等《□□□民俗考察记》等篇，内容甚为精彩。《奋斗廿年》收入《朱谦之文集》第 1 卷，其页下注称，该文于 1946 年由国立中山大学史学研究会出单行本。朱谦之：《朱谦之文集》第 1 卷，第 65 页。由此推测，该期可能没有按预期印行，只出了这个单行本。故将此文作为一期专刊列入，陈安仁、曾纪经所著不计。关于《现代史学》创刊缘起、经费来源、各卷期论文分类与数量分布、刊文特点及其影响，参见杨思机：《朱谦之与"现代史学运动"》，第 15—28 页。

⑤ 据杨思机《朱谦之与"现代史学运动"》第 26 页统计所得。

⑥ 编者：《编后杂记》，《群言》第 12 卷第 2 期(1935 年 4 月 25 日)。

⑦ 编者：《编后话》，《现代史学》第 3 卷第 2 期(1937 年 4 月 5 日)。

作为“现代史学”的领军人物，朱谦之自动代表“转形期历史学的先驱，对于一切现代史学既要广包并容，对于过去的史学也不惜取批判的态度”。① 朱谦之以治史方法为中心，把中国近代史学分为三时期：第一时期即考证考古派为“正”，包括王国维、罗振玉等倾向甲骨文字学研究，梁启超、胡适、顾颉刚等注重“写的古史”真伪问题，李济、傅斯年等注重“科学发掘的方法”三支；第二时期即唯物史观派为“反”，第三时期即“现代史学”为“合”。傅斯年等克服了疑古太过之弊，注重地上材料与地下材料结合，将文献考订与考古学、人类学统一起来，在方法上较此前“完满多了”；但长处也是短处，此派偏于史料，完全忽略理论，甚至走向极端，以为历史本是一个“破罐子”，极力反对历史哲学。以唯物史观派自许的郭沫若，接受考古学方法，建设起“新兴科学的”历史哲学。这一派的特点在对中国社会史的分析，缺点是唯理论多而事实少。有鉴于此，朱谦之提出建立“现代史学派”，扬长避短。②

朱谦之看似对中国新史学两大派左右开弓，其实有所分别，他对唯物史观的态度有一个转变过程。留学日本，他作“社会史观与唯物史观之比较研究”，③“极端否定”唯物史观。④ 著《历史哲学》时，摭拾流行的西洋学说，凑成一“生命史观”，抗拒因国共合作而起的唯物史观。⑤ 及至撰写《历史哲学大纲》，虽心仪孔德及其社会史观的立场不变，但一改此前的敌意，详陈辩证唯物论与历史唯物论的源流、异同、得失，其提玄钩要之功，常超出公式派教条派马列主义者之上。⑥ 自《经济史研究序说》起，他更公开承认，唯物史观是“文化史发展第三期的历史进化法则”之一，是说明“社会病理之经济运动法则”，不失为“有重大缺点”的“消极的工具”。⑦ 等到著《太平天国革命文化史》，“虽已开始应用唯物史观来解释革命文化背景，但不彻底。”⑧晚年研究东方哲学史，犹见文化史观的影子。⑨ 朱谦之的学路历程相当典型地反映了同时代部分学者思想演变的曲线。

朱谦之所言“过去的史学”，不只是传统史学，更主要指向由中大发端而跃居为中国新史学主流的傅斯年一派。⑩ 他对考古考证一派痛加针砭，甚至认为该派“是由于国际帝国主义对付殖民地之文化征略的策略而起”，这派学者“不谈思想，不顾将来，其心理

---

① 朱谦之：《本刊宣言》，《现代史学》第1卷第1期（1933年1月10日）。

② 朱谦之：《现代史学概论》，《朱谦之文集》第6卷，第87—97页。

③ 朱谦之：《奋斗廿年》，《朱谦之文集》第1卷，第71页。

④ 许冠三：《新史学九十年》，岳麓书社2003年版，第314页。

⑤ 同上书，第315页。

⑥ 同上书，第319页。

⑦ 同上书，第314—315页。

⑧ 朱谦之：《中大二十年》，《朱谦之文集》第1卷，第184页。

⑨ 张国义：《朱谦之学术研究》，华东师范大学博士论文2004年，第94页。

⑩ 桑兵：《二十世纪前半期的中国史学会》，《历史研究》2004年第5期。

特性完全表现着对于眼前社会剧变之无关心,而只把眼光放在过去的圈套里面";"主张历史为破罐子,不认有历史进化法则之存在","以历史事实为特殊的孤立的东西";对史料"贪多务得","形成资产社会之御用的史家"。他认定这派"确然已成为过去的产物了"。[①]

朱谦之代理中大文科所主任后,提出历史学部与从前的语史所有三点不同,[②]批评的虽是中大语史所,针对的主要还是中研院史语所。傅斯年强调客观史学,提出"史学就是史料学"的极端主张,使中研院史语所在明清史料整理、文籍考订、考古发掘、民族语言和方言调查等方面成就斐然,一跃而为中国新史学的主流,傅斯年也因此成为中国史林霸主。朱谦之要想另树一帜,建立"现代史学派",自然会向傅斯年及其领导的中研院史语所发难。

可能是受胡适以及中国社会史论战以来时论的影响,朱谦之的思构从一开始就注重方法且以发生的方法为核心。[③] 按他的解释,现代史学方法就是将历史进化的方法和历史构成的方法相结合,前者为社会科学所通用,后者为历史科学所专用。不但政治学、法律学、经济学等学科需要新的历史方法,而且历史学本身也是社会科学之一,非采用社会科学所共需的历史方法不可,这样才能给人类社会的历史以一个确实的社会科学的方法论的基础。[④] 朱谦之不满傅斯年等只重考证考古的偏蔽,欲以社会科学的方法来补史学方法的不足;可他又走向了另一极端,将综合化、一般性置于专业化、特殊性之上,有淡化甚至牺牲历史学自主性、独立性的危险。[⑤]

朱谦之提倡社会史、经济史研究,视为"现代史学的新倾向",指傅斯年的历史碎片必须联缀的观念为"破罐子"论。[⑥] 他又提倡科学史研究,发起组织中国科学史社,[⑦]两度设立中国科学史奖金,[⑧]并倡导研究军事科学史,"另辟历史研究的新途径",认为"现代乃是军事科学时代,我们从今以后,为实践抗战建国需要,更应注意与国防有关各专门史的研究,在军事上有特殊重要的历史科目,如战术史、兵器史、军事地理沿革、国防史、边疆史之类"。[⑨]

---

① 朱谦之:《现代史学概论》,《朱谦之文集》第 6 卷,第 97—98 页。

② 朱谦之:《奋斗廿年》,《朱谦之文集》第 1 卷,第 80 页。

③ 许冠三:《新史学九十年》,岳麓书社 2003 年版,第 320 页。

④ 朱谦之:《现代史学概论》,《朱谦之文集》第 6 卷,第 5、229 页。

⑤ 曹天忠、杨思机:《"现代史学派"与中国现代史学的"社会科学化"》,《思与言》第 44 卷第 2 期(2006 年 6 月)。

⑥ 朱谦之:《经济史研究序说》,《现代史学》第 1 卷第 3、4 期合刊(1933 年 5 月 20 日)。

⑦ 《附录(二)中国科学史章程(草案)》,《现代史学》第 3 卷第 1 期(1936 年 5 月 25 日)。

⑧ 《文学院史学系设中国科学史奖金》,《国立中山大学日报》1939 年 10 月 2 日;《国立中山大学文学院史学系中国科学史奖金规程》,《国立中山大学日报》1941 年 12 月 9 日。

⑨ 朱谦之:《世界观的转变——七十自述》,《朱谦之文集》第 1 卷,第 155 页。

中国史学向有“求真”与“资鉴”并重的传统。20世纪初以来，受西学风气的影响，对学术独立的追求和对学术研究自身的尊重，形成了“为学问而学问”的学风。不断加剧的民族危难搅乱了历史学正在进展的步骤和原有的秩序，但新的方向和新的中心却因此建立起来，新的作风也就此造成：“一切为国家，一切为民族；眼光由故纸堆，或书本上，放开到整个现实上，虽然历史学术离不开故纸堆，离不开书本，但眼光却必须放开到面前的现实上，目标必须放到国家民族上。”[①]各路学人不约而同地走向这一个大目标。

朱谦之自称文化学派，《文化哲学》是其最得意之作，自觉包含许多重要创见，是其一切学说主张的根本说明。[②] 他讲文化哲学的“最大旨趣”是，“说明文化的本质及其类型，对于宗教、哲学、科学、艺术等各种知识生活，均加以根本研究，又分析文化之地理上分布，以明中外文化关系及本国文化之新倾向，并谋建设未来之世界文化。”而“最切要的紧迫的企图，却在于提倡南方文化运动”。[③] 朱谦之孜孜以求“文化主义的社会”理想，[④]落脚点仍在为现实服务——文化救国。后来他醒悟到：“南方文化运动基本上是错误的，在看了一些批判北方落后论的文章后，乃更明了我当时思想的误谬。固然在主观上是谋以南方为根据地以抗日救国，而在客观上无异于为西南反动势力张目，并歪曲了全国一致的人民抗日运动。”[⑤]抗战后期，朱谦之转治中外文化交通史，其精心之作《中国思想对于欧洲文化的影响》，“固然有追求真理，承先启后的目的，但亦有表彰我国伟大的文化遗产，从而激励我们民族精神和爱国思想的微意。”[⑥]

王亚南评价说，朱谦之是“由哲学家历史学家到百科全书派”，“他的涉猎非常广泛，仿佛对于一切社会事象，一切社会的及有关历史的问题，他不但想从各别社会历史科学方面，去求得解答，并且还想有他自己的一套解答。”惟其如此，“因为注意的研究的范围太广，对象太多，他对于每科的造诣，就不一定能够深入；‘肤受浅尝’的毛病，是难得避免的。”他“在运思立论当中，就往往不知不觉的把许多不易调和的概念，貌为比附的从观念上关联起来，使自己陷在自己强行设定的形式主义与观念主义的迷团里”。[⑦] 朱谦之承认他人对自己的批评，“实在每一种都能指出我在思想过程中之某一段落，并且看出我思想中某部分的病痛所在。”[⑧]

---

① 徐文珊：《抗战以来中国史学之趋向》，载孙本文等编著：《中国战时学术》，正中书局1946年版，第123页。

② 《学者朱谦之——学府人物志之五》，《朱谦之文集》第2卷，第245页。

③ 朱谦之：《文化哲学》，《朱谦之文集》第6卷，第243页。

④ 朱谦之：《文化社会学》，《朱谦之文集》第6卷，第565页。

⑤ 朱谦之：《世界观的转变——七十自述》，《朱谦之文集》第1卷，第147页。

⑥ 朱杰勤：《〈中国哲学对于欧洲的影响〉序》，《朱谦之文集》第7卷，第5页。

⑦ 王亚南：《社会科学新论》，《民国丛书》第五编(16)，上海书店1996年版，第103—104页。

⑧ 朱谦之：《一个哲学者的自我检讨——五十自述》，《朱谦之文集》第1卷，第109页。

朱谦之在自传《奋斗廿年》中概叹:“史学系的成绩,在中大文学院里,实首屈一指,史学系在学术界的位置,无论在广东,在中国,始终是一枝新军,有举足轻重之势。尤其是从史学系和文科研究所历史学部联成一气的时候,自然造出一种学术研究的新学风。”[①]中大史学系(部)师生积极开拓,成为令人瞩目的新史学“新军”。这一支新军当然免不了领军人物朱谦之身上的那些毛病,不过在横逸斜出盛行的时代,根底不深的另一面是束缚不多,也有可能借由附庸蔚为大国而修成正果。

中大史学系教师中,朱希祖是“现代史学运动”的有力支持者。他和朱谦之在北大是师生,在中大是同事,在史学课程改革及治学志趣上声气相通。[②] 在史学教学上提倡社会科学的朱希祖,在研究具体问题时,仍以考据为主或为先。他曾这样论治史之道:“作史之业盖有三期:第一搜罗务期广博……第二考订务期精审……第三去取务权轻重。……第一期欲入门也;第二期欲开其堂也;第三欲入其室也。既不可躐等以求,亦不可一蹴而就,积数十年之搜讨研究,不旁骛于势耀,不耽于声华,尚不知能成与否。盖学问之成绩,不可侥幸致也。”[③]国民政府对朱希祖盖棺论定:“生平颛研历史,旁搜远绍,考证精勤,著述留传,成就甚伟。”[④]

朱谦之总结主系十年来的工作,感叹“陈安仁著述之多,尤属罕见”。[⑤] 据1942年陈氏本人统计,他出版专著58种。[⑥] 陈氏早年追随孙中山革命,1932年后致力于文化教育救国:“教育之主要目的,于养成人民生活技能智识之外,尤要使人民认识国家自身(或说民族自身)之文化价值,与担负复兴和创造国家文化的使命,倘与这种种目的相违反或冲突者,可说是破产的教育。”[⑦]陈安仁所论主要指向陈序经的全盘西化论,[⑧]陈序经在中大作《中国文化之出路》演讲,自称是“彻底的”“完全接受西洋文化”派,认陈安仁为折衷派,“以为中国文化亦有好的,应该把好的保存起来。”陈序经有心把中大纳入他的全盘西化论阵营,认为“中国文化之出路在全盘接受西洋文化;复兴中国文化,接受西洋文化则在南方”。中大“是新文化的产儿,而且是南方之最高学府,应该负起这个文化上

---

① 朱谦之:《奋斗廿年》,《朱谦之文集》第1卷,第80页。

② 曹天忠、杨思机:《“现代史学派”与中国现代史学的“社会科学化”》,《思与言》第44卷第2期(2006年6月)。

③ 朱偰:《先君逷先先生年谱》,《朱希祖先生文集》(六),台北九思出版有限公司1979年版,总4225页。

④ 《国民政府褒扬朱逷先先生令》,《文史杂志》第5卷第11、12期合刊(1945年12月)。

⑤ 朱谦之:《奋斗廿年》,《朱谦之文集》第1卷,第80页。

⑥ 中山大学档案:20(3):79。

⑦ 陈安仁:《对于中国文化抹煞论的怀疑》,《国立中山大学日报》1934年5月9日。

⑧ 赵立彬:《民族立场与现代追求:20世纪20—40年代的全盘西化思潮》,生活·读书·新知三联书店2005年版,第145页。

之伟大的责任”。[①] 由于中大的特殊地位，其演讲并未在师生中产生预期效果。[②] 陈安仁批评说：“一个民族本身的文化通通不好，通通抹煞，这个民族本身的危险时期已到了！”[③]中大中文系的读经，正是在这样的背景之下如火如荼地展开。

萧鸣籁也是同道之一，他认为：“史学为各科学之反映的结晶，并非与各科学有关系。史学为一切社会及学术之反映，既非各科学之综合（因科学综合，等于各科学相加之综合，各科学相加，其得数为各科学，而非历史。各科学之综合，等于物理作用，而一切社会及学术之反映，等于化学作用，唯其为化学作用，故可另行产生历史也。而成立此化学作用之要素，则为史学之心灵），更非与各科学有如何之关系。因一谈及关系，即分有主从，而史学既非各科学之主人，亦非各科学之奴隶，又非各科学同等侪辈，何必言谁与谁有关系？”其意在提醒人们，在泛科学化的时流中，须保持史学的独立性。但他同样主张史学致用，认“史学为应用科学之一种”，反对“为史学而治史学，为历史而治历史”的治史态度，声称：“历史本为人群社会民族国家服务之一种科学，在此激流滩头，风雨舟内，更有指导人群社会，服务民族国家之职责。”关于史学理论与史学方法的关系，他认为史学理论“偏重于史学原理原则之推求，此出发点由于哲学，故有历史哲学之称”。而史学方法“偏重于史料之搜集整理，文献之考订等事，此出发点为科学，故有历史科学之称”。但“史学方法，仅能驾驭史材”，故“方法论之上，必有其史学理论，然后历史始成为有机体，而不致如傅孟真君所云之‘破罐子’”。[④]

教师的学术取向及其有意识的引导对学生产生影响。黄庆华这样谈到朱谦之：“他不独启示了我底治学门径，同时无论思想上，人格上，给我的感召特别大，我的感应也特别深，在这两年间，我完成一本五万多字的小册子《民族词人辛稼轩研究》和《章实斋史学思想》两本书，及其他的短篇论文十多篇，约共十五万字的著作，这无疑是得到他的启示和鼓励才得完成的。以后，我计拟从事于史学思想到学术思想史到文化史的研究路向，受他的影响确是很大。”[⑤]朱谦之回忆其在中大20年，有一批青年学生积极投身“现代史学运动”，日后成为中国人文社会学科知名学者，如戴裔煊、董家遵、朱杰勤、陈国治、王兴瑞、江应樑、丘陶常、梁钊韬、彭泽益等。[⑥]

陈国治推崇朱谦之的“文化八类型和四阶段说，是有其独创的精神，而足为文化学

① 《社会学系公开演讲词·陈序经先生演讲“中国文化之出路”》，《国立中山大学日报》1934年1月11日。

② 赵立彬：《民族立场与现代追求：20世纪20—40年代的全盘西化思潮》，生活·读书·新知三联书店2005年版，第165—166页。

③ 陈安仁：《对于中国文化抹煞论的怀疑》，《国立中山大学日报》1934年5月9日。

④ 萧鸣籁：《史与史学及史学史》，《史学专刊》第2卷第1期（1937年8月10日）。

⑤ 黄庆华：《春风草——记朱谦之师的休假》，《现代史学》第5卷第2期（1943年6月）。

⑥ 朱谦之：《中大二十年》，《朱谦之文集》第1卷，第184页。

辟一新境地的”,称赞其提倡“南方文化运动”具有“创造意义”和“传播意义”,阐释了“南方文化运动的意义,一方面是指出本其文化真正的精神,一方面是指出复兴中华民族的下手处,它的对象是整个民族而不是一隅一地的”;同时,也毫不客气地指出朱谦之相关论著存在的缺点。[①]

陈国治探讨了史学的科学性问题,既有对包括朱谦之在内的中外学者对史学科学性认识之偏失的具体分析,又认为中国史学各派,诸如史料学、事件的考证、历史哲学与种种史观、单纯的叙述史与印证某某史观的叙述史,都不是历史科学,而只能说是通向历史科学必经的阶段。他诠释历史学“乃探讨人群演化历程(并包过去,现在,未来)之法则的独立的科学”,批驳怀疑历史学为科学的六种代表性意见,进而得出“史学是可以成为一种独立的法则的科学”的结论。[②]

中国社会经济史是陈国治的主攻方向,他撰有《三国经济史》、《西汉社会经济研究》、《两晋经济史》、《中国劳动制度史》等专著和一批论文。其研究成果既得到陶希圣、魏特夫(Karl August Wittforgel)等中外新锐同行的赞誉,也受到杨中一、杨联陞、傅斯年等人的质疑和批评。其中,既有学术分歧,也掺杂了个人恩怨。[③]

王兴瑞“对于中国经济史之研究,夙具兴趣,年来发现地方经济史之研究实为中国经济史之一新蹊径,前人尚无道及之者,因颇欲致力于地方经济研究之方法论的探求,以为之倡”。[④] 其《海南岛经济史研究》一书,“给中国经济史研究开辟了一个新蹊径”。[⑤]

戴裔煊作《宋代钞盐制度研究》,“引用宋代著述二百余种,于宋代售盐给钞制度之实现、沿革、官员、地区,以及此制度对国计民生之关系与影响,无不溯其本源,明其流革。考证至为细微,叙述亦颇能得其体要。治宋史与经济史者,苟不洞悉两宋钞盐制度,则宋代政治与社会上若干问题,均不易得其解释。作者斯编实以钞盐制度为中心,对于环绕此制度诸问题,均有极深刻之探讨。”[⑥]他对僚族的渊源及其文化、西南民族干栏式建筑的结构和功能以及棉花和棉织技术的传播,均有精心之作,不乏重要的学术价值。

主编《食货》的陶希圣称,中大是“本刊稿子主要的来路”之一。[⑦] 陈国治、王兴瑞、朱

---

① 陈啸江:《文化哲学》(书评),《史学专刊》第1卷第3期(1936年4月1日)。

② 陈啸江(国治):《建立史学为独立的(非综合的之意)法则的(非叙述的之意)科学新议》,《现代史学》第2卷第4期(1935年10月1日)。

③ 曹天忠、杨思机:《“现代史学派”与中国现代史学第的“社会科学化”》,《思与言》第44卷第2期(2006年6月)。

④ 王兴瑞:《地方经济史研究方法导言》,《现代史学》第4卷第4期(1942年3月)。

⑤ 编者:《编后话》,《现代史学》第4卷第4期(1942年3月)。

⑥ 蔡鸿生:《戴裔煊文集·前言》,中山大学出版社2004年版,第1页。

⑦ 陶希圣:《编者的话》,《食货》第4卷第3期(1936年6月16日)。

杰勤、曾了若等人，既是“现代史学运动”的重要成员，又是该刊的积极投稿者。他们不以《现代史学》为畛域，积极寻求同道，扩大了现代史学运动的影响。

20世纪三四十年代，中国内忧外患，“现代史学运动”应运而生。“现代史学”自外于史观一脉和考古考证一流，而欲独树一帜，其实质也是新史学。20世纪前半叶，社会科学侵入史学已成大势所趋，但所使用的理论、方法及所取得的成果，还不能得到普遍公认。[①] 尽管如此，“现代史学”在20世纪中国新史学多元格局中仍占一席之地。

三、从民俗学到人类学

整理国故以及史学为一切学科总汇的相似性，使得分界模糊的学科有所互动整合。而现代中国学术的转型，不仅表现于西学冲击影响下固有学术的改变，就是外来概念、知识、学术系统本身，由于来自社会历史文化各异的国度，表现出不同的形态，传播过程中增加了中国学人认知、理解和取舍的难度，也会不断有所调整演化。民俗学转向人类学即为典型。发轫于北大国学门的中国民俗学，到中大出现两次转折。先是从北大民俗学的新文学转向中大民俗学的新史学；继而，以西南民族调查为凭借，民俗学逐渐转向人类学，并摆脱依附史学的地位，独立成为专门学科，中大因而成为中国人类学在南方的重镇。

从北大国学门发轫的新学术事业，经厦大国学院，到中大语史所，均以民俗学为最有成绩。中大民俗学会酝酿之初，亦称“歌谣会”，[②]显然是想承北大歌谣研究会的先例。该会最先成立，与发起人的经验很有关系。顾颉刚、容肇祖、董作宾、陈锡襄、钟敬文、何思敬是中大民俗学会的发起者，前四人直接来自北大国学门，后二人则受北大国学门的影响。

中大《民间文艺》以流行民间的神话、童话、传说、趣事、寓言、歌谣、谜语、俗曲、唱书、剧本、谚语、歇后语等等为取材范围，“因放宽范围，收及宗教风俗材料，嫌原名不称，故易名《民俗》”。[③] 中大民俗学丛书首批印行书目12种，几乎全是北大国学门研究民俗的成果。杨成志、钟敬文合译的《印欧民间故事型式表》被首印，“在想略解欧洲民间故事的状态，或对于中国民间故事思加以整理和研讨的人，它很可给予他们以一种相当之助力的。”[④]杨成志的译作《民俗学问题格》，被视为“一种开拓中国民俗的利器”，[⑤]“对中

① 桑兵：《晚清民国的国学研究》，上海古籍出版社2001年版，第85页。

② 顾颉刚：《颉刚日程》1927年4月27日。

③ 同人：《发刊辞》，《民俗》第1期(1928年3月21日)。

④ 钟敬文：《付印题记》，杨成志、钟敬文译：《印欧民间故事型式表》，国立中山大学语言历史学研究所1928年版，第4页。

⑤ 杨成志：《译者赘言》，[英]柏恩(C. S. Burne)著、杨成志译：《民俗学问题格》，国立中山大学语言历史学研究所1928年版，第11页。

国民俗学调查与研究有着很长时间的影响”。[①]

浦江清初读《民俗》周刊及民俗学会丛书数种,认为:“所搜集之材料,亦紊乱无秩序。一书无有组织的文章,而但杂载报告及讨论之信件,殊不合科学。”[②]后又读了中大几种民俗学丛书,便转而称誉它为“一种新学问之曙光”。[③] 公开的评议或许不如私下的评点那样直言不讳,而琢磨出一些味道,感觉也会随之变化。

民俗学在中国的流变轨迹,可从几个相关刊物的《发刊词》中略见一斑。董作宾作《为〈民间文艺〉敬告读者》一文代发刊词,提出研究“民间文艺”具有“学术的”、“文艺的”和“教育的”三种目的,[④]继承和发展了北大歌谣研究会追求“学术的”、“文艺的”精神。[⑤]他对“民间”的诠释,“不限于汉族”,而包含“中国领域内的一切民族”,既突破了北大歌谣研究会主要专注于汉族的局限,又扩充了厦大国学院风俗调查会想调查“有特别文化的人群(如曲蹄,畲民等)”的范围。[⑥] 他对“文艺”的理解,“不限于韵文”,而广包一切民族的一切文艺形式,这本身就是一种观念变革,“在我们的眼眶中,歌谣、谚语的价值,不亚于宋词、唐诗;故事、传说的重要,不下于正史、通鉴;寓言、笑话,不让于庄生东方的滑稽;小曲、唱书,不劣于昆腔乐府的美妙。因为这是民族精神所寄托,这是平民文化的表现。”[⑦]这和刘复论《尚书》和小唱价值“大”、“小”之语,有异曲同工之妙,[⑧]其实质就是一种学术平等的眼光。董作宾亲历了北大国学门新国学的开创过程,自然懂得学术平等的意义,他把“征集、发表、整理、研究中国全民族的各种文艺”,当作《民间文艺》的“惟一使命”。[⑨] 十年后,他不胜感慨:“吾道南矣。”[⑩]

歌谣研究由北大发端,渐为人注意。针对其偏重文艺研究这种“畸形发展”,钟敬文发表己见:“歌谣的研究,除文艺的方面外,尚有风俗的,语言的,心理的,教育的等等。若纯站在文艺的立场上以搜集歌谣,评判歌谣,那吗,势必至枉屈了许多宝贵的资料,而致之于废弃之地。我们现在要把这个畸形的趋向矫正过来,我们希望搜集者以平正不

---

① 王文宝:《中国民俗研究史》,黑龙江人民出版社 2003 年版,第 157 页。

② 浦江清:《清华园日记·西行日记》(增补本),生活·读书·新知三联书店 1987 年版,第 35 页。

③ 浦江清:《民俗学之曙光——广东中山大学语言历史学研究所民俗学会所出版之书籍一束》,浦汉明编、季镇淮审订:《浦江青文史杂文集》,清华大学出版社 993 年版,第 75 页。

④ 董作宾:《为〈民间文艺〉敬告读者》,苑利主编:《二十世纪中国民俗学经典·学术史卷》,社会科学文献出版社 2002 年版,第 296 页。

⑤ 《发刊词》,《歌谣》第 1 号(1922 年 12 月 17 日)。

⑥ 林幽:《风俗调查计划书》,《民俗》第 7 期(1928 年 5 月 2 日)。

⑦ 董作宾:《为〈民间文艺〉敬告读者》,苑利主编:《二十世纪中国民俗学经典·学术史卷》,第 297 页。

⑧ 刘复:《敦煌掇琐叙目》,《北京大学研究所国学门周刊》第 3 期(1925 年 10 月 28 日)。

⑨ 董作宾:《为〈民间文艺〉敬告读者》,苑利主编:《二十世纪中国民俗学经典·学术史卷》,第 297 页。

⑩ 董作宾:《〈看见她〉之回顾》,《歌谣》第 3 卷第 2 期(1937 年 4 月 10 日)。

颇的眼光，去把一切足供讨究的材料贡献出来，而研究者也各本其特别的意向与爱好，加以努力的攻儿，那吗，这个运动，才会有一个圆通广大，平流并进的好结果。"[①]《民间文艺》对歌谣的搜集，文字上，不限于"佳妙的"；范围上，不限于山歌、恋歌、情歌等成人的题材，注意到向不为成人所注意的儿童游戏的歌谣。

民俗学发源地在欧洲，对于其是否为"学"、使用名称、研究对象、范围、方法等等问题，各国情形不一；即使在同一国家，学者的看法也不一致，这自然会影响到中国学人的态度和认知。《民俗》周刊《发刊辞》以"同人"名义发表，却未必代表全体同人对民俗学的共识。

何思敬自言，他注意民俗学，"出于社会学研究之必要"，因"民俗学可以供给许多资料来说明社会的事物之传承的（Tradition）和集合的（Collection）方面"。从汤姆斯（Thoms）到弗雷泽（I. Frazer），"民俗学虽经过极大的发展，但终究是残存物之研究，是文化科学的一部，要人类学的帮助，也可以供人类学之用"，[②]强调的是民俗学与社会学、人类学的关系。

钟敬文认为，"顾先生是一位史学家，他看什么东西，有时都带着历史的意味。……所以这个发刊词，就是他用他史学家的眼光写成的"，在"许多文字里，颇有些话，不很与民俗学的正统的观念相符的"。在他看来，何思敬对于民俗学的意见似乎更加"正统"。[③]

陈锡襄将民俗学、风俗学视为"相类"的两门学问，民俗学历史较长，成绩亦富。"风俗之被人学术地注意，社会学很有相当的功劳，然而民俗学或民俗学运动实使这注意加增，渐成为普遍化与系统化的。"[④]他从语源学、心理学、社会学、民俗学、伦理学、历史学的需要，阐述了风俗学独立存在的理由，兼论其范围、目的、方法和基础。

容肇祖认为，研究者"是否用忠实的态度去收集民间许多俗信，俗行，和谣谚等；他们是否将所得的材料，置于较科学的基础上去研究，且用历史学者，或社会学者，或人类学者等的眼光去看各种的问题；他们是否借助于所有可到手的工具，即历史的，文字语言的，乃至比较类推法的工具，去将材料作满意的分析。如果和别的科学的探讨一样，因而得到满意的解释，则民俗之成为学，确是一件可能的事"。他称赞顾颉刚"用传说的故事的研究结果，与他的古史的研究结果，互相证明。结果，他不特于古史的研究上开一新方法，而且于民俗研究上亦开一新路径"，认定"民俗学是个历史的科学，由民俗学研究的结果，可以供给文化史一部的新材料。民俗的材料，可以说是古史中一部分

---

① 静闻：《儿童游戏的歌谣》，《民间文艺》第11、12期合刊（1928年1月10日）。

② 何思敬：《民俗学问题》，《民俗》第1期（1928年3月21日）。

③ 钟敬文：《编辑余谈》，《民俗》第24期（1928年9月5日）。

④ 陈锡襄：《风俗学试探》，《民俗》第57—59期合刊（1929年5月8日）。

的实迹的遗留,或者至少可以由此推证得历史中一部分少人注意的资料”。顾颉刚的历史与民俗研究使中国民俗学者引起一种“历史的眼光”,知道“把民俗的研究和历史的研究打成一片”,可以“使尊重历史的记录,而鄙弃民间的口传的人们予以一种大大的影响”。[①] 容肇祖把民俗学与历史学统一起来,为两门学科相辅相成、携手并进提供了空间。

在《民俗》周刊《复刊词》中,朱希祖阐述了民俗学的意义,认为从前的历史,仅仅记载社会上层的历史,而社会中坚尤其是大部分平民的历史,总是被忽略过去。民俗学的使命,“从纵的方面讲,就是将从前社会中坚,而且大部分平民的历史,搜罗补葺”。[②] 朱希祖同样以史学家的眼光去看待民俗学,把它当作平民史的材料来源。

杨成志涉足民俗学有赖钟敬文的牵引,其意趣则与钟敬文明显不同,也有别于顾颉刚,而带有人类学趋向。[③] 由于缺少实地调查经验,能随史禄国赴滇调查,他满怀希望。在昆明,他成天只是帮助史禄国测量人体,而调查罗罗事一拖再拖,颇生怨言。[④] 一年多的实地调查使他认识大变,在应邀为岭南大学作题为“西南民族概论”演讲时,他由衷感叹“外国人研究什么科学,总比中国人高明一点”,“他们研究西南民族的方法,除开自己亲自跑到西南民族居住的地方外,即施以人类学的测验,惯俗的实录和语言的比较。”[⑤] 缺乏专业训练的杨成志因此而积极设法出国深造,学成回国后重振中大民俗学,并转向人类学,在中国人类学史上据有重要一席。

从新史学的民俗学转向民族学、人类学的重要契机,是中大语史所开创的西南民族调查。《语史所周刊》的“风俗研究专号”、“西南民族专号”、“猺山调查专号”和“云南民族调查报告专号”,均以西南民族研究为特色。在此之前,只有清季日本的鸟居龙藏做过较长时间的西南民族调查,而且游历的色彩较重,研究的属性不足。由于中国当时没有相应的机构从事类似活动,影响也不得连续。直到中山大学展开行动时,西南民族研究尚“缺少实地调查的材料,多是纸上材料的措施整理”。余永梁认为:

> 我们要解决西南各种人是否一个种族?纸上所给与我们的似乎可以说是一个种族,然而是朦胧的。疍民究竟是不是粤原有土著民族?黎民是否与南洋人有种

① 容肇祖:《我最近对于“民俗学”要说的话》,《民俗》第 111 期(1933 年 3 月 21 日)。

② 朱希祖:《恢复民俗周刊的发刊词》,《民俗》第 111 期(1933 年 3 月 21 日)。

③ 施爱东:《论中国现代民俗学的学科创立和学术转型——以中山大学民俗学运动为中心》,中山大学博士论文 2002 年,第 153—154 页。

④ 杨成志:《云南民族调查报告》,《国立中山大学语言历史学研究所周刊》第 11 集第 129—132 期合刊(1930 年 5 月 21 日)。

⑤ 同上。

族的关系？这要作人体测量与实地调查，或可望解决。各民族的文化，语言，风俗，宗教，与分布情形，除了调查，没有更好的方法。现在交通一日千里，这些民族渐渐完全同化，若不及时调查，将来残余的痕迹也会消失。在文化政治上当然是很好的事，但是我们若不趁时研究，岂不是学术上一件损失？所以这专号只算是研究的发端，我们将要尽力去研究调查来出第二第三以至若干次专号。[①]

“西南民族专号”刊出后不几天，云南调查团启程。此前，中大生物系采集队数人两广瑶山采集生物标本，兼作民族学、方言学考察。“他们对于学问的热心和勇气使他们不以在生物学上开一新纪录为满足，还要在民族学和方言学上开一新纪录。”中大地处广州，“对于西南诸省的民族研究实有不可辞的责任”。由于经费困难和人才匮乏，“这还不是我们正式工作的时候，而是我们作宣传运动的时候。”其目的在于使人们知道天地间有所谓“西南民族”，知道在学问界中有所谓“西南民族研究”一回事。[②]

钟敬文深感中大民俗学前后的变化。他回忆说：“1928 年，中山大学的收集、研究活动，一开始就偏向于民俗学。这种学术性活动，后来却与民族学、人类学的研究汇合起来。”[③]1936 年以后，中大民俗学转折，杨成志是重要助推者。学成回国前，他致函吴康，表示有志于发展中大的人类学或民族学研究：

弟六年在校服务，深觉西南民族之考察与研究，非由中大负责打理，不能见效。明年春，极想返国回校服务。根据“国际人类民族科学大会”之决议案，各国大学应设立人类学讲座，及独立的人类学，或民族学研究所。弟意返校担任此职自觉相当，文史研究所现状如何？弟若得机会返校服务，极想把此研究所重新组织，负起有名有实之研究机关。[④]

杨成志对中国民俗学进行了总结算，认为“这十年来，尽可说民俗学的研究，在中国学术上树起一根新旗帜的时期。”而以中大民俗学会比较重要，“因为这是承上期而展下期的总枢纽”。杨成志从复办《民俗》入手，“一方面想唤起中大同学对民俗学的注意，继

① 绍孟：《编后》，《国立中山大学语言历史学研究所周刊》第 3 集第 35、36 期合刊（1928 年 7 月 4 日）。

② 顾颉刚：《跋语》，《国立中山大学语言历史学研究所周刊》第 4 集第 46、47 期合刊（1928 年 9 月 19 日）。

③ 钟敬文：《加强民间文艺学的研究工作——〈民间文艺学文丛〉代卷头语》，《钟敬文学术论著自选集》，首都师范大学出版社 1994 年版，第 47 页。

④ 中山大学档案：20(3)：166。

续向前的研求精神,一方面又想召集一般曾在民俗园地里做过开掘工作的老农夫,再加一致的联络。"①

中大《民俗》"复活","不但昔日之中大《民俗》,有望尘莫及之叹;即历年国内所出版之民俗期刊,亦无与之颉颃。"②昔日《民俗》周刊,"在我国民俗系民俗学之运动中极为重要",今由杨成志主持而复刊,"斯真我国学术界之幸运也!"③

《民俗》复刊号一出,就有人敏感到它的变化:"本刊主撰人虽不复为往日济济一堂之文学家,史学家,不免有零落寂寞之感,然篇幅之丰厚,内容之充实,较之往日该校出版之《民间文艺》,《民俗周刊》,则有过之而无不及也。"④

更为重要的变化不在形式,而是基本取向。复刊的《民俗》"不但是民俗志,民俗学底期刊,而且是民族志、民族学底期刊"⑤。该刊2卷共8期,首先,研究性论文增多,尤注意外国民俗学论著的译述。前者多出自教授之手,后者往往以学生作品为多,表明杨成志有意要求学生接触外国民俗学原典。⑥ 对于惯俗、信仰、歌谣、传说与故事、民间艺术等,不满足于收集和记述资料,而试图加以理论阐说,学术性增强。其次,民俗学史受到关注。"民俗学是一种幼稚的学问,她在世界特别是在中国发生和发展的历史是不怎样长久的。但是,为着给与这种学问底初学者和一般人士一种历史的认识,'学史'的刊布是很有必要的。"⑦再次,出版民族学调查专号。《广东北江傜人调查报告》、《粤北乳源傜人调查报告》两个专号和《广西部族调查》一个特辑,均是西南民族实地调查的成绩报告。

中大《民俗》复刊,被视为中国民俗学运动"复兴"的信号。⑧ 北大《歌谣》先期复刊,胡适在《复刊词》中说:"我以为歌谣的收集与保存,最大的目的是要替中国文学扩大范围,增添范本。我当然不看轻歌谣在民俗学和方言研究上的重要,但我觉得这个文学的

---

① 杨成志:《民俗学会的经过及其出版物目录一览》,《民俗》第1卷第1期(1936年9月15日)。

② 《通信(袁鸿铭致杨成志)》,《民俗》第1卷第2期(1937年1月30日)。

③ 《通信(杨堃致杨成志)》,《民俗》第1卷第2期(1937年1月30日)。

④ 古通今:《民俗复刊号——兼评我国民俗学运动》,《民俗》第1卷第2期(1937年1月30日)。

⑤ 编者:《编余缀话》,《民俗》第2卷第1、2期合刊(1943年5月)。

⑥ 在1940—1942年度杨成志为研究生所开设的人类学、人类学理论与方法、文化人类学等课程中,王启澍所作的论文《神话与民俗》,译自波亚士(F. Boas)原著,载《民俗》第1卷第4期;学期论文《社会人类学田野工作方法的发展》,据 Andney I. Richards,"The Development of Field Work Methods in Social Anthropology."(*The Study of Society*. 1939)第十二章撰成;《文化发展中的有限可能性原理》,哥登惠塞原著,译文载《民俗》第1卷第2期;《人类种族之特性与分布:民族学导言》,译 *The Characteristics and Distribution of the Human Race: An Introduction to Ethnology* ,by C. G. Seligman, Professor of Ethnology in University of London;学期论文《原始文字、音乐和舞蹈》,译自波亚士著《普通人类学》(*General Anthropology* 1938)第十二章,原题为《文学音乐舞蹈》。中山大学档案:20(2):74。

⑦ 编者:《编余缀话》,《民俗》第2卷第1、2期合刊(1943年5月)。

⑧ 杨堃:《我国民俗学运动史略》,《民族学研究集刊》第6期(1948年6月)。

用途是最大的，最根本的。”他认为，“我们现在做这种整理流传歌谣的事业，为的是要给中国新文学开辟一块新的园地。”[①]胡适将《歌谣》的目标锁定在为新文学开路，不仅较其往昔“逊色”，且远不及杨成志的《民俗》季刊。后者在1930—40年代所有的民俗类刊物中，“质量最高，具有很高的学术价值”，它“虽名为《民俗》季刊，实在是人类学、文化史、民族学和社会学研究刊物。”[②]

至于杨成志复建中大民俗学会的行动，似乎没有一个确定的日期。对比《民俗》复刊号刊载的语史所和文科所两份《民俗学会简章》，有助于了解重建后的中大民俗学会的发展方向。新简章就宗旨而论，将旧款的“种族”改为“部族”，添上“民俗”，增加“并尽力介绍各国民俗学之理论与方法”一段文字，有意强化“民俗”和“民俗学”两个概念，试图纠正过去对于民俗学偏重材料搜集而轻于理论与方法之弊；在会务进行一项，将“风俗”改为“民俗”，有为“民俗”正名之意。本期杨成志还专文探讨了“民俗”与“民俗学”流变，“坚决地主张我国应顺适国际学潮，确定原译两义，抛弃一切不实确的名词，仍沿用国人同归一辙的‘民俗’或民俗学。”[③]

广州沦陷前，中大民俗学会组织了广州疍民调查团，由杨成志带领学生十余人，利用周六、周日，调查珠江疍民各集中区。[④] 这是中大西迁前，民俗学会进行的一次较大规模的部族调查。广州沦陷后，中大迁转流徙，正常的教研工作遭受重创，却给民俗学带来新的发展机遇。中大人文社会学科师生以民俗学会为依托，凭借西南地区民族众多、历史文化多样的优势，发挥多学科互助合作的精神，促成了中大民俗学、民族学、人类学、社会学、历史学、考古学、语言学等学科的互动整合。这时，“中国的民俗学的疆界无形中扩大了”，反映在“抗战时期国民党统治区中，民俗学与民族学、社会学的关系大大密切起来”。[⑤]

1941年11月30日，中大民俗学会举行座谈会，杨成志就现代民俗学研究的趋势及目的、中国为民俗研究的最好园地、欧美各国民俗研究情况及本会发展进程等问题，作了精细的分析报告。崔载阳、胡体乾、洪深、郑师许、钟敬文、陈安仁等教授也发表精彩意见，一致认为民俗学是各该学科的重要辅助科学，应群策群力，讲求研究方法，注重资料搜集，使本会在15年来的光荣历史上再图发展，成为我国民俗科学的真正中心。[⑥]

---

① 胡适:《复刊词》,《歌谣》第2卷第1期(1936年4月4日)。

② 王文宝:《中国民俗学发展史》,辽宁大学出版社1987年版,第91、117、118页。

③ 杨成志:《现代民俗学——历史与名词》,《民俗》第1卷第1期(1936年9月15日)。

④ 《研究院文科研究所民俗学会征求调查广州疍民团员启事》,《国立中山大学日报》1938年3月31日;《研究院文科研究所民俗学会广州市疍民调查团工作近况》,《国立中山大学日报》1938年4月18日。

⑤ 钟敬文:《民俗学的历史问题和今后的工作》,《钟敬文学术论著自选集》,首都师范大学出版社1994年版,第441页。

⑥ 《研究院文科研究所民俗学会座谈会盛况》,《国立中山大学日报》1941年12月3日。

1942年10月25日，中大民俗学会举行年度座谈会，请民俗学会前辈容肇祖发表其十余年来，在南北各大学任教时，如何应用民俗学方法，以解释国史的意见。胡体乾、郑师许、钟敬文、王兴瑞、董家遵等教授及各会员，也各就所擅长的学问，发表民俗学与各科学关系的讲话。[①]

杨成志赴美进修后，中大民俗学会和中国民族学会西南分会由朱谦之主持。1945年6月4日，中大民俗学会举行迁梅县后第一次会员大会，朱谦之报告了民俗学会成立简史，略谓：本校民俗学会成立迄今18年，经过艰辛缔造与奋斗，自有其不可磨灭的价值，希望在座同人发扬与充实之。崔载阳、吴康、胡体乾、詹安泰、曾纪经等也阐发了民俗学的重要性、民俗学与社会学不可分以及世界民俗学发展史等问题。[②] 随后，民俗学会第一次干事会议决组织"粤东民俗考察团"，成立"粤东民俗志编纂委员会"。[③] 据朱谦之回忆，粤东考察团由曾纪经率领，在松口、丙村、白渡等处开展调查，写有考察报告，黄鸣岐撰有《岭东风俗志》一种。[④]

1948年5月5日，中国民族学会西南分会举行年会，19人宣读了论文，并议决出版《民族学刊》等事。[⑤]《发刊辞》申述了创办该刊"最重要的几点意思"：民族学乃新兴科学，因宣传不够，一般青年学生尚不十分明了它的内容及其重要性，本刊可以引起知识界对民族学的了解和兴趣，同时为学者提供一个公开讨论的园地，使凡与民族学有关系的其他各科专家也得与民族学工作者，互相切磋，互相辩难，以利民族学发展，也有助于人们更好地了解西南民族历史文化。《民族学刊》共出76期，以西南民族研究为重点，作者几乎囊括当时驻粤的民族学、人类学、历史学、社会学、语言学的知名学者。

中大民俗学会有史以来，先后制订了四个发展计划：一是顾颉刚、余永梁所作《本所计划书》中关于民俗学部分者，[⑥]一为何思敬主持民俗学组时所定的计划，[⑦]一为容肇祖复任民俗学会主席所定《文史学研究所民俗学工作大纲》，[⑧]一为杨成志制定的《国立中山大学历史研究所人类学部研究计划》，[⑨]它们显示了中大民俗学转向人类学的轨迹。

---

① 《研究院文科研究所民俗学会开座谈会致盛》，《国立中山大学日报》1942年10月29日。

② 《中大民俗学会昨开会员大会》，《汕报》1945年6月5日。

③ 《中大民俗学会组粤东民俗考察团》，《中山日报》1945年6月24日。

④ 朱谦之：《一个哲学者的自我检讨——五十自述》，《朱谦之文集》第1卷，第88页。

⑤ 《中国民族学会西南分会年会纪盛》，《广东日报·民族学刊》第1期(1948年5月17日)。

⑥ 顾颉刚、余永梁草拟：《本所计划书》，国立中山大学语言历史学研究所：《国立中山大学语言历史学研究所年报》，第18—20页。

⑦ 何思敬：《民俗学组通函一则》，《民俗》110期(1930年4月30日)。

⑧ 国立中山大学语言历史学研究所：《国立中山大学语言历史学研究所概览》，国立中山大学语言历史学研究所1933年发行，第33—35页。

⑨ 中山大学档案：20(1)：21。

顾、余计划“比较全面，反映的是顾颉刚们对民俗学运动的理想状态的一种憧憬……并无对国外民俗学理论和方法的借鉴。”[①]何氏计划“与顾颉刚的设想可说是截然相反，几乎完全是西学”。[②] 容氏计划“显得低调、务实，而且明显地折衷了顾颉刚与何思敬的计划”。[③] 杨成志的计划则完全转向人类学，或者说“民俗学与人类学基本上是二位一体的”，而杨成志的人类学取向主要受个人学术兴趣、调研条件与学界趋势三重影响。[④]

王启澍在修习杨成志讲授的“史学方法实习”课程后，写作题为《唐以前之西南边族》的学期论文。他在文前的“小引”中说道：“西南边族多无文字，少数有文字者，亦缺乏记载史事之典籍。因此，如要明白其过去之状况，惟有藉两种方面：一是在我国历代文献中，蒐集有关资料；一是用人类学的方法，重建历史（reconstruction of history）。此两种方法，如能并用，当可获得较近于真实的结果。”[⑤]这既是王启澍对研究西南民族的基本认识，也是以杨成志为代表的中大学人致力于西南民族调查的总体方向。

20 世纪三四十年代，中大人文社会学科学者穿行于西南山地，开展了大大小小的实地调查。广东北江瑶族调查旨在“指示同学们与汉族稍具等差的‘中华集团’的接触，或可说做人类学与民族学课的第一次田野工作的实习”，师生们认定：“民族学的研究是由‘脚’爬山开踏进来，却不是由‘手’抄录转贩出去！”[⑥]乳源调查的论文都是本着“客观的著述”，若“能与前次的调查报告同时参阅，对于曲江与乐昌和乳源的傜人民族志更可得到比较广大的综合和分析的认识”。[⑦]

海南岛黎苗考察“系中大与岭南两大学学术研究合作的第一声”，[⑧]旨在明了海南岛黎苗种族来源、文化程度、生活状况、社会组织，并以研究所得贡献于社会，作为政府开发海南岛暨学者研究西南民族的参考。嗣因抗战爆发，考察难以为继，惟王兴瑞撰成 20 万字的《海南岛黎人研究》，“为研究黎族问题的重要著作”。[⑨]

江应樑对西南边疆夷人，“自幼便有多少断残零碎的见闻”。1936 年考入中大研究院，以“西南民族”为研究专题，“这又由于中山大学研究院的文科研究所，积十余年之时

---

① 施爱东：《民俗学是一门国学——中山大学民俗学会的工作计划与早期民俗学者对学科的认识》，《民俗学刊》第 3 辑，第 35 页。

② 同上书，第 36 页。

③ 同上书，第 42 页。

④ 同上书，第 41 页。

⑤ 中山大学档案：20(2)：74。

⑥ 杨成志：《广东北江傜人调查报告导言》，《民俗》第 1 卷第 3 期（1937 年 6 月 30 日）。

⑦ 杨成志：《粤北乳源傜人考察导言》，《民俗》第 2 卷第 1、2 期合刊（1943 年 5 月）。

⑧ 《私立岭南大学西南社会调查所国立中山大学研究院文科研究所海南岛黎苗考察团组织经过》，《民俗》第 1 卷第 3 期（1937 年 6 月 30 日）。

⑨ 岑家梧：《西南民族研究的回顾与前瞻》，《岑家梧民族研究文集》，民族出版社 2001 年版，第 29 页。

间,经国内名教授学者的倡导经营,对民族学(Ethnology)及人类学(Anthropology),有浓厚的研究空气与特殊的成就,他们对边疆民族尤其是民俗学(Folklore)的研究方法比较进步,从田野工作(fieldwork)中寻取新的材料,来澄清过去书本上的纷歧错误记载。我倾心于此种新的研究方法,所以便决定把我的学问对象,集中到这一个小圈子里。"江应樑深入云南摆夷地区,历时12年,三易其稿,成书《云南摆夷的生活文化》20万字。其材料"完全是直接从边地中搜集得来,没有因袭前人的书本记载,没有抄录他人的转手材料"。[①] 江应樑是杨成志最得意的弟子之一,他所走的路正是秉承师授,用脚开踏出来的,日后成为云南大学人类学教研事业的带头人。

此外,海丰探险获得古物一万五六千件,石器约占三分之一弱,余为陶器和陶片,似系沿海渔民遗物,可称为"原海丰人文化"。若与中原文化比较参证,可以推出我国古代民族的迁移路径;若与越南、马来亚、菲律宾暨南洋群岛发现的新石器时代遗物比较,亦可看出二者异同;尤使古籍所载赵佗来粤以前,"广东无文化,土人皆蛮族"的旧观念,不攻自破。[②]

中大研究院研究生还组织"暑期学术考察团",考察了滇、黔、贵、湘、粤五省边区的文史、教育和农业等。[③] 中大历史系1940届毕业生李崇威,志愿赴西康巴安德格一带调查,获教育部资助,每月发给生活费150元,旅费补助金1500元。[④] 黄达枢奉命留滇,到楚雄、盐兴、镇南、姚安、大姚、牟定、祥云、宾川、弥渡、洱源、蒙化、大理各县考察,得到地方长官、教育界人士的协助,尤其是各县青年学子,提供了众多方言材料。[⑤] 中大社会学系设"边胞社会民族学组",[⑥]获教育部调查补助费8000元,[⑦]考察了湖南郴县棉花陇边民的语言、历史、传说、宗教仪式、社会政治组织、经济生活及婚姻制度等,收获甚丰。[⑧]

中大的西南民族研究以多学科的综合研究为特色,往往是民族学、体质人类学、考古学、语言学、历史学、社会学、民俗学同时进行,既研究各民族的文化特点和行为模式,又研究各自的体质特点;并特别注意考古、文献资料的运用。中大语史所和文科所人类学组大部分时间都是包容在历史学部之中的,而许多历史学家都曾担任过人类学组的导师。在实地调查的对象上,侧重于华南地区的少数民族和部分汉族中的特殊文化群

---

① 江应樑:《我怎样研究西南民族》,《文史春秋》第2期(1948年6月25日)。

② 《研究院文科研究所海丰考古团返校》,《国立中山大学日报》1942年6月11日。

③ 中山大学档案:20(2):47。

④ 中山大学档案:20(2):71。

⑤ 中山大学档案:20(3):76。

⑥ 中山大学档案:20(4):201。

⑦ 中山大学档案:20(4):601。

⑧ 《社会学系边胞民俗考察团郴县归来》,《国立中山大学日报》1943年11月19日。

体；在理论与方法上，虽然受国外民族学学派的影响较多，但不拘泥于其中某一学派的理论，许多学者试图以中国的史学传统与西方的相关学科理论嫁接，主张对各学派的综合以及借鉴利用各种其他学派的方法。①

设立人类学系是人类学在中国发展的必由之路。1949年前，人类学在中国经历了“介绍西方”、“成立机构”和“应用于中国”三个阶段，②抗日战争客观上为人类学、民族学在中国的空间延伸提供了契机。通过抗战前及战时的发展，人类学在学术体系中的位置日益重要。1947年，暨南大学、浙江大学、清华大学分别设立了人类学系。③ 在这一背景下，杨成志呈请中大设人类学系，全面阐述其设系的理由、目的、师资与课程及筹备步骤。④ 1948年8月，中大人类学系成立，杨成志任系主任。⑤ 他规划了专业课程，分必修、选修两类，必修科目13门：普通人类学、社会学、文化人类学、中国民族史、语音学、世界人种志、西南民族导论、体质人类学、民俗学、人类学专题、先史或考古学、人类学理论与方法、毕业论文；选修科目23门：第二外国语、人类学名著选读、统计学、社会心理学、化石人类学、乡土文化、神话学、人口问题、优生学、民族调查实习、中国民俗研究、原始宗教、原始社会、西南民族研究（康藏民族志、泰掸民族志、黎民族志、苗傜民族志，四选一）、美洲印第安人、南洋民族志、非洲民族志、人体测量、应用人类学（含欧美殖民行政、中国边疆问题、边疆行政、边疆教育）、人类关系学、博物馆学、边疆语言、技术学。⑥

中大人类学系的课程设置体现了欧美人类学模式，反映了杨成志的学术取向。早年，杨成志受史禄国的影响。留学法国，师从著名的社会学家杜尔干的外甥莫斯（Mauss）。和史禄国一样，莫斯强调史前史、考古学和体质人类学的综合研究对全面理解民族学的必要性。⑦ 其间，杨成志参观了英、德、苏等国人类学民族学博物馆。1944年，杨成志赴美访学，考察了美国人类学、民族学、语言学、考古学等。⑧

美国之行结束，杨成志撰文说：“从前我虽在广州专攻人类学四年，颇明了英、法、德等国的人类科学的发展与趋势，但事很凑巧，我却偏于仰慕纽约的哥伦比亚大学人类学

---

① 王建民：《中国民族学史（1903—1949）》上卷，云南教育出版社1997年版，第164—165页。

② ［美］顾定国著，胡鸿保、周燕译：《中国人类学逸史——从马林诺斯基到莫斯科到毛泽东》，社会科学文献出版社2000年版，第100页。

③ 暨大、浙大、清华三校人类学建制，参见王建民：《中国民族学史（1903—1949）》上卷，云南教育出版社1997年版，第303页。

④ 杨成志：《国立中山大学设立人类学系建议书》，《广东日报·民族学刊》第12期（1948年8月2日）。

⑤ 中山大学档案：20(2)：146。

⑥ 中山大学档案：20(1)：129之一。

⑦ ［美］顾定国著，胡鸿保、周燕译：《中国人类学逸史——从马林诺斯基到莫斯科到毛泽东》，第68页。

⑧ 《杨成志自述》，载高增德、丁冬编：《世纪学人自述》，北京十月文艺出版社2000年版，第112页。

系主任教授鲍亚士和美京国立博物馆体质人类学部主任赫利斯加博士两位现代人类学泰斗的伟大人格与贡献!因前者培育成了今日美国各大学人类学教授的专术与树立人类学综合研究(种族文化与语言)的基本理论;后者发扬了体质人类学的原理与方法,并建立了头颅与骨骼研究的宝库。"①

四十余年后,杨成志总结其在中大人类学的教研经历,说:"我用的理论和方法不是法国式的,不是德国式的,也不是英国或苏联式的,尽管这些国家我都去学习过,我用的是综合式的。"②正如他的自述诗《我走过的路》所言,"民俗民族人类学,三业互通相辅成",这是他一生治学历程的最好注脚。

中大人类学系的课程设置也反映出中国学人对人类学的学科性质和学科结构的认知。"人类学的分科与涵盖欧美分别不小,欧洲各国也不一致。至于社会文化研究,究竟是属于社会学的领域还是人类学的范畴,不仅国与国之间存在差异,同一国度的不同学派也认识不一。"③中国学人因留学背景不同,对人类学的认知和接受会有不同。以现代分科观念来看,它涉及人类学与历史学、社会学、民族学、民俗学、考古学、语言学等学科之间的关系。

林惠祥认识到人类学的复杂难解:"人类学的系统也有很多种,各有同异,互相冲突,不易使外人了解。"他综采各家之言,界定"人类学是用历史的眼光研究人类及其文化之科学",既把人类学和历史学相统一,又看到了二者的区别:历史学是研究某个民族生活的过程,为特殊的研究;人类学是研究全人类的生活的过程,为普遍的研究;历史注重时地与个人的记载,较为具体;人类学只论团体,不问个人,时地也只记大概,较为抽象;历史的范围几乎全在有史时代及文明民族;人类学则偏重史前时代及野蛮民族。④

1937年前,人类学或民族学在中国的分工情况和西方一样,社会学研究汉族,民族学或社会人类学研究"落后地区"或边疆的少数民族。抗战期间,社会学家、民族学家和其他社会科学家到了中国的西北、西南地区,纷纷投身民族志研究,打破了此前遵循的学科界限。"社会学"不仅仅指外国所定义的社会学,还包括民族学和民族史学,这些学科都与中国社会的研究有关。

1944年12月,许烺光在他的书中写道:"'社会学'是和社会人类学同义的。今天,即使严格的中国社会学家也很少注意这些曾经独立的学科之间的区别。在我们大学里,社会学家教人类学是很自然的,就像明显有着人类学背景的学者们也举办社会学讲

① 杨成志:《当代美国人类学的动向》,《杨成志人类学民族学文集》,民族出版社2003年版,第368页。
② 杨成志:《我与中山大学人类学系》,同上书,第551页。
③ 桑兵:《晚清民国的知识与制度转型》,《中山大学学报》2004年第6期。
④ 林惠祥:《文化人类学·导言》,商务印书馆2002年版,第6、15页。

座一样。”[①]

和许烺光一样，吴文藻更强调人类学和社会学之同，认为功能学派的崛起使人类学和社会学发生更密切的关系；同时，社会学的文化学派亦在采用文化人类学的题材，以建立“文化科学”，使社会学和人类学渐趋接近。所不同者，只是开始实地研究时的分工。例如，人类学家考察初民社区，社会学家考察近代社区；而且这种分工界限也渐渐被打破，人类学家因实地研究方法的进步，亦开始考察近代社区了。[②]

费孝通认为，社会学和社会人类学实际上是一门学问，二者在理论与方法上相互交叉，对认识中国实际的社会非常有用，“社区研究”是这个学派的特色。在社会学学科里，可以说是偏于应用人类学方法来研究社会的一派；在社会人类学学科里，可以说是偏于以现代微型社区为研究对象的一派，马林诺斯基称之为“社会学的中国学派”。[③]

杨成志赞同欧美学者的观点：“民俗学为应用于本国范围内之社会人类学”，[④]并将它应用于罗罗研究中。“研究罗罗应该本着人类学和民俗学来做出发点，在我们研究上有一分成绩的表现，即对于人类学和民俗学得一分的贡献，这一种联属的观念，我们应该深切的。”他还希望研究者时常怀着“由上古遗留的习惯、风尚或信仰怎样和为什么生存着（How do survivals survive?）这个问题”，发现过去的所以然及其关系，现存的价值和从前的观念。在历史的进程上失去何点并如何保留现存的效用”，“利用民俗学的方法和理论来做工具”。[⑤]

20 世纪初，人类学首先是以民族学（最早被称为人种学），稍后是以人类学作为西方的 Anthropology 和 Ethnology 这些学科的译名传入中国的。吴文藻考察欧美人类学名称混淆的情形后，认为“人类学名称虽异，而其内容始终是一样的”。[⑥]

杨成志干脆将人类学与民族学连用，认为“现代人类学或民族学乃一种新兴的科学，其范围与研究对象，特别广大，利用各专门学科（如考古，语言，社会，民俗，心理，历史，地质，解剖，生物，生体的……诸学）来建成研究人类一切的问题的一种独立科学”。而其理论与事实两方面的研究，绝非任何个人的精力与时间所能透彻其一切的，必须联合各位专家，分工合作，从事专题的研究，才有望得到相当的收获。但人类学或民族学

---

① [美]顾定国著，胡鸿保、周燕译：《中国人类学逸史——从马林诺斯基到莫斯科到毛泽东》，第 78—79 页。

② 吴文藻：《布朗教授的思想背景与其在学术上的贡献》，《吴文藻人类学社会学研究文集》，民族出版社 1990 年版，第 170 页。

③ 潘乃谷：《但开风气不为师——费孝通教授学科建设思想访谈》，费孝通：《从实求知录》，北京大学出版社 1998 年版，第 517 页。

④ 杨成志：《〈民俗〉季刊英文导言》（汉译），《杨成志民俗学译述与研究》，高等教育出版社 1989 年版，第 120 页。

⑤ 杨成志：《罗罗说略》，《杨成志人类学民族学文集》，第 167、168 页。

⑥ 吴文藻：《文化人类学》，《吴文藻人类学社会学研究文集》，民族出版社 1990 年版，第 37 页。

在中国尚未独立，处于附属地位。譬如，中大的人类学课程附属于社会学系，民族学与民俗学则介乎社会与史学两系中间。中研院的人类学组属于史语所，中大研究院的人类学与民俗学也附在文科研究所历史学部内。[①] 大学里，惟有燕京的吴文藻、厦大的林惠祥、金陵的徐益棠、中央的黄文山、清华的杨堃和史禄国、中大的杨成志等人设了人类学讲座。[②]

杨堃考察了人类学的源流，认为“不仅从发展史上，人类学之意义，是随时演变，即在现时人类学已早成独立的科学。然而一谈到人类学之意义，却仍是众说纷纭，莫衷一是”。他盘点人类学各说，提出折衷方案，承认人类学原有广狭二义。广义的人类学适与广义的民族学相同，将人类体质的、心理的、语言的以及社会的诸方面完全包括在内；狭义的人类学仅指人类体质的研究。民族学和人类学均由广义的而变为狭义的，由从属的关系而变为平等的关系；民族学的方法(民族学方法)与对象(蛮族社会及其文化)，和人类学的方法(人类体质研究法)与对象(人类种族之体质研究)，绝不相同，不能混一。[③] 这样区分广狭的办法，在处理近代以来的许多概念及学科关系时常常碰到，看似兼容并包，却体现了以笼统为融合的思维认识模式。

黄文山感叹：“一种科学之成立，大非易易，其产生之因缘如何，其演变之次序如何，此种迹象，复杂万端，不易爬梳。”因此，他颇称许杨堃的《民族学与人类学》一文：“近今海内外讨论民族学与人类学之关系，以此文为最精审详尽。”[④]他在中国民族学会第三届年会上演讲，注意到二战后，“民族学或人类学的科学性，日益坚固，方法越趋纯正，范围愈加扩大”；由研究“史前人类与文化的科学”，转向“研究人的科学之综合学科”，呼吁“发展民族学，人类学，乃至文化学的研究，希望各大学多设立这些学系”。[⑤]

蔡元培认为，“人类学所得的材料包括动静两类。古物学是偏于静的，是往往有脱节处，不是借助于人类学不容易了解”。[⑥] 梁思永建议：“人类学家长期运用的关于文化组合的概念……考古学家也尽可应用。”[⑦]1934 年 5 月，中研院社会所民族学组并入史语所为第四组，即人类学组。在组织上，考古学似与人类学分立，但人事特别是研究工作却并未割离。8 月，中研院聘李济兼第四组主任。12 月，改由吴定良接任。第四组的任务是研究考古组发掘积累的商代人骨。史语所编辑出版了两卷《人类学集刊》，所刊

---

① 杨成志：《民族学与中国西南民族》，刘昭瑞编：《杨成志文集》，中山大学出版社 2004 年版，第 137 页。

② 杨成志：《民族学与西南民族》，同上书，第 138 页。

③ 杨堃：《民族学与人类学》，《国立北平大学学报文理专刊》第 1 卷第 4 期(1935 年 3 月)。

④ 黄文山：《民族学与中国民族研究》，《民族学研究集刊》第 1 期(1936 年 5 月)。

⑤ 黄文山：《中国民族学会第三届年会演辞》，《广东日报·民族学刊》第 3 期(1948 年 5 月 31 日)。

⑥ 蔡元培：《美术的起原》，《蔡元培选集》，中华书局 1959 年版，第 118 页。

⑦ 梁思永：《山西西阴村史前遗址的新石器时代的陶器》，《梁思永考古论文集》，科学出版社 1959 年版，第 35 页。

论文涉及语言、考古、体质、文化人类学四支。中研院曾将史语所第四组中的体质人类学划出，成立“体质人类学研究所筹备处”，聘吴定良为筹备处主任，由凌纯声接替第四组主任之职。后来，体质人类学研究所筹备处停止进行，仍由史语所接管，归入第四组办理。[①] 人类学关于文化与体质两方面的研究重新合而为一。

20 世纪三四十年代，中国学人注重学术分科，顺应国际学术发展的潮流。分科便于教学，但不利于学术研究的融通和拓展。[②] 事实上，当时的中国学者并未为学科边界所框缚，而是灵活变通，出现了多学科学者的合作研究以及相关学科的互动整合。杨成志将人类学的相关学科都纳为教学内容，在他的课程体系中，除了重视民族学、民俗学、社会/文化人类学、考古学、体质人类学外，还强调语言学。中大语言学系成立，为杨成志架构美式人类学教研体系提供了条件。

晚年，费孝通现身说法：“在我身上人类学、社会学、民族学一直分不清，而这种身分不明并没有影响我的工作。这一点很重要，我并没有因为学科名称的改变，而改变我研究的对象方法和理论。我的研究工作也明显的具有它的一贯性。也许这个具体例子可以说明学科名称是次要的，对一个人的学术成就关键是在认清对象，改进方法，发展理论。”[③]费孝通以亲身经历印证了分科不如研究问题重要的观念。

中大人类学是以杨成志为代表所开创的，他引领了整整一代学者探索这一学科的发展。中央民族学院民族学系的系主任王辅仁总结说：“他是南方最优秀的。”[④]这是后来的人类学学者对杨成志在中国人类学史上的一个定位。

四、结 语

晚清民国时期，在中西知识的交汇中，中国固有学术受外来冲击而发生转变，或名义相同，而形式内容不断翻新，如史学；或整体被分解替换，如经学；或全新引进而有所调适，如民俗学、人类学。即使照搬移植，因为来源不同，解读各异，也会发生各种衍化，形成不同的学说流派。而那些看似改头换面的学科，其实大都已经脱胎换骨，比起失之表浅的新学科，更容易造成形似而实不同的误读错解。与此同时，学术分歧和人事纠葛交织，增加了各门学问发展的变数。

---

① 王懋勤：《中央研究院历史语言研究所大事年表》，《中央研究院历史语言研究所四十周年纪念特刊》，第16—18 页。

② 学术分科利弊的讨论，参见桑兵：《晚清民国的知识与制度转型》，《中山大学学报》2004 年第 6 期。

③ 费孝通：《关于人类学在中国》，费孝通：《从实求知录》，北京大学出版社 1998 年版，第 249 页。

④ [美]顾定国著，胡鸿保、周燕译：《中国人类学逸史——从马林诺斯基到莫斯科到毛泽东》，第 70 页。

20 世纪三四十年代的中大人文学科教研体制的设置变动,一方面表现为以西学体制逐渐取代中学系统,分科教学与专门研究成为大势所趋。在此过程中,不分科的传统和分不清的现实交相作用,使得学人的教研实践往往涉猎广泛,不为学科所限,因而多有创获。另一方面,求真与致用是学术研究永恒的话题,侧重其一或二者兼顾,取决于学人对学术研究目标的认知水平和追求境界。

如今,学术分科越来越细,专门化程度越来越高。这虽与学术日益发达、个人难以面面俱到以及便于教学等因素有关,但流弊也日益凸现。越来越多的有识之士呼吁打破学科藩篱,进行综合融通的研究。这一历史循环的现象,警示学人正确处理博约的关系。

进而言之,能够融合东西方各国的分科观念,形成本国自己的学术系统,在世界学术之林也不多见。用单一的进化论观念看待这样的特例,很容易落入中西新旧的俗套而产生似是而非的价值判断。努力使分科更加科学化,便是显而易见又相当普遍的误区之一。如果所谓分清楚于事实反而有蔽,于认识问题无益,则应当调整努力的方向,以免陷入美国式的分科游戏,不断向壁构造层出不穷、转瞬即逝的新学科,无裨于学术研究的实体推进。而要把握各学科或同一学科不同形态的联系与分别,探究其渊源流变的学史研究当为不可或缺的利器。

(原载桑兵等《近代中国的知识与制度转型》,经济科学出版社 2013 年版)

中山大学语言历史学研究所的建立和学术旨趣

陈以爱

北京大学研究所国学门(以下简称北大国学门)在1920年代所开展的学术活动,在北京政局动荡与教育经费不足的长期困扰下,一直勉力地进行着。可是到了1927年8月,奉系军阀控制下的北洋政府,将北京九校合并为京师大学校。该年9月,北大国学门被勒令改称国学研究馆,直隶京师大学校,由叶恭绰出任馆长①。此时不仅同人星散,经费横遭削减,学术工作陷于停顿状态②。

国学门的工作虽在1927年底被迫中断,但同人纷纷南下,先是襄助厦门大学国学研究院,旋因该院停办,他们再赴广州中山大学,于1928年建立语言历史学研究所,力图把中大建设成中国南方的学术中心。其所揭示的研究旨趣与方向,对此后的学术发展带来深远影响。

一、从厦大到中大

当北大国学门同人努力于各种学术事业的开拓时,北京政局日益纷扰。由于北洋政府无力也无意支付教育经费,使包括北大在内的首都国立八校对政府的不满日增,从1920年代起,因争取教育经费引发了无数次教潮与学潮③。到了1925年,教育界对政府的各种抗争活动到达白热化阶段,南方国民党也介入这些活动,希望借此拖垮北洋政府④。当时,许多北大教授(包括国学门同人)也卷入这场南北角力的政治旋涡中。

---

① 国学研究馆的组织与工作计划,详参叶恭绰:《北京大学国学研究馆致中华教育文化基金董事会陈请书》,《遐庵汇稿》,上海:上海书店影印,1990年,第182—188页。

② 《国立北京大学志》编纂处编:《国立北京大学校史略》,北京:《国立北京大学志》编纂处,1933年,第13—14页。1927年后,随着北大的几度改制,国学门也屡经改组,所中人事颇有更易,1932年始定名为北大研究所文史部,主任一职亦改由刘复担任。参《国立北京大学志》编纂处编:《国立北京大学校史略》,第14—17页。

③ 吕芳上:《从学生运动到运动学生(民国八年至民国十八年)》,台北:"中央研究院"近代史研究所,1994年,第188—199页。

④ 同上书,第234—246页。

在1925年10月至12月的示威活动中，朱家骅、徐旭生、顾孟余、李宗侗、沈兼士、林语堂、李璜等十余位北大教授都参加了反政府游行①。而政府与教育界的一连串冲突，更以1926年3月18日政府向游行群众开枪达到最高潮。在3月18日的反政府示威中，北大教授参与者众②，故事后报界盛传：段棋瑞政府发出的通缉名单上，许多北大教授列名其中③。被传榜上有名的蒋梦麟、朱家骅、马叙伦、马裕藻、沈兼士、陈垣、张凤举、林语堂、李宗侗、徐旭生、周树人、周作人等，赶紧在北京躲藏起来④。到奉系张宗昌的军队进入北京，将报人邵飘萍和林白水捕杀后，平日参与批评政府行列的教授人人自危，不少人设法逃离北京。在一片恐怖气氛中，北大国学门的学术工作完全停顿下来。

"3·18"事件后，逃离北京的闽人林语堂，到了南方的厦门大学担任文科主任。适值厦大校长林文庆有意提倡国学，且已于1925年12月成立一个国学研究院筹备总委员会，由林氏自任委员会主席，制订出《厦门大学研究院组织大纲》(以下简称《研究院组织大纲》)⑤。林语堂到厦大后，林文庆请其兼任国学研究院(以下简称国学院)总秘书。林语堂遂乘机向林文庆推荐沈兼士、周树人、顾颉刚等。1926年7月间，厦大聘书寄到北京，沈兼士等遂于8月离京南下⑥。

对于离开北京，沈兼士等人不是没有犹豫。因为沈兼士、周树人等在北京已住了十多年，旧交学友多集中于此，而且北京对他们最大的吸引力，还在其浓厚的学术空气。顾颉刚在两年半前放弃在上海的商务印书馆的工作返回北京，便是基于这个原因。他指出：

> 北京的学问空气较为浓厚，旧书和古物荟萃于此，要研究中国历史上的问题这确是最适宜的居住地；并且各方面的专家，惟有在北京还能找到，要质疑请益也是方便。⑦

可是在教育部长期发不出薪水的情况下，负债累累的顾颉刚考虑到厦大提出的优渥待遇，只得南下⑧。

---

① 李璜：《学钝室回忆录》，台北：传记文学出版社，1978年，第124—125页。

② 马叙伦：《我在六十岁以前》，台北：龙文出版社，1990年，第71页。

③ 当时北京报界流传的通缉名单，其上有48人，其中北大评议会的评议员就占了14人。这份通缉名单，见鲁迅：《大衍发微》一文"附录"。收入鲁迅：《而已集》，《鲁迅全集》第3卷，北京：人民文学出版社，1995年，第575—578页。

④ 当时许多学者暂时住进东交民巷的法国医院或六国饭店。参马叙伦：《我在六十岁以前》，第71页。

⑤ 洪永宏编：《厦门大学校史》，厦门：厦门大学出版社，1990年，第72页。

⑥ 顾潮编：《顾颉刚年谱》，北京：中华书局，1993年，第129页。

⑦ 顾颉刚编：《古史辨·自序》第1册，上海：上海古籍出版社，1982年，第56页。

⑧ 顾潮编：《顾颉刚年谱》，第129页。厦大提供给教授的月薪达四百银元，讲师二百银元，助教也有一百五十银元。参洪永宏编：《厦门大学校史》，第67页。

8月下旬，沈兼士等到达厦门。在沈兼士主持下，以原先拟好的厦大《研究院组织大纲》为基础，制订了《厦门大学研究院章程》及研究院下属六部的《办事细则》①。据此成立的厦大国学院，组织庞大②，由校长林文庆兼任院长，沈兼士担任主任，林语堂为总秘书；而实际工作则由沈兼士负责③。

1926年10月10日，厦大国学院正式开办④。院内设有研究教授、导师、干事、编辑、事务员、书记等职⑤，其组织显然仿北大国学门而来。张星烺、周树人、顾颉刚担任研究教授；陈万里任考古学导师；又聘黄坚、陈乃干、孙伏园、陈万里、章廷谦等，分任陈列、图书、编辑、造型、出版各部干事；容肇祖、潘家洵、丁山、林景良、王肇鼎任编辑⑥。以上诸人，全是北大前任教授或毕业生，为沈兼士先后聘到厦大。而沈兼士、林语堂、顾颉刚、孙伏园、陈万里、容肇祖、丁山等，更都是北大国学门旧人。因此，厦大国学院实际上是以北大国学门同人为核心而建立起来的一个学术新基地。

在这个新开拓的学术基地中，除了沈兼士、林语堂、周树人之外，其余皆属后进的年轻一代学者。他们能进入国学院任职，主要是靠林语堂和沈兼士的学术声望，但沈氏自始即无长期停留厦大的打算。1926年7月间，顾颉刚致胡适的信上透露：

> 兼士先生拟于本月底到厦门，俟一二个月后研究院布置就绪，即回京。所以然者，因日本方面之庚款颇有希望，如兼士先生不在北方，便无法接洽也。⑦

可见沈氏南下前，即无意久留厦大。及至国学院的章程拟毕，各部门聘定了负责人，沈氏便于该年10月辞职北归⑧；连朱家骅邀他到广州主持中山大学的改制与发展事宜，亦无暇前往⑨。

---

① 洪永宏编：《厦门大学校史》，第73页。

② 《国学研究院系统表》，转引自薛绥之主编：《鲁迅生平史料汇编》第4辑，天津：天津人民出版社，1983年，第21页。

③ 洪永宏编：《厦门大学校史》，第73页。

④ 同上书，第75页。

⑤ 《国学研究院系统表》，转引自薛绥之主编：《鲁迅生平史料汇编》第4辑，第21页。

⑥ 洪永宏编：《厦门大学校史》，第73—75页。

⑦ 顾颉刚：《致胡适函》（1926：7.9），耿云志主编：《胡适遗稿及秘藏书信》第42册，合肥：黄山书社，1994年，第323页。

⑧ 张星烺：《致陈垣函》（1926：10.16）谓："兼士先生现已决意回京……大约四五日后彼即动身北上矣。"陈智超编注：《陈垣来往书信集》，上海：上海古籍出版社，1990年，第210页。

⑨ 1926年10月16日，鲁迅致许广平函："今天又得了朱家骅君的电报，是给兼士玉堂和我的，说中山大学已改组（当是'委'字之误）员制，叫我们去指示一切。大概是议定学制罢。兼士急于回京，玉堂是不见得去的。"鲁迅：《两地书》，《鲁迅全集》第11卷，第157页。

沈兼士北返后，暂代国学院主任的张星烺及周树人，与其它北大旧人关系不深①，林语堂忙着处理学校行政事务，于是顾颉刚俨然成为年轻一辈的领袖。顾颉刚毕业于北大，曾任国学门助教数年，人际关系颇广，国学院聘请张星烺、陈万里、潘家洵、罗常培、王肇鼎、黄坚、程灏等人，似乎都是出于他向沈兼士推荐所致②。况且顾颉刚出任国学门助教时，既参与了多个学会的活动，又负责编辑《歌谣》、《国学季刊》、《国学门周刊》、《国学门月刊》等刊物，具有领导及推动学术活动的丰富经验。再加上顾氏编辑的《古史辨》第一册在该年6月出版后，备受学界瞩目，大大提高了他的学术地位和声望③。因此，当沈兼士离开厦大后，顾颉刚便成了国学院的实际领导者。

当时，顾颉刚和其它来自北大的同人，很希望把北大"新国学"的精神和研究方法，引入风气相对闭塞的厦门④。他们一面拟凭借厦大较为充裕的经费，将过去国学门无力刊布的著作一一出版⑤；一面也订立新的工作计划，想编纂一部囊括中国历代史志书目、探索学术发展源流的《中国图书志》，以为该院整理国故之事业⑥。在他们努力下，厦大国学院也出版了《厦门大学国学研究院季刊》与《厦门大学国学研究院周刊》(以下简称《厦大国学院周刊》)⑦。这两份刊物，其形式皆仿北大国学门所出期刊，以至连《厦大国学院周刊》的封面上，也是以中、法两种文字书写。

在《厦大国学院周刊》第1期上，刊载了一篇由顾颉刚撰写的《缘起》，向学界宣示同人研究国学的精神与方向，里面说：

> 国学的材料虽是中国的，但整理这些材料的方法乃是世界的……我们知道学问应以实物为对象，书本不过是实物的记录。我们知道如果不能了解现代的社会，那么所讲的古代的社会便完全是梦呓。所以我们要掘地看古人的生活，要旅行看现代一般人的生活。任何肮脏和丑恶的东西，我们都要搜集……

---

① 容肇祖《致陈垣函》(1926:11.9)云："沈兼士先生回京……此间(引者按：指厦大)国学系(引者按：应作'院')主任暂由张亮臣先生兼代。"陈智超编注：《陈垣来往书信集》，第266页。沈兼士离厦大前，原拟请鲁迅代理院务，但未获应允：参鲁迅、许广平：《两地书》，《鲁迅全集》，第11卷，第120、148—157页。

② 与顾颉刚不睦的鲁迅指责顾氏专门荐人到厦大。参鲁迅：《两地书》、《书信》，《鲁迅全集》第11卷，第126、128—129、156、158、183—184页。顾氏致胡适的信函中，也提及荐人之事。参顾颉刚：《致胡适函》(1926:7.9/1926:9.26)，耿云志主编：《胡适遗稿及秘藏书信》第42册，第323、325页。

③ 林语堂向厦大推荐顾颉刚时，原聘其任讲师。待《古史辨》出版后，厦大马上改聘顾氏为研究教授。参顾潮编：《顾颉刚年谱》，第129页。

④ 洪永宏编：《厦门大学校史》，第75页。

⑤ 同上书，第73页。

⑥ 《学术消息：〈中国图书志〉之编纂》，《国学门月刊》第1卷第4号(1927:1)，第453—455页。观其编纂计划，实为顾颉刚过去在北大国学门所编《中国学术年表》规模之扩大。

⑦ 《国学研究院谈话会纪略》，转引自薛绥之主编：《鲁迅生平史料汇编》第4辑，第19—20页；顾颉刚：《致胡适函》(1927:2.2)，耿云志主编：《胡适遗稿及秘藏书信》第42册，第330—331页。

现在发行这个周刊，是要发表我们所搜集到的赤裸裸的材料，也是要征求我们所愿意得着的赤裸裸的材料……我们不是在故纸堆中找宝贝，乃是在我们的学问范围之内求知识。①

观《缘起》所流露的精神，与北大国学门的治学态度与方针，可说完全一致。顾颉刚在此提及的“掘地”与“旅行”，亦即考古发掘和风俗调查，都是北大国学门过去开展的学术新事业，如今成为厦大国学院计划中的两个发展重点。

1926年底，国学院成立了考古学会和风俗调查会。同时，在《厦大国学院周刊》上，刊登了征求古器物与风俗物品的启事②。由于考古发掘需要巨额经费，而厦大国学院开办不久就又遇到经费不足的问题，致“掘地”最终流为空谈。考古学会所能做到的，便只有像北大国学门那样，主要从事古器物的征集与古迹的调查而已③。至于风俗物品的征集与实地调查，因所费不多，故成为同人最积极进行而收获也最丰硕的事业。

国学院风俗调查会的成立，是由顾颉刚、林幽、孙伏园和容肇祖几位，在1926年底发起的④。12月，风俗调查会开会，张星烺、林语堂、潘家洵、王肇鼎、丁山等人都参加了。会上议决：仿北大国学门设置风俗陈列室，以《厦大国学院周刊》作为该会宣传和发表研究成果的阵地⑤。随后，同人又在福建各地购买风俗物品⑥，作为进一步研究的资料。

总括来说，在厦大国学院开办期间，同人的学术工作主要是集中在风俗调查方面。该院出版的《厦大国学院周刊》，关于风俗的文章也占了一半以上的篇幅。但风俗调查作为一项北方新开拓的学术事业，在短期内毕竟不易被风气比较闭塞的厦门学界所接受。

再者，国学院开办不久，即因校主陈嘉庚经营的橡皮事业发生困难，学校被迫削减经费，国学院也受到影响。据张星烺1926年10月16日《致陈垣函》中云：

① 顾颉刚:《缘起》,《厦大国学院周刊》第1卷第1期，厦门：厦大国学研究院，1927:1. 5，书前，无页数。

② 《本院启事》、《厦大国学院周刊社启事》,《厦大国学院周刊》第1卷第1期，封面底页。

③ 不过，同人在这方面也颇有所获。像1926年10月至11月间，张星烺和陈万里到泉州调查古迹，便发现了中外交通史上的重要材料。参陈万里:《泉州第一次游记》,紫禁城出版社编:《陈万里陶瓷考古文集》,北京：紫禁城出版社，1997年，第406—410页;《学术消息:泉州各古迹之发现》,《国学门月刊》第1卷第4号，第455—456页。顾潮编:《顾颉刚年谱》,第133页。

④ 顾潮编:《顾颉刚年谱》,第133页。

⑤ 《本院纪事》,《厦大国学院周刊》第1卷第1期，书后，无页数;顾潮编:《顾颉刚年谱》,第133页。在《厦大国学院周刊》第1卷第1期上，便刊登了一则启事，征求各地神祇、古人古事的传说、歌谣等民间文艺、地方戏剧剧本及少数民族生活状况之材料。参《厦大国学院周刊社启事》,《厦大国学院周刊》第1卷第1期，书后，无页数。

⑥ 据陈万里《泉州第二次游记》及《顾颉刚年谱》记:1926年12月15日至24日，顾颉刚和陈万里游泉州，为学校购买风俗物品。1927年1月18日，顾颉刚又与容肇祖、潘家洵至福州，为学校购买风俗物品。参陈万里:《泉州第二次游记》,紫禁城出版社编:《陈万里陶瓷考古文集》,第419—424页;顾潮编,《顾颉刚年谱》,第133、136页。

> 此间情况不见甚佳，国学研究院牌子已挂出，而内中并无的款办理一切。据云因校主陈嘉庚下半年来橡皮生意不佳之故也。[①]

可见国学院开办才几个月，便因经费问题而无法推动学术活动。加上校内派系林立，对外省学者颇加排挤，于是孙伏园等人相继离去[②]。

1927 年 2 月，厦大国学院宣布停办。院中除张星烺和顾颉刚被留任文科教授外，其余诸人皆被解聘[③]。顾颉刚因广州中山大学文学院长傅斯年之招，不久也辞去厦大教职，转到中大史学系任教[④]。对于在厦大这段历史，顾颉刚后来怅然回顾说：

> 厦门大学开办国学研究院，招我们去，我们去的半年之中，在厦门、泉州、福州等处搜罗的风俗物品也有数百件。但给我们同情的人太少了，我们走了之后，说不定大家以为这是儿戏的举动，把这些东西丢弃在灰堆上了，或者烧了！[⑤]

可以说，由于厦大国学院只开办了短短四个月，因此顾颉刚等辛苦播下的民俗研究的种子，很快就因同人的星散而失落了[⑥]。

可是就在国学院停办后不久，北大国学门同人又陆续转移到广州的中山大学。这是因为当厦大正积极筹备开办时，中山大学也进行改组，也就是由校长制改为委员制，以戴传贤出任委员长，顾孟余任副委员长，徐谦、丁惟汾、朱家骅几位任委员[⑦]。顾孟余和朱家骅此前均是北大教授，他们在“3·18”事件后南下，有意把离京的学者请来中大，故先在 9 月底邀孙伏园到广州办报，10 月间又电请沈兼士、林语堂、周树人三位前来指导改革事宜[⑧]。结果仅孙伏园一人先至，周树人到翌年才动身，而沈兼士、林语堂则各自因北大与厦大事务繁忙，终未成行。

---

① 张星烺：《致陈垣函》(1926.10.16)，陈智超编注：《陈垣来往书信集》，第 210 页。

② 洪永宏编：《厦门大学校史》，第 79 页。

③ 顾潮编：《顾颉刚年谱》，第 137 页。

④ 同上书，第 138 页。

⑤ 顾颉刚：《闽歌甲集·序》，谢云声：《闽歌甲集》，台北：东方文化供应社影印，1969 年，第 2—3 页。

⑥ 顾颉刚等在厦大国学院时，曾计划与福州协和大学国学系合组一个闽学会。这个学会的倡议者，全是北大国学门的积极参与者，如陈锡襄、董作宾、郑宾于、顾颉刚、容肇祖等，故其组织亦仿北大国学门而立。其后因厦大国学院停办，闽学会失去经济支柱，只得解散：详参陈锡襄：《闽学会的经过》，《中大语史所周刊》第 1 卷第 7 期(1927:12.13)，第 192、195 页，另参顾潮编：《顾颉刚年谱》，第 136—137 页。

⑦ 黄福庆：《近代中国高等教育研究：国立中山大学(1924—1937)》，台北：“中央研究院”近代史研究所，1988 年，第 50 页。

⑧ 鲁迅：《两地书》，《鲁迅全集》第 11 卷，第 135—157 页。

同年，朱家骅又聘请留欧归国的傅斯年，出任文学院院长兼国文、历史两系主任[①]。傅斯年过去在北大国文系就读，毕业后到欧洲游学。他到中大后和朱家骅商议：希望把北大的优良教授——罗致到中大。1927 年 5 月 16 日，朱、傅致国民党元老李石曾、吴稚晖（敬恒，1865—1953）的信上，就说明了他们这一构想：

> 我们……筹一齐聘北大文理等科之良教授来此。既可免于受压迫，并开此地空气。已去请者，有马叔亚、李玄伯、丁山、魏建功、刘半农、周作人、李圣章、徐旭生、李润章诸先生。并请一切被压迫之同学来……[②]

当时朱、傅两位所拟聘请的北大教授，为数颇众。单是 1927 年暑假，中大便曾发电邀请沈兼士、沈士远、沈尹默、马裕藻、马衡、朱希祖、陈大齐、鲁迅来粤[③]，傅斯年尤极力敦促胡适到中大任教[④]。朱家骅和傅斯年计划大举聘请北大著名教授及新进学者到粤，一方面固然是希望凭借中大充裕的经费，为这些在北京遭受政治压迫的学者谋出路；另一方面他们显然想把中大建设成中国南方的学术中心，使它能继承北大的学风，来达到开当地风气的效果。

可是上述成名学者最后南下者甚少，除了鲁迅 1926 年上半年曾于中大短期任教外，其余应聘的皆年轻一辈学人，他们包括：顾颉刚、丁山、容肇祖，罗常培、董作宾、商承祚、罗庸、余永梁、杨成志等。尤其当 1927 年秋天，中大决定成立一个语言历史学研究所，由傅斯年担任该所筹备主任后[⑤]，北大国学门的年轻学者又纷纷集中到这所新兴的学术研究机构来。他们中间不少人此前曾在厦大国学院共事，如今又重聚于中大了。

二、“吾道南矣！”

1928 年初，中大语史所正式成立，由傅斯年出任研究所主任。可是，所中实际事务的推动，却多由顾颉刚负责。顾氏 1928 年 2 月写信给胡适抱怨：

---

① 国民政府北迁后，主持中山大学的五位委员中，有四位随政府北上，仅朱家骅一人留在广州，故朱氏即成中大校政的实际负责人。黄福庆：《近代中国高等教育研究：国立中山大学（1924—1937）》，第 55 页。

② 《朱家骅、傅斯年致李石曾、吴稚晖书》（1927：5.16），傅斯年：《傅斯年先生全集》第 7 册，台北：联经出版事业公司，1980 年，第 102 页。

③ 鲁迅：《致章廷谦》（1927：7.17），《鲁迅全集》第 11 卷，第 558，560 页。

④ 关于傅斯年在 1927 至 1928 年间多次促请胡适来粤不成的前因后果，朱宗震：《胡适欠傅斯年的人情债》，《历史月刊》第 35 期（1990：12），第 113—118 页。

⑤ 该所起初定名“中国东方语言历史科学研究所”，傅斯年是在 1927 年 8 月就任语史所筹备主任。参顾潮编：《顾颉刚年谱》，第 143 页；王煦华：《顾颉刚先生在中山大学》，《庆祝杨向奎先生教研六十年论文集》编委会编，《庆祝杨向奎先生教研六十年论文集》，石家庄：河北教育出版社，1998 年，第 660 页。

> 语言历史学研究所虽未成立，而已有房子、书籍、职员、出版物，同已经成立一样，这一方面孟真全不负责，以致我又有实无名地当了研究所主任。[①]

的确，顾颉刚不仅参与了语史所成立前的筹备工作，而且该所成立后，他也一直主持各种学术活动的推动[②]。及至1928年9月，傅斯年应中央研究院历史语言研究所之聘出任所长，两个月后辞去中大语史所主任一职，顾颉刚遂名实相副地肩负起语史所的领导工作[③]。

顾颉刚出任语史所主任后，推商承祚为该所考古学会主席，容肇祖为民俗学会主席[④]。商、容皆曾就读于北大国学门，各为考古学会及歌谣研究会成员，现在都成了这个南方新兴研究机构的中坚分子。1929年2月顾氏离开中大后，商承祚即接下主任职务。由此可见，从北大国学门到中大语史所，短短数年之间，顾颉刚、商承祚、容肇祖等由研究生、助教的身份，转变为大学、研究所的教授，这意味着国学门的年轻一代已在学术界迅速崛起。由于他们的努力，北大国学门所开创的学术事业，在这个南方新兴学术基地上，得到了延续和进一步的发展。

为了尽快确立语史所在学术界的地位，1927年10月16日，所中同人开会决定，要出版学术期刊一种，称《国立第一中山大学语言历史学研究所周刊》（以下简称《中大语史所周刊》），推顾颉刚、余永梁、罗常培和商承祚负责编辑[⑤]。不到一个月，《中大语史所周刊》创刊号迅速发行，显示该所稿源充足，以致研究所在正式成立前，同人已迫不及待地要向外公布他们的研究成果，以期引起学术界对这个新兴研究机构的重视。

果然，《中大语史所周刊》出版数期后，很快引起北方学界注意。当时在清华大学就读的张荫麟，写了一篇《评〈中山大学语言历史学研究所周刊〉》的文章，刊在天津《大公报·文学副刊》上[⑥]。是文指出：

> 广东中山大学近创办语言历史研究所，其规模略仿旧日北京大学国学研究所，并印行周刊，其体例亦仿旧日北大研究所周刊……撰述人多为该校教授，虽取材间或不甚紧严，亦近日出版界中在水平线上之刊物也。[⑦]

---

① 顾颉刚：《致胡适函》(1928：2.27)，耿云志主编：《胡适遗稿及秘藏书信》第42册，第351页。

② 顾潮编：《顾颉刚年谱》，第140—171页。

③ 同上书，第159、165页。

④ 同上书，第166页。

⑤ 同上书，第144页。

⑥ 在北京的张荫麟所以会接触到《中大语史所周刊》，是因其清华旧友、负责编辑该刊的余永梁将刊物寄给他，且向张氏索稿。张荫麟读后，即将这篇批评文章交付余氏。余永梁随后将这篇批评及顾颉刚、胡适和他本人的文章，交《中大语史所周刊》全文刊出。参张荫麟：《致余永梁》，《中大语史所周刊》第2卷第19期(1928：3.6)，第579页。

⑦ 张荫麟：《评〈中山大学语言历史学研究所周刊〉》，《中大语史所周刊》第2卷第19期，第576页。

张荫麟作出这样的评语，并不是偶然的。因为语史所的学者与《中大语史所周刊》的编者，大部分皆国学门旧人；他们在中大推动的学术活动，也是根据过去在北大的经验，致使两个机构在学术上有明显的传承关系①。

的确，在顾颉刚等北大旧人主导下，语史所在许多方面都延续了国学门所开创的学术事业，其中民俗学尤为语史所的主要发展方向。钟敬文明白指出：

> 一九二七年秋，我在中山大学……这时候，文科教师中，像顾颉刚、容肇祖、董彦堂等过去曾经在北大出力参与过歌谣研究会和风俗调查会工作的，都觉得有把那种在北方开始了的新学术事业，给以继承和发展的必要……于是，我们就成立了民俗学会，倡办了民俗学传习班，编印《民间文艺》、《民俗周刊》及民俗学会丛书。②

由此可见，“继承和发展”那在“北方开始了的新学术事业”，是钟敬文等人的共同理想。于是，中大便继北大之后，在南方竖立起民俗学研究的旗帜；而语史所的一群年轻学者，也成为“那几濒于熄灭的学术火炬的接力人”了③。

当时语史所同人对民俗学的鼓吹和建设，主要是通过发行期刊、组织学会、出版丛书的办法进行。以《中大语史所周刊》来说，从 1927 年 11 月到 1928 年 7 月合共三十六期中，它所刊载的文章，便有许多属于民俗学的范畴。诚如论者指出：《中大语史所周刊》“虽没有标明‘民俗学’的字样，但刊登民俗学方面的文章之多，较之北京大学研究所国学门《周刊》、《月刊》有过之而无不及”④。除了《中大语史所周刊》外，语史所不久又发行一份《民间文艺》周刊。《民间文艺》发行十二期后，改称《民俗》(周刊)，又发行了一百二十三期。查《民间文艺》与《民俗》的编者，前后是董作宾、钟敬文、容肇祖和刘万章。他们或是北大国学门旧人，或是曾投稿于《国学门周刊》、《国学门月刊》⑤，故不但对北大所开创的民俗学运动有亲身体验，更有意识要把这个在北方兴起的学术运动拓展到南方。

---

① 逯耀东：《傅斯年与〈历史语言研究所集刊〉》，《胡适与当代史学家》，台北：东大图书公司，1998 年，第 237—238 页。

② 钟敬文：《自传》，杨哲编：《钟敬文生平·思想及著作》，石家庄：河北教育出版社，1991 年，第 5 页。关于中大民俗学会活动与北大学者的密切关系，另参钟敬文：《重印〈民俗〉周刊序》，杨哲编：《钟敬文生平·思想及著作》，第 409 页。

③ 钟敬文：《钟敬文学术论著自选集·自序》，上海：上海文艺出版社，1982 年，第 3 页。

④ 王文宝：《中国民俗学史》，第 226 页。

⑤ 《民间文艺》的主编是董作宾、钟敬文。董作宾曾任北大国学门干事，钟敬文也常向《国学门周刊》、《国学门月刊》投稿。《民俗》发行时间较久，先后负责主编的包括钟敬文、容肇祖和刘万章。容肇祖曾是北大国学门研究生，为北大民俗学运动最早期的参与者之一。

1927年11月，顾颉刚、董作宾、钟敬文等进一步在语史所组织一个民俗学会。该学会以“调查，搜集，及研究本国之各地方，各种族之民俗为宗旨”①。据顾颉刚自承：这是他们仿北大国学门的歌谣研究会而设的②。其会员包括校内外人士，总数在三十人以上③。

同年11月18日，民俗学会同人复议决刊行一套“民俗丛书”。首批书目表列如下④：

作者、编者	书　目
顾颉刚	《孟姜女故事研究》
顾颉刚等	《妙峰山》、《东岳庙》
董作宾	《中国歌谣概论》、《看见她》
钟敬文	《民间文艺丛话》
钟敬文(静闻)编	《歌谣论文集》、《陆安传说集》、《崔歌》
白启明编	《河南谜语类编》
刘万章等改编	《粤讴》
刘乾初等翻译	《狼獞歌谣》

这些书籍，几乎全是北大国学门民俗研究的产物。其中，《孟姜女故事研究》的部分内容，以及《看见她》，此前皆曾由国学门出版。《妙峰山》和《东岳庙》两书，都曾列入“国学门丛书”之出版计划。其余各书，也都是先前因经费不足而无力出版者⑤，如今凭着语史所较为充裕的经费，得以一一付印而广为流传。

不过，当“民俗丛书”不断刊印之际，傅斯年和顾颉刚却起了争执。顾颉刚在致胡适的信上，说明他和傅斯年的分歧：

> (“民俗丛书”)出到一二册时，孟真就说这本无聊，那本浅薄……在印书上，孟真和我的主张很不同。孟真以为大学出书应当是积年研究的结果。我以为这句话……在一种学问根基打好的时候说是对的，在初提倡的时候说是不对的……我们不出版，一班可以继续我们工作的青年便得不到诱掖引导的力量而要走到别方面去了……民俗学是刚提倡，这一方面前无凭藉，所以我主张有材料就可印。⑥

---

① 《民俗学会简章》，杨成志：《民俗学会的经过及出版物目录一览》，《中山大学民俗(复刊号)》第1卷第1期(1936:9.15)，第224页。

② 《顾颉刚来信》，《歌谣(复刊)》第2卷第10期(1936:6.6)，第8页。

③ 傅斯年、董作宾、容肇祖等都是民俗学会会员，参杨成志：《民俗学会的经过及出版物目录一览》，《中山大学民俗(复71号)》第1卷第1期，第225页。

④ “民俗丛书”出版的首批书目，见《学术界消息》，《中大语史所周刊》第1卷第2期(1927:11.8)，第56页。这时期的“民俗丛书”共出五十六种，其目录见杨成志：《民俗学会的经过及出版物目录一览》，《中山大学民俗(复刊号)》第1卷第1期，第308—312页。

⑤ 顾颉刚编：《妙峰山·自序》，第7页。

⑥ 顾颉刚：《致胡适函》(1929:8.2真))，耿云志主编：《胡适遗稿及秘藏书信》第42册，第365—366页。

虽然傅、顾两人意见不同，但在顾颉刚坚持下，“民俗丛书”还是继续印行[①]。当时顾颉刚之所以力主将收集到的材料尽量刊印，是吸取了过去在北大的教训。他说：

> 我最悲伤的，北京大学自从成立歌谣研究会以来，至今十年，收到的歌谣谚语有二万余首，故事和风俗调查有数千篇，但以经费不充足的缘故，没有印出来。凡是不到北京大学的人便没有看见的机会，有了同没有一样！[②]

可见顾颉刚在中大之所以广印“民俗丛书”，是抱着散播民俗研究种子的目的，希望透过书册的出版，使民俗材料广为流传，那么即使日后语史所“这个团体遭逢不幸，但这些初露面的材料靠了印刷的传布是不会灭亡的了。这些种子散播出去，将来也许成为长林丰草呢”！[③]

总之，当时语史所同人所推动的民俗学活动，无论在经验的借鉴上或制度的制定上，都与北大国学门有明显的承袭之迹。下面用表列方式，以显示无论是期刊的发行、学会的设立、丛书的出版，中大语史所无一不是依据北大国学门的模式，在中大继续推动民俗学活动的发展：

	北大国学门	中大语史所
学术期刊	(1)《歌谣周刊》 (2)《国学门周刊》， 后改称《国学门月刊》	(1)《民间文艺》，后改称《民俗》 (2)《中大语史所周刊》
学　会	(1)歌谣研究会 (2)风俗调查会	民俗学会
学术丛书	(1)歌谣丛书 (2)歌谣小丛书	(1)民俗丛书 (2)民俗小丛书

语史所之所以能继北大之后，成为新阶段民俗学运动的中心，除了由于同人的齐心协力外，也因为中大最高领导层对这项学术新事业，抱着积极支持的态度，故在经费上予以支持。钟敬文多年后回忆：

> 当时学校新领导班子成员中，有一位是从北大来的，他当然知道北大这种“新

① 可见傅斯年当时虽任语史所主任，但顾颉刚在《古史辨》出版后既具有较高的学术声望，又在北大和厦大累积了领导学术事业的经验，故在北大国学门旧人云集的语史所有相当大的影响力，能左右该所的发展方向。不过，在用人方面，傅斯年作为研究所主任，还是握有主导权，如顾颉刚向他推荐某些人，他并没有听从。参胡适：《致江绍原函》(1927:10.22)，耿云志、欧阳哲生编：《胡适书信集》上册，北京：北京大学出版社，1996年，第402页。

② 顾颉刚：《闽歌甲集·序》，谢云声：《闽歌甲集》，第2页。

③ 同上书，第3页。

国学”活动的情形和一定意义。由于他所处的特殊地位，他对民俗学活动的支持，也就成为有一定分量的积极因素。①

钟敬文在上文说的一位“从北大来”的教授，指的就是朱家骅。虽然朱氏因为与国民党关系密切，以致钟敬文撰文时不便提到他的名字，但正如钟敬文所说，朱氏对语史所民俗学活动的支持，对中大能延续北大的工作，起了不容忽视的作用②。

由此看来，1920年代下半期，民俗学在中国南方的传播，乃是以从北京南下的一群学者作为媒介。中大语史所集中了一群前北大国学门的学者，使它能迅速发展成南方民俗学运动的一个重镇。

不仅如此，通过《中大语史所周刊》、《民间文艺》、《中大民俗周刊》这些期刊的发行，以及“民俗丛书”的陆续出版，使民俗研究的种子很快在南方播散开来。杨成志在1930年代撰文评估这时期中大民俗学会的工作成绩时，对民俗学运动在中国的兴起与发展历程作了一个回顾。他认为北大歌谣研究会与风俗调查会的成立及工作，是中国民俗学运动的“发轫时期”；而当中大民俗学会成立后，这个运动便进入了“努力传播的时期”③。

杨成志的文章，只为民俗学发展作了粗略的分期。至于前后参加过北大和中大民俗学活动的钟敬文，则在对两者的工作进行过全面的比较后，提出如下看法：

从本身的规模来讲，从影响的广泛来讲，中大的民俗学活动和成就，好像比北大还大些，因为它存在时间较长，刊物出版的时间也比较长，又刊印了许多丛书，各地参加的人（还有团体）比较多……④

钟敬文并比较这两个机构的出版品，认为北大“从《歌谣》周刊到《国学门周刊》等，对一般民俗资料的记录数量仍然不多（评论更少了），影响范围也比较狭窄。中大的《民俗》周刊（以及民俗学会丛书），在这点上，不仅仅是北大事业的一般继续，而且是大踏步前进了”⑤。

---

① 钟敬文：《重印〈民俗〉周刊序》，杨哲编：《钟敬文生平思想及著作》，第409—410页。

② 容肇祖也曾回忆说：在他主持民俗学会期间，因得校长朱家骅支持，该会在经费上得到相当大笔的补助，容肇祖：《我最近于“民俗学”要说的话》，《中大民俗周刊》第111期（1933：3），第12—13页。

③ 杨成志：《民俗学会的经过及出版物目录一览》，《中山大学民俗（复刊号）》第1卷第1号，第223页。钟敬文在80年代则称以北大歌谣研究会为主的民俗学活动，是中国民俗学的开创时期。参钟敬文：《民俗学的历史问题和今后的工作》，《钟敬文学术论著自选集》，第437页。

④ 钟敬文：《民俗学的历史问题和今后的工作》，《钟敬文学术论著自选集》，第438页。

⑤ 钟敬文：《重印：〈民俗〉周刊序》，杨哲编：《钟敬文生平·思想及著作》，第411页。

不但如此，钟敬文认为这两个机构在民俗研究的特色上，也是颇有不同。他认为：

> 北京大学……在观察、研究上所持的角度，开始主要是文学的（文艺学的），稍后，加入了语言学的（方音学、方言学等）和民俗学的。一九二八年，中山大学的收集、研究活动，一开始就偏向于民俗学。这种学术性活动，后来却与民族学、人类学的研究汇合起来。①

在中大民俗学会影响下，福建的福州、厦门，广东的揭阳，浙江的鄞县等地，1920年代以后都陆续成立了民俗学会。其中，尤以在杭州成立的中国民俗学会为最重要②。杨成志考察过这些新成立的学会后发现：

> 各地民俗学会的主持人，多系（中大）《民俗》周刊的骨干，或民俗丛书的作者，更有属本会（中大民俗学会）会员，而在各地继续努力开辟新园地的健将。③

由此可知，中大民俗学会所散播出去的种子，十年间确已成为“长林丰草”，民俗学的旗帜也在中国学术界普遍树立起来了④。

民俗学运动萌芽于中国北方，以不到二十年的光阴，其种子不仅散播到南方各地，甚至成了“长林丰草”，这大部分应归功于顾颉刚与其它北大国学门同人的共同努力。顾氏作为这群年轻学者的领袖，又是中大语史所的实际负责人，无疑是这一阶段民俗学运动的中心人物⑤。从1926年夏天离开北大，中间在厦大停留数月，最后再转到中大。这几年间，顾颉刚个人的学术兴趣，主要还是在古史问题，他在中大文科也是开这方面的课程⑥。但在推动学术事业方面，顾氏却与其它国学门旧人，一起致力于民俗研究的推广⑦，结果使中大继北大之后，成为1920年代后期中国民俗学运动的中心，以致董作

---

① 钟敬文：《加强民间文艺学的研究工作——〈民间文艺学文丛〉代卷头语》，杨哲编：《钟敬文生平·思想及著作》，第404页。

② 钟敬文：《民俗学的历史问题和今后的工作》，《钟敬文学术论著自选集》，第439—441页。另参钟敬文：《我与浙江民间文化》，《钟敬文学术论著自选集》，第583—396页。

③ 杨成志：《民俗学会的经过及出版物目录一览》，《中山大字民俗（复刊号）》第1卷第1号，第227页。

④ 同上书，第223页。

⑤ 施耐德指出：1926年南下的顾颉刚，成了中国民俗运动的播种者，是民俗运动由华北延伸到华南的键环。在中山大学时，顾氏也是中国民俗运动的主要发言人。施耐德：《顾颉刚与中国新史学》，台北：华世出版社，1984年，第149、152页。

⑥ 顾颉刚在1927年度开的课程是：中国上古史、书经研究、书目指南。顾潮编：《顾颉刚年谱》，第145页。

⑦ 顾颉刚即自承过去在北大时，他所以会加入歌谣征集与风俗调查的行列，主要是受到国学门学风的感染；他个人的学术兴趣，其实还是在学术史与上古史方面。参顾颉刚：《古史辨·自序》第1册，第77、87页。

宾这位国学门旧人也不禁欣慰地感叹："吾道南矣！"①可以说，由于中大语史所的活动，在北大开始的民俗学运动不但得以"薪火相传"，而且更进一步"扩大到全国了"②。

三、从语史所到史语所

民俗研究虽然是中大语史所的发展重点，但该所同人的研究路向，却不局限于民俗学方面。1927年11月1日出版的《中大语史所周刊》，是语史所的机关刊物。这份周刊创刊号的《发刊词》中，同人正式向学界揭示他们工作的旨趣和研究的方向：

> 语言学和历史学在中国发端甚早，中国所有的学问比较成绩最丰富的也应推这两样，但为历史上种种势力所缚，经历了二千余年还不曾打好一个坚实的基础。我们生当现在既没有功利的成见，知道一切学问，不都是致用的。又打破了崇拜偶像的陋习，不愿把自己的理性屈伏于前人的权威之下，所以我们正可承受了现代研究学问的最适当的方法，来开辟这些方面的新世界。语言历史学也正和其它的自然科学同目的同手段，所差只是一个分工。③

《发刊词》把语言学和历史学并举，称语言历史学的研究与其它自然科学具有同样的目的和手段，显然与该所主任傅斯年的学术理念甚相符合④。因此，曾在中大与傅斯年、顾颉刚共事的董作宾，后来认为这篇发刊词是出于傅斯年的手笔⑤。董作宾特别根据《发刊词》中的这段话：

> 我们要实地搜罗材料，到民众中寻方言，到古文化的遗址去发掘，到各种的人间社会去采风问俗，建设许多的新学问！⑥

以之与史语所二十周年报告中所列举的四组工作相较，发现两者"工作范围可以说完全

---

① 董作宾：《〈看见他〉之回顾》，《歌谣》第3卷第2期(1937:4.10)，第1页。

② 顾颉刚：《台山歌谣集·顾序》，陈元柱编：《台山歌谣集》，台北：东方文化供应社影印，1969年，第2页。

③ 《中大语史所周刊·发刊词》第1卷第1期，1927:11.1年，第3页。

④ 傅斯年撰写的《史语所工作之旨趣》，亦以历史学与语言学并举，并宣告："要把历史学语言学建设得和生物学地质学等同样。"傅斯年：《史语所工作之旨趣》，《史语所集刊》第1本第1分册，广州：历史语言研究所，1928年，第10页。

⑤ 董作宾：《历史语言研究所在学术上的贡献》，《大陆杂志》第2卷第1期(1951:1)，第2页。

⑥ 《中大语史所周刊·发刊词》第1卷第1期，第3页。

一样”,“方针”也“相同”,断定这份发刊词“必是孟真先生的手笔”[①]。按《中大语史所周刊》创刊号出版时,董作宾人不在中大,故他只能依据该文所揭示的工作方针,推断作者是谁,惟顾潮根据顾颉刚留下的日记、自订年谱等一手资料编写的《顾颉刚年谱》,却清楚说明这篇文章确是顾颉刚所撰[②]。

固然,傅斯年的学术理念,可以透过顾颉刚执笔的《发刊词》表达[③];但这篇文章其实也包含不少顾颉刚的见解。细观发刊词所陈述的工作方针,无一不是北大国学门在过去几年所提倡和发展的学术事业。顾颉刚几年来在国学门担任助教,乃是多项活动的积极参与者,因此他拟定这份发刊词时,总结了国学门的研究方向,提纲挈领地写进《中大语史所周刊·发刊词》,成为指导中大语史所发展的纲领性文件。

董作宾把《中大语史所周刊·发刊词》与史语所日后的工作比较后,误以为这篇发刊词是傅斯年所撰,不但说明傅、顾两人当时在推动学术机构发展的“大方针上是一致的”[④],同时反映出1920年代初国学门所开创的学术事业,与1920年代末成立的史语所之工作方向非常接近[⑤]。这无疑显示出史语所与国学门的领导者在学术理念上有许多相通之处;而这种学术观点的相似,其背后所蕴含的问题,显然值得作进一步的探讨。

傅斯年身为史语所所长,无疑是决定该所发展路向的主要人物。在出任史语所所长前,傅氏在欧留学七年,其一生的志业在1926年回国前亦已成形[⑥]。返国后,傅斯年先在顾颉刚协助下创建了中大语史所,其后两人在1928年又一同参与“中研院”史语所的筹备[⑦],所以顾颉刚对傅斯年的学术理念知之甚悉。他认为:

> 傅在欧久,甚欲步法国汉学之后尘,且与之角胜……[⑧]

---

① 董作宾:《历史语言研究所在学术上的贡献》,《大陆杂志》第2卷第1期,第11—12页。

② 《顾颉刚年谱》1927年10月21日条下谓:“作《中大语言历史学研究所周刊·发刊词》。”顾潮编:《顾颉刚年谱》,第144页。

③ 例如《中大语史所周刊·发刊词》将语言学与历史学并举,便很明显是出于傅斯年的主张。所以逯耀东也认为:《中大语史所周刊·发刊词》“鲜明地表明了傅斯年的学术理想和目标”。逯耀东:《傅斯年与〈历史语言研究所集刊〉》,逯耀东:《胡适与当代史学家》,第235页。

④ 顾潮:《顾颉刚与傅斯年在青壮年时代的交往》,《文史哲》1993年第2期,第16页。

⑤ 逯耀东指出:观史语所创建初期,其组织规模与期刊编辑形式,皆与北大国学门及《国学季刊》一脉相承。逯耀东:《傅斯年与〈历史语言研究所集刊〉》,《胡适与当代史学家》,第239页。刘龙心亦认为中大语史所之研究计划,是以北大国学门为蓝图,而设计上则更为专精。参刘龙心:《史料学派与现代中国史学的发展》,政治大学历史研究所硕士论文,1992年,未刊稿,第72页。

⑥ 杜正胜:《从疑古到重建——傅斯年的史学革命及其与胡适、顾颉刚的关系》,(台北)《当代》第116期(1995年12月)。

⑦ 顾潮编:《顾颉刚年谱》,第152页。

⑧ 同上。

的确，傅斯年留欧期间，不但受到德国史学理论的影响，而且法国汉学的研究成果，也曾给予他莫大刺激。

傅斯年的好友罗家伦指出：

> （傅斯年）对于外国研究中国学问的汉学家中最佩服的只有两个人……一个是瑞典的高本汉（Karlgren）……一个是法国的伯希和（Pelliot）……这两个人对于中国学问的科学性的造诣，给了孟真很大的刺激。①

傅氏对伯希和尤其钦佩，曾撰《论伯希和教授》一文，对其学术成就备加推崇：

> 至若伯君在东方学上之贡献，本为留意国外汉学者所夙知。伯君将已泯灭之数个中亚语言恢复之，为中亚史之各面及中国外向关系增加极重要的几章，纠正无数汉学中之错误，鞭策一切治汉学而为妄说者以向谨严，继茹瑞安沙畹以建立巴黎汉学派之正统。影响所及，德、奥、瑞典、英国、美国，以及日本。此君固中国以外，全世界治汉学者奉为祭酒者也。②

又说：

> 二十年来日本之东方学进步，大体为师巴黎学派之故……③

在推崇法国汉学之外，傅斯年也十分欣赏高本汉在语言学方面的成就。在留学的最后阶段，傅斯年大量搜集高本汉研究中国音韵学的著作④。回国后主持史语所，傅氏又大力促成高本汉的代表作《中国音韵学研究》中译本的面世，并亲为该书写序，推崇其“综合西方学人方音研究之方法与我国历来相传反切等韵之学，实具承先启后之大力量，而开汉学进展上之一大关键也”⑤。

伯希和与高本汉，不但在20世纪初是欧洲治“汉学”的大家（严格说来，他们的治学范围更宜称为“东方学”），也是北大同人素来敬重的外国学者。傅斯年对他们的推崇，

---

① 罗家伦：《元气淋漓的傅孟真》，蔡尚志编选：《长眠傅园下的巨汉》，台北：故乡文化事业，1979年，第57页。

② 傅斯年：《论伯希和教授》，《傅斯年全集》第7册，第6页。

③ 同上书，第6—7页。

④ 这是王汎森整理傅斯年档案后的发现。参王汎森：《读傅斯年档案札记》，《当代》第116期，第32页。

⑤ 高本汉著、赵元任等译：《中国音韵学研究·傅序》，北京：商务印书馆影印，1995年，第1页。

使他对国学门的学术工作，曾表示出相当的理解和赞赏，私下称许北大国学门与清华国学院，同为1920年代前期汉学在中国“甚好之萌芽”。傅氏且认为两者相较：尤以北大所领导之对付“国故”之新的态度，为最有潜力者①。虽然傅斯年为了避免史语所同人在该所草创时，犹抱“保存国粹”的旧观念，作抱残守缺之研究，因而在《史语所工作之旨趣》中，对“国故”一词展开批评；但他对于北大国学门学术研究的路向，却是颇表赞同。

事实上，傅斯年在返国前后，因与国学门的核心分子有许多接触机会，故对北大同人整理国故的态度与方法，有相当深入的认识。当其留欧之时，除顾颉刚不时与之通信，将国内的学术刊物寄去外②；留学法国的刘复，也与傅氏来往颇密③。通过顾、刘两位，傅斯年当时就能获知国学门活动讯息④，而非对故国学术新动向一无所知。及至返国主持中大文科和语史所期间，傅氏与一班国学门旧人朝夕相聚，对该所过去几年的发展情形知之更详⑤。观《史语所工作之旨趣》提到的“神祇崇拜”、“歌谣民俗”、“内阁档案”和“实验语音学”等，都是北大国学门同人数年前已经在搜集的新材料以及开始运用的新方法。倘若说傅斯年在撰写《史语所工作之旨趣》时，对这些研究新领域的提倡，曾受到国学门学术工作的若干启示，也是不无可能。细心揣摩傅斯年留下的一份专论史语所发展方向的手迹，前面先推崇国学门在“汉学”领域中，“态度极向新方向走”，继则谓史语所同人“颇思大规模的向新的方向走”⑥，是则两所研究机构所存在的内在联系，可以说颇为明显的。

这样看来，国学门和史语所这两个在1920年代先后创办的学术机构，在研究取向方面由于同受欧洲东方学的影响，领导人又不乏彼此交流的机会，以致两者发展的重点虽各有不同——国学门早期以民俗研究为发展特色，史语所前二十年的工作则偏重在考古发掘——但就研究态度而论，它们却是大体接近的。

---

① 《傅故所长孟真先生手迹（二）释文》，《史语四十周年纪念特刊》编委会编：《中央研究院历史语言研究所四十周年纪念特刊》（以下简称《史语所四十周年纪念特刊》），台北：“中央研究院”，1968年，第205页。

② 傅斯年：《与顾颉刚论古史书》，《傅斯年全集》第4册，第454页。另参顾潮编：《顾颉刚年谱》，第132页。

③ 蔡元培：《西游日记》，1921年5月6日、10日条下，高平叔主编：《蔡元培文集——卷十三・日记（上）》，台北：锦绣出版事业公司，1995年，第504、506页。1922年，刘复在巴黎大学写博士论文期间，也不时与傅斯年讨论语言学问题。参傅斯年：《刘复〈四声实验录〉序》，《傅斯年全集》第3册，第205页。

④ 傅斯年出任史语所所长后，曾分别邀请顾颉刚和刘复担任文献考订组与民间文艺组负责人，刘复并曾为民间文艺组拟一详尽且规模庞大的工作计划。该计划书后来因民间文艺组的裁撤与刘氏的去职，大部分未能实行；然史话所日后出版的《中国俗曲总目稿》和《北斗俗曲略》，都是该计划的其中一部分。参刘锡诚：《中国民俗学的滥觞与外来文化的影响》，吴同瑞等编：《中国俗文学七十年》，北京大学出版社，1994年，第23—24页。

⑤ 现藏中央研究院傅斯年图书馆的《国学门周刊》合订本（1—2卷），其上均有傅斯年的藏书印，显然原系傅氏私人藏书。

⑥ 《傅故所长孟真先生手迹（二）释文》，《史语四十周年纪念特刊》编委会编：《史语所四十周年纪念特刊》，第205页。

此外,从组织结构看,史语所按同人的研究方向,在所内设若干小组,其性质和北大国学门相近,而与清华国学院之以讲学为主,颇异其趣。再就人事结构言之,史语所在创办初期,也吸纳了大批国学门旧人。以 1928 年 10 月 14 日史语所召开在所人员第一次会议来说,到会者有:傅斯年、顾颉刚、罗庸、罗常培、商承祚、容肇祖①。其中除傅斯年和罗常培外,其余四位皆国学门旧人;曾就读于北大国文系的罗常培亦与他们相熟,在厦大国学院且一同共事。至于《史语所集刊》创刊号的撰稿者,除傅斯年、余永梁(清华国学院毕业)外,胡适曾任国学门导师固不必说,董作宾、商承祚、丁山和容肇祖几位,则过去都是国学门的助教或研究生。

如果进一步观察史语所草创时期的研究人员名录,其以研究员(分特约、兼任、专任三种)、外国通信员、编辑员三种名义聘请的学者,共有三十四位。这其中有十八位过去都曾在国学门任职或为研究生②。他们是:蔡元培、胡适、陈垣、刘复、林语堂、马衡、容庚、朱希祖、沈兼士、徐旭生、袁复礼、顾颉刚、丁山、伯希和、董作宾、商承祚、容肇祖、单不庵③。是则史语所初创时,同人中有半数以上皆过去北大国学门的中坚分子。由此观之,这两个学术机构关系之密切,应是毋庸置疑的。

(选自陈以爱《中国现代学术研究机构的兴起——以北大研究所国学门为中心的探讨》第四章《北大国学门对现代学术发展的影响》,江西教育出版社 2002 年版;原题《新学术研究基地的建立》)

---

① 这份开会名单是引自王懋勤:《历史语言研究所正式成立的日期》,《史语四十周年纪念特刊》编委会编:《史语所四十周年纪念特刊》,第 198 页。

② 《中央研究院历史语言研究所研究员外国通信员编辑员表》,王汎森、杜正胜主编:《傅斯年文物资料选辑》,中研院史语所,1995 年,第 65 页。

③ 同上。

中山大学语言历史学研究所与现代学术转型

刘小云

现代中国学术转型以中西新旧的学术转承为重要内容，它集中体现在大学研究院所和专门学术研究机构之间的人员流动、机构设置和学术传变上。北京大学研究所国学门（北大国学门）、清华国学研究院（清华国学院）、厦门大学国学研究院（厦大国学院）、中山大学语言历史学研究所（中大语史所）、中央研究院历史语言研究所（中研院史语所）是现代中国一批重要学术研究机构，次第成立，在人员构成、机构建制和学术精神上一脉相承。前人已有论及，[①]而问题甚多，空间广大。本文吸收已有研究成果，着意探究中大语史所与上述机构在人员、建制和学术上的关联，从而揭示它在现代中国学术转型中的作用与地位。

一、人脉源流

中大语史所人员来源广泛，主要来自北大国学门、厦大国学院和清华国学院，留学回国人员也不少，他们是中大语史所的基干，有的还是中研院史语所初期的重要成员。

中大语史所由傅斯年筹办，全仗朱家骅慧眼识人。[②] 好友顾颉刚鼎力相助，并日益成为实际推动者。顾颉刚致函胡适说："语言历史学研究所虽未成立，而已有房子，书

---

① 前人研究各有侧重，如：桑兵通过考察鲁迅与顾颉刚的矛盾演变，从一个侧面揭示了北大国学门、厦大国学院和中大语史所的人脉关系；又以分析中研院史语所工作之旨趣为主线，揭示了从北大国学门到中研院史语所的学术转承，重点分析了顾颉刚与傅斯年治学旨趣的异同（《晚清民国的国学研究》，上海古籍出版社2001年版）；陈以爱理清了从北大国学门到中研院史语所的人脉源流和学术脉络，侧重于北大国学门的影响（《中国现代学术研究机构的兴起：以北大研究所国学门为中心的探讨》，江西教育出版社2002年版）；施爱东梳理了中大民俗学运动中的人事纠葛和学术转变，涉及中大语史所与北大国学门、厦大国学院、中研院史语所在民俗学上的关联（《论中国现代民俗学的学科创立和学术转型——以中山大学民俗学运动为中心》，中山大学2002年博士论文）；查晓英认为，北大国学门、厦大国学院、中大语史所在人员和考古取向上一脉相传，而清华国学院和中研院史语所的考古取向更为接近《从地质学到考古学的现代中国考古学》（四川大学2003年硕士学位论文）。已有研究虽解决了不少问题，仍有很大拓展空间。

② 朱家骅：《悼亡友傅孟真先生》，王为松编：《傅斯年印象》，学林出版社1997年版，第26页。

籍，职员，出版物，同已经成立一样，这一方面孟真全不负责，以致我又有实无名地当了研究所主任。"[①]顾颉刚做"有实无名"的所主任，原因有多方面。首先，他在北大国学门、厦大国学院任过事，有办研究所的经验，建中大语史所，他出力不少；其次，在中大语史所筹备阶段，傅斯年又忙于谋划中研院史语所，无暇兼顾，语史所便由他打理；再次，他引荐了容肇祖、钟敬文、罗常培、丁山、陈锡襄、董作宾等人入所，他们大都是他在北大国学门或厦大国学院的故旧，形成一股势力。这是鲁迅在厦大国学院指责他营植排挤的主要罪名之一，也是他与傅斯年后来闹僵的要因之一。[②]

傅斯年毕竟是所主任，人事安排并非全听顾颉刚的。江绍原因鲁迅之荐，聘任中大英语系主任。鲁迅与顾颉刚交恶，江氏担心受牵累而辞职，并函告胡适。胡适回信劝说，傅斯年仍希望他去，并说傅、顾把他看成鲁迅派"此确是"他的"误会"。胡适进一步解释说："我同孟真谈几次，都主张消除党派成见，他也极赞成，且有事实可为证。如他极力拉介泉往粤，是一事；颉刚曾荐程仰之，而孟真不用，又是一事；颉刚荐陈万里，他也不用，又是一事。此皆我所亲知，故敢引来作例。"[③]介泉（潘家洵）、程仰之（程憬）、陈万里是顾氏在北大和厦大的故交，他曾向傅氏引荐而未获聘。

1928年9月，傅斯年聘任中研院史语所所长。11月，卸中大语史所主任职，由顾颉刚代理。12月下旬，顾颉刚就任该职。

中大文（史）科教职员参加了语史所工作，理科生物系和法、预科一部分教职员也参与其事。这就突破了北大国学门以文科为主的单一性，既与厦大国学院筹备前期的情形相似——文、理、法、预科兼容，又避免了厦大国学院后期文理争锋之弊；但人事纠纷与学术分歧总是难免的，《吴歌乙集》风波和史禄国事件就是典例。[④]

中大语史所从1927年8月筹备到1930年11月停办，人事纷更：所主任有傅斯年、顾颉刚、商承祚，事务委员会委员有傅斯年、顾颉刚、余永梁、黄仲琴、马衡、徐绍棨、罗常培、容肇祖、商承祚、刘奇峰、沈刚伯、伍俶、何思敬、闻宥、葛定华、陈槑（懋）、丁山，出版物审查委员会委员有傅斯年、顾颉刚、余永梁、容肇祖、商承祚、何思敬、黄仲琴、徐绍棨、罗常培，民俗学会（组）主席（主任）容肇祖（何思敬），考古学会（组）主席（主任）商承祚，语言学会（组）主席（主任）闻宥，历史学会（组）主席（主任）沈刚伯，档案整理室主任黄仲

① 《顾颉刚致胡适》(1928年2月27日)，耿云志主编：《胡适遗稿及秘藏书信》第42册，黄山书社1994年版，第351页。

② 桑兵：《晚清民国的国学研究》，第219页。

③ 《致江绍原》(1927年10月22日)，耿云志、欧阳哲生编：《胡适全集・书信(1907—1928)》第23卷，安徽教育出版社2003年版，第538—539页。

④ 参看拙文《知行两相难：史禄国云南调查事件探析》(《学术探索》2007年第4期)、《〈吴歌乙集〉风波背后》(《民俗研究》2008年第1期)。

琴,名誉顾问有赵元任、傅斯年、陈垣、容庚、邓尔雅、何遂、谢英伯、蔡哲夫、辛树帜、童仲华。其中,七人来自北大国学门,四人来自厦大国学院,二人来自清华国学院,六人曾在国外留学。显然,北大国学门、厦大国学院的教授、学者是中大语史所的主干,留学回国人员充当要角,清华国学院的影响也不小。

清华国学院的学者、教授是至关中大语史所发展的一支重要力量。赵元任是清华国学院教授,“始于美洲习物理及逻辑,声闻一时。后专研究音乐及言语学,贡献甚多。将以方言研究辟汉语学之路。”①余永梁、杨筠如、孔德、朱芳圃均毕业于清华国学院,前三人曾编辑《国立中山大学语言历史学研究所周刊》(《语史所周刊》),余氏还是中大语史所事务委员会常务委员、中大语史所出版物审查委员会委员,协助顾颉刚起草了《本所计划书》。杨氏《尚书核诂》、余氏《金文地名考》,作为“本所周刊论文汇刊”,首印单行本。② 这是他俩毕业于清华国学院的优秀论文,③同样受到中大语史所青睐。这四人在《语史所周刊》共刊文32篇,因为他们的关系,王国维、陈寅恪、李济、徐中舒、张荫麟、姚名达、黄淬伯、卫聚贤、程憬、王庸、戴家祥、罗根泽等人在《语史所周刊》共刊文34篇。可见,清华国学院师生在中大语史所的地位不可轻忽。

在中大语史所发展中,留学回国人员举足轻重。所主任傅斯年自不必说。中大法科主任何思敬毕业于日本东京帝国大学,是中大民俗学会发起人之一,“同情”《民俗》周刊的编辑,“亦愿负责帮忙”,④是审查和编印民俗学丛书的负责人之一,后任民俗学组主任。中大生物系主任辛树帜毕业于德国柏林大学,热心中大民俗学运动。志同道合使他和顾颉刚成为至交,因而与人结怨。顾颉刚在日记里评价说:“余与树帜性格相同,事业心相同,扶植后进心切相同,故得谤亦相同。”⑤中大文科主任刘奇峰毕业于美国哥伦比亚大学,因学术分歧和党派之争,与语史所代理主任商承祚闹得很僵,商父商衍鎏在日记里有所披露:“祚儿粤教授,其主任刘奇峰与之生意见,聘书为其扣发,虽戴朱两院长有挽留之言,而尚无切实办法。缘刘氏就职后,对刊物发表学术著作,诸多干预,妨碍学术风气,更尤涉及党派,独断独行,与承祚意见相反,甚至发生口舌,关系至僵。”⑥

中大语史所的主要成员还是创办中研院史语所的班底。1928年1月,傅斯年建议中研院设史语所。3月,傅斯年、顾颉刚、杨振声任中研院史语所常务筹备员。5月5日,他们开列了一份中研院史语所拟聘研究员名单,中大语史所占了12人:傅斯年、顾

① 《本校文史科概况》,《国立第一中山大学校报》,1927年8月25日,第19页。
② 国立中山大学语言历史学研究所编印:《国立中山大学语言历史学研究所概览》,1930年,第74页。
③ 《研究院纪事》,《国学论丛》第1卷第1号,1927年6月。
④ 国立中山大学语言历史学研究所编印:《国立中山大学语言历史学研究所年报》,1929年,第127页。
⑤ 顾颉刚:《颉刚日程》(抄件),1928年12月16日。顾先生日记抄件由顾潮女士提供,谨致谢意。
⑥ 商承祚:《我的大半生》,载商志香疇编:《商承祚文集》,中山大学出版社2004年版,第561页。

颉刚、杨振声、罗常培、商承祚、容肇祖、丁山、余永梁、黄仲琴、何思敬、董作宾、辛树帜，[①]这些人大都出席了中研院史语所第一、二次会议。[②] 故可这么说，中研院史语所筹备初期实以中大语史所人员为主干。

随着中研院史语所工作的展开，傅斯年坚持“找新才”和舍弃“浮华得名之士”的原则，聘清华国学院导师赵元任、陈寅恪、李济，分任中研院史语所语言学、历史学、考古学组主任，吸收北大等名校优秀毕业生为助理研究员。至此，中研院史语所完成了人脉更新，免去许多旧的人事纠葛，加上共同的学术信念和傅斯年的组织才干，借助外部环境的渐趋稳定，迅速取得斐然成就，初步实现了中国争取世界性学术发言权的目标。[③]

二、机构演变

中大语史所的机构设置，既承袭了北大国学门、厦大国学院的规例，又有一些变化和新创，为中研院史语所的建制奠定了初基。

设中大语史所事务委员会，商同所主任，执行该委员会议决应办事件。[④] 它相当于北大国学门委员会和厦大国学院事务会议，委员九人，其中常委三人，轮流在会办公。1928 年 5 月 16 日，事务委员会开第一次会议，容肇祖、顾颉刚、黄仲琴、余永梁、马衡、徐绍棨、罗常培、傅斯年等人出席，推举顾颉刚、余永梁、黄仲琴为常委，议决所务多项。[⑤] 6 月 11 日，事务委员会开第三次会议，议决调查广西瑶族，派容肇祖、商承祚到韶关调查古迹等事。[⑥] 1929 年 1 月 8 日，组织新的事务委员会：刘奇峰、顾颉刚、商承祚、伍俶、陈楙、丁山、容肇祖、黄仲琴、余永梁。[⑦] 10 月 7 日，事务委员会人事变动，顾颉刚、余永梁、丁山离开中大，加聘沈刚伯、闻宥为委员。[⑧] 11 月 2 日，事务委员会开会，商承祚报告增添蒋径三、刘万章为本所助理员，议事多项。[⑨] 12 月 28 日，事务委员会议决改订本所系统图、规程及其他事。[⑩]

---

① 《致蔡元培、杨杏佛》(1928 年 5 月 5 日)，欧阳哲生主编：《傅斯年全集》第 7 卷，第 60—61 页。

② 王懋勤：《历史语言研究所正式成立的日期》，中央研究院历史语言研究所四十周年纪念特刊编辑委员会编：《中央研究院历史语言研究所四十周年纪念特刊》，中央研究院历史语言研究所 1968 年版，第 198 页。

③ 桑兵：《晚清民国的国学研究》，第 274 页。

④ 《国立中山大学语言历史学研究所概览》，第 16 页。

⑤ 同上书，第 62—63 页。

⑥ 同上书，第 64 页。

⑦ 同上书，第 70 页。

⑧ 同上书，第 104 页。

⑨ 同上书，第 105—106 页。

⑩ 同上书，第 109 页。

事务委员会下设文书、出版、图书、调查、庶务五股。调查股是中大语史所新创，它是吸取北大国学门、厦大国学院开展调查的经验，并使之制度化的举措。出版股负责期刊、丛书的编辑，语史所期刊主要有《语史所周刊》、《民间文艺》、《民俗》周刊三种；丛书有民俗丛书、语言文字学丛书、历史学丛书、考古学丛书，其中民俗丛书最多也最有名，共43种。

中大语史所出版物审查委员会是傅斯年函请校长戴季陶特别核准成立的，①聘顾颉刚、何思敬、徐绍棨、商承祚、罗常培、容肇祖、余永梁、黄仲琴、傅斯年任委员。② 1928年5月16日开第一次会议，推举傅斯年、余永梁审查《语史所周刊》稿件，顾颉刚、容肇祖审查《民俗》周刊稿件，顾颉刚、何思敬、黄仲琴审查民俗丛书。③ 28日开第二次会议，顾颉刚提议，今后凡经本会通过审查的出版物，无须送交学校出版物审查委员会复审，以省手续而分责任。④ 顾氏提议有针对何思敬、伍俶在学校出版物审查委员会第二次会议上反对印行民俗丛书之意。⑤ 1930年，中大语史所公布《出版物审查委员会简章》。它规定："本会为本所一切出版物审查机关，有审定应否出版，及出版先后次序全权。"⑥

成立民俗学会、考古学会、语言学会、历史学会四学会。中大语史所民俗学会兼具北大歌谣研究会、北大国学门风俗研究会和厦大国学院风俗调查会的职能，它最先成立也最有成绩，突出表现在创办《民间文艺》、《民俗》周刊和出版民俗丛书上。北大国学门、厦大国学院都成立了考古学会，前者还与日本东亚考古学会合组东方考古学协会，欲在实地发掘上有所作为，因故未果。⑦ 厦大国学院制定考古学计划，拟加入东方考古学协会，并组织发掘团，拟先在安阳发掘，亦因国学院解体而夭折。⑧ 中大语史所在广州附近石牌发掘了晋砖，⑨为小型发掘。到了中研院史语所考古学组，开展了不少的大规模现代考古发掘。中大语史所语言学会覆盖了北大国学门方言研究会的内容，而外延更广。从《语史所周刊》"切韵专号"、"方言专号"来看，语史所的语言学研究从文献考订开始转向注重语言学和方言学调查。中研院史语所语言学组以汉语方言、西南语、中央

---

① 《戴校长为语言历史学研究所组织出版审查委员会事致文科主任函》，《国立中山大学日报》1928年5月22日，第3版。

② 《本校出版物审查委员会第一次会议纪事录》，《国立中山大学日报》1928年5月12日第2版。

③ 《国立中山大学语言历史学研究所概览》，第62页。

④ 《本所纪事》，《国立中山大学语言历史学研究所周刊》第3集第32期(1928年6月6日)。

⑤ 参看拙文《〈吴歌乙集〉风波背后》，《民俗研究》2008年第1期。

⑥ 《国立中山大学语言历史学研究所概览》，第19页。

⑦ 参看桑兵：《晚清民国的国学研究》，第114—135页。

⑧ 查晓英：《从地质学到史学的现代中国考古学》，第60—61页。

⑨ 《国立中山大学语言历史学研究所概览》，第69页。

亚细亚语和语言学为工作范围，借鉴欧洲语文学派的成绩，应用科学的方法，借助实验的手段，开展了大量的田野调查，并在南京北极阁建立了语言实验室。① 历史学会是中大语史所新创，无甚建树。倒是旧书整理部和档案整理室沿袭北大国学门和厦大国学院做法，整理了一批旧书和广东民政厅旧档案。中研院史语所对明清史料的整理，规模空前，成绩卓著。②

成立民俗物品陈列室和古物陈列室，接收、整理和陈列风俗物品和古物，以资学者考证和民众观览。1929年1月1—3日，中大语史所首次举办展览会，分本所出版物、风俗物品、古器物、善本图书、碑帖、书画、档案七部，邀请社会各界人士参观。热心此事的顾颉刚在日记中写道："综计三天签名簿得四千余人，尚有不签名者约二千余人，共约七千人。此真出于意料之外者也。余常虑会不得开，今乃开成，又有此甚好成绩，此心甚慰。"③

培养研究生是中大语史所应有之义。1927—1928年，中大语史所两次颁布招生简章，皆"因校款支绌，种种设备无术举办，致未能实行招生"。顾颉刚以此为念，拟乘1929年寒假北行之机，预聘专家，暑假再在北平、上海、广州三地招考研究生30名。④ 可惜"研究所招生广告在报上登了十余天，尚无一人报名"。⑤ 嗣因顾氏辞职，中大语史所招生未果。

1929年初，中大语史所提出本所扩充屋宇意见书。⑥ 1930年4月，因经费支绌和人事变迁，中大语史所缩减规模，改订组织系统，学会改称组，学会主席改称主任。沈刚伯、闻宥、何思敬、商承祚分任历史学、语言学、民俗学、考古学组主任，增聘黄仲琴为档案整理室主任。⑦

中大语史所继承和发展北大国学门规制，拟建成一个寓学术研究、培养人才、陈列参观等于一体的现代综合性学术研究机构，中研院史语所进一步强化和完善了这一职能。1928年5月，中研院《历史语言研究所工作之旨趣》(《旨趣》)颁布，将该所工作分为九组。⑧ 10月，中研院史语所正式成立，设八组。⑨ 1929年6月，裁并为历史学、语言学、考古及人类学三组。8月，接收北平历史博物院。⑩ 后来，中研院社会科学研究所民族

① 李泉：《傅斯年学术思想评传》，北京图书馆出版社2000年版，第127页。

② 同上书，第115—117页。

③ 顾颉刚：《颉刚日程》(抄件)，1929年1月3日。

④ 《本校语言历史学研究所最近进行》，《国立中山大学日报》1929年1月11日第2版。

⑤ 《顾颉刚致胡适》(1929年8月20日)，耿云志主编：《胡适遗稿与秘藏书信》第42册，第370页。

⑥ 《语言历史学研究所扩充计划》，《国立中山大学日报》1929年1月18日第1版。

⑦ 《语言历史学研究所之新组主任》，《国立中山大学日报》1930年4月8日第2版。

⑧ 《历史语言研究所工作之旨趣》，欧阳哲生主编：《傅斯年全集》第3卷，第11页。

⑨ 《国立中央研究院历史语言研究所十七年度报告》，欧阳哲生主编：《傅斯年全集》第6卷，第12—16页。

⑩ 王懋勤：《历史语言研究所正式成立的日期》，《中央研究院历史语言研究所四十周年纪念特刊》，第2页。

学组并入语史所，为第四组。中研院史语所在大陆时期，吸纳了一批中国文史学界精英，也培养了不少文史学人才，成为中国现代学术研究机构的典范。

三、学术传承

中大语史所明确标举语言历史学，从笼统的国学研究转向综合的史学研究，民俗学、语言学、考古学、人类学成为史学的辅助学科。中研院史语所进一步贯彻傅斯年的“史学便是史料学”理念，迅速取得实效，跃居当时中国文史学界主流之一。

中大语史所和一般以“国学”命名的研究机构不同，与傅斯年对国学的态度有关。早在 1918 年北大文科师生“研究国故”讨论中，傅斯年赞成并首次使用了“整理国故”一词，后被胡适援引，进而发展为一场全国性学术文化运动。[①] 整理国故运动如火如荼之际，远在欧洲的他提出“绝国故”主张。[②] 创办中大语史所，他一反“国学”命名的时风，另树一帜。在《旨趣》中，他明确反对“国故”、“国学”、“中国学”等名词，认为：“世界上无论那一种历史学或那一种语言学，要想做科学的研究，只得用同一的方法，所以这学问断不以国别成逻辑的分别，不过是因地域的方便成分工。”[③]其深意在改变中国固有的治学之道，建立“科学的东方学之正统在中国”。[④]

傅斯年一向重视语言学和历史学的关系。北大读书时，他认定“语言文字为读一切书的门径”，推崇中国传统考据方法，希望以西洋方法来补其不足：“若直用朴学家的方法，不问西洋人的研究学问法，仍然是一无是处，仍不能得结果。”[⑤]留学后，他醉心欧陆语文学派的治史方法，尤钦服法国伯希和(Pelliot)和瑞典高本汉(Karlgren)。[⑥] 傅斯年之所以偏爱“科学的语言学”，是因为“讲历史，归根总要讲到思想史；讲到思想史，原始的材料就是语言，这一中心观点不但解释了历史与语言的研究为什么分不开，由此也可看出，蕴藏在他内心最深密处为他最关切的学术问题，实是中国民族文化的原始阶段及其形成的主动力量。这一问题所牵涉的，除了历史学语言学，还有民族学与体质人类学。”[⑦]

---

① 陈以爱：《中国现代学术研究机构的兴起——以北大研究所国学门为中心的探讨》，第 30—37 页。

② 《致李石曾、吴稚晖》(1927 年 5 月 16 日)，欧阳哲生主编：《傅斯年全集》第 7 卷，第 48 页。

③ 《历史语言研究所工作之旨趣》，欧阳哲生主编：《傅斯年全集》第 3 卷，第 9 页。

④ 桑兵：《晚清民国的国学研究》，第 276 页。

⑤ 傅斯年：《清代门径书几种》，《新潮》第 1 卷第 4 号(1919 年 4 月 1 日)。

⑥ 罗家伦：《元气淋漓的傅孟真》，王为松编：《傅斯年印象》，第 11 页。

⑦ 李济：《傅孟真先生领导的历史语言研究所——几个基本观念及几件重要工作的回顾》，王为松编：《傅斯年印象》，第 109 页。

傅斯年和顾颉刚论中国古史，认为过去史学和考订学成绩不多，“而语文学那面竟有无数的获得。但是，这语文学的中央题目是古音，汉学家多半‘考古之功多，审音之功浅’，所以最大的成绩是统计的分类通转，指出符号来，而指不出实音来。现在尚有很多的事可作”。[①] 这应是傅斯年将语言学置于历史学之前的一个考虑，但主要还是受欧洲语文学派的影响，用语言比较方法来研究史学。傅斯年称羡顾颉刚，却不想追摹其后，而欲另辟蹊径，成就自己的学术威名。[②]

从中大语史所到中研院史语所，傅斯年办研究所的意图一以贯之。

首先，强调“集众的研究”。民初以来，建立学术研究机构成为学界共识，出现北大国学门，效者蜂起。中大语史所揭举“集众的研究”旗号，使学术研究机构的性能更为鲜明。在《旨趣》中，傅斯年诠释了“集众的工作”样式的意义：“历史学和语言学发展到现在，已经不容易由个人作孤立的研究了，他既靠图书馆或学会供给他材料，靠团体为他寻材料，并且须得在一个研究的环境中，才能大家互相补其所不能，互相引会，互相订正，于是乎孤立的制作渐渐的难，渐渐的无意谓，集众的工作渐渐的成一切工作的样式了。”在傅斯年看来，“这集众的工作中，有的不过是几个人就一题目之合作，有的可就是有规模有系统的研究。”无论规模大小，“只要其中步步都是做研究工夫的，便不会流成‘官书’的无聊。”[③]

其次，力扩研究范域。中大语史所致力于语言学、民俗学、人类学、考古学、文籍考订学和历史学研究，创设人类学馆、历史博物馆，融贯中西新旧；新修广东通志、语言及国语教育法研究、公文研究，既符合中大服务社会的办学宗旨，又不悖傅斯年改革中大文史科的初衷：“至于不得不有之国文系，已改为中国语言文学系，但思为中学校造几个教中国话——不容易——的教员而已。”[④]后来，他进一步提出“史学便是史料学”，追求研究材料、方法和工具的不断扩充，使中研院史语所在考古发掘、语言学、方言学、民族学、人类学调查、明清史料整理等方面卓有成效。

再次，注重研究队伍的学术水准。中大语史所已聘九位指导教授都是中外学术界顶尖高手，除了傅斯年、顾颉刚、赵元任、何思敬外，高本汉是“瑞典古登堡大学教授，为现在世上研究汉语流变之最大家”。史禄国(Shirkogoroff)是“俄国人类学家，前厦门大学教授，英国亚洲协会会员，在满洲实地工作多年”。吴梅是“前北大东大教授，为中国

---

① 傅斯年：《与顾颉刚论古史书》，《国立中山大学语言历史学研究所周刊》第2集第13期(1928年1月23日)。

② 杜正胜：《从疑古到重建——傅斯年的史学革命及其与胡适、顾颉刚的关系》，台北《中国文化》第12期，1995年12月。

③ 《历史语言研究所工作之旨趣》，欧阳哲生主编：《傅斯年全集》第3卷，第11—12页。

④ 《致李石曾、吴稚晖》(1927年5月16日)，欧阳哲生主编：《傅斯年全集》第7卷，第48—49页。

研究词曲律则之最大家，著作久行于世”。马衡是“北大考古学教授，北大古物之搜集，由其一手成之”。俞大维“在欧洲留学者中，公推为天资最高、学业最博者”。[①] 中研院史语所后来居上，萃集了一大批中国文史学界精英。

作为左右中大语史所的两强，傅斯年和顾颉刚的学术理念大同小异，具体做法则有不同。《语史所周刊》的《发刊词》，不仅揭示了中大语史所的学术精神，也反映了它与北大国学门、厦大国学院、中研院史语所的学术传承关系，是理解顾颉刚治学路向及其与傅斯年学术理念异同的钥匙。[②] 顾颉刚治学主要用“历史演进的方法”、“用证据去修改假设的方法”，解决了中国古史的许多问题，但前者只能在较浅层次中寻找事物的来龙去脉，而不能揭示历史的真相，只能起到破坏非信史的作用，而不能直接从事信史的建设，发展到极端甚至对重建信史有负面影响；后者虽是一个科学方法，但他在提出“假设”时，往往使用“默证”，亦影响其结论的科学性。[③]

傅斯年的治学路向有别于顾颉刚。钱穆认为，顾氏史学渊源于崔述的《考信录》，以“疑古”为务。傅氏“似尚有迥异于此者。如其以历史语言二者兼举，在中国传统观念中无此根据。即在西方，亦仅德国某一派之主张”；在中国，“尤属创新”。他主持中研院史语所在地下发掘与甲骨文研究两门，“皆确然示人以新观念，新路向。”他“心中之史学前途，则实不限于此两者”。[④] 钱穆所论大致确当，但傅斯年将语言历史学并举的想法或许来自德国，心目中的典范却在法国。[⑤]

中大语史所“以作语言与历史之科学的研究，并以造成此项人才为宗旨”。[⑥] 在这里，“科学”主要指研究对象、研究方法和研究精神。中大语史所在民俗学、考古学、语言学、人类学、历史学领域，从事科学研究，传承和发展了北大国学门的新学术事业。

董作宾主编《民间文艺》，提出研究“民间文艺”具有“学术的”、“文艺的”、“教育的”目的，[⑦]继承和发展了北大歌谣研究会追求“学术的”、“文艺的”精神。[⑧] 他对“民间”的诠释，“不限于汉族”，而包含“中国领域内的一切民族”，既突破了北大歌谣研究会专注于汉族的狭隘，又大大扩充了厦大国学院风俗调查会想调查“有特别文化的人群（如曲蹄，畲民等）”的范围。[⑨] 他对“文艺”的理解，“不限于韵文”，而广包一切民族的一切文艺形

① 《本校文史科概况》，《国立第一中山大学校报》1927 年 8 月 25 日第 19 页。

② 参看桑兵：《晚清民国的国学研究》，第 268—274 页。

③ 张书学：《中国现代史学思潮研究》，湖南教育出版社 1998 年版，第 207—209 页。

④ 钱穆：《八十忆双亲·师友杂忆》，三联书店 1998 年版，第 167—168 页。

⑤ 桑兵：《晚清民国的国学研究》，第 275 页。

⑥ 《国立中山大学语言历史学研究所年报》（1929 年）。

⑦ 董作宾：《为〈民间文艺〉敬告读者》，载苑利主编：《二十世纪中国民俗学经典·学术史卷》，社会科学文献出版社 2002 年版，第 296 页。

⑧ 《发刊词》，《歌谣》第 1 号（1922 年 12 月 17 日）。

⑨ 林幽：《风俗调查计划书》，《民俗》第 7 期（1928 年 5 月 2 日）。

式，本身就是一种观念变革："在我们的眼眶中，歌谣、谚语的价值，不亚于宋词、唐诗；故事、传说的重要，不下于正史、通鉴；寓言、笑话，不让于庄生东方的滑稽；小曲、唱书，不劣于昆腔乐府的美妙。因为这是民族精神所寄托，这是平民文化的表现。"[①]与刘复论《尚书》和小唱价值的"大"、"小"有异曲同工之妙，[②]其实质就是一种学术平等的眼光。董作宾来自北大国学门，自然懂得学术平等的意义，故将征集、发表、整理、研究中国全民族文艺视为《民间文艺》的惟一使命。十年后，他说："吾道南矣。"[③]

钟敬文作为北大和中大的民俗学运动的亲历者，认为后者"不仅仅"是前者的"一般继续，而且是大踏步前进了。"[④]杨堃考察中国民俗学史，认为中大民俗学运动"原是一种新史学运动，故较北大时期的新文学运动的民俗学运动，已经不同，已有进步。这是代表两个阶段，亦是代表两个学派的"。[⑤] 自从梁启超提倡"新史学"以来，中国学者的治史观念、方法、对象、范围大变。顾颉刚从北大国学门到中大语史所的学术经历，就是他借助民俗学来研究史学，提倡民史的过程。[⑥] 傅斯年将中大语史所提倡的西南民族调查研究进一步落实并扩大，在全国范围内开展了语言学、民族学、人类学调查，发掘殷墟和其他古遗址，为古史重建提供了现实的和历史的依据。

从搜购古物、访古调查到实地发掘，表明中国考古观念在更新，考古方法在进步。1928 年 10 月，中研院史语所试掘殷墟成功。傅斯年在报告此事时，强调现代考古"不仅在于文字"，还要获得"无文字之器物"，更要获取"地下情形之知识"；否则，"所得者一，所损者千矣。"[⑦]他大胆聘用哈佛大学人类学博士李济主持考古学组，采用现代田野考古方法和技术，标志中国考古学现代转型。

北大国学门开始懂得语言学调查的重要，林语堂起草的《方言调查会宣言书》被视为中国现代语言学研究的里程碑，标志现代方言调查的起步。[⑧] 中大语史所囿于人力和技能，方言调查停留在纸面上。到了中研院史语所语言学组，在全国范围内广泛开展了各民族语言调查，收获不少。

民俗学、民族学、人类学、考古学、语言学作为历史学的辅助学科，为史学研究提供了丰富的材料、方法和工具。中国过去做学问往往以正史和官书为材料，顾颉刚为中大

---

① 董作宾：《为〈民间文艺〉敬告读者》，载苑利主编：《二十世纪中国民俗学经典・学术史卷》，第 297 页。

② 刘复：《敦煌掇琐叙目》，《北京大学研究所国学门周刊》第 3 期（1925 年 10 月 28 日）。

③ 董作宾：《〈看见她〉之回顾》，《歌谣》第 3 卷第 2 期（1937 年 4 月 10 日）。

④ 钟敬文：《重印〈民俗〉周刊序》，《钟敬文学术论著自选集》，首都师范大学出版社 1997 年版，第 618 页。

⑤ 杨堃：《我国民俗学运动史略》，《民族学研究集刊》第 6 期（1948 年 6 月）。

⑥ 桑兵：《从眼光向下回到历史现场——社会学人类学对民国史学的影响》，《中国社会科学》2005 年第 1 期。

⑦ 《国立中央研究院历史语言研究所十七年度报告》，欧阳哲生主编：《傅斯年全集》第 6 卷，第 10—11 页。

⑧ 陈以爱：《中国现代学术研究机构的兴起——以北大研究所国学门为中心的探讨》，第 106 页。

购求图书，突破传统观念，将搜购的图书分为经史子集及丛书、档案、地方志、家谱、社会事件之记载、个人生活之记载、账簿、中国汉族以外各民族之文籍、基督教会出版之书籍及译本书、宗教及迷信书、民众文学书、旧艺术书、教育书、古存简集、著述稿本、实物之图像16类，[①]大大拓展了史料来源。傅斯年提出"史学便是史料学"，表明中研院史语所的努力方向是："扩充材料，扩充工具，以工具之施用，成材料之整理，乃得问题之解决，并因问题之解决，引出新问题，更要求材料与工具之扩充，如是伸张，乃向科学成就之路。"[②]从而迅速取得实效。

四、结　语

中大语史所以北大国学门、厦大国学院的学者、教授为骨干，这就使它基本沿着这两个机构一线下来的学术路向而发展。留学回国人员和清华国学院师生的加盟，注入了大量多元的新学术理念，使得中大语史所的机构建制和学术精神，既有传承的一面，又有新创、变化和发展的另一面。也正是由于中大语史所人脉牵连广泛，加上学人的经历、志趣、性格、气质、办事作风等不免异同，出现人事纠葛和学术分歧交织，使得它的发展跌宕起伏。

从中大语史所发展而来的中研院史语所，先因后创，在人员结构上，割断旧的人脉，倾注新鲜血液，以留学欧美的清华国学院导师为中坚，吸收北大等名校毕业的研究生为基干；在机构设置上，化繁就简，集中人力、物力和财力，重点破解语言学、历史学、考古学难题；在学术理念上，进一步确立傅斯年的"史学便是史料学"、"现代的历史学研究已经成了一个各种科学的方法之汇集"[③]观念，沿着找寻新材料、发掘新问题、援引新工具的路线，在考古学、语言学、历史学、民族学、人类学等领域，取得重大突破。

从北大国学门到中研院史语所，既是现代中国学术的转型过程，也是中国现代学术体制确立的过程。中大语史所承上启下，完成了人脉转移和机构转换，实现了从笼统的国学研究向综合的史学研究的转变，据有转换中枢地位。中研院史语所的建立和发展，标志中国现代学术体制的确立。

（原载《史学月刊》2009年第10期）

---

① 顾颉刚：《卷头语》，《图书馆周刊》第6卷第1—4期合刊(1929年2月1日)。

② 《国立中央研究院历史语言研究所十七年度报告》，欧阳哲生主编：《傅斯年全集》第6卷，第9页。

③ 《历史语言研究所工作之旨趣》，欧阳哲生主编：《傅斯年全集》第3卷，第7页。

国立中山大学“现代史学派”与中国现代史学研究的“社会科学化”

曹天忠　杨思机

缘　起

时下大陆史学界流行一种有如钱锺书先生在《围成》所描述的婚姻现象，已在史学界内部的学人想冲出去，而外界的其他学科的人欲攻进来。史学跨学科研究，与其他社会科学交叉之议，再度洋洋盈耳，并在管理制度层面直接影响学术研究。其实，近代以来，史学一直有追求与社会科学结盟、互补的愿望。学科发展的总体趋势是综合化和专业化结合，至于以何者为主，取决于学术的内在发展逻辑及外在的社会需要。史学的社会科学化事关本学科的专业性与开放性、广博与专精、理论研究与具体实践、学术性与现实性等一系列棘手而又不得不直面的难题。在学术史上，这方面的经验教训十分深刻，值得认真总结和反思。著名学者朱谦之为首在国立中山大学开创的“现代史学派”与现代史学社会科学化及其得失，[①]即为显例。

20 世纪 30 年代，日本侵华，民族危机空前严重，搅乱了原有的中国学术逐渐由传统

① 目前关于朱谦之史学研究的论著，可分为两大类：第一，史学理论与史学史，偏重理论分析，如许冠三的《新史学九十年》（出版于 20 世纪 80 年代末，湖南长沙岳麓书社 2003 年重印）第五卷专置一章评述朱氏之史学理论，侯云灏的《20 世纪前期中国史学流派略论》（《史学史研究》1999 年 2 期），张书学的《中国现代史学主潮论纲》（《山东大学学报（哲学社会科学版）》2000 年第 6 期），周文玖的《朱谦之的史学理论及其史学史研究——以在中山大学的教研活动为中心》（《齐鲁学刊》2005 年第 1 期）。第二，学术活动和年谱一类，如黄义祥的《中山大学史稿：（1924—1949）》（广州：中山大学出版社，1999 年），第三章“各学院的教学和学术活动概况”，黄夏年的《朱谦之著述目录》（《世界宗教研究》1999 年第 2 期）李岚的《朱谦之的现代史学观》（《中山大学研究生学刊（社会科学版）》1999 年第 2 期，桑兵的《二十世纪前半期的中国史学会》（《历史研究》2004 年第 5 期），华东师范大学博士生张国义的《朱谦之先生学术年谱》（《世界宗教研究》2004 年第 3 期）。其博士论文《朱谦之学术研究》已通过答辩，是对朱氏一生学术研究的系统论述。其中第二章第三节另立门户的《现代史学理论》，涉及了现代史学理论的基本观点、成就与不足。这些研究注意结合其史学理论与实践，并理清学术活动的人脉关系。关于近代中国史学社会科学化的相关研究，主要有桑兵《大学史学课程的设置与学风转变》，《晚清民国的国学研究》（上海古籍出版社 2001 年）；王晴佳《中国史学的科学化——专科化与跨学科》，罗志田主编：《20 世纪的中国：学术与社会 · 史学卷》（下）（山东人民出版社 2001 年）。但两书均未涉及“现代史学派”的有关内容。

向现代转变的正常秩序,但学术风气也为之一变。“那就是一切为国家,一切为民族,眼光由故纸堆,或书本上,放开到整个现实上,虽然历史学术离不开故纸堆,离不开书本,但眼光却必须放开到面前的现实上,目标必须放到国家民族上。”[①]在这一方面,素有民族传统、反抗强权的岭南及其学界转变较早,而且明显。30 年代初,国人对中日矛盾上升的不同反应,大体上存在北方妥协、中部消极、南方坚决的特点。宁粤对立,西南对日态度强硬,十九路军英勇杀敌,中山大学因师生激烈的抗日活动被称为“抗日大本营”,[②]广东又一次成为全国关注的焦点,成为不少抗日志士栖身之所和学人寻求抗日图存的文化根据地。朱谦之就是其中一员。1931 年,朱谦之从日本留学回国,即任上海国立暨南大学教授。次年,“一·二八”事变,有“胡虏不灭,何以为家”气概的朱谦之当即犒捐三个月薪金支持抗日。暨大遭此劫难关停,他流亡法租界,有切肤之痛。国民政府与地方当局对抗日的消极态度以及取缔救亡活动,使其甚为不满;而来自广东的十九路军英勇抗敌,令他印象极为深刻。[③] 而此前,好友胡也频被当局捕杀,[④]也增加其对南京国民政府的不满,决心前往广东。

历史学不但“科学化而且时代化”,[⑤]这是朱氏史学思想的两个要点。科学化,尤其是社会科学化,引入进化论,求出社会发展的一般法则,是历史研究要结合社会现实的一种理论阐释和理论准备;时代化,实则是史学社会科学化在现代史学研究领域的实际运用。朱谦之在国立中山大学提倡抗日的南方文化运动,开展现代史学运动,颁发《备战历史教育大纲》,提出联系实际,与考据和复古相对立的“考今”的口号等,无一不是史学研究转向现实的反映。而这些又与他所领导的现代史学研究社会科学化密切相关。

一、课程改革

1932 年 8 月,朱谦之南下广州就任中山大学史学系主任。他后来回忆虽言及到中大的第一桩事是组织史学研究会和提倡现代史学运动,[⑥]不过先于二者进行的却是以社

---

① 孙本文等著:《中国战时学术》,正中书局 1946 年版,第 133 页。

② 邹鲁:《办理国立中山大学》上,收入氏著《回顾录》,国立中山大学校友会编:《邹鲁全集》第 2 卷,三民书局 1976 年版,第 383 页。

③ 《奋斗廿年》,黄夏年主编:《朱谦之文集》第 1 卷,第 73 页。以下简称《文集》。

④ 关于朱谦之与胡也频的关系,可参见凌宇:《沈从文传》,北京十月文艺出版社 1988 年版,第 271 页;及《文集》第 1 卷,第 69 页。

⑤ 《文集》第 2 卷,第 159 页。

⑥ 《奋斗廿年》,《文集》第 1 卷,第 75 页。

会科学化为中心的改革课程。这既为朱氏所误记和漏记，更为研究者所忽略。[①] 课程内容变更后，起到动员学生参与现代史学运动的作用，中大史学研究风气也为之一变，由原来偏重民俗与考古研究和语言历史学，转而注重史学理论、近代史、文化史，为史学的社会科学化先鞭一着。

朱谦之改革史学系课程，力度大，内容丰富，种类繁多。他曾在文学院会议上报告本系课程编订的要旨：“（甲）史学为社会科学之一种，故史学系课程应多备社会学科课目。（乙）注重文化史与近代史之研究。（丙）中国各部通史，应定为必修课目。”[②]再加上“注重史学理论”。[③] 从课程结构看，明显地贯彻了这一指导思想（表一、表二）。

表一　中山大学史学系课目分类表

课组	课目名称	年级	学期	必修	选修	每周钟点	学分	备考
史学理论组	史学概论	1	2	√		2	4	
	史学方法论	2	2	√		2	4	
	历史哲学	3	2	√		2	4	
	中国史学导论	2	2	√		2	4	
	中国史学史	4	2	√		2	4	
	西洋史学史	34	1		√	2	2	
	历史教学法	2 4	1		√	2	2	与教育学系合
	专题研究		1		√	2	2	
文化史组	史学文化史	3	1	√		3	3	
	世界文化史（包含下列）							
	世界古代文化史	2	2	√		3	6	
	世界中世文化史	2	2	√		2	4	
	世界近世文化史	2	2	√		3	6	
	世界现代文化史	4	1	√		2	2	
	中国文化史（包含下列）							
	中国古代文化史	1	2	√		3	6	
	中国中世文化史	2	2	√		3	6	
	中国近世文化史	3	2	√		3	6	
	中国现代文化史	4	1	√		2	2	
	中国民族史	2 3 4	1		√	3	3	

① 周文玖：《朱谦之的史学理论及其史学史研究——以在中山大学的教研活动为中心》，《齐鲁学刊》2005 年第 1 期。

② 《国立中山大学文学院会议录》第 1 集，广州：国立中山大学出版部，1933 年，第 35 页。

③ 《国立中山大学文学院概览 · 史学系》，广州：国立中山大学出版部，1933 年，第 59 页。

续表

文化史组	中国语言文字史	2 3 4	1		√	3	3	
	中国宗教史	2 3 4	1		√	3	3	与中国中世文化史兼修
	西洋宗教史	2 3 4	1		√	3	3	与中国中世文化史兼修
	中国哲学史	2 3 4	1		√	3	3	与哲学系合，钟点照定
	西洋哲学史	2 3 4	1		√	3	3	
	中国艺术史	2 3 4	1		√	3	3	
	西洋艺术史	2 3 4	1		√	3	3	
	中国社会史	2 3 4	1		√	3	3	与社会学系合
	中国政制史	2 3 4	1		√	3	3	可与法学院合，钟点照定
	西洋政制史	2 3 4	1		√	3	3	
	中国法律史	2 3 4	1		√	3	3	
	西洋法律史	2 3 4	1		√	3	3	
	中国经济史	2 3 4	1		√	3	3	
	西洋经济史	2 3 4	1		√	3	3	
	中国教育史	2 3 4	1		√	3	3	与教育学系合，钟点照定
	西洋教育史	2 3 4	1		√	3	3	
	中外工艺史	2 3 4	1		√	3	3	
	中外文化交通史	2 3 4	1		√	3	3	
世界史组	西洋通史							
	中国历代史研究(下含)				√	3	3	
	殷周史	1 2	1		√	3	3	
	秦汉史	1 2	1		√	3	3	
	魏晋南北朝史	1 2	1		√	3	3	
	隋唐五代史	1 2	1		√	3	3	
	宋辽金史	3 4	1		√	3	3	
	元史	3 4	1		√	3	3	
	明史	3 4	1		√	3	3	
	清史	3 4	1		√	3	3	
	中国史部名著研究(下含)	2 3 4	1		√	3	3	
	史记汉书资治通鉴等	2 3 4	1		√	2	2	
	史通研究等	2 3 4	1		√	2	2	
	地方志研究等	2 3 4	1		√	2	2	
	西洋史部名著研究(A. Livy：*The History of Rome*；B. Buckle：*History of Civilization in England*)	2 3 4	1		√	2	2	本课目可与第一外国语合
	欧洲史	2 3 4	1		√	3	3	

续表

	亚洲史	234	1		√	3	3	
	美洲史	234	1		√	3	2	
	犹太史	234	1		√	3	2	
	希腊史	234	1		√	3	2	
	罗马史	234	1		√	3	2	
	印度史	234	1		√	3	2	
	法国史	234	1		√	3	2	
	德国史	234	1		√	3	2	
	俄国史	234	1		√	3	2	
	欧洲新兴诸国史	234	1		√	3	2	
现代史组	中国近百年史	1	2	√		3	6	
	欧美近百年史	2	2	√		3	6	
	中国近百年外交史	3	2	√		3	6	
	世界近百年外交史	4	2	√		3	6	
	中国民族运动史	234	1		√	2	2	
	法国革命史	234	1		√	2	2	
	俄国革命史	234	1		√	2	2	
	意大利现代史	234	1		√	2	2	
	美国现代史	234	1		√	2	2	
	日本现代史	234	1		√	2	2	
基本科学组	天文学概论	23			√			与数理天文系合
	地史学	23			√			与地质学系合，钟点照定
	古生物学	12			√			与社会学系合
	人类学	23			√			
	文化人类学	23			√			
	比较宗教学	12			√			
	社会科学概论	12			√			
	社会进化史	12			√			
	民俗学	12			√			与社会学系合
	统计学	12			√			
	人文地理学	12	1		√	3	3	与地理学系合
	文化哲学	34	1		√	2	2	与哲学系合
	文化社会学	12	1		√	2	2	与社会学系合
辅助科学组	考古学	234	1		√	2	2	
	中国史部目录学	123	1		√	2	2	
	西洋史部目录学	234	1		√	2	2	
	中国历史地理	234	1		√	2	2	
	中外交通地理	234	1		√	2	2	
	年代学	234	1		√	2	2	
	校勘学	234	1		√	2	2	

续表

	乐律学	2 3 4	1		√	2	2	
	古历学	2 3 4	1		√	2	2	
	古器物学	2 3 4	1		√	2	2	

注：以上分类表根据国立中山大学文学院编印《国立中山大学文学院课程总目·第三·史学系》(1933年1月8日，第52—60页)有关资料整理而成。

表二　中山大学史学系课目分级表

年级必修	担任教员	上学期		下学期		备考
1.一年级必修		钟点	学分	钟点	学分	
史学概论	朱谦之	2	2	2	2	
中国通史	萧鸣籁	3	3	3	3	
西洋通史	陈廷璠	3	3	3	3	
中国古代文化史	萧鸣籁	3	3	3	3	
中国近百年史	萧鸣籁	3	3	3	3	上期暂停
2.二年级必修						
史学方法论	朱谦之	2	2	2	2	
中国史学导论	朱希祖	2	2	2	3	
世界古代文化史	陈廷璠	3	3	3	2	
世界中世文化史	陈廷璠	2	2	2	3	
欧美近百年史		3	3	3	3	上期暂停
中国中世文化史		3	3	3	3	
3.三年级必修						
历史哲学	朱谦之	2	2	2	2	
史前文化史				3	3	
世界近世文化史	陈廷璠	3	3	3	3	
中国近世文化史		3	3	3	3	上期暂停
中国历代史研究	朱希祖	3	3	3	3	本年开“元明史”
中国近百年外交史	何襄明	3	3	3	3	
4.四年级必修						
中国史学史	容肇祖	2	2	2	2	
世界现代文化史				2	2	
中国现代文化史		2	2			暂停
中国历代史研究	朱希祖	3	3	3	3	本期开“元明史”，与三年级合
世界近百年外交史	何襄明	3	3	3	3	

本系选修课目				
名称	担任教员	钟点	学分	备考
专题研究	朱谦之	2	2	
中国文字史	容肇祖	3	3	

续表

西洋艺术史	张源祥	2	2	
中国政制史	萧鸣籁	3	3	
中国史部名著研究 A. 史汉研究 B. 史通研究	 萧鸣籁 朱希祖	 2	 2	
法国革命史	吴　康	2	2	
文化哲学	朱谦之	2	2	与哲学系合
中国史部目录学	容肇祖	2	2	
中国古器物研究	容肇祖	2	2	
	他系选修课目			
中国哲学史	谭太冲			
西洋哲学史(下含) 古代哲学史 近代哲学史	吴　康 曹汝匡			与哲学系合
中国社会史	黄菩生			与社会学系合
中国教育史 西洋教育史				与教育学系合
生物学				
人类学				
社会科学概论				
社会进化史				
社会心理学				
民俗学				
统计学				

以上表格根据《国立中山大学文学院课程总目·第三·史学系》(1933年1月8日,第60—64页)有关资料整理而成。

从上表可知,史学系课目分类包含史学理论、文化史、世界史、现代史、基本学科与辅助学科五大部分,实是课程的总目和范围,不一定每门都付诸课堂实践。必修课则是在课目表中史学理论、文化史、世界史、现代史内容基础上精选出来,按本科四个学年逐级讲授;系内外选修课则属于课目表中的基本学科和辅助学科。无论课目结构,还是必修课和选修课,都有明显的史学社会科学化色彩。大体而言,有两方面值得注意:第一,必修课程内容体现了史学与社会科学的密切关系;第二,选修课具有跨系科开设的特点。

关于前者,可举朱谦之亲自开设的史学方法论、历史哲学和萧鸣籁之中国通史的课程说明书为例,加以论证。史学方法论,二年级必修,一学年,四学分。1932年上期讲历史进化的方法,下期讲历史构成的方法,“即前者研究社会科学所共同采用之历史方法，后者为历史科学所特别采用以建设历史的方法”。上期讲稿又分六章：一、什么是历史方法；二、史的心理主义与史的论理主义；三、历史论理学；四、历史心理学；五、历史统计学；六、社会科学与历史方法。[①] 历史哲学，三年级必修，一学年，四学分。本课宗旨“在史实的混沌中，寻出社会现象之根本法则，并叙述各种史观而加以批评”。内容分八章：一、历史哲学的概念；二、历史哲学的历史；三、神学的历史哲学；四、形而上学的历史哲学；五、社会的科学的历史哲学（上）；六、社会的科学的历史哲学（下）；七、新理想的生命的历史哲学（上）；八、新理想的生命的历史哲学（下）。[②] 中国通史，一年级必修，一学年，六学分。本学程“从经济、政治、民族、制度、民俗、学术、艺文、科学、军事、外交上观察，加以叙述，但分编于各代，不另标目，随各代之事实，加以详略。大要在断以求通：断以支配材料，可免陷于主观之察；通则提前叙后，可以窥测因果之关系”。[③]

与文学院的社会学、哲学、教育学诸系合作，跨系开设课程。朱谦之打破常规，将史学系的基本学科，如社会科学概论、社会进化史、社会伦理学、生物学、人类学、人种学、民俗学、统计学等课程，与社会学系合并讲授，不再另设。[④] 一方面固然是为了呼应1932年初，与其有相近理念、日后以史学闻名的周谷城接任社会学系主任，对教学内容作了倾向社会科学化，尤其是史学化的调整：“第一年应注重各种与社会学相关之预备科学，如经济学、心理学概论、人类学、文化史等。第二年则重社会学方面之理论的研究，如社会思想史、社会学史、现代社会科学之新理论等。第三年则偏重实践方面，应研究社会问题、社会政策、社会运动史、社会调查及统计等。第四年应注重各种专门问题之研究，如土地问题、财产问题、婚姻问题等。”[⑤]另一方面，更重要的理由是，朱谦之认为，“史学因社会学化而范围愈广，社会学也只有史学化才能深刻。因此，希望史、哲、社三个兄弟系在精神上学问上联成一气，使社会学家同时为哲学家、史学家，而哲学家或史学家亦同时兼其他二种专门学家。”[⑥]他甚至说社会学创始人“孔德本把‘社会学’这个名词，来命名社会的一切现象的科学，所以社会学在习用上差不多即等于社会科学；而历史学即为社会科学之一。所以社会学的方法，实际也就是历史学的方法”。[⑦] 30年

---

① 《国立中山大学文学院课程总目·第三·史学系》，第 65 页。

② 同上书，第 65—66 页。

③ 同上书，第 67 页。

④ 《朱主任谦之关于史学系的报告原文》，《国立中山大学日报》1933 年 12 月 20 日。

⑤ 黄义祥：《中山大学史稿（1924—1949）》，中山大学出版社，1999 年，第 181 页。

⑥ 《文学院历哲社三学员生同乐记》，《国立中山大学日报》1932 年 12 月 26 日。

⑦ 朱谦之：《什么是历史方法？》，《现代史学》第 1 卷第 1 期（1933 年 1 月 10 日）。《现代史学概论》第六章“什么是历史方法”，《文集》第 6 卷，第 120 页。以下征引该书有关章节，第一次出现均注明其原载《现代史学》卷、期数。

代,中国学界对社会学与社会科学这两种学科内涵也往往模糊不清,互相混用。[①] 有意思的是,朱谦之首次受聘中大时为社会学系,[②]而非史学系,表明其知识广博性与两栖性。既然社会学与社会科学基本相同,而史学又是社会科学之一,因而,史学系与社会学系之间跨专业,共同合作开设课程,就充分反映了朱谦之史学课程社会科学化的主张。

与哲学系合开的文化哲学,则成为各科课程交叉的理论基础。除采取教学行政制度的措施外,朱谦之还在理论上提供各科交叉的依据。他亲自开设面向文学院学生的选修课,在文化哲学的层面上,将史学、哲学、社会学和教育学四系的课程和学生联结起来,提出“现代史即为文化史”的观点。1933 年 9 月,朱氏出版的《文化哲学》,向为研究者重视,誉为朱氏的最有创见的著作。但初始时只不过是一部跨系选修课的讲稿,主要论及文化哲学与哲学、历史学、社会学、教育学等社会科学的重大关系。作者云:“因为本课目原为哲学系四年级而设,而依选课的经验,还是社会学系史学系教育系占大多数,所以为引起各种不同选课者的兴趣,我应该先从各方面陈述一下文化哲学和各种不同学科的重大关系。”就哲学方面观察,“从文化着眼,则哲学正是一切智识的总汇,学问的指南针;而且从另一方面来看,又是革命的指导者。当代的哲学趋势,已经不为观念论,不为唯物论,而为倾向于有较大的涵盖性的文化论,即文化哲学”。从历史学方面来说,“现代史即为文化史,而文化哲学即为文化史理论,尤其是我所讲的文化哲学,是为有志研究文化史理论者而设”;就社会学方面观察,“社会学发展史,是由生物学的社会学到心理学的社会学,而特殊科学的社会学,现在倾向于文化社会学(尤其是德国的)趋势”;就教育学方面观察,“教育学先后划分为神学的、哲学的、科学的教育学三个阶段,第四阶段就是文化教育学”。[③] 可见,朱谦之为了吸引四个系的学生选课,打通四个专业的关节,专门从理论上阐明,并抽象出文化哲学与他们所学具体专业学科的关系,用心良苦,也表明其理论的创制并不严谨,有很强的随意性和实用性。

1932 年 10 月,早在 20 年代即倡导史学社会科学化的朱希祖,因受北大新派排斥和学生风潮驱赶,南下担任中山大学文科研究所主任,不仅增强了史学社科化的阵容和力量,而且所采取的举措与朱谦之的做法取长补短,相得益彰。

朱谦之为史学系主任,朱希祖乃文科所所长,均位居要津,不仅关系较融洽,[④]而且学术理念相似。除都主张史学为社会科学外,两人至少尚有如下四端具有相当共性:反

---

① 雷沛鸿:《国民基础教育的基本概念》,韦善美、马清和主编:《雷沛鸿文集》(下),广西教育出版社 1990 年版,第 88—89 页。

② 朱谦之:《奋斗廿年》,《文集》第 1 卷,第 73 页。

③ 朱谦之:《文化哲学》,商务印书馆 1990 年版,第 2—9 页。

④ 朱希祖:《郦亭粤行日记》,《朱希祖先生文集》(六),第 3869—3871、3954、4044、4176 页。

对读经，注重文化史、历史哲学和经济史的研究。首先，朱希祖主张"文学以纯文学为旨"，明确反对读经。文史研究所首期仅收史学方面学生，而让中文系自行招生，旨在与该系主任古直等推行读经的划清界限。其次，提倡学生用科学方法治史，应注重全社会文化为主，以纠正清代学者偏于地理官制、琐碎考订和近代学者偏于人名考证之弊。朱希祖主张"史学以文化史为依归"，研究生须尽力搜罗和阅读所认定某期的全部史籍。为此，他专请朱谦之撰写学生记录材料时所用之文化史编纂条例。[①] 再次，朱谦之本以历史哲学见长，而朱希祖则"以史学治经学，以论理学方法解决一切疑难，最鄙视今古文学家门户之见"；[②]章太炎曾称赞朱希祖"逖先博览，能知条理"。[③] 是以当朱希祖读完朱谦之《历史哲学大纲》后，谓其"颇能使人整理思想，开拓胸洵，佳书也"，[④]引为同调，乐为之作序。最后，重视经济史研究。朱希祖所著这方面文章，侧重古代，有《梁代货币考》、《梁普通元年五五钱范考》、《两宋盛行铁钱之因果》、《明代金花银考》和《桑弘羊之经济政策》，[⑤]及在《现代史学》"中国经济史研究专号"发表译文《交子之起源》等。有了上述相同的理念，两人便有更多共同语言，并为转变中大史学风气而努力。

朱希祖利用校方对己推崇的有利条件，从研究角度展开培养历史学研究生工作，在更高的层次上，策应了朱谦之史学社会科学化和注重文化史的课程改革。而影响较大者，莫过于在文史研究所实行两个与当时学术重心的北平各大学研究院研究所不同的制度——津贴招收研究生和实施由广博而专精的培养路径。为使学生留校长期安心研究，深造专门人才，同时也针对中大语言历史研究所虽研究成绩显著，但短期内却没有培养什么出色人才的缺憾，并与法、日汉学争胜，[⑥]经朱希祖向校方力争，在免除学杂费外，中大每位研究生每月还有 80 大洋的生活费，较同期北大仅有奖学金但无津贴，清华津贴每月仅 30 元，供给优渥。优给津贴办法，为研究生的培养提供物质保障；1935 年后，更为"全国各大学研究所都已普遍采行，此可见朱先生的先见之明"。[⑦]

广博而专精的培养路径，按断代招收秦汉史、魏晋南北朝史、隋唐五代史、宋史四个方向的研究生，首期学生有正取生陈啸江、葛启扬、陆永恒、藩莳和备取生朱杰勤、曾了若。期限为三年：第一年点读认定某期之基本史籍，并作笔记，按照所给文化史条例分

---

① 《郦亭粤行日记》，《朱希祖先生文集》（六），第 4169 页。

② 《朱逷先先生年谱》，《朱希祖先生文集》（六），第 4327 页。

③ 傅振伦：《先师朱逷先先生行谊》，《文史杂志》第 5 卷第 11、12 期合刊，"朱逷先先生纪念专号"，1945 年，第 48 页。

④ 朱希祖：《郦亭粤行日记》，《朱希祖先生文集》（六），第 4155 页。

⑤ 朱偰：《朱君逷先先生对于史学之贡献》，《东方杂志》第 40 卷 16 号（1944 年 8 月），第 40 页。

⑥ 《文史研究所昨举行师生联欢会》，《国立中山大学日报》1933 年 10 月 21 日。

⑦ 王兴瑞：《朱（希祖）先生与国立中山大学》，《文史杂志》第 5 卷第 11、12 期合刊，"朱逷先先生纪念专号"，第 55 页。

类记录材料；第二年，依第一年所记录材料，参考其他书籍，编纂认定某期之文化史；第三年，提出认定某期历史之主要问题若干，加以深研，每两个月作成论文一篇，全年至少五篇。导师随时稽查，如在前两年发现成绩不佳，确认不能继续研究，令其休学。朱希祖认为，北平各大学研究所题目由研究生自己提出，范围太狭，年限太短；中大则由所主任指定，范围广、年限长；北大、清华大概由约而深，将来虽有极深之探讨，但乏普遍之知识；中大文史研究所则循序渐进，由广博而精约，由普遍而入精深，使其取之不尽、用之无穷，可免褊狭之弊。① 这种由博返约，由通史而断代，"特别提倡断代史研究"的做法，② 正好可以弥补朱谦之"由博而杂"的不足。学生对学术观点相似的俩先生同处一校，深幸得人：他们"现在都已抓住了经济史研究底重要性，这是给一般有志史学的青年怎样强有力的指导啊"，③因而亲切地将两位老师合称为"二朱"。④

朱谦之史学社科化的课程改革，在转变中大文科，尤其是史学系的风气很快收到了成效。除中文系提倡读经复古外，哲学系则"除基本学术外，特注重中国及西洋哲学史，历史哲学，文化哲学，中西哲学派别研究，中西哲学专家研究，而以印度哲学、佛教哲学等辅之"；教育学系则"增设各种基本学科，哲学的社会学的学科，务使学生博通群籍，而成良好教师"；社会学系则"注重中国社会之研究，近代史的研究"。而史学系则"改变向日古史家之侧重古籍与古物之研究，而以史学为社会科学之一，注重各种基本学科，注重文化史与近代史，注重理论史学"，⑤变化尤为明显。在全面抗战爆发前，史学系的课程，大致可分三期：第一时期，广东大学时代，尽管已有一定程度的史学社会科学化，但"以政治史为中心"，主要有东洋史、西洋史、中国史、政治学、法制史、政治史、经济史和财政史；第二时期，从 1926 至 1932 年，"以考古学及古史研究为中心"，主要有殷周古器物铭释、殷墟文字、考古学书目指南、中国上古史、上古史研究实习、书经研究、春秋研究等；第三时期，从 1932 年始，自朱谦之长系后，"以文化史近代史为研究中心，"⑥明显是为了针对第二时期的顾颉刚、傅斯年为首的考据考古派，⑦反而能与第一时期的初步的史学社会科学化课程相接续并有所发展。

朱谦之以社会科学化为主要取向的史学课程改革得以顺利进行，并颇有成效，除校长邹鲁治校有方外，还直接得力于文学院长吴康的支持。两人不仅有北大的同窗之谊，

---

① 《文史研究所招考研究生纪略》，《国立中山大学日报》1933 年 10 月 7 日。

② 王兴瑞：《朱(希祖)先生与国立中山大学》，《文史杂志》第 5 卷第 11、12 期合刊，第 55 页。

③ 《编后》，《现代史学》第 1 卷第 3、4 期合刊(1933 年 5 月 20 日)，"中国经济史研究专号"，第 368 页。

④ 王兴瑞：《朱(希祖)先生与国立中山大学》，《文史杂志》第 5 卷第 11、12 期合刊，第 55 页。

⑤ 黄义祥：《中山大学史稿(1924—1949)》，第 193 页。

⑥ 《朱主任谦之关于史学系的报告原文》，《国立中山大学日报》1933 年 12 月 20 日。

⑦ 顾潮编著：《顾颉刚年谱》，中国社会科学出版社 1993 年版，第 145、160 页。

而且同样主张史学社会科学化，各学科进行交叉。吴康在《现代史学之意义》一文中，提出历史有三大要义：一“为文化的”——历史乃人类生活演进全部之叙述；二“为进化的”——述事则以已往为法程，其立例则以未来为归趣，此现代史学最大之使命；三“为社会的”——历史叙述，宜以人群社会全部之活动，为其取材之对象。[①] 这与朱谦之揭橥的现代史学的三大使命：“第一从历史哲学上认识历史的现代性，第二从史学方法论上认识现代史学方法的重要性，第三注重现代史与社会史、经济史、科学史的研究”，[②]异曲同工，互相发明。吴康又谓历史、哲学、社会三系只是依学科组织及类别而言，其实本是密切相关，“几于不能割席分坐”。[③] 理念的认同和院长的支持，使得朱氏的史学课程社会科学化革新，有了教学行政制度的保证，从而得以落实，并带动相关科系学风的变化。

二、“现代史学派”对史学研究的理论与实践

史学的社科化不仅体现在课程上，而且反映在研究之中。研究可分理论准备与具体实践两大层面。

（一）理论层面

朱谦之在《现代史学·本刊宣言》分别从历史哲学、史学方法论和史学史三个层面，倡导现代史学的三大使命，实是从理论的三个方面论证史学的社会科学化。

第一使命是“现代性的历史之把握”。朱谦之指出，首先，历史是时间的学问，正如他引克罗齐(B. Cicero)所说“历史应该阐明从过去而现在而不断的生命之流”。过去与现在同属一时间轴，互相连接，以后者为主。其次，从认识历史的主体来说，他欣赏克罗齐的“一切真的历史都是现代的历史”的名言，认为过去“须经过今我思想的活动，即将过去涌现于现在当中，而后才有历史的意义”。因此，朱谦之所谓历史的“现代性”，是指研究历史的目的并非为了过去，而是为了现在和将来，强调的是历史的时间和认识历史的主体性。这与当今范畴非常宽泛，以理性、启蒙、民主、科学和社会结构的现代转型等为基本内容的现代性不同。这一观点的意义在于为人们提供一种“改造现状的原理”。此为朱谦之在广州倡导南方文化运动的历史哲学依据。

第二使命是“现代治史方法之应用”。这是现代史学和过去史学的分界线。历史为社会科学之一，如其他社会科学一样，受制于科学进化论的原理。现代历史方法应包括

---

① 吴康：《现代史学之意义》，《现代史学》第1卷第1期(1933年1月10日)，第9—10页。

② 朱谦之：《中大二十年》，《文集》第1卷，第183页。

③ 《文学院历哲社三系员生同乐记》，《国立中山大学日报》1932年12月26日。

"历史进化的方法"与"历史构成的方法"。前者"为社会科学所共同采用的历史方法,后者为历史科学所特别采用以建设历史的方法,换言之,如德国所称为 Heuistik,即'史料学'也"。[①] "历史构成法"的功能在于搜集和考订史料,"能为历史进化法则建立下史料之坚实的基础";历史进化法的作用是解释史料,"能为人类历史建立下进化的根本法则"。[②] 两者均须看重,缺一不可。史学与社会科学的方法平衡交叉,两者互惠互利,双赢互补。史学因具有社会科学一般化的进化法则,而成为科学;同时也因为拥有自身的特殊的方法,具有充实的优势而被其他社会科学所借用,弥补各科空疏的不足,而使其更加深刻。这是"现代史学派"的产生,乃对综合考证考古派和历史哲学派扬长避短而成的理论基础(详后)。

历史构成方法的不足和当时学界考据盛行的现实,决定了史学的社会科学化更为重要。朱谦之认为,历史构成方法虽然有自己的优点,但也有明显的不足,就是"很容易走到极端,变成文献考古学的方法,以为历史就只是文书的搜集,古籍古器物的研究。这么一来,历史辅助科学(如考古学金石学)竟可冒充为历史的本身"。[③] 因此,在谈到社会科学与历史方法两者关系,孰轻孰重时,朱谦之倾向前者。他在《现代史学概论》一书中,特辟《社会科学与历史方法》专章,并在最后总结道:"我们都是历史主义的信徒,历史方法则为我们研究一切社会科学最重要的工具。不但政治学、法律学、经济学,这些学科,需要新的历史方法;即在历史学本身,亦为社会科学之一,非需要社会科学所共同采用的历史方法不可。有了这种历史进化的方法,而后历史才不但成功为叙述的科学,且为说明的科学;有了这种历史进化的方法,而后才能给人类社会的历史,以一个确实的社会科学的方法论的基础。"[④]这实是一种史学以社会科学化为主、专业化为辅的观点。强调以历史的进化方法论为主,还有现实针对性,不满当时"非考据不足以言学术"的现状,使历史学走出沉迷考据考古的樊篱,直接向居于主流的傅斯年一派发难寻找理论依据。

第三使命是"注重现代史与社会史、经济史、科学史等研究"。史学的社会科学化,不仅要研究全面的文化史,而且在文化史研究之中,要以社会史、经济史和科学史为重点。如朱谦之所论,从文化哲学或文化史理论角度论,"历史就是文化史,文化史即包括近代一切叙述的历史。"[⑤]范围广泛,内容综合。在这个意义上,他将历史学定义成"叙述

---

① 朱谦之:《什么是历史方法?》,《现代史学》第1卷第1期(1933年1月10日)。后成为《现代史学概论》第六章"什么是历史方法",《文集》第6卷,第113页。

② 朱谦之:《现代史学·本刊宣言》(写于1932年12月15日),《现代史学》第1卷第1期(1933年1月10日)。后为《现代史学概论》"发端",《文集》第6卷,第5页。

③ 朱谦之:《现代史学概论》,《文集》第6卷,第5页。

④ 朱谦之:《社会科学与历史方法》,《现代史学》第3卷第1期(1936年5月25日)。后为《现代史学概论》第十一章《社会科学与历史方法》,《文集》第6卷,第229页。

⑤ 朱谦之:《现代史学概论》第十一章《社会科学与历史方法》,《文集》第6卷,第229页。

人类文化的进化现象,使我们明白自己同人类的现在及将来的一种文化科学”。[①] 文化哲学不仅是史学课程社科化的理论基础,而且为史学研究社科化的指导思想。朱谦之说:“总而言之,统而言之,现代的学术界无论说到哲学,历史学,社会学,教育学,都已一致倾向于‘文化主义’。在哲学方面,表现为文化哲学;在历史学方面,表现为文化史;在社会学方面,则表现为文化哲学;即在教育学方面,亦表现为文化教育学。就中尤以文化哲学更为研究一切文化学中一个最‘综合’的因子。因为哲学能够根本的回答何谓文化这个问题,所以文化哲学不但有他独特的在哲学中最高的地位,而且更为其他历史学,社会学,教育系所凭依,而为研究文化历史学,文化社会学,文化教育学者所必经的路径。”[②]

从史学进化史的角度看,内容无所不包的文化史,又可分为“知识生活史”和“社会生活史”两大方面。前者已由宗教史—哲学史—科学史;后者也由政治史(军事史)—法律史—社会史经济史。也就是说,现在文化史的重点是社会史、经济史、科学史。所谓“文化史因注重社会史、经济史、科学史,而范围愈广,内容愈丰富,并且一切在历史上所有的概念和事实,也都可移入社会史领域之中,而社会的组织构造及其发展遂成为文化史之中心。所以,我们现在不谈历史则已,一谈历史,现代史即为文化史,尤其是文化史中之社会史经济史与科学史”。[③] 现代的历史不仅全面,包含一切,而且须有重点。因此,现代史学在跨入各个社会科学领域的同时,并非泛化无边,研究亦非平均用力,而是有所侧重。

强调现代史、经济史、社会史的研究,还有相关的背境。当时形势是,抗日形势催逼,复古情调泛滥,以及中国社会史论战正热火朝天进行。《现代史学》的编者指出:“在这些日子中,国事更趋蜩螗,从塘沽协定到最近将来满洲国的承认,展在我们眼前的,那一页不是最伤心的史料。”相反,复古主义者,“看不清历史演进的重心,忘记了历史当前的任务,自己背还不算,却要中华民族也要跟他们一样背进,不是太可恶么?”[④]实际上是为了反对中山大学国文系主任古直和广东军政当局陈济棠在全省范围内的复古读经。社会史论战中出现的空乏和繁芜的毛病,也使“现代史学派”认识到,“经济史研究是社会史的基础,要清算这个社会史,非先立好这个经济史的根基不可”。[⑤]

史学在社会科学化过程中的地位。朱谦之在文化哲学和史学进化史方面,确立了

---

① 朱谦之:《现代史学概论》“发端”,《文集》第6卷,第6页。

② 朱谦之:《文化哲学》,商务印书馆1990年版,第11页。

③ 朱谦之:《现代史学概论》“发端”,《文集》第6卷,第6页。

④ 《编后告读者诸君》,《现代史学》第2卷第1、2期合刊(1934年5月25日),第364页。

⑤ 《编后余墨》,《现代史学》第1卷第1期(1933年1月10日),第243页。

史学的发展是有科学法则的，成为哲学、经济、教育等综合的社会科学的一种，强调的是史学与社会科学的同一性，前者从属于后者，社会科学是史学的基础。可谓是一种以综合化为本位的史学。这与当时的另一位史学社会科学化的代表人物何炳松强调史学与社会科学的区别，二者存在互补，有明显对立。例如何炳松强调史学是社会科学的基础；社会科学研究要借助史料学间接认识过去的方法，又须依靠史学的方法阐述其研究对象的演化；史学与社会学不同："史学者所重在质，社会学所重者在量，史学所求者为往迹之异，社会学所求者为往迹之同，两者功用足以相资，而流别分明不能相混，此学者所宜明辨者也。"[①]朱谦之反驳何炳松这一观点，"就是认社会科学中，无论(1)现今现象的研究，(2)现象进化的研究，都应该采用历史方法"，但"在两种研究当中，似乎第二意义比较的更为重要"；何氏"无非证明史学和社会学不同，社会学有法则，而史学没有"。实际上，作为社会科学之一的史学，既共有"社会学的历史法则"，又特有"历史学的历史法则"，"前者是较为普遍的，后者是较为特殊的"。[②] 朱谦之强调的是学科发展的共性(自然科学、社会科学均属进化论)，置学科的一般性于特殊性之上，主张社会科学是史学的基础。这与他出身哲学，而非史学，以史学理论闻名，非以历史专题研究见长有关。

朱谦之的同事萧鸣籁，在谈到史学与各学科关系时，则试图回归到以史学为本位的综合化。他说："史学为各科学之反映的结晶，并非与各科学有关系。史学为一切社会及学术之反映，既非各科学之综合(因科学综合，等于各科学相加之总和，各科学相加，其得数为各科学，而非历史。各科学之综合，等于物理作用，而一切社会及学术之反映，等于化学作用，惟其为化学作用，故可另行产生历史也。而成立此化学作用之要素，则为史学之心灵)，更非与各科学有如何之关系。因一谈及关系，即分有主从，而史学既非各科学之主人，亦非各科学之奴隶，又非各科学同等侪辈，何必言谁与谁有关系!?"[③]即史学与其他各社会学科的关系，是以前者为本位的互相渗透的反映关系，而非整体与部分的主从关系，亦非部分与部分的同等关系。

朱谦之的学生、"现代史学派"的健将陈啸江，根据"一种学问要成为科学须具备两个条件：一、特殊的对象可供研究；二、普遍的法则可供实证"的原理，特作《建立史学为独立的(非综合的之意)法则的(非叙述的之意)科学新议》长文，[④]提出了史学的独立性问题，传承和发展了其师的史学社科化思想。他首先肯定朱谦之、李大钊主张史学的发

---

① 王晴佳:《中国史学的科学化——专科化与跨学科》，载罗志田主编:《20世纪的中国:学术与社会·史学卷》(下)，山东人民出版社 2001 年版，第 632—633 页。

② 朱谦之:《现代史学概论》第六章《什么是历史方法》，《文集》第 6 卷，第 114—115 页。

③ 萧鸣籁:《史与史学及史学史》，国立中山大学研究院文科研究所历史学部编印:《史学专刊》第 2 卷第 1 期(1937 年 8 月 10 日)，第 309 页。

④ 《现代史学》第 2 卷第 4 期(1935 年 10 月 1 日)。

展是有法则,可以成为科学观点;但同时指出两人"尚不敢言史学可以脱离综合科学的范围,故其所谓的法则,只是'一般的'法则",所谓科学只是"'复杂的'科学而已"。复杂的科学或合成科学,用朱谦之的原话表述就是"历史属于生物学、心理学、社会学之内,为一种科学,或一种复杂科学"。如同地质学、地理学、人类学一样,历史学是一种"合成科学——应用数种科学的方法观念以成一特别科学"。[①] 可见,朱氏的"史学为社会科学之一"的含义是,史学作为并从属于众多、综合的社会科学中的一种,虽然已是科学的范畴,但还没有真正地独立出来。在"各门科学的划分和成立,亦是以问题之迥异而起的,在现在学者最看轻不起的,是百科全书式的学问"的观念支配下,陈啸江认为,历史的发展和研究不仅"有法则可寻",而且"有其特殊的对象"。既含蓄地批评业师史学综合、过于泛化的不足,又提出了史学在社科化过程中的特殊性、独立性这一重要问题。他将历史学定义为:"历史学者,乃探讨人群进化历程(并包过去,现在,未来)之法则的独立的科学也。"并进而言之,历史科学包括"综括的研究人群演化的法则(起源论、变迁论、变革论或突变说、停滞论、进化论)"和"特殊的研究人群活动某部门演化的法则(政治、法律、经济、教育、宗教、哲学、科学、艺术及其他部门的发展史法则)"两大方面。而后者正是史学特殊对象的具体表现。这里,作为有法则的科学——历史,无论是一般的还是特殊部门的法则,还相对并不同于历史的叙述。换言之,"单纯的叙述史或印证某某史观的叙述史就不是历史科学"。[②] 前者部分指梁启超的历史观,后者实主要针对当时流行的、有公式主义之嫌的唯物史观派。

总之,"现代史学派"在处理史学与其他社会科学的关系时,朱谦之鉴于史学进化的"落后"和非科学化,首先引入进化的法则,主张史学作为众多的社会科学之一种的综合观,但保留了"史学的构成方法",在史料方法上层面上注意到了史学的不可替代性;萧鸣籁强调了以历史学为本位的重要性;陈啸江则扬弃师说,在继承史学方法上的不可替代的同时,明确提出了史学在特殊研究对象和研究领域的独立性。这说明在当时史学社会科学化甚嚣尘上的语境下,这些史学先贤对史学的学科特色和学科边界,逐渐保持了一定程度的清醒与警惕。

(二)操作层面:理论是行动的指南

朱谦之宣布史学社会科学化的三大理论后,大体上据此为指针,以史学研究会为依托,以《现代史学》为园地,在文化史、史学理论、社会史(主要是经济史)和现代革命史等

---

① 朱谦之:《现代史学概论》第五章"史学在科学中的位置",《文集》第6卷,第101—102、104页。原为《历史科学论》(《现代史学》第2卷第3期,1935年1月28日)中的第三节。

② 陈啸江:《建立史学为独立的法则的科学小议》,《现代史学》第2卷第4期(1935年10月1日),第10页。

方面,展开实践层面的研究,取得不俗的成效。以史学的现代性而论,"我们在这里,展开的是真正四千年来的中华民族的历史。它没有袒护,它也没有曲解,注重的是整个民众的生活而不是某些人们的传注,指出的是古代演进的情形,而不是一名一物的诠释,无论概括的研究也好,深入的研究也好,都是以寻求有现代性问题为中心的"。[①]

关于史学研究会,据朱谦之回忆:"我来中大第一椿事就是组织史学研究会和提倡现代史学运动。这时文学院长吴康(敬轩),是我北大旧友,约我为史学系主任。那时史学系学生人数不多,教授有萧鸣籁、陈定璠、陈安仁几位,我为着联络感情与研究学术起见,在史学系的行政机构之外,更与本系同学谭国谟、黄松、戴裔煊等提议设立史学研究会。史学系各年级生均为当然会员,而我和各教授则隐然居于领导的地位。这史学研究会在过去十二年中,贡献不少。除学术刊物《现代史学》按期出版外,并发表《五四运动特刊》(民国廿七年)、《十周年纪念论文集》及通讯录、壁报之类,又曾以文化考察团的名义,往各处修学旅行,近者如广州之南华寺、怀圣寺,远者至河北之北平、陕西之长安。又历届欢迎新同学和欢送毕业同学,无一次不极其热闹,史学系自有了这个学术团体,系务乃大见发展。尤其惹国人注意的,就是我和一班青年史学家所合力倡导的'现代史学运动'。"[②]

朱氏这一回忆有所遗漏,且与事实存在出入。除漏掉前述力度颇大的课程改革外,在主系问题上隐去了重要人物——校方原拟定主任朱希祖。关于史学研究会,其实并非朱谦之所提议组织成立,而是由史学系学生唐槃明、葛毅卿和黄松等人发起组织,时间当在1930年五六月间。朱谦之对于史学研究会的贡献,在于加以改造和重用,作为联络学生感情,组织学术考察,改变以往以史料搜集和整理为主的研究路向,重视文化史、社会史和史学理论的研究;出版《现代史学》,作为发起现代史学运动,进行史学社会科学化的阵地,从而使这一学生业余的学术团体,"在一定程度发挥正式的学术机构的作用"。[③] 究其背后的原因之一,这和身为史学系主任的朱谦之所处的政治行政环境有关。校内,与同属中大文科研究所的国文系主任古直及其客家本乡、校长邹鲁均为读经的坚持者,并与校外的广东地方实力派陈济棠复古相呼应。国文系教授容肇祖(元胎)反对此做法,被迫由该系调往史学系,并最终离开中大而任教于岭南大学。深知个中内幕的朱谦之告诉朱希祖云:"元胎之去,乃新旧之争耳,亦有私仇报复之嫌。"[④]此则朱谦之回忆"中文系主任,提倡复古,提倡读经,我想提倡学术,别开新面。因而在史学系的

---

① 《编后告读者诸君》,《现代史学》第2卷第1、2期合刊(1934年5月25日),第364—365页。

② 朱谦之:《奋斗廿年》,《文集》第1卷,第75页。

③ 桑兵:《二十世纪前半期的中国史学会》,《历史研究》2004年第5期,第128—129页。

④ 朱希祖:《郦亭粤行日记》,《朱希祖先生文集》(六),第3863—3864、4156、4174页。

行政机构之外，更与本系同学高年级生谭国谟、戴裔煊、陈国治等提议设立史学研究会"，并与萧鸣籁等"隐然居于领导的地位"之因果。[①] 借重本属学生组织的业余史学研究会，倡导史学社会科学化，省却行政上的许多麻烦和增强自我保护能力，确为明智之举。

由史学研究会出面创办的《现代史学》杂志，是发表史学社会科学化研究成果和培养人材的最重要的园地。《现代史学》总计发行了15期，发表文章约200篇。除经济史研究和中国现代史，文化评论和史学方法论特辑几个专号和特辑外，栏目主要有史学理论、[②]经济·社会史或社会史研究、辨伪及考证、文化评论或文化·史学、文艺史或美术史、婚姻史、教育史、外交与中西交通史、革命思想与运动、译著及书评等。最后一期为方便读者了解外国史学思潮和史研会进行状况，增设译述和学术通讯。依文章数量而言，社会经济史居首，占四分之一强；其次是史学理论，约占六分之一；其后依次是革命思想与运动类（偏于近现代，如太平天国、辛亥革命、五四运动等）、辨伪及考证考古类、文化原理与评论类；文艺史或美术史、婚姻史、教育史以及外交与中西交通史，数量也不少。大体上反映了以史学理论、社会史、经济史、文化史及现代革命史为主的研究取向（表三）。[③]

史学社会科学化的成绩，主要表现在刊论文、成专书、出人才方面，而这些又与《现代史学》息息相关。该刊发表论文的影响与贡献，在研究者看来体现在专号、特辑影响广泛；专题论文在各自领域多有创见和所发表的论文多已扩展为专书等方面。[④]

关于前者，如史学理论方面的"史学方法论特辑"（第2卷第4期，1935年10月），文章有朱谦之《历史论理学》，陈啸江《建立史学为独立的法则的科学新议》，石衡《对于历史方法一点小小的贡献》，岑家梧《戏剧史方法短论》，朱杰勤《龚定庵的史地学》。朱、陈关于史学与科学之间的讨论甚详，岑家梧的戏剧史、朱杰勤的龚定庵史学研究也都自成一格。如属于经济史内容的"中国经济史研究专号"（第1卷第3、4期合刊，1933年5月），所刊文章有朱谦之《经济史研究序说》，陈啸江《西汉社会"纯经济过程"底解剖（三）》，黄松《均田制度下的北朝农村经济》，董家遵《唐末经济恐慌与农民》，朱希祖《交子之起源》，戴裔煊《纸币印刷考》，王充恒《宋代南方经济发达的研究》，梁瓯第《清末外资本侵入后的农村经济》，傅衣凌《论中国的生产方式与农民》，王兴瑞《关于中国古代用

① 朱谦之：《中大二十年》，《文集》第1卷，第183页。

② 周文玖：《朱谦之的史学理论及其史学史研究——以在中山大学的教研活动为中心》，《齐鲁学刊》2005年第1期，第55页。

③ 按《现代史学》栏目大意和文章作者的本意分类，依各期目录整理而成。其中，第4卷1、2期疑已遗失。为便于制表，将婚姻史与教育史、外交史与中西交通史、书评与译述和学术通讯等合并。

④ 桑兵：《二十世纪前半期的中国史学会》，《历史研究》2004年第5期，第130页。此外，黄义祥、李岚也在不同程度论述了《现代史学》的影响。本文在参考已有研究基础上，参照《现代史学》各期目录和朱氏回忆（《奋斗廿年》，《文集》第1卷，第79页）重新梳理，以求完整。

表三 《现代史学》各类文章统计表

卷/期	发行时间	发行文章分类统计									总计
		史学理论与方法及史学史	文化原理与评论	社会经济史	辨伪考证考古	文艺、美术史	婚姻史教育史	革命思想与运动	外交史与中西交通	书评及其他	
1/1	1933.1.10	4		5	6						15
1/2	1933.2.10 文化评论特辑	1	11	2	7		2				23
1/3、4	1933.5.20 中国经济史研究专号	1		10							11
2/1、2	1934.5.25	2	4	7		1	2			1	17
2/3	1935.1.28	2		7	1	2					12
2/4	1935.10.1 史学方法论特辑	4		3		1	1		1		10
3/1	1936.5.25	1		4			3		1	2	11
3/2	1937.4.5			5	1	2	1	1	1	1	12
五四特刊	1938.5	14(归入革命思想与运动类)									14
3/3	1940.1.15 澂江复刊号			1	3			3	1	1	9
4/3	1941.8.10 史研会十周年纪念论文集	7	4	3	1			1	1	1	18
4/4	1942.3	2		3	1	3			1	1	11
5/1	1942.6 中国现代史专号	2		1	1			5	4		13
5/2	1943.6	2	1	2	1		1	2	2	2	13
5/3	1944.6.1	1	1		1			2	1	4	10
	总计	29	21	53	23	9	10	28	13	13	199

铁的研究》，何仁棠《中国经济现阶段之分析》。其中，朱谦之的论文，后作为陈啸江《西汉社会经济研究》一书的序，主要观点是要从现代史学新倾向——史学史发展的角度，看待经济史研究，提倡利用社会科学的各种方法进行研究。

又如在文化史范畴的“文化评论特辑”(第1卷第1、2期合刊，1934年5月)，所发文章有朱谦之《史的论理主义与史的心理主义》、《文化类型学》、《南方文化运动》、《南方文化之创造》、《中国文化之现阶段》、《中国文化之地理上分布》，陈啸江《什么是文化?》和《评朱谦之的历史哲学》，黄有琚《珠江流域与中华民族复兴》、《评朱谦之的文化哲学》，张华痕《什么是历史的动力》，罗子英《评朱谦之的文化地理分布说》，陈安仁《对于中国文化抹煞论的怀疑》，叶汇《朱谦之教授的南方文化运动与地理学家汉廷敦之中国民族自然淘汰观》，谢富礼《南方文化运动之历史的根据》。因注重文化史，提倡南方文化运动，故文化原理与评论栏目多与此有关。再如"中国现代史专号"(第 5 卷其 1 期，1942 年 6 月)，除朱谦之《考今》、《太平天国史料及其研究方法》和《天德王之谜》外，还有陈安仁《中国现代革命史论》，王兴瑞《清末革命党与保皇党的关系》，区琮华《中国海关总税务司的起源》，丘陶常《明室士大夫复国运动对于近百年来中国革命运动的影响》，黄庆华《辛亥革命思潮溯源》，彭泽益《太平天国对于东西革命的影响》(后收入其书《太平天国革命思潮》)，戴裔煊《清代盐课归丁史源试探》，刘伯奎《李鸿章与中俄密约》，郑师许《新航路的发见与欧人东来的追溯》，苏宪章《现代来华之西方旅行家》。其中，朱谦之《考今》发表一文，提出以考古为手段，以考今为目的，注重近现代史研究。上述四个专号或特辑，集中反映了现代史学派的主要理念，故为他们所珍重。

由论文扩展为专书方面，有如朱谦之的《文化哲学》、《现代史学概论》、《中国思想对于欧洲的影响》、《中国音乐文学史》、《扶桑国考证》、《太平天国革命文化史》，陈安仁的《中国文化演进史观》，陈啸江的《两汉社会经济研究》、《三国经济史》、《中国历史何以不能发生产业革命》，全汉昇的《中国行会制度史》，王兴瑞的《中国农业技术发展史》，朱杰勤的《龚定庵研究》、《中西文化交通史料译粹》，梁瓯第的《书院制度研究》，岑家梧的《史前史概论》，董家遵的《中国婚姻史论丛》，关燕祥的《中国奴隶制度史》，彭泽益的《太平天国革命思潮》，黄庆华的《章实斋史学思想》等。其中，朱谦之的《文化哲学》、《中国思想对于欧洲的影响》、《中国音乐文学史》，陈安仁的《中国文化演进史观》，朱杰勤的《龚定庵研究》，彭泽益的《太平天国革命思潮》在 20 世纪 90 年代，被上海书店收入反映民国学术水平的《民国丛书》。

上述论著大多具体阐述了史学社会科学化的思想。论文可以王兴瑞关于社会史研究的《春秋时代观念意态的转变——读左传笔记之二》为例。该文运用了朱谦之历史哲学中主要内容之一，即孔德知识生活三阶段说作成。篇首即阐述孔德《实证哲学》中关于人类知识生活分神学的、形而上学的、实证主义三个阶段原理；并言"最近有这样一个趋势:历史的空间范围尽量地扩大，时间范围尽量地拉长，不但过去是历史，即现在及将来都是历史。'趋势'这名词，似乎只能说明现在将来，不如'史程'之能全体包括无遗"。因此，他将时人所谓"客观趋势"改作"客观史程"，以孔德假设的人类知识发展的"客观史程"以考察中国古代民智的发展。[①] 就著作而言，彭泽益的关于现代史的专书《太平天国革命思潮》堪称代表。朱谦之在序言中自认为，彭著是运用本派综合、辨证史学方法论的典型。现在国内研究太平天国的成绩来说："一派注重史料之考订整理；一派则注重史料之解释，两派互有短长。即前一派注重史料的考订，是其所长，而缺乏史料的解释，是其所短，和蚂蚁之采集食物的方法相似，可称'蚂蚁的方法'；后一派注重史料的解释，是其所长，而缺乏史料的考订，是其所短，这和蜘蛛结网一样，一丝一缕都从腹中吐出，在已有之外无所发明，可称'蜘蛛的方法'。而真正研究太平天国史的方法，应综合两者，有如蜜蜂采集花蜜而酿成芳香甘美的产物一样。这种一面搜集一面解释的方法，好比就是'蜜蜂的方法'。若以'蚂蚁的方法'为'正'，'蜘蛛的方法'为'反'，则此'蜜蜂的方法'即为'合'了。"[②]而黄庆华则说，其《章实斋史学思想》一书，是得到老师朱谦之的"启示和鼓励才得完成"。[③]

在该刊发表论文者，还有朱希祖、杨成志、罗香林、容肇祖、郑师许、周谦冲、黎东方、吴康、徐家骥、吴宗慈、萧鸣籁、姚宝猷、陈定璠、陈中凡、陈孝禅、傅衣凌、魏应麒、戴博荣、戴裔煊、曾了若、谢富礼、黄有琚、张华痕、罗子英、黄松、何仁棠、叶汇、何绛云、陈翊湛、容洁英、江应樑、丘陶常、黄福銮、梁钊韬、区宗华、罗时宪、李肇新、莫大招、鲁默生、郑家霖、梅修伟、刘伯奎、苏宪章、苏燕海、陈丹林等学人。既有成名学者，也造就不少新锐。其中，为晚年朱谦之所认可的，有戴衣煊（中山大学）、董家遵（中山大学）、朱杰勤（暨南大学历史系主任）、陈啸江（约 1942 年离中大，后在哥伦比亚大学任讲师）、王兴瑞（湛江师范学校）、江应樑（云南大学民族学教授）、丘陶常（暨南大学教授）、梁钊韬（中大人类学教授）、彭泽益（中国社会科学院经济研究所）。[④] 这些多是"文革"结束后大陆有关学术机构和领域薪火的重要传承者。

《现代史学》自创刊号出版，即引起注目。其宣言和立论，无论赞成或反对者，均十分重视。有的青年学子认为，它与《三民主义月刊》构成当时华南最好的两份刊物。[⑤] 由于销售甚佳，为普及计，特转托现代书局在上海、南京、北平、汉口、杭州、厦门、福州、成都等各大埠寄售。[⑥] 尤其令人鼓舞的是，北平国立图书馆《图书季刊》英文编辑部特将中国杂志索引一栏扩充，从国内各大学各学院及学术机关所出之刊物杂志中选出重

---

① 《现代史学》第 1 卷第 2 期（1933 年 2 月 10 日），第 100—101 页。

② 彭泽益：《太平天国革命思潮》，商务印书馆 1946 年版。收入《民国丛书》第四编第 79 辑，上海书店 1992 年影印，第 1—2 页。

③ 黄庆华：《春风草——记朱谦之师的休假》，《文集》第 2 卷，第 240 页。

④ 朱谦之：《中大二十年》，《文集》第 1 卷，第 184 页。

⑤ 编者：《编后杂记》，《群言》第 12 卷第 2 期（1935 年 4 月），第 49 页。

⑥ 《〈现代史学〉月刊出版之影响》，《国立中山大学日报》1933 年 1 月 20 日。

要者数十种，介绍于欧美学者，藉收沟通世界学术之效，该刊亦在被选之列。[①] 因此，有人认为“《现代史学》的出版量及撰稿者的知名度等方面虽不及《语言历史学研究所周刊》，但它在我国史学界的影响则有过之而无不及”。[②] 虽有所夸大，但并非毫无道理。总之，《现代史学》的影响，在相当程度上体现了现代史学派致力于史学社会科学化的成绩。

三、综合考证考古派与唯物史观派

20世纪40年代，周予同在总结五十年来的新史学时，认为“最近数年，即‘七七’事变以后，史学界已有综合各派或批评各派而另形成最后新史学的趋势，但著作不多，观感各异，在目前似尚无加以定名论述的必要”。[③] 实则早在30年代初，朱谦之即试图综合、兼顾考古派和史观派的优长，创造了现代史学派。

1932年5月，《现代史学》主编陈啸江说：“近来谈社会史者，多是一般历史学以外研究社会科学的人们，他们在理论方面，或许能占些优势，然而应用到实际，他们底弱点，便完全暴露了。（例如搜集史料知识的薄弱，鉴别史料技术的幼稚等等皆是，这并非他们的错过，因为学问本身是分工的。）而同时所谓历史学者呢，却始终跳不出考古学、考据学的圈子，把历史看为‘破罐子’，大做特做其补‘边’修‘底’，添‘把’增‘嘴’一类的工作而无已时——亦不会有已时——好似一说历史，便完全与现实脱离关系者然，宁不痛心之极！然而事物的变动，是不能凭他们的愿望的。现在‘古墓的门’总算被我们这一班急进的急先锋一脚踢破了。”[④]该刊又拟对“当代史家”王国维、章太炎、胡适之、顾颉刚、傅斯年，乃至马克思派如郭沫若、陶希圣、李季均不惜加以严格的批评”。[⑤] 字行间充满火药味，似乎要将傅斯年等人的考古考证派和马克思派推倒重来，破旧立新。事实

---

① 《〈现代史学〉出版消息》，《国立中山大学日报》1936年5月7日。北平国立图书馆《图书季刊》创刊不久即开辟《国内主要杂志论文目录举要》专栏，中大《现代史学》（第2卷第1—2期）和《国立中山大学文史学研究所月刊》（第2卷1—4期）被列入首期目录举要。详见北平国立图书馆编印：《图书季刊》（中文本），第1卷第2期（1934年6月），第111—118页。

② 黄增章：《建国前中山大学文科刊物述要》，载黄仕忠编：《老中大的故事》，江苏文艺出版社1998年版，第105—106页。

③ 周予同：《五十年来中国之新史学》，朱维铮编：《周予同经学史论著选集》，上海人民出版社1983年版，第521页。

④ 《编后》，《现代史学》第1卷第3、4期合刊（1933年5月20日），“中国经济史研究专号”，第367—368页。“破罐子”一说，出自傅斯年。他在《谈两件〈努力周报〉上的物事》一文（作于1918年1月3日至23日之间）说过：“历史本是一个破罐子，缺边掉底，折把残嘴，果真由我们一整齐了，便有我们主观的分数加进去了。”见顾颉刚编：《古史辨》第二册，上海古籍出版社1982年版，第294页。

⑤ 《编后余墨》，《现代史学》第1卷第2期（1933年2月10日），第326页。

上,朱谦之一班人在批判这两派的同时,也吸取了不少被批判对象的合理养分。其批判武器是从西方拿来的史学进化论和黑格尔的辩证法思维方式。朱谦之以邵威尔关于西方历史故事式、教训式、发展式三分法条理中国史学史。[①] 中国发展式历史第一期为宋至明,"以政制史为中心";第二期明末清初,"以学术史为中心";第三期清至现代,"以治史方法为中心"。第三期又细分为三,第一时期考证考古派,下分三个小阶段:一、以王国维、罗振玉等甲骨文字学研究为代表;二、以梁启超、胡适之、顾颉刚等关于古史真伪问题研究为代表;三、以傅斯年、李济等科学发掘的方法为代表。朱谦之承认傅斯年等所倡文献考订和考古学方法,"对于史料之扩充意义甚大";但长处亦即短处,因偏史料而轻理论,易走极端,以为历史本为破罐子,从而反对历史哲学,这给第三期之第二时期的马克思派乘虚而入。以马克思派自命的郭沫若,即在这个地方接受了考古学方法,站在龟甲兽骨遗骸上,建设新兴科学的"历史哲学"。[②] 唯物史观派因重理论而公式化的弱点亦甚为明显。故朱谦之即有中国史学发展史第三期之第三时期"现代史学派"创制的设想,并不无夸大地套用黑格尔式辩证法三段论进行表述:若以考证考古派为"正",唯物史观派为"反",而现代史学派则是"合",批判地吸收前两派优缺的结果(表四)。[③]

表四　朱谦之所论史学派别

	(一)考证考古派	(二)唯物史观派	(三)现代史学
史之基础	事实	理论	事实与理论
史之认识	以历史补助科学为史学	以历史哲学或经济学为史学	历史科学为文化科学之一
研究法	过小	过大	大小兼容
着重点	古代史	现代史	历史之生命性
优点	史料的搜集和整理	历史进化的方法	均有
劣点	无中生有,侥幸成名	公式主义	均无
论理的次序	正	反	合

就与考据考古派、唯物史观派关系的具体情形和事实而言,在"现代史学派"内部有所不同和侧重。朱谦之主要针对傅斯年、顾颉刚为首的考据考古派;陈啸江、王兴瑞等着眼社会史论战中的唯物史观派。

(一)朱谦之与傅斯年、顾颉刚为首的考据考古派

朱谦之在史法上能有一定程度接受考据考古派,承认他们对史料搜集和整理工作

① 其《中国史学小史》实由《中国史学之阶段的发展》(《现代史学》第2卷第1、2期合刊,1934年5月25日)略加修改而来,曾发行单行本,后收入《现代史学概论》第四章,更名为"史学的历史(下)"。白寿彝对朱谦之的史学史研究,给予高度评价。参见白寿彝:《中国史学史》第1册,上海人民出版社1986年版,第174页。

② 朱谦之:《现代史学概论》第四章《史学的历史(下)》,《文集》第6卷,第87、93页。

③ 同上书,第97页。

的意义，所不同和反对的是在史观上。首先，在史料观上，反对以考古为目的，主张以“考今”为目的：“从前史学以‘考古’为目的，现代史学则以‘考古’为方法，而以‘考今’为目的。”[①]其实，“考今”一词，本原出考古派。与“考古”主要指调查地下的史料，无视现实有区别，“考今”则指调查地面的史料，并间接关心现实。魏建功指出，就是“好在活材料里找出我们民族的生命之厄运和幸运的事迹。我们的歌谣研究会、方言学会和民俗学会，无一不是为这现代的横方面材料整理的组织”。[②] 考古派的“考今”的含义为1932年朱谦之长系之前的中山大学史学研究会所援引。“现代史学派”正是在间接关心现实的意义上，将“考今”一词拿过来，并赋予与现实直接结合的意义。所以朱谦之说“这种考今思想的基本特点，即是联系实际，联系着现代人民群众的生活历史”，[③]从而成为治史的目的。

其次，也是最主要的在历史哲学上。傅斯年也主张史学的社会科学化，只是强调用以扩充史料的范围，宣称“史料即史学”；亦非一概排斥史观，而是反对急功近利地搬用现成的框架体系，[④]强调“史学即非历史哲学”。[⑤] 而朱谦之重视历史哲学和历史理论，认为史学是社会科学之一，可谓“史学即社会科学”，用以阐明社会进化发展普遍规律。他批评傅斯年否认历史哲学：“事实告诉我们，历史决不是什么破罐子，历史学的最大任务即在于根据历史的一切事实，来发现一切统辖人类发展之定律。”[⑥]还历数傅派的缺点：第一，眼光盯着过去，漠视现实社会；第二，主张历史为破罐子，否认历史进化法则；第三，对于史料依于贪多务得的心理。[⑦] 萧鸣籁也说方法论之上，“必有其史学理论，然后历史始成为有机体，而不致如傅孟真君所云之‘破罐子’也”。[⑧] 因此，朱谦之欲在史学上别开生面，开宗立派，主要障碍是发端于中山大学、已跃居史学主流的傅斯年一派。故在校外，首先将矛头指向考古考据派。朱谦之特别针对该派的另一原因，是身为中山大学历史系主任的他，除受到来自校内读经派掌握的行政制肘（见前）外，还有傅斯年、顾颉刚经营过的老根据地原语言历史学研究所崇高学术地位所造成的压力。

---

① 朱谦之：《考今》，《现代史学》第5卷第1期（1942年6月），“中国现代史专号”。《文集》第2卷，第158页。

② 魏建功：《通信》，《北京大学研究所国学门月刊》第1卷第2号（1926年11月20日），第252页。

③ 朱谦之：《一个哲学者的自我检讨——五十自述》，《文集》第1卷，第105页。

④ 桑兵：《大学史学课程设置与学风转变》，收入氏著《晚清民国的国学研究》，上海古籍出版社2001年版，第88页。

⑤ 傅斯年认为“历史哲学可以当作很有趣的作品看待，因为没有事实做根据，所以和史学是不同的。历史的对象只是史料，离开史料，也许成为很好的哲学和文学，究其实与历史无关”。傅斯年：《考古学的新方法》，欧阳哲生主编：《傅斯年全集》第3卷，第88页。

⑥ 朱谦之：《现代史学概论》第五章《史学在科学中的位置》，《文集》第6卷，第109页。

⑦ 朱谦之：《现代史学概论》第四章《史学的历史（下）》，《文集》第6卷，第98页。

⑧ 萧鸣籁：《史与史学及史学史》，国立中山大学研究院文科研究所历史学部编印：《史学专刊》第2卷第1期（1937年8月10日），第308页。

在这种情况下，朱谦之只好另觅他途，因而异乎寻常地重视学生组织的史学研究会，而该会又恰好深受原语史所学风的影响。会中所设的史料搜集组和专史研究组，简直是考古考据派做法的翻版。1931年，史料组旨在设法搜集、保存及整理各项史料，具体分确定计划和预定计划。确定者包括整理近代两广外交史材料、两广秘密结社之调查、编辑近代丛书目录、翻译各国有关吾国近代史资料等，并详细拟定办法；预定者包括编印史料丛书、登报征求各项史料实物、设立史学书库保存各项材料、派专员调查两广内地非汉民族语言（谓语言往往为研究历史最重要之手段，如能同时注意风俗、习惯、宗教、信仰等则更好）、购买必要书籍等。专史研究组规定研究员从经济、思想、政府组织、人类本身等方面着手，依材料选定题目，请史学系或校内外学者指导。材料则分纸上材料，地下材料（考今之材料，如实地调查；考古之材料，如实地挖掘）。① 上述计划与语言历史学研究所工作计划极为相似，一脉相承。② 这样的史学研究会显然是朱谦之所难以忍受的，因而如前所述加以充实改造，转变学风。同时在等待时机，公开与语言历史学研究所摊牌。

1935年10月，文学院院长兼文科研究所主任吴康奉派赴欧出席罗马国际东方学会议及在巴黎大学中国学院讲学，朱谦之代理文科研究所主任。在文科研究所的会议上，他鲜明提出历史学部和历史系的根本精神，与从前语史所不同者三：

> （一）语言历史研究所注重考古民俗档案等史料，以为史料学即为史学，现则只认此等史料整理，不过代表治学方法之三方面，即以考古学的方法整理实物，以文献学的方法整理文书，以民俗学的方法整理档案。
>
> （二）从前语言历史研究所以语言与历史联成一气，属于所设文献言语学派，现则虽同在文科研究所之内，语言与历史分为二科，因而显出历史学之独立性。历史学部以研究及整理历史文化为目的，可以称之为文化学派。
>
> （三）文献语言学派其弊流于玩物丧志，现既以研究及整理本国历史文化为目的，则对于本国文化自应有极深切之认识，与极深切之体验，在此一点，可谓具有极浓厚之讲学精神。③

指陈史料学即史学，自称文化学派，将历史独立于语言之外，与文献语言学派划界，并斥

---

① 《史学研究会本学年研究计划》，《国立中山大学日报》1931年1月21、22、23、24日。

② 语史所1929年的计划中，仅历史方面就有收集档案、征集各种史料等14项。所辖历史学会以整理本国史及研究外国史为宗旨，其工作大纲包括搜集史料、整理国史、研究外国史、讨论历史教学法、编制中小学历史教科书。《国立中山大学语言历史学研究所概览》，1930年，第6—10、22、29—30页。

③ 《国立中山大学日报》1935年10月13日。

之为玩物丧志，姑且不论这些指责是否属实，然出自此时主持文学院学术行政的朱谦之口中的关键词，仿佛压抑久后的痛快淋漓。

面对来自的朱谦之的激烈批评，按理曾在中山大学工作过的傅斯年应该有所知晓，但目前尚未见其作正面的回应。不过从作为中华教育文化基金董事会补助计划审查者的傅斯年，对待朱的学生陈啸江拟申请补助的态度，[①]间接可知其对现代史学派的做法很不以为然。傅斯年说他已经见到陈啸江的研究计划，并"亲听其解释"，认为"空洞无当，且不知何者为史学研究问题"，所以才草拟了一道"怪题"。傅并谓他将"另纸详注"自己的意见。[②]

（二）对唯物史观派的批评和改正

与对考据考古派的过多指责相比，朱谦之似乎在理论上对唯物史观派没有那么大的反感。作为擅长史学理论，并在日本专门研究过唯物史观的学者，[③]朱谦之对以进化论史观为优点的唯物史观派有一定程度的接受，但也不是没有批评。他说："无疑乎马克思派会告诉我们，唯物史观唯物辩证法就是研究经济史的唯一方法，这话或许有一半真理，然而不能说唯物辩证法就能推诸万世而皆准，就是包医百病的万宝灵丹"；[④]又直言"唯物史观论者的论潮，都是理论多，而事实少，他们很少对于中国历史有很深的素养的；当他们拿着马克思的公式来解决社会上之复杂问题，而且要'见之行事'，这自然是太危险了"。[⑤] 在朱氏看来，唯物史观派的缺憾是公式主义，[⑥]重理论轻事实，历史专业素养欠佳。但他并没有从理论上根本驳倒唯物史观派，批评的水平仍停留在孙中山对马克思批判的程度上："唯物史观、唯物辩证法虽可应用来说明在社会病理的社会史经济史，而不足说明以社会心理为中心的社会史经济史。"[⑦]

---

① 题目很可能是有关中国经济史方面的。因为陈啸江在《中国经济史研究室计划书》结尾处云："请求庚款补助——俟本室成绩能表现于社会时，即可进行此事。"《现代史学》第3卷第2期（1937年4月5日），第10页。陈的计划研究，在方针上"注重社会科学方法及历史科学方法，对材料本身使用历史构成方法，对鉴别材料藉以研究社会状况用历史进化方法"，则明显受朱谦之影响，但已较其师一味谈历史哲学和方法有所充实，即便如此，尚得"怪题"评价，由此可知傅氏对朱谦之的态度。

② 原文是："一、陈啸江。此君之所计划，弟早已见到，并亲听其解释。觉其空洞无当，且不知何者为史学研究问题，故拟此怪题。鄙见另纸详注。"《傅斯年致中华教育文化基金董事会》（1942年5月19日），《傅斯年档案》，I：266；本函另有抄件（《傅斯年档案》，II：58），本文引用，悉依抄件；然此"鄙见另纸详注"之"另纸详注"不在《傅斯年档案》里，故暂不知其详，待查。感谢潘光哲博士提供。

③ 《奋斗廿年》，《文集》第1卷，第71页。

④ 朱谦之：《经济史研究序说》，《现代史学》第1卷第3、4期合刊（1933年5月20日），"中国经济史研究专号"，第28页。

⑤ 朱谦之：《现代史学概论》第四章"史学的历史（下）"，《文集》第6卷，第98页。

⑥ 公式主义就是"如果先搭一个架子，然后把一些史料拼进去，那就是公式主义，也就是错误的"。陶希圣：《潮流与点滴》，传记文学出版社1979年版，第130页。

⑦ 朱谦之：《经济史研究序说》，《现代史学》第1卷第3、4期合刊，第34页。

陈啸江对唯物史观的态度，主要从学术的角度，通过参与评价中国社会史论战反映出来。依照社会史论战出现的先后顺序，陈氏将各家对中国社会古代分期的看法，归纳为八种观点和四大类型：八种观点包括(1)封建社会说，(2)半封建、后封建或深封建说，(3)×社会或过渡社会说，(4)商业资本主义社会说，(5)亚细亚社会说，(6)前资本社会说，(7)专制主义社会说，(8)细分说；四大类型是指封建社会说、过渡社会说、亚细亚社会说和细分说。[①] 就其评价而言，缺点多于成绩。好的方面“是能扫清不正确和不负责任的言论，并适合辨证的原则，逐渐将问题引到解决之路，所以论战时期亦可以说是从个别研究进到共同研究时期的初步”；但“坏处却更多。最明显的，如 1. 失去学术合作的精神；2. 为辩护自己的短处，不惜曲解事实，迁就成见；3. 为驳斥敌人的论点，不惜将其长处，一笔抹杀；4. 急于战胜对方，每未能平心静气，费较多的时间和精力搜集材料；5. 所论争的往往所涉范围太大，甚至在一篇短文中，要泛论上下古今数千年的大事，自无怪其成就之有限了”。[②] 可见，除公式主义外，陈啸江着重指出论战中存在非理性态度，题目宽泛无重点，时段过长不深入的不足。

重视社会史中的经济史，经济史中的断代史和区域史研究，弥补论战中学术性不强的缺点。“现代史学派”不仅在理论层面认识到经济史是现代史学的重点，而且在论战的实践中，深感经济史“是社会史的基础和根基”和“核心”。[③] 后来成为中国社会经济史研究权威的傅衣凌自觉“这场论战，我觉得很失望，因而我近来颇潜心于经济史的研究，认定经济是社会底下层基础。假如此路不通，则社会史将永无解决的可能”。[④] 论战的主将之一的陶希圣几经折腾后，明白逐时代的深入考察，由破转立的必要性：“论战已有四年之久，现在应当是逐时代详加考察的时期。我希望有志于此者，多从事详细的研究。我四年来犯了冒失的毛病，现已自悔……希望大家于‘破’之中来‘立’，只有‘立’才可以把我战线以外的多元论者或虚无论者打翻。”[⑤]所谓“逐时代详加考察”，即时代细分派。依王兴瑞的看法，就是根据时代先后，从秦到清中叶，按照生产方法—生产力—分配形态—政治组织—学术思想等要素，分为奴隶社会(前后汉、三国)、封建社会(南北朝、唐五代)、先资本主义社会(元明清中叶)，这可以陶希圣为代表。[⑥] 朱谦之认为细分派“这种重

---

① 陈啸江：《西汉社会经济研究》之《导论：中国社会发展的特殊道路》，上海新生命书局 1936 年版，第 12—13 页。

② 陈啸江：《中国社会经济史的总成绩及其待解决问题——献给开始研究本问题的朋友们》，国立中山大学法学院编：《社会科学论丛季刊》第 3 卷第 1 期(1937 年 1 月 1 日)，第 130 页。

③ 《编后余墨》，《现代史学》第 1 卷第 1 期(1933 年 1 月 10 日)，第 243 页。

④ 傅衣凌：《论中国的生产方式与农民》，《现代史学》第 1 卷第 3、4 期合刊(1933 年 5 月 20 日)，“中国经济史研究专号”，第 298 页。

⑤ 陶希圣：《中国社会形式发达过程的新估定》，第 8 页，收入《中国社会史的论战》第三辑。参见《民国丛书》上海书店出版社 1990 年据上海神州国光社 1932 版影印，第 2 编(80)，第 8 页。

⑥ 王兴瑞：《中国社会史细分派的批评》，《现代史学》第 2 卷第 1、2 期合刊(1934 年 5 月 25 日)，第 168 页。

视材料而反对公式的倾向，虽然在马克思主义方面为叛徒，却正是现代史学之良友”。[①]

陈啸江正是在细分派的基础上，展开断代的深入研究，进而提出中国社会史为“佃佣社会”的新说。1934—1936年，陈啸江在导师朱谦之的指导下，以《中古社会经济史》为硕士论文选题，分朝代对中古社会经济展开较深入的研究，先后成书出版了《西汉社会经济史》、《两晋经济史》、《三国经济史》和《中国劳动制度》，后来还有《中国经济史研究室计划书》这样宏大而详备计划。[②] 这些论著颇获好评。邹鲁在《三国经济史》序言中，认为中国经济史这一新兴科学有两大缺点“(1)破的文章占着压倒的大多数而带有立的性质的著作太少；(2)论著一般经济发展过程的著作居多而‘断代’的研究过少”。“能够相当避免这两种缺点的，要算陈君这本著作了”。[③]《食货》杂志认为“中国社会史论战只产生了一些论文，一口吞尽长江水。江水的具体流行，很少详加研究。我们一提到要注意史实，便受了‘经验一元论’或‘忽略理论’的诬蔑。好像只许空论，不许充实内容”；而陈啸江的《西汉社会经济研究》是“理论缜密而又内容充实的作品，可算得这门学问的大贡献了”。[④] 在时人看来，陈啸江的系列中古经济史研究在相当程度上，弥补了以前社会史论战中学术性的种种不足。

陈啸江还打破理论公式的约束，从中国古代社会经济史的实际出发，提出有中国特点的“佃佣社会说”。该名称“是采取生产方式分期立意造出来的。因为佃佣社会的生产主要是佃农或农民，我们用了此种名称便不难与古代的奴隶生产，封建的农奴生产，前资本的手工业者等生产，资本主义的工银劳动者生产辨别起来”。[⑤]“现代史学派”从时间上研究中国社会经济史的同时，也意识到空间，尤其是区域空间思考社会经济史的重要性。“中国幅员广大，各地经济发展不尽平衡，故区域经济史之研究，实至重要。”[⑥]在这一方面，王兴瑞做出了开拓性的贡献。与陈啸江一样，王兴瑞也注重社会经济史研究。抗战前，他在《现代史学》已陆续发表了《关于中国古代用铁的研究》、《中国社会史细分派的批判》、《中国农业技术发展史》等论文。由于他是海南岛人，经岑家梧提议，着手研究琼崖民俗，先是与岑合撰《琼崖岛民俗志及其他》；[⑦]后进而研究海南经济史，发表

---

① 朱谦之：《现代史学概论》第四章《史学的历史(下)》，《文集》第6卷，第97页。

② 《现代史学》第3卷第2期(1937年4月5日)，第10页。

③ 邹鲁：《三国经济史·邹序》，国立中山大学文科研究所1936年，第1页。

④ 《食货半月刊》第3卷第8期(1936年3月16日)，第58页。

⑤ 陈啸江：《西汉社会经济史研究发端——中国“佃耕制”社会略论》，《现代史学》第1卷第1期(1933年1月10日)，第96页。

⑥ 陈啸江：《中国社会经济史的总成绩及其待解决问题——献给开始研究本问题的朋友们》，国立中山大学法学院编：《社会科学论丛季刊》第3卷第1期，第149页。

⑦ 刊于《民俗》复刊号(1936年9月15日)。可参见王兴瑞、岑家梧：《琼崖民俗及其他自序》，《现代史学》第2卷第1、2期合刊(1934年5月25日)，第362页。

了《地方经济史研究方法导言》、《海南岛手工业之史的考察》等论文，开创了地方经济史研究的新领域。抗战爆发后，西南各省经济研究至为迫切，愈益增加了地方经济史研究的重要性与现实意义。王兴瑞再出版了《海南岛经济史研究》，成为较早有意识运用地方志及其他文献材料研究区域经济的学者之一。[①]

认识到活用唯物辩证法理论的重要性。为克服论战中公式主义的问题，“现代史学派”在社会经济史研究过程中，强调要科学运用，而非生搬硬套经典著作和权威理论。他们知道唯物辩证法的变动的根本观念，“真正的科学的历史方法论者，对于这种方法的运用，一定要从活的方面去把握，决不把它当作死板的机械来看待。”[②]陈啸江自认在《西汉社会经济研究》一书中，“对于马恩以下诸大师的言论，只用作指南针而不奉为公式”；又谓“这种着重经济解剖之外，又作各方面有系统的解剖，在国内是第一次的尝试，我以为它是适于辩证法发展中的统一和联系的把捉的”。[③] “现代史学派”试图从把握唯物论的理论本质上与公式主义划界，揆诸当时痛批公式主义之声不绝于耳，且20年之后大陆史学界理论公式主义重新泛滥的实际，方知此举之可贵。

在社会史论战由思想政治之争转向学术研究的过程中，“现代史学派”扮演了重要的角色。《现代史学》开启论战科学研究之绪，《食货半月刊》积极跟进，北平社会调查所的《中国近代经济史研究集刊》亦有所贡献。1933年5月，内涵专题论文11篇，约20万言的《现代史学》“中国经济史研究专号”出版。据编者的看法，专号为论战所做的贡献有三：第一，“加以深入的研究，并一改论战时一味漫骂的态度，而着重平心静气的讨论”；第二，“注意材料的搜集，不作空洞式的论列”；第三，“着重社会史中经济的要素，不作漫无边际的检讨（在论战期中，所谓社会史意义，范围可谓广泛非常，如郭沫若胡秋原诸人，都是把社会史认作通史或文化史而著述的），可说是开此后科学化研究的先河了”。[④] 《食货半月刊》在刊登社会经济史的论文时，第一，“愿意致力‘不能急、不能讨巧’的搜集史料的工作”；第二，“愿意致力狭窄问题的研究”；第三，“极力提倡合作的空气，反对漫骂式的文章”。而《中国近代经济史研究集刊》虽然发表这方面的论文，但“作者多不注意历史理论的修养和运用，且所登的文章，只偏于政府财政而甚少涉及社会经济方面，故在经济史论坛中，影响并不怎么大”。[⑤] 应该说，该刊在上层经济的实证研究方

① 《编后话》，《现代史学》第4卷第4期（1942年3月），第116页。

② 王兴瑞：《中国社会史细分派的批评》，《现代史学》第2卷第1、2期合刊（1934年5月25日），第169页。

③ 陈啸江：《西汉社会经济研究》之《导论：中国社会发展的特殊道路》，上海新生命书局1936年版，第14、97页。

④ 陈啸江：《中国社会经济史的总成绩及其待解决问题——献给开始研究本问题的朋友们》，国立中山大学法学院编：《社会科学论丛季刊》第3卷第1期，第131—132页。

⑤ 同上期，第134页。

面大有贡献，但对社会经济下层问题和社会科学理论方面顾及较少，故在社会史论战方面的影响上不如前两刊。“现代史学派”甚至相信通过学术研究，而不是政治手段可以解决社会性质及其论争，所谓“其实若能等到材料充实及许多小问题解决之后，中国社会史性质或已完全明了，毋庸再事论战，亦未可知”。[①] 遗憾的是，由于内战和外战交织，国人未能从容论道，很好地解决这一事关近代中国社会走向的重大问题，以致付出沉重的历史代价。

结　语

20世纪30年代初，中国内忧外患。日本闪击中国，国事蜩螗；国民政府形式统一，实则思想分歧，中国社会性质和社会历史论战蜂起。与民族命运密切相关的历史学和敏于现实的学人，不得不重新思考史学的学术性和现实性功能，并试图在两者之间寻得一个连接处和平衡点。活动于平沪的朱谦之因各种机缘，南下广州就聘中山大学史学系主任。鉴于参加社会史论战者历史专业学术性的欠缺，和学界弥漫脱离现实，轻视理论的“非考据不足以言学术”的风气，朱谦之通过教研活动，以史学研究会为据点，刊行《现代史学》，聚合同道，展开史学的社会科学化运动，自号“现代史学派”。史学社科化主要表现在课程改革、理论准备、研究实践，以及反对傅斯年一派和修正唯物史观派的不足等方面。

就史学课程的社会科学化而论，这并非朱谦之首创，却与近代以来梁启超、朱希祖等倡导的史学与社会科学结合一脉相承，又有所不同和创获。梁启超主张开放历史研究，让史学与社会科学联袂。他主张地理学、地质学、人种学、人类学、言语学、群学、政治学、宗教学、法律学、平准学，“皆与史学有直接之关系”。[②] 1920年，朱谦之还在北大当学生阶段，时任该校史学系主任的朱希祖即倡行史学以社会科学为基础，一面让何炳松翻译鲁宾孙的《新史学》；一面变革课程，将课程分为基本科学、辅助科学、史学史及史学原理、中外通史及断代史、专门史、第一二外国语六大系统。[③] 由于社会科学化的潮流势不可挡，“此种制度实施以后，国内公私大学史科，纷纷仿行”。朱谦之的课程结构显然吸收了朱希祖在北大课改的内容而有所损益，不同的是：第一，增加了文化史和现代史

---

① 陈啸江：《中国社会经济史的总成绩及其待解决问题——献给开始研究本问题的朋友们》，国立中山大学法学院编：《社会科学论丛季刊》第3卷第1期，第134页。

② 梁启超：《新史学》，《梁启超史学论著四种》，岳麓书社1998年版，第252页。

③ 傅振伦：《先师朱逖先先生行谊》，《文史杂志》第5卷第11、12期合刊，“朱逷先先生纪念专号”，第51页；桑兵：《晚清民国的国学研究》第三章《大学史学课程设置与学风转变》，第72—73页。

部分内容，加强了史学理论和世界历史的位置；第二，基本科学、辅助科学由必修改为选修；第三，教学行政制度上跨机构和专业开课（这与今日同一专业教师开课，不同院系学生公选略有不同），且为跨历史、社会、哲学、教育学多学科提供理论基础——文化哲学。

在社会经济史研究领域来说，20 世纪 20 年代末至 30 年代中期，史学界从事中国经济社会史研究的主要有四股力量，一是以郭沫若、吕振羽为代表的唯物史观派，二是以朱谦之为首的现代史学派，三是以陶希圣为首的食货派，四是以吴晗、汤象龙等一批以清华大学、中央研究院社会科学研究所为代表的北平史学研究会，彼此的研究动机和路径有所不同，[①]但主张史学与社会科学有紧密关系，大量援用社会学、经济学和统计学等入史学，致力于中国历史的阐释则一。全面、深入和准确地考察它们的学术地位和互动关系，有待时日，也不是本文的主旨。就处理史学与社会科学之间的纠葛而言，各有侧重。唯物史观派重理论甚于历史事实；史学研究会较注重立足于既存史料与史实，以史学为本位，将社会科学的原理方法作为辅助工具使用，使社会科学方法在史学中的运用逐步走向成熟。[②] “现代史学派”和食货派在与唯物史观进行社会史论战中，逐渐认识和调整自己观点，从政论转向学术、由理论而重视史料，并且来往互动较多。[③] 食货派的主脑陶希圣主张理论方法应当从史料中后出，而非为先。[④] 这点靠拢史料派。而“现代史学派”则是理论先行，至少是观念先行，悬问题以觅材料。朱谦之虽然号称要综合史观派和史料派之长，但仍以解释的史观为主，日后甚至有哲学化和泛社会学化的研究倾向，成为百科全书式学者。这点反而接近史观派。但由于朱希祖断代史强调的调剂以及陶希圣对史料重视的影响，“现代史学派”弟子发生了变化，甚至分化。陈啸江转而重视断代经济史和具体领域史的研究；1940 年后离开中山大学、致力中国近代经济史研究的彭泽益，则转向实证路子。[⑤]

---

① 李根蟠：《唯物史观与中国经济史学的形成》，《河北学刊》第 22 卷第 3 期（2002 年 5 月），第 122 页。

② 陈峰：《正统视野之外的新史学：关于 20 世纪 30 年代“史学研究会”的学术史考察》，济南山东大学硕士论文，2002 年 5 月，未刊，第 26—32 页。

③ 陈啸江应陶希圣要求，撰写《二十五史文化史资料搜集法》（《食货半月刊》第 1 卷第 5 期，1935 年 2 月 1 日，第 5 页）讨论如何从正史中搜求经济资料，分生产、流通、分配、消费四门，而以经济思想殿后，每门之下详列工作细目；1935 年暑假，王兴瑞响应陶希圣号召，回到海南岛澄迈家乡调查了当地一个村庄的社会经济状况，将调查材料整理成论文《广东一个农村现阶段的社会》，刊于《食货半月刊》第 5 卷第 2 期，1935 年 12 月 16 日）。

④ 阮兴：《〈食货〉与 20 世纪 30 年代的中国经济社会史研究》，广州中山大学博士论文，2005 年 6 月，编号 TNI5096，第 114 页。

⑤ 彭氏在倾向史料的史学研究会的刊物《中国社会经济史集刊》发表长篇纯考据式的论文《中英五口通商沿革考》；并根据掌握史料的多寡作为判断中国近代史研究水平的高下：“国内治近代史者颇不乏人，迄今尚无显著成绩可言。此中困难：（一）史料虽属丰富，然皆不易齐备；（二）其未经发见之新史料尚多，有待于努力搜求；（三）近代史事牵涉范围颇广，有关国别亦多，而外国史料汗牛充栋，我国学者以语言、文字及机缘所限，难以获致充分的参考。至外国学人有志研究中国近代史者，当亦不无同感。”，详见该刊第 8 卷第 1 期（1949 年），第 81—139、167 页。

就研究方法而论，“现代史学派”这种史学社会科学化的主张，是在科学和进化论思想指导下，以社科的综合化为本位，重在求史学与社会科学之同或普遍性，旨在发现历史进化发展的一般规律，他们因而既批评何炳松过于强调史学与社科之异或特殊性，二者互补，以历史（专业化）为本位的观点，更反对傅斯年否定历史哲学、主张史料即史学的做法。更有甚者，不仅跨社会科学，甚至插足自然科学领域。[①] 这不同于梁启超，而与曾在中大社会学系掌系的周谷城接近。“史学与其他科学相较，虽有不同，然非对立。不同者，谓史学与其他科学各有个性，未可强之使同；非对立云云，则谓史学与其他科学，同属科学范围，并非完全相反。梁任公之见，与此截然不同，认史学与自然科学相反者。……实则其他科学之新方法，无论为经济学或政治学所创获，抑物理学或化学所创获，皆直接或间接，部分或全体，可为史学用。”[②]

在反对傅斯年等极端做法的同时，“现代史学派”实际上又走向另一极端：将综合化、一般性置于专业化、特殊性之上，有淡化甚至牺牲史学为代价的危险。反客为主，轻视史学的学科独立性和自主性，在形而上的历史哲学，和在民族矛盾逐渐上升的背景下，试图重申以进化论为指导，一方面使当时过于纯学术、脱离现实的史学参与社会，特别是为抗日寻找理论依据；另一方面复兴和建设中华文化，甚至世界文化，以趋向世界大同方面，有其贡献。但在讲究以形而下为主、坐实具体研究的主流史学界眼中难以得到认可。他们的史学研究成果少臻于一流，培养的人才不及史学研究会，[③]影响也不如唯物史观派和食货派大。原因很多，但史学的专业化没有受到应有和足够的重视，当是要因。这种广博有余而专业不足的“百科全书家”学者现象，朱谦之的同事王亚南有过精当的品评。其优点第一是，“时代感非常强烈”；第二是，“涉猎非常广泛”；第三是，“态度非常开明”。缺点则是：“其一，因为注意的研究的范围太广，对象太多，他对于每科的

---

① 该派还试图将史学的触角延伸到自然科学领域，重视科学史研究。为发扬中国固有之科学文化，提倡新型历史，并谋求历史学者与自然科学者通力合作，朱谦之联络中大各院系教授于 1935 年 10 月发起组织中国科学史社，制定章程，分列任务，并任主席。这表明，朱谦之不仅将史学社科化，而且欲自然科学化。惜因抗战等原因成效不彰，最终以失败告终。参见国立中山大学史学研究会撰：《中国科学史社章程（草案）》，《现代史学》第 3 卷第 1 期，附录（二），第 3 页；《中国科学史社会员大会纪盛》，《国立中山大学日报》1944 年 5 月 25 日。

② 周谷城：《中国史学之进化》，香港生活书店 1947 年，第 118—120 页。

③ 该会的参加者，如张荫麟、吴晗、罗尔纲、梁方仲、谷霁光等日后多是所在领域的权威。而“现代史学派”批评该会多不注意历史理论的修养和运用，正说明该派在史学方面视理论重于史料的不足。相反的是，该派在推动史学与中山大学其他社会科学结合过程中，使“历史的构成法”，得以随之渗透到相关的民族学、人类学之中，造就了江应樑、梁钊韬等一流的学者，也使这些学科在中国本土化过程中打下深刻的史学烙印，研究成果具有理论基础扎实、文献资料丰富与民族调查深入三结合的特点。这种失之东隅，收之桑榆，“损己利人”现象，实在值得跨学科者省思。以上材料分见《江应樑自传与著作简述》，北京图书馆《文献》丛刊编辑部、吉林省图书馆学会会刊编辑部编：《中国当代社会科学家》第 8 辑，书目文献出版社 1986 年版，第 70 页；陈启新：《梁钊韬教授学术思想研究》，中山大学人类学系编：《梁钊韬与人类学》，中山大学出版社 1991 年版，第 19 页。

造诣，就不一定能够深入；‘肤受浅尝’的毛病是难得避免的。其二，因为研究上难免‘肤受浅尝’，又因为这种‘肤受浅尝’，主要是由于涉猎太广。于是在运思立论当中，就往往会不知不觉的把许多不易调和的概念，貌为比附的从观念上关联起来，使自己陷在自己强行设定的形式主义与观念主义的谜团里。正如同朱先生为我们证示了百科全书学者的特点一样，他同时也在相当程度上为我们证示了百科全书学者的缺点。”[①]这种优缺点并存，缺点多于优点的“朱谦之式”的现象，再次提醒学人，吾生有涯，学海无涯，在跨学科时须守住专业本位，并注意学科边界；博约相济，理论研究与具体研究成果相匹配，妥处学术独立与现实关怀的关系。否则，跨学科，有可能导致“垮学科”；欲成通家，弄不好会“无家可归”。[②] 正确的做法，是坚持史学本位，强化学科特性和不可替代性，适当地吸收与研究问题相关的其他社会科学的理论和知识，而非本末倒置。

（原载台湾《思与言》第44卷2期，2006年6月，
原题《“现代史学派”与中国现代史学研究的“社会科学化”》）

① 王亚南：《社会科学新论》，收入《民国丛书》第5编(16)，上海书店出版社1996年版，第103—104页。

② 据业师林家有先生见告，朱谦之的成名弟子朱杰勤曾告诫他，要注意专门研究，戏称自己过于杂博，以致无家可归。虽是自谦之言，恐怕并非毫无道理。

民国时期史学专业研究生培养述评

——以中山大学文科研究所为例

王　传

一、语言历史学研究所时期的研究生培养计划

语言历史学研究所①(以下简称语史所)是在广州中山大学成立的一所具有现代意义的现代专业学术研究机构,该所于1927年8月开始筹备,以"作语言与历史之科学的研究,并以造成此项人才为宗旨"。② 为了培养专业的研究人才,研究所在正式筹备的前一个月就由校长公布该所的《研究生招生简章》。

招生简章对研究生招生的人数、资格、研究题目及学生待遇等作出了规定。研究所计划首批招收20名研究生,要求投报者具有"大学毕业,曾专习语言或历史学,而现在仍继续研究者";在"高师毕业,曾习文学或史学,或在大学修业二年以上,而欲专为语言学历史学研究者"。报名时须述明以前所习之学科,所读之书及所从之教师,并附上以前所从之教员推荐信一封。投考者来函经检定合格后通知考试。考试科目有:国文、外国文(英法德之一);历史、地理、算学、物理、地质、生物、统计(选一)。研究生录取后,免收学费,各种旅行及实际工作的费用均由学校支付,研究生工作优良时,学校提供300至1000元不等的奖学金。学生在研究所各教授的指导之下进行研究,除完成自己的研究题目外,还要参加校内外的集众工作,例如南方方言的调查,民俗、人类学及古物的调查与收集,新修《广东通志》等。但考虑到研究所刚刚成立,在全国尚无一定的影响力,加之受当时南北时局混乱、生源不足等因素的影响,一时很难招满,所以简章又规定,"研究生报名期限无定,可随时报名,但额满后不收"。③ 虽然研究所从筹办时就准备招

---

① 中山大学语言历史学研究所成立于1928年1月,至1931年1月改名为文史研究所,1935年夏根据教育部《大学研究院组织规程》更名为研究院文科研究所,下设中国语言文学部和史学部,招收史学专业研究生。参见中山大学研究院总办事处编:《国立中山大学研究院年报》,1937年6月,第75页。

② 中大语史所:《语史所概览》,1930年,第16页。

③ 中大语史所:《语史所年报》,1929年,第7页。

收研究生，但一直因“研究生学历在大学毕业以上，延聘教授，自须较本科教授薪金为高”，1929 年顾颉刚离开广州前后仍然为因“校款支绌，种种设备无法举办，至未能实行招生，殊深歉仄”。[①]

就目前笔者所掌握的史料来看，直到 1933 年文史研究所才招收陈国治、陆永恒、潘莳、黄延武、朱杰勤、曾了若六名研究生。[②] 简章规定投考条件除大学本科毕业生外，还可以史学专门著作投考。例如研究生朱杰勤就无大学本科学历，以《中国史学研究》一文获得投考资格，诸多考生多因“一两种试题未得手，遂至降其名次”，但由于其提交的论文质量较高，被专家认为是“深造之士”，也能成为备取生。[③]

从这一时期研究生招生及培养来看，研究生教育主要还是围绕着研究所若干研究题目入手，更多的是通过研究所的教授及研究生“集众”的力量来推动大规模调查研究工作的展开。招生计划既没有对学员学习年限的规定，也没有对研究生制定详细的培养、考核方案，且招生也不正常，表明这一时期的中大的史学研究生培养还没有走上正常的轨道。

二、文科研究所史学研究生的培养

现代意义上的史学专业研究生的培养始于 1934 年 5 月教育部颁布的《大学研究院暂行组织规程》。规程对研究生的入学资格、研究院所设立的要求及经费、图书仪器、课程设置等作出了明确的规定。1935 年 4 月，国民政府仿照英美体制颁布了《学位授予法》。为了配合学位法的具体实施，陆续颁布了《学位分级细则》(1935 年 5 月 23 日)、《硕士学位考试细则》(1935 年 6 月 12 日)、《硕士学位考试办法》(1936 年 4 月 7 日)。[④]对学位课程考试、学位论文审查答辩和学位授予等程序作了明确规定，并制定了详细的标准，我国的学位制度至此初步形成了。

中山大学研究院文科研究所史学部在 1934 年后研究生招生正常，培养模式较为成熟，成绩卓著。

---

① 《本校语言历史学研究所最近进行：聘定研究所委员、增加每月经常费》，《国立中山大学日报》1929 年 1 月 11 日。

② 其中陈国治、陆永恒、潘莳三人公费，每月向学校领津贴 80 元(当时北大研究生无津贴，清华大学每人每月 30 元)，黄延武、朱杰勤、曾了若三人为自费。见广州省档案馆藏《研究院研究生登记学籍表》，档案号：20－(2)－304。在前期学校公布的录取名单中陈国治、葛启扬(未入学后由黄延武顶替)、潘莳、陆永恒因分数较高，为正取生，而曾了若、朱杰勤因卷面成绩较低，为备取生。

③ 《本所招考研究生纪略》，《国立中山大学文史研究所月刊》第 2 卷第 1 期(1933 年 10 月 5 日)，第 142 页。又参见《朱杰勤自述》，收入《世纪学人自述》第 4 卷，北京十月文艺出版社 2000 年版，第 389 页。

④ 《中华民国档案史汇编》第 52 编，江苏古籍出版社 1994 年版，第 1383—1408 页。

根据《大学研究院规程》,中山大学于1935年夏成立了研究院,下设文科、教育、农科三所。[①] 其中文科研究所下设语言、历史二部,正式招收专业研究生。

中山大学文科研究所史学专业研究生的招生及培养继承了北大国学门及清华研究院有益的经验,在具体的招生及培养过程中具有以下明显的特点:

首先,严格招生程序,限制招生规模,延长研究年限。文科研究所史学部的宗旨是"研究及整理历史文化,并以造成此项人才为宗旨",招生简章对学生的投考资格严格限制,只招收正规大学史(地)学系本科毕业生。招生简章规定凡"国立省立或立案之私立大学或独立学院相当学系毕业者;本校承认之外国大学相当学系毕业者"始得投考(所谓相当学系是指中国文学系毕业者投考文科研究所中国语言文学部,史学系毕业者投考文科研究所史学部,以此类推)。学生将毕业证书、相关证明文件、研究计划寄往中山大学,经审核合格后即通知考试。

考试科目分普通科目和专门科目。普通科目有国文、外国文(英法德文任择一种)及党义、口试(与所拟研究计划有关系之基本学科常识问答);专门科目分中国通史、西洋通史、史学方法为必考科目,史学史、本国沿革地理两科选考一种。此外,为了保证研究生的质量,规定每届限取两名,给予每年480元毫洋作为奖学金,分12个月发放,这相对于研究所当时书记员每月50元的月薪来说,已经是相当丰厚了。[②] 为保证学生学习及研究时间同时规定"研究生不得兼任校内职务",在校修业至少两年以上。[③] 中大第一届硕士研究生招生考试于1935年9月1—3日在中大研究院、北京大学、交通大学同时开考,史学部共录取白维翰(北京大学史学系毕业)、吴钧(北平师范大学毕业)两名研究生。[④]

文科研究所在严格招收新生的同时,又对1935年前招收的研究生进行资格再认定。史学研究所(文科研究所前身)于1933年招收陈国治、陆永恒、潘莳、黄延武、朱杰勤、曾了若六名研究生,招生时间是在1934年《大学研究院暂行组织规程》等相关法规颁布之前,教育部明令"研究生在二十三年以前招收者照章不授予学位",后经研究院向教育部争取,对六人进行严格甄选,认为陈国治、潘莳二人及格,理应与1935年考取新

---

① 《大学研究院规程》规定:"凡具备三所研究所以上者,始得称研究院。"第一批成立研究院的国立大学仅有清华大学、北京大学、中山大学。其它的国立大学只有一二研究所之设,没有研究院。

② 《国立中山大学研究院年报》,第216页。

③ 《本院招生简章》,《国立中山大学研究院年报》第3—7页,《大学研究院组织规程》。

④ 《中山大学日报》1935年9月27日第2版;《研究院研究生登记学籍表》,广东省档案馆,档案号:20-(2)-304。

生享受同一待遇。教育部同意陈国治、潘莳为硕士学位候选人,但"惟须由二十四年度起继续在研究所研究两年,方得参加硕士学位考试"。[①] 这样史学部1935年共有四名研究生了。

其次,制定了详备的研究生培养计划。根据《大学研究院暂行组织规程》第九条"研究生应习之课程及论文工作由各校详细拟订,呈经教育部核定"。中山大学研究院制定《本院学则》,规定"研究生两年内须修习二十七至三十六学分交论文一篇",文科研究所史学部拟定研究生课程表:[②]

专题	课程		学分(每学期)	任课教师
史学理论	史学方法实习(任选一组必修)	考古组	3	黎东方、吴三立
		档案组	3	陈安仁、徐家骥、杨熙时
		民俗组	3	萧鸣籁、陈廷璠
	中国史学史专题		3	萧鸣籁
	历史哲学专题		2	朱谦之
断代史研究	殷周史		3	黎东方
	隋唐史		3	萧鸣籁
文化史研究	中国文化史(任选一组选修)	宗教史	3	朱谦之
		思想史	3	
		艺术史	3	
	中国基督教史(中外交通史专题之一)		3	朱谦之
	中国社会经济史(中外交通史专题之一)		3	姚宝猷
外交史	鸦片战争以前外交史		3	朱谦之

表中专题研究的内容在不同学期会有不同的变化,如断代史研究会改为两汉史、清史研究等。1936年杨成志在法国获民族学博士回国后,在史学理论专题下增设考古学和人类学课程。[③] 从表中可以看到,课程的设置偏重于史学方法理论及社会文化史、经济史的研究,显然这与新史学背景下代表着史学界主流的"科学方法派"强调注重实际调查和多学科交叉的研究方法和二三十年代的社会史、经济史研究热有关,所开课程针对性强,直接反映了"科学方法论"输入后的现代史学之走向,与清华国学院所开有关经学、训诂、学术史课程多有不同。

研究所为了能让学生获得第一手的资料,提高研究成绩,积极联系相关部门团体,安排学生前往实地进行调查研究。例如1937年文科研究所与岭南大学社会调查所合作组织"海南岛黎苗考察团",派出研究生王兴瑞前往海南岛,深入大旗苗村调查长达五

---

① 中大研究院总办事处编:《研究院年报》1937年版,第55、81、84、85页。

② 此表根据《中山大学日报》1935年10月19日第6版制作。此课程于研究院第二次院务会议审核通过,并报教育部备案。参见《中山大学日报》1935年11月29日第3版。

③ 详细参见《国立中山大学研究院年报》,第90—91页。

个多月，写成《海南岛黎人研究》，获得硕士学位。[①] 1937 年夏，研究所派出研究生江应樑与云南地方政府合作，深入调查研究傣族（旧时通称为“摆夷”），1938 年 5 月回广州，写成《云南西部的“摆夷”研究》一书，作为调查报告，取得硕士学位。[②]

第三，严格的学科毕业考试和学位论文审核答辩程序。按照《学位授予法》及《硕士学位考试办法》、《硕士学位考试细则》的规定：研究期满两年以上者，经院所考核成绩合格，提为硕士学位候选人，须参加学科考试和论文考试，其中论文成绩占 60%，学科成绩占 40%，两种成绩各在 60 分以上始认为合格。[③] 1937 年 4 月，教育部令准史学部陈国治、潘莳成绩考核合格为硕士学位候选人，参加学位考试。[④]

为确保硕士学位考试顺利进行，文科研究所成立第一届硕士学位考试委员会，获教育部批准。其中校内委员有吴康、曾运乾、朱谦之、岑麒祥、萧鸣籁、李笠、姚宝猷七人，校外有罗献修、罗翙云、杨寿昌、温廷敬、冒广生、陈定谟、郑师许七人，校内外委员各占一半。5 月 31 日学科考试开始，由代院长吴康及各所主任“轮流巡视，试场秩序，极为严肃”。6 月 7 日论文考试后，学科及论文成绩依部定《硕士考试细则》拟交由硕士学位考试委员会全体审定后呈教育部复核。[⑤] 现将学科考试、论文考试成绩列表如下：[⑥]

经过紧张而严格的学科及论文考试，研究院师生举行联欢，学生演奏吉他、唱歌，杨成志教授讲“猡猡话”（彝族语言），研究院主任吴康讲故事，场面轻松活泼，以此来庆祝第一届研究生的顺利毕业。

部别		史学部	史学部
硕士候选人姓名		陈国治	潘莳
论文指导教授		朱谦之	萧鸣籁
论文题目		中国古代经济史研究	两汉西域志
校外论文审查委员		陈定谟　温廷敬	郑师许　温廷敬
论文考试委员	校内委员	朱谦之	萧鸣籁
	校外委员	陈定谟	温廷敬　郑师许
考试成绩	校内委员	90	80
	校外委员	90	80

① 参见《海南岛黎苗考察团定期出发》、《海南岛黎苗考察团员工作结束返校》，《中山大学日报》1937 年 1 月 30 日第五版、6 月 8 日第二版。

② 《江应樑自述》，载《世纪学人自述》第 3 卷，北京十月文艺出版社 2000 年版，第 313 页。

③ 《中华民国史档案资料汇编》第 52 编，江苏古籍出版社 1994 年版，第 1406—1410 页。

④ 至于 1935 年史学部所招收白维翰、吴钧二研究生均因休学没有能顺利完成学分，所以 1937 年史学部第一届参加学位考试仅有陈、潘二人。参见《研究院年报》，第 55、81、84、85 页。

⑤ 具体可参见《中山大学日报》1937 年 6 月 28 日第 2 版。

⑥ 此表根据《国立中山大学研究院年报》第 30 页删改而成。

	部别		史学部	史学部
学科	考试委员	校内委员 校外委员	断代史研究(魏晋史) 萧鸣籁 温廷敬	中国基督教史专题研究 姚宝猷 郑师许
	考试成绩	校内委员 校外委员	80 80	70 70
	考试委员	校内委员 校外委员	中国社会经济史 朱谦之 陈定谟	中国文化史专题 朱谦之 郑师许
	考试成绩	校内委员 校外委员	90 90	80 80
	学科平均分数 论文平均分数 总平均分数		85 90 88	75 80 78
	备考		遵教部令论文分数占百分之六十,学科分数占百分之四十。	

三、研究生培养的意义

以历史主义的眼光来审视文科研究所史学专业研究生的培养,具有重要的历史意义。

其一,“集众”式的培养方式,拓展了学生的学术视野。

传统的学术研究注重家法与师承,讲究的是师生个人之间交流,或自身的直接体悟,在资料运用上注重传统文献的整理、爬梳等,这固然在某些学术领域能够精深研究,但也使得学生的视野过于狭窄,不能集众家之长。正如蔡元培所说:“精神科学如心理学、美学等,社会科学如社会学、经济学等,在西人已全用科学的方法,而我族则囿于内省及悬想之旧习,科学幼稚,无可讳言……盖科学方法非仅仅运用于所研究之科学而已,乃至一切事物,苟非凭借科学,明辨慎思,实地研究,详考博证,即有所得,亦为偶中,其失者无论矣。”[①]一语道出传统人才培养的弊端。文科研究所史学部严密的培养计划,各教授在各自专业内精深的学术造诣,[②]都使得学生不仅能够学习到传统的中国历史文献学知识,又能把握当时中国社会史、经济史研究的热点,甚至略窥当时世界社会科学的最前沿,比如考古学、民俗学、民族学、文化人类学、体制人类学等学科理论知识的介绍,这些又大大拓展了学生的学术视野。

① 蔡元培:《发刊词》,《大学院公报》1928年第1期。

② 研究所当时还聘请陈垣、陈受颐、温丹铭、谢英伯、张星烺、张尔田、邓之诚、顾颉刚、傅斯年、岑仲勉、陶希圣、刘节、马衡、黄文山等人为名誉导师,主要职务为“学术演讲与通讯指导”。参见《国立中山大学研究院年报》第44、68、69页。

其二，注重实际调查研究及多种研究工具、方法的运用。

正是由于学生视野的拓展，他们在研究历史的过程中，注意借鉴其他学科的研究方法。例如，史学部研究生江应樑在其拟定的《西南民族研究计划》中认为：由于古人对于西南民族一贯持有“一个错误的歧视心理”，“此种主观记载怎能据以作研究的立论”？除关于民族历史的演变部分以历史文献记载作主要资料，亲自访问作副要资料外，认为“向西南民族中作实际调查，实为研究本题之唯一方法”。同级研究生王兴瑞也认为其《海南岛黎人研究》“主要材料的来源，非依靠实际考察不可”，“最重要的是基本知识的准备，如历史学、人类学、民族学、民俗学、语言学等都非有相当的修养不可”。二人在实际的调查研究中都运用了体质人类学方法，对研究对象的“体质构造”、“智力及文化”进行测定。此外拍摄照片，搜集所研究民族之民俗、宗教及有历史价值之古物。王兴瑞在调查期间甚至使用当时少有的摄影器材对苗黎民族活动进行摄影，将影片带回研究所观摩研究。① 研究生戴裔煊毕业论文为《中国钞盐制度研究》，就运用了“民族学家提倡的纵横两方面探究途径，阐明这种制度产生发展变迁与时代环境的交互关系及其所起的作用与影响”。② 多种研究工具、方法的运用，启迪了人们的思维，扩大了史学研究的战场。

其三，推动了学科之间的交叉整合和新学科的诞生。

多种工具的运用又直接推动了历史学与相关学科的交叉整合。在新中国成立之前我国人类学界流传着“北吴南杨”的口碑。其中“南派”则由中山大学文科研究所史学部杨成志挂帅，在史学部下设立人类学组，更多地运用历史派的理论主张，从事南方民族历史文化全貌性研究。③

“南派”的形成离不开文科研究所史学部研究生的研究成果，他们分别是1937年王兴瑞的《海南岛黎人研究》、江应樑的《云南摆夷研究》，1941年梁钊韬的《中国古代巫术：宗教的起源及其发展》，1944年王启澍的《贵州苗族研究》，1946年吕燕华的《粤北瑶民社会研究》，1947年曾昭璇的《海洋洲种族志》等硕士论文，以及研究生梁瓯第的《西康罗罗及新疆民族考察》，研究生戴裔煊的《人类学理论与西南民族史研究》等论文，这些论文或成专著，或已在国内外学术刊物先后发表。1948年历史学研究所人类学组教授杨成志正是以该所研究生的研究成果作为向教育部申请在中山大学开设人类学系的重要依据，并得到了教育部的批准。④

---

① 《国立中山大学研究院年报》，第99—100，126—129页；《中山大学日报》1937年1月30日第5版。

② 《戴裔煊自述》载《世纪学人自述》第三卷，北京十月文艺出版社2000年版，第278页。

③ 容观瓊：《中山大学人类学教学和研究述略》，《广西民族学院学报》2001年第5期。

④ 杨成志：《国立中山大学设立人类学系建议书》，《杨成志文集》，中山大学出版社2004年版，第263页。

不过，研究院的发展、研究生的培养还是受到了客观条件的限制。首先是经费不足。名义上，研究院及各研究所在经费上实行独立核算，但实际上，由于抗战时期，各方经费拮据，“仍由大学总办事处及文农各学院支用，东挪西补，程序劳烦，以致一切预定计划，莫能实现”。其次是师资力量的不足。研究所各指导教授事实上仍由学校各学院教授兼任，“两地授课，职责不专，钟点繁多，精力分散”。[①] 这种现象表明，研究所精英化研究生培养模式虽然较为成熟，但是由于经费、师资等因素的制约，史学专业人才的培养任重而道远。

（原载《江西师范大学学报（哲学社会科学版）》第 43 卷第 2 期，2010 年）

① 具体参见《中山大学日报》1937 年 5 月 11 日第 5 版。

中山大学法政学科百年回顾

夏书章

引　言

中山大学自孙中山先生创办国立广东大学起，在孙先生逝世后改名为国立中山大学，至今已满80年。其主要前身三所学校之一的广东公立法科大学，则可溯源到1905年成立的广东法政学堂，到2005年正好是100年。因此，在纪念校庆80周年之际，同时对法政类学科或专业做百年回顾，对作者校内先后所在单位（全国高校院系调整前的老法学院、近期改组的法政学院和建立不久的政治与公共事务管理学院〔简称政务学院〕）和个人来说，都很自然。我自1947年秋应聘来校在当时的法学院政治学系任教，在校庆80年中历57年和学科100年中历58年，许多往事记忆犹新，历历如在目前，体会也多而且深。关于来校前的情况，这里借参考文献之助，略述梗概，感受方面只能实行"厚今薄古"了。

一、八十年前从头说

清王朝的最后几年，尽管封建统治土崩瓦解之势已不可逆转，但仍企图通过一些所谓"维新"、"变法"，采取若干"改良"措施，以求延缓。如当时的大力兴办"新学"之风，就是其中一项。光绪三十一年（1905）废除以科举取士的制度以后，将始建于康熙二十三年（1648）的广州贡院（清末的四大贡院之一）作为考试棚的东、西文场改建为学堂（学校）。广东法政学堂便是由东文场建为广东课吏馆后改建的（1905），办过学制两年的速成科、法政讲习所（半年一期）和学制三年的法律特别科。

1909年，新校舍建于广州今法政右巷一带，法政路即因此而得名，也可以视为历史见证。校内办10个班，学员约1000人，校外班学员人数同，还发行校外讲义，被称为"极一时之盛"。分科先后有法律速成科、法律本科、行政本科、理财本科、预科和附设监狱改良讲习所等，已具有一定规模。1911年辛亥革命发生，教务一度停顿。

1912年，广东法政学堂改为广东公立法政专门学校，设学制四年的法律和政治经济两科。在1919年五四爱国运动的影响下，学生热烈响应。因1918年第七次全国教育联合大会议决的新学制规定高中直接升大学，“高专”一级已无存在的必要，所以又酝酿和提请改制。

1923年8月，广东公立法政专门学校改为广东公立法科大学，除原有专门部转为本科外，均照旧，另招考大学预科三班、补习一班。稍后，这所改制不久的法科大学，即与国立广东高等师范学校和广东公立农业专门学校共三所学校合并为国立广东大学。

按照惯例，校庆从学校正式成立起计算。广东大学成立典礼于1924年11月11日举行，在这个日期以前的筹备阶段，仍属“八十年前”至关重要的“尾声”。从“法政学科”的角度归纳一下，值得注意的至少应有以下几点：

一是合并的三校中，一为“高等学校”，一为“专门学校”，称“大学”者只有法科大学，它是从“专门学校”升格的。

二是自创办广东大学之日起即有法政学科，简称法科，与文、理、农共四科并立，其余医、工、师范等科是后来增设的。

三是孙中山先生的办学初衷可以从与黄埔军校合称“一文一武”中得到启示。“文”即科学家和文职人员，当然包括法政研究和实际工作者。鉴于官僚和军阀等恶势力仍在，他深感：“革命尚未成功，同志仍须努力。”

四是筹备员聘请学术界知名学者、教育学专家、国共两党和革命政府要员担任，不少是法政学科领域知名度很高的学者如李守常(大钊)、王世杰、周览(鲠生)、梁龙等。他们的阅历、学识在当时颇为引人注目，得到孙中山的重视。

五是在筹备工作中设有法科委员会，全体委员都针对法律、政治、经济三系的需要而聘请，知名度都较高。另在预科委员会中设法科组，主持其事者和教员均由大学本科教授充任。

二、二十世纪变化多

中山大学自国立广东大学成立起计算，有76年，法政学科则有95年，是在20世纪内度过的。在这段漫长的岁月里，学校变化多，学科变化更大，经历了很大的起伏、转折。到20世纪后期，学校和学科已有平稳、健康、继续发展的良好基础。以下是几次重大变化的一些主要情况。

(一)改名中山大学　国立广东大学成立后不久，因并入广东公立医科大学而扩大规模，在文、理、法、农四科之外增设医科。1925年3月12日，孙中山在北京病逝。为了纪念孙中山，在悼念活动中，提出了将广东大学改名为中山大学的提议。1926年8月，正式宣布将国立广东大学改名为国立中山大学。这里还有一段小的历史插曲，即1927年2月—1928年2月，为纪念孙中山，曾有四所大学正式定名为中山大学：国立中山大学改称国立第一中山大学、国立武昌中山大学被命名为国立第二中山大学、杭州创办的国立第三中山大学、南京以国立东南大学为基础的国立第四中山大学。此外还有河南、南昌、上海、安徽、兰州、西安等地的中山大学，莫斯科也有过中山大学。上述四所除广州中山大学外，即后来的武汉大学、浙江大学和中央大学。其余皆易以所在地之名。1928年2月，国立第一中山大学仍改称国立中山大学。学校规模不断扩展，成为包括法政学科在内的学科较全、规模较全的多学科的综合大学。但在蒋介石反革命政变后，一批优秀师生遭迫害，与政治联系较紧的法政学科发展受到影响。

(二)抗日战争时期 在改校名以后至抗日战争前约十年左右的时间里，中山大学得到相对稳定的发展。1927年改法科为社会科学科，后改为法律科与政治经济科，又合并改称法科学院，1931年称法学院。除基础理论课外，法科专业课几全属应用学科，设民众法律顾问处、经济调查处、法律系的模拟法庭、政治系的模拟议会、会计统计特别教室、法科编译所、院研究室、各科研究会，出版《社会科学丛书》、《政治学周刊》、《政治学论丛》等刊物，举办名流学者学术演讲，教授著述颇丰，学生还成立各种课外学习、生活组织，可谓丰富多彩。在抗日救亡活动中，法学院师生都表现得很积极、勇敢，很多成为坚强骨干。抗日战争初期，常受日机轰炸，正常教学秩序受到极大干扰。后来形势变化，在迁徙流离中仍坚持办学。首先是西迁云南澂江，法学院分设在乡下的两个庙宇里，已增加了社会学系。条件虽差，仍有不少著名学者应聘任教。一年半以后，学校又迁往粤北坪石，学院仍分散各地，法学院在乳源武阳司，后迁东田坝，增设司法组。毕业论文仍照常严格要求，学术活动十分活跃，并继续开展社会工作。日军侵犯粤北再次仓促迁校，分布在粤东各县。法学院在蕉岭路亭，又在连县三江镇设分教处，内有法学院师生。仁化县分教处也有法学院教授，还有分散在梅县各县的。虽经历磨难，弦歌未断，但迁移次数之多和如此分散，在全国高校中实为罕见。

(三)喜迎广州解放 1945年10月，流离了七个年头的中山大学师生员工复员广州原址办学。不久又投身反饥饿、反内战、反独裁的爱国民主运动，喜迎广州解放。至解放前，法学院增设书记官和监狱两个专修科，成立法科研究所，下设法律、政治、经济、社会四个学部(人类学系则设在文学院)。作者于1947年秋应王星拱校长聘任为法学院教授，聘约明定教行政学、市政学和行政法三门课程，实跨法、政两系，也有经济学系的学生选修。政治学会师生曾组市政考察团，分民财、教育、社工、公用事业四组，还组织旁听队列席旁听省参议会，又组团往台湾省考察政治，学术活动也很频繁。法学院的

《社会科学论丛》继续出版,但因经费困难,仅出一期。紧接着的是争取和平民主运动、抗议美军暴行等,法学院师生一如既往地积极参加,例如进行示威游行、罢教请愿等。最具有讽刺意味的是在南京解放以后迁来广州的国民政府教育部门前举行过一次"国立中山大学教授活命拍卖"。更令人愤激的是宽广的石牌中大校园是行政院南迁想占用的对象,于是而有反迁校斗争。政治学会为此进行民意测验,结果使反动当局不得不认真考虑。在广州解放前夕,反动派又有把中大迁往海南岛的阴谋,一场紧张的护校斗争终于取得胜利。这当然与解放大军来得神速有关。在黎明前的斗争中,中大又有多名师生为人民解放事业献出生命。在这些烈士里,也有法学院的同志。

(四)全国院系调整 解放后,法政类学科教学研究人员深感许多新理论观点和专业内容有待抓紧学习研究,才能赶上和适应新形势的要求。例如,马克思主义关于经济基础与上层建筑、阶级与阶级斗争、国家与革命等学说,毛泽东关于人民民主专政、联合政府、新民主主义论、中国革命与中国共产党等论述,都是法政学科必须具备的最重要的基础理论和指导思想。再说在实际工作和实际生活中,有政治法律(通称政法)委员会、政法部门、政治工作、政治委员(通称政委),强调突出政治、政治挂帅,重视政治立场、政治觉悟、思想政治教育,学校开政治课,还办了《政治研究》杂志,等等。组织机构上有政治协商会议(简称政协)、人民政府、人民法院。先有起"临时宪法"作用的《共同纲领》,后来又制订宪法。总之,种种迹象表明,法政学科在新中国,经过彻底改造和创新,可以并需要存在和发展。但是,出人意料和一时难得其解的是在全国高等学校院系调整中,1953 年将中山大学原本历史较久和基础较好的法学院各系分别调往设在武汉的中南各校。后来在全国范围内,法政院系在一个相当长的时期内渐趋萎缩、淡化,作为"弱果"仅存的只有几所,真可谓寥若晨星,与社会主义大国极不相称。包括作者在内的不少人为此纳闷将近 30 年之久:有法有政,为何不重视学科建设?资本主义有一套,难道不应该有社会主义的一套?……曾经有过呼吁,一些人却因而被扣上"右派"大帽。1960 年中大等校办过政治学专业(不同于师范院校的政教系),转眼就夭折了,看来是时机未到。

(五)改革开放以来 全国性的大转机来自实行改革开放政策,尤其是邓小平同志登高一呼,由于过去长期被忽视,对政治学等学科要赶紧补课。普遍、积极、热烈响应表现在许多几乎难以胜数的方面,诸如研究机构(中国社会科学院的法学研究所、政治学研究所等)的成立、学术团体(中国法学会、中国政治学会、中国行政管理学会等)的组建、专业期刊(《法学研究》、《政治学研究》、《中国行政管理》、《政治与法律》等)的出版、高校专业(法学、政治学、行政管理学等)的设置,以及各级学位(学士、硕士、博士和专业学位)的授予,等等,也几乎是应有尽有,不一而足。在中山大学,上述情况的反映很有代表性。自1979年以来，中大先后复办起法律学系、社会学系、政治学与行政学系，还有人口研究所、行政法研究所、政治学研究所，于1993年7月成立法政学院（老法学院中的经济学系已另列，未再纳入法政学院），那是以《中国教育改革和发展纲要》为指导所形成的学科建制。从当时的贺词中可以看到社会各界对法政教育的期望。如"建设具有中国特色的社会主义民主与法治"（胡绳）、"为广东政法工作培养优秀人才"（朱森林）、"适应国家建设需要大力培养法政人才"（王宁）、"法明律正政通人和"（杨应彬）、"艰苦奋斗，团结进取，培养新一代法政人才"（黄焕秋）、"培养法政人才，为社会主义市场经济服务"（寇庆延）等，还有很多，就不一一列举了。根据国际和国内通行的办学模式，现在法政学院已分为两个学院，即比较集中和单一的法学院（不同于过去的法学院）及政治与公共事务管理学院（简称政务学院）。但是，在法学与行政管理专业之间的联系仍然相当密切，如行政管理博士点有行政法方向，导师即由法学院教授担任；教育部人文社会科学百所重点研究基地之一的中山大学行政管理研究中心，也有法学方面的兼职研究员；政务学院各系本科和研究生都开设有关法学课程。

三、从今往后更可观

回首半个世纪前，全国院系调整的结果，使中山大学受到严重的削弱。法学院不复存在，前已述及。划出的还有工、农、医、师范等四个学院，哲学系调北京大学，人类学系调中央民族学院，天文系调南京大学，地质系调中南矿冶学院，语言学系调北京大学，法语、德语教师调出，后来曾将英语专业另设独立外语学院等。自改革开放以后，特别是不久前与中山医科大学合组新中山大学，现在无论院系总数、在校人数、研究生总数等均已远远超过院系调整前的办学规模，仅校区就有四个。我们说这些，是在表明以现状为基础将大大有利于今后的发展。因为现代科技和人文社会科学各学科之间的交叉渗透、配合支持有助于更新、创新，法政学科也不例外。

在隆重纪念校庆80周年和法政学科100周年的时候，我们对法政学科的发展势头和美好前景满怀喜悦。专为法律学科成立法学院，预示着法学大有拓宽的空间和陆续挖掘的巨大潜力。现在强调依法治国、执政、行政，需要大量高素质人才。市场机制是否完备、有效，也与法制状况密切相关。物质文明、政治文明、精神文明水平的提高，更离不开法治精神。

再看作者所在的政务学院，形势同样喜人。"政务"虽是院名的简称，却高度概括了学院的内容。就八个本科专业而言，其中直接和间接都关系到政务，如政治学与行政学、行政管理、行政管理（人力资源管理方向）、国际政治、公共政策学、公共关系学、社会

学、社会工作。十二个硕士点也是如此，它们是：政治学理论、国际政治、国际关系、行政管理、社会学、人口学、社会保障、土地资源管理、公共预算、公共关系、社会工作、公共管理硕士（MPA）。六个博士点是：行政管理、社会医学与卫生事业管理、社会保障、土地资源管理、社会学、政治学理论。此外，已获全国首批公共管理学一级学科博士点，并设公共管理博士后流动站。学术研究机构有：东南亚研究所、人口研究所、政治学研究所、公共传播研究所、社会发展研究所、地方治理研究所、MPA 教育中心、中法合作工业与技术社会学中心、人力资源开发研究中心、亚太研究中心、美国研究中心、公共事务调查中心、社会工作教育与研究中心等。值得一提的还有中山大学和牛津大学合办的"广东省高级公务员公共行政管理研究班"由政务学院承办，已办了多期，并继续举办。至于国内（包括台港澳地区）、国际同行之间的学术交流，也十分活跃，日益增多。

前已提及的中山大学行政管理研究中心，虽是教育部人文社会科学百所重点研究基地之一，与学院之间非从属体制，但二者的关系非常密切，主要为各方面的互相配合和支持。作为研究实体，它是本学科惟一的国家级研究基地，教育部的要求是：建成全国一流且有国际影响的学术研究中心、人才库和人才培养中心、学术交流中心、信息中心、"思想库"和咨询服务中心。它设有九个研究所，学术队伍由专职和兼职专家组成。其中有来自国内外著名大学的教授，并已与 40 多所国内外名校及相关学术机构建立了良好的交流与合作关系。中标重大项目、承担国家社科基金项目和省部级项目共有 30 多项。在学科发展上，学院和中心起着互相推动和共同提高的作用。可贵之处，在于同心协力，共襄其成。这是学科之幸，也是学院之幸和中心之幸。放大（而不是夸大）来说，办好基地也是学校和国家发展人文社会科学之幸。

结束语

在进行中山大学法政学科百年回顾之余，心情很不平静。抚今思昔，不胜感慨；而与此同时，又深感大好形势来之不易。我们有理由纵情欢呼，但更重要的是必须十分珍惜现有的初步基础，还要更加努力于继往开来。改革开放迎来中国和平崛起，百废俱兴促成百业兴胜。科教兴国必致教育、学术欣欣向荣，《中共中央关于进一步繁荣和发展哲学社会科学的意见》非常及时。在众多门类的学科中，法政类学科有其不可替代的地位和作用。要全面树立、坚持和落实科学发展观，提高物质文明、政治文明和精神文明程度，体现"三个代表"重要思想，促进经济社会和人的全面发展，没有发达的中国特色法政学科将不可思议。在这方面，中山大学法政学科师生应当具备勇挑重担和敢闯敢干的精神，勤学苦练，使自已成为劲旅中的一员。老朽不才，愿与同志们共勉！

参考文献

[1]梁山、李坚、张克谟:《中山大学校史(1924—1949)》,上海教育出版社1983年版。
[2]黄福庆:《近代中国高等教育研究——国立中山大学(1924—1937)》,中央研究院近代史研究所,1986年。
[3]黄义祥:《中山大学史稿(1924—1949)》,中山大学出版社1999年版。
[4]中山大学校长办公室:《中山大学》,浙江大学出版社2000年版。
[5]夏书章:《广州解放前夕"国立中山大学教授活命大拍卖"杂忆》,《历史大观园》1992年第6期。
[6]易汉文:《中大瑰宝——名人题词墨迹选》,中山大学出版社2001年版。
[7]易汉文:《钟灵毓秀——国立中山大学石牌校园》,中山大学出版社2004年版。
[8]黄仕忠编:《老中大的故事》,江苏文艺出版社1998年版。

(原载《中山大学学报(社会科学版)》2004年第6期,
原题《中山大学法政学科回顾——纪念校庆80周年暨法政学科100周年》)

中国教育科学研究与人才培养的开拓者

——国立中山大学教育研究所(1927—1949)探析

周兴樑　胡　耿

国立中山大学教育研究所(以下简称为“中大教研所”)1927年开始筹办,次年正式成立。它是我国专门教育研究机构之滥觞,也是国立中山大学存在时间最长、影响最大的研究所之一。该所在我国率先开展了教育科学的研究及人才培养之工作;它创办的《教育研究》杂志,是国内较早介绍与研究教育学理论,并大力提倡和推动乡村教育的刊物;它拥有当时全国教育藏书最丰富的图书室;它制定出了我国第一份《战时教育工作计划》,最先把比较教育列为师范专业的必修课,并进行了该课程的教学工作,等等。中大教研所的这些成就及其影响,使它在中国教育科学的研究与人才培养方面,居于开拓性的先驱者地位,值得引起我国学术界的关注。遗憾的是,学界迄今为止对其还缺乏应有的研究。有鉴于此,本文拟在充分查阅原始史料的基础上,对该所的历史沿革、发展特点及其突出贡献作一全面的论述。

一、我国开先河的专门教育研究机构

中大教研究所的成立,开了我国专门教育研究机构的先河。它的创办有着深刻的历史背景——为适应中国传统教育向近代教育过渡之需因运而生。鸦片战争后,清政府在西学东渐潮流的推动下,经过半个世纪的摸索实践,终于在推行新政的20世纪初颁布了近代中国的第一个新学制。自此,引进和学习西方尤其是日本教育理论和方法的热潮,便随着中国近代社会变革的深入而不断兴起。1919年兴起的新文化运动,更使我国教育界思想空前活跃,各种新教育思潮不断涌现;随着美国教育家杜威、孟禄、伯克屈、麦柯尔等相继来华讲学,自学辅导法、设计教学法及道尔顿制、文纳特卡制等教学实验,曾在中国风行一时。不过,这些移植性的教学实验在施行了一阵之后,又很快销声匿迹了。面对这种情况,近代中国的教育家开始认识到:我国新式教育的建立,不能一味地照搬外来的教育方法,而应探索并建立一套适合本国的教育体制。为达此目的,专门开展教育科学的研究工作刻不容缓,于是他们组织成立了诸如中华职业教育社、中国教育扩张联合会、中华平民教育促进总会、广东教育总会、上海教育会等团体，尝试进行此项工作。然而，这些教育社团的结构都比较松散，人力与经费也不集中，难以承担起系统而深入的研究教育科学之任务。为了改变这种状况，时在中山大学任教的留美博士、著名教育家庄泽宣(1895—1976)认为："应当选一个全国适中的地方，设一个教育研究所专做这件事。"[①]正是基于这一想法，他在1927年国立中山大学提出"设置各种专门学科研究所，为高级修业及造业，及有相宜学力之外来研究学生作实地专门训练及发扬学术之用"[②]时，即建议在中大首先创设一个专门的教育研究机构，并说明其两点理由：一是因为本校"乃中山先生手创之唯一大学，为谋中国教育问题之研究与解决，应有教育研究所之创设"；[③]二是鉴于当前"国内的教育太外国化而不合于国情"，[④]中大应该为新教育之中国化作出贡献。他的提议获得了校方批准。经过一段时间的认真筹备，我国近代第一个专门的教育科学研究机构——国立中山大学教育学研究所，于1928年正式宣告成立，隶属于本校的文学院。"我国有此种教育专门研究机构，实以此为嚆矢。"[⑤]

在民国中后期，中大教研所先后历经了教育学研究所、教育研究所、师范研究所、教育研究所等四个发展时期。其历史沿革伴随着当时中国社会的风云变幻而跌宕起伏，并在每个历史时期都呈现出自身的发展特色。

从1928年到1934年6月是该所的初创时期。它以1933年8月为界分为前后两个阶段。该所成立后在所主任庄泽宣教授主持下，第一个阶段主要做了三件事：建立图书室与实验室、创办所刊和开始招收研究生。俗话说："兵马未动，粮草先行。"图书资料对于一个研究所来说，至关重要。中大教研所在图书与设备上"除望能尽量征集教育科学的专门著述，还望能收集到古今教育上所有理论的研究，和一切具体的实物"。[⑥] 其图书室之书籍，除由校图书馆原有的教育书籍转入外，还努力购买了大量的新书：一是委托当时的学校图书馆帮忙订购新书，二是自行汇款到欧美、日本等地购置新书。它第一次就购得杂志、丛刊等书籍800多册。该所图书室的建立，为研究工作的展开奠定了基础。两年后，中大教研所"复感教育问题应重实验研究，(遂)增扩心理实验室，以便实验工作"。[⑦] 当时，该所得中华文化基金董事会的资助，得以购入大量的实验仪器设备：据

---

① 庄泽宣：《如何使新教育中国化》，中华书局1938年版，第135—136页。

② 《国立中山大学章程》，选自《国立中山大学开学纪念册》，国立中山大学出版部1927年，第26页。

③ 庄泽宣：《中大教育研究所一览·引言》，国立中山大学教育研究所1930年编印。

④ 同上。

⑤ 国立中山大学教育研究所编：《本所研究事业十年》，1937年，第1，1，59页。

⑥ 国立中山大学教育学研究所编：《国立中山大学教育研究所概览》，1933年，第1，41页。

⑦ 国立中山大学教育研究所编：《本所研究事业十年》，1937年，第1，1，59页。

统计,心理实验室共有仪器 113 种,中外文测验表格 72 种。这些仪器和图表十分有利于更科学地开展研究工作。

中大教研所在着手创办图书室的同时,又创刊出版了所刊《教育研究》杂志。其目的是为了进一步“发扬学术,供给研究资料,提出实际问题,力避空论,以创教育界实事求是之风气”。① 该刊栏目分为教育通论、心理科学、各国教育、教育行政、普通教育、专门教育、社会教育、学校行政、课程教法、各科教育等十大类,要求“所有稿件均以富有研究性质,或可供研究之材料为限”。②

1933 年 8 月庄泽宣主任辞职后,中大教研所由教育系教授崔载阳继任所主任,该所步入了初创时期的第二个阶段——初步发展阶段。此后的一年多,它各方面都发生了很大变化。如在机构设置方面,该所分设设备、研究两大部,以后者为主体。其设备部包括教育图书室、心理实验室、教育博物室、教育编译室。其研究部内则分为实验心理部、普通教育部(附小学实验班)、社会教育部(附民众教育区)、教育行政部,每部设主任一人。随着机构设立的增加,全所人员的研究范围有所扩大——除继续以前的研究课题外,又增加了新的研究项目,其各项研究工作也从生疏到日渐熟习。这为该所以后的发展奠定了坚实基础。

1935 年,国民政府教育部批准国立中山大学成立研究院,下暂设文科研究所、教育研究所、农科研究所。于是,教育学研究所易名为教育研究所,隶属于研究院,它从此进入了第二个发展时期。这期间,中大教研所已发展成为颇具规模的研究实体。这主要体现在以下几个方面:

一是它拥有了独立的所舍,机构的设置进一步健全,研究范围不断扩大。1937 年中大石牌的新校舍落成后,教研所即随研究院迁入并占有新院舍左边的全座。该所当时设有心理实验研究室、统计测验研究室、民众教育研究室、义务教育研究室、教育图书室、教育博物室、指导教授室、编译室,又有办公室、主任室、会议室、休憩室,还有课室、员生住室。我们从中大教研所的机构设置可以看到,其研究部门有所增加,研究的范围与内容也随之有了更进一步的扩展,这就意味着必须增加人手。

二是该所人丁兴旺,各司其职。中大教研所在创办初期,多聘教育系的教员兼职负责所里的研究工作及指导研究生。它这样做,主要是由于经费困难而未能专聘指导教授,同时也为了能与教育系一起协同开展教研工作。随着该所在第二个发展时期工作范围的扩大,它开始设立指导教授室,并聘请了不少专任指导教授。据 1937 年的统计,

---

① 国立中山大学教育研究所编:《本所研究事业十年》,1937 年,第 1,1,59 页。

② 国立中山大学教育学研究所编:《国立中山大学教育研究所概览》,1933 年,第 1,41 页。

所里聘任的指导教授有近20人，他们是陈礼江、邰爽秋、唐惜芬、古楳、林砺儒、范锜、雷通群、胡毅、许逢熙、王越、杨敏祺、周葆儒、黄思敬、林本、陈节坚、高觉敷、钟鲁斋、邹谦等人，真是人才济济。

三是其资料齐全，科研成果颇丰。中大教研所图书室的藏书经过十年的搜罗，到1937年时总数已达4万余册。其中有中文、英文、法文、德文、日文等语种的书籍、杂志和丛刊，包括了教学参考书、中小学教材、普通教育书、民众读物等，门类齐全，种类繁多。这大大有利于促进该所科研工作的开展及其成果的产出。这一时期，中大教研所人员出版了很多科研成果——他们除在定期出版的《教育研究》上发表学术论文外，截至1937年时还出版了丛书34种、专刊6种。[①] 这些书刊可分为学术型和通俗类两种：学术研究类的书刊，主要是提供研究材料及研究成果；通俗类的书刊，则旨在帮助教育界同人解决实际问题。该所这时及以后的科研成果，代表了广东学界对教育科学研究的整体水平，不仅在国内居于领先地位，而且在海外也颇有影响。

1937年全面抗战爆发后，中大教研所由著名教育家尚仲衣教授为代主任。当时，为配合战时需要，该所先后进行了开展教育讲座、成立教育社团、举办教育进修班和特种训练班等项工作。1938年10月广州沦陷后，教研所也随同学校迁到了云南澂江。为了服务于抗战事业，此后该所的《教育研究》杂志在困顿中仍坚持出版，全所的各项研究工作也在艰苦条件下继续进行。

1939年至1945年，中大教研所的发展进入了第三个时期——师范研究所时期。1939年5月，教育部颁布了专科以上学校行政组织规程暨大学各学院系制定名称的规定，中大教育研究所遵令改名为师范研究所，以崔载阳为所主任兼教育学部主任。该所此时增设了编译委员会，以高觉敷为主任委员，负责编译工作和主编《教育研究》月刊。进入1940年后，国立中山大学鉴于粤北抗战的政局相对稳定，又加上出于扩大本校生源的考虑，于是由云南迁抵韶关地区的坪石办学，师范研究所也随该校一同回迁。在此期间，雷沛鸿、林砺儒和罗廷光等受聘到该所任指导教授。他们主张政治民主，宣扬全民抗战，抨击时政弊端，提倡学术自由。全所师生在极度困难的环境中，坚持对全国的战时教育方案及抗战教育工作开展研讨；所里每月都举行两次相关内容的半月会，采用讲演、座谈、报告等形式，将战时的学术研究活动开展得有声有色。

从1945年到新中国成立前夕，是中大教研所发展的第四个时期。1945年抗战胜利后，颠沛流离了七个年头的中山大学师生员工回到了广州。学校根据教育部关于取消研究院、有关研究所划归各学院管理的规定，将师范研究所划归师范学院属下，以郭一

---

① 黄义祥：《中山大学史稿（1924—1949）》，中山大学出版社1999年版，第269页。

岑教授为所主任。1947年12月,师范学院呈报恢复该所原先的所名教育研究所,改派蔡乐生教授为所主任兼心理学部主任,而崔载阳教授则仍任所的教育学部主任。1948年4月,中大教研所一度停刊的《教育研究》杂志又重新出版了。它在这一时期面临着经费困难、人事兹孚、课程迂嬗、学制变更等一系列问题,在学术研究方面难以恢复到昔日的水平。

在考察了中大教研所发展的四个历史时期后,我们可以发现它有三大特点:

第一,该所不平衡发展的各个时期,皆深深地镌刻着时代的烙印。中大教研所在草创时期,由于受到国民政府肇建初期社会政治经济环境的影响,创办经费困窘,只能是因简就陋地起家;该所之第二时期,因得益于国民党政权的相对稳固和经济发展,其发展进入了黄金时期——表现在机构的健全、设备的完善、师资的增强、科研成果的增加等方方面面;全面抗战爆发后,面对动荡不安的战时社会环境,它的第三个发展时期虽处在辗转迁徙中,但仍为我国的抗战教育作出过贡献;抗战的最终胜利,本来为饱受磨难的教研所带来了新的发展契机,但在内战的情况下,它终难有所作为。

第二,从教研所的师资力量、科研成果和办学成效综合起来看,它是国立中山大学当时办得最好、影响最大的研究所之一,而雄厚的师资力量则是其长期发展及取得成效的关键。该所的研究人员大都是学有所成的佼佼者,有不少人还曾留学国外获得学位,如所主任崔载阳在法国里昂大学获得博士学位,钟鲁斋、雷通群教授毕业于美国斯坦福大学,并分别获得了教育学博士、教育硕士学位,而庄泽宣、罗廷光、汪敬熙等,则更是当时耳熟能详的著名学者。还有些人后来成为我国教育学界和心理学界的泰斗,如王越、高觉敷、杨荣春、林砺儒、阮镜清等。这支强大的教师队伍是该所开展科研、教学及学术交流的中坚力量。

第三,从全国的同行来看,该所堪称是开拓我国教育科学研究及其人才培养工作的先锋队。中大教研所作为国内第一个专门的教育研究机构,是中国教育科学研究领域及其事业筚路蓝缕的拓荒者。在它的率先垂范和引领下,中央大学、浙江大学、西北师范大学、北平师范学院等,后来也相继设立了类似的研究机构。显然,中大教研所的创设、存在和发展及其工作成就,无疑对当时我国的各独立学院、大学与研究院开展教育科学问题之研究,起到了倡导、开拓与示范者的作用。

二、率先在教育科学研究方面取得硕果

中外教育史的实践表明,学术研究与教学水平是衡量一所学校或一个研究机构的根本标准。罗家伦曾经说过:“研究是大学的灵魂,专教书而不研究,那么所教必定毫无

进步。”[1]这一针见血地说出了科研工作在大学中所占的重要地位。有鉴于此，中大教研所成立后，立即在我国率先开展了对国内外教育科学的研究工作，并将它贯穿于该所发展各个历史时期之始终。全所人员“在研究上，除望能精确探讨客观事物，求为个别问题的认识与解决（外），还望能顾到民族教育全般的考察，求为最高原理的建立与发明”[2]。他们持之以恒的科研工作，产出了适应时代需求和令同行瞩目的大批科研成果，从而形成了自身的科研优势和学术特点。

1942 年，崔载阳在回顾该所过去 15 年的工作时，认为其科研工作所经历的三个阶段，[3]从一个侧面反映了我国当时教育思潮之演变及该所科研发展的趋势。

中大教研所 1928 年到 1933 年的研究工作，立足于反省前一时期盲目引进外来教育制度、教育方法而遭受失败的教训，进而探索与认识适合于中国国情的教育制度。为达此目的，全所同仁在研究内容方面注重于学理的探究。各人依据兴趣选择课题，自由地研究我国语文教育和民众教育等方面的相关问题，同时也通过比较、分析来研究各国的教育问题。他们在研究方法上主要是采用实证方法，诸如用问卷法来研究民族学校招生及留生问题，采用调查法来研究国内与本省的教育，运用实验法去研究阅读心理和书法心理，等等。

从 1933 年到 1942 年的近十年，是中大教研所科研工作的第二阶段。抗战全面爆发后，日寇疯狂侵华，中国处于亡国灭种、生死攸关的时刻，作为上层建筑的教育研究工作，理所当然地应为抗战服务。根据内外形势的需要，教研所这一时期的研究方针是：“从客观事实的寻求转到最高原理的发挥，从教育问题之个别探讨与认识，转到国家教育之全部的建立与试行。”[4]于是全所在诠释教育学理论的同时，确立了一个统一的研究目标——为全民抗战服务的“民族中心教育”研究。它不仅在 1935 年拟订了我国的第一份《战时教育工作计划》，最早对全国战时的教育方案开展研讨，而且还举办了多项实际的抗战教育活动，如将民族中心小学之课程，大规模地试行于有 7000 学生的广东儿童教养院，并努力抓好各所男女中学的课外训育活动等，而其民族中心小学实验班及龙眼洞和花县各乡村教育实验区等的设置，则更反映出了该所当时研究工作的趋向和重点。在研究方法上，教研所同仁这时不满足于只描述或介绍事物的原理，而是更注重对其内容与社会价值的评述，即要求深入探讨某个教育现象跟社会的关系如何，说明它在

---

① 转引自苏云峰：《从清华学堂到清华大学（1928—1937）》，生活・读书・新知三联书店 2001 年版，第 121 页。

② 国立中山大学教育学研究所编：《国立中山大学教育研究所概览》，1933 年，第 1 页。

③ 崔载阳：《从教育学研究所到师范研究所》，《教育研究》第 100 期纪念号，国立中山大学师范研究所 1942 年，第 1 页。

④ 庄泽宣：《国立中山大学教育学研究所一览・引言》，国立中山大学教育学研究所 1930 年编印。

社会史和教育史之变迁中占着一个什么阶段及其变迁的原因是什么、法则又怎样,并预测其将来的位置离我们之目标有多少距离,等等。这期间,全所人员着重研究了以下四个方面的问题:教育原理之研究、教育行政之研究、课程教法之研究、教师问题之研究,并在每项研究中都产出了相应的研究成果。中大教研所在这一时期的后四年里,因受战局影响曾两度搬迁。其在颠沛中的研究活动,多以学术报告等形式来进行。

1943 年之后,中大教研所的研究工作进入了第三个阶段。此时,抗战胜利的曙光隐约可见。该所据此采取了新的研究方针,要求大家努力做到知行合一,"因为学理探讨是知,国家建设是行,知行应合一,不能相离",[①]并据此先确定了该年度的 12 个研究专题。内容分别涉及儿童教育学、儿童心理学、教学法等方方面面的问题。在方法上,则提倡把科学的方法和哲学的方法综合加以运用,也就是要求研究者能深入地探讨某种教育原理或主张,将对教育行政、教育方法及教育学理论之改进有何作用。由于抗战胜利前后局势的变化,再加上国立中山大学复员广州后重新进行了院系调整和划分,中大教研所后期的科研力量、资料保存和研究工作因此而大受影响。不过,即使在动乱的岁月中,它也没有完全中断学术活动。这无疑是得益于师生们长期所形成的学术传统之发扬:绝大部分教授继承了优良学术传统,以自己的言传身教和学术风范,来表明他们对学术创新的追求及对中国教育科学研究工作的热爱,而学生们也以教师为榜样,成为这一优良传统的延续与弘扬者。教研所在这一时期,仍每年确定研究的专题和计划,其研究工作主要是以聘请专家学者到所讲演的方式来进行。这种情况一直持续到 1949 年该所结束前。

由上可知,中大教研所第一阶段的研究是力求认识教育,第二阶段的研究是旨在解释教育,第三阶段的研究则重在期望改造教育。该所对中国教育科学的研究工作层层深化,是显而易见的事实。经过 20 多年的发展,中大教研所的科研工作及其学术成果,涵盖了教育学和教育心理学这两大学科六个方面的内容。现将其具体的情况简述与归纳如下:

第一,中大教研所在中小学国文教学及小学教育方面的研究,取得了显著成果。该项研究包括了以下几项内容,即小学分级字群、词群的研究,小学国语教科书的分析,儿童阅读兴趣之调查,从教师与学生的观点拟订儿童阅读书目问题,民族中心小学课程之研究,民族中心小学用书试编问题,小学教科书用书问题之研究,一年短期义务教育方案的制定等。

以上的各项研究成果,对我国中小学教育的发展大有裨益。这主要表现在:它为我国的中小学语文教育确定了各级识字限度,淘汰了中小学教科书中不常使用的字,增加

① 庄泽宣:《国立中山大学教育学研究所一览·引言》,国立中山大学教育学研究所 1930 年编印。

了常用生字；它补充了课文插图，调整了课文题材，并根据儿童的阅读兴趣，确定了儿童图书馆最低限度之书目，指定了儿童的阅读书目；它提出合并科目，实验推广新教材用书，从而制订并改善了义务教育之方案。显然，这些成果为我国中小学的语文教育带来了新的改革，推动了语文基础教学的进展，使之更加合理与科学。由于中小学国文教学的内容不仅属于教育学的范畴，而且也是心理学的重要组成部分。因此，这些研究成果还为我国汉字心理的研究，提供了借鉴和参考。

第二，中大教研所在民众教育方面的研究具有指导性，且收效颇大。它围绕这方面的问题展开了以下多项研究工作：千字课的分析与编撰，民众基础读本的研究，三民主义教育用词用字之统计，民众教育馆的组织及其招生与留生问题的调查，华侨教育的调查，对编撰民众基本字典之理论与实际的研究，中国乡村青年训练问题与普及教育有效办法之比较，民众实验区的研究等。

经过上述各项调研工作，该所编出了《人人读》、《三民主义》等通俗书籍。这些书的选字造句趋于实用化，更加切合青少年识字学习的能力。此外，中大教研所人员还对学校的办学及华侨教育问题提出了实际建议，从而为我国民众教育的普及和青年的培训，制定了切实可行的方案。事实证明，这些改进措施在实践中收到了良好的成效：它促使教育能够以灵活多样的形式普及起来，更好地为提高民族的整体素质服务。

第三，中大教研所在对一般教育问题的研究上，取得了突出的成绩。该所的这项研究涉及到教育领域各个方面的问题——既有国内和国外、农村和城市的问题，又有政治与教育、军事与教育、教学与教法、制度与思想等方面的问题。举其要者有：我国中学课程之改造与中学教法的研究，对中学生进行国难教育意见之调查，中国农村经济问题的研究分析，中国教育背景之研究，中国教育与生产问题的思考，战时教育计划之拟订，广西军事教育的考察和童军教育意见的调查；还有外国五个新兴国家的教育与建国问题研究，现代三大派教育思潮的比较研究，各国合作教育及各国战时学校动员之调查，教育论文索引的编订等。研究人员对这些问题开展深入研究，为的是使教育科学的研究工作，能切合我国教育社会实践的需要，以促进教育改革的深入发展。

第四，中大教研所的比较教育研究，开创了中国比较教育研究和教学的新局面。首任所主任庄泽宣教授于 1929 年出版的《各国教育比较论》一书，是中国最早研究比较教育的专著。该所的《教育研究》杂志，到 1937 年共刊发了有关比较教育的论文 58 篇。全所人员还先后出版了比较教育之丛书十种及《比较教育论文索引》一部。他们不仅在全国最先倡导开设比较教育的本科生课程，而且还在本校教育系带头进行了比较教育的教学实践活动。[①] 所有这些，都有力地推动了我国比较教育学研究工作的开展，同时

① 胡耿：《比较教育在中大：早期历史》，《肇庆学院学报》2007 年第 1 期。

也为人们研究外国的教育史提供了资料和办法,从而有利中国教育学科发展。

第五,中大教研所在教育心理的研究方面别开生面,颇具影响。该所的教育心理学部及心理实验室,是专门研究教育心理的部门,其研究活动主要是结合我国中小学教育的实际情况来展开的。这项研究工作包含了以下内容:知觉距及其与学级年龄的关系研究,写字与运动能力的关系研究,默读速率与理解的关系研究,视觉指导及带行指导在迷津上学习的影响研究,情绪对于儿童行为之影响研究,我国学校顽童儿种心理特征的研究,问题儿童研究,中小学生学习与气候之关系研究,职业智力指数之研究,同时还有幼童图画智力测验、写字习惯之时间方面的实验等。为了配合这些研究,所办的刊物《教育研究》专门开辟有"心理科学"专栏;到1937年底,它已刊发了有关教育心理学的研究论文62篇。这些成果的主要内容,多集中于汉字读法与书法心理、教育心理测验、中国心理学史等方面。简言之,该所的此项研究在当时颇具学术影响,成为中国近代心理学科创立的基石之一。

第六,中大教研所在教育行政和教育制度的研究方面,有所开拓创新。该所科研人员通过对县教育行政组织,中学行政组织尤其是教务处,教学视导人员,广东中学校长,大学课程及其行政管理,广州市小学生成绩分析,儿童道德判断,小学训育等各种问题的研究,并辅以实地调查广州市小学教师之生活及征集家长对学校的意见等办法,找出了当时广东的教育行政制度、工作人员、学校办学经费与管理等方面存在的问题,并提出了解决这些问题的途径和办法。尤其是他们对中国书院制度的研究及对中国教育行政制度与现行相关法令的分析,都有助于各级教育工作者借鉴古今,推陈出新。显然,这项研究工作有利于各级各类学校教学质量的提高,从而促进了全省教育的发展。

综上所述可知,中大教研所在对中外教育科学的研究方面,的确是涉猎面广、硕果累累。该所之所以能在科研工作中不断前进和取得如此丰富的科研成果,除了前文所讲的其注重软、硬件设施建设外,如大量地聘请名师到所任教并潜心开展科研工作,注重图书资料、实验器材的及时添购与配置,尽力保证提供必要的科研经费等等,还与它切实做好了以下三项工作有着密切关系:

一是该所科研工作的发展进步,有赖于其科研与教学工作的有机结合。国立中山大学文学院院长兼文科教授吴康在研究院成立时说过:"大学为最高学府,有发扬文化、振兴学术之重大责任,如只有普通讲堂授课,而无高深之专门研究,则实不能副其名。"①这话道出了科研工作的重要性和必要性。事实证明,很多科研成果只有运用到教学或生产的过程中,通过教学与生产实践的检验,才能产生更大的学术影响和社会效益。因

① 黄义祥:《中山大学史稿(1924—1949)》,中山大学出版社1999年版,第260页。

此，中大教研所在办所的过程中，一直把科研与教学两者有机地结合起来。

这期间与该所关系最为密切的，是国立中山大学的教育系。教育系是学校最早设立的学系之一，师资力量较强，它的一些名师多被初期的中大教研所聘为兼职指导教授。这样一来，教育系的教学工作就与教研所的研究事业存在着相互促进的关系：该所的研究项目大部分与教育系的课程有关，这样既可以通过教学实践来检验科研成果，又能把研究成果运用到教学实际当中去，做到科研与教学齐头并进。例如，在教研所主任庄泽宣倡导并提出开设比较教育课程后不久，该课程就于1932年在中大教育系率先正式开讲了，进一步把教研所的研究工作与教学实践紧密联在一起，从而推动了比较教育研究向更高的层次发展。像这样的事例还颇多：教研所在给研究生开设民族教育研究课时，就把中国民族教育的目的与各国民族教育的目的进行了比较；教育系王越教授在指导研究生马鸿述研究中学课程改革时，也把各国中学课程的现状和教学方案，与我国各地的新课程实验结果，进行了比较分析与评述；林本教授指导的研究生邹鸿操，则在专题研究中比较研究了各国青年的训练问题，从而为我国乡村青年之训练提供了科学的方案，等等。

通过科研与教学两者的有机结合，中大教研所的科研成果在教学中得到了很好地运用和推广；反过来，教师与学生在教学过程中共同进行探讨，又给该所的科研工作提出了新的课题，使之不断有新的成果问世。这样一来，就形成科研与教学互相促进的良性循环。

二是该所科研工作的发展进步，得益于其注重理论联系实际。为了方便科研工作的开展，中大教研所设立了义务教育研究室、民众教育研究室、心理实验室、统计测验室。各研究室的工作范围如下：义务教育研究室负责义务教育研究资料之搜集及其实际问题的研究，义务教育实验课程之设计、编排及辅导；民众教育研究室负责民众教育研究资料的搜集及其理论和各项实际问题之研究与方法的实验，其他实验事项的设计与辅导；心理实验室负责儿童本性及其学习心理、教学技术与心理卫生之研究；统计测验室负责教育材料之征集与统计方法的研究及标准测验数据之搜集、修订与编造。

该所人员在上述各项研究过程中，并不满足于仅对高深理论进行研讨，反而更为注重教育实验的开展。成立之初，就举办了民众教育实验学校以推广民众教育。这项工作主要是教民众识字和提供公民训练，旨在增进广大民众的谋生技能。该所还在中大附属中学女生部开展了试行新教法的实验，又于1934年开设了民族中心小学实验班。该实验班的课程“以民族为中心，以乡土为起点，以世界大同为终鹄”，[①]其教学内容有讲解、表演、故事、劳作、试验、参观、调查、复习等环节。这个实验班打破了常规传统的课堂教学模式，并以此来评定民族中心小学课程的教学效果。它在试行缩短小学修业年

---

① 国立中山大学研究院教育研究所编：《本所研究事业十年》，1937年，第40页。

限，以试验动作来作为教学的主要方法等方面，为民族中心小学的教学改革提供了有益的经验。此外，中大教研所还通过举办的十多个乡村教育实验区，来探索改造乡村社会、试行乡村教育的途径，努力寻求推行普及教育的最经济办法及与之相适应所需的教育设施，以便为省内外各地推广乡村教育提供借鉴之资。

中大教研所上述坚持理论联系实际的做法，始终贯穿于其科研与教学工作的整个过程中。这一重要做法的经验证明，教育实验能以其直观的效果，直接对科研成果的成效做出反馈。同时，研究者通过亲身参与教育实验的实际运作，又能加深对理论问题的具体认知，使其科研工作不再是局限于理论探讨，而是能够让事实来说话，从而有利于科研工作的深化与发展。

三是该所科研工作的进步与发展，离不开其坚持进行广泛的国内外学术交流与合作。中大教研所的科研人员在进行科研工作的过程中，“望能与国内外文化机关为科学上的合作”[①]与交流。他们在从事国内学术交流方面，先后于 1929 年、1930 年、1931 年举办过三次学术成果展览会。这使国内同行对教研所的研究工作内容及其学术成果有所了解。此外，该所还承办过中国社会教育社的年会，又参与了西湖博览会及台山教育调查，并努力组织过各种教育社团，如中国教育学会、中国社会教育社及中华儿童教育社设在广州地区的分社等。

为了加强对外国教育情况的了解及进行对外学术交流与合作，中大教研所先后加入了外国的一些著名教育学术团体，并与欧美、亚洲约 20 个国家的 150 个学术团体交换过出版物。由于该所在中国教育学界居于领先地位，所以有很多的国际学术机构都愿与之开展学术交流。它与美国品格教育学会、哥伦比亚师院国际研究所、英国联华委员会和世界成人教育协会等欧美地区的教育机构建立了学术合作关系。同时，中大教研所的领导及专家还常应邀外出访问，与各国学者进行直接学术交流。如所主任庄泽宣及教授崔载阳、古楳、曹刍等四人，曾于 1929 年 2 月赴菲律宾进行为期三周的教育考察。1932 年夏，庄泽宣主任趁到欧洲出席世界教育年会及国际心理学会会议之机，顺道考察了意大利、捷克、瑞士、丹麦、德国、法国六国的教育近况。崔载阳教授则在 1937 年 7 月出席巴黎的国际初等教育及民众教育会议时，顺道考察了英国、法国、俄国、德国、瑞士、丹麦、意大利、波兰、美国九国的教育现状。该研究所通过频繁的国内外学术交流与合作活动，既扩大了自己的学术影响，提高了知名度，又使全所师生获得了丰富的研究资料和讯息，能够更好地了解国内外教育的全貌及其最前沿的动态，从而在借鉴其各自有益经验的基础上，不断提高本所的科研水平。

---

① 国立中山大学教育学研究所编：《国立中山大学教育研究所概览》，1933 年，第 1 页。

三、最早培养出大批教育科学的研究生

中大教研所的成立，一方面是为了便利教师对教育科学进行专门的研究，另一方面则是为了培养造就教育科学的专门人才。因此，招收培养研究生就成了该所的一项重要任务，它是我国最早招收教育科学方向的研究生的专门机构之一。中大教研所早在1927年冬就已着手进行招收硕士研究生的工作，其第一批研究生六人于次年陆续报到入学。[①] 此后，该所的研究生招生工作一直坚持进行。

中大教研所招收研究生之初，所招对象不限定为大学毕业生，只要能阅读外语参考书，具有丰富的实践经验，且符合下列四类条件之一者，均有报考研究生的资格：(甲)在大学毕业，曾习教育学，并任职教育界一年以上者；(乙)在高师毕业，曾任职教育界二年以上者；(丙)在大学专习教育学，肄业二年，并曾任职教育界二年以上者；(丁)在师范学校或中等学校师范科毕业，曾任职教育界五年以上，成绩确系昭著者。自1934年起，中大教研所的招生条件提高了，要求考生必须是大学教育系毕业者，并通过该所严格的入学考试方可录取。当时招生的考试题目是由所里的导师自行拟订的。报考者的必考科目分为普通和专门两类，类似我们今天的公共课和专业课。普通课考试要考：国文、外国文(英、法、德文，任选一种)、口试(多考与所里研究计划有关系的基本学科常识问题)。至于专业课考试，则报考教育学部的考生必须考：教育学、社会学、教育心理学、教育研究法；报考教育心理部的考生必须考：生物学、普通心理学、教育心理学、统计测验。由此可知，该所在中后期招考研究生时，既要求学生必须具备较强的专业素质，同时也不忽略考查学生的综合知识能力。它对于被录取的研究生，除为其在学期间提供“图书仪器设备外，如研究成绩优异，则予以奖学金”。[②]

中大教研所招收研究生的名额，起初是每届六名，以后各届略有增加，如1937年增至十名，到1939年时，招生人数又增至教育学部和心理学部各七名。不过，由于受到战争和经济等因素的影响，该所每年招研究生的情况不尽相同：有些年份由于学校迁徙等原因而停招、缺招。据现有资料可知，它先后共招收了九届研究生约50人。[③]

---

① 《国立中山大学教育学研究所概览》(1933年11月)第13页载：“本所于十六年十月开始招收研究生，计报名者凡二十人。”《国立中山大学教育研究所概览》(1934年11月)第5页则谓：“本所于十七年招考研究生。”据此可知，黄福庆在所著的《近代中国高等教育研究——国立中山大学(1924—1937)》(中央研究院近代史研究所，1988年)第147页中关于“1934年，教育研究所开始正式招收研究生”的说法，值得商榷。

② 国立中山大学教育研究所编：《国立中山大学教育研究所概览》，1934年，第5页。

③ 有少数研究生中途休学、退学，后来又复学，至造成学制的年限不一，加上资料的残缺不全，这是就现存资料统计所得出数字，应该说大概接近实际人数。各届学生的具体名单，可参见《中山大学文理农师研究院历届研究生硕士名册及各院代表》，原件藏于广东省档案馆教育全宗；中山大学研究院教育研究所编：《教育研究所课程及论文工作》，1935年。

中大教研所初期的研究生培养工作，是仿照德、日学徒式的研究生教育模式，即注重学生独立的科学研究在培养过程中的绝对作用，而不重视系统课程的学习和学分的积得。研究生入所后，即在导师的指导下就某一方面的问题展开研究，修业期满并写出论文，则发给合格证书，准予毕业。因此，专题研究、读书报告、集体创作、学期论文，基本上贯穿于每位研究生的整个学业阶段。此外，每人在学期间还须完成"一篇象乌龟背壳，到死方休的毕业论文"。[①] 应该说，他们在研究生期间的学习生活是紧张的，学习任务是繁重的。

1935 年国立中山大学成立研究院后，中大教研所改为采用英、美的专业式研究生培养模式。这一模式明显地表现为教学与科研的统一，是一种注重教学与科研两者相结合的培养范式。它包括了选修学位课程并取得学分，及开展专题科学研究、撰写学位论文、论文答辩和学位授予等若干环节。

按照当时中大研究院采用的年级学分混合制之规定，课程以每周上课 1 小时或从事学术工作若干小时满一学期者为 1 学分，每个研究生在修业期间须积满 27 至 36 学分。为保证研究生能取得足够的学分，中大教研所专门制定了研究生课程表，对教育学部和教育心理学部的研究生课程，作出了明确的规定。教育学部研究生的必修课程是：教育研究法、高等教育心理学、高等教育社会学、课程研究、教育行政问题、教育专史研究、教育哲学问题、中国教育问题研究；教育心理学部研究生的必修课程有：教育研究法、高等教育心理学、高等教育社会学、学科心理问题、生理心理学、实验生理学、变态心理学、心理学派别。另外，还有一些选修课程供两部的研究生选修，如民族教育研究、中学各科教学法、民族教育研究等等。该所还对每门课程作出详细的说明，以使学生明了开设该课程之目的和意义，编订各级课程之根据及课程学习的主要内容与考核办法等。在教学过程中，指导教授都鼓励学生发表自己的见解，不介意他们提出与己相反的意见。教育系学生黄焕秋对此深有感触。他在回忆文章中有这么一段话："任课老师崔载阳是国立中山大学教育研究所的所长，他最推崇梁漱溟的乡村自治。在乡村教育的争论中，我们是支持陶行知先生的学说的。上课时，崔老师让大家讨论。我们就针对他的论点提出尖锐的批评，课堂上争得脸红耳赤，崔老师被驳得哑口无言，却丝毫没有影响师生间的感情。"正因为师生之间的关系如此融洽，所以在该所形成了一种学术争鸣的良好风气。

每个研究生除要修满规定学分外，还要从事专题研究。这对他们来说是一项艰辛的工程。中大教研所十分重视研究生的每一个专题研究，规定指导教授和学生须制订

---

① 余一心：《研究生活的回忆》，《教育研究》第 100 期纪念号，国立中山大学师范研究所 1942 年，第 82 页。

出详细的计划，内容包括要列出每个课题研究之方法、步骤与进度，以使学生有明确的研究目的，能够有计划、有条理地开展该专题的研究工作。常言道："老师领进门，修行在个人。"该所之研究生在导师指导下，主要是靠自己看书、讨论及就某一专题展开研究工作。每位研究生只有在完成专题研究的基础上，"缴论文一篇，经院、所考核成绩合格者"，才能"作为硕士学位候选人"。[①] 根据教育部之学位法及学校的相应规定，硕士学位候选人最后必须参加并通过教育部组织的学位考试——一般由学校代为进行，经考试委员会评审认定合格后，才可获得相应的学位，成为硕士毕业生。因此，硕士学位考试对中大教研所的每个研究生来说，也是一次严峻的考验。

为了组织该所研究生进行学位考试，国立中山大学先后成立了各届硕士学位考试委员会，其委员皆由校内外知名的资深专家和教授担任，以示硕士毕业生考试的权威性和科学性。在硕士学位考试委员会的主持下，各届硕士生的学位考试内容，均分为学科考试和论文撰写：学科的考试是三个小时，论文的撰写为两个小时。这两项考试一般都跟自己研究的专业问题相关。当时，学校硕士学位考试委员会规定：学科考试成绩占40％，论文成绩占60％，论文、学科两种的平均成绩须在60分以上始为及格，而论文的审查通过还须有两名校外专家参加。

中大教研所作为本校研究院的三大所之一，20多年来"在训练上，除望能训练国内青年做教育上的研究与发明，还望能陶冶他们为国家教育而生死"，[②]从而为中国培养造就了一批教育科学的专门高级人才。根据现有资料的统计，中大教研所截至1946年，共有21名研究生通过了学位考试而获得硕士学位。他们是：第一届的马鸿述、谭允恩、梁瓯第、陈臣辅、李智、富济、邹鸿操；第三届的严元章、杨泽中、吴江霖、钱苹；第五届的张泉林、钟正声、李富婵；第六届的梁兆康、严永焜、丁宝兰；第七届的王宝祥、陈藻芬；第八届：关瑞铃、吴瑰卿；第九届的李觉清。[③] 获得学位者约占入学总人数(50人)的44％。由此可见，中大教研所对研究生的培养要求是严格的。也就是说，辛苦考进来的学生，入学后并不意味着其就能够从此高枕无忧；宽进严出的培养体制使教研所培养出了较高质量的研究生。该所培养出来的研究生，在学成之后相继进入教育界任职，其中不少人后来成了教育行政机构的管理骨干、有作为的中学校长、大学的知名教授和研究员，有的还是享誉中外的教育专家。他们在教育战线辛勤工作，不仅为当时积难深重的中国教育事业之恢复和发展，作出了应有的贡献，而且其一丝不苟的治学与工作态度、潜

---

① 黄义祥：《中山大学史稿(1924—1949)》，中山大学出版社1999年版，第261页。

② 国立中山大学教育学研究所编：《国立中山大学教育研究所概览》，1933年，第1页。

③ 《中山大学文理农师研究院历届研究生硕士名册及各院代表》，原件藏于广东省档案馆教育全宗。

心刻苦的科研精神，至今仍在教育界薪火相传。

总之，综观国立中山大学教育研究所发展之历史——从早期创办到中期的大发展，再到后期的低谷，它走过了不平凡的历程。该所创建时间之早，存在发展历时之长，从事科研范围之广及所产出成果之多，招收培养研究生之先和人数之众，在全国当时的专门教育研究机构中，都说得上是独占鳌头，不愧是近代中国教育科学研究与人才培养工作的开拓者。它作为中国教育科学研究机构先驱的历史地位与巨大贡献，是客观存在的和应给予肯定的。崔载阳在论及其地位时曾指出：中大教研所实“居全国教育系统上之最高地位”。[①] 至于说到贡献，则该所为广东乃至中国教育事业的发展，及社会进步与国家建设事业，都作出了不可磨灭的贡献。一方面，中大教研所长期在广东所进行的科研与教学实践，促进了教育界对各种新教育思潮、教育理论与信息的获取，从而有利于岭南地区教育观念的更新；它还以实际行动在客观上调动了广东教育界的学术研究兴趣，并促使广东学界通过学术交流扩大了在国内外学术界中的影响。所有这些，都有助于加速近代岭南教育现代化的进程。另一方面，该所同仁在主要关注教育科学问题研究的同时，“还望能切实负责协调社会和国家之教育的建设”，[②]他们始终坚持理论与实践相结合，在科研工作中涉猎了一些国家建设与社会进步的问题。因此可以说，中大教研所的理论造诣和实践成果，构成了近代中国教育科学研究和祖国文化建设事业的重要组成部分，它对我国近代社会的文化与文明建设有所建树。

（原载《中山大学学报（社会科学版）》2009 年第 2 期）

① 崔载阳：《国立中山大学教育研究所之过去现在与将来》，《教育杂志》第 25 卷第 7 号，商务印书馆 1936 年，第 211—222 页。

② 国立中山大学教育学研究所编：《国立中山大学教育研究所概览》，1933 年，第 1 页。

中山大学人类学系与中国人类学的发展

周大鸣　吴　宁

作为中国人类学、民族学研究的重要基地之一，中山大学人类学系具有深厚的学术传统和鲜明的研究特色，其发展历程与人类学进入中国后起转沉浮命运相契合，其学术思想的演进反映了在建构人类学中国化理论道路上的不断探索，其研究主旨的变化体现了作为知识分子的人类学家对变迁中的中国社会的认识、责任和回应。本文对中山大学人类学系的发展做一个历史性的回顾，从侧面观察中国民族学、人类学发展脉络，反思学科发展的成败得失，从而启发并推进学科在全球化背景下的发展。

一、中山大学人类学的开创与奠基阶段(1927—1949)

中山大学人类学、民族学研究的学术起源可以追溯至20世纪20年代，亦即人类学初传中国时期。甲午战败后，严重的民族危机感使国人产生了强烈的求变自强心理，讲求新学，风气大开。为救亡图存、富民强国，一些先进的知识分子翻译了大量的西方社会科学著作。西方社会科学中的社会学、民族学、人类学作为“一条江水”的构成部分，[①]几乎同时被引介到中国。古典进化论学派被当时的知识分子用作社会变革的理论基础，受到高度重视。除了翻译西方名著，还有一批批心怀救国理想的青年，去往日本、欧美学习“经世政用”的西学。学成归国后，他们对中国人类学的学科系统专业化、研究领域的拓展以及学术人才的培养等方面，都起到了积极的推动作用。

按照容观瓊先生的看法，从1927到1949年的22年，是中山大学人类学研究的开创和奠基阶段：“1927—1936年为开创阶段，即从语言历史研究所的成立和中山大学民俗学会成立开始。这时以语言历史研究所《周刊》和《民俗》周刊为阵地，开展了一系列西南民族文化和史地的研究；同时在历史系和社会学系开设人类学、民族学的相关课

---

① 参见费孝通在北京大学社会学研究所成立十周年纪念会上的讲话。杨圣敏：《费孝通先生对学科建设的指导——先见者的智慧》，载杨圣敏、良警宇主编：《中国人类学民族学学科建设百年文选》，知识产权出版社2009年版，第459页。

程。1937—1949 年为奠基时期，这时期开始招收人类学专业的研究生和本科生，开展更多的民族学实地调查和研究。”①

(一) 源于民俗的人类学研究

中山大学人类学研究起自 20 年代中期，与在新文化运动影响下的民俗学运动自北南下不无渊源。当时的中山大学，因为是由孙中山先生手创，受到国民政府的鼎力支持，同时也因为北方政局纷扰，学者纷纷南下，中山大学的校园里汇集了一大批四方而来的学术名流。仅 1927 年，中大聘的著名学者就有鲁迅、孙伏园、傅斯年、俞大维、陈翰琴、张凤举、许德珩、顾颉刚、关应麟等。② 鸿儒硕学，济济一堂，中山大学学术风气浓厚，学术思想也特别活跃。

1927 年，对于中山大学人类学来说，是一个重要的关节点。这一年，“国立中山大学语言历史学研究所民俗学会”(以下简称中山大学民俗学会)和“中山大学语言历史学研究所”在中山大学相继成立。

对新文化运动号召“整理国故”心有戚戚的顾颉刚，1927 年应傅斯年之聘从厦门大学来到中大。11 月，顾颉刚与容肇祖、董作宾、钟敬文、杨成志等发起成立中山大学民俗学会。民俗学会“以调查、搜集及研究本国之各地方、各种族之民俗为宗旨。一切关于民间的风俗、习惯、信仰、思想、行为、艺术，皆在调查之列”。③ 中山大学的民俗学会“虽然后于北大歌谣研究会，但规模比较宏大，视野比较广阔，并且首次把‘民俗学’冠于学会名称之上，这个意义更是不容忽视的”。④ 当时的民俗学会会员，有傅斯年、顾颉刚、董作宾、容肇祖、余永梁、黄仲珍、钟敬文、杨成志、刘万章、陈锡襄、何思敬等，此外还有校外名流人士，如罗香林、娄子匡、赵间子、刘培之、翁国梁、容媛等。这些人同时都是语言历史学研究所的成员。

中山大学民俗学会在“调查研究汉族民间歌谣、传说、故事，轶事或趣事、谜语、谚语和风俗的同时，正式开展对我国边疆少数民族民俗文化的考察。先后有计划地调查研究了西南和南方边陲的彝、苗、瑶、壮、畲、黎、蕃(即今天台湾的高山族)、疍(即今珠江流域和沿海的水上居民)等少数民族和社会文化群体，并对蒙古族的生活习俗和藏族的民间故事也有所探讨”。⑤ 民俗学会成立的同时，创办了《民间文艺》周刊，董作宾、钟敬文

① 容观瓊:《建国前我校人类学研究述略》,《人类学论文选集》(第 3 集)，中山大学学报丛书 012 号，1994 年，第 3 页。

② 《广州民国日报》1926 年 12 月 16 日。

③ 《民俗学会简章》,《国立中山大学语言历史学研究所周刊》，第 6 集第 62—64 期合刊，1929 年。

④ 钟敬文:《我与中国民俗学》，载张世林编:《为学术的一生》，广西师范大学出版社 2005 年版，第 20 页;《民间文艺》周刊 1928 年 3 月改名《民俗》周刊，1936 年改为《民俗》季刊，顾颉刚、容肇祖为编审。《民间文艺》和《民俗》周刊的编辑工作基本上由钟敬文承担，董作宾不久就去了河南殷墟做考古发掘，顾颉刚是名义上的主编。

⑤ 陈启新:《“中大民俗学会”在中国民俗学发展中的历史作用》,《中山大学学报》(社会科学版)1993 年第 4 期。

任主编，至 1928 年 1 月 10 日，共出版 12 期。发表在《民俗》周刊上，关于中国各民族的衣、食、住、行、婚丧、节日、宗教信仰、传说、故事和歌谣等方面的资料，大都是作者的亲闻或实地调查所得。

也是在 1927 年，为使“科学的东方学之正统在中国”的傅斯年，预备组建中山大学语言历史学研究所。在筹备期间，于 11 月 1 日创办了《国立第一中山大学语言历史学研究所周刊》，余永梁任主编，傅斯年和余永梁为审稿人。[①]

1928 年 1 月，中山大学语言历史学研究所正式成立。傅斯年对语言历史学研究所期望很高，希望将其办成世界一流的研究所，将对中国的种种研究变为世界一流的汉学研究。他在《国立中山大学语言历史学研究所周刊》发刊词中这样说：“现在国立第一中山大学设立语言历史学研究所，给予我们以研究工作，我们对于这个机关抱有很大的希望。我们要打破以前学术界上的一切偶像，屏除以前学术界上的一切成见！我们要实地搜罗材料，到民众中寻方言，到古文化的遗址中去发掘，到各种人间社会采风问俗，建设许多的新学问！我们要使中国的语言学者和历史学者的造诣达到现代学术界上的水平线上，和全世界的学者通力合作！”[②]中山大学语言历史学研究所以研究学术、发展文化为宗旨，内设考古、语言、历史、民俗四学会。杨成志曾说：“我校语言历史学研究所在历史组下设民俗组，即为人类学研究之始。”

此时，尚在筹备中央研究院的蔡元培，于 1928 年 4 月聘请傅斯年、顾颉刚、杨振声为常务筹备员，筹设历史语言研究所。1928 年 7 月，中央研究院历史语言研究所成立，傅斯年任所长。[③] 10 月 22 日，迁入广州柏园，拥有独立所址。11 月傅斯年辞去在国立中山大学的职务，中山大学语言历史学研究所主任由顾颉刚接任。中央研究院历史语言研究所内先后设史料、汉语、文籍考订、民间文艺、汉字、考古、人类学及民俗学、敦煌材料研究等八组，最初的研究成员，几乎全出自中山大学语言历史学研究所。

1928 年 12 月 25 日，顾颉刚和余永梁草拟了中山大学语言历史学研究所《本所计划书》，根据当时实际情况，制定了一个从研究内容、开设陈列室到人才培养的详细周全的

---

① 《国立第一中山大学语言历史学研究所周刊》至 1930 年 5 月共出版了 132 期。此刊名称先后为：《国立第一中山大学语言历史学研究所周刊》、《国立中山大学语言历史学研究所周刊》。当年该刊在学界的影响较大，内容以民俗学、先秦史籍研究和古文字的考证诠释为主，也刊登了一些田野调查和研究成果。

② 《国立第一中山大学语言历史学研究所周刊》第 1 集第 1 期（1927 年 11 月 1 日），载欧阳哲生编：《傅斯年全集》第 3 卷，湖南教育出版社 2003 年版，第 13 页。

③ 中央研究院历史语言研究所 1929 年迁往北平，为工作集中之目的，将原设八组归并为三个学术组，第一组从事史学及文籍考订，第二组从事语言学及民间艺文，第三组从事考古学、人类学及民物学，并分别聘请陈寅恪、赵元任、李济为一、二、三组主任。1934 年迁南京，增设人类学组。1948 年冬自南京迁台湾，先在桃园杨梅镇，1954 年迁至南港。1958 年增设甲骨文研究室，1990 年改为文字学组。1997 年 8 月语言学组独立为语言学研究所，但史语所仍维持原来名称。

研究计划。由于学者的研究旨趣和学术主张，中山大学语言历史学研究所的学术活动，从民俗研究开始与民族学、人类学汇合。[①] 研究所成立伊始，就倡议对两粤和西南的民族进行研究，以直接观察方法进行实地调查。研究所最初聘请史禄国负责人类学方向的工作，辛树帜、容肇祖为特约研究员。杨成志亦于 1927 年岭南大学历史系毕业后，来到中山大学语言历史学研究所工作。1928 年 5 月，生物系主任辛树帜率队前往广西瑶山进行为期三个月的科学考察，同时也对瑶山的历史、语言、民俗进行深入细致的调查。顾颉刚将辛树帜调查中收集的成果，汇编成《国立中山大学语言历史学研究所周刊》的《瑶山调查专号》，亲自为他作"跋"。

紧随辛树帜的科考活动，刚刚成立的中山大学语言历史学研究所与中央研究院历史语言研究所组成云南民族调查团，派史禄国夫妇、容肇祖、杨成志四人从广州出发，取道越南海防、河内到昆明，在云南进行实地考察。1928—1930 年，杨成志独自留在云南，深入大小凉山，对滇川彝族进行调查，这是中国国内人类学家最早的田野调查。经过 20 个月的调查，杨成志发表了《云南民族调查报告》、《罗罗族巫师及其经典》，这是我国最早的民族学著作之一。

中国的早期民族学、人类学研究是与民俗学分不开的。许多民族学家、人类学家都是从民俗学研究人手，逐渐转入民族学和人类学的研究，最后从民俗学独立出来。这样一方面将民族学、人类学的方法引入了民俗学的研究，另一方面也为人类学学科的建立打下了基础。

中山大学的民俗研究虽然进行得轰轰烈烈，但其持续时间却不长：1928 年 9 月，钟敬文离开中大去往浙江大学；1929 年 5 月，顾颉刚离开中大去往燕京大学；1930 年 2 月，容肇祖接受岭南大学的邀请，暂别中大。学者星散，中大的民俗研究活动暂停，刊物自然也就停办。直至 1934 年，中大民俗学研究才在杨成志的支持下复兴，但是发生了人类学方向的转变。

（二）奠定中山大学人类学系基础的杨成志

中山大学人类学系的基础是由杨成志奠定的，他也是人类学研究的主要倡导者，开创了中山大学人类学立足田野调查的学术传统。在人类学研究理论方面，杨成志早年在法国留学，接受涂尔干和莫斯的法国社会学理论和观点，强调史前史、考古学和体质人类学的综合研究，尤为重视田野调查。然而 1944 年在美国的一年访问学者的经历，美国历史学派对他的影响很深。杨成志"汲取了一种动态的人类学模式"，使用的理论

---

① 钟敬文：《加强民间文艺学的研究工作——〈民间文艺学文丛〉代卷头语》，载杨哲编：《钟敬文生平·思想及著作》，河北教育出版社 1991 年版，第 404 页。

和方法是英法德苏等国家的综合，并不拘于一家之学。[①]

杨成志1935年冬自法归国，出任中山大学研究院的秘书长，兼任文科研究所所长及人类学部主任。[②] 早在杨成志回国前，中山大学于1931年设社会学系，聘请自美回国的黄文山任系主任，黄文山在美师从博厄思，在中大开设人类学的课程，戴裔煊曾是他的学生，后来追随黄文山，致力于《西方民族学史》的写作。系主任胡体乾在系里就已经讲授文化人类学课程。岑家梧受到他的影响走向人类学研究的道路。1934年，岑家梧在日本东京大学攻读体质人类学和史前考古学，1937年因日军侵华而回国。

1936年，人类学部招收人类学硕士研究生，学制两到三年，指导教师是杨成志和朱谦之。毕业于上海暨南大学的江应樑、中山大学的王兴瑞被正式录取为第一批人类学专业硕士研究生。杨成志开设人类学理论与方法、边疆民族研究、史前考古学、世界种族及文化学的课程，还特聘李济、冯友兰、林惠祥等来中大讲课。

杨成志一直坚持"民族学的路是靠两只脚踏出来的"，江应樑和王兴瑞入学不久就开始了田野考察。1936年冬，杨成志带领江应樑、王兴瑞到广东北江调查瑶山瑶族；次年春，又与岭南大学社会经济研究所联合组成"黎苗考察团"，深入海南岛五指山考察黎苗。[③] 江应樑1937年9月至1938年5月在云南西部腾龙沿边（今德宏傣族景颇族自治州）研究傣族，后以《云南西部"摆夷"研究》的论文毕业，留校任历史系教师。王兴瑞以《海南岛黎人研究》的论文毕业，后留校任校长邹鲁的秘书。1937年，对中大人类学系作出了重要贡献的梁钊韬在厦门大学林惠祥的介绍下，来到中山大学，师从杨成志，学习人类学。1939年，他成为人类学专业的第二批研究生，继续接受杨成志的指导。

中山大学学术研究的黄金时期很快就因日本的侵华而结束。1937年至1945年，中国北方的教育和研究机构被迫南移西迁，学术研究受到影响。位于南国的中山大学亦不能幸免，师生辗转于云贵粤之间，课室虽然不再，但是学术活动仍在进行。中国的人类学家也都相对集中在云南的禄村、喜洲、澂江等地，成为一个个令后学怀想的人类学研究田野点。在躲避战乱的时候，杨成志和他的学生仍旧继续坚持进行田野调查，如在云南的澂江和粤北的坪石，杨成志与梁钊韬、王启澍以及生物系的顾铁符等人对澂江抚仙湖的苗族和粤北的过山瑶进行了深入考察，范围涉及体质特征、语言历史、社会结构、

---

① 杨成志：《我与中山大学人类学系》，中山大学人类学系编：《梁钊韬与人类学》，中山大学出版社1991年版，第137页。

② 文科研究所的前身即1927年创办的中山大学语言历史学研究所，下设历史学部和中国语言文学部，后来又增设人类学部。当时中大有八个学院和研究院，文科、教育和农科三个研究所专门培养研究生。

③ 江应樑：《自传》，《江应樑民族研究文集》，民族出版社1991年版，第560、561页。

经济制度、婚姻家庭、宗教信仰、风俗习惯等方面。

抗战八年，从事人类学的研究者有了更多的机会在西南西北等少数民族地区进行实地调查，同时因为政治和社会的需要，开展了对边疆的研究。从人类学和政治学角度，“以挽救民族危机为时代使命，以保卫、建设、开发和稳定边疆为直接目标，研究边疆政治为最主要内容，同时涉及边疆经济、地理和历史文化等各方面的相关问题”[①]的边政学，因此而兴起。中山大学文科研究所也响应教育部的号召，以“边胞历史语文之研究为中心工作，力求促进边民同化与边疆建设事业为目的”。[②] 江应樑1940年被派往重庆为教育部开办的边疆民族训练班和边疆学校讲授了三个月的中国民族史；1943年被云南财阀陆崇仁聘为边疆行政委员会主任，江应樑用两年的时间撰写了《腾龙沿边开发方案》和《思普沿边开发方案》。[③] 梁钊韬亦于1942—1943年担任广东省政府边政指导委员会研究员，而且还担任广东省地方行政干部训练团边政班的业务教官，讲授《民族学概论》等课程；还两度去往连阳上峒排瑶聚居区考察边政，写出《阳山县上峒边民社会》一文，从应用人类学的观点出发，建议当局发展瑶区经济，举办教育和改革政治组织等，试图直接为当时的边政教育和少数民族的社会发展服务。[④]

（三）中山大学人类学系的成立

1942年，中山大学的人类学建设已经渐趋成熟。除了杨成志任主任的人类学部，中山大学的历史系和社会学系也都开设有人类学、民族学、民俗学、考古学以及边疆研究的课程，地理学系和师范学院亦曾开设人类学、民族学的课程。此外，在人类学研究、校外服务、出版、设备等方面也有了相当的基础。文科研究所取消了民俗组，以人类学组取而代之，人类学组下设民族学研究室。

1944年冬，教育部选杨成志代表中山大学赴美进行为期一年的人类学考察。1946年，杨成志回国复任原职，开始在原人类学部的基础上筹办人类学系。1948年3月20日，杨成志写下《国立中山大学设立人类学系建议书》，列举出各项已经具备的条件，申请成立中山大学人类学系。

---

① 黄兴涛：《清末民国社会调查及其学术内蕴》，《中国图书评论》2008年第11期。

② 中山大学文科研究所1943年的工作计划书：“因本年度本所接获教育部边疆建设科目及讲座之补助，人类学组当依照部定以边胞历史语文之研究为中心工作，力求促进边民同化与边疆建设事业为目的。”《国立中山大学研究院文科研究所卅一年度下学期研究工作报告暨卅二年度上学期研究计划书》，存广东省档案馆，编号：20-1-21，第60页。转引自施爱东：《民俗学是一门国学——中山大学民俗学会的工作计划与早期民俗学者对学科的认识》，http://ie.lcass.cn/news_show.asp?newsid=3272&pagecount=1。

③ 江应樑：《自传》，《江应樑民族研究文集》，第560，561页。

④ 庄益群：《梁钊韬教授生平业绩》，中山大学人类学系编：《梁钊韬与人类学》，第25页。

9月，中山大学人类学系在原来人类学部的基础上成立。杨成志任系主任，梁钊韬为副主任，教师7人，职员1人，首届本科生12人，次届7人，研究生3人。黄文山（文化学）、胡肇椿（博物馆学）、岑家梧（人类学、民族学、民俗学、边疆教育边疆社会边疆民族问题等）、岑麒祥（语言学）、张为纲（语音学）、顾铁符、戴裔煊、卫惠林、罗香林等先后任人类学系教师，同时还邀请国内外学者来讲学，如芝加哥大学社会科学院院长人类学系主任雷德菲尔德（Robert Redfield）就作过专题演讲。

40年代末，开设有人类学、文化人类学以及民族学课程的大学，有清华、燕京、辅仁、中央、复旦、金陵、大夏、厦门、暨南、沪江、四川、华西、云南、中山、岭南等。人类学研究的重要性引起大学教育的注意，成为大学教育中的独立学科研究领域。清华大学、暨南大学分别在1946年和1947年成立人类学系，中山大学和浙江大学的人类学成立于1948年，四系分别由吴泽霖、刘咸、杨成志和吴定良主持。

从1935年到1949年期间，杨成志先后培养了十余名研究生。江应樑、王兴瑞、梁钊韬、戴裔煊、王启澎、吕燕华、曾昭璇、容观琼、刘孝瑜、张寿祺等，不但在研究上有所建树，而且都终身从事人类学研究，后来都成为各大学的著名教授、南方民族学、人类学的专业骨干。①

中山大学人类学系成立不久，1949年11月，就因时局的变化而撤销。社会学系接收了原人类学系的教师和学生。1952年，社会学系又被取消。人类学系的教师四散，卫惠林去了台湾，黄文山去了美国，罗香林去了香港，杨成志后来调到北京，岑家梧去了中南民族学院，只有梁钊韬留在中山大学历史系。虽然有的人选择离开，但也有人选择回来。1946年毕业于中山大学人类学系的研究生容观琼，当时尚在得克萨斯大学学习人类学，他怀着对新中国的热爱，经过1个月的辗转旅行，回到了中山大学，投身于新中国的建设中。离开大陆的学者继续着他们的人类学研究，有的作出了卓越的成就；而留在大陆的人类学家则在其他学科名目之下，继续着他们的人类学研究。

二、人类学系停办时期的人类学研究（1949—1981）

新中国的成立是中国人类学学科发展史上的重要转折点。中国人类学的发展在这一阶段经历了从批判到否定再到恢复的过程，人类学家的学术思想发生了重大转变，学

① 这一时期的重要人类学研究成果有：杨成志《人类科学论集》（1943）、《广东人民与文化》（1943）、《人类学与现代生活》（翻译，1945）；岑家梧《史前艺术史》（1937）、《图腾艺术史》（1939）、《西南民族文化论丛》（1949）；朱谦之《文化社会学》（1948）；王兴瑞《海南岛之苗人》（1948）；江应樑《西南边疆民族论丛》（1948）、《凉山彝族的奴隶社会》（1948）和《摆夷的文化生活》（1950）；戴裔煊《干栏——西南中国原始住宅的研究》（1948）等等。

术研究发生了根本性的转型。

中国政治体制发生变化，因此需要构建符合新政权的意识形态。“让马克思主义占领所有文化阵地，肃清以前的旧思想，可以视作是1949年至1976年文化运动的主题或中心任务。这导致了文化的全盘政治化。”[①]马克思主义占据了学术的主导地位，学术界进行了相应的学术理论和学科结构的调整和改造。人类学、社会学、美学、心理学等学科被认为是为西方殖民者服务的资产阶级伪科学，因此遭到否定。中国的人类学家在认真学习马列主义从灵魂深处改造自己的同时，也积极参与了国家组织的民族识别和调查工作。

经历了1952年前后的院系调整，几乎所有高校的人类学系都被取消。在仿照苏联学科模式时，因为莫斯科大学的人类学是设在生物学科下，新中国也保留了体质人类学部分，在复旦大学的生物系设立人类学教研室。

中山大学人类学系先是被调整合并，后又被取消，至1981年才恢复重建。在停办时期，中山大学的人类学研究并未完全停止，而是呈静水深流、分散发展的态势。

（一）参与国家组织的全国性调查工作

新中国成立后，为顺利实施社会改革并与少数民族建立和睦的关系，50年代，中共中央组建了前往各少数民族地区的访问团。所有从事过人类学、民族学研究的学者，都被组织起来，参与了由国家组织的全国性工作。在访问期间，发现了关于民族识别的需求，因此又开展了全国范围的民族识别的工作。原中山大学人类学系的教师们也不例外，都参与了访问和调查工作，进行了广泛而深入的少数民族调查研究。

梁钊韬参与了中央主持的少数民族社会历史调查和民族识别工作，以及在海南岛、广东、广西等地进行的少数民族调查和文物普查工作。1951年，梁钊韬、容观瓊随中央人民政府组织的第二分团到广东北江各地访问瑶族，到海南岛慰问黎、苗、回族。1952年，梁钊韬又参加了中南民族事务委员会海南工作组，再访海南岛，进行黎族、苗族调查和民族文物的收集工作，为中南民族事务委员会在武汉举办的“民族文物展览会”提供展品[②]。通过这两次调查，梁钊韬发表了《北江瑶族的来源》、《黎族的历史和传说》、《海南岛黎族社会史初步研究》等文章，使用了多学科综合研究原始社会史的方法，具有一定的学术价值。

① 刘登阁、周云芳：《西学东渐与东学西渐》，中国社会科学出版社2000年版，第129—130页。

② 在梁钊韬收集的民族文物中，其中珍贵又有学术价值的是黎族制作陶器全过程的照片以及钻木取火的工具。现在这些照片和工具连同黎族服饰、生产工具、生活用具、装饰品、宗教法器等，仍保存在中山大学人类学系的博物馆中。

1956年,中央民族事务委员会派出广东疍民、畲民识别工作组在广东进行调查,工作组成员由杨成志、黄淑娉、陈凤贤等组成。[①] 关于对畲族的识别,黄淑娉已于1953年参加过对浙江、福建的畲民识别工作。通过1956年的这次识别,结果认定畲族是一个具有自己民族特点的单一少数民族,而疍民则被确认为汉族。

在配合国家进行的少数民族大调查和民族识别工作的同时,梁钊韬和他同时代的知识分子一起,积极改造着思想。五六十年代,他的人类学学术思想焕然一新,形成了自己的学术风格:“无论是对史前史的探讨,抑或是对民族的研究,都鲜明地体现出以马克思主义历史学和民族学的基本理论为指导,运用考古学、民族学和历史文献三结合的方法剖析问题,兼以田野调查考察所得真实生动的材料为证据的特点。”[②]他认为中国的人类学要分析吸收西方人类学各个学派的精华,但要以辩证唯物主义和历史唯物主义作为指导,将多学科的研究方法融合到自己的理论框架中,形成具有中国特色的人类学理论体系。1963年,他率领青年教师和研究生前往云南少数民族地区进行五个月的社会历史调查,考察了西盟佤族、澜沧拉祜族、怒族、独龙族、傣族、景颇、白族等,后来编写了《滇西民族原始社会史调查资料》、《滇西民族原始社会史论文集》两本书。

(二)学科发展的新方向——民族考古

院系调整后,中山大学人类学系的一些老师被抽调去创办民族院校,杨成志调到中央民族学院,岑家梧和容观瓊调到中南民族学院。惟一留在中大的梁钊韬在考古学的庇护下,以原始社会史为标签,继续人类学的研究。1956年,他在历史系成立考古学教研室,开展考古学、民族学的研究和教学工作。在他的提倡下,建立了“民族考古学”专业。

梁钊韬是我国“民族考古学”的先导者。[③] 新中国建立初期,考古学和民族学有了极大的发展。考古学在全国各地发现的史前遗址和青铜遗址,开始了古代文化分区的工作,使用多学科合作的方法来解释考古遗物、遗迹,从单纯研究遗迹、器物中跳出来,开始研究实物所反映的意义以及文化创造者。而民族学则通过民族识别和民族调查收集了大量的资料,排出了从原始社会到现代社会的文化序列,丰富的民族学材料为考古学提供了最好的类比材料。考古学、民族学家在马列主义辩证唯物史观指导下,开展民族

---

① 杨成志、黄淑娉当时都在中央民族学院。

② 陈启新:《梁钊韬教授学术思想研究》,中山大学人类学系编:《梁钊韬与人类学》,第35页。

③ 梁钊韬是位著名的民族学家、人类学家和考古学家。在考古学上,1958年梁钊韬对广东南海西樵山石器时代遗址的发现和研究,对西樵山遗址的石器性质持论与他人不同;他对马坝人头骨化石作出了鉴定;参加了国内考古学界关于中国猿人和“曙石器”问题的争论,奠定了他在考古学中的地位。梁钊韬对原始宗教礼俗颇有研究,对考古学造诣很深,能从民族学、民俗学和体质人类学等学科角度探讨考古学的问题,多有独到见解。他的三篇论著——《中国古代巫术:宗教的起源和发展》、《海南岛黎族社会史的初步研究》和《广东省南海县西樵山石器时代遗址的发现和对遗址性质的一些看法》,代表了他在原始宗教、岭南少数民族社会研究以及华南考古方面的显著成就。

学材料与考古学实物资料的对比研究，运用民族志材料解释、复原考古学材料。新的基础、新的理论、新的研究者终于促成了民族考古学的产生。[①]

1957 年，梁钊韬率领历史系师生前往海南岛进行大规模调查，将民族学田野调查与考古学野外发掘相结合。后来发表了《我国东南沿海新石器时代文化的分布和年代探讨》，这篇民族考古的名作受到学术界的广泛关注。

1961 年，高等教育部决定在重点大学招收少量研究生进行培养。中山大学那年共招收了 65 名研究生，而全国当年研究生的总数则为 3600 多人。[②] 梁钊韬在历史系招收"民族考古"方向硕士研究生，开设"民族考古学"课程。中大历史系的黄崇岳、杨鹤书和来自西北大学历史系的陈启新，成为中山大学第一批民族考古研究方向的研究生。梁钊韬在教学中要求研究生接受人类学、民族学和考古学多学科的训练，开设的课程有《考古学通论》、《原始社会及人类学通论》、《原始社会及民族学概论》、《考古技术》等。他认为三年的学习时间是不够的，特申请教育部批准为四年学制（四年的学制实际延长到五年，其中一年下乡搞"四清运动"）。1966 年三名研究生毕业。不久开始了文化大革命。其中两位分配到北京的中国科学院民族研究所工作，一位在河南省博物馆和文物出版社工作。

因为国家对考古的需要，《考古》、《文物》、《考古学报》于 1972 年率先复刊。也是在这一年，梁钊韬结束了干校的劳动，回到中大历史系，复任考古教研室主任。1972 年，在国家文物局的要求下，教育部批准在中山大学历史系成立考古学专业，招收本科生。1979 年又招收了民族考古方向的硕士研究生。梁钊韬除了为学生讲授考古学和原始社会的课程外，还悄悄地将民族学的内容也补充进去。

1983 年，梁钊韬、张寿祺发表了《论民族考古学》，这是在国内第一次使用民族考古学的名称，文章对民族考古学的理论方法、形成进行了论述。民族考古学的观点由容观瓊和张寿祺接续。容观瓊发表《值得提倡的民族志类比分析法——"民族考古学"介绍》一文，对民族考古学的形成、历史进一步论述，特别是对国内的民族考古学活动进行了总结。1992 年，容观瓊和乔晓勤出版了专著《民族考古学初论》，书中对这一分支学科进行了系统的论述和列出研究个案。此书的出版标志着中国民族考古学的成熟。三人虽论点有所不同，共识则一，即考古学应多用人类学知识辅助。[③] 至今，民族考古学仍是中山大学人类学系重点研究方向。

---

① 周大鸣：《中国民族考古学的形成和民族考古的本土化》，《东南文化》2001 年第 3 期，第 11—13 页。

② 黄启臣：《黄启臣文集——明清经济及中外关系》，中国评论学术出版社 2003 年版，自序第 2 页。

③ 曾昭璇：《珠江文化在我国文化地带中的地位——祝中山大学岭南考古研究中心成立一周年》，《农业考古》2002 年第 1 期，第 61 页。

中山大学人类学及其有关学科的教学和科研工作，除了“十年动乱”以外，未尝间断。在历史系成立考古专业，开设民族考古课程，坚持实地调查，这一切都为后来复办人类学系提供了条件。

（三）复办人类学系

1966年“文化大革命”开始，所有的学术活动都停止了。国家要求各机关、高等院校和研究所的工作人员、教师以及研究人员，前往“五七干校”参加体力劳动，接受贫下中农再教育。梁钊韬也于1967年，去了广东坪石的干校劳动。

70年代中期，随着学术环境的松动，梁钊韬产生了重建人类学系的念头。在吴汝康陪同外宾访问中山大学的时候，他提出了重建的想法，并征询吴汝康的意见。1978年，梁钊韬决定在考古学、民族学的基础上筹划复办中山大学人类学系。他召回杨鹤书和陈启新，在他们的帮助下，开始了一系列有计划、有步骤的准备工作。

在极为艰苦的条件下，梁钊韬和陈启新、杨鹤书用半年的时间写出了讲义，后来出版为《中国民族学概论》一书。这是中国第一部自己的民族学教材，在中国大陆，以及香港、日本等地区和国家发行，影响很大，被有关专家称为是“破天荒的一件大事”。杨鹤书后来回忆此书：“在办学的关系和作用方面，诚如梁师给我的信中所说：该书的出版‘稳住了初办的人类学系的阵脚’，是他和我们在‘分工中创办了人类学系’。”①

梁钊韬强调人类学分科体系的整体性，在学科设置方面，他期望复办后的人类学系要涵盖体质人类学和文化人类学，包括考古学、民族学、语言学和体质人类学四个专业。他认为中国是多民族国家，民族文化交互影响，文化两重性和多重性的历史关系异常复杂，所以西方近百年来任何一个人类学派或学说都不能解决这些问题。因此，梁钊韬创立了自己的人类学体系及研究方法，即以马克思主义哲学思想为指导，通过考古学、民族学、语言学和体质人类学四方面的综合考察，从宏观和微观相结合进行研究，以得出合乎实际的科学结论。但是因为复办时条件所限，只能先申请成立包括考古学和民族学两大专业的独立的人类学系。

在得到中山大学领导的支持后，梁钊韬带着陈启新和杨鹤书北上拜访了当时的社会学、考古学、古人类学、民族学等各方面的著名学者，寻求他们的理解与支持；又前往中央民族学院、中国社会科学院民族研究所、中国科学院古脊椎动物与古人类研究所、国家民委等相关单位，征询他们的意见；还前往教育部，向领导陈述已经具备的复办条件以及复办原因，申请他们的批准。

最终，在1981年的春节，梁钊韬收到了教育部批准中山大学复办人类学系的通知。

---

① 杨鹤书：《杨鹤书文集》，天马图书有限公司2006年版，附录1。

三、中山大学人类学系的复办与中国人类学的重建(1981—)

学术和政治,从来都有密切的联系。中国人类学在发展中遭遇到的起转沉浮的命运,与中国社会百年变迁的轨迹相契合;学术方法和内容的变化,新理论的出现,都与时代的需求相呼应。1978年,十一届三中全会的召开,使中国的社会科学的发展焕发了新生。在经历了80年动荡的社会变化,中国人类学终于迎来了稳定的大发展局面。

(一) 标志

中山大学人类学系的复办是中国人类学重建的标志之一。

1981年4月,中山大学人类学系正式恢复,设置考古学、民族学两个专业。系主任为梁钊韬,容观瓊和李松生任系副主任。师资方面,教师基本从历史系考古专业转来,时有教授1人、副教授1人、讲师8人、助教4人、干部1人、资料员2人、文物管理员1人,共18人。学生方面,29名学生也是从历史系考古专业转过来的,77级11人、79级15人、研究生3人。1981年秋季人类学系正式招生,两专业各招16人。

也是在1981年,梁钊韬成为"文革"结束后被国家第一批授予博士研究生导师资格的教授,他是中国第一位文化人类学博士生导师。1982年,中山大学人类学系开始招收文化人类学专业博士研究生。1986年,藏族学生格勒成为新中国培养的第一位人类学博士和第一位藏族博士。中山大学人类学系成为当时国内人类学惟一具有博士、硕士、学士三个教育层次的办学单位。

这些第一和惟一的记录都是梁钊韬为中山大学人类学系创造的。梁钊韬"为中国人类学的奠基工作做出卓越的贡献",他在中国人类学发展史的"一大功绩即为复办中山大学人类学系,领导和团结一大批人类学者,培养了一批年青的各民族研究生"。① 为使中山大学人类学系成为中国一流的学系,梁钊韬在原有历史系考古教研室教师的基础上,从各地延聘了一批著名语言学、考古学、民族学教授,其中就有中国科学院学部委员、古脊椎动物与古人类研究所吴汝康,中南民族学院容观瓊,华南师范大学张寿祺,广西医学院冯家骏,中央民族学院黄淑娉等。他们为振兴中山大学人类学系作出了巨大的贡献。

在梁钊韬的规划下,复办后的中山大学人类学系将文化人类学和体质人类学两大学科相结合,开设有民族学、考古学、语言学、体质人类学四门支柱课程。在正常的教学

① 曾昭璇:《梁钊韬先生的主要成就》,《梁钊韬与人类学》,第44页。

工作之余，系里经常召开学术会议、系列专题讲座、讨论会以及各种层次、类型的人类学培训班。1984 年 12 月，中山大学校庆 60 周年之际，复办后的中山大学人类学系召开了中国首届国际人类学学术讨论会，这是改革开放后我国人类学的第一次国际性学术会议，极大地推动了中国人类学与世界同行的交流。中山大学人类学系借助这次会议的巨大影响，与国内外高校和科研机构之间展开了频繁的各种类型的学术交流活动。中山大学人类学系进入了一个兴盛的发展时期，学术活动非常活跃，取得了瞩目的成绩。

人类学博物馆的任务是调查、征集和保管人类学、民族学、历史学和考古学的文物资料，以静态的陈列品来传播和普及历史知识和展示民族文化生活。博物馆对人类学和民族学，甚至对国家的文化、科学和教育都有着极为重要的意义。杨成志自 1944 年从欧洲返国之后，一直宣扬博物馆学的重要性，呼吁建立博物馆。他的心愿由学生梁钊韬为他完成，梁钊韬在筹办复系的过程中同时筹办了中山大学人类学文物馆。文物馆收集了大量的展品，以陶瓷、雕刻及民族文物为特色。这是现在中山大学人类学系博物馆的基础。1987 年，教育部批准在原文物馆的基础上建立中山大学人类学博物馆。

紧随中山大学人类学系之后，厦门大学于 1984 年 9 月也建立了人类学系。1988 年，云南大学历史系设立了人类学专业。人类学重新纳入到了国家教育体制中，培养了大批各种层次的人类学专门人才。在学科建设中，最具有显示度的是博士点的建立。在 1981 年中山大学人类学系复办后的相当长时间内，一直是大陆惟一的博士、硕士和学士授予单位，直到 1998 年北京大学、中央民族大学建立起人类学的博士点才改变这种局面。几乎是同时，台湾清华大学(1997)、台湾大学(1998)、香港科技大学也开始招收人类学博士班学生。近几年来，人类学学科点在更多的大学建立起来，如博士点除原有中山大学、北京大学、中央民族大学外，在中国人民大学、中国社会科学院、厦门大学、南开大学、上海大学、清华大学也有了人类学博士授予权；人类学硕士授予单位已经超过 20 个，如武汉大学、中南民族大学、福建师范大学、云南大学、中南大学、青海民族学院等。实际上还有许多人类学方向设在别的学科点下招收博士生、硕士生，如复旦大学招收“体质人类学”博士生和文学人类学硕士博士生，中国音乐学院招收“音乐人类学”博士生、硕士生，中国刑警学院招收“法医人类学”博士生、硕士生，中国艺术研究院招收“艺术人类学”博士生、硕士生，华南师范大学招收“体育人类学”博士生、硕士生等，不胜枚举。其次是人类学研究机构增多，如除中国社会科学院民族研究所更名为“民族学与人类学研究所”外，中国社会科学院还成立了“社会文化人类学研究中心”，清华大学、中国人民大学、复旦大学、福建师范大学以及一批民族院校等也相继成立了人类学的研究机构。

(二) 传承

中山大学人类学系复办至今,已经有28年了。在梁钊韬之后,冯家骏、黄淑娉及苏建灵先后担任系主任,2000年,周大鸣被任命为人类学系系主任。他们继承和发扬了杨成志、梁钊韬的办系理念,将中山大学人类学系发展成为具有鲜明华南地方研究特色的教学科研单位,中国南方人类学的重镇之一。

作为大学里的教学单位,教学为其根本。人类学系现有人类学和考古学两个本科专业,以及人类学、考古学、民俗学和民族学四个硕士和博士学位授权点,设立四个教学与研究室,即人类学教研室、民族学教研室、考古学教研室和民俗学教研室。基础课和专业课课程设置完备,门类齐全,必修课与选修课分配合理,不但开设重点课程而且还不断增设新选修课。系里注重教材建设,每门课程都有自编的讲义,一些讲义经过修订后正式出版,既促进了教学水平的提高,也推动科研的发展。从复办开始,梁钊韬等著《中国民族学概论》出版,到今天共出版了《中国民族学概论》、《文化人类学》、《体质人类学基础》、《现代人类学》、《现代都市人类学》、《中国民俗学通论》、《医学人类学》、《文化人类学理论与方法研究》、《人类学方法论》、《新石器考古教程》、《现代人类学》、《文化人类学概论》、《生物人类学》、《体育人类学》等等讲义,其中《中国民族学概论》、《文化人类学理论与方法研究》获得教育部优秀教材奖,还有一批教材获省级和校级奖。系里加强教学设备等硬件建设,建立考古学标本室、体质人类学实验室、摄影室、计算机室、图书资料室和多媒体教室等,并为田野调查配置手提电脑、数码相机、摄相机和测量仪器。

田野调查一向是系里最为重视的内容。人类学田野调查是人类学本科专业的必修课程之一(人类学8个学分,考古学12学分),也是硕士(田野调查时间不少于三个月)、博士(田野调查时间不少于十个月)研究生的基础课程。为理论和实践相结合,培养学生的创新能力,学生在本科阶段就参与课程实习、学年实习和毕业实习。先后组织在三峡库区、贵州、云南、广东、黑龙江、广西、西藏、湖南、海南等地进行田野实习,取得了丰硕的成果。此外,系里在全国各地建立起田野调查实习基地,如早在1998年经广东省教育厅批准在英德建立"人类学系教学实习基地";2004年与广西壮族自治区凌云县共建"凌云县教学研究基地";2005年9月,与广东省文物考古研究所签订"共建广东田野考古研究基地协议书";2005年9月,在贵州黔南荔波和三都县建立了"水书研究基地";2006年11月,与四川省民族研究所在成都设立"中山大学四川人类学教学研究基地";2008年在粤北乳源建立"过山瑶文化研究基地"。人类学系提倡学生的实习与教师的科研项目相结合,这样既解决了实习经费,又使学生实习的目的性更明确。学生撰写的调查报告多次获全国高校"挑战者杯"优胜奖,系里出版了系列学生田野调查报告论文集,培养了学生的综合素质,同时为相关专业,如社会学、民族学、民俗学等专业提供了借鉴。

在科研方面，作为中国复办最早、体系最全的人类学系，处身改革开放最前沿的广东，中山大学人类学系一直坚持着其研究的南方特色，在人类学的研究与应用方面，具有鲜明的岭南地域特点。现在研究的重要方向有：族群与区域文化研究，民族文化传习和保护研究，区域文化、生态和经济协调发展研究，区城性民族考古研究，中石器文化研究，宗教考古，民俗文物与民族文物研究等。此外，人类学本土的应用研究是其另一特色。人类学系在发展过程中，不仅重视理论与方法的研究，而且强调应用，许多老师和研究生都亲身参与了文化咨询、社会评估活动以及国家重大项目的策划工作，直接为政府和社会决策服务。积极参与世界银行的咨询工作，并获得了一系列投资项目社会评价的课题。此外还争取国外的合作，如参与福特基金、露丝基金和哈佛燕京学社的相关课题。以人类学系为依托建立的研究中心有：2000 年成立的中山大学中国族群研究中心；2001 年重建的历史人类学研究中心（与中山大学历史系合办）；2001 年成立的中山大学民俗研究中心（与中文系合办）；2002 年成立的健康与人类发展研究中心；2003 年成立的华南文化遗产保护、研究与教学中心；2005 年成立公民与社会发展研究中心。

从学科发展的角度而言，21 世纪的中国人类学的发展和世界人类学的发展是同步的，中国人类学研究在提倡学科本土化的基础上，国际化是必然的趋势。遵循这样一个思路，今后中山大学人类学系研究的重点方向是运用人类学跨文化研究的优势，整合国内外资源，重点开展对两大块领域的研究，即对东南亚族群与区域文化研究和东南亚族群发展问题研究。了解国内外的研究状况，到海外去做一些田野调查，从对其他国家的异文化的研究来反观我们国家自己的文化，现在已经开展了在马来西亚、越南、泰国的人类学研究。

四、中山大学人类学的研究特色及贡献

中山大学的人类学研究经历了 80 年的风风雨雨，在几代人的努力下，形成了学术研究的特色，也为中国人类学的发展做出了贡献。

（一）人类学理论与本土化研究

人类学理论与方法是学科建设的基础，因此成为中山大学人类学系研究的重要方向。系统研究和评价经典人类学不同学派特别是当代产生广泛影响的人类学前沿理论与方法，厘清人类学及其跨学科研究的脉络、成果和不足，结合中国本土的田野经验，尝试建立有中国特色的人类学研究的理论框架。中山大学人类学系编撰的《人类学方法论》、《文化人类学理论方法研究》、《文化人类学概论》等著作，已成为我国人类学教学和科研的必读书。人类学理论本土化已成为中山大学人类学系重要特色，中山大学人类学系举行了多次国际学术会议，包括“人类学本土化国际会议”，“文化多样性与当代世

界”,“中国人类学百年”,并出版了中英文的论文集,引起国内外的广泛关注。人类学理论本土化尝试的《凤凰村的变迁》、《华南的宗族与社会》、《中国神话的思维结构》、《宗教美术意象》)等著作,也获《中国社会科学》、《人民日报》(海外版)等的好评。

如何将人类学理论与中国研究结合创立中国人类学体系将成为重点。中山大学人类学系积极开拓新的人类学分支学科理论与方法研究,开拓对本土的应用研究,直接为政府和社会的相关决策服务。这包括都市化人类学研究:我国目前正处在乡村都市化的飞速发展时期,都市化发展极不平衡,都市化过程中各种问题相互交织在一起,成为影响都市社会稳定的最大隐患。从人类学的角度开展对城市中的农民问题、都市问题、都市中的族群问题、都市化道路比较等研究不但具有重要的理论意义,而且具有很强的实践意义。如《中国乡村都市化》分别从都市人类学的理论和实践两方面拓展人类学的研究领域。医疗健康人类学研究:利用遗传基因研究族群是当代生命科学、生物人类学和医学人类学一个新的发展方向,对于追溯不同族群的起源、迁徙和演化具有重要意义。通过对族群的遗传基因研究有助于各民族的疾病治疗、遗传病研究、卫生工作的完善和开发族群特异性药物。准确全面地开展族群遗传背景的调查研究,积极保护我国特有的基因资源,自主开发适合我国族群特异性的药物,促进本民族医药工业的发展。这不仅有助于维护国家民族安全,而且可以创造巨大的经济利益。已有《医学人类学导论》及多学科专家合作的《多学科视野中的健康科学》等著作出版。“民情”调查和社会评估:在社会的转型期,那种影响着数以亿计民众的社会传统意识、文化积淀和生活习俗,将成为权力或政令控制之外的一种潜在力量。对这种“国情”、“民情”的认识程度如何,将影响着转型期中国的变革质量和发展速度。本学科强调民情调查研究,对边缘人群和极端信仰的研究(已出版《自由的都市边缘人——中国东南沿海的散工研究》、《田野中的民间信仰》、《在倾听中寻求决策》等专著),不仅在人类学领域具有开拓性,在其他学科亦引起反响。同时利用人类学对文化和民情的了解,对政府和公司的项目进行社会评估,直接为决策咨询服务。

(二)族群和区域文化研究

族群与区域文化研究是全球化过程中最为关注的主题。中山大学人类学系对族群研究有传统和基础,自20年代创立,就开展民族学与民俗学的调查研究。在继承传统和不断开拓新的领域的基础上,我们在华南、西南、西北等地的汉族和少数民族地区进行了系列研究,确立了以南方族群和文化研究为重点,辐射全国族群的研究,强化田野考察的方向和特色。主要研究华南、西南地区和西北的族群现象,分析不同族群的历史形成、文化标识、族群文化以及族群内部的区域文化差别,揭示了汉族与其他民族的关系,都市化与族群关系都市化,以及对西南民族文化的保护、开发以及对瑶族、藏族、客家、澳门等族群研究都取得了丰硕的成果，如《中国族群与族群关系》、《澳门的族群》、《广东族群与区域文化研究》(上、下)、《珠江流域的族群与文化》等。民族文化研究及区域文化策划有效地服务于国家的西部大开发战略，如为云南建设民族文化大省所作的总体规划，经云南省决策部门通过，已成为三大立省战略之一。今后将把族群理论与民族政策结合研究作为突破口，开展族群遗传与族群文化研究，将自然科学研究的技术和方法运用到族群研究，探索族群形成的生物遗传特征及其生物遗传与文化的关系，研究族群的来源和族群关系。此方向在国内人类学界是开创性的。

民族文化传习和保护研究：这一工作因其紧迫性，已得到国际持续多年的资助。主要内容为：通过田野考察，了解民族文化的历史和现状，进而分析它的发展趋势；通过与当地民族真诚的持续的合作，使各民族增强对自己文化的信心，提高对其文化进行自我传习、保护和发展的能力；通过跨学科、跨文化的研究，促进不同文化的相互理解与合作，使这些文化成为全社会共享的财富。这项由邓启耀教授主持的项目经多年努力，已建立多种传习和保护基地，出版“民族文化文库”之“田野考察丛书”、“文化史论丛书”、“西部图志”以及指导学生撰写“中国民俗文化丛书”共十余种。

区域文化、生态和经济协调发展：这是上一课题的应用性延伸。文化保护与生态保护及经济发展等涉及人与自然、文化与自然关系的问题，深为当代世界所关注。在西部大开发中，为保护文化多样性与生物多样性，开发绿色产业，促进当地文化、生态、经济的协调发展，创造融合传统知识与现代技术的新“知识经济”，我们已和自然科学机构多年合作开展生态人类学研究。1999 年中山大学人类学系专家与多学科专家成功策划并主持完成中国 99 昆明世界园艺博览会主题馆“人与自然馆”的论证、设计和制作；参与筹划和组织“民族文化、生态和经济协调发展高级国际研讨会”，来自 30 多个国家的 100 多位专家和政府官员认为，这一设想的实现，对于亚洲乃至世界都有“示范性意义”。目前，邓启耀主持的“多民族社区文化资源和生态保护及其与经济协调发展示范点研究”，正在国际资助下启动。

(三) 民族考古研究

本分支学科通过类比分析的方法，利用民族志资料解释考古发现，研究和复原历史的和活态的考古遗存。民族考古学对于构建和丰富中国考古学理论，为中国考古学走出“重发掘轻理论”的困境有举足轻重的意义。人类学系研究民族考古学具有明显的学科优势，过去运用民族考古学理论与方法结合考古学材料对南方民族的分布、起源和考古文化研究产生了一批成果，容观琼、乔晓勤的《民族考古学》一书，对中国民族考古学进行了梳理。现在民族考古学形成了如下研究特色：

区域性民族考古研究：本学科长期以来重视区域性民族考古研究，首先利用考古资料揭示了史载不详的岭南古代民族（如百越）的来源与分布；其次利用民族志材料阐释和复原了岭南独特的洞穴遗址、贝丘文化和沙丘文化的特征；再次是珠江流域文明和迁移的研究。这些对认识中国古代文明的起源有重要意义。梁钊韬的《百越对缔造中华民族的贡献——濮、莱的关系及流传》、容观琼的《文化人类学与南方少数民族》是国内不可多见的代表作。近年对环珠江口考古，尤其是香港考古的成就对于认识香港与祖国历史文化的渊源贡献颇大。商志𩡝著《香港考古论集》为代表性成果。预期对东南亚大通道研究有突破性成果：南方陆上和水上丝绸之路及茶马古道，是我国南方与东南亚南亚诸国文化和民族往来最重要的通道。对古道上的民族及其文化遗产进行梳理，有利于推动这一地区的文化交流、对外开放和人文旅游。已出版集体成果《滇藏文化带考察》、《茶马古道寻访》等。

宗教考古：利用民族考古学进行宗教考古研究是极具潜力的方向，一来考古发现的材料中可资利用来研究古代宗教的材料极为丰富，二来人类学在宗教研究方面有特别多研究积累，这为研究中国古代先民固有的宗教信仰提供了不可取代的资料和阐释的理论。在这方面，梁钊韬早年有对巫术及“气”范畴起源的卓越论述，而近十余年来发表的一系列研究论著，如“道教考古”、“佛教考古”、“原始宗教考古”等，则显示出本方向的研究者在这一研究领域仍处于国内外领先地位。

民俗文物与民族文物研究：在中华大地上保存了无数的民族、民俗文物，这些既为民族考古学提供了直接的研究实物，同时对传统文化的保存和开发也具有现实意义。除有专著出版并在本校开设相关课程之外，为适应国内民族博物馆、民俗博物馆的专业需求，人类学系专家还承担了国家文物局开办的“民族文物培训班”部分授课任务，讲授《南方少数民族文物》等课程；在科研方面，有《再论发展中的我国民族考古学》、《云南民族民间艺术》、《南诏大理国雕刻绘画艺术》等论著出版。

（四）历史人类学研究

我们知道，传统人类学的研究是从对现代社会中现存的所谓简单原始的部落社会开始的，用埃里克·沃尔夫的话说，他们是“没有历史的民族”。现代意义上的人类学研究是从 20 世纪 20 年代产生的功能学派开始的，它注重对简单社会的共时性的研究，缺乏历时性的分析。也就是说，传统人类学的研究对象和研究方法都缺乏“历史感”，在此基础之上形成的理论方法，在人类学转向对复杂的文明的社会做研究时，是否“适用”？尤其是对像中国这样具有数千年文明历史的国家，应该要用什么样的理论方法和发展出什么样的分析性概念才能准确地认识其社会的本质？显然，人类学的发展受到了挑战。令人欣慰的是，中国人类学的发展从一开始就秉承历史向度的研究，一方面我们有浩如烟海的历史文献可供研究；另一方面，我们最早从事人类学民族学研究的学者大多是学历史或者是“国学”出身的，他们有深厚的历史学功底，而更重要的是，如果要认清中国社会文化发展的本质，就必须从历史入手。自20世纪前半期开始，中国人类学的研究都注意到与历史学的结合，把历时性的研究与共时性的研究融入一体，进行了纵横结合的历史人类学研究。这个特点尤其体现在深受美国历史学派和德国传播学派影响的华南地区的人类学研究的取向上，以中央研究院、中山大学、厦门大学为中心形成相对注重族群文化区域类型的田野考察，其解析模式一般围绕着语言—文化的特征而得以呈现，视空间分布的人文地理因素为还原田野观察所见现象的历史依据。至于在50年代以后对各民族的研究，则更是从历史的向度进行的，即使在中国人类学重建20年来的今天，人类学研究的历史取向无论在中国大陆，还是在台湾和香港，都是始终如一地秉承着的，也许这种研究取向更能实现当年马林诺斯基对费孝通“研究文明社会”的期待，更能通达弗里德曼(Maurice Freedman)所预言的“人类学的中国时代”的到来。

水到渠成，中山大学2001年成立“历史人类学中心”，并在2004年被批准为教育部文科重点研究基地。基地建立后，首先是常年办历史人类学研讨班，其中暑期研讨班招收全国大学中的年轻教师和研究生参加，取得了很好的效果。其次是开展历史人类学的田野调查研究，在贵州的清水江流域、三都、荔波水族文化的研究都取得了不俗的成就；代表性成果有三联出版社出版的《历史田野丛书》10余本著作。

五、结　论

人类学传入中国虽然已超过一个世纪，但其学科的真正发展则是近年的事。而作为华南人类学研究重镇，中山大学人类学系有着深厚的学术传统和研究特色，在21世纪将如何规划发展，这是一个摆在面前的现实问题。让我们回顾杨成志写于1948年的《国立中山大学设立人类学系建议书》，此建议书中提出他对设立中山大学人类学系的目的和期望：“选择世界各国人类学的理论与方法，为我国人类学发展之借鉴；健全我国人类学基础，冀能与国际人类学并进；搜集我国一切物质文化如古物、工艺品、民俗品等作实证之比较研究；依据生体、术生、优生等体格测验结果以促进民族健康；探讨我国各民族文化之固执性与变动性之原因，演进及对科学理念上之贡献；研究边疆民族现状及其文化并我国侨民向外发展之事实；个人与个人、集团与集团、国家与国家之关系及其迹象，增加人类了解互动合作之意义；主张人权尊严、民族平等、种族合作，促进世界大同之理想。”[①]建议书中所表达出的办系理念，对我们今天的中山大学人类学系的发展仍

① 杨成志：《国立中山大学设立人类学系建议书》，《杨成志人类学民族学文集》，民族出版社2003年版，第364页。

有着指导和借鉴意义。

在《国立中山大学设立人类学系建议书》发表60年之后,在中山大学人类学系复办28年之后,结合中国国情,立足田野,经世致用,开拓人类学学科新领域,加强与国外人类学的对话与交流,从中国出发,走向世界,成为中山大学人类学系发展的新目标。

我们正是从中山大学人类学系的历史出发,传承和弘扬它的学术精神,建设中山大学人类学系和中国人类学的未来。

(原载《中山大学学报(社会科学版)》2009年第6期)

史禄国与中山大学人类学

梅方权

在今天中国人类学者的心目中,史禄国(S. M. Shirokogoroff)既不是一个学派的开创者,也没有名噪一时的作品和众多的弟子继承光大他的学术思想。然而,他却是研究人类学史尤其是中国人类学史不能不提的一个重要人物。史禄国少年得志,意气风发,学术前途如日中天,俄国社会的巨变,平静的学术生活被打破,史氏不得不在异国流亡,这似乎注定了他此生的坎坷和寂寞。费孝通在《人不知而不愠——读后忆师》中说:"史氏在世之日,恐怕深知他的人是不多的。我总觉得似乎是有一条界限,把他的后半生排除在当时的学术圈子之外。"[①]费老还通过对史禄国和马林洛夫斯基的对比,发出"同是异乡流亡客,世态炎凉处两端"的感叹,读来令人唏嘘不已。当我并不抱太大希望却终于从中山大学图书馆外文书库中找到他那尘封已久的著作时,黄卷重翻,喜不自胜,毕竟找到了客观全面反映史氏生平的素材。著作甚丰的他给中国人类学留下了哪些遗产呢?

一、人物简谱

史禄国,俄国人,生卒年月有两种说法,1887—1939 年或 1889—1939 年。史氏大半生漂泊不定,半是学术的需要——长期的田野调查;半是生命的无奈——在政治变革的旋涡中,个人犹如一叶扁舟,浮沉岂能随心所欲。也正因为此,史氏的人生画卷或者说年谱是很模糊的,难以整理出一个详细的年谱。这也算是造化弄人的最好诠释之一:一个人类学者也许能读懂人类发展的历程,却读不懂自己的人生。史禄国在中国人类学史上留下的最为人所知的一笔恐怕是为我国培养了一个出色的硕士研究生——后来成为著名人类学家的费孝通教授,如果不是费老的回忆,人们对史氏可能知之更少。伯乐遇千里马,也算史氏不幸中的万幸。

---

① 费孝通:《人不知而不愠——读后忆师》,见史禄国著、高丙中译:《满族的社会组织》,商务印书馆 1997 年版,第 213 页。

史氏天分极高,前半生一帆风顺,学术蒸蒸日上,引人注目;俄国十月革命是史氏一生的转折点,辗转中国各地,尽管著作迭出,但免不了有身世沉浮雨打萍的感觉。据《北方通古斯的社会组织》译者前言:史氏"1910 年毕业于法国巴黎大学人类学学院。回国后在圣彼得堡大学和帝国科学院从事研究工作,1915 年被选为人类学学部委员。曾任俄国的彼得堡科学院人类学部主任、俄国民族学人类学博物馆研究员"。[①]

史禄国前期主要围绕通古斯人进行学术研究,曾多次探查东部西伯利亚及黑龙江省等地。[②] 1912—1913 年,史氏曾到后贝加尔作过三次考察,1915—1917 年期间又去蒙古和满洲作了考察,最初的两次考察得到了俄国中亚和东亚调查委员会的援助,第三次考察是在对圣彼得堡帝国科学院的指导和部分经费支持下以满洲探险的名义进行的。1918—1922 年,曾在海参崴远东大学任人类学教授。[③]

从 1923 年至逝世,史氏主要在中国任教和研究。1923 年至 1930 年,先后在上海、香港、江苏、浙江、厦门、广东等地从事研究工作,并在厦门大学、中山大学任过教。1930 年以后在北平辅仁大学、清华大学任教,并到福建、广东、云南和东北等地进行学术调查。1939 年逝世于北平。

这一时期,史禄国对中国人类学特别是早期人类学的发展作出了重要贡献。他参加了中山大学语言历史学研究所和中央研究院的人类学创建工作。当时中国的人类学者很少,史禄国在研究所充当"学术带头人"角色,直到 1928 年李济负责中央研究院人类学的工作。

史禄国是一个特别勤奋的学者,主要著作有:*General Theory of Shamanism Among the Tungus* (1919), *Ethnos, General Principles of Ethnical and Ethnographical Variations* (1923), *Anthropology of Northern China* (1923),《满族之社会组织》(英文 1924), *Anthropology of Eastern China and Kwangtung Province* (1925),《中国人发育之研究》(英文 1925),《北方通古斯族之社会组织》(英文 1929),《通古斯人的心理思想情绪》(英文 1936)等,另有无法全面统计出来的诸多论文。尽管他著作等身,但由于语言的缘故,当时在中国人类学界的影响力到底有多大就很难估量了,何况当时中国人类学还处在萌芽和创立时期,人类学者本身就寥若晨星。相比今天,从事人类学应该更为寂寞。史禄国先生在缺少图书资料(这一点他屡次在不同作品的前言中提及)、缺少同行交流的情况下能坚定不移地航行学海,学术的赤诚与执着令人钦佩。费孝通也说:

---

① 史禄国著,吴有刚、赵复兴、孟克译:《北方通古斯的社会组织》,内蒙古人民出版社 1984 年版。

② 同上。

③ 史禄国在 *Ethnos* 专刊前言说:"经过了 10 年的思考,1921—1922 学年在海参崴的远东大学讲'民族志'这门课程的引论里阐述了这个理论。"可作佐证。

"人类学在清华园里知道的人不多,史氏作为一个世界级的学者,知道的人更少。他不但在清华园里不知名,甚至全国全世界在当时知道他而能理解他的人也是很少的。"[①]这使我想起了李亦园先生和乔健先生都曾回忆过的寂寞人类学之旅,在那么寂寞清贫的情况下,前辈们挺过来了,我们今天的滚滚红尘也不应作为不专心于人类学学术的借口。

二、主要学术成就、学术思想

从史禄国各种著作来看,他的民族学(狭义的文化人类学)、考古学、语言学、体质人类学甚至地理学的功底是很扎实的。他的学术视野特别广阔,从人类的体质、语言、社会和文化对研究对象进行系统的、全方位的了解,以达到更好认识人类的目的。从史氏对费孝通当年的培养计划也可看出他对人类学体系的思考和看法。费孝通在《个人,群体,社会——一生学术历程的自我反思》一书中谈道:"他为我定下了一个六年的学习计划,包括体质人类学、语言学和社会人类学三个部门。"[②]

史氏在人类学方面的贡献主要有三点:一是对通古斯人的研究,一是关于 Ethnos 的理论建树,一是中国人的人类学研究。通古斯研究倾注了史氏早年的心血,这些真正基于田野调查之上的学术成果是不会被淹没的,他有关通古斯人的社会组织和心态研究的两部煌煌大著成了举世公认的权威著作。

在 1912 年到 1918 年间的考察中,史禄国和同行把注意力集中在以下几个方面:(一)民族志的观察,即通古斯和其他民族集团的文化现象;(二)通古斯语的各方言和满语(主要是在瑷珲地区和北京)的研究;(三)对通古斯大林和其他民族集团人类学方面的测量;(四)考古学的初步发掘——1916 年在黑龙江经小兴安岭的峡谷和布拉戈维申斯克之间的黑龙江岸边的几处历史古迹和史前遗迹的发掘;(五)对尚未勘查过的地方(如西北满州)进行地理学观察。

我们在《北方通古斯族之社会组织》也可看出当时调查情形。作者写道:"民族志方面的资料,主要是从驯鹿通古斯人那里搜集到的,其中一部分是从后贝加尔游牧通古斯人,满洲驯鹿通古斯人和满州通古人那里搜集的;而且还来自满洲和部分来自索伦人、达斡尔人。照片和有关考古学以及发声学的记录和有关民族志方面的搜集品,除了那些不能用小包裹邮寄的 16 公斤以上的物品外,当前均保存在民族学、民族志博物馆。

① 费孝通:《人不知而不愠——读后忆师》,载史禄国著、高丙中译:《满族的社会组织》,商务印书馆 1997 年版,第 213 页。

② 费孝通:《个人,群体,社会——一生学术历程的自我反思》,《北京大学学报》,1994 年 1 期。

从 1912 年至 1913 年之间所搜集的民族志资料，已于 1914 年献给科学院，以《后贝加尔鄂伦春民族志》(俄文)为名发表。……从那时以来，对其他集团已进行了更为详细的考察，补充了新的资料。”

理论提升与田野资料的积累是相辅相成的，资料的累积达到一定的程度，必然会催生出富有概况性的理论。史氏在“Ethnos，General Principles of Ethnical and Ethnographical Variations”一文中阐释了自己的对于 Ethnos 的定义：“Ethnos 是人们的群体，说同一语言，自认为出于同一来源，具有完整的一套风俗和生活方式，用来维护和崇敬传统，并用这些来和其他群体作出区别。这是民族志的单位——民族志科学研究的对象。”

这个定义与我国民族学界熟知的民族定义基本上是相同的，就少了“共同地域”和“共同经济”两个要素。史氏在世时，这种话在苏联是不会有人敢说，更不会见诸文字，而是送到国外出版的字典里才有可能公开发表。

史氏学术极其严谨，用词十分严格，不肯苟从英语的习惯用法，总是想规避许多被各家用滥了的名义，结果提了不少别人不易了解的新词。他采用拉丁文原字，就是避免引起歧义，ethnos 就是他的专用词，采自拉丁文，牛津英语字典直译作 nation。史氏用拉丁古字就是为了要避开现代英语中 nation 一词，因为 19 世纪欧洲各民族强调政治自主权时，把这词和 state 联了起来，成为 nation-state。State，是指拥有独立主权的国家，于是 nation 也染上国家的涵义。为了把民族和主权国家脱钩，史禄国采用了拉丁文 ethnos。

为了洞悉人类的本质，史氏用一般的英文词汇加以改造而注入新义，如他最后亲自编刊的巨著的书题名为 *Psychomental Conplex of Tungus*。Psycho 原是由拉丁 psukhe 演化出来的，本意是呼吸、生命和灵魂的意思，但英语里用此为字根，造出一系列的词如 pstchic，phychology 等，意义也扩大到了整个人的心理活动。晚近称 psychology 的心理学又日益偏重体质成分，成为研究神经系统活动的学科。史氏总觉得它范围太狭，包括不了思想、意识，于是联上 mind 这个字，创造出 psychomental 一词，它是一个复杂而融洽的整体，所以加上他喜欢用的 complex 一字，构成了人类学研究最上层的对象。这个词要简单地加以翻译实在太困难了。他强调心态的研究原是出于他研究通古斯人社会文化中特别发达的 Shamanism(萨满信仰)。萨满是一种被通古斯人认为是人神谋体的巫师。过去许多人把它看作迷信或原始宗教，但史氏则采取实证主义的立场，把它作为一种在社会生活里积累形成的生理、心理的文化现象来研究，并认为它具有使群体持续和适应一定客观环境的作用。这是功能学派的基本观点。

著名人类学家马林诺夫斯基的巫术分析也是采取这种看法的，但是没有像史氏那样深入到生物基础去阐明这种社会行为的心理机制，史氏在这方面的研究更接近本质。

马氏也把文化看成是人类为了满足人的生物需要的手段，但是他没有走进生物基础里面去，而满足于以生物基础的“食色性也”为他研究社会文化的出发点，去说明各种社会制度的功能和结构，就是如何在满足生物需要上起作用。史氏的生物学基本训练似乎比较深透一些。他把人类学的出发点深植于人体的本身。他更把人体结构和生理机制看作是生物深化的一个阶段，尽管人类比前阶段的生物种类发生了许多质的变化，但这些变化的基础还是生物的机制。他甚至在他的 ethnos 理论中说：“在这些单位(ethnos)里进行着文化适应的过程，遗传的因素在其中传袭和改变，在最广义的理解上，生物适应过程即在这单位中进行的。”

他的 ethnos 论是可以用算术公式来表示，即民族认同的群体，在和同类单位接触中所表现出各自的能量。这能量是这单位的地、人、文三个变量相生相克的综合。地包括自下而上的空间和资源，人包括成员的数和质即生物基础，文是人造的环境，包括社会结构和文化积累。三个变量相生相克的关系中表现向心力和离心力消长。在相接触的各单位间能量上平衡的取得或失却即导致各单位的兴衰存亡的变化。所以他的理论的最后一句名言是：“Ethnos 本身是一个不断变化的过程。人类学就是研究 ethnos 的变化过程，也就是民族的兴衰消长，是一种动态的研究。”①

史氏流亡中国后，在通古斯地区搞田野调查无法继续。他 1922 年前后在上海、广州和北京期间，由于不熟悉汉语，无法进行民族志式的调查，他把重心转移到了体质人类学。他秉承俄国的传统，又不乏自己的创新，所从事的体质人类学决不限于体形学(人体测量学)，而要深入到生理现象，从人体形态的类型发掘其生理上的差异，一直到人体各部分生长过程的区别。如果停止在这里，还是生理学的范围。他在理论上的贡献也许就在把生物现象接上社会和文化现象，突破人类的精神领域，再从宗教信仰进入现在所谓意识形态和精神境界。这样一以贯之地把人之所以为人，全部放进自然现象之中，作为理性思考的对象，建立一门名符其实的人类学。

20 年代，史禄国在夫人的协助下，曾在华北、江苏、浙江、广东等省作中国人的体质测量工作。他曾用英文写了好多著作。第一种为《华北的人类学》(*Ahthropology of Northern China*)。这部专著于 1923 年，由亚洲学会在上海为他刊印公布。第二种为《中国人体质发展过程》(*Process of Physical Growth Among the Chinese*, Vol. 1)，这本书主要将其在浙江、江苏对活体测量所得的数据进行统计和分析，再上升为理论，这本书于 1925 年由商务印书馆为他刊布。第三种为《华东与广东省的人类学》(*Anthropolo-*

---

① 费孝通：《人不知而不愠——读后忆师》，载史禄国著、高丙中译：《满族的社会组织》，第 213 页。

gy of Eastern China and Kwangtong Province）这本书共 162 页，20 年代后期曾由商务印书馆为之刊布。1973 年，美国纽约一家出版社曾将之重印。他还利用体质方面的研究成果，为中国古代史上人口流动作出过富有创见的推测。这此研究至今还有极大的价值，如果能进行体质人类学方面的追踪调查，对于研究近 80 年来中国人体质发展过程很有帮助。

综观史氏的学术思想，兼有俄国和法国的特色以及他自身的融会贯通与创新。1859 年法国人类学会成立，该会认为人类学研究人类的生命和生活的全部，将民族学附属于人类学。① 1845 年，俄国在地理学会内成立民族学分会，从一开始，民族学与俄国帝国主义的扩张和地理探险就结下了渊源。俄国的人类学主要是狭义的人类学，包括形态学、人类起源学、人种学，或称民族人类学。形态学解决的有关问题为体质类型的个体变异、体质类型从胚胎发育的早期阶段直到老年时的年龄性变化、两性差异现象、分析人类机体在不同的生活和劳动条件影响下所产生的特点。人种学研究人种之间的相似和差异。② 史氏早期供职于帝国科学院，能不为沙皇俄国效劳吗？通古斯研究本身就带有明显的国家功利性。而这种百科全书式的调查不但符合法国人类学研究人类的生命和生活的全部之传统，也与俄国的扩张和地理探险相适应。

三、在中山大学的情况

中山大学有深厚的人类学研究传统，尤其以华南和西南边疆的民族研究为重心。史禄国曾负责过人类学的创建工作。从一开始，中山大学就对民族学、人类学等学科较为重视，于 1927 年的七八月间开始筹备设立语言历史学研究所，以傅斯年为筹备主任，聘傅斯年、顾颉刚和从厦门大学到中山大学任教的史禄国等为教授。③ 所内设人类学组，主要由史禄国负责，曾计划招收研究生，但这个宏愿一直到后来才由杨成志先生实现。④ 语言历史学研究所次年 1 月正式成立，该所以研究学术、发展文化为宗旨，内设考古、语言、历史、民俗四学会。中山大学语言历史学研究所人类学组是国内最早的同类专门研究机构。

语言历史学研究所成员除了各自的研究题目外，还有较大规模的集体研究工作，其

---

① 黄淑娉、龚佩华：《文化人类学理论方法研究》，广东高等教育出版社 1996 年版，第 5 页。

② 雅罗金斯基、马格列文著，王培英等译：《人类学》，警官教育出版社 1993 年版。

③ 《国立中山大学语言历史研究所年报》第 6 集，第 62—64 期。

④ 杨成志：《我与中山大学人类学系》，载见中山大学人类学系：《梁钊韬与人类学》，中山大学出版社 1991 年版。

中一项是广东及邻省之民俗及人类学材料征集和创设人类学馆。1928年研究所又将珠江流域各省之民族及人类学研究，并创设民族民俗馆作为集体工作的第一项。[①]

1928年3月，中央研究院因历史语言研究之重要，决设历史语言研究所于广州，最初就有人类学工作，由史禄国负责，特约研究员辛树帜、特约编辑容肇祖等负责搜集各种民物标本。此外，还有若干名助理员，辛树帜也担任文字编辑工作。

在粤期间，史禄国主要进行了体质人类学的研究。1928年五六月间，他在广州测量了2212名学校儿童，研究南方中国人发育问题。1928年夏，史禄国夫妇受中山大学与中央研究院联合委派，与杨成志、容肇祖前往云南调查民族。7月中旬到了昆明，史禄国夫妇在昆明对当地的学生、士兵和犯人共1995名进行人体测量，摄制人类学照片150余幅。彝族的调查，因为土匪未清，史禄国夫妇不敢前行，杨成志先生只身闯入彝区调查。10月，历史语言研究所正式成立，内设八组，第七组即为人类学民俗学组，仍由史禄国负责。次年，他又曾在穗测量士兵。史禄国在粤工作，所编的《中国南方人发育论》和《中国南方人类学》(第一部)均在广东写完并出版。

四、艰难的跋涉历程

史氏的艰难，的确非同一般。他自己写道："在一个人打算用自己的论文从容地去对付那些有良好的图书馆为后盾的批评者的时候，由于我是在中国进行工作的，在这种条件下，我深知发表我搜集到的材料，即使不是不可能，也是非常困难的。的确，在作者易于受到批评的情况下，仅仅是没有图书馆这一点，也足以使人望而生畏，失去把自己资料发表的那种干劲和愿望。"

史氏还不幸受到文字表达上的种种困扰。"另一个障碍是，我的材料必须用英语，既不是我的母语，甚至也不是我专门学习过的语言，因此难以将自己的思想表达得恰如其分，并且也难以写出不伤害说英语的人的感情的那种文体。实际上假若我能用俄语写这本著作，对我将有利得多。可是1923年，在英国亚细亚学会华北分会的好意鼓励下，我将自己一系列著作中的第一本《华北人类学》用英文发表了。在1924年，又将另一本著作《对满族氏组织的研究——满族的社会组织》也发表了。"

真正的学者是经得起历史考验的。史氏生前在自己的祖国并没有得到认同，但随着时间的逝去，历史也越来越显出他的真实面目。费孝通1986年三访英伦时，在伦敦

---

① 《国立中山大学语言历史研究所招生简单(民国十六年度、民国十七年度)》，载《国立中山大学语言历史研究所年报》第6集，1929年第62—64页。

政治经济学院的一次座谈会上，一位英国朋友紧紧拉着他的手用喜悦的口吻告诉他，史禄国在苏联恢复名誉了。史氏的著作被公开了，肯定了，而且承认史氏是通古斯研究的权威了。也许，对中国的学者来说，这可以引发我们更多的深思。

70多年过去，弹指一挥间，岁月悠悠，人类学自身也得到了长足的发展，但史氏的思想仍然给我们很多启发。今天我国社会科学领域的许多学科都提到本土化的问题，人类学的本土化也任重道远，笔者认为真正的本土化应该包括两个基本前提，一是对本学科的基本理论、方法和源流有清晰的认识，二是对研究有对象有清晰的认识。本土化与国际化应该相辅相成，本土的成果越多，对学科的发展贡献就越大，这些成果是全世界所共享的。至于学者的国籍，并不是重要的问题，史氏就为人类学的中国化作出过他的贡献。用人类学的理论方法研究中国社会，洞悉中国文化的本质，在泛文化的比较中指明中国社会、文化的发展走向，这是复办20年以来中山大学人类学系一直在努力而且还将继续努力的不朽事业，也是中国人类学义不容辞的责任，更是当代人文社科知识分子殊途同归的事业。

（原载《中山大学研究生学刊》2001年第4期）

中山大学民俗出版与中国现代民俗学的建立

施爱东

中山大学民俗学运动从1927年初开始，到1943年底结束，前后跨越16年，起止时间是以民俗学会的几份出版物为标志的。钟敬文先生曾有这样一段评价："这个附属于南方的一个大学的民俗学会，从创始到结束，前后经历了16年。它印行了许多书籍、期刊，收集发表了许多民俗资料，探讨了许多民俗问题，宣传并在一定范围内普及了民俗学知识，培养出一些年轻的民俗学工作者。它不但开拓了中国民俗学的领域，在东亚人民文化研究史上也是引人瞩目的。"①

有关中山大学民俗学会出版物的价值阐述和文本分析已经汗牛充栋，本文旨在钩沉这些出版物背后的出版事件，以及围绕出版事件所产生的人事关系，借以管窥中国现代学术史上大学出版业的发展历程。

一、《民间文艺》：上承《歌谣》下启《民俗》

1927年初，傅斯年奉朱家骅之命在中山大学筹建"语言历史学研究所"，遂招顾颉刚来中大。顾颉刚早在厦门大学的时候，就有复办《歌谣》周刊的意愿，得此机会，提出在中山大学复办《歌谣》，并举荐钟敬文负责具体事务，一起筹办中山大学民俗学会。

1927年10月16日，顾颉刚与钟敬文、罗常培等人一起去傅斯年处开会，议定刊行四种出版物：《文史丛刊》、《语言历史学研究所周刊》、《歌谣》周刊、《图书馆周刊》，其中《歌谣》周刊由钟敬文、董作宾具体负责。②

为了扩大口承文学的搜集范围，使不局限于歌谣一项，原定周刊名《歌谣》在临出刊前突然改名《民间文艺》，内容除歌谣之外，尚有神话、传说、故事、谜语一类，编辑取向全在"语言文学"。

---

① 钟敬文：《60年的回顾》，《民间文艺学及其历史——钟敬文自选集》，山东教育出版社1998年版，第485页。

② 顾颉刚日记，1927年10月16日。

《民间文艺》周刊每期封二公布的“征求民间文艺简章”如下：

(一)本刊征求民间文艺范围，凡流行民间的神话，童话，传说，趣事，寓言，歌谣，谜语，俗曲，唱书，剧本，谚语，歇后语等等皆是。所有关于上列各种材料，我们一律欢迎。篇幅多者，可装订成册见寄。

(二)记录的方法，韵语如歌谚等，须一依口语写出，其中方言俗字，可用罗马字或国音字母，注明其音读，并详释其意义，勿随意改成国语或文言。散文如神话童话等，则宜以质朴的国语传写之，遇杂有韵语处，仍当尽量保存本色。又该材料采自何处，通行于何地，并须一一注明。

(三)投稿人姓名住址，须详为开列，以便通信，并寄赠本刊。

(四)本刊收稿处为“广州文明路国立第一中山大学语言历史学研究所民间文艺周刊编辑室”。

刊物承印为广州市德政街三友印刷社，每期的印数在七八百份左右，[①]售价为每册3分，半年6角(共26册)。其发行名义上由学校出版部负责，发行地主要是北京、上海、广州三地。实际上，通过市场销售的数量极少，大部分是以寄赠的方式发出的，而寄赠的工作，主要由钟敬文负责。

还在北大《歌谣》时期，董作宾就是“歌谣店”中的一员猛将，且因《看见她》而声名大噪，加之顾颉刚对“文艺”的兴趣不大，于是，钟敬文将《民间文艺》发刊词的写作任务交给了董作宾。

1927年11月1日，《国立第一中山大学语言历史学研究所周刊》及《民间文艺》创刊号出版，这时正值学界筹组“第二批西北科学考察团”，语史所决定参与考察，委托董作宾负责拟定计划等项。董作宾很快淡出了《民间文艺》的编辑工作，这样，担子就落在了钟敬文一个人身上。

12月1日，董作宾和钟敬文等人一起去了顾颉刚家。董“母病偏中，急欲假归”。[②]董作宾这一走，就再也没有回到中山大学，也再没回到尚未成型的民俗学界。

钟敬文自小爱好文学，《民间文艺》的文学取向恰合了他的口味，故亦乐在其中，并将他的几位海丰同乡杨成志、刘万章、林树槐等人也拉入到民间文学的阵营中来。

---

① 据钟敬文先生回忆，《民间文艺》和《民俗》周刊每期印数都不到1000份，他又说《民俗》季刊印数更少(2001年8月15日，于北京友谊医院)。而据一份《民俗》季刊的报价单(存广东省档案馆，详后)，季刊印数为500份，因此，我们可以推测《民间文艺》及《民俗》周刊的印数当在500—1000之间。

② 顾颉刚日记，1927年12月1日。

《民间文艺》周刊共出了12期，因其仅用来发表民间的“文艺”作品，终是“内容范围太窄，篇幅也小”，[①]因此到了1928年初，民俗学会遂决定停刊《民间文艺》，改为《民俗》周刊，“放宽范围，收及宗教风俗材料”。[②]

二、《民俗》周刊：因主编更替而波折

民俗学作为一门新兴学科名称的提出，始于北京大学《歌谣》周刊，但是，当时可供选择的学科名称还有民学、民情学、风谣学、歌谣学、风俗学等等，之所以最终定名为民俗学，与《民俗》周刊的巨大影响直接相关。

钟敬文先生在《重印〈民俗〉周刊序》中说：“《民俗》周刊，是中大民俗学会活动中的主要定期出版物，它与30多种民俗丛书构成这个学会活动的重要部分，也是整个学会具有比较显著的成绩的一部分。不管从它本身看，或从它对当时学界的影响看，都可以这样说。”[③]《民俗》周刊创刊于1928年3月21日，第110期后曾停刊三年，1933年春复刊，只出了13期和1本“百期纪念号”，又停刊了。

《民俗》周刊是中国第一份专门的民俗杂志，早期《民俗》周刊的编辑工作全由钟敬文一人负责，连刊名“民俗”两字，亦为钟敬文手书。[④] 创刊之初，稿件奇缺，钟敬文不得不四处求人写稿，除了给外地的民俗学同人通信索稿，主要是在校内发动，据钟先生回忆，何思敬、崔载阳等知名人物的稿件都是反复催促才能约到，就连历史系一位教务员“从前草草写下的一则短记，现在呢，他又没有多余的时间再写，因为我即需稿用，只能把它发印了”。[⑤]

1928年6月，钟敬文经手付印的民俗学会小丛书之一《吴歌乙集》出版，7月4日，校长戴季陶通知辞退钟敬文。“谓是因《吴歌乙集》有秽亵歌谣之故，为戴季陶大不满意”。[⑥] 钟敬文坚持工作到8月底，发完《民俗》第23、24期的稿件，于9月7日离开广州。

钟敬文被辞，《民俗》周刊面临夭折的危机，一是经费困难，二是人手不足。在七八月份容肇祖尚未回粤时，顾颉刚只好亲自编稿。因为花在周刊上的时间骤增，顾颉刚在日记中屡屡提及这些事务，心中颇不快。7月下旬至8月上旬，顾颉刚几乎每天都去找朱

---

① 钟敬文：《60年的回顾》，《民间文艺学及其历史——钟敬文自选集》，第484页。

② 顾颉刚：《“民俗”发刊词》，《民俗》周刊第1期（1928年3月21日）。

③ 钟敬文：《重印〈民俗〉周刊序》，《民俗》周刊影印本，上海书店1983年版。

④ 钟敬文手书“民俗”二字一直沿用到1928年10月17日第29、30期合刊，10月24日第31期以后，文字由竖排改横排，刊名“民俗”改为“汉三公山碑钩出”美术字。

⑤ 钟敬文：《环境与神仙传说·按语》，《民俗》周刊第1期（1928年3月21日）。

⑥ 顾颉刚日记，1928年7月4日。

家骅副校长，或是给他写信。最后因为朱家骅对民俗学的支持，勉力保住了这份刊物。[①]

在钟敬文与容肇祖之间，顾颉刚曾亲自编过两期《民俗》，即 25、26 期合刊。[②] 容肇祖从 1928 年 9 月底，第 27、28 期合刊开始接手《民俗》周刊的编辑事务。

由于人事变动，刊次频密而人手紧缺，《民俗》周刊从 6 月份开始就无法按正常日期出版，往往只能以两期合刊的形式出版，这种状况一直持续到 10 月份，即容肇祖接手一个月之后。动荡时期的稿件质量自然也无法得到保障。张清水是民俗学会的诤友，他在 1928 年 11 月写给容肇祖的一封信中说："9 号接阅民俗，才知确已如顾先生言，交由你接编民俗了。迭出合刊，内容不大充实，不能无讥，先生注意这层?"[③]

容肇祖初接《民俗》周刊时，手上没有现成的作者群，就把自己的亲朋好友发动起来，为《民俗》周刊撰稿，容肇祖的妹妹容媛、舅舅邓尔雅等人，都是这时进入民俗学会的。

容肇祖决定从形式到内容对《民俗》周刊进行大力改革，他在接手的第一期就发出声明："现在本刊力求改良，增加篇幅，并自下期起改印横行，以求与语言历史学周刊一致。带研究性质的稿件，尤所欢迎。"[④]在同期的另一则启事中则要求大家搜罗关于中秋节的风俗、故事、传说以及相关材料照片等物品，准备刊出"中秋专号"。后来又在给张清水的信中说："此后各期，或注重在一方面的。如 31 期，注重在神话及童话；32 期为中秋专号；33 期则全属研究的范围；34 期注重在故事的传说；35 期为风俗的零碎片断。此后各期始可依目做去，当有部分偏重的地方。我意以为使人一定要连续买这周刊，这是书贾的行为。有几个钱，便买某一期。看完了，不买别期亦可，这才是真正的方便学者。"[⑤]

很长一段时间，容肇祖一个人编辑着《民俗》周刊，因为每周还有十几个课时，其辛劳可想而知。大约在 1928 年底开始，刘万章开始参与《民俗》的编辑事务，因为刘在 12 月 2 日已经开始向同人写信约稿，[⑥]他在 1929 年 2 月的一篇文章中更直接地说，当时容肇祖已经开始"要我替民俗编民间故事专号"。[⑦] 这段时间帮助《民俗》编辑工作的还有

---

① 段宝林教授在《民俗学的命运》(《民俗研究》1999 年第 1 期)一文中提到："大革命时期，北大进步教授南下广东，在中山大学也开展了民俗学研究，曾热火了一阵，却因校长朱家骅的压制而遭受厄运。此人是官僚，对民俗学一窍不通，必然如此。"不知此言何据，不排除是作者臆测之言。

② 《国立中山大学日报》1928 年 10 月 8 日第 4 版《本校"民俗周刊"近讯》："现自 27 期起，改由容肇祖教授担任编辑，闻 27、28 合期，已行付印……又该刊拟出一'中秋专号'稍迟即行付印，欢迎校内外人投稿云。"容肇祖自己则在 1933 年 6 月 16 日补印的《民俗》周刊 100 期之《百期纪念号的卷头语》中说："我在本刊担任编辑，始自 25、26 期。"参照《近讯》，又据顾颉刚 1928 年 8 月 23 日日记："到校，发《周刊》及《民俗》稿各两期。"根据以上综合信息，我们认为 25、26 合期当为顾颉刚所编。

③ 张清水致容肇祖信，《民俗》周刊 35 期(1928 年 11 月 21 日)。

④ 《本刊启事》，《民俗》周刊 27、28 期合刊(1928 年 10 月 3 日)。

⑤ 容肇祖致张清水信，《民俗》周刊 35 期(1928 年 11 月 21 日)。

⑥ 招勉之致刘万章信，《民俗》周刊 44 期(1929 年 1 月 23 日)。

⑦ 刘万章：《读民间故事研究》，《民俗》周刊 51 期(1929 年 3 月 13 日)。

夏廷棫。[1]

1929 年，顾颉刚等人相继离开中山大学，加上校长戴季陶和语史所领导对民俗学会的工作不大支持，容肇祖一直被聘为“讲师”，日久生怨，因而逐渐萌生去意。1930 年，容肇祖原高师的老师杨寿昌介绍他去岭南大学国文系做副教授，于是，容肇祖在编完《民俗》周刊第 93、94、95 期合刊（1930 年 2 月 12 日出刊）之后，离开中大，转就岭大之聘。《民俗》周刊从第 96—99 期合刊“谜语专号”开始由刘万章主编。

尽管民俗学运动的参与者众，但能进行研究工作，且能写出一些较高水平研究文章的人却是极少数。要提高《民俗》周刊的学术含量，使之拥有学术上的较高地位，非有一批知名学者捧场不可。但是，主编刘万章却是土生土长的广东地方民俗学工作者，与当年北大《歌谣》时期成长起来的民俗学者不同，刘万章与北京上海等地的学界名流几乎没有任何联系，即使本校的大教授们，也不大愿意把文章交给他。刘万章几乎约不到任何有学术含量的稿件，他曾经非常无奈地说，《民俗》周刊的稿子多得很，容肇祖先生离开的时候，就曾经将一大堆稿子移交给他，后来各地的同志，陆续寄来的也不少，可是，研究性的文章却一篇都没有。[2] 刘万章只能用些学生和各地民俗学爱好者的来稿，以致稿件质量越来越差。

一份学术刊物的权威与否，除了刊物本身的品牌效应，与主持人的学术地位及其在学界的人脉有很大关系。有傅斯年顾颉刚等人撑着，语史所各项事业自然风生水起，但是，随着他们相继北上，刚刚扯起的民俗学大旗也只有萎顿下来。《民俗》周刊走到这一步，已经预示着中大民俗学运动的退潮了。接下来杂志的停刊，似乎只是时间问题。果然，《民俗》周刊出到第 110 期的时候，学校不再给予经费支持，被迫停刊。

1933 年 3 月，在朱希祖、容肇祖的努力下，《民俗》周刊又复刊了。

容肇祖 1932 年 7 月回到中大。同年 10 月，著名历史学家朱希祖[3]也来到中山大学，[4]12 月出任文史研究所（即原语言历史学研究所）主任，随即劝说容肇祖复办《民俗》周刊，他在《恢复民俗周刊的发刊词》中说道：“书籍费调查费人才费，三者缺一不可，非有大规模的计划和预算，不能完成此学的使命，和极大的贡献，此在中央政府应当提倡奖励，特设机关，宽筹经费，延揽各项专门人才，分代搜集，分省调查，分析综合研究，且须宽以岁月。现在我们在中山大学文史研究所，不过小规模的试验，而且学期中间接手种种预算，多已固定，三项经费完全没有，仅能担任出版周刊的经费，一切全赖容先生个

---

① 参见叶镜铭致夏廷棫信，《民俗》周刊 103 期（1930 年 3 月 12 日）。

② 刘万章：《本刊今后的话》，《民俗》周刊 101 期（1930 年 2 月 26 日）。

③ 朱希祖（1879—1944），字逷先，又作迪先等。1932 年至 1934 年任中山大学文史研究所主任。

④ 中山大学教务处编印：《国立中山大学二十一年度职教员录》，1932 年 12 月。

人的努力。”①

可惜的是，复刊的《民俗》周刊只坚持了14期。学期结束时，中大没有续聘容肇祖，刊物无人主持，1933年6月13日，这份中国现代学术史上颇具影响的民俗学专业期刊，终于在第123期划上了一个凄楚的句号。

关于《民俗》周刊的发行情况，我们有以下资讯：

根据1928年的《语言历史学研究所预算表》，②《民俗》周刊每期印刷费为80元，又据钟敬文先生回忆，1928年上半年，每期印数不到1000册，则每期册成本至少应在8分，而《民俗》周刊的市面零售价是每期册4分。再参照相似厚度的民俗学小丛书的定价，可知《民俗》周刊的定价严重偏低，即使全部售罄，也是亏本的。

《民俗》周刊的作者大都是民俗学的爱好者和同情者，一般来说，只要成为《民俗》周刊的作者，大都能被列入杂志的寄赠名单，但是因为经费有限，民俗学会从未给这些作者发过任何稿酬。③

据钟敬文先生回忆，早期的《民俗》周刊几乎没有固定订户。④ 这从该刊的定价也可看出来，“半年26册”的定价是8角，而“全年52册”的定价居然要1元8角，也就是说，订一年的单价还要贵过订半年的单价。这一价目表在《民俗》周刊刊至第16期，一直没有人提出疑问，直到第17期后，才把半年定价改为9角，刊物改为横排以后，再提为1元。零售价不变，订阅价却一直在升，这都是非常奇怪的做法。可能的原因是：(一)根本没有认真的订户，价格的标示没有实在意义；(二)订阅价面对图书馆等公款订户，而零售价则面对自掏腰包的民俗学爱好者。

出过一批专号之后，大约杂志赢得一些订户，从第51期起，订价开始变得合理，因而大字刊出改价启事：零售4分，半年订价1元，全年1元8角。也就是在这一时期，容肇祖在写给张清水的一封信中说：“民俗周刊，非集中的研究，不能促其进步。民俗近来销路颇畅，预定全年的，日见其多。”⑤其中“神的专号”大概颇能满足人的好奇心，更是“销路颇畅，许多人之欲研究神，已不言而喻”。⑥

罗香林1929年9月13日在一篇文章中说：“过去一年多的《民俗》，推销方面似乎

---

① 朱希祖：《恢复民俗周刊的发刊词》，《民俗》周刊111期(1933年3月21日)。

② 《语言历史学研究所预算表》，中山大学语言历史学研究所编印：《国立中山大学语言历史学研究所年报》(即《国立中山大学语言历史学研究所周刊》62—64期合刊，1929年1月16日)，第11—12页。

③ 中山大学语言历史学研究所编印：《国立中山大学语言历史学研究所概览》，1930年1月，第106页。

④ 这种情形很容易理解，因为当时有恒久兴趣于民俗学的同人大多是《民俗》周刊的作者，而作者都能获赠，获赠就没必要订阅。

⑤ 参见张清水致容肇祖信，《民俗》周刊52期(1929年3月20日)。

⑥ 张清水：《韶州的神庙》，《民俗》周刊61、62期合刊(1929年5月29日)。

也不太妙，虽然说每期也可销到一千多份。今年暑假，我因事回粤一次，上下经过南京，上海，杭州，汕头……等地，每到一地，总算曾去逛过一次书铺，旁的杂志，那很容易找，但是《民俗》的踪迹呢，哪里见得到！跑到各大学的图书馆去参观，看得见《民俗》周刊的，却也没有几个。”①销路畅与不畅，大概各人标准不同。总的说来，应是发行量呈上升态势，但始终不大理想。

由于时局动荡不安，邮局的投递屡有遗漏，寄赠的杂志总是无法保证送达被赠人手中。周作人在写给钟敬文的信中说：“蒙赐寄刊物，收到无多，盖因检查颇严，大抵被没取了去也。”②就连民俗学会的代售点开明书店，他们的一个叫Sofio的编辑都很难收齐当时出版的《民俗》周刊：“我这里的《民俗》，多半向友人处索来，有一期，无一期，零零落落，殊为憾事。我把《开明》按期寄去广州民俗编辑部，要求交换，却始终没有得到回音。”③

三、民俗学会小丛书：民俗学的典籍生产

刊行丛书是顾颉刚一直以来的心愿，他说：“我最悲伤的，北京大学自从成立歌谣研究会以来，至今十年，收到的歌谣谚语有二万余首，故事和风俗调查有数千篇，但以经费不充足的缘故，没有印出来。凡是不到北京大学的人便没有看见的机会，有了同没有一样！我因为有了这几次的创痕和怅念，所以到了中山大学之后发起民俗学会，就主张把收到的材料多多刊印，使得中山大学所藏的材料成为学术界中公有的材料。”④

1927年11月8日，语史所周刊发布《民俗学会刊行丛书》的消息：

> 民俗学(Folk-lore)的研究，在外国早已成为一种独立的学科。可是这门学问，在我国尚没有很多人注意到。现顾颉刚、董作宾、钟敬文诸人，因组织民俗学会，专从事于民俗学材料之搜集与探讨。该会为求达到广大搜求与研究的功效，极望国内外的同志，加入该会合作。闻该会已着手编印丛书，计最近付印及将付印者，有下列各种：
>
> 孟姜女故事研究(顾颉刚著作)
>
> 妙峰山(顾颉刚著述)
>
> 东岳庙(顾颉刚等著述)

---

① 罗香林：《关于〈民俗〉的平常话》，《民俗》周刊81期(1929年10月9日)。

② 周作人致钟敬文信，《民俗》周刊13、14期合刊(1928年6月27日)。

③ Sofio致张清水信，《民俗》周刊85期(1929年11月6日)。

④ 顾颉刚：《序》，载谢云声：《闽歌甲集》(中山大学民俗学会小丛书)，1928年7月。

中国歌谣概论（董作宾著）

民间文艺丛话（钟敬文著）

粤讴（刘万章等改编）

河南谜语类编（白启明编辑）

陆安传说集（静闻编述）

狼僮歌谣（刘乾初等翻译）

看见她（董作宾著述）

歌谣论文集（钟敬文编）

畲歌（静闻编辑）①

此时语言历史学研究所尚未正式成立，更未开过什么正式的会议，计划的这12种丛书作者几乎全是顾颉刚、董作宾、钟敬文以及钟敬文的几个朋友。计划的发布不等于要照此行事，其意义更在于抛砖引玉，以激起有志民俗学事业的同人的关注和参与。事实上，第一本面世的民俗学小丛书也不在上述12种之内，而是杨成志、钟敬文合译的《印欧民间故事型式表》，该书于1928年3月3日出版。

语言历史学研究所一直到1928年3月27日才正式召开第一次会议，正式讨论丛书计划。顾颉刚首先在会上提出筹办丛书事，“议决：定名为‘语言历史学丛书’，设总编辑一人，举顾颉刚先生担任之”，下分五类，每类各设编辑若干人，其中“民俗学由何思敬顾颉刚钟敬文诸先生担任之”。②

4月，民俗学会丛书第二批出版，它们是《孟姜女研究集》第一册、《苏粤的婚丧》、《台湾情歌集》。其中《台湾情歌集》也是半路杀出来的，钟敬文说：“当我们的民俗学会正在进行出版丛书之际，而谢云声先生编辑的这部‘台湾情歌集’，恰巧从厦门寄了来。”③

民俗学会很善于在媒体上做宣传，他们不无自豪地在《中山大学日报》上大造声势：“本校民俗学会，自成立以来，各方面的进行，都很努力，对于出版丛书一事，尤为勇猛突进。”④当时的校报、《语言历史学研究所周刊》以及《民俗》周刊，都在连续广告“民俗学会新出三种丛书”：

（一）《孟姜女故事研究集》：此书为本校史学系主任顾颉刚先生所著。顾先生

---

① 《民俗学会刊行丛书》，《国立第一中山大学语言历史学研究所周刊》第2期（1927年11月8日）。

② 中山大学语言历史学研究所编印：《国立中山大学语言历史学研究所概览》，第58页。

③ 钟敬文：《钟序》，载谢云声：《台湾情歌集》（中山大学民俗学会小丛书），1928年4月。

④ 《民俗学会新出三种丛书》，《国立中山大学日报》1928年4月27日第3版。

为当今史学界泰斗，其对于孟姜女故事的探讨，乃他为研究古史工作的一部分，而成绩之佳，不但在中国得到许多学者的钦佩，便是日本许多民族学家史学家及民俗学家，也很为赞许。此集里面，共收其所作长文两篇：A. 孟姜女故事的转变，B. 孟姜女故事研究。书前有顾氏自作序言一篇，叙述其研究此故事的经过，书末有钟敬文先生所作校后附写一文，评论顾氏这个工作的价值及他所以能有此好成绩的原因，诚为现代出版界中一部不很易得的产品。书价极廉，每册只售三角。

(二)《台湾情歌集》：此书为谢云声先生所编辑。共收录有意味的台湾情歌200首，方言俗字，皆加解释。卷首有钟敬文先生所作序文一篇，谈论台湾情歌的性质及价值，末端并牵及歌谣传递问题，颇足以为了解此书之钥匙。每书定价三角。

(三)《苏粤的婚丧》：此书共收入记录苏州及广州婚丧情形文章六，记述者为顾颉刚与刘万章两先生。中国数年来对于民俗学所做的工作，此方面的最为缺乏，这书略可以补此缺憾。每书定价三角。[1]

民俗学会的大批丛书，多是在1928年出版的，其中《吴歌乙集》是引发钟敬文被辞退的导火线。从诸多丛书作者的序言或后记的鸣谢词看，早期的丛书大部分是顾颉刚约的稿。

1929年8月12日，民俗学会核定征求丛书稿件条例，并发出启事：

本会出版丛书，已有30种，绠短汲深，深惧无以副读者之雅望。兹特为提倡民俗学的著作及译述起见，特定丛书投稿条例如下：

1. 研究民俗学而确有心得的著作及外国名著的译述，投稿本会，经本会审查认为合格者，予以金钱的报酬，每千字由一元至五元。受酬后版权永归本会。(本学年内稿费以一千元为限，额满后寄到者，划入下年支取，不愿者仍得索回原件。)
2. 搜集材料的著作，经本会审查认为合格者，初版印一千本，即给回本书五十本。再版时，再与原著者磋商报酬。
3. 投寄之稿，望缮写清楚，并请加新式标点。审查不及格后须退还者，亦望自行声明。
4. 投寄之稿，本会酌量删之，但投稿人不愿他人增删者，可于投稿时豫先声明。
5. 投寄译稿，并请附寄原本。如原本不便附寄，请将原文题目，原著者姓名，出

① 《民俗学会新出三种丛书》，又见同时的《语言历史学研究所周刊》、《民俗》周刊等。

版日期及地点，详细叙明。

6. 投稿者请寄广州国立中山大学语言历史学研究所民俗学会收。[①]

常有人抱怨丛书的错字太多，事实上，丛书排版之后，一般会寄给作者本人校对一次，[②]因而书中的错误，作者本人是有责任的。顾颉刚的《孟姜女故事研究集》是委托夏廷棫校对的，书出以后，错误不少，顾颉刚为此非常生气，在日记中用激烈的言辞表达了不满。

民俗学小丛书面向全社会的征稿活动影响不小，就在丛书刊印停顿之后，还有人不无惋惜地提起这事，"当时本想在中山大学民俗学会出版，后来民俗学会因经费关系无形停顿"，只好交由别处出版。[③]

关于丛书的销售情况，我们没有足够的资料，大约总体上不是很理想。张清水曾经批评说："民俗丛书，已一天天多起来了，内容虽不见怎样好，但总还过得去；不过于印刷，校对，装订……太不注意，销路平常，想只为此。"[④]

但也有销路好的，顾颉刚在中大的一位学生在顾著出版之后曾说："吾师顾颉刚先生把他的《孟姜女故事研究集》发表后，一般人群相赞扬，争与传观。"[⑤]

吴藻汀在厦门出版的《泉州民间传说二集》"自序"中说："第一集蒙顾颉刚先生的介绍，容肇祖先生的审查，居然被采为广州国立中山大学民俗学会的民俗丛书之一，这又使我多么荣幸呀！出版后两三月间，在泉州一隅竟售至千余册，这又使我多么欣慰呀！"[⑥]从这段文字看，第一册销量不错，而新民书社作为民间书社，愿意主动承印"二集"，也当是看到了有利可图。

丛书在北京的销售情况应该也不差，清华大学的罗香林这样描述了他的购书经过："前天在景山书局经过，在广告牌上看见'新到民间文艺丛话'的招徕条告，一时好奇心动，便闯了去询问价钱。小伙计招呼很好，'先生坐罢！四毫钱九扣。中山大学出版的，拿一本罢！'"[⑦]

中山大学民俗学会小丛书前后共发行 39 种，尽管只有少部分著作堪称学术经典，但正是因为这些经典著作的标志性作用，拉升了整个丛书的传世价值，使得"中山大学民俗学会小丛书"作为一个专有名词，具有了整体性的经典意味。

---

① 中山大学语言历史学研究所编印：《国立中山大学语言历史学研究所概览》，第 95 页。

② 参见张清水致容肇祖信，《民俗》周刊 74 期(1929 年 8 月 21 日)。

③ 曹松叶：《自序》，《金华各属谜语》，金华新民书局。该书残缺，出版年月不详。

④ 参见张清水致容肇祖信，《民俗》周刊 74 期(1929 年 8 月 21 日)。

⑤ 黄昌祚：《民俗学杂谈》，《民俗》周刊 114 期(1933 年 4 月 11 日)。

⑥ 吴藻汀：《序》，《泉州民间传说二集》，厦门新民书社，1931 年 6 月。

⑦ 罗香林：《读钟著民间文艺丛话》，《民俗》周刊 29、30 期合刊(1928 年 10 月 17 日)。

四、民俗学会遭遇的出版审查制度

在民俗学会之前，中山大学的出版业务极少，出版部多是承印一些讲义、通知之类。1926年11月，《国立中山大学校报》（周报）创刊；1927年5月9日，《国立中山大学日报》创刊，两报内容重复，大小事务，来稿即登，连是否同意某位学生请假的小事都可公布于报上。所谓出版部，其功能只是印务而已，从学校领导到具体的报纸编辑，大都没有用稿审查的意识。

这一宽松的环境为语言历史学研究所两种刊物及前期丛书的印行带来了不少方便。顾颉刚10月16日与罗常培、钟敬文等人同到傅斯年处，开会商量创办四种刊物。[①]议定之后，无须繁琐的文字方案，似乎也未经学校当局审批，语史所同人即着手付诸实践，并且马上向外发布消息："语言历史学研究所，自开学来即积极筹备，并议定出版周刊及民间文学二种刊物。周刊内容包括语言历史研究及社会风俗调查等项；民间文学内容包括歌谣童话小说及传说故事等项。第一期稿均已付印，不日内即可出版云。"[②]

从1928年5月1日教务主任陈宗南代理校长批复的一份公函可以看出，4月份出版部主任伍叔傥曾经向校长致函要求"设立出版物审查委员会"，该批复同意设立委员会"并以伍主任为主席"，"文理法医农预各科主任与语言历史学研究所图书馆各主任为出版物审查委员会委员"。[③]

1928年5月12日，在出版部主任伍叔傥的主持下，召开了"出版物审查委员会"第一次会议，决定："自本会成立起，各科出版品，及继续出版品，除讲义外，须照本会章程付审查后，方可付印案。"[④]按照这一章程，每一本丛书及每一期刊物都得通过一次校级"出版物审查委员会"审查方可付印。语言历史学研究所各出版物如果严格执行这一章程，在实际操作中恐怕只有死路一条。为此，傅斯年特别提出要额外成立一个"语言历史学研究所刊物审查委员会"，作为学校"出版审查委员会"的一个分会，同时提出以顾颉刚、何思敬、徐信符、商承祚、罗常培、容肇祖、余永梁、黄仲琴、傅斯年九教授为委员。所幸这一提议"照案通过"。

---

① 顾颉刚日记，1927年10月16日。

② 《国立中山大学日报》1927年10月25日第4版。

③ 《中山大学1927—1942各委员会一览表与出版、审计庶务等委员会章程、会议录、人选》，存广东省档案馆，全宗号20，目录号3，案卷号67。

④ 《本校出版物审查委员会第一次会议纪事录》，《国立中山大学日报》1928年5月12日第1—2版。出席本次会议的有沈鹏飞（事务管理处主任）、傅斯年（文科主任）、何思敬（法科主任）、邝嵩龄（预科主任）、杨振声（图书馆主任）、伍叔傥（出版部主任）、古底克（医科主任）等，顾颉刚先生未到会。

接下来，5 月 16 日下午即由傅斯年主持召开了一次语言历史学研究所的“出版审查委员会”，九教授对具体审查工作做了粗略分工：“（一）公推傅斯年，余永梁审查语言历史学研究所稿件负责人。（二）公推顾颉刚，容肇祖审查民俗周刊稿件负责人。（三）公推顾颉刚、何思敬、黄仲琴审查民俗丛书刊印一切事宜。”①

一方面，这一分工可以看作是对学校出版审查委员会的一种敷衍，既无审查细则，亦无实施方案；另一方面，这一分工也是对学校出版审查委员会决议的一种修正，学校会议上通过的是另立语言历史学研究所“刊物”审查委员会，而在研究所九教授的这一分工中，夹带对丛书的审查也做了安排。在委员会的名称上，也做了巧妙修正，学校会议提出的“刊物审查委员会”被修正为“出版审查委员会”，权限明显加大。

会议之后，傅斯年马上将这一修正案上报给校长，5 月 22 日，校长批复下达。《中山大学日报》云：“文科傅主任斯年，拟于语言历史研究所，组织一委员会，专司研究所内出版物审查之责，并拟定九人一事；戴校长亲自主稿函复云，此事可完全照办，且亦甚妥当；惟在全校出版统一上，必须有一统系，以免现时各处出版品绝不相谋之弊；且亦关系全校预算，及整个教育方针，意以出版委员之名，宜定为出版审查委员会；此会之内，宜包含几个专门委员会（原草案定名为分会似不若专门委员会为妥）。”②

戴季陶在这一批复中还是给予了语言历史学研究所出版物较大的独立审查权限，尤其是建议不必使用“分会”这样一个名称。

可就在校长批复的前一天，发生了一件令人不大愉快的事。

顾颉刚在 1928 年 5 月 22 日日记中写道：“孟真见告，谓昨日校中出版审查委员会开会，将研究所已审查之书重行审查，叔傥不肯以《民俗丛书》付议决，思敬至有‘《民俗丛书》将成顾颉刚丛书’之语。予作事太锐，招人之忌，自在意内。”

这里提到的“民俗丛书”即《民间文艺丛话》（钟敬文）、《孟姜女研究集》第三册（顾颉刚）、《吴歌乙集》（王翼之）、《民俗学问题格》（杨成志）、《广州儿歌甲集》（刘万章）等。

顾颉刚采取了两条途径来解决问题。

第一，从行政途径上。他马上给远在浙江的副校长朱家骅写了两封两千余言的长信，把伍叔傥阻止出版的事论了一遍。朱家骅收到信，5 月 31 日分别给顾伍两人回电，表示要继续出版，伍叔傥因此愤而提出辞职（后被挽留）。③ 冲突表面上以顾的胜利而告终。

---

① 《语言历史学研究所“出版审查委员会”第一次会议纪录》，《国立中山大学日报》1928 年 5 月 18 日第 2 版。

② 《戴校长为语言历史学研究所组织出版审查委员会事致文科主任函》，《国立中山大学日报》1928 年 5 月 21 日第 3 版。

③ 顾颉刚日记，1928 年 5 月 31 日。另钟敬文先生回忆（2001 年 8 月 13 日，于北京友谊医院），朱家骅和伍叔傥有连襟关系。

第二，从制度管理上。在上述校长批复的基础上，顾颉刚们的幕后工作我们无从得知，但至少曾在5月28日语言历史学研究所“出版物审查委员会”第二次会议上，顾颉刚和容肇祖两人唱了一出漂亮的双簧。[①]

首先是顾颉刚提议，语言历史学研究所出版物审查委员会既然是根据本校总出版物审查委员会第一次议决案而成立的，所有审查责任就应该由本会来完全负责，因此既经本研究所审查通过的出版物，即无庸再送交学校出版审查委员会复审，以省手续而分责任。这一动议明显是针对学校《出版物审查委员会简章》而提出的，因《简章》第二条规定：“关于各科之出版物，由各科主任组织三人以上之审查委员会审查；经审查认可后，报告本会决之；该委员姓名，亦应同时报告本会。”[②]

接着，容肇祖提议本委员会应该订立自己的《出版物审查委员会细则》，以规定本会的一切进行事宜。摆明是要以《细则》来取代《简章》。

顾颉刚马上提议“举容肇祖君为本委员会‘出版物审查委员会细则’起草人”，并获通过。我们从最终获得校长批准的《国立中山大学语言历史学研究所出版物审查委员会细则》中可以看到，第一条即规定：“本会为本所一切出版物审查机关，有审定应否出版，及出版先后次序之全权。”[③]“全权”两字很关键。

有了常规制度的尚方宝剑，伍叔傥们就更加奈何不了语言历史学研究所的丛书计划了。顾颉刚处理这些事情确实是大刀阔斧，他惟一没有考虑的，也是非常重要的一个问题是：人际关系。这一疏忽直接导致了钟敬文的被辞退。

五、钟敬文成了出版审查制度的牺牲品

从事无巨细的顾颉刚日记中，看不出他作为“审查委员”做过些什么具体审查工作。作为中山大学民俗学运动的主要领导者，他的主要工作集中在资金保障和组织管理上，不停地写信鼓动各方有志民俗事业的人士参与到这一运动中来。何思敬、黄仲琴也只是挂名委员，他们对待民俗学的态度更多的是好奇和观望。从民俗周刊到民俗丛书，具体事务性的工作几乎都由钟敬文包干了，[④]这一点，从后来《吴歌乙集》事件的全部责任

---

① 《语言历史学研究所“出版物审查委员会”第二次会议纪录》，《国立中山大学日报》1928年5月30日第2版。

② 《出版物审查委员会简章》，见《中山大学1927—1942各委员会一览表与出版、审计庶务等委员会章程、会议录、人选》，存广东省档案馆，全宗号20，目录号3，案卷号67。

③ 《国立中山大学语言历史学研究所出版物审查委员会细则》，《国立中山大学语言历史学研究所年报》，第4页。

④ 钟敬文在《民俗学说苑·自序》中提到：“《民俗》周刊从第1期到第24期都由我个人负责编辑（名义上的主编是顾颉刚先生）。在这两个刊物的编辑上，约稿、写稿、审稿、集稿等事务不用说了，连送稿到印刷厂，去会计处取钱付印刷费等事务也都由我负责去做。此外，如民俗学丛书，那最初10多种的付印，也都是我经手的。”（此序收入《雪泥鸿爪——钟敬文自述》，山西人民出版社1997年版，第251页。）

都由钟敬文承担一事也可看出。

二三十年代在中国出版史上是个迅猛发展的时期，各种有碍社会“稳定”的社会思潮、思想方式以及各种小资的生活方式借助出版物的流通获得大流行，这不能不引起国民政府的高度重视。其结果自然是要寻找一个“公众接受”的突破口以介入出版审查和出版物管制。

1928年6月21日的《国立中山大学日报》出现了题为《大学院训令禁止生徒购阅淫猥书报》的通告，内容略云：“迩来内政部，为维持风化起见，有咨请大学院，通饬各校，禁止学生购阅之举，日昨大学院训令到校，略谓：为令遵事，案准内政部咨开，为咨请事，查出版自由，虽为党纲所特许，维持风化，亦为行政之大端，迩来各埠，新出书报杂志，宗旨纯正者固多，而诲淫败俗之出品，亦复充斥市面，据调查所得，上海一隅，此项淫亵小报杂志，已达百种以上，其各种诲淫书册歌曲等小本，更到处皆然，无知青年，私行购阅，堕落日甚，流毒无穷，查刑法内，关于贩制此种文字图画等，均有处罚之规定，亟应依法取缔，函请贵院酌令各校，对于诱惑青年之淫书淫报，猥亵杂志，禁止生徒购阅，以收杜渐防微之效，请烦查核办理等由，查淫猥书报，流毒社会，在青年学子，尤为易受诱惑，诚如内政部所言，亟应通饬各校，一律禁止各学生购阅，以端趋向，而肃学风，除分行外，合行令仰该校长，即便遵照办理。”①

这则通告显然是一条可被那些不满民俗丛书出版的人利用的信息，因为民俗事项的研究总免不了会涉及“性”话题，但当时并未引起民俗学会同人的注意，他们自信自己的工作是“为学术为真理”的，因而无暇顾及这些学术之外的信息。

早在1926年，顾颉刚的《吴歌甲集》刚刚出版的时候，顾就寄了一本给他的同乡王翼之，王受到鼓舞，经一年余而成《吴歌乙集》。1927年5月，王在上海将书稿交给了顾颉刚。②《乙集》先在《民间文艺》周刊连载，由第一期至第三期，后因打算印行“民俗学会小丛书”，《乙集》有幸列入计划，连载也就中止了。

后来的《民俗》周刊以及“民俗学会小丛书”是由钟敬文一人责编的。人手严重不足，编辑工作非常艰苦，但这件事也为顾和钟带来了巨大的声誉，同时也因大量经费的支出而导致许多人的不满。

---

① 《大学院训令禁止生徒购阅淫猥书报》，《国立中山大学日报》1928年6月21日第2版。

② 《甲集》出版于1926年7月，《乙集》张新伯序的时间为1927年7月。时间间隔正好一年。王翼之在《自叙》中说：“我很感谢颉刚先生许我将这书作为吴歌乙集，并且他能抽暇为我作序，和担任校订，发行之劳，这尤其是我铭感难忘的。”而上海张新伯作序时已直称其为《吴歌乙集》。可见顾在7月张伯新序书之前曾抽空读过《乙集》手稿，已允其署为《吴歌乙集》，并曾答应作序。顾颉刚受中大副校长朱家骅委派，1927年5月离粤前往沪浙一带购买大学图书，22日抵沪，直到6月14日离开，答应作序并出版事，应该发生在这段时间。相应的，顾颉刚日记1927年5月31日也有这样一段文字：“八点许到车站（去南京），上特别快车，八点五十分车开。在车看《吴歌乙集》及小报。”

列入6月份出版的《吴歌乙集》，正是曾被5月21日学校出版物审查委员会拒绝交付决议的丛书之一。由于顾颉刚等人的上述努力，丛书计划虽然受到挫折，但最终得以实现。

顾颉刚万万没有想到，暂时的胜利招致了更大的损失。1928年7月4日，学校当局突然通知辞退钟敬文，这一突来横逆，无论对钟敬文个人还是对民俗学运动都是一个不小的打击。顾颉刚在该日日记中写道："敬文为学校所辞，谓是因《吴歌乙集》有秽亵歌谣之故，为戴季陶大不满意。然此等事由我主持，何不辞我耶?"顾颉刚日记此前一直称戴季陶为"戴校长"、"季陶"，此处直呼其名，可见其当时心情之愤怒。

钟敬文的愤慨则带着一种命运的悲怆，他在给朋友的信中写道："这样的时代里，正义的拥有者，永远要吃亏的。你要主张真的学术，你要提倡真的人道，那你最好是预先具备了上十字架去的勇气，否则，这可不是好玩的，你必至于要痛悔着当初何苦来！受到此等待遇，老实说，我觉得自己还大大的不配，但我竟因此获了罪，我倒能觉得泰然。并非我是怎样神勇，——我是个脆弱不过的人，这是用不到讳言的——只在眼里心中，很清楚地看出这是必然的道理而已。"①2001年，时隔70多年后谈起此事，钟先生依然耿耿于怀，斥责戴季陶"假道学"。

其实顾、钟都忽略了一个现实，当时戴季陶虽为中山大学校长，然而由于他身兼国民政府数个要职，长期不理校务，实际主持校政的是副校长朱家骅。从中山大学校史资料上看，朱家骅这段时间在校，而戴季陶反而不在学校，②戴季陶之辞退钟敬文，几无可能是他自己发现"问题"，而后作出决定。最可能的情况是，众"道学"教授发现朱家骅明显站在顾的一边，当他们从《吴歌乙集》中找出所谓的"秽亵歌谣"之后，越过朱家骅，直接将"问题"提呈戴季陶。戴是国民党的理论宣传家，掌管"精神文明"建设，况且还有《大学院训令禁止生徒购阅淫猥书报》的通告在先，他不得不对这一事件作出反应，但是，当时顾在学界的名气如日中天，中山大学正处于"千金买骏骨"的阶段，顾的去留举足轻重，③而钟敬文当时只是以文史科中国语言文学系教务助理员的身分进入中大的，辞退钟敬文是惟一可走的棋。

钟敬文被辞，《民俗》周刊面临夭折的危机，这段时间顾颉刚几乎每天都去找朱家骅副校长，仰朱之力，才渡过难关。

---

① 转引自杨哲：《风雨世纪行——钟敬文传》，华东师范大学出版社1999年版，第96页。

② 据《国立中山大学日报》，戴季陶6月28日曾参加学生毕业典礼，此后直到7月31日始有其消息，该日报纸第2版《戴校长自北平来电》云："戴校长，因公请假北上，瞬将一月，昨自北平来电……"

③ 《戴校长自北平来电》中提到："孟真，颉刚、敬甫诸兄，十万不可离校，现在救国救教育之道，只在大家团结一气，将中大办好……"

分析这一事件，戴季陶越过语史所负责人顾颉刚，直接由学校当局下文辞退顾颉刚手下一名干将，显然是学校出版审查委员会众教授精心策划的一次“报复”行为，戴季陶只不过是众教授借用的一把铡刀。

出版审查制度本身是一面双刃剑。事实上这一制度出台以后，丛书质量确实有了明显改进，但出版数量也因而下降，直接导致影响减弱。[①]

六、中大民俗学会的出版经费

1926 年底至 1927 年初，大批原北大学者之所以去厦大而就中大，最主要的原因是因为当时厦门大学办学经费紧张，研究院濒临关门，许多学有所成的学者被辞退，其余人众也都人心惶惶，而同在南方的中山大学则由于得到国民政府的特别培植，教学科研经费虽不充裕，但相对兄弟大学，总算是好的。朱家骅在 1928 年 10 月 27 日公宴全校教授讲师的讲话中提到：“至于说到经费，中大每月经费 12 万元，除现在中央大学外，总算是第一经费充足的大学。”[②]正是基于这一经济基础，中山大学民俗学会的兴办才具有了可能。

傅斯年 1926 年回国以后，首站即到中大，担任文科主任，很有一番雄心壮志，想把中大的文科研究兴办起来，遂四处招揽人才。

语言历史学研究所是隶属于文科主任之下的系级研究机构，由傅斯年兼任筹办主任，该所仅开办费预算即达 6 万元，[③]这是一个不小的数字，尽管当时的预算多是空头支票。这一预算还不包括出版经费，出版经费归口出版部。中山大学出版部隶属于事务管理处，是系级事务机构。

顾颉刚 1927 年 4 月 17 日抵达广州，几天之后即与傅斯年商议复刊《歌谣》周刊。这一计划是出乎当年预算之外的，顾 4 月 27 日从傅斯年家出来之后，即与钟敬文一起去拜会了中大出版部主任伍叔傥，[④]具体商议此事。

商议的结果是得到伍叔傥支持，随后即由伍叔傥着手申请经费。1927 年 5 月 9 日的《国立中山大学日报》上出现题为《歌谣周刊行将出现》的消息：“本校事务管理处出版

① 关于出版物“质”和“量”的辩证关系，傅斯年与顾颉刚还有过一次不欢的争执，傅斯年以为大学出版物必以质上为先，而顾颉刚以为民俗学正处于发轫阶段，必先以量的积累为前提。这是另话。

② 《本校校长公宴全校教授讲师纪事》，《国立中山大学日报》1928 年 10 月 30 日第 2 版。

③ 《国立中山大学日报》1927 年 5 月 13 日第 4 版有傅斯年的一则声明：“‘顾颉刚教授为赴京购书专员，已领到现款六万元。’此事不确。先是图书馆有搜求大宗中国旧书以备研究材料之议，而文史科将设置之语言历史学研究所，亦有以六万元作开办费之议。惟顾教授现未领到分文，后来分月汇上海北京……”

④ 顾颉刚日记，1927 年 4 月 27 日：“敬文来，同游东山培正，培道数校。访叔傥，谈歌谣会事。出，敬文别去。”

部伍叔傥主任请拨款印歌谣周刊，本校委员会经复函照办，惟须将详细计划预算送核，以便酌定补助办法云。”由此可见，许多后来为难民俗出版物的教授们，初期都曾是民俗学运动的支持者。

顾颉刚在北大主持《歌谣》周刊时，最大的苦恼就是眼看着大量来之不易的民俗材料堆在书库里面，因为没有资金而不能印行，既然中大有这样的条件，他自然是希望能够大量印行民俗类出版物。顾颉刚因为曾经主持《歌谣》周刊，掌握了一批有志民俗事业的学人名单，并与大部分人保持着通信联系；钟敬文也是个勤于通信的人，学术朋友，多书信往来经年而未曾谋面，此时便纷纷去函索稿。

民俗学会初创时期的条件很艰苦，几位创业者的工作完全是兼职和义务的，作者也没有分文稿酬。钟敬文说：“我们对于这个学问的致力，是基于一种心理的兼爱，与余力的奋展。”①

顾颉刚是史学系主任，每星期 7 个课时，②并且主编着《国立第一中山大学语言历史学研究所周刊》，还有大量行政事务；钟敬文是中国语言文学系的教务助理员，兼任附中教员，也是杂务缠身。更令人心酸的是，钟敬文编完了 12 期的《民间文艺》，却连自己的住处都还未能完全解决。③ 1928 年 3 月，顾颉刚曾专此函请学校解决教职员宿舍并拨款创办“民俗学会”，学校的答复是：“略谓开办费二百元，应予照拨；惟教职员旧宿舍，前经拨给图书馆，作扩充阅览室之用……该会如需房舍办公，可先拨附小旧居，中华路之空房房间，以资应用；至周刊编辑，请添委书记一节，现在裁员减政时期，亦未便照拟，一俟校款稍裕，再行酌办云。”④

尽管客观条件艰苦，却没有影响民俗学会的创办者们高昂的学术热情。

1927 年 12 月，广州起义打响，全城大乱，许多不法之徒趁火打劫，对中大的冲击不小，⑤有钱有势的人大都逃离了广州，这在顾氏日记以及中大日报等材料中都有提及，但并没有冲击到中大语史所的工作进程。何思敬在《语言历史学研究所周刊》“风俗研究专号”卷头语中说道：“劫后的广州，出版界除了几种新闻纸及宣传品以外，一切出版物都好像在停顿的状态；在这种时候风俗研究专号之出世总不禁我们有许多感慨。……

---

① 钟敬文：《编后》，《民俗》周刊第 6 期（1928 年 4 月 25 日）。

② 据《国立中山大学日报》1927 年 9 月 24 日第 2 版《文科教员认课表》，顾颉刚每星期授课《中国上古史》4 时，《书经研究》2 时，《目录指南》1 时。

③ 杨哲：《风雨世纪行——钟敬文传》第 92 页也提及此事：“敬文当时在学校附近和老乡一起共租了一间房子。”

④ 《拨款划地创办民俗学会》，《国立中山大学日报》1928 年 3 月 21 日第 3 版。

⑤ 当时许多人因为战火而避离中大，刘万章在他的《广州的旧丧俗》文末写道：“十六年十二月十二日，弹雨火林最烈时，完稿于灵峰寺。”

然而我们感谢几位教授克苦维持其平日的态度从事于向来的研究，劫后仍将其所得编成册子出以问世。”[1]

无论当时的条件如何艰苦，中大的民俗学队伍却难得地处在团结和兴旺的气氛之中。本校文科教师纷纷给钟敬文、余永梁写稿，人力、稿件、出版经费，都得到了一定的保障。可惜的是，这种局面没有维持太长时间。

中山大学办学经费名义上达每月12万元，事实并没有完全兑现，中大1928年3月《呈请大学院补助本校月费大洋壹万五千元》中提到："两年以来，各种设施，需费甚巨，从前纸币，库券，公债流通，月领经费，稍加樽节，尚克支持；惟自中央纸币价格低折，校费所搭发之五成金库券及公债券，其价值几等于零；前存中央银行现款，及库券公债共三十余万，因该行停止支付，不能提取，即能提出，亦不通用，而一月份经费十二万元，又概属纸币及库债等券，虽有款领，亦等于无。”[2]

中山大学1924年新创，到1928年初，建校不到四年，百业待兴，各种硬件设施的建设自然是放在首位的，币价低折之后，首先受到冲击的是出版业务。伍叔傥屡屡在校报上刊发启事，有时是要求教师们核准讲义的份数，为免浪费；有时是要求教师们赶紧把要印的东西拿去印，以免印务工人白拿了工资。《民俗》周刊以及民俗丛书的印行，还算不上学校的当务之急。

顾颉刚是个只顾及做事，不大顾及别人说长道短的人，马不停蹄地大量印行周刊和丛书，这种做事的风格很快受到一些同事的非议。顾颉刚虽有察觉，却不加理会。[3] 大家碍于顾颉刚与傅斯年联合的力量，一时也不便正面阻拦。

傅斯年却是个很注重自己威望和形象的人，他在听到许多人的议论，看过民俗学会的一些出版物之后，对这些书籍的质量和价值也产生了怀疑，并出面干涉。顾傅两人志趣不同，终于导致了1928年4月29日的一场大吵。[4] 有意思的是，顾傅争吵之后没多少天，5月10日就由伍叔傥召开成立了一个"出版物审查委员会"，并由图书馆主任杨振声提出并通过了"各科出版品账单，须由科主任及出版部主任签字后，会计部主任方可付款案"。[5] 当时语言历史学研究所隶属于文科主任，即傅斯年。民俗学会确实也顾及到了学校的困难，尽可能地将出版的成本降至最低，甚至将工作人员辛勤劳动的义务性进行了制度化。由容肇祖起草的中山大学语言历史学研究所出版物《版权及版税暂行

---

① 何思敬：《风俗专号卷头语》，《国立第一中山大学语言历史学研究所周刊》第11、12期合刊（1928年1月16日）。

② 《呈请大学院补助本校月费大洋壹万五千元》，《国立中山大学日报》1928年3月11日第1版。

③ 顾颉刚日记，1928年5月22日："予作事太锐，招人之忌，自在意内，且'忧人发迹自怕穷'，亦一极普通之心理也。人之好善，谁如我乎！"

④ 顾颉刚日记，1928年4月29日。

⑤ 详见《国立中山大学日报》1928年5月12日第1、2版。

细则》云：

> (一)本所所印书籍，暂不予著作者以报酬(无论本院同人与否)。除定期刊物外，俟第一次印书售罄时，由本会酌量给予酬金。
>
> (二)本所所印书籍，为便利学人的研究，未受酬之著作，其版权仍归著作者。再版时必需再得该著作者之允可，方为有效。
>
> (三)版税或稿费之著作，于必要时，由出版审查委员会酌定。但既得版税稿费之著作，版权即归本所。[①]

尽管此一制度留有“酌量给予酬金”的余地，但“本院同人”中无论是顾颉刚钟敬文容肇祖还是其他人，都从未从中领过分文稿酬或劳务酬金。

出版物审查委员会成立之前，《民俗》周刊及民俗丛书印刷款之领取、支付等事务都是由钟敬文负责的，其程序是：填写出版物取款表、语言历史学研究所代主任顾颉刚签字、出版部主任伍叔傥签字、会计部主任处取款、向印刷厂付款。[②]

会议之后，该程序中明显加入了文科主任签字一项，过程更加复杂，审核更加严格。

“出版物审查委员会”开会之后，5月1日马上由傅斯年主持召开了一次“语言历史学研究所‘事务委员会’第一次会议”，杨成志担任记录，通过的议案中，第八条为：“推举杨成志主理语言历史研究所周刊，民俗周刊两出版物签名盖章向会计部领款事宜。”[③]

杨成志取代钟敬文处理款项事务有两种可能：一是为了减轻钟敬文的工作压力，使之能有更多时间从事编辑事务；一是傅斯年已经开始不信任钟敬文，欲另找人取而代之。

不久，钟敬文就被校长戴季陶辞退，杨成志也去了云南。人手不足，经费也受到刁难，民俗学会面临巨大危机，顾颉刚在这段时间几乎每天都去找副校长朱家骅，要求辞去中大各职。朱家骅百般挽留，大约曾经许以继续出版的经费。[④]

于是，顾颉刚于1928年10月29日毫不客气地一天之内“写叔傥两信，为印刷费事”，[⑤]此时的伍叔傥大概已经获悉朱家骅的态度，反应很快，马上在10月31日的一个教务会议上，非常主动地向学校“函请增加部费四百元，专供语言历史研究所周刊及杂

---

① 《国立中山大学语言历史学研究所出版物审查委员会细则》，《国立中山大学语言历史学研究所年报》，第4页。

② 该程序已求证于钟敬文先生(2001年8月17日，于北京友谊医院)。

③ 详见《国立中山大学日报》1928年5月19日第2版；又见《国立中山大学语言历史学研究所年报》，第26页。

④ 顾颉刚1973年7月在日记“1928年5月31日”处进行了补记：“又助予编辑《民俗》周刊之钟敬文，为戴季陶所开除，亦仗朱之力，得继续出版。”

⑤ 顾颉刚日记，1928年10月29日。

志印刷费”，而此类议案一般不在“教务会议”上提出来，所以议决没有结果，“转请校长核办”。[①] 从后来的出版实际来看，当时的印刷费应该是得到了保障。

《民俗》周刊自钟敬文离开之后，几乎全由容肇祖一力支撑。顾颉刚 1929 年 2 月底请假回北平之后，民俗学会的经费来源就开始捉襟见肘了。容肇祖在 1929 年 6 月送请校长审核的《发展民俗学会计划书并经费预算》中大倒苦水：“投稿之士，全本热心，绝没有金钱之报酬，以投其他杂志，则润笔可资，至丛书巨著，本会除送回三五十本外，绝无其他版税或报酬……至外国出版关于民俗及中国民俗之书籍，求之图书馆中，已属寥寥，研究所又无专款购买……购风俗物品虽曾领过数百元，但无一定经费，搜求物品，有限于时地，而应付无从……小小调席，亦需费用，近之如蛋户，如庙诞，如神会，由三数十元，以至百元之费用，有调查则有专号，无调查则无文章。”[②]按容肇祖的预算，每年约需经费 9200 元。

7 月 15 日，朱家骅校长函准“计划书”备案，批准经费每年 2200 元，具体为“风俗物品 500 元，调查费 500 元，丛书稿费 1000 元，购书籍费 200 元”。[③] 这是民俗学会有史以来被批复的最大一笔经费。

7 月份批了，并不意味着马上就有钱用。“事实民俗学会亦只用过支付稿费等项约 2000 余元”。[④] 容肇祖 1930 年 1 月离开中大，经费没人使用，学校就把项目撤了。

容肇祖之后，何思敬主持中大民俗学会的工作，《民俗》周刊在他的任期内中止了发行。

容肇祖在他著名的《我最近于“民俗学”要说的话》中有一段话：“何思敬先生就民俗学组主任通函有云，‘当顾颉刚先生在本大学时，大学当局之扶助民俗学发展，实不遗余力，民俗学之隆盛，实赖此焉。’实为不知民俗学会之情形者。顾颉刚先生在校时，民俗学会除为购买风俗物品得过 200 元之经费外，丛书，周刊之印刷，均由出版部支付，此外则未有其他补助。”[⑤]（按：这段话与事实略有出入，1928 年 12 月，为扩充风俗物品陈列室，校长曾特批风俗物品购置费 400 元。[⑥] 1929 年 6 月，顾颉刚从北京来函，拟购《妙峰山琐记》稿本并印刷费，校长核准照汇大洋 400 元。[⑦]）容肇祖这些话实有所指，他不满意何思敬接任后，《民俗》周刊只支撑了十几期就停刊了。

---

① 详见《国立中山大学日报》1928 年 11 月 2 日第 1 版。

② 中山大学语言历史学研究所编印：《国立中山大学语言历史学研究所概览》，第 86、87、88，92、93 页。

③ 同上。

④ 容肇祖：《我最近对于“民俗学”要说的话》，《民俗》周刊 111 期（1933 年 3 月 21 日）。

⑤ 同上。

⑥ 《国立中山大学语言历史学研究所概览》第 68 页：“校长特给风俗物品购置费四百元，风俗物品陈列室大加扩充。”另顾颉刚 1928 年 11 月 15 日日记“写校长长信（民俗学会经费）”应即此事，此 400 元应算是朱家骅对顾颉刚的一种安抚。

⑦ 中山大学语言历史学研究所编印：《国立中山大学语言历史学研究所概览》，第 92 页。

何在停刊时有一声明："迩来本大学其他各科研究所，亦力事充实，以致不能顾及民俗学之发达，特将该会改为民俗学组，其经费又将划入语言历史研究所项下，此后事业，恐不能无甚影响，故拟略事收缩，以免放漫。但同人等，亦不辞艰困，尽力设法，以副各同好之雅望。"①

容肇祖的意思则是，民俗学会本来就没有经费，当然也就不存在"经费又将划入语言历史研究项下"的问题。事实上，1930年以前，周刊的印刷费用是由出版部支付的，但在容肇祖第一次离开中大之后，出版经费却又划入了语言历史学研究所的预算中，②这在"语言历史学研究所第一次所务会议"记录中可以看出，"民俗学组何思敬先生之计划"云："民俗学组此后之方针或须稍有更变，将印刷费一部分拨作购买参考书籍之用。"③可见印刷费确实已经打入了语言历史学研究所的预算，并由该所支配。何思敬虽然未能为当时的中大民俗学事业做太多的工作，但他的话倒是不假。

七、《民俗》季刊：从民俗学向人类学的转向

1935年冬，杨成志从法国学成回国，担任中山大学研究院秘书，利用其与研究院院长邹鲁关系密切的有利条件，于1936年9月主持恢复已经停刊三年的《民俗》周刊，将其改为季刊，加大了开本。

1936年6月18日，《国立中山大学日报》刊登一则"文科研究所《民俗》复刊号将出版"的消息："中国民俗学运动，由本校民俗学会开其端。该会自民十六年成立以来，曾发刊《民间文艺》12期，《民俗》周刊至123期及民俗丛书数十种。影响所及，如汕头、揭阳、厦门、福州、杭州、鄞县、平湖、北平诸地，均有民俗刊物之出版，诚树立吾国一种新学术研究之好现象。"

但是，当杨成志重举民俗学大旗的时候，当年民俗学会的热心分子早已流散无踪，

---

① 何思敬：《民俗学组通函一则》，《民俗》周刊110期（1930年4月30日）。何思敬的话恐怕也是实情，1930年4月12日语言历史学研究所主任商承祚在"语言历史学研究所第一次所务会议"中说："经费方面，十八年度超过预算之款，已由校长两次核准，作为特别报销。十九年二月份已余剩二百余元，以后望仍不透支，第二次特别报销，因学校经费困难，尚未能支付。"（见《国立中山大学日报》1930年4月17日第2版），因当时商承祚主持考古组，需费甚巨，倘若何思敬不做大的努力为民俗学组争取，恐无经费可用。

② 《国立中山大学日报》1930年5月10日第2版之《校闻》发表中山大学评议会"请中央照新预算拨给本校经费"文，略云："南京　考试院戴校长转呈中央政治会议钧鉴：敝校自奉命改组，即锐意革新，重定规章，增置设备……文理医农诸科研究所，已成立者凡十一处；内而广东全省，外而广西之瑶山，云南之猡猡区域西至片马川边，无不有敝校学术调查队之足迹，凡其地理地质，民俗物产，已撰专书，可资考证者，近数百万言……窃思此种粗具规模，与甫经开始之工作，若依十八年度之实支经费毫洋一百六十二万元之数，实不足维持，更无论于发展……兼之中央纸币低折，与搭发军需库券等，种种影响，益拮据万状。"才过两天，同报第2版称接到"教育部函"，已核定十九年度经费，共150万元，比上一年不增反减。这一来，出版经费的实支就要比预算大大减少，调整资金出口也在情理之中。

③ 详见《国立中山大学日报》1930年4月17日第2版。

即使是早年的中坚人物，此时也已学心不再。原中山大学民俗学会主席容肇祖在收到《民俗》季刊复刊号之后，也以这样的话语来回复杨成志的稿约："奉手教索稿，无任惭愧。弟久已此调不弹，手生荆棘。近来著作，都偏向于中国思想史的一方面。"[①]

在这样一种局势下，杨成志只能重新培养一批新的民俗学生力军。他试图借助西方现成的人类学研究方法，以重振中大民俗学事业，这就造就了以王兴瑞、江应樑为代表的新一辈以人类学为专业的民俗学者成长。

《民俗》季刊刚刚复刊了三期，抗日战争随即爆发，中山大学举校迁往山区。1941 年春，在韶关坪石，杨成志把已经挟笔从戎，做了上校视察专员的钟敬文劝回了中山大学，[②]协助编辑《民俗》季刊。

由于战乱，通讯交通都极为不便，组稿艰难，虽然钟敬文自己的研究倾向一直没有偏离民间文学，但从整个《民俗》季刊的发稿趋势看，人类学的篇章还是占据着绝对的优势。杨成志的学生容观瓊站在人类学的角度，如此总结这一段历史："如果说，开创时期人类学研究更多地结合民俗学活动进行的话，那么，在这一时期则处于人类学，主要是民族学奠基发展、培养专业人才的时期。"[③]杨成志以《民俗》季刊为阵地，培养了大批人类学、民族学的研究生。

由于《民俗》季刊的人类学转向，1941 年，中山大学研究院院长崔载阳在给校长张云的一份报告中要求取消"民俗组"，改设"人类学组"，人类学组下面再设"民族学研究室"。1942 年，文科研究所再次改组，但已"民俗学"不再，同样的人马同样的工作完全由"人类学组"负责。除了《民俗》季刊作为杂志名称还在沿用"民俗"这一曾经辉煌的老字号外，一切校方文件都只剩下"人类学"。

尽管坪石及其附近城镇所用的纸张、铅字都大不如前，但物价却在战争中不断上扬。《民俗》季刊原计划每年 4 期，每期印数 500 份，按 1943 年 2 月下旬的物价估算，其 1943 年的经费预算如下："每期印刷之页数：40 页；每页印刷之约数：84 元；每期全书印费之约数：3360 元；该书刊全年印费：13440 元。"[④]当时正处在抗战时期，市面物价飞涨，几乎每天的纸价都不一样，这些数据也就没有太多的可资比较的意义。

季刊不能按时出版，或刊或停，到 1943 年 12 月止，七年共出八期。

---

① 容肇祖致杨成志信，《民俗》季刊第 1 卷第 2 期（1937 年 1 月 30 日），第 261 页。

② 目前未能找到钟先生入校原始记录，但据《坪石区第一日入学考试情形纪略》（《国立中山大学日报》1941 年 8 月 9 日第 2 版），1941 年 8 月 8、10 日"监试委员"中均有钟敬文之名，可见至迟在 1941 年上半年，钟敬文已经回到中山大学。"1941 年春季"的说法据杨哲《风雨世纪行——钟敬文传》。

③ 容观瓊：《建国前我校人类学研究述略》，中山大学人类学系编：《人类学论文选集》第 3 集，中山大学学报编辑部，1994 年。

④ 见中山大学：《教务处出版组三十二年各书刊印刷费预算表》，存广东省档案馆，全宗号 20，目录号 4，案卷号 1141。

《民俗》季刊1943年停刊的时候，杨成志在中山大学的人类学建设已经相当成熟了，1944年，他被选派到美国作人类学、民族学专题考察与学术访问。1945年，杨成志重返中山大学，随即马不停蹄地开始筹办人类学系，很快获得成功，并担任了中山大学人类学系首任系主任。该系为我国南方各高等院校培养了最早的一批人类学、民族学和民俗学等学科的教学与科研骨干，而中山大学民俗学运动，随着《民俗》季刊的停办，遂不宣而终。

（原载《中山大学学报（社会科学版）》2009年第1期）

“西南研究”与中国边疆学构筑

——以《国立中山大学文学院边疆学系组织计划纲要》为中心的考察

娄贵品

在中国边疆学构筑的学术历程中，“西南研究”具有重要的地位和作用，产生过重要的影响。早期的“西南研究”以国立中山大学为代表，有着较深厚的积累。“抗战”爆发后，国民政府西迁，西南边疆的地位空前提高。为加强西南边疆的研究以适应战时需要，教育部指令中山大学等校设立“边疆科系”。中山大学“西南研究”的代表人物杨成志建议在文学院设立边疆学系，并拟定《国立中山大学文学院边疆学系组织计划纲要》(以下简称《边疆学系组织计划》)，[①]这应该视为中国边疆学构筑的学科源头。遗憾的是，杨先生此后未提及此事，《杨成志人类学民族学文集》、《杨成志文集》均未收录《西南边疆文化建设之三个建议》，[②]大部分学者仍然将1942年吴文藻先生提出的“边政学”视为中国边疆学的学科源头。[③] 本文以杨先生拟定的《边疆学系组织计划》为中心，深入考察“西南研究”与我国高校最早的“边疆学系”筹组，及其与中国边疆学构筑的关系。

一、《边疆学系组织计划》的内容

在《边疆学系组织计划》标题下，杨先生“附注”云：“本纲要曾于本年六月由中大文学院院务会议通过并已由校呈请教部审核。”文末又记：“一九三九，八，三〇”。可知该计划于1939年6月中山大学文学院院务会议之前拟定。杨先生还说：“迁校云南……适奉钧部训令，着设立‘边疆科系’。”中山大学在云南澂江恢复教学的时间为1939年3月1日。[④] 因此，《边疆学系组织计划》拟定的时间在1939年3月至6月之间。《边疆学系组织计划》详述了建立边疆学系的理由与办法，内容详尽完备：

1.理由 当此抗战时期，“边疆问题之严重性”，“关系于我国族复兴之前途更为迫

---

① 杨成志《西南边疆文化建设之三个建议》，《青年中国季刊》创刊号(1939年9月30日)。

② 《杨成志人类学民族学文集》，民族出版社2003年版；《杨成志文集》，中山大学出版社2004年版。

③ 吴文藻：《边政学发凡》，《边政公论》第1卷第5、6期合刊(1942年1月10日)。

④ 黄义祥：《中山大学史稿(1924—1949)》，中山大学出版社1999年版，第319—323页。

切”。而“西南边疆问题之发生，百废固待急举，惟根本之图，莫如本教育为经，立研究为纬，使教育学术与国家建设，打成一片”。根据对环境的观察，西南边疆危机中有三大问题亟待研究：(1)关于开化边民问题，包括文化、教育、社会；(2)关于改进边政问题，包括政府、经济、资源；(3)关于巩固边圉问题，包括史地、外交、国界。概言之，“西南边疆之所以未易建设而成为结症病态者，实固上列三大问题尚未引起彻底认识，欲求解决方案，此教育学术之兼施政策，亟须提倡与实行者也。”中山大学遂有设置边疆学系之计划。

2. 办法 共九个部分，缺第八部分的序号及标题，内容分别为宗旨、组织、经费、课程、研究事业、教授、招生进行和附则。其中，宗旨、课程和研究事业最为重要。边疆学系“以养成边疆各项建设专门人材之干部，并本科学研究精神，从事开发西南边疆自然与人文之学术宝藏为宗旨”。课程包括每学年训练侧重点、科目与学分等。第一学年“注重基础科学”，第二学年“注重技术科学”，第三学年“注重专题研究训练”，第四学年“注重考察与材料收集”。所设科目涉及地理学、人类学、民族学、社会学、生物学、医学、地质学、农学、林学、经济学、政治学、语言学、工艺学、统计学、教育学、心理学、文献学、人口学、宗教学等。研究事业包括田野工作、出版(边疆季刊、边疆丛书、编译边民语文字典或文献)、边疆物品陈列室、联络进行。

二、“西南研究”与我国高校最早的“边疆学系”筹组

“抗战”爆发后，加强边疆研究成为当务之急，“中央当局因一时难于专设边疆研究机构，故在抗战初期便决定以部分的经费，专为补助各大学院设置边疆建设科目及讲座以从事边疆研究工作”。① 中山大学之所以能在短期内拟出《边疆学系组织计划》，与其在“西南研究”中的学术积累有较大关系。1928 年 1 月，中山大学语言历史学研究所成立伊始，就倡议对西南民族进行研究；7 月 4 日，《中山大学语言历史学研究所周刊·西南民族研究专号》出版，刊有多篇关于西南民族的论文；12 月 25 日，顾颉刚和余永梁草拟的《本所计划书》中，“民俗”部分也包括“西南各小民族材料之征集”。② 同年 5 月，中山大学生物系主任辛树帜率队前往广西瑶山作科学考察，对瑶山的历史、语言、民俗也做了深入细致的调查，成果汇编成《瑶山调查专号》。③ 随后，中山大学语言历史学研究所与中央研究院历史语言研究所组成云南民族调查团，派史禄国夫妇、容肇祖、杨成志

① 胡小池：《边疆风光》之附录二“我们的边疆研究与发展”，中兴印刷厂，1979 年，第 235 页。

② 转引自王文宝《中国民俗学发展史》，辽宁大学出版社 1987 年版，第 65 页。

③ 周大鸣、吴 宁：《中山大学人类学系与中国人类学的发展》，《中山大学学报(社会科学版)》2009 年第 6 期。

赴云南作实地考察。1928 年至 1930 年,杨成志深入大小凉山,对滇、川彝族进行调查,后来发表《云南民族调查报告》等著作 20 余种。① 同时,"为挽救国家危亡计,为发扬科学探讨计,为唤醒政府及民众注意西南边疆问题与设施计",②中山大学还于 1932 年成立了"西南研究会",出版专刊《西南研究》。1936 年冬,杨成志带领江应樑、王兴瑞到广东北江调查瑶山瑶族;次年春,又与岭南大学社会经济研究所合组"黎苗考察团",深入海南岛五指山考察。1937 年 9 月至 1938 年 5 月,江应樑又到云南西部腾龙沿边调查傣族。中山大学迁滇时期,杨成志与梁钊韬、王启澎以及生物系的顾铁符等人还对澂江抚仙湖的苗族作过深入考察。③ 诚如杨成志所说:"本大学十余年来对西南边疆问题之研究,素具注意,如研究院文科所对于西南民族之调查,农科研究所对于农村与土壤之考察,两广地质调查所对于地质之探讨,地理与生物两系对边区地势与动植物之检查,前后继续曾刊行不少专门学术之报告。"④基于这样的学术基础,为更好地推进"西南研究",杨先生才建议在中山大学设立边疆学系。这应该是学科意义上的"边疆学"之首次提出,也是中国边疆学构筑的学科源头。

三、"西南研究"与中国边疆学构筑

尽管中山大学筹组边疆学系的计划未能实现,且因辗转迁徙,该校对西南的研究未能持续坚持,但抗战时期"西南研究"的蓬勃发展,仍然为中国边疆学的构筑奠定了坚实的基础。应该说,当今中国边疆学的构筑,是"西南研究"按自身学术发展逻辑演进的结果。抗战爆发后,内地高校及研究机关迁至西南,专家学者云集昆明,"指点江山,尚论边政"。1938 年 10 月,方国瑜先生与凌纯声、徐益棠等在昆明创办《西南边疆》,"由方国瑜主编",⑤"国内同志,渐通声气"。⑥ 该刊成为"抗战时期关于西南边疆历史文化研究方面最有名的刊物之一"。⑦ 江应樑先生评论说:"《西南边疆》是专业性质的大型杂志,登载有关民族学论著和民族调查资料,不仅在国内学术界享有声誉,并引起国际上的重视,至今国外学者还不时有人引用《西南边疆》的材料。"⑧1938 年底,顾颉刚在昆明版

① 杨成志:《我与中山大学人类学系》,载《梁钊韬与人类学》,中山大学出版社 1991 年版,第 135—136 页。
② 《国立中山大学西南研究会成立宣言》,《西南研究》创刊号(1932 年)。
③ 周大鸣、吴 宁:《中山大学人类学系与中国人类学的发展》,《中山大学学报(社会科学版)》2009 年第 6 期。
④ 杨成志:《西南边疆文化建设之三个建议》,《青年中国季刊》创刊号(1939 年 9 月 30 日)。
⑤ 罗致平:《战时中国人类学》,《社会学讯》1946 年第 1 期。
⑥ 徐益棠:《七年来之中国民族学会》,《西南边疆》第 15 期(1942 年 5 月)。
⑦ 丁守和、马 勇等:《抗战时期期刊介绍》,社会科学文献出版社 2009 年版,第 871 页。
⑧ 江应樑:《民族学在云南》,《江应樑民族研究文集》,民族出版社 1992 年版,第 431—432 页。

《益世报》主编“边疆”（周刊），关注边疆民族问题，主要偏重云南，也涉及广西、西康等省，①该刊“在云南学术界历史上，是空前的，影响之深远难以估计”。② 1942年7月，云南大学成立西南文化研究室，方国瑜先生“主其事，筹资编印丛书，先后印成十一种。一时各地以研究边疆问题相号召，多有专著”，③“研究室一时成为西南民族历史文化研究中心”。④ “《西南边疆》杂志和‘西南研究丛书’的出版，是西南边疆研究从滞后走向先进的里程碑，标志着中国西南边疆研究进入一个新的阶段，也标志着西南边疆学学科的形成。”⑤

这一时期，四川的边疆研究组织和刊物骤然增多，仅重庆的相关研究团体就达40多个，多有专刊出版。其中影响较大的有中国边疆问题研究会及其《边疆问题》、新亚细亚学会及其《新亚细亚》、中国边疆学会及其《中国边疆》、中国边政学会及其《边政公论》。在这些研究团体和刊物开展的边疆研究中，西南研究始终是一个重点，且成绩卓著。

综上所述，1939年杨成志先生拟定的《边疆学系组织计划》，是目前所见最早的高校边疆学系筹组计划，应该视为中国边疆学构筑的学科源头。我国高校“边疆学系”筹组，与中山大学“西南研究”的长期积累密切相关。在中国边疆学构筑的学术历程中，“西南研究”具有重要的地位和作用，产生过重要的影响。

（原载《思想战线》2011年第2期）

① 王珺：《从〈益世报〉副刊看抗战时期的边疆民族研究》，《东陆学林》第15辑，云南大学出版社2006年。

② 江应樑：《民族学在云南》，《江应樑民族研究文集》，民族出版社1992年版，第432页。

③ 方国瑜：《自序》，《方国瑜文集》第1辑，云南教育出版社2000年版，第3页。

④ 傅于尧：《学问道德 风范永存——记方国瑜对熊庆来的深切怀念》，《思想战线》1993年第2期。

⑤ 林超民：《花红果硕颂改革——云南大学中国民族史学科建设30年》，《云南大学报》2008年12月4日。

购书与整理：中山大学图书馆的初期发展与问题

殷　开

中国藏书的历史极为久远，自印刷技术改良以后，宋元至明清的藏书事业更为兴盛，特别是清代的藏书、刻书与目录编纂事业已有相当的发展。[①] 近代中国的图书馆和图书馆学则是在西方文化强劲推动下产生与发展的。[②] 甲午战败以后，在官绅各界办学会、设学校、废科举、建藏书楼[③]的倡议下，对开办图书馆的鼓吹开始纷见诸士人言论和报端，图书馆在中国迎来了第一个迅速发展时期，西方图书馆学及图书分类思想的影响亦接踵而至。

1920 年代初文华图书科的创立、图书馆留学人才的纷纷归来和杨昭悊所著《图书馆学》的刊布，标志着中国近代图书馆学的形成。此后以北大国学门成立、"古史辨"运动兴起等为主要标志的学术变迁也蔚为潮流。书籍和图书馆作为知识的载体，对学术变迁的反映或许更为显明，学术分类的变化也会直接或间接地影响图书分类的变化。

国立中山大学图书馆在当时虽起步较晚而发展迅速，新书旧籍的大量累积也将分类与摆放问题的分歧集中呈现。本文拟从 1920 年代末该馆的一次图书购买和整理活动出发，以顾颉刚、杜定友两位学人在此期间的活动和思想为中心，将中山大学图书馆的初期发展置于学术变迁的大背景中进行考察。

顾颉刚受托购书

国立中山大学原名国立广东大学，为孙中山先生晚年手创，与黄埔军校并列为一文

---

① 参见叶昌炽撰，王锷、伏亚鹏点校：《藏书纪事诗》（燕山出版社 1999 年版），王謇著、李希泌点注：《续补藏书纪事诗》（书目文献出版社 1987 年版）和伦明著、雷梦水校补：《辛亥以来藏书纪事诗》（上海古籍出版社 1990 年版）等，研究著作较完备者应为岭南大学图书馆的谭卓垣 1935 年在商务印书馆用英文出版之 *The Development of Chinese Libraries Under The Ching Dynasty*（*1644—1911*），后中译为《清代藏书楼发展史》出版（谭卓垣撰，徐雁译，辽宁人民出版社 1988 年版），此书还很注重考察藏书事业与学术发展的关系。

② 详情见程焕文：《晚清中国人对西方图书馆的考察》（《图书馆学理论与实践》2004 年第 3、4、5 期）和其专著《晚清图书馆学术思想史》（北京图书馆出版社 2004 年版）相关章节。

③ 此时一般仍用旧习的"藏书楼"一词，"图书馆"一词则由日语借用过来。

一武两大举措。由此决定的中大就不仅是一般意义上的大学，它在孙中山和国民党的设计中更扮演着为国民革命输送人才和承担国民政府文化建设的重要角色。改名和改制[①]之后，学校的各项建设也随即展开，以朱家骅为首的校务委员会向当时的国民党广州政治分会提出了一个庞大的图书馆扩充计划，其说明为：

> 立国天地间，必保持其文献，非但供行政之参考，亦以资学问之研讨也。不幸中国政府及私家自来不注意于史料之搜集与保存，凡一时以为不需用者，及与学术界之正统思想不密合者，举付一炬。遂至三千年来，仅有畸形之史，而失去若干万件正确之史料，思之痛心。国立中山大学图书馆有见及此，设立社会文化、中国革命历年出版物收藏部及中国近代外交史史料部，广收近代材料以供众览，唤起其革命工作之责任心。至于过去历史及民间材料，虽似与现代政治无直接关系，而欲解社会现象之积因，及国民思想之症结，此等文件实占有重要之地位，不得不由若干专家精专之研究，以完成根本之革命事业。故国立中山大学，对于旧书旧档及家谱民族等，一律收集……总之，广东为革命策源地，国立中山大学为广东最高学府，其所担负之国民革命任务特重，然欲完成国民革命之事业，必先对于古今历史有全盘之探瞩而后可于因革取舍之间有确当之处置。此国立中山大学图书馆，所以刻意佚出以前之藏书成法，而征求各种文献材料之故也。[②]

计划所要搜集的材料，主要为：一是通令各属机关和各市乡之社会团体，凡有印刷品及已不需用的文件，均送中山大学永远保存；二是通令各县县长，征集各县居民之家谱、族谱及各民族之材料；三是通令各县政府，用优厚报酬、奖励等办法，鼓励各族各县之旧家大族出售藏书与金石书画；四是通令南洋各领事，尽量搜集华侨和南洋土人之材料。而为了配合此计划，对经费的要求也颇为巨大。[③] 更值得注意的，是这次扩充计划的内容不但包括了所谓"新史学"的种种材料，更强调"国立中山大学为广东最高学府，其所担负之国民革命任务特重"，设立"中国革命历年出版物收藏部及中国近代外交史史料部"，可以视为革命文化建设的重要部分，表现出正在立国开府的国民党对建构新的中国历史的充分重视。该计划经政治分会会议通过并同意付款[④]后得以进行，本文所

---

① 黄义祥：《中山大学史稿（1924—1949）》，中山大学出版社1999年版。

② 朱家骅：《国立中山大学图书馆第一期扩充计划说明书》，1926年12月，中山大学校史文献室藏。

③ 其中：1.建筑费三十万元，第一期十万元；2.建设"孙总理革命纪念"图书收藏部十万元——第一期五万元；3.购置外国文书籍及定期刊物七十万元——第一期二十万元；4.购置中文书籍十万元；5.设立社会文化部二十万元——第一期十万元；6.设立近代外交史史料部十万元——第一期五万元。见《中山大学图书馆扩充经费的提案》，1926年12月，中山大学校史文献室藏。

④ 《本校征集各种图书计划已由政治分会通过》，《国立中山大学校报》第16期（1927年6月20日），第23页。

述的顾颉刚购书和杜定友来粤任职都是在这个背景下发生的。

1927年4月17日，因厦门大学国学研究院风波①而再一次迁徙的顾颉刚来到广州任教中山大学，因鲁迅声言顾若任职我即辞职，中大文学院院长傅斯年则云若不让顾就职自己便辞职。最后朱家骅出做调人，一方面许鲁迅等请假离校，另一方面则派顾颉刚到江浙一带为中大图书馆购书。这本是有些“两败俱伤”的无奈安排，却不啻于给了顾颉刚这样爱书爱材料的史学家一份见面厚礼。值得注意的是，顾颉刚对图书事业的兴趣与其对整体学术的愿景是联系在一起的。早在北京大学学习期间，他就写了《上北京大学图书馆书》的长文，连载在《北京大学日刊》上，开篇就点出当时北大图书馆的分类编目问题：“馆中前编目录仅书名目本数，不列撰人版本诸项，于稽检上甚数困难。今设立书目编订室，观日刊所载日记录，已袪其弊。然尚有可商者，第一图书分类应以科学门目或时代学派上之差异为标准，不当依据前人成法如经史子集之类。其确可自成一类者，虽种数甚少亦应独立，不可汗漫比附以目录之观徒示整齐。”②此中所提的分类标准问题已经可以看出他对整理旧学的初步构想。坐而言不如起而行，也许对“改变了样子的”图书馆仍不满意，也许是自己对整理编目之事本有更大的热情，③他对自己毕业后的去向就曾认为：“我想到我最适宜的事情，便是图书馆。”④为此还“把以前所编的书开列出来”，请罗家伦和胡适帮忙。⑤ 其实，顾颉刚之所以选择图书馆为独立治学的第一步，是大有一番抱负在胸的。新学术风气的感染已让他对旧分类和传统学问有了革新性的看法。在他致罗家伦的信中更明确地说：第一件着手的事业，应是《中国书籍目录》。这目录里头，用学术上的分类分，再用国故上的分类分。我想有了这一部《书目》，才可以成一部《中国文明史》。有了一部完备的《中国文明史》，才可以做“中西学术沟通”的事业——这也是整理国故的具体计划。⑥

因此，此次受托买书的顾颉刚兴奋地向胡适报告：“广州中大经费甚充足而书籍颇

---

① 关于此次风波和顾颉刚与鲁迅的矛盾，学界已有比较详细的讨论。主要的论著有顾潮：《历劫志教终不灰——我的父亲顾颉刚》（华东师范大学出版社1997年），桑兵：《厦门大学国学院风波——鲁迅与现代评论派冲突的余波》（《近代史研究》2000年第5期），汪毅夫：《北京大学学人与厦门大学国学研究院——兼谈鲁迅在厦门的若干史实》（《鲁迅研究月刊》2002年第3期），卢毅：《鲁迅与顾颉刚不睦原因新探》（《晋阳学刊》2007年第2期）等。另新出的《顾颉刚日记》第1册（联经出版公司，2007年）最后有对此事详细的记述和顾本人晚年的补白，可进一步参考。

② 顾颉刚：《上北京大学图书馆书》，《北京大学日刊》，第82—93号（1918年3月4日至16日）。

③ 1918年4月间，顾曾牛刀小试，为校中画法研究会所购画编目，还自认为“分类部次甚有法度”（顾颉刚：《古物陈列所书画忆录及序》，《现代评论》第1卷19至24期，1925年4月25日至5月23日）。

④ 顾颉刚致殷履安（时为顾妻）信（1920年5月30日），转引自顾潮编著：《顾颉刚年谱》，中国社会科学出版社1993年版，第54页。

⑤ 事见罗家伦致胡适信（1920年5月31日），顾颉刚致胡适信（1920年8月11日），转引自顾潮：《历劫终教志不灰——我的父亲顾颉刚》，第60页。

⑥ 顾颉刚致罗家伦信（1920年5月5日），《胡适来往书信选》下册，中华书局1980年版，第519—520页。

少，现派我任购书之事，到京沪收买旧书，九月中仍回粤。这件事是我极高兴做的，因为借此可以收得许多材料。我买书的计划，除普通书外，要收地方志、家谱、档案、科举书、迷信书、唱本、戏本、报纸等。”[①]此信中已透出他搜罗材料的雄心，而《国立广州中山大学购求中国图书计划书》[②]则有更详细的规划，[③]其主要内容为：“以前人看图书是载圣人之道的，读书是要学做圣人，至下也是文人，所以藏书的目的是要劝人取它做道德和文章的。现在我们的目的是在增进知识了，我们要把记载自然界和社会的材料一齐收来。……使得普通人可以得到常识，专门家也可以致力研究。这一个态度的改变，是从恹恹无生气的，和民众不发生关系的图书馆改作活泼泼的，供给许多材料来解决现代发生的各种问题的图书馆的大关键。计划要搜集的图书资料分为十六类：经史子集及丛书、档案、地方志、家族志、社会事件之记载、个人生活之记载、账簿、中国汉族以外各民族之文籍、基督教会出版之书籍及译本书、宗教教义新书、民众文学书、旧医书、教育书、古存简籍、著述稿本、实物之图像”，并对以上各类所包括内容及搜集之必要性作了说明，计划书最后说：“总括我们购书的宗旨，只是‘搜集材料’一句话……即不应只以传统下来之文书及其价值为研究中国语言、历史、民俗等等之范围……使我们的图书馆成为一个有生命的图书馆。”[④]这一计划所体现的精神，真与傅斯年的名言“上穷碧落下黄泉，动手动脚找东西”几无二致，可以视作当时“现代学术”对于史料范围和图书分类的主要观点。当然，买书的计划未必就是分书的类别，顾自己也说：“将来图书馆编目时，应当把通常重视的经史子集和向来鄙视的俗陋猥琐的书一起打通，按其性质置于同一的部类之下才是。”[⑤]但到底按什么性质来分别部类仍然是悬而未决的问题。

5月17日，顾颉刚离开广州，到上海、杭州等地购书，至9月下旬结束。此次购书，历时四月余，“杭州、苏州、上海、绍兴、宁波、嘉兴、南京、松江各地的书估和旧家都纷纷来接洽，使我户限为穿。”[⑥]购书之忙碌也可从日记中得以印证，本年从5月到8月的日记都非常简略，其中出现最多的就是“终日对付书估”、“整理书籍”、“写书目片”等语。[⑦]

---

① 顾颉刚致胡适信(1927年4月28日)，《胡适来往书信选》上册，中华书局1980年版，第432页。

② 此计划先作为“中大图书馆丛书”之一种由国立中山大学图书馆研究会于1927年6月出版，后重刊于《文献》1981年第8辑，文后有顾廷龙的评介《介绍顾颉刚先生撰〈购求中国图书计划书〉——兼述他对图书馆事业的贡献》。

③ 通过他在此段的日记也可看出对《计划书》写作的慎重，具体是：“草《购求图书计划书》二千余言未毕”(1927年4月29日)，“草《购求计划书》毕，共四千言”(4月30日)，“终日改《购书计划书》毕”(5月11日)，“孟真(傅斯年)改《计划书》”(5月12日)，可见此书其实也反映了傅顾二人的共同看法。

④ 顾颉刚：《购求中国图书计划书》，《文献》1981年第8辑，第18—25、25页。

⑤ 同上。

⑥ 顾潮：《顾颉刚年谱》，第143页。

⑦ 1927年5月到8月日记，见《顾颉刚日记》第2册。

他在偷闲中给胡适写信道："书籍已装满四十箱，暂息几天。余书大约尚可装二十余箱。这次买书很痛快，惜无暇翻检耳。"[①]这种"痛快"甚至让他有些不舍，[②]不难想见，一个爱书之人携带巨款（五万余元）去书市如此"奢侈"地"挥霍"，心情应会是何等快意。但问题也并非没有，顾颉刚马上就发现了供需双方在购书观念和选择上的差异："但我与他们之间总觉得有一层隔膜：就是我志在为图书馆购书，他们则只懂得正统派的藏书。他们心目中以为可藏的只有这几部，所以送来的书重复太多，一也；我所要的材料，他们以为不应买，所以不肯（实在也不会）替我去搜集，使得我不能完全达到我的计划，二也。因为这缘故，所买的仍以经史子集为多。其他如杂志，日报，家谱，账簿，日记，公文，职员录……等等，虽是亲到旧家及小书摊上寻得了多少，但仍不能适合原来预定的书目，惟有地方志，是因商务印书馆和外国图书馆的购买，他们已懂得搜求了（二十年前是不知道有这一回事的），所以这一项买到很多。还有医卜星相的书，从前虽不入藏书家的收藏范围，但因有特种人的信仰，这类专家往往有很丰富的收藏范围，所以也居然买到了许多秘本。至于民众文学书，上海滩石印小本的势力遐被全国，我也买了一个全份。碑帖虽无大宗收藏，但旧家总积存着许多，又有专做营业的碑帖铺，所以也觅得了不少。"[③]此种差异，表面上看是双方对各自需求的误解，背后则反映出新旧学术转型中各家（书估们虽然难称为"家"，但他们服务的对象却有很多是"家"）看待书籍和学问眼光的分歧。

无论如何，书是买回来了。据当时的报道："本校教授顾颉刚先生于本年五月赴沪杭苏等处，采购图书，历时五月，宁波、绍兴、浙江、嘉兴各地藏书家，亦均闻风而至，争相售让。总计购得书籍约十二万册，计丛书约一百五十种，地方志约六百种，家谱约五十种，考古学书约二百五十种，近代史料约八百种，民间文艺约五百种，民众迷信约四百种，又碑帖约三万张。约举于下……其他档案如《漕运议》、《清末预算案》，旧报如《时务报》、《昌言报》、《知新报》、《谕折汇存》，及《申报》十五年等……"[④]十二万册书在今日看来可能并非很多，但相较此前的中山大学图书馆"计未改组以前，中文书只有 45706 册，西文书 3799 册"，[⑤]已是呈几倍的增加，而对比于此时其他的国立大学，这个数目更足以傲视群雄（表一）。

---

① 顾颉刚致胡适信（1927 年 7 月 22 日），《胡适来往书信选》上册，第 441—442 页。

② 1927 年 8 月 10 日记："得孟真书，嘱我今日到沪，然今日正购杨见心藏一大批医书，如何可走耶？"顾颉刚：《顾颉刚日记》第 2 册。

③ 顾颉刚：《〈本馆旧书整理部年报专号〉卷头语》，《国立中山大学图书馆周刊》，第 6 卷 1 至 4 合期（1929 年 2 月）。

④ 《学术界消息》，《国立中山大学语言历史学研究所周刊》第 1 卷第 3 期（1927 年 11 月 15 日）。

⑤ 中山大学图书馆出版：《国立中山大学图书馆概览》概述部分，1928 年，中山大学校史文献室藏。

表一 1928年度国立大学图书设备统计表(部分)[①]

大学	图书		
	本国文	外国文	总册数
国立中央大学	87,186	31,219	118,405
国立中山大学	200,384(顾购书后)	21,635	222,019
国立北京大学	150,000	30,000	180,000
国立清华大学	129,878	40,483	170,361
国立浙江大学	16,433	8,651	25,084
国立武汉大学	33,091	3,661	37,652
国立暨南大学	28,579	5,951	34,330
国立劳动大学	14,931	1,764	16,695
国立同济大学		3,709	3,709
国立交通大学	69,204	17,436	86,550

以此为基础,到1936年时,国立中山大学图书馆藏书计有271,862册,在高校图书馆中仅次于私立燕京大学的285,083册和国立清华大学的279,363册。[②]

接下来,如何处置这突然到来的几倍于旧藏的图书,本应成为顾颉刚继续处理的问题,但此时的他已非初涉学界的编目员。从1927年10月起,顾先后担任中山大学历史系教授兼主任,并任《国立中山大学语言历史学研究所周刊》和《图书馆周刊》的编辑,承担"中国上古史"、"书经研究"、"书目指南"课及文史导课(诗经、近三百年思想史),编讲义《中国上古史》、《尚书学》;次年又担任中大语言历史学研究所事务委员会常务委员、出版物审查委员会委员、主编《国立中山大学语言历史学研究所周刊》、《民俗》,还有中大图书馆委员会委员、图书馆中文旧书整理部主任、《图书馆周刊》主编……这一串串头衔的背后,其实是无穷无尽的事务在等待着他,难怪他要抱怨:"功课事务纷至沓来,也没有能做成一篇研究文字……照现在这样做下去,不到五年,我是一个落伍者了,我除了做学阀之外,再没有别的路了。"[③]更要命的是,在1928年春季应蔡元培邀请,与傅斯年、杨振声共同担任中央研究院历史语言研究所常务筹备员,拟定《历史语言研究所组织大纲》及预算表、集刊目、工作计划书的过程中,繁重的工作之外,他还与傅斯年闹翻,[④]最

① 黄福庆:《国立中山大学(1824—1937)》,中央研究院近代史研究所1988年,第152页。

② 陈训慈:《中国之图书馆事业调查》,《图书馆学季刊》,第10卷第4期(1936年12月)。

③ 顾颉刚致胡适信(1928年8月20日),《胡适来往书信选》上册,第531—538页。此信详细叙述了顾在中大不得作学问的痛苦和与傅斯年的矛盾。《胡适来往书信选》将其误排至1929年。

④ 顾颉刚与傅斯年的矛盾,大致上说,既有性格上冲突的因素,也有治学取向上的疑古与重建、学术发展上的普及与提高的分歧。对此详细的分析可参考顾颉刚日记中的相关条目,论文较重要的有杜正胜:《从疑古到重建:傅斯年的史学革命及其与胡适、顾颉刚的关系》(《中国文化》1995年第12期),刘召兴:《傅斯年、顾颉刚中山大学语史所时期矛盾考论》(《云梦学刊》2006年第6期),李扬眉:《学术社群中的两种角色类型——顾颉刚与傅斯年关系发覆》(《清华大学学报》2007年第5期)等。

后不得不退出筹备事宜，可谓元气大伤，到 6 月份便想辞职了。后来虽经挽留答应再待半年，[①]也多把精力放在教授“古代地理研究”、“春秋研究”、“孔子研究”、“中国上古史实习”及“近三百年思想史”等课和民俗调查中，能用在图书馆和旧书整理上的时间精力之少可想而知。而依照《本馆旧书整理部年报专号》[②]所记的整理程序，是在 1928 年 4 月 10 日商定编纂方法和个人分工，[③]正式编目从 16 日开始，到该年年底结束。顾颉刚虽然也和杨振声一同担任了杂书(杂志)类的编目[④]，但应能推知他并无分身之术，难以对此次分类整理工作有很重要的影响。[⑤] 若要详细了解这些，恐怕还要等到杜定友这个角色的出场。

杜定友致力图书分类与整理

杜定友的一生是和近代中国图书馆学的创立发展紧密相连的。他就读于菲律宾大学图书馆学专业，1920 年获得文学学士证书，次年又获教育学、图书馆学两个学士学位，并提前一年获准毕业。1922 年 3 月，杜定友在广州创办“图书馆管理员养成所”，培训全省中学图书馆管理人员，4 月组织“图书馆研究会”并被推举为会长，为国内图书馆学会组织之始。1925 年 4 月，负责筹组全国图书馆协会，响应者 17 省，后得知北京方面也在组织全国性的图书馆协会并已有三省参加，为了避免未成立的图书馆协会出现“南北朝”状态，杜定友邀请北京方面的袁同礼南下上海，共同协商两地筹组工作合并，说服代表取得一致意见，于 4 月 25 日宣布中华图书馆协会正式成立，杜本人被推为执行部副部长，并于次日接待美国图书馆学专家鲍士伟(Dr. Arthur Elmore Bostwick)一行。9 月，他又与章太炎、袁希涛、王云五、朱经农等友人创办国民大学，专设图书馆学系并任主任，后两次在中山大学图书馆任职(1927—1929、1936—1949)。

1927 年 4 月 4 日，杜定友到中山大学图书馆任职教授，此时距其在母校图书馆任职尚不满两年。关于转变的原因，杜定友回忆到：“母校图书馆自 1918 年成立以来，经一班门外汉弄得不成样子，分类编目不知所云。我到职后，大加改革重新布置……竟为校

---

① 顾潮：《顾颉刚年谱》，第 155 页。

② 《中山大学图书馆周刊》，第 6 卷 1、2、3、4 期合刊(1929 年 2 月 1 日)。

③ 《编纂书目会议录》，《中山大学图书馆周刊》，第 1 卷第 3 期(1928 年 4 月 9 日)，第 39—40 页。

④ 顾颉刚在《本部杂志书目跋》(《中山大学图书馆周刊》，第 6 卷 1、2、3、4 期合刊)主要强调的是近代史料的价值和搜集的困难，对图书分类方面没有更多意见。

⑤ 一个侧面的证据是顾本年日记中再无与图书馆事务有关的记载，除了年底为《本馆旧书整理部年报专号》作卷头语外，本年也再无与旧书整理有关的文章。

内的教授所不满……正当彷徨之际，适遇中山大学改制，对图书馆极为重视，图书馆馆长列为三长——教务长、事务长、图书馆馆长——之一，当时，何思源氏任馆长，而以专习经济，不谙图书馆学，经友人之介，聘余返粤，以教授名义，专任馆务。”①杜对图书馆事业的热诚可谓痴心不改，②而改制后的中山大学对图书馆也有了庞大的扩充计划，委托顾颉刚购买的大批书籍也将陆续运到。杜定友的设想，就是要使中大图书馆“渐循图书馆专门学之正轨”，③其实他本人也决心很大：“至是，除本人著作书稿外，其它尽行捐给中大图书馆，决心戒绝藏书之瘾，更坚终身从事图书馆之心……仍本初衷，忠诚服务，并愿终身于此，无不竭尽心力而为之。”④为了用专业的眼光对中大图书馆加以改造，他具体做了如下几事⑤：

一是建立科学的组织管理制度，采用科学的管理方法 重视图书馆的规章制度建设和规范化建设，并都编辑成册，作为资源保存。据现存的《国立第一中山大学图书馆规程》，共有总章 14 条；办事细则共 10 章，149 条：馆务会议规则，10 条，国立中山大学图书馆委员会简章，6 条；阅览规则，10 条；国立中山大学图书馆借贷规则，15 条；参观规则，10 条；支援工作报告条例，15 条；研究会简章，10 条。⑥ 另外各种表册凭证的样式也都有规范，有全馆工作的统计表、阅览人数统计表，各种卡片如分管卡、参考书卡、革命文库卡、原著者卡、校订者卡、著者卡、书名卡、书架卡、购订及登记卡、取书条、图书分类登记表、借书券、杂志登记卡、领款单、购物单等。均汇载在《图书馆十六年度工作报告》和后来出版的《国立中山大学图书馆概览》⑦中。

二是流通、阅览和建设方面 杜定友提出“一切为读者”、“读者第一”的口号，实行阅览室开架制和开架外借。“将新到的中外文图书尽行陈列，自由取阅，阅毕留置台上，由管理员放回台上。实行后每日到馆阅览者达五六百人以上。”⑧另外针对当时买到大量书后馆址一时不够安排的问题，在新馆计划和资金尚未到位的情况下，杜定友还设计建造临时书库，⑨解决了这一问题。

---

① 杜定友：《百城生活》，《图书馆园地》1987 年第 1 期，第 7—8、11 页。

② 后来在其他文章中，杜也把图书馆比作情人，深情讲述与图书馆从相识到结合的过程。杜定友：《我与图书馆：为回国十年纪念而作》，《中华教育界》第 19 卷第 6、7 期（1931 年）。

③ 《本校图书馆消息》，《国立中山大学校报》第 26 期（1927 年 12 月 16 日），第 20 页。

④ 杜定友遗稿、钱亚新等整理：《我与中大〈治书生活〉之七》，《图书馆界》1986 年第 1 期。

⑤ 陈卫红：《著名图书馆学家杜定友先生与广州国立中山大学图书馆》，《图书馆论坛》2002 年第 1 期。本文重在叙述其整理书的部分。

⑥ 中山大学图书馆编：《图书馆十六年度工作报告》，1928 年，中山大学校史文献室藏。

⑦ 中山大学图书馆 1929 年版，中山大学校史文献室藏。

⑧ 中山大学图书馆编：《棠棣集——杜定友先生服务中大图书馆十周年纪念特刊》，1944 年，中山大学校史文献室藏。

⑨ 杜定友：《本馆建筑临时书库计划书》，《中山大学图书馆周刊》，第 1 卷第 2 期（1928 年 3 月 30 日）。

三是扩充图书方面 图书馆最可依赖的资源还是图书本身。而杜定友来之前的情况是:“国立广东大学设图书馆于校本部,供文科,理科,预科师生使用。藏有中文旧书33000册。其中经部158种,史部197种,子部105种,集部261种,丛书80种,中文新书2250部。”[①]这显然不能满足师生求取新知的需要。改组后“自本校正式开学以来不过五个月,计向东西洋各国及国内各大书局藏书家等订购书籍已达十万册之多”,[②]如此极力扩充,再加上顾颉刚到江浙买来的12万多册旧书,已经蔚为可观。而上述扩充计划里的中文新书、外文书和革命文献[③]部分,则具体由杜定友承担。[④]

四是图书整理和分类方面 大量旧书和新书的到来使得接下来的整理工作变成了最大问题,这也是当时聘请杜定友来主持馆务的一个主要原因。所谓“本大学图书馆,自何思源教授接手以来,对于内部,力求改善扩充,以期达到完善之目的。曾草就该馆第一期扩充计划书。……现闻该校一方从事筹集巨款建筑馆舍,一方聘请杜定友专家设计开设”。[⑤] 但确定整理和分类的标准显然并非易事,首先来看整理之前的情况:“本馆中文图书分类法在未改组以前现代新书采用杜威氏十进分类法,线装旧书则由前主任吴康氏根据四库体例参酌实际状况分为总部、经学部、小学部、史学部、地理部、谱录部、诸子部、集部八大类,每类之首冠以十进数字。本馆当改组之初,对于旧有分类方法即拟全部改革。因鉴于国内近时图书馆界之趋势,颇有中西文合并处理之倾向。今将同为中国书籍划分为二,用二种不同之分类方法处理之。似此办法既于近时潮流有所抵背,且于事实上亦多窒碍,此不得不改者一也;至杜威十进分类是否可以适用于中国确是一个问题……此不得不改者二也;至吴康氏之特种分类法,范围既只限于线装书而不能插入现时新书,且四库旧法其不适用于今日亟宜打破早为一般图书界所公认,故此分类方法亦无保存沿用之必要,此不得不改者三也。”[⑥]可见,新书旧书没有统一,中文西文也没有统一,[⑦]杜定

---

① 黄义祥:《中山大学史稿(1929—1949)》,第55页。

② 何思源:《图书馆十六年度工作报告》序言,1928年,中山大学校史文献室藏。

③ 需要指出的是,杜定友虽以图书馆学专家名世,但对政治并非毫无敏感,他来到中大也似有对当时国民革命的认同因素。之前他就发表过《图书馆与国家》(《中华教育界》,第15卷1期,1925年)等文章,整理图书以后更与蒋径三合编《革命文库分类法》(国立中山大学图书馆研究会印,1927年),将革命文献分为孙文主义、中国国民党、党化教育、国民政府、中国革命问题、世界革命问题、反革命问题等几类进行整理。40年代他的集分类法大成著作也以《三民主义中心图书分类法》命名。

④ “A:中文古书顾颉刚担任组织清查,B:中文新书和外文部分杜定友担任组织清查。”《本校图书委员会第一次会议》,《国立中山大学日报》第82号(1927年11月11日)。

⑤ 《本校图书馆扩充计划》,《国立中山大学校报》第9期(1927年4月18日),第8页。

⑥ 《分类概况》,《图书馆十六年度工作报告》,1928年,第12页。

⑦ 事实上,这种新旧、中西不同处理的分类方式在当时国内可以说屡见不鲜,详参《最近各图书馆图书分类之鸟瞰》,蒋元卿:《中国图书分类之沿革》,中华书局1935年版,第259—265页。

友的《世界图书分类法》[1]岂不对症下药，找到了一个绝好的用武之地？

开始时，新书和西书分类尚称顺利。据当时校报记载："……书目改编，查该馆旧有之中西文图书目录，皆不适用。现拟全部重新改编，惟兹事体大，非短时间内所能完成。故先一方面从事编制新目，一方面赶制临时目录。……又该馆图书分类标准，向用杜威氏十进法，及吴康氏之仿十分法，惟此种之分类标准，只能适用于小规模图书馆，至大规模的图书馆，欧美各国大都采用美国国会图书馆分类法……（最后决定）中日文采用杜定友氏之世界图书分类法。"[2]其结果是"今本馆所采用之世界图书分类法虽不能视为完善之作，但其对于新旧各书均能容纳作同一处理是其特长也"，[3]杜氏的分类设想在此处得到了较好的贯彻。而面对顾颉刚买来的大宗旧书，就没有那么便用了，因为杜定友的分类法不管如何"世界主义"，仍然是按照杜威法为蓝本的，里面对中国书特别是传统书并没有指明位置。对于许多传统旧书来说，究竟属于哪种性质就成为一个难题。事实上这也是旧书整理部开始就遇到的问题："本部为分类及编目问题，不知经过几次之讨论，始行决定。就中犹以分类问题，为各人最有讨论之点：有主张采用旧有四库分类者、有主张采用杜威十进分类者，并有主张根据本校现有之书籍，参酌各家之分类，另创一种新分类法者。……最后决定分类大纲依照本馆已用之'世界图书分类法'，至其细目，则由编者自行决定。"[4]而具体担任各项工作的分别是："语言文字学，丁工；经学，罗常培；史学，陈功甫；文学艺术，徐信符、钟敬文、陈德芸、余永梁、夏廷域；地方志，陈锡襄；金石碑帖，黄仲琴；善本目录，马太玄；古物，商承祚；哲学宗教，容肇祖；教育学，蒋径三；科学（自然及应用科学），刘朝阳；社会科学，李一非；丛书，陈钝；杂书，顾颉刚、杨振声。"[5]明显可见，当时从事旧书整理的人员还基本上以传统色彩较浓的学者为主，而且从其后来出版的几种书目来看，"自行决定"之下，分类大纲还是与四库方法有很多类似，没有完全按照杜氏分类法的类目来做。

---

①　留学非律宾时，杜定友已鉴于中国四部法之陈旧和西方分类法之隔膜，开始草拟一种新型分类法。他认为中国人对英文字母不如阿拉伯数字习惯，同时又深喜十进制等级明显、简单灵活，因此仍以杜威十进法为蓝本，结合中国典籍及分类传统，着手自编了一部适用于中国图书馆的新型分类法。1922 年，《世界图书分类法》（广东全省教育委员会印，1922 年）就这样诞生于他的图书馆学演讲中，后来"1923 年解职回沪，重修旧稿。越二年，方得告竣，以公诸世"（上海图书馆协会印，1925 年）。此法将中外新旧图书统一分为十类，如他自己所说："所以命名《世界图书分类法》者，乃欲贯彻世界主义，治世界古今中外之学术图籍于一炉；提倡科学之精神，会通中西文化。故本分类法之惟一主义，即以中西书籍，合并庋藏，而归纳于同一分类之下。"（《图书分类法》，第 45 页）

②　《本校图书馆最近之状况》，《国立中山大学校报》第 14 期（1927 年 5 月 30 日），第 18 页。

③　《分类概况》，《图书馆十六年度工作报告》，1928 年，第 12 页。

④　蒋径三：《旧书整理部一年来办理之经过》，《中山大学图书馆周刊》第 6 卷 1、2、3、4 期合刊（1929 年 2 月 1 日），第 5 页。

⑤　《编纂书目会议录》，《中山大学图书馆周刊》第 1 卷第 3 期（1928 年 4 月 9 日），第 39—40 页。

想法虽然歧义不一,但整理的任务还是基本上顺利完成[①],新编的各类书目也陆续出版(表二)。[②]

表二 图书整理情况

已编者	部数	册数
经学	582	3,938
丛书	80	3,199
类书	99	3,545
年谱	206	1,290
杂类	108	723
教育	192	490
社会科学	1,080	7,175
艺术(含金石字画)	727	2,724
自然科学	195	1,144
应用科学	522	3,131
语言文字	264	1,476
历史	464	5,203
地理	963	9,989
已编者共计	5,482	45,427
未编者	部数	册数
书目	56	349
哲学宗教	1,349	6,487
文学	4,583	25,404
未编者共计	5,988	32,240

到此为止,这次书籍整理活动可以说告一段落。本年出版的《国立中山大学图书馆中日文图书目录》前言中即带有几分自豪的语气:"迨至近世,欧美图书馆学即兴,西学东渐,吾国学者遂亦起而效法。本馆目录,多仿美国。管理排列,则采彼科学之新;辩证检藏,仍参我古学之旧。"[③]但杜定友的"世界图书分类法"也在这过程中被变异地使用了,整理过后的新书和旧书虽然在类目上有所类似,仍然是分别摆放。他本人也由于对前后某些馆长的"不适应",[④]于1929年离开中大图书馆。

① "算至本月(1928年12月)为止,其已编好目录者,为经学、丛书、类书、年谱、杂项、教育、艺术、自然科学、应用科学、社会科学、语言文字学、历史、地理等类。至其已分大类而尚未编目者尚有哲学、宗教、文学等类。"引自蒋径三:《旧书整理部一年来办理之经过》。

② 《本馆新编中文书目十五种》,《国立中山大学图书馆周刊》第7卷第1期(1929年4月16日),第74页。本年也陆续出版了《国立中山大学图书馆新编中文书目》的地理类、中国经籍类、艺术类等。

③ 梁格:《国立中山大学图书馆中日文图书目录》前言,1929年,中山大学校史文献室藏。

④ 据杜定友自己回忆:"未几,何氏(何思源)荣任山东教育厅长,由杨氏振声继任。杨氏为文字学家,訚訚儒者,沉默寡言,蒙他信赖,一切馆务仍交予全权处理,馆员们也通力合作,至感愉快。一年后,杨氏又辞职,改派李太初充任。我二年来偏居'侧室',现在也该'扶正'了。可是学校虽不比政党,但派系之别,壁垒森严。其实朱家骅氏长校,非'北大派',虽工作如何努力,也难占一席。……李氏居然摆正馆长架子,假充内行,事事干涉,故生掣肘……不给我办图书馆,我连饭也不要吃,乃拂袖而去。"(《我与中大》,《治书生活》之七)

结　语

杜定友曾对顾颉刚的《购求中国图书计划书》大加赞赏，并亲自做跋语："一般图书馆藏书不出四库之门，推崇'古文圣道'，这种传统观念极为错误，害人非浅；以往图书馆以藏'书'为重，不重视其他有用之材料，这也是根本错误的。图书馆收藏应以'人类的记载'为范围……非但收藏历代文献，而且对于最琐屑、最新近的材料，尤为特别注意……现代的图书馆，不是一个死的保守机关。他的机能，在运用馆内所藏，以求文化之进步与发现。所以我可说图书馆是'社会的头脑'，'学者的灵魂'。"①

乍看起来，两人对于图书馆事业的意见相当一致。而细一探究即可发现，两人一致之处仅在扩大搜集材料范围这一方面，至于搜集的目的，现代图书馆学训练出身的杜定友就与以治史为业的顾颉刚有不同的意见，具体表现就在他们对"图书分类"目的和手法的不同看法上。杜定友认为，"古来图书卷帙，浩如烟海，繁若列星。苟不分类罗列，则无以致用；纵横杂乱，更难以检阅。此所以业图书馆者，不可不研究分类之法也……惟今日之图书馆在乎致用，以科学为标准则较为适宜。故图书之分类，除取便于陈列之外，必注意于实用。"②实用和便利是他进行图书分类的主要出发点，而上文所述之顾颉刚则抱有以此"整理国故"的宏愿。简单地说，顾颉刚更重"考镜源流"，而杜定友则直认"类例之法，重在辨章学术部次甲乙，使图书典籍按类而归以见学术之范围，各科之关系。考镜源流尤其余事"。③ 前者需要"学者的灵魂"，后者志在"社会的头脑"。杜所谓"重在辨章学术部次甲乙"其实已不是传统四部的那种学术分类方法，而是着眼于图书馆中的实际应用。他关注的也不止于顾所谓四部旧学加谱牒簿记，更着重在处理中西书籍融合的问题。若扩展一下观察的视野，就会发现这种差异绝不仅仅存在于此二人中间。④ 仅以当时图书馆学界的权威刊物《图书馆学季刊》为例，第 1 卷中集中探讨此问题的文章就有近十篇，更勿论其他的各种馆刊、报纸等。另外这一时期关于分类编目问题的著作也大量出版，达到 129 种，⑤当时影响较大的分类法就有杜威法、杜定友法、刘

① 杜定友：《〈购求中国图书计划书〉跋》（国立中山大学图书馆丛书第二种），国立中山大学图书馆研究会，1927 年，第 27—28 页。

② 杜定友：《图书分类法》总论部分。他在结论部分也强调，"分类法之良否，在乎实际上能应用便利与否，而不在门类之多少。……能应实用之分类法，且合于以下条件。一、能将各种同类之图书，聚于一处者；二、能将各类书籍排列成系统者；三、各类书籍有各类之位置，便于检阅者。"（杜定友：《图书分类法》，第 35 页）

③ 杜定友：《类例论》，《图书馆学季刊》第 2 卷第 4 期（1927 年 12 月）。

④ 《图书馆学季刊》第 10 卷第 4 期（1936 年 12 月）。

⑤ 北京图书馆编：《民国时期总书目・文化科学・艺术》，书目文献出版 1994 年版，第 73—77 页。

国钧法、王云五法等若干种。直到抗战前的1936年，总结《图书馆事业十年来之进步》的李小缘在以欣喜的口气列举图书馆建设的各项发展后，面对分类问题仍然只能充满遗憾："分类法之创立，即以分类一端而论，各家信仰主义各自不同，或采四库对于新类加以扩充，或采王云五氏之分类法加以改正，不一而足，方法众多。惟苦莫衷一是……"[①]

可见对图书分类的不同看法，以及由此导致各类学人面对实际问题时的不同做法，均反映出他们对"何书属何学"、"何学有何书"的困惑与争议。中山大学图书馆的初期发展以及随之而来的分类问题，恰是当时学术转型中一个亟待解决而又极难解决的问题之缩影。

（原载《中山大学学报（社会科学版）》2009年第4期）

① 《图书馆学季刊》，第10卷第4期（1936年12月）。

中山大学图书馆馆藏碑帖的整理与保护

程焕文

中山大学图书馆馆藏碑帖总计 3 万余件，上自秦汉，下迄民国初年，大者方广盈丈，小者幅面数寸，遍及历代刻石、摩崖、造像、碑记、墓铭、联语与刻帖，而尤以碑刻最多，绝大部分为原始拓纸和整幅拓本，极少剪裱，偶有装裱，亦为一般托裱，具有重要的实物史料价值、文物考古价值和艺术参考价值，是珍贵的文化学术遗产，向为海内外学术界所关注。然而，因为种种原因，80 多年来，这批珍贵的碑帖一直束之高阁，迄今没有全面的揭示、系统的报道和充分的利用。

一、收藏缘起

中山大学图书馆拥有如此珍贵的大量馆藏碑帖，其收藏并非历年搜寻累积所致，而是 70 多年前仅五个月的辛勤所得，其为功至巨者首推史学大师顾颉刚先生。

1924 年 2 月 9 日，孙中山先后发布训令，将原国立广东高等师范学校、广东公立法科大学、广东公立农业专门学校三校合并，改为国立广东大学，[①]6 月 9 日任命邹鲁为首任校长。1925 年 3 月 12 日，孙中山先生与世长辞。为纪念孙中山先生，国民政府于 1926 年 8 月 17 日发布命令，正式将国立广东大学改名为国立中山大学。

1926 年，中山大学图书馆仅有中文书 45,706 册，西文书 3,799 册，远不能满足教学和研究之需。主持校务的朱家骅先生（1927 年 6 月任副校长）非常重视图书馆的建设，提出了“本校图书馆之最大目的，在为中国南方最大之一刊物保存所”的宏伟发展目标。朱家骅先生一边于 1927 年初专门聘请了杜定友先生来校襄理图书馆，广征人才，增加经费，从事改良编制，扩大规模；[②]一边又亲自上报了一个搜集各种图书的计划，并促使该计划于 1927 年上半年经广州政治分会批准施行。[③] 与此同时，朱家骅先生在 1926 年 8 月

① 孙中山：《给廖仲恺的指令（1924 年 2 月 9 日）》、《给邹鲁的训令（1924 年 2 月 9 日）》，见《孙中山全集》第 9 卷，中华书局 1986 年版，第 452 页。

② 国立中山大学图书馆：《国立中山大学图书馆概览》，广州培英印务公司 1928 年印刷，第 1 页。

③ 《国立中山大学规程》，见《国立中山大学开学纪念册》，国立中山大学出版部 1927 年，第 29 页。

至1927年夏秋之间先后聘来了傅斯年、鲁迅、徐信符、董作宾、顾颉刚等一大批知名学者来校任教。朱家骅先生曾说："文科原无丝毫成绩凭借，现在几乎是个全部的新建设，聘到了几位负时誉的教员，或者可以继北大当年在此一科的趋向和贡献，一年以后，在风气和成绩上，当可以比上当年之有'学海堂'。"①

经傅斯年先生再三邀请，著名史学家、民俗学的开路人顾颉刚先生辞去厦门大学教职，于1927年4月17日到达广州，担任国立中山大学史学系教授。顾颉刚先生与文学系主任兼学校教务主任的鲁迅向来不和，两位先生在厦门大学供职时矛盾已十分尖锐，来到中山大学共事后更是水火不相容，朱家骅先生乃惜才爱才之人，于是，请顾颉刚先生协同著名图书馆学家、中山大学图书馆主任杜定友先生搜购各种书籍并制定国立中山大学购书计划，以尽量避免与鲁迅发生正面冲突。1927年4月30日，顾颉刚先生完成《国立广州中山大学购求图书计划书》，5月16日，学校委派顾颉刚先生赴上海访蔡元培先生和吴稚晖先生，请两位先生担任中山大学委员会委员，同时赴江浙一带搜购图书。

顾颉刚先生认为："中国各地设立图书馆，已有二十余年的历史。但当初开办时，大都以书院改建，而书院的藏书则正统派的气息非常浓重，他们只看见圣道所在的经和羽翼圣道的子史文集，看不见一般人的知识上的需要和一般人生活的最亲切的记载。所以各地的图书馆虽则设立很多，但除了几份新书和报纸之外，差不多和民众不能发生关系，所有的经史子集，不过摆着看样而已。说经史子集足以研究古学罢，这极普通的版子，极门面的几部书，实在说不上供研究的参考。——说得上供研究古学的参考的，只有一个京师图书馆，因为这是内阁大库的藏书，而又加上敦煌发见的卷子，确有许多新材料。你想一个图书馆既以古书为主体，而所藏的书还不够研究古学之用，岂不是太有名而无实了呢？"为了"把各方面的材料都粗粗搜集完备"，顾颉刚先生专门拟订了《国立广州中山大学购求图书计划书》，将经史子集与丛书、档案、地方志、家族志、社会事件之记载、个人生活之记载、账簿、中国汉族以外各民族之文籍、基督教会出版之书籍及译本书、宗教及迷信书、民众文学书、旧艺术书、教育书、古存简集、著述稿本、实物之图像等16类文献列为应购求的图书，并提出了"分为十二期，每期六万元，于十年内完成"的长远规划建议。其时，6万元是一个相当大的数目，但是顾颉刚先生认为："实在说起来，以中国这样大，又这样古的一个国家，用了这些钱来搜集这些材料，只能说过省，不能说过奢。"②

在朱家骅先生批准第一期购书款大洋6万元的大力支持下，顾颉刚先生从1927年

① 《朱家骅启事》，《国立中山大学日报》1928年2月27日增刊。

② 顾颉刚：《卷头语》，《国立中山大学图书馆周刊》第6卷第1—4期合刊（1929年2月），第1—2页。

5月17日离粤,22日到达上海,至10月13日回到广州,前后在江浙一带采购图书约五个月的时间。顾颉刚先生在1928年时曾这样记述其五个月的图书采购情形:"到了江浙之后,努力购书,杭州、苏州、上海、绍兴、宁波、嘉兴、南京、松江各地的书贾和旧家都纷纷来接洽,使我户限为穿。我对于他们的来固然欢迎得很,但我与他们之间总觉得有一层隔膜:就是我志在为图书馆购书,而他们则只懂得正统派的藏书。他们心目中以为可藏的只有这几部,所以送来的书重复太多,一也。我所要的材料,他们以为不应买,所以不肯(实在也不会)替我去搜集,使得我不能完全达到我的计划,二也。因为这缘故,所买的仍以经史子集为多。其他如杂志日报、家谱、账簿、日记、公文、职员录……虽是亲到旧家及小书摊上去寻得了多少,但仍不能适合原来预定的数目,惟有地方志,是因商务印书馆和外国图书馆的收购,他们已懂得搜求了(二十年前是不知道有这一回事的),所以这一项买到很多。还有医卜星相的书,从前虽不入藏书家的收藏范围,但因有特种人的信仰,这类专家往往有很丰富的收藏范围,所以也居然买到了许多秘本。至于民众文学书,上海滩上石印小本的势力遐被全国,我也买了一个全份。碑帖虽无大宗收藏,但旧家总积存着许多,又有专做营业的碑帖铺,所以也觅得了不少。""这样做了五个月(从五月中到十月中),第一期的六万元尚未用完,而学校已连电促归。总计买到的书约有十一万余册,碑帖约有三万张。"①共计花费"大洋五万六千八百七十九元六角零一厘,毫洋七百廿二元"。②

回到广州以后,顾颉刚先生与傅斯年、商承祚、容肇祖、闻宥、沈刚伯、何思敬等共同筹办国立中山大学语言历史学研究所。1928年1月国立中山大学语言历史学研究所正式成立,下设常务委员会和出版物审查委员会,"为研究便利起见",专门设立了民俗学会(1927年11月成立)、考古学会、历史学会、语言学会等四个学会,由此奠定了中山大学的人文社会科学研究基础和学术传统。③

国立中山大学语言历史学研究所成立以后,其所属各学会均以文献与研究资料的调查、收集、整理为主要任务,但是由于各种因素的影响,碑帖的进一步收集工作并无进展。顾颉刚先生曾言:"回到广州之后,为本校功课牵制,不能继续工作。自从共产党暴动之后,本校经费大受打击,亦不容继续购求。所以江浙一带的书肆虽常有信来,告我以某种某种的好书为他们访得了,但我也无法答复。"④尽管如此,顾颉刚先生1928年12月10日仍然在呼吁:"我们酷盼本校仍然依照去年的计划,继续购求大宗书籍,使得中

---

① 顾颉刚:《卷头语》,《国立中山大学图书馆周刊》第6卷第1—4期合刊(1929年2月),第2—3页。

② 顾颉刚:《顾颉刚日记》第2卷,联经出版公司2007年版,第106页。

③ 国立中山大学语言历史学研究所:《国立中山大学语言历史学研究所概览》,1930年,第11页。

④ 顾颉刚:《卷头语》,《国立中山大学图书馆周刊》第6卷第1—4期合刊(1929年2月),第3页。

山大学的图书馆确能成为中国全国的模范图书馆！我们更盼各地的图书馆能够传染了我们的‘铁出藏书家的藏书范围’的风气，把近在手边的材料多多收拾，不要任他烂灭！如果各地图书馆都能给我们同情，中华民国的史料，以及各地方的志书材料，便都不会失去了！”[①]

1928年11月傅斯年先生离校后，顾颉刚先生于11月25日继任国立中山大学语言历史学研究所主任。1929年2月25日，顾颉刚先生请假两个月北行，5月25日又续假两个月，其后离开中山大学。[②] 顾颉刚先生北上以后，商承祚先生代理国立中山大学语言历史学研究所主任，在1929年曾提出“拓全两粤碑碣”，“至他省碑碣亦应尽力购拓之”和“搜罗考古书籍拓本照片”之计划，[③]但是这些计划是否得以实施，以及成就如何，目前尚有待考证。

在1927—1929年间，顾颉刚先生在中山大学任职不足两年时间，但是为中山大学的学科发展和图书馆发展奠定了重要的基础，其所搜得的11万余册图书和3万余张碑帖不仅为中山大学语言历史学研究所准备了丰富的图书资料，而且也极大地丰富了中山大学图书馆的藏书，使中山大学图书馆馆藏在1928年冬迅速达到21.5万册，[④]一跃成为当时国内不多见的藏书丰富的大学图书馆。

二、初期整理

顾颉刚先生所购11万余册图书和3万余张碑帖运抵中山大学后，因“图书馆书库狭小，不敷收藏”，1928年“年假中，语言历史学研究所的房屋初布置好，本校教职员亦较有空间，所以便把这一百二十余板箱的书搬到这个研究所内打开，作第一度的整理。后来又因书籍太多，教职员各为本职冗忙”，[⑤]学校图书馆决定在“语言历史学研究所三楼特设旧书整理部一所（估计房屋一十二间），专为整理是项书籍，并与该所以研究之便利”。[⑥]

这批图书和碑帖的初期整理工作始于1928年1月12日。起初，“除由图书馆调来一二人，及招任二三书记而外，余皆请各科教职员帮同办理。开学后，各科教职员皆回本科，留下者只共三四人，一时人手顿感缺少；加以当时亟想于最短期内整理完竣，所以

① 顾颉刚：《卷头语》，《国立中山大学图书馆周刊》第6卷第1—4期合刊（1929年2月），第3页。
② 国立中山大学语言历史学研究所：《国立中山大学语言历史学研究所概览》，1930年，第11页。
③ 同上。
④ 国立中山大学图书馆：《国立中山大学图书馆概览》，广州培英印务公司1928年印刷，第2页。
⑤ 顾颉刚：《卷头语》，《国立中山大学图书馆周刊》第6卷第1—4期合刊（1929年2月），第3页。
⑥ 蒋径三：《旧书整理部一年来办理之经过》，《国立中山大学图书馆周刊》第6卷第1—4期合刊（1929年2月），第5、5—12、13—14页。

不得不想法增多职员。"学校乃于1928年3月开始招收临时书记13人，加上原有职员，图书馆共计安排了19位职员参加旧书整理部的工作。当时，各类图书的分类与编目整理工作均由中山大学的著名教授和学者担纲，其中"善本书及目录书由马太玄先生担任，丛书经学由陈钝、罗常培二先生担任，哲学及宗教由容肇祖先生担任，教育学由蒋径三担任，社会科学由李一非先生担任，金文拓本及古物由商承祚先生担任，金石书及碑帖由黄仲琴先生担任，自然及应用科学由刘朝阳先生担任，语言文字学由丁山先生担任，文学及一般艺术由徐信符、钟敬文、陈德芸、余永梁、夏廷棫五先生担任，历史由陈功甫先生担任，地理由陈锡襄先生担任，杂书由顾颉刚、杨振声二先生担任"，因此图书的整理工作进展顺利。与此同时，还采用了边整理边开放利用的办法，在语言历史学研究所三楼第十号房设立了参考室，制定了《旧书整理部暂行借阅图书条例》，将初步整理完毕的图书供师生利用。①

当时，碑帖的整理工作主要包括如下两个方面：一是"分别朝代登记于簿，同时装入封套"；二是"分类编目，其手续与书籍同样"。从现存的碑帖封套来看，其正面印有红色框格，框栏内印有"国立中山大学所藏金石文字"朱红字样（另一种为"国立第一中山大学所藏金石文字"字样），同时列有：第×号、名称、时代（×年×月）、所在地（×省×县）、共×张等五个基本著录项目，各著录项目内填写的文字皆为墨色。另外，当时尚有技术员一人担任碑帖之裱装及修理事宜。据统计，当时所藏的碑帖共计33,999张，到1928年底时，已登记者17,618张（其中：南北朝104张、隋唐1,397张、宋1,680张、辽金71张、元464张、明1,455张、清7,921张、民国726张、无年号1,449张，已登记而未分朝代者2,352张，已装裱成本者183册），未登记者16,391张。② 总的来看，在将近一年的时间内，旧书整理部已经完成了图书和碑帖的大部分初步整理工作，所以顾颉刚先生在1928年12月10日说："到现在，整理工作已作成了一大部了，各类书目可逐期在周刊上发表了。"③

根据顾颉刚先生的意见，黄仲琴先生和胡鋆稜先生先后在《国立中山大学图书馆周刊》上发表了如下有关碑帖的提要与目录：

（一）碑帖提要

黄仲琴撰《唐碑提要》。见《国立中山大学图书馆周刊》第1卷第2期（1928年4月2日），第23—26页，共7篇提要。黄仲琴先生识曰："顾颉刚先生，嘱编本校图书馆收藏碑目。限于时间，先从唐代，信手提要，就正读者。若依此排比，详加考订，拟俟异日。

---

① 蒋径三：《旧书整理部一年来办理之经过》，《国立中山大学图书馆周刊》第6卷第1—4期合刊（1929年2月），第5、5—12、13、14页。

② 同上。

③ 顾颉刚：《卷头语》，《国立中山大学图书馆周刊》第6卷第1—4期合刊（1929年2月），第3—4页。

黄仲琴识,一七、三、一。”

黄仲琴撰《唐碑提要(续)》。见《国立中山大学图书馆周刊》第1卷第3期(1928年4月9日),第17—19页,共4篇提要。

黄仲琴撰《唐碑提要(续)》。见《国立中山大学图书馆周刊》第1卷第4期(1928年4月15日),第9—10页,共4篇提要。

黄仲琴撰《唐盐池灵庆神祠颂——唐碑提要之一》。见《国立中山大学图书馆周刊》第1卷第5期(1928年4月22日),第14—16页,仅1篇提要。

黄仲琴撰《唐故朝议郎前行宣州南陵县尉柱国张府君墓志铭》。见《国立中山大学图书馆周刊》第1卷第6期(1928年4月29日),第5—7页,仅1篇提要。

黄仲琴撰《唐马君起供养石浮图碑》。见《国立中山大学图书馆周刊》第2卷第1期(1928年5月6日),第4—5页,仅1篇提要。

黄仲琴撰《跋玉垒山碑》、《跋秦朗碑》。见《国立中山大学图书馆周刊》第3卷第3、4期合刊(1928年7月8日),第7—8页,共2篇提要。

胡鋆稜撰《本部所藏秦汉碑刻提要》。见《国立中山大学图书馆周刊》第7卷第1期合刊(1929年4月16日)第25—27页,共4篇提要。胡鋆稜识曰:“本部旧书整理部所藏碑帖,为数三四万,真赝杂糅,其有关考证者,虽缁摹之本,亦应登录;前已择要刊登,兹复由秦汉续刊,以接端绪。”

胡鋆稜撰《本部所藏秦汉碑刻提要(续前期)》。见《国立中山大学图书馆周刊》第7卷第2期(1929年5月1日),第17—19页,共6篇提要。

胡鋆稜撰《本馆秦汉碑刻提要(续)》。见《国立中山大学图书馆周刊》第7卷第3期(1929年5月16日),第19—21页,共6篇提要。

胡鋆稜撰《本馆所藏碑刻提要(续)》。见《国立中山大学图书馆周刊》第7卷第4期(1929年6月1日),第23—25页,共4篇提要。

胡鋆稜撰《本馆藏碑提要》。见《国立中山大学图书馆周刊》第7卷第6期(1929年7月1日),第1—5页。共4篇提要。

(二)碑帖目录

黄仲琴编《本部所藏碑帖目录》。见《国立中山大学图书馆周刊》第6卷第1—4期合刊(1929年2月1日),第81—100页。黄仲琴识曰:“本部收藏碑刻拓本,因为数过多,限于篇幅,先就汉唐两代,择要刊登,余候续印。”

胡鋆稜编《本馆所藏碑帖目录》。见《国立中山大学图书馆周刊》第7卷第3期(1929年5月16日),第22—33页。胡鋆稜识曰:“本馆旧书整理部所藏碑帖,共有三万三千九百九十九张,其已登记编目者,约占三分之二。兹将已编目者,按时代之先后,陆续登载于下，以供研究金石者之参考。”

胡鋆稜编《本馆所藏碑帖目录(续前)》。见《国立中山大学图书馆周刊》第 7 卷第 4 期(1929 年 6 月 1 日)，第 46—53 页。

《浙东后咫园藏碑目》。见《国立中山大学图书馆周刊》第 7 卷第 6 期(1929 年 7 月 1 日)，第 16—27 页。编者注曰：“此浙江上虞胡氏藏碑，均经拓裱。前年为本校购得，兹先将简目发表于此。”该目录共收录自秦至元“历朝碑志四百二十七种，为上虞胡氏后咫园藏本，大都搜集于六十年前，拓工甚精，内有多种，为初拓本，弥可珍贵”。

此外，因为黄仲琴先生在广州书肆购得十余张四十九石山房石刻，夏廷棫先生亦曾发表过《四十九石山房石刻》一文。见《国立中山大学图书馆周刊》第 7 卷第 4 期(1929 年 6 月 1 日)，第 9—14 页。

从上述有关馆藏碑帖提要与目录的发表情况来看，最初整理中山大学图书馆馆藏碑帖的主要负责人是黄仲琴先生，其后则是胡鋆稜先生。从中山大学图书馆现存的《中山大学馆藏碑帖登记本》(抄写本)来看，虽然当时碑帖的整理工作进展较快，但是，其登记与编目工作尚属初步阶段。由于碑帖整理既是十分复杂细致的工作，又要求整理者具有深厚的文字与史学功底，加上时间仓促、人手有限，所以当时只做了极少数的碑帖提要，而有关碑帖的登记著录则错误不少。例如：胡鋆稜编《本馆所藏碑帖目录(续前)》(《国立中山大学图书馆周刊》第 7 卷第 4 期)之后就贴有一张《本刊特别启事》浮签，该启事曰：“本期所载馆藏碑帖目录，系误将初次登记草稿排印，以致真伪并列，错误杂出，殊深抱歉，除另分别校正外，先此声明。”①

三、流传变化

中山大学创办之初，图书馆馆舍陈旧狭小，远不敷使用，迫不得已，遂将碑帖收藏于语言历史学研究所楼内。顾颉刚曾言：“本校图书馆久有建筑书库之议。将来建筑成功，除语言历史学研究所必须参考的书应仍置所内，设立研究所分馆外，余书当悉数送入图书馆。”②但是，这批碑帖究竟何时“悉数送入图书馆”目前尚不清楚。1935 年出版的《国立中山大学图书馆概览》云：“本馆现有楼舍既为卅年前之建筑物，其不适于今日科学化之图书馆固不待言，而现有之书库尤不合用……且年来书籍增加，尤觉狭小。”③由此可见，当时这批碑帖可能仍然保存在语言历史学研究所。1932 年 2 月，邹鲁先生重

---

① 《本刊特别启事》，《国立中山大学图书馆周刊》第 7 卷第 4 期(1929 年 6 月)，第 53 页。

② 顾颉刚：《卷头语》，《国立中山大学图书馆周刊》第 6 卷第 1—4 期合刊(1929 年 2 月)，第 4 页。

③ 国立中山大学图书馆：《国立中山大学图书馆概览》，1935 年，第 2 页。

任中山大学校长，计划投资30万元于广州石牌新校址建立图书馆，1936年图书馆建筑工程开始启动，1937年“七七事变”发生，中山大学石牌新校第三期工程全部被迫停工。

“七七事变”发生以后，中山大学在1937年8月至1938年6月间曾遭受日机十余次轰炸，投弹50多枚，图书设备损失不少。1938年10月中旬，日军逼近广州，中山大学于10月19—20日奉命分批撤离广州。在仓促撤离之前，学校曾将较为贵重且有价值的图书、仪器约600箱寄存于广州沙面、香港九龙等地。余下的大部分图书则于10月21日晚日军进占广州之时在枪林弹雨中从珠江船载撤离。其后，中山大学辗转迁徙于广东罗定、云南澂江、粤北坪石等地，当时负责中山大学图书转移工作的图书馆主任杜定友先生曾在“广州沦陷后一百三十天”时撰写了一篇《西行痛志》，以记述当时沿途搬迁、流离颠沛的艰难困苦，并注曰“无县人杜定友泣记”。抗战胜利后，中山大学于1945年10月陆续从粤东各地复员广州原石牌校址办学①。在抗战流离颠沛的7年中，中山大学馆藏碑帖的具体迁徙情况目前尚有待进一步考证。

1952年10月21日，中山大学从广州东郊的石牌校址迁入广州南郊康乐村的原岭南大学校址，图书馆馆藏碑帖亦随之迁入康乐园。1953年1月至7月，冼玉清教授曾与梁钊韬教授、刘节教授等整理中山大学文物馆文物，并邀请麦华三先生协助鉴别整理历代碑帖。② 然而，由于目前所见资料的记载不详，且此事已过去半个多世纪，当事人均已仙逝，因此，尚不清楚当时整理历代碑帖的具体情形。其后，由于不断的政治运动和馆舍条件的限制，这批碑帖一直处在封存状态，鲜有利用。1982年图书馆新建筑落成，这批碑帖亦随之移入新馆，存放于善本书库。

四、抢救保护

1990年，赵燕群教授担任中山大学图书馆馆长以后曾数次呼吁抢救这批碑帖，中山大学的一批知名教授亦曾多次联名吁请抢救、保护和整理这批碑帖，但均因种种原因未果。

1998年，笔者继任中山大学图书馆馆长。1999年初笔者从美国返回中山大学正式到职后，旋即初步查看了这批收藏于图书馆善本书库的碑帖，其现状实在不忍卒睹：(1)在历经了70余年的各种恶劣收藏环境及多次搬迁之后，状况较好的碑帖大多绳断套破，次序混乱，且多有磨损糟烂；(2)凡托裱本皆因所用浆料未入防虫药而几乎全部被蛀蚀，破损惨重；(3)原来未经整理者损坏更甚，或氧化酥脆，或霉烂板结，或磨损成渣，皆不堪卒

① 黄义祥：《中山大学史稿(1924—1949)》，中山大学出版社1999年版。

② 黄炳炎、赖达观主编：《冼玉清文集》，中山大学出版社1995年版，第878页。

睹；(4)因管理不善，丢失现象较为严重。据登记本所载，1982年清点时，仅唐代石刻拓本就有70余件查无下落。目睹此状，笔者痛心不已，深感愧对中山大学的历史和先贤前辈，如不及时抢救保护，则实于中国文化学术遗产罪孽深重。

1999年10月，应笔者之请，黄达人校长在到任后的第二个月立即与李萍副校长和许家瑞副校长一起专门来到图书馆视察古籍碑帖之状况。黄达人校长在听取了笔者的汇报和察看了古籍碑帖的收藏情形之后，深感责任重大。当即承诺：(1)尽快筹划中山大学图书馆扩建事宜，以为古籍与碑帖的保存提供优良的馆舍条件；(2)亲自为碑帖的抢救保护和整理工作筹措经费，以完成70余年来历任校长未竟之碑帖整理事业。

2000年，在获得一香港人士拟捐款建设中山大学图书馆珍藏馆的意向后，黄达人校长决定将中山大学图书馆扩建工程正式列入议事日程。2002年，学校决定拨巨款投入图书馆的扩建改造工程。2003年6月，中山大学图书馆扩建改造工程正式启动。2004年9月扩建改造工程竣工，中山大学图书馆的古籍与碑帖保存条件彻底改善。

与此同时，黄达人校长于2000年初为碑帖的抢救整理筹措到了第一笔30万元人民币捐款，于是，中山大学图书馆正式启动了“中山大学图书馆馆藏碑帖抢救整理计划”。2001年，黄达人校长又从美国岭南基金会筹措到12.5万美元(约合100万人民币)捐款，为中山大学图书馆馆藏碑帖的数字化提供了有力的支持。

五、修复整理

中山大学图书馆馆藏碑帖数量可观，但状况恶劣，修复整理甚为困难，加上因为各种原因中山大学图书馆又缺乏碑帖修复整理的专门人才，修复整理更是难上加难。尽管如此，中山大学图书馆仍然迎难而上展开了全面的碑帖修复整理工作：

(一) 延揽人才

修复整理碑帖，人才是关键。在专门人才匮乏的情况下，中山大学图书馆在调配两人专门从事碑帖整理工作的基础上，于2001年选派两人赴上海图书馆学习古籍与碑帖修复技术，于2002年派遣图书馆副馆长林明赴美国得克萨斯大学奥斯汀分校(University of Texas at Austin)图书馆学信息学研究生院古籍保护与保存中心访问进修一年，专攻西文古籍的修复与保护技术，是为我国图书馆界派员赴外国研习古籍修复与保护之开端。从2003年春季起，启动特别程序聘请古籍整理专家、原辽宁省图书馆副馆长韩锡铎先生和古籍修复专家、原上海图书馆古籍修复部副主任潘美娣女士担任中山大学图书馆全职特聘专家，聘请字画装裱技师李景文到馆任职，一边参加图书馆的古籍与碑帖修复整理工作，一边以“传、帮、带”的方式为图书馆培训古籍与碑帖修复整理人才。

2004年,中山大学图书馆总馆改扩建工程竣工后,中山大学图书馆在特藏部设立了专门的古籍修复室。其后,以引进特殊技术人才的方式,先后招聘古籍碑帖修补技工多人,并聘请碑帖鉴定整理专家、原故宫博物院研究员施安昌先生为特聘专家,指导碑帖鉴定整理工作。图书馆先后参与碑帖整理工作者,计有李庆涛、钟稚鸥、丁春华、李卓、王蕾等人,一代新人正在成长。与此同时,积极开展与国际古籍修复与保护界的交流与合作,先后从美国、德国、荷兰等国家的多个古籍修复保护机构聘请多批国际知名的古籍修复与保护专家来中山大学访问讲学,连年免费开办面向全国(包括港澳)为期2周至1个月的各类古籍保存与保护的专业培训班,受训馆员近两百人次,既为中山大学图书馆和全国各地图书馆培养了一批西文古籍修复与保护的专门人才,又开创了我国古籍修复与保护中西结合的先河。因此,中山大学图书馆亦成为我国西文古籍修复与保护的惟一教育培训基地。

(二)清点保管

原有碑帖均装在专用纸封套中,且已按序号捆扎,基本上可依照过去的碑帖登记本(初编草目)进行核对清点。经过数年的努力,现存的已编入初编草目的碑帖和未编入初编草目以及朝代不清者,已大致清点完毕,尚有相当部分不宜触动的碑帖没有清点。清点修复后的碑帖已采用脱酸纸板保护,置于新的碑帖柜中妥善保存。

(三)修复托裱

碑帖之修复需特别小心谨慎,绝不可轻率行事,否则无异于破坏。为此,中山大学图书馆制定了碑帖修复的基本原则:(1)修旧如旧,力图恢复原貌;(2)氧化酥脆与霉烂板结的碑帖暂不修复,待购置专门设备和聘请资深专家后再行修复;(3)有虫蛀、破损或折裂的碑帖先予以修补,然后再进行简单的托裱;(4)整幅的碑帖绝不剪裱。迄今为止,已修复托裱碑帖数千张。

(四)编目整理

鉴于原有的碑帖登记本(初编草目)在碑帖著录上存在着一些问题:一是著录过于简单,如全部拓片均未著录传拓的时代,石刻的出土地点与时代,石刻的撰、书、刻人,石刻的书体、尺寸等;二是有相当错谬,如拓本题名不准确、不统一,复本两录或错成他碑,伪刻当原刻等;三是排序杂乱,难于检索。为此,中山大学图书馆拟订了碑帖整理的基本程序:

(1)对原初编过的碑帖进行清理、排序、清点、列出缺失清单。

(2)对原初编过的碑帖进行鉴定、编目,并重新编列馆藏序号(保留原号作参考)。

(3)对未整理过的碑帖进行清理、鉴定、编目。

(4)在对碑帖初步鉴定的基础上,聘请专家鉴定评级。

根据中国国家图书馆善本部主编的《中国机读目录格式(中文拓片部分)》、《中国文献编目规则(中文拓片部分)》，以及北京大学图书馆金石拓片著录事项，初步拟订了中山大学图书馆石刻拓本著录项目，并制定了专门的“拓本编目工作单”，其著录项目包括：

(1)题名项：包括典藏号、题名。

(2)刻石项：包括刻石年代、藏石地点、书体、责任者、附刻等。

(3)版本项：包括拓本年代、拓片尺寸、拓片数量、现存状况。

(4)附记项：包括版本说明、其他题名、相关记载、印鉴、题记、题签等。

迄今为止，中山大学图书馆按朝代顺序由远及近已经完成多个朝代碑帖的编目任务。

(五) 数字化利用

2000 年 6 月，在北京召开的“中文文献资源共建共享合作会议第一次会议”上曾确定由中国国家图书馆主持“中文拓片数据库”项目，中山大学图书馆曾表示愿意参与此项目的建设工作。2000 年 7 月，中山大学图书馆派员赴北京，参加了中国国家图书馆主办的有 13 家单位参加的“中文古代拓片文献数据库研讨会”。这次研讨会曾拟定了中国大陆方面计划实施的该数据库的收录范围、著录项目、分类方法等。其后，由于诸多原因，该项目未能如愿进行。尽管如此，中山大学图书馆的藏碑帖数字化工作一直没有停止。2003 年，中山大学图书馆购置了近百万元的馆藏碑帖数字化设备，包括：普通平面数字扫描仪 2 台，大幅面数字扫描仪(120cm×200cm)1 台，大幅面真空吸附台(120cm×200cm)1 张等。迄今已扫描馆藏碑帖数千张，碑帖数字化的步伐正在加快，以数字化形式将中山大学图书馆馆藏碑帖全面公之于世已指日可待。

六、编辑出版

2008 年 4 月，国务院公布第一批全国古籍重点保护单位名单，中山大学图书馆成为经国务院批准文化部确定的第一批 51 个全国古籍重点保护单位之一。2009 年 12 月，经文化部批准，中山大学图书馆等 12 家古籍收藏单位被确定为国家级古籍修复中心。中山大学图书馆作为全国高等学校独一无二的国家级古籍修复中心，主要承担高校系统和华南地区古籍修复的组织、策划、指导和实施工作，并与其他国家级古籍修复中心共同承担国家珍贵古籍的修复任务。经过多年的建设，如今中山大学图书馆古籍修复中心的实验室面积达 500 平方米，已经成为集古籍修复、字画装裱、人员培训、科学实验和学术研究为一体，国内一流、具有世界先进水平的古籍修复实验室。

学术乃天下之公器。保存与保护作为我国文化遗产的馆藏碑帖是中山大学图书馆义不容辞的神圣使命，公布与公开作为我国文化遗产的馆藏碑帖是中山大学图书馆的光荣职责。十年前，中山大学图书馆在启动馆藏碑帖修复整理工作时就已经确立了馆藏碑帖整理与利用的基本原则：一边修复整理，一边建立专门的馆藏碑帖网站，逐步将数字化的馆藏碑帖公之于众，并通过与出版社的合作，陆续将中山大学图书馆的馆藏碑帖印刷出版，藏宝于民，嘉惠学林。

自2010年起，中山大学图书馆将以《历代珍稀石刻拓片》为题名，分卷分期陆续出版馆藏碑帖。第一期出版的《历代珍稀石刻拓片》（秦汉魏晋南北朝卷）将是80多年来中山大学图书馆馆藏碑帖的第一次公开，共收录碑帖686种，其中秦5种，汉66种，三国6种，魏晋20种，南北朝589种，刻石年代上起公元前3世纪，下至公元6世纪，涵盖刻石、摩崖、碑记、造像、墓铭、砖铭等多种类型，是研究秦汉三国魏晋南北朝历史和文化的重要一手资料，具有极高的书画艺术价值，其中特别值得记述的有如下三类极为珍贵的碑帖：

其一，珍稀拓本近60种，包括部分稀见拓本和部分具有重要收藏价值的名家钤印拓本。在3.8万余张馆藏拓片中，珍稀拓本及有名家印鉴题记者均不在少数。《历代珍稀石刻拓片》收录了钤有陈介祺[①]"簠斋藏古"、"君子砖馆藏砖"印的拓本9种、顾燮光[②]"鼎梅审定"拓本12种；另有在现有资料下查无记录者31种，对今后石刻及拓片的发掘、整理与修复具有重要参考价值。更值得一提的是，其中还收录了原石已毁于地震的拓本一种和中山大学图书馆藏石拓本2种。中山大学图书馆馆藏石刻，为1928年商承祚先生自北京购买，计20余种。当年运抵学校后雇工精拓，现存碑石多已严重损坏。在这种情况下，这批拓片更显弥足珍贵。

其二，匋斋藏石。清末著名金石学家端方（1861—1911），字午桥，号匋斋，曾任湖北巡抚、两广总督、两江总督等职，是20世纪初最负盛名的收藏家之一，也是私家藏石著录碑文的第一人，著有《匋斋吉金录》、《匋斋藏石记》、《匋斋藏砖记》等金石著作。《匋斋藏石记》44卷，所录均为端方所藏之碑刻、造像记等拓片，始于汉代，止于明代，共600余件，仿《金石萃编》例，录释文于前，后附考订，详载原物之尺度，并附有《匋斋藏瓦记》2卷。端方从政之余，醉心于碑帖收藏，曾言："余少嗜此业，自为京朝官及杖节方州，盖尝物色，夐求自诡，以实验为准，因此金石之新出者争以归余，其旧者藏于世家右族，余亦次第搜罗，得之既以吉金影摹付印，复取藏石略及若干。""余每有一墨本，即有一石，非所藏者不入，为此例既开，后必有继之者，然亦非好而有力不能得此，余既得此，时取打

---

① 陈介祺（1813—1884），字寿卿，号簠斋，金石家，潍县（今潍城区）城里人，好藏古物，长于墨拓，工古文字学，簠斋收藏之富，鉴别之精，时人称甲于天下。

② 顾燮光（1875—1949），字鼎梅，号崇堪，浙江会稽人，博雅好古，擅书法，曾访得古人未著录的自汉迄元碑刻700余种，著有《梦碧簃石言》、《河朔新碑目》、《刘熊碑考》、《两浙金石别录》、《袁州石刻记》、《古志汇目》、《比干庙碑录》、《伊阙造像目》等著作。

本与原石较其点画以为至乐。庄生云：'得鱼而忘筌，得兔而忘蹄。'余尚未能遽忘蹄筌，姑图鱼兔之形出以饷世。读者必欲按图索骥，则余举石以对，亦汉人实事求是之学也。"[①]由此可见，端方收藏与考证碑帖之严谨精当。1911年9月，端方逝后，碑帖除少部分可知下落或损毁者，大部分已下落不明。有鉴于此，匋斋藏石拓片对于寻找这批藏石和相关研究颇为重要。这些拓片多零散分布于各藏馆与个人处，大量收藏者可谓凤毛麟角，中山大学图书馆即是少数几个大量收藏此类碑帖的单位之一。《历代珍稀石刻拓片》(秦汉魏晋南北朝卷)共收录《匋斋藏石记》所载藏石的拓片110种，约占《匋斋藏石记》的1/6。这部分拓片以造像最多最精，墓志、碑石次之，内容包括释道造像、墓志、神道碑等等，具有重要的宗教、艺术、文化等价值；其拓工之精良，图像之精美，内容之广阔，非一般造像拓片可比。如《法义兄弟等二百人造像碑》，拓片纵近一米半，宽近一米，碑石上锐中阔下狭，略作椭圆形；线刻佛像画，人物众多，图像复杂，可谓上佳之品。其中亦不乏较匋斋藏石拓本时间更早的拓片，可与匋斋藏石互校，以补错谬。如《乐天佑廿人等造塔记》，《匋斋藏石记》记为《乐天佑等造塔记残石》与《张畅之等造像姓名残记》两石，中山大学图书馆馆藏拓本为同一造像，中间有裂痕，据此可判断《匋斋藏石记》所记两石实为一石，后断裂为二。

其三，龙门石刻。洛阳龙门石窟始凿于北魏孝文帝时，经东魏、西魏、北齐、北周、隋、唐、北宋诸朝，历时数百年，与敦煌莫高窟、大同云冈石窟、甘肃天水麦积山石窟并称为中国四大石刻艺术宝库，因其造像记、碑刻题记数量之多位居中国各大石窟之首，素有"古碑林"之盛誉，其中从北魏造像记中精选出来的"龙门二十品"，不仅具有重要的史料价值，而且是魏碑体的典范。康有为在所著《广艺舟双楫》卷4《十六宗》中即认为"魏碑无不佳者，虽穷乡儿女造像，而骨血峻宕，拙厚中皆有异态，构字亦紧密非常"，并称赞魏碑有十美："一曰魄力雄强，二曰气象浑穆，三曰笔法跳越，四曰点画峻厚，五曰意态奇逸，六曰精神飞动，七曰兴趣酣足，八曰骨法洞达，九曰结构天成，十曰血肉丰美。"[②]《历代珍稀石刻拓片》收录的167种龙门石刻，多为北魏造像记(126种)，包含了"龙门二十品"中的十五品，乃北魏书法艺术之极品。

中山大学图书馆整理的《历代珍稀石刻拓片》将采用精制宣纸单面印刷，并置之于纸袋和函匣之中，古香古色，既不失碑帖原貌之神韵，亦颇有益于收藏者鉴赏和传世，大可公诸同好，嘉惠学林。

(原载《中山大学学报(社会科学版)》2010年第6期)

---

① 端方：《匋斋藏石记序》，《匋斋藏石记》44卷附藏砖记2卷，商务印书馆1909年印行。

② 康有为著、崔尔平校注：《广艺舟双楫注》(详注插图本)，上海书画出版社2006年版，第1页。

民国时期中山大学文科刊物述要

黄增章

中山大学从建校至1949年中华人民共和国成立前，共出版了各类刊物百余种，绝大部分为学术性刊物，其中属于文科的近40种，它们与其他学术著作一起，反映了中山大学的学术状况，代表了当时华南学术界的水平，在全国也占有重要的地位。中大刊物约有两个繁荣的时期：一是1927年前后，由于北方军阀混战，广东成为革命策源地，许多著名学者纷纷南下，国内外学者及学成返国的留学生来到中大的也不少，人才鼎盛，学术繁荣，一批影响较大的刊物便在这期间问世。二是30年代中期，日本侵华使北方局势动荡，学者再度南流；另外，当时中大的教学与研究环境也相对安定，使原有的刊物得以发展，新刊物亦相继问世。

以下，就笔者所接触到的民国时期中大文科刊物，择其要者，按系、科分类加以介绍。

《民俗》(周刊)　1928年1月成立的语言历史学研究所是当时较有成绩的研究所。《民俗》周刊是该所民俗学会编辑的重要刊物。它的前身是1927年1月发刊的《民间文艺》，次年初改名为《民俗》。主要编辑者为钟敬文、容肇祖、刘万章等。1933年6月，该刊在出版了123期后一度停刊。1936年9月复刊，由杨成志主编，改为不定期，至1943年底，又出了2卷8期。该刊主要收载流传于民间的故事、传说、谜语、谚语、歌谣以及各民族的社会习俗风尚，刊登对这些搜集得来的材料和史籍中的民俗的资料的研究文章。为了使资料和研究系统化，它还出过不少专号，如：探讨清明节起源、记述各地清明习俗和祭祀活动的“清明专号”；对各地有关祝英台的不同传说、戏曲、方志等文献中有关资料进行研究的“祝英台故事专号”，对瑶族人民的经济、信仰、住居及其各种文化活动进行实地考察的“广东北江瑶人调查报告专号”等。《民俗》周刊在解放前我国的民俗刊物中占有首屈一指的地位。当时的评论说：“我国的民俗运动，发轫于民七之北大，而成长于民十六至十九，及民廿二之广州中大，就当时参加学者之踊跃，出版物之丰多，以及应时而起遍布各地之民俗团体观之，可谓极一时之盛矣。”(《大公报》科学周刊第4期)《民俗》周刊在其刊行的十几年中，对本门学科的宣传、普及和发展起了重要作用，并促进了一批青年民俗工作者的成长。许多文献中没有的或很少提到的民俗资料被发掘出来，在《民俗》周刊面世，“其中有不少不但对于我国民俗学来说是相当重要的，而且对于许多世界性学术的原始社会文化史、人类学、民间文艺学及民族心理学等都提供了一定的参考材料，有的还是一种极珍贵的材料。”（钟敬文：《重印〈民俗〉周刊序》）该刊的不足之处是：由于倡导者多为文学家或史学家，缺乏民俗学、社会学方面的理论基础，因而理论文章不多，深度不足；许多青年作者未经专业训练，因而收录的材料琐碎，科学性也不够强。尽管如此，该刊在民俗学中的重要地位仍是国内外学者所一致公认的。1983年上海书店将该刊影印重新出版。

《语言历史学研究所周刊》 1927年11月创刊，至1930年5月共出了132期。编辑撰述者早期以傅斯年、顾颉刚、容肇祖、商承祚、黄仲琴、余永梁等人为主干，傅、顾北上后，由商承祚、杨筠如、刘朝阳、魏应麟、夏廷棫、杨成志等相继担纲。当年该刊在学术界的影响，除了《中央研究院历史语言研究所集刊》、北大的《国学季刊》外，其它刊物难与比肩；同学科杂志中能连续出版百多期的，大概仅此一家。该刊每期文章仅三、五篇，执笔者大都是在语言或历史学方面有较深造诣，在学术界有影响的名家。校外的一些著名学者如王国维、林语堂、陈寅恪也曾为之撰稿。所载文章可以粗分为几类，以历史类数量最大，尤以先秦部分最为突出。大量的古代社会人物及古籍的研究成果，如傅斯年的孔子研究、顾颉刚的盘庚研究、杨筠如的《尚书》考证、程璟的殷商社会研究，以及余永梁、黄仲琴等人的许多著述的发表，使该刊在先秦史籍研究方面占有权威地位。相对说来，隋唐以后的历史研究较少，仅黄仲琴、马太玄的明史研究，夏廷棫的五代史研究，黄仲琴、魏应麒的闽史研究等有代表性。该刊另一令人瞩目的领域是民族调查和研究，“云南民族研究专号”、广西“瑶山调查专号”、《云南民族调查报告》便是实地调查的丰硕成果。其中任国荣、石声汉、辛树帜等人对广西瑶族调查了两个多月，收集了大量的风俗物品及照片等，在调查报告中记述了耳闻目睹的瑶族社会生活、宗教信仰等状况，纠正了一些史料中对瑶族人民的不正确或歪曲的描述。调查报告中影响最大的是杨成志的《云南民族调查报告》。杨氏孤身深入川滇边界的巴布凉山，进行了一年多的考察，收集了大量民族、民俗、民间文艺、历史等资料，此举被誉为“开滇省民族调查及民间文艺征求之先声”。语言文字方面的文章也占有较大比重，其中主要是对古文字的诠释考证，如闻宥的甲骨文研究，商承祚的金石考证，何定生的古文法研究，以及丁山、罗常培的音韵学研究等。“方言专号”刊出的一组文章对闽、潮、粤、客等方言的来源、语音及与标准国音的比较等进行了研究和探索；“史记天官之书研究”、“天文学史专号”两个专号，则是我国年代学权威刘朝阳先生的力作。当然，该刊亦有其缺陷，主要是过于偏重古代，上古史、古文字、古音韵、古文法方面的内容统治全刊，现代学术的内容甚少，未免有重古轻今之憾。

《文史学研究所月刊》 1930年前后，语史所许多著名学者相继离开中大，周刊维持不下去，只好停刊。不久语史所改为文史研究所(后改为研究院文科研究所)。1933年开始编辑《文史学研究所月刊》，至1935年1月，共出了3卷13期，每期有10余万字。该刊主要收载历史学方面的文章。语言文学方面的仅有王越的《孔雀东南飞年代考》、朱谦之《论乐府》等数篇。历史学者著述以地方性历史的研究成果最令人瞩目，这部分成果又可分为两大类，一为广东区域史，二为谱牒学。1932年中大正式接修《广东通志》，设立广东通志馆，由邹鲁任馆长，温廷敬(原为徐甘棠)任纂修，后来由于抗战爆发，"通志"仅出了列传等小部分，遗下一批稿本及采访册，不少人对这部未成的省志不甚了了。《文史学研究所月刊》详细刊载了该志的略例、总目及总目说明，还有征访条例，征集广东名人传条例等资料，从中可略知这部通志的总构想和体例，以及从旧式方志向新体方志过渡的许多兴革之举，对目前修地方志亦不无借鉴意义。为修通志，对广东区域史的研究热潮随之兴起，主要成果如罗香林《广东通志民族略系篇》及其对广东从古至今的民族的研究，朱希祖《明广东东林党传》，以及温廷敬、邬庆时、丘复诸人在该刊发表的同类文章等。广东人的祖先大都是从北方迁徙而来，研究家谱族谱对了解粤人迁移、繁衍，祖国南疆的开发和民族融合等有重要作用。该刊收载了不少这方面的著述，其中又以罗香林的成果最引人注目。他在研究客家源流的基础上，对广东的一些重要姓氏的谱牒进行探索，揭示了一些姓氏的源流，分枝及相互联系。该刊其他方面的史学论著主要有朱谦之的史学方法论，陈啸江的两汉三国经济史，温丹铭的金石、古籍考证等。

《文史汇刊》 1935年陈天倪主持文史研究所并主编此刊。该刊分为通论、专著、译述、文苑、杂俎五个栏目，通论为理论性文章，有吴康的《比较文字绪论》、陈鼎忠的《原史》、《原极》。专著栏所占的比重最大，也是此刊的精华所在。主要有朱杰勤的《秦汉美术史》、《华丝传入欧洲考》，前者对秦汉时期的建筑、雕刻、绘画、书法四方面进行深入探讨，详述当时的重要的美术作品以及对我国美术发展有贡献的美术家，是篇不可多得的力作。其余较有代表性的是潘莳的《汉初诸国越族考》、《汉南海王织考》，董家遵的古代婚姻史等。

《现代史学》 历史学会编辑出版。1932年秋，朱谦之教授受聘历史学系主任，他联络各方学者创办此刊。1933年2月发刊，第3卷第2期后因广州沦陷、学校西迁而停顿，1940年在云南澂江复刊，次年8月迁坪石，陆续出至5卷3期，因粤北会战而停刊。它是中山大学在迁播期间仍坚持出版的少数刊物之一。《现代史学》的出版量及撰稿者的知名度等方面虽不及《语言历史学研究所周刊》，但它在我国史学界的影响则有过之而无不及。该刊的特点就在"现代"两字上：它注重历史研究的现代性，认为历史应该是活的而不是僵死的，应该运用历史知识来说明现在的问题；在治史方法上，它主张从为史料而史料的文献考据中挣脱出来，进而用史料解释当时人类社会的各个方面；它还注重现代史及社会史的研究，着意以经济、政治、文化等综合因素去解释历史上各种社会形态、社会组织的发展和变迁。以上观点对当时的复古势力无疑是一个有力的冲击。此刊的栏目分史学理论、文化史、社会史、经济史、文艺史、教育史、外交史、宗教史、考古学等。史学理论多为朱谦之的文章，且有不少独特见解，如主张史的论理主义与心理主义的综合，历史为独立法则的学科；主张重视经济史社会史的研究。他还提倡南方文化运动、文化八类型学说等。尽管他的一些理论有值得商榷之处，但却给当时沉闷的史学理论界带来一些新鲜的空气。经济史研究方面的成果是该刊最引人注目之处，其中"中国经济史研究专号"影响最大。朱谦之、陈啸江、董家遵、戴裔煊、梁瓯第、傅衣凌等在广泛搜集经济资料的基础上，对两汉以来的经济形态深入探讨，提出以研究社会生产方式和其他经济形态为研究社会的核心的看法，认为必须改变过去偏重于政治、军事、文化的研究倾向。他们在研究历史上的土地制度、赋税政策、佃佣制度及货币史等方面取得不少成绩。其余较有影响的是陈啸江的两汉三国经济史、王兴瑞的中国农业发展史等。其他各栏均由专家学者主持，如朱杰勤的外交史，董家遵的古代婚姻制度史，陈安仁的文化史，岑家梧的艺术史等。

《史学专刊》 文科研究所历史学部编，于《文史汇刊》停刊后，与语言文学部各自编辑出版专刊时问世。它于 1935 年 12 月发刊，至 1938 年 8 月，共出版了 3 卷 5 期，每期约 15 万字。此刊收载的大部分是该部著名的教授的学术论著。隋唐史专家岑仲勉在此发表了《隋书州郡牧守编年表》、《校贞观氏族志残卷》、《括地志序略新诠》等高水平的文章。中西关系史专家朱杰勤发表了《欧洲使节来华考》、《中国与阿拉伯人关系之研究》及其美术史著作《陶瓷小史》。历史哲学家、文化哲学家朱谦之则对黑格尔的哲学进行精辟的阐述，并探讨外国宗教入侵对我国传统理学的影响。此外还有朴学家温丹铭关于金石考证的作品多篇，年代学家刘朝阳的三论殷历等。

《文学院专刊》 文学院于 1932 年开始出专刊，至抗战爆发前出了 3 期，1943 年出第 4 期。后几期以语言文学的文章为主，如古直的《曹子建诗说》，方孝岳的《国家流别》、石光瑛的《国语韦解补正》。哲学方面主要是介绍西方哲学家和哲学思想，如吴康的《希腊哲学之唯物思想》，祝百英的《论康德》。此刊亦收登文艺作品，主要是诗词作品，较有影响的是詹安泰的"无庵词"、"鷦鷯巢诗"。该院于 1947 年和 1948 年还出了 2 期院刊《文学》，它如专刊一样，文史哲兼而有之，只是文学所占的比重更大些。刊载的诗词作品较多，其中又以詹安泰、朱师辙、黄尊生、刘节、吴三立、黄海章的作品为主，且不少是抗战期间的作品。文艺理论的文章以詹安泰的《无庵说词》最有分量。他将宋代著名词作家逐个叙述，指出其所属流派，词的风格和艺术特点，言简而意赅。他认为填词应该追求情境、精练和求其自然，并以自己的经验说明不同体裁的创作要点。

《语言文学专刊》 文科研究所中国语言文学部编，1936 年 3 月至 1940 年 3 月共出出了 2 卷 5 期。其中岑麒祥的《方言调查方法概论》，是当时开展的地方语言研究的指导性论著，该文详细地阐述了方言调查的具体步骤，不同角度、方法以至记音的要点及做法。他的《粤语发音实验录》、《国语注音符号及其与广州闰号之比较》则是研究方言的代表作。此外，有曾运乾、张为纲的音韵学著述，李笠、徐书海的训诂学著述。文学方面主要是对古典文学的研究。如徐嘉瑞《宋代杂剧考》追溯杂剧的起源、性质及宋杂剧的基本内容。文艺作品主要是詹安泰、温廷敬等人的诗词作品。

《文学杂志》 文学杂志社编，1933 年至 1937 年共出了 14 期。该社由中大中文系教师和部分校外人士组成。此刊以古典文学研究和创作为全旨，创作以古体诗词为主，约占该刊一半的篇幅，大部分是酬唱和随感诗词。作者主要有古直、黄节、陈洵、陈散原、金天翮、张孟劬、李沧萍、温丹铭等。黄节、陈洵是著名学者，黄的诗作尤为人们所推重。除创作的诗词外，该刊还刊载了广东一些著名诗人的佚诗，如"黄公度集外诗"、"宋芷湾先生佚诗"等。古典文学研究方面主要是对古文的训诂和注释，如古直的《汉赋韵笺》《诗韵小笺》、曾运乾《尚书正读》、罗蔼其《读骚我见》等。文学评论主要有方孝岳的《公羊旁记》、《桐城文概》。此刊给人的印象是复古，显然受了邹鲁在中大推行尊孔读经、崇尚古制的影响。当然，也不能否认它的学术价值。

《社会科学论丛》 由法学院（原称法科）编辑，是该院主要的刊物，也是当时国内几家有影响的社会科学刊物之一。除少数外稿外，大多数文章由该院经济、法律、政治三系教师撰写。此刊于 1928 年 11 月创刊，至 1933 年 9 月，每月一期，共出了 4 卷 45 期，1934 年 1 月复刊，改为季刊，又出了 3 卷 10 期，1937 年 4 月停刊。它的文章大体可分为经济、法律、政治三大部分。经济类文章所占比重最大，内容大致有几方面：一是针对当时的经济问题，特别是于国计民生影响最大、最突出的问题发表看法，提出意见，其中不少文章引起较大的反响。如围绕金本位、银本位及纸币问题，曾展开热烈的讨论。对国民政府的经济政策和经济措施的批判文章更俯拾即是。二是介绍国际经济动态，评介国际经济关系，并着重研讨资本主义经济入侵中国的现状及应采取的措施。如高廷梓《中国关税与帝国外交》批判了我国关税自主问题上的不完全性和不彻底性。三是调查研究性质的文章，主要是对广东、广州经济问题的调查和研究。如黄荫普的《广州银业调查概述》、《民国元年以来广州市对外贸易之分析》，余启中的《广州烟酒税沿革概述》等。这类文章不少曾扩篇成书出版，是研究地方经济的好资料。法律类的文章所占比重居第二位，关于法律的理论方面的，如朱显祯《法律解释论》、余宗群《社会立法概述》；关于对现行法律法规的批判的，如薛祀光《对于我国民法之批评》、徐焕《对于刑法修正案初稿之意见》、余宗群《耕地租用法述评》等；关于对司法制度的意见的，如胡恭先《监狱改善论》、黄敬《法院之简单化》、余宗群《我国司法界今日之急务》等；其余则是对民法、婚姻法、经济法等法规的探讨。二三十年代，我国法律仍处于萌芽时期，这些研究文章对于法律建设的意义是毋庸置疑的。但由于这些文章的作者大都是从国外学习归来的，他们的不少观点难免有照搬外国模式、不合国情之处。政治类所占比例较小，价值亦逊于前二类。

《经济科学》 法学院经济学系编，1942 年至 1944 年共出了 6 期。该刊由著名经济学家王亚南主持。其宗旨是，强调经济科学的实践性和应用性，要求研究者结合中国的实际，明了中国所处的阶段，认清哪些理论对改造中国经济有妨碍，那些有益处，认清资本主义经济与中国经济的联系，寻找中国的发展途径。他们的这种理论比那些为理论而理论，只注意个别现象，不重视整体的联系的研究方法大大前进了一步。此刊的大部分文章均围绕这一主导思想而作。如王亚南《当前的经济问题与经济计划》一文，指出经济学界一些理论未考虑到具体实施的可行性和步骤，批评了国家计划经济中许多与现实不相适应的部分。其他如林家骧《我国战时公债政策之理论与实践》、谭壤《我国国家资本建造上的诸问题》、郑启校《货币数量说检讨》都是结合实际的研究成果。

《社会研究》 社会学系、社会研究所编辑的不定期刊物，1935 年 10 月至 1937 年 1 月共出了 3 期，每期 10 多万字；傅尚霖主编，朱亦松、祝百英、刘耀燊、董家遵、言心哲等为编委。它的内容大体可以分为社会学理论、社会问题研究、社会调查与分析三大部分。其中社会问题研究的成绩较突出。如吴至信《中国劳动界之目前两大严重问题》、刘耀燊《中国都市社会之危机》、纪弥《五年来学潮之研究》等。后者列举全国各地学潮上百例，分类统计、列表对比分析，揭示了学潮的表象和内在原因，提出解决方案。该系、所关于社会研究、社会调查的研究成果在《社会科学周刊》上发表的较多。周刊从 1935 年 1 月至 1936 年 2 月共出了 54 期，每星期六在肖隽英主办的《群声报》上刊登。内容着重于讨论社会科学之间的关系、现代社会调查方法，以实行社会研究“到民间去”的口号。如傅尚霖的社会学理论、都市社会学，陈国梁的农村调查，梁瓯第对社会教育的各种形式的探讨，梁鉴波对广州消防、救济、公共卫生事业的调查，董家遵的婚姻史及妇女问题研究等。该系、所还办了一个《社会研究专刊》，每星期二在香港《循环日报》上发表，从 1935 年 4 月至 1936 年初，约出版了 30 多期，内容与周刊大同小异，不同之处在于周刊侧重于广东地区，专刊则着重于全国性的社会问题研究。

《教育研究》 教育研究所编，1928 年 2 月在庄泽宣先生主持下创办，每年出 8 期，学校西迁澂江时，也坚持出版。第三次粤北会战时停刊，1946 年复刊，至 1948 年共出版了 110 期。它是我国教育界最有影响的刊物之一。先后为它撰稿的有 200 多人，除本校师生外，各省市教育界著名的专家学者如陶行知、梁漱溟、邰爽秋等亦常在该刊发表文章。该刊以教育理论研究文章及讨论当时的教育问题两大类占较大的篇幅。从1929年前后大力提倡重视小学教育，到1939年热烈讨论师范教育，从教育哲学心理学到各级教育、教程、教育行政组织以至教务册等许多具体问题，几乎无不涉及，而且有许多精辟的、在全国有影响的文章。如乡村教育问题，此刊是较早提倡注意和推动乡村教育的刊物。注意教育与实践相结合是此刊的特色之一。1935年编辑的第64期载有《战时教育工作计划》，由该所集体拟订，这是我国最早的战时教育工作的设计。此后，该刊为适应形势发展而出版了4期战时特刊，尚仲衣、姜伯韩、雷宾南等为抗战期间的教育改革提出了许多可贵的献议。专号之多(约占1/4)也是该刊特色之一，涉及范围也广，如大中小学教育研究专号，有介绍国外教育状况的"非律宾教育考察"专号，有实地调查考察的"广东各县教育现状"专号，还有关于学制、心理学、教学方法，以及辩论性质的"中国教育与生产问题专号"等等。

《图书馆周刊》　1927年，中大曾派顾颉刚等人到外省采购书刊资料，采购范围除经史子集丛五大类之外，还包括方志、家谱、碑帖、稿本、图谱、实物等，收集范围之广，在全国图书资料采购中实属首创。这次采购收获颇丰，校内许多学者参与这批资料的整理。为配合资料整理而创办了《图书馆周刊》，它由图书馆编辑，从1928年3月至1929年7月共出了7卷42期。内容可分为几大类。一是分类编目及图书馆设置的讨论，超出了经史子集丛这一范围，探讨新分类法、编目法和图书馆的其他问题。这方面的文章主要有杜定友的《研究图书馆学的心得》、《本馆编纂图书目录计划》，容肇祖的《中国图书分类沿革》，金敏甫对中国图书馆事业史、学术史、教育史的探讨等。二是征集所得的不少善本及有出版价值而无力付梓的稿本，以及一些绝版书，借该刊作节要介绍。这方面以介绍碑帖为多，如黄仲琴的《唐碑提要》、《跋玉垒山碑》和《甲骨金石书目分类略述》，马太玄的《大唐类要》、《荷牐丛谈》等。第三类是顾颉刚与马太玄、陈槃合写的清代著述考。他们对清代著名学者顾炎武、戴震、吴敬梓等数十人的著作穷搜博考，并略述他们的生平和学术地位。第四类是各类书目，有让读者了解新购进的图书的中西文新书目，有关于采集所得的如方志目录、古器物目录、碑帖目录等。

民国时期中山大学文科刊物，尚有《中山学报》、《新宇宙》等综合性期刊，及为数不少的短期出版的学术刊物，限于篇幅，兹不赘述。

(原载《中山大学学报(哲学社会科学版)》1989年第4期，
原题《建国前中山大学文科刊物述要》)

岭南大学西南社会经济研究所与中国西南研究

王 传

岭南大学作为近代中国南方的一所学术重镇，对于中国的高等教育和学术建设具有深刻的影响。该校西南社会经济研究所开展的以广东省为中心的西南区域社会经济文化的调查与研究，不仅为今天学界研究南方文化留下了一手的学术资料，而且其开拓的学术研究领域和倡导的学术理路深刻地影响了以中山大学为中心的南部中国的一批学人。然而，学术界对该所的学术建制以及学术成就的研究一直付诸阙如。① 笔者不揣陋鄙，旨在以该所的运作理念和学术实践为考察视角，由个人扩大到群体，力图阐述该所的学术成就及影响，以就教于方家。

一、研究所的建置及调查、出版

“西南”作为中国境内某一疆域方位的特指，其内涵较少受到自然地理单元划分的限制，而一直处于复杂的动态历史发展过程中。相关研究表明，自西汉时期起，就基本奠定了以“川、滇、黔”为西南的核心区域。至明代，广西也逐渐体现出“西南”省份的稳定地位，湖南、湖北、广东等省亦常被纳入该区，但尚不稳定和明确，似在“亦此亦彼”的游移状态中。近代以来，“随着川、滇、黔、桂、粤、湘、鄂等省呈现出沿边、沿海、沿江三大自然地带的联通关系，上述省份的内联性得以加强，以‘西南’之一大区概念对其加以明确表述即成必要”。因此，在清末民初时就已逐渐形成西南“六省说”（川滇黔桂粤湘）和“七省说”（川滇黔桂粤湘鄂），其中前者成为当时社会对“西南”范围的一种主流看法。②

---

① 据笔者目力所及，涉及对西南社会经济研究所的相关研究，主要是陈序经的几种传记，如陈其津的《我的父亲陈序经》（广东人民出版社，1999 年），夏和顺的《全盘西化台前幕后：陈序经传》（广东人民出版社，2010 年），赵立彬的《学识渊博的优秀教育家陈序经》（广东人民出版社，2009 年），郑潮波的《固守教坛：陈序经的人生之路》（海南出版社，2008 年）。另外，何国强的《逸事述略（代序）》，该文是著者为其主编的《粤海虞衡卌一秋：伍锐麟调查报告集》（香港国际炎黄文化出版社，2005 年）所撰写的序文。这些论著对陈序经、伍锐麟在岭大时期的工作和学术均有介绍，对岭南大学社会经济研究所的建制、运作、学术成就及影响均没有涉及。

② 张轲风：《历史时期“西南”区域观及其范围演变》，《云南师范大学学报》2010 年第 5 期。

同样，具体到作为南方的两所学术重镇——中山大学和岭南大学的学者，也基本上采用西南“六省说”。早在1928年，任教于中大的顾颉刚在一篇改作的《请纂修广东通志提案》中，就将广州作为“西南各省”之一；[①]1932年杨成志等人在广州成立国立中山大学西南研究会，以“唤醒政府及民众注意西南边疆问题与设施计”为宗旨，认为“我国西南范围，包括粤、桂、黔、滇、川、西康及西藏”；[②]1937年，中大文科研究所史学部研究生江应樑在《云南西部民族考察计划》中将西南民族的地域主要分布定为“云南、贵州、四川、广西、广东、湖南诸省”；[③]陈序经在《研究西南文化的意义》一文中，认为西南研究的范围包括湘、黔、川、滇、桂、粤乃至海南等省份，[④]该文也作为《岭南大学西南社会经济研究所概况》的附录，用来说明西南研究的重大学术意义；另外，岑家梧在《西南民族文化论丛》一书中，也将湘、粤、桂、川、黔、滇作为西南民族研究的地域范围。[⑤] 由此可知，民国时期，“西南”作为一个大区概念与我们今天的西南的区域概念有着明显的不同，特别是其中还包括了广东、湖南两省。

中国现代意义上的西南研究兴起于20世纪二三十年代，一方面是由于抗战军兴，全国主要的高校及研究机构陆续西迁，纷纷利用其地理之便对西南社会进行近距离的调查与研究，留下了不少关于西南社会的调查报告。如大夏大学西迁至贵阳，以吴泽霖、陈国钧等人为首的社会学系师生就对贵州的苗夷进行了调查，其内容涵盖贵州少数民族社会经济、文化教育、风俗习惯、地理分布、语言梗概和习惯法等；[⑥]西南联大化学系教授曾昭抡于1941年7月带领黎国彬等十名来自西南联大各系的学生，组成“川康科学考察团”，对凉山的罗罗进行了一次综合性的民族调查。[⑦] 只是这类调查大都随着战事结束和高校陆续迁回而归于消散。[⑧]

另一方面主要是由地处西南的两所学术重镇——中山大学及岭南大学，以陈序经、伍锐麟、杨成志为首的学者对此展开的长期调查和研究[⑨]陈序经在《西南文化研究的意义》一文中曾对该项调研的意义作了这样的说明：

---

① 顾颉刚：《请纂修广东通志提案》，原载《香港华字日报》1929年1月8日，题《朱家骅请纂修广东通志》。收入《顾颉刚全集·宝树园文存(一)》，中华书局2011年版，第284页。

② 本会同人：《国立中山大学西南研究会成立宣言》，载国立中山大学西南研究会编：《西南研究·创刊号》(1932年2月10日)，第1页。

③ 江应樑拟、杨成志指导：《云南西部民族考察计划》，《国立中山大学日报》1937年7月8日第7版。

④ 陈序经：《研究西南文化的意义》，中国社会学社广东分社编：《社会学讯》第7期(1948年4月20日)，第3、4版。

⑤ 岑家梧：《西南民族文化论丛·序》，岭南大学西南社会经济研究所甲集第七种(1949年12月)，第1页。

⑥ 吴泽霖、陈国钧等著：《贵州苗夷社会研究》，贵州文通书局1942年版。

⑦ 曾昭抡：《大凉山夷区考察记》，求真出版社1945年版。

⑧ 关于抗战时期其他学术团体、机构及个人对西南的民族学田野调查，参见王建民《中国民族学(上)》，云南教育出版社1997年版，第229—243页。

⑨ 关于杨成志及中山大学相关学者对西南民族的研究，请参见拙文《中山大学语言历史学研究所与现代中国西南民族研究》，《史学史研究》2010年第2期。

二十年来，我无时不注意西南文化的研究……西南文化为什么值得我们这样深切的注意？我常常认为：西南是西方文化输入最早的地方，是新文化的策源地；西南又是中国传统文化传播最迟的地方，是固有文化的保留所；再从另一方面看，西南的民族极为繁复，若干文化还保存着原始文化的特征，西南又可说是原始文化的博览会。因为有了这几个方面的特色，西南在中国文化史而至一般文化学的研究上，就有极重大的意义。[①]

在陈序经看来，南方在唐宋间已与外洋接触。南洋一带的货物，最先输入广州；同时，西洋文化的输入，也以南方为最早，新式的经济设施、新的政治运动、新的宗教思想，都先发源于南方，如果“欲明了近百年来中国社会的变迁历程，南方可以找到无限的具体的资料”。其次，南方地区受到中国传统主流文化的覆盖虽较北方为晚，但却是目前本土文化保存最为完整的地区，直至现在，西南各地还可以到处发现固有文化的真面目，如氏族制度、宗法制度等。陈氏认为“广东的祠堂之多，为各省冠，每乡必有祠堂及宗产，政治、法律事件，全由族中长老处置，祠堂即为一乡的经济、政治、文化、教育活动的中心”；宗产以至大家族中的宗法制度，在北方都不易见到，若能将中国古代的社会文化与西南文化作比较研究，必有重要的学术成绩。再次，西南的民族，种类繁多，其社会文化多保留着原始的状态，有的仍保留着从事于狩猎生产的习俗，而凉山罗罗还行奴隶制度，贵州还有交表婚制及图腾崇拜等，这是“研究初民文化的好资料”。最后，南方与外国交通较早，又因为闽粤二省地少人稠，所以南方人到南洋或欧美经营商业特别多。华侨旅居海外，将其劳力所得，接济祖国，繁荣了南方的社会，假使“我们把华侨做中心，详细的分析南方社会的新的经济、政治、教育以及种种制度的发展，一定发现了它与华侨有着最密切的关系”。[②] 基于以上四方面的综合考虑，陈序经认为，“要探究中国固有文化的真相，只可于西南文化中求之”。[③]

鉴于“南中国社会调查工作实为尚未开辟之园地，而社会情形千变万化，转瞬便成陈迹，苟不详细调查，则重要材料自不免于沉埋湮没”。[④] 为推动此项工作的展开，伍锐麟、陈序经[⑤]于 1932 年 3 月在岭南大学创设了社会研究所，作为教员和学生联合组织，“以研究社会实在状况为主旨”，[⑥]“为促进及实施南中国之社会调查，而关于社会研究之

---

① 陈序经：《西南文化研究的意义》，《岭南大学西南社会经济研究所概况》，1949 年 5 月，第 9 页。

② 陈序经：《社会学与西南文化之研究》，中国社会学社广东分社编：《社会学讯·中国社会学社广州区第九届年会特刊》第 8 期（1948 年 12 月 19 日）第 3 版；岭南大学西南社会经济研究所编：《岭南大学西南社会经济研究所概况》，1949 年 5 月，第 13 页。

③ 岭南大学西南社会经济研究所编：《岭南大学西南社会经济研究所概况》，1949 年 5 月，第 12 页。

④ 《社会研究所沙南调查结束》，《私立岭南大学校报周刊》第 6 卷第 5 期（1933 年 11 月 15 日），第 73 页。

⑤ 伍锐麟和陈序经二人既是美国伊利诺伊大学的同学，又是连襟兄弟（陈序经的妻子黄素芬与伍锐麟的妻子黄素莲为亲姊妹，后者称前者为二姐，称陈序经为“经哥”）。参见何国强：《逸事述略（代序）》，载《粤海虞衡卌一秋：伍锐麟调查报告集》，第 8 页。

⑥ 《补助社会研究所调查疍民经费》，《私立岭南大学校报周刊》第 5 卷第 2 期（1932 年 9 月 30 日），第 41 页。

理论，亦甚注重”。① 由伍锐麟自任所长，另设执行委员三人，研究员若干，以联络各所成员或本所有关系之研究与调查工作。1937 年春，该所更名为西南社会调查所，仍由伍氏任所长。1938 年冬，广州沦陷，岭大搬迁香港、曲江等地，伍氏离校，所长由文学院院长庄泽宣兼代，旋因“战时种种困难，工作遂告停顿”。②

此时，作为创办人之一的陈序经虽已北上任南开社会经济研究所主任，却仍十分关心此项工作，希望通过成立一专门的研究机构来研究西南的社会经济。抗战胜利后，他仍表示：“西南既是原始文化的展览会，又是固有文化的保留所，它在人类学及文化史的研究上是极重要的，可是自西方文化输入以后，受了西方文化的影响，而尤其是经过这次抗战以后，西南文化的变迁，极为急速，原始的、固有的文化，就有逐渐消灭的可能，假使我们不从速设法研究，将来时过境迁，到了那个时候，就欲研究，也无从研究了。所以我们很想办一个机关，专门从事这种工作。”③只是南开大学已经迁回天津，远离西南，无法成立专门研究西南的机构。

1948 年 6 月，原岭大校长李应林因“积劳深恐影响身体健康”，辞去校长一职，岭南大学校董会常会决定聘请时任南开大学经济研究所所长的陈序经为代理校长④。同年秋，陈氏“摒挡南开教务”到岭大就职，随即召回伍锐麟，与其“商量恢复该所工作”，⑤并“设法充实设备，扩大组织”，颁布《组织章程》，将原“社会调查所”更名为“西南社会经济研究所”，“以研究西南社会经济为宗旨”，即日恢复工作。⑥《组织章程》规定研究所设所长一人，“总理研究等一切事宜”，总干事一人，襄助所长办理一切事宜，均由校长聘任。该所成立之初只有所长伍锐麟一人负责社会学研究，后又调原南开经济研究所的同事岑家梧为总干事，负责民族学研究。同时设立研究员、助理研究员若干名，负责各项专题研究，均由所长聘任之（表一）。⑦

---

① 《社会研究所概况》，《私立岭南大学一览》（布告类第 51 号），（1943 年 6 月），第 240 页。伍锐麟在《沙南疍民调查》中也说道：“岭南社会研究所的目的是在于促进和实施南中国的社会调查”，见氏著《沙南疍民调查》，《岭南学报》第 3 卷第 1 期（1934 年 1 月），第 8 页。

② 岭南大学西南社会经济研究所编：《岭南大学西南社会经济研究所概况》，1949 年 5 月，第 1 页。

③ 陈序经：《关于西南文化的研究》，载中大社会学系编：《社会研究周刊》第 14 期（1947 年 4 月 16 日）。

④ 《李校长倦勤辞职，陈序经博士接长校务》，《岭南大学校报》（康乐再版号第 80 期）1948 年 6 月 30 日第 3 版。

⑤ 陈序经：《最近一年的岭南大学》，《岭南大学校报》（康乐再版号第 103 期）1949 年 10 月 14 日，第 1 页；陈序经：《三水疍民调查·序》，收入伍锐麟：《三水疍民调查》，岭大西南社会经济研究所，1948 年，第 2 页。

⑥ 岭南大学西南社会经济研究所编：《岭南大学西南社会经济研究所概况》，1949 年 5 月，第 1 页。

⑦ “The South West and Economics Institute Lingnan University: A Review its Activities”, *Canton, China*, May 1949, pp. 14—16；《本学年度新聘教员一览》，《岭南大学校报》（康乐再版号第 83 期）1948 年 10 月 10 日第 3 页；《本学期各学院新聘教授题名》，《岭南大学校报》（康乐再版号第 94 期）1949 年 3 月 10 日第 3 页；《大学本学期新聘教员略历（一）》，《岭南大学校报》（康乐再版号第 104 期）1949 年 11 月 1 日第 4 页；南开大学经济研究所编：《本所现任教员一览》，收入《十年来南开大学经济研究所》，1937 年，第 58 页。《南开大学经济研究所概况》，1940 年 6 月，第 12 页；易汉文主编：《中山大学专家小传》，中山大学出版社 2004 年版，第 521 页。

表一 西南社会经济研究所研究成员一览表

姓名	籍贯	毕业学校	研究兴趣	工作履历
伍锐麟	广州台山	伊利诺伊大学	社会学	岭南大学社会学系教授
岑家梧	海南澄迈	中大文科研究所	人类学、民族学	大夏大学副教授、中山大学教授
陈序经	广东文昌	伊利诺伊大学博士	社会学、历史学	南开大学、岭南大学教授
杨庆堃	广东南海	密歇根大学博士	社会学	华盛顿大学、岭大社会学系教授
吴大业	广东高要	哈佛大学硕士	经济统计	南开商学院讲师、岭大教授
刘泽霖	广州台山	不详	经济学	复旦大学银行系、岭大经济系教授
梁方仲	广东番禺	清华大学经济学硕士	历史学、经济学	中研院社会科学研究所、岭大教授
司徒森	不详	岭南大学商学士	经济学	岭南大学经济系教授
张纯明	河南洛阳	耶鲁大学博士	政治学	南开教授、岭大历史政治学系教授
王兴瑞	海南乐会	中大文科研究所硕士	历史学、人类学	中大文科研究所、广雅中学校长
江应樑	云南昆明	中大文科研究所硕士	历史学、人类学	中山大学、珠海大学历史系
张维持	广东珠海	岭南大学文学士	社会学、考古学	岭南大学社会学系讲师

上表所列的研究所成员均是“目前正在为研究所进行的各种相关的研究或调查的人员”。[①] 从中可见，这些成员的专业涵盖了历史学、人类学、社会学、经济学等诸多学科领域，其中有多人具有在国外学习的学术背景。自 1950 年后，何肇发、彭新雨、王正宪、丁文治、高年华、谭彼岸等人也加入到研究所的工作之中。[②] 如果考虑到研究所出版专刊以及经常在一起论学形成的学术交际圈，那么该所的外围研究人员至少还包括有黄文山、戴裔煊、董家遵等具有人类学、历史学或社会学背景的学人。

其工作计划主要包括：

（一）室内工作：a. 有关西南社会经济之专题研究；b. 辑校有关西南社会经济之文献；c. 翻译有关西南社会经济之著作；d. 绘制有关西南社会经济图表及模型。

（二）实地调查：a. 西南物产资源之调查；b. 西南农村社会经济之调查；c. 西南土地制度之调查；d. 西南工商业及金融之调查；e. 西南物价之调查；f. 西南劳工之调查；g. 西南民族之调查；h. 南洋华侨社会经济之调查。

（三）特殊设置：搜罗图籍、档册、古物、民间纪述、民俗品及物产资源标本，整理陈列，藉供研究上之参考。

（四）出版：除继续出版专刊外，拟编印各种文献目录及图表等。[③]

---

① “The South West and Economics Institute Lingnan University: A Review its Activities”, *Canton, China*, May 1949, p. 14.

② 西南社会经济研究所曾出版《社会经济研究》，何肇发、彭新雨、丁文治等人既是该杂志的编辑委员的成员，同时也参与研究所组织的调查与研究工作，因此笔者认为他们参加了研究所的工作。参见西南社会经济研究所编：《社会经济研究》第 1 期（1951 年 1 月）和第 2 期（1951 年 9 月）。

③ 岭南大学西南社会经济研究所编：《岭南大学西南社会经济研究所概况》，1949 年 5 月，第 6—7 页。

研究所的室内研究工作主要分为西南社会经济文献的编印出版，尤其注意地方文献及档案的搜集；并要求对“实地调查，特别注意”。[①] 该所成立不久便与美国洛克菲勒基金会、夏威夷太平洋国际关系研究会、中国基金会以及广州市社会局建立了合作关系，一定程度上保证了研究所的调查和出版工作的顺利开展[②]。1952 年全国院系调整，岭南大学并入中山大学，西南社会经济研究所也随之撤销，研究所的大部分研究人员进入到中山大学历史学系任教。

西南社会经济研究所自 1932 年成立以来，对于“实地调查，特别注意”，陈序经更是将实地田野调查作为研究工作的重要步骤。自社会研究所时起，该所的调查主要分为三部分：一为历史方面研究；二为专案方面研究；三为社会方面研究（表二）。[③]

表二 西南社会经济研究所历次调查一览表[④]

调查时间	调查地点	主要调查人	调查成果
1932 年 6 月至 1933 年 8 月	沙南疍民调查	陈序经、伍锐麟及社会学系学生	《沙南疍民调查报告》
1932 年夏	新凤凰村调查	伯哈德·霍马恩 (Bernhard Hormann)	报告书未发表
1933 年秋至 1934 年秋	旧凤凰村调查报告	伍锐麟、黄恩怜	《旧凤凰村调查报告》
1934 年 3 月	三水河口疍民调查	陈序经、伍锐麟、梁锡辉等	《三水河口疍民调查报告》
1936 年 10 月	从化大江埔调查	伍锐麟、冯乐、周信铭等	调查报告未出版
1937 年春	海南黎苗调查	伍锐麟、杨成志、王兴瑞、何元炯、江应樑等	报告书未出版
1937 年	广州人力车夫调查	伍锐麟及岭大社会系 30 名学生	《广州市人力车夫调查》
1937 年	广州河南岛下渡村七十六家调查	伍锐麟及岭大社会学系学生	《广州市河南岛下渡村七十六家调查》
1938 年夏	广州回教社会调查	岑家梧	《广州回教社会调查》
1948 年	广州鹭江村调查	杨庆堃、何肇发、刘耀荃等	《鹭江的权力结构》等
1950 年	广州市难民调查	杨庆堃、何肇发、刘耀荃等	《广州市乞丐的个案研究》

从上表我们可以发现，研究所的调查基本上都集中在广东省内，其调查对象主要集中在三个方面：一是对疍民的调查；二是对广州农村社会和市区车夫、难民的调查；三是对西南少数民族的调查。

① 岭南大学西南社会经济研究所编：《岭南大学西南社会经济研究所概况》，1949 年 5 月，第 6—7 页。

② 何国强：《逸事述略（代序）》，载《粤海虞衡卌一秋：伍锐麟调查报告集》，第 11 页。

③ 《社会研究所概况》，《私立岭南大学一览》（布告类第 51 号），1943 年 6 月，第 240 页。

④ 参见岭南大学西南社会经济研究所编：《岭南大学西南社会经济研究所概况》，1949 年 5 月，第 2—3 页；《西南社会调查所消息》，《私立岭南大学校报》第 9 卷第 19 期（1937 年 6 月 15 日），第 286 页；西南社会经济研究所编：《社会经济研究》第 1 期，1951 年 1 月。

研究所同人在广泛进行深入调查的同时，并将调查结果整理成报告出版，其研究作品先后通过两种途径陆续发表出来：一是通过校内外的期刊刊出；二是通过社会研究所和岭大西南社会经济研究所专刊的形式刊出（表三、表四）。

从社会研究所到西南社会经济研究所，研究所同人进行了大小十余次的田野调查，并将相关调查结果以调查报告或相关论文的形式出版、发表。其中，在社会研究所和西

表三　校内外期刊上的相关研究成果

作者	文章题目	刊物名称	出版时间
伍锐麟、陈序经	沙南疍民调查	《岭南学报》3 卷 1 期	1934 年 1 月
伍锐麟、黄恩怜	旧凤凰村调查报告	《岭南学报》4 卷 3 期	1935 年 8 月
陈序经	疍民的起源	《政治经济学报》3 卷 3 期	1935 年 4 月
陈序经	疍民在地理上的分布	《政治经济学报》4 卷 1 期	1935 年 10 月
陈序经	疍民的职业	《政治经济学报》4 卷 3 期	1936 年 4 月
陈序经	疍民与政府	《政治经济学报》4 卷 4 期	1936 年 7 月
伍锐麟	三水河口疍民生活状况之调查	《岭南学报》5 卷 2 期	1936 年 8 月
伍锐麟	The Boat People of Shanan: A Statistical of Population and Economic Conditions	*NanKai Social & Economic Quarterly*, Vol. IX, No. 3	Oct. 1936
伍锐麟	Life and Culture of The Shanan Boat People	*NanKai Social & Economic Quarterly*, Vol. IX, No. 4	Jan. 1937
陈序经	疍民的生活	《大公报·经济周刊》212 期	1937 年 4 月
伍锐麟	广州市六百人力车夫生活状况之调查	《资治月刊》第 2、3 期	1938 年
伍锐麟、何元炯	海南岛黎人的婚丧及捉鬼风俗	《资治月刊》4 卷 1 期	1941 年 5 月
伍锐麟	广州市河南岛下渡村七十六家调查	《岭南学报》6 卷 4 期	1941 年 6 月
何肇发	广州市乞丐的个案研究	《社会经济研究》1 期	1951 年 1 月

表四　岭大社会调查所及西南社会经济研究所（社经所）专刊丛书

著者	书　　名	专　　刊	出版时间
伍锐麟	《中国人力车夫的研究》	社会调查所	1939 年 11 月
伍锐麟	《广州市六百人力车夫生活状况之调查》	社会调查所	1940 年 4 月
陈序经	《南洋与中国》	社经所专刊甲集第一种	1948 年 12 月
伍锐麟	《三水疍民调查》	社经所专刊甲集第二种	1948 年 12 月
戴裔煊	《干栏——西南中国原始住宅的研究》	社经所专刊甲集第三种	1948 年 12 月
岑家梧	《广州回教社会调查》	社经所专刊甲集第四种	1949 年 5 月
江应樑	《摆夷的经济生活》	社经所专刊甲集第五种	1950 年 1 月
陈序经	《越南问题》	社经所专刊甲集第六种	1949 年 6 月
岑家梧	《西南民族文化论丛》	社经所专刊甲集第七种	1949 年 12 月
董家遵	《中国收继婚之史的研究》	社经所专刊甲集第八种	1950 年 5 月
黄文山	《文化学及其在科学体系中的位置》	社经所专刊乙集第一种	1949 年 5 月
陈序经	《社会学的起源》	社经所专刊乙集第二种	1949 年 6 月

南社会调查所时期，虽然田野调查活动较多，但是其研究成果多是发表在期刊上，甚至有的调查报告由于没有来得及发表，以致于造成在战乱中丢失的遗憾。而在西南社会经济研究所时期，虽然田野调查活动较少，但是出版的研究成果较多，这主要得益于前期调查研究工作的积累。

二、学术成就及影响

陈序经、伍锐麟成立西南社会经济研究所，其初衷的一方面是通过集众人的力量推动西南研究，他说："西南文化，体系庞大，内容复杂，以我个人有限的力量，欲对它作系统的全面的研究，殊不可能，所以我在岭南大学特别设置西南社会经济研究所，集合同志，专门从事这种工作。"[①]另一方面，是要使课堂讲授的理论与实际调查互相验证，使社会学与经济学的师生有机会选择一两个专题调查研究，把收集到的资料整理分析，写出论文或报告，增加学术气氛，活跃课堂。[②] 在陈序经、伍锐麟等人的锐意经营之下，研究所的调查与出版事业蒸蒸日上，在中国现代西南区域社会研究的学术史上具有举足轻重的地位。

从研究内容上看，该所开拓了诸多学术领域，影响至今。

(一) 对西南族群与区域文化的调查与研究

在伍锐麟、陈序经等人对疍民调查研究之前，国内外已经有几位学者有所关注。早在1925年，钟敬文就开始收集传唱于广东沿海一带的疍家《咸水歌》，[③]1926年对海丰、汕尾的疍民进行了调查，[④]并于1927年出版《疍歌》，收入歌谣52首，弥补了清人李调元的《粤风》中关于疍歌材料的不足。[⑤] 1926年福建协和大学的刘青松对福州疍民的起源、生活、风俗迷信、教育展开调查。[⑥] 1929年《民俗》第76期刊出《疍户专号》，内收有罗香林的《疍家》一文，其余均是有关疍民的歌谣。虽然罗香林"尝有志于研索疍民问题，但因时间、经济均感困难的缘故，迄未能亲到南方去调查和测验。"因此，不得不承认自己的文章"所述特不过替疍民报告一点消息而已，不足语于研究之

---

① 陈序经：《西南文化研究的意义》，岭南大学西南社会经济研究所编：《岭南大学西南社会经济所概况》，1949年，第9页。

② 伍锐麟档案，中山大学档案馆藏，卷宗号：YG-0093-01，引自何国强：《逸事述略（代序）》，载《粤海虞衡卌一秋：伍锐麟调查报告集》，第15—16页。

③ 钟敬文：《中国疍民文学一脔》，收入氏著《民间文艺丛话》，国立中山大学语言历史学研究所，1928年6月。

④ （钟）敬文：《汕尾新港疍民调查》，《北京大学研究所国学门周刊》第2卷22期（1926年8月4日）。

⑤ 刘大白：《疍歌·序》，收入钟敬文：《疍歌》，开明书店，1927年，第7页。

⑥ 刘青松：《福州疍户调查记》，《北京大学研究所国学门周刊》第2卷18期（1926年7月7日）。

林也”。因此,他只能依据相关历史性文献对疍族的来源、婚姻、迷信等问题进行粗略的介绍。[①] 此外,美国人类学者 H. J Shapino 在《自然历史杂志》(*Natural History*)第 32 卷第 5 期发表《广州的水上生活》(The River Life of Canton),著者来广州本为研究檀香山华侨和内地的亲属在体格上的异同,偶然见了疍民的情形特别,就其听闻草就此文,因而“并没有做过何种研究”。此外,还有 Drew 女士《南中国的船舶宗教报告书》(*Reports of South China Boat Mission*)、郎擎霄的《中国南方民族源流考》等有关疍民的研究。[②]

不过,伍锐麟认为这些关于疍民的文章,要么是“单个的采集和研究,是很片段和很普通的”,或者就是与“一般游历者的见闻录,没有什么不同的地方”,[③]没有对疍民作一系统的调查研究。而陈序经、伍锐麟等人对粤江流域疍民的调查,是国内专业学术机构首次有计划、有组织的研究疍民的开始。其中《沙南疍民专号》出版后,以其“内容丰富,材料充足”,引起了国内外学界的高度重视,被誉为“我们民族史里可以纪念的工作”,“足备其他调查民族者的参考”。[④] 1937 年,伍锐麟将关于疍民研究的文章刊登在《南开社会经济季刊》(*NanKai Social & Economic Quarterly*)上,引起了美国地理学会的注意,该会给他寄来会员证;1970 年,美国纽黑文微缩胶片制作中心精心挑选八篇有关广东、福建区域社会的论著,集结成一个胶片系列,取名《华南》,其中收入了伍氏关于疍民调查及研究的文章就达三篇之多。[⑤] 1936 年,陈序经根据两次调查所得的材料写成了对疍民研究“具有奠基性贡献的”[⑥]著作——《疍民的研究》,该书首次对“疍民社区作整个有系统的有计划的研究”,将“疍民生活的形态作了极为客观的分析,对于后来欲作疍民的社会调查者准备了一本极方便的手册(Handbook)”。[⑦]

新中国成立后,广东省民族事务委员会为了解广东沿海及内河疍民的历史与现状,于 1952 年 12 月至 1953 年 3 月,由中山大学伍锐麟、罗致平带队到广东阳江、沙田、陆丰、海丰、惠阳等县属沿海以及粤北地区,对当地的疍民进行实地调查,并将调查材料编成《疍民问题参考资料》发表;1960 年代以来,张寿祺、华德英(Barbara E. Ward)、可儿弘民、布莱克(C. Fred Blike)、叶显恩、萧凤霞、刘志伟等中外学者对疍民均进行了深入

---

① 罗香林:《疍家》,《民俗·疍户专号》第 76 期(1929 年 9 月 4 日),第 3 页。

② 郎擎霄:《中国南方民族源流考》,《东方杂志》第 30 卷第 1 号(1933 年 1 月 1 日),第 91 页。

③ 伍锐麟、陈序经:《沙南疍民调查》,《岭南学报》第 3 卷 1 期(1934 年 1 月),第 7 页。

④ 许道龄:《〈沙南疍民专号〉提要》,《禹贡》第 1 卷 9 期(1934 年 7 月 1 日),第 31 页。

⑤ 三篇文章分别是:《三水河口疍民社会调查》、《沙南疍民:对生产和经济组织的统计学研究》以及《沙南疍民的生活与文化》。参见何国强:《逸事述略(代序)》,载《粤海虞衡卌一秋:伍锐麟调查报告集》,第 21 页。

⑥ 萧凤霞、刘志伟:《宗族、市场、盗寇与疍民——明以后珠江三角洲的族群与社会》,《中国社会经济史研究》2004 年第 3 期,第 2 页。

⑦ 罗致平:《读〈疍民的研究〉》,中国社会学社广东分社编:《社会学讯》第 5 期(1947 年 5 月 31 日),第 10 版。

的调查和研究。

除疍民的调查和研究之外，尚有岑家梧对云南花苗、贵州水族（布依族旧称）以及广州回民的研究，戴裔煊对西南民族“干栏”民居的调查研究，王兴瑞、何元炯等人对海南黎苗社会的调查研究等。尤其值得注意的是，几乎在所有的调查中，研究所同人对南方族群的民俗、传说以及宗教信仰都给予了高度的关注，如岑家梧的《仲家作桥的道场与经典》、《槃瓠传说与瑶畲的图腾制度》、《水家仲家风俗志》等；陈序经、伍锐麟对沙南、三水疍民的多神的宗教信仰与迷信活动进行研究；王兴瑞、何元炯对海南黎苗社会宗教仪式、迷信活动的观察和研究等。这些研究都建立在坚实的田野调查基础之上，对于推动西南族群及区域文化的研究具有重要的作用，也为后人研究西南族群文化提供了宝贵的资料。

（二）对南方传统乡村社会历史与现状的调查与研究

为什么要研究农村社会？伍锐麟认为，我国自古以农立国，国家的税收大部分来自农民，一切社会秩序“多赖农民以维持，国民生计也以农业为基础”。然而，自鸦片战争之后，随着西方列强的渗透，加之天灾及战乱的破坏，中国“农村社会渐形衰落，农业经济破产，因而牵动中国整个社会不安”。既然农业经营是我国生产的主要根源，农民人口又占全国人口的绝大部分，“是以农村衰落，不仅是农民本身利害问题，实是整个民族兴亡之所系”。基于此，伍氏认为“农村问题很复杂，从事救济，必须明了农村的经济、土地、组织、人口等现状，故先要从事农村调查”。[①] 研究所同人选择凤凰、下渡以及鹭江等典型的南方农村进行调查，其目的是“见微知著”，由近及远，进而可以推测全国各地农村的一般情况。举凡村庄的人口、宗族、家庭结构、经济收入与支配、教育、娱乐、卫生、神祇以及农村社会组织等均在调查之列。

时至今日，当时作为中国典型农村的凤凰、下渡、鹭江三村，随着城市化进程的加速，早已联成一片，被街道所包围，承载了中国传统农村社会终结的历史。自20世纪90年代起，中山大学社会学系和人类学系的师生考虑到伍锐麟、杨庆堃等人对凤凰、下渡以及鹭江三村曾经做过调查，其报告可作为调查“回溯的蓝本”，具有重要的参考价值，由人类学系教授何国强等人将伍氏的调查报告复印，人手一份，完成了对凤凰、下渡、鹭江三村的追踪调查研究。[②]

（三）对南洋华侨问题的关注

从地理上来看，南洋的主要区域，如缅甸、安南、暹罗以及马来半岛等地区，均“是中

---

① 伍锐麟：《广州市河南岛下渡村七十六家调查》，《岭南学报》第6卷第4期（1941年6月），第237、238页。

② 何国强编：《逸事述略（代序）》，载《粤海虞衡卌一秋：伍锐麟调查报告集》，第24—26页。

国西南方面所伸出的土脉”，其他如苏门答腊、荷属印度及菲律宾群岛等也与中国有不可分离的关系，“世界上没有一个国家像中国之于南洋的关系那么密切”。[①]

从文化上来看，南洋的华侨一方面将中国固有的文化移殖到海外，对土著文化产生了重要的影响，华侨足迹所到之处，随处可见中国祖先的崇拜、宗族组织以及中国式衣食住行的各种设备；同时，华侨又直接将西方的文化接受过来，促进了南方社会的现代化，如广东教育最发达、文化程度较高、物质建设完备的文昌、台山、中山、梅县等地，都是华侨最多的地方。一言以蔽之，“华侨不特是中原文化海外传播的媒介，也是建设南方而至整个中国新文化的功臣”。[②]

从经济上来看，南洋的华侨，不只在南洋的经济方面属于重要的地位，在国内的经济上也占重要的地位。福建南部以及广东之所以被称为富庶之区，很大程度上是由于华侨汇款接济。福建的厦门，广东的汕头、广州、海口各大城市之所以繁荣，直接或间接与南洋的华侨有密切的关系。同样，广东沿海一带的农村，许多家庭的生活所费，主要也是来自南洋的。如文昌县大部分家庭得到南洋华侨的汇款支持，南洋经济繁荣，这些地方的乡下也充裕起来，南洋经济不景气时，这些地方便穷困。福建南部与广东的一些地方，除日常生活方面靠南洋华侨的接济外，其他多种事业的发展，也多赖南洋华侨帮助。如广州的岭南大学的爪哇堂等建筑物，都是由华侨捐款建筑的；陈嘉庚兴办的厦门大学和集美学校等，也是如此。此外，在闽广两省的不少农、工、商、矿业以至各种交通事业，多由华侨投资。总而言之，“假使没有南洋华侨，则闽广两省的经济，无疑的必趋于枯竭”。[③] 基于以上认识，陈氏在《暹罗与中国》、《南洋与中国》、《越南问题》等书中对南洋华侨的政治地位、经济及教育给予了很大的关注。

1952 年岭南大学解散并入中大，陈序经任中山大学历史系教授。他认为“广东与东南亚关系密切，研究东南亚历史是有意义的”，[④]经过他的努力，中山大学历史系于 1959 年正式成立东南亚研究室，1978 年扩建为东南亚研究所，承担多个国家重点研究项目，为中山大学重点研究单位之一。曾经受教于陈氏的中大历史系黄重言、余定邦教授先后担任过该所所长，据他们的回忆：中大东南亚研究（室）所初创和前期发展过程中，陈序经、朱杰勤、金应熙、何肇发等一批权威专家曾在该所工作并发挥重要作用，为该所的组建和科研、教学工作打下坚实基础。其中，陈序经是“利用中国古籍和西方资料研究东

① 陈序经：《南洋与中国》，岭南大学西南社会经济研究所专刊甲集第一种（1948 年 12 月），第 4 页。

② 陈序经：《研究西南文化的意义》，中国社会学社广东分社编：《社会学讯》第 7 期（1948 年 4 月 20 日），第 4 版。

③ 陈序经：《南洋与中国》，岭南大学西南社会经济研究所专刊甲集第一种（1948 年 12 月），第 61—62 页。

④ 陈其津：《我的父亲陈序经》，第 198 页。

南亚历史的第一人,他在这方面的学术成就至今无人超越","对东南亚历史研究室和研究所的创建起到至为关键的作用"。[①] 目前该所正从历史学、人类学和东南亚研究的三个方向积极开展与国外华侨华人机构的合作,进行侨乡和侨汇的研究。[②]

如果从研究的特色上看,比较明显的有如下几点值得注意。

(一)文献分析与田野调查相结合

研究所的工作"除室内研究外,实地调查,特别注意",并将田野调查所得的"活材料"与传统文献的"文字记载"结合起来。陈序经在《研究西南文化的意义》一文谈到田野调查对西南研究的意义时说道:

> 我们敢说:今日若果欲了解全部中国文化发展的历程,就非到西南各省从事实地调查研究不可,至少我们亲身接触到了这些活的材料,总比埋首在旧字纸堆中探索那些死的材料好得多。我们之所以重视西南文化的研究的,正是为此。[③]

在社会经济研究所的《今后计划》中,他将整个研究所的研究工作分为"室内工作"、"实际调查"、"出版"三大主要部分。其中涉及对西南社会实地调查对象的有物产资源、农村经济、土地制度、工商业及金融业、物价、劳工、民族以及华侨社会经济等八项,并注意搜罗图籍、民间档册、古物、民间记述、民俗品及物产资源标本,供研究之用。

现举陈序经《疍民的研究》一书为例。陈氏针对学界"没有一种关于疍民起源的传说或学说能够给我们以一个合理或满意的解答"的研究现状,提出若疍民的来源问题能得到一个合理或满意的解答,至少要对于三种工作加以努力:"第一,我们对于过去关于疍民的文献记载,要加以系统的整理和深刻的批判研究;第二,我们对于疍民的文化上要加以实地的调查;第三,我们对于疍民的体质上要加以科学的测验。"[④]罗致平在读完该书后,认为陈氏"提出的研究疍民的方法论和批评论是极富于魅力的",以上三点"都是可行而且比较实际的办法。第一种可说是历史学的研究,第二种可说是文化人类学的研究,第三种可说是体质人类学的研究。前一种是文献学工作,后两种是田野工作"。[⑤]

如果我们翻看研究所出版的论著,不难发现,除黄文山《文化学及其在科学体系中的位置》一书属于文化人类学理论性的著作外,其他的论著均是以大量的田野调查为基

---

① 夏和顺:《全盘西化台前幕后:陈序经传》,第231—232页。

② 李安山:《中国大陆的华侨华人研究概述(1950—2000)》,收入世界华商经济年鉴杂志社:《世界华商经济年鉴2001—2002》,世界华商经济年鉴杂志社,2003年,第441—443页。

③ 陈序经:《研究西南文化的意义》,中国社会学社广东分社编:《社会学讯》第7期(1948年4月20日),第4版。

④ 陈序经:《疍民的研究》,商务印书馆1946年版,第41页。

⑤ 罗致平:《读〈疍民的研究〉》,中国社会学社广东分社编:《社会学讯》第5期(1947年5月31日),第10版。

础，其中也包括对广州市人力车夫的调查，[①]即使像陈序经的《南洋与中国》、《越南问题》，也是他在1933年至1948年期间，亲自前往泰国曼谷、越南、马来槟榔屿、吉隆坡、新加坡等地考察访问，在收集了大量关于东南亚历史资料的基础上完成的。[②] 半个多世纪之后，中大历史系教授陈春声高度肯定了研究所同人的学术成就，认为陈序经、江应樑等人对南方族群及区域社会的研究，作出了具有"奠基意义的努力"，在"这些研究中，文献分析与田野调查的结合，表现得和谐而富于创意，并未见后来一些研究者人为制造的那种紧张"。[③]

（二）历史学、社会学、人类学理论交互借鉴

传统史学的研究，注重通过版本、校勘、辨伪、文字、声韵、训诂等考据之学对社会历史的变迁进行纵向的历时态过程的考察；而社会学、人类学则注重田野调查、"现场体验"，用共时性分析，深描各种文化现象。事实上，历时态是由若干共时态构成的，而共时态又是长期历史过程的"结晶"或"缩影"，二者不可偏废。研究所同人大都具有历史学、人类学、社会学以及经济学等学科的专业背景，在出版的各类论著中，基本看不到画地为牢的学科偏见，在研究实践中努力将社会历史学和文化人类学等不同的学术风格结合起来。

除陈序经的《疍民的研究》是社会历史学和文化人类学结合的典范外，其他如黄文山的《文化学及其在科学体系中的位置》一书，是在和卫惠林、戴裔煊、陈序经、岑家梧等人的"切磋"下完成，其观点颇具代表性，主张通过"综合文化人类学、文化社会学、文化史学来建立'文化学'，用以窥探文化现象的发生、历程、机构、形态、变象和法则"。[④] 另外，戴裔煊在《干栏：南中国原始住宅的研究》一书中主张"纵"、"横"两方面结合研究方法，他说：

> 我们研究社会文化，欲获得深切的了解，必须利用史地学的方法，从横的方面作地理的瞭望，探求其空间的分布与彼此间的关系；从纵的方面，作历史的透视，探求其时间上的变迁，这是我试用这种方法研究西南中国原始住宅"干栏"的结果。[⑤]

---

① 桑兵先生指出："考古学和人类学的所谓田野，译自 field，其本来意思应该是'实地'，强调离开单纯的书斋，进入研究对象活动的实地，共同感受实际的生活。相对于封闭的书斋，这些实地固然大都是野外，但田野容易使人误解为乡村的田园，而实地则不仅仅指乡村，也包括市镇乃至都市。……人类学虽然渐渐将研究领域由初民社会下移到农业社会，乡村也只是关注的重点而非全部。"参见桑兵：《从眼光向下回到历史现场——社会学人类学对近代中国史学的影响》，《中国社会科学》2005年第1期。

② 余定邦：《陈序经教授对东南亚古史研究的贡献》，收入陈传汉等编：《东方的觉醒：陈序经学术研讨会论文选集》，延边大学出版社2000年版，第133页。

③ 陈春声：《走向历史现场》，《读书》2006年第9期。

④ 黄文山：《文化学及其在科学体系中的位置·自序》，岭南大学社会经济研究所专刊乙集第一种，1949年5月，第19页。

⑤ 戴裔煊：《干栏：南中国原始住宅的研究》，岭南大学西南社会经济研究所甲集第三种，1948年12月，第68页。

在这里，我们不难明白戴氏所指：基于田野调查和历史文献的分析，将作为社会人类学研究中田野调查的"共时态"研究与史学研究中的"历时态"研究结合起来，重回历史发生的现场。在国际人类学、民族学界对原始住民的住宅——干栏的研究中，从地理空间上考察，巢居和栅居在东南亚洲、海洋洲及南美洲的分布位置"大致相合"，所不同的是非欧诸洲有栅居而未见巢居的踪迹。因此，对于巢居和栅居有无发生系统上的关系，是诸多人类学家一直争论的焦点问题。持否定观点的以意大利学者俾阿苏特(Renato Biasutte)和法国民族学家蒙登东(G. Montandon)为代表，认为"巢居不是某种文化所固有，而是一种偶然的现象"，与栅居没有发生系统上的关系；另一种以德国人类学家舒尔兹(Heinrich Schurtz)为代表，舒氏认为"栅居是否溯源于巢居，难于确定"，但是对于二者发展的程序则又指出"由巢居而引起典型的栅居，殊无可非议"。戴氏表示赞同舒尔兹的意见，但又对其"不敢确说"表示遗憾，批评舒氏之所以"狐疑"，是因为"未曾作历史的考察，这是西洋民族学界的通病"。[①]

在戴裔煊看来，西洋人类学、民族学者"只观察现在的状况再由现在的状况推想从前的情形，便好像盲人扪象，忖测纷纭，得不到实际的全貌，甚则陷于错误"，这是"学术上一种很大的缺陷"，关于东南亚浅化民族及其文化问题，虽然没有历史记载，但历史记载中却"大有资料可寻"。戴氏"用整理史料的方法，以现代的眼光判断"后，认为就巢居与栅居而论，历史记载为中国古代西南最流行的住宅形式，越人和中国西南许多民族，"依山则巢，近水则栅"，在唐代以前还两种并存，后来巢居逐渐为栅居所替代，"揆之文化演进之公例，适者遗存，不适者淘汰，人类文化多数是进步的，后来者居上，其演变递嬗的层次先后，非常明显"。另外，西南的"僚人"同时有这两种形式的住宅，两者同样叫做"干栏"，从名称上观察，亦不能不深信彼此有亲缘递嬗的关系。最后，戴氏指出："我们研究社会现象，不探究其由来和变迁则已，如果要说明其由来和变迁的经过，决不能单看他的平面，还要看他的立体，要从时间上作整个历史的透视。"[②]

此外，董家遵的《中国收继婚之史的研究》一书也是借鉴社会历史学、文化人类学等学科的方法来研究中国上古社会至民国时期的收继婚问题。董氏认为我国典籍关于民俗的记载，虽然杂乱无章，但经过整理与考释后，这些记载，"绝非空谷传声，实际上很多地方正与近代人类学家的实地调查，若合符契"，所以主张将史籍的记载与现代迟滞在未开化阶段的民族习俗的观察相比较，以此"反证出以前记载的真伪，和我国现存民俗的来源"。[③]

---

① 戴裔煊：《干栏：南中国原始住宅的研究》，岭南大学西南社会经济研究所甲集第三种(1948年12月)，第34—36页。

② 同上。

③ 董家遵：《中国收继婚之史的研究》，岭南大学西南社会经济研究所专刊甲集第八种(1950年5月)，第6页。

研究所同人将历史学、社会学、人类学等诸学科的研究方法交叉结合，强调空间结构和时间序列的结合，通过田野调查获得一手材料并增加主体在现场的体验，以便更好地解读文本。诚如伍锐麟在《沙南疍民调查》中所言："我们的方法是想从他们的不知不觉之中而找到他们的确实情况，因此我们不得不设身处地把我们自己当做沙南社会里的分子。要是我们是这个社会里的一部分，那么我们调查他们的状况，也犹我们调查我们自己的状况一样。"①这种"在空间的'实地'之上，再加入时间的成分，通过对各种史料的了解把握达到亲临现场的效果，则有助于回到当时当地的'历史现场'"。②

（三）注重实用，为社会改造"张本"

研究所的同人的调查与研究具有强烈的时代使命感，讲求为社会服务的实效性。如伍锐麟认为对沙南疍民的调查，"最重要而需要解决的问题，却是他们的经济的生活问题"，"要想解决疍民的问题，改造疍民的环境，首先的条件是要明白他们的实况。换句话说，明白是改造的张本"。③ 在对广州人力车夫调查的基础上，伍氏从经济、卫生、教育三个方面为救济车夫献议。④ 海南岛黎苗考察团的考察结果为"明黎境"、"洞黎情"，为开发琼崖服务。⑤ 何肇发对广州市乞丐的现状进行综合分析后，针对乞丐群体的教育程度低、经济基础薄弱、社会关系不稳固等因素，认为政府对乞丐采取遣送回乡、以工代赈、思想改造等措施不过是"消极的补救解体后的生活方式而已"，指出积极的方面"应建立健全的国家劳动保护制度以防范生活方式解体于未然"。⑥

编制广州市物价指数，是西南社会经济研究所经常性工作之一。物价指数可用来测量货币价值的变动，量度物价在各地相差的程度，也可以用来和其他的经济统计来比较研究。在通货膨胀或经济动荡的时期，货币贬值或物价涨落的速度和性质，尤值得注意。西南社会经济研究所有鉴于此，遂于 1949 年开始调查并编制广州市物价指数，自 1949 年 4 月起开始每周发表，分寄政府及各学术机关，作为学术研究或政府推行经济政策的重要参考，⑦"极为社会人士所注目"。⑧

---

① 伍锐麟：《沙南疍民调查》，《岭南学报》第 3 卷 1 期（1934 年 1 月），第 14—15，5、9 页。

② 桑兵：《从眼光向下回到历史现场——社会学人类学对近代中国史学的影响》，《中国社会科学》2005 年第 1 期。

③ 伍锐麟：《沙南疍民调查》，《岭南学报》第 3 卷 1 期（1934 年 1 月），第 14—15，5、9 页。

④ 伍锐麟：《广州市六百人力车夫生活状况之调查》，原载《资治》1938 年第 2、3 期，收入何国强：《粤海虞衡卌一秋：伍锐麟调查报告集》，第 371—373 页。

⑤ 《海南岛黎苗考察团过港返粤谈话》，《民俗》第 1 卷第 3 期（1937 年 6 月 30 日），第 13 页。

⑥ 何肇发：《广州市乞丐的个案研究》，《社会经济研究》第 1 期（1951 年 1 月），第 249—250 页。

⑦ 王正宪：《广州市物价指数编制概况》，《岭南大学校报》（康乐再版号第 106 期）1949 年 12 月 1 日，第 1 页。

⑧ 陈序经：《最近一年的岭南大学》，《岭南大学校报》（康乐再版号第 103 期）1949 年 10 月 14 日，第 1 页。

综上所述，研究所同人不是高坐在太师椅上的冬烘先生，终日伏案爬梳文献，而是选择了走出书房的小天地，走向田野去呼吸清新空气，寻找新鲜活泼材料的治学新境界。在研究所同人的努力下，研究所的调查研究与学术出版已“初见端倪”，最值得研究所同人欣慰的是，国民政府教育部鉴于研究所对于西南社会经济研究的成绩，准予正式成立经济研究所，招收研究生，训练专门人才。[①] 此后，虽然该所在 1952 年全国院系调整的浪潮中被裁并，然薪尽火传，研究所大部分研究人员随即进入到中山大学历史系继续研究。如今，他们的学生或再传弟子继续将其未尽的事业向前推进，影响当今学坛。

（原载《中山大学学报(社会科学版)》2012 年第 4 期）

---

① 陈序经：《最近一年的岭南大学》，《岭南大学校报》(康乐再版号第 103 期)1949 年 10 月 14 日，第 1 页。

岭南大学图书馆"中国问题研究"西文出版物专藏研究

周　旖

一、馆藏来源与概况

"中国问题研究"西文出版物既具有学术价值又具有史料价值，对于中国近现代史、中外交通史以及基督教史的研究有重要意义，因此国内外许多图书馆都十分注重此类文献的收集，将其作为专藏或作为一个专题编制目录。美国藏有"中国问题研究"西文出版物较丰富的图书馆主要有哥伦比亚大学图书馆(Library of Columbia University)、纽约公共图书馆(New York Public Library)、康奈尔大学华森资料中心(Wason Collection Cornell University)、马萨诸塞州塞伦爱色克斯研究院(Essex Institute Salem Massachusetts)、哈佛大学贝克图书馆(Baker Library Harvard University)、波士顿公共图书馆(Boston Public Library)、国会图书馆(Library of Congress)、教会研究图书馆(Mission Research Library)和神学联合会图书馆(Library Union Theological Seminary)等。①

中山大学图书馆所藏"中国问题研究"西文出版物为原岭南大学图书馆的旧藏。岭南大学图书馆早在1917年时已经开始建设"中国问题研究"西文出版物专藏，②对此类专藏单独分类和编目，并统一在分类号前缀以China的缩写"Chi"以示标识(下文为简省起见，以"Chi类书"代表"中国问题研究"西文出版物)。截至1938年4月，岭南大学图书馆所藏Chi类书已达2049册，另外还有关于中国的西文期刊311种。③ 比照哈佛燕京学社编制的《关于中国的重要西文书籍选目》(*Check List of Important Westem Books on China*, 2nd ed. 1936)，截至1938年11月，该书目上所列的307种专著中有

---

① 马森著，杨德山译：《西方的中华帝国观》，时事出版社1999年版，第4页。

② 周旖：《岭南大学图书馆藏书研究》，中山大学出版社2010年版，第43页。

③ 据中山大学图书馆藏"岭南大学档案缩微胶片"Reel 36中的文件Information Concerning the Library of Ling-nan University。

123 种岭南大学图书馆已有入藏，书目上所列的 17 种期刊中有 12 种已入藏。

遗憾的是，岭南大学图书馆没有为馆藏 Chi 类书编辑过系统的书目，就笔者所掌握的岭南大学图书馆 1938 年以后的材料中，也再未见有关于 Chi 类书数量的统计，加之岭南大学停办后馆藏文献被调配给多所院校，种种原因导致这批珍贵的书籍到现在已经散佚不全，故无从得知岭南大学图书馆曾经藏有的 Chi 类书一共有多少种。

就笔者在中山大学图书馆馆藏中发现和整理出的原属岭南大学图书馆藏 Chi 类书的情况观之，岭大此类旧藏现存于中大馆的仅有 886 种，[①]其中属于哈佛燕京学社编制的《关于中国的重要西文书籍选目》所列之书的仅余 34 种，较之 1938 年 11 月时所拥有的关于中国的重要西文专著的数量，则有 89 种已散佚。尽管如此，现保存于中山大学图书馆的这批 Chi 类书依旧资料类型多样，广泛包括通俗性著作、表象性研究作品、偶然性记述书籍、学术性研究专著、准确系统的资料记录以及对中国文献的翻译作品等；作为认识主体的著者，既有各个学科领域的专家，也有来华的一般商人、游客、外交官和传教士等，还有在华的各西方团体和机构。作品研究的内容广泛涉及中国的社会、政治、经济、历史、文学、语言、哲学、宗教、科学、艺术、地理、生物、矿产、工业和医学，中国人的性格、各个民族的风俗、习惯等。

若仅以数量论之，岭南大学图书馆所拥有的“中国问题研究”西文出版物与前述国外图书馆以及同时代的诸如燕京大学图书馆之类的国内图书馆相比，不具备明显的优势。但是有关中国研究的重要的西文出版物在岭南大学图书馆都基本有所收藏，且由于其开始收藏此类出版物的时间早于国内其他图书馆，在文献收藏的主题方面与学校的重点学科密切结合，有别于其他图书馆的收藏兴趣，因此所收藏的“中国问题研究”西文出版物在版本和内容上都具有鲜明的特色。现仅以现存于中山大学图书馆的“中国问题研究”西文出版物为研究对象，分析其特色与菁华。

二、1840 年前有关中国的西文出版物

1840 年 6 月英国借口中国禁烟，发动第一次鸦片战争，此后《中英南京条约》、《中英五口通商章程》、《虎门条约》、《中美望厦条约》和《中法黄埔条约》陆续签订，中国社会从此开始沦为半殖民地半封建社会，同时中西关系亦发生了转折。随着中国五个最大的沿海城市对外开放门户，西方来华的商人、传教士、外交官以及游客等日益增加，有关中

① 在本次统计中，同一作者所著同一题名的书籍，如出版年不同则按不同书籍统计；年鉴类书籍，不同年份亦按不同书籍统计；本次统计仅对有关“中国问题研究”的西文书籍进行统计，西文刊物未列入统计数据中。

国的西文出版物数量也因此迅速增长，并在中国国内广泛传播。而在此之前的16世纪至19世纪上半叶，有关中国的西文出版物虽然数量不可算少，但是增长速度缓慢，在中国国内的传播亦十分有限，加之此类文献几乎不会纳入中国传统官私藏书体系，所以在国内的公共图书馆和大学图书馆中藏有1840年以前有关中国的西文出版物的数量和种类都少之又少。

上海图书馆徐家汇藏书楼拥有16—19世纪初有关中国的西文书籍20种，而目前保存于中山大学图书馆的原岭南大学图书馆藏Chi类书中，能够明确确定出版于1840年以前的文献有11种，分别为：

(1)Jean Nieuhoff, *L'Ambassade de la Compagnie orientale des Provinces Unies vers l'Empereur de la Chine, ou Grand Cam de Tartarie*. Leyde: Jacob de Meurs, 1665。此书中文译名为《荷兰东印度公司使节团访华记实》，作者让·纽荷夫系荷兰人，是一名绘图员兼水手，擅长绘画。西方国家对中国文化产生兴趣的主要原因有四，即基督教教义的传播、商业发展的需要、外交人才的培养和学术研究的鼓励。[①] 随着东西方交流往来的发展，西欧内部商品货币关系的发展，欧洲的商人、封建主对地大物博且繁荣富庶的中国充满了渴望，并希望进一步加深对中国的认识和了解。1600年英国成立了东印度公司，荷兰随后于1602年也成立了东印度公司，1655年纽荷夫随荷兰东印度公司的使节团从巴达维亚出发来访中国。由于自明嘉靖二年(1523)起，朝廷罢福建、浙江两市舶司，只留广州舶司一口通商，故纽荷夫的在华访问范围只限于澳门至广州一线。[②] 他将从澳门到广州的沿途见闻以文字图画记录下来，回国后辑录成《荷兰东印度公司使节团访华记实》一书，书中详细介绍17世纪中国的地理、文化、风景和建筑等情况，他亲手绘制的图画和地图包括版画、水彩画、水粉画、油画、素描、钢笔淡彩、玻璃画、套色或墨彩彩瓷等多种形式，这些作品可能是西方最早关于中国的绘画，使欧洲人第一次有机会对中国产生直观的视觉形象，因而具有很高的资料价值。此书的1665年版在国内已经十分罕见，即使中国国家图书馆、上海社会科学院历史研究所资料室、上海徐家汇藏书楼也未见有藏本，而在国外也只有诸如英国维多利亚—阿尔伯特博物馆(National Art Library Victoria & Albert Museum)、威尔士大学兰彼得分校、美国的明尼苏达大学(University of Minnesota)、加利福尼亚大学(University of California)、波士顿图书馆(Boston Athenaeum)、波士顿美术馆(Museum of Fine Arts)、芝加哥大学(Uni-

---

① 钱存训：《欧美各国所藏中国古籍介绍》，《图书馆学通讯》1987年第4期，第105—116页。

② 泽泓：《从晚清广州风情画看中外文化交流》，载李明华主编：《广州：岭南文化中心地》，香港：中国评论学术出版社2007年版。

versity of Chicago)、布朗大学(Brown University)、美国三一学院(Trinity College)、耶鲁大学(Yale University)、堪萨斯大学(University of Kansas),法国的 Biblio Cent du Mus. Nat. Hist. Naturelle、Bibliothèque du Musée de L'Homme-Rcon、Bibliothèque Cent du Mus. Nat. D'Hist. Naturelle、巴黎人类博物馆图书馆(Bibliothèque du Musée de L'Homme)等十几所大型图书馆、博物馆有藏本。

(2)J. B. Du Halde,*A Description of the Empire of China and Chinese-Tartary*. London:T. Gardner for E. Cave,1738—1741。该书即杜赫德的《中华帝国全志》,第一版为1735年出版的法文版,随后又出版了两版法文版和两版英文版,其英文版的书名全名为 *A description of the empire of China and Chinese-Tartary, together with the kingdoms of Korea, and Tibet: containing the geography and history (natural as well as civil) of those countries: enriched with general and particular maps, and adorned with a great number of cuts*,共两册。中山大学图书馆现存本为英译本,第一册于1738年出版,第二册于1741年出版。此书的编者杜赫德既不懂中文也未曾到过中国,只是与居留在东方的传教士保持通信联系达25年之久,此书就是他根据17世纪以来到华传教士的报道编辑而成。该书出版时正值西方教会内部对中国的“礼仪”之争达到白热化的程度,为了实现在中国的传教,在华传教的耶稣会会士除了在外在形式上顺应中国的习俗和传统,同时也竭力领悟中国的哲学和文化,他们认为儒教不是一种宗教律令,而是一种道德规范,且与基督教的道德原则不冲突,应该允许中国的基督教加入儒教祖先崇拜的成分;[①]但是教会中的其他教派则认为顺应与习惯中国文化、对尊孔和祭祖行为的容忍违背基督教教义。杜赫德《中华帝国全志》编写的目的在于力图向教会和欧洲公众证实中国人是有灵论者,从很早开始便相信一个人格化的上帝,而非迷信妖魔、鬼怪和神仙,因此美国学者马森认为“杜赫德为了这些明确的目的而写成的著作是不可靠、不准确的编撰物”。[②] 尽管如此,该书与《域外耶稣会士之有趣而有益的通讯集》和《北京耶稣会士杂记》并称欧洲三大汉学著作,被认为是“对18世纪上半叶西方流行的中国见闻的一个真正总结”,[③]是18世纪欧洲人对中国知识的重要来源,直到19世纪末都被看做是关于中国问题的知识手册。1738年英文版的《中华帝国全志》目前在国外图书馆都十分罕见,只有美国杨百翰大学图书馆(Brigham Young University Library)、加利福尼亚大学圣芭芭拉分校(University of California at Santa Barbara)和纽约大都会博物馆

---

① 马森著,杨德山译:《西方眼中的中华帝国》,时事出版社1999年版,第7页。

② 同上书,第15页。

③ 同上书,第14页。

(Metropolitan Museum of Art)等少数机构有藏,可见中山大学图书馆之藏本的珍贵。

(3)George Staunton, *A Historical Account of the Embassy of the Emperor of China, undertaken by order of the King of Great Britain; including the manners and customs of the inhabitants*. London: John Stockdale, 1797。此书的中文译名为《英国使团来华记》,作者乔治·斯当东爵士是英国马嘎尔尼爵士(Earl Macartney)访华使团的副使。18世纪中外关系史上的一个重要事件就是1793年英国政府派遣马嘎尔尼爵士率团访问大清帝国,目的是缔约通商,然而此行目的未能达成,马嘎尔尼爵士只是带回了一封乾隆帝致英王的信。使团访华的路线为由澳门洋面经浙江、江苏、山东沿海抵达天津,再经通州至北京,旋抵承德,于承德避暑山庄觐见乾隆帝后返京,经大运河到杭州,再到广州,自1793年6月29日到达澳门,至1794年1月8日启航回国,在华共历时204天。此次访华结束后,使团中的许多成员撰写了详细的回忆录或笔记,此书即为其中一种。[①] 因为该书以西方人的视角,运用访华期间搜集的丰富资料,对大清帝国盛世时代的中国社会作面面俱到、具体入微的记述,故出版后在欧洲引起巨大轰动,成为西方汉学家论述18世纪中国社会的最权威的资源和依据,可谓是有关中国问题西文文献中的重要著作。中山大学图书馆的藏本为该书1797年在伦敦出版的首版,32开本,475页,约30幅插图,同一版本的书目前已知在中国国家图书馆、上海社会科学院历史研究所资料室亦有藏,而在国外入藏有该书的图书馆数量较多。事实上,斯当东爵士来华后所写的专著不只此一部,另有一部名为《英使谒见乾隆纪实》(*An authentic account of an embassy from the King of Great Britain to the Emperor of China*,1796年伦敦Atlas公司首版,1798年伦敦G. Nicol公司重印,1797年伦敦W. Bulmer再版),因1963年商务印书馆出版了叶笃义的中译本,因此是书较《英国使团来华记》在国内更为闻名,而两书在内容上是有较大出入的。上海徐家汇藏书楼有藏英文原版的《英使谒见乾隆纪实》,而无《英国使团来华记》。

(4)George Lord Macartney, *Voyage dans l'intérieur de la Chine, et en Tartarie, fait dans les années 1792, 1793, et 1794*. Paris: Chez F. Buisson, 1798。此为马嘎尔尼访华使团特使马嘎尔尼爵士所撰写的日记体回忆录《马嘎尔尼伯爵在中国内地和鞑靼的游记(1792,1793,1794年)》,详细记载了他率团抵达澳门开始一路北上至北京、承德,再由京城南下广州的所见所闻,以及准备觐见事宜、谒见和珅、觐见乾隆、为其祝寿、通商事宜交涉等事件的经过。马嘎尔尼使团访华是清乾隆年间中英两国一次重大的外交活动,是为中英两国首次正式通使,所以此书对于清史研究、中国近现代史研究以及外交

---

① 马军:《上海社会科学院历史研究所资料室珍藏"西文汉学旧籍"简介(五)》,《史林》2003年第1期。

史、中西交流史的研究均有重要的史料价值。1916 年上海中华书局出版了由刘半农翻译的中文版，书名为《乾隆英使觐见记》。中山大学图书馆现藏本为 1798 年在法国出版的法文版，共三册，内容分为五卷，第一卷独立一册，515 页；第二、三卷合为第二册，每一卷独立编排页码，第二卷 412 页，第三卷 399 页；第四、五卷合为第三册，每一卷亦独立编排页码，第四卷 326 页，第五卷 402 页。查中国国家图书馆藏有的《马嘎尔尼伯爵在中国内地和鞑靼的游记(1792,1793,1794 年)》为 1804 年出版的法文版，出版社为巴黎 F. Buisson 公司。

(5)George Staunton, *Des Grafen Macartney Gesandschaftsreise nach China*. Berlin [出版社不详],1798。本书为乔治·斯当东爵士访华著作的德文译本，原书共三册，中山大学图书馆现仅存一册。该书在中国国家图书馆、德国巴伐利亚图书馆等少数图书馆有藏。

(6)E. Donovan, *An Epitome of the Natural History of the Insects of China*. London: T. Bensley,1798。本书为西方学者对中国昆虫进行研究的专著中较早的一部，中文译名为《中国昆虫博物志》，作者是英国的博物学家多诺万。近代以来西方人对中国的研究不仅仅是集中在中国社会与文化领域，同时对中国生物区系和地理分布的研究也十分重视，发表了不少有关中国动物学、植物学的文章与专著。较之西方学者对中国植物学以及动物学中兽类、鸟类和鱼类的研究，西方对我国昆虫的研究则相对薄弱，尽管如此，我国所拥有的很多价值非常高的经济昆虫资源很早就引起了西方学者的兴趣。鸦片战争前，清政府的闭关锁国政策使西方学者来华进行科学考察的活动受到了极大限制，因此 18 世纪的西方学者主要是通过商人收集到的有关我国昆虫的绘画资料和成盒购买的昆虫标本(主要是蝴蝶和甲虫)进行一些研究。多诺万的这本《中国昆虫博物志》就主要是根据在广州一带通过购买等途径收集而来的标本，进行相关的描述而成的，书中还收录有斯当东爵士来华带回的少量经济昆虫资料。① 本书除 1798 年版外，还有 1800 年版和 1842 年的订正版，1986 年美国的出版公司 CT Research Publications, Inc. 将 1798 年版制成缩微胶片，2004 年美国出版公司 Adamant Media Corporation 又影印出版了 1798 年版。而在国内 1798 年版的《中国昆虫博物志》则难得一见。

(7)John Barrow, *Travels in China*. London: T. Cadell and W. Davies,1806。此书为马戛尔尼访华使团总管约翰·班洛所作的《中国行记》，记述了作者访华期间暂居圆明园的活动以及随后由北京到广州之行的见闻，内容以对中国的政治、法律、财政、税收、对外贸易、军事、建筑、民情风俗、宗教、语言和文学等方面的描述为主。《中国行记》

① 罗桂环：《近代西方对中国生物的研究》,《中国科技史料》1998 年第 4 期。

的首版于 1804 年由伦敦 T. Cadell and W. Davies 公司出版(1806 年重印),1805 年美国费城的 W. F. M'Laughlin 出版社又出版了该书,1966 年马萨诸塞州 Worcester 公司将费城版制成缩微胶片。现上海图书馆徐家汇藏书楼藏有该书的 1804 年伦敦本,632 页,28cm 本;[①]上海社会科学院历史研究所资料室藏有费城版,32 开本,422 页;[②]而国家图书馆则藏有 1804 年版的缩微胶片和 1805 年费城版、1806 年伦敦版重印本的原书。中山大学图书馆现存的则为 1806 年伦敦版重印本。

(8)Rev. Robert Morrison, *Horce Sinica: translations from the popular literature of the Chinese*. London: C. Stower, Hackney, 1812。本书为西方派到中国大陆的第一位基督新教传教士马礼逊对中国文学的翻译作品,通常国内学者将其题名译为《中国通俗文学译文集》。一直以来马礼逊是以其在华所开创的译经、编字典、办刊物、设学校、开医馆和印刷出版等事业而闻名,他翻译的《圣经》中文全译本、编写的《华英字典》以及创办的第一份中文月刊《察世俗每月统纪传》备受国内外研究者的重视。而《中国通俗文学译文集》则是其第一部中国文学译作,内容包括《三字经》、《大学》和《三教源流》中介绍佛道两教的部分文字、一篇劝阻食用牛肉的幽默文章以及几段中国书信样本。[③] 译文集中篇目的选择主要来自伦敦大学亚非学院图书馆(Library of the School of Oriental and African Studies, University of London)的中文馆藏。此书对于研究西方人对中国作品的译介有重要价值。

(9)John M'Leod, *Narrative of a voyage, in His Majesty's late ship Alceste to the Yellow Sea, along the coast of Corea, and through its numerous hitherto undiscovered islands, to the Island of Lewchew; with an account of the shipwreck in the Straits of Gaspar*. London: John Murray, 1817。《阿尔西斯特号黄海、朝鲜、琉球航行记》的作者 John M'Leod 是一名外科医生。英国政府继 1792—1794 年派马嘎尔尼使团访华失败后,于 1816 年再派阿美士德勋爵(William Pitt Amherst)率团出使访华,与清政府再商中英贸易事宜,使团于 1816 年 2 月从英国南部的斯皮特黑德(Spithead)出发,7 月初抵广州,继续北上,于 1816 年 8 月 13 日抵达天津,于此筹备觐见嘉庆帝事宜,并于 8 月 29 日抵达北京。然而由于"三跪九叩之礼"以及觐见细节方面的分歧使得阿美士德勋爵最终未能见到嘉庆皇帝,使团就被下令驱逐离京。John M'Leod 是以医生身分随阿美士德勋爵使团来华的,他撰写的这本《阿尔西斯特号黄海、朝鲜、琉球航行记》是有关阿美

① 马少甫:《徐家汇藏书楼有关清代历史英文珍本书目述要》,《海外中国学评论》第 1 辑,上海古籍出版社 2006 年版。

② 马军:《上海社会科学院历史研究所资料室珍藏"西文汉学旧籍"简介(五)》,《史林》2003 年第 1 期。

③ 王辉、叶拉美:《马礼逊与马士曼的〈大学〉译本》,(香港)《中国文化研究所学报》第 49 辑(2009 年)。

士德勋爵使团访华的重要文献，书中记载了使团从派遣来华到归国的整个经过与见闻，尤为可贵的是记录了阿尔西斯特号沿朝鲜海域航行，经过无数当时未知的岛屿以及琉球岛，驶抵黄海的详细经过以及使团返国时在加斯帕尔海峡(the Straits of Gaspar)遭遇海难的经过。因其书中有关于朝鲜海域和琉球岛的记载，故该书在日本先后有1965年和1999年两种日文译本。《阿尔西斯特号黄海、朝鲜、琉球航行记》的首版于1817年在伦敦出版，中山大学图书馆现藏本即为此书的1817年版本，288页。查中国国家图书馆的藏本为1818年在美国费城出版的版本，共224页。

(10)A. Eliza, *Mrs. Robert Morrison. Memoirs of the Life and Labours of Robert Morrison*. London: Longman, Orme, Brown, Green, and Longmans, 1839。此书为马礼逊夫人搜集其丈夫生前的日记、书信和文件等手稿编纂而成的《马礼逊回忆录》，书后另附有《恒河域外传道团总章程》、《恒河域外传道团关于遗孀、孤儿救助金的规定》、《关于清官府对待东印度公司在华职员行为的思考》、《伶仃案纪实》、《1822年广州火灾纪实》等文献九种。书中的内容大多为珍贵的一手资料，既展现了马礼逊作为西方派到中国的第一位新教传教士为开拓基督教在中国的传教事业所作出的贡献，也从另一个视角透视了18世纪初中国社会的政治、经济、生活等方面的情况。此书在中国国家图书馆仅藏有缩微胶片，另有2008年郑州大象出版社重新出版的版本。

(11)M. G. Pauthier, *China*. Stuttgart: E. Schweizerbart's Verlagshandlung, 1839。M. G. Pauthier是19世纪法国重要的汉学家，其因对"支那"(China)一词起源问题的研究以及对中国儒家经典的翻译和研究而在法国汉学界占有一席之位，英国汉学家伟烈亚力(Alexander Wylie)曾为其编写过著作目录。然而国内学界对它的研究并不十分充分，连姓名中文译法至今都未统一，译作纪尧姆·鲍狄埃、颇节、卜铁、鲍吉耶、博迪耶者皆有。中山大学图书馆现存其所撰写的《中国》这一书为1839年在斯图加特出版的德文版，共530页，另书后附有关于中国的图片73幅，除中大图书馆所藏的这一版本外，据Worldcat的数据显示该书另外还有1835年的德文版，出版地和出版社与1839年版同。除《中国》一书外，中山大学图书馆还藏有其所著的法文版 *Chine ou Description Historique: Géographique et Littéraire de ce Vaste Empire* 和 *D'après des Documents Chinois*、*Confucius et Mencius*(《孔子和孟子》)等书，其中前者出版年不详。

除上述11种出版年份可以确定的文献以外，还有些馆藏因年代久远、纸张破损等原因而导致出版年缺失，故暂时无法确定馆藏版本的年代，只能据Worldcat中著录的出版年推测。若以此为依据，则馆藏中属1840年前出版的有关中国的珍稀西文文献还有如下7种：

(1)曾德昭(P. Alvarez Semedo):《中国通志》(*Histoire Universelle de la Chine*),

里昂:Chez H. Prost 出版社。法文,458 页。此书初版于 1645 年由巴黎 Cramoisy 出版社出版,而里昂版应为 1667 年出版。

(2)巴耶(Theophili Sigefridi Bayeri):《中国博览》(*Museum Sinicum*),Petropoli: Extypographia Academiae imperatoriae。拉丁文,372 页。据 Worldcat 中的著录,此版本应出版于 1730 年。

(3)Nicolas Gabriel Le Clerc:《从大禹到孔子:中国历史》(*Yu Le Grand et Confucius, Histoire Chinoise*),苏瓦松(Soissons):*De L'Imprimerie de Ponce Courtois*, Imprimeur du Roi。法文,701 页。据 Worldcat 中的著录,此版本应出版于 1769 年。

(4)C. Charpentier Cossiigny:《广州之行》(*Voyage A Canton*),巴黎:Chez André, Imp. -Libraire 出版社。法文,607 页。此版本应出版于 1799 年。

(5)Hirschmann 译:《马嘎尔尼勋爵中国之行》(*Lord Macartney's Reise Nach China*),柏林:Schuppelsche Buchhandlung 出版社。德文,149 页。据 Worldcat 中的著录,此书有 1805 年和 1835 年两个版本。

(6)博迪耶(M. G. Pauthier):《中华帝国历史:文献记载中的中华帝国地理与文学》(*Chine ou Description Historique: Géographique et Littéraire de ce Vaste Empire, D'après des Documents Chinois*),巴黎:Libraire de Firm in-Didotet C. 出版社。法文,488 页,正文后有大量插图。据 Worldcat 中的著录,此书应出版于 1837 年。

(7)阿罗姆(Thomas Allom):《中华帝国》(*The Chinese Empire: Historical and Descriptive*),伦敦:London Printing and Publishing Company Limited。英文,共两册,上册 106 页,下册 116 页,书中有大量阿罗姆绘制的东方画。据 Worldcat 中的著录,此书应出版于 1870 年。

审视西方人有关中国的作品,不难发现作品的时代集中于两个阶段,即明代后期至清初西班牙、葡萄牙和意大利等国传教士所撰写的大量关于中国的作品以及晚清以来欧美各国来华人士对中国的记述性和研究性作品。唯独自康乾迄嘉庆年间,也就是清代最鼎盛的时期,西方人有关中国的作品空白很多,所以这一时期有关中国的西文文献无论从其资料价值、研究价值还是版本价值观之,都弥足珍贵。中山大学图书馆现存原岭南大学图书馆所藏的有关中国的西文出版物菁华中,保留了不少西方人对清朝盛世时代描述的作品,对中国社会的观察可谓面面俱到且细致入微,对于学术研究十分有价值。

三、有关中国农业、生物、地质和医学的西文文献

作为一所以应用和理工学科见长的大学,岭南大学的教学和研究与中国社会相结

合也是从应用和理工学科开始的，并长期以此为主。因此岭南大学图书馆所藏的“中国问题研究”西文出版物中有不少农业、地质学、生物学和医学方面的文献。尽管在1952年院系调整时，此类文献大多数被调整至现华南理工大学、华南农业大学和中山医学院，并多有散佚，但目前仅保存于中山大学图书馆总馆的有关中国农业、地质、生物和医学的西文文献就共计有103种。这与诸如燕京大学等以文科见长的教会大学图书馆中所藏的“中国问题研究”西文出版物的学科类型相较之，具有鲜明的岭大特色。

岭南大学的办学目的走向世俗化和中国化，形成集教学、科研和推广一体化的教学模式，并有意识地关注广东乃至中国社会发展的需要，始于农科教育的开办。① 1907年美国园艺学家高鲁甫(George Weidmen Groff)来到岭南大学，时值学校迁入康乐新校址三年，校园建设百事待兴，高鲁甫开始结合广州的气候和土壤条件探索校园的绿化和环境改造工作；为满足学校外籍教师饮食习惯上对牛奶的需求，高鲁甫又尝试建设标准奶牛场。1915年菲律宾科学局帮助岭南大学建立草药种植园；1916年春，纽约岭南董事局总干事格兰先生与堪萨斯州立农业大学校长华达商洽关于美国农业通过岭南大学与广东农业相互合作支援问题，并达成共识，派遣罗飞云(Carl Oscar Levine)来华任教，②同年高鲁甫与美国农业部合作考察柑橘属水果情况，建立柑橘属水果引种站；1917年，明尼苏达大学生物学家考活(Charles W. Howard)把研究所得的免疫蚕种赠送附近村民；1919年，法国和美国的丝绸出口商与岭大合作改进中国生丝质量，并于当年开始正式接收修读农学的学生。岭南大学开始进行农学教育时正值广东省实施新兴农业计划，因此农学教育计划得到了广东社会各界人士的支持，所开设的课程中很多为专门研究华南地区的农学。③

因农学教育和科研与广东社会的结合，故在图书资料方面对有关中国农业问题的书籍产生了迫切的需求，在广东省档案馆所藏岭南大学档案中，就保存有一份1920年5月21日高鲁甫教授致图书馆馆长特嘉(Jessie Douglass)女士荐购有关中国农业问题西文书籍以便于研究使用的函件。④ 目前已知的保存于中山大学图书馆的有关中国农业的西文文献有26种，涉及的类别包括：

(1)园艺类，如华盛顿国家植物标本馆的著名东亚植物文献权威Egbert H. Walker的《岭南大学的51棵普通观赏树》(*Fifty-one Common Ornamental Trees of the Ling Nan University*)，英国园艺学家、植物学家威尔逊(Ernest Henry Wilson)的《中国：园

---

① 陈国钦、袁征：《瞬逝的辉煌：岭南大学六十四年》，广东人民出版社2008年版，第24—27页。

② 华南农业大学校友令：《校史概览》，http://web.scau.edu.cn/xyh/xsgl_2.asp.

③ 陈国钦、袁征：《瞬逝的辉煌：岭南大学六十四年》，广东人民出版社2008年版，第24—27页。

④ The Letter of G. W. Groff to Jessie Douglass(1920-05-21)，广东省档案馆：38-4-182(142)。

林之母》(*China:Mother of Gardens*)等。

(2)经济作物研究,如英国植物学家、汉学家韩尔礼(Augustine Henry)的《中国经济植物笔记》(*Notes on Economic Botany of China*),C. Y. Shih 的《中国经济植物研究》(*Studies in Chinese Economic Botany*),美国植物病理学家 Otto August Reinking 的《华南经济作物病变》(*Diseases of Economic Plants in Southern China*);还有不少关于某一种具体经济作物栽培研究的专著,如 Samuel Ball 的《中国茶叶的耕种与加工:个人观察》(*An Account of the Cultivation and Manufacture of Tea in China:Derived from Personal Observation*),英国作家福钧(Robert Fortune)的《中国茶乡之行》(*A Journey to the Tea Countries of China*)和《两访中国茶乡和喜马拉雅山麓的两座英国茶园》(*Two Visits to the Tea Countries of China and the British Tea Plantations in the Himalaya*)等,前述三书分别成书于 1848 年、1852 年和 1853 年,不仅仅对于研究中国茶叶有重要的参考价值,更从另外一个侧面反映出鸦片战争后西方人对中国的兴趣所在以及资本主义经济对中国封建主义经济的渗透。此外,这一类中还有不少岭南大学农学院教师所撰写的专著,如高鲁甫教授的《荔枝与龙眼》(*The Lychee and Lungan*)等。

(3)林业研究,如 Norman Shaw 的《中国的林业与木材供应》(*Chinese Forest Trees and Timber Supply*)等。

(4)畜牧业研究,如 Ralph W. Phillips 等人的《中国家畜》(*The Livestock of China*),岭南大学农学院教授罗飞云所著的《中国饲养动物与农牧产业研究》(*Notes on Farm Animals and Animal Industries in China*)等。

(5)蚕桑研究,如《华中蚕茧研究》(*A Study of Cocoons of Central China*)等。

(6)农业经济研究,如美国著名农业经济学家卜凯(John Lossing Buck)的《中国农场经济:对 7 省 17 个地区 2866 个农场的调查》(*Chinese Farm Economy:A study of 2866 farms in seventeen localities and seven provinces in China*),中国著名农业经济学家陈翰笙的《工业资本与中国农民:中国烟草种植者生计调查》(*Industrial Capital and Chinese Peasants:A Study of the Livelihood of Chinese Tobacco Cultivators*),高鲁甫的《中山地区与土地利用相关的拖拉机耕种试验》(*The Chungshan District Tractor Farming Experiment in Relation to Land Utilization and Chinese Found Supply*)以及 W. H. Tomhave 的《满洲农业报告》(*Reports on Agricultural Work in Manchuria*)等。

这些藏书基本上都是有关中国农业研究的西文文献中的经典著作,有很高的学术水平和研究价值,大多成书于 20 世纪二三十年代,作者除了长期在国外各科研机构工作的研究者以外,还有很多是长期在国内教会大学等研究机构工作的外国研究者。

岭大农学教育所探索出的集教学、科研和推广一体化的办学模式以及关注广东乃至中国社会发展的理念,渐渐推广至学校其他理工及应用科学的教学和研究中,并反映到了馆藏中。岭南大学图书馆旧藏有关中国生物研究的专著现存于中山大学图书馆的尚有 50 种，其中动物学研究专著有 33 种，植物学专著 17 种。近代西方学者研究中国动物的整体特点，据中国科学院自然科学史研究所研究员罗桂环总结如下：

> 西方对我国动物方面的研究主要是分类和地理分布研究。一般而言，西方对我国的鸟兽研究得多一些，鱼类和两栖爬行类次之；昆虫除一些有重要经济价值的蚕和白蜡虫之外，以鳞翅目（蝴蝶）和甲虫研究得多一些；相比之下，软体动物等其他低等动物研究得少一些。①

罗氏的结论得自其对近代以来西方 148 位生物家所从事的中国动物研究及 59 部代表性著作的系统梳理，却颇能与中山大学图书馆现在仅存的 33 种有关中国动物研究的西文文献研究主题相互印证。藏书中以研究鸟类的著作为最多，如美国传教士柯志仁（H. R. Caldwell）父子撰写的《闽江下游河谷的常见鸟类》（*Common Birds of the Lower Min Basin*）、《华南的鸟》（*South China Birds*），东吴大学生物学系主任祁天锡（N. GistGee）等撰写的《长江下游鸟类索引》（*A Key to the Birds of Lower Yangtze Valley*），曾在中国海关任职的赖陶齐（J. D. D. La Touche）的《中国东部的鸟类手册（直隶、山东、江苏、安徽、江西、浙江、福建、广东）》（*A Handbook of the Birds of Eastern China [Chihli, Shantung, Kiangsu, Anhwei, Kiangsi, Chekiang, Fohkien, and Kwangtung Provinces]*），E. S. Wilkinson 的《上海鸟类：上海及周边地区鸟类生活研究》（*Shanghai Birds: A Study of Bird Life in Shanghai and the Surrounding Districts*）等。

关于兽类研究的藏书也为数不少，且基本上都是代表当时最高研究水平的经典著作，如《中国动物区系论文集》（*Beiträge zur Fauna Sinica*），其作者是德国学者麦尔（R. Mell），曾在岭南执教十多年，一直注重收集中国的动物标本，潜心研究中国动物，并致力于编写系统地反映中国尤其是中国南方各类动物的著作；②《中国和蒙古的兽类》（*The Mammals of China and Mongolia*）的作者是执教于哈佛大学的美国著名兽类学家埃伦（Glover M. Allen），这部著作在当时被视为综合了此前欧美其他学者研究中国兽类学术成果的总结性著作，其扉页上题有“美国博物馆中亚调查记”的中文题名，著作分为两册，第一册 620 页，1938 年出版，第二册 730 页，1940 年出版。此外再如《中国东北部和中部脊椎动物手册（不含鸟类）》（*Manual of the Vertebrate Animals of Northeastern*

① 罗桂环：《近代西方对中国生物的研究》，《中国科技史料》1998 年第 4 期。
② 李枢强：《北疆博物院》，《生物学通报》2007 年第 9 期，第 62 页。

and Central China Exclusive of Birds)，书中有相当篇幅是研究中国鱼类资源的资料，作者为在金陵女子大学任教的里夫斯(C. D. Reeves)。

在现存馆藏有关中国两栖爬行类动物研究专著中比较重要的有美国著名生物学家蒲伯(Clifford H. Pope)的《中国的爬行动物：海龟、鳄鱼、蛇、蜥蜴》(*The Reptiles of China：Turtles，Crocodilians，Snakes，Lizards*)，该书为美国博物馆中亚调查记系列丛书的第10卷，是当时关于中国爬行类动物最全面的著作。关于中国昆虫的研究著作则仅存三部，除上一节所述的《中国昆虫博物志》外，还有英国昆虫学家科芍(J. C. Kershaw)1907年出版的《香江蝴蝶谈》(*Butterflies of Hongkong*)和著名德裔美籍汉学家劳费尔(Berthold Laufer)1927年出版的《中国昆虫音乐及斗蟋蟀》(*Insect-Musicians and Cricket Champions of China*)。

有关软体动物研究的西文著作，目前进入国内生物学史研究界视野的主要是美国学者莫尔(P. J. Moore)、法国天主教神父韩伯禄(Pierre Heude)、曾在北京大学执教的美国学者葛拉普(Amadeus W. Grabau)、曾在动物大学执教的祁天锡(N. GistGee)以及德国学者米彻苏(W. Michaelsen)的著作。从中山大学图书馆现存的藏书来看，西方学者对中国软体动物研究著作的数量并非目前所知的这么少，现存藏书中除上述提到的葛拉普的著作《北戴河的贝壳》(*Shells of Peitaiho*)以外，还有如俄德诺(Nils H. J. Odhner)的《中国广西上新世矿床的非海产软骨动物》(*Non-Marine Mollusca from Pliocene Deposits of Kwangsi，China*)以及桑志华(E. Licent)等天津北疆博物院(Musee Hoang ho Pai ho de Tien Tsin)的研究者出版的有关中国北方环节动物、浮游生物、非海洋(陆地)腹足动物的著作。

在馆藏现存的17种有关中国植物的西文著作中，最早的一部可上溯到1861年英国植物学家边沁(George Bentham)出版的《香港植物志：香港岛的开花植物和蕨类植物》(*Flora Hongkongensis：A Description of the Flowering Plants and Ferns of the Island of Hongkong*)，其他比较重要的著作还包括俄国汉学家、植物学家埃米尔·布雷特施奈德(Emil Bretschneider)的《中国植物学：当地及西方资料中对中国植物学的记录》(*Botanicon Sinicum：Notes on Chinese Botany From Native and Western Sources*，1895)、美国植物学家迈耶的《中国植物名录》(*Chinese Plant Names*，1911)、英国植物学家 Stephen Troyte Dunn 的《中国广东和香港植物志》(*Flora of Kwangtung and Hongkong [China]*，1912)等。馆藏德文书《中国植物志要》(*Symbolae Sinicae*)是当时国际上公认的研究中国植物的总结性质的重要著作，其中所记录的植物来自奥地利植物学家韩马迪(Heinrich von Handel-Mazzetti)在中国的采集。韩马迪曾在我国的云南、四川和西藏等西南地区进行植物学考察，采集了大量的植物标本，是20世纪研究中国植物的重要代表人物之一。该书是他从中国回到维也纳后，与凯斯勒(K. von Keissler)、查尔布鲁克(A. Zahlbrucker)、尼可尔森(W. E. Nicholson)、赫佐格(T. Herzog)、维杜恩(F. Verdoom)等植物学家一起精心研究、编写而成，全书共分藻类、真菌、地衣、藓类、苔类、蕨类和种子植物 7 卷，[①]1936 年由德国著名的科学出版商 Springer 公司出版，共 1186 页，附图 7 页。馆藏《东亚植物文献目录》(*A Bibliography of Eastern Asiatic Botany*，1938)则是一部研究中国和东亚植物的重要参考工具书，作者梅里尔(Elmer D. Merrill)是国外研究中国植物最著名的研究者之一，从事东亚植物研究长达数十年，我国不少学者采集的标本也是由他鉴定、命名的，此外图书馆还藏有他撰写的《中国植物笔记》(*Notes on the Flora of China*)，是他 1917 年至 1919 年发表在《菲律宾科学学报》(*The Philippine Journal of Science*)上的三篇论文《中国广东省植物笔记》(Notes on the Flora of Kwangtung Province，China)、《中国广东省罗浮山区植物笔记》(Notes on the Flora of Loh Fan Mountain，Kwangtung Province，China)和《广东植物附记》(Additional Notes on the Kwangtung Flora)的抽印本。

在馆藏 50 种有关中国生物研究的西文专著中，有 23 种属天津北疆博物院(La Musée Hoang ho Pai ho de Tien Tsin)的系列出版物，均为法文著作，内容涉及中国北方兽类、鸟类、鱼类、两栖爬行类、昆虫和软体动物以及各类植物标本的收藏情况以及相关研究资料；另外还存有八种北疆博物院馆藏指南、馆藏目录、馆藏地质类标本及相关研究文献和参考文献等系列出版物。天津北疆博物院系今天津自然博物馆的前身，1922 年由法国耶稣会出资创办，是时在上海已有徐家汇博物馆(后称震旦博物馆，中国科学院动物研究所标本馆前身)，专事长江以南地区标本的收集与研究，而以黄河流域为中心的中国北方在标本收集与研究方面却是空白，[②]北疆博物院成立的目标就是重点收藏中国西北、华北、东北地区及世界范围内具有代表性、典型性的动物、植物、地质、古生物和古人类的标本。北疆博物院的首任院长桑志华[③] 1914 年从欧洲经西伯利亚来华，于 7 月 13 日开始了对我国北方长达 20 余年的考察和采集活动，[④]至 1925 年北疆博物院成立四周年时，桑志华已为博物院采集了“三万种之植物，三万五千种之特种木质性物，各种奇异难得之哺乳类及爬行类动物，二千种关于人类学及生物学最有价值之标本，七千种关于岩与矿质之标本……此外尤有一万八千基罗之第三及第四地层之动物

① 罗桂环：《近代西方对中国生物的研究》，《中国科技史料》1998 年第 4 期。

② 李枢强：《北疆博物院》，《生物学通报》2007 年第 9 期。

③ 房建昌在《天津北疆博物院考实》(《中国科技史料》第 24 卷，2003 年第 1 期)一文中说：“桑志华，黎桑，号志华，1876 年生，法国科学院动物学博士。”而王嘉川和王珊的《天津北疆博物院补考》(《中国科技史料》第 25 卷，2004 年第 1 期)一文中称：“古生物地质学博士桑志华，1876 年生，1895 年入耶稣会，是法国著名地质学家，法国科学院院士。”

④ 房建昌：《天津北疆博物院考实》，《中国科技史料》2003 年第 1 期。

骸骨，以及各种关于人类学、工商学、农学之报告”。[①] 至 20 世纪 30 年代，北疆博物院已有藏品 23 万余件，其中甘肃庆阳、内蒙古萨拉乌苏、河北阳原泥河湾、山西榆社四地的动物群化石之丰富和完备为世界所罕见；[②]德日进、桑志华、暴安良、侯仁之、林镜瀛等 44 位研究人员发表和出版著述 112 种（含译文）。从中山大学现存的共计 31 种北疆博物院系列出版物推测，当时岭南大学图书馆应该曾对北疆博物院的有关出版物做过系统收藏，因北疆博物院的藏品在国际同类型博物馆中享有盛誉，具有极高的研究价值，故岭南大学图书馆所藏的北疆博物院系列出版物无疑也具备非常高的资料价值和研究价值，甚至可以填补有关中国北方动物、植物、地质、古生物和古人类学研究领域的空白，是非常珍贵的一批文献。

此外现保存于中山大学图书馆的西文藏书中，还有一些关于中国地质、矿产的专著，如 William F. Collins 的《中国的矿产业》（*Mineral Enterprise in China*），E. M. de Villa 的《中国、印度支那和马来亚矿产研究》（*The Study of Mines in China, Indochina and Malaya*）等。中山大学图书馆保存下来的有关中国医药的西文文献有 13 种，其中包括北京协和医学院的伊博恩（Bernard E. Read）和刘汝强[③]合作翻译《本草纲目》的两个分册，分别为 1927 年由北京协和医学院药理系出版的 *Plantae Medicinalis Sinensis: Bibliography of Chinese Medicinal Plants*（106 页），1936 年由《北平博物杂志（英文版）》（*The Peking Natural History Bulletin*）杂志社出版的 *Chinese Medicinal Plants from the Pen Ts'ao Kang Mu*（389 页），后者较前者更为完善，流传也更为广泛，中文题名通常译为《本草新注》，尽管此书不是《本草纲目》的英文全译本，却是全面研究此书的佳作，集中介绍和翻译出了原著中的精华部分。[④] 馆藏中还有中国海关总局的《汉口及长江其他港口医药出口名录》（*List of Medicines Exported from Hankow and the Other Yangtze Ports*, 1909）、奥贝德・西蒙・约翰逊（Obed Simon Johnson）的《中国炼丹术

---

① 《天主教在中国五大文化事业概况・公教学生》，1943. 3(2—3)，河北大学档案：1934—CB13—8。引自王嘉川、王珊：《天津北疆博物院补考》，《中国科技史料》2004 年第 1 期。

② 周筠：《直隶早期博物馆之一——北疆博物院》，《文物春秋》2006 年第 4 期。

③ 伊博恩（Bernard E. Read，1887—1949），英国药物学家，早年攻药物学，获博士学位，来华以后 1920—1935 年曾任北京协和医学院药理系主任兼教授，1935 年后任上海雷士德医学研究院（Henry Lester lnstitute of Medical Research）研究员。他与中国学者刘汝强、李玉仍和朝鲜学者朴柱秉等人合作，积多年努力终于在 20 年代至 30 年代分期用英文对《本草纲目》的卷 8—37、39—52 总共 44 卷内容作了全面介绍和研究，涉及原著中的草部、谷部、果部和木部、兽部和人部、禽部、鳞部、介部、虫部及金石部。在这项工作中，首先从《本草纲目》中选出各种药物的条目，再鉴定其名称，说明有效成分，并参照诸家论著加以注释，每种药都标出其中文原名、学名，全书附以插图及药名索引。（参见北京中医药数字博物馆网站 http://www. tcm-china. in fo/gjjl/gudai/m qsq/72739. shtml）刘汝强，北京协和医学院教授。

④ 《中国古代的百科全书——〈本草纲目〉》（2009—11—24），http://www. tcm-china. info/gjjl/gudai/mqsq/72739. shtml(北京中医药数字博物馆)。

考》(*A study of Chinese Alchemy*,1928)、莫尔思(William R. Morse)的《中国的医学》(*Chinese Medicine*,1934)等西文书籍,均属研究中医西传以及中西医学交流史的重要文献。

四、“岭南地区研究”西文文献

由于明代的海禁政策和清代的闭关锁国政策,明清两代很长一段时间内广州是中国唯一的对外开放通商口岸,西方传教士、商人、使节团、探险家的访华之旅通常最远只能抵达广州一带,因此明末清初和鸦片战争后的两次中西文化交流高潮均肇始于广州,西方人对中国形象的认识也是从广州开始,在早期有关中国的西文文献中,即使书名冠之以“中国”,但很多实际只是对广州的描述和记录。在这两次中西文化交流高潮的初期产生了许多与广州乃至岭南地区相关的西文文献,这些文献因其资料的丰富性、独特性以及研究价值的重要性而备受研究者和各类研究机构、收藏机构重视。然而两次中西文化交流高潮的中心后来都由广州转移到以上海、北京为中心的北方地区,[①]广州的重要性和受关注的程度相对下降。尽管以广州、香港和澳门为代表的岭南地区在近代以来中西文化交流的历史过程中所扮演的重要角色依然不可忽视,当地的商业、传教以及文化事业在原有基础上继续得到发展,相关的西文文献亦层出不穷,但对此类文献做系统收藏者却鲜有。

岭南大学在当时是广东文化研究的学术重镇,其图书馆不仅在收集中文广东地方志和广东文献方面不遗余力,对于相关的西文文献收集亦是如此。目前原岭南大学图书馆所藏的有关岭南地区西文文献流传并保存于中山大学图书馆的仅余62种,其出版年代的时间跨度从1665年至1939年(表1)。

表1 馆藏有关岭南地区西文文献年代统计

出版年代	1665	1799	1861	1880—1889	1890—1899	1900—1909	1910—1919	1920—1929	1930—1939
文献数量	1	1	1	5	2	7	9	12	23

从表中所示的年代分布可以看出,现存之馆藏文献已经基本涵盖了从早期开始各个时代西方人对以广州为中心的岭南地区的认识和研究。从现存馆藏文献的类型来看,岭南大学图书馆当时的收藏并不局限于学术性研究著作,游记、工作报告、有关地方法律、经济及发展概况类的资料汇编、普及性读物等文献亦在收藏之列。从现存文献的内容所涉及的主题来看,大致可分为如下几类:

---

① 有关中西文化交流中心由南向北转移这一问题的论述,详细可参见吴义雄:《在宗教与世俗之间:基督教新教传教士在华南沿海的早期活动研究》,广东教育出版社2000年版,第203—206页。

(1)关于广东及西南地区乡土社会、人类学、民族学的研究文献,存 3 种。有美国学者葛学溥(Daniel Harrison Kulp)的《华南的乡村生活》(*Country Life in South China*),葛学溥是严格意义上首位以田野工作方法对中国乡村社会进行人类学研究的学者,曾任上海沪江大学社会学教授,于 1918—1923 年间指导学生在广东潮安县归湖镇的凤凰村(今溪口村)开展调查,《华南的乡村生活》即是此次调查的报告书,由美国哥伦比亚大学于 1925 年出版。该书详细地记录了凤凰村的经济、家庭、宗教、教育、人口及社区组织的情况,尤其值得关注的是调查报告中还包括了体质人类学测量、研究部分,因此该书可视为较早从人类学、社会学的角度研究中国汉民族社会的重要著作。[①] 容观瓊教授认为,葛学溥的研究是社会人类学发展史的第二个里程碑,导致人类学家从研究规模小且简单的部落社会走向更为复杂的乡村社会。[②] 英国传教士克拉克(Samuel R. Clarke)的《中国西南部落》(*Among the Tribes in South-west China*,1911)记录了他 19 世纪末到 20 世纪初在贵州一带 33 年的传教经历,记载了中国西南少数民族部落的宗教信仰、婚丧嫁娶、歌谣语言、民族节日以及民间故事等,是研究中国西南少数民族部落的早期重要著作之一。另一部为史禄国(S. M. Shirokogoroff)代表作之一的《华东和广东人类学》(*Anthropology of Eastern China and Kwangtung Province*,上海商务印书馆,1925),该书甫一出版即受到当时学术界的重视,1936 年被收入哈佛燕京学社编制的《关于中国的重要西文书籍选目》,其学术价值不言而喻。

(2)关注广东社会各个方面变化、发展问题的文献,存 6 种。有对近代以来西医东传运动下广州教会医院发展研究的《柳叶刀尖:博济医院百年史,1835—1935》(*At the Point of a Lancet:One Hundred Years of the Canton Hospital 1835—1935*),1935 年由上海别发洋行(Kelly & Walsh,Limited)出版,作者为嘉惠霖(William Warder Cadburg)和 Mary Hoxie Jones,尽管该书从严格意义上来说不是一部学术性著作,书中更多的是史事性的记叙,但是它系统、详尽地展现了博济医院的百年发展历程,该院恰是外国教会在中国内地开设的第一间教会医院,同时也是中国第一间西医医院,所以此书具有相当重要的史料价值,对研究西方教会的医学传教思想、基督教在华事业,乃至中国近代医学知识、医疗技术和医院制度的变迁提供了可靠而又详细的文献资料。还有研究广东洪水灾害问题的《广东洪灾问题》(The Flood Problem of Kwangtung),作者 G. W. Olivercrona,该文原载于《岭南科学杂志》1925 年第 3 期,此为抽印本,中英文对照,其中前面的英文部分共 12 页,后面的中文部分共 16 页,是为数不多的西方人专门

① 周大鸣:《凤凰村的变迁:〈华南的乡村生活〉追踪研究》,社会科学文献出版社 2006 年版,第 1 页。

② 同上。

研究广东自然灾害问题的重要文献之一，至今仍被西方学者所引用。馆藏哈斯尔伍德(H. L. Haslewood)的《香港童奴》(*Child Slavery in Hong Kong*)，1930 年由英国伦敦谢尔登出版社(The Sheldon Press)出版，130 页，是研究香港殖民地早期童工问题的重要参考文献。《中国广州石湾一带的陶器场》从工业化学的角度对广州石湾一带的制陶情况进行专业研究，作者是 Clinton N. Laird，该文献也为抽印本，原文刊载于美国化学学会出版的《工业与工程化学学报》(*Industrial and Engineering Chemistry*)第 10 卷，1918 年第 7 期第 568—571 页。此外还有关于广东社会重建以及推行新农业改革方面的藏书，包括广东省政府编写的《顺德地区试验点的重建工作报告》(*Report on the Work and Places of the Demonstration Areas in Shun-Tak District*，1935 年)、陈翰笙的《南中国农村社会》(*Agrarian Problems in Southernmost China*，上海别发洋行，1936)和高鲁甫的《潮汕地区与土地利用相关的拖拉机耕种试验》。

(3)西方教会在华南地区传教史及传教事业的专著，存 8 部。馆藏现存有关基督教新教早期在华南地区传教历史的文献中，较早的一部为香便文(B. C. Henry)的《基督教与中国》(*The Cross and the Dragon, or Light in the Broad East*，纽约：Anson D. F. Randolph and Company 出版，1885)，其他的还包括汲约翰(John Campbell Gibson)[①]的《在华南的传教问题与传教方式》(*Mission Problems and Mission Methods in South China*，爱丁堡，伦敦：Oliphant, Anderson & Ferrier 出版，1902)、Herbert Davies 的《新西兰长老会在广州乡村的传教》(*The Canton Villages Mission of the Presbyterian Church of New Zealand*，海外宣道会，1916)和 Harriet Newell Noyes 的《美国长老会华南传教史：1845—1920》(*History of the South China Mission of the American Presbyterian Church, 1845—1920*，上海美华书局，1927)，目前从事基督教在华传教史研究的学者对第一种和第三种文献参考和引用得较多，而对于《新西兰长老会在广州乡村的传教》一书则知之者甚少，这或许与新西兰长老会较之其他在华教会势力较弱小、受关注不多有关，也或许是因为该书是仅为 63 页的小册子，所以一直以来没有受到足够的重视而逐渐被研究者遗忘。馆藏另一种重要的有关基督教新教在广东传教事业的文献是一部会议录——《广东传教士会议：1911—1918》(*The Canton Missionary Conference, 1911—1918*)，8 册合订为 1 册，由上海浸信会出版社(China Baptist Publication Society)出版，全面而详细地记载了基督教新教在广东传教情况及各项传教事业进展，具有重要的史料价值。另外两部是关于教会在广州教育事业的文献，分别为葛理佩(H. B. Graybill)的《中国的儿童教育：岭南学校》(*Teaching Children in China: at the Canton Christian*

---

① 汲约翰，英国长老会宣教士，1874 年来华，长期在广东汕头一带传教。

College，纽约岭南学校董事会，1916）以及岭南大学编写的《开放古都中的现代大学》（*A Modern College in the City of Ginger and Jade*）和《岭南大学：发展与展望》（*Canton Christian College Ling Naam Hok Hau*：*Its Growth and Outlook*，纽约岭南大学董事会，1919）。

（4）学习广东方言的读物，存 4 种，包括：《广东方言句型选》（*Select Pharses in the Canton Dialect*），作者不详，1889 年上海别发洋行出版，66 页；波乃耶（J. Dyer Ball）的《学说广东话：口语对话 50 句》（*How to Speak Cantonese*：*Fifty Conversations in Cantonese Colloquial*）和《轻松学说广东话》（*Cantonese Made Easy*），均为上海别发洋行的出版物，前者 1902 年出版，229 页；后者 1907 年出版，186 页；H. R. Wells 的《人人学说广东话》（*Cantonese for Everyone*），香港 Kae Shean Printing Co. 出版社 1931 年出版，120 页。这些文献对于研究基督教在华传播过程中传教士对广东方言乃至汉语学习、研究的情况有重要的参考价值和资料价值。

（5）关于粤、港、澳地区经济、法律和社会情况的资料汇编，存 25 种。其中有关香港的资料最多，计有 12 种，涉及香港 1844—1923 年的法令汇编和索引、社会和经济发展报告、贸易情况统计、地区手册、导游手册等。其次是关于广东的资料性文献，计有 8 种，涉及广东地区的概览性资料和图片集以及海南及其附近地区的概览性手册，特别值得一提的材料是金文泰（Cecil Clementi）的《广东话情歌》（*Cantonese Love-Songs*），1904 年牛津大学出版社出版。金文泰为英国人氏，早年在香港殖民地政府供职，其后又曾在印度、英属圭亚那和锡兰等英属殖民地政府任职，1925 年成为香港第十七任总督，1930 年调任海峡殖民地总督。他热爱中国文化，是皇家亚洲学会的会员，除了熟习广东话和官话外，还通晓中国诗词，擅长书法，对历史亦有研究。《广东话情歌》是其早年在香港工作期间搜集、翻译当地粤语情歌汇编而成的。此外有关澳门的资料存 5 种，为澳门殖民地政府编写的 1933—1935 年及 1937—1938 年各年度的《澳门指南》（*Directorio de Macau*），由澳门经济出版局出版。

（6）西方人在华游记及回忆录，存 5 部，基本上都为早期来华西方人士所著，除前述所提的《荷兰东印度公司使节团访华记实》（1665 年）和《广州之行》（1799 年）之外，还有格雷夫人（Mrs. John Henry Gray）的《在广州的十四个月》（*Fourteen Months in Canton*，伦敦：麦克米伦公司，1880），柯乐洪（又译葛洪、高奋云，Archibald Ross Colquhoun）的《通过华南边疆从广州到曼德勒旅行记事》（*Across Chryse*：*being the Narrative of a Journey of Exploration through the South China Borderlands from Canton to Mandalay*，伦敦：Sampson Low，Marston，Searle，and Rivigton 出版社，1883），哈里·阿尔弗森·弗兰克（Harry Alverson Franck）的《漫游中国南部》（*Roving Through Southern China*，纽约

The Cantury Co.出版,1925)。这些由西方政府官员、学者、记者和旅行家记录下的在中国的亲身经历、所见所闻,反映了不同阶层、不同身分的西方人对中国的认识,是研究中国近代社会生活方方面面的重要一手资料。

(7)对华南动物、植物的研究,存9种,动物学著作涉及软体动物、鸟类及蝴蝶研究,植物学著作涉及园艺装饰性植物的栽培、荔枝和龙眼等本地果树的栽培、经济作物的病变研究以及开花植物、蕨类植物研究。具体文献已在论文有关中国农业和生物西文文献部分加以论述,在此不再赘述。

事实上,岭南大学图书馆曾经有藏的有关岭南地区的西文文献不止上述所列这么少,仅李景星所编《广东研究参考资料叙录:史地篇初编》[①]中所列岭南地区史地、乡土志、名胜古迹和游记类西文文献就有47种,其中专著类30种(9种现存于中大,前文已述及),文章17种。书中所列的西文文献在当时已属少见珍本而在岭南大学有藏的就有如下几种:

(1)亨德(William C. Hunter):《广州番鬼录》(*The Fan Kwae at Canton Before Treaty Days,1825—1844*),伦敦K. Paul,Trench出版,1882年。属外国人对于广州之早期著作,亨德为美国商人,汉学家,1825年来华,曾在马六甲英华书院学习汉语,到广州后又从马礼逊继续学习汉语,曾是美国旗昌洋行(Russell and Co.)的合伙人,常为《澳门杂录》(*Canton Register*)和《中国丛报》(*The Chinese Repository*)写关于中国的文章。

(2)Cl. Madoolle:《海南》(*Hai-Nam*),巴黎Challamel出版,1900年。

(3)格雷夫人(Mrs. John Henry Gray):《漫步广州城》(*Walks in the City of Canton*),香港De Souza公司出版,1875年。

五、结　语

自20世纪80年代以来,我国学术界对近代来华传教士的研究一直保持着相当的热度;此外,广东本省的学者对岭南文化的研究亦十分重视。然而一直以来受文献的制约,很多问题的研究都难以获得突破性的进展。关于新材料对于史学研究的意义,陈寅恪曾有言:"一时代之学术,必有其新材料与新问题。取用此材料,以研求问题,则为此时代学术之新潮。"[②]陈胜粦亦有言:"在一定意义上可以说,如果没有新的材料,或者不

---

① 《广东研究参考资料叙录:史地篇初编》主要依据岭南大学图书馆馆藏所编写,除第一章《广东方志总目提要》中所列之文献是广收国内外各主要图书馆的馆藏汇编而成外,第二章《广东史地书目提要》部分基本上为岭南大学图书馆的藏书,故此书在某种程度上可视为岭南大学图书馆所藏史地类广东研究参考资料的藏书目录。

② 陈寅恪:《陈垣敦煌劫余录序》,《金明馆丛稿二编》,上海古籍出版社1980年版,第236页。

能达到对原有材料成功地进行诠释的境界，则很难取得真正的学术进展。”[1]岭南大学图书馆所藏的这批“中国问题研究”的西文文献在当时固然是重要且富有特色的学术资源，于今天来说，由于这些文献年代久远，在国内又不易获得，为大多数研究者所未见过或利用过的材料，若重新被发现则无异于是“新”材料，可谓价值重大。也正是有鉴于此，2009 年初广西师范大学出版社挑选了一批国内罕见的有关“中国问题研究”的西文文献，影印成“‘中国研究’外文旧籍汇刊”丛书，已出版第一辑“中国记录”，计十册，其中《真实的中国人》(*The Chinese as they are*)、《对中国及中国人的观察》(*Observations on China and the Chinese*)、《我们在中国的生活》(*Our life in China*)、《一个美国工程师在中国》(*An American engineer in China*)、《中国之觉醒》(*The awakening of China*)和《中国禁地：多伦 1906 年至 1909 年之考察》(*In forbidden China: the D'Ollone Mission 1906—1909*)六种现于中山大学图书馆均有保存。

(原载《图书馆杂志》2012 年第 10 期)，
原题《中山大学馆藏“中国问题研究”西文出版物专藏研究》

---

① 陈胜粦：《序》，见吴义雄：《在宗教与世俗之间：基督教新教传教士在华南沿海的早期活动研究》，广东教育出版社 2000 年版，第 2 页。

国立中山大学天文台成立始末记

张　云

我国天学研究，发轫最早，然后继乏人，无相当之设备以供观测，故衰落无闻，不能与欧美并驾齐驱，允为我国学术界之耻。民国十五年秋，本大学有天文学功课之设，惟理论讲述，无实习之机会，且地方上经纬度之测量，及标准时刻之决定等，均非有完备之天文台不可，云时任天文功课，感笔画讲授之困难，徒讲研理论之无补，遂有建筑天文台之动机。

时国民党中央党部及国民政府皆在广东，当此革命空气紧张之时，南方边僻之广州，即我国临时首都所在，国家行政最高级机关及党国有力诸伟人，皆居留于此，所有国家建设行政诸要端，皆可直接在此解决，故予遂认为建议在广州筹设国立天文台，实为时机之不可失，乃从事起草说明书及计划预算，分头接洽，请示意见以求当局之采纳，当时大学委员长为兼国民政府委员戴季陶先生，其余大学委员如朱家骅，丁维汾，及监察委员黄昌穀诸先生等，皆热心赞助，此天文台之得以成立，不能不归功于此诸先生者。

十五年十二月，草案既竣，乃呈请　国民党中央党部，恳求采纳，除建设国立天文台理由外，并附计划书。呈文云：

呈为请拨款及公地建筑国立广东天文台，以研究天学，增高国家文化地位事。窃一切科学之发达，以天文学为最早；在昔牧野露宿时代，瞻玩星斗，记日月食流星等天行异象，已肇天学萌芽之端。迨后观测日多，求其运行之故；天文学乃骎骎乎成一独立科学。然而天文学在加雷里(Galileo)以前，仅为肉眼天文学：其研究范围极有限，发达极迟缓也。自加氏创制望远镜(1609)以还，各般科学相继发达；天文事业，乃得呈猛进之状。今在天文学本身言之，则太阳太阴地球行星彗星流星恒星复星，以及星云星团等，皆成专家之研究。在科学系统上言之，则物理化学力学地理历史数学等，皆在天文学内另辟一门，成天文学专门之一部。至于在应用上言之，即航空航海地学测量等，为必具之知识。在学理实证上言之，则解决哲学玄学中一切关于宇宙之构成问题，及为近代相对学理之基本实验所必需。故今日天文一科，即占科学中重要位置，而一切科学家，亦莫不认为解决宇宙问题的唯一工具。各国政府皆愿以极大款项，设立天文台，罗致专家，以专其责。欧美各著名大学，莫不设天文一科，同时并建天文台，以资实习。而所谓最完善天学，及重要都市，其设备最宏伟，足以显示最高学府精神所在者，亦无过于研究宇宙问题，与天界通消息之天文台者也。

我国天学发轫极早；泰西天学史，莫不以伏羲黄帝为我国天文学开创鼻祖。四千年前已露天学端倪，惜后继乏人，不知此学重要，因循至今，内不能保存固有整理革新，外不能效法他人采长补短，于是天学发现最早的文明古国，竟空洞一无所有，可耻之事，孰有过是。云素抱尽瘁兹学之志，往岁奉派出洋，悉力研究是科：卒业以后，复在里昂天文台实习，并赴英德意法比瑞各地重要天文台参观，详加研究，以广所学。虽不敢自诩有成，然造诣愈进，则愈感吾国斯学急待振兴之逼切。此云所以不自忖度，冒昧陈请我党政府建筑天文台之微意也。我国版图辽阔，占全亚洲陆地之大部分，若以欧美各文明国天文台数，按面积以为比例，则吾国应有一百个天文台以上。且按实际言之，在我国幅员内，天文台除上海法国教会所办佘山天文台，可供实在研究者外；其余由我国人管理，为国家所有物者：一为昔年德国人在青岛所建气象台，其中有极小规模的天文仪器一二具；一为北京中央观象台，则几成为天文仪器博物陈列所矣。此外欲得一仪器较新式，设备较完全，足以供实用者，不可得也。吾粤为吾国东西文化沟通要津，且为国民革命发祥地，关于教育文化学术等，中央正在力求发展，以示表率，使成我国南方学术中心，高等学术发扬之渊薮。今者国立中山大学，已经成立，关于高等学术，如天文学一科，亦已编入课程，从事授课。惟天文研究，最重实测，设无天文台以供实验，则学者对于所学，多难了解；而教者亦以缺少研究工具，不能有进益。故为完成中山大学高等学府计，为养成我国天学人才计，此广东天文台之建筑所不容缓者也。至对于地方之经纬度精密测定，地方时之标准，各种天象，及日月缠蚀，行星运行等报告，尤非地方上有完善之天文台不为功。且一般国民普通常识，以天学普通常识为最重：如对于天圆地方，天尊地卑，日月交蚀为天道之邪，星象出现为隆替之兆，以及其他种种荒谬无伦迷信等观念，皆非晓以日月地球之运行，及彼此相关的位置关系等各种知识，无由使其了解，无由破其成见。由是非养成专门人材，使多数人负有普通天学常识宣传之使命不可。至于民国成立后，即颁行采用阳历，以示革新，以开国人用甲子定流年命远之谬说。无奈自民国建元以来，至今十有五载，而民间仍行阴历，至阳历规定，则等于敷衍虚文，吾人探求其故：一方面固因积习之遗传，国民之惰性太大，未易即行改革；一方面则仍因晓谕无人，使国民充分了解阳历之利；同时又因日历刊行，向无专责，而书商为迎合社会心理起见，仍阴阳合并，以广销路；故存此非驴非马之现行日历法，以贻笑友邦。今者国民革命，将告成功，国家一切制度，尤宜力行改良，以新国民耳目。故对于此日历标准之审定，日历图表之刊行，以及一切天学常识之宣传，尤非有专责成不可。此又国立天文台之设所不容缓者也。至关于地方气候之观测；各国向例另设测候所，及全国气象局，以专其责；由天文台负责兼管者尚少，惟我国现处革新时期，百政为待举，仍力求所以糜费者少，而收效者大，故此处所请天文台建设，拟以一部分气象之观测，附设气象台，以研究地方气候之变迁，兼司预告风雨及他种特殊气象之责，俾示民以时减天灾之危害，一举而两得也。合将呈请设立广东国家天文台理由，及拟建筑天文台具体计划书，呈请察核，即日审查，予以通过。并请咨行国民政府迅予指定的款，在划出国有相当地段，以为建筑之用。实为德便云。

〔附〕建国立广东天文台兼气象观测所计划书

(I)地址

拟观音山五层楼附近地段三十亩

(II)开办费项

(甲)仪器购置　(注)以下数目以香港币为单位

(一)三十生的曲轴赤道仪一个。连对眼灵视四五个　五〇.〇〇〇元

此镜可用以观测双星，慧星，小恒星，以及一切极小双星，星云等，依对眼灵视之配合，其极限可见至十五等以至十六等星。

(二)二十生的直轴赤道仪一个。连对眼灵视四五个　七〇〇〇元

此镜之功用如上，惟观测时，不及前者之便利，及不能观测较弱之星，其极限可见至十三等以至十三等半星。

此镜之机座，要取较大者，可以同时将天体摄影机按上，以为摄影之用。

(三)十五生的天体摄影机一个。　一.〇〇〇元

(四)十五生的子午仪一个，连倾角刻度圈水银盘水平器等。　二四.〇〇〇元

此镜用以审定恒星之位置，规定地方之标准时及恒星时等。

(五)曲轴直轴赤道仪及子午仪各用测微器一个，共三个，又量光器一个，共八〇〇元

(六)恒星时时钟两个　一.〇〇〇元

(七)恒星时时镙四个　六〇〇元

(八)平均太阳时时钟两个　一.〇〇〇元

(九)方位仪一个　一.〇〇〇元

(十)精密测时计一个　三〇〇元

(十一)恒星图四十八幅　一四四元

(十二)恒星表及一切应用参考书籍等　五.二〇〇元

(十三)气象仪器及收发无线电机等　一〇.〇〇〇元

(十四)零碎购置及运费等　五.〇〇〇元

以上十四柱共香港币　一〇七.〇四四元

(乙)建筑费　以下以广州毫洋计算

(一)地基围墙地窖建筑费	二五.〇〇〇元
(二)中央办事处职员住所图书馆一大座	三五.〇〇〇元
(三)曲轴赤道仪室	三.〇〇〇元
(四)直轴赤道仪室	一.〇〇〇元
(五)子午仪室	四.〇〇〇元
(六)台长住室及办事室	一八.〇〇〇元
(七)对准仪器及水池暗室等各种建筑	五.〇〇〇元
(八)气象观测所	五.〇〇〇元
以上八柱该银	九六.〇〇〇元
(丙)装置费	
(一)全部仪器装置电灯自来水电话等工程费共估	八.〇〇〇元
(二)来往监工舟车及办工费	四.〇〇〇元
以上两柱共该银	一二.〇〇〇元
(III)经常费项	
(甲)职员薪俸	
(一)台长一人年俸	三.六〇〇元
(二)主任天文师兼气象出版计算三人年俸共	五.四〇〇元
(三)助理三人年俸共	二.八八〇元
(四)书记兼出版二人年俸共	一.四四〇元
(五)台丁司阍杂役四人年俸共	五七六元
以上五柱每年共银	一三.八九六元
(乙)杂费	
(一)办公费　年	一.二〇〇元
(二)工　食　年	三八四元
(三)电灯自来水　年	二四〇元
(四)修葺费　年	六〇〇元
(五)图书表册添置费　年	六〇〇元
(六)机件及零碎什物费　年	六〇〇元
以上六柱年共银	一二.六二四元
(丙)出版费	
每年津贴费	一.二〇〇元
总以上经常费(甲)(乙)(丙)三项每年共银	二八.七二〇元

中华民国十五年十二月　　国立中山大学教授张云

惟当时革命尚未成功，国民政府注全力于北伐，军书旁午，车需孔急，当局不暇为此文化建设之扶助，且书上未久，武汉攻陷，国民政府势力及于长江流域，又不一月而政府北迁，当局要人，纷纷离粤，广州国立天文台建筑计划，竟成画饼。

自运动国立广州天文台建筑事失败后，乃变更计划，拟在校内建筑较小规模天文台，以供实习，希冀将来有机会，再为扩充，使逐渐完备，时大学组织已改用校长制，正校长为戴季陶先生，副校长为朱家骅先生，课余献议，颇得同情，乃将原定计划预算重新改造，使与学校经费，不发生困难，计划既妥，乃请学校拨款兴工，时十六年二月也。当时所拟计划预算如下：

国立中山大学十六年度建筑天文台特别预算书

科　目	预算数目	备　考
第一款　建筑费	一五.三八〇元	（按此款建筑费预算乃当时本
第一项　薪　水	九〇〇元	校专聘戴恩基工程师所拟者）
第一目　管　工	五四〇元	每月六十元约九月
第二目　材料管理员	三六〇元	每月四十元约九月
第二项　工　食	二.七三〇元	
第一目　散　工	一.六〇〇元	
第一节　掘地及地脚散工	四二〇元	
第二节　打椿散工	一八〇元	
第三节　绑元铁散工	一五〇元	
第四节　落石屎散工	四〇〇元	
第五节　排山及顶架散工	二〇〇元	
第六节　油漆及灰水散工	二五〇元	
第二目　常　工	一.一三〇元	
第一节　泥水匠	七五〇元	
第二节　木　匠	三八〇元	
第三项　材　料	一一.七五〇元	
第一目　木　料	一.四〇〇元	
第一节　板　木	一.〇〇〇元	
第二节　杉　木	四〇〇元	
第二目　石砖灰	六.六〇〇元	
第一节　士敏土	二.〇〇〇元	
第二节　石　屎	二.五〇〇元	
第三节　海　沙	二四〇元	
第四节　石　灰	三五〇元	
第五节　红　砖	九六〇元	
第六节　方　砖	三五〇元	
第七节　水漏渠筒	二〇〇元	
第三目　铅　铁	三.七五〇元	

第一节 元 铁	八五〇元	
第二节 铅铁板	二〇〇元	
第三节 锌铁圆屋顶	二.五〇〇元	
第四节 铜铁杂料	二〇〇元	
第二款 设备费	三一.六〇〇元	
第一项 仪器	一三一.〇〇元	
第一目 子午仪一个	六.〇〇〇元	八生的径
第二目 赤道仪一个	一二.〇〇〇元	十五生的径
第三目 普通望远镜二个	七.〇〇〇元	折光及反光各一
第四目 时钟四个	二.六〇〇元	天文时二个地方时一个平均时一个
第五目 六分仪一个	二〇〇元	
第六目 地平仪一个	七〇〇元	
第七目 测微器二个	四〇〇元	用于子午仪一个用于赤道仪一个
第八目 摄影机一个	一.二〇〇元	
第九目 零碎仪器一宗	一.〇〇〇元	
第二项 装置费	五〇〇元	
第一目 机器工人	二〇〇元	
第二目 铜铁钉钩	一〇〇元	
第三目 器电按设	二〇〇元	
以上二款合计双毫	四六.五八〇元	

计划预算既由学校采纳，乃付款定购仪器，先及其大者，其余逐渐陆续定购，当时代筹划建筑预算者为，戴工程师恩基，择校内至公堂前假山为台址，地约二十井，由学校购料并雇工兴筑，量材运瓦，挖山打椿，戴工程师指挥监督之，期九阅月落成，孰知动工之始，春雨连绵，工程阻滞，又值工会专横，工人跋扈，于是迟至是年六月，凡阅百日，仅竣打椿工程及地窖之一部，时学校将放暑假，戴工程师又以事他去，工程遂完全停顿，学校方面当时又以天文台之建筑，不特为本校学习及研究之用，且与地方关系，亦极重要，乃由学校将上列预算函请　广东省政府，由省库拨款三万元，以为补助，时朱副校长兼民政厅长及省政府委员，力主此事，卒能通过，并于六月十七日先拨双豪一万元。函云：

迳启者，查天文台之设，其要旨在切实研究天文现象以测定地方标准时刻，经纬度数，暨灌输市民必须天文常识，供给学生实习研究之用，故欧美各大学，莫不各自建筑，实地考察，广东为我国南部要区，且为国民革命发祥地，文化学术，政府正力求发展，以树模范，本校自奉令改革，算学天文学系业经成立，现在国有天文台既因款项支绌，建筑无期，而较小设备为供考查全省经纬时刻，与学子实地研究之小规模天文台，似乎刻不容缓，敝校为应地方需要，及便利学生实习起见，议决在校内高地建设广东天文台一座，现经开始规划，设计建筑，惟鸠工庀材，及购置各项仪器，以最低限度预算，约共计银四万六千六百元，此项天文台虽建筑于大学以内，而实际效用，则属于广东全省，际此校款支绌之时，拟请由　省政府予以补助，示平允而符名实，相应开列预算，函请　贵政府查照，酌拨补助费现款三万元，俾资挹注，而竟全功，是否有当，仍希先行见复为荷。

至八月杪，学校另延聘曾君锐廷为工程师，于是董事重提，请曾君负责办理，曾君接事后，即按旧图测量，知前图诸多未妥，乃重新绘画建筑图则，欲另起炉灶，且尤以前所用椿木长仅十二尺，实际入地者三尺，在地面填土渣上者九尺，认为危险不能建筑，并会同校中教授之有工程经验如陈国机桂铭敬君等三人，拔椿试验，佥认为不可用，曾君乃将危险情形提出学校建筑委员会，声明不能负责继续建筑理由，请示办法，时学校正受政潮影响，岌岌终日，对于天文台建筑，不免漠视，拟令中途辍工，而建筑费之已耗去者凡五千元，曾君旋因故辞去，负责无人，于是天文台之命运不绝如缕矣。

当此台址未固，风雨飘摇，几成功亏一篑，云乃再励余勇，从事吹鼓，既而学校受省政府补助费，断难中止，乃不得已，另聘钟工师柏祥，并催省政府再拨欠款，于十月二十日续领五千元，继积兴工。

钟工程师既接事，乃依建筑委员会议决案，雇工将台基之椿拔去，并挖浮土渣至地，然后打椿，同时并悟由校购料雇工之非计，乃变更建筑计划，登报招商开投，包承建筑，由工程师监督之，十一月中旬，当承商为第一次之开投也，所投工价，均远超底价以外，无结果，至十二月二日，不得已为第二次之开投，此次取价是最低者，为建隆公司，一万七千三百元，拟双方签约，预备开工。

合约既定后，以为从此可以鼓楫进行，速告成功矣，孰意十二月十一日广州共产党起事，杀人放火，全城糜烂，中央纸币低折，跌至六成，建隆公司亦被火烧去，办事人一逃而空，于是天文台工程又遭停顿。

至十七年二月，共产党既完全剿灭，政局略定，政府机关，因纸币低折至二三成，乃改发银毫八成，金融于是略定，予乃百折不馁，复鼓余勇，向学校陈呈请继续工程，建隆公司亦因大局略定，重来接洽，请照上日合约开工，于是天文台之生命，又如久旱甘霖，死而复苏，但学校方面，以此后改发银毫，只允照价百分九十支给，双方磋商，最终议定减为一万六千元，合约既重定，即行开工，时二月八日矣。

自建隆公司承建后，将原有地基，悉行毁拆，起椿拔石，重建台址，查从前所下之椿，为时仅一年，而所拔出者，或半已糜烂，或椿未全入，中途锯去者颇多，若不经此次之悉数拔换，则将来之台场瓦倾，可以断言，此亦天文台建筑中小厄运之一，合当纪录者。以后工程进行极为顺利，至四月杪已竣三分之一，预计七月可竟全功，但是时戴校长在广州政治分会提议，欲将中大搬石牌，重新建筑校舍，以求大学之彻底改造，并要本政府拨建筑费一百万元，由五月起，每月拨款十六万，以期六个月可将全数支足，是提议为政府通过，于是天文台建筑，又与此问题发生连带关系，当局有欲将工程暂行停止，以便在石牌择地另起之意，至是惨淡经营之天文台，几乎又遭夭折。

但天文台建筑，与承商订有合同，若中途停工，亦须赔偿损失，所费不赀，中途停工一事，在大学经费无大裨益，而在将成者，徒令其功亏一篑，殊可惜也，且即使将来迁校成为事实，在新校固可另行建设，但在故址亦不妨多此一建筑物，视为附设，况我国政府信用，历来已有教训，将来能否依约付款，能否实地建筑新舍，达吾人理想之新大学，殊无把握，故予对于停工之议，力为反对，并以经费若过于困难，则当催请政府再拨余款，以竟其功，此议颇邀学校之同意，乃继续催款，而政府亦肯再暂付五千元，余欠分期拨足，工程乃得仍旧进行，时五月初旬也。

此后建筑工程日有进步，又因与德商礼和洋行定购子午仪一具，需款甚急，乃复向政府方面催欠余款一万元。六月十一日卒允照拨，工程方面，乃不感困难。

八月初旬与邓谟昌机器工程师定造赤道仪室青铜顶盖一个，此顶盖直径十三尺，用电机可左右移动，计连工包料银香港币一千九百元，订明七十日竣工，合约签于九月中旬，九月二十左右开工，不久约期已过，工程犹未完毕，屡经催促，奖惩互用，迟之又久，始底于成，敷设仪器时，亦颇费时日，缘中国工匠，对于此种学术之建筑，向乏经验，必随时督工口讲指画，始能敷陈合轨也。

现在诸事幸已告竣，可以供观测研究之用，爰挥于六月二十九日举行开幕典礼，于是两载孕育屡濒于危之天文台，始告诞生矣。

经营始末，大体具兹，此固不关学术，然可供关心学术者之参考。

今国人皆知学术之落伍矣，亦复感学术之需要矣，然空论居多，实施殊少，云初不自惴，欲于国民政府成立伊始，创设一规模极大之天文台，所以供学术上之钻研，亦足以纪我政府之成立，不久即自悟其难期实行矣，则缩小为大学附设之天文台，又得戴朱各先生之赞许，与省政府之襄助，宜其成功易也，乃不料阅时凡两载，停工五六次，工程师之再三易也，包工人亦屡更也，木椿已下又复拔换也，缕缕一命，其不自绝于中途也几希，云一介书生，初只知为学术上之攻讨，此时亦不得不奔走经营，时而督工，时而催费，两载光阴，尽牺牲于此天文台之建筑期中，犹幸能维持此孱弱生命于不坠，差可告无咎于政府及赞助诸先生，然后叹欧美伟大学术建筑物之更可惊也，政局不定，经费困难，学术建设，本非易易，然而趋尚目前之小利，忘百年之大图，中国学术之不振，此其主因也欤。

（原载《自然科学》1929年第1期）

国立中山大学理学院现况

苗文绥

民国十三年先　总理于戎马倥偬之余，为国家树百年之基，乃将国立广东高等师范，广东省立法科大学，广东公立农业专门学校及公立医科大学合并改组而成国立广东大学。初设文，理，法，农，医五科学院，理科学院乃同高等师范数理化部及博物部扩充而成。其时分设数学，物理学，化学，生物学，地质学五系，所有课程及设备等项，颇形简陋。十五年七月国府令改广东大学为中山大学，理科学院亦改称理科，是年组织中大生物调查会，建筑天文台，改数学系为数学天文学系，并添购图书仪器数万元，同时得中华教育文化基金会董事，由是年起，于五年内每年补助化学系设备费六千元，于是内容及设备均较前充实。十六年秋，学生骤增，乃增开课程，添聘教授，图书仪器药品标本亦日有添置，设备渐臻完善。十七年春，成立化学工业研究所，附属于化学系内，设研究室，实验室，陶瓷工场，制革工场，制纸工场，车场等为学生实习探研之所。十八年夏，天文台建筑完成，附属于数学天文学系，内设有赤道仪室，计时室，放影室等。十八年四月广东政治分会创设之两广地质调查所，由学校接收，附属于本院地质学系，而师范部及地理学系亦陆续开设，至是规模设备始有可观。二十年秋学校以工科人才，最为我国目前所需要，增设工科学系，刻不容缓，因其轻重，先开设土木工程及化学工程两系，暂并于理科成为理工学院。二十一年夏，更力谋各系之发展，课程之提高，并于廿一，廿二两年分别购仪器十万元（内土木工程系定购九万余元），药品及模型标本等六万余元，图书杂志三万余元，院务愈见进步，廿三年八月工学院成立，土木工程，化学工程两系，划归管辖，理工学院遂单称理学院，现计全学院学生三百人，教授三十余人，图书仪器标本药品等物共价一百万元，最近复蒙中英庚款董事会补助地质学系设备费四万五千元，地理学系三万元，分三年拨给，将来该两系图书仪器当更形充实，至廿三年十月学校在石牌建筑本院各系教室三大座，约值六十万元，工程将告完成。本年暑假即可迁入，并计划增购仪器图书六七十万元，以期成立一完善之理科场所，此后倘政局安定，校款充裕，各项计划次第实现，将见人才辈出，我国之学术地位，从此提高，可预觇也，兹将其设备教务校舍等情形，撮要记述如下：

一、学系之分设

本学院现分设六学系一部,其名称如下

(甲)数学天文学系(该系从三年级起分数学、天文两组)

(乙)物理学系

(丙)化学系

(丁)生物学系

(戊)地质学系

(己)地理学系

(庚)师范部(现只有三四年级生两班,以后不再招生)

除上述外尚有附设研究机关如下

(甲)天文台(附设于数学天文学系)

(乙)化学工业研究所(附设于化学系)

(丙)两广地质调查所(附设于地质学系)

二、设备

本学院于广东大学成立之时,各项设备,颇形简陋,所有仪器标本模型等,多为高等师范所遗下,数目已少,且多陈旧残缺而不适应用,至高年级实习仪器则全付阙如,嗣后逐年添置,日见增加,规模乃稍完备,现全学院所存仪器共值三十万元,标本及模型价亦相埒,此外机器约值六万元,图书杂志约值十万元,药品约值五万元,家具约值三万元,兹举其较为重要者,分述如下:

数学天文学系有子午仪,赤道仪,二十生的反射镜,十五生的折光镜,气象仪器二十余件,暨曲线面之模型等。物理学系除普通仪器二百余件外,复有力学,磁电学,音学,热学,物性学,光学,应用电学,无线电学,气象学等仪器共千余件。化学系有无机化学,有机化学,定性分析,定量分析,理论化学,工业分析,工业化学,冶金学,试金术,胶体化学,国防化学等仪器药品,颇为充裕,并有煤器机一副,自动发生电油气,以供员生实验之用;至化学研究所,有车棚压力机,打纸机,成纸机,纸力测验器,煎熬器,各种蒸馏器,蒸发器,普通离心机,汽锅,活动摩打,士敏士试验器,修理玻璃器等。生物学系则有二千倍显微镜四具,各种显微镜三十具,切片机三架,溶蜡炉二个,高压杀菌机,定温炉,各种摄影机,幻灯等,各种药品尚敷研究之用,又该系经多年采集,故标本颇为充实,计动物标本有六万余件，植物标本有二十余万件，实国内大学所罕见。地质学系则有切片机，薄片放大机，矿物岩石紫外光分析器，各种显微镜十余架，罗盘仪十余具，标本万余件，地理则有标本数百件。至图书方面，各学系均设有图书室，共藏图书杂志达二万余册，足供本学院员生之用。

三、著作

本学院教职员为发表专门研究，及灌输科学智识，普遍科学观念，提高国人研究精神起见，除每季出版自然科学一种外，并刊行丛书多种，计已出版者，有何衍璿之《整数论》；袁武烈之《微分方程式简要》；苏鸿瑞之《投射几何》；何衍璿、袁武烈合著之《解析几何》；李翼纯之《采矿学及治金学》，黄巽之《电学及热原理》；张云之《变星研究》《普通天文学》及《星球和原子》，何衍璿、晶文绥、李铭椠合编之《微积概要》；董爽秋、张镜澄之《植物形态学》。此外尚有天文台两月刊，化学系与地理系之考察报告，生物系之丛刊及《生物世界》，地质系之专报年报等，对于学术之研究宣传，实足多也。

四、院舍

广东大学成立时，本学院仅具雏形，原有院舍尚可敷用，嗣后员生日见增加，设备逐年扩充，实验室虽时有添建，犹感不足，对于院务进展，殊为窒碍，早拟设计迁移，即大学其他各学院亦有此议。民十三年由政府拨石牌为校址，随乃从事计划，至二十年兴工建筑，校址占地万余亩，冈峦起伏，湖沼荡漾，规模之宏大，景物之幽丽，较之旧校几有霄壤之别，学院教室已建成一座，正在建筑中者有数学物理教室一座，生物地质地理三系教室一座，化学教室一座，各座建筑费总计不下六十万元。现各项工程瞬将告成，本年暑假后，各学系即可迁入。此后并拟增建数学物理教室一座，天文台，地质调查所等，惟经始建筑，则有待于来年。本学院学生得此伟大之校舍，优美之环境，以资藏修息游，揆诸教育原理，对于学术增益，大有裨助，无待赘言。至本学院现今院舍在文明路大学本部，分东西两座，除西座楼上一部分用为文学院教室外，余均作本学院各学系教室，研究室，实验室，及图书室之用；计全学院共有教室十五间，模型室一间。数学天文学系有研究室五间，图书室一间，天文台全座。物理学系有研究室七间，实验室八间，仪器室七间，图书室一间。化学系有研究室十四间，实验室二十间，仪器药品室一间。图书室一间。生物学系有研究室七间，实验室四间，仪器标本室六间，图书室一间。地质学系有研究室五间，实验室二间，标本仪器室二间。地理学系有研究二间，图书室一间，绘图室一间。至地质调查所，原借用旧广东教育厅所址，本年二月迁入大学本部，共有实验室，标本室，图书室，共十余间。

五、教务

本学院各学系课目，均依年级分为必修及选修两种，每学期修习课目以二十学分为标准，最多不得超过二十四学分。各生选课须受指导员之指导，至各课目之教材，多由教师自编讲义，或取外国名著为参考书。各生选习课目后，均依时到校上课，并照学院办事处所编定之坐位号数就坐。上课时由教员点名，缺席额者，概予扣考。近年以来，各生多能勤勉向学，受扣考处分者，为数甚少。至于实习课目，有教员及助教为之指导，而生物地质地理三系学生，更于两星期由教员领导往郊外实习一次，各生须将其实习经过及结果报告于教员。又各学系学生，于假期或必要时，分往各地考察，以资实习。兹将本学院历年考察及采集概况，略述如下：生物学系自民国十七年成立采集队以来，连年分赴西南各省，如广西瑶山，贵州南部，苗岭山脉之云露山，斗逢山，及西部之梵净山，湖南西南部之金童山，广东各县及海南岛沿岸等地，或为陆上采集，或作海滨搜寻，所得标本，为世界学术界所注目。廿二廿三两年，曾往广西中部调查，至武鸣县境，发现该县大明山，地势颇高，森林密布，富于采集价值，惟时间不许，未及深入调查，拟俟本年再行前往，作大规模采集，为将来研究广西生物之参考。地质学系自成立以来，各地考察调查，年约十余次，足迹所至，几遍两广。此外若民十八年往四川考察，历时四月，十九年参加中美合组之中亚考察团，往蒙古考察，历时五月余；川边考察，历时九月。以上数次，为考察中之比较长期者，各次检集之古生物岩石，矿产，标本，颇为重要。以蒙古考察所得，价值独巨。地理学系往各地考察人文地理及地文地理者，每年亦有十余次，地域多在西南各省，及广东沿海一带。化学物理两学系则除时往各工厂参观外，每年更组织考察团，往全国重要各市镇及日本东京，横滨等地考察，对于学术增进，诚不浅也。至数学天文学系，多注重研究，对考察及采集，本非急务，然各学生仍于假期，自动往各地旅行，以调剂生活，增广见闻。

本校纪念周，由各学院轮值举行，每次由校长训话，勗勉学生以立身救国诸要义；院长及各主任并轮流报告及演讲，使诸生明白近世科学之趋势，以定其研究之方针。

六、经费

本学院规模日渐扩大，经费亦按年增加，查本年度预算为五十万元，顾以校款支绌，致各种设施除最有关于学术研究者外，均极力节省，现在教职员人数比预算所列略为减少，惟图书仪器药品等则亦有添置，以期教学便利，计本年度教职员薪金，每月约一万五千余元，图书杂志年约万元，仪器药品杂支等共约四万元，如校款稍裕时，则购置费一项当可增加；至地质调查所经费，则由该所另行筹措，不在本学院预算之内。

七、目前进行及将来计划

本校为　先总理所手创之学府，而本学院为本校研究科学场所，对于发扬科学，责无可辞，一方面固应注意于科学之应用，以匡救国家之危急；一方面更应兼究科学之原理，以提高学术之地位；同时于科学家之人格，尤宜使莘莘学子，充分修持，期能毕生尽瘁于学术。此皆本学院所负之使命，应全力以付之也。故近年以来对于充实设备，改善课程，厘订学则，整饬学风等，筹维推进，不敢稍遗余力。复查吾国矿务，日渐发展，惟各界人士，对于矿物之化验，因缺乏适当仪器与经验，恒未能分析详确，本学院有见及此，乃于地质学系筹设矿物顾问处，以代各界义务化验矿物，不日当可成立，则两广矿产之开垦，从兹可尽量提倡矣。又拟将本学院各研究机关，扩充组成理科研究所，招收研究生，以提高本国学术。至将来计划，约有多端，一俟经费稍为充裕，即可次第施行，兹举列于后：

一、充实各学系设备，拟于三年内，定购仪器图书等六十余万元。

二、在新校舍建筑天文台，及生物馆，并增建数理两系课室一座，以利教学。

三、举办教学函授部，广西瑶山生物研究所临海试验场，及各种陈列室。

四、扩大国防化学，及中国地理地质矿产问题之研究。

五、扩大生物采集队，地质地理边疆考察队。

六、增刊各种科学丛书，及定期刊物。

（原载《科学杂志》1935 年第 5 期）

国立中山大学工学院筹设之经过及对于高等工业教育之管见

萧冠英

本校为　总理所手创，又为　总理讲演三民主义之所，乃国人纪念　国父之唯一最高学府也。当民国十二年　总理在广州一隅，手创斯校，徒步躬临，阐发主义，所以为本校谋者无微不至，所期望于本校者亦至深且切。开办之初，经奉　总理指定石牌地方，为计划建筑校舍之用。顾兹事体大，费用浩繁，乃因高师法大农专三校旧址着手兴办文法农工理五科学院。其后因公医学校，增设医科学院，初名曰国立广东大学。自　总理逝世后，乃更今名，以纪念　总理，并直接由党办理，所有董事由中央党部委派。七八年来踵事演进，规模日广，现计全校：

(1)文学院分设：中国语言文学，哲学，史学，教育学，英国语言文学，社会学等六学系，共有学生五七九名。

(2)法学院分设：法律学，政治学，经济学，商学等四学系。共有学生四零四名，但商学系以学生过少，于二十一年度起停办。

(3)理学院分设：数学天文学，物理学，化学，生物学，心理学，地理学等七学系。

工科方面仅设：土木工程学，化学工程学两学系，因经济未充，暂附于理学院，改称理工学院。共有学生四九三名。但心理学系仍未开办。

(4)农学分设：农学，林学，农林化学三学系，共有学生一九九名。

(5)医学院不分系，共有学生一四九名。

以上五学院约共有学生一千八百二十余名。又于各院系中附设：文史，教育，工业化学，农林植物，细菌生理，病理，解剖，药物等九研究所。又附设：经济调查处，民众法律顾问处，两广地质调查所，天文台，附属第一医院，附属第二医院，农场，林场，苗圃，工业所，土壤调查所，广东通志馆等。又附设：高中，初中，小学，护士，助产等五附校。约共有学生二千八百名。

本校之略历，大概如上。至工科学院筹备之经过，谨撮举如下：

考本校设立工科学院，系自民国十四年，邹海滨先生奉　总理命创办广大时，当时预科招生即有工科，并组织委员会，着手筹备，冠英亦为委员之一。嗣因邹校长离校北上，由褚民谊教授代理，继续筹备。至民国十五年冬，广大改组为中山大学。戴传贤先生继任校长，即将省立工专实行归并，为本校工业专门部。未及半年，将该部废罢，恢复工专原日名义。而本校工学院之设，于是中辍。迄民国二十年三月，由朱前校长将添设工科一案，再行提交评议会，经该会第十三次常会决议，先行设立筹备委员会，由校长聘定委员九人，计凡开筹备会四次，惟对于各学系科目课程之编订，仪器机械设备之清单，工学院简章，以及招生章程，虽曾由该会互举委员担任规划起草，然迄未见提出讨论，以是工学院全盘计划，及全盘经费，并无决定。迨许志澄先生于二十年五月一日接任校长以后，于九月间，即将工学院等筹备委员会结束停止，同时布告，先设土木工程及化学工程两系，暂时与理科合并，改称理工学院。

民国二十一年二月，邹海滨先生再长本校，以本校各学系中，其属于工学范围者，现只有土木工程及化学工程两系，实不足以应国家社会之需求；况当国难正急，欲救贫抗敌，尤应广植各种高深科学智识，及工业技术之人才，乃决计重组本校工学院筹备委员会。八月筹委会成立，议决进行办法，第一步谋既设学系内容之充实，第二步谋未设学系之添增。现在既设学系中，土木工程之科目，向以桥梁，铁路，道路，筑港为多，为适应现在需求计，对于建筑房屋之科目亦应兼施并重，至相当时期，另开一建筑学系，使土木建筑两系并立。未设学系中，如机械工程，电气工程，为各种动力之根源，各种工业之先驱，且该两系息息相关，如唇辅齿，亟应依照前议，先行设立。其他如采矿冶金学系，造船学系，造兵学系，建筑学系，航空学系等等，亦应逐次设立。至于经费已奉 政府核准，由八月十日，在广东征收舶来肥料附加费，月约拨给毫洋捌万余元，自应在石牌新校址赶筑本院全部，以便依时迁进。

查石牌新校址，以地积言，合市制尺九千五百亩，拟建 总理纪念堂于中部，堂前为总理像及纪念碑，其南为校门，堂之东为文学院，西为法学院，西北为工学院，东北为理学院，正北为农学院， 总理像之东为图书馆，西为博物院，其他职员住宅，学生宿舍，办事处，运动场，工厂，诊医所等，酌建于各处。计分三期，每期二年，限六年完成，合计需费二千零一拾九万元，其中用于工学院者，计初期建筑费一零一四五零九元，设备费二零零零零零零元；中期建筑费陆零零零零零元，设备费一二零零零零零元；后期建筑费八零零零零零元，设备费一捌零零零零零元。共柒佰肆十余万元。似此伟大建设，诚非一蹴可就，尤非区区每月八万余元之经费，所易见效。然广东既以此为倡矣，倘中央及各省政府暨海内外义士仁人，咸认此举为党国百年大计，相与努力拨款捐资，以策其成，则又安有所谓难者哉！

现工学院土木工程学系学生一年级九十人，二年级五十二人。化学工程学系学生一年级二十一人，二年级二十七人。教授专任者十七人，兼任者四人。本学院一切计划，亦已筹备就绪。本拟于二十二年度起，与理学院分立，并增设电气工程学，机械工程学,矿冶工程学等,共为五学系。嗣因土木化学机械电气各系堂舍之建筑,延至二月始行签字,三月开工,仍须十五个月始能完成,则预定理工分院之计划,或不免展期矣。

以上所述,皆本校工学院筹备经过之大略也。

夫中国本为农业国,自资本帝国主义冲破我国农村制度及手工业以来,工业一途,不惟可以解决民生之需要,且当为立国之大本。

考年来我国人士,对于高等工业教育,益感其必要,其曾受外国高等工业教育,而毕业归国者亦日多,即本院土木工程化学工程两学系学生,一年级一百一十一人,二年级七十九人,是其增加率约为百分之四十,亦可证我国人,对于工业之需要,与其兴趣之增长矣。夫一国大学学生选课之趋向,既可示其国之文化,又可见其国现在最需要之人才,与其国在世界文化界上以何种学问占有相当之位置,如德国大学,以理工科为最完备,故该科学生特多,而德国在科学与工业方面,遂执世界之牛耳。如美国资本主义最发达,执世界商业之枢纽,故其大学的商科最佳,商科学生亦占全国大学生之最多数,是其例也。今我国高等工业教育,虽不足语于发达,然近年工科学生之增加率,既如是其大,则工业教育之需要可知矣。然则欲振兴我国高等工业教育应采如何方针乎?是应有必先注意者数事。

第一,中国工业教育之障碍

工业教育之障碍,不在于工业教育之幼稚,而在于工业之障碍,此种障碍亦即一般教育之障碍也。

今我国工业之主要障碍,其症结在社会经济的构成上,与制度上,并不在于技术上。若使社会经济的构成与制度至不能为工业的障碍时,则技术上的困难,容易解决矣。

中国工业,现正呻吟困顿于一般的政治经济的障碍压迫之下:

一为国际帝国主义的侵略及支配;二为中国封建势力之变相的存在,且支配着中国的政治经济,此种封建势力之变相的存在,不特不能抵抗,驱逐国际帝国主义之侵略及支配,且与买办资产阶级勾结,以作国际帝国主义之直接的工具,加强并促进国际帝国主义之直接的武装侵略,或间接的和平侵略及支配。

因封建势力的变相的存在,故容许:

1.租界及列强的势力范围。

2.不平等条约最惠国关税条约。

3.领事裁判权。

4.外国银行。

5.外国工业(重工业轻工业动力工业)。

6.外国资本之交通机关(铁道内河沿海航行外国电报局航空公司无线电台电话

公司)。

7.外国资本之教育机关(教会学校慈善学校青年会)。

8.外国资本之干涉中国教育事业(庚子赔款委员会)。

9.中国教育之帝国主义殖民地教育化的制度等之存在以为国际帝国主义支配之根据。

吾人若不能消灭一切封建势力的根据,及解除国际帝国主义在华统治,即:

1.收回租界及列强势力范围。

2.废除一切不平等条约。

3.取消领事裁判权。

4.限制或收回外国银行,外国工厂,外国资本之交通机关,文化机关。

凡所以破坏国际帝国主义支配之一切根据等等之国权行使,均不能获得自由运用。如是则所有足为真正统一中国之种种祸根,依存在于中国。而为目前工业发达之最大障碍者,亦即无从摧毁其壁垒而廓清之也。

中国有数万万人的劳动力,大工业本不难办到,然在国际帝国主义与中国封建势力之二重压迫,二重掠夺之下,旧规模的手工业,既皆不能维持,若欲于最短期间,建立大规模的机械工业,则千难万难矣。然则如何始能从国际帝国主义与中国封建的势力支配中,解决中国的劳动力乎?是乃目前重要的唯一任务,并须急速研究以谋解决者也。

要之吾国工业发展之障碍,实为一个制度的问题。离开制度的问题,而单求技术上的解决(如注重要业教育),终必失败。其结局不过费极多的金钱,造一大批所学非所用的专门家,在社会上空闲无事而已。此其证据殊不在远,即观于毕业归国之工科留学生可知矣。

第二,世界工业教育之趋向

近年来欧美主要资本主义国家(美国德国英国法国等),实行工业合理化以来,工业教育亦生重大变化。工业因为要高度的合理化,故各工作部门分化至非常零碎,同时每一工作部门亦非常简单化,非常容易学得。然而学得一部分虽易,而学得全体的工业机构,及与其他工业部门之关系等,便比往时更难。故初等工业教育愈容易,而高等工业教育愈困难。故高等工业教育中,除将机械的运动过程细细分析外,尚以种种方法(照相)研究劳动(有机的运动)过程,与机械运动之相关,以促进劳动过程与机械过程之分割。

工业之合理化,及工业教育之合理化,虽使整个工业规模之扩大,工作联络之复杂化,单一工作部门之简单化以增进劳动之速度,强度,及生产力;然同时亦剥夺劳动的兴味,而增加其疲劳及厌倦。故不得不设法以滋养并休养工人之劳动力,用种种娱乐运动等,以医治工人之精神的疲劳,使工人身心快乐,容易恢复其劳动力。然而现在资本主义的合理化，则根本不能办到此点，且愈合理化则工人失业愈多，饥饿的劳动力愈增加，工人的苦痛及反抗亦愈急激。故至此时，制度问题愈益严重，而排在吾侪的眼前。关于此问题，在苏联既有其独自的解决，颇可为吾侪研究参考之资料。

此外工业教育之与经济教育，政治教育，又工业教育之与艺术教育，自然科学之与社会科学，技术之与艺术的结合，皆为近来值得注意的世界倾向，不过在资本主义之各国，此种倾向，受着阶级制度之大障碍。非克服此种障碍，不能收实效耳。

第三，中国之理想的工业教育

普通人常叹中国为工业落后的国家，种种皆不及欧美，即比之日本亦有所不及。虽然，我中国若始终屈服于帝国主义支配之下，则此种悲观论调，可始终维持其存在；倘若吾侪确信中国政治的改善至某个时机，能驱逐帝国主义并消灭变相的封建势力，则工业落后的中国，反因工业落后，反因未有大规模的工业，而有建设最新规模的伟大的工业之可能。到此时，中国在国际上有权力采用世界最新的技术及规模宏大的工业组织，以增进中国的劳动生产力，故工业落后不足为悲观论的根据。现在中国之症结，首在政治。若政治的症结有正当的解决，则工业落后，反为新工业勃兴之绝好基础。

中国若须创造伟大的工业，必须使数万万人的劳动力，得到真正的解放；此种大量的生产力，若能得到真正的解放，则此大量的生产力，必能创造伟大的工业；到此时，现在所谓理想的工业教育，不特可以成为现实的，且能促进此种伟大的创造。

第一步大量的劳动力，必须得到相当的营养，安息，快乐，卫生。同时数万万的劳动力，在社会的生活中，必须有精神上的交通。故一般的民众教育是必要而不可缺的：即实用文字之认识，初等工业智识，农业智识，经济的社会的认识，破除迷信，艺术与运动等等。然而所谓理想的工业教育，技术教育之目的，不应当在制造技术的奴隶上，而应在制造技术的主人上。技术是运用自然力，开发自然力，支配自然力之手段；一言以蔽之，即支配世界之手段，故人类——劳动的人类，须先明瞭自己在世界上的位置[德国古典唯物论所谓人类观(Authropologie)即广义的世界观]。第二须明瞭对象世界(狭义的世界观)。第三更进一步，须明瞭如何使用技术在社会的劳动生产过程中，所得的经验智识——去运用自然力，支配对象世界。然而人类在其生活活动过程中，在其生产过程中，其支配对象世界之支配能力，发挥至如何程度，全视其在生产中如何将生产关系互相结合而定。彼虎狼搏战之力至为猛烈，然不能不受制于人类者，即其互相合作之不若人类故耳。

今日人类相互间，在其与自然搏战过程中，尚有互相疏隔，互相斗争的原因之存在；如在私有财产之下，有少数人操纵生产手段，利用高度技术，以支配大多数人的事实，则人类便不能有真正的合作，便不能有真正的结合彼辈之力量，从事支配对象的世界。在此种情形之下，人类虽有巧妙的技术，仍不能为大多数人谋幸福，只能为少数人之享乐耳。此时之技术仅为少数人支配大多数人之支配手段，非人类支配自然之支配手段。故吾国人若要创造伟大的工业，应先注意并设法防止少数人，利用工业的威力以支配大多数人。设使此大多数人，屈服于少数人所操纵的工业威力之下，使人类社会永远不得安宁，永远自相争斗，则其结果整个社会得不到工业发达科学昌明之福祉。故欲使自然科学，技术科学，工业成为社会全体之福祉手段，则社会科学特别是社会经济学聚精会神，注意社会的矛盾者，万不能或缺也。因其为分析社会结合之障碍，而研究其如何消灭之法也，故理想的工业教育，必须使理论的自然科学，与技术科学与社会科学之间，有有机的连系，始能得之。

工业教育同时亦须与生理卫生诸科学，成一有机的连系。若个体的劳动力，不能自由发展，则技术虽高度发展，而使用技术的劳动力，仍不能有更高的发展，其结果必不佳也。

工业教育同时亦须与学艺有有机的连系，将来艺术不只为陶冶精神之工具，且为工业要素之一。工业创造与艺术创造，必能成一有机的统一也。

以上所举，为普遍性之原则，故能根据此原则以行，必可创立工业化之新中国社会，亦未始非改造世界工业制度之根本原则也。然世界尚在资本主义制度支配时代，此原则完全实现之期，尚需时日，况我中国有资本帝国主义势力之支配，有封建势力之制御，更须许多努力始能见诸实行，是又不得不求其次策，以救目前社会需要之急也。我国近年以来，所有政治教育实业等类，多摹仿欧美。然行之欧美则效，而行之吾国则不效者，彼我之国情弗同，斯环境之需求自异。逾淮之橘，化而为枳，生物有然，一切政制亦何莫不然。吾国文化甚古，数千年来以农立国，国势统一，今当地球大通工商竞争之世，自不能摆脱摹仿欧美地位。然非斟酌国情，截长补短，另立一适于我国社会需求之工业教育制度，则其效果亦将与其他政制同为不可知之数耳。兹将管见所及说述一二如下：

一、目　的

凡立一法制之先，宜有一定之确实目的。在教育上言，虽有个人本位，社会本位，国家本位，价值本位，与夫实用本位等等之不同，但工业既为实用之一科，则其教育之目的，自须趋重实用，以对于国家社会养成有用之人才为主，彰彰明矣。今我国攻究工学之精神，似应以应用的，实用的兴味为中心，而与攻究纯粹科学之以学的兴味(为学者计的)为中心者，其间宜划一严密之鸿沟。盖在他种学问，若无学的兴味，即难期其学业之完成；而在工学上，则因学者其人，或本无最终之目的，故导之以巧妙的应用为目的，即足以代学的兴味也。

养成有用人才之法，依于社会状态及其需求之不同，则亦不能不随之而有异。在智识尚未普及之社会，或人才缺乏之时期，自宜以博识者为有用之才。而在工业已进步之社会，则需用长于一技一能者为特急。依我国现在社会情形而论，似非因地制宜，兼收并蓄不可。

二、方 法

吾人若承认上述之目的为正当，则实施工业教育之际自非采取以下各种方法不为功。

甲、宜注重原理的基础的科学，而授以明确之智识。

工业为实地应用之科，其攻究范围，至为广大，故其所授学科，亦随之而益多。但因所授各科学，各有其同等价值。学者对于原理的基础的学科，往往冷淡忽视，毫无领略，似此基础原理视若等闲，何从得到明确之智识，则工业之确实进步，自必难期。且广泛的工业界中，学者之所攻，不过取其一小部分，而工业之范围愈益扩大，又愈有发挥其独自专攻之必要，此基础的原理的学科，其重要性所以与工业分化成一正比例也。故施行专科教育之际，若不注重于原理的基础的科学，则学生毕业后，投身工界时，将墨守成法，不能随机应变，以尽其运用之妙也。

乙、宜养成学生之创造力。

我国从来学者，多以“诗文宜自出机杼，不可傍人门户”相标榜，斯言也，不独研究纯正科学者，应奉为依归，即研究工业者，亦应特加注意。盖工业家之智识，既须从社会上智识之浑沦混杂中，择其必要者，有用者，有价值者，研究融会而得来，故其对于事物之注意力，观察法，与夫进行研究之顺序方法等，皆为发挥学生创造力之必经阶段，实有充分具备之必要。惟是灌输此等方法之步骤，在学校中，以时间所限，固不能多行观察，多作研究。然亦使其能领会观察法及研究法之梗概，俾与所得基础的原理相发明，以养成其创造力。

丙、宜授以一般工业常识。

我国从前之工业教育，虽常以应用学科与基础的原理的学科，并置于同等价值之内，甚或更加以特别重视。但当此工业日益分化，学科日益增加之际，对于是等种种应用科学，自宜变更方针，先博后约，务使熟悉一般工业常识之后，能将其他学科，削其枝叶，留其真髓，俾了解各该科之要点，斯为善矣。

丁、应令注意工作效率及工场管理。

工业为应用学科，自无不注意效率。顾物质上之效率，经二三百年科学家之探讨经验，已蔚为大观；而工作上之效率，则在最近二三十年间，所谓“科学管理法”，所谓“生产合理化”之声，正甚嚣尘上，较其所得，亦不亚于由物质上所得效率之大也。欲工作效率之增大，莫要于工场管理之合法，管理合法与否，实直接关于工场之生命也。我国工业幼稚，人才缺乏，凡曾受高等工业教育之学生，毕业后，若置身工业界，骤膺重任，为全工厂之司命，则资本家之所责望，社会之所希求，皆集于一身矣。然则平日于工作效率，及工场管理，可不注意哉。

戊、应使有一般文化之理解。

依上方法，用以教成一专门家，虽可告无憾；但吾人既为社会中之一份子，则以其专门智识，出而活动于社会，自属分内之事。惟在社会活动，必有一种活动态度，故教之以活用态度，实为必要。例如工业（或技术）在个人或社会上究负有何种意义，其与他种文化之关系，毕竟如何，此等问题，能明瞭与否，似于工业上无何等之关系，但在运用工业之际，则非具有明确之理解不可。若或视技术家不仅为普通之个人，而视为社会中重要之一员，则此等问题，实关于品性之问题，更觉其应有理解之必要。此等问题，在低程度之职工学校，虽无足轻重；而在大学，则决不可以等闲视之，苟有余裕时间，至少亦须将问题之存在地方，为之详明解说，尤其是虑及现在或将来的物质文明之遗害时，更应注意此事。故在今日之技术家，其直接接近职工而居于指导地位者，实可谓负有解决劳动问题之责任者矣。

己、于工业进步至适当时期，应采取自由研究主义。

社会工业愈益分化，则其所需人才之种类亦愈益复杂，故欲养成长于一技一能之人才，应付将来繁复之需要，自非采用自由教育主义不可（此处所谓自由主义者，乃指废弃从来之部科本位，使变为讲座本位，俾学者得自由选择其所欲研究之学科而言）。盖能采用自由主义，则举凡特种应用的学科，或最新的学科，皆可因是而开其深造之端。而曾经受过前述各项教育具有一般的基础能力的素养者，自是遂可以其特长出而应社会之需要也。

三、外国大学之实例

从创立历史及现状而考察外国大学，在本篇中应为一重要事项。考欧洲大学其教育之理想，是为科学而培植科学，故不断地致力于学理的创新，其于学问贵精而不贵博，重原理而不重应用。而美国的大学恰与之相反，今此处即以现在工业模范国之美国大学为例，藉以说明其内容之一般。考美国乃极端采取实用主义应用主义之国，其大学讲义之内容，大抵皆以简单明瞭为主。尤其是对于理论，只求辞能达意，绝无复笔赘词（多采用教科书）。至其教授之唯一主旨，在使学者能明确地通晓基础的原理。故对于一切学科，每于上课时，提出问题，使之演习，俾学生得藉是了解其中之原理奥妙，并注重实验实习，藉以养成学生之研究和观察的实力。而学生以学校采用自由主义讲座之故，多能于广大范围之内，选择适合其本身个性的学科，作系统的研究。故其大学毕业生，在智识方面，虽不甚淹博，而其智识之确实性，及富有应用的实力，则大有过人者矣。

四、结　论

以上所述各节，简而言之，即我国现在及将来之高等工业教育，其目的应不仅在养成宏通博雅之硕学，而尤在养成精于一艺（此乃指毕业当时之一艺而言，富有经验后，即擅长百艺抑亦无妨)之人才。对于教授方法,则宜先博后约,迨将来达到如现在欧美各国工业发达时期,非业有专精,不能适应社会需求,即根据讲座本位之自由选习主义,减少分量,注重实质。所谓百艺随身不如一艺精也。而于养成研究能力方面,更须加特别改善,并于可能范围内,实施其他一般社会文化教育,以矫正技术家所常有之物质万能的偏狭主义,庶可臻于美善之境矣。

(原载《三民主义月刊》1933年第4期)

中山大学地理学的学术创新、学术风格和社会贡献

司徒尚纪　许桂灵

今年是中山大学地理系成立80年，借此机会回顾中山大学地理学发展历史，总结其规律，作为继续前进的借镜，十分必要。基于这一目的，本文拟从整个地理学和全国空间视野，鸟瞰中山大学这一学科在历史时空中的地位、贡献和影响。可以发现，中山大学地理学走的是一条不断开拓创新、引领学科潮流，并在实践中得到验证和肯定的道路，充分表现了它创新、兼容、务实、坚持野外考察等学术风格，对中国地理学和社会经济发展作出了积极贡献，牢牢地树立了在全国同行中的领先地位，并产生深刻的社会影响。

一、学术创新

一门学科的生命在于学术创新，在于它不断新陈代谢，除旧布新。地理学从一门古老学科发展到当今现代科学行列，也经历了同样过程，它在中山大学80年的轨迹，即清楚地凸显了学术创新对这一门学科发展强大的原动力作用。这主要表现在以下诸方面。

（一）学科性质从文科到理科的转变

我国传统地理学以沿革地理为主体，以《汉书·地理志》为嚆矢，到16世纪末欧洲文艺复兴时期地理学传入，直至民国初年近代地理学草创，都未能根本改变沿革地理的主流地位，故地理学长期依附于历史学，成为历史研究的一种工具。

基于此，地理学在学科分类上属文科，光绪二十九年(1903)清政府颁行《奏定学堂章程》，规定经、文、格致、农、商等科皆应设置地理课程，在文科中设中外地理专业，学制三年。在进士馆、译学馆、师范馆等都设各种地理课程。[①] 这样，地理学在文科框架内传播和发展，直到1929年中山大学地理系成立之前，没有人对此提出异议和革新。

1924年广东大学（中山大学前身）与北京大学同时成立我国最早的地质系，1927年成立的两广地质调查所，后由中山大学地质系接管。地质调查与广东治河急需的水文

① 鞠继武编著:《中国地理学发展史》，江苏教育出版社1987年版，第212页。

水利调查相结合，促进了地理学与社会实际需要相联系，并使之与自然、技术等学科建立起紧密关系。而地理学的文科性质和归属，显然不能适应民初以来广东方兴未艾的经济建设对新型地理人才的要求，迫切需要按照新模式设置地理教育机构。在这种背景下，1929年秋中山大学地理系成立。1936年《国立中山大学理学院概览》指出："本大学鉴于我国地理人才之需要，决添设地理学系，冀以造就专门地理人才，从事探求本国地理，并以培植中上学校地理老师，俾于华南及东南亚洲树立科学地理基础为宗旨。"[①]1929年，校长戴季陶在《中大的改造》演说中也说："历史学、地理学和国文学，这三科的进步和发展，是一切学术建设的根本，尤其是中国今天的情形，上述三种学问，可以说是一片荒地，杂生着若干乱草，开拓整理的工作，全在今天努力作起。"[②]在这里，历史学与地理学并列，显见已破除了地理学属文科的旧例。戴氏在上述讲话中同时指出："理科的学问，常常是世界的、人类的，而文科的学问，许多是民族的、历史的，情形大不相同。"[③]按照理科这一特点，地理系开设之初，讲授专业课程及工具课程达31门之多，包括地理学、地文(形)学、地球形态学、气候学、生物地理、人类地理、经济地理、中国地理、世界人种、亚洲地理、欧洲地理、南北美洲地理、亚洲东南部地理、特种地理概要、地理工作训练、制图学、制图实习、地图应用、地形测量、野外实习和旅行等，并规定必须学习四门其他理科课程，即物理学、动物学、植物学、地质学。这些课程涵盖自然地理、人文地理、应用地理和区域地理，与当今地理学科涵盖内容差别不大。而此前，1912年中华民国政府教育部先后颁布《大学令》、《大学规程》和《师范教育令》，规定各种地理课程，均设在文科。[④] 很明显，中大地理系是完全按照理科(中大此前称为自然科学)办学原则和架构来设置的，这在当时是一个创新。

中大地理系创始人，是留学德国地质学博士、中大副校长朱家骅通过"国联"聘请的德国地理学者W.克勒脱纳(Wilhelm Credner)，其为第一任系主任。两年后，另一位德国学者W.卞沙(W. Panzer)继任。德国是近代地理学的摇篮，是地理学大师洪堡(Alexander von Humboldt，1769—1859)和李特尔(Carl Ritter，1779—1859)的故乡，德国地理学以区域地理研究和重视野外工作见长。这两位德国教授从一开始就带来德国地理学的传统和风格，并以此区别于当时按照英美地理学模式创办的其他大学地理系。

中大地理系完全采用外国教材，使用外语上课。这有利于培养学生外语能力，吸取

① 《国立中山大学理学院概览·地理学系》，国立中山大学出版部，1936年。

② 《戴季陶集》下卷，上海三民公司，1929年。转引自黄仕忠编《老中大的故事》，江苏文艺出版社1998年版，第6—7页。

③ 同上。

④ 鞠继武编著：《中国地理学发展史》，第213页。

西方地理学成果。除上述两人用英语授课外，还聘用人类学家史禄国（俄国人）用英语给学生讲授亚洲地理，效果甚佳。在浓厚的外语氛围影响下，有些学生未出校门就有译作问世，如后来成为著名地理大家的林超、周廷儒、罗开富、楼桐茂等。

反观国内其他大学地理系或史地系，原先均设在文科，如，1915 年南京高等师范学校、武昌高等师范学校（武汉大学前身）设立史地部，1921 年北京高等师范学校史地部改称史地系等。中大地理系成立的同时或稍后，清华大学、西北大学、浙江大学、东北大学、兰州大学、金陵女子文理学院、四川大学等学校都设立了地理系或史地系，多数在文科，也有在理科，情况比较复杂。[①] 但中大一如既往将地理系设在理科，这无疑是起了开先例、树典范的作用。

（二）随着科学进步和社会经济发展需要不断开创新研究方向和课程

恩格斯曾指出："如果说，在中世纪的黑夜之后，科学以意想不到的力量一下子重新兴起，并且以神奇的速度发展起来，那么，我们要再次把这个奇迹归功于生产。"[②]一方面，地理学是一门经世致用之学，与社会经济发展有很大关系；另一方面，地理学又与自然科学、人文社会科学保持千丝万缕的联系，从中吸取有益养分，促进自身成长壮大。中大地理系成立以后，即根据这个学科特点，随着科学进步和社会经济发展需要，不断开设、调整其课程设置，开拓新研究方向，使其保持生机和活力，在全国地理学科中占有重要一席。

抗战军兴，面对强敌入侵，国防和军事地理研究为地理学者所重视。吕逸卿教授及时开设"战争地理"课程，吸引许多热血青年前来听课。1939 年中大地理系孙宕越、徐俊鸣出版《军事地理学》，是我国第一部军事地理专著，作者旁征博引大量中外战史，阐述地理条件与军事活动的关系。1943 年徐俊鸣出版《国防地理导论》专著，突出说明地理环境与国防布局关系。这两部别开生面的著作，无论是对我国草创中的军事地理，还是抗日实战，都有重要价值。

新中国成立后，中山大学地理系与国家经济建设密切结合。60 年代初，自然地理学学科出现飞跃发展和学科迅速分化局面，从过去区域描述转变为以自然地理结构和自然过程为主的综合整体研究。一方面是学科内部分化，另一方面又不断加强与相邻学科的交叉和渗透，这两个相辅相成的过程不断推动自然地理学的创新和进步，结果形成化学地理、水化学和水热平衡三个新研究方向，全国高校地理系中独树一帜，处于遥遥领先地位。而为支持这些新研究方向，在地理系先后开设大气化学、水化学、风化壳和地

① 杨文衡主编：《世界地理学史》，吉林教育出版社 1994 年版，第 484 页。

② 恩格斯：《自然辩证法》，人民出版社 1962 年版，第 163 页。

球化学、生物地球化学、景观地球化学等课程，由黄润本、董汉飞、唐永銮等教授主讲，为我国培养了最早一批这些方向的人才，也为以后环境科学发展奠定了坚实基础。1964 年地理系编印的《海南岛自然地理论文集》反映了以上创新方向的研究成果。

地貌学是自然地理学的一门最基本课程。建国后华南海岸、河口开发利用以及新技术的应用，促进了这门学科在地理系发生分化，河口海岸动力、沉积过程和地貌过程及其演化规律成为地貌学一个稳定、持久、最有华南区域特色的研究方向。在学术研究上，特别在港湾航道治理、重大水利和海岸工程选址、运作管理上发挥重大作用，在全国树立起一面科研为生产服务的旗帜。在它的影响下，华东师范大学、中国科学院、珠江水利委员会等先后成立相应机构，将河口海岸研究列为重要研究方向，并取得许多出色成果，①地理系筚路蓝缕、以启山林之功不可没。

建国初成立的中大地理系经济地理专业在"文革"期间受到重创，1972 年，以系主任曹廷藩教授为首的一批教师预见到城市规划将成为专业发展的一个重要方向，随即奔赴上海、青岛、郑州、怀化、湛江等城市开展调查和规划，深得有关部门好评。改革开放后，城市化浪潮席卷全国城乡，地理系迅即将城市规划作为经济地理教育和研究的核心，并很快确立了这一学科在全国的学术中心地位，涌现了许学强、闫小培等在国内外有影响的城市地理学者群体。他们的大量高水平论著和规划项目赢得国内外同行的认同和赞扬。现在，城市地理已发展为广东省重点学科，以经济地理专业为基础的中大人文地理学也已入选为全国仅有的两个人文地理学重点学科之列（另一个在北京大学）。这些成果的取得，首先应归结于当年能审时度势，不失时机地调整专业方向，并坚定不移地沿着既定方向前进，从深层根源而言，这也是一种学术创新。

（三）彪炳于地理学史的创新见解

学术创新最根本标志在于超越前人并经受时间考验是正确的研究成果。细检中大地理系 80 年历史，这样的成果源源不断，不但被写入各种地理学史册，而且不少成果在社会实践中发挥巨大作用，取得明显社会经济和生态效益，产生广泛而深刻的社会影响。

恩格斯在评价文艺复兴时期意大利诗人但丁的作用时说："封建的中世纪的终结和现代资本主义纪元的开端，是以一位大人物为标志的。这位人物就是意大利人但丁，他是中世纪的最后一位诗人，同时又是新时代的最初一位诗人。"②个别人物的杰出成就，是可以代表某个时代科学发展水平，因而成为同时代学术创新的一个标志。地理学在

---

① 李春初：《学思集·序言》，香港：中国评论学术出版社 2009 年版。

② 司徒尚纪：《地理学在广东发展史》，香港中国评论学术出版社 2003 年版，第 114 页。

中大地理系的情况也恰恰如此。

在自然地理学方面，地理系主任吴尚时(1904—1947)教授在地貌学、水文学、气候学、区域地理学方面提出许多新见解，皆为时人所折服。如1937年他在广州河南七星岗发现海蚀地形遗址，作为华南海岸上升的一个证据，后为中外地理学界充分肯定。1941年撰写《广东省之地形》论文，第一次提出海拔高于珠三角冲积平原内多丘陵等地理特征的"广花平原"概念，为后人使用至今。1947年在《中国之山脉概论》论文中提出中国地形"三级阶梯"论和从东北大兴安岭至滇南谷地把我国分成西北与东南两大部分的一条直线，称为"中华对角线"理论，反映我国东西两大部分的非地带性分异，具有非同寻常的地理意义。1939年在《广东南路地形》一文中第一次正确指出湛江附近湖光岩为死火山口，积水成湖，解开了法国人对湖光岩成因的各种猜测；同时最早指出琼州海峡形成于最近一次地层陷落，这已为后来地质研究所验证。特别需要指出的是，1947年与曾昭璇联名发表《珠江三角洲》一文，针对中外地质、地理、水文、水利工程界基本否定珠江河口存在三角洲的论断，根据地貌学和水力学原理，并结合野外考察，提出"珠江三角洲溺谷生成学说"，证实珠江三角洲为客观存在，毋庸置疑。特别论证了珠三角内部许多山岭，本为海上一系列海岛，后周边海域被冲积物填充，成为山岭地形，并以此区别世界许多大河三角洲地形景观，这恰是珠三角地形特色。① 此后，关于珠三角存在与否的争论得以平息，珠三角概念在自然地理、社会经济等领域被广泛利用。珠三角今已发展为我国经济发达区、世界产业转移的一个重心，吴尚时、曾昭璇作为捍卫、论证这一科学概念的先驱者，厥功至伟。

在经济地理方面，原地理系主任曹廷藩教授是一位最富学术创新成就的代表性学者。他针对建国初从苏联引进就有争议的经济地理学的研究对象是"生产配置"还是"生产力配置"问题，从1958年开始相继发表《关于经济地理学当前争论问题的一些初步意见》②和《经济地理学的对象、性质和任务问题》③等系列文章，从马克思主义哲学和政治经济学立场出发，根据经济地理学科对象、性质、任务、生产配置一般规律、为生产服务等不同层面，有针对性地分析了学科中存在的地理学派(区域学派)、经济学派以及技术学派的学术根源、主要特征、优点和缺点等，科学、系统、令人信服地阐述了生产、生产力、生产关系、生产配置、生产力配置等不同概念的界定、内涵和本质差异。他极力主张经济地理的对象是研究"生产配置"，这一科学论断为全国大多数同行所接受，从而结

① 以上参见司徒尚纪:《吴尚时》，广东人民出版社1995年版，第22—37页。

② 见《地理学报》24卷2期，1958年6月。

③ 《中国地理学会1961年经济地理学术讨论会文集》，科学出版社1962年版。

束了以中国人民大学孙敬之教授为首主张经济地理对象为“生产力配置”的北方学派和以他为首的经济地理对象为“生产配置”的南方学派这场长达十多年的学术争论。曹廷藩自此被公认为经济地理学理论权威、“生产配置”论的代表人物，他的论著被奉为学科圭臬，他也赢得了全国同行的尊敬和信任。[①] 1962 年曹廷藩被选为中国地理学会经济地理专业委员会主任委员，他领导的中大地理系也成为经济地理学在南方的学术中心，吸引大批莘莘学子负笈前来。曹廷藩的创新理论成果，总结起来有以下几方面：

一是基本矛盾论　经济地理研究对象的特殊矛盾和基本矛盾在我国经济地理界向有不同的看法。曹廷藩在深刻理解毛泽东哲学著作《矛盾论》精髓基础上，针对不同意见，提出生产发展对生产配置的要求和作用于生产配置的自然、技术、劳动力、区位诸条件，是基本矛盾；而北方学者认为生产过程中的“生产部门”和“生产地区”之间的不相适应才是研究对象的基本矛盾。曹廷藩的观点，因有深层次哲学依据，并符合生产配置的客观要求，不但渐为北方学者所理解和接纳，起到统一经济地理研究对象矛盾的作用，而且成为生产配置的实践指南。后来广东各级农业区划、作物布局、土地利用、工业布局等经济建设规划和实施，皆以解决上述基本矛盾为主要内容，成绩斐然。

二是学科性质论　基于经济地理学研究生产配置涉及面甚广，这门学科的性质也成为学界争论的一个焦点。曹廷藩在 1958 年以前，认为其学科性质是边缘学科，是一门介于自然科学和社会科学之间的带有边缘性质的学科，具有明显的跨界性质。后来经过深入探讨，他认为经济地理学是一门特殊的社会经济科学。1961 年他发表《经济地理学的对象、性质和任务问题》论文，指出经济地理学具有经济、技术、自然三结合特点，是一门特殊的经济科学或一门特殊的社会经济科学。这一科学论断，澄清了在学科性质问题上混沌不清的概念，为经济地理学发展指明了正确方向，因而得到全国同行认同。晚年，曹廷藩对学科性质又有了新的认识，1978 年中国地理学会在长沙召开经济地理专业学术会议，他发表了《关于学科性质的再认识》论文，认为经济地理学“似应属人地关系系统，带有边缘学科和应用学科的性质”。这一修正使经济地理学作为当时复兴中的人文地理学一分支，起了推动作用，有利于学科发展。

三是人口和生产发展协调论　我国人口众多，人既是生产者，又是消费者，处理好人口再生产和物质再生产关系，是生产配置中必须解决的一个首要问题。曹廷藩在其一生科学活动中，多次在其论著中分析生产与人口之间的关系，指出生产发展和配置的情况决定着人口和居民点的分布，而人口和居民点的分布又反过来影响着生产的发展

---

① 曹廷藩一生出版专著 5 部，发表论文 20 多篇，代表作有《经济地理学主要理论问题研究》（中山大学出版社 1986 年版）和《经济地理学原理》（科学出版社 1991 年版）。

和配置。他同时认为,在弄清农业人口和工业人口总量情况下,首先要安排好农业生产劳动力,然后再安排工业生产劳动力和其他部门劳动力。为了保持农业生产经常有充足的劳动力和城乡人口的正确比例关系,应当着重研究人口发展变化的规律。曹廷藩这些精辟论断,既有深刻的科学依据,又有长远的前瞻性。2000年中国人口已达13亿,为全球总人口的1/5。虽然自20世纪70年代以来,中国严行计划生育政策,取得不少成绩,但农业人口控制相当困难。改革开放以来,大量农村人口流入城市,掀起城市化高潮,这对建立劳动密集型产业作用匪浅。但过多的人口仍是中国实现现代化面临的首要问题之一,正如曹廷藩预见那样,生产没有控制人口的变化和发展,那么人口反过来就会影响生产。如此看来,解决中国人口问题,只有集中全力发展生产,使国家富裕起来,人口数量才会减少,人口素质才会大大提高。建国50多年的社会发展变化历程,证实了曹廷藩关于生产与人口协调发展理论的正确性和预见性。

四是农业区划因地制宜论 曹廷藩深知地理学是一门应用性很强的学科,特别是研究生产配置的经济地理学更能发挥为经济建设服务的作用。在50年代参加华南热带生物资源综合考察基础上,他指出经济地理工作者应当关注生产发展的方向问题、生产各部门的比例问题、生产的地区安排问题等。在当时以农业为基础的背景下,他撰写《关于经济地理如何为生产服务的问题》和《关于经济地理学及其各分支学科为农业生产服务的一些问题》论文,提出"经济地理的研究必须以农业的生产配置和工业的生产配置为其主要内容","必须首先并且以较大的力量来发展农业地理学,其次为工业地理学,再次为运输地理学,更次为人口和居民点地理学"。从60年代开始,他多次参加中山、东莞、湛江等地农业区划,提出农业区划不要停留在一般的分片划区上,要注意解决各地农业发展中的关键问题,更好地发挥区划的作用。他后在《经济地理学原理》中总结道:"研究农业生产在不同地区的立地条件、内在联系状况、地域分异规律,为因地制宜、合理布局提供科学依据。"农业区划是他生平参与经济地理为经济建设服务最多的一个领域,其成就和贡献已深深铭刻在广东农业区划的史册上,殊足令人总结和追忆。

五是以任务带学科论 60年代,曹廷藩在谈及经济地理学研究对象与任务关系时,在肯定对象规定任务之同时,提出以任务带学科论点。他指出:"只有当人们在社会实践过程中,需要某方面的知识时,这样才促使人们对于某些事物或现象的注意,才促使人们对于某些事物现象的研究。这样,一些学科产生了,一些学科发展了,所谓任务带学科就是这个意思。"[①]当然,这个观点是在当时经济地理学界对学科本身的研究对象、

① 曹廷藩:《经济地理学主要理论问题研究》,中山大学出版社1986年版,第34页。

性质、任务争论不已背景下提出的，具有强烈的针对性，对于澄清这三者关系的模糊认识，是很有必要的，也有助于加强在实践中总结经验，推动学科理论建设。他后来指出："实践，总结，再实践，再总结，可以说是中国的经济地理发展和提高的最基本经验。"这是以任务带学科的最好脚注。1980年，他更坚定地指出："科学的理论来源于社会实践"，"从理论到理论的研究方法是不对的，只注意参加工作实践而不进行理论总结也是不对的。"①翌年，他又告诫人们，在每一项工作任务完成后，都要进行更为及时、系统的总结。这样，工作实践与理论研究的关系说得一清二楚，也说明以任务带科学是正确的。其深层根源在于他深谙知和行、理论和实践的辩证关系。

最近20多年来，中山大学经济地理专业转为以城市规划为发展方向，做了大量城市和区域规划工作，在此基础上不断总结经验，产生了不少高水平论文和专著，在国内外同行中享有盛誉，这离不开曹廷藩以任务带学科的思想的指导，也是他所培养的经济地理学子遵师教导取得的成果。这恰如著名地理学者、欧亚科学院钟功甫院士说的："曹廷藩先生的结论性论点就比哈特向（Richard Hartshome，美国著名地理学者）的理论更加系统而完整，更为鲜明、突出。曹先生不愧是当代著名的经济地理学家之一。曹氏的《经济地理学原理》一书，堪称富有中国特色的杰作。"②这个评价是中肯和公允的。

人文地理学学科建国后即被否定，改革开放后才复兴，并很快崛起为地理学一个最有活力的分支。中大地理系原有的人文地理优势也被激活，以许学强为首的一批人文地理学者异军突起，选择以城市地理为主攻方向，同时带动旅游地理、历史地理、文化地理的发展。1979年以来，许学强先后在《城市规划》、《经济地理》、《地理学报》等核心刊物上发表《根据区域、经济因素预测城市人口规模的一个数学模式》、《我国城镇体系的演变和预测》、《我国城镇分布及演变的几个特征》、《改革开放以来广东省利用外资的时空差异分析》等论文，提出了中心城市人口预测模式，总结和预测我国城镇体系的历史现状及未来，澄清和明确了国际上研究中国城市化和城市人口问题中存在的许多模糊不清的概念，借助定量分析方法，阐明外资在广东的时空特征、成因及流动规律。这些论文不少观点被认为是"创造性研究，填补了空白"、"研究中国城市化的权威之作"，对"中国的历史、社会和文化有重要贡献"。许学强1988年出版的《现代城市地理学》专著被学术界认为"具有我国最高水准"和"国际意义价值"。③ 许学强这些创新成果在很大程度上代表了人文地理学在中山大学复兴的标志，产生了重大影响。1994年成立中国地理学会城市地理专业委员会，挂靠在中山大学城市与区域研究中心，许学强任该委员

---

① 曹廷藩：《经济地理学主要理论问题研究》，第81页。

② 司徒尚纪主编：《曹廷藩教授纪念文集》，广东省地图出版社2001年版，第44页。

③ 闫小培：《中山大学城市地理学科的崛起》，载司徒尚纪主编：《地理学在中山大学70年》，中山大学出版社1999年版，第305—307页。

会主任委员，并借助于与香港、加拿大等的合作进行研究生培养和科学研究，牢固地树立起中大人文地理学在国内外的领先地位。近年中大人文地理学被确定为国家重点学科，即与此有不可分割的关系。

二、学术风格

地理学作为一个知识体系，除基本理论、知识和方法是共同的以外，还深受所在地理环境的影响，因而具有强烈的地域性。地理学在岭南的发育、成长，必然受制于岭南文化总体格局，同时也受教师学术渊源、出身的影响。在多种因素交互作用下，在长期历史积淀基础上于20世纪二三十年代形成的所谓"中国地理学岭南学派"，①是以中大地理系为核心和代表的，它的一系列研究成果和活动，充分反映了自己的学术风格、治学精神和追求，并以此区别于地理学其他学派。

（一）博采包容、兼收并蓄

这是岭南文化风格之一。历史上岭南学者利用广州、港澳口岸之便，首得海外风气之先，大量吸收海外文化，使之成为岭南文化一部分。许多饱学之士，几无不藉此成功。早期利玛窦入粤，带来文艺复兴以来欧洲地理学，广东由此成为近代地理学在我国的发祥地。晚近梁启超推介西方"地理环境决定论"，更是西学东传一个典范。据统计，清咸丰三年到宣统三年（1853—1911）在我国译书高潮中，有58种地理著作、12种天文气象著作被译成中文，②其中相当一部分是在广州翻译出版的。民国以降，阅读外文地理书刊在广州已成为时尚，这时期地理学者，多掌握一二种外文。中大地理系成立后，吴尚时、梅甸初、林超等开始译书，德、法、英、美等不同流派地理著作被介绍进来，这对我国近代地理学的建立和知识传播起了很好作用，许多人后来成为著名地理学者也基于此。最突出的是吴尚时，他利用深谙英、法、德文之便，尽量搜罗吸收各国地理学派之长，融会贯通，先后开设地形、水文、读图、制图、日本、北美和非洲地志等课程，撰写大量论（译）著，包括翻译著名的法国地理学者E.马东男《自然地理学》（地形篇和水文篇）、M.巴台尔《森林与河流》、《江河之水文》等，这些论著的不少观点，比英美地理学者的同类文章更有见地。吴尚时上述一系列成果，使他成为地理学岭南学派领军人物。另一个突出例子是中大地理系首届毕业生黄秉维院士，他没有出国留学，却通过广泛阅读外文

---

① 司徒尚纪：《浅论中国地理学中岭南学派》，载上官鸿南、朱士光主编：《史念海先生八十寿辰学术文集》，陕西师范大学出版社1996年版，第307页。

② 王洪文：《地理思想》，明文书局1988年版，第273页。

书刊博采西方地理学精华。毕业于中大地理系的北师大教授周廷儒，对自然地理、中外文献之熟悉与野外工作之勤快相得益彰，故能创立“古地理学”，并因这门新学科而蜚声中外。同样毕业于中大地理系的罗开富教授精于英语，懂法、德、俄语，博闻强记，读外文书之多有口皆碑。曾昭璇教授才思敏捷、笔走龙蛇，其硕士论文参考英、法文资料 300 种以上，获得导师杨成志和语言学家王力高度评价。

建国后，中大地理系学者很快跟上时代前进步伐，从过去崇尚西方地理学转到学习苏联地理学。许多人在短时内掌握俄语工具，一些人成为苏联地理学专家。代表人物有王正宪、曹廷藩、钟衍威、唐永銮等教授。他们翻译《普通自然地理学原理》、《英国经济地理》、《新城市总体规划》等苏联地理学著作，蜚声地理学坛。

改革开放后，中大地理系学者仍保持对日新月异的世界地理科技的热切追求，充分利用邻近港澳优势，吸收、引进西方地理学最新成果，同时以崭新姿态走出国门，踏上与世界地理学界交往道路。地理系仅 1980—1988 年派往海外进修、考察、交流、合作研究的教师就达 45 人次，出国攻读学位的更不在少数。地理系接二连三地承办各种国际性学术研讨会，成为吸收世界地理研究新成果的重要平台。其间翻译、编著出版外国地理书籍之多也超过以往任何一个时期，例如许学强、朱剑如编著《现代城市地理学》，系统介绍西方城市地理学的流派及其主要观点，给人耳目一新之感。

这样一来，在中大地理系之内，以教师学术出身不同，形成各流派共生共存、和而不同、互为补充的派别分野格局。自地理系建立以来，有孙宕越、洪绂、吴尚时为代表的法国区域学派，有叶汇教授为代表的长于自然地理的德国地理学派，有林超、罗开富、曹廷藩、邹豹君、缪鸿基为代表的较为传统的英美地理学派，有王正宪、董汉飞为代表的苏联地理学派，有梁溥为代表的日本地理学派，当然也少不了以唐永銮、徐俊鸣、曾昭璇等为代表的中国地理学派。他们相互包容，无门户之见，且能取长补短，相得益彰，共同推动地理学在中大阔步前进，使中大地理系成为我国地理学在南方的一个最重要摇篮。

（二）长于野外考察和实践

中大地理系处在岭南，长夏无冬，一年都可以开展野外工作。地理学者可以长年接触大自然，在实践中探索其奥秘，总结规律。这比北方地理学者限于夏天出野外，冬天在室内总结有很多优越性。这也是地理学岭南学派一个重要学风特征。

中大地理系创办之初，以自然地理学最为出色，野外考察为地理教育最重要环节。这是曾执掌地理系的德国教授所带来的高度重视野外工作的德国地理学派的一个传统。1930 年，在 W. 克勒脱纳带领下，地理系组织“云南地理调查团”，开赴云南边疆作探险式考察，在点苍山 4122 米发现第四纪冰川地貌，后被命名为“大理冰期”冰川地貌。

这是民国时期我国地理学界有组织的地理考察之始，后被载入《世界地理学史》。[①] 这次考察成果后撰成《民国十九年云南地理考察报告》，用中、德文发表，产生很大影响。直到1934年后，中央大学、清华大学、北京师范大学地理系才组织过类似考察，但没有写出考察报告。这个传统一经形成，历久不衰。在留法归来的孙宕越、吴尚时当系主任时，每学期野外考察十多次，假期则作长途考察，1937年6月19日《中山大学日报》称地理系"对于实地考察，尤为注意"。抗战时期，地理系几经搬迁，在极端困难条件下，吴尚时仍坚持带领学生外出考察实习，云贵高原、南岭山地留下他们深深足迹，并写出许多独到见解论著。尤其是吴尚时，其论著参考文献甚少，主要是依靠两条腿在野外考察，总结出结果。地理系早期毕业生，后来成为中科院院士的周廷儒、周立三、黄秉维以及林超、罗开富、叶汇、徐俊鸣等都以此见称。40年代毕业的曾昭璇、罗来兴、何大章、张荣祖、钟衍威以及建国后毕业的黄进、郑度等，都炼就一身过硬的野外工作本领，在各种考察中施展拳脚，大有收获，都得益于学生时代所受野外训练。建国后，中大地理系根据国家建设需要，组织师生参加南方橡胶宜林地选址、南水北调、全国自然区划、珠江流域规划、华南综合考察、农业区划、华南海岸、滩涂调查等，取得许多开拓性的成果。以中大地理系为核心的岭南地理学派之长与优恰在于此。只有野外调查和实践才能验证新地理理论和技能，同时又提出更高的要求，推动地理学的新陈代谢，加速它的开拓创新和向高一级水平迈进。

（三）为社会经济发展服务的务实风格

应用性是地理学一个重要特征，从历代编写地方志书、编绘舆图到兴修水利等，无一不彰显地理学在其中不可或缺的作用。

我国以农立国，水利是农业命脉，与地理学至为相关。吴尚时研究水文地理一开始就走上与实践相结合的道路。20世纪30年代，广州东濠涌每遇大雨，常潦患成灾，危及城市安全。吴尚时经过实地勘察和计算，提出在上游筑坝，下游挖河分流方案，为广州市政府采纳，潦患得以弭除。西江在顺德甘竹滩一段滩石林立，航行险象环生，经常发生民船触礁沉溺事件。炸礁成为治河议论焦点，吴尚时以高屋建瓴之见，否定炸礁，提出建筑横河堤坝和水闸方案，为众论信服，当然问题的最后解决是新中国成立后的事情。在中大迁粤北坪石时期，地方政府根据吴尚时建议，在北江设置水文站，中大派员观测，积累大批水文资料。吴尚时带领地理系师生，踏遍粤北山水，计算各江河流量，提出"蓄水池，横河筑坝，蓄收潦流"等[②]开发水力资源、振兴经济方案，得到地方政府肯定。

---

① 杨文衡主编：《世界地理学史》，第488页。

② 何大章、陈小澄：《论我国地形对角线及弧形山脉与河流》，《热带地貌》1985年第1期，第277页。

区域地理与区域开发关系极大，吴尚时、曾昭璇在《广东南路》这篇著名论文中，在深入分析雷州半岛（南路大部）自然、社会条件后，指出南路应造林绿化、利用荒山发展畜牧业，加速开发渔盐资源，发展榨糖、榨油等工业和市场，并指出由于河流分散，未能形成大城市，只有湛江、北海、梅菉、水东等区域性中心城市，并呈离心性分布格局，限制了区域发展。这些真知灼见，无一不建立在深入调查、归结于应用的基础上。新中国成立后，著名地质学者陈国达院士主编的《中国地学大事典》指出，在"水文地理研究方面，他（指吴尚时）是中国最早倡导者之一；著有《浈武二河之水文》、《曲江潦患与预防》、《粤北之水力》三本著作，并发表几篇治理广州山洪论文"。[①] 这个评价，殊为恰当。

新中国成立后开展大规模社会主义建设，要求地理学解决自然和社会经济相关的问题甚多。1952 年中大地理系师生参加了海南、粤西、桂南橡胶宜林地选择；1954 年和 1955 年，参加海南岛农业区划，琼雷、桂南以发展热带作物为目的的综合考察；1958 年及以后，又参加珠江流域、桂南十万大山、广东、闽南、滇南综合考察以及首次南水北调科学考察；1961—1963 年则转到以广东农业区划和作物布局野外调查上。为此写出一大批调研报告，编绘多种地图，不但推动学科前进，而且为有关部门或地区的开发建设提供了决策上不可或缺的参考。改革开放以来，地理学各专业都投入这个时代潮流，并大显身手，举凡自然、人文资源调查、环境保护、土地利用、城乡规划、旅游规划、产业布局、区域发展与规划等，因为有地理工作者参与而显得有声有色，成就斐然。仅中大河口海岸所至 1999 年就承担各类科研任务上百项，不少是应用开发课题，如港口、航道选址、治理，滩涂围垦，海岸保护，水产养殖，防灾减灾等。中大城市与区域研究中心，更以雄厚师资力量、先进设施和丰富经验参加以城市与区域规划为中心各项开发应用研究，硕果累累，在科学为社会经济建设服务方面树立了一面旗帜，也是中大地理系一贯务实学风在当代条件下的发扬光大。

学术分流派是客观存在的，而流派是由学术风格支持的。1933 年史学大师陈寅恪教授和陈垣教授在学术通讯中提出"南学"有研究之必要，并预言"中国将来恐只有南学，江淮已无足言，更论黄河流域矣"。[②] 如新会一地，自明代陈白沙以来，在晚清、民国有梁启超、陈垣之兴，颇值得研究。近年不少人则提出建立"岭南学"，显见这是基于岭南文化特质和风格而产生的学术流派。关于地理学南北分流问题，林超和曾昭璇教授在不同场合多次提到，后来曾昭璇把地理学岭南学派归纳为野外工作、博览群书和努力创新三大优良传统，进一步将岭南学派问题具体化。曾氏所言，与这里所论没有重大差异。作为岭南文化一个组成部分，地理学在中大的学术风格，足以折射中国文化的地域

---

① 司徒尚纪：《吴尚时》，第 74 页。

② 陈垣：《陈垣来往书信集》，上海古籍出版社 1990 年版，第 377 页。

差异。这恰如明代邹善为元释继洪《岭南卫生方》作序曰:"岭南外号炎方,又濒海,气常燠而地多湿,与中州异。气燠故阳常泄,而患不降;地湿故阳常盛,而患不升。业医者,苟不察粤地山川窍发之异,有以夺阴阳动历之变,而徒治以中州常法,鲜有不失者。"①这里不套用中原"常法",成为岭南中医药派一个主要特点,这对有强烈地域性的岭南地理学风格形成而言,也同样是适用的。

三、社会贡献

已有的中国地理学史著作,作者多为北方人,对岭南了解有限,故对地理学在岭南发展和成就的评价有失公允,甚至有湮没、遗漏之虞。如作为地理学者的明末清初屈大均及其代表作《广东新语》在中国地理学史上就只字未提,即使到了近现代,岭南也有许多开拓性地理学成果未登上地理学史册。地理学在中大的发展及其建树就对中国地理学建立和进步,对社会经济建设和改善民生,作出了巨大贡献。兹述如次。

(一)在广州兴起的一个中国近代地理学摇篮

清末民初,近代地理学在我国渐渐兴起,而素为西方文化在我国传播基地的广州,很快成为这门新兴学科在我国南方的重镇。20世纪30年代前后,中大正处在发展时期,文理各科相继勃兴,广东社会也相对稳定,对新兴学科人才需要在上升,1929年中大地理系应运而生。这一创举和它以后一系列卓有成效的教育和研究活动,对中国近代地理学的兴起,发挥了摇篮的作用。

第一,诞生了中国近代地理学一代开拓者。

中国近代地理学产生、发展,不过是百年之事。主要是20世纪20年代前后产生,一方面是旧地理学被淘汰,另一方面又是探寻地理因果规律的新地理学的成长过程。1909年最早献身中国近代地理事业的地理学家和地理教育家张相文(1866—1933)在天津成立中国地学会,成为中国近代地理学发展史上一个里程碑,张相文被认为是中国近代地理学第一代开山大师。此后随着地理学的发展,涌现了不少这一学科的开拓者。他们不是一个人,而是一个群体,包括竺可桢、翁文灏、张其昀、丁文江、黄国璋、胡焕庸、吴尚时等。其中只有吴尚时是岭南人,先后就读于法国里昂大学、格朗劳布大学和波尔多大学,回国后长期担任中大地理系系主任。在他努力下,不但以自己一系列创新学术研究成果蜚声学坛,而且地理教育办得有声有色,办刊物,开讲座,出野外,服务于社会

① 司徒尚纪:《浅论中国地理学中岭南学派》,载上官鸿南、朱士光主编:《史念海先生八十寿辰学术文集》,第307页。

和对外开展学术交流，使中大地理系声名鹊起，在全国产生重要影响，吴尚时由此被誉为我国近代地理学开拓者之一。1948年，曾昭璇在为纪念吴氏逝世一周年而作的《地理学者吴尚时教授之思想及其贡献》一文中指出，吴氏"对南中国地形之贡献及水文、地图之提倡，备著勋劳，诚可为我国研究自然地理学之一开山大师"，"以地理教育为业，灌输地理知识于青年，领导实际工作，岭表以南一大家焉"。1991年，由国际地理学会地理学思想史工作组主持、国际历史及哲学科学联合会等资助出版的《地理学者传记研究》(马丁主编)将吴尚时列入该刊第13卷(第151—155页)。该卷只选14个世界性地理学者刊出，中国地理学者只收录吴尚时一人，而且是该刊收录的第一位中国人。20世纪60年代，中大校长黄焕秋曾访问苏联莫斯科大学，亲见该校图书馆悬挂着吴氏照片。吴尚时作为旧中国科学家的代表人物之一，[①]享有如此之高的荣誉，这也决不是偶然的。

第二，造就了中国近现代地理学一大批时代精英。

中大地理系以其独有的理科办学模式和学术风格，为中国近现代地理学造就了一大批时代精英，有力地推动了地理学的发展，并为国家建设作出了重大贡献。

传统地理学因设在文科，精于历史文献，少接触大自然，培养的多为书斋学者。中大地理系归于理科，学生深具自然、技术科学修养，又长于野外工作，两者一经整合，培养出来的学生，学科视野开阔、思维活跃、动手能力强，充分显示近代地理学的性质和特点，故多有作为，成为近代中国地理学的栋梁。早期毕业的黄秉维、周立三、周廷儒是建国后为数不多的中科院地学部院士，林超、孙宕越、罗开富、罗来兴、张保升、何大章、徐俊鸣、吴壮达、吕逸卿、钟功甫、梅甸初、曾昭璇等都是赫赫有名的地理学家，在各自领域建树卓著，是建国前我国地理学界最重要的一支队伍。孙宕越后去了台湾，努力推动台湾的地理事业。1949年台湾只有半个地理系(指台湾省立师院史地系地理部分)，孙氏于1955年创办台湾大学地理系，任系主任；1962年在台湾中国文化大学建立地理系，任系主任、理学院院长，并设博士班。台湾地理学骨干，很多人是他的学生。

建国后，地理系培养的学生，一秉学科传统优势，在社会主义建设事业中大显身手，作出了卓越贡献，为全国同行瞩目。自然地理专业毕业生郑度，长期研究青藏高原自然环境及其演变，成就突出，被选为中科院院士，也是建国后广东地理界惟一一位院士。同一专业的沈灿燊、刘南威、赵焕庭、潘树荣、黄进、杨勤业、朱士光、李春初、吴超羽、陈朝辉等在水文、海洋地理、综合自然地理、丹霞地貌、历史地理、河口海岸、生态和环境地理等方面都有出色表现，成为某一学科带头人。经济地理专业毕业的刘盛佳、杜启铭、许自策、蔡人群、许学强等在地理学思想史、城市管理、城市与区域规划等领域成就卓著，

---

① 司徒尚纪：《吴尚时》，广东人民出版社1995年版，第178、181、188页。

为全国性学术人物;改革开放以来,人文地理在中山大学异军突起,闫小培、保继刚等后起之秀脱颖而出,以其优异成绩,蜚声国内外地理学坛,为中大地理系赢得很高声誉。

(二)在全国地理界掀起重视野外考察良好学风

我国传统地理学长期以来以文献考据见长,像徐霞客那样以考察大自然为己任的可谓凤毛麟角。尤其受乾嘉学派影响,死钻故纸堆,脱离实际的考据成为传统地理学的主流。清末民初,中国近代地理学虽粗具框架,但并不能占领整个地理学坛,特别是在北方,旧的学风仍笼罩了大部分地理学人,很多人还是书斋式的学者。在这种背景下,中大地理系师生一反旧传统,走向大自然,在野外荆棘丛中寻找自然、人文的因果关系,这在全国是破天荒的。这种学风的形成,不但成为中大地理系一个优良传统,而且为全国同行树立一个良好范例。自此,野外考察成为大学地理教育和科研的一个不可或缺的手段。效法中大1930年云南考察而走向野外的有中央大学、清华大学、北京师范大学等。经实践验证,这种地理教育、研究理念和模式是非常正确的。据曾昭璇教授回忆,建国初,经济地理学"生产力配置"论在北方的旗手——中国人民大学孙敬之教授曾以他"在野外工作未有一套可行方法为憾"。[①] 想见北方地理学者的野外工作远不及岭南学者,只是后来有所改进,中大地理系无疑起了好的榜样。即使在时下科学昌明,GIS(地理信息系统)和网络技术发达背景下,只能减少而不能取消地理教育和研究野外考察工作,这已有大量地理研究成果为证。

(三)推动我国地理学从文学描述到科学分析转变

如前所述,地理学放在文科,或从属于历史学,或史地并重,称史地系,地理学以地理知识文学描述为主,采用自然语言或曰文学语言为工具。我国古代许多地理名著,如《史记·货殖列传》、《汉书·地理志》、《元和郡县图志》、《水经注》甚至《徐霞客游记》等,内中地理内容与文学糅合在一起,自然、人文地理现象相互交叉,具有多元性特点。因无学科分化,故地理学对象、性质、结构、方法、任务等模糊不清,形成地理学综合性、区域性特点。近代地理学传入,虽然其本身已具一整套完整理论和方法,如系统(部门)和区域两种体系,经验与归纳方法的运用、哲学语言代替文学语言,以及数量分析概念的建立等,都使近代地理学在世界范围内达到一元化程度。但这门学科归属不同,其生存和发展背景及后果则大相径庭。在文科背景下,它的特性会受到压抑而得不到应有发展;而归入理科,它有了与学科相适应的环境,并从其他理科得到养分滋润,而芃芃高长。例如中大地理系与相邻地质系、天文系、生物系等在一起,即互有裨益,获得进一步发展

---

① 曾昭璇:《论中山大学地理系创办时的德国学者克勒脱纳及下沙》,载司徒尚纪主编:《地理学在中山大学70年》,第75页。

空间。如地理系的地质学、古生物学等课程，由地质系教师主讲，进一步明确了这些学科不可分割的关系。1944 年 3 月国际地理学会会长、美国锡拉丘兹(Syracuse)大学教授 G. B. 葛德石应邀来中大理学院作《地理学与地质学之新发展》学术报告，地质、地理两系师生参加，[①]使他们及时了解了这两门学科许多新的研究成果和动态，获益匪浅。正因为中大地理系归属明确、学科管理得当、课程设置科学合理，才培养了一大批长于野外工作的学问家，他们不但能在广州成长壮大，而且还散布到全国各地，对传播近代地理学作出很大贡献。如吴尚时弟子张保升，长期致力于四川河流水文与地貌研究，发表多篇四川盆地水运与经济建设论文，多次重申"山性使人塞，水性使人通"的人地关系，为四川航运贡献不小，也是近代地理学与地方发展相结合的典范。上述中大地理系为我国培养一大批地理学精英，都属这个近代地理学传播者群体。他们卓有成效的劳动成果载入多种文献，也集中反映在中大地理系编《地理学在中山大学 70 年》(中山大学出版社 1999 年)和刘盛佳《地理学思想史》(华中师范大学出版社 1990 年)等论著中，它们也成为研究中国地理学发展史的重要参考书。

(四) 地理学与社会实践相结合的巨大效应

地理学作为一门经世致用之学，向有服从社会需要、为实践服务传统。地理学在中大地理系走的也是一条这样的道路，它所产生的各种巨大社会效应，伴随着地理学成长过程，至今仍为社会所称颂。

地理系创立之初，吴尚时在《曲江潦患与预防》中指出："近代新地理学为一种研究自然与人生之科学，其富于应用性质，不言而喻。"[②]抗战时，吴尚时在香港发表《广东西北江之形势》、《粤北之国防根据地》、《县长与地理》等论文，对广东地形与抗战关系作了精辟分析，对鼓舞军民士气作用甚大。1941 年吴氏参与编纂首部《广东年鉴》广东地形部分，不仅为广东地形分区之嚆矢，而且为广东经济建设与布局提供重要指引。

新中国成立之初，地理系师生参加一系列单项或综合科学考察活动，写成多种考察报告，成为在华南、西南建立橡胶热带作基地的主要依据。如海南岛本不是橡胶理想基地，但为了打破帝国主义对我国橡胶封锁和禁运，国家急需自己种植生产这种战略物资。地理系师生根据考察所得，提出利用地形、种植防护林等措施，仍在纬度较北的海南、粤西、桂南、滇南选择辟出大片胶林，并很快投产，为捍卫年轻的人民共和国作出了不可磨灭的贡献。60 年代地理系曹廷藩、梁溥教授等带队参加广东农业区划，提出因地制宜、合理发展和布局农业生产各种方案和建议，为有关部门采纳，由此形成了以东莞

---

① 司徒尚纪:《吴尚时》，第 147、83 页。

② 同上。

为样板的农业区划的“广东经验”，在全国推广，至今仍有其参考价值。即使在“文革”中，这种为实践服务的脚步也没有停顿，1974年经济地理专业师生完成的阳春县城规划方案被接纳和实施，有效地指导了县城建设。阳春今已成为一座美丽山城，这个方案功不可没。

改革开放带来社会经济大发展，地理学被赋予重任。中大地理系各专业，都承担了大量应用研究课题，在解决资源开发、国土整治、环境保护、城乡规划、旅游规划、文化规划、区域可持续发展和区域规划，以及建立地理信息系统（GIS）等方面所提出的实际问题上，做了大量工作，对我国特别是广东社会经济振兴、生态环保和实施科学发展观，作出了重大贡献，不仅产生巨大的经济效益、社会效益和生态效益，而且在这些活动基础上的理论总结和提升，对推动我国地理科学的进步同样产生巨大作用。广州与北京、南京、兰州一样，成为我国当代地理学四大中心之一，而中大地理系又是广州中心的内核，这已是一个不争的事实。

1929年中山大学地理系的成立和它的各项活动成果，在中国近现代地理学史上具有举足轻重的意义。首先在学科设置上归入理科，突破传统地理学隶属文科的藩篱，在这个框架内安排部门和区域地理课程，并根据学科发展和社会需要，不断调整，开辟新的研究方向，在以吴尚时为代表的自然地理，曹廷藩为代表的经济地理，新崛起的中青年学者群体为代表的人文地理等领域，提出许多精辟、新颖的见解为标志，实现地理学的学术创新，赋予地理学在中山大学不断增长的生机和活力，获得学界的认同和推崇。在岭南地理环境和岭南文化的总体格局下，地理学在中大发展，形成了博采包容、兼收并蓄，既重读书，又长于野外考察，以及服务社会的务实学风。在此基础上形成的地理学岭南学派，不仅在学术上创新，开风气，育人才，而且在为国家社会经济发展服务方面作出重要贡献，彪炳于中国地理学史。我们应继承和弘扬地理学在中大优良传统，为学术繁荣和建设社会主义强大国家服务。

（原载《中山大学学报（社会科学版）》2009年第3期）

中山大学地理学者的丹霞地貌研究

李青果

中国东南部广泛分布有“红层”(红色砂砾岩层),对这一特殊的地理现象,从20世纪20年代至今,中山大学几代地理学者对之进行了广泛深入的调查研究,进而逐步构筑中国红层研究体系,由此提出的“丹霞地貌”,被誉为地学方面的中国“国粹”,位列“中国地理百年大发现”第14位。[①] 2004年,“丹霞地貌”命名地的广东丹霞山,经联合国教科文组织批准为中国首批“世界地质公园”之一;2010年,由中大地理学者参与主事,广东丹霞山、湖南崀山、福建泰宁、贵州赤水、江西龙虎山、浙江江郎山“捆绑”申报的“中国丹霞”系列自然遗产,成功列入“世界遗产名录”。从“丹霞地貌”的发现、命名和研究,到“中国丹霞”的申遗成功,凝聚了近百年中大地理学者的才学心力。其由学术研究带动地质景观美学价值的开发推广,到争取中国丹霞世界遗产身份彰显其地理学意义,并促进相关学术研究的国际化拓展,在学术研究及其推广应用的互动方面,提供了经典的例证。

一

广东北部及邻近地区“红层”地理现象,从19世纪末就引起了外国地质学家的注意。德国人李希霍芬(F. Richthofen)及日本人野田势次郎(S. Noda)和饭塚升(N. Oitsuda)均曾前往调查。中国地质学者涉足这一领域,以著名地质学家冯景兰为先行,而其研究,使中国红层地学研究逐渐具有自觉而深入的学术意义。冯景兰(1898—1976),河南唐河人,1921年毕业于美国科罗拉多矿业学院,1923年获哥伦比亚大学研究院硕士学位,1927—1929年担任中山大学两广地质调查所技正(工程师)。两广地质调查所由地理学家朱家骅组织成立于1927年,其目的在于广泛调查两广山川水文,促进地理学与社会实际需要相联系,宗风所向,形成中大地理学者积极进行田野考察研究的科学

① “中国地理百年大发现”评选活动由《中国国家地理》杂志社和中国地理学会于2009年共同发起,邀请全国地理学者推荐选出。该条文字说明为:“1928年,冯景兰等在粤北仁化县发现了形成丹霞地貌的红色砂砾岩层,命名为‘丹霞层’。此后陈国达、吴尚时、曾昭璇、李见贤(黄进)等考察研究,命名了‘丹霞地貌’。”见 http://baike.baidu.com/view/2945614.htm。

实践风气，红层地学研究即为其重要的成果之一。

1927年11月，冯景兰受命调查广东曲江、仁化、始兴、南雄一带地质。从12月3日至25日，历时23日，水陆兼程千余里，“测制地质图面积约一万三千余方里，采得矿物岩石化石标本约二百余种”。[①] 而在沿途仁化丹霞山、南雄苍石寨、由南雄至始兴西南约百里浈水两岸、曲江之北、大井之东、鸡岭之西等地所见状如奇峰陡壁的红色岩层，“面积不下五千余方里”，尤其引起冯景兰的研究兴趣，他因此起意勘察红色岩层的分布、构造，并“研究红色岩层之性质成因及被侵蚀之情形”，[②]遂开中国学者红层地学研究的先河。

此次地质调查的报告《广东曲江仁化始兴南雄地质矿产》，是中国学者研究中国红色岩系最早期的一篇重要文献。冯景兰从地形与地质构造的关系讨论其时代、成因，认为时在中生代末或第三纪初，始兴、南雄以南有火成岩侵入，因地层隆起而造成第三纪红色盆地及此红色盆地中之沉积；其后又因各红色盆地上抬升起，盆地中发生顺向河流向下侵蚀于第三纪红色岩层内，造成深达千尺风景奇绝的峡谷，如今所见“丹霞锦岩挂榜山五马归槽之胜，即由此而成，此大构造与地形之关系也”。[③] 冯景兰按构造性质，把红色盆地分为丹霞红盆地和南雄红盆地，其中遍布的红色岩系，“虽以颜色为其特征，上下一致，无甚差别，而其构成物质之粗细，则大不同”，实应分为上下两层。他“以堪作代表之地域命名，则上部厚约三四百公尺之红土及红页岩，可名之曰南雄层，在南雄附近最为发育；下部厚约三百余公尺之红砾岩砂岩，可名之曰丹霞层，在仁化城南三十里之丹霞山发育最盛”。[④] “丹霞层”为第三纪初期山脉初隆起时所侵蚀与沉积，故“奇峰陡壁，到处皆是”；“南雄层”为第三纪后期地面渐趋平夷所侵蚀与沉积，故“全部岩层，倾斜平缓”。由上部南雄层和下部丹霞层组成的突兀耸立、壁如刀削的台寨峰石景观，其中的丹霞风貌“突起成龟裂状之花纹，镶于交互层砂岩之边缘，宛如锦幕下之花边，似为晒隙 Suncracks 中充填物质之遗迹，然而当地人民已认为天造地设，神奇无伦矣”。[⑤]

冯景兰首次提出了“丹霞层”的地学概念，并在以后的相关研究如《广东粤汉铁路沿线地质》[⑥]、《关于“中国东南部红色岩层之划分”的意见》[⑦]中继续使用这一概念，使“丹霞”作为地学术语逐渐积淀在后起中国地理学者的意识之中。其后对这一领域进行深入研究，并把“丹霞层”扩展为“丹霞地形”的，是著名地质学和大地构造学家陈国达。陈

① 冯景兰、朱翙声：《广东曲江仁化始兴南雄地质矿产》，《两广地质调查所地质年报》1928年第1号。
② 同上。
③ 同上。
④ 同上。
⑤ 同上。
⑥ 两广地质调查所印行，1928年10月。署名“冯景兰、张会若”。
⑦ 载《地质论评》1939年第3—4合期。

国达(1912—2004),广东新会人,幼年常随父亲翻山越岭,渐对山海地理产生兴趣。1928年入中山大学理学院预科,两年后直升本科并选择研习地质学。陈氏大学期间开始研究粤北红色岩系,毕业论文《广东之红色岩系》即为他前往仁化丹霞山等地考察后所撰作,因见解新颖,富有独创性,获得国立北平研究院地质矿产研究奖金。其主要的学术贡献在于首次阐明关于中新生代红层的沉积环境,勘测红层分布、岩石特征,推验其在造山运动之后,因受重力作用,盆地局部向下挠曲,再经风化水削而成"丹霞山地形",时间在白垩纪后期以至第三纪初期,"已有相当限制,不若以前之空泛"。①

1937年陈国达在江西进行地质调查,继续追踪红层问题,屡有新获。所作《江西贡水流域地质》、《崇仁宜黄间地质矿产》两篇论文,正式提出"丹霞地形"概念,指出其状为"无数小峰,均在同一面上,四面危崖垂下,峰形不一,如塔、如人、如兽、如鸟,远望如在画中";②或成"峭壁奇峰,风景甚佳",③或呈"山陵一列,群峰争起,有如浪涌……兼以黄水横经其前,波光倒影相衬,景色更佳,洵为'丹霞地形'在广东北部以外地区之足堪赞美者"。④ 他还厘清其特征、成因,指出:"此项地形之最大特点,不在崇山峻岭,而在乎顶平坡直,高度齐一之较低山陵,与其绝壁悬崖、奇峰怪石之美妙,其成因全在于新红岩系下部即丹霞层之块状砾岩砂岩对侵蚀之抵抗能力,及其水平状或略受倾侧之整齐节理。其他如地形演进之助力,亦为主要因素之一。"⑤"丹霞地形"概念一经提出,便成为通行的地学术语,被后来学者广泛引用于描述以奇峰著称的丹霞式红层地貌。

陈国达还对红岩分层进行深入研究,屡有新说,大胆挑战前人观点,并引发红层问题学术争论。1935年所作《广东之红色岩系》,认为冯景兰的丹霞、南雄二层还可再分上下两层:丹霞层下为角砾岩、砾岩砂岩;南雄层下为砂岩、页岩及砺状砂岩、页岩及粘土⑥,对红岩的分层研究有所细化。1938年所作《江西贡水流域地质》,再对红岩分层作细致区划,指出:"以岩质论,南雄层与赣县式旧红色岩系完全相同,且位于丹霞层下者,二者呈不整合关系。"⑦同年再作《中国东南部红色岩层之划分》,重申南雄层实位于丹霞层之下的观点,并把红层划分为新旧两大红岩系沉积旋回。陈论一出,即引起其时已在

---

① 陈国达:《广东之红色岩系》,《陈国达全集》第1卷,中南大学出版社2008年版,第28页。
② 陈国达:《江西贡水流域地质》,同上书,第117页。
③ 陈国达:《崇仁宜黄间地质矿产》,同上书,第238页。
④ 同上书,第249页。
⑤ 同上。
⑥ 陈国达:《广东之红色岩系》,同上书,第22页。
⑦ 陈国达:《江西贡水流域地质》,同上书,第113页。

西南联大任教的冯景兰回应，作文坚持己见，以为“南雄层居上，丹霞层居下……似未有上下倒置之错误”。[①] 时人多以冯说为确。陈说直到1950年以后才为世所公认。此论也成为他后来创立地洼学说，命名“地洼区”、“地洼沉积层”的最原始依据。如1958年所作《华夏型地台活化的进行过程》指出：“中国东南部的红色岩层，据作者的研究（引者按：即《中国东南部红色岩层之划分》），可以划分为白垩纪旧红岩系和下第三纪新红岩系。就它们的岩性、厚度及所受岩浆活动和构造作用的影响情况来看，这些红色岩层皆是活化地台凹地型沉积。”[②]1959年后陈氏改“活化地台凹地”为“地洼”、“地洼型沉积”，是地洼学说的核心概念，可见丹霞研究对其地学思想具有的特别贡献。

二

由冯景兰、陈国达开始的丹霞研究是一新兴地学领域，有待新人加入，作继续深化研究，以厘清学术悬疑。这一期望在1938—1939年冯、陈二人的争论中即已表达。如冯景兰表示，“中国地质学会来年开会时，也不妨来一个‘中国红色岩层讨论会’以解决此十数年来‘聚讼纷纭，莫衷一是’的‘红层问题’”，“希望此后对于中国红色岩层有兴趣的人们，随时随地给我们以新的贡献”。[③] 此议显然引起后续反响，在中国地质学会第二十三届年会上即有学者提交论文《广东坪石红色盆地》，贡献新说，讨论粤北红色岩系的分层、构造和地形问题，而其作者吴尚时、曾昭璇正是中大研究红层问题第二阶段的代表人物。

吴尚时（1904—1947），广东开平人，1924年入广东大学（后更名中山大学）英文系，1929年赴法国里昂大学地理系学习，1934年获法国波尔多大学硕士学位，当年回国即在广州郊外展开地形考察，发现白云山东麓断层，所作《白云山东麓地形之研究》，是我国最早的地形学研究成果之一。吴氏于1935年受聘为中山大学地理系教授，其后受战事影响，1938年中山大学一度西迁广东罗定县（后再迁云南澂江），吴尚时对当地红岩盆地地形进行研究，得出罗定红岩盆地并非构造台地而是准平原的新结论。此项研究具有地理学上研究方法的新突破，即研究地理不能全由地质学的思路来判定：“地理学者，昔日通受地质学观念之影响，每以岩石之异同为分区之原则。其实地理现象，绝非一二因子可以操纵。”[④]这一重视地形学的研究思路，综合地形、地质多种因素的方法论，包

① 冯景兰：《关于“中国东南部红色岩层之划分”的意见》，《地质论评》1939年第3—4合期。

② 陈国达：《华夏型地台活化的进行过程》，《陈国达地洼学说文选》，中南工业大学出版社1986年版，第107页。

③ 冯景兰：《关于“中国东南部红色岩层之划分”的意见》，《地质论评》1939年第3—4合期。

④ 吴尚时：《罗定红岩盆地地形》，中山大学地理学会编：《地理与旅行》第2期（1939年12月）。

含着对已有研究方法的反思和超越，在以后研究红色岩系的工作中，实有启示新路的意义。

1940年，中山大学回迁粤北坪石，吴尚时更是集中精力展开以丹霞地形为中心的红色岩系研究，决意解决丹霞地形与地质构造关系及相关的沉积学、古地理学、地形学等问题，[①]发表了《粤北红色岩系之地形与地质》、《丹霞南雄红岩层位之新见解》、《粤北红色岩系》、《粤北坪石红色盆地》等系列研究论文。相较于前人对"各处红色岩系本身甚少经精密之研究"，吴氏递有推进，调查发现其分布为连县星子红色岩系、坪石红色岩系、仁化后坑红色岩系、丹霞红色岩系、南雄红色岩系五大区域，其中有"殆未经调查者"；并且否定德国人李希霍芬红色岩系遍布粤北古地层的说法，指出其只覆盖粤北部分地区，使对红色岩系地理分布的定位趋于准确。根据各区沉积岩状况，他提出红色岩系具有山麓堆积、沿岸沉积、浅水沉积、静水沉积、堆积扇构造、三角洲堆积、河谷堆积、洪流堆积、湖面变化共九种堆积形态和环境，补充了前人研究之不足。对于红色岩系的构造，美国地质学家 Arnord Heim 曾著文断定为第三纪喜马拉雅山运动作用所导致，吴氏经过精密研究，发现红色岩石排列水平或者倾角缓和，间有断层作用而成陡崖，因此断定红层应为断层作用而产生，断层作用不过是造陆运动的一种现象，"故吾人不能将断层运动之结果，目为造山运动之结果"，得出了"红色岩系沉积以来，未经造山运动影响，只有造陆运动发生。此运动直至红色岩系沉积以后，仍然继续，使今日红岩分布及内部构造皆受扰乱"的新结论，而其发生的地史年代，"不但可在白垩纪，甚至在第三纪早期，比冯(景兰)氏陈论稍新"，而与陈国达近似。吴尚时还描述、分析了丹霞地形由高原到峰林地貌直至地形残留的发育过程和规律，并根据红岩发育年龄早晚，指出其地形的差异：幼年时期为"寨"地形，奇峰高出，石柱耸立，形成丹霞地区崎岖异常的地貌；中年时期为"龙"地形，群峰并立，岩壁鲜红，顶部散立怪石，"丹霞风景，即为一例"；老年时期为"石"地形，石烛石笋状至奇伟，或遭侵蚀，形成风景美观之红石峰林。[②] 至于红色岩系分层问题，吴氏著有《丹霞与南雄层位之新见解》[③]，识者评为"冯景兰教授等曾分为二层，即南雄层及丹霞层，前者代表细幼砂页岩，后者代表厚硬砂岩，其位置上下，各执一见"，吴氏"以红色岩系属内陆式沉积，各盆地之环境不同，所谓南雄层、丹霞层乃岩相意义而非层位之意义……是或同期而异相之产品"。[④] 其后吴氏根据岩石沉积、岩相变异

---

① 吴尚时、曾昭璇：《粤北红色岩系之地形与地质》，《地学集刊》第6卷(1948年12月)。

② 吴尚时、曾昭璇：《粤北红色岩系之地形与地质》，《地学集刊》第6卷；并参司徒尚纪：《吴尚时》，广东人民出版社1995年版，第51—53页。

③ 刊于中山大学地理系编：《地理专刊》1943年第1号。

④ 曾昭璇：《地理学家吴尚时教授学术思想及其贡献》，广东省地理学会编：《华南地理学会文献选集·吴尚时教授诞辰80周年学术纪念专号》，科学普及出版社广州分社1985年版，第3—5页。

情况，把红层分为“狮子岭层”、“坪石层”和“姊妹石层”三层，[①]相较于先行之冯陈二氏的二层分法，更为注意其层位的详细划分和地形构造的复杂性。

吴尚时对红色岩系的沉积学研究、古地理研究和地形学研究，均贡献了新的价值。学界称誉他“从事地理研究，前后不过十三年，而地理学上，尤其是地形学上有一系列创见”，[②]即包括他的丹霞地形研究。吴氏殁于1947年，时年43岁，可谓英年早逝。其后继之工作由曾与合作之弟子曾昭璇教授承续光大。曾昭璇(1921—2007)，广东广州人，1939年入读中大地理系，读书期间开始研究红层问题，所作《仁化县区域地理》即把丹霞山区域地形作专题讨论。1943年曾氏留校成为吴尚时的助手和合作者，上述吴氏研究成果不少都是与他合署姓名发表。曾昭璇得乃师启发学思很多，特别是1946年受世界地理学会会长葛德石(G. B. Gressey)聘请，拟赴美国锡拉丘兹大学任教，吴氏以自己在法国几年，不如在国内跑两年野外收获大为劝，使他排除时艰，笃定心志继续深入研究本国地理地形。[③] 其后历半世纪，曾氏致力于中国地形研究，在中国地貌学[④]方面卓有建树，蔚成大家。其中研究中国红色砂岩地形特点，提出“丹霞地貌发育模式”，使丹霞地貌作为一种专门的地貌类型而为国内外学术界所公认。[⑤]

1978年发表的《中国东南部红层地貌》，[⑥]是曾昭璇在前人研究基础上，综合实际考察研究所得，运用自己总结的“地貌是岩性、动力相互作用的发育阶段表现”观点，是系统讨论丹霞地貌的最重要文献，因其经典性并被载入《中国自然地理·地貌》一书。该篇先以广东仁化丹霞山、福建武夷山为例，总结出丹霞地貌具有“切割构造台地的峡谷”、“方山和石峰林立的地貌”、“特有的巷谷谷形”、“存在岩溶地貌”四大特点。其中丹霞层所成的构造台地地貌，四周为陡崖直下的谷地，因两坡急陡而成峡谷形，由于砂砾岩脆性大，受运动作用后产生断裂和节理，在多雨或暴雨环境下，台地被河流、暴流深入切割，形成方山群和石峰林立地貌，出现“岭”、“寨”、“峰”、“石”景观。又丹霞岩层由垂直节理发达的岩石固结而成，坡面缺乏散流冲刷，流水下切力较旁蚀力大，形成垂直陡立的陡崖地貌，随着崖壁物理风化而成的崩坡和片状销蚀地貌，又出现“石窗”、“天生

---

① 吴尚时、曾昭璇：《粤北坪石红色盆地》，《中国地质学会第二十三届年会论文节要》，《地质评论》1948年第Z1期。

② 黄秉维：《序言》，广东省地理学会编：《华南地理学会文献选集·吴尚时教授诞辰80周年学术纪念专号》。

③ 曾宪珊：《治学博洽的曾昭璇教授》，《中国边疆史地研究》1993年第3期。

④ 1954年学习苏联，中国地学界渐改“地形学”为“地貌学”。

⑤ 刘南威：《丹霞地形研究》，陈国达、陈述彭等主编：《中国地学大事典》，山东科学技术出版社1992年版，第98页；吴正、王为：《曾昭璇先生的学术思想及其贡献》，《地理研究》2007年第6期。

⑥ 刊于《华南师范大学学报》(自然科学版)1978年第1、2期，署名“曾昭璇、黄少敏”。整理本载入中国科学院《中国自然地理》编辑委员会：《中国自然地理·地貌》第5章第1节《红层地貌》，科学出版社1980年版，第139—151页。

桥”等景观。而在石峰之间和台地中，存在着因流水沿崖层断裂和节理深切而成的狭窄谷地，两壁直立，谷底平坦，形成宽仅两三米的“巷谷”地貌。曾昭璇还发现由于构成岩层的砂砾岩多为钙质胶结之故，红层中还有岩洞、溶洞、溶孔等溶岩地貌，广东坪石紫霞洞、浙江永康罗汉洞、湖南宜章狮子岩、福建泰宁虱王巢等即为其代表。对于丹霞地貌的发育，他提出了以流水机械侵蚀为主的外力过程，流水作用沿着裂隙深入岩体，造成构造地台，外缘为方山、石峰地貌，再外则成石柱、巷谷地貌。曾氏还注意到气候对丹霞地貌分布地带性的影响，指出处于亚热带的北方红盆地雨量较少，岩层切割较轻，丹霞地貌以构造台地和方山群为主；中亚热带雨量较多，岩层切割较强烈，丹霞地貌较为典型，出现峰、石、溶洞等标准景观；而南亚热带雨量更多，暴雨强烈，丹霞地貌发育最为完好和典型。之前乃师吴尚时曾从历时性方面研究丹霞地貌的发育过程，曾昭璇又从空间上梳理了丹霞地貌的地带分布，不可不谓为一种学术的传承和发展。曾氏此论条分缕析，面面俱到，既综前说，又发人所未见，实为丹霞地貌研究集大成而开新说的重要成果。

三

丹霞地貌不仅在地质地形方面召唤中大学者的学术性研究，其地质景观的奇美神秀，也吸引着他们的眼光，使他们在学术研究中也浸润着对它的审美欣赏。在他们的学术性文章中，面对丹霞美景，常有目迷五色的文字流连。

如冯景兰所写：

> 地形与岩石之关系，在本区中，更为显明第三纪红色岩层之下部，常为深厚坚固相间之块状砂岩与砾岩，侵蚀而后绝崖陡壁，真如人造坚固伟岸之炮垒而不知其为天造地设也。南雄之苍石寨杨历岩，仁化之锦岩丹霞山人头石，千金寨，书堂岩，断石岩，观音岩，笔架山，马头寨，曲江之龟头石，挂榜山，三峰岌，五马归槽等，皆由此种岩石，侵蚀而成。峰崖崔嵬，江流奔腾，赤壁四立，绿树上覆，真岭南之奇观也。
>
> ——《广东曲江仁化始兴南雄地质矿产》

又如陈国达所写：

> 红盆地中，由坚致之块状砂岩及砾岩所成之丹霞层分布甚广，因此沿河“丹霞地形”甚为发育，尤以金鸡岭为最好代表，顶平坡直，远望如一座朱色城堡，尤富于

悬崖绝壁，石柱石针之胜。自金鸡岭之东南，武水蜿蜒于由此比高二百米之丹霞层山峰所称之峡谷中，两岸赤壁千仞，溜纹石罅，点缀其间；岩层之坚者突出而成额，软者凹陷而成穴，形形式式堪称奇丽。凡此皆成功于块状之砂岩砾岩，及其水平近于水平之产状，而直立之柱状节理，尤为造成此种地景之要因。

——《粤北坪石附近之武水河曲》①

再如吴尚时所写：

浅凹入于壁间，每当雨天，泉水自此而下流，有如瀑布。居于岩中之庙宇，即接此水为食，而游客至是，亦每有飞泉为帘之趣，实乃岩石中石灰质溶解之结果。

——《粤北红色岩系之地质与地形》

三处文字不啻一段美文，时奏古雅，使学术文章具有美学气韵，特别是陈文骈散间杂，染有晋文神采，当是学者受地质美景感召，情不自禁地在指点江山时激扬文字，不应以文体乖离称之，其郦道元《水经注》之流风遗韵，反可增益读者对丹霞地貌的美感体会。它表明地理学者重视其地貌景观的审美感染力，这对以后推动开发丹霞地貌地质景观美学价值，具有前导的意义。

从 1940 年代起曾昭璇即开始推动丹霞地貌成为旅游资源的工作。他曾勘定广东丹霞山、福建武夷山、浙江方岩及承德棒槌山等地风景，在国际上只有美国西部和法国中南部一小区与之相似，但其丹山绿水远没有中国丹霞风景雄奇壮丽，并提出可把丹霞山定名为“红石公园”，其景观足以与美国黄石公园相媲美。② 以后将丹霞地貌景观的研究推广在全国展开，则是被誉为“当代徐霞客”的黄进教授。黄进 1927 年生于广东丰顺，1947 年考入中山大学地理系，师从陈国达教授，1952 年留校任教。他曾引进岩石力学和古地磁分析等手段，推动丹霞地貌研究的深入发展，③成为第三阶段研究丹霞地貌的代表人物。所著《丹霞山地貌》一书，是他考察、研究丹霞山地貌的系统成果和对丹霞山地貌的全面总结。黄氏运用地质、地理和地貌学理论，采用定性与定量相结合、新技术与新方法相结合的研究手段，以通俗易懂的科普形式，阐述丹霞山研究的历史、地质基础与背景、地貌形成的内外营力、各种地貌形态，分区介绍丹霞山地貌成因与景点，给出

① 陈国达：《陈国达地洼学说文选》，第 13—14 页。
② 谢炎、区树鸿：《曾昭璇教授传略》，华南师范大学地理系，2000 年，第 19—20 页。
③ 刘南威：《丹霞地形研究》，陈国达、陈述彭等主编：《中国地学大事典》，第 98 页。

地貌演化的定量方法和公式。他还把长年考察经历，写成《丹霞山地貌考察记》一书，以感性文字，描述所见所得，记录甘苦悲欣，并展示许多极具科学价值的资料，为丹霞山的进一步科学研究和开发利用，提供了丰富的科学依据。所作《丹霞地貌坡面发育的一种基本方式》，总结丹霞地貌"顶平"、"身陡"、"麓缓"三大组件，成为引用最广的丹霞地貌基本特征。

1947年黄进途经粤北韶关，得见"五马归槽"壮丽景观，遂成为"丹霞痴"，立志以平生心力研究丹霞地貌。[①] 其后历半世纪，他一共考察丹霞地貌800余处，每年行程几万公里，足迹几乎遍及我国已发现的所有丹霞地区。1991年在广东丹霞山，黄氏与北京大学陈传康教授共同发起召开第一届丹霞地貌旅游开发学术讨论会，成立丹霞地貌旅游开发研究会，身任研究会会长。这是我国特殊地貌的第一次旅游开发专业研讨会，标志着旅游地貌学的正式建立。之后研究会先后在福建武夷山、湖南崀山、贵州习水、福建泰宁大金湖、浙江新昌等地召开学术讨论会，极大地推动了丹霞地貌的研究和整体旅游开发，会议所在地多为后来中国丹霞申遗地域，为"中国丹霞"的成功申遗打下了坚实的基础。

作为把丹霞地貌进一步推向世界的年轻一代，彭华教授于1980年代开始研究丹霞地貌及其旅游开发。彭氏为著名地貌学家陈传康的"外传弟子"，1995年入中山大学工作。曾与陈传康等合作发表《丹霞风景名胜区的旅游开发研究》，促成丹霞山成为第二批国家重点风景名胜区。又与黄进等共同推动丹霞山成为世界地质公园及中国丹霞申遗工作。所作中英文对照论著《中国丹霞地貌及其研究进展》，系统介绍和总结中国丹霞地貌研究成果，成为中国丹霞地貌研究及景观利用冲出国门的一大推力，受到老一辈地貌学家曾昭璇、黄进、崔之久等人的推许。[②] 2006年中国启动中国丹霞申遗工程，嗣后彭华担任申遗专家组组长，负责技术和各提名地基础研究以及编制申遗总文本等项重要工作。所作《中国丹霞地貌联合申报世界遗产的可行性分析》主题报告，描述中国丹霞地貌研究现状和国际同类研究对比，列举中国丹霞申报世界自然遗产优势和具备世界自然遗产的标准条件：(1)中国红层绝大部分为中生代产物，是主要的恐龙化石分布层位，丹霞地貌是地壳演化到一定历史阶段而出现的特殊地貌类型，构成代表地球演化史中重要阶段的突出特征；(2)丹霞地貌为一发育速度较快的地貌类型，现代地貌过程表现清晰，部分符合"代表进行中的重要地质过程、生物演化过程以及人类与自然环境相互关系的突出例证"的要求；(3)丹霞地貌具有极高的景观美学价值，具有独特、稀有或绝妙的自然现象、地貌或罕见自然美的景观条件；(4)丹霞地貌区孕育了特殊的生态系统和保持了物种多样性，是大量珍稀濒危动植物的重要栖息地。是为中国丹霞申

---

① 黄进：《丹霞山地貌考察记》，中山大学出版社2004年版，第1页。

② 彭华：《中国丹霞地貌及其研究进展》序一、序二、序三，中山大学出版社2002年版。

遗工程的重要文献。2010年8月中国丹霞申遗成功，舆论焦点多看重其经济效益，彭华坚持认为，“丹霞地貌成功申遗，意味着这一概念得到国际地学界的认可，这是丹霞地貌走出国门的一个绝佳途径”，[①]仍强调其地理学上的意义。

四

丹霞地貌景观奇丽，文人题咏书画代不乏人，上述中大地理学者亦有精于诗歌书画者，对丹霞景观有所描绘，或摹写景致，或记述心情。择其要者罗列如下。

陈国达多次考察国内外地质地貌，每到之处常有诗歌题咏。他曾游湖南崀山考察丹霞地貌，作《崀山览胜》六首，其四《赤壁峡》：“层峦叠嶂朱丹浓，紧锁奔流声震空；座座绛崖成挂榜，影随波荡满江红。”可谓丹霞胜景历历在目。又东游日本，作《扶桑览胜点滴》四首，其四《古岩屋峰林地貌》写爱瑗县丹霞地貌：“暮霭峰林披薄纱，几疑此日在丹霞；朱崖赤柱姿态颖，果是自然南画家。”诗后注记：“日人喜‘南画’，绘的是中国南方的喀斯特峰林地貌，但也可能包括丹霞山水在内。”又西游美国，作《红岩石拱》：“丹霞地貌世逢双，赤拱疑屏比丽装。虽话荒原多异石，还欠文物饰风光。”诗前注记：“考察科罗拉多高原。上有石拱公园，三叠纪红岩奇峰怪石广布，称‘科罗拉多峰林地貌’。它酷似中国著名的‘丹霞地貌’。但缺少衬托，显得单调。”1993年又作《丹霞地貌成因并贺研究开发文集出版》四言古风，述写丹霞地貌形成过程，表彰研究丹霞的学者对其推广利用的贡献：“丹霞地貌，神州奇葩；峰林如画，誉满东亚。中生代初，地台活化；造山运动，诞生地洼。盆深气热，沉积氧化；三价铁艳，朱赛彩霞。红层平叠，节理垂挂；风化水蚀，雕就秀芭。寨高峡险，赤壁绛崖；金鸡奔马，石拱双塔。众士科研，果硕章华；发展旅游，功报国家。”[②]陈国达还擅长书法，有笔力雄沉之“天下第一巷”勒于湖南崀山一线天景区。

曾昭璇幼习文史，及长与岭南著名诗人冼玉清、李沧萍等交游，诗文酬酢，于诗道颇有领会。今见曾氏写丹霞诗三首。一为《丹霞山》：“赤壁难登心自惊，喜临绝顶忽开坪。幽篁绿树云间出，下望群峰似寨城。”二为《泛锦石江》：“两岸危崖伴小舟，米柴蔬果作山游。锦江四面山如锦，奇峰高处夕阳收。”又《仁化泛舟游丹霞山》：“舟行旁赤壁，水暖锦江清。白沙蒸暑气，丹霞动晚情。危崖夹岸耸，月夜穿林明。米柴蔬果备，疑乃过山亭。”[③]前一首为登高下眺之丹霞景致，气象开阔；后二首写泛舟崖下，景从舟移，境随时迁，心事尤其闲雅，有隐逸之风。曾氏还擅长古文和书法，作《仁化丹霞山地理记》，并书

① 《申遗专家组组长：丹霞价值在于其地理学意义》，《人民日报》2010年8月3日。
② 陈国达：《陈国达诗选》，中南工业大学出版社1994年版，第62、38、27、65页。
③ 谢炎、区树鸿：《曾昭璇教授传略》，第98页。

碑于丹霞山景区。曾氏尤精于绘事，曾师从岭南画派名手李寿庵、李野屋、刘雪庵、黄鼎萍等学习山水，并在以后的学术研究中予以贯通："要学好地理，须懂得绘画、绘地图；野外考察，爬山涉水，每为壮丽山河所陶冶，故发而为诗，绘之成图。"①所出《丹霞地貌图》，②飞云飘来，奇峰顿起，序列红石绿树，间杂山亭流瀑，既是丹霞地貌的写真，也有林泉高致之胜，堪称"学人画"。

黄进也优于文采，《丹霞山地貌考察记》录有诗歌三首。③ 其一《登丹霞山》："登临每忆少年时，奇险红崖令我痴。遍览神州风景好，丹山锦水最相思。"是登高抒怀，交代为学之心情。其二《游混元洞》："惜别丹山已五年，重游胜迹更欣然。深情再渡锦江水，愿结混元洞里缘。"诗前注记："发现混元洞四层湖相干裂充填剖面，是丹霞山一处重要发现。"是久别重逢，再得新获之心情。其三《得知丹霞山评为世界地质公园》："世界公园丹霞山，传来喜讯倍欣欢。半生探究丹霞貌，今得定评心畅宽。"是大功告成，抒发欣慰之心情。

因笔者手眼所限，不见冯景兰、吴尚时诗歌题咏。但二人亦通于绘事，据哲学家冯友兰回忆，其弟冯景兰曾作《积满山皋图》山水一幅，恰值小妹文学家冯沅君寄来一篇《悲秋赋》，冯友兰便题诗图上："秋意南山皋，吾弟妙挥毫。密林忽疏阔，飞鸟任逍遥。若非严萧瑟，何以肃清高。寄语同怀妹，悲秋勿太劳。"可见冯景兰的画笔与意境。此图被冯友兰视为家传之宝，后在文革中毁失不见。④ 吴尚时出身于"出入凤凰池上客，往来龙虎榜中人"的积学人家，是我国读图学和制图学的杰出代表，笔者曾见吴氏《徐闻愚公楼（堡垒）素描图》⑤一幅，勾画了了，有穷形尽相之确。又，彭华也通于绘事，他之成为陈传康"外传弟子"而与丹霞结缘，所作《齐云山图》为陈氏所欣赏即为原因之一，并著有《地理绘画》一书行世。⑥ 由此可见，中山大学地理学者以学术文章研究丹霞地貌，又以诗歌书画描画丹霞胜景，二者之间有相辅相成之效：科学研究中伴随着美的欣赏，美的欣赏又以感性情怀增益于对学术的理解。书之文末，信非闲笔，乃证才情与学术的贯通之妙。

（原载《中山大学学报（社会科学版）》2011 年第 1 期）

---

① 《曾昭璇教授纪念文集》，科学出版社 2008 年版，第 156，157 页。

② 同上。

③ 黄进：《丹霞山地貌考察记》，第 143、261、269 页。

④ 冯友兰：《回忆吾弟景兰的一幅中国画》，纪念文集编委会：《冯景兰教授诞辰 90 周年纪念文集》，地质出版社 1990 年版，第 11 页。

⑤ 司徒尚纪：《吴尚时》，第 121 页。

⑥ 彭华：《先生带我走向丹霞路——谨以此文悼念恩师陈传康先生》，《第五届丹霞地貌旅游开发学术讨论会论文选集》，《地理世界》第 19 卷（1999 年 2 月）。

国外医学教育思想与中山大学医学教育模式的变迁

陈小卡　朱明范　陈颖青

1866年设立在广州博济医院的医学堂，是中国最早的医学教育实体，[1]博济医院及其附设的医校后来发展成为岭南大学医学院，中山大学医科教育于斯起步，同时亦开启中国近代西医教育先河。

发端于广州的中山大学医科教育，得益于所在地与海外联系的地利条件，得西方先进医学科学文化之先，成为中国近代西医教育的滥觞。乾隆二十二年至鸦片战争，广州是中国唯一通商口岸，此时的西方，科学文化飞跃发展。而当时的中国统治者闭关自守，力拒西方文化，但对西方医学传入却少有限制，早期来华传教的西方基督教传教士又利用行医辅助传教。这使医学先于其它西方科学学科传入中国。中山大学早期医科教育形态正是在这样历史条件下形成，并成为近代中国最早出现的现代科学教育模式。中山大学医科教育及其所代表的中国西医教育从形成之初，就深受西方医学教育的影响。在中山大学医科教育发端三源中，岭南大学医学院代表最早传入中国的西方英美医科教育模式，中山大学医学院代表的德国医科教育模式，广东光华医学院教育模式兼收并蓄，亦借鉴国外医科教育的模式。这三种模式代表中国医科教育发展的源头，再现西方科学教育传入中国的曲折道路；而三所医学院合并及后来的发展起伏，有着中国当代医学教育发展的全部特征，也有着中国科学教育从起源到发展的特点。中山大学医科教育发展过程与中国西医教育的沿革相重合。在某种意义上来说，中山大学医科教育从起步至今的历程，近乎为一部中国近代医学教育变迁史。而国外医学教育的影响，伴随中山大学医科教育形成到发展之始终。这种影响贯穿中山大学医科教育起伏变迁全过程，并在中山大学医科教育发展演变的每一个不同时期，有不同方式、不同国家、不同程度的变化。由此亦可见，国外医学教育对中国西医教育有相伴始终的影响。

---

① 王吉民、伍连德：《中国医史》，天津印字馆1932年版，第1—20页。

下面通过简述中山大学医科教育的发展脉络，揭示国外医学教育对中山大学医科教育发展全过程的影响。

一、国外医学教育对中山大学医科教育起源定型的影响

（一）概况

中山大学医科教育发端于1866年创办的博济医学堂，亦称博济医院博济医学堂。[①] 1886年孙中山先生在该学堂学医。后成为岭南大学医学院。[②] 中山大学医科教育正式成型，是于1953年至1954年间由中山大学医学院、岭南大学医学院和广东光华医学院合并组成的华南医学院。[③] 后来为纪念孙中山先生，学校于命名为中山医学院。[④] 1985年6月升格中山医科大学。[⑤] 医科各方面经过错综复杂的发展过程达到相对完善。

从1866年至1953年，本已各自完成在西方医学教育的影响下从起源到定型的过程，然而，1953年三校合并后，又急剧向苏联医学教育方式靠拢、转型，经历教育模式的第二次定型。学校在经过一系列动荡变迁后，在"文化大革命"结束后，重新向西方医学教育的影响开放，至1990年终于完成第三次定型。

（二）起源——发展——定型时期

这一时期是岭南大学医学院、中山大学医学院和广东光华医学院的各自独立形成发展时期。从中可以看到西方医学教育模式对三所院校的形成发展，有关键性影响。

1. 岭南医学院英美医学教育模式的形成

岭南大学医学院前身为博济医学堂，由美国医学博士嘉约翰(John Cleasgw Kern)于1866年在博济医院内创办。博济医院是美国来华传教士医师伯驾(Parker)于1835年11月在广州建立的一间专科性质的眼科医院。这是中国的第一个眼科医院，也是中国近代第一间西医院。1855年伯驾回国，医院交由嘉约翰主管。1856年医院遭火焚毁。1858年嘉约翰于广州重新建业开诊，于1865年扩建成为较为完整的综合医院，命名博济医院。1866年在医院内建立博济医学堂，最初为以师带徒方式授教，后来教学逐步规范，学制三年。1879年，博济医学堂改为博济医院附设南华学堂，改学制为四年，并

---

① J. Z. Bowers, *Western Medicine in a Chinese Palace*, Tiosak Macy, Tradition Foundation, 1972, p. 20.

② 许崇清：《私立岭南大学孙逸仙博士医学院一览》，载《私立岭南大学》，1938年，第1—20页。

③ 姚天翼：《中国医学史》，人民卫生出版社1984年版第1—10页。

④ 甄志亚：《中国医学史》，人民卫生出版社1991年版，第1—15页。

⑤ 程之范、朱之琪：《简明医学史》，北京医科大学、协和医科大学联合出版社1990年版，第1—5页。

首招女生，开我国女子学医先河。执教的嘉约翰毕业于美国费城杰弗逊医学院，黄宽毕业于英国爱丁堡大学医学院，学校受英美式医学教育影响很深。1931年，博济医院外籍人士将该院的管理权移交有英美教会背景的岭南大学，教育模式接近英美医学教育模式。在早期博济医院南华医校，注重学生驻医院培训，与英式和美式医学教育模式注重住院医师的驻院培训，通过定期考核确定医师资格方式很接近，像英美等国一样，该校培养的医生在毕业后还需接受住院医师培训教育，后来愈渐完善地向英美模式发展。最后到并入岭南大学，综合大学本科教育与医科教育一体，重视前期的人文学科与自然学科教育，愈益接近美国通过本科教育后再接受医科教育的医学教育模式。在高中毕业学历中招收医学生，这与英美教育模式一致。

2. 中山大学医学院德国教育医学模式

中山大学医学院前身为私立广东公医医学专门学校，创建于1909年春，学制四年。1924年，私立广东公医医学专门学校改名为广东公立医科大学，学制六年。学校有德国教会背景，医学教育模式接近德国式。

现代医学即欧洲医学模式肇始于19世纪中叶，其中德国医学界对现代医学的奠基与发展贡献良多。海德堡大学的医学系是最早的世界医学中心。直至20世纪三四十年代德语一直都是医学界的通用语言，德国在世界医学界的地位可见一斑。德国医学教育模式即临床医学教育分为Human Medizin和Zahnmedizin，即临床医学和口腔学，均为限制性专业，学制为12个学期3个月，毕业学位为Diplom，相当于硕士学位。临床医学分基础医学学习阶段、临床医学学习阶段和实习阶段。广东公立医科大学完全采用以上的德国医学教育模式。

1925年6月，广东公立医科大学学生向广东国民政府请愿，要求将学校归并入广东大学。当年6月25日，广东国民政府发布命令，即日接管广东公立医科大学为广东大学医科。1926年，广东大学改名为中山大学，广东大学医科改名为中山大学医学院。此后，中山大学医学院医学生与综合大学的本科教育相联在一起。因此，在中山大学医学院医科教育既保留了德国特色，也增加了英美色彩。

3. 广东光华医学院

广东光华医学院的前身是始建于1908年春的广东光华医学堂，该校创办人士于1907年首先创设光华医社，筹办医校。1908年3月正式成立光华医学堂，学制四年。办学模式亦借鉴英美德日的医学教育模式。1912年更名为私立广东光华医学专门学校。1921年扩建新校和医院，同年学制改为五年。1928年曾改名为私立广东光华医科大学。1929年国民政府正式核准该校立案命名为私立广东光华医学院，学制六年。抗日战争时期，该校迁至香港设立临时授课处。1946年3月迁回广州原址办学。光华医学院原不分系，只设医科。1950 年开设牙科系。1952 年增设公共卫生专修科。德日的医学教育模式特点愈益明显。

合并前，上述三院的创建者以西方医学教育系统为参照建校，正好与中国近代西医教育的产生发展过程相重合。先进的医学理论、医学技术以及西医教育系统、医学教育思想和方法被引入中国，对我国医学科学和近代医学教育体制的确立，具有一定的促进作用。而西医和西医教育系统传入中国，直接促成了我国近代医学科学和医学教育体制的滥觞和孕育，并为中国近代医学起步发展奠定了基础。

三院虽各不相属，基本上都以各筹建者所在国的医学教学模式进行教学，然而在教学上却也都经历了从不规范到规范，从实用功利到实行正规意义上的教学。这在办学历史最长的岭南大学医学院最明显，先是采取当时中国培养人才的学徒制模式，但借鉴外国经验的办校者对中医以师带徒的形式特别不以为然，办学之始基本是培养医院急需的护理人才，采取边学边干、边实践边传授理论的教学方式。中国第一个本土培养的西医生，也是从博济医院伯驾招收的三个学徒中成长起来的。随后，岭南大学医学院与中山大学医学院、光华医科大学，教学逐步规范化，最后教学模式完全与国际接轨。这正是中国西医教育在西方医学教育模式影响下，从草创到形成，最后定期的曲折发展历程的典型。

（三）1953—1966 年学习苏联医学教育模式时期

1953 年，根据国家高等院校调整的精神，原中山大学医学院、岭南大学医学院于 8 月 1 日合并。8 月 12 日，正式成立华南医学院，1954 年 8 月 10 日，广东光华医学院并入华南医学院。1956 年，按照高等教育部、卫生部的高等医学院校名称以所在地省或市命名精神，9 月 1 日，华南医学院改称广州医学院。为纪念孙中山先生，1957 年 3 月 12 日，该校改名为中山医学院。1961 年被定为卫生部属全国重点高等医科院校。

合校至 1959 年，学院实行党委领导下的院长负责制。1959 年—1966 年，学院实行党委领导下的院务委员会负责制。

当时中国实行向苏联一边倒的政策，医学教育模式自然就向苏联教育模式靠近。从学校最高层至教研室、科室、年级，实行党政一化管理体制。各级党组织为学校教、医、研政策方针的制订与执行，机构设置、人员配置，人事组织制度的建立发挥了保证作用。这些管理方式，都主要源自苏式的教育管理模式。

苏联医学教育继承了俄罗斯高等医学教育以培养宽口径、厚基础的“通才”医生为培养目标，这本身也适合了十月革命后，尽快培养“无产阶级的红色专家”的要求，也适应了新中国建国之始，急需人才的需要。国家的高校调整、医科院校合并政策，就有这样的目的。合校后的华南医学院自然尽力学习苏联的教育模式。为了配合向苏联医学教育学习,学校还专门成立了俄文学习、巴甫洛夫学说学习等直属委员会。

然而,由于中山医学院有着欧美各国医学教育经验的积淀,因此在教育模式上,还保留了除苏联教育模式外的其他教育模式,比如吸收了类似英美式的协和医学院的基础医学教育方式。

(四)与国外医学教育隔绝时期

文革"十年"期间,动乱中的中山医学院和中国大陆的所有医学院校一样,与国外医学教育的影响隔绝。

(五)1976—1990年恢复接受国外医学教育时期

"文革"结束后,学校医学本科按国家统一考试招生,学制五年。1978年,学校招收研究生,同年护校复办。1980年学校医学本科改学制为六年。1981年我国建立学位制度,中山医学院成为我国首批有权授予博士、硕士、学士学位的单位之一。1981年学校设有医疗、卫生、口腔、医学基础和法医等专业。1984—1987年,学校形成多层次、多院系、多形式的办学体制。学校下设基础学院、卫生学院、第一临床学院、岭南医学院、第三临床学院、口腔系、法医系、护理系。专业有基础医学、临床医学、预防医学、口腔医学、法医学、营养学等。有权授予博士学位的学科专业18个,授予硕士、学士学位的学科专业有31个,医学本科毕业生授予学士学位。1988年,学校本科学制改为五年,同时在临床医学专业试办七年制,实行"五七分流"。1990年设有各种研究所(室)38个,教研室70个,设置基础医学、临床医学、预防医学、口腔医学、法医学、医学营养学、护理学等七个专业。这一时期,教学方式、学制、教学重回"文化大革命"前的模式,与国际医学教育方式呈对接趋势,学校重新接受国外医学教育的影响。随着国家实行对外开放,进行改革的政策,特别是科学教育重新强调向西方学习,虽然苏联医学教育模式色彩还存在于中山医科大学的医学教育中,但是整体上处于逐渐淡化趋势,德国医学教育模式色彩仍保持着,原有的英美医学教育模式色彩趋强,尤其是美国医学教育模式色彩日渐强化,教育管理部门积极探索当代美国医学教育的方式,或从当时中国国内较接近美国医学教育管理模式的北京协和医科大学,间接学习美国医学教育模式。

1980年4月3日,开始实行党委领导下的院长负责制。1985年6月20日卫生部发文批准中山医学院改名为中山医科大学,同年设立校务委员会,作为学校工作的审议机构。1985年12月3日试行校长负责制。学校党委起监督保证作用。

此时学校虽多方借鉴西方医学教育方式,然而仍保持着苏联医学教育管理行政化、党政化特色。

二、西方医学教育模式影响逐步加强

1990—1995年，重新接受国外医学教育模式时期的中山医科大学，经“八五”计划，设基础学院、卫生学院、第一临床学院、岭南医学院、第三临床学院和口腔系、法医系、护理系、医学营养系九个院系；设有临床医学、基础医学、预防医学、口腔医学、法医学、护理学、医学营养学等各专业。本科学制五年，临床医学专业同时设有五年制和七年制，七年制毕业授予硕士学位。

1990年6月30日，恢复党委领导下的校长负责制。在当时政治形势下，党委领导的党政管理体制再度强化。然而，随着临床医学专业同时设有五年制和七年制的“五七分流”学制改革推行，及其随之而来的课程设置、学科调整，临床前期与综合大学协商对医学生进行授教，医学教育模式进一步向英美医学教育模式靠拢，尤其是向美国医学教育模式靠拢。

三、英美医学教育模式影响逐渐增大

1996—2001年，中山医科大学已发展成为一所多院系、多层次、多形式办学和充满南方特色的综合性医科大学，亦是我国首批招收博士生和外国留学生及外国博士生的院校之一。学校设有基础医学院、公共卫生学院、护理学院、口腔医学院、成人教育学院、第一临床学院、岭南医学院、第三临床学院；四个系七个专业。临床医学专业实行五年和七年制，七年制授予硕士学位。学医前两年，试行将学生送综合大学接受文理本科教育。医学教育模式有进一步向英美教育模式靠近趋势。向美国医学教育模式靠拢的趋势更明显。

国内各医科院校也在20世纪80年代至21世已初，纷纷开办七年制，甚至八年制专业，皆有借鉴西方医学教育模式的趋势。

四、合校后美式医科教育影响日渐显著

2001年10月26日，根据高等教育管理体制改革和布局结构调整的有关精神和总体方针，经国务院批准，教育部决定中山大学与中山医科大学合并。

合校后的中大医科教育单位与管理部门，经数度变更，至今有医学部、中山医学院、公共卫生学院、光华口腔医学院、护理学院、药学院及临床医学院。医学部有医学部办

公室、医学教务处、医院管理处、医学科学处等单位。

合校后，五年制、七年制和八年制临床医学系，前期都参与本科通识教育。综合大学教育模式与医科高等教育已经完全一体。这与英美医学教育模式更加接近，尤其接近美国医学教育模式。

（原载《医学与哲学（人文社会医学版）》2011 年第 2 期）

李约瑟与中山大学的农史研究

林枫林

英国皇家学会会员、英中了解协会会长，中国人民的老朋友李约瑟博士(Dr. Joseph Needham)，为了把中国人民的伟大科学成就介绍给国际社会，增进世界人民对中国的了解，几十年来，孜孜不倦地对中国科学技术的发展史进行了广泛而深入的研究，并长期同我国研究科技史的团体和学者保持密切的联系。本文主要记述的是李约瑟博士和华南农业大学及其前身中山大学农学院、华南农学院进行学术交流的片断。

1940 年秋，中国正处于抗日战争时期，为了继续坚持办学，中山大学由广州迁至粤北山区。而所属各院校四散分设，农学院设在湖南省宜章县的栗源堡。[①] 当时，李约瑟在英国驻中国大使馆属下的科学联络局担任科学参赞，根据李约瑟的自述："这一工作曾经给了我一个意想不到的好机会，使我能够初步知道一些中国的科技文献。"[②]他"几乎走遍了整个中国，并曾到达遥远的东南"，[③]冒着纷飞的战火，穿过日寇的封锁线，在黄兴宗[④]等人的陪同下，于 1944 年 4 月 27 日来到避地粤北山区的中山大学，分别对该校散居各地的各个学院进行访问，逗留了约一周时间。[⑤] 在中山大学，他"和王亚南教授在烛光下谈到了中古时期中国封建官僚社会的实质"。[⑥] 根据黄兴宗博士的记载，在中山大学农学院，李约瑟会见了不少学者，包括现中山大学教授蒲蛰龙、利翠英等。[⑦] 当时农学院在艰苦抗战环境下进行的大量重要的研究工作，给李约瑟留下了深刻的印象。[⑧] 在这些研究工作中，他尤其对中山大学农学院正在进行的中国古代农业史的研究感兴趣。

---

① 梁山、李坚、张克谟：《中山大学校史》，上海教育出版社 1983 年版。

② 李约瑟：《中国科学技术史》中译本第一卷，科学出版社 1975 年版。

③ 同上。

④ 黄兴宗(H. T. Hung)博士，美国国家科学基金会生物资源应用组主任。1943—1944 年曾担任李约瑟博士秘书。

⑤ H. T. Huang，Peregrinations with Joseph Needham in China，1943—1944.

⑥ 李约瑟：《中国科学技术史》中译本第一卷，科学出版社 1975 年版。

⑦ H. T. Huang，Peregrinations with Joseph Needham in China，1943—1944，薄蛰龙，现为中国科学院学部委委员，中山大学顾问，著名昆虫学教授，广东省科协主席。利翠英，现为中山大学昆虫学教授。

⑧ J. Needham，"Science and Technology in the Northwest of China"，*Nature*，153—238，1944。

当时中山大学农学院院长为中山大学教务长邓植仪[①]兼任，主管图书馆工作的是梁家勉，[②]其时在中山大学农学院执教的丁颖[③]、侯过[④]、蒋英[⑤]、林亮东等教授，都曾着意于中国古代农书及农民传统生产经验的总结和研究，在农学史、植物学史以至中国古代历史文化的研究等方面都有了一定的基础。丁颖教授留学日本归来，即从古农书及经验农法[⑥]中吸取精华，编写了具有中国特色的农业院校教材，并进行中国水稻起源问题的探讨，在当时科学界中颇有影响。中山大学农学院出版的学术刊物《农声》也登载不少有关农业科学史的文章。值得一提的是梁家勉的农史研究工作。早在大学修业期间，他已发表过多篇农史论文。在主持农学院图书馆工作时，其研究对象主要是中国古代四大农学家之一的徐光启，陆续发表了一系列有关上述研究的论文和专著。所有这些，都引起了李约瑟的重视。

据梁家勉教授的回忆，1944 年 5 月，李约瑟访问中山大学农学院时，从坪石前往栗源堡，要走三十多华里崎岖不平而又荒僻的山路，兵荒马乱期间，当地的交通和治安都成问题。李约瑟却不怕艰难险阻，不辞劳瘁，只凭“过山兜”(一种竹制的双人抬的滑竿)代步，来到栗源堡访问。当时，农学院为他安排了两天较为丰富的接待计划，而李约瑟最感兴趣的是对中国科技史的探索。他获悉任职图书馆的梁家勉正在进行中国古农书的研究和积集资料，就谢绝其它活动，径往图书馆，兴致勃勃地翻阅了一些藏书。紧跟着，又和梁家勉座谈了一个下午，由赵善欢博士[⑦]作翻译。四十余岁的李约瑟学习汉语的时间虽不长，但能听懂普通话，说中国话稍有点别扭，而阅读中文，特别是古书，基本上还自如。时隔几十年，赵善欢博士还记忆犹新。当时因他刚从美国回来不久，对中国古代文献的名词，有一些感到不易翻译，而李约瑟都能提出来。座谈中，随兴所至，围绕中国农业科学技术源流和中国古代农业文献概况这一主题谈得很多。第二天上午继续座谈，怎么谈也谈不完，下午只好按预定时间，依依不舍地随同伴借助“过山兜”匆匆回坪石镇中山大学校本部去了。

在中山大学农学院两个半天的座谈，给李约瑟留下了深刻的印象，回到坪石镇以后，他对中山大学代校长金曾澄赞扬了梁家勉的研究工作，并建议为梁配备助手、增加

① 邓植仪(1888—1957)，广东东莞市人，著名土壤学家。

② 梁家勉(1908—1992)，广州市人，现任华南农业大学史室研究员、中国图书馆学会名誉理事、中国科技史学会名誉理事、广东省图书馆学会名誉理事长等职。

③ 丁颖(1888—1964)，广东高州人，著名水稻学家。生前曾任中国农科院院长兼华南农学院第一任院长。

④ 侯过(1880—1974)，广东梅县人，著名林学家，生前曾任广东文史馆馆长、华南农学院教授。

⑤ 蒋英(1898—1982)，江苏昆山人，著名植物学家，生前曾任华南农学院教授，全国政协常委。

⑥ 参见《纪念丁颖教授逝世二十周年专辑》，华南农学院印行，1984 年 12 月。

⑦ 赵善欢，现为华南农业大学顾问、昆虫学教授、中国科学院学部委员。

研究经费。中大师范学院教授兼校长秘书室主任罗宗堂、文学院教授兼图书馆主任杜定友，都曾就此事函告梁家勉。这一事件表明，李约瑟不但自身对中国科学技术史料十分珍视，而且对从事这项工作的中国人也主动、热情地给予鼓励、支持和关怀。

李约瑟博士对中国科技史的努力探索和为之献身精神，极大地鼓舞着农学院的学者们，在这个学院以及后来的华南农业大学工作过的不少专家、教授，如丁颖、蒋英、沈鹏飞、侯过、邓植仪、杨宗万、高式武、梁光商、黄昌贤、谢申、戚经文、黄超武、李明启、冯淇辉、徐燕千、邵耀坚、吴万春、徐祥浩等，在进行教学的同时，都重视对本专业发展史的研究。许多研究成果，不仅在国内有一定的影响，而且受到国际学术界的关注，一些研究成果也曾被李约瑟博士及其助手引用或介绍给国际科技史界。

1955 年，在丁颖、李沛文等人的支持下，华南农学院图书馆专门成立了一个"特藏室"，由梁家勉亲自主持。这个特藏室的任务是对祖国农业历史遗产方面的文献，有计划、有步骤地进行广泛搜集。经过多年的艰苦努力，集腋成裘，这个特藏室的农业古籍及其它有关古籍，从起初寥寥数部发展到现今的数万册，成为国内同类型、同性质单位中藏书数量最多者，且有不少珍贵的罕本、抄本以及稿本。这些较为完备的藏书，为科学史的研究打下了良好的基础，也为国内外的同行专家所瞩目。不少研究中国科技史的知名学者都在这里留下了足迹。中国科学院副院长竺可桢博士、国际科学史研究院通讯院士胡道静教授，以及曾于 40 年代任过李约瑟博士助手、现任中国科学院上海分院副院长的曹天钦博士，都曾到这里查阅资料，进行学术交流。竺可桢院长赞扬这个室的特藏工作，并对其发展措施多所指示。著名版本学家、北京大学图书馆学系主任王重民教授，在编辑《徐光启集》期间，和特藏室主任梁家勉经常通信，进行学术交流，利用不少这个特藏室的材料。日本的天野元之助教授，是日本研究中国科技史的权威之一，他的研究成果《中国农业史研究》，获得日本天皇亲手授予的最高奖励——学士院奖。① 他自称数十年埋头于《齐民要术》的研究，不少研究成果就是得益于华南农学院图书馆的特藏室，其中也引述了不少梁家勉的研究成果。②

1978 年 5 月底，李约瑟博士应中国科学院的邀请来华访问。在广州，他来到华南农学院，又会见了赵善欢及梁家勉两位教授，参观了图书馆特藏室并举行了会谈。这次在座的，还有李沛文教授及黄昌贤教授。③ 他们追溯过去，谈到未来，不禁感慨万分：初次见面，大家正年富力强，转眼三十多年过去了，都已年逾古稀，而毕生为之奋斗的事业得

---

① 王永厚：《中国农书在国外》，《农业考古》1983 年 1 期。

② 天野元之助致梁家勉函。

③ 李沛文（1906—1985），广西苍梧人，李济深之子，著名教育家、科学家；黄昌贤（1910—　），广东佛岗人，著名园艺家、华南农业大学教授。

有今日之发展,又使他们感到欣慰。李约瑟博士在这琳琅满目的古籍库中,虽然时当盛暑、汗流浃背,仍饶有兴趣地翻阅那些宝贵资料。他虽年事已高,但精神矍铄。这次分手后,陪同李约瑟来华的鲁桂珍博士,曾给梁家勉教授寄来一封热情洋溢的信,概述他们这次访问对华南农学院的良好印象。后来,梁家勉也给李约瑟博士写信,对他于盛暑天气在古农书特藏室时的那种"不避炎热、不辞辛劳,于眼看、口询和手不停披之余,还手不停录"的治学治事精神深表敬意(见附录),并遵嘱邮赠李鲁二博士所需中国古籍,即他们这次访华临别时嘱代复制明代科学家宋应星的《野议》、《谈天》、《论气》等数篇作品。华南农学院图书馆特藏室转托江西省图书馆照仅存的孤本原书,全部用缩微胶卷摄制成照片,转送给李约瑟主持的剑桥大学东亚科学史图书馆。

这次访问,虽然依旧时间短暂,但李约瑟对华南农学院这些年来在科学史研究方面的进展及取得的成就表示敬意,并不时流露出对这里所珍藏的古籍依依不舍的心情。临别时,他还对当时农学院外事办公室的负责人说:他"要挤出三个月的时间再来此看书"。

也就是李约瑟博士访问华南农学院的 1978 年,经国家农业部批准,华南农学院成立了农史研究室,配备和聘任了专职、兼职研究人员。1980 年,首次在国内招收农史专业研究生。同年又创办了由该室主编、农业出版社出版、国内外公开发行的《农史研究》杂志。1983 年底,经国家科委批准,由黄兴宗、李惠林[①]、梁家勉等人发起在华南农学院召开了"《南方草木状》国际研讨会"。会议邀请李约瑟博士参加,他后来因事未能前来,但托国外与会学者带来了美好的祝愿。

此后,李约瑟博士的合作者及国际上研究中国科学史的学者,都络绎不绝地来到这里访问或进行学术交流。如美国的席文(Nathan Sivin)、马泰来(Ma Tai-Loi),日本的渡部武、宫岛昭二郎、森村谦一、田尻利,英国的白馥兰(Francesca Bray),法国的梅塔耶(Métailié Georges)等。日本、美国、丹麦、澳大利亚等国家和港澳地区的学术机构,也和华南农业大学的农史室建立了学术交流关系。其中李约瑟博士的合作者之一、《中国科学技术史》农学部分的撰稿人白馥兰女士,1980 年两次到华南农学院小住,为撰写她的论著查阅资料,和农史室的同行共同切磋,并把这里同行写的文章推荐到国外发表。1983 年及 1984 年,华南农大农史室也选派代表出席国际第二届、第三届的中国科学史讨论会。1986 年,广东省高教代表团访问英国,副团长、华南农业大学校长卢永根教授前往李约瑟、鲁桂珍博士主持的剑桥大学东亚科学史图书馆参观,鲁桂珍博士指出,这些藏书里面就有华南农业大学科学史研究者写的论文和著作。

李约瑟博士为传播中国的科学文明作出了杰出的贡献,有十一个国家授予他荣誉

① 李惠林(Hui-Lin Li),美国宾州大学植物和园艺学教授。

学衔或职称，他还获得乔治·沙顿奖、达·芬奇奖和威廉姆·钟士奖。1982年，又获得我国自然科学成果一等奖。他和华南农业大学科学史工作者的交往，只是他进行中国科技史研究工作中的一个方面，他为发展中国和世界科学史事业的国际主义精神值得发扬光大。

附录

梁家勉致李约瑟

李约瑟先生：您好！

今年五月底，您偕同鲁桂珍女士来我院参观之便，莅临我室指导，费了不少宝贵时间，详细查询和谈论有关科学技术史的文献，对我室工作，关怀备至，至深铭感！

握别以后，光阴如驶，已阅几度月圆。您们来时，华南天候，正届盛暑。当时您老人家不避炎热，不辞辛劳，在眼看、口询和手不停披余，还手不停录。这种治学治事的精神，留给我们深刻印象。曾几何时，现又过了凉秋九月，面对风清月朗的当前，想起中国两千六七百年前的一首民歌："萧葭苍苍，白露为霜，所谓伊人，在水一方"（《诗经·秦风》），却不禁引起我们"万里怀人"的深切驰思！距今廿五年前，我和这里同事赵善欢，在坪石北境的栗源堡，曾跟您一度长谈，这次久别重逢，虽"鬓发各已苍"，尚幸"别来无恙"，且彼此都在为人类进步事业，共向致力，则殊感欣慰也。

您和鲁桂珍女士临别时，嘱代复制《天工开物》著者宋应星的《野议》、《谈天》、《论气》等四篇作品，已由我室转托江西图书馆照现存的孤本原书用缩微胶卷摄制全份，转送给您们图书馆，到时请赐收。

鲁桂珍博士均此致候

梁家勉

1987年10月6日

（原载《中国科技史料》第9卷第4期，原题《李约瑟与华南农业大学的农史研究》）

第三辑　学人研究

邹鲁的服务乡村办学理念及其实践

李　瑛

邹鲁(1885—1954),名澄生,字海滨,广东大埔县人,我国近代著名教育家,少年自觉天资鲁钝,改名为"鲁",青年时期,在家乡自办乐群中学。"其教育思想欲师欧美",[①]开创了当地私人创办新式学校之先河,后在广州成功创办了潮嘉师范学堂。两次办学经历对他以后的人生影响较大,使他与教育事业结下不解之缘。广州的学习生活使邹鲁较充分地接触了西方科学与民主主义知识,认识到教育才是救国救民的根本。受孙中山先生委托,1924—1925 年,经邹鲁精心筹划和治理,国立广东大学在成立短短两年内就成为系科和设备较完善的大学,为后来国立中山大学的发展奠定了坚实基础。1932 年,邹鲁重掌中山大学,他锐意改革,创建石牌新校址,大力延聘师资,扩充系科,增设研究院等,进行了一系列教育教学改革,直至 1940 年因病卸任。他开创了民国时期中山大学的黄金时代。作为一名大学教育家,邹鲁能够超越政治偏见,在两度中山大学校长任内,以其极富个性魅力的治校方法与独树一帜的办学思想,使中山大学不负孙中山之盛名,成为近代中国国立大学中屈指可数的名校之一。两次执掌中山大学,邹鲁积累了丰富的办学实践经验,形成了具有本土化特色的大学教育思想,其中,服务乡村办学理念成为其思想体系中的一颗璀璨明珠。研究邹鲁服务乡村办学理念及实践路径,解读其中的精髓,能为今天高校走特色化发展之路,提升核心竞争力,更好地为社会服务提供启示和借鉴,也藉以引起学术界对邹鲁教育思想的重视,并对其在教育史上的贡献给以重新认识和中肯评价。

一、邹鲁的服务乡村办学理念

1. 学校应负起社会事业的责任

在任何社会中,高等教育机构往往都是一面鲜明反映该国历史与民族性格的镜子。埃里奥特曾指出:"在这个互动不羁的国家里,大学与社会之间存在的这种互动应比那

---

① 邹鲁:《澄庐文选》,三民书局 1976 年。

些较少变化的社会表现得灵敏、更为快捷。"[①]中国的近代大学诞生于民族危难之际，救亡图存成为其不可推卸的历史使命，因而与社会相互依存、荣辱与共。邹鲁服务乡村办学理念的形成，基于他对学校与社会关系的深刻认识。邹鲁认为，社会和学校应该合为一体，学校所造就的人才直接供给社会，社会所需要的人才直接因诸于学校。学生为社会工作人员，不应再成为一个特殊阶层，只知书本理论，而不知应用方面的技术。为此，学生应该去实地实习，如学纺织机械工程的，以纺纱或织布厂为其实验所，学成后"经验必富，能力必强"，不但能立即运用机械，并知道如何改良，以增加生产。因此，"社会即是学校，学校可成为真正改进社会的策源地"。[②] 学校与社会应该发生密切联系，"学校应负起社会事业的责任"。[③]

邹鲁认为，大学生在社会发展过程中肩负着特殊使命。20 世纪 30 年代初，中国经济尤其是乡村经济濒于崩溃。邹鲁充满忧患意识和爱国情怀，作为大学校长，他认为大学生受过高等教育，是社会的指导者，负有不可推卸的救国责任。为挽救风雨飘摇中的中国，大学生首先必须具有爱国心。"我以为各位在校，科学固然要紧，而对国家社会的同情心，尤其要紧。"[④]救国不能停留在口头上，救国要从本身做起。"要救国，必须自救，然后才能团结全国民众，使大家发生互信之心，一致去负起救国的责任。"[⑤]作为学生，要负起救国的责任，就要做一个顶天立地的人，就必须在学问上多用功，有了真才实学才能救国。"有了救国的决心，而尤须有救国的能力，要有救国的能力，就须要努力研究学问。"[⑥]而研究学问必须认清学问的用途，做到学以致用，"研究学问必须应用到社会发展上面，始能成为有益于人类生存的学问。这是社会改造的努力目标，也是研究学问的主要目的"。[⑦]

2. 到乡村去

邹鲁认为中国以农立国，民族的生命线在农村，农业的振兴是一切经济活动的枢纽。"农业是工商业之母"，农村一经破产，工商业也随之没落。农业兴工商业才能发达，所以他主倡农业救国。恢复农村经济，复兴农村生产，完成自给自足需求，诚然是"处在有学识而居领导地位的我们同学无可诿卸的唯一负担，也是无可稍缓的唯一救国的途径"。[⑧] 邹鲁批评大学教育普遍存在教育内容与现实环境脱节的现象。"大学毕了

---

① [美]劳伦斯·A.克雷明著、朱旭东译：《美国教育史：城市化时期的历程(1876—1980)》，北京师范大学出版社 2002 版。

② 邹鲁：《澄庐文选》，三民书局 1976 年。

③ 程焕文编：《邹鲁校长治校文集》，中山大学出版社 2004 年版。

④ 同上。

⑤ 同上。

⑥ 同上。

⑦ 同上。

⑧ 同上。

业，也因所学不切实际，而且过惯了都市的繁华生活，再也不能安心于乡村的实际生产工作，大家都往城市里奔走钻营，以从事于人与人争的生活。因此，乡村事业，日益没落；都市的斗争生活，日益剧烈。争来争去整个国计民生问题，依然得不到正当的解决。至于研究工作，自然很少，说到由研究而进于发明更谈不到，像这样的教育怎能负起救国的任务呢?"[①]当时不少大学生以精英自居，很少与社会接触。邹鲁教导本校学生："得了学问替国家社会做事，须深入乡间及农村去，方是学以致用之目的。"[②]

邹鲁教导接受高深农业教育的农科学生，"自应身体力行，去提倡农业，转移风气，切实毅然负起改造农村的责任来"。[③] 他还多次倡议在各乡村设立农业学校，使学生或农民能学到有关农业知识。1934 年 6 月 18 日，乘中山大学快放暑假的时候，邹鲁鼓励学生们利用暑假回到农村的机会，开展力所能及的乡村服务活动。第一是进行乡村实况调查，如农村作业、山麓森林、水利灌溉、土壤地质、物价涨落、人口增减等，了解人民生活近况如何，教育、交通、卫生如何。此举意义巨大，能增加关于中国实际情形的知识，可为今后改革社会挽救国家之张本；而且学生对乡间情形熟悉，更使调查进行容易而结果确实。第二是宣传抗日，以激发国民爱国心，使民众同仇敌忾，拒用日货。救国不一定要担枪才行，这种宣传"实较枪炮还来得切实"。[④]

1935 年 7 月 8 日，在中大学生毕业典礼上，邹鲁更是鼓励大学毕业生出校后不要贪享都市安乐生活，要本着改良农村的勇气一齐到乡村去，发展乡村，要本着所学和创造精神"到乡村领导乡人，如何办乡村教育，如何创办乡村工业，如何设乡村保甲，更如何改良乡村农业"。[⑤]

他谆谆告诫学生："第一，不要奢望八十元以上的月薪。因为乡村里是很难找每月八十元以上的席位，若要为国家，为社会，又要为个人目前谋奢侈的生活，那是不行的。第二，不要存骄傲心。须知回到乡村去，我是子弟，对于乡中父老，要秉持谦恭态度，不可恃大学毕业便不可一世的样子，这样才可以得到老前辈的帮助，使诸位创造成功，否则他们便足为一切进行之梗。"[⑥]

3. 学校生产化

生产教育是 20 世纪 20 年代中期在职业教育基础上发展而来的一种重要的教育思潮，主张运用教育方法来培养具有生产技能和意识的人才，以促进社会生产的发展，改

① 邹鲁：《回顾录(上册)》，三民书局 1976 年。

② 程焕文编：《邹鲁校长治校文集》，中山大学出版社 2004 年版。

③ 同上。

④ 同上。

⑤ 同上。

⑥ 同上。

善人民的经济生活。1917 年,朱元善发表《生产主义之理科教授》一文,最早谈及生产教育问题。1926 年,国民政府教育行政委员会委员兼广东省教育厅长的许崇清发表《教育方针草案》,提出将“生产”的作用正式列入教育方针之中,倡议学校内设置类似工厂、农场的环境,使生徒在日常学校生活内,能得到走进实际生活的机会。生产教育经许氏提倡,遂引起国人的注意。大学院院长蔡元培在 1928 年 5 月召集第一次全国教育会议时,即有“养成劳动习惯,提高生产技能,推广科学之应用,提倡经济利益之调和,以实现民生主义”的教育宗旨的规定。1930 年,教育部长蒋梦麟召集第二次全国教育会议,通过《改进全国教育方案》,其中规定:“在各级各类的教育内,都应注重科学实验,培养生产能力和职业技能。”[①]在政府官员和众多教育界人士大力提倡和鼓吹下,生产教育运动在全国蓬勃发展起来。20 世纪 30 年代中期以后,生产教育思潮演进为民生教育思潮,注意国民生产能力的培养和国民经济建设的促进。[②]

邹鲁第二次执掌中山大学之前,许崇清担任中大校长一职,其生产教育思想无疑对邹鲁产生了重要影响。邹鲁继任后大力倡导和推行生产教育,并创造性地提出“学校生产化”的办学理念,使学校由传统观念上的“消费单位”转变为“生产单位”。在筹建石牌新校址时,邹鲁把这种理念付诸实施,结果面积四万余亩的石牌新校址(包括林场)除建筑物外,其余都成为农场、林场、果园和花园。此举用意在于“学农业者,均需亲自耕种,以增加实际经验,并有实物成绩,使普通农民信服改良耕种法之功效;又赖生产之收入,以实现自给自足,或竟生利补助其他学校之经费。学地质的,可实地调查地质。以此类推,结果学识经验俱能增加。将素来之消费学校一变而为生产之机关”。[③]

学校生产化为学生提供了充分的实习场所,有利于培养学生的生产技能和劳动习惯,在亲身实践和耳濡目染之中,激发学生为农业、农民和农村服务的热情,为学生毕业后从事农村建设做好思想、知识和能力的准备。同时,遍布校园内外的农场林场及科学生产,时时处处为周围农民提供农业科技示范,农场、林场试验成功的良种,能够及时在本地农村加以推广,迅速转化为生产力。此外,学校生产化可以实现学校物质消费的自给自足,还能将富余的农产品贡献给社会,“补充本校消费部分的开支”。[④] 学校生产化使中山大学除了盐和煤之外,蔬菜、肉类、牛奶等日常消费品都有生产,基本实现了自给自足,有的还对外出售,为学校节约了大量办学经费。鉴于学校生产化对农科大有裨益,1934 年邹鲁撰文《国立中山大学新校舍记》,进一步强调“盖欲使向来消费之教育,化

① 张正藩:《近卅年中国教育述评》,正中书局 1946 年。
② 董葆良、陈桂生、熊贤君主编:《中国教育思想通史(第七卷)》,湖南教育出版社 1994 年版。
③ 邹鲁:《澄庐文选》,三民书局 1976 年。
④ 邹鲁:《回顾录》,岳麓书社 2000 年版。

为生产之教育，此后理、工、医各科，亦将分门计划，达此目的，是则鲁积年来之教育主张也”。[①] 邹鲁办学独具匠心，由此可见一斑。

二、邹鲁服务乡村的办学实践

1. 早年的服务乡村办学实践

国立中山大学乡村服务肇始于国立广东大学时期。1924年8月13日，孙中山先生颁布了《大学条例》令，明确规定大学的宗旨为：“大学之旨趣，以灌输及讨究世界日新之学理、技术为主，而因应国情，力图推广其应用，以促社会道义之长进，物力之发展副之。”[②]并训令国立广东大学校长邹鲁“查照遵行”。于是，邹鲁拟定《国立广东大学规程》，规定“以灌输及研究高深学理与技术，并因应国情，力图推广其应用”为办学宗旨。这样，就将推广应用研究成果以制度形式确定下来。为此，中山大学当时在农科下设三个部门：教授部、研究部和推广部。推广部主要开展蚕桑和林业推广服务，先后在高州、梅县、清远等县举办修业期为一年的蚕业巡回讲习所，培养养蚕技术人才上百人。[③] 在清远设立第一蚕种改良所，选育蚕种分发附近农民，农科每年派出教员分赴各地，教授蚕桑技术。每届毕业生必赴顺德考察蚕业和农民状况。设在各区的模范苗圃负责林业推广，培育优良树苗就地分送，并作技术指导和植树造林宣传。

20世纪30年代，资本主义国家爆发全面经济危机，对中国疯狂倾销产品，致使我国农产品市场价格持续下跌，出现谷贱伤农、丰收成灾的惨状。同时，中国农业频遭严重自然灾害和连绵兵匪战祸等天灾人祸打击，使衰退中的乡村经济雪上加霜。更有甚者，地方政府竭泽而渔，横征暴敛，农民入不敷出，购买力缩减，农村金融枯竭，农民生活条件恶化，大量耕地荒芜，各地粮食生产锐减，中国农村经济走向崩溃。解决农业危机成为社会各界关注的焦点。中山大学是华南地区的大学重镇。作为充满爱国激情的大学校长，邹鲁的服务乡村办学理念更加明确和强烈，他发扬光大早年培养中山大学服务乡村的传统，取得了显著成效。

2. 20世纪30年代服务乡村的办学实践

(1)完善农学院培养体制

农学院的前身可追溯至由广东农林试验场及农林讲习所组成的广东农业专门学校，国立广东大学成立时，广东农业专门学校归并为广东大学农科；1926年，随广东大学

---

① 程焕文编：《邹鲁校长治校文集》，中山大学出版社2004年版。
② 吴定宇主编：《中山大学校史（1924—2004）》，中山大学出版社2006年版。
③ 张耀荣主编：《广东高等教育发展史》，广东高等教育出版社2002年版。

易名，其改为国立中山大学农林科，1929年改称农科，1931年改称农学院，石牌新校建成后全部迁至石牌。农学院成立时就将农业推广写进办学宗旨："阐明农林学术，推广其应用与养成各种农林技术及经济人才，以供农林建设上之需要为宗旨；""故其使命，非仅造就农林人才，而并负有解决地方上农林问题，与改建农林事业之责。"①因此，学校在农学院设立教务、研究、经营(生产)和推广四个职能部门，兼办农业专门部和专修科及短期农业讲习所，培养农业技术人才。

为了培养学生的实践能力，强化农科学生农场实习，1933年4月，学校公布《农学院学则》，规定学生修足规定学分外，还必须完成平时与暑假的农场实习，完成研究(毕业)论文和农场或林场的经营报告，成绩及格始准毕业。农学院在一年级开设农场工作课，每星期六由各股技术人员安排，与农场工人一起全天参加劳动，农场工作课的质与量的成绩考核各占一半，不合格者于暑假期间补做农场工作。邹鲁认为："农学院除造就人才外，对于农林事业，负有研究改良之责。"②学校还特设研究委员会(后改为农林研究委员会)，由教授与技师共同组成，担任各个农林问题之研究，其结果证明有效者，陆续介绍推广给农民采用，以谋农林事业之逐渐改进。1935年，农学院奉令成立农科研究所。这样，中山大学在农科大学中较早建立起完备的硕士、本科和专科人才培养体制。

(2)拓展农业推广服务范围

1932年，邹鲁修订《国立中山大学组织大纲》，规定："本大学各学院为便利学生实习及推广学术之应用起见，得附设医院、农场、林场、工厂、护士学校、助产学校、实业学校、讲习所及其他相类之机关。"为了便利农业研究和推广，学校扩建或新建各种农场林场与试验场，包括附属农场、第一模范林场、南路稻作育种场、农林植物研究所、蚕种改良所、南路蚕业试验场、沙角沙川试验场、潮州苗圃。其中，第一农场因搬迁新校址停办，第二农场得到扩充，1936年面积达12100亩。白云山第一林场于1928年开办，抗战前夕，面积扩展到21800亩，既作为全省示范森林，又是农学院师生试验研究和演习场地。1935年学校创办乐昌武水演习林场，营造杉木林，进行香菇繁殖试验。1936年于惠州西湖创建第二模范林场，面积9200余亩。此外，还有潮州苗圃，设有树木标本区。学校编辑《新苗月刊》及免费赠送林业知识资料。

华南是我国的重要粮食产区。邹鲁上任后，鉴于"吾粤粮食缺乏，稻种改良为治本重要问题"，③在原有南路稻作育种场、石牌稻作试验总场、沙田稻作试验场的基础上，增

① 黄义祥编著：《中山大学史稿(1924—1949)》，中山大学出版社1999年版。

② 程焕文编：《邹鲁校长治校文集》，中山大学出版社2004年版。

③ 同上。

设两个稻作试验场:东江稻作试验场和韩江稻作试验场。邹鲁在任期间,各稻作试验场育种试验研究有相当成绩,育成竹粘、东莞白、中山1号、黑督、银粘、丝苗等优良稻种,改良品种的推广,能够增加收获量百分之三十,①部分稻种推广到广东、广西、福建及华北地区。② 中山大学还设立蚕种改良所,以研究所得之蚕种改良法,制造蚕种,推销给农民。广东南路地多荒芜,然亦宜于蚕桑,故学校建立南路蚕业试验场得到了省政府的辅助,建有缫丝厂。由于农场、试验场占地面积之大,当时流行有"中山大学校,半座广州城"之语。③

为使学校负起社会事业的责任,邹鲁重掌中山大学后,首先把广东通志馆接收过来,拟订省志的总目录有二十多个门类,分别聘请相关人员及有关教授负责编辑,1938年学校西迁前,全部编撰告罄;其次,邹鲁接收了两广地质调查所,由中山大学负责办理,以供学生实习之用,1935年年底,初步完成广西地质调查;再次,接管土壤调查所(农林局1930年成立),组建了全国高校最早的土壤调查所,由农学院负责,也取得了佳绩。在院长兼所长邓植仪的带领下,从1930年至抗日战争前夕,该所完成了广东全省交通干线所及94个县60余万平方公里土地的初步土壤调查,详细化验后制成许多土壤图,并对番禺、中山等28个县进行了土样化验,刊印土壤调查报告书,陈列于室,以供参观和研究。

(3)建立乡村实验区

在1932年中山大学农学院总理纪念周的演讲中,邹鲁提出了具体改造乡村和救济农业的办法:"第一,应该保持数千年以来以农立国的精神和'出入相友,守望相助,疾病相扶持'的旧习惯;第二,用科学的方法,改良耕种及农具;第三,设立农业银行,农村合作社,农村学校和图书馆,使一般农人的资本,生活知识,均皆向上——这都是目前急切之图。"④为此,20世纪30年代,中山大学建立三个乡村实验区来实现邹鲁校长乡村服务的美好夙愿。

1936年,中山大学师生以石牌附近10乡为范围设乡村服务实验区,"图谋推广发展乡村事业"。⑤ 实验区开展农民自卫组织训练;改进农业技术和病虫害防治;组织信用合作社,促进乡村经济发展;开办民众夜校、图书报处、壁报,普及文化知识;举行乡民联欢大会、读书会、演讲比赛、棋类比赛等,丰富农村文化生活;创设互助会、村友会、代笔处、

① 程焕文编:《邹鲁校长治校文集》,中山大学出版社2004年版。
② 张耀荣主编:《广东高等教育发展史》,广东高等教育出版社2002年版。
③ 吴定宇主编:《中山大学校史(1924—2004)》,中山大学出版社2006年版。
④ 程焕文编:《邹鲁校长治校文集》,中山大学出版社2004年版。
⑤ 郑彦棻主编:《国立中山大学乡村服务实验区报告书(2)》,国立中山大学出版部1937年。

农业问事处等，为农民答疑解难；并在每村设乡村公园，开展种痘、清洁活动，开辟乡村交通等，大大改善了农民生活。[①]

中山大学师生还积极组织知识下乡，创办了两个教育实验区。1935 年，中山大学教育系及教育研究所与番禺县共同成立龙眼洞乡村教育实验区，下设康乐教育部、公民教育部、语文教育部、生计教育部。实验区在改进乡村社会实验、民族中心小学课程实验、乡村青年训练，推进义务教育、识字教育等方面都取得了较好成绩。[②] 1937 年 1 月 24 日，中国社会教育社与中山大学、广东省教育厅合办的广东花县乡村教育实验区正式成立。实验区以民众生计教育为中心，以复兴民族为鹄的，开展了乡村青年训练、乡村基础教育、乡村事业辅导三大实验事业。抗战爆发后，围绕抗日救亡目标，各实验区继续开展乡村建设服务，其中，花县实验区成绩突出，在广东颇具影响。[③]

三、邹鲁服务乡村办学理念与实践评价

20 世纪 30 年代是中国现代大学制度的定型时期，也是现代大学精神的形成时期。中西文化的强烈冲突、碰撞、融合成为该时期社会环境的典型特征之一。邹鲁饱经中国传统文化的熏陶，信守儒家的“修齐治平”志向。青年时期的新式学堂学习和生活，尤其是后来的国外考察经历，使邹鲁的教育思想和实践在承继传统的同时，明显注意吸收外来教育文化的合理因素。所以，他将大学诠释为：“大学为最高学府，国之文化，所藉以为转移者也。若不能纳新于旧，以成适中之文化者，不能合于现在之国情；不能融合东西，已成为世界文化者，不能尽大学之职责。折中于创造因袭之中，为可久可大之画，斯可已，本大学用是以为志焉。”[④]于是，在办学过程中，邹鲁不仅能够有效地借鉴西方先进教育理念，又迭出适于国情和社会之需的宏见伟创。

1928—1929 年，邹鲁考察各国教育制度，出游五大洲 29 国，参观了 80 多所各类学校，遍访各国教育官员和名校校长，开阔了视野，最后写成《二十九国游记》，为日后治理学校和形成完善的教育思想奠定了深厚的理论基础。国外教育考察使邹鲁“始知我国教育制度，尚多未善”，[⑤]切实感受到西方“教育方法注重实用”和“学以致用”，所以在办

① 郑彦棻主编：《国立中山大学乡村服务实验区报告书(2)》，国立中山大学出版部 1937 年。

② 龙眼洞乡村教育实验区指导委员会：《龙眼洞乡村教育实验区指导委员会二十五年度第一次会议录》，《国立中山大学日报》1936 年 09 月 30 日。

③ 苏州大学(原江苏省立教育学院)校友会编译：《艰苦的探寻——江苏省立教育学院校友回忆录》，1989 年。

④ 张胜波、黄少宏：《筚路褴褛开创中大》，《南方日报》2010 年 7 月 1 日。

⑤ 邹鲁：《澄庐文选》，三民书局发行 1976 年。

学中体现出明显的实用主义价值取向，注意将学校与社会紧密联系起来，锐意为社会服务。根据国情，邹鲁提出了一个很好的服务社会的途径：到乡村去，通过开展农业技术改良、传授农民科学知识、建设农村经济合作组织等农业推广活动，来复兴农村和农业，达到救国之目的。为了使学校负起社会事业的职责，把学生培养成有科学知识和实用技能的生产者，来拯救积贫累弱的中国，邹鲁创造性地提出"学校生产化"的办学理念，实施将工场、学校、社会打成一片的办学方略，实现其"将素来消费之学校，一变而为生产之机关"的生产教育，满足了学校办学的自给自足。这种独特的办学理念，对推动学生走出校门开展社会服务，尤其是开展农业推广服务，以及促进中山大学整体水平的提高发挥了重大作用。

在历史语境下，秉笔直书，公正客观地审视和评价历史人物，这是史学研究的准则。抛开政治纷争，毋庸置疑，邹鲁作为中山大学的开创者，是出色的。在执掌中山大学八年的办学生涯中，他创建石牌新校、增添图书仪器、改革教育制度、发展研究事业，为中山大学的建设与发展立下了汗马功劳，可谓功勋卓著。当然，由于政治活动耗费了邹鲁大量的心血，加上体弱多病，使他没能集中精力一心一意办教育，同时，由于未能像同时代其他著名的大学校长蔡元培、郭秉文、竺可桢、梅贻琦等那样接受过系统的高水平的东西方高等教育，因此，他对教育理论的研究难免不够深入，缺乏深沉冷静的探颐索隐，教育思想表述缺乏一定的理论深度和思辨色彩，直白倡导之语居多，未有梅贻琦"大师"、"大楼"之隽永哲思旷世伟论，未及蔡元培那样提出"五育"并举的完整的民主主义教育方针，未能制定出张伯苓那样切合实际和扭转学校乾坤的"土货化"教育方针。表现在社会服务办学理念上，则为阐述不够全面、深刻和系统，更多为理想主义的鼓动和号召。尽管如此，观照邹鲁的人生经历，便可理喻与释然。从实践层面来看，或许，称其为"服务社会办学实干家"，更为名副其实。

（原载《高教探索》2011 年第 3 期）

傅斯年在中山大学

张荣芳

傅斯年(1896—1950)于1926年冬结束了长达六年之久的海外留学生涯,由德国返国,受聘为中山大学教授。从年底赴中山大学任教,到1928年11月辞去中山大学职务,在校将近两年时间。傅斯年历任文史科主任并兼任史学系、中国语言文学系、哲学系主任,创办语言历史学研究所并亲自任主任,还担任过其他多种职务。这时期"是他初为人师的时期,也是他经过长年的留学后学术思想的初步整理时期,也是他教育思想初步形成时期"。[①] 这期间他编写了大量的讲义,发表了许多论文,集教学、科研、行政工作于一身,是他一生中的重要时期。他为中山大学的发展作出了重大贡献。

一、受命于改革之时

中山大学原名广东大学,为孙中山1924年创办。广东大学建立不到一年,孙中山病逝于北京,为纪念孙中山,1926年8月广东大学更名为中山大学。[②] 广东大学第一任校长邹鲁因西山会议问题被免职,学校一度陷入混乱,校内形成许多派别,各派政治力量,明争暗斗秩序混乱。广东大学改名中山大学后,任命戴季陶为校长。戴季陶到校后,对学校进行整顿和改革,改校长制为委员制。国民政府任命戴季陶为中山大学委员长,顾孟余为副委员长,徐谦、丁惟汾、朱家骅为委员。由五人委员会对学校进行整顿和改革。在整顿过程中,戴季陶出访日本,顾孟余、徐谦、丁惟汾都在国民政府中另有职务,多数情况下是由"担任教务方面"的委员朱家骅主持中山大学的工作。1926年10月16日发布《中华民国国民政府令》称:"中山大学为中央最高学府……政府决意振兴,已明令改中山大学为委员制,期集一时之人望,为根本之改造。应责成委员会努力前进,彻底改革,一切规章制度,重行厘定。"[③]

---

① 焦润明:《傅斯年传》,人民出版社2002年版。

② 黄义祥:《中山大学史稿(1924—1949)》第一章,中山大学出版社1999年版。

③ 《中华民国国民政府令》,《广州民国日报》1926年10月18日。转引自黄义祥《中山大学史稿(1924—1949)》,第120页。

五人委员会努力贯彻国民政府上述训令，制订各种改革措施。1926 年 10 月 22 日委员会召开第四次会议，其中有两项决定，对中山大学今后的发展具有重要意义：第一是募集建设图书馆及各种实验室基金，用以建筑图书馆、建设实验室及购置必要书籍及设备；第二是添聘教员，延聘国内知名学者来校任教。傅斯年就是在这样的背景下受聘于中山大学的。

傅斯年是当时主持中山大学工作的朱家骅聘任的。朱家骅在《悼亡友傅孟真先生》中回忆说：

> 民国六年在北京，沈尹默先生对我说："傅孟真这个人才气非凡！"我当时并不认识他，到了民国十五年我在中山大学，为了充实文学院，要找一位对新文学有创造力，并对治新史学负有时名的学者来主持国文系和史学系，和戴季陶、顾孟余两先生商量，聘请他来担任院长兼两系主任。是年冬，他从德国回来到校，马上全力以赴，他延聘有名教授，自任功课亦甚多。十六年春，更在文学院内，创办历史语言研究所，他对教务贡献甚大，当时中山大学的声誉隆盛，他出力很多。[①]

从这里可以看出，当时聘任傅斯年就是"为了充实文学院，要找一位对新文学有创造力，并对治新史学负有时名的学者来主持国文系和史学系"。傅斯年不负众望，到任后"全力以赴"，"延聘有名教授"，"自任功课亦甚多"，"对教务贡献甚大"。顾颉刚在日记中写道：傅斯年"任文学院长，以其纵横捭阖之才，韩潮苏海之口，有所凭藉，遂成一校领袖"。[②] 他为中山大学声誉隆盛，作出了重大贡献。

二、重在加强学科建设

傅斯年到任后，秉承学校委员会改革之意旨，大刀阔斧地进行文史科的学科建设。图书资料建设是学科建设的重要方面。傅斯年聘请顾颉刚到中山大学任教。顾到校不久，被朱家骅、傅斯年派到江浙一带为中大图书馆采购图书。[③] 为此，顾先生用了半个月时间作《国立广州中山大学购求图书计划书》。这个《计划书》是开创性的，它打破了传统的经史子集观念，认为购书的宗旨是"搜集资料"，"把记载自然界和社会的材料一齐

---

① 朱家骅：《悼亡友傅孟真先生》，《中央日报》1950 年 12 月 31 日。转引自王为松编：《傅斯年印象》，学林出版社 1997 年版。

② 顾颉刚日记，1928 年 4 月 30 日（1973 年 7 月之补叙）。

③ 《国立广州中山大学购求图书计划书》，中山大学图书馆藏，见本书第一辑。

收来”。顾先生前后五个月，足迹遍及江浙，购到图书约 12 万册。这批图书的入藏，使中大图书馆藏书量成为全国藏书量较多的高校之一。

傅斯年为加强文史科的学科建设，广泛延聘知名学者，先后聘任的有鲁迅、施存统、许德珩、容肇祖、马衡、赵元任、顾颉刚、俞平伯、罗常培、汪敬熙、杨振声、商承祚、何思敬、吴梅、俞大维、珂罗掘伦（瑞典古登堡大学教授）、史禄国（俄罗斯人）等人。朱家骅、傅斯年曾致信李石曾、吴稚晖说：“我们又在这里筹一齐聘北大文理等科之良教授来此。即可免于受压迫，并开此地空气。已去请者，有马叔平、李玄伯、丁山、魏建功、刘半农、周作人、李圣章、徐旭生、李润章诸先生。……我们于大学日用省得无复加，且于此等事上大大破费一回。”[①]他们不惜重金聘请的这些教授，多是具有新思想，具有较高学术水平的，目的是既使他们免受北方封建势力的压迫，又可“开此地空气”，创造中山大学的学术氛围，提高学术水平。朱家骅曾自豪地说：“文科原无丝毫成绩凭借，现在几乎是个全部的新建设，聘到了几位负时誉的教员，或者可以继北大当年在此一科的趋向和贡献，一年以后，在风气和成绩上，当可以比上当年之有‘学海堂’。”[②]顾颉刚在致胡适的信中也说：“我深信这一年中已为广东学界造成一个新风气。”[③]中大同学想起那时还觉得是一个学术上的黄金时代。

为了加强文史科的学科建设，傅斯年站在学科发展前沿，提倡历史学、语言学、民俗学、人类学相结合的研究风格，决定设置各种专门学科研究所，并引进“集团研究”的学术思想。1927 年 6 月 20 日，傅斯年主持的文史科第四次教授会议作出决定，设置语言历史学研究所、心理学研究所、教育学研究所等。傅斯年亲自担任语言历史学研究所主任，“着力于聘定教授，设置各研究组，招收研究生，成立各研究会，发行定期刊物及丛书等五个方面之进行。”[④]1927 年 10 月 6 日，傅斯年召集有关人员开会，商议出版学术刊物事宜，决定由顾颉刚、余永梁、罗常培、商承祚等编辑《国立中山大学语言历史学研究所周刊》，顾颉刚、杨振声、杜定友编辑《图书馆周刊》，钟敬文、董作宾编辑《歌谣周刊》（出版时改名为《民间文艺》）。[⑤] 语言历史学研究所还决定编辑出版《语言历史学丛书》，傅斯年、罗常培主持语言学丛书，傅斯年、顾颉刚、容肇祖主持历史学丛书，傅斯年、容肇祖主持史料丛刊。由于傅斯年的努力，中山大学文史科的语言学、历史学、民俗学、教育学以及心理学的学科建设，走在全国各大学的前列。

---

① 《朱家骅、傅斯年致李石曾、吴稚晖书》，《傅斯年全集》第 7 册，联经出版事业公司 1980 年版，第 102 页。

② 《朱家骅启事》，《国立中山大学日报》1928 年 2 月 27 日增刊。

③ 《胡适来往书信选》上册，中华书局 1979 年版，第 481 页。

④ 《国立中山大学语言历史学研究所概览》，第 1 页，中山大学图书馆藏书。

⑤ 顾潮：《顾颉刚年谱》，中国社会科学出版社 1993 年版，第 144 页。

中山大学的民俗学有着光辉的历史，为中国民俗学的发展起了奠基的作用，有学者认为中山大学的民俗学有十二个第一。[①] 傅斯年对中山大学民俗学运动的最大贡献在于引进顾颉刚和协同创办民俗学会。顾颉刚在语言历史学研究所内创办民俗学会，主办《民俗》周刊，主编《民俗学会丛书》，举办民俗学传习班等，被誉为"中国现代民俗学先驱"。后来傅、顾之间由于主张不同而分道扬镳，但傅斯年对中大民俗学的贡献还是应该肯定的。

在这里需要特别指出的是，1928年春，南京国民政府委派蔡元培筹办中央研究院，规定国立中央研究院"为中华民国最高科学研究机关"，其宗旨是"实行科学研究，并指导、联络、奖励全国研究事业，以谋科学之进步，人类之光明"。[②] 傅斯年极力向蔡元培陈述历史学、语言学之重要性，建议在中央研究院设立历史语言研究所。蔡元培同意傅斯年的意见，并邀请傅斯年、顾颉刚、杨振声任历史语言研究所筹备委员，筹备处办公地点设在中山大学校内。11月该所成立，所地设于广州市东山恤孤院后街25号柏园。傅斯年辞去中山大学教务，专任该所所长兼《中央研究院历史语言研究所集刊》主编。从此，他以该所为大本营在中国建筑"科学的东方正统"。傅斯年一生为史语所呕心沥血，为中国现代学术发展树立了不朽的丰碑。傅斯年为中山大学作出了重要贡献，中山大学也哺育了傅斯年，他为中国现代学术作出重大贡献，是从中山大学起步的。

三、重视教学，以培养学生能力为己任

大学是培养人才的地方，关于大学的重要性和培养目标，傅斯年说，现在凡是"一切在水平线上的国家"，无不"以大学为他的社会生命上一个重要机关"，主要原因在于：(1)在近代社会中，一个有用的人才，必须掌握一定的知识，这样的知识不是每个人都能在社会上学得到的，在没有走向社会之前就应进行系统的学习；(2)在近代社会中，一个工作有成效的人，必须有良好的品性，这也不是在社会上能够自然养成的，须先在学校这样一个"健康的自由的环境"获得；(3)在近代社会里，人们是分工而又合作的，故须有"专门的技能"，"大学正为训炼这种技能而设"。[③] 傅斯年对大学培养人才的重要性的认识是相当深刻的。

---

① 王文宝：《中山大学民俗学的十二个第一》，载《现代社会与民俗文化传统》，黑龙江人民出版社2002年版。

② 《中国现代教育大事记》，教育科学出版社1988年版，第152页。

③ 《中山大学民国十七年届毕业同学录序》，《傅斯年全集》第七册。

对大学的文史科如何培养学生，傅斯年有一套看法，并付诸实践：提倡教学与研究并重，提出每个系或有关的几个系必须设一个研究所，教授的学术研究和学生的学术训练都在其中进行。在他的推动下，中山大学设立了语言历史学研究所、教育学研究所、心理学研究所等。傅斯年、顾颉刚等都充分利用研究所对学生进行学术研究的训练，培养了不少学术人才，有的毕业后即从事学术研究工作。如陈槃，1928 年上学期，修习傅斯年的《中国文学史》课，他写的有关《离骚》的作业，傅斯年认为有新意，写得好，便给予很多的鼓励，引导他从事学术研究，甚至在研究所承担一些任务，给予一定的生活补贴，使陈得以完成学业，毕业后并进史语所工作。受聘到史语所整理《明实录》的李晋华，当初也得益于在研究所从事学术训练。

要培养优秀的学生，必须扩大学生的知识面以适应社会的需要。扩大学生知识面的方法，最好是开设讲座。傅斯年主持文史科的时候，开设了各种讲座，如文史导读专题讲座、中国三百年来学术成绩及思想派别讲座等。各种知名学者都在讲座登台讲演。傅斯年在文史导读讲座中讲：史料问题、南北朝史、顾炎武、阮元、中央亚细亚文化接触、西洋人研究中国史的几个问题、东汉文史大略、比较语言发达史略、乐府、五言诗的起源、文体问题、西人研究广韵成绩等；顾颉刚讲：《诗经》、中国神祇史等；罗常培讲：经今古文、广韵解题及读法、蔡邕的文字、后汉魏晋之际文学变迁大势、等韵研究等。在中国三百年来学术成绩及思想派别讲座中，傅斯年讲：宋学和明学之不同、“心学”及其反动、顾炎武、阮元、孔广森、宋代的朴学、耶稣会士在中国之影响等；顾颉刚讲：阎若璩、崔东壁、三十年中新发现的学问、康有为等；罗常培讲：庄存與、近三百年经学的派别、近三百年古音学的总成绩、刘师培、耶稣会士在中国韵学上的贡献及其影响等。① 我们从这五花八门、林林总总的题目中，看出学生可以从中猎取比较丰富的文史知识，扩大知识面。我们从傅斯年所讲的题目中，看出他确实是一位对文史知识融会贯通、博学多才、大气磅礴的学者。

傅斯年对教学认真负责，敬业爱生，以培养学生解决实际问题的能力为己任。1926 年冬刚到学校，学生期末考试刚结束。根据学校的安排，成绩合格的学生按程度分别等级，补习国文、数学、外语三科。傅斯年行李甫卸，即投入这三科的补习课。第二年 3 月 1 日新学期开始，即登上讲台上正式的课程。傅斯年在中大将近两年的时间里，开的课程很多，计有：尚书、诗经研究、中国古代文学史、陶渊明诗、心理学、统计学、书目编纂法、比较语言学、印度支那语系导论、尼采与巴特勒、史记研究等。他白天忙于上课、行政事务，晚上忙于编写讲义，《中国古代文学史讲义》是自己刻钢板，在蜡纸上起草，稍加

① 参考《凝聚中大精神》第六章《部分著名学者在国立中山大学》，中山大学出版社，2001 年版。

修改，即付油印，所以讲义上常有增删涂改的地方。他在《诗经讲义稿·叙语》中谈及当时编讲义的情况说：“日中无暇，每晚十一时动笔写之。一日之劳，已感倦怠，日之夕矣，乃须抽思。”[①]这是当年傅斯年工作繁忙，教学紧张的写照。

在教学方法上，傅斯年反对填鸭式的陈腐说教，主张把教学的重点放在培养学生获取新知识的方法和运用资料以解决实际问题的方面，力求一步一个脚印地将学生引入学术研究的殿堂。他开“中国古代文学史”课程，要求学生一定要阅读原始资料，告诫学生“要避免的，是太着重了后来人的说述批评，整理的著作，以及叙录的通书，而不着重原书”。[②] 只要能够细心地读一部古籍，就比读完一切近年文学史著作要好。学生不可把读教师的讲义代替读专门的古籍资料，恰恰相反，教师的讲义只是用来刺激学生读原始资料的手段。他嘱咐学生，要学会思考问题。他说，我的讲义“非供诸君以结论，乃赠诸君以问题”，“假如这些问题刺激得诸君心上不安宁，而愿工作，以求解决，便达到这讲义的目的了”。[③] 他开“《史记》研究”课。为什么要开设此课？“我们第一步自然是把《史记》从头到尾细读一遍，这是我们设这一课的第一个目的。第二步是找出若干问题，大家分别研究去。第三步，如果大学长期努力，或将《史记》一书中若干头绪，整理出不少来，共同写成一书，也是一番事业。”[④]总之，傅斯年认为，教师不仅仅是传授知识，而要引导学生阅读原始资料，教会学生学习的方法，启发学生提出问题、思考问题，进而解决问题，从而提高学生的素质和能力。傅斯年在七十多年前提出这样的培养目标和教学原则，是难能可贵的。

四、熠熠光辉的史学研究成果

傅斯年在中山大学时期，是他学术研究的重要时期。根据有关资料统计，在中山大学期间发表的史学论著有十种左右，可分三类：一类是有关史学方法论性质的，如《历史语言研究所工作之旨趣》等；一类是有关先秦秦汉史的，如《与顾颉刚论古史书》[⑤]、《评秦汉统一的由来和战国人对于世界的想象》[⑥]、《论孔子学说所以适应于秦汉以来社会的缘

① 《诗经讲义稿》，《傅斯年全集》第一册，联经出版事业公司 1980 年版，第 185 页。

② 《中国古代文学史讲义》，同上书，第 11 页。

③ 同上书，第 15 页。

④ 傅斯年：《史料论略及其他》，《傅斯年全集》第二册，联经出版事业公司 1982 年版，第 397 页。

⑤ 载《国立中山大学语言历史学研究所周刊》第二集第十三、十四期。

⑥ 同上刊，第一集第二期。

故》[1]、《评〈春秋时代的孔子和汉代的孔子〉》[2]、《周颂说》[3]等；一类是四种讲义，即《中国古代文学史讲义》、《诗经讲义稿》、《战国子家叙论》、《史记研究》，这四种讲义，后来台湾出版《傅斯年全集》，分别收入第一册和第二册。从这些论著中，可以看出傅斯年精通中外史学理论，谙熟中国传统古籍文献，提出了许多真知灼见。下面分别加以叙述。

(一)《历史语言研究所工作之旨趣》

傅斯年一生在学术上的最大贡献莫过于创办和主持中央研究院历史语言研究所。在这篇《工作之旨趣》中阐明了为什么要成立这个所。他认为，中国的历史学、语言学发达早有光辉的历史，但近代以来却落伍了。"中国境内语言学和历史学的材料是最多的，欧洲人求之尚难得，我们却坐看他毁坏亡失。我们着实不满这个状态，着实不服气就是物质的原料以外，即便学问的原料，也被欧洲人搬了去乃至偷了去。我们很想借几个不陈的工具，处治些新获见的材料，所以才有这历史语言研究所之设置。"[4]他确定了该所的宗旨有三条：第一，"保持亭林百诗的遗训"；第二，"扩张研究的材料"；第三，"扩张研究的工具"。他认为判定这两门学问进步与否的标准是：第一，"凡能直接研究材料，便进步。凡间接的研究前人所研究或前人所创造之学统，而不繁丰细密的参照所包含的事实，便退步。"第二，"凡一种学问能扩张他研究的材料便进步，不能的便退步。"第三，"凡一种学问能扩充他作研究时应用的工具的，则进步，不能的则退步。"为了贯彻该所宗旨，他提出：第一，"我们反对'国故'一个观念"。第二，"我们反对疏通"，"只是要把材料整理好，则事实自然显明了。一分材料出一分货，十分材料出十分货，没有材料便不出货……推论是危险的事，以假设可能为当然是不诚信的事。"第三，"我们不做或者反对所谓普及那一行中的工作。"他提出破除"读书就是学问"的风气，公然宣布"我们不是读书的人，我们只是上穷碧落下黄泉，动手动脚找东西！"最后他提出了三个响亮的口号："一、把些传统的或自造的'仁义礼智'和其他主观，同历史学和语言学混在一气的人，绝对不是我们的同志！二、要把历史学语言学建设得和生物学地质学等同样，乃是我们的同志！三、我们要科学的东方学之正统在中国！"

这篇《旨趣》在中国现代学术界发生重大影响，劳榦说它"奠定了中国现代历史学的基础"。[5] 李济说："他这一原则我想历史语言研究所的同仁到现在还一直遵守的。"[6]这篇重要文献虽然发表于1928年，但其中的一些观点傅斯年却是酝酿很久的。杜正胜、

---

① 载《国立中山大学语言历史学研究所周刊》第一集第六期。

② 同上刊，第一集第七期。

③ 《中央研究院历史语言研究所集刊》第一本第一分。

④ 同上。

⑤ 转引自李泉：《傅斯年学术思想评传》，北京图书馆出版社2000年版，第97页。

⑥ 同上。

王汎森编的《傅斯年文物资料选辑》第55页有傅斯年留学后期以迄回国途中的几页手记，其中就记有《旨趣》的一些观点，例如：第一页中说“如不去动手动脚的干——我是说发掘和旅行——他不能救他自己的命”，“我们现在必须把欧洲的历史作我们的历史，欧洲的心术作我们的心术”，就是明证。[①]

(二)先秦史、秦汉史

在这类论著中，他提出很多创始性、突破性的见解。例如写给顾颉刚的信《与顾颉刚论古史书》，在信后顾颉刚案云：“傅孟真先生此书，从1924年1月写起，写到1926年10月30日船到香港为止，还没有完。”傅斯年在信的最后说：“抄到此地，人极倦，而船不久停，故只有付邮。尾十多张，待于上海发。”[②]说明这是傅斯年酝酿已久的对中国古史的看法。回国后他发的一系列论文和编写讲义，进一步阐述了这封信中的一些观点。例如1930年发表于《国立中央研究院历史语言研究所集刊》第二本第一分的《论所谓五等爵》一文，在文后加按语说：“此文主旨，大体想就于六七年前旅居柏林时，后曾以大意忽忽写投顾颉刚先生，为顾先生登于国立中山大学语言历史学研究所周刊第十四期。今思之较周，节目自异，然立论所归仍与前同。”[③]关于周族起源，《与顾颉刚论古史书》中提出姬、姜同出自西戎，“与其信周之先世曾窜于戎狄之间，毋宁谓周之先世本出于戎狄之间。姬、姜容是一支之两系，特一在西，一在东耳。”1930年傅斯年发表于《国立中央研究院历史语言研究所集刊》第二本第一分的《姜原》一文，他根据《诗经》、《左传》、《国语》等文献，对姬与姜的世系、族系、地望等问题进行探讨，认为“姬周当是姜姓的一个支族，或者是一更大支族之两支”，他们起源于西戎。[④] 1935年傅斯年为董作宾的《新获卜辞写本后记》写的《跋》，洋洋洒洒数万言，再度申述周族出自西戎的说法。[⑤] 关于商纣王，《与顾颉刚论古史书》中认为，儒家经典中说纣王残忍暴虐，被周所灭，是靠不住的。“我想殷周之际事可作一出戏，纣是一大英雄”，“纣乃以天下大英雄之本领与命运争，终于不支，自焚而成一壮烈之死。”这些观点在当时都是振聋发聩的。

1926年11月，顾颉刚写信问傅斯年，说“孔子只是旧文化的继续者，而非新时代的开创者。但秦汉以后是一新时代，何以孔子竟成了这个时代的中心人物？”傅斯年复以长信，以《论孔子学说所以适应于秦汉以来的社会的缘故》为题，发表于《国立中山大学语言历史学研究所周刊》第一集第六期。傅斯年认为，孔子的政治思想“只是一个霸道，

---

① 杜正胜、王汎森编：《傅斯年文物资料选辑》，台湾傅斯年先生百龄纪念筹备会印行，第55页。

② 《中国古代文学史讲义，《傅斯年全集》第一册，第11页。

③ 傅斯年：《民族与古代中国史》，河北教育出版社2002年版，第115页。

④ 同上书，第60—70页。

⑤ 同上书，第149—187页。

全不是孟子所谓王道”，是“强公室杜私门”主义，与当时的社会相合。孔子是鲁国人，鲁国在春秋时代，文化比哪一国都高，“鲁国的风气，是向四方面发展的”，“大约当时人谈人文者仰邹鲁，而邹鲁之中以孔子为最大的闻人。孔子之成后来中心人物，想必是凭藉鲁国。”而鲁国的儒化有两个特别之色彩，一是“最好文饰，也是长于文饰”，“所以好名高的世主，总采儒家。”二是“儒家的道德观念，纯是一个宗法社会的理性发展。中国始终没有脱离了宗法社会”。[①] 所以孔子学说适应于秦汉以来的社会。傅斯年这一见解也是有创见的一家之言。

（三）四种讲义：《中国古代文学史讲义》、《诗经讲义稿》、《战国子家叙论》、《史记研究》

《中国古代文学史讲义》是他在中山大学开“中国古代文学史”课的讲义。这份讲义对儒学经典有独到的研究，如《尚书》。傅斯年对《尚书》，除两三篇外，其余都可以背诵。上《尚书》课时，“他在黑板上一段一段的写，并没有《尚书》在手里。”[②]《讲义》中专门写了《论伏生所传书二十八篇之成份》一节，把《今文尚书》28 篇分作七类，就各篇的成书年代、核心思想、价值等问题提出自己的见解。这些成果对我们今天研究《尚书》仍有重要参考价值。他对《礼记》部分篇章的成书年代作了考证；也对《大戴礼》的成书年代及亡佚情况作了论述，指出《大戴礼》尽管是后人拼凑而成，但其中保存了许多珍贵的材料，我们不能轻视这部材料书。同时，他对《易》、《春秋》、《论语》、《孝经》的成书年代及与孔子的关系都有精辟的见解。傅斯年对儒家经典有一个总的看法，认为许多书都经过西汉人的重新编订，西汉人的思想与晚周人的思想不同，西汉人的文章也和晚周不同，因此，判断一篇文章属于晚周还是西汉，有四条标准：

> （一）就事说话的是晚周，做起文来的是西汉的。（二）对当时问题而言的是晚周，空谈主义的是西汉的。（三）思想成一贯，然并不为系统的铺排的，是晚周，为系统酌铺排的，是西汉。（四）凡是十篇文章或十部书，读了不能够想出他的时代的背景来的，就是说，发的议论是抽象，对于时代独立的，是西汉……汉朝也有就事论事的著作家，而晚周却没有凭空成思为方术者。[③]

这是傅斯年熟读大量先秦、两汉典籍而抽象出来的带规律性的总结，对我们今天还

---

① 《傅斯年全集》第四册，台湾联经出版事业公司，1980 年版，第 1488—1492 页。

② 钟贡勋：《孟真先生在中山大学时期的一点补充》，《传记文学》1976 年第 28 卷第 3 期。转引自王为松编：《傅斯年印象》，学林出版社 1997 年版。

③ 《中国古代文学史讲义・儒林》，《傅斯年全集》第一册，第 146 页。

有指导意义。

《诗经讲义稿》是傅斯年在北京大学读书时，在《新潮》杂志上发表过研究《诗经》的论文。1928年在中山大学讲授"《诗经》专题研究"课程，写成《诗经讲义稿》，比较全面地阐述对《诗经》的看法。

傅斯年对诗产生的年代、《诗经》的分类及各名称的来源、历代研究《诗经》的得失都作了探讨。关于诗产生的年代，他认为雅、颂中有不少两周的诗，其中以无韵的颂产生得最早。大体上说"诗三百之时代一部分在西周之下半，一部分在春秋之初期中期"。[①]世有诗三百篇为孔子删定之说，这乃是"汉儒造作之论"。对于历代研究《诗经》的情况，他认为，战国秦汉之际，这部"绝美的文学书成了一部庞大的伦理学"，汉代又有人把他当作谏诗。后来齐、鲁、韩三家诗亡佚，是因其政治哲学味太重。毛诗朴素，与古文经互相发明，东汉大儒而取毛诗。六朝到唐，学人讲诗无多可取之处。宋代古文学复兴，产生了许多新观点。朱熹作《诗经集传》，集诗本意解诗，对以前一切美化附会之说扫地以尽，诗的文学作用复显露出来。清代学者对《诗经》的贡献，一是古韵，二是训诂。由于傅斯年对《诗经》及诗学史的深邃的研究，所以对研究《诗经》的态度提出深刻的见解：一、欣赏他的文辞；二、拿他当一堆极有价值的历史材料去整理；三、拿他当一部极有价值的古代言语学材料书。[②] 声音、训诂、语词、名物之学，此乃经学的基础，须继承前人的研究成果而继续提高。

《战国子家叙论》是他1927年在中山大学开课的讲义。此文附记说："此篇必须与下篇《战国诸子文籍分析》参看，方得持论之义。"可惜下篇没有流传下来。此篇分十五个子题目，除十一、十二两题，作者自注云："以上两章非仓座所能写就，待后补之"，没有留下文稿之外，其余每个题目都有创见。尤其是对战国诸子产生的原因，提出非常深刻的见解。他认为春秋战国时期百家兴起，"只能生在一个长久发达的文化之后，周密繁丰的文化之中"。具体说来，(一)"春秋战国间书写的工具大有进步"，"这是战国子家论言著书之必要的物质凭藉"；(二)春秋战国之世，"政治无主，传统不能支配。加上世变之纷繁，其必至于摩擦出好些思想来"；(三)春秋之世，各国生产大发展，经济力量大大加强，蛮夷戎狄融合，使得文化"绝富于前代"，"这自然是出产各种思想的肥土田"；(四)社会组织发生变化，"部落式的封建国家进而为军戎大国，则刑名之论当然产生"，"国家益大，诸侯益侈，好文好辩之侯王"益多，养客之风盛行，为各种学说的产生提供了条件。[③] 傅

① 《诗经讲义稿·泛论诗经学》，《傅斯年全集》第一册，第188页。

② 同上书，第199页。

③ 傅斯年：《民族与古代中国史》，河北教育出版社2002年版，第187—237页。

斯年认为，诸子除墨子外，皆出于职业。由于各国地理条件、经济因素、人文环境的不同，诸子学说皆有地方性。这些分析，除了说明傅斯年对诸子文籍熟之外，也说明他的有些论断是符合唯物论的。

《史记研究》是傅斯年在中山大学开"《史记》研究"一门课程的讲义，流传下来五篇。他认为《史记》值得研究之处，大致有四点："第一、《史记》是读古书治古学的门径，我们读汉武帝以前这遗文，没有一书不用把他来作参考"。"第二、史记研究可以为治古书之训练，将《史记》和经传子籍参校，可以做出许多有意义的工夫"。"第三、太史公即有大综合力，以整齐异说，又有独到的创见，文词星历，综于一人，八书货殖诸传这作，竟合近代史体，非希腊罗马史学家所能比拟，所以在史学上建树一个不朽的华表，在文词上留给后人一个伟壮的制作，为《史记》研究《史记》，也直值得"。"第四，《史记》作于汉武时，记事迄于天汉"，有他这一部书，我们藉此得到不少历史知识。然而《史记》不是容易研究的书，因为它是"古籍中最紊乱者"；"太史公所据之书，现在无不成问题者"；"《史记》一书之整理，需用若干专门知识"。傅斯年认为司马迁的卓越贡献在于：一、"整齐诸国纪年"，"年代学乃近代史学之大贡献，古代列国并立，纪年全不统一，子长独感期其难，以为十二诸侯六国各表，此史学之绝大创作也"。"是表之作，实史学思想之大成熟也"。二、创作八书，将文化史纳入史书之中，"斯真睹史学之全，人文之大体矣"。"其在欧洲，至十九世纪始有如此规模之史学家也"。三、"疑疑亦信"，"子长于古代事每并举异说，不雅驯者不取，不同者并存之"，这样求真求实精神，值得褒扬。①

从上述可知，傅斯年在中山大学期间的史学研究成果是辉煌的。邓广铭先生说："傅先生关于中国古代史的文章，几乎每一篇都有其特殊的贡献，都具有开创性的意见和里程碑的意义。"②何兹全先生说："他对中国古代史所提出的见解，都是有创始性，突破性的第一流的精辟的见解。这不是我个人的看法，自知他最深的胡适之先生起，他的朋友，他的学生，大多持这一相同的意见。"③

（原载《中山大学(社会科学版)》2004 年第 2 期）

---

① 傅斯年：《史料论略及其他》，辽宁教育出版社 1997 年版，第 84—96 页。

② 邓广铭：《回忆我的老师傅斯年先生》，载《傅斯年》，山东人民出版社 1991 年版。

③ 何兹全先生为李泉《傅斯年学术思想评传》所作《前言》，北京图书馆出版社 2000 年版。

傅斯年、朱希祖、朱谦之的交往与学术

周文玖

傅斯年、朱希祖、朱谦之在中国20世纪的史学史上都是有贡献、有地位的。他们三人均与北京大学、中山大学有紧密的关系。他们既有师生关系，又有同事关系，在学术上也有过相互磋商和评论。了解他们之间的学术关系，无论对认识20世纪前期的中国史学，还是对研究这三位学者，都是有意义的。

一、三人的师生及同事关系

三人中，朱希祖资格最老，他是傅斯年、朱谦之的老师辈。朱希祖(1879—1944)，字逖先，浙江海盐人，1905年至1909年，他在日本早稻田大学史地科学习。其间，他与钱玄同、钱家治、周树人、周作人、许寿裳、朱蓬仙、龚未生等共八人在东京民报社听章太炎讲《说文》、音韵、史学等学问，属于章太炎最早的一批门生。章太炎《自定年谱》宣统二年条云："弟子成就者蕲黄侃季刚，归安钱夏季中(即钱玄同——引者注)，海盐朱希祖逖先。季刚、季中，皆明小学，季刚尤善音韵文辞；逖先博览，能知条理。其他修士甚众，不备书也。"朱希祖1913年到北京大学，先做预科教授，后担任北京大学文科教授、国文研究所主任、中国文学系主任、史学系主任，是所谓"卯字号的名人"，与陈独秀、胡适、刘半农、刘文典一起，被人戏称北大文科教授中的"五个兔子"。[①] 他从1919年12月任北京大学史学系系主任，除1927年8月至1929年2月，因不满于奉系军阀改组北京大学而改就清华大学教授外，他在这个职位上一直到1931年初。1931年1月辞职，转任中央研究院历史语言研究所研究员。1932年10月，受广州中山大学校长邹鲁的聘请，到中山大学。开始中山大学允史学系系主任之职，因学校开课已久，朱希祖到校较晚，史学系主任已另聘朱谦之担任，朱希祖遂专任教授，不久任文史学研究所所长，兼任广东通志馆纂修。1934年3月辞去中山大学的职务，到南京中央大学，任史学系主任。其间，他接受了北京大学名誉教授的聘书。1940年初，负责筹备国史馆，先担任筹备委员会秘

---

① 周作人：《知堂回想录》，河北教育出版社2002年版，第403页。

书长，后改为总干事，并于这年3月，辞去中央大学史学系主任及教授之职，专事国史馆及国民政府考试院考选委员会的工作，同时致力于个人著述。①

傅斯年1913年到北京大学读预科，1916年升入本科国文门，1919年毕业。朱谦之1917年入北京大学预科，1919年后转入哲学系本科学习，1924年卒业。② 傅斯年是从朱希祖受过业的学生，在提到朱希祖时一直称呼"朱先生"。在与朱希祖关于明成祖生母的辩难文章中还说："亚里士多德有云：'吾爱柏拉图甚于余物，吾爱真理甚于吾师。'"③朱谦之是否从朱希祖受过业，未可知，因为朱希祖虽不是哲学系教授，但当时学生可以自由选课。傅斯年和朱谦之都是北京大学有名的学生，前者国文功底好，一度被视为"继承仪征学统或是太炎学派的衣钵"（罗家伦语）的人，傅氏本人也确实在文字、音韵下过苦功，对章太炎等人的学问极为崇信。以后随着新文化运动的开展，他的思想有了一个很大的转变。他不仅放弃了原来的治学路数，而且对"国粹"派进行大胆的批评。在学术思想上，他对西方的近代治学方法论更加赞赏，把实物考古、地下发掘等看作比单纯依靠文献考证更加先进的治学方法，所以，他倾服胡适，褒扬王国维，对章太炎则有不少微词。他创办的《新潮》，更使他名声远扬。1919年的"五四"大游行，他担任了总指挥。

朱谦之在北大时的知名度也不亚于傅斯年。他因创办《奋斗旬刊》，宣传无政府主义，颇受瞩目；又以发起废除考试，坚持不参加"称鸡鸭式"考试，"绝对不要卒业文凭"而名声大噪。以后又因起草《中国无政府革命计划书》、散发革命传单而被捕入狱。他在狱中绝食，引起全国学人的声援。

上述他们三人在北京大学的经历表明，五四时期，他们在北大就彼此知晓对方，相互有一定的了解。

若论来广州中山大学工作，要算傅斯年的资格最老。傅氏从德国留学归来后于1926年底任中山大学的文科学长兼国文、史学两系主任。他虽然在中山大学工作的时间不算太长，④但影响却是不小的。一是他开设的课程多，讲课颇受学生欢迎；二是他延聘了一些知名学者来中山大学任教，对提高中山大学的师资水平，扩大中山大学在全国的影响起到了很大作用；三是他创建了语言历史学研究所；四是在他的支持下，创办了

---

① 朱偰：《先君逖先先生年谱》，《文史大家朱希祖》，学林出版社2002年版，第154—163页。

② 大概朱谦之践行他所主张的不要"卒业文凭"，最后是肄业而非毕业。朱希祖1933年9月23日日记云："朱则仅在北京大学哲学系肄业，仅至日本一年……"（《朱希祖日记》上册，中华书局2012年版，第310页）

③ 傅斯年：《跋〈明成祖生母汇证〉并答朱希祖先生》，《中央研究院历史语言研究所集刊》第六本第一分，1936年。

④ 傅斯年1928年夏辞去中山大学教职，假中山大学校舍筹建中央研究院历史语言研究所，1929年3月随历史语言研究所离粤到北平，在中山大学总共不到三年。

《语言历史学研究所周刊》、《国立中山大学图书馆周刊》、《民俗》等当时在国内学界有影响的刊物。特别是他的学术主张和创建的研究机构，与他创办的中央研究院历史语言研究所都有紧密的联系。因此，随着他学术地位之日隆，历史语言研究所名声之增大，他的治学主张并没有因他之离开而在中山大学消失，仍然在其后产生一定的作用。

朱谦之和朱希祖是1932年秋先后到中山大学的。在此之前，又由于顾颉刚等人的离开，中山大学史学系的师资有了明显的削弱。学校聘请朱希祖、朱谦之，就是为了重振中大史学。

朱谦之任史学系主任，成了傅斯年等人的继任者。朱谦之的史学理论与傅斯年有很大的不同，[①]他在学生中成立史学研究会，开展了所谓"现代史学运动"，创办《现代史学》杂志，学术风气为之一变。他在《中国史学之阶段的发展》一文中，批评了傅氏的"史学本是史料学"的观点，但他对傅斯年的学术地位是肯定的。他做了长达十年的中山大学史学系主任，其间，他重视延聘国内著名史学专家担任名誉导师，傅斯年也是其中之一。

朱希祖主持的"文史学研究所"，也是傅氏创办的"语言历史学研究所"改名而来的，这个所的专业刊物是《文史学研究所月刊》。朱希祖在史学系开设元史、明史、史通研究、方志学等课程，在文史学研究所招收研究生。有一位当年的中山大学学生回忆说："他的说话尽管带着颇重的浙江土音，并没有减低同学们听讲的兴趣。上'史通研究'课时，他对于刘知几的史学理论和所举的史实，每每有所驳正，引证赡博，听之入神。"[②]当时朱谦之在史学系开设"西洋史学史"，也很受欢迎，史学系同学称他们为"二朱"。朱谦之在讲中国史学史说明中国史学的特点时，引用朱希祖的观点进行论证；朱希祖则为朱谦之的《历史哲学史大纲》作了序。[③] 朱希祖1934年初辞去中山大学的教职，到南京中央大学就职，为此朱谦之多次致电，恳请他仍回中山大学史学系任教。朱希祖最终没有回去。以后，朱谦之建议学校聘他为中山大学的名誉导师。[④] 朱希祖离开中山大学后，中山大学文史学研究所改为文科研究所，朱谦之一度担任文科研究所主任。[⑤]

历史语言研究所迁至北平后，傅斯年很注意吸收北京大学研究所国学门和清华大

---

① 参见拙文《朱谦之的史学理论及史学史研究》，《齐鲁学刊》2005年第1期。

② 王兴瑞：《朱先生与国立中山大学》，《文史杂志》1945年第11、12期合刊。

③ 《朱希祖日记》中有自1933年6月2日至7月10日朱希祖阅读朱谦之《历史哲学》的记述，云："此书颇能使人整理思想，开拓心胸，洵佳书也。"并应朱谦之的请求写了《历史哲学史大纲序》。但该序在朱谦之出版的历史哲学著作中没有出现。在朱希祖的著作中，至今也未见该序。

④ 朱偰：《先君逖先先生年谱》，第174页。

⑤ 《朱谦之文集》第1卷，福建教育出版社2002年版，第80页。

学国学研究院的著名学者到史语所担任专职研究员或特约研究员或通信研究员。当时朱希祖尚在北京大学，朱希祖及其从研究所国学门毕业的次女朱倓都被吸收到史语所。[①] 1931年初，朱希祖辞去北京大学史学系主任职务后，改就中央研究院史语所专任研究员。[②]

朱氏辞去北京大学的职务是被迫的，当时学生中出现了反对系主任的风潮。[③] 风潮的掀起，盖与北京大学派系斗争有关，据说英美派和法日派斗争激烈，顾颉刚在其自传中对此有记述。学生反对教员，往往有教师在后面指挥。20年代末，法日派的地位由盛转衰，英美派取得绝对优势，史学系主任、学校评议员朱希祖，自然是英美派的众矢之的。[④] 傅斯年自新文化运动开始后，即与胡适关系密切，以后又到欧洲留学，属于英美派。他与胡适、蒋梦麟个人友谊亦很深厚，所以，虽然这期间他在北京大学只是兼职教授，但所起的作用却很大。朱氏被迫离开北大，对英美派一定有不少怨气，这一事件恐怕也给朱、傅关系蒙上了一层阴影。[⑤] 1934年10月，朱希祖在南京遇到北京大学旧同事林损（字公渎），不胜感慨，他在当日的日记中写道："忆民国六年夏秋之际，蔡孑民长校，余等在教员休息室戏谈，谓余与独秀为老兔，胡适之、刘叔雅、林公渎、刘半农为小兔，盖余与独秀皆大胡等十二岁，均卯年生也。今独秀左倾下狱，半农新逝，叔雅出至清华大学，余出至中山及中央大学，公渎又新被排斥至中央大学，独适之则握北京大学文科全权矣。故人星散，故与公渎遇，不无感慨系之。"[⑥]抗战前，中央大学在南京期间，朱希祖被聘为中央古物保管委员会专门委员，同时被聘的也有傅斯年；傅斯年主持的史语所，朱希祖一直被聘为特约研究员或通信研究员。这说明，两人仍保持着学术上的联系。傅斯年撰写的《明成祖生母记疑》，前言中提到曾就一抄本书的史料价值向朱希祖请教的事。然而就是这篇文章，引来了他们在这个问题上的学术争论。

二、朱谦之对傅斯年的学术批评

在傅斯年的文字中，没有见到他与朱谦之的交往。作为傅斯年在中山大学的继任者，朱谦之在论述历史学的意义以及论述当代的中国史学时，都讲到了傅斯年。朱谦之

---

① 李泉：《傅斯年学术思想评传》，北京图书馆出版社2000年版，第98页。

② 参见拙文《朱希祖与中央研究院史语所》，《史学史研究》2013年第4期。

③ 《北京大学史料》第2卷，北京大学出版社2000年版，第1725页。

④ 据朱希祖长子朱偰回忆，他1932年自柏林大学获经济学博士，回国后希望在北京大学谋一教职，但北大对他很是冷淡。可见，上一辈的派系之争，对下一代都有一定的影响。

⑤ 从朱希祖的日记可以看出，朱希祖辞去北大教职及史学系主任，与傅斯年关系很大。

⑥ 转引自朱偰：《先君逖先先生年谱》，第174页。

重视历史哲学，他说："历史是叙述人类文化的进化现象，使我们明白我们自己和人类的现在及将来。"①"历史家应该把从过去而现在而未来而不断的生命阐明出来，这就是历史家供给人们以一种改造现状的原理了。"②他认为，真正的历史家，是真理的火把，是生命的指导师，是往古的传达人。历史家如果能够把过去的僵迹，完全无缺地记载下来，还不算尽了史家的职务，须知史家之所以为史家，在他能够将过去同现在、未来联络起来。③ 朱谦之对历史学的定义，既受到了梁启超、李大钊关于历史的定义的影响，又接受了德国生机主义历史哲学的观点。他赞同朱希祖将历史学分为"记述主义"和"推理主义"两派的说法，云："原来在史学上本有'记述主义'与'推理主义'之两大派别的。本系教授朱希祖先生在《中国史学之派别》一文中说：'记述主义所凭藉，于史料精确别择之外，有言语学、古文书学、年代学、历史地理学、谱系学、考古学等为之补助，而又有政治学术之常识，即足以胜任。推理主义，则于记述主义所凭藉，固须全具，又必有哲学社会学等为之基础，于物心两界及宇宙全体之透彻了悟，乃能成立而发展。吾国既无有系统之哲学，又无求实之社会学，故推理主义不能发达，而记述主义则累世扩张，颇有进步之可言。'"④这就是说，他对中国传统史学的看法，接受了朱希祖的观点，同时又用朱希祖的观点来说明自己的认识。可见，他关于史学的观点与傅斯年提出的"历史学只是史料学"有很大的差别。

他对傅斯年关于历史学的观点这样评述道：

> 傅斯年氏在"考古学的新方法"一篇讲演(《史学》第一期)中说："历史哲学可以当作很有趣的作品看待，因为没有事实做根据，所以与史学是不同的。历史的对象是史料，离开史料，也许成为很好的哲学和文学，究其实与历史无关。"
>
> 傅先生曾有一个妙论说："历史本是一个破罐子，缺边掉底，折把残嘴，果真由我们一整齐了，便有我们主观的分数加进去了。"当然不承认有所谓历史哲学。然而事实告诉我们，历史决不是什么破罐子，历史学的最大任务即在于根据历史的一切事实，来发现一切统辖人类发展之定律的。所以历史正和自然科学一样，自然科学对自然界的一切事物都可以用自然的目光去解释他，而历史的一切事实，亦可以用历史的目光去解释他。⑤

---

① 《朱谦之文集》第6卷，第14页。
② 同上。
③ 同上。
④ 同上书，第93—94页。
⑤ 同上书，第109页。

同傅斯年一样，他也认为历史学是一门科学，所不同的是，傅斯年的历史学的范畴只在史料学这个层面上，朱谦之的历史学范畴则既包括史料学，也包括历史哲学、历史文学："我们的时代，历史已经不是文学，不是哲学，而为历史科学。所以我们现在所需要的历史文学，也为科学的历史文学；所需要的历史哲学，也为科学的历史哲学；三者互相帮助，因而建设了真正的历史科学的新时代。"①他批评了法国郎格罗瓦和塞诺博司在《历史研究法入门》中对历史哲学的攻击。他们主张"历史只有历史科学而无历史哲学"。朱谦之认为，他们这种漠视历史哲学的观点是错误的，而且在这个问题上表现出了自相矛盾，说傅斯年的观点是这种荒谬思想在中国发生影响之反映。②

朱谦之对中国史学史有贯通的研究，他的《中国史学之阶段的发展》是一篇很有影响的大文章，他说中国的历史学，有"故事的历史、教训的历史和发展的历史三个阶段"。20世纪以来的中国史学，属于"发展式历史的第三期"。在这一期中又包括三个阶段，第一阶段先后有罗振玉、王国维等的甲骨文研究，梁启超、胡适、顾颉刚等辨"写的古史"之真伪问题，傅斯年、李济等的"科学发展的方法"。也就是说，他把这一阶段又划为三个小段，傅斯年是这个阶段第三小段的代表人物；第二阶段是指中国社会史论战时期；第三阶段是他所倡导的"现代史学运动"。③

他认为，在上述的第一阶段中，傅斯年、李济等人的考古发掘比梁启超、胡适等对文献的考辨又进了一步："此派如李济之、董作宾等之安阳发掘报告，考定殷商古器物而最先要解决小屯地层一问题，以为解决其他一切问题的张本；以充分考古学的知识，来从事实际发掘的工作，可说是比辨伪派的历史方法完满多了。"④"我们不要忘却发展史第一时期之第三小阶段。即现在中央研究院历史语言研究所之傅斯年、李济之一派。这派和第一时期之第二阶段，显然不同，即在胡适之、梁启超等，他们所审定及整理的史料，还不过文字史料，即所谓'写的历史'；因而他们的历史方法，也就不外乎校勘、考订、分类、训诂、批判，决定特殊事实，这些文献考订学的方法就完了。但是史料的范围是不应该这样狭窄的，史料不止是文字记录的史料，而且更重要的还在文字记录以外，这就是从地下发掘所得的人体、实物与遗物了。"⑤"他们以为'研究古史，完全怀疑，固然是不对的；完全相信，亦是不对的。我们只要怀疑的有理，尽可以怀疑；相信的有理有据，也尽可以相信的。要是这样就不能不借重考古学了'。"⑥朱谦之对傅斯年对疑古派的批评

---

① 《朱谦之文集》第6卷，第112页。

② 同上书，第109页。

③ 载《现代史学》第2卷第1、2期，1934年5月。该文曾以《中国史学小史》为书名出版单行本，以后收入《现代史学概论》一书。

④ 《朱谦之文集》第6卷，第93页。

⑤ 同上书，第92页。

⑥ 《朱谦之文集》第6卷，第93页。

表示了赞同。

另一方面,朱谦之也指出了傅斯年等人的不足,那就是"偏于史料方面,而将理论完全忽略了,走到极端","所以极力反对历史哲学,却不知即在这个地方,却给马克思派乘虚而入,以大大发展的余地。马克思派也是很看重'考古学的方法'的,所以《资本论》第一卷中说:'遗骨构造底理解,可以帮助我们认识已经灭亡的动物底种属;劳动工具之遗物底理解,对于判断古代社会底经济形态,也有同样的重要。'以马克思派自命的郭沫若,即在这个地方接受了考古学的方法,站在龟甲兽骨的遗骸上,来建设他的新兴科学的'历史哲学'"。[①] 这就又指出了考古派与马克思主义史学的联系,虽然朱氏也对后者有一些成见。

朱谦之对考古考证派和唯物史观派均有批评,指出它们的优缺点,认为自己从事的现代史学运动,是在考证考古派与历史哲学派之尖锐对立中,而完成新兴史学运动的使命,如以历史考证考古派的方法为"正",则史观派的方法为"反",而他所开展的现代史学运动就是"合"了。也就是说,他的史学是在批判继承前两派史学的基础上的新型史学,吸收了它们的优点,摈弃了它们的缺点。为此,他列了一个表,以说明三者之间的关系:[②]

	(一)考证考古派	(二)唯物史观派	(三)现代史学
史之基础	事　实	理　论	事实与理论
史之认识	以历史补助科学为史学	以历史哲学或经济学为史学	历史科学为文化科学之一
研究法	过小	过大	小大兼容
着重点	古代史	现代史	历史之生命性
优点	史料的搜集和整理	历史进化的方法	均有
缺点	无中生有,侥幸成名	公式主义	均无
论理的次序	正	反	合

朱谦之的史学评论,极其敏锐,许多认识也不乏深刻。但他多用史学派别来反映中国史学发展的趋势,这样虽然能给人一种脉络清晰的感觉,却亦不免笼统甚至有主观臆断之嫌。他对马克思主义史学冠以"唯物史观派",似乎马克思主义史学只讲理论,不重史料,这样的认识,也不够符合实际。然就对傅斯年的学术批评而言,在20世纪30年代朱谦之无疑是站得最高,评价最为全面的。

① 《朱谦之文集》第6卷,第93页。

② 同上书,第97页。

三、傅斯年与朱希祖的学术争论

傅斯年与朱希祖在明成祖的生母问题上有不同的看法，并就这一问题展开了争鸣。先是傅斯年写了一篇《明成祖生母记疑》。[①] 他在该文的前言部分说，民国十八年冬，在北平有一个书商向他推销一本杂抄明代笔记的抄本书，共二三十叶，但索价很高，对这个书的史料价值，他还向朱希祖询问过，"朱先生谓其皆是零抄他处者，仍应以原书为准"，于是就向书商还价而未买下。两个月后想买时却无从得到了，感到很惋惜。内中记明成祖生母事甚详，"大致是说作者与周王府中人相熟，府中传说，成祖与周王同母，皆非高后产也"。以后读《广阳杂记》等，又发现类似的记述，于是就注意了这个问题。陈寅恪告诉他这种说法还见于《明诗综》、《陶庵梦忆》等书。根据这诸多材料，他撰写了这篇论文。在这篇文章中，傅斯年认为，明成祖生于碽妃，养于高后。碽氏为贱妾，故不彰也。至于碽氏是何人，傅斯年只是作了推论，说她肯定不是汉人，而可能是蒙古人、高丽人甚至是色目人，并断然否定了碽妃是元顺帝的妃子、明成祖是元顺帝之子的说法。朱希祖读到该文后，对傅斯年的观点不表赞同，于是作了《明成祖生母记疑辩》，[②]随即引起了对这个问题的争论。吴晗撰写了《明成祖生母考》，[③]支持傅斯年的观点，反驳朱希祖；李晋华作了《明成祖生母问题汇证》，[④]也是赞同傅，反驳朱；傅斯年则在李晋华文的基础上又作了《跋〈明成祖生母问题汇证〉并答朱希祖先生》。[⑤] 也就是说，这三位学术势头猛劲的青年史学家均向这位资格较老的明史专家提出了挑战。李晋华、傅斯年的文章都在《中央研究院历史语言研究所集刊》发表，在该期刊物未出版前，朱希祖看到了两文的晒印本，于是他又写了《再驳明成祖生母为碽妃说》。[⑥]

傅斯年在读了朱希祖的《明成祖生母记疑辩》后，一方面"深感其持论之从正，尤感其教诲之义"，另一方面，仍不能为其折服，放弃己说。但在一些问题上两人也有相同的看法，如他们都认为《蒙古源流》之不可信，燕周异母之不可信等。傅氏在《跋〈明成祖生母问题汇证〉并答朱希祖先生》一文中，从方法论上委婉地对朱希祖提出批评："朱先生深信《明史》，深信《明实录》，此自为史学家持正之立场。然私书不尽失之诬，官书不尽免于讳。果非官书不取，涑水无须采小说撰考异矣。"[⑦]然后对自己的论点又增加了一些

---

① 傅斯年:《明成祖生母记疑》,《中央研究院历史语言研究所集刊》第二本第四分(1931 年)。

② 朱希祖:《明成祖生母记疑辩》,《国立中山大学文史学研究所月刊》第二卷第 1 期(1933 年)。

③ 载《清华学报》第 10 卷第 3 期(1935 年)。

④ 载《中央研究院历史语言研究所集刊》第六本第一分(1936 年)。

⑤ 同上。

⑥ 载《东方杂志》第 33 卷第 12 号(1936 年)。

⑦ 傅斯年:《跋〈明成祖生母汇证〉并答朱希祖先生》,《中央研究院历史语言研究所集刊》第六本第一分(1936 年)。

新的材料，如将李清的《三垣笔记》、潘力田的《国史考异》与《南京太常寺志》对照，说明《南京太常寺志》史料价值的可靠性；判定李清的《三垣笔记》对孝陵奉先殿位序的记述是正确的，张岱的《陶庵梦忆》中的记述有误。要之，《南京太常寺志》是明成祖生母为碽妃的主要根据："《南京太常寺志》，王鸿绪已不及睹，今若可见，此等细节上之疑问可以一扫而定。"[①]但《南京太常寺志》已不可见原书，只是从前人的引用中得其片段。

朱希祖的《再驳明成祖生母为碽妃说》是一篇更长的辩论文章，该文首先介绍了这个问题的由来，然后分几部分论证己说：一、自申前辩，二、答吴晗君，三、答傅斯年君，四、答李晋华君，五、辩过信官书。其中以对傅斯年的答辩篇幅为最长。他说，傅文中有两大谬误，其一，误以《天皇玉牒》与《皇明玉牒》为一；其二，误以孝陵飨殿与南京奉先殿为一。他对文献版本的源流作了较多的梳理。可以看出他对明代的礼制、掌故更为熟悉，所掌握的文献资料更多。他的结论仍然是明成祖的生母是马皇后，碽妃并不存在。在蒙古文献中，《蒙古源流》的洪吉喇氏，在汉文文献中，《广阳杂记》的甕妃，《天启南京太常寺志》的碽妃，都是洪吉喇氏之简译，是转译过程中出现的差异，说的其实是一个人，均不足为信。三书的成书次第是：《南京太常寺志》最早，在天启三年；《蒙古源流》次之，在天启五年；《广阳杂记》最后，在清初。而关于明成祖生母的传说，则蒙古最先，北京次之，南京又次之。朱希祖的这些论断也有推断的成分。但他也找到了一条很有力的证据，即他在南京雨花台调查古迹时发现的一个石碑，石碑上刻有"宣武将军佥广武卫指挥使司赠骠骑将军佥都督府事李公神道碑铭"，朱希祖断定这个碑就是明太祖李淑妃之父李杰的碑。从碑铭中推断，李淑妃与懿文太子年岁相若，决不是母子关系，《南京太常寺志》之说李淑妃是懿文太子的生母显而易见不能成立，《南京太常寺志》在这方面的可靠性就值得怀疑，与此相关的明成祖生母为碽妃说也因此不足为信。

如果从双方辩论的人数上看，傅斯年占有优势，不仅他们三位青年史学家如此主张，就是老史学家孟森也是这个观点。孟氏相信夏燮《明通鉴》的记载，并向傅斯年提供了《明通鉴》中的相关材料。三位青年史学家在明史方面均有很深的素养，特别是吴晗，已是当时有较高声望的明史专家了。当然，正误不能以人数的多少来定，这次争论中双方都有推论，这些推论都有待于文献的进一步证实。但两者相较，朱希祖掌握的明代文献更多，他购买的明代文献，就私家藏书而言，无人可与其比。从对明代文献的考辨来

① 傅斯年：《跋〈明成祖生母汇证〉并答朱希祖先生》，《中央研究院历史语言研究所集刊》第六本第一分（1936年）。

看，三位的功力与朱希祖相比还稍逊一筹。朱希祖的文章发表后，未见傅斯年等再发表辩论文章，是被朱希祖的论证折服，还是因抗战爆发无暇再写？就不好说了。[①]

这个问题，从傅斯年等人方面来说，是一个纯粹的学术问题，用现在的观点看是一个考据问题。双方在争论中都表现了对对方的尊重，傅斯年称朱希祖为"朱先生"，朱希祖称傅斯年为"傅斯年君"。只是偶有"上纲"之处，傅斯年说朱希祖"深信《明史》，深信《明实录》"，不信私家著述，朱希祖举例反讥，说自己并非如此："判别是非真伪，全恃凭证，官书私书，无所偏倚也。"朱氏在回答吴晗时，对吴晗说他"见闻太狭"很是不满，亦有讽刺之语。

此问题虽是学术问题，但在当时却容易与危难的时局发生联系。朱氏写道："今学者不信洪吉喇氏及甕妃为明成祖生母，而仍信碽妃为明成祖生母，则究其源，仍为元顺帝之子而已。此与李唐为胡姓之说，同为诬辱之尤，混淆种族，颠倒史实，杀国民自强之心，助眈眈者以张目，此不可不重为辩驳者也。"[②]朱氏把对这个问题与他同陈寅恪争论"李唐是否为胡姓说"联系起来，并上升到政治的高度，这在当时虽有一定的理由，但也似乎过于言重了。

四、余　论

傅斯年、朱希祖、朱谦之在秉持民族气节方面是相同的。傅斯年性格耿直，视汉奸如仇雠，即使是发扬学术，他也是鲜明地提出"我们要科学的东方学之正统在中国"。朱希祖研究南明史，辑录《伪楚录辑补》、《伪齐录校证》，以及倡言设立国史馆等方面，均表达了强烈的民族气节。朱谦之早年信奉无政府主义，个人英雄主义特色甚为突出，他到广州中山大学，一个重要目的是开展"南方文化运动"。他说："谦之此次南来讲学，实抱有坚定的决心，就是愿尽一己所有能力，和南方的朋友们，共从事南方的文化运动，自民

---

① 从台湾整理出的《傅斯年档案》看，吴晗与傅斯年仍没有放弃己说。朱希祖再驳文章发表后，吴晗又向傅斯年提供了自己储备的"均未经人道"的"史料弹药"，并提醒可以搜索史料的方向，"或可就地志等书别得一解决之途径也"："自旧笔记中录出关于碽妃之记载一条，内《养和轩随笔》及《夬阳随笔》所载二事，均未经道，甚可注意。大报恩寺及塔似在南京（因陈氏为江宁人），或可就地志等书别得一解决途径也。二说虽小异，然均言碽妃死于非命，史虽言高后若干仁慈之故事，然忌妒或亦不免。在未得更强之确证前，此二说诚亦足广异闻，录上以备采用"（《吴晗致傅斯年（1936年7月9日）》，《傅斯年档案》，Ⅱ：112）。吴晗很希望傅斯年再写出文章来以与朱希祖继续辩论，他给傅斯年写信说："前寄呈明成祖生母史料二则，想已登记矣。大文如可写成，甚愿先睹，晗或亦草数千言，藉以就教于朱君也。"（《吴晗致傅斯年（1937年1月15日）》，《傅斯年档案》，Ⅱ：388）这说明朱希祖的论文对傅斯年和吴晗的观点有很大的冲击。但此后并未见到傅斯年、吴晗继续与朱希祖论战的公开文字。——引文转引自潘光哲为2004年8月在山东聊城召开的"傅斯年与中国文化"学术研讨会提供的论文《傅斯年与吴晗》。

② 朱希祖：《再驳明成祖生母为妃说》，《东方杂志》第33卷第12号（1936年）。

国二十年秋以来，帝国主义者所给我们的侮辱，使谦之时常感着一己的生存是可耻的。”[①]书生救国之志、报国之情，充满字里行间。他们的这一共同特点说明，尽管彼此学术旨趣不尽相同，但在根本点上还是一致的，这大概就是司马谈在《论六家要指》中所说的“同归而殊途”吧。

透过朱谦之对傅斯年的评论，大体可以看出傅斯年在中国自新史学以来的作用和地位，同时说明中国史学在傅斯年之后还需要向更高的层次发展。傅斯年是一位开风气的人物，为了强调他所认为重要的东西，他往往采取断然的态度，这样就不免矫枉过正，不免片面性。他后来的史学思想有一些变化，他的实际做法与他所提出的主张并不完全一致，也在不断修正自己的理论。

朱希祖是章太炎的弟子，对章氏十分尊崇，当然在有些地方他也不同意章太炎的观点，如章氏不相信甲骨文及地下资料（事实上，章氏晚年对以前否定甲骨文的态度也有改变），对今文经学的攻击等，但这并不影响他对章氏的尊敬。傅斯年没有直接受业于章太炎，所以他对章氏不会像朱希祖那样尊敬。以后，随着北京大学内部门派之争的激烈，傅氏由倾向英美派到成为其中的一员，致使他与章门弟子在个人友谊方面就出现了较多隔膜。傅斯年与朱希祖的学术关系多少折射出傅氏与章门的关系。

需要指出的是，现在有的论者过分突出傅斯年与章门学术的对立，我认为这是片面的。首先，章门不是指章太炎一人，章氏的学生均属章门之人。但章氏的著名弟子太多了，他们当中也不乏对立，如章门中有守旧派的黄侃，有在新文化运动中冲锋陷阵的鲁迅、钱玄同。朱希祖在新文化运动中也力主白话文，但又认为文言、白话可以并用。就是说章门弟子的主张也并非一致。章门中有的在学术观点上也公开与章太炎唱反调，但他们对自己的老师，始终保持着尊敬，钱玄同即是典型的例子。所以，傅斯年对章太炎个人的某些批评不能说成是针对整个章门。其次，傅斯年的学问根基与他一度尊崇章太炎的学问是分不开的。他强调语言学对历史研究的重要性，能够写出《性命古训辨证》这样的功力扎实之作，都与他先前尊崇章门的国学训练有关，这种学术联系不应割断。再次，他虽然强调考古，但对文献考辨并不忽视，这从他与朱希祖的学术争论中很能反映出来。要之，为了突出傅斯年，采取扬傅抑章的做法是不可取的，也是不公正的。

（原载《史学史研究》2006 年第 1 期）

---

① 《朱谦之文集》第 6 卷，第 39 页。

顾颉刚先生与中山大学

张荣芳

顾颉刚先生(1893—1980)是我国著名历史学家,国学大师,学术界的一代宗师。他在20世纪20年代创立的"古史辨学派"的"疑古"精神,是当时反封建思潮的一个侧面。他在古史考订、古文献考订、历史地理学、民俗学等领域都进行了开拓性的研究,为中国学术事业的发展作出了重要贡献,在国内外产生广泛而重大的影响。他又长期从事高等教育,为我国培养了许多领域的杰出人才。

顾先生1927年4月至1929年2月在中山大学任教,曾任史学系教授兼主任,后来又兼任语言历史学研究所主任和图书馆中文部主任,并担任了繁重的教学任务和研究工作。他在中山大学虽然只有短短的一年多时间,但是,对中山大学的学科建设、图书资料的搜集和整理、优良学风的形成等方面都作出了开创性的贡献。顾先生的助手王煦华先生1998年发表了《顾颉刚先生在中山大学》一文,该文从顾先生的日记、手稿和大量资料中,整理出顾先生在中山大学一年多时间里所作的工作及其重要贡献。① 今天的中山大学与80年前顾先生任教时的中山大学已有许多不同,有很大的发展。但是,顾先生当年在中山大学开创的事业,后继有人,他所提倡的优良学风得到发扬光大。现在就顾先生当年在中山大学开创的事业以及今天这些事业的发展作一个论述,就教于同好,并告慰于九泉之下的顾先生。

一、为中大图书资料建设立下汗马功劳

办好一所高校,图书资料是十分重要的。中山大学成立于1924年,离顾先生1927年到中大任职,只有三年时间。当时中大的图书资料是缺乏的。顾先生到中大后,因与时在中大任教的鲁迅等发生矛盾,当时中山大学委员会中"担任教务方面"的委员朱家骅,实际主持中山大学工作,他作出调处办法:一方面允许鲁迅等请假离校,一方面派顾先生到江浙一带为中大图书馆采购图书。为此,顾先生用了半个月的时间作《国立广州

① 载《庆祝杨向奎先生教研六十年论文集》,河北教育出版社1998年版。

中山大学购求图书计划书》，后来这个计划书列入《中山大学图书馆丛书》之一出版了。这个购书计划是开创性的。他提出收集中国书籍应该破除“圣道”和“古文”的传统观念，打破经史子集的桎梏，认为购书的宗旨是“搜集材料”，“把记载自然界和社会的材料一起收来”，“使得普通人可以得到常识，专家们也可以致力于研究”。对于图书馆的建设，顾先生认为，把图书馆办成“供给许多材料来解决现代发生的多种问题的”机构，“我们要以新观点所支配之材料搜集，成就研究本国各问题之科学化，既以助成新材料之基础建设，并使我们的图书馆成为一个有生命的图书馆”。[①]

按顾先生计划书中要搜集的图书有十六类：1. 经史子集及丛书；2. 档案；3. 地方志；4. 家族志；5. 社会事件之记载；6. 个人生活之记载；7. 帐簿；8. 中国汉族以外各民族之文籍；9. 基督教出版之书籍及译本书；10. 宗教及迷信书；11. 民众文学书；12. 旧艺术书；13. 教育书；14. 古存简籍；15. 著述稿本；16. 实物的图象。他对每类的内容及收集的必要性都作了说明。中大图书馆馆长杜定友对此计划书推崇备至。他写了一篇很长的《书后》，云：“现在把它付印，作为图书馆丛书之一。我们的宗旨，非但要把它作为购书根据；而且希望这本小书能够在中国图书馆学上发生重大影响，以助中国图书馆事业之发展。”[②]顾先生按此计划，前后五个月足迹遍及杭州、苏州、上海、绍兴、宁波、嘉兴、南京、松江等地，购到图书约 12 万册，其中有丛书约 150 种、地方志约 600 种、科举书约 600 种、家谱约 50 种、考古学书约 250 种、近代史料约 800 种、民间文艺约 500 种、民众迷信约 400 种、碑帖约 3 万张，内善本书及未经见之稿本、钞本、批本甚多。顾先生采购这些图书，使中大图书馆成为全国藏书量较多的高校之一。对购来之书，经过一年的整理，在《中山大学图书馆周刊》编了一个专号《本馆旧书整理部年报专号》，顾先生写了《卷头语》[③]，其中谈到了经史子集以外的书搜集之不易和这些资料不被人们所重视。

顾颉刚的族叔顾廷龙先生一生从事图书馆工作，对这个《计划书》很是欣赏，他说：“我从事图书馆古籍采购事将五十年，即循此途径为收购目标，颇得文史学者的称便。”顾廷龙先生回忆 1955 年秋上海造纸工业原料联购处，从浙江遂安县收购了一批废纸约 200 担左右，上海市文化局组织人力展开抢救工作。当时选取的准标就是采用了《计划书》中的 16 项，结果抢救出 2000 斤有价值的文献。[④] 由此可见《计划书》对于图书资料建设的深远意义。

顾先生对中大图书资料建设的贡献，还表现在 1928 年 3 月主持创办《中山大学图

---

① 顾颉刚：《国立广州中山大学购求图书计划书》，中山大学图书馆藏书。

② 同上。

③ 《国立中山大学图书馆周刊》第 6 卷 1—4 合刊，中山大学图书馆藏书。

④ 顾潮：《顾颉刚学记》，生活·读书·新知三联书店 2002 年版，第 291—296 页。

书馆周刊》，为中大图书馆事业的发展起了重要作用。今天中山大学图书馆已经发展成华南地区高校藏书最丰富的图书馆，就藏书及设备而言，不可与当时顾先生任教时同日而语，但是，顾先生提出的把图书馆办成“供给许多材料来解决现代发生的多种问题的”机构，“使我们的图书馆成为一个有生命的图书馆”[①]的办馆宗旨却有永恒的指导意义，是我们永远应该遵循的原则。

在这里我要特别介绍顾先生为中大购进的3万张碑帖。由于入藏这3万张碑帖，使中大图书馆成为全国收藏历代碑帖最多的图书馆之一。但由于各种条件的限制，未能充分发挥作用。经过70余年的各种恶劣收藏环境及多次搬迁，绳断套破，次序混乱，拓片多有磨损、破烂。最近中大领导为抢救这批珍贵的文化遗产，制订了《中山大学图书馆关于抢救整理馆藏石刻拓本的计划》，成立以黄达人校长为组长，李萍副校长、程焕文馆长为副组长的“抢救、整理馆藏石刻拓本领导小组”。经初步清理，馆藏碑帖拓本约1.5万种，3万余件，多为近代所传拓，所拓各种刻石、摩崖、碑记、墓铭、联语、刻贴等，上自秦汉，下迄民国初，历代皆有，其中碑刻最多。绝大部分为原始拓纸，弥足珍贵。有一定数量的珍本、善本；有少数孤本、稀见本；有较多的摩崖、造像，历代官规民约、治河筑路买地券等石刻，以及亭台楼阁等名胜古迹的题记、联语之拓本，这些拓本为许多收藏单位所未藏，是本馆拓本的一个特色；而且极少剪裱本，绝大部分是学术及文物价值较高的整幅拓本。

这次整理、保护，严格按国家《文物保护法》规定进行整理、编目、鉴定、评定等级等。中大图书馆参与大陆、香港、台湾两岸三地文献资源共享的协调协作，对中国古代拓片进行国际间的联合编目，并参与了中国国家图书馆等13家单位参加的“中文古代石刻拓片数据库”工作，按计划实施该数据库的收录范围、著录项目、分类方法等。在这些工作的基础上，我们将有计划、有选择地出版《中山大学图书馆藏石刻拓片图录》。当把这些碑帖整理、出版完成，并为广大读者所利用时，我想顾先生一定会含笑于九泉之下。

二、为中大文史类学科建设奠定基础

1924年孙中山创立广东大学，1925年孙中山逝世，1926年为纪念孙中山，将广东大学改名为国立中山大学，[②]任命戴季陶为校长。戴季陶到校后，看到学校派系林立，一片混乱，决定进行改革和整顿。一方面改校长制为委员制，国民政府任命戴季陶为委员

---

①　顾颉刚：《国立中山大学购求图书计划书》，中山大学图书馆藏书。

②　黄义祥：《中山大学史稿(1924—1949)》，中山大学出版社1999年版。

长，顾孟余为副委员长，徐谦、丁惟汾、朱家骅等为委员；另一方面加强师资队伍建设，聘请名教授来校任教。当时戴季陶、顾孟余另有职务，多数情况下是朱家骅一人在中山大学主持工作。朱家骅“为了充实文学院，要找一位对新文学有创造力，并对治新史学负有时名的学者来主持国文系和史学系，和戴季陶、顾孟余两先生商量，聘请他（指傅斯年——引者注）来担任院长兼两系主任。”[①]傅斯年到校后，加强师资队伍，聘请大批全国名流学者，当时国文、史学两系人才济济，大家云集。顾颉刚先生就是在这样的背景下，由朱家骅、顾孟余推荐，傅斯年发函邀请来中山大学任教授的。

傅斯年在中山大学任教时最突出的贡献是加强学科建设，使文史科的语言学、历史学、教育学以及心理学的科学研究，走在全国各大学的前列。根据学校教育事业发展的需要，学校决定设立各科专门学科研究所。顾先生 1927 年 10 月从江浙购书返来，除任历史系主任外，与傅斯年同办语言历史学研究所，傅斯年任主任，“着力于聘定教授，设置各研究组，招收研究生，成立各研究会，发行定期刊物及丛书等五个方面之进行”。[②]傅斯年是一位具有新思想、站在学科发展前沿的大气磅礴的学者，提倡历史学、语言学与民俗学和人类学相结合的研究风格。据顾颉刚日记，1927 年 10 月 16 日，傅斯年召集有关人员开会，商议出版学术刊物事宜。会议决定创办刊物四种：(1)《文史丛刊》（此刊未出版）；(2)《语言历史学研究所周刊》，由顾颉刚、余永梁、罗常培、商承祚等编辑；(3)《歌谣周刊》，由钟敬文、董作宾编辑（出版时改名为《民间文艺》）；(4)《图书馆周刊》，由顾颉刚、杨振声、杜定友编辑。[③] 半个月后，《国立中山大学语言历史学研究所周刊》于 11 月 1 日创刊，《发刊词》是顾颉刚写的[④]，他高瞻远瞩地提出要认清时代，重视材料的搜集整理，用新的方法研究，达到现代的研究水平。他说：

> 我们要打破以前学术界上的一切偶像，屏除以前学术界的一切成见！我们要实地搜罗材料，到民众中寻方言，到古文化的遗址去发掘，到各种的人间社会去采风问俗，建设许多新的学问！我们要使中国的语言学者和历史学者的造诣达到现代学术界的水平线上，和全世界的学者通力合作！这一种刊物是达到我们希望的先导……

---

① 王为松：《傅斯年印象》，学林出版社 1997 年版，第 26 页。

② 《国立中山大学语言历史学研究所概览》，中山大学图书馆藏书。

③ 顾潮：《顾颉刚年谱》，中国社会科学出版社 1993 年版，第 144 页。

④ 《国立中山大学语言历史学研究所周刊》第 1 集，中山大学图书馆藏书。一说是“孟真先生的手笔”，见董作宾《历史语言研究所在学术上的贡献》，台湾《大陆杂志》2 卷 1 期。

这些声音在当时的语言学界和历史学界有振聋发聩的作用，产生重要影响。

语言历史学研究所除出版《周刊》之外，决定筹办以顾颉刚为总编辑的《语言历史学丛书》。傅斯年、罗常培负责主持语言学丛书，顾颉刚与何思敬、钟敬文负责民俗学丛书；顾颉刚、傅斯年、容肇祖负责历史学丛书；傅斯年、容肇祖主持史料丛刊。

顾颉刚在中大期间，科研成果丰硕。他在《国立中山大学语言历史学研究所周刊》和《国立中山大学图书馆周刊》上，发表了数十篇有学术价值的论文和文章。[①] 顾先生办《周刊》、编《丛书》，发表大量科研成果，为中山大学学科建设作出了重要贡献。

顾先生对中山大学民俗学学科建设作出的贡献也是巨大的。顾先生、钟敬文等被誉为"中国现代民俗学先驱"。[②] 钟敬文先生说："中山大学在上世纪的20年代末，曾经是中国民俗学发展地之一。"[③]王文宝（中国民俗学会副理事长）先生说："广州中山大学为中国民俗学奠基活动，对以后该学科在中国的发展产生了重大而深远的影响。"[④]

顾先生与钟敬文、容肇祖等中国民俗学先驱，在中大所做的工作，主要有下列几方面：

（一）1927年11月，在中山大学语言历史学研究所内成立民俗学会，并把《民间文艺》周刊改名为《民俗》周刊，于1928年3月21日出版。顾先生写的《发刊辞》，强调要重视"农夫、工匠、商贩、兵卒、妇女、游侠、优伶、娼妓、仆婢、堕民、罪犯、小孩"的生活。并号召："我们要打破以圣贤为中心的历史，建设全民众的历史！"[⑤]

魏建功说："顾先生就是民俗研究的开路人。……中山大学出的《民俗》杂志，便是《歌谣》中断时期，他大力提倡在南方生长出来的新苗。"[⑥]可见《民俗》周刊在民俗学界的地位和作用。

（二）顾先生主编《民俗学会丛书》（初名《民俗学会小丛书》），并为这套丛书写了《弁言》，他说："民俗可以成为一种学问，以前人决不会梦想到"，而"现在我们的眼睛已为潮流所激荡而张开了"，"我们为了不肯辜负时代的使命，前已发刊《民间文艺周刊》（后改为《民俗》周刊——引者注）。此外，风俗宗教等等材料也将同样地搜集和发表。这部小丛书便是我们努力中的一种。"[⑦]为什么要出版这套丛书呢？他在《〈闽歌甲集〉序》中说得很清楚："我最悲伤的，北京大学自从成立歌谣研究会以来，至今十年，收到的歌谣谚语有二万多首，故事和风俗调查有数千篇，但以经费不充足的缘故，没有印出来，凡是不

---

① 李尚德、黄义祥、钟伟勇：《凝聚中大精神》，中山大学出版社2001年版，第229—233页。

② 叶春生：《现代社会与民俗文化传统》，黑龙江人民出版社2002年版，第1页。

③ 同上书，第2页。

④ 同上书，第5页。

⑤ 《民俗周刊》第1集，中山大学图书馆藏书。

⑥ 魏建功：《歌谣四十年》，《民间文学》，1962年第2期。

⑦ 顾颉刚：《民俗学会小丛书弁言》，中山大学图书馆藏书。

到北京大学的人便没有看见的机会，有了同没有一样！……我因有了这几次的创痕和怅念，所以到了中山大学之后，发起民俗学会，就主张把收到的材料多多刊印，使得中山大学所收藏的材料成为学术界中公有的材料。……即使我们这个团体遭逢不幸，但这些初露的材料靠了印刷的传布是不会灭亡的了；这些种子散播出去，将来也许成为长林丰草呢！”[①]后来因为这套丛书的出版问题，与傅斯年等发生矛盾，引起很大的风波。由于朱家骅的支持，丛书和《民俗》能继续出版。这套丛书在当时的学术界产生了很大的影响。

（三）为扩大民俗学的影响，设立风俗物品陈列室，把收集到的实物公之于众；为培养民俗学方面的人才，普及民俗学知识，还举办民俗学传习班。顾先生在传习班讲“整理传说的方法”，讲了三次：一为“《孟姜女故事研究集》”，讲故事传说的演变和整理的方法；二为“古代民族宗教”，讲商、周、秦、楚、燕、汉诸代所崇拜的神祇，为古代宗教传统之源流；三为“《山海经》”，讲此书集战国时人对于世界万物想象之大成，为研究古代传说的资料。[②] 在传习班授课的多是对民俗学有研究的学者，如何思敬、庄泽宣、汪敬熙、容肇祖、余永梁、钟敬文等。这个传习班开启了我国专门培养民俗学人才之先河。

（四）组织团体赴云南考察少数民族生活，成员为史禄国（S. M. Shirokogoroff）夫妇、杨成志、容肇祖。顾先生1928年7月10日日记记：“到南园，为饯别赴滇调查诸君也。”1973年7月又追记此事说：“此为我主持中大研究所时，作到组织一团体以考察彝族生活的唯一事件。结果史禄国又出了岔，惟容肇祖、杨成志写出一册报告耳。”此“史禄国又出了岔”，是指史禄国在调查中，对云南土著的社会和原始状态“感到恐惧”，提前结束调查回到广州。学校有关部门专门“为质问史禄国事，在校开会”，汪敬熙要学校辞退史禄国，顾先生在日记中记此事说：“孟真极祖史禄国，此感情用事也，缉斋（汪敬熙）必欲去之，亦成见。予极畏事，而今乃不得不为调人。”此后，史禄国虽被保留教职，但被中大教授排除在主流学术圈外了。[③]

从上述顾先生在中大成立学会、出版刊物、编辑丛书、设置风俗物品陈列室、办传习班、组团考察少数民族生活等一系列活动来看，顾先生为开展民俗学研究做了大量的组织、宣传工作，有力地推动了南方的民俗学运动。说他是“中国民俗学研究之先驱”、“民俗学学科建设的奠基者”，他是受之无愧的。

顾先生当年为中山大学历史学、人类学、民俗学的学科建设所作出的贡献，今天已

---

① 顾颉刚：《〈闽歌甲集〉序》（1928年），中山大学图书馆藏书。

② 顾潮：《顾颉刚学记》，生活·读书·新知三联书店2002年版，第152页。

③ 叶春生：《现代社会与民俗文化传统》，黑龙江人民出版社2002年版，第100页。

得到发扬光大。今天中大的历史学,已发展成为一级学科博士学位授予单位,建有历史学博士后流动站,中国近现代史专业是全国重点建设学科。中大在 20 世纪 80 年代以后,在国内率先复办人类学系。现在,文化人类学专业建有博士点,人类学专业是全国重点建设学科。特别是 2001 年,为了继承和发扬傅斯年、顾颉刚等 20 世纪 20 年代在中大所倡导的历史学、语言学、民俗学与人类学相结合的研究风格和学术传统,以历史学系和人类学系具有相近学术兴趣的教师为主体,正式组建了历史人类学研究中心。中心提倡历史学、人类学等人文社会科学多学科综合研究的方法取向,重点发展族群与区域文化、民间信仰与宗教文化、传统乡村社会等三个方向的研究;提倡田野调查和文献分析、历时性研究与结构性分析、上层精英研究与基层社会研究的有机结合;重视民间文献和口述资料的收集和整理。该中心承担多项重大课题研究;拟编辑出版“珠江流域文化研究丛书”和“走向历史田野丛书”等;与香港科技大学华南研究中心合作,于 2003 年 4 月出版了《历史人类学学刊》;重视历史人类学人才的培养,不定期举办历史人类学研究生研讨班、历史人类学系列讲座、历史人类学高级研修班,来自世界各国的历史人类学知名学者应邀前来讲课、参加研讨。中心的成立,是历史学与人类学互动的一个标志性成果,是学科渗透的创新,提升了历史人类学的学术品位,是傅斯年、顾颉刚在中山大学开创的事业的发展。

中大的民俗学专业也获得了很大的发展。2000 年成立了中山大学民俗学研究中心,招收硕士生、博士生,承担纵横向研究项目十多项,研究方向以区域民俗与文化认同、民俗文化遗产保护与研究、民间信仰与地方社会、民间文艺研究为重点。中心已有一批重要研究成果发表,已公开出版《民俗学刊》(澳门出版社出版),特别是该中心决定重版《中山大学典藏民俗丛书》,更具重要意义。当年顾先生主编的《民俗学丛书》共出版了 37 种 39 册(《孟姜女故事研究集》分 3 册出版),从 1930 年出版最后一本到现在,已有 70 多年,原书多数已经散失难寻。钟敬文曾经回忆说:“50 年代顾先生跟我谈过,他说我们在中大出了那么多书,是否可以选编一些留下来。”“有些经典的论著可以一印再印……《孟姜女故事研究》,我们这个学科的人都要有。”由于种种原因,这套丛书没有重印。[①] 现在中大民俗研究中心决定重印这套丛书,这是实现顾、钟等先生遗愿,他们会含笑于九泉之下。中心还决定编辑出版《中山大学民俗丛书》,赓续《民俗学会丛书》,从第 38 本开始,继续编下去。2001 年 12 月,中心与中国民俗学会联合举办的钟敬文先生百岁寿庆暨“现代社会与民俗文化传统”国际学术研讨会在中山大学召开。会议论文集《中国民俗研究前沿论丛:现代社会与民俗文化传统》作为《中山大学民俗丛书》之

---

① 《中山大学图书馆典藏民俗丛书重版说明》,《民俗学刊》,澳门出版社 2003 年。

一种，于2002年由黑龙江人民出版社出版。顾先生开创的事业，后继有人，这是令人欣慰的。

三、为中大优良学风的形成树立典范

所谓大学的学风，就是一所大学中治学、读书、做人的风气。学风是一所大学的灵魂和气质，是一所大学的立校之本。中山大学的学风就是孙中山先生题写的校训“博学、审问、慎思、明辨、笃行”。一所大学的学风的形成，不是一朝一夕的事，而是长期积累的结果。中大校长黄达人教授最近在学校研究生工作会议上的讲话《谈大学学风》中指出：中山大学优良的“学风正是靠着一代又一代优秀的学者积累起来”的，在中山大学的历史中，“有许多杰出的学者，他们用毕生的努力告诉我们，什么是神圣的学术，也正是他们，为我们奠定了中山大学今天的地位，在我们学校形成了良好的学术环境和严谨求实的学术风气。”[①]顾颉刚先生就是这“许多杰出的学者”之一，为中大优良学风的形成树立典范。

我们从三个方面来看顾先生是如何在中大树立优良学风的。

（一）教师与学生的关系

教师与学生是大学学风建设的主体。师生间学术薪火的传承，不仅仅是知识的传承，而且是严谨的治学态度以及求真、求知的道德感和责任感的传承。根据顾先生日记可知，他1927年10月至1929年1月，先后开设中国上古史、《书经》研究、书目指南、文史导课、古代地理研究、《春秋》研究、孔子研究、中国上古史实习等课程，并编写了五种讲义。他的教学方法，不仅是传授知识，更重要的是培养学生研究的能力和学术责任感，造就学术传人。他所编写的讲义，全是有关的原始材料。据其助手王煦华先生的文章，可知这些讲义的情况：把材料分门别类，在卷首写上研究性的“按语”。《中国上古史讲义》所引的材料分为五种，共收集材料158种，其中37种作了按语。《尚书学讲义》所收材料，正文凡113篇，参考材料凡62篇，加上附录，列为14卷。《古代地理研究讲义》分甲乙两种：甲种为旧系统的参考材料19篇，全都写了按语；乙种为新系统的材料13篇，写了9篇按语。《春秋研究讲义》分甲乙丙丁四种，总共41篇，全都写了按语。《孔子研究讲义》也分四种。甲种为孔子事实及记载孔子事实之文籍考订的参考资料24篇，作了22篇按语。乙种为各时代人心目中之孔子的参考资料。丙种为道统传衍问题的参考材料。丁种为经书著作问题参考材料11篇，都写了按语。顾先生在给胡适的信中，两次谈到在中大编写讲义的事。1928年6月15日信说：

---

① 黄达人：《谈大学学风》，《国家教育行政学院学报》2003年第2期。

这一年中，我拼命发讲义，现在已有千余张了。将来想编排一下，名为《上古史材料类编》及《尚书学史材料》两书。所得的创建虽不及以前多，但比以前踏实，对于这两种学问的常识比以前丰富多了。学生很有几个好的。我深信这一年中已为广东学界造成一个新风气。①

同年8月20日信说："我拼用这一年的精力花在教书办事上罢！所以上古史和《尚书》两课讲义拼命发。"②顾先生拼命给学生发讲义，目的是希望学生在阅读原始材料中，加上老师按语的启发，引导学生发现问题、思考问题，进而解决问题，引起学生研究问题的兴趣。为实现这个目的，顾先生特别重视考试及出试题，他出的试题具有较高的学术价值。他在"中国上古史第一学期试题"附告中说："这份题目请带回和讲义钉在一起。"又在"中国上古史课平时成绩题目"的前记中说：

此等题目皆为研究上古史者所必当思索或必当编录者，故即不作，亦应时时悬诸心目中，使见到此类材料之后，可以随手加以分析及综合，则问题虽困难必有解决之一日，即不能全部解决，至少亦必有一部分可以解决，研究学问之方法即在于是，幸留意焉。

在"孔子研究"学期试题前记中又说：

此次考试未选作之题目，希望于寒假中都去想一想，能作笔记最好，因为写笔记是引入自己研究一条路。③

1929年2月25日，顾先生离开中山大学前，作《离粤时与诸同学书》，曰：在请假赴平期间，所任各课除"上古史实习"一课请杨筠如代理外，其他三门课仍"由我编好讲义，寄粤付印"。希望选修"古代地理研究"者，"把《左传》、《战国策》、《史记》三书中关于地理的部分细看一下"，比较春秋、战国及秦汉时代的疆域大小，"再把《禹贡》、《山海经》、《职方解》三篇同这些材料比较看着"，看这三篇与何时代的疆域相符以判定他们的著作时代。选修"春秋研究"者要把三传细读，"记出它们在意义和形式上的种种同异之点；

---

① 《胡适来往书信选》(上册)，中华书局1979年版，第170—171页。
② 同上书，第532页。
③ 《庆祝杨向奎先生教研六十年论文集》，第660—670页。

再把春秋经文和三传比较,看经文中哪些事情是幸赖传文而明白的,哪些事情是给三传一讲反而弄糊涂的,哪些事情是终于失传了,作三传的人一点都不知道的。”选修“孔子研究”者要“把《汉书》、《春秋繁露》、《古微书》、《白虎通德论》等书翻一遍,看孔子的偶像如何给汉人抬起来的;再把《宋元学案》、《明儒学案》等书翻一遍,看理学家心目中的孔子是怎样的,他们把汉朝人造成的孔子变得怎么样了。”选修“上古史实习”者要“把《史记》百三十篇统研究完”。这部书在古代史和学术史上所牵涉的问题有许多“是可由我们解决了,有许多不是一时间内可以解决的问题也可由我们提出了,《史记》的糊涂账我们可以担任结算的义务了”。[①] 从以上这些材料中可以看出顾先生时刻想把学生引上研究之路、提高他们研究能力的一片苦心。从这些对学生充满着爱的试题附言,以及实际上是治学经验谈的《离粤时与诸同学书》看出顾先生是怎样教学生去读书、去思考问题、去发现问题、去解决问题。对前人的研究方法,顾先生又怎样教导学生呢? 1929 年 1 月 28 日,顾先生作《致选修三百年来思想史诸同学书——代〈桂学答问〉序》,曰:本学期的“三百年来思想史”课是讲康有为,因忙未编讲义,因嘱夏廷棫刚买到的康有为的《桂学答问》,印本暂代本课讲义。他在文中说:对于本书中所讲的研究学问的方法,“千万不要用现在应用的眼光来看它,而要用 19 世纪末年一个从经生改行的新学家的读书方法来看它,看它如何沿袭着前人,又如何独辟着新路,看它怎样受时势的影响,又怎样受环境的束缚。能够这样做,我们研究康有为时,就不是研究他一个人,而是研究一个康有为的时代了。”书中所言,“有极创辟的。如谓《老子》为战国书,在孔子后,这是以前的人从来没有讲过。”[②]顾先生通过自己的课程,言传身教,身体力行,把学生引导上研究问题之路,一步一个脚印地提高研究能力。这种高度负责的精神和责任心,就是一种优良的教风,这是优良学风的表现。

(二) 传授与创造的关系

大学既是传授知识的地方,更是创造知识的地方。大学是一个国家和民族发展和前途的动力,这种动力的来源在于创造性地发展知识。我们的教师要以创造知识为己任,不但要让学生获得知识,更重要的是教学生获得创新的治学理念,获得将来继续学习的能力,获得创造知识的能力。顾先生在中大任教,就有这种使命感和责任心。我们还是以他所教的课程为例来加以说明。

陈槃是 1928 年中山大学国文系一年级学生,听顾先生讲“中国上古史”课。开课不久,给顾先生写过一封信,顾于 3 月 25 日复信给他:“接读来书,快悉一切。兄着手作‘黄帝事迹演变考’,极好。”对于如何作好此考,顾先生在信中给予详细指点,并应邀开

---

① 顾潮:《顾颉刚学记》,第 170—171 页。

② 同上书,第 168 页。

列了书目，还指出："古史的著作年代不可定者多。我常想编一种'古书著录表'，以书名为经，以各代目录为纬。例如见于《汉书·艺文志》的，便可知是唐以前书。人事纷扰迄未能就，兄有意乎？"接着又说："写笔记是读书最好的办法，只要做一二年就可有很大功效。能永远做下去，就会引起无数问题，得到无数材料。"在这里他教学生如何创新。陈槃后服务于中央研究院，1936 年著成《左氏春秋义例辨》一书。陈在自序中说："往槃读书中山大学，尝从颉刚师受《春秋》，窃闻绪论，颇疑三传之说不可尽信，而思所以辨之。"此书"得顾师苦费精心，为之是正（诸所启示，书中注明，不没其实也）。"顾先生为此书《〈春秋〉"公矢鱼于棠"说》一章作附记曰："槃庵此文，以射鱼为宗庙之事，泮宫为习射之地，搜罗证据至富，其说明亦至详，古礼粲然复明，为之称快不已。"[①]这是顾先生在传授知识的同时教学生创造知识的显例。

我们以何定生为例，看顾先生如何一步步地循循善诱，引导他走上研究《尚书》之路，并做出创造性成绩。1928 年何定生选修顾先生的"书经研究"课，何定生读了《胡适文存》中的《汝尔篇》，写了一篇《从胡适的汝尔篇到尚书去》的文章，交给顾先生，顾先生阅后交还他。当何定生看了顾先生在稿子上的批示后，不禁面红耳赤，颇感愧疚。因为何定生连今古文都还没有弄清楚，就研究起《尚书》来。但顾先生发现他有培养前途，建议他对《尚书》的代词全部加以研究。何认为，既要研究《尚书》的代词，则要与他书的代词比较，不如作更大规模的研究。顾先生非常赞同。何定生经过努力，写成《汉以前的文法研究》，为他进一步研究《尚书》的文法打下了坚实的基础。在顾先生循循善诱下，何定生一步步深入到研究《尚书》的学术殿堂中去。何定生整天沉浸在古籍中，"遂为被枷带锁之人"。"坐、站、跑，无论到什么地方，我的心都不会轻松。"最终完成《〈尚书〉的文法及其年代》一文。1928 年 10 月 17 日《中大周刊·〈尚书〉的文法研究专号》出版，全文刊登何定生的《〈尚书〉的文法及其年代》洋洋洒洒数万言的雄文，这篇文章的创造性在于：一个时代的文章，必然渗透着这个时代的意识。时代意识往往可以通过其普遍的方法表现出来。何定生断言："我们要求古代文法，我们要从文法上发见时间性，我们捉住此意识之流，什么假把戏都是逃不了的。"若某一时代的出版物与此进化的文法不类，就只待它是伪造的；若某一书籍的文法与某时期同，就知道它是某时代的产物。此篇文章对古籍辨伪有莫大的帮助。此文一出，不仅获得广东学界的好评，还引起胡适、钱玄同等学界名流的注意。后来在上海顾先生向胡适推荐何定生时，胡适对何亲切地说："玄同和劭西都注意你这篇东西。"对这篇文章，顾先生十分高兴，在 1928 年 11 月 16 日的日记中写道："此自有研究所以来之第一篇成绩也！"此文乃何定生成名之作，但它凝

---

① 王学典、孙延杰：《顾颉刚和他的弟子们》，山东画报出版社 2000 年版，第 83—84 页。

聚着顾先生与何定生二人真挚、浓厚的师生情谊。[①] 是顾先生正确处理传授知识与创造知识的关系，树立良好学风的典范。

（三）嗜学如命的学术风格

顾先生自己说："学问是我的嗜好，我愿意用全力去研究它。"他在中大的一年多时间里，无论为中大采购图书，还是创办三个周刊、出版《丛书》、推动民俗学运动、教书、研究，处处都体现他以学术为生命的学术品格。顾先生曾说："我要过的生活，只有两种，一种是监禁式的，一种是充军式的。监禁式的生活是把我关在图书馆和研究室里，没有一点人事的纷扰；充军式的生活则是许我到各处地方去搜集材料，开辟学问的疆土。"他把人生的跋涉与学术的追求融为一体，学术追求成了他生命的目的。1928 年 8 月 20 日，在中山大学致函胡适说："我这几年的烦闷、愤怒、希望、奋斗，我有一中心问题，便是想得到一个研究的境地。除了这件事，什么名，什么利，都不在我心上。……如果有一个地方能够供给我，我便用整月整年的功夫研究我心中积蓄的几个问题，并按日程认真读书，增加我的常识。如果有人毁坏我，我也不管。我深信如果能构成我理想中的作品，一定抵得过种种毁坏的损失。"这种以有限的生命去追求无涯的知识的精神风貌，多么令人敬佩。许冠三评价顾颉刚说："最值得人怀念的，恐怕还是他那嗜学如命的性格，探索真理的豪情和开拓门径的兴味"，"在现代史学家中，他无疑是极少数乐学的学者之一"。[②]

顾先生通过自己的实践推行"博学、审问、慎思、明辨、笃行"的学风，为我们树立了典范。他在中山大学"为广东学界造成一个新风气"，中大同学想起那时，还觉得是一个学术上的黄金时代，令人留恋。

顾颉刚先生在中山大学只有一年多的时间，但为我们创造了许多有形的、无形的优秀遗产。胡绳先生在评价顾颉刚先生时说："他是马克思主义者的朋友。我想，他从 20 年代起 60 年间做的学术工作都是对马克思主义的学术有益的，虽然他不是马克思主义者。他的一生工作对于我们来说是一笔丰富的遗产，马克思主义者应该也必须很好地继承这笔遗产。不重视继承顾颉刚先生以及其他类似的遗产的人就不是真正的马克思主义者。"[③]我们应该学习、继承、借鉴、发扬顾颉刚先生留给我们丰富的遗产，作为建设国内外第一流的中山大学之用。

（原载《中山大学学报（社会科学版）》2004 年第 6 期）

---

① 王学典、孙延杰：《顾颉刚和他的弟子们》，山东画报出版社 2000 年版，第 115—123 页。

② 许冠三：《新史学九十年》（上册），香港中文大学出版社 1986 年版，第 197 页。

③ 顾潮：《顾颉刚学记》，第 170 页。

朱希祖先生与国立中山大学

王兴瑞

朱逷先（希祖）先生以二十一年秋来粤，至二十三年春离开，在中山大学讲学计一年有半，时间虽不算长，而贡献却很大。

朱先生在中大的职务，是文史研究所主任兼文学院史学系教授，他除了像一般的教授那样每周授课数小时之外，还要以其余的全部时间去处理所务，他是够辛劳的。

中大文史研究所的前身是语言历史学研究所。语言历史学研究所成立于民国十六年，在国内的研究机关中，它要算是历史相当长的一个。史学界大师如傅斯年、顾颉刚先生等都曾经主持过，无论在历史学、语言学和民俗学各方面的研究工作上，它都尽了许多宝贵的贡献。所中出版的《语言历史学研究所集刊》和《民俗周刊》，在当时是国内两个有名的学术研究的刊物。朱先生来到中山大学时，语言历史学研究所已经改称文史研究所了。如何发展所务，如何把历史研究所过去那段辉煌的历史发扬光大起来，这是学校当局对于朱先生的属望，同时也是朱先生自己认为责无旁贷的事。

当时中大的校舍分散在广州市区内，建筑物很少，没有教授宿舍，教授们都得自己赁屋居住，朱先生到校后，邹校长特别在医学院内给他辟了一间住宅，医学院在百子路，离中心市场颇远，无叫嚣之扰，医学院的校舍又是中大校舍中最坚实的一部分，而且布置得很雅致，是一个理想的住宅区：可见学校当局对朱先生的优礼。文史研究所当时设在文明路校本部，离医学院还有几分钟的公共汽车路程，朱先生除周末、假日外，每天都必到所办公，无间风雨。他认为一个研究机关要经久不息地发展它的研究事业，必须有足够的基本研究人员，所以他把培养研究人才作为发展所务的中心工作，他向学校提出了招考研究生的计划，这在中大文史研究所本身是一桩开始的事，即在全国各大学研究所来说，也算是“开风气之先”的举动，但是学校当局由于完全信赖朱先生，毫无疑议地核准了这个计划，第一期招收了几个研究生，他们除了免缴一切学杂费，每人每月还由学校补助毫洋八十元的生活费，这个数目等于校内助教每月所领的薪额，免费读书已经便宜，还要拿这许多生活费，学校当局起初对于这个办法不免犹豫，但朱先生认为做学问不是旦夕可以收功，要研究生长期安心研究，必须使他们在生活上得到安定的保障，所以坚持非这个数目不可。这个津贴研究的办法，自从二十四年教育部正式公布研究院组织法以后，全国各大学研究院所都已普遍采行，此可见朱先生的先见之明。

朱先生对于研究生研究工作的指导，可说是无微不至的。他于学术研究，最反对浮光掠影式的浅尝主义，他以为学术无涯，人之精力有限，每个人应该集中他的有限的精力从事于某局部问题的研究，用力既专，日积月累，自见功夫，所以他在所中特别提倡断代史研究。他要每个研究生就自己的兴趣选择某一朝代的历史为其研究范围，如两汉史、南北朝史、隋唐史、宋史等等，然后分别开列各朝代的文献目录，自正史以至笔记杂录无不具备，要他们按照日程循序读下去，一面读，一面做札记，非至材料完备，不许下笔为文。先生以这种硬扎硬打的治学方法教人，故当时出先生门下的如陈啸江（国治）、朱杰勤诸兄都能卓然有成，而且一直影响着中大文科研究所（文史研究所之后来改名）的研究风气。

朱先生在所中于指导研究生之余又积极经营《文史研究所月刊》，当时所聘请的月刊编辑人员都是饱学之士，所以《月刊》始终保持着《集刊》的光辉，以内容充实而见称于学术界。

朱先生在史学系讲授的是元史、明史和史通研究等课目，除了史学系同学之外，文学院其他各系同学选读的也很多，上课时常极拥挤，他的说话尽管带着颇重的浙江土音，并没有减低同学们听讲的兴趣。上《史通研究》课时，他对于刘知几的史学理论和所举的史实，每有所驳正，引证赡博，听之入神。当时史学系主任为朱谦之先生，以介绍西洋史学理论为同学欢迎，史学系同学称为"二朱"。

中大附设广东通志馆，纂修广东通志，朱先生为纂修之一，负责拟定新志条例、总目及说明书等，且于很短的时间即写定新志中的《明广东东林党列传》一卷计区大伦、邓云霄、冯奕垣、曾用升、樊王家、曾陈易、李希孔、林枝桥、陈熙昌、黄公辅、陈子壮、何吾驺及《广东复社名人传》若干卷。

如上所述，朱先生在学校各方面所负的责任已经够繁重了，虽然如此，而他却没有一刻放松自己的研究工作，朱先生是南明史研究的权威，这是谁都知道的，广东在南明的历史上曾占一页重要的篇幅。桂王由榔曾建都于肇庆，唐王聿锷曾开府于广州，清兵至，城陷，君臣全部殉难；至于忠臣义士抗清不屈者，尤不可胜数。朱先生到广州后，便四出探访遗迹，而湮没已久的绍武君臣冢（唐王年号绍武）居然被他发现了，他在《恭谒南明绍武君臣冢记》一文中自述发现经过道：

余去秋初来广州，即思访南明绍武遗迹。读阮元《广东通志》，始知广州大北门外流花桥有绍武君臣冢，为绍武帝及诸王与大学士苏观生等藁葬处，问之朋辈，知者盖尠。本年二月，余告之杨先生寿昌，杨先生特至大北门外访得焉。乃偕二三同志，恭谒冢下。冢地大仅亩许，中有墓碣，题“明绍武君臣冢”，光绪癸未粤东绅士重修，其西有张嘉谋所撰碑记。前临水，背负高岸，地颇汙下，其东南又有茶寮侵占，短篱木槿，掩映亏蔽，与鸡埘豚棚杂处。行人过之，不知其中有一代君臣冢焉。

此遗迹及其他，先生有《广州微访南明史料记》一文详记之，载《中国学报》第一期。此外，对于南明忠臣义士事迹史料之探求，亦不遗余力，已整理成书者有《屈大均著述考》、《屈翁山年谱》等。

朱先生曾受业于章太炎先生。太炎先生受浙东明儒学术思想之影响，富于民族思想，在清末曾以文学唤醒国魂，有功革命。朱先生因师承关系，亦最富于民族热情（凡出太炎先生之门者如黄季刚先生、汪旭初先生等皆然），他研究南明史，多少是由这种民族热情激发起的，谓余不信，请读《恭谒南明绍武君臣冢记》的另一段：

当隆武崩溃，福京沦亡，清军逼处腹心，流寇迫近肘腋，苏观生拥立唐王，改元称帝，西向而抗肇庆，兵连三水，广州空虚，竟为清军所乘，君臣骈首，藁葬水滨，屈大均所谓“君臣问草莱”，盖恸乎其言之也。然绍武帝不肯饮虏一勺水，观生亦慷慨自裁，皆能自尊其种姓，贤于潞王、何吾驺、王应华辈远甚。夫国家之耻，至于杀其君，戮其臣，人民之尸几与五岭平，读其史而吊其遗墟者，能无触目而惊心乎！乃作书告之中山大学校长邹先生海滨，冀其创修斯冢，缭以垣墙，弘其墓门，以供时人凭吊；庶几协群御侮，洒辱雪耻，以延此未亡之国祚，则先烈殉国之碧血，不为徒洒，邹先生慨然允之。五月七日，约余及吴君康、萧君冠英、朱君谦之、罗君献修、李君沧萍、萧君鸣籁、陈君廷璠并杨先生寿昌，同莅流花桥，感国难之仓皇，盖凄怆于墓道，乃相与商议修葺事宜，归而为之祀。

读先生斯文者，其于家国之感，又何异于三十余年前人之读章太炎先生之史论著作？近见朱先生哲嗣伯商先生所作《先君逷先先生对于史学之贡献》一文（载《东方杂志》四十卷十六号），其中引先生晚年日记一段自述著作《伪齐录校补》和《伪楚录辑补》两书的动机，益足以实吾说，文云：

自日寇建立二伪国以来，内则摇动民心，外则迷惑国际。在昔北宋之际，金寇侵宋，封建张邦昌伪楚国，刘豫伪齐国，不图日寇全袭其法，以成此伪满伪汪。希祖发愤之余，撰成《伪楚录辑补》六卷，《伪齐录校补》四卷，冀以发日寇之奸心，昭二伪之逆迹。业已脱稿，正在誊写。……付之刊刻，昭示国人，亦可以破二伪之逆魄，警日寇之迷梦。

所以朱先生不仅是一位头脑冷静的史学家，而且是一位满腔热血的民族史学家；朱先生的逝世，不特是史学界的重大损失，同时也是中华民族的重大损失！

朱先生在中大的时间本不久，其生活余所知者亦至有限，且事隔多年，印象渐稀，兹就记忆所及，述此短篇。先生有《粤行日记》若干卷，希望将来能印布于世，以便于世之欲详知先生此段生活者。

（三十三年十月十四夜于山洞）

（原载《文史杂志》1945年第11—12期）

陈序经的文化学理论与全盘西化论

赵立彬

陈序经，广东文昌人（今属海南省），早年留学美、德等国，自20世纪20年代起先后在岭南大学、南开大学、西南联合大学任教，后任岭南大学校长、中山大学副校长、暨南大学校长、南开大学副校长等职，是中国现代著名的教育家和学者。在20—40年代，他是全盘西化思潮的主要代表人物。40年代陈序经任教于西南联合大学期间，对全盘西化思想进行了系统的理论总结。本文试图通过探讨陈序经文化学理论的基本内容及其学术渊源，揭示全盘西化论的理论基础。

一、陈序经建立文化学的努力

文化学起源于欧洲。德国学者拉弗日尼—培古轩（M. V. Lavergne-Peguilhen）最早在1838年《动力与生产的法则》中使用了"文化学"（德文 Kulturwissenschaft）一词，并表达了建立"文化学"这门学科的意向。1854年，德国学者格雷姆（Gustav F. Klemm）出版了《普通文化学》一书。[①] 在英语中最早使用"文化学"一词的，是英国人类学家泰勒（E. B. Tylor），其《原始文化》一书第一章就是"文化的科学"（The Science of Culture）。[②] 此后，英语著作中便较多地出现了"文化的科学"或"文化学"（Culturology）的概念。在中国，文化问题虽引起了学术界的关注，文化论战也进行得十分热烈，但"文化学"作为一门学科，尚未得到深入的研究。有一些著作在论述中国文化问题时，对文化理论有所述及，如梁漱溟《东西文化及其哲学》、张君劢《明日之中国文化》等；也有少量的著作以文化理论作为研究对象，试图对文化学的基本问题提出一些综合和概括，如孙本文《社会学上之文化观》、《社会的文化基础》和《社会学原理》；朱谦之《文化哲学》、《文化社会学》；黄文山《文化学论文集》、《文化学及其在科学体系中的位置》等，但或者不够全面，或者成书较晚。

---

① 陈序经：《文化学概观》（一），商务印书馆1947年版，第60页。

② E. B. Tylor, *Primitive Culture*, Vol. I, London: Lowe & Brydone(Printers) Ltd. 1871, p. 1.

陈序经是较早致力于建立文化学的学者。自留学时期他就非常关注文化问题，有意识地收集资料。回国后在岭南大学的一次学术讨论会上，他使用了“文化学”这个概念。① 1930年，他又到德国从事研究，阅读到培古轩等人的著作。② 1931至1937年间，在多次文化讨论中，陈序经参考了有关这方面的资料，但未来得及对“文化学”本身进行系统的阐述，仅在《中国文化的出路》一书中简介了关于文化的基本理论。1934年，陈序经就职于南开大学经济研究所，在从事中国工业与社会发展研究的同时，也申报了“关于文化的本身的研究的题目”。抗战爆发，陈序经的书籍、文稿大部散失，原计划对于主权论和工业化等问题的研究已经无法继续，遂决定在西南联大完成文化学的研究。③

此时正逢西南联大社会学系调整课程，准备开设关于文化方面的新课，陈序经也很希望在课堂上讨论有关文化的一些根本原理问题，便从1938年起开设了选修课——文化学。从西南联大历年的学程表中可知，“文化学”课程共开设了6次（除1944年度陈序经奉派赴美外，仅在1942年度停开过一次）。每次为时1学期，2个学分，授课对象为社会学系的高年级学生。④ 选修课的开设对陈序经文化学系统著作的撰写提供了不少的益处。

但1938—1940年间，法商学院从云南蒙自回迁昆明，广州、海南相继被日军占领，陈序经个人和家庭受到很大影响。他连续不断地奔波于昆、贵、渝、港和越南之间，关于文化学的写作计划几乎无从着手。1940年夏，陈序经计划往南洋一行，途中染重病，在柬埔寨金边疗养。其间，他于文化问题的著作兴趣日渐浓厚，遂决定回昆明后开始写作。1940年至1942年间，约写成30余万字；1942年10月至1943年5月间，陈序经摒弃杂务，专注于文化问题的研究，写了近80万字；最终完成了凡200万言的《文化论丛》，计：《文化学概观》4册；《西洋文化观》2册；《美国文化观》1册；《东方文化观》1册；《中国文化观》1册；《中国西化观》2册；《东西文化观》6册；《南北文化观》3册。这一套《文化论丛》，标志着陈序经如愿以偿地完成了文化学的建立，他“对于文化上的主要概念，都可以在这些册里看出来”。⑤ 书稿完成后，陈序经积极设法出版，但迄今所见，只有《文化学概观》4册于1947年由商务印书馆出版。在解放初亲笔所填的一份表格中，陈序经将此书作为6项成果之一填报于“著作及发明”一栏里，⑥其重视程度由此可见。

---

① 陈序经：《〈南北文化观〉跋》，杨深编：《走出东方——陈序经文化论著辑要》，中国广播电视出版社1995年版，第466—467，466、471页。

② 陈序经：《文化学概观》（一），商务印书馆1947年版，第60页，前言。

③ 陈序经：《〈南北文化观〉跋》，杨深编：《走出东方——陈序经文化论著辑要》，第466—467，466、471页。

④ 北京大学、清华大学、南开大学、云南师范大学编：《国立西南联合大学史料》（三），云南教育出版社1998年版，第154、181、209、251、321、387页。

⑤ 陈序经：《文化学概观》（一），商务印书馆1947年版，第60页，前言。

⑥ 表格藏广东省档案馆，卷宗号：38－1－83。

二、陈序经文化学的理论体系

《文化学概观》是关于文化学理论的基本著作，该书对陈序经早期的文化学理论进行了扩充，使其理论更为完备和系统化。其主要方面有：

（一）文化学在科学体系中的地位

陈序经对文化给了一个“比较完备而透彻”的定义，既包含了物质文化的方面，也包含了精神文化的方面：“文化不外是人类为着适应这些自然现象或是自然环境，而努力于利用这些自然现象或自然环境的结果”，“也可以说是人类适应时境以满足其生活的努力的结果”。① 陈序经认为，根据研究对象所包含的现象的不同，具体的科学可以分为三大类：一是纯粹的自然科学，二是自然与文化科学，三是纯粹的文化科学。文化学即是这三大类具体科学中的一种。如图所示：

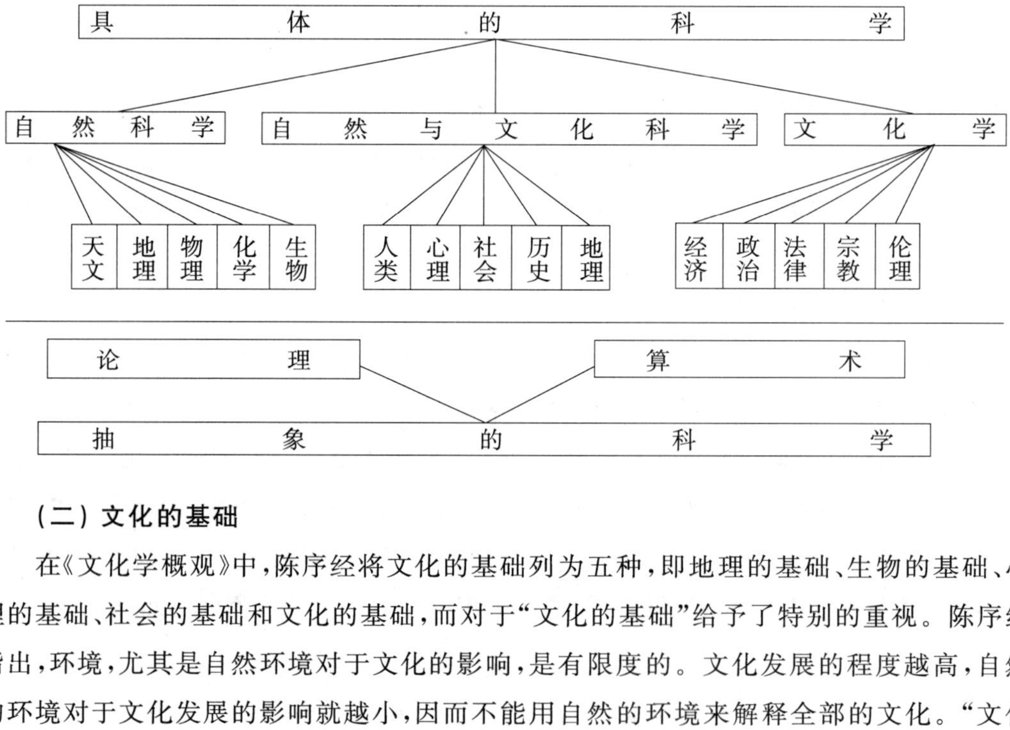

（二）文化的基础

在《文化学概观》中，陈序经将文化的基础列为五种，即地理的基础、生物的基础、心理的基础、社会的基础和文化的基础，而对于“文化的基础”给予了特别的重视。陈序经指出，环境，尤其是自然环境对于文化的影响，是有限度的。文化发展的程度越高，自然的环境对于文化发展的影响就越小，因而不能用自然的环境来解释全部的文化。“文化的文化基础”这种提法从表面上看似乎矛盾，但陈序经指出，人类始终是在文化里生活，凡一切衣食住行、动作思想，都受文化的影响。他们所创造的新文化，受到既有文化的

① 陈序经：《文化学概观》（一），商务印书馆 1947 年版，第 37—38 页。

影响。因此，文化愈进步，"文化的文化基础"就愈为重要，甚至可以"变自然环境为文化环境。……文化学之所以能够成立，与需要成立，也可以说是建筑在文化的文化基础上"。①

（三）文化的发生和发展

文化是人类特有的。有了人，便有文化。文化的历史与人类的历史，可以说是同时发生的。对于文化的发展，陈序经持文化进步的学说。他说："进步的学说，是解释文化的发展的正确的学说。因为，文化的发展，是进步的，而且文化现象之所以异于其他的现象，也是因为他是进步的。"②陈序经就此引出"文化的层累"的概念，来表示文化发展的历程和连续的关系。文化的层累分为四个时期：(1)宗教时期；(2)政治时期；(3)经济时期；(4)伦理时期。从文化发展的方向来看，他认为，文化的发展，是由低而高，由简而繁；由纷乱浑漠的形态，而变为明确特殊的形态；由散漫与少数部分的结合，而变为密切与多数部分的结合；从为欲望的满足而趋于有目的的要求。在文化的发展中，突变的意义十分重大，"突变是发展的转机时代的分野，文化的进步，主要的是依赖于突变，突变不但是由新刺激而来，而且可以引起新刺激"。③

（四）文化的接触及其结果

陈序经曾提出过一个"文化圈围"的概念，即"由地理、生物、心理及文化各种要素的影响，而形成某一社会的文化"，它"是某一文化的整个方面的表示"。④ 这种"整个方面的表示"并非指明"唯一"或"独一"，而是一致与和谐。程度较低的文化，偏于一致；程度较高的文化，偏于和谐。文化是由较低向较高的方向发展，因而文化是由一致而趋于和谐。这一原理，对于不同文化的接触，具有重要的意义。陈序经认为，两种或两种以上程度相等的文化一经接触，经过一个过渡时期，其结果必定趋于一致、和谐，或一致与和谐的。因此，无论哪一方在接触以后，都不能独立生存。因为文化一经接触，立即形成一种新局势、新要求与新趋向，任何一种文化都不能单独适应。

如果是两种程度不同的文化相接触，这种一致与和谐的过程必然表现为程度较高的一种文化淘汰程度较低的一种文化。陈序经指出：

> 假使因为甲种文化的程度较高，而乙种文化的程度较低，而时代环境所需要

---

① 陈序经：《文化学概观》(三)，商务印书馆 1947 年版，第 5—7、115 页。

② 同上。

③ 同上书，第 146 页。

④ 陈序经：《中国文化的出路》，商务印出馆 1934 年版，第 11 页。

的，又是甲种文化，那么这两种文化接触以后的结果……是乙种文化不能适应于这个新时境，而逐渐的成为文化层累的一层……乙种逐渐成为陈迹，甲种逐渐伸张而成为共有的东西。……这个时期，也许延长得很久，但其趋势是一致的。[①]

三、陈序经全盘西化思想的理论基础和思想渊源

陈序经的全盘西化思想，是建立在他的文化学理论基础之上的，而他的文化学理论，主要来源于西方人类学和社会学的理论，其最深层的观念，是广义的文化观、文化整体论、对"文化进化论"与"文化传播论"的整合，并由此演绎出完整的文化学体系和全盘西化的结论。

（一）广义的文化观

陈序经广义的文化观来源于西方早期的人类学理论，泰勒关于文化的定义是其直接来源。E. B. 泰勒(1832—1917)，英国杰出的人类学家，文化人类学的创始人之一，古典进化主义学派的主要代表人物。在《原始文化》一书中，泰勒开篇即阐明了他对于文化概念的定义："文化或文明，从人种论的观念来看，是一个整体的复合物，包括知识、信仰、艺术、道德、法律、风俗，以及人作为社会一员所得到的一切其它能力和习惯。"[②]此后一般的学者大都认同于泰氏的文化观念，如德国的穆勒莱尔(T. Mller-Lyer)、拉策尔(F. Ratzel)、美国的路威(R. H. Lowie)、哥登卫塞(A. A. Goldenweiser)、威斯勒(C. Wissler)、华尔德(L. Ward)、奥格本(W. F. Ogburn)、维莱(M. M. Willey)、托马斯(W. I. Thomas)等人，基本上都取"文化包含物质和精神两方面"的观点，即广义的文化的定义。这些观点对陈序经都产生了较大的影响，在其著作中被反复引用。[③] 陈序经对泰勒(陈序经译为泰罗尔)极为推崇，将其列为文化学研究的先锋。[④] 陈序经本人对于文化的定义可以说与上述西方文化人类学或社会学一脉相承，涵盖了人类生活的所有方面，是一种最广义的文化观。正因为如此，他对于文化的具体分析，便具有无所不包的倾向，在他看来，伦理、宗教、政治、经济都是文化的一个个具体的方面。

（二）文化整体论

所谓文化整体论，就是把文化看作一个由多元文化因素互相关联而形成的完整体

---

① 陈序经：《文化学概观》(四)，商务印书馆 1947 年版，第 18 页。

② E. B. Tylor: *Primitive Culture*, Vol. I, London: Lowe & Brydon(Printers)Ltd. 1871, p. 1.

③ 陈序经：《文化学概观》(一)，商务印书馆 1947 年版，第 30—31 页。

④ 参阅陈序经：《文化学概观》(一)，第五章《研究的先锋》。

系。人类学对文化进行分析研究时,对其内部结构分别探讨,但是把文化作为复合体(complex whole)即完整体系看待的思想,仍是人类学研究的基本态度。泰勒将文化视为“整体复合物”(complex whole,陈序经译为丛杂),意即文化是整个的。其后,威斯勒、罕金斯(F. H. Hankins)、麦其维(M. P. Maciver)都对这一概念加以特别的注意。美国的文化人类学界也极其重视文化整体论,博厄斯(F. Boas)认为每一个文化元素都必须放在整体文化中考察,坚持从总体上把握文化研究,文化就是由相互关联的局部组成的系统。① 他把“文化特质”(culture-trait)作为研究单位,强调文化特质的复合性。这种“文化单位”不能独立存在的理论,当时是美国学界的流行观点,对中国学者影响也较大。1935 年文化论战时吴景超就指出,“陈序经先生在美国时,大约受过这派学说的影响”。② 陈对此并无否认。③

文化整体论是陈序经文化学理论的基本原理之一。陈序经反复强调,对于文化的分析只是为着研究的便利,是假定的、相对的、主观的,而不是文化本身实际上所有的。如在分析文化的成分时,他指出,这种分析是为了研究的便利而主观划定的,文化本身并没有这种分别。文化是整体的,文化的各个方面是不能分开的。“物质文化,固不能离开精神文化,精神文化也不能离开物质文化。……文化的其他方面的关系,也是这样。因为文化本身是一个丛杂,是不能分开。”因而文化的变动必然表现为一种“连动”的效果,“文化一方面的波动,往往影响到文化的其他方面”。④

(三) 对文化进化论和文化传播论的整合

全盘西化思想导源于进化论,已有多位学者予以申论。⑤ 但一般意义上的进化论和文化人类学上的“文化进化论”有着含义上的差别。事实上,陈序经整合了文化人类学上的“文化进化论”和“文化传播论”,而将其发展到了与现代西方文化人类学的“文化新进化论”接近的理论。

文化进化论是 19 世纪后期占统治地位的文化学说,这一学派接受 18 世纪启蒙主义的进化思想和达尔文的进化论思想,认为社会与文化进化在所有民族中都普遍地进行着,其进化的道路是单线的。与之相对峙的,是在 20 世纪初批判文化进化论的过程中形成的文化传播论,这一学派承接拉策尔的文化传播主义思想,特别重视作为客观发展外在契机的各民族间在接触过程中文化要素的传播或“借用”的事实,认为各民族的

---

① [美]S. 南达:《文化人类学》,陕西人民教育出版社 1987 年版,第 25 页。

② 吴景超:《建设问题与东西文化》,《独立评论》第 139 号。

③ 陈序经:《从西化问题的讨论里求得一个共同信仰》,《独立评论》第 149 号。

④ 陈序经:《文化学概观》(三),商务印书馆 1947 年版,第 60—70、77 页。

⑤ 王尔敏:《中国近代思想史论》,华世出版社 1982 年版,第 179—180 页;张儁:《试论三十年代全盘西化思想的思论基础》,《中国历史学会史学集刊》第 19 期。

文化大都由传播而来。美国文化历史学派(或称历史传统派)对文化进化论和文化传播论都有所批评,认为两者都是用一种原则泛论全世界的各民族或各地方,忽略其在历史上或地理上的特殊性,其方法是演绎的、主观的,而不是归纳的、客观的。[①] 为救弊起见,他们进行了大量的具体的研究,避免了在空泛的宏观层面提出各种思想和主义。但问题在于,对于文化发展的基本问题,仍然需要以宏观研究来作出解释和回答。

陈序经对文化进化论和文化传播论的不合理部分都表示了怀疑,同时也指出,两者的某些对峙不是最重要的。陈序经认为:

> 文化既是一个复杂的总体,究竟哪一种文化是由某处传播而来,究竟某一种文化是同时发生的,根本是文化上的个别的问题,而非全部的问题。若说所有一切或各处的文化,都是独立发生的,固不可信,若说所有一切或各处的文化,都是传播而来,也是错误。所以无论是传播论,或独立发生论,都各有其是,也各有其非。[②]

但文化进化论有不合理部分,并不等于文化没有发展。进化论在陈序经的思想里有着根深蒂固的影响,他在大学期间就接受了进化论思想,并撰写了关于进化的程序的论文,[③]始终坚持对进化论的基本信仰,明确表示"偏于进步的学说"。[④] 他说:"进化论的根本观念,是先有天体,然后有生物;有了生物,然后有心理和社会现象,这是无论何人,都不能否认的。"同样,对于文化传播论的合理部分,陈序经也予以吸取。他认为,文化既是进步的,又是能传播的。"文化是能传播的,故在不同的民族或地方,可以找出雷同的特质。文化是有进步的,故在不同的民族或地方,可以找出相同的阶段。"[⑤]

肯定了普遍的进化,才能明确文化发展的方向;肯定了传播的功能,才能揭示出不同文化接触的意义,从而关注于由于文化接触而产生的社会和文化变迁。陈序经整合文化进化论和文化传播论,对于全盘西化论立论的形成,有着重要的意义。同时,这一整合,也与现代文化人类学的基本趋势相一致。古典的进化论到 20 世纪 30 年代又重新抬头,并于 40 年代再次达到高峰。这种被称为"新进化论"的主要代表人物是美国学者莱斯利·怀特(Leslie White)和朱利安·斯图尔德(Julian Steward),[⑥]他们拥护摩尔

① 林惠祥:《文化人类学》,商务印务馆 1934 年版,第 56 页。
② 陈序经:《文化学概观》(三)商务印书馆 1947 年版,第 99、115 页。
③ 陈序经:《进化的程序》,《复旦》第 1 卷第 1 期(1925 年 1 月 1 日)。
④ 陈序经:《文化学概观》(三)商务印书馆 1947 年版,第 99、115 页。
⑤ 陈序经:《文化学概观》(一),商务印书馆 1947 年版,第 88、82 页。
⑥ [美]罗伯特·F. 莫菲:《文化和社会人类学》,中国文联出版公司 1988 年版,第 161 页。

根的立场，重视文化的广义进化。这种文化的“新进化论”，“较之旧的‘进化’概念则意味着更高程度的适应和更符合目的的某种变化。”[①]陈序经整合文化进化论和文化传播论，所形成的思想与之相接近。由于“新进化论”的主要著作是在40年代以后才出版的，而陈序经的《文化学概观》写成于40年代前期，并且是处于相对封闭的抗战大后方，在陈序经的著作里没有提及新进化论的代表人物和著作，因而没有证据来说明陈序经直接受到了这一最新的人类学思想的影响。但陈序经通过对文化进化论和文化传播论的整合，所形成的思想大致上也与新进化论相一致。

四、基本理论的延伸——全盘西化论

广义的文化观、文化整体论、文化的“新进化论”，构成陈序经文化学理论的基础。将这些基本理论与中西文化交融的实际相结合，必然一步步导向全盘西化论。

中国文化是一种独立的“文化圈围”，西洋文化也是一个可知可感的、达到了“一致与和谐”的文化统一体，也是一种独立的“文化圈围”。虽然在现代西方，有社会主义的出现，有法西斯主义的抬头，但陈序经均将它们视为西方文化的暂时的变态，而西洋文化必将统一于民治和科学。这是全盘西化可以操作的基本前提。

这两种文化相接触，必然是程度较高的文化淘汰程度较低的文化，所谓“保存固有文化”，于理于势都是不通的。因为凡不适应于新时境的文化，必不能保存；而适应于新时境的文化，它的固有，也变成共有，也谈不上保存其固有。无论其合为一种文化的方法有何不同，但文化接触以后，其趋势必是一致与和谐。而中国文化与西方文化的程度孰高孰低，需要进行全面的比较。比较的结论是：东方文化是落后的文化，西方文化是进步的文化。两者相接触，必然是落后的东方文化要对进步的西方文化“加以模仿，加以创造”（但这并不意味着东方文化的消失，而是共同成为“世界的文化”）。[②]

因而，中国文化的“西化”趋势是不可避免的。而文化是整体的，要学习西方文化的某一方面，则必然连带着要学习西方文化的所有方面；要“西化”，只有“全盘西化”。“全盘西化”的理论推演由此完成。

陈序经说过：“全盘西化的理论，并非凭空造出来的。”[③]但理论被接受的程度，取决

---

① 司马云杰：《文化社会学》，山东人民出版社1990年版，第117—118页。

② 参阅陈序经：《文化学概观》（四），第七章《东方与西方》。

③ 陈序经：《关于全盘西化答吴景超先生》，《独立评论》第142号（1934年3月17日）。

于理论符合现实需要的程度。能否深深地切入现实生活，把握社会的脉搏，是思想能否具有生命力的关键，这也正是政论家和学者的最大区别。陈序经试图以纯学理的理论体系，来营造对现实问题的答案的理论支撑，势难圆满。他对中国文化和命运的良好愿望，必然被繁杂尖锐的社会矛盾所淹没。陈序经的文化学理论不一定能解释和解决社会问题，但对其文化学理论体系和理论基础的分析，或可有助于准确地理解他的全盘西化论本身，从而澄清一些片面的误解。

（原载《中山大学学报（社会科学版）》2000 年第 3 期）

鲁迅与中山大学

李伟江

研究鲁迅的生平，探索鲁迅的足迹，有一个地方是令人难以忘怀的，那就是中山大学。鲁迅为何奔赴广州，他在中山大学与哪些人接近，主要活动是什么，又怎样辞去中山大学一切职务的，这是本文准备探讨的几个问题。

一、赴粤的因由

鲁迅奔赴广州的念头肇于一九二六年秋，而于同年冬天确定，其时他正在厦门大学任文科国文系教授兼国学研究院研究教授。厦大校长林文庆是英籍华人，开口闭口不离孔子；教务长兼大学秘书刘树杞是个争权夺利的小人，很会造谣生事；他们还招来了惯于钻营的“现代派”，极力排斥鲁迅。鲁迅觉得，这里“中枢是‘钱’，绕着这东西的是争夺，骗取，斗宠，献媚，叩头。没有希望的。”①还说：“周围是像死海一样，实在住不下去，也不能用功。”②因为“和厦大根本冲突，无可调和”，③所以，鲁迅原来订约任教两年，后来减至一年，后来又减至半年，最后仅四个半月便辞去一切职务。

然而，鲁迅何以不往别处而到了广州呢？主要原因之一是中共广东党组织的推荐和中山大学的邀请。

一九二六年七月十七日，国民政府下令将国立广东大学改为国立中山大学，九月一日正式更名；十月十四日又改校长制为委员制，由五人组成国立中山大学委员会，委员长是戴季陶（传贤），副委员长是顾孟馀（兆熊），委员有徐谦（季龙）、丁惟汾（鼎臣）、朱家骅（骝先），并于十月十七日举行就职典礼。该校革新伊始，竭力罗致人才，决定聘请鲁迅，而鲁迅亦有前往之意。《鲁迅日记》及《两地书》记载了这些函电往来。

《鲁迅日记》一九二六年十月十六日载：“得留仙电。”即《两地书·五六》所说：“今天

---

① 《致翟永坤》（1927年1月12日）。

② 《致韦素园》（1926年11月21日）。

③ 《两地书·一〇四》。

又得了朱家骅君的电报，是给兼士、玉堂和我的，说中山大学已改职(委)员制，叫我们去指示一切。大概是议定学制吧。”

十一月十一日：“上午得中山大学聘书。”即《两地书·七三》所说：“我已收到中大聘书，月薪二百八，无年限的。”

十二月十三日：“午后得骝先信。”即《两地书·九五》所说：“中大又有信来，催我速去，且云教员薪水，当设法增加。”

同月二十一日：“午得中山大学信。”即《两地书·九八》所说：“又得中大委员会十五来信，言所定‘正教授’只我一人，催我速往。那么，恐怕是主任了。”

同月二十六日：“上午寄中大信。”

看来，鲁迅赴中大的基本条件已由双方商定，只是具体行程未定罢了。最早披露此事的是一九二六年十一月十五日《广州民国日报》，该报发表了中央社消息《中大聘请鲁迅担任教授》：“著名文学家鲁迅，即周树人，久为国内青年所倾倒，现在厦门大学担任教席，中山大学委员会特电促其来粤担任该校文科教授。闻鲁氏已应允就聘，不日来粤云。”这是迄今发现的有关鲁迅与广东关系的第一篇报道。次年元旦出版的《国立中山大学校报》第三期，也发表了校闻《本校增聘名教授及整理医科附属医院》，对此作了一番发挥。

那么，中山大学为什么要聘请鲁迅呢？决定因素在于中共广东区委员会的推荐。广东区委书记陈延年十分重视思想斗争，一九二六年秋亲自主理中大工作，专门召开学生运动委员会及有关领导会议，研究斗争策略和争取鲁迅问题。会上决定推荐鲁迅，欢迎鲁迅；并委派恽代英、邓中夏、毕磊、徐文雅等与戴季陶谈判，条件之一是要聘请鲁迅到中大任文学系主任。当时中大左派力量相当雄厚，在二千多名生员中，共产党员和共青团员就有二百余人，全校成立党团总支，各科系分设党团支部。戴季陶迫于形势，不得不接受共产党提出的条件。当年参加谈判的中大总支书记徐彬如(原名徐文雅)在《回忆鲁迅一九二七年在广州的情况》一文，有过详尽的叙述。① 中大总支委员韩托夫(原名韩财无)在《一个共产党员眼中的鲁迅先生》中也有记载：“据我所知，当郭沫若先生一九二六年离开广东大学后，两广区党委的组织曾派恽代英、毕磊、徐彬如等同志向学校当局提出要求聘请鲁迅先生来中山大学主持文学系，结果学校当局是答应了。”②

---

① 原载1976年10月《鲁迅研究资料》第1辑。

② 原载1956年10月15日《文艺报》半月刊第19号“鲁迅纪念专号”。

不过，沈鹏年在《鲁迅在广州时期的若干史实》一文中说："当时最早提出要中山大学当局聘请鲁迅的就是党的粤区区委。"[①]此说不确。据笔者查阅有关史料，发现起因应在此之前。一九二六年三月二十八日，郭沫若入广东大学任文科学长，同年七月二十一日参加北伐去了。就在他任职期间的夏季，曾经商同校长褚民谊聘请鲁迅到广东。郭沫若在日本写的《坠落了一个巨星》一文中说："一九二六年他（按：指鲁迅）受段祺瑞的压迫，被逐出北京的时候，我在做着广东大学的文学院长，那时曾商同校长，聘请鲁迅做教授，然而待鲁迅南下广东时我已经参加北伐军出发了。"这篇悼文写于鲁迅逝世后的第四天，日文稿最初发表在当时东京《帝大新闻》上，旋即由友人陈北鸥译成中文，刊登在钱俊瑞主编的《现世界》一九三六年十一月十六日第一卷第七期，文末注明"本文经原作者亲自修改"。此文的另一译本是陶纪安的《郭沫若吊鲁迅》，中云："那时我正在做广东大学的文学院长。遂向当时的总长提说，聘请他（按：指鲁迅）为教授。"[②]这是目前看到最早推荐鲁迅赴粤的文字记载，看来此说是可信的。

鲁迅赴粤的另一重要原因是向往革命，投身革命。

一九二六年秋冬之间，国共合作发动的北伐战争胜利进军，捷报频传，鲁迅闻之，格外兴奋。同年九月十四日致许广平信中写道："此地北伐胜利的消息也甚多，极快人意。"[③]此后在通信中也说"情形很好"、"欢喜非常"等等，欣喜之情，溢于言表。当时革命的中心在广州，毫无疑问，鲁迅对这"革命的策源地"是有憧憬的。

不仅如此，他前往广州，主要还想在文艺和教育方面贡献自己的力量。同年十一月七日他在致许广平信中表露过自己的理想："其实我也还有一点野心，也想到广州后，对于研究系加以打击，至多无非我不能到北京去，并不在意；第二是同创造社连络，造一条战线，更向旧社会进攻，我再勉力做点文章，也不在意。"[④]这个不平凡的抱负，因创造社诸君星散而未能实现。尽管当时鲁迅与创造社存在着矛盾，但他有与创造社联合之意是毋庸置疑的。许广平在《关于鲁迅的生活·鲁迅的生活之二》中也回忆道："一到广州，先生就说：'我们应该同创造社的人联合，对文化有所贡献。'所以到不几天，怀着大量的高兴，就到创造社去访问。"事实上，鲁迅在广州就曾与创造社成仿吾等人联名发表过《中国文学家对于英国智识阶级及一般民众宣言》（原载一九二七年四月一日《洪水》半月刊第三卷第三十期，实际出版日期当在五月中下旬）。同时，在鲁迅离开广州前夕，创造社对他也有过友好的表示，他于同年九月二十五日致李霁野信中说：

---

① 原载 1961 年 9 月 21 日、22 日《光明日报》。

② 原载 1936 年 12 月 1 日《实报半月刊》第 2 年第 4 期。

③ 《两地书·四一》。

④ 《鲁迅致许广平书简》，河北人民出版社 1980 年版，第 129 页。

“创造社和我们，现在感情似乎很好。”这大概是指上一天日记所写的事：“往创造社选取《磨房文札》一本，《创造月刊》、《洪水》、《沉钟》、《莽原》各一本，《新消息》二本，坚不收泉。”可见，有的研究者怀疑鲁迅在广州与创造社的那段友谊关系是缺乏根据的。这个问题解决了，鲁迅赴粤的目的之一，原是想联合创造社发展文艺运动的提法就可以成立了。

此外，鲁迅在书信中一再表白：“到中大后，也许不难择一并不空耗精力而较有益于学校或社会的事。”①“中大如有可为，我还想为之尽一点力。”②“只要中大的文科办得还像样，我的目的就达到了。”③十分明显，鲁迅赴粤的另一目的，是办好中大文科，献身于教育事业。这点，已为后来的事实所证明。

有的论者认为，鲁迅“南来的动机不能说与革命无关，但已很迂回曲折了。在鲁迅心中并不这样想的。说他来广州是直接为了革命，这是别人给他安上的”。这种意见，笔者不敢苟同。既然鲁迅向往革命的广州，又希望在广州从事文艺和教育的实际工作，培养青年，造就人才，这不就是直接为了革命吗？哪有什么迂回曲折呢？

最后还应指出，鲁迅之所以奔赴广州，许广平的劝勉之功是不可没的。鲁迅与许广平经历了在北京的战斗洗礼，又分别在厦门和广州两地工作，感情日益深厚，可以说，他们此时的关系已经从师生、战友发展到恋人、战友了。这种感情，在《两地书》中已有相当真实的表露；而他们的原信，则表露得更为充分，许劝鲁赴粤的话比比皆是。例如，当鲁迅接到中大电邀不久，许广平即于十月二十三日去信介绍广州：“广州情形虽云复杂，但思想言论，较为自由，‘现代’派这里是立不住的，所以正不妨来一下。”四天后又去信评论中大：“中大较易发展，有希望，因为交通便利，民气发扬，而且政府也一气，又为各省所注意的新校。你如下学期不愿意再在厦大，此处又诚意相邀，可否便来一看。”再如当鲁迅去留难定，颇费踌躇的时候，许广平又于十一月十六日写信劝慰鲁迅说：“我觉得坦途在前，人又何必因了一点小障碍而不走路呢？……况且你敢说天下就没有一个人是你的永久的同道么？……现在是还有一个人在劝你，希望你容纳这意思的。”④鲁迅经不住许广平的再三婉劝，也于十二月二日向她表白：“我并非追踪政府，却是别有追踪。……所以无论如何，我还是到中大去的。”⑤甚而于次年一月二日直言不讳地说：“我

---

① 《两地书·七九》。
② 《两地书·一〇二》。
③ 《两地书·一〇五》。
④ 《两地书·七十七》。
⑤ 《鲁迅致许广平书简》，第149页。

近来很沉静而大胆，颓唐的气息全没有了，大约得力于有一个人的训示。……你的作工的地方，那是当不成问题，我想同在一校无妨，偏要同在一校，管他妈的。”[①]关于这件事，后来许广平回忆起来，觉得当时年轻无知，阅世不深，抱着梦幻而来，被假象所迷惑，竭力向鲁迅表示乐观。“因此，他之到广州来，论其实际我不能辞其责。”似乎有点内疚。其实这应该说是许的功劳，因为她“再三劝鲁迅去广东，也无非希望对革命的广州有所贡献”。[②]

也有研究者认为，鲁迅之所以去广州，一半以上的理由“是要找他的知心朋友，他的准爱人许广平”。“可以说他来广州的比较大的动机就是为了要和许广平在一起，亦即和月亮在一起。”这种过分强调许广平吸引力的论点，如同有意贬低乃至完全抹煞许广平特殊作用一样，都是经不起事实推敲的。

总之，鲁迅一方面憎恶厦门大学，又主要由于中共广东党组织的推荐、争取，与中山大学委员会的聘请、敦促，特别是鲁迅抱着向往革命、投身革命的决心，再加上许广平的再三劝慰，在客观条件和主观要求基本具备的情况下，鲁迅便离开了厦门，奔赴广州。

一九二七年一月十八日午后，春寒料峭，细雨霏霏，鲁迅到达广州长堤，寓宾兴旅馆。次日清晨，由孙伏园、许广平相助，移入文明路六号（即今文明路二一五号）中山大学中央最高处的大钟楼。鲁迅就住在大钟楼二楼西边，不久又与好友许寿裳合居一室，各取对角线两端，开始了新的生活。

二、青年的导师

鲁迅来到中山大学的消息，很快便传遍校园。要求讲演的，谈话的，题字的，撰序的，约稿的，问难的，接踵而来，房子里挤满了人，一天到晚闹个不亦乐乎。起初，各派政治势力、各类青年都来争取鲁迅。不久，鲁迅便觉察到某些人的吹捧和拉拢“是另有缘故的”，[③]因而警惕起来，冷然对之。惟独对共产党组织的毕磊、徐文雅、陈辅国等革命青年，以及其他进步青年，却亲密无间，热情指导。

首先，鲁迅启发青年认清政治形势的发展，鼓励他们起来大胆革新。

当时，虽然北伐军队胜利地向长江流域和黄河流域挺进，以湖南为中心的农民运动不断深入发展，但是国共合作的裂痕日趋明显，中国革命潜伏着严重危机。被称为“革命策源地”的广州，实际已经变成“革命的后方”，而且有可能成为“反革命的策源地”。

---

① 《鲁迅致许广平书简》，第 178—179 页。

② 《鲁迅回忆录·厦门和广州》。

③ 《而已集·通信》

鲁迅是抱着梦幻而来广州的，不久“便被从梦境放逐了”，觉得“这地方，却正是军人和商人所主宰的国土”。[①]

一月二十五日下午，鲁迅应毕磊、徐文雅的邀请，出席了中山大学学生会在大礼堂举行的欢迎会，并在会上发表演说。一方面分析当时广州的政治形势，指出它的严重危机。据徐文雅、许涤新等回忆，大意如下：我在厦门时听说广东是“革命策源地”，是很革命的地方，“赤化”了，“红”得很，既然如此，我便来看个究竟，是真革命还是假革命？哪知道跑来一看，我觉得广州还是旧的，并没有什么特别的情形。说是“革命”，就像满街红布标语中用白粉写的字——“红中夹白”，这种“革命”真使人有点害怕……一方面鼓励学生勇敢开创，冲破沉寂的局面。会后坚如（毕磊）写的《欢迎了鲁迅以后——广州青年的同学（尤其是中大的）负起文艺的使命来》一文作了引述：“广州地方实在太沉寂了。”“在现在，青年们有声音的，应该喊出来了。因为现在已不再是退让的时代。因为说话总比睡觉好。有新思想的喊出来，有旧思想的也喊出来，可以表示它自己（旧思想）之快将灭亡。顶怕是沉静不做声，以致新其衣裳，旧其体肤。只要你喊，如果你有声音，喊得不好听，创作得幼稚，这决不是可羞的事情，你看孩子们是不以自己的幼稚为可耻的。”[②]参加欢迎大会的人很多，礼堂的楼上楼下、通道窗口都站满了青年学生，他们亲聆鲁迅的教诲，加深了对“红中夹白”的政治形势的认识，增强了大胆呼喊、努力创作的勇气。

赞助青年学习马列主义革命理论，也是鲁迅热爱和关怀青年的一个重要方面。

在风雷激荡的大革命时代，为了用马列主义理论武装干部，以便更有力地向国家主义派、国民党右派和帝国主义的一切御用学生开展斗争，中共广东区委决定在中山大学举办以学习马列主义理论为主的“社会科学研究会”。该会于一九二六年十二月二十四日成立，选出欧阳继统、何思源、刘云门、李绍华、丘启勋、毕磊、李冰若、许金元、陆冠莹等九人为干事，实际领导人是毕磊，欧阳继统负责处理日常工作，何思源教授则是校方派来监视的。研究会内设社会学、经济学、政治学、社会问题、国际问题等五股十八组，中大党团组织抽调党、团员近一百六十人为骨干参加学习，连同校外进步青年四十四人共二百人左右。

该会在筹办过程中，屡遭学校当局的阻挠。据中大内部刊物《支部生活》第五期（约出版于一九二七年二月上旬）“内外消息”栏载：“社会科学研究会请求学校拨经费及地址，朱未答允。”经过多次交涉，校方声言“如系隶属委员会指导监督之下”，方能“视其情形，酌予津贴”。[③] 这样开展活动，无疑是很困难的。鲁迅从毕磊口中得知此情，十分愤

---

① 《三闲集·在钟楼上》、《三闲集·通信》。

② 原载 1927 年 2 月 7 日《做什么?》周刊第 1 期。

③ 《本校派教授任社会科学研究会指导员》，原载 1927 年 3 月 14 日《国立中山大学校报》第 6 期。

慨，决定对该会给予支持和赞助。一月二十七日下午，鲁迅在毕磊的陪同下，赴"社会科学研究会"作了热情洋溢的讲演，会后又与青年游览海珠公园，鼓励他们勇敢地斗争下去。他对青年富有创见的辩论也很感兴趣，有时特地跑到学生宿舍走廊去看那生动活泼的壁报，看得入神便留连好一会儿。他还资助过该会经费，《鲁迅日记》三月三十一日、四月十三日都写着："捐社会科学研究会泉十元。"青年学生在鲁迅的鼓舞下，都纷纷行动起来，自动捐书，"三十六人共六百五十三册"，办起了图书室，[①]并且编印了《一个最低限度社会科学的中文书目》，介绍了一批马列主义原著和辅导读物，发表在一九二七年五月十六日《国立中山大学校报》第十二期上。

关于鲁迅与"社会科学研究会"的问题，就笔者所涉猎的研究文章来看，颇有些失实或欠妥之处。例如上述沈鹏年的《史实》一文，所引《支部生活》第六期（实即"研究社会科学特号"）的材料，有的应在该刊第五期（如组织情况），有的则纯属虚构（如讲课情况），有的数字也不准确（如人数、组数）；此外，当时学生会主席李秀然只可召开"执委会"，但无权讨论"研究会"的计划；朱家骅当时只是中大委员会委员，并非校务委员会副主任。又如瀚若（许涤新）的《鲁迅战斗在广州》一文[②]，对中大"学生会"与"研究会"两个组织没有严格的区分，而把鲁迅一月二十五日出席学生会的欢迎会与一月二十七日赴社会科学研究会讲演混为一谈，并说毕磊是欢迎会的主席，都是不确的。再如张竞的《鲁迅在广州》一书（广东人民出版社一九七七年十一月初版），及《"和革命共同着生命"——鲁迅在广州时期的几件史实》一文[③]，都把捐书误作"五百多册"，而且把中大委员会委员长戴季陶的职务写成"校务委员会主任委员"。如此等等，都应该纠正。

鲁迅热爱和关怀青年的另一表现，是扶掖青年的进步文艺活动。

经过鲁迅在欢迎会上的呐喊与呼吁，沉寂荒凉的广州文艺界开始活跃。当时中山大学的周鼎培、林长兴（现名林楚君）、倪家祥、邝和欢、邱启勋、祝庚明（即祝秀侠）等，连同原广州文学会的罗西（即欧阳山）、赵慕鸿、黄英明、郑仲谟、冯慕韩、汪干亭诸人，在中大召开预备会议，决定组织"南中国文学会"，计划出版文学月刊《南中国》，邀请鲁迅莅临指导。他们原来的意图是文学要与革命的发展相适应，待北伐战争取得一定的胜利时，便可联合广西、湖南、江西、福建等地的文学青年共同研究，以发扬南中国文化。这个组织成员比较复杂，在文学上受鲁迅、创造社和冰心的影响较深，是一个不大严密的青年文学团体。鲁迅与孙伏园对这批文学青年是热爱支持的。

---

① 原载 1927 年 2 月《支部生活》周刊第 5 期。

② 原载 1976 年 10 月 20 日《历史研究》双月刊第 5 期，收入《永怀集》，上海文艺出版社 1980 年版。

③ 原载 1979 年 7 月 25 日《破与立》双月刊第 4 期。

三月十四日，“南中国文学会”举行成立大会。这天黄昏，春雨初霁，中大的周鼎培等到大钟楼邀请鲁迅参加座谈会。鲁迅穿着往常的灰布长衫，胶底布鞋，踏着月色和水痕，在几个青年的簇拥下，欣然走出校门。座谈会设在中大附近的惠东楼二楼太白厅（即今越秀南路一八六号东如茶楼内），时正七点，二十来人的茶话会便无拘无束地开始了。

据有关回忆资料，鲁迅将研究文学的经过、文学途径、研究方法，以及国内文坛近况，详为讲述，气氛甚为欢洽。当他谈到自己的经历时说：我小时候家境尚好，人家爱我像对王子一样敬重；待我家道中落了，人家又把我看成叫化子还不如。我觉得这并非人所生活的世界，我从小就恨透这个社会。又说：我走过的路子不好走，个人应走个人的路子。话题转到鲁迅的作品《祝福》，他提出了发人深省的看法：在那样黑暗、落后、愚昧的社会里，祥林嫂是无法摆脱她那悲惨命运的；问题不在于她能否用自己的力量冲破黑暗的环境，而在于中国民众能否了解这个社会的黑暗。与会青年向他介绍了广州油印过《阿Q正传》六十四开横写本，由惠爱中路昌兴新街二十号丁卜书店和受匡书店出售，每本一角钱，销行三四千本。鲁迅听着很感兴趣，并作插话：阿Q的形象是集合了许多人的特点写成的，借他表现国民性的弱点。这性格是历代统治者培养起来的，它与民主、科学精神格格不入。积弱之国不能奋发图强，必须揭露出来，使人警醒。青年们谈到今后的活动计划，准备出版《南中国》月刊，想请鲁迅撰稿。他勉励青年说：文章还是你们先写好，我以后再写，免得人家说鲁迅一到广州就找青年为自己捧场了。他还针对青年们担心刊物没有销路，风趣地说：想要刊物销路好也很容易，你们可以写文章骂我，骂我就有销路嘛！座谈会于九时在欢笑中结束，鲁迅自始至终兴致勃勃，侃侃而谈，青年们肃然静听，深受感染。可惜不久政局遽变，发生了“四一五”事件，已集齐文稿的《南中国》遂归流产，“南中国文学会”亦无形解体了。

欧阳山在《光明的探索》一文中说：座谈会的地点“在东如茶楼太白厅（现在的越秀南路东如饭店二楼）”，时间“大概下午二时”。① 这是不够确切的。据一九二七年三月十六日《广州民国日报》所载《南中国文学会之组织》，及同月二十八日《国立中山大学校报》第七期所载《本校同志发起组织南中国文学会》报道，都写作“于三月十四日晚七时，假座惠东楼太白厅开茶话会”；周鼎培于一九五九年九月十六日写的《关于鲁迅先生领导南中国文学社事》，亦作如是回忆；其他参加者林楚君、冯慕韩等亦说在晚上七时举行。可见时间肯定在晚上。地点亦已查明，在越秀南路一八六号，当年应叫惠东楼，以后才改名东如茶楼。至于鲁迅的谈话内容，欧阳山所记与当年报载及他人回忆颇有出

---

①　原载1979年2月20日《人民文学》月刊第2期。

入，尚待进一步调查研究。

最后，鲁迅还开办“北新书屋”，为青年输送精神食粮。

鲁迅初到广州，发现此地革命理论和文艺书籍都不是很多，大量是宣传品一类乏味的东西，而为北洋军阀效劳的《现代评论》却到处兜售。为了更有效地教育中大和广州青年，广泛传播革命思潮，争夺思想文化阵地，便“拟在学校附近设一售书处”，[①]专卖北新局和未名社的出版物，这便是后来的“北新书屋”。原先，孙伏园已在中山大学后街——惠爱东路的芳草街四十四号二楼租了房子，准备从外地运些新书来出售；可是书还没到，他便赴武汉筹备《中央副刊》去了。鲁迅接管了这房子，自己掏了六十块钱付房租，还乐观地说：虽然没有书，然而这总可以支持的，好在我在中山大学做教员，现在还没有欠薪水。[②] 不久，书籍陆续从北京、上海寄来了。因为多是北新书局出版的，但这里又不是书局，而是住户，故起名“北新书屋”；并委托许广平的妹妹许月平负责经营业务。

三月二十五日，“北新书屋”正式开张，顾客如云，门庭若市。房子的前厅用一块长条柜隔开，约三分之一位置给读者站立选购书籍，三分之二地方放着几个插满新书的架子。这里有鲁迅的著作《呐喊》、《坟》，翻译作品《出了象牙之塔》、《往星中》，刊物《莽原》半月刊、《北新周刊》等等。就是这栋砖砌围墙的小楼房，竟成了文艺沙漠中的一块小绿洲。青年们像蜜蜂飞进花丛一般，尽情地采撷着珍贵的养分。岂料，鲁迅做的是亏本生意，待到离粤前的八月十五日停业，将书籍点交给永汉路共和书局时，约欠八十元。他慨叹道：“别人做生意而我折本，岂不怪哉！”[③]鲁迅为了让生活在沉闷中的青年呼吸到一点新鲜空气，丝毫不计较自己付出的代价。

值得庆幸的是，广州的革命青年并没有辜负鲁迅的辛勤培育，他们更加奋发努力，勇往直前。比如一位署名“达”的青年在《“开学日”的今昔观》一文中写道：“自鲁迅先生来广州呐喊一声后，大家都感到羞愧，都想从此在文艺上或各种学问上做些工作。”[④]这正代表了广大青年的心声。

早于一九二六年十一月三十日斯大林在《论中国革命的前途》中指出：“谁也不像中国青年那样深刻而敏锐地体验到帝国主义的压迫，谁也不像中国青年那样尖锐而痛楚地感觉到必须和这种压迫作斗争。”“青年问题现在在中国有头等重要的意义。”[⑤]这是斯

① 《致韦素园》(1927 年 1 月 26 日)。

② 景宋(许广平)：《北新书屋》，原载 1927 年 3 月 31 日广州《国民新闻》副刊《新时代》第 35 期。

③ 《致章廷谦》(1927 年 8 月 17 日)。

④ 原载 1927 年 3 月《国立中山大学开学纪念册》。

⑤ 《论反对派》第 305—306 页，人民出版社 1972 年版。

大林看了关于中国革命问题的几份提纲及谭平山的两份报告后，在共产国际执行委员会中国委员会会议上讲的，不少观点针对当年广东情况而言。当年广东的党团组织对青年工作也十分重视。鲁迅一贯热爱和关怀青年，到广州后几乎在青年的包围中生活。目前虽还没有材料说明鲁迅当年接触过这篇著作（日译本《论反对派》至一九二八年二月十三日鲁迅书账始出现），但从他团结和教育进步青年的行动来看，鲁迅的思想是与革命运动的精神相通的，他不愧是革命青年的良师益友。

三、主持中大教务

鲁迅于一九〇九年夏从日本回国，先后在杭州、绍兴的三所师范和中学任教，接着在南京、北京的两个教育部任职，并在北京的八所学校兼课，以后又赴厦门大学教书，一九二七年春抵广州中山大学执教。他从事教育的实际工作和领导工作达十八年之久，可以说是一位杰出的教育家。

但在他的教育生涯中，广州是有着特殊意义的一段。他不仅是著名大学唯一的正教授，而且任文学系主任兼教务主任，这在他一生中是绝无仅有的。同时，这也成为鲁迅教育活动的转折点，他从愤然辞去中山大学一切职务后，除几次应邀赴各校讲演外，便几乎不再涉足教育界了。他认为“教界这东西，我实在有点怕了，并不比政界干净”。[①]并表示“政教两界，我想不涉足，因为实在外行，莫名其妙”。[②] 更重要的是，他在这里经历了“四一五”事件的黑暗时期，认识到“同是青年，而分成两大阵营”，因此“轰毁”了进化论的“思路”，[③]进而坚信“惟新兴的无产者才有将来”。[④]

鲁迅在中山大学（不是在广州）的主要活动，应该是教学活动。因为其他活动都是暂时性的，甚至是应酬性的，而教学活动，在这段时期内却是经常性的，它占去鲁迅的主要精力和时间。他多次说过：“我到中山大学的本意，原不过是教书。”[⑤]“我是来教书的，不意套上了文学系（非科）主任兼教务主任；不但睡觉，连吃饭的工夫也没有了。”[⑥]特别是《在钟楼上——夜记之二》，对补考与开课这类繁忙的教务工作有过详尽的叙述，如：“于是点头开会，排时间表，发通知书，秘藏题目，分配卷子……于是又开会，讨论，计分，发榜”等等。所有这些，鲁迅当时并无怨尤，事后回顾才不禁慨叹：“人是多么和有限的

① 《致章廷谦》(1927年5月15日)。
② 《致翟永坤》(1927年9月19日)。
③ 《三闲集・序言》。
④ 《二心集・序言》。
⑤ 《而已集・通信》。
⑥ 《致章廷谦》(1927年2月25日)。

生命开着玩笑呵。”非常可惜，对于鲁迅在中山大学教学活动和教育思想的研究，目前还是一块有待开拓的荒地；有关专著和文章，都极少涉及；有些文章，或则语焉不详，甚或论述乖舛。究其原因，一是认识不足，二是史料缺乏。现在该是认真探讨这个课题的时候了。

二月十日《鲁迅日记》记载：“被任为文学系主任兼教务主任，开第一次教务会议。”当天《广州民国日报》以《中山大学新聘定之各科系主任》为题，最先报道了此事。教务处成立于一九二七年一月，鲁迅是第一任正主任，后增副主任黎国昌，文科主任是傅斯年，文学系主任由鲁迅兼。按照三月一日制订的《国立中山大学规程》规定：“教务会议主席召集教务会议，并总持教务处执行议决案。”“教务会议职司各科教务之整齐，并会通下列事件：(一)审议学生之入学作业及考试事件；(二)审议本校之学术讲演及出版事件；(三)草拟预算之按科分配；(四)学系之增废建议于评议会；(五)其他教务之不专属于任何一科者。”(原件无标点，现由笔者拟加)可见，作为教务主任的鲁迅，曾是中山大学教务的主持者，事无巨细他都得亲自过问。他的教务工作，可归纳为如下几个方面。

补考复试和编级试验。复试就是甄别考试。广东大学改名中山大学，并改校长制为委员制之时，国民政府曾下训令，规定“全体学生一律复试，分别去取”。复试科目为国文、数学、外国语，标准分最高、最低两种，试题分三等。本科生三科中有一科合最低标准者给予录取，三科不及格者视在学时成绩而定；预科生三科中有一科及格者给予录取，三科不及格者视审查结果而定。凡作不及格论者，则开除学籍，或留校补习。学校成立复试委员会主持其事。复试时间，本科为一九二六年十一月九日、十日，预科为十三日。结果，本科及格者八百六十五人，不及格者一百〇一人；预科及格者七百五十二人，不及格者一百七十五人。如因故未参加前次复试者，经委员会批准，可于一九二七年二月十六日、十七日、十八日及三月四日、五日补试。补考复试结果，本预科及格者二十三人，据最后统计，复试及格者，本科九百三十三人，预科七百七十九人，全校共一千七百一十二人(这个统计并不完整)。

鲁迅到中山大学时，复试已告一段落，即由教务主任会同各科主任组织考试委员会，办理补考复试和编级试验等事宜。编级试验包括：原广东大学专修学院停办，其学生经过成绩审查和编级试验后，可特别通融插入中山大学相当班次；成都、杭州、厦门等地学生因反抗斗争而被迫离校，报考中山大学者可通融办理，他们只需要接受转学编级试验。考试时间在二月十六日、十七日、十八日，补试在二月二十八日、三月二日举行。结果录取外地学生和专修学院学生预科三十八人，本科五十人。外地落第生还可入补习班，或分送相当学校。此项工作委实烦琐，难怪鲁迅《在钟楼上——夜记之二》作这般叙述,称为“忙碌的时期”了。

召开会议和草拟文告。鲁迅任职期间,主持过第一至第七次教务会议,都已记录在案,时间依次为:二月十日、二月十五日、二月二十一日、二月二十五日午后二时、三月十一日下午二时、三月二十五日、四月十四日午后二时。六次会议纪事录均载《国立中山大学校报》,第四次会议录该刊只列目录而无正文,另收入《国立中山大学十五年度教务会议纪事录》中,这是研究鲁迅在中大教育思想的一个重要依据。他还参加过第一次考试委员会会议、文史科第一和第二次教授会议、组织委员会第一次会议、预科第三次国文教务会议,时间分别为二月十日、二月十二日、二月二十四日、三月三十一日下午四时半、四月十三日下午二时半。

至于草拟文告,在补考与开学前后理应不少,但目前只发现《教务处布告》一份,[①]写于二月二十三日,签署“主任周树人”,是专为补行第二次编级试验而公布各科系应考科目的。这是迄今为止尚未编入鲁迅各种集子的一篇佚文。另一篇《本校教务处概况报告》,[②]约写于二月底三月初,没有署名,是否鲁迅所作,尚待研究;不过报告中同情并支持被压迫学生,体现了鲁迅的思想,亦有可能出于他的手笔。此外,中山大学为解决各科院散处、科部繁多所造成的联络困难,特于三月底成立了组织委员会,聘请杨子毅、饶炎、黎国昌、傅斯年、周树人五人为委员,以杨子毅为主席。从组织委员会第一次会议纪事录来看,该会的主要任务之一是根据各处科部的办事细则,制订教务处及事务处管理的通则,而教务处的办事通则是由周树人与傅斯年拟定的,可惜目前尚未发现。鲁迅曾任中山大学组织委员会委员这个职务,过去几乎没有人提及,这也应该引起研究者的注意。

开学准备和上课科目。中山大学于一九二七年一月二十七日至二月十五日放寒假,二月十六日、二十日学生注册,二月二十四日至二十六日学生选科,三月一日开学典礼,三月二日正式上课,三月二日至五日本校学生转科报名,三月七日至九日转科考试。鲁迅作为文学系主任兼教务主任,工作之繁杂是可想而知的。开学典礼上还要他作《读书与革命》的讲演。所以他在五月三十日致章廷谦的信中说:“中大当初开学,实在不易,因内情纠纷,我费去气力不少。”这还不够,鲁迅还要亲自上课,科目如下:

文史科选修科目

文艺论	三时	二百〇四人

文学系中国文学组必修科目

---

① 原载1927年3月14日《国立中山大学校报》第6期。

② 原载1927年3月《国立中山大学开学纪念册》。

文艺论	三时	二百〇四人
中国文学史(上古至隋)	三时	五十人
中国小说史	三时	七十九人

文学系中国文学组选修科目

中国字体变迁史(暂缓开始)	三时	

文学系英国文学组必修科目

文艺论	三时	二百〇四人

现根据上述材料,探讨一下鲁迅在中山大学教育思想的特点。

第一,深刻阐明读书与革命的辩证关系。鲁迅在开学典礼上作了《读书与革命》的讲演,接着又写了《中山大学开学致语》的文章。他根据孙中山关于"读书不忘革命,革命不忘读书"的口号,针对当时北伐战争胜利进展的革命形势,深刻地阐述了读书与革命、后方与前线的关系。

一方面,他勉励青年学生在平静的环境中要努力探索学术,认真读书,"因为大学是叫青年来读书的",革命是需要学识和经验的。但"念书固可以念得革命","也可以念成不革命,念成反革命",青年应有所警觉。因此,中山大学"必须为革命的精神所弥漫;这精神则如日光,永永放射,无远弗到"。在校学生"须有奋发革命的精神,增加革命的才绪,坚固革命的魄力的力量";否则,革命的后方便成为懒人享福的地方。中山大学也就毫无意义,只能使"国内多添了许多好看的头衔"罢了。

另方面,他要求青年学生积极从事革命工作,把革命的伟力扩大,因为"本来青年原应该都是革命的"。这里,既有历史的使命:许多事情古人早该做而未做,于是压在后人肩上,"后人要负担几千年积下来的责任。这重大的事,一时做不成,或者要分几代来做";又有现实的斗争:现在地方上的一切还是旧的,还没有动手改革,"对于一切旧制度,宗法社会的旧习惯,封建社会的旧思想,还没有人向他们开火!"中大学生"应该以从读书得来的东西为武器,向他们进攻"。总之,"一方要读书,一方又要革命。"读书与革命休戚相关,后方与前线呼吸与共,"希望中山大学中人虽然坐着工作而永远记得前线。"这种富有战略思想的告诫,即使到了半个多世纪后的今日,仍不失其固有的光辉。

第二,勇于改革旧的教学制度和教学方法。鲁迅在主持中大教务期间,召开过七次教务会议,出席过两次文史科教授会议和一次预科国文教务会议,还参加过各种教学规章的制订工作,都表现出他的革新精神。在会议及文告中,明确规定"本科寓学年制于学分制中"。文史科不复以年级编排课程,而分科目为必修和选修两类,除必修科外,学生可根据各人爱好及年级高低选择所修科目。"本预科一律收旁听生。"还拟组织学生求学顾问团体,使学生早有读书的便利。在科目和教材上要删繁就简,"科目中比较不重要者,删去该科目。""教材中比较不重要者,删去不重要部分。"……上述决议,不一定全是鲁迅提出,但至少是他同意的。所有这些,在当时无疑有利于发挥学生学习的积极主动性,促进教学质量的提高。

第三,同情并支持被压迫青年入学。当年,成都华西大学的学生,为反对帝国主义,反抗万县惨案,遭学校当局迫害而全体退学;浙江工专的学生,为反抗军阀学阀,亦大部分被迫离校;厦门大学的学生,因反对学校当局的腐败黑暗,跟随鲁迅南下。三地学生相率赴粤,投考中大。鲁迅对这批被压迫青年是同情和支持的,学校也决定通融办理,到注册科报名,即进行转学编级考试。除录取相当部分外,还特地为落第生设补习班,并转请分送相当学校,插入各班学习。

对朝鲜及我国台湾等地类似此种情况的学生想入中大,经严格审查核实后,也实行优待,办法如下:一、免收学费;二、入学编级等考试从宽办理,如其程度与中大学生不能一致,则设法助之补习。开学前,留粤韩国(朝鲜)革命青年会执行委员会介绍韩国学生洪殷杓、金元植、崔文哲、崔高明、金正石等五名入学肄业,即依优待惯例办理:凡韩国学生经济不能自给者,经核准后可免缴学费、图书费、膳费及宿费;但其余学生会费、体育费等项,仍须遵章缴纳;须到中大注册科报到,办妥正式入学手续,方得享受优待权利。不久又介绍韩国学生金世融、朴青、李洁、金静轩、赵勤等五名进校,亦照此办理。但后来留粤韩国革命同志会保送洪日教等六人入学,要求优待,未予批准,因为此时开课已久,学额又满,即使勉强为所请,亦于学业无益。台湾学生联合会也曾保送四名学生转入中大法科本科二年级肄业,由教务处出面与法科商谈办理。此外,对华侨学生亦给予适当照顾,如编级试验未有成绩者,可从宽处理,视其将来的成绩如何再决定录取的标准。鲁迅对被压迫民族和人民是同情和支持的,表现在教育工作方面也是一贯的。

第四,为建立良好的教学秩序而严格要求教员和学生。良好的教学秩序,是搞好教学的必要保证。鲁迅对补考复试和编级试验的要求是严格的,会议议决对犯规者作如下处理:"夹带扣平均分数五分,交谈旁窥扣平均分数三分,枪替不取。"例如查出预科一年文科转学生杨怀新系冒名,即行取消学籍。上课时坚持点名制度,限制学生不得借故请假或任意缺席,并公布了《本校学生请假规则》(修正草案)。对教师亦然,要求各科预先排好所有功课,再由全校统一沟通。教师"最好能将讲义编出,不得已,则编详细纲目"。同时也修订公布了《教员请假规则》,特别补充下列内容:"教员非因校事请假,在一星期以上者,须得委员会之许可。二星期以上者,并须请人代课,代课之人,须得该科主任同意。"还规定:自二月二十五日后,既不参加教务、教授、各科系会议,开课后,又不到校上课者,二月份起,所有薪水,即停止发给,并失去其教员资格;其已参加各会议,而开课后十日尚不到校上课，又无特别理由，函达委员会许可者，只发其在校时薪水，自三月份起，并失去其教员资格。例如文科教授刘云门离校赴南昌工作，便停发二月份薪水，实行经济制裁。

鲁迅虽然严格要求教员和学生，但还是注意倾听师生合理的呼声，坚持民主作风的。预科一年乙部C班学生，请加理化两科各一小时，会议议决便准如所请。

第五，以身作则加强教学工作。鲁迅在中大身负重任，教务繁忙，但他仍积极参与具体的教学工作。他担任文艺论、中国文学史（上古至隋）、中国小说史三门课程，还计划开中国字体变迁史，后因故暂缓而终未成。文艺论以他翻译出版的日本厨川白村的《苦闷的象征》、《出了象牙之塔》为教材，结合中国的文艺现象，给予辩证唯物主义的解释。中国文学史是采用在厦大编写的《中国文学史略》油印讲义（未完稿），中大重印时易名《古代汉文学史纲要》，即现今的《汉文学史纲要》，但在广州有无新编或修改，待考；这部文学史杰作发前人之所未发，言前人所未言，至今仍闪耀着熠熠的思想光芒。《中国小说史略》则完全是他新拓的领域，他早在北大任教时已编就这本中国第一部小说史，现在已被公认为不可多得的学术名著。

他的工作量相当大，选修的人盛况空前，不仅文学系的学生都去听，外系的学生也去听，连四周的窗台也坐满了人，还有不少站在窗外旁听。鲁迅讲课深入浅出，生动活泼。跟随他自厦大转学而来的刘焕堃回忆说："他的讲课，有时口若悬河，滔滔不绝；有时如清泉入涧，清晰动听；有时又慷慨淋漓，感人肺腑。"当年常听鲁迅讲课的欧阳山也回忆道："他非常幽默，常常讲一些引人发笑的话，但自己却不笑；因为他的态度那么严肃，更引得课堂里的学生们哈哈大笑。"[①]他虽然没有写过"教学法论"之类的文章，却在具体的教学实践中为教师作出楷模。鲁迅真不愧为"以身作则的教育家"。[②]

四、愤然辞职

一九二七年三月二十九日黄花节那天，鲁迅从大钟楼移居东堤白云路白云楼二十六号二楼（即今白云路五号二楼西户），与许寿裳、许广平合居三房一厅。"四一五"事件后，鲁迅又辞去中山大学一切职务。究竟鲁迅为什么辞职？目前尚有争论；至于辞职的

---

① 原载1979年2月20日《人民文学》月刊第2期。

② 郭沫若：《体现自我牺牲的精神——鲁迅逝世二十周年纪念会的开幕词》，原载1956年10月30日《文艺报》半月刊第20号附册，收入《雄鸡集》，北京出版社1959年版。

时间问题,更是众说纷纭。这里姑且谈谈笔者的看法。

关于鲁迅辞职的原因,最早见诸文字的是孙伏园《鲁迅先生脱离广东中大》一文,[①]文内引用四月二十五日鲁迅的学生谢玉生的来信说:“迅师此次辞职的原因,就是因顾颉刚忽然本月十八日由厦大来中大担任教授的缘故。顾来迅师所以要去职者,即是表示与顾不合作的意思。”这种把辞职原因完全归于与顾不合的看法,显然是片面的;但该文流传不广,影响不大。继而是许寿裳、许广平、周作人编的《鲁迅先生年谱》[②],在一九二七年四月十五日条下记有:“赴中山大学各主任紧急会议,营救被捕学生,无效,辞职。”这又把辞职的原因归结为国民党发动“清党”运动了。此说一出,广为传播,为以后各家所袭用,几成定论。不久前,陈漱渝先生作《鲁迅为什么辞去在中山大学的职务》一文对这种传统看法提出异议,他引用了多封鲁迅自己写的信,引用了顾颉刚致胡适的信、谢玉生致孙伏园的信、周建人致周作人的信,还引用了许寿裳回忆鲁迅的文章,反复说明“把鲁迅辞职的原因简单概括为‘营救学生无效’,是很不全面的”,认为必须考虑“鲁迅跟顾颉刚之间产生尖锐矛盾的真实原因”。[③] 毫无疑问,陈文在探索这个问题的道路上跨进了一大步。不过,若要揭示事物的本质,还有两点值得研究。

其一,研究鲁迅辞职的原因,全面分析应该指出重点。陈文拟对鲁迅辞职的原因作全面的考察是对的,不足之处是没有指明主要原因。文中既肯定许说“无疑有正确的一面”,又认为谢说“是很可宝贵的资料”,有时似乎“强调跟顾颉刚的矛盾”。究竟哪一种是主要的呢,还需要作些具体分析。

鲁迅与顾颉刚的矛盾是客观存在的,而且由来已久。一九七五年春,笔者有机会访问过顾先生,并翻阅过部分《颉刚日记》,尔后又看到一些当年他致友人的信件,对鲁顾之争作过初步调查,事情经过大约是这样的:早在北京时期,鲁迅在北京大学任讲师,兼研究所国学门委员;顾颉刚亦在北大图书馆当编目员,后任国学门助教,跟随胡适从事考据工作。顾曾说鲁迅《中国小说史略》中《红楼梦》的人物关系表,是抄袭日人盐谷温《支那文学概论讲话》的,后来陈西滢在《闲话》和《致志摩》里以此揶揄鲁迅,鲁迅便作《不是信》等文回击。

到了厦门时期,鲁迅任厦门大学文科国文系教授,兼国学研究院研究教授;顾颉刚亦一跃而为厦大国学院研究教授,兼国文系名誉讲师,两人裂痕加深,直接表现为“鲁迅

---

① 原载1927年5月11日汉口《中央副刊》第48号。

② 《鲁迅先生纪念集》,上海文化生活出版社1937年10月19日初版。

③ 载1980年10月《鲁迅研究资料》第6辑,收入《鲁迅史实新探》,湖南人民出版社1980年9月出版(附注:1982年6月第2版增订本抽去此文)。

派”和“现代派”的斗争。顾在日记中谩骂“鲁迅三大主义”颇为激烈，鲁迅后来回忆道：“我在厦门时，很受几个‘现代’派人的排挤，我离开的原因，一半也在此。”①

及至广州时期，矛盾继续发展。一九二七年三月中旬，中山大学文科主任傅斯年“极意相招”，准备委任顾颉刚为东方语言历史科学研究所教授，兼文科史学系主任。顾颉刚便于四月十五日离开厦门，四月十七日到达广州（陈文据谢信，有小误），但未进中大，只住在东山启明三马路二楼容肇祖（容庚之弟）家。五月十七日，朱家骅改派他往上海、杭州一带购买图书。当三月下旬鲁迅得知傅斯年要聘顾颉刚来中大任教的消息后，便声明“鼻（按：指顾颉刚）来我走”，并于三月二十九日搬出中山大学，移居白云楼。傅见势不妙，即与鲁商谈，改派顾赴京沪买书，且将此事去信告知顾。顾颉刚于四月十日致友人信中有言：“弟事果为鲁迅所阻，今改派弟购书。”可见他在四月二十八致胡适信中说“孟真来书未能接到，我就单身到粤观看情形”是不真实的。鲁迅对此事做过如下的叙述：“当红鼻到此时，我便走了；而傅大写其信，给我，说他已有补救法，即使鼻赴京买书，不在校；且宣传于别人。我仍不理，即出校。现已知买书是他们的预定计划，实是鼻们的一批大生意，因为数至五万元。”②

鲁迅与顾颉刚矛盾的高潮在七月间。五月十一日汉口《中央副刊》第四十八号发表了孙伏园的《鲁迅先生脱离广东中大》，全文包括“谢玉生先生的来信”、“鲁迅先生的来信”、“希望鲁迅先生来武汉”三节。七月二十二日，顾颉刚在杭州接到前妻殷履安的来信，并附来此报副刊。顾读后大为恼火，而对鲁迅信中所说“在厦门那么反对民党，使兼士愤愤的顾颉刚，竟到这里来做教授了”一句，特别反感。当天他即给友人写信云：“弟现已觅得谬据，决于此数月中对他们作一报复，把鲁迅打得永无翻身之日。”七月二十四日又写了两信给鲁迅，一封寄往中山大学转交，另一封则从江绍原处探知住址而直接寄白云楼。信中声言“拟于九月中回粤后提起诉讼，听候法律解决”，警告鲁迅“暂勿离粤，以俟开审”。鲁迅亦于七月三十一日写了《辞顾颉刚教授令“候审”》，“给他小开玩笑”。在此前后，鲁迅还在一些文章中稍带讽刺几句。九月二十七日，鲁迅委实呆不下去了，便与许广平离穗赴沪。十月十三日顾颉刚回到广州时，已是人去楼空了，这场官司遂告流产。直到一九五六年三月十一日，顾颉刚将有关材料的照片送交许广平，此事算是了结。

平心而论，在这场鲁顾的纠葛中，就主要方面来说，鲁迅无疑是正确的，但毋庸讳言，双方都存在着某些误会和偏见。顾令鲁留粤“候审”，未免显得横行霸道；而鲁说顾

---

① 《致李霁野》（1927年4月20日）。

② 《致章廷谦》（1927年5月15日）。

“反对民党”，亦非事实。一九二七年二月二日顾颉刚在致胡适信中分明写道：“我深感到国民党是一个有主义、有组织的政党，而国民党的主义是切中于救中国的。……我对于他们深表同情，如果学问的嗜好不使我却绝他种事务，我真要加入国民党了。”①上述的鲁顾矛盾及其发展，就是鲁迅辞去中山大学一切职务的原因之一。

促使鲁迅辞职的另一缘故，是“四一五”事件的发生。继上海“四一二”事件后，广州亦于四月十四日深夜搜捕共产党人和革命群众。据当年报载，当天二千四百余人被捕，仅中山大学就有三十多人，其中包括常与鲁迅联系的毕磊、陈辅国在内。鲁迅特为此事奔走营救，次日上午即赴校了解情况，下午召开各科系主任紧急会议；尔后又是“捐慰问被捕学生泉十”，又是“失眠”，最后终于“辞一切职务”。

这方面的材料是充分的，在鲁迅著作及他人回忆中都有记述。许寿裳的《亡友鲁迅印象记·广州同住》一文写道：“清党事起，学生被捕者不少，鲁迅出席各主任紧急会议，归来一语不发，我料想他快要辞职了，一问，知道营救无效。不久，他果然辞职，我也跟着辞职。”许广平的《鲁迅回忆录·厦门和广州》一文也有类似记述：“鲁迅悲愤填膺地力争，坚持营救学生，未获通过。……结果力争无效，鲁迅独自宣布辞职。回到白云楼，把经过一一向许寿裳先生细说，气得连晚饭也未进一口。”最能说明问题的是鲁迅于一九三四年三四月间为美国伊罗生出版《草鞋脚》而写的《自传》：“国民党北伐分明很顺利，厦门的有些教授也到广州来了，不久就清党，我一生从未见过有这么杀人的，我就辞了职。”正因为发生了这一重大政治事件，鲁迅才于一九二七年四五月间三次“寄中山大学委员会信并还聘书”，一次“复中大委员会信”，不管校方如何挽留，他都坚意辞职，义无返顾。

上述两种原因，孰主孰次？只要两相比较，是不难找出答案来的。笔者认为，鲁迅与顾颉刚的矛盾及其发展，可以说是远因；但它终究是个人意见的不合，它虽使鲁迅于3月下旬萌生过辞职的念头，可终未成事；而且这种矛盾的尖锐化在七月间，当时鲁迅早已辞职了，因此不能说这是主要原因。起决定作用的却是“四一五”血腥大屠杀的发生，这是近因，属于政治性质，鲁迅“被血吓得目瞪口呆”，愤然辞职，以示抗议；而且辞职与挽留的高潮是在四五月间，也反证出这正是主要原因。

总之，从事物的性质、发展及其结果来分析，鲁迅辞职的主因，应该是国民党的“清党”运动。剩下的问题是如何理解一九二七年五月三十日鲁迅致章廷谦的信：

> 不过事太凑巧，当红鼻到粤之时，正清党发生之际，所以也许有人疑我之滚，和

---

① 《胡适来往书信选》上册，第426页，中华书局1979年版。

政治有关，实则“鼻来我走”（与鼻誓不两立，大似梅毒菌，真是倒楣之至）之宣言，远在四月初上也。然而顾傅为攻击我起见，当有说我关于政治而走之宣传，闻香港《工商报》，即曾说我因“亲共”而逃避云云，兄所闻之流言，或亦此类也。然而“管他妈的”可也。

鲁迅这段话，主要是针对论敌及别有用心的人对他的构陷而发的，那些人说他因“清党”而逃避，因“亲共”而赴汉，意在提醒反动当局给他治罪，所以有必要“澄清”，以掩盖辞职的主因是政治原因。况且，鲁迅这段话也没有说他辞职与政治无关，相反，在上面所引的《自传》中特别点明辞职与“清党”的关系。再者，鲁迅这段话也有误记的，比如宣言“鼻来我走”不在四月初上，而在三月下旬。因此，不能单凭这段话来否定鲁迅辞职的政治原因。

其二，研究鲁迅辞职的原因，不应把搬出中山大学与辞去一切职务混为一谈。这本来是相联系又相区别的两个问题，但有些文章却合而为一了。鲁迅初到广州居住大钟楼，干扰颇大，早想迁出。一月二十九日致许寿裳信即说：“弟现住校中，来访者太多，殊不便，将来或须赁屋，亦未可知。”三月十五日致李霁野信又说：“住在校内，是不行的，从早十点至夜十点，都有人来找。我想搬出去，晚上不见客，或者可以看点书或作文。明天我想去寻房子。”果然，次日“午后同季市、广平往白云路白云楼看屋，付定泉十元”。三月二十九日，“移居白云路白云楼二十六号二楼。”（均见《鲁迅日记》）

由此可知，当初鲁迅搬出中山大学原想排除干扰，利用时间读书和写作，与辞职并无关系。正如许寿裳回忆的那样：白云楼“地甚清静，远望青山，前临小港，方以为课余可以有读书的环境了”。岂料那时恰巧聘请顾颉刚来中大任教，鲁迅宣言“鼻来我走”；还说“我因为谨避‘学者’，搬出中山大学”。[①] 这又把移居与辞职联系起来了。即使这样，两者依然不能画上等号，鲁迅当时只有辞职的想法，而无实际的行动，移居是为谨避“学者”，而非脱离中大，鲁迅的正式辞职，比搬出学校要晚一个月。所以，搬出中山大学，不等于辞去一切职务；鲁迅因谨避“学者”而移居白云楼，不能说成鲁迅辞职的原因就是与顾颉刚的矛盾。这样，才有利于将鲁迅辞职的真正原因彻底弄清。

关于鲁迅辞职的时间，说法将近十种，时间相距两月，中间隔着一个重大政治事件，也是需要研究清楚的问题。按辞职时间先后而论，最早的一种说法是鲁迅自称：“中山大学的一切职务，我于三月间已辞去了，在此已经闲住了六个月。”[②]这与顾颉刚于同年四月二十八日致胡适信所说“孟真告鲁迅后，鲁迅立时辞职”相近，指的是“鼻来我走”之

① 《而已集·略谈香港》。

② 《致翟永坤》（1927年9月19日）。

事。显然，这是把搬出中山大学与辞去一切职务混淆起来，实际上鲁迅辞职的时间并不在三月间。

另一种有代表性的说法是四月十五日下午。上文引用许广平《鲁迅回忆录·厦门和广州》即持此说，她在《回忆鲁迅在广州的时候》，也说鲁迅当天参加各科系主任紧急会议营救被捕学生无效，“鲁迅在这场合，看着不能扭转局势，即表示辞职，以表明抗议这种蛮横无理态度。”[①]此外，何思源《回忆鲁迅在中山大学情况》也有类似的说法。[②]

笔者认为，此说如果理解为鲁迅出于激愤而口头宣布辞职的话，亦未尝不可，但并非正式辞职，时间也不能从四月十五日算起，因为鲁迅与许寿裳都否定过此说。上文引用许寿裳《亡友鲁迅印象记·广州同住》便是如此，当日鲁迅只是“快要辞职”，“不久”他才“果然辞职”。还有，鲁迅于四月二十日致李霁野信中又说：“所以我决计于二三日内辞去一切职务，离开中大。”可见鲁迅在四月二十日尚未辞职，这点他大概不会误记的吧。

值得注意的是，近年来流行着鲁迅于四月二十一日辞职的说法。此说最先见于江立编的《鲁迅在广州大事表》，在四月二十一日项下记有：“向中山大学正式提出辞职，以抗议国民党反动派的反革命暴行。”[③]尔后，中国社会科学院文学研究所近代文学组《鲁迅手册》试编本（一九七七年人民文学出版社内部出版），复旦大学、上海师大、上海师院编《鲁迅年谱》上册（一九七九年三月安徽人民出版社出版），鲍昌、邱文治编《鲁迅年谱》上卷（一九七九年六月天津人民出版社出版），马良春、张大明编《三十年代左翼文艺资料选编》的《左翼十年大事记》（四川人民出版社一九八〇年十一月初版），以及上文提到的陈漱渝《鲁迅为什么辞去在中山大学的职务》等等，均沿用此说。笔者对其论据作过几个方面的考察，认为这种说法是很可疑的。

首先，此说主要根据鲁迅致孙伏园信中所称“我已于上星期四辞去一切职务，脱离中大了”而推算来的。这信只留片断，没署写作日期，发表在一九二七年五月十一日汉口《中央副刊》第四十八号上，作为伏园《鲁迅先生脱离广东中大》一文的第二节。这封信究竟写于何时？上星期四是哪一天？还是一个谜。持此说的同志普遍查《鲁迅日记》，从四月十五日起至五月十一日止，只在四月二十六日有“上午寄伏园信”的记载，据此推定这封信是四月二十六日写的；又以此为标准，上溯上星期四当为四月二十一日，即鲁迅辞职的时间。不难看出，这种推算方法并非万无一失，因为鲁迅写的书信很多不见于日记，难保这封信亦属漏记之列，不一定就是四月二十六日写的；既然写信的时间

① 原载1976年10月《鲁迅研究资料》第1辑。
② 原载1979年2月《鲁迅研究资料》第3辑。
③ 原载1973年11月15日广州《图书馆通讯》第2期。

尚未确定，一个月内应有四个星期四，不一定就是四月二十一日；即便如日记所言，但按鲁迅夜晚写信、翌里寄出的习惯，与其说是四月二十六日写，毋宁说是四月二十五日夜写更切合实际，何况这还是一个假说呢。因此，这种推算建立在假说的基础上，不一定可靠。

其次，持此说的论者引用鲁迅和他人的信加以印证，也是站不住的。例如四月二十日鲁迅致李霁野信中说“我决计于二三日内辞去一切职务”。这只是预计，并非结果，又与四月二十一日不合，不能作为主要依据；又如四月二十五日谢玉生致孙伏园信中说：“迅师本月二十号，已将中大所任各职，完全辞卸矣。”这只是他人的一种说法，且与鲁迅说法不符，若以此为据，势必引起更大的混乱。

此外，持此说的论者还有一个理由，就是辞职不必退还聘书。当年社会风尚如何，笔者自愧无知，但有一点可以肯定，鲁迅在厦门大学辞职也是退还聘书的。鲁迅原是订约任教两年的，结果不到半年便辞职了。且看《鲁迅日记》，一九二六年十二月三十一日写着：“辞厦门一切职务。”次年一月三日又写着：“晚刘楚青来挽留并致聘书。”可见鲁迅提出辞职的同时也退还了聘书。厦大尚且如此，中大岂能例外？事实正是这样，请看《鲁迅日记》，一九二七年四月二十九日分明写着：“上午寄中山大学委员会信并还聘书，辞一切职务。”因此辞职不退还聘书的理由也是不能成立的。如果把两者割裂开来，就会像两种《鲁迅年谱》那样陷入不能自拔的矛盾：因为在四月二十一日项下已写上“辞去中山大学一切职务”，所以在四月二十九日项下只能写“寄中山大学委员会信并还聘书”，而不敢再写“辞一切职务”了。这岂不是改变了《鲁迅日记》的原意了吗？

既然上述几种说法都有懈可击，那么鲁迅辞职的时间应该如何确定？问题本来很简单，只要按《鲁迅日记》当天记述就能迎刃而解。四月二十八日：“夜中大学生会代表陈延光来，并致函一封。”四月二十九日：“上午寄中山大学委员会信并还聘书，辞一切职务。”陈延光在“四一五”后当上中大学生会主席兼国民党中大特别党部改组委员会委员，他来谈的大概是鲁迅的去留问题，鲁迅自然不会高兴。按鲁迅写信和投寄的习惯，当是二十八日星夜写好辞职书，二十九日清晨寄信并还聘书。所以鲁迅正式辞职的时间，定为四月二十九日较好，因为当天日记应是最可靠的，这正如在厦大辞职的时间定为十二月三十一日一样无可争辩。在此以前的文字只是计划，很难预料准确；在此以后的文字纯属回忆，难免发生误记。

下面，不妨引证鲁迅著作加以说明。例如五月一日鲁迅在《朝花夕拾·小引》中说：“前几天我离开中山大学的时候，便想起四个月以前的离开厦门大学。”这里，鲁迅大概将四月二十八日夜写辞职书当作离开中大，从五月一日倒算回去，的确已有“几天”了。又如前面提过的鲁迅致孙伏园信中说：“我已于上星期四辞去一切职务，脱离中大了。”

据查，四月二十八日也正是星期四，鲁迅大概又将写信当夜当作辞职时间了。如此说来，这封信并非写于四月二十五日夜或二十六日，而应该写于五月二日至四日（即五月份的第一个星期一至星期三）了。这种理解比较符合实际，鲁迅寄信的邮期约为一周多些，孙伏园文章的三节是按写作时间先后排列的。

上面花了较多篇幅反复论证鲁迅辞职的原因和时间，因为辞职问题是鲁迅在广州一个举足轻重的庄严行动，它充分表现了鲁迅嫉恶如仇的战斗精神和为人处世的革命原则。这些问题在鲁迅的四封辞职书尚未发现的情况下，是争议较多而又较难解决的，所以笔者不揣浅陋，略陈己见，就教于专家和同好。综上所述，鲁迅辞去中山大学一切职务，主要原因是抗议国民党反动派捕杀革命青年的暴行，同时也与顾颉刚矛盾的发展有关。鲁迅正式辞职的时间应为四月二十九日。

鲁迅辞职的消息一经传来，中山大学立刻掀起了挽留高潮。鲁迅曾三次退回聘书，四次寄去辞职信。中山大学委员会也两次送回聘书，三次寄来挽留信。朱家骅、陈延光等人也多次探访或者来信。他们在挽留信中说："本校革新伊始，主理教务，正赖鸿猷，何可遽予舍去。承示日内归里，怅望至殷，切希查照前函早日返校，共策进行。"[①]但鲁迅却正气凛然地说："现在他们还在挽留我，当然无效，我是不走回头路的。"[②]此事一直延至六月六日方告结束："上午得中大委员会信，允辞职。"在这期间，中大还从薪水上牵制鲁迅，四月份薪水到五月二十日和六月三日才分期发给，五月份薪水到六月三十日才发给；另外又以傅斯年出面于五月十八日发出《文史科为缺课问题重要布告》，给鲁迅等人施加压力。然而，这一切在刚正不阿的鲁迅面前只能是徒劳的。

鲁迅虽然辞职了，但他对中山大学的命运依然十分关注。五月三十日致章廷谦信中写道："前天听说中大内部又发生暗潮了，似是邹（鲁）派和朱派之争，也即顾傅辈和别人之争，也即本地人和非本地人之争，学生正在大贴标语，拥朱驱邹。后事如何，未知分解。"

事情是这样的：五月下旬，中大传说"广大复辟，校务易员"，预科代表团亦大贴标语。五月二十五日学生会召开全体大会，发表对时局宣言，"坚决反对西山会议和伪党部的首犯邹鲁"任中大校长，"请党政府下令通缉邹鲁"；"拥护革命的委员会及政治训育部"，"促戴委员长回校主持"；并电请中央撤换顾孟余、徐谦委员，要求校方驱逐邹派之部重魁、黎国昌教授等。六月一日戴传贤发出紧要通告，以安定人心。结果，六月十日戴传贤、朱家骅任中山大学正、副校长，黎国昌亦回注册部办事。

鲁迅不仅注意中大内部的斗争，而且对聘请教授和开学情形也很关心，在书信中多

---

① 《挽留周树人教授》，原载 1927 年 6 月 13 日《国立中山大学校报》第 15 期。

② 《致章廷谦》(1927 年 5 月 15 日)。

次提及。此外，他于九月十九日致翟永坤信中还说："此地自从捉去了若干学生（不知道数目，几十或百余罢）以后，听说很乐观，已成为中国第一个大学。"鲁迅时刻关注中大的变化发展，连从一九二七年七月起（至一九二八年二月止）改名为"国立第一中山大学"这个不为人注意的史实也不忽视，甚至在他离开广州到了上海后，还留心着中大的各种动态。这拳拳之心，眷眷之情，实在令人感佩。

一九七九年暑假草成前半，
一九八〇年暑假草成后半，
一九八一年阳春三月修改于广州中山大学

（下篇原载一九八三年五月北京《鲁迅研究》丛刊第八辑；
全文收入广州《诚挚的纪念》，
广东鲁迅研究小组一九八二年一月编印）

附记

这是一篇时过而境未迁的旧作，文中讨论的一些问题，至今意见仍有较大分歧。文章写成打印后，陆续读到新出的书刊，关于这些问题的论述，很值得商榷。例如，一九八一年版《鲁迅全集》的有关注释，采用四月二十一日辞职之说，而对四月二十九日"辞一切职务"避而不提；鲁迅博物馆鲁迅研究室编的《鲁迅年谱》，也采用此说，而把四月二十九日这极其重要的一天隐去不写；张硕城等的《鲁迅脱离中山大学的原因探辩》一文（载《中山大学学报》哲学社会科学版一九八二年第三期），除了有些地方引用片面、史料失实之外，逻辑也较混乱……凡此种种，笔者希望将来能够撰文继续商讨，现在不拟在旧作中插进新的内容了。另外，拙文曾被收入几种书刊，但错漏较为严重，故特校订全文，重新发表。

一九八六年九月金秋，记于愚斋

（选自李伟江《鲁迅粤港时期史实考述》，岳麓书社 2007 年版）

论詹安泰在中国文学学术史上的贡献和地位

吴承学　彭玉平

詹安泰(1902—1967),字祝南,号无庵,广东饶平人。自1938年起,詹安泰一直在中山大学任教,历任中文系古典文学教研室主任、系主任等职。他是我国20世纪著名的词学家和文学史家,也是著名的诗人、词人和书法家。詹安泰在20世纪的古典诗词创作界和古典文学研究界取得了杰出的成就。他的诗词创作渊源有自而能独具面目,他的文学研究依托于深厚的国学根底和不断充实的新理论与方法,而呈现出涉猎面广、体系性强,兼具开拓性和总结性的特色。他在词学、诗经、楚辞以及文学史研究诸方面,在20世纪古代文学学术史上,留下了一笔宝贵的遗产。

一

詹安泰博学多才,而用力于诗词者尤深。他兼擅诗词创作和诗词评论,1937年出版第一本词集《无庵词》,1939年刊印了诗词合集《滇南挂瓢集》。其诗词学有渊源,踵承清季同光诗人"宗宋"之风,挹其芳润,发为诗词,而自造新境。詹安泰诗风曾有一个从"绮思"到兼有"雅怨"的发展过程。陈中凡在为《鷦鷯巢诗》所作的"题词"中概括其诗风变化说:"当其淬厉初,绮思粲芳菲。流泉不择地,珠玉倍毫挥。泽古既已久,落笔转矜持。"最后以"情词兼雅怨,文质穷高卑"而自成一家。他的《鷦鷯巢诗》大致按创作时代先后排序,循序而观,其诗风变化昭然可见。詹安泰的中年主要在忧患乱离中度过,他自称受梅尧臣影响特深,他在《澂江苦无书读,忽睹〈宛陵集〉,大喜过望,因题》中即自称"壮岁独喜都官诗",对梅尧臣"深远闲淡固莫匹,政以皱折穷覃思"的创作意趣作了精要的概括。特别是受聘中山大学之后,先后随学校迁移云南澂江、广东乐昌等地,在颠沛动荡中从事诗词创作和学术研究。身逢乱世,性复忧郁,不过他认为这也许是诗情表现的最好机遇,他在《邵潭秋远贻〈培风楼诗存〉,作此报谢》诗中说:"梦觉河山不肯清,中年哀乐况峥嵘。何难唐宋共炉冶,别有才肠携手生。"(卷一)其《上石遗先生》称赞石遗先生:"我公一鼓通宋唐,诗钞诗话诗教昌。……尊杜工部韩侍郎,旁推孟白兼欧阳。都官半山苏陆杨,不袒苦陈斗硬黄。金元明清谁短长,自然体大大无方。"

(卷二)这虽是对石遗诗歌特点的总结,也不无夫子自道的意味在内,体现了詹安泰的宗宋并不拘泥于宋诗派,而是要博师百家,融合唐宋,归于自然,自出手段。所以这一时期的诗歌虽然仍不无"绮思"的影子,但思虑却更趋深沉了。他追求的不是一己之闲愁,而是与时代环境息息相关的深愁,所以他的诗歌更多地表现出沉郁而劲拔的风格特色。

詹安泰12岁开始写词,一直到去世,持续了半个多世纪。30年代前期,詹安泰创作了大量的词,并与国内词学名家夏承焘、胡光炜、龙榆生等广泛交流,书札往返,诗词唱和,词艺日长,影响日大。他的词频繁在《国闻周报》、《词学季刊》等报刊上发表,在当时诗词界广受关注。他的词追师朱祖谋和岭南名家陈洵。《无庵词》卷一《大酺》,作于朱祖谋去世三年之后,乃为吴君懋题《彊村先生遗墨》而作,情词眷眷,哀感无端,似正可印证詹安泰词学与朱祖谋的源流关系。詹安泰词学更多地受到南宋姜夔与张炎的影响,他以"滲宋"名其室,已透露出其中消息。陈寂先生《为祝南题〈滲宋室填词图〉》诗云:"无庵琢词过廿载,颠倒二白百不疑。"詹安泰词"颠倒二白"("二白"指姜白石与著有《山中白云词》的张炎)是大家公认的,而詹安泰的用力所在,主要是在传承宋末词人的幽怨与寄托。早期《无庵词》创作于"兵火满天,举家避难"(《无庵词序》)的年代,詹安泰转徙澂江、坪石等地,他的词较多地记录了这段历史和心境,可作一部词史来读。他的《声声慢·江亭重到,景物都非,感赋此阕》堪作韩山数年心情写境,不仅整体风格与姜夔为近,而且其表达哀怨的方式也等无二致。他的《齐天乐》作于流寓香港期间,情怀家国,眷眷不已。序云:"国难日深,客愁如织,孤愤酸情,盖有长言之而不足者。"全篇孤愤酸情,意溢词中,将"国难"、"客愁"和"孤愤酸情"尽情宣泄。

詹安泰的词风大致经历了两个阶段,在30年代中期以前,主要"取径一石二窗",①即追慕姜夔、吴文英、周密的词风,风格较为清丽。30年代后期以后,他承陈洵"问途碧山,宜所先也"之论,专师王沂孙,词风偏重寄托。当代词学家施议对认为:"詹氏所作词,每将家国身世之感寄寓其间,有着深邃的命意。而且,他的词绵丽而有疏宕之气、空灵之境及沉郁幽忧之思,在当代词坛独树一帜。"②堪称中的之论。

近代的岭南词派,久为学界瞩目。程千帆题《无庵词》说:"本与海绡为后进,还疑兰甫是前身。"既是追溯詹安泰的词学源流,实际上也钩勒出"岭南词派"的大致轮廓了。从陈澧、陈洵到詹安泰,岭南词派正堪称一脉相承,詹安泰作为岭南词派的殿军,他在词史的地位也由此而奠定。施议对编辑《当代词综》,分词人为三代,力主以夏承焘、龙榆

① 吴梅评语,转引自蔡起贤《春风杖履失追陪》,《詹安泰纪念文集》,广东人民出版社1987年版,第73页。

② 《当代词综·前言》,海峡文艺出版社2003年版,第39页。

生、唐圭璋、詹安泰为现代“四大家”，詹安泰的词入选30首，入选数量与唐圭璋并列第三，他在20世纪词坛的地位可见一斑。

二

詹安泰以词学名世，他倾其毕生心力于词学研究，从校勘笺注、专题探讨到词学理论体系的建构，其研究成果在20世纪词学史上具有非常突出的价值和地位。

在词集的校勘笺注方面，詹安泰的《李璟李煜词》和《花外集笺注》兼具开创和集成的意义。他对“二主”词的关注由来已久，1947年，他发表的《无庵说词》已论及二主词。1956年8月5日，《光明日报》的《文学遗产》专栏发表由詹安泰主持的中山大学中文系中国文学史教研组老师参加的《关于李煜及其作品的评价问题》的座谈记录。同年8月28日，《文学遗产》专栏同期刊发詹安泰与陈培治关于李煜及其词的商榷文章，掀起了学术界关于李煜词评价的大讨论。1957年，詹安泰又在《中山大学学报》第一期发表《李煜和他的词》的长篇论文，比较系统集中地阐述了他对李煜及其词的看法。与此同时，詹安泰展开了对二主词的系统整理。《李璟李煜词》出版于1958年，长达数万言的“前言”即由《李煜和他的词》一文增删而成的。詹安泰以宣统年间沈宗畸《晨风阁丛书》刻王国维校补南唐二主词本为底本，博参南宋以来各种版本，兼取有关二主词的专集、选本、词话、笔记等，互相比勘，精审以求，终使二主词得一新善本，堪称二主功臣。在编列次序上，詹安泰改变了以往既不按年代又不按词牌编排以及漏收或误收的混乱情形，根据最新的学术考订，或增或删，并大致按创作年代来排列，带有编年的意味，其目的就是为了使读者对李煜的生活经历、思想感情和创作活动转变的过程，可以“看出一些线索”(《李璟李煜词》“附识”)。詹安泰的注释大都简明扼要，对一些有争议的作品、句意隐晦或比较特殊的用法，则博征有关材料，而自出裁断，所以该书具有研究与普及相结合的特点。

《李璟李煜词》一书的主要价值体现在对二主词的评价上。李璟的词现存仅四首，主要写男女情事。但詹安泰认为，结合其生平来看，李璟的词特别是《浣溪沙》两首其实是有很充实的生活内容，显示出特有的艺术风格：白描的手法，转折灵活，意境阔大，感慨深沉。而这种风格“《花间集》里是找不到的”(《前言》)，是李璟的独创。王国维《人间词话》曾说：“词至李后主而眼界始大，感慨遂深，遂变伶工之词而为士大夫之词。”詹安泰则认为：“李煜词这种特征，有部分是受他父亲的影响，继承他父亲的传统而发扬光大的。”(《前言》)这种溯源对认识李璟李煜词的关系以及李煜词风形成背景提供了非常有价值的新见解。

50年代中后期，学术界对李煜及其词展开了热烈的讨论，由于受到阶级观念的影响,不少参与讨论的学者从概念或定义出发,在价值评判上出现了庸俗社会化的倾向。詹安泰作为这场讨论的主要成员,一直强调以李煜词的文本为主要依据,参酌其生平经历,他在《前言》中说:"我们研究李煜词,应该把李煜的思想内容和艺术成就切实地确定在词这方面,词外的有关李煜的东西,只能作为理解他的词的引线或帮助,而不应该硬把他的词里所没有的东西来评价他的词。"他对李煜词的研究牢牢地立足文本,以相当开阔的理论视野和充实的历史材料作为评论的依据,许多见解至今仍具参考价值。如关于李煜词中描写的男女关系是否属于爱情的范畴,此前的意见相当纷杂,詹安泰从李煜与小周后从私通到纳后再到入宋后的共患难的经历,认为:"从他们两人一生的关系看来,在小词里虽然没有表示出坚贞纯洁、生死不渝的信念,事实上,他们之间的爱情是相当深厚的。"(《前言》)詹安泰的这一理性的学术分析确实是能够经受历史的考量的。对于其他诸如李煜愁情词受欢迎的原因、李煜入宋后的作品是否具有人民性和爱国主义思想等问题,詹安泰都表明了自己的意见,这些意见后来也大都为学术界所接受。

清代中期以后的词学,大体奉周济《宋四家词选目录序论》中提出的"问途碧山,历梦窗、稼轩,以还清真之浑化"的主张为创作金针,但作为填词起点的碧山词一直没有一个完整的注本,这不独直接影响到对王沂孙词的解读,而且使清代中期以来绵延已久的学词途径停留在模糊影响阶段。虽然张惠言在《词选》即云:"碧山咏物诸篇,并有君国之忧。"陈廷焯《白雨斋词话》也说:"读碧山词者,不得不兼时势言之,亦是定理。"但实际上碧山词中究竟有怎样的"时势"和"君国之忧",却一直含糊未明。其间虽有端木埰等在创作和理论上光大王沂孙的词学,但从王鹏运开始,经朱祖谋等人的弘扬,填词创作实际上是越王沂孙而直达吴文英。除了少数词人仍在关注外,王沂孙已消退在主流词学之外。詹安泰受聘中山大学,主要是继陈洵之后来主讲词学,陈洵曾深受朱祖谋亲授,但在致力梦窗词的同时,也颇致意于碧山词。詹安泰在词学理念上,也赞同陈洵"问途碧山,宜所先也"的主张,对王沂孙词用力颇勤。他的《花外集笺注》大约在30年代初即已开始,1936年完成初稿,此后又经三十余年断断续续的增补,始成完帙。它是作者在研习之余"随笔札出"的基础上,加以系统校注笺释而成。"兹编所录,仅其一部:即专言寄托,间疏名物;其诸采藻之注释,文艺之批评,有关旨要者,亦为羼入。"(《花外集笺注·自序》)可见其书探研的重点和涉及的范围。

王沂孙词大部分为咏物词,格高意远,含蕴幽约,大多在可解不可解之间。詹安泰本常州派开山张惠言"意内言外"之旨以说词,笺评中引张惠言、周济、陈廷焯之说独多,可见其光大常州派学说之初衷。在体例上又依朱祖谋《梦窗词小笺》之例,以史证词,以词证史,故而创获颇多。如有的学者认为王沂孙入元后曾仕新朝,有的则力破此说。詹安泰根据王沂孙词融情于物的特点,从《花外集》中采撷了不少词句如"正恐黄花,笑人归较晚”(《齐天乐》)和“故国如尘,故人如梦,登高还懒”(《醉蓬莱》)等,推测其确曾出仕,但可能迅即有归隐之意。他还引周密《忆旧游·寄王圣与》“天涯未归客,望锦羽沉沉,翠水迢迢。叹菊荒薇老,负故人猿鹤,归隐谁招。”以及张炎追悼王沂孙的《洞仙歌》“野鹃啼月,便角巾还第”等词句互相参证,藉此大致梳理出王沂孙入元后的大体经历和基本心态。

由于詹安泰注重对王沂孙生平行实的考订,所以他对碧山词中的寄托往往能勾沉索隐,发前人所未发。如《天香·龙涎香》一词,清代评说者亦曾关注,如许昂霄《词综偶评》只是追溯了有关龙涎香传说的来历,显然只是把他作为一首纯粹的咏物词来看待。詹安泰则引周密《癸辛杂识》所载张士杰兵败崖山,焚香拜天之事,认为“碧山此词或系咏宋亡事”。詹安泰并逐句诠释其可能的事实背景。两说比勘,詹安泰的引证显然要更为契合王沂孙的词心词境。再如《齐天乐·蝉》(一襟余恨宫魂断)词,清代陈廷焯、端木子畴已多有发微,但多为猜测之词。詹安泰根据夏承焘的考证,《乐府补题》中的咏物词,其创作时间皆在元世祖至元十五年后,而且《乐府补题》中的赋蝉之作,十词九用“鬢鬓”之语,则其与孟后陵之事的关系自然至为深切。《花犯·苔梅》中的“苍鬢素靥”、“明珠轻委”等句,也被詹安泰认为是此词“托喻后妃”的有力证据。可以看出,詹安泰对王沂孙词中的托意,是从一个互相联系的整体来作全面考量的;而且他的立论往往是从辨证旧说开始,而以阐明新说作结,这种建立在历史考证基础上的知人论世,自然显得特别有力度。从总体上说,詹安泰对王沂孙词中寄托的探讨是在宏观把握宋末词人的基本心态的基础上,结合王沂孙的独特经历和当时历史所作出的分析。作为《花外集》的第一个笺注本,詹安泰以积三十余年的功力,苦心探赜,抉隐发微,博征宋以来的史传以及各种诗文别集等,平衡裁断,照辞如镜,为读者揭示了一个相当清晰的王沂孙的文心词境,其开辟榛莽之功,理应得到珍视。

詹安泰治词学,注重体系性,最能体现其词学思想体系的当属《词学研究》一书。此书列论声韵、论音律、论调谱、论章句、论意格、论修辞、论境界、论寄托、论起源、论派别、论批评、论编纂十二章。其纂述动机在于创立真正意义上的“词学”,他认为从清代中期以来,虽然出现大量杰出的词话类著作,或考证音律,或品藻词艺,或创立宗派,或指示阶梯,虽各有胜场,但毕竟没有建立起“词学”的规模。詹安泰兼顾“学词”与“词学”,旨在建立一个具有内在逻辑的词学体系,他在《词学研究·绪言》中说:

> 声韵、音律,剖析綦严,首当细讲。此而不明,则虽穷极繁富,于斯道犹门外也。谱调为体制所系,必知谱调,方得填倚。章句、意格、修辞,俱关作法,稍示途径,庶易命笔。至夫境界、寄托,则精神命脉所攸寄,必明乎此,而词用乃广,词道乃尊,尤

不容稍加忽视。凡此种种，皆为学词所有事。毕此数事，于是乃进而窥古今作者之林，求其源流正变之迹，以广其学，以博其趣，以判其高下而品其得失。复参究古今人之批评、词说，以相发明，以相印证，是者是之，非者非之。其有各是其所是而非其所非者，为之衡量之，纠核之，俾折衷于至当，以成其为一家言。夫如是，则研究词学之能事至矣，尽矣。

在这十二论中，前八论为“学词所有事”，侧重以“学词”来建立“词学”，后四论则是在学词基础上的推衍和提高。追源溯流以明其正变，参酌各派以广其学识，参究批评而折衷至当，如此则词学宛然已成专门之学。在詹安泰此书之前，只有吴梅的《词学通论》是一部比较全面地介绍词学基本理论和词史的著作，但因写作时代较早，还相当简略。相形之下，詹安泰的《词学研究》在理论性和系统性方面，显然是后出转精了。

《词学研究》原十二论，只有七论流传下来。这七论主要涉及三方面的内容：其一是关于词的体制研究，主要涉及声律、音韵和调谱三个方面。自清代以来，有关词的韵、律、谱的研究就已渐受关注。浙西词派独尊南宋特别是姜夔、张炎一派的词，即体现重视音律的价值取向。常州词派提倡寄托，但对音律的重视也是不断提高的。晚清四大家及其周围的词人，无论填词创作还是词学研究，都相当重视声律。不过关于声律的理论研究，还是比较零碎，不成系统。这除了与“词话”这种著作方式有关，也与整体的理论研究意识不足有关。詹安泰除了曾撰写《中国文学上之倚声问题》和《论填词可不必严守声韵》等专文来讨论这些问题，在《词学研究》一书中，更是以声律问题来开篇，把它作为词的体制和入门的关键问题。詹安泰详细考察了有关声律理论的发展历史，认为就“声”而言，唐五代宋初词人，多仅守平仄，不限四声。至柳永始辨去声，周邦彦乃分上、去，至南宋姜夔、吴文英等，声律益趋讲究，这与南宋词人对“声音微妙之理，洞究无遗”的音乐素养有关。但南宋以还，词的唱法失传，声情之美，无法一一按接，所以要追求四声与古人尽合，自然不太现实，但退求其次，严守平仄还是必要的。就词韵而言，詹安泰认为：“唐五代北宋词，用韵殊泛，时人方音，取便歌唱，惟主谐适。”但南宋自朱希真作《应制词韵》十六条，并得张辑疏释，冯取洽增补，韵遂成为词的重要体制之一。此后韵书继出，但詹安泰认为，戈载的《词林正韵》，以《集韵》为主，而参以《广韵》，派平上去三声为十四部，入声为五部，共十九部，用力最勤。虽时或失之过宽或过严，但大体不差，所以他认为：“余以为今日填词，不妨仍以戈韵为归。”他并详细考证了古人协韵之法，就何者需严协，何者宜宽协等具体问题作了细致的阐述。

詹安泰认为探讨音律问题，只是具有学术意义，已不可能重现当年乐声之原貌，所以他说：“居今日而言古乐，则虽穷极精微，亦惟尽考据说明之能事而止，求其施诸弦管，匼美无碍，配之声歌，纤洪毕合，不可得也。”詹安泰详细考察了沈括、张炎、江永、凌廷堪、方成培、杜文澜、张德瀛、郑文焯、夏承焘等有关词律的著作或论述，结合自己的理论思考和创作实践，分五音十二律、五音演变及其读法、宫调及谱字、律吕配谱字之异同、雅俗调名之不同、犯声过腔、宫调与声情之关系七个专题，在追溯音律发展源流的基础上，对词乐的表现特征作了分析说明。

毛先舒的《填词名解》和汪伋的《词名集解》对于词的调谱解析已多，但穿凿附会之处也不一而足。詹安泰专列《论调谱》一章，以确凿例证考证了词调命名的十一种方式，如以词中所咏之事物、以词中之情意、以词中之字句、以地名、以人名为调名等等，既简明扼要，又具有相当的概括性。对于同调而异体的现象，詹安泰力奉万树《词律》为“能于荆棘之内力辟康庄，实为词学中一最宏伟之贡献”，亦可见其不凡识力。正如詹安泰的弟子、词学名家邱世友教授所说：“词的声律、音韵和词谱，先生最为专门。”[①]詹安泰构建的词的声韵谱体系，不仅涉猎广泛，而且论述专精，可视为传统词的声韵谱理论的总结和提高。

其二是关于词的作法研究。《词学研究》从第四章至第六章“论章句”、“论意格”、“论修辞”，“章句、意格、修辞，俱关作法，稍示途径，庶易命笔。”这三章系统阐述了作词的具体方法和途径。詹安泰认为词的字、句与章法是讲究词的总体格局的前提。盖词的用字在一般的音义之外，还有所谓添、减、偷、衬等法，句法又特为参差，加上章法繁复，有的甚至变化无方，体制上有令、引、近、慢等的不同，篇幅有单调与双调、换头与不换头、单体与联章等种种不同，詹安泰将填词创作中常用但音义各异的情况，以及词中添、减、偷、衬之字的情况作了简要整理，特别是将常用的虚字作了归类。在句法上，则将从一字到七字句的平仄之法一一列举分析，并对句子的组织和正变作了细致的分析梳理。在章法上，则分单调、双叠、三叠、四叠等情况分类叙说，其细微精审，确实令习词者有迹可寻。

章句属于一定之法，命意用笔是在此基础上的翻新变化。故《论章句》之后接以《论意格》。詹安泰认为命意在审题之后，如果题材不合乎词的体制要求，就不遑言命意之法了。他总结前人论命意之法大要分清新、高妙、幽远、沉挚、层深、超奇、空灵、婉曲、含蓄九种，每种之下，先以释语，继而引列前人相关论说以作佐证。如“清新”之法，詹安泰解释说：“意由己出，不经前人道过，而又不涉晦涩暗昧者，谓之清新。然非不可运用古事或引用古人成语也，古事古语，能加以变化，或位置得宜，均不失其为清新。”即一方面强调非冷僻的原创，另一方面将古事古语“点铁成金”也可视为是一种创新。接下分引

① 邱世友：《永远怀念的追记》，《詹安泰纪念文集》，广东人民出版社1987年版，第48页。

杨缵、张炎、沈谦、沈义父、李渔、俞彦等人观点，或正或反，印证此说。其他各法，理路同此。命意既定，次论用笔。詹安泰将传统的提、顿、承、转、顺、逆、正、反等笔法，按照全篇、起、结、过片的顺序一一举证论列，细致明了，颇便学词者临摹仿效。

《论修辞》是现存《词学研究》中篇幅最长的一章，近五万字，是其用力所在，也是至今为止最为完备、最成体系的词体修辞学。詹安泰按照普通修辞学的原理，结合词的具体体制和实践，分"词之修辞与作风"、"词之修辞与方言名物"、"词之修辞与诗歌"、"词之修辞与散文"、"词之修辞诸现象"五个专题，既有对词之具体修辞的纵向开掘，又有对词与相关文体的横向对勘比较，总体上构成了兼具总结和开创意义的细致绵密的修辞学体系。如在"词的修辞与作风"部分，詹安泰按作风形成的时代先后，分词的作风为拙质、雅丽、疏快、险涩四种。四种作风与修辞彼此之间也有异中之同："疏快薄采藻略近拙质，而视拙质为奔放。险涩重采藻略近雅丽，而视雅丽为斫削。"这种既注意"类"的分析，又注意"跨类"的沟通，确实是符合词史实际的。其他诸如对以诗入词、以经史诸子散文等入词，詹安泰都做了仔细的举例分析，在比较与互勘中凸现词之修辞的特殊性。至于"词之修辞诸现象"一节从配置辞位、表现声态、增扩意境、变化本质四个方面来总体概括词的修辞现象，更是梳理规则，示人以津梁。

其三是关于词的精神研究。詹安泰以"论境界"、"论寄托"两章来集中阐述词的精神意脉与扩大词的作用和尊崇词体的关系。"论境界"一章在 1951 年前即已完成，但目前已散失无法窥其原论。"论寄托"一章 1936 年发表于《词学季刊》，可能是《词学研究》中最早成文的一篇。常州词派鼻祖张惠言曾在《词选序》中以"意内言外"释"词"之本义，并通过"义有幽隐，并为指发"的批评实践，遂使填词创作和词学批评转为重视词之内蕴。不过张惠言的"寄托"理论实际上还只是停留在草创阶段，至周济始深化了寄托理论，他先是在《介存斋论词杂著》中提出"初学词求有寄托"，"既成格调求无寄托"的主张；继而在《宋四家词选目录序论》中提出"夫词，非寄托不入，专寄托不出"的理论。自此直至民国时期，周济的寄托说一直引领着词学发展的潮流，但对寄托说的理论源流和形态特征的系统探讨却一直乏人问津。詹安泰的《论寄托》在这一学术背景中便显得特别醒目。詹安泰在明辨张惠言、周济、谭献、刘熙载、陈廷焯、况周颐、吴梅诸家有关"寄托"的论述的基础上，认为寄托的经典形态应该是在外在形式上脱略寄托痕迹，不落言诠，"不易知其情之所由生与其意之所专指"，以此与简单比附的透明状态的寄托区分开来。詹安泰认为，寄托的显晦，实受到时代环境的影响。他说：

唐五代词……不必有深大之寄托。……北宋真、仁以降，外患浸亟，党派渐兴，虽汴都繁丽，不断歌声，而不得明言而又不能已于言者，亦所在都有；于是辞在此而意在彼之词，乃班秩以出。及至南宋，则国势陵夷，金元继迫，忧时之士，悲愤交集，随时随地，不遑宁处；而时主昏庸，权奸当道，每一命笔，动遭大僇，逐客放臣，项背相望；虽欲不掩抑其辞，不可得矣。故词至南宋，最多寄托，寄托亦最深婉。

詹安泰结合政治背景来探讨寄托的创作动因，确实提升和拓展了寄托的思想境界。

詹安泰结合词史以分析寄托说的形成过程及理论内涵，他非常独到地考察了常州派与浙西派的内在联系与理论欠缺。他认为朱彝尊在《词综·发凡》中提出的“词至南宋始极其工，宋季而始极其变”之说，也可以从寄托一端求得理解，他说：“其所以求工或变者，固不仅辞章技术之关系，盖寄托所在，不得不求工或变也。惟极其工，极其变，其寄托乃不伤崭露，不易指陈。”这是对浙西词派新的考量，并以寄托作为联结其与常州词派的纽带，使一向呈对峙状态的词学两派有了共同的内质，体现了詹安泰过人的识力。他敏锐地看到常州与浙西两派在所标榜的理论与推崇的理想都存在矛盾：“常州词老专尚寄托，而高谈北宋；浙水词人，不言寄托，而侈论南宋，均使人不能无所致疑于其间。夫以寄托论词，北宋固不若南宋之富且深也，常州诸老岂不喻此，而存一代不如一代之见？而卒至衡词主旨，与选词标准不甚相入者，则其只主寄托而忽略词家考证之业，有以致之也。夫不使人从考明本事中以求寄托，则望文生义，模糊影响之谈，将层出不穷；穿凿附会，又奚足怪！”两派理论确有思虑欠周之处，但此前词论，鲜论及此，詹安泰慧眼拈出，启人甚多。

詹安泰写作《词学研究》最后四章的初衷，是在学词的基础上了解词史的发展脉络和正变之迹，广其学识，博其趣味，锻炼相关的学术判断力，形成自成一家的词学观。但直到1951年，尚未写成。1962年，詹安泰为研究生讲课编写了《宋词研究》讲义，此书后得汤擎民先生整理，与《词学研究》一书合编入《詹安泰词学论稿》中，是一部带有概论性质的词史著作。全书分七章，其中的一些章节与《词学研究》一书颇有互补互证的意义，如第五章“宋词的艺术形式”，其主要内容即是讨论声韵、音律、调谱、语言、结构、寄托等问题，现存第一节“声韵”与《词学研究》的第一章“论声韵”的探讨范围和基本观点就是相当接近，只是语体易为白话而已。“音律”以下五节，今仅存大纲，除了“语言”与“结构”的标目与《词学研究》的章目不同，其它都是完全相同的，以此可见两书的讨论重点固有许多相似甚至相同之处。而即就标目不同的“语言”与“结构”而言，根据现存大纲，“语言”主要讨论用字、造句、修辞，“结构”主要讨论篇章、立意、用笔，则主要内容正与《词学研究》“论章句”、“论意格”、“论修辞”诸章一致。以此著作理路，《宋词研究》中“宋词的来源”一章，当与《词学研究》中“论起源”一章为近，“宋词的作家作品”分“专集”、“总集”、“选本及注本”三节，则其与《词学研究》中“论编纂”一章自当相类，“风格流派及其承传关系”当与“论派别”一章为近，而“理论批评”则与“论批评”一章为近。两书对照，《词学研究》中除了“论境界”一章在《宋词研究》中没有嗣响外，其余都将《词学研究》中的基本思想承传了下来，也反映出解放后詹安泰对于宋词的一些新见解。

詹安泰在构建理论体系的同时，也时时体现出强烈的词史意识。《宋词散论》一书所论以宋代为主，兼论唐五代。唐代两篇都是有关温庭筠的，一篇是对夏承焘《温飞卿系年》的材料补证和对个别问题的商榷，另一篇《温词管窥》，是对温词特点作冷静而理性的审视。詹安泰从知人论世的角度出发，认为在清代中期以前，温庭筠还是以“极流丽”（黄升《唐宋诸贤绝妙词选》）的“花间鼻祖”的形象出现在词史上。但自从常州词派兴起，为补救浙西词派末流走向空疏平滑的弊病，张惠言视温词为“深美闳约”的典范，上配屈原来疏解词中的微言大义，后并得周济、陈廷焯等鼓吹，使温词骤得“不虞之誉”。但近代王国维、俞平伯、李冰若等又视温词为结构紊乱，缺乏生命力，抑之又太甚，又不免使之蒙受“求全之毁”。詹安泰认为文学批评既要避免英雄欺人，也要避免过于轻率。他说：“温飞卿喜欢选用色彩浓艳的字眼来创造艺术语言，有些作品，骤然看来，只是一些人物形象和自然风景的罗列，这是事实。但他在进行创作时，总是经过艺术构思、剪裁手法，把自己所采取的材料组成一个他认为最完美的整体的。作品完成之后，明朗或隐晦，易懂或难懂，是另一问题，但不是随意拼凑（‘杂置一处’）或者‘词意不贯’，则可断言。”詹安泰通过对温词的具体分析来说明温飞卿“最讲求结构”，“有独具的艺术风格和高度的艺术技巧”，以持平之论，恢复到其本来面目，有正本清源的意义。

在五代词人中，詹安泰的研究重点除了李煜之外，还重点探讨冯延巳和孙光宪两人的艺术风格。作为“花间”词人，冯延巳的词有与“花间”词人共通之处，如描写男女相思离别等，但也自辟新境，王国维《人间词话》曾说：“冯正中词虽不失五代风格，而堂庑特大，开北宋一代风气。”冯煦《蒿庵论词》也认为，北宋初年的词人也都是“宪章正中”的。但究竟冯延巳是以怎样的一种品质影响到北宋词坛的？模糊之谈多有，深入探讨罕见。詹安泰从艺术构思的深广复杂、抒发情意的惝恍迷离和精致密栗而又凄郁拙重三个方面来概括冯延巳词的艺术特色，将其“堂庑”格局展示出来，则宋初“宪章”所在，也就得到真切详明的路径了。孙光宪是《花间集》中录词最多的词人，所谓“花间”传统一向被概括为以温庭筠为代表的密丽和以韦庄为代表的清疏两种风格流派。詹安泰认为，孙光宪的词有不少是在这两种风格之外。他通过对其代表作品如《谒金门》（留不得）等的分析，揭示出孙词“气骨”所蕴涵的独特审美意义。同时，他又从其紧凑而富有整体感的艺术构思和艺术手法，将其一气斡旋笔力清健的特色昭示出来。詹安泰对唐五代词人的研究主要是从风格的新变角度来立论的，显示了他敏锐的艺术识力和注重创新发展的词史观。

詹安泰对于宋代词史的研究，主要集中在《宋词研究》中"宋词的作家作品"和"宋词的基本内容"两章。"宋词的作家作品"一章主要是对词的"集部"的考察，他按照时代先后，起潘阆《逍遥词》，迄无名氏《章华词》，次第列举两宋 280 家词的别集，并在本节末将可以考见的宋词别集特别是大晟府词人最大的结集《乐府混成集》作了分析考辨。"选本及注本"一节中对"宋人选宋词"的叙录分析最有价值，此前人们对选本的分析主要散见于各种词话中，鲜有系统的分析研究。詹安泰在这里叙录了曾慥《乐府雅词》、黄升《花庵词选》、周密《绝妙好词》、赵闻礼《阳春白雪》、何士信《增修笺注妙选草堂诗余》、武陵逸史《类编草堂诗余》等六种选本。他 50 年代末曾发表《从宋人的五部词选中所看到的一些问题》，从宋代词学思想发展的角度来分析五部词选在审美观念上的嬗变之迹：

> 宋人选词的态度是相当严谨的。我们……可以从中窥见宋词发展的过程和不同流派的宗尚。曾慥的《乐府雅词》不录柳永、苏轼的作品，黄升的两种词选多录苏轼、辛弃疾、刘克庄的作品，宋词发展的动向及其与时代的关系，便约略可见。赵闻礼的《阳春白雪》录精工美妙的作品，而以《外集》录"豪纵高举"、慷慨激昂的作品。至周密的《绝妙好词》则"一味轻柔圆腻"，把所有"豪纵高举"、慷慨激昂的作品都摒弃不录。宋词由高峰逐渐走下坡路以至凝固僵化的一般迹象和两个较大流派的斗争过程，也不难看出一些线索来。

他从词选变化看词史发展的意识是非常突出的。

此外，詹安泰还撰有若干专题论文来作深入探讨，特别是对北宋晏殊、欧阳修、范仲淹、柳永、苏轼等人的风格特色和有关重要作品做了细致的辩证分析，以此构成他比较完整的词史框架和词史理论。

三

由词学而上追风骚，是清代中期以后乃至 20 世纪许多治词者遵循的道路。溯其渊源，大概与张惠言在《词选序》中把词与"《诗》之比兴变风之义，骚人之歌"结合而论的理路有关。1949 年后，詹安泰在治词学的同时，也致力于《诗经》、屈原及楚辞研究。1952 年之后的五六年间，詹安泰把主要经历投入到对先秦文学特别是《诗经》和《楚辞》的研究当中，先后撰写出多篇高质量的论文和多部高质量的著作。他的《诗经里所反映的人民性和现实主义精神》发表于 1953 年的《人民文学》杂志上，影响颇大。

相比《诗经》的研究，詹安泰在屈原与楚辞的研究上用力更多，成果也更为丰硕，其楚辞研究集中在对屈原的生平考证和作品分析方面。1955年他写作《屈原》，他把该书定位在“初中学生的程度就可以看得懂”、“专家学者也得参考它”的层次，计划写成一本带有学术价值的普及性读本。全书分十目，前五目叙论其时代、家世、生平和思想，第六目总论其艺术成就，第七至第九目分别叙论《九歌》、《离骚》、《天问》、《九章》等作品，第十目论述其历史地位和影响，构成了一部体系完整而清晰的屈原研究著作。此书约有以下特色：

其一，厚实的学术史基础和丰富的学术史信息。如在追溯屈原的接受史时，既考察了赵孟頫、张渥、顾洛、陈洪绶、吴伟、萧云从等人所作的《屈原像》、《屈子行吟图》、《三闾大夫》、《九歌图》、《离骚图》等这些艺术品，也考察了睢景臣、郑瑜、尤侗等创作的以屈原为原型的剧本的情况；而且詹安泰注重历史文献和当代研究成果的兼取与互证，具有宏通的学术视野，体现了研究的当代意义。如他论述屈原联齐抗秦的政治策略时，既注意引《史记》、《战国策》等历史文献来分析秦的暴政必然带来民众的反抗，又引用黄药眠、郭沫若的相关研究成果，来说明屈原希望用“德政”来统一天下是民心所向。关于屈原的籍贯，也是在详细考察浦江清、郭沫若、游国恩等诸家说法的基础上比较鉴别，折衷取舍，从而使相关的结论更为稳实可靠。

其二，细致入微的考证功夫。屈原的生平素来歧说纷纭，詹安泰从最基本的历史考证入手，澄清旧说，自加裁断，把结论建立在精微细致的考证基础上。如关于屈原的家世和出身，既详细考察了古代“姓”和“氏”从混同到明晰的演变过程，又对春秋时期屈氏家族在楚国的任职经历做了细致的梳理，从他们多世担任“莫敖”的“尊官”，勘察屈氏家族在楚国的历史地位。以此为基点，再来分析屈原的阶级出身、政治地位和性格志趣的特点，以明其渊源，探其实质。

其三，敏锐而独到的学术见解。如他在分析屈原作品的民歌风格时，用了不少篇幅分析楚国的祭歌对《九歌》的影响，这些在学术界已有公论。但楚国以外的民歌对屈原的影响也是应予以关注的，如楚康王时的《越人歌》虽在语言形态和音调上保留了比较明显的楚国风味，但只是越人民歌的翻译，则所谓楚国民歌也不是完全独立于其它民歌之外的，所以楚国之外的民歌对屈原的影响也值得关注。《抽思》在“乱曰”之前有“少歌曰”和“倡曰”这种比较少见的体式，此后也没有人仿效，只有比他稍后的荀子的《赋篇》诡诗之后有“少歌”，联系到荀子曾在齐国居住过很长的经历，则屈原在《抽思》中表现出来就很可能不是单纯的楚调，而是吸取了齐国民歌的风格。凡此等等，都体现出詹安泰颇深的理论修养和学术判别力。因为詹安泰此书体现出实事求是的科学精神和创新意识，所以具有学术生命力。20世纪80年代，著名楚辞研究专家姜亮夫在他的《楚辞今绎讲录》中仍然对詹安泰在《屈原》一书中所表现出来的“细心”和“客观的负责的态度”表达了欣赏和敬佩。

在完成《屈原》一书后，詹安泰又对《离骚》作了更加深入细致的笺注和疏解，1959年完成《离骚笺疏》一书。[①] 全书分上、下两编，上编为《离骚笺疏》，詹安泰承续了《屈原》一书中的分法，把《离骚》全文分为十个段落，使复杂迷离的文本呈现出比较明晰的意义层次，为解说《离骚》全文奠定了基础。詹安泰对字词的笺疏，既注意追溯其意义源流，又注意这些字词在句中、段中、篇中的具体内涵，在汇集自王逸以来历代名家对《离骚》的注释的基础上，爬梳剔抉，并阐明自己的见解。如《离骚》文中有"恐美人之迟暮"一句，"美人"究竟指谁？汉代以来众说纷纭。王逸、朱熹、洪兴祖等都以为是指楚怀王，清代朱冀等则认为是屈原自喻，朱骏声、马其昶则认为泛指贤士，戴震则认为喻壮盛之年。四种说法彼此纠葛，客观上加剧了理解的困难。詹安泰则从上下文的关系来立论，特别是下文"不抚壮而弃秽兮，何不改乎此度？乘骐骥以驰骋兮，来吾导乎先路"几句，明显带着责备的语气，既要求统治者"乘骐骥以驰骋"，又毅然以前导自任，则上文理想中的"美人"，从屈原当时的政治现实来看，自然是非楚怀王莫属了。"笺疏"中类似的裁断不一而足，虽只涉及个别字词的解释，但正反映了詹安泰的深湛之思。

《离骚笺疏》的下编《离骚通论》是在上编笺疏基础上的理论综述。詹安泰在考证《离骚》的题名、可能的创作时间的基础上，从原诗带自传特点的角度出发，集中分析了以《离骚》一诗为中心所展现出来的屈原的性格、思想、斗争过程、政治倾向和远大理想，以及由此而体现的当时新旧力量矛盾冲突的社会现实。他认为"对祖国的热爱，对人民的同情，对楚王的愿望，对党人的愤怒，对溷浊社会的忧思，对美好社会的憧憬"就是《离骚》一诗的主要内容，而这些内容又是通过积极浪漫主义的创作方法表现出来的。詹安泰以积极浪漫主义为考察中心，把《离骚》的艺术成就概括为强烈的悲愤情调、鲜明的人物性格、丰富的想象力、丰美生动明确精炼的语言、美妙的节奏声调、完整的结构、新颖的表现手法和取材七个方面，体现了他敏锐的艺术鉴别能力和出色的理论思维能力。

四

詹安泰是解放后最早从事编写高校古代文学史教材的学者之一。从1953年春开始，詹安泰即着手组织容庚、吴重翰等人编写《中国文学史》（先秦两汉部分），他以黄海章编写的《中国文学史纲》为讨论的底本，另定章节，全书分导论、中国文学的起源、文字的创造与殷周散文、诗经、春秋战国时代的散文、楚辞、秦代的文学、汉赋、汉代的乐府歌

① 本书1981年5月由湖北人民出版社出版。

谣和古诗、司马迁与传记文学、两汉散文十一章。1953 年底，高等教育部颁发《中国文学史教学大纲草案》，詹安泰根据《草案》规定对原定章节做了适当调整，其中容庚撰写"文字的创造与殷周散文"和"秦代的文学"两章，吴重翰撰写"春秋战国时代的散文"、"汉赋"、"两汉散文"三章。"汉赋"一章是吴重翰在詹安泰原稿的基础上重新编写的，"司马迁与传记文学"一章则融注了四个人的心血：詹安泰在黄海章底稿基础上增润，容庚又扩充有关《史记》部分，再由吴重翰增入有关《汉书》部分。詹安泰独立撰写了导论、中国文学的起源、诗经、楚辞、汉代的乐府歌谣和古诗五章，如果再加上他增润过的黄海章编写的《史记》一章，则詹安泰一人所撰超过了一半。书稿完成后，高等教育部于 1954 年 8 月把第一至第五章印成《中国文学史》(第一卷)，1956 年 3 月又将第六至第十一章印成《中国文学史》(第二卷)，作为高等学校内部交流讲义。1957 年 8 月，高等教育出版社将两卷讲义合为一册公开出版，这是解放后由高等教育部审订的第一部中国文学史教材，在新中国高校《中国文学史》教材建设史上具有重要的意义。

詹安泰在新中国成立后系统地阅读了 200 多种中外文艺理论著作，他认为马列主义的历史唯物史观是最深刻、最正确的思想依据。基于这种认识，他认为"三千年来的中国文学都是阶级社会的产物"(《中国文学史・导论》)，应该从阶级分析的角度来探索中国文学的发展历程。詹安泰还把人民性和现实主义精神作为中国古代优秀文学传统的主要标志，以此作为价值评判的标准和基础。他认为从屈原、杜甫、辛弃疾、屈大均、黄遵宪等人所奠定的爱国主义传统是中国文学的精粹所在。在《中国文学史》中，他非常重视劳动和劳动人民创造文学的基本观点，"中国文学的起源"一章第一节就以"劳动创造文学"标目，并鲜明地指出："就中国文学发展的历史看，也往往先是有民间劳动人民的创造，然后才转入文人之手。……在我国各种文体的起源，绝大多数指不出创始者的主名，而一切优秀的古典作家在创造过程中都不能不吸取人民大众的活语言、新体制来增强自己的文学的活力，这就很明显地证实了人民大众创造文学的伟大力量了。"在具体地评论作家作品时，他的重点也是放在对其中人民性和现实主义精神的阐发上的，如在"汉代的乐府歌谣和古诗"一章，他即把民间歌谣和乐府诗作为汉代文学的重要代表，因为它们深刻地表现了当时民众的生活、思想、感情和愿望，确实像《汉书・艺文志》所说的具有"观风俗，知厚薄"的认识作用。他特别推崇民间歌谣中的《淮南王歌》、《牢石歌》、《范史云歌》等，以及乐府诗中的《战城南》、《有所思》、《孤儿行》、《陌上桑》、《上山采蘼芜》、《十五从军征》等，原因正在于这些诗歌中蕴涵着民间的情感色彩，有很强烈的现实性。

詹安泰主编的《中国文学史》在价值取向上明显受到当时主流意识形态的影响，但詹安泰毕竟是具有丰富艺术创作经验的学者，他在充分强调文学的劳动本源、民间情怀和现实精神的同时，对于艺术形式也予以高度重视。如汉代民间歌谣《范史云歌》只有“甑中生尘范史云，釜中生鱼范莱芜”两句，首句的“尘”和“云”，次句的“鱼”和“芜”都属于句中叶韵，这种表现方法，可以使“很少的字句中具有较宽的音度，念起来较为好听”，詹安泰认为其艺术性也是本诗的价值所在。再如詹安泰认为虽然五言古诗起源于民间风谣，但《古诗十九首》可能是文人的手笔，他认为《行行重行行》用精当的比喻来表现很深厚的情怀，《青青河畔草》在“诗的语言的选择，音响的调配和形象的塑造，跟诗中所要表现的主题思想应该是互相适应的”，这些看法都是建立在诗人深厚的艺术素养上的。

《中国文学史》(先秦两汉部分)编写于50年前，限于当时中国文学史研究的总体水平，以及在研究方法和学术观念上的时代因素，必然会存在某些不足。但在50年前那个理论相对贫乏、学术基础相当薄弱的年代，能兼顾到现实精神和艺术形式，能充分地立足文本，在对原始文本作深入开掘的基础上展开分析论证，把中国文学史上真正具有思想意义和艺术价值的作品予以科学的阐释和评价，其开拓之功是应予充分认识的。

詹安泰密切关注当代的学术研究现状和古代文学研究对建立当代文化的积极意义，关注学术研究方法与理论的科学性。从50年代开始，他先后写下一批关于古典文学研究学术观念和学术方法的文章。詹安泰特别强调学术研究的现实意义，在《关于处理古典文学的一些意见》中说：“我们处理古典文学，其目的，不仅仅是发扬过去的优秀传统，对古人负责，更有意义的是因为这一工作是有利于创造新文化，要对今天和明天的人民负责。”从发扬旧传统到创造新文化，古典文学研究在其中担当了一个十分重要的纽带作用。也正因此，詹安泰在致力学术研究的同时，针对当时学术界出现的一些现象，在学术研究观念和方法上提出了相当中肯的意见。他的《关于处理古典文学的一些意见》、《谈谈怎样对待优秀古典文学》、《对我国目前古典文学研究工作的意见》、《处理古典诗词的一点意见——以曹植〈野田黄雀行〉为例兼及苏轼〈念奴娇〉》等文章，都相当集中地探讨了这些问题。他并不是把古典文学研究作为个人的“名山”事业，而是从国家学术事业的健康发展的角度，努力补偏救弊。如在解放初期，学术研究过分地依附于当时的政治形势，在对古代作家的评论上出现或者苛求古代作家或者评论偏于一端的现象，詹安泰认为，这种现象偏离了古代文学评价的“度”，陷于主观，流于片面，不符合马列主义的理论观点。他认为，“用同一的标准来衡量不同时代的作品，就不可能得到正确的评价。过去那些杰出的作家，虽然有他们的世界观和历史条件的限制，虽然有他们自己的某些不可避免的偏见，但他们能够运用完整的艺术形式，在作品里的某些方面反映了有利于人民大众及国家民族的思想……他们这种对于祖国的历史文化上的贡献，是不容忽视的。”他并具体以杜甫、白居易为例来说明这种阶级出身与文学创作之间的“矛盾”是相当普遍的，这种“矛盾性”也正是产生进步作家的原动力，而矛盾的激发则来自于客观现实的矛盾斗争。他说:“我们从中国文学的历史检阅一下,那些杰出的作家,自屈原、司马迁以下,如汉魏之际的蔡琰、王粲、曹植,晋宋之间的刘琨、陶潜、鲍照,天宝乱后的杜甫,南北宋之交及南宋初期的辛弃疾、张孝祥、陆游……等等,几乎都是客观现实的矛盾斗争比较深化剧烈时期产生的。我们从矛盾斗争的情况比较突出的客观现实来考察古典作家的生活实践,从古典作家的生活实践来检验他的作品的精神实质,是处理古典文学的一条可以走得通的途径。”詹安泰的这个意见对于今天的学术界也是有启发意义的。

以庸俗社会学的观点方法研究古典文学也是解放初期相当普遍的现象。詹安泰明确反对这种忽略文学本质的研究观念和方法。他的《对我国目前古典文学研究工作的意见》一文就是主要针对这一现象而写作的。他在赞同李希凡、蓝翎《关于文学研究中的庸俗社会学倾向》一文的基础上,进一步挖掘造成这种观点方法的原因。譬如关于汉代乐府诗《陌上桑》的讨论,有相当多的文章局限在罗敷的阶级出身、作品的社会本质这些方面,有关艺术分析的文章则如凤毛麟角,且往往不得要领。这其中的原因,詹安泰认为:“深入理解作品和重视作品的艺术特征,从作品本身的艺术力量这个前提条件出发来研究古典文学,我认为这是一切从事研究古典文学的人所必须明确认识的。……运用庸俗社会学的观点方法来说明自己主观上所提出的问题,不管问题的意义重大不重大,解决得了还是解决不了,反正和作品本身没有多大关系,甚至还会背道而驰。”在50年代的学术界,能够如此鲜明地提出以文学本身为研究本体的看法,不仅需要学识,而且需要胆略。

詹安泰一生瘁力于古典文学的研究,他从30年代开始撰写《花外集笺注》、《姜词笺释》等词学著作,40年代完成其代表作《词学研究》,50年代,除了继续进行词学研究,出版《李璟李煜词》一书外,还旁涉《诗经》和楚辞研究,完成《屈原》和《离骚笺疏》等著作,同时主编了《中国文学史》(先秦两汉部分)。60年代初,又编写了《宋词研究》,作为研究生的讲义。他还写了很多单篇论文,开拓了不少词学研究的疆域。詹安泰的学术道路以词学始又以词学终,他的治学道路与人生际遇在他那一辈学者中有一定代表性。他从小就打下传统国学的深厚根底,同时又受到“五四”新文化的熏陶。他既深得古代诗学重视艺术体验和感悟的精义,也相当重视理论的系统分析。新中国成立后,他曾提出“三年不读线装书”,这种真诚而不无偏颇的态度,正反映当时多数学者加强自身理论修养、对自身知识体系进行调整的迫切愿望。当时新的理论一方面使其学术视野更为开阔,思考更为系统,但另一方面也会出现某种矛盾。当他运用当时的新理论如“阶级斗争”“现实主义”等去分析古代作家作品,有时不免显得生硬和勉强——这是当时学术界的普遍问题;而当他进入艺术分析和感悟时,他又显得那么得心应手——这才正是他的学者本色所在,也是他的学术研究的精华和学术生命所在。像许多正直而有才华的知识分子一样,詹安泰在反右运动与“文革”中也都未能逃脱厄运。自 1958 年至 1967 年他逝世这十年间,他生活在悲愤和抑郁之中。他在艰难的处境中,忍受着精神与肉体的双重痛苦,仍然发愤著书,他的许多成果是在晚年所写成的。詹安泰在 20 世纪古代文学学术史上,留下了一笔丰厚的遗产。虽然他孤独而凄凉地离开人世,但他用文字为自己建筑了一座学术丰碑,供后人永久的瞻仰和怀想。

董每戡先生与他的“剧史”研究

黄天骥　董上德

董每戡先生(1907—1980),是已故中山大学中文系教授。他是一位个性鲜明的学者。他讨厌人云亦云,痛恨言不由衷,鄙视不切实际。他留下了数量不少的著述,字里行间,我们约略看得见他在写作时的精神状态:对于学术上的谬见,他不遗余力,加以反驳;对于作品里的精妙之处,他条分缕析,击节赞赏;对于自己的独到见解,他不无得意,面露喜色。他敢想敢写,决不掩饰自己的嬉笑怒骂。董先生是一位人格个性与学术个性均十分鲜明的学者。

一、董每戡先生与戏剧的不解之缘

董先生的故乡温州在宋元时期就是“南戏之乡”。董先生受到家乡浓厚的戏剧文化的影响,培养起对戏剧的兴趣与感悟能力。

董先生早年在温州教会举办的艺文中学读书。1926 年毕业于上海大学中文系,在瞿秋白的影响下,参加了中国共产党。

1927 年“四一二”事变后,董先生受党指派,回到家乡温州开展农民运动。不久,上级机关被破坏,董先生身分暴露,被政府通缉。他离开了温州,潜赴上海,化名杨大元,从事戏剧活动。在此期间,创作了独幕剧《频伽》、童话剧《给我们需要的》、小说《鼻涕阿媛的梦》等。

在上海,董先生与金溟若先生开办时代书局。金先生翻译了日本作家有岛五郎的论文集,董先生与他一起拜会过鲁迅先生。得到鲁迅先生的帮助,金先生的译稿曾在《奔流》杂志逐期刊出(后因故中断)。董先生和鲁迅有过多次交往。[①]

1928 年底,董先生东渡日本,在东京日本大学文学院攻读戏剧专业。1929 年底回国,参加中国左翼作家联盟和中国左翼戏剧家联盟,投身于进步的文艺运动之中。

在“左翼剧联”期间,董先生创作了三幕剧《C 夫人肖像》,后搬上舞台,于 1931 年 11

---

① 卢礼阳:《董每戡和鲁迅的交往》,《瓯海文史资料》第四辑(1991 年 7 月)。

月由美专剧团首演，导演郑君里，主演赵丹。此次演出轰动了剧坛。鲁迅先生受邀前往观看，深为赞许。

抗战期间，董先生在湖南开展抗日救亡工作，借助种种戏剧活动，宣传抗日。在长沙，他任“一知剧社”的社长兼编导，创作并导演了三幕剧《敌》。后应田汉先生邀请，前赴武汉，加入由郭沫若领导的军委会政治部第三厅六处戏剧科。不久，第三厅奉命撤退，董先生也随队西迁。在成都、贵阳，他先后担任航空委员会直属的“神鹰剧团”和贵州省教育厅戏剧施教队的编导，创作了《神鹰第一曲》《孤岛夜曲》《最后的吼声》《保卫领空》等剧。这些剧作，全以抗战为题材，讴歌抗日战士保家卫国的崇高精神，鞭挞侵略者和卖国贼。

1943年秋天，董先生应著名文学史家陆侃如先生的邀请，到了四川省三台县；此时，东北大学因时局关系，内迁此地，董先生遂出任校址设在三台县的东北大学的教授。1945年抗战胜利后，他先后在南京金陵女子文理学院、上海剧专、大夏大学等校任教授，并任商务印书馆编审。

新中国成立后，董先生曾任湖南大学教授，省文化局戏改会副主任委员。1953年，他到中山大学中文系任教授。1957年，被错划为“右派”，被迫移居长沙，在困境中坚持学术研究。“文革”结束后，中山大学落实政策，派人赴长沙接董先生返校。不幸的是，不到一年，董先生于1980年2月13日病逝广州，享年73岁。

尤其值得补书一笔的是，困居长沙期间，董先生病痛不断，书写艰难，却凭着坚韧的毅力、深厚的功底和不屈不挠的精神，在衣食得不到保障、严重缺乏参考文献，甚至连像样的稿纸也没有的处境之下，利用能够得到的各式各样、大小不一的纸片写出了《五大名剧论》《三国演义试论(增改本)》等专著。他右手病颤，便发明横握笔杆、以左手推动笔尖书写的方式，“病手推成文百万”，其坚毅如此，实在令人敬佩。

纵观董先生一生，其主要的人生轨迹是：先是从事抗日救亡工作，以笔为枪，创作了大量宣扬爱国主义思想的剧作；其后转向教学科研领域，出版过《中国戏剧简史》《西洋戏剧简史》等；进入学术的成熟期后，董先生出版了《琵琶记简说》《三国演义试论》《说剧》《五大名剧论》等专著。可以说，董先生在戏剧创作和戏剧理论等方面均取得了一定成就；尤其是在中年以后，他把主要精力用于研究中国古代戏剧史，从他偏爱使用的语词可知，他更喜欢“剧史家”的称谓。其自身的研究，也前后贯串着“剧史家”的思路，其“剧史”研究在学术界已经自成一家。

二、重视“戏”的因素与“剧史”观的提出

我国近代学者系统地研究古代戏曲，发端于《宋元戏曲史》。此书作者王国维先生

也说:“世之为此学者自余始,其所贡于此学者亦以此书为多。”[①]确实,王国维筚路蓝缕,功不可没。他对中国戏曲的形成与发展有所考论,按说,他有可能发展成一种前后贯通的“剧史家”的思路;可他在研究自己所最喜爱的元杂剧时,从“文章”的角度称“元剧最佳之处,不在其思想结构,而在其文章”。又说:“元剧实于新文体中自由使用新言语,在我国文学中,于《楚辞》《内典》外,得此而三。”[②]可见,他在欣赏剧本时,对戏剧的本体特性似乎尚未达到充分的自觉,所谓戏曲戏曲,他更多地看到了“曲”,看到通常意义上的“文学”,对“戏曲”中的“戏”似乎欠缺敏锐的把握,偏向于从文体学家的角度以曲论曲。这又在某种程度上回到过去曲论家的惯常思路了。由于其书是开山之作,影响甚大,王国维的思路不容易超越。三四十年代,不少曲学研究者把《宋元戏曲史》奉为经典,致力于在王国维的思路的框架之内诠释或补充他的观点,其间虽有所发明,却没有明显地摆脱王国维把戏曲视为案头之作的惯性思维。

相较之下,董每戡先生是一位对“戏”格外敏锐的研究者。他在戏曲研究方面的一个贡献,是提出了不同于王国维的治曲思路。他很看重自己的“剧史”观。他自觉地将戏曲中的“戏”的因素凸现出来,即把戏曲的本体意义还原到世所公认的“戏剧”的范畴,不像过往很多人那样被一个“曲”字遮蔽了眼睛,并且明确提出了“剧史”的概念。四十年代末,他在《中国戏剧简史·前言》中指出:“关于剧史的看法,这问题相当大……过去一班谈中国戏剧史的人,几乎把戏剧史和词曲史缠在一起了,他们所重视的是曲词,即贤明如王(国维)氏,也间或不免,所以他独看重元剧。我以为谈剧史的人,似不应该这样偏,元代剧史在文学上说,确是空前绝后,无可讳言;但在演剧上说,未必为元人所独擅,总不能抹煞前乎元或后乎元各期的成就;而且一种东西的成长,一定有它前面的历程和后边的发展,把事物孤立起来看未免危险!何况我们所谈的是戏剧?”他从“剧史”的角度看到,中国古代的“戏剧”并非仅仅只有“文学”,不能“孤立”地从“戏剧”中仅仅抽取出“文学”来。他又说,研究剧史,就应注意戏剧的特点,因为我们所谈的是戏剧,“戏剧本来就具备着两重性,它既具有文学性(Dramatic),更具有演剧性(Theatrical),不能独夸这一面而抹煞那一面的,评价戏剧应两面兼重,万一不可能,不能不舍弃一方时,在剧史家,与其重视其文学性,不如重视其演剧性,这是戏剧家的本分,也就是剧史家与词曲家不相同的一点。”[③]在这里,董先生非常强调治戏曲史需要注意演剧性,并在自己的研究中自觉地贯串这一意识。同时,他对戏剧的“文学性”的理解也不是一般的“Literary”,而是“Dramatic”。这是值得咀嚼的,他要探讨的是具有“戏剧”(Dramatic)特

① 《宋元戏曲史·序》,《王国维戏曲论文集》,中国戏剧出版社1984年版,第3页。
② 《王国维戏曲论文集》,第84、88页。
③ 《中国戏剧史·前言》,商务印书馆1949年7月初版。

征的文学性，而不是适用于各种文体的“文学性”(Literary)。一个字眼，可以反映出董先生用心之细，也表明他在“剧史”的问题上思考的切入点不同于一般的文学史家。这些都是董先生作为“剧史家”的“剧史”观的核心所在。在具体的操作方面，他从演剧性的角度考察中国戏曲的历史演进，写出了系列论文，如《说“歌”“舞”“剧”》《说“傀儡”》《说“角抵”“奇戏”》《说“武戏”》《说“滑稽戏”》《说“科介”》，等等，这说明他不是孤立地看待古代戏曲文本的形成；而在对古代著名的戏曲作品如《琵琶记》《西厢记》《还魂记》《长生殿》《桃花扇》等的研究中，更充分注意到舞台演出的问题，这也说明他立意离开“案头”，将眼光投向“舞台”的学术追求。这些都标志着自觉成为“剧史家”的董先生研究戏曲的思路已经形成自家要坚守的视野。

董先生的“剧史”观强调一个“剧”字，这与他曾经长期从事话剧的创作和演出工作、熟悉西方的戏剧理论颇有关系。在研究中国古代戏曲时，他经常借鉴西方的戏剧观点，重视西方戏剧家对戏剧的理解，比如，他引用韩德(Hunt)的话说：“戏剧必须具有舞台的品性，就是使适宜于公演的那点东西，戏剧制作者的第一问题，是如何可以使他的思想体现于能够拿去表演的书面形式。”董先生进一步指出：“戏剧的书面形式不是为摆在书房中桌子上用的；确是为放在舞台上观众前由演员演出用的。”①在他看来，不管是话剧形式，还是戏曲形式，它们的核心都在于演剧性，而演剧性与动作、情节的矛盾冲突连为一体，其实质是人们的意志的冲突。剧之所以能演，在于能揭示事物的矛盾。他在《说“武戏”》一文中把中国古代戏剧的艺术要素概括为以下几点：第一，有故事情节；第二，有台词；第三，有“穿关”；第四，有化妆；第五，有“切末”，即道具；还有一点，尤其重要的是要有“冲突矛盾对立斗争的戏剧行为”。② 在董先生的治曲思路中，“戏剧行为”始终是最重要的关键词。他抓住了作为一种特殊文学文体的戏曲的核心要害，自觉地超越了以往的学者视戏曲创作为“填词”的褊狭思路，从“戏剧行为”的角度审视戏曲历史的发展，就与文体学家或词曲学家的做法完全不同。可以说，在许多从事戏曲研究的学者往往仍被一个“曲”字遮蔽了眼睛的情况下，董先生引入了西方戏剧理论，在更为宽广的戏剧视野中研究中国古代戏曲中的“剧”，哪怕在恶劣的生存条件下还在写他的《说剧》。“剧”字当头的学术思路，无疑是戏曲史研究的新开拓，也契合着戏曲之所以为戏曲的本体特性。

三、“戏由舞来”与戏曲体制的民族性

董先生从东西方戏剧的最大通约性出发，指出中国古代的戏曲的价值主要在于

① 《中国戏剧简史·前言》。
② 《董每戡文集》，中山大学出版社 2004 年版，第 73—74 页。

"剧"。当然,不同民族的戏剧,除了相互间的通约性之外,还有各自不可通约的民族特性。就民族特性而言,所谓戏曲戏曲,前人重视"曲"不无道理;可"戏曲"明显地不仅仅只有"曲",董先生有意识地要跳出长期横亘在研究者面前的"曲"的樊篱,与众不同地强调了戏曲中的"舞",并由"舞"及"戏",去探索中国古代的"剧史"的生成与演变。他更重视戏曲中动态的东西即"动作性",探讨戏曲的民族特性背后的内在因素。

董先生认为:"世界上各个民族都有他自己独特内容和形式的戏剧,几乎没有例外,都由于一种至理而产生,自古及今,所有戏剧都表现了各种各样的矛盾冲突的内容。"① 他考察了中国戏剧的发展,认为"戏剧的根源在于用勇力或者用武器战斗"。② 在他看来,舞是戏曲的主要元素,而最初的舞,就是反映初民的狩猎生活或战斗场面的。他从中国古文字字形的发生和演变的过程,论证"舞"和"巫"的关系,指出舞者就是巫者。巫者的装饰及所持舞具,均为羽毛或牛尾,这印证舞与狩猎的关系。他又根据《说文》分析了"戏"与"剧"两字,指出"戲"字从虎从戈;"劇"字则表现虎豕相斗不解、人在旁边执武器窥伺,这都反映了狩猎的内容。由此,董先生认为:"戏剧原本是从舞发展起来而形成的,那么,它不舍弃搏斗或战斗这基本的含义,似乎是不在话下的了。"③而舞,必然产生动作。从舞与动作的同一性出发,董先生把戏剧性与动作性联系起来,并且把舞与动作视为中国戏曲表演的最重要的因素。我们可以引用外国学者的研究成果来佐证董先生的看法。美国文化人类学家弗朗兹·博厄斯(Franz Boas)在其名著《原始艺术》中写道:"许多动作是思想感情的自然流露。有时讲述者用适当的手势加强语言的效果,歌唱者也通过各种动作把歌曲的含义表达得更为生动。"④可见,在研究戏曲艺术时,抛开"动作"来理解"歌曲",对于其"生动"的神韵就难以确切并全面地感受到。"动作"不仅仅是外在的东西,它是富含着"意义"的。

在《说剧》一书中,董先生从民俗学、语源学等方面审视中国戏剧形态的发生、演变诸问题。他强调:"戏由舞来,舞者就是后世的演员,任何民族、任何国家的戏,几乎都是由古舞演变进化而来。"⑤他又说:"戏剧固然需要歌曲或者语言(宾白),倘使没有,戏剧还是戏剧,'默剧'(Pantomime)不就是原始的戏剧吗?"⑥当然,就戏曲史研究这一学科而言,董先生的"戏由舞来"的结论,还可以作更深入的讨论,但与别人相比,其研究路子显然是更注重戏曲的动作性,更贴近戏曲作为综合性舞台艺术的特质。

---

① 《说"歌""舞""剧"》,《说剧》,人民文学出版社 1983 年版,第 1 页。
② 同上书,第 17 页。
③ 同上书,第 9 页。
④ [美]弗朗兹·博厄斯著、金辉译《原始艺术》,贵州人民出版社 2004 年版,第 236 页。
⑤ 《说"郭郎"为"俳儿之首"》,《说剧》第 65 页。
⑥ 《说"歌""舞""剧"》,同上书,第 12 页。

董先生的《中国戏剧简史》正是根据“戏由舞来”的观点衍生的。此书自成格局,贯通古今。全书分七章,即:考原(史前时期)、巫舞(先秦时期)、百戏(汉魏六朝时期)、杂剧(唐宋时期)、剧曲(元明时期)、花部(满清时期)、话剧(民国时期)。董先生综合考察了中国戏剧从巫舞到戏曲、再到话剧的演变历程。可见,早在四十年代,董先生根据戏剧的本质,第一次把戏曲与话剧两个领域打通,体现出十分可贵的探索精神。同时,他注重研究戏剧在不同时期各自的形态,注重观察唱、念、做、打诸因素不断演化的轨迹。通过一系列的研究,他认为随着时代、社会的进步,旧的戏剧形态会被新的戏剧形态所扬弃,而旧戏中有生命的东西,也会在新戏中延续下来。

由于董先生强调要以辩证的观点和方法审视戏曲的发展与演变,他特别注意研究戏曲形态在不同的进化阶段中的一些关键性问题。例如,关于戏曲体制,他认为杂剧的“一本四折体,肯定前有所因,并走过渐变的历程,不可能是四无依傍地突变成型的。”在他看来,戏曲艺术作为我国民族文化的组成部分,它和其它艺术部类有着千丝万缕的联系。他认为,“我国魏、晋、南北朝,以及唐、宋两代的‘大曲’的三或四解,两宋杂剧的三或四段,元人杂剧的四折,这些形式都和纪元前近千年的十五国风的三或四章作法有血缘关系,也就是说‘一脉相承’,反复实践,渐趋完成。到了领土空前地广袤而又能统一的元朝,适应于当时形势的要求,才固定为内容单一、形式完整的一本四折体。这形式既来有所自,又成有所因,决非什么外来事物,而是自己固有的民族形式。”董先生研究过希腊戏剧史,他不同意有些人所说元杂剧一本四折是模仿希腊戏剧“三联曲”加“序曲”而来,经过对与元杂剧最为靠近的“大曲”做了相当细密的探讨、考释,他的结论是:“‘杂剧’原只两个部分分三段,后发展成三个部分分四段,直接继承了‘大曲’的体制。”他还考虑到,尽管杂剧与“戏文”体制不同,“不过,就整个故事结构来说,宋‘南戏’和明‘传奇’依然是继承了‘大曲’的作法——起、承、转、合四个步骤,并没有两样。”[①]我们知道,如何说明戏曲的体制,是戏曲史研究中的一大难题。董先生从发生学的角度,力图解释我国戏剧体制的民族性内涵,给我们提供了有益的启示。

《说剧》一书,可以说是董先生研究戏曲发展的一部思辨录,举凡傀儡、郭郎、角抵、武戏、影戏、滑稽戏,以及脸谱、假面、行头、布景等等,都是他所要探索的对象。他几乎是全方位地审视戏曲史上与“剧”相关的各方面问题,思考着呈现在舞台上的诸种戏剧因素的来龙去脉,辨析它们的雏形、它们的演变、它们的相互融合的过程,等等。按照董先生的计划,先以“各方击破”的方式,“小题大做”,解决戏曲史上的难点、疑点,这就是我们在《说剧》中看到的一连串成果;然后在此基础上详细纵论中国戏曲演

---

① 以上参见《说我国戏剧体制》,《说剧》第228—239页。

变的历史。1959年，长达50万字的《中国戏剧发展史》写成了。可惜，书稿在“文革”中被毁，我们难以比较全面、深入地了解董先生对中国“剧史”的通盘见解，令人扼腕叹息！

四、文学性与演剧性的统一

研究中国戏曲史，必然要对作家作品作出评价。近百年来，人们大体习惯了将戏曲作品纳入文学史的视野，看作是文学作品，这当然不错。可是，戏曲毕竟是一种很特殊的文学，除了文学家向来所看重的叙事艺术、抒情艺术等之外，戏曲的演剧性是切切不可忽视的。

董每戡先生论剧，颇有自家的路数。他注重文学性与演剧性的统一，并且习惯于透过演剧性来揭示作品的文学性。在他看来，成功的戏曲，其文学性往往是寓于演剧性之中的。董先生的脾性是不愿意做空头的戏剧理论家，他要将自己所能体认的理论贯彻到具体的作品分析之中。在写出《笠翁曲话论释》之后，就颇为自信地撰写他的《五大名剧论》。他在《五大名剧论·自序》中，有一段夫子自道：“选古典名剧若干来论析，作为《笠翁曲话论释》一书的具体实践，免招来只空谈如何作剧怎样评剧的理论而不付诸行动之讥。往日的江湖艺人常说，光说不练嘴把戏，光练不说傻把戏，说着练着真把戏。真假之分，本就是难易之别。因侈谈理论，容易‘头头是道’；具体论剧，难能‘阵阵见血’。……在搁笔两年之后的1962年，仍拿出勇气，以病了近二十年颤抖的两手推笔写起这《五大名剧论》。”自信如董先生，也知道“针针见血”绝非易事，但他努力为之，就是想能说出一些“在行”的话，不像那些“文史家和曲论家”那样拘拘于“法”或斤斤于“词”，只是把作品“以案头读物对待”。他特别强调，剧本中的“人物形象和情节结构所体现的思想性和艺术性，它是必须由演员扮演于舞台之上、观众之前的东西。……我们要谈它具有的思想性和艺术性，应该有别于论其他文体的作品。咬文嚼字不为功，空谈概说欠具体，就戏论戏才成，我就这样练起来了”。还说到自己的研究习惯：“常对剧中某些场子”，提出“认为应删或可并的意见”；而“对某一角色的性格应怎样体会怎样掌握和表现”，也往往提出自己的看法。[①] 他力图在帮助读者欣赏剧本的同时，也给改编者、导演和演员提供参考意见。因此，他的论戏文章，不似高头讲章，而像是老导演在红氍上给演出者一出一出地说戏，让人们仿佛“看”到舞台上角色之间的互动与冲突，感觉到生、旦、净、末、丑各自不同的声情与眼神。

---

① 《五大名剧论·自序》，人民文学出版社1984年版。

董先生论戏的基本思路是抓住戏剧矛盾，沿着矛盾主线的发展变化剖析剧本、把握“戏理”。

在董先生评论古代戏曲作品的论著里，可以发现，他总是把研究剧本的情节、结构置于首要地位。情节结构，是戏剧矛盾发展的历史，董先生认为，作品的意义、价值，是在情节结构中体现的；作家的创作意图，也表现在他如何处理矛盾冲突，如何推动情节的发展。1956年，剧坛就如何评价《琵琶记》的问题，发生过热烈的争论。董先生在《琵琶记简论》和《五大名剧论》两书中，阐发了自己的观点。他认为《琵琶记》脱胎于戏文《赵贞女蔡二郎》，但是，《琵琶记》与民间传说、南宋戏文相比，发生了很大的变化。这主要表现为故事情节、结构安排完全不同。董先生认为，《琵琶记》作者高则诚，在改造传说时牢牢抓住了他自己创作的三个情节：“三不从”，即蔡伯喈的辞试不从，辞婚不从，辞官不从。在戏中，蔡伯喈并非没有辞试、辞婚、辞官的要求，但逐一遭到反对。于是，以蔡伯喈为一方，以封建势力为另一方，双方发生了尖锐的冲突，形成了戏剧矛盾的主线。这冲突也反映到人物形象中，体现为蔡伯喈内心的矛盾。董先生说，“三不从”是互相贯串的，“第二个辞婚不从，是三个互相依赖的不从中最主要的一个，第一个和第三个都是为它服务或因它而起，纠缠着不可分割。”①在冲突中，蔡伯喈终被压倒。董先生提醒人们：不应离开《琵琶记》这一条矛盾的主线去谈戏，认为也只有从戏剧矛盾的发展，才能判别作者对蔡伯喈的态度。正因为高则诚让蔡伯喈处于矛盾中被动的一方，三次“不从”，三次“被强”，这才形成悲剧，也凸现了蔡伯喈的悲剧性格。“在观众来说，这一番矛盾冲突正激动他们对主人翁命运引起特殊关怀，因而跟着事件的进程产生了哀怜之情和恐怖之感。”②董先生的意见，很有说服力，从《琵琶记》的戏剧冲突不同于民间传说出发，他指出蔡伯喈的形象不同于张协、王魁之类的负心汉，进而认为高则诚阐示了封建时代伦理道德深刻的矛盾，写出了一个曾和封建势力顶撞却又是软弱无力的知识分子形象，给戏剧史增添了“非凡的光采”。

从研究剧本的戏剧冲突着眼，董先生对戏曲文本的创作过程与创作思路有自己的把握，比如，对众说纷纭的《西厢记》第五本问题，他就提出了独特的看法。

关于《西厢记》的第五本，历来是戏曲研究争论的焦点。有人认为《西厢记》作者王实甫只写到第四本，第五本为关汉卿所续；有人则认为是关作王续。总之，不把著作权归于一人。至于认定五本均为王实甫所作的论者，其论证方式，则多从字句的考据入手。当然，严密的考证，自有它的必要性，但目前尚嫌缺乏足够的说服力。董先生指出，

---

① 以上参见《五大名剧论》第280—283页。

② 《五大名剧论》第283页。

这个问题“为什么经过那么多年那么多人探讨，始终得不到结论呢？原因非常简单，就是过去的词曲研究家们，对戏剧都缺乏认识”。[①] 为此，他试图从戏剧冲突的层面来解决这一难题，认为“只要懂得‘戏剧行为贯串线’这戏理的人，就不会说王实甫只写道‘惊梦’为止。”[②]

在《西厢记》里，崔莺莺追求婚姻自由意识与老夫人坚持封建家族利益、世族观念，产生激烈的矛盾。董先生根据该戏的情节结构指出，老夫人实际有三次赖婚。白马解围后是第一次的赖；拷红后许婚，又逼赴考，是第二次的赖；第五本张生中举，老夫人听信郑恒谗言，不让莺莺嫁给张生，便是第三次的赖。这三次赖婚，是戏剧冲突贯串线的几个主要环节。董先生说：“老夫人的狡猾和顽固的世族观念，集中表现于三次赖婚，尤其显露这两点的是在第二次赖婚上。而三次所采取的手法各不相同，最阴狠的一次自然是在‘拷红’之末的第二次。”[③]老夫人明知张生、莺莺已经同衾共枕，不得不同意许配女儿，却又赶张生源赴考，声明“驳落呵，休来见我”。这不消说还有赖的可能性。所以，这时候的老夫人，嘴上许婚，心中在赖；而有了第二次的赖，就不能没有第三次的赖，因为张生虽然中了举，但门阀、家世，实质仍比不上可以和崔府“亲上加亲”的郑恒；故此，老夫人还有第三次的赖，是戏剧冲突发展的必然。董先生认为：“由三赖到结果团圆，戏情才丰富，性格才鲜明。”[④]既然第三次的赖婚，出现在第五本，可见作者在构思剧本时，已经考虑到第五本的写作，因此，第五本不可能是由另一个作者代庖。

另一方面，董先生从剧本细节的安排着眼，指出《西厢记》第一折楔子已由老夫人提及“一壁写书附京师了，唤郑恒相扶回博陵去”，郑恒是崔张婚姻的主要障碍，是张生的对立面，按照我国戏曲创作的习惯，凡是跟剧本有重大关系的人物，几乎都要上场，但《西厢记》直至第四本，郑恒还未出场。假如演至“惊梦”即嘎然而止，既不符合戏曲创作传统，也不符合我国观众要求事事有所交待、要求团圆结局的心理。

环绕着戏剧情节的安排问题，董先生举出了六点理由来证实《西厢记》是五本而非四本，他从戏剧演出的角度，一一说明王实甫一气呵成地写作《西厢记》的必然性。这种做法，和只重案头爬梳的研究家仅从欣赏词曲的角度谈戏大不相同。当然，我们不必鄙薄从词语考证《西厢》第五本归属的劳绩，但从戏剧作为舞台综合艺术的角度研究文本产生的问题，显然是十分重要的。实际上，这也是一种考证，是基于戏曲这一独特艺术

① 《五大名剧论》第117页。
② 《五大名剧论》第116页。
③ 《五大名剧论》第133页。
④ 《五大名剧论》第135页。

样式所作的考证。董先生根据戏剧冲突的贯串线，对《西厢记》进行考证，不仅有助于解决剧本悬案，也给戏曲考证提出一条新的思路。

董先生论剧的具体着眼点是注重从人物的戏剧行动、乃至于细微的动作入手来阐析成功的剧作者用心之奇妙。

在董先生看来，戏曲是在舞台上树立起来的行动艺术，戏剧情节进行时的动作性以及舞台上人物的举动，必然给予观众强烈的刺激和深刻的印象。因此，他一方面对人物的唱词看得很深很细，一方面更注重观察作者对人物科介、出场次序等安排，认为人物的动作，最能揭示其内心世界及其性格特点。例如在《长生殿》的第二十四出，陈元礼所部哗变，要求玄宗杀死杨贵妃，剧本有这样的一段：

(末见生介)众军道，国忠虽诛，贵妃尚在，不肯起行，望陛下割恩正法。(生作大惊介)哎！这话如何说起！(旦慌牵衣介)(生)将军！

董先生指出："'好个割恩正法'，好个'旦慌牵衣介'，好个'将军'！是戏，是好戏。总之一句话，作者用笔简洁得好。在这万分紧急的关头，决不能像庸手所办的长篇大论地发言，语言越简短越精练就越妙。戏，本要演出，不赖说出。说的太多，反使戏松弛无力。洪昉思很懂得这一点，故尔办得出色。从舞台的角度看，这儿若'顺流而下'，还不太有力量，该有一个戏剧术语所说的'大停顿'，导演和演员都得注意，使戏情更紧张更有力。"①在这里，董先生提醒人们注意角色的动作，例如唐玄宗的大惊，杨贵妃牵着玄宗衣衫的举动，这些科介，董先生十分欣赏，因为宾白虽简短，动作却强烈，它们包含着很丰富的内容。人们可以从角色的举止中，看到剧情的急剧变化，看到人物焦急、惊惶、紧张、恳切等一连串内心活动。董先生还借用话剧表演"停顿"的术语来阐析角色的动作。停顿，类似戏曲中的亮相，即把动作在进行当中凝固下来。节奏的片刻休止，反而使动作显得更强烈，更有魅力，更能收到震撼人心的效果。

董先生经常引导人们注意发掘潜台词所蕴涵的心理动作。像在《西厢记》第五本，郑恒诬说张生移情别恋，老夫人和莺莺对张当面指责。董先生指出，虽然莺莺跟老夫人都在质问，连词语也相似，但读者特别是演员，却不能同样对待，"因为问话的表面很相似，却是由两种迥然不相侔的心理出发的：那时老夫人即便明知郑恒所说的纯系捏造诬陷的谎言，而心里头正希望它是真的事实，便于自己名正言顺地赖婚，让自己心爱的女儿嫁娘家的侄子。莺莺就完全相反，她即便知道这也许是事实，心里头却希望是郑恒撒

---

① 《五大名剧论》第425页。

谎造谣，心理状态是完全不同的。莺莺这时虽也愤慨地发出质问，实际上无非希望得到张生的反驳和辩明。”[①]这鞭辟入里的分析，深刻地揭示出人物的内心世界，也使读者领会该如何研读剧本，才能理解舞台表演的特质。

具有丰富舞台经验的剧作家，往往在剧本上巧妙地设置戏剧的行动，这又需要具有丰富舞台经验的研究者，洞察体悟作家的艺术匠心。董先生在分析《桃花扇·会狱》一出时，便告诉读者应怎样看戏，应注意孔尚任的特殊安排。这出戏，孔尚任让狱卒在深夜把复社领袖周镳、雷演祚二人拉上舞台，当场宣布“刑部要人，明早处决”。若按史实，周、雷被马、阮诬害，被迫自尽，这事件对《桃花扇》剧情的发展并不重要。所以，梁启超认为此出无关宏旨，只不过“借作波澜，并借以点出周、雷遇害耳”。但董先生不是这样看，他指出梁启超是以文学家或史论家的眼光看剧本；倘若懂得舞台，就知道这样的处理，“既可以刺激情绪”，“又可以对比出旁观者各自不同的性格”。[②] 当时，舞台上的旁观者，有主角侯方域、柳敬亭、陈贞慧、吴应箕等多人。作者让狱卒“点灯提绳”，逐个照认囚犯，大呼小叫，给人以强烈的刺激。面对着这吓人的场景，孔尚任让旁观者一一表态，各有动作。侯方域“作看呆介”，惊呼“吓死俺了”！显得惊惶失措；陈贞慧则问“绑哪个”，后来知道“果然是周仲驭、雷介公二位”，语气显得镇定，这与他“曾被逮下狱，且在明亡后久居土穴不入城市的晚节都是符合的”。而吴应箕的反应是：“这是我们的榜样了”，口吻坚强，表现出不怕死的态度；柳敬亭则说“我们等着瞧瞧”，他在凶险的关头依然是毫不在乎，幽默风趣。在这里，董先生仔细审视孔尚任的创作意图，让人们了解为什么作者把原可作暗场处理的细节，端到前台着力渲染，从而让人们从生动活泼的画面中，领略到“动作性”对酿造舞台气氛和刻划人物的作用。

董先生对戏曲的分析，每每有精到之处。他长期熟悉舞台，重视实践，习惯于“立体”地看一个剧本，在学术研究中把自己对舞台的审美认识和对作品的剧情分析结合起来，为后辈做出了一个“行家”学者的范例。

董每戡先生不同于过往的“曲家”，他格外重视“戏”的因素，这与他受到西方戏剧美学思想的影响有关；同时，他对于中国戏剧的民族特色又有精到的研究，这跟某些生硬照搬西方概念的做法显然有异。他是戏剧舞台上的实践者，又是高等学校的戏剧史教授，二者兼顾，强调文学性与演剧性的统一，比长年只在高校教书的学者多一重“演剧”的视野，自是左右逢源，眼光独到，对剧本的分析如庖丁解牛，深入肯綮，其论著别有与众不同的学术含量与艺术含量。

---

① 《五大名剧论》第 173 页。

② 《五大名剧论》第 643 页。

董先生是继王国维之后在戏曲研究领域中作出显著贡献的学者之一。他的“剧史家”研究思路至今并未过时；他在《中国戏剧简史》中将中国的话剧作为“戏剧史”的一章来写，这样的做法是大胆而有远见的。他那种“埋头写作，不计成败利钝，我尽我心”的治学态度内含着一个正直学者的高尚追求与淡泊心境。在进入21世纪之后，戏曲研究如何在已有成果的基础上开出新境，是当今研究者共同面临的问题。而所谓开出新境，不是标新立异，不是自说自话，也不是去“钻”某些不为人知的“牛角尖”，而是从更为广阔的学术视野之下探讨戏曲的内质与价值，检讨戏曲的不足与积弊，不囿于任何框框，不屈从于任何权威，不跟风，不媚俗，不追逐名利。在这一方面，董每戡先生勇于探索、锲而不舍、学术至上的精神，仍会激励着后人在学术研究的道路上继续前行，有所作为。

王季思先生的为人与为学

康保成

一九九六年四月六日，我国著名文学史家、戏剧史家王季思先生走完了他九十一年的人生历程，静静地离开了我们。记得先生晚年常对人说起他的两个心愿：一是编完《全元戏曲》，二是完整地带完一届博士生。现在，先生的心愿已经实现，他可以无牵无挂、毫无遗憾地驾鹤西归。更何况，先生历来豁达乐观，每每言及“含笑九泉”的那一天！

在离开先生的日子里，无数次捧读先生的遗著，从中汲取的不仅是学术营养，还有他为人为学的精神力量。

一、王先生的生平和主要著作

先生名起，字季思，一九〇六年出生于浙江温州。温州是宋元南戏的发源地，民间演出很多，每逢春秋两季，各村轮流上演社戏，先生几乎每场必到。有的剧目，如《琵琶记》《荆钗记》《西厢记》等，都给他留下了很深的印象。先生晚年回忆说：“我后来在研究古代戏曲的道路上走了几十年，是与童年的爱好看戏有关的。”

先生出身于书香门第，在中小学时就背过《四书》《左传》，看过《国策》《史记》以及八家古文的名篇。他小学没毕业就考取了浙江十中，到三年级时赶上五四运动，先生积极参与，和同学一道上街宣传，反对二十一条，抵制日货，受到校方监视，被勒令退学，被迫转到瑞安中学，借住在孙诒让先生家里。孙诒让是清末著名学者，家中藏书极丰。先生在这里受到熏陶，培养了治学严谨的作风。先生后来写的《自传》及《孙仲容先生〈自题《周礼政要》八绝句〉手写稿浅释》一文（收入《玉轮轩后集》），对这段因缘有过简略的回忆。

一九二四年先生十九岁时，考入南京东南大学（先后改名为第四中山大学、中央大学）中文系。当时东南大学可谓名师荟萃，先生师从吴梅、汪东、黄侃、胡小石、柳诒徵等先生，尤其受吴梅先生亲炙最深。

吴先生是著名曲学大师，家中藏曲之多为海内第一。先生在吴先生指导下学习古代词曲和戏曲，遍历词山曲海。同时参加吴梅组织的“潜社”，从事诗词和散曲的创作。

吴先生一次对先生写的两个杂剧详加评改后题署:“永嘉王起初稿,长州吴梅点定。”给先生以极大鼓励。这一时期,先生与唐圭璋、常任侠等同学交往密切。此外,先生还在闻一多先生指导下,从事话剧与新诗的创作。他这一时期创作的诗词,后来多半收入到《王季思诗词录》和《玉轮轩前集》中。他的独幕话剧《机声》和《狗》,发表在一九二九年的《中央大学半月刊》;《战创》发表于一九三一年的《申报》。

一九二七年春,东南大学一度停办,先生回家乡的瓯海中学任教,因在学生中宣传国民党第一次代表大会宣言,反对西山会议派,在“四一二”事变时被捕,经保释后重返南京读书。

大学毕业后,先生先后在浙江、安徽、江苏的几所中学任教,其中在江苏松江女中的时间最长,同事徐震堮、陆维昭均为大学同学。在这段时间,先生摘记元杂剧中的方言俗语,从笔记小说中探索元杂剧本事的来源,有的制成卡片,有的迻录书眉。抗日战争爆发,淞沪沦陷,先生仓促之中,只带了《元曲选》和《西厢记》回家乡。不久,先生因在温州宣传抗日救国,与浙江保安司令发生冲突,被迫流亡。先在丽水处州中学任教,结识《战时中学生》主编郭莽西,后在金华国民出版社任编审,结识《东南日报》副刊编辑陈向平。先生抗战时写的杂文、诗歌,多半经郭、陈之手发表,后来分别收入《击鬼集》《玉轮轩前集》和《王季思诗词录》。

从四十年代初到一九四八年,先生先后在浙江大学龙泉分校、杭州浙江大学、杭州之江文理学院等高校任教,潜心于元杂剧和中国文学史的研究。一九四四年,浙江龙吟书屋出版了先生的《西厢五剧注》。一九四八年,上海开明书店出版《集评校注〈西厢记〉》。这一时期,先生与夏承焘等同事,相交甚深。

一九四八年夏,先生从杭州调来中山大学,直到他去世的一九九六年,在中大工作了四十八年。在这将近半个世纪的漫长岁月里,他随着时代的大潮时起时伏,在大部分的时间里都没有停止学术研究的步伐。

五十年代,先生尝试用马克思主义的文艺理论分析我国古代的作家作品,其代表论著为《从〈莺莺传〉到〈西厢记〉》《关汉卿杂剧的战斗精神》《桃花扇校注前言》《〈琵琶记〉的动人艺术力量》《汤显祖:中国十六世纪伟大的戏剧家》等。一九五七年四月,《桃花扇校注》(与苏寰中、杨德平合注)由人民文学出版社出版。这一时期,他还指导中山大学中文系的青年教师和学生,点校出版了一批明传奇。

一九六二年,先生受教育部之聘,到北京大学和游国恩、萧涤非、季镇淮诸先生一起主编《中国文学史》,先后历时三年,并在北大任教。先生与游先生相交最厚,经常在一起讨论学术问题,各抒己见。诸先生主编的《中国文学史》由人民文学出版社出版,成为教育部推荐教材,被全国高校普遍采用,长达三十年之久。

一九六六年,"文化大革命"爆发。先生遭批判、住牛棚,甚至肋骨被打断,差点丢了性命,学术研究被迫中断。

"文革"后的八十年代初,先生受教育部委托,在中山大学主持全国高校中青年教师古代戏曲研讨班,为全国高校培养了一批研究古代戏曲的骨干教师,并主编出版了《中国十大古典悲剧集》《中国十大古典喜剧集》。

一九八一年,先生被国务院学位办批准为"文革"后的全国首批博士生导师之一,中山大学中文系各体文学成为全国首批古代文学的博士点和最早的全国重点学科之一。一九八四年春,先生指导的首批博士生入校。

一九八五年,先生以八十高龄领衔编校《全元戏曲》。一九九〇年,该书前两卷由人民文学出版社出版;一九九九年,十二卷全部出齐。该书先后获得全国古籍整理类图书一等奖、第五届中国图书奖提名奖、第三届全国高校人文社科优秀研究成果一等奖等奖项。

"文革"后,先生还与人合作编选出版了《评注〈聊斋志异选〉》《元杂剧选注》《元散曲选注》《中国戏曲选》《元明清散曲选》《绝妙元曲》等。他的学术论文先后结集为《玉轮轩曲论》《玉轮轩古典文学论集》《玉轮轩曲论新编》《玉轮轩曲论三编》《玉轮轩戏曲新论》,后来又部分被收入《王季思学术论著自选集》《王季思教授古典文学论文选》。

一九四九年以后,先生创作了不少的诗词、散文,其中大部分被收入《新红集》和《玉轮轩后集》。

一九四九年以后,先生担任过中山大学中文系系主任,古文献研究所所长,民盟广东省副主委,第三、四届全国政协委员,国务院第一届学科评议组成员,国务院古籍规划出版领导小组成员,《中国大百科全书·戏曲曲艺卷》副主编,中国古代戏曲学会会长,中国戏曲学会顾问,中国韵文学会顾问等职。

二、王先生的《西厢记》研究

《西厢记》是我国古典戏曲中最优秀的作品。王季思先生自幼在家乡看戏,就被艺人们塑造的《西厢记》的舞台形象所吸引。后来受"五四"新文化运动影响,把剧中男女主人公大胆追求自由恋爱的反封建精神引为同调。上大学以后,在吴梅先生指导下,先生开始对这部古典名剧进行科学、系统的研究,几十年来不断取得优异成果,成为《西厢记》研究领域中举世公认的权威。先生对《西厢记》研究的贡献大致有以下四个方面:

第一,以注经的态度和方法注戏曲,对元曲中的成语典故、方言俗语一一诠释,给当代读者和研究者提供了一个可靠而又通行的本子——《西厢五剧注》。这部书是先生从

事学术研究的成名作和代表作，奠定了他一生的学术地位，

《西厢记》版本众多，在《西厢五剧注》出版以前，最流行的本子是金圣叹的评点本。金本对《西厢记》的艺术发覆甚多，自有它本身的价值。然而它最大的缺陷，是将原作第五本看成是“狗尾续貂”，予以否定。先生以凌濛初《西厢五剧》为底本，把原作中的五本看成是一个整体，又取王伯良、毛西河、汲古阁、雍熙乐府等版本参校，反复比较，择善而从，纠错勘误，详加注解。无怪乎，此注本一出即取代了金本，成为最流行的本子。

戏曲作品与诗文的最大不同有两点，一是它有不少与脚色、科白相关的舞台提示语，二是使用了不少方言俗语。《西厢五剧注》在这两个方面都大大超越了前人，有的条目至今还有重要参考价值。

例如原作第三本第四折有“双斗医科范了”的提示，先生在前人基础上，不仅指出所谓科范乃是“剧中种种科段，有现成规范可循者”，而且援引宋人笔记，指出“科范”一词“实源自释道二教之仪式”。这就涉及戏剧形态与宗教仪式的关系，给后人进一步研究以极大启发。再如注本中“正旦”、“净扮洁上”等条目，援引材料都非常丰富，至今学者们研究“旦”、“净”的来源，仍要从中汲取营养。

半个世纪前，元剧中的方言俗语往往为治曲者所头痛。先生在广征博引宋元文献的基础上，联系讲唱文学的语言特点，对胡伶渌老、眼挫里、没则罗、赤紧、唱个喏、四星、呆傍、迷留没乱、沙弥又哨、酩子里、没掂三、胡扑掩、没查没利、即即世世、攧窨、没三思、一纳头、忒敬思、决撒、撮合山、呆答孩、不甫能等难解词语作了注解，不仅方便了读者，而且为后来工具书编撰提供了借鉴。

《西厢五剧注》问世以来不断被再版（一九四九年后一般用《西厢记》为书名），获得海内外一致赞誉。但先生绝无沾沾自喜，而是在每次再版前都对注本作认真的修改。

例一：一本一折，张生上场唱【仙吕点绛唇】：“游艺中原，脚跟无线，如蓬转。”一九四四年浙江龙吟书屋版《西厢五剧注》、一九七八年上海古籍出版社版《西厢记》均引陈方长《步里客谈》：“古人多用转蓬，竟不知为何物。外祖林公使辽，见蓬花枝叶相属，团圞在地，遇风即转。问之，云转蓬也。”按说，这个注释已经能够说明问题了。但一九八四年上海古籍出版社版《集评校注西厢记》在此基础上，引康迈千语云：“河北有蓬草，也叫扎蓬菜，每当秋末冬初，霜打草干，因风吹折，随风满地乱滚，飘忽不定。”接着说：“蓬转即指此。借喻张生的书剑飘零，浪迹天涯。”这样的注解可谓古今贯通，形象具体。

例二：三本三折【折桂令】有“收拾了忧愁，准备着撑达”句，其中“撑达”难解。一九四四年版举出元曲中其他用例，谓“撑达”是“解事”意。一九七八年版在前注的基础上，引《新华月报》二卷三期谷峪的文章：“从前这孩子多撑达，如今三言换不出一语来。”自注：“撑达，活泼。”注：“盖今日北方尚有此语。”

例三:四本三折著名的“碧云天,黄花地”那只曲子,一般都认为它来自范仲淹的【苏幕遮】词,曲中的“晓来谁染霜林醉”二句出自《董西厢》“君不见满川红叶,尽是离人眼中血。”以前先生也是这样注的。但一九八四年的《集评》本加上了这样几句:

> 又据友人蒋礼鸿见告:“曾季貍《艇斋诗话》称:东坡和章质夫杨花词云:‘细看来不是杨花,点点是离人泪。’即唐人诗云:‘君看陌上梅花红,尽是离人眼中血。’”则董王二家词,实融合唐诗宋词入曲,于中可略见唐诗、宋词与元曲的传承关系。

此外,先生自己还举过一个例子:“《拷红》折里红娘唱的‘世有、便休、罢手’,过去我以为‘世有’是‘世上有’的意思,不用注释。后来看了张相的《诗词曲语辞汇释》,‘世有’是‘既有’的意思。因此我是漏注了。”(《我怎样研究〈西厢记〉》,《玉轮轩曲论三编》)这充分体现出先生为学的特点:不断采用新知识,勇于并乐于补充、改正自己的疏失或错误。这些新知识,有的是在不断读书学习中发现的,有的来自学术界的朋友,甚至有的来自素未谋面的中学教师。

先生对《西厢记》研究的第二个贡献是:雄辩地论证《西厢记》的作者为王实甫,从而进一步确认《西厢记》五本二十一折为一个整体。这不仅为正确认识《西厢记》的本来面貌,正确分析鉴赏《西厢记》的思想和艺术打下了牢靠的基础,而且有利于认识我国戏曲在元代所达到的艺术高度。

关于北杂剧《西厢记》的作者,旧有王(实甫)作说、关(汉卿)作说、王作关续说、关作王续说等不同说法。二十世纪六十年代初,陈中凡先生连续发表文章,提出:王实甫的《西厢记》原来只有四折一楔子,最多不过六折,到元代后期才由民间艺人和书会才人加工整理成多本连演的伟大剧目。陈先生的主要根据是:王实甫的时代普遍流行四折短剧,王氏不大可能超越时代,他的《丽春堂》等作品就远没有达到《西厢记》的高度。

王先生接连发表了《关于〈西厢记〉作者的问题》和《关于〈西厢记〉作者问题的进一步探讨》两篇论文,肯定今本《西厢记》出于王实甫,“因为从王著出世到明代中叶的两百多年间有关戏曲史的重要文献已经为我们提供有力的证明”。先生指出,今传元人三国戏、杨家将戏、水浒戏都有好几本,故事又多彼此关联,可以认为元代前期已经出现多本连演的杂剧。至于同一个作家笔下出现风格不同、成就不同的作品,甚至在同一作品内部前后风格、成就不一致,都是十分自然的事情,不能因此否定王实甫对《西厢记》的著作权。

这两篇文章发表之后,陈中凡先生以虚怀若谷的精神承认自己的疏失,关于《西厢记》作者的争论也就告一段落了。需要指出的是,陈先生是王季思先生大学时代的老师，他们能够充分地在学术问题上交换意见、切磋讨论，而又能彼此平等，绝无半点意气用事，为当代学术史留下了一个成功的学术批评范例。

第三，运用主题学的研究方法，孜孜不倦地探讨《西厢记》的故事来源，正确肯定王实甫的艺术创造，确立《王西厢》在戏曲史、文学史乃至文化史上的重要地位。

一九五五年，先生发表《〈西厢记〉叙说》，同年出版专著《从〈莺莺传〉到〈西厢记〉》，一九八〇年发表《从〈凤求凰〉到〈西厢记〉》，一九八九年发表《〈西厢记〉的历史光波》，前后历时三十多年。可以看出，先生早就开始有意识地追溯《西厢记》故事的发生、衍变脉络，并以此肯定《王西厢》的创新意义。这种研究方法，在西方被叫做"主题学方法"，九十年代以后方普遍受到文艺学研究者的评介与推崇。

先生指出，早在《王西厢》之前，唐代元稹的文言小说《莺莺传》描写崔张爱情故事，后来历经毛滂的《调笑转踏》、赵令畤的《蝶恋花鼓子词》，到董解元的《西厢挡弹词》，已经有了数百年的传承。加之宋元时《莺莺六幺》《红娘子》院本，以及南宋戏文《崔莺莺西厢记》(均已佚失)等，"重新在大都、杭州等戏剧发展的中心汇合拢来。王实甫的《西厢记》杂剧，正是在这种情况之下产生的。"

先生对《西厢记》价值所在的认识，有一个逐渐深化的过程，五十年代他过多地肯定《西厢记》的反封建内容，到八十年代则指出："王实甫的《西厢记》，比之董解元的《西厢记》，思想内容上没有多少新的东西，艺术上确是更完整也更提高了，因此就后来居上，取得了'天下夺魁'的荣誉。"先生指出，从《莺莺传》到《西厢记》，完成了一个从悲剧故事到喜剧戏曲的转化过程。王实甫顺应观众的审美要求，用当时流行的杂剧形式，描述了一个妙趣横生、雅俗共赏的爱情故事，塑造出一批令人喜爱的艺术形象。

第四，对《西厢记》思想、艺术进行细致的分析与鉴赏，并对当代作家的改编工作提出建设性意见。

王先生最早是从男女主人公敢于突破封建家长专制、追求自由恋爱和婚姻自主的角度认识《西厢记》的思想价值的。这个判断本来不错。后来他进一步注意到，《王西厢》中的主要故事及所反映的基本思想，《董西厢》已经有了，但王实甫的《西厢记》，正面提出了"愿天下有情的都成了眷属"，这就是恩格斯在《家庭、私有制和国家的起源》中所主张的现代性爱。《王西厢》响亮提出这一口号，代表了广大群众的心愿。先生还从《西厢记》联系到我国古代爱情作品的评价问题，这一点下文详述。

先生在多篇论文中谈到《西厢记》的艺术成就，尤其在《〈西厢记〉的历史光波》一文中论述较为全面深刻。先生认为，与《董西厢》相比，王实甫《西厢记》的艺术成就主要有如下几点：(1)从人物形象看，张生、莺莺、红娘、老夫人这几个主要形象都更加丰满、更加鲜明。(2)从矛盾冲突看，《西厢记》成功地描写了三对矛盾，主要矛盾是老夫人和三个年轻人的矛盾，其次是发生在莺莺、红娘、张生之间的矛盾，再次是孙飞虎与莺莺一家的矛盾。三对矛盾有对抗性的，有内部的误会。不同性质的矛盾穿插进行，使故事情节生动有趣，增添了全剧的喜剧效果。(3)从故事情节看，《王西厢》一波未平，一波又起，波澜壮阔，有"四个涛头"推动着全剧向前发展。(4)优美的曲词和机趣的说白。(5)喜剧中含有悲剧性意蕴。

先生不但几十年如一日地执著于王实甫《西厢记》的研究，也关注着当代戏曲舞台上的《西厢记》演出。例如袁雪芬主演的越剧《西厢记》、荀慧生主演的京剧《红娘》、常香玉主演的豫剧《拷红》等，他都非常喜欢。他对马少波改编的昆剧本评价较高，并对《西厢记》的改编提出了具体建议。

三、王先生和《全元戏曲》

元曲作为"一代之文学"，有与唐诗、宋词并称的地位，特别是元代的戏曲文学，堪称我国传统文化中的精粹。但长期以来，元代戏曲没有总集。在一九八五年召开的第一届全国古代戏曲学术研讨会(郑州)上，人民文学出版社与中山大学中文系达成口头协议，由王季思先生主编《全元戏曲》。这一选题很快通过立项，正式启动。这一年先生八十岁。

先生明确意识到：《全元戏曲》的最大特点在于"全"。要是杂剧部分只将《元曲选》和《元曲选续编》拼凑起来，虽然很省劲，却难以避免不应有的遗漏。先生知难而进，从脉望馆抄本中选出几十种元人作品或疑似元人作品，进行认真甄别后予以收录。

脉望馆本杂剧均为元明之间的作品，而又未确切标明作者和创作年代。究竟哪些作品属于元代？先生的判断标准主要有两条：(1)作品中的地名、官职名、人名、方言、上场演员多少、是否标明宫调曲牌等均可反映出时代特色；(2)元代多历史题材的杂剧，而明代杂剧则极少，尤其是三国戏中写章回小说《三国演义》没有的东西，一般可判为元代作品(以上参《辨析元明间失名剧本的初步设想》)。即使有了这两条标准，先生还广泛参考前人研究成果，视乎证据是否充足，分别采取予以收编、暂予收编的做法，在剧目说明中予以交代。可以说，这是超乎寻常的学术胆识与实事求是的科学态度相结合的一个典范。

底本选择，是《全元戏曲》编纂中的又一个难题。众所周知，现存元杂剧除元刊本外，均为明人改本。但元刊杂剧只有三十种，刊刻粗糙，错漏之处甚多，而且科白不全甚至完全没有科白。而《元曲选》所保存的九十余种元代作品，虽程度不同地受到明人加工、修改，但关目、科白齐全，而且文字通畅，声律和谐。先生慎重思考后作了一个打破常规的决定：本书杂剧部分，凡《元曲选》有存本的，均以之为底本，而以其它明本参校，元刊本则完整附于其后。这种做法，受到学术界的赞扬和欢迎。例如邓绍基先生说："《全元戏曲》的编辑者采取将元刊本分别附于各剧之后的办法，打破文学总集一般不重复收录同一作品的传统惯例，是从戏曲作品的特殊性出发的周全考虑，对读者查阅也提供了方便。"

与诗文不同，戏曲在流传过程中不断受到民间艺人的改动。考虑到这一特点，先生指示我们，在校勘中，将差异过大、校不胜校的曲词、白文录入校记中，以便于研究者参考。

先生之所以选择《元曲选》为底本，是基于这样的认识：明人修改过的元代作品，主要应视为元人作品，而不应看作明代作品。因此南戏的搜集、整理，也在同一思想指导下进行，凡有证据表明是元人作品修改本的，尽可能收录，并加以实事求是的说明。南戏校勘中，充分利用了出土文献和域外汉籍，如嘉定县出土的成化本《白兔记》、潮州出土的正德写本《刘希必金钗记》及西班牙藏《风月锦囊》等，都是一般读者不易见到的珍贵戏曲文献。《全元戏曲》均合理地予以收录或用以校勘，尽可能完整地、准确地体现元代南戏的剧本面貌。

《全元戏曲》是先生在世的最后十年编校的。他在八旬以上高龄，带领一批中青年学者，从体例确定，到异体字的校改，都反复讨论，一丝不苟。广州炎夏的时间特别长，为了不使口水打湿稿纸，先生不顾酷暑，戴着口罩，逐字逐句审稿，为青年学者把关。一九九〇年，师母姜海燕患急症突然去世。先生遭遇到这个意外打击，仍然念念不忘《全元戏曲》的整理，不久便恢复了正常工作。

有元一代戏曲文学总集《全元戏曲》终于出齐了。全书十二卷六百万字，收录完整的杂剧二百一十种，南戏十九种，残折、散出和佚曲若干。它不仅为研究者提供了完整的研究文本，而且对于我国古代戏曲文学作品的保存和传播，也将起到重要作用。

《全元戏曲》出版后获得各种奖项，也博得了学术界的高度赞扬。这部书凝结着先生的心血，是先生晚年最重要的学术成果和他一生中最重要的学术贡献之一。他生前编完了全部稿子，但却没有看到全书的出版。现在，我们可以手捧这部皇皇巨著，告慰先生的在天之灵了。

四、王先生和民族悲喜剧理论及主题学研究

早在二十世纪初，学术界就发生了我国古代有无悲剧的争论。不用说，"悲剧"、"喜剧"都是产生于西方的美学范畴，它本来指的是西方戏剧。但王国维在《宋元戏曲史》中

高度评价元杂剧《窦娥冤》和《赵氏孤儿》，认为它们是列于世界大悲剧中亦无愧色的杰作。在学术研究中，甚至在日常生活中，“悲剧”、“喜剧”概念的使用已经司空见惯。在这样的背景下，王先生从民族文化的历史独特性出发，不架空、不套用西方理论，总结出了我国古典悲喜剧的特色，初步建立了我国自己的悲喜剧理论体系。

先生指出，自上古以来，燕赵的慷慨悲歌，楚辞的哀感顽艳，高剑离的易水之别，汉乐府《孔雀东南飞》中男女主人公的双双自尽，都充满悲剧精神。他还认为，东汉张衡《西京赋》中，就有我国较早的悲剧歌舞《湘妃怨》的形象描写。这不仅大体指明了我国悲剧的发展线索，而且对于我们研究古代戏剧的形成与发展，都极有启发。

先生明确提出：“中国戏剧的发展有自己独特的道路，形成自己独特的风格，不能拿欧洲的悲剧理论来衡量。”“我国古代虽然没有系统的悲剧理论，但从宋元以来的舞台演出和戏曲创作来看，说明悲剧是存在的。”

在经过认真的比较鉴别之后，先生选出了一批我国古典悲剧的代表作，并总结出中国古典悲剧的四个特点：第一，与西方悲剧的主人公往往是帝王将相相比，我国古代悲剧的主人公往往是普通劳动妇女；第二，我国悲剧的道德倾向比西方悲剧明显，美感教育作用比较强烈；第三，西方悲剧多以主人公的不幸收场，而我国古典悲剧的结局则往往是“圆满”的；第四，中国古典戏曲以曲词作为主要抒情手段，因而悲剧中常有西方悲剧所缺乏的“悲壮动人的曲词”。

先生对我国古典喜剧同样予以关注，早在一九六二年，他就发表过《〈看钱奴〉和中国讽刺喜剧》一文，后来的《中国古典十大喜剧集前言》实在是这一成果的深化。

先生指出，我国具有深厚的喜剧传统。先秦的俳优、侏儒“可以看作是中国最早的喜剧演员”，汉魏以来的角抵戏、参军戏，以及宋杂剧、金院本中，都有不少讽刺性的喜剧剧目。

先生将中国古代喜剧分为讽刺性喜剧与歌颂性喜剧两大类，讽刺性喜剧以揭露反面人物的丑恶为主，让人们在笑声中否定它、鞭挞它，歌颂性喜剧则在歌颂美好事物时引发人们会心的笑。在研究我国喜剧时，先生同样不照搬西方戏剧理论，他指出：歌颂性喜剧在我国占大多数，这不能用高乃依所说的“喜剧则满足于对主要人物的惊慌和烦恼的摹拟”来概括。

先生指出：“喜剧离不开笑，没有笑就不是喜剧。但不是所有的笑都是喜剧性的。”在把生活与艺术的本质进行了区别之后，先生具体指出了我国喜剧常用的几种艺术技巧：一是离奇的夸张手法，二是奇巧的情节安排，三是重复、对比的手法，四是情趣盎然的关目，五是幽默、机巧的语言。

在对我国悲喜剧进行了全面、深入的研究之后，先生指出：“中国戏曲中的悲剧，不同于西方以剧中主要人物的死亡为终场的悲剧；中国的喜剧，也不同于西方以滑稽、讽刺为主的喜剧。”“中国戏曲总是把喜怒哀乐的各种感情熔于一炉，而不是把它们截然分开。”从观众的审美心理和艺术辩证法来看，喜剧中有悲剧意蕴，悲剧中有喜剧情趣，不仅丰富了戏曲的表现手法而且也符合中国观众的欣赏习惯和审美要求；悲喜相乘、阴阳碰撞，可以产生更强烈的艺术效果。

先生还从地理环境和文化传统两个方面，挖掘了中西悲、喜剧不同特征的产生根源。他指出，西方悲剧直接产生于祭祀酒神的颂歌，带有浓厚的宗教色彩，追求通过“怜悯与恐惧”，使观众的感情得到“净化”，因而不允许有喜剧因素掺入；西方喜剧沿着滑稽、讽刺一路发展，不允许悲剧因素掺入。这与我国戏剧的发展道路截然不同。（《悲喜相乘——中国古典悲、喜剧的艺术特征和审美意蕴》）

众所周知，我们中国戏剧具有起源早成熟晚的特点，而真正成熟的戏剧理论直到明末清初的李渔手中才得以完成，至于悲喜剧理论则基本可以说是一片空白。基于这个现实，先生以西方的戏剧实践和戏剧理论作参照，深入研究了我国戏剧史、文化史的发展历程，写出了关于我国悲喜剧的一系列论著。可以说，他已经初步建立了我国自己的民族悲喜剧理论体系。

在同辈学者中，先生是最乐于和善于学习新理论、运用新理论的一个典范。他的学术论著，不满足于材料的罗列和单纯考据，而总是把理论创新放在首位。悲喜剧理论之外，先生把马克思主义的社会学研究与主题学研究相结合，成功地运用于对古代爱情剧和历史剧的分析评价，至今仍对研究者有启迪意义。

上文谈到，先生在研究古典戏曲时，非常重视对故事来源及其衍变脉络的追寻。早在四十年代，他就写过《关于昭君和番》《刘知远故事的演化》等文章。“文革”后，先生纯熟地把马克思主义的文艺理论与我国戏剧史的实践相结合，从而使研究水平达到了一个新境界，其代表作便是《从〈凤求凰〉到〈西厢记〉》和《从〈昭君怨〉到〈汉宫秋〉》两篇论文。

根据马克思主义经典作家的阐述，王先生把文明社会以来的性爱和婚姻形式分为古代的性爱、现代的性爱、未来的性爱三种形式。古代的性爱以父母主宰为标志，不考虑男女青年是否自愿，剥夺了当事人自由恋爱和择偶的权利。现代性爱的基础是男女平等，恋爱自由，但依然不能摆脱社会地位、经济收入等非爱情因素的束缚，因而并不是充分自由的形式。未来的性爱是指“除了相互的爱慕之外，就再也不会有别的动机了”（恩格斯：《家庭、私有制和国家的起源》）。

王先生指出：“从《凤求凰》到《西厢记》等作品的主要矛盾，是处于萌芽状态的现代性爱和占据统治地位的古代性爱的矛盾，也即出于男女自愿的私情和封建婚姻的矛盾。"这就把《西厢记》中张生与莺莺的爱情,以及古代爱情题材作品中的同类情形,上升到了人类文明发展的高度来认识。《西厢记》中有关私通的描写,历来被看作"诲淫",被视为洪水猛兽。先生引恩格斯所说:对男女性交的评价,"不仅要问:它是结婚的还是私通的,而且要问:是不是由于爱情,由于相互的爱而发生的?"这样,我们对《西厢记》所提出的"愿天下有情的都成了眷属"及同类作品的肯定,就更加理直气壮了。

王先生特别重视"现代个人性爱",因为它是以"所爱者的互爱为前题"的。在这个基础上,先生提出了评价我国古代爱情作品的一般原则:一、凡具有进步倾向的作品,都肯定真诚相爱,谴责以权势或阴谋达到性欲目的;二、进步作品总是歌颂在个人性爱上坚贞不渝,谴责为家族利益背弃爱侣的行为;三、对于一夫一妻制条件下的夫妇之爱及其作品,也应该给予积极的历史评价;四、在男子多妻的条件下,进步的作品一般都同情豪门婢妾的不幸命运,而以男子多妻可羡的作品多受到人们唾弃;五、旧戏大都以一夫一妻团圆结束,符合一般观众的愿望。这样的概括,符合我国古代爱情作品的实际。

需要指出,即使对于马克思主义经典作家的论述,先生也没有完全照搬。例如,恩格斯有一段名言:"当事人双方的相互爱慕高于其他一切,而成为婚姻基础的事,在统治阶级的实践中是自古以来都没有的。"先生斩钉截铁地说:这"不能用以概括我国的历史情况,难道卓文君和司马相如、贾午和韩寿不是由于互相爱慕而结成婚姻的吗?在文学上的反映就更明显不过了"。这种实事求是的精神和胆略,值得我们大力提倡和学习。

马致远的《汉宫秋》是元杂剧中的重要作品。作品写女主人公王昭君,在被遣出塞和亲的路上投江自尽。从表面看,这与历史事实相违背。怎样理解这一现象?先生对《乐府诗集》中的琴曲歌辞《昭君怨》和《西京杂记》里有关王昭君的记载、北宋王安石等人的《咏昭君诗》等一一加以分析,指出:"早期的文艺作品把王昭君的故事写成萌芽状态的悲剧,有它的生活根源。"

先生运用马克思主义的民族学理论,指出在马致远的时代,汉族与蒙古族处于不同的历史发展阶段,马致远以汉族文人的心态,通过汉元帝与王昭君的生离死别,含蓄地揭露元蒙统治者的民族压迫,批判毛延寿的卖国求荣,不失为一轴时代画卷。更加可贵的是,先生还据此总结出了历史剧创作的一般规律和评价基准:

> 作家在塑造人物、提炼主题的时候,与其说是重视历史,毋宁说是通过历史人物和事件重现当代人民的生活和斗争。因此,我们在评价这些古代作品是否真实地、典型地反映现实时,就决不能离开孕育它们的那个时代,不能离开它们所植根的那一片生活土壤。

这样，先生对戏剧故事的追根求源，就脱离了一般意义上的“求真”阶段，而上升到更具宏观意义的理论层面。

此外，先生还对关汉卿、汤显祖、洪昇、孔尚任等大戏剧家及其作品作过深入研究，作出过权威性的评价。今天看来，这些论文既颇多真知卓见，但也不乏时代的局限性。可贵的是，“文革”后先生能够自觉认识到这些局限，并当众进行自我批判、自我否定。

在《关汉卿〈玉镜台〉的再评价》一文中，王先生说：五十年代以来，他对《玉镜台》杂剧的两次评价，“影响甚大”，“使关汉卿这部优秀喜剧受到冷落和不公正的对待。”先生指出：《玉镜台》所描写的并非一般意义上的“老夫少妻”，而是一对“以真诚的情感”为基础的恩爱夫妻的结合过程，其中有作者关汉卿“个人生活的影子”；剧中成功地塑造了主人公温峤滑稽多智、风流蕴藉的性格特征，并且在结构的安排上，到第四折仍令人感到“波澜起伏”，这在元杂剧中是不多见的。

一九八七年，王先生去北京参加中国戏曲艺术国际学术讨论会，特意向参加这次会议的朋友们推荐《谢天香》，认为“关汉卿通过这个戏，热情歌颂谢天香的艺术才能”。（《从柳永的〈定风波〉到关汉卿的〈谢天香〉》）后来，他又在《与宁宗一教授论关汉卿杂剧〈谢天香〉书》中，再次肯定《谢天香》杂剧的“人道主义精神”，“严格的现实主义”，“是包含深刻悲剧意蕴的歌颂性喜剧。”在这封信中，王先生纠正了自己以往认为剧中女主人公“奴性十足”的“偏见”，并引用梁启超的“我不惜以今日之我与往日之我宣战”的名言，表现了老一辈学者的宽广胸襟和坦荡精神。

五、王先生的诗文研究和诗文创作

与钱南扬、赵景深、董每戡、周贻白等戏剧学家不同，王先生在对古代戏曲研究作出卓越贡献的同时，还对《诗经》、《文心雕龙》、汉乐府、宋词、散曲等古代诗文与诗文理论领域有着浓厚的兴趣和独到的研究。不妨看一下下列论文的题目和发表时间：

《词的正变》（一九三九）、《说“比兴”》（一九四五）、《打诨、参禅与江西诗派》、《词曲异同的分析》（一九四八）、《杜甫〈羌村〉诗三首》（一九五三）、《“陌上桑”的人物》（一九五四）、《苏轼试论》（一九五七）、《怎样评价柳永的词》、《漫谈李清照的词》（一九五九）、《如何评价李白——兼谈评价古典作家的一些问题》、《中国古典诗歌的思想成就和艺术特征》（一九七七）、《再说“比兴”》（一九七八）、《与罗忼烈教授论词曲书》（一九七九）、《元散曲选前言》、《与罗忼烈教授论词曲书（二）》、《东门行的校点和评价》（一九八〇）、《怎样理解和欣赏〈西洲曲〉》、《金元散曲的兴起和衰亡》（一九八一）、《如何评价苏轼》、《从两首苏词看苏轼的婚姻观》（一九八四）、《对〈文心雕龙〉的统观与引发》、《〈文心雕龙〉研究中的经验教训》(一九八五)、《白石〈暗香〉〈疏影〉词新说》、《略谈"比兴"与形象思维》(一九九三)。

不言而喻,先生对古典诗文与诗文理论的研究,基本上贯穿于他整个学术生涯的始终,而且以上所列并非先生于戏曲之外的古典文学论文的全部。因而可以说,先生不仅是一位卓越的戏曲史研究权威,也是一位优秀的文学史家。限于篇幅,这里只能简单介绍其中的《说"比兴"》和《打诨、参禅与江西诗派》,及有关宋词的几篇。

《说"比兴"》从后世对《诗经·子衿》的不同理解入手,对赋、比、兴三种手法作了详尽的区分,提出鉴赏古代诗歌的一般原则和特例。六义之中,比、兴最难分别。先生以郑玄《周礼注》引郑众之说:"比者,比方于物也;兴者,托事于物。"指出:"依这界说,比、兴二义,实即明喻、暗喻之不同。"接着再以《文心雕龙·比兴篇》为据,指出:"兴以起情,比以附理。这情理的不同,更是比兴的最大区别。"先生所总结的这两点,可谓言简意赅,解开了长期困扰一般学者的难题。先生还指出,刘勰认为汉代以后"兴义消亡",这其实并不正确,民间歌谣不少以兴体发端,甚至有的文人诗也用"兴"。

《打诨、参禅与江西诗派》,是当代学者中较早把戏剧、诗歌与禅宗相联系的一篇优秀论文,至今仍有重要价值。

文章首先指出:"元无名氏《汉钟离度脱蓝采和》杂剧第一折【点降唇】曲有'打诨通禅'一语,此宋元间偶而遗留下来的成语,却透露了我国戏剧与宗教之间的一点消息。"先生还说,戏言而近庄、反言以显正,是唐宋参军戏打诨之主要内容与方式,也是禅师以机锋接人的主要方式。

文章接着论述打诨、参禅对宋诗尤其江西诗派的影响,文引林昉语:"诗有参,禅亦有参;禅有悟,诗亦有悟。"二者往往相通。又谓:"山谷绝句每先作一二没头没脑无从理会语,一下点明,读者乃恍然有会于其用意之所在。""江西诗派骨子里是禅,所以其意境是静的;但在这静的意境中,却含有一点动的机趣,这正是善于打诨的效果。"类似于这样的精彩论述,没有对于戏剧、参禅与诗歌意境的深刻体悟,是写不出来的。这些见解,在现代学术界领先了数十年,直到最近才受到戏剧学和诗学研究者的重视。

在戏曲之外,先生着力最多的领域是宋词。这一方面是由于词曲之间血肉相连的密切关系和他本人的兴趣所在,另一方面也是由于吴梅先生的教导和唐圭璋、夏承焘、罗忼烈等友人的常年切磋交流。先生在宋词研究方面的贡献可概括为如下几方面:(1)详尽分析词、曲(主要是散曲)之间在体制、风格上的异同;(2)大体梳理了宋词本身的风格流变史;(3)对柳永、李清照、苏东坡、姜白石等宋词代表作家进行研究评价,尤其对婉约派和苏轼的研究最有心得。先生于八十七岁高龄时在《文学遗产》发表的最后一篇论文,就是谈姜白石及其婉约派的。他从姜白石的《暗香》《疏影》词入手,指出婉约派词“显示女性的阴柔之美，与显示男性阳刚之美的豪放派词旗鼓相当，在文学史上相映成趣”（《白石〈暗香〉〈疏影〉词新说》，《文学遗产》一九九三年第一期）。先生还一再提到自己以前“贬低婉约派词”的“偏见”。限于篇幅，就不一一介绍了。

还要指出的是，王先生不仅是当代著名学者，而且还是一位杰出的诗人和散文家。他一生创作的诗、词、曲和散文、剧本，仅正式发表、出版的就有《王季思诗词录》《击鬼集》《新物语及其他》《玉轮轩前集》《新红集》《求索小集》《玉轮轩后集》和三个独幕剧。除去重复收录的之外，仍达一百多万字。直到临去世的前几天，先生还在病榻上吟诵新创作的诗歌。

毋庸讳言，从内容看，先生的诗文创作，比他的学术著作更多地打上了时代的烙印。其中既贯穿着求新、求变的精神，也有随风倒伏、人云亦云的一面，二者构成一个整体。毕竟人无完人，难以求全责备。

就诗文形式而言，先生一贯主张要“用今天的语言写作，而不要在书本上找材料，被古人牵着鼻子走”。他自己的创作就是这一主张的最好实践。他的旧体诗词，很少用典，即使用了也往往加上附注，方便读者理解。

先生的韵文可谓众体兼备、风格多样。他的律诗受杜甫影响，《题〈三毛流浪图〉》颇得老杜《赴奉先咏怀》之神。先生效法“三吏”“三别”，往往在抒情诗中插入人物对话、神态、动作，使作品富有戏剧性，如《告墓》《南阳坊访东伯》《沁园春·赋得“梅花接老爷”》等都很有代表性。这种自然、谐趣、蕴藉、幽默的风格可谓以一贯之，直到晚年依然如此。如《水调歌头》词，以“我亦万元户，稿费是来龙”起句，以“万贯何足道，一笑谢诸公”作结；《鹧鸪天》词，以“小小球儿圆又圆，万灵起伏有争端”起首，以“从今不下金鳌钓，移取三山作枕眠”作结。这是何等的风趣，又是何等的气魄！先生韵文作品的风格，与他深厚的曲学、戏剧学造诣和受民歌的影响有关。《玉轮轩前集》附录的“墙角什”，就是先生搜集的皖南、吴中等地流传的民歌民谣。

先生的散文，早年颇多短小的杂文、随笔，借古讽今；晚年则多直抒胸臆之作，篇幅也长了些。他八十岁以后的作品，丝毫没有暮气，仍旧是那么朝气蓬勃，充满活力。像《簪花饮酒和跨马饮酒》《半间书室小沧桑》等，都写得一气贯注，字里行间洋溢着英气和才气，根本不像出自老人之手。由于先生晚年已阅尽世间红尘，视名利如弊屣，故有些抒发心态的文章，往往显得更加高屋建瓴，挥洒自如。例如《我的老年心境》和《福祸交乘冤亲平等》两篇，语调平缓而旨义深邃，发表后深得读者喜爱。

王先生本着爱学术、爱人生、爱学生的基本准则，以他的认真、严谨、谦虚、豁达的为人为学态度和严于律己、宽于待人的精神，在中山大学播下了古代文学尤其是古代戏曲研究的种子，培养出一个从事古代戏曲研究的学术梯队，受到海内外同行的关注和钦羡。

在古典文学研究界，王先生是同后辈合作时间最长、合作项目最多、深得后辈爱戴的一位学者。在长年的合作中，学生如沐春风，循序渐进，耳濡目染中学会了做学问、做人，而先生也从中感受到教学相长的愉快和薪火相传的乐趣，因而更加豁达、自信、淡泊、从容。他说："相信在我生命终止的最后一天，我将含笑赴长眠。"（散文《我的老年心境》），他在晚年送给后辈的一首诗中说：

人生有限而无限，历史无情还有情。
薪尽火传光不绝，长留双眼看春星。

先生怀着对后辈的热切期待离开了这个世界，而继承他的精神遗产，光大他的学术事业，则是我们这些后来者责无旁贷的使命。

容庚与中国青铜器学

曾宪通

商周是中国青铜文化繁荣发达的时期。迄今为止,已发现的有铭青铜器已在万件以上,没有铭文的青铜器更加难计其数。这些青铜器不但数量繁多,而且有的还具有很高的史料价值,它是我国青铜时代的伟大创造,也是人类文明十分珍贵的文化遗产。中国金石之学盛行于宋清两代,宋人研究青铜器的著作今存者 8 种,佚者 12 种,计 20 种。清人研究青铜器的著作计有 24 种,大抵皆以刊布彝器图像和摹拓铜器铭文为主要模式。20 世纪随着考古学的兴起,青铜器研究也有长足的进步。20 世纪 70 年代是中国考古学空前繁荣的黄金时代,然而,在这以前的中国青铜器研究领域内,已相继出现了一系列具有重大影响的标志性著作,即 20 年代的《金文编》、20—30 年代的各种图录、30 年代的《两周金文辞大系》、40 年代的《商周彝器通考》和 50 年代的《殷周青铜器通论》等。正是这些丰碑式的著作开启了中国青铜器及其铭文研究的新时代。值得指出的是,这些著作都同一个名字联系在一起,他就是学术界景仰的容庚先生。

一、首部专集金文字形的《金文编》

容庚先生原名肇庚,字希伯,又作希白,号颂斋,广东东莞人。先生出身于晚清书香世家,其高祖、曾祖分别是道光年间的贡生、举人,祖父鹤龄系同治恩科进士,外祖父邓蓉镜官至翰林,父亲作恭为光绪丁酉科拔贡。世代虽习科举之业,然不喜为官,皆以传习文史为己任。先生自幼饱读经书,聪颖过人,但先人早逝,直接给他以亲炙的是四舅邓尔雅和从叔容祖椿。邓尔雅是广东有名的书法篆刻家,容祖椿工于绘画。先生从小就受到长辈学术与艺术的熏陶,这对他一生的治学影响极大。1913 年,当先生还在中学念书的时候,就已经对金石文字产生了浓厚的兴趣。他在研读吴大澂的《说文古籀补》和桂馥的《缪篆分韵》时,即萌发补辑之意。1917 年中学毕业,不复升学,与弟妹策划共同集篆籀之见存者为《商周秦汉文字》丛书,《金文编》稿本便是其中之一种。

1922 年,先生与三弟肇祖北上求学,路过天津,挟《金文编》稿本谒见了罗振玉,深得罗的赏识。罗谓《金文编》正是他自己“欲做而未成者”，再三叮嘱“务竟其成”，[①]并把容庚先生推荐给北京大学的马衡教授，容先生遂进入北京大学研究所国学门为研究生。1925年《金文编》书成，罗振玉、王国维、马衡、沈兼士、邓尔雅诸前辈为之校订并序。初版由罗氏贻安堂印行。王国维“序”云：“癸亥冬日，东莞容君希白出所著《金文编》相示，其书祖述中丞而补正中丞书处甚多，是能用中丞之法而光大之者。”[②]“中丞”即吴大澂，吴氏编纂古文字书的方法超越前人，其《说文古籀补》收字尽据拓本，分别部居悉依《说文》，疑似不可识者则别为附录待问，此三者成为后来丁佛言《说文古籀补补》、强运开《说文古籀三补》等编纂古文字书的不二法门。吴书的这些优点，《金文编》都充分地加以吸收。但吴书以《说文》为科律，一准许氏旧例，以出土古文字等同于古籀以补《说文》，实则把古文字作为《说文》的附庸而已。在这一点上，容庚先生作了很大的改进，《金文编》率先收集铜器铭文中的单字，是第一部专集金文字形的专书，而把《说文》部首仅仅作为编排金文字形的序列；凡金文字形与《说文》小篆有异者，则以金文纠正小篆之讹误，《说文》所无之字则附于同部之末。其次，《金文编》纠正吴书收字驳杂的弊病，吴书除收录金文外，还杂有古陶文、古玺文和古币文等字体，排列次序难以体现时代的先后；且字体划一，只能按拓本对临，字形难免产生变化；《金文编》则专收金文，字形大小完全按照拓本或照片按原样临摹，故能体现异体字之间的细微差别，确保字形的精准。同一字的字形则按照时代的早晚排列，从中可以窥见金文字形发展的轨迹。第三，吴书对古器中的象形字，如牺形、兕形、鸡形、立戈形、立旂形、子执刀形、子荷贝形之类，概不采入。《金文编》不但采录大量的图形文字，且能区别对待，对象形字中少数可识者入正编，将其中不可识之象形字为附录上，不可识之形声字则为附录下，一目了然，成为《金文编》的一大特色。此外有关金文字形的孳乳、通假和训释，也较吴书翔实精当；至于所采集之金文资料更是吴书所无法比拟的。1939年《金文编》再版，正编收字1804文，附录1165文，重文16671文，较初版增加六成。1959年三版《金文编》正编1894文，附录1165文，重文18028文。1985年四版《金文编》正编2420文，附录1352文，重文24260文。60年间，《金文编》经过三次大的增订，每次都有大比例的增长。编末初版和再版仅有“检字表”，三版起增加了“书目表”和“器目表”，甚便检索。总之，《金文编》是继《说文古籀补》之后在材料、体例和编纂方法上有新突破的第一部专收金文的大型字书，由于它比吴书更加详备和矜审，深得学术界的推崇，“是一部具

---

① 据容庚先生自述。

② 王国维为《金文编》所作“序”，见容庚：《金文编》，中华书局1985年第四版，第8页。

有广泛性影响的权威性工具书，对研究两周青铜器铭文很有裨益”[①]，至今仍是古文字学者案头必备的著作。

二、辨伪、收藏和编制“图录”

《金文编》初版出版的当年10月10日，北平故宫博物院成立。次年容庚先生应邀参加故宫内府藏器的陈列工作，同年12月被内务部函聘为古物陈列所古物鉴定委员会委员，参与故宫数千青铜器的鉴定工作。由于故宫内府藏器真伪混杂，几乎每件铜器都需经过激烈的争论方能定其真伪。容庚先生为了向前辈学习辨伪的经验，常常故意把真器说是假的，把假器说是真的，引起大家的辩论，从中归纳出鉴别真伪的规律。由于当时时局多变，鉴定工作常常被迫停顿，全赖先生独力支撑，并着手做编制图录的工作。

先生一向以搜集和编纂原始材料为第一要务，而图录则是研究古铜器和金文的原始材料，故先生充分利用当时在古物陈列所的有利条件，于1929年从沈阳故宫移交的798件藏器中，选取其中有文字或形状异、花纹美者共92器，编成《宝蕴楼彝器图录》二册。1934年又从热河行宫所藏851器中精选100器成《武英殿彝器图录》二册，先生“自序”云：“前代著书，重文字而忽视花纹，欲考图饰则恒有无所取材之叹，故抚拓花纹与文字并列，为著录者开其端。”[②]1940年又将颐和园所藏彝器选取20器编为《西清彝器拾遗》一册。从以上三种五册“图录”中，世人始得一睹清宫内府藏器的真面目。而《武英殿彝器图录》更以摹拓花纹与铭文并重，开著录铜器花纹之先河。

容庚先生有关青铜器学的造诣，除来源于他对宋清两代金石学的精湛研究和在古物陈列所对数千彝器的鉴定经验之外，还得益于自家对青铜彝器的收藏。在20世纪20—30年代的旧中国，军阀构祸，国无宁岁，陕西、洛阳一带，百姓为生活所迫，或掘墟墓，取所藏以救死。政府既无法禁止，博物馆亦无力购藏，而异邦之有力者，挟其多金，争相掠夺，于是古器外流，遂如水之就壑。责是之故，先生以一介书生，竭尽所能，以“抱残守缺”为己任。每见瑰异之品，辄设法购求。资力不及，或舍旧以谋新，或仿效赵明诚夫妇“留信宿，计无所出而还之”。可见当日收藏工作之艰辛。在先生收藏的青铜器中，有三件器物值得一记。一是昜兒鼎。1928年4月，先生陪友人游古玩肆，于琉璃厂式古斋得昜兒鼎，是为先生收藏之始。昜兒鼎乃乾隆敕修之《西清古鉴》所著录，鼎腹刻有“昜兒”二字，乃战国时器，属于清廷内府所藏而流出者，至为罕见。二是栾书缶。1942

---

① 姚孝遂：《金文编校补·序》，董莲池：《金文编校补》，东北师范大学出版社1995年版，第4页。

② 容庚：《武英殿彝器图录》二册“自序”，哈佛燕京学社影印本，1934年，第3页。

年，先生于估人倪玉书处获见新出栾书缶，爱不释手，遂斥巨资购取。此缶盖内有错金铭文2行8字，作“正月季春元月己丑”。器腹与颈部有错金铭文5行40字：“正月季春元月己丑，余畜孙书也择其吉金，以作铸缶，以祭我皇祖。䖒以祈眉寿。栾书之孙，万世是宝。”器形最早见于容庚先生的名著《商周彝器通考》，铭文因是错金，不便捶拓，故先把铭文钩摹在端石上，请名家镌刻后再拓成墨本，著录于于省吾的《商周金文录遗》。关于作器者究系何人？目前有三种说法：先生认为是晋人栾书，即见于《左传·成公二年》“将下军”的栾书，执政凡14年。几成定说。近期由于楚地出土文物激增，鉴于此缶的器形和文字与楚地出土文物十分雷同，故有人认为此缶当是栾书的后人“书也”在楚地所造的。① 第三种说法认为铭文的“畜孙”意为“孝孙”，“也”是虚词，作器者不是晋臣栾书，而是楚国的蛮氏。② 总之，有晋人、楚人及晋人之后裔在楚所作三种说法。这件国宝级的文物新中国成立后先生即捐给国家，现藏于北京国家博物馆。第三件是陈侯午敦。先生于1946年夏携眷南归，家藏彝器书画也随之由北而南。在转运的过程中，彝器之撞破者十之三，书画之霉斑者十之二。加之岭南青铜器资料十分匮缺，甚至连欲求一拓墨之人亦不可得，因而先生的兴趣便逐渐转移到书画法帖上来。回粤三年，仅得一陈侯午敦而已。按传世陈侯午敦有二，合此敦则为三：其一原藏热河故宫，由容先生编入《武英殿彝器图录》（第79页）。器作半圆形，以两环上作兽首在旁为耳，三蹲兽为足。器口内没有内缘，可能无盖。铭8行36字：“唯十又四年，陈侯午以群诸侯献金，作皇妣孝大妃祭器錞敦，以登以尝，保有齐邦，永世毋忘。”其二原为吴式棻氏所藏，商承祚先生《十二家吉金图录》（居一二）著录，器作球体状，盖器各以三环为足，器以两环为耳。盖无铭，器铭8行36字，与上器铭文悉同。其三即先生新得之敦，其形制与《十二家》著录者相同而失盖。铭在器内，8行38字：“唯十年，陈侯午朝群邦诸侯于齐，诸侯享以吉金，用作平寿造器敦，以登以尝，保有齐邦，永世毋忘。”陈侯午即田和代齐的第二代齐桓公午。容先生新得之器作于齐桓公十年，与前二器作于十四年早铸四年。陈侯午所作三敦色泽相同，殆为乾隆年间同坑所出，此第三器不知何故流入岭南，为先生所获。

从1928年先生收藏昜兒鼎起到1949年在岭南获“十年陈侯午敦”止，中历20余载，前后共收藏商周彝器近200件。1933年7月，先生将自己收藏的彝器39件编成《颂斋吉金图录》一册。1937年12月又将自藏彝器134件印成《颂斋吉金续录》二册。这些彝器都是先生直接从估人和友人手中购得的。此外，1935年先生还从七种日文书籍中选取流失海外的商周彝器158件，编为《海外吉金图录》三册。1936年又从上海大收藏

---

① 瓯燕：《栾书缶质疑》，王冠英：《栾书缶应称为䜌盈缶》，俱载《文物》1990年第12期。

② 李学勤：《䜌书缶释疑》，《中国社会科学院历史研究所学刊》第二集，商务印书馆2004年版，第3—5页。

家刘体智的《善斋吉金录》中选取照片175器，附以铭文，并加考释，编为《善斋彝器图录》三册。先生精于考古和鉴别，不但从传世品中剔除出许多伪器，还从大批"疑"、"伪"的器物中，挽救了不少有价值的文物资料，使他们恢复了历史的本来面貌。先生编制的"图录"皆附简明的"考释"，除征引各家之说外，还详细陈述自己的研究心得。但先生总是很自谦，常说自己编制图录意在呈材，他在《善斋彝器图录》的"自序"中说："余之著书也，以器物为主，精印流布，读者将自得焉，则余之考释为筌蹄也。"[①]新中国成立后，容庚先生收藏的绝大多数彝器，除上述"十年陈侯午敦"归华南师范学院外，其余皆由当年的朱光市长推介，捐赠与广州博物馆收藏。

容庚先生收藏和研究青铜器的目的非常明确，就是要为中国人争气。"九一八"事变后不久，先生完成《秦汉金文录》一书，他在"自序"中写道："此书之成，继之而作《续金文编》，乃吾志也。然吾之生正当甲午中日之战，黄海海军相遇之前，先子赋诗云：'时局正需才，生男亦壮哉；高轩一再过，都为试啼来。'今者岛夷肆虐，再入国门，余不能执干戈，卫社稷，有负祖若父之期许，'国耻未雪，何由成名？'诵李白《独漉篇》，不知涕之何从也。'雄剑挂壁，时时龙鸣，'余宁将挟毛锥以终老耶？"在30年代的旧中国，国家长期积弱，内忧外患，备受列强的欺凌。某些日本学者也口出狂言，声称要研究中国青铜器必须到日本来。滨田耕作在《泉屋清赏·总说》中用瞧不起的口气说，中国学者研究青铜器只不过"依自来的传说，比图录，信款识，依习惯而定其时代"。先生在上述《海外吉金图录》中，根据七种日文书籍所载的青铜器，指出滨田耕作"将多数之周器属之于汉"；又把清末学者早已识出的"戉"字误认为"岁"字，因反讥道："窃疑彼于吾国人著作尚未多窥，其识乃在'比图录，信款识'之下。"先生以学术研究为武器，在青铜器和铭文研究上"为中国人争了口气！"[②]

三、容庚与郭沫若的《两周金文辞大系》

容庚先生大力协助郭沫若完成《两周金文辞大系》，曾经是学术界广为流传的佳话。1927年大革命失败后，郭沫若为了逃避反动派的迫害，东渡日本，从事一种新的"革命的努力"（周恩来语），即以马列主义指导中国古代社会的研究。当他发现自己据以研究的传世典籍的可靠性值得怀疑之后，便把注意力转移到地下出土的古文字资料上来，认为舍甲骨文和青铜器铭文无由洞悉中国古代社会的真相。他在极度险恶的环境中，把当

---

① 容庚：《善斋彝器图录》"自序"，哈佛燕京学社影印本，1936年，第1页。

② 陈初生：《学者容庚》，《容庚法书集》，中华书局2007年版，第277页。

时“无处发泄的精力”都倾注到甲骨文和古金文的探讨上面。但他只身在外，且僻居乡间，又无可与商讨之人，倍感孤寂。当他从王国维为商承祚先生《殷墟文字类编》所作的序中得知容庚先生的名字，又在《燕京学报》上了解到容先生的通讯地址之后，便给素不相识的容庚先生写了第一封信，信中说：“曩读王静安先生为《殷墟文字编》所作的序，得知足下之名。近复披览大作《金文编》，用力之勤，究学之审，成果之卓荦，实深钦佩。”信末署名“未知友郭沫若”，时间在1929年8月27日。[①] 信中还就《金文编》中两个学术问题向容先生请教。容先生出于对这位身在异域而致力于祖国古文字研究的“未知友”的敬意，随即回了一封信，并把他急需的绅簋和秦公簋的铭文拓本寄送。随后又把当时珍如拱璧的《殷虚书契前编》远道见假，而且一借就是一整年，令郭氏大为感动。此后便不断书信来往，商讨学术，互通声气，彼此结成亲密的文字之交。从1929年至1935年，郭沫若在日本致容庚先生的论学手札共有56通，就是这两位古文字学大师学术情谊的见证。

郭沫若曾说过日本是他的第二故乡。他在日本一共度过20个年头，前10年从事新文学的创作，后10年从事新史学的研究。新史学研究的主要成果集中在“鼎堂古文字学十书”，其中尤以《两周金文辞大系》在金文学研究上的建树最为突出。此书作于1931年年初，最初拟名为《两周金文辞通纂》，郭氏在致容庚先生的信中屡见有关此书进展情况的报告，如云：“今撰《两周金文辞通纂》一书，已略有眉目。”(1931年2月16日)再云：“《金文辞通纂》大体已就，分上下二编：上编录西周文，以列王为顺；下编录东周文，以列国为顺。上编仿《尚书》，在求历史系统；下编仿周《诗》，在求文化范围。辞加标点，字加解释，末附以杂纂及殷文——全书之大体如是。上编颇难，亦颇有创获处，惟所见有限，待兄援手之处甚多。”(1931年3月20日)又云：“弟近忙于《两周金文辞大系》(《通纂》改名)之誊录，《论庄子》一文尚无暇整理。《大系》近已录成，本拟先寄兄一阅，惟出版处催稿甚急，只得待出书后再请教。”(1931年9月9日)又云：“拙著《通纂》改名《大系》，已付印，大约于年内可望出版，书出后自当呈政。”(1931年9月27日)[②]

从以上信札看来，郭氏《两周金文辞大系》当成书于1931年1月至9月之间。1932年1月由日本文求堂书店以十六开本印行，封面与扉页均有作者手书的书名，副题为“周代金文辞之历史系统与地方分类”。前有“序”文与“题解”，后附“索引”。全书总276页，插图13种，计17图，注云：“此书插图多得自燕京大学教授容庚先生之惠借。”可见容庚先生对《两周金文辞大系》初版的出版，实有促成的作用。其实，当此书脱稿时，郭氏本拟通过容庚先生在国内出版。1931年4月19日尝致函容先生云：“弟有友人新由

① 曾宪通编注：《郭沫若书简——致容庚》，广东人民出版社1981年版，第5—7页。

② 同上书，第91—115页。

此间缧绁中出，患盲肠炎，须入院行手术，药石之费，苦无着落。曩岁兄曾言孟真有印弟《甲骨文释》(引者注——即《甲骨文字研究》)意，今欲将近著《两周金文辞通纂》相浼，署名用鼎堂，愿能预支版税日币四五百圆，望兄便为提及。该著大体已就，仅余索引表未成。如前方能同意，弟当即走东京制成之也。拜托拜托。"①郭氏在信中表示，为了解决出狱病友的药石费用，愿将近著《两周金文辞大系》用鼎堂笔名由中央研究院出版，并请为预支版税日币四五百元。容先生古道热肠，接信后立即应郭氏之请预支版税数百元，以解燃眉之急。后出版事被搁置，《大系》遂转由东京文求堂印行。《大系》出版三年之后，郭氏又先后编成《两周金文辞大系图录》和《两周金文辞大系考释》两书，《图录》是相关器物的图像、花纹和铭拓；《考释》则是对《大系》初版的增订，分别于1935年3月和8月由日本文求堂据手迹影印出版。至此，《大系》初版遂告作废。1937年抗日战争爆发，郭沫若毅然只身回国救亡。1956年郭沫若将以上二书请容庚先生代为校订，容先生提了不少意见，凡采纳者郭沫若都在书内加以说明，成《两周金文辞大系图录考释》一函8册，于1958年由科学出版社出版。可见容庚先生对于《两周金文辞大系》自始至终都有促成的作用。郭氏此书首先发明"标准器系联法"，即先从铭文入手，以若干有年代可考的铜器为标准器，再串联本身无年代可考的铜器，然后对各期铜器的铭文和形制、花纹等进行综合考察，为青铜器的断代研究奠定了基础；而西周铜器铭文以列王为序，东周铜器铭文以列国为序，更为青铜器铭文的分期和分域研究开了先例，对青铜器及其铭文的研究具有深远的影响。顺便指出，1958年当《两周金文辞大系》在国内印行的时候，郭老即从其稿费中提取500元汇交容庚先生，作为归还20多年前先生为其预支《大系》的版税，以践前约。两位老朋友彼此信守承诺，可见一斑。

四、《商周彝器通考》的出版与重订

(一)《商周彝器通考》的前期工作

容庚先生在《金文编》出版后的第二年，即1926年3月9日"接聘为燕京大学襄教授"，12月6日"内务部函聘为古物陈列所古物鉴定委员会委员"(俱见《颂斋自订年谱》)。在古物鉴定的过程中，首先遇到的是古铜器的名称问题。先生鉴于自宋以来对铜器的定名相当混乱，为助治斯学者，遂于1927年3月作《殷周礼乐器考略》一文，在《燕京学报》第1期发表。先生在叙述作此文的动机时说："余观诸家所图之尊，有似觚者，有似觯者，有似壶者，有似罍者，异器而同名。所图之鼎，有方者，有圆者，有有盖者，

① 曾宪通编注：《郭沫若书简——致容庚》，第91—115页。

有附耳者，同名而异状。而自载之名，同一鼎也，有名鼎者，有名鼒者，有名鬻者，有名釪者，有名盗者，有名石沱者，同器而异名。窃欲理而董之，厘定其名称，以为治斯学者之助。”此文分殷周礼器与乐器两大类而逐一加以考定。共分32类。礼器计有：鼎、鬲、甗、簠、簋、盨、盧、盂、盦、豆、盘、匜、鉴、壶、罍、鑰、盉、卣、爵、觚、觶、角、斝、觥、勺、匕、禁、尊、彝，共29种。乐器有钟、句鑃、铎，共3种。每类器物下都详细记述其形制、名称以及铭文所在的部位，最后附以图片。其中簋类补充钱坫《十六长乐堂古器款识》及黄绍基《翠墨园语·说毁》之说，确定铜器铭文中的“毁”就是“簋”，此后即成为定论。要之，此文是先生系统研究青铜器的第一篇重要著作，其分类法为其后撰写《商周彝器通考》打下了基础。

从1927年3月作《殷周礼乐器考略》到1933年5月拟编《商周彝器通考》，前后6年，可看作是编纂《商周彝器通考》的酝酿期，先生在此期间做了如下几项工作：

编集金石书录。先生早年在北京大学研究所和燕京大学教书时期，就已广泛搜集金石书籍资料，每月以薪酬之半购书，所见所藏金石书籍约千种，摘录序跋、凡例及各家评语，得百余万言，意欲每书为作提要，略述其体例版本得失。后因教务日忙，才将编撰金石提要的工作交给其妹容媛。容媛先辑目录，先生亲自为之校订、撰“序”，成《金石书录目》一书，于1930年出版。后又撰《宋代金石书考目》及《宋代金石佚书目》二种，发表于《考古社刊》第4期(1936年)。

改编金文著录表。先生初治金文即得益于王国维的《宋代金文著录表》和《国朝金文著录表》二书。然《宋代金文著录表》于书名下不注卷页，不便查检，其他也有不尽善处，故先生略变其原书体例，重新加以改编：①原书依书名为先后，改为依字数为先后；②订正宋人器名之误，如改敦、彝之为簋，簋之为盨，匜之为觥等；③原书各器不列朝代及字数，也不注卷页，悉为补入。④原书于金文之存、佚、伪不分，改以存者为主，佚者及伪者附录于后。全书分器物为23类，521器，附录127器，共648器。书中引宋人及近人著作共18种，查阅称便。

厘清西清铜器的存佚和真伪。1925年先生参加故宫博物院彝器陈列工作，发现内府旧藏率多赝品。1927年任古物陈列所鉴定委员，每月参与鉴定会议，有机会接触原器原物，手自摩挲，辨伪经验日进。因作《西清金文真伪存佚表》一文，取《西清古鉴》《宁寿鉴古》《西清续鉴甲编》《西清续鉴乙编》四书(俗称“乾隆四鉴”，下简称“四鉴”)中有文字之器1290，除镜鉴114，得1176器，分“真、疑、伪”三类，表列出之。其中“四鉴”所定之时代及器名有误者，皆为厘正。有内府藏器或摹本流出人间，其见于各家著录而铭辞相同可知为同器者，亦备注之。先生凭其《金文编》的文字功底和鉴定委员亲自接触数千铜器的阅历，对于“四鉴”铜器的“真伪颇有了然于心”。其鉴定文字真伪之法约有六端：

①凡仿宋代著录之器者皆伪;②改易宋代著录之器铭者亦伪;③移宋代著录之器铭于他器者伪;④文语不合于古器铭辞体例者伪;⑤器形与古不类者伪;⑥仅作普通铭辞者,亦多伪。诸表先列"四鉴"器数及有铭器数,然后以字数多寡及"真、疑、伪"为先后,分别就鼎、鬲、甗、簠、簋、盨、盂、豆、铺、盘、匜、鉴、壶、罍、鐎、盉、錳、卣、爵、觚、觯、角、斝、觥、瓶、尊、彝、钟、铎、洗、杂器等,逐器加以甄审,计真者 657 器,疑者 190 器,伪者 329 器,可见乾隆以前铜器作伪的一斑。这是西清藏器据著录而作的一次大清理,对于故宫所藏彝器的辨伪是大有裨益的。

评介宋人研究古铜器著作。金石之学肇兴于宋,先生作《宋代吉金书籍述评》介绍宋人有关古铜器的著作计 20 种,但存者少而佚者多。该文先列书之存者 8 种,计有:吕大临《考古图》、《考古图释文》,赵九成《续考古图》,徽宗敕编《博古图录》,薛尚功《历代钟鼎彝器款识法帖》,王俅《啸堂集古录》,王厚之《钟鼎款识》,张抡《绍兴内府古器评》。每书详细记载各种版本、作者、体例以及书之得失等。后附书之佚者 12 种,计有僧湛洤《周秦古器铭碑》,杨元明《皇祐三馆古器图》,刘敞《先秦古器图》,胡俛《古器图》,李公麟《考古图》,黄伯思《博古图说》,赵明诚《古器物铭碑》,晏溥《晏氏鼎彝谱》、《绍兴稽古录》,王楚《钟鼎篆韵》,薛尚功《广钟鼎篆韵》。以上书虽不存,但先生据他书所载详加考辨,对治斯学者颇有助益。此外还有仅存书目,无可稽考者 12 种;虽非专著,颇有论述,足供参证者 2 种。最后论述如何整理宋代著录的铜器,提出四项:甲、宋代古器著录表,乙、宋代金文校释,丙、宋代金文编,丁、宋代考古丛谈。除首项先生在王国维《宋代金文著录表》的基础上加以改编之外,其余三项,先生也提出具体意见,以待来者。

(二)《商周彝器通考》的主要内容

容庚先生经过 6 年的前期准备工作,编纂《商周彝器通考》可谓水到渠成。据《颂斋自订年谱》,关于《商周彝器通考》的成书过程有如下的记载:

> 1933 年 5 月拟编《商周彝器通考》,
>
> 1938 年 6 月起编纂《商周彝器通考》,
>
> 1940 年 3 月《商周彝器通考》初稿毕,修正后于 11 月付印,
>
> 1941 年 3 月《商周彝器通考》印成。

综观青铜器研究的历史,自宋以后,大多着眼于青铜器个体的研究,所著书籍,或只录图铭,或仅释文字,或间加考释,或阐发一端,均无以观其会通,缺乏一部能够统观全局,汇通各种资料,如实反映我国青铜时代伟大创造的综合性著作。先生前虽有《殷周

礼乐器考略》一文发凡起例，但嫌过于简略，故自 1933 年起，以 8 年之力，昕夕耕耘，寝馈其中。他据所见彝器结合文献记载分别为铜器命名、定名和正名的基础上，将 57 种古铜器分为食器、酒器、水器（含杂器）和乐器四大类，逐一加以介绍，并作全面的审视和考索，终于完成了《商周彝器通考》这一巨著。此书首次突破宋清以来金石学的模式，从器物的形制、花纹和铭文的流变作综合的研究，把辨伪、断代、释文、考证提高到前所未有的水平。全书分上下二册，上册“文字”部分又分为上下两编。上编“通论”是关于青铜器的基本理论和基础知识，包括下列 15 章：

一、起源——说明彝器制作的缘起；

二、发现——叙述自汉以来各重要的发现，分别说明发掘的时间、地点及出土的器物数量等；

三、类别——分食器、酒器、水器及杂器、乐器四类；

四、时代——先叙各家关于考订时代的方法，后依郭沫若的方法分为四期，即商时期、西周前期、西周后期，春秋战国期；

五、铭文——阐明商周至春秋战国各个时代铭文的演变；

六、花纹——取所见花纹，于其特征加以诠释，并附图例二二七图；

七、铸法——参证古籍，说明殷代的范铸；

八、价值——记述各代关于古器的价值；

九、去锈——说明各种去锈的方法；

十、拓墨——说明拓墨的技术；

十一、仿造——记述宋明两代仿造之多；

十二、辨伪——把作伪之器分为三期，辨别伪器甚详尽；

十三、销毁——列举古器遭受六次大量的烧毁；

十四、收藏——记载自宋至今各藏家对于青铜器的收藏；

十五、著录——评介自宋以来关于青铜器重要书籍五十七部。[①]

下编“各论”分类系器，即分为食器、酒器、水器及杂器、乐器四章，每章先定器用之宜，制作之由，进而结合铭文所在的位置及器形之大小，对共名、别名等器物名称作详细的分析和系统的阐发。文内插图 200 多幅。下册“图录”部分附图 1009 幅，除一幅为拓本外，全是原器的照片，不仅有器形，还有器上的花纹，其中有一些器今已不知去向，可

① 参见容庚、张维持：《殷周青铜器通论》，科学出版社 1958 年版，第 151 页。

见《通考》所附的器形图是非常珍贵的。全书搜罗宏富，抉择有方，考证矜审，图文并茂，洋洋乎30多万言。于省吾先生为此书作"序"，指出它"分章辑述，究极原委，甄录载籍，参以己见，探邃赜，理纷拏，辨群言之得失，成斯学之钤键，洵为空前之剏作、稽古之宝典矣"。[①] 这一宝典是容庚先生充分吸收宋清两代金石学的成果并益以近代考古学的成就而集大成者，是对中国青铜器作系统理论阐发和科学分类的划时代著作，它的出版，是中国青铜器研究由旧式金石学迈入现代青铜器学的里程碑。

（三）《商周彝器通考》的重订与流产

新中国成立后，随着基本建设的开展，考古事业也蓬勃发展起来，全国各地陆续发现了不少青铜器资料。1954年6月，容庚先生致函中国科学院郭沫若院长，建议增订《金文编》和《商周彝器通考》二书。第三版《金文编》蒙郭沫若介绍由科学出版社出版；《商周彝器通考》由于资料不足，便被搁置下来。1959年6月，容庚先生在学校的支持下，带助手和四位在学的副博士研究生北上考古实习，同时也为改编《商周彝器通考》收集资料，笔者有幸作为容庚先生的助手随行。容先生一行先后到杭州、上海、苏州、南京、泰安、大汶口、济南、北京、郑州、洛阳、西安、武汉、长沙等地参观考察，在各大博物馆看到大批传世和出土文物，尤其在上海博物馆和北京故宫抄录了大量的青铜器卡片。在京期间的7月16日，郭沫若在百忙中还拨冗接见容先生和随行人员，当我们向他请教关于重订《商周彝器通考》的意见时，他非常谦逊地说，自己从抗战以后就不搞青铜器研究了，但他强调今天研究青铜器要充分利用考古的新材料和新成果，接着他介绍近年在安阳小屯新发现的一座殷墓，他边说边写，把整个墓葬的形制、骸骨以及随葬品的种类和位置都绘画出来，并分析其意义。其超人的记忆力令人惊叹！最后，他要求我们研究古铜器不要局限于器物本身，而要联系整个历史，不然就会陷入繁琐的考证。这次会见虽然时隔数十年，至今仍留下深刻的印象。由于这次收集到的资料大多数是文字记录的卡片，缺乏照片和拓本，重订《通考》的工作实际上难以进行。

1962年春，广东省政协开会，有一天晚上政协招待委员观赏戏曲，容庚先生坐在周扬旁边。休息时候，周扬介绍容先生给康生认识。两人只是彼此知名而素未谋面。康生问容庚先生近来搞什么研究工作。容先生说拟重订《商周彝器通考》，1959年曾与助手北上搜集资料，但许多博物馆不给与照片和拓本，工作遇到很大的困难。他俩还寒暄了几句。过了几天，康生驱车直到容庚先生家中探访。学校领导闻讯赶来作陪。容先生提出要再次北上搜集古铜器资料，并要求把张维持先生从历史系调来当他的助手，学校领导立即表示大力支持。康生说，重订《商周彝器通考》的工作可列入文化部的项目，

---

① 于省吾为《商周彝器通考》所作之"序"。容庚：《商周彝器通考》，哈佛燕京学社影印本，1941年，第3页。

这次以文化部的名义到各地作学术考察；并再三叮嘱容庚先生，如遇到困难，可持他本人的介绍信给当地党委宣传部，当可解决。没过多久，十几封由文化部盖章的出差“证明”和同样封数由康生亲笔签署的“介绍信”便寄到学校来。康生签署的时间是1962年3月12日。4月6日，《羊城晚报》以“容庚教授北上考古——为改编《商周彝器通考》做准备，为期5个月”的显著标题发布消息说：“我国著名的金文和青铜器专家、中山大学容庚教授于本月一日率领科学小组北上，到我国各地作为期五个月的学术考察，为改编《商周彝器通考》这一巨著做好准备。”这次科学考察小组由容庚先生率助手张维持、马国权和曾宪通一行四人，先后到过19个城市的博物馆、文物队和考古遗址，看到许多新出土的各色文物，其中不少是经过科学发掘的青铜器，有比较明确的年代、地望和国别，是十分珍贵的学术资料。通过调查和采访，共收集和记录到3000多件古铜器的资料和部分照片、拓本等，有关单位表示将会陆续提供制版用的照片和铭拓。在考察过程中，容先生对着各种实物详为说解，谆谆善诱，还不时回答各种问题，使同行者深受教益。此次到处都安排较高规格的接待，容先生为了节约国家开支，都谢绝了。如上海文化局安排住锦江饭店，先生不住主楼而和助手同住四人的大房间；在北京，文化部安排住新侨饭店，而先生却坚持要住故宫西角楼招待所。招待所的设备很简陋，没有服务员，床铺被褥是租来的。在北京逗留将近一个月，为国家节约了一大笔开支。这次出行全程乘火车，凡不超过24小时的，容先生同大家一起坐硬席而不坐软席。这次行程数万里，历时三个多月，只用了旅差费3000多元。由于容庚先生搞不清共产党的“党委宣传部”和国民党的“党部”有什么区别，每当持康生的介绍信到省委宣传部时，总是说“我们先到党部来报到”，一度出现过尴尬的场面，后来他就再也不用康生的介绍信了。

返校后，科研小组即着手重订《商周彝器通考》的工作。大家根据收集到的资料，在容庚先生的主持下，拟订了修改计划和章节提纲，对原书在内容和结构上作了较大的调整和增补，计划将文字部分增加到四五十万字，图版不少于2000幅，并作了具体分工。为了听取学术界的意见，部分初稿先行在刊物上发表，如修订稿第一章《中国青铜器的起源和发展》发表于《中山大学学报》(社会科学版)1962年第3期；《评中国青铜器外文著述》发表于《中山大学学报》1965年第3期。其他部分由于后续资料不济，一时还未能定稿，尚在继续撰写和讨论之中。1965年冬，容庚先生到北京开会，会上批判之声四起，一股浓浓的火药味，让他意识到一场大革文化之命的灾难即将降临。会后他决意到中华书局去，把正在排印的《颂斋述林》的书稿取回来“修改”，以免授人以柄。1966年初夏，“文化大革命”席卷全国，一向以质直无城府著称、敢于仗义执言、针砭时弊的容庚先生首当其冲，他被莫须有地扣上“反动学术权威”的帽子，家里的图书资料全被封存起来，打入“牛棚”，常挨批斗，失去了人身自由。这是他一生中最难熬的日子。“文革”后期，容庚先生将一篇600多字的《容庚自传》交给一位香港朋友，《自传》最后有一段这样的结语："一九四六年南归，以后整理国故，以传古人，甚少作画，如此一生，庶几其不负矣。光绪二十(一八九四)年八月初六日生，一九七　年卒，年七十　。著有《商周彝器通考》等书十余种。"[①]按容庚先生于1983年3月6日逝世，享年90岁。从这段结语中留下的两处空格可以看出，先生当年的心境已觉得自己天年无多，连80岁都不敢想，更不用说90岁了。而在他一生的著作中，只提到《商周彝器通考》一书作为代表，可见此书在先生心目中的分量。打倒"四人帮"以后，年迈的容先生把主要精力放在增补《金文编》和修改《殷周青铜器通论》方面，就没有再提及重订《商周彝器通考》的事了。呜呼！先生本来行将实现的宏图大略终因不可逆料的浩劫而宣告流产，实在是中国学术史上难以弥补的损失。

五、《殷周青铜器通论》与"手批遗稿"

1953年夏，中山大学历史系和中文系多位教师要求容庚先生为他们开设青铜器知识讲座，历史系考古教研室讲师张维持先生是这个讲座的发起人。张先生原来学的是社会学，对陶器颇有研究，精通英文和日文，曾担任过联合国儿童救济基金会专员的翻译和《澳门日报》主笔，翻译过恩格斯的《家庭、私有制和国家的起源》，著有《石湾陶器》等书，容先生戏称他是个"淘气杂家"。对于大家热切的请求，容庚先生愉快地接受了，每逢星期五晚上在他家中讲授有关商周青铜器的专题，还有茶水招待。容先生结合自己收藏商周青铜器的实物，详细解说青铜器的名称、形制、花纹、铭文以及如何判断铜器的年代和鉴别真伪的方法等，讲了整整一个学期。听讲者感到收获很大，希望先生能编一本有关青铜器的通俗读物供大家学习。随后，容先生建议张维持把听课的笔记整理整理，吸收一些新的研究成果，两人合编一本10万字左右的青铜器读本，以应社会的需求。张先生遂按照《商周彝器通考》的体系，选择其重要内容，参考了近十多年来有关研究青铜器的论著，重新编写。在编写过程中，容先生十分强调一定要利用第一手材料，对书稿中引用的第二手材料都一一重新核对，[②]结果在资料和字数上都比原定计划增加了一倍，凡19万字，图版300幅。以《殷周青铜器通论》为书名，由中国科学院考古研究所作为考古专刊之一，于1958年由科学出版社出版，印数只900册。此书共分10章：

① 《容庚自传》，《名家翰墨资讯》(香港)第2期(1994年9月)，第22—23页。

② 张维持：《著名考古学家容庚》，载《容庚容肇祖学记》，广东人民出版社2004年版，第54页；原载《广州文史资料》第三十八辑，广东人民出版社1988年9月。

一、中国青铜器的制作及其时代；

二、青铜器的埋藏及其发现；

三、青铜器的年代考证和分期；

四、青铜器的类别和用途；

五、青铜器类别说明；

六、彝器的考释及其对历史研究的作用；

七、青铜器花纹分析；

八、有关青铜器技术上的问题；

九、青铜器的仿造和伪造；

十、青铜器著录书的评介。

此书综合论述青铜器在历史研究上的价值，同时也探讨了青铜器在制作和整理上的技术问题，最后对历代著录的青铜器著作分“图像”、“款识”和“通考”三大类逐一评介。正文插图104幅，书后图版304件。此书未能充分吸收当时考古发现的青铜器，在材料运用上还停留在三四十年代的阶段，可视作是《商周彝器通考》的通俗本。

1982年，文物出版社应读者要求，决定将《殷周青铜器通论》重印出版。容庚先生在病前曾亲自就初版作了详细校订，也作了若干的修订。如陈梦家指出初版图版壹陸205所收“车马狩猎纹方口壶”是伪器，经容先生再三研究，也认为是伪器，便删除了。有的同道指出图版玖贰178“祖辛卣”，误印为“钩连雷纹卣”，也予以改正。至于有人怀疑图版陸16“齐侯鼎”的铭文是仿刻，但经容先生考证认为是真刻，故仍保留自己的见解及说明。可见先生既能知错即改，又能坚持自己正确的判断，是实事求是的态度。

1986年8月，刘翔发表《容庚手批校订〈殷周青铜器通论〉遗稿整理》一文。① 刘翔原是广州市某医院的挂号员，有志于古文字研究。1974年认识容庚先生后，在容先生的鼓励和帮助下自学古文字，于1979年考入中国社科院研究生院历史系金文专业研究生，毕业后在深圳大学任教。这本容先生手批校订的《殷周青铜器通论》，据刘翔说是容先生送给他学习的。在先生辞世三年之后，他把这份珍贵的遗稿整理出来，公之于世，以为纪念。刘文按《通论》的页码和行数，分为“原版”、“重印版”和“容庚手批校订遗稿”三栏。据此文披露，先生对初版本的手批校订总共有135处。从校订的文字看，比较集

① 刘翔：《容庚手批校订〈殷周青铜器通论〉遗稿整理》，载《青年学者论学集》（《深圳大学学报》增刊1986年8月）第1—21页。

中地体现在两个方面：一是先生非常重视科学考古发掘的新发现，二是高度评价出土遗物对青铜器铭文研究的重要价值，例如在“科学的发掘”一节中，修订之处就达 8 条之多（第 8—10 页），其中增加了 30 年代对陕西斗鸡台古代遗址和墓葬的两次发掘，对河南汲县山彪镇、辉县琉璃阁战国墓葬的发掘，50 年代对河南郑州白家庄殷代墓葬的发掘等。在“铭文研究的意义和方法”一节（第 81 页），当谈及“我们要利用铭文考证的成果，再印证典籍上的史料”时，中间插进了“结合考古遗物”一项，把三者作为综合研究的内容，与饶宗颐先生的“三重证据法”不谋而合。此外还有不少重要的申述，如 34 页 12 行，原版作“簋之用顿少”，重印版同原版，手批遗稿于“顿少”后增加“殷代前期的簋是大口，鼓腹，圈足，无耳。殷末周初的簋一般是有两耳的。西周中期的簋，圈足下还有三足的。晚周有卵形、豆形簋”。又如 41 页 24 行，原版作“《新郑》（图五四）著录”，重印版同原版，手批遗稿则作如下补充：“关于此器（按指婴次盧）的用途问题，王国维认为是饭器；马吉樟认为是燔盘；关百益因为盧为盘未定，又暂名为方器；郭沫若则认为是古人燃炭之炉。1955 年寿县蔡侯墓出土有一器，椭圆形，圈足，环耳，自名为𥃰，当是盛饭的盧。现该器既自名为盧，故仍王说，归入盛食器类。”相当详细而具体地说明考证的过程及分类的理据。在对花纹的描述方面，手批遗稿也更加准确和细密，如 112 页倒 1 行，原版作“夔纹和龙纹一样具有高度的装饰性”，重印版同原版，而手批遗稿则在“夔纹”前增加“殷代的夔纹多是一对的，左右对称，西周中期则多用单独的，不求对称。以后更发展成为自身环曲，头反转，成 S 形状”一段。117 页 33 行，原版作“构成几何纹样”，重印版同原版，而手批遗稿于“纹样”后增加“更有把屈曲的虺纹细密地纠结起来，构成所谓蟠螭纹”。118 页倒 3 行，有“鸟纹发展至春秋战国”句，重印版同原版，而手批遗稿于句前加入“中期以后，鸟的形状比较抽象，长尾往往与鸟身分离”。由此可见先生精益求精和一丝不苟的治学精神。总之，对于学习和使用《殷周青铜器通论》的人来说，容庚先生这份手批遗稿是不可不读的。

容庚先生的同乡挚友、著名哲学家和历史学家张荫麟教授早就指出，容先生“自幼即醉心于金石之学，壮而弥笃，由文字而及器物，进而及于史迹”（《张荫麟致容庚书》）。这是对先生治学最精辟和最中肯的高度概括。先生在《通考》中自言治学经过时说：“余于彝器，初仅治其文字。十四年（1925）冬，为故宫博物院提其彝器陈列，十六年（1927）春，为古物陈列所鉴定委员，始得摩挲，几及三千器，于形制、文字、花纹三者求之，真伪渐辨。”[①]先生治学先从文字入手，进而涉及青铜器的各个方面，在大量实践和详细占有第一手材料的基础上，对文字、形制、花纹做比较系统深入的综合考察。日本学者水野

① 容庚：《商周彝器通考》，哈佛燕京学社影印本，1941 年，第 225 页。

清一在《东亚考古学的发达》(1953)一文中,把《商周彝器通考》和梅原末治在1940年出版的《古铜器形态的考古学研究》一书并列为姐妹篇,并大加赞扬,称为近年来古铜器研究最好的两本书。著名青铜器学家马承源先生在《中国青铜器》中写道:"容庚的《商周彝器通考》在当时的条件下把青铜器的彝器部分作了尽可能的综合考察,进行了缜密的论证,构成了比较完整的研究体系。于是,青铜器研究开始形成了独立的学科。"[①]唐兰先生在《颂斋吉金图录·序》中曾经指出:"研究铜器之形制,定其名称,考其时代,验其真伪,此古器物学也。研究其所用之字,此古文字学也。研究其铭辞之有关于古史或古代文化者,此古器物铭学也。"[②]如前所述,先生之《殷周礼乐器考略》属古器物学,《金文编》属古文字学,郭沫若《两周金文辞大系》属古器物铭学。此三者,构成了中国青铜器学的基本内容。而《商周彝器通考》则是集古器物学、古文字学和古器物铭学三者之大成者,所以说《商周彝器通考》是中国青铜器学的奠基之作,是名副其实的。

容庚先生毕生著书二十余种,论文和其他述作近百篇,是我国著名的古文字学家、考古学家以及铜器书画鉴赏家和收藏家。他在《金石书录目·序》中尝引郑樵的话说:"学之不专者,为书之不明也;书之不明者,为类例之不分也。有专门之书则有专门之学,有专门之学则有世守之能。人守其学,学守其书,书守其类,人有存没而学不息,世有变故而书不忘。"(《通志·校雠略》)容庚先生毕生从事著述和教育工作,著作宏富,既著专门之书,又传专门之学,复献专门之藏,使后来者能够在前人的基础上不断前进,推动事业的发展,正所谓"人有存没而学不息,世有变故而书不忘"。这就是容庚先生对我国学术和艺术的不朽贡献。

① 马承源:《中国青铜器》,南天书局1991年版,第6页。

② 唐兰:《颂斋吉金图录》"序",考古学社影印本,1933年,第3页。

商承祚先生与甲骨学、简帛学

陈炜湛　谭步云

商承祚先生(1902—1991),字锡永,号契斋,广东番禺人。先生幼承家学,及长,复从罗振玉(叔言)先生游,习古文字之学,弱冠即以《殷虚文字类编》闻于世。先后执教于东南大学、中山大学、北平师范大学、北京大学、清华大学、金陵大学、重庆大学等院校。其中在中山大学任教的时间最长,几近五十年。

先生的学术成就巨大,共有著作十五种,又有书法作品集二种,学术论文六十余篇,其后人编为《商承祚文集》。先生之学术研究领域广泛,涉及甲骨、金文、石刻、简帛等各类古文字以及考古、语言、书法等(详参本文附录《商承祚先生著作提要》),其中又以甲骨学与简帛学两方面的研究最为学林所重。

一

在发现殷墟甲骨文已届百年之际,1999 年 7 月 14 日出版的《中国文物报》以《百年甲骨学勿忘奠基人》为题,介绍了在甲骨学方面卓有影响的十位学者,商先生即榜上有名。于此可略知先生在甲骨学上的成就。

甲骨学兴起于 19 世纪末,它是随着殷墟甲骨文的发现而逐步形成的一个学科。其研究的对象是甲骨文及其载体——龟甲兽骨,包括甲骨的发掘、整治、钻凿、镌刻,文字考释,甲骨断代,商史等方面的研究。今天,甲骨学已经成为一门国际性的显学。

早期的甲骨研究,重点在于文字的考释,似乎未脱金石学的窠臼。科学意义上的甲骨学,大概是在 20 世纪二三十年代由罗振玉和王国维等学者共同创立的。

我们赞同张永山的意见:在罗振玉、王国维等前辈学者开创这个领域的过程中,先生"从青年时代就投入了这门学科的拓荒者行列,并随着这门学科的成熟而成长起来"。[①] 先生在甲骨学上的贡献,大致可归纳为四个方面:资料搜集与整理(包括辨伪)、

---

① 张永山:《商承祚教授与甲骨学研究》,《湖南省博物馆文集》第 4 辑,第 37—41 页,《船山学刊》杂志社,1998 年 4 月。

字典编撰、文字考释、商史钩沉。以下分别述之。

研究一门学问，首先得有研究的材料。因此，早期的甲骨学者莫不致力于甲骨的蒐集，以期获得研究的第一手材料。例如罗振玉，购藏甲骨多达两万余片，[①]后择优著录为《殷虚书契》《殷虚书契后编》《殷虚书契续编》《殷虚书契菁华》等。在殷墟科学发掘前，罗振玉应是收藏甲骨数量最大的学者。先生受财力所限，自然不可能有大规模的收藏，只能尽己所能而为。《殷契佚存》就是这么一部甲骨材料的荟萃。[②]《殷契佚存》"著录六家收藏甲骨实物(何遂61片，美国施密士62片，王富晋27片，陈邦怀30片，于省吾7片，商先生自藏77片)，三家拓本(孙壮193片，黄濬60片，商先生自藏483片)，共1000片。"[③]于此可见，除自家收藏外，先生还充分利用收藏家所拥有的资料。先生作《福氏所藏甲骨文字》，[④]集子所载就全都是福氏收藏的甲骨资料。当年先生得金陵大学中国文化研究所所长徐养秋介绍而结识美国人福开森，福氏乃尽出所藏甲骨文以示先生，先生"共选拓得三十七版，精印行世"。[⑤] 先生那一辈的学者，搜集原始材料固然是为了便于个人的研究，同时也希望有利于学术的发展。所谓学术乃天下之公器也，这一点，在他们整理、公布原始材料的举措上得以充分的体现。发现甲骨文的早期，因其身价陡然倍增，所以有伪片出现。先生收集甲骨，当然就要做辨伪的工作。在先生的藏品中，有一块左尾甲，是"在抗战之前于北京琉璃厂厂肆所得"，"胡厚宣首先以摹本著录于《甲骨学商史论丛》初集第一册，置于《殷代封建制度考》一文之后，并记曰：'三十二年(一九四三年)五月二十七日番禺商锡永先生自巴州拓寄，厚谊可感，考释另详。'后董作宾又以拓本著录于《殷虚文字外编》(一九五六年)，片号为451。李亚农《殷代社会生活》(后收入《欣然斋史论集》)也著录这块尾甲的摹本，并谓'上面的虫形即蚕字，下面的大字，象以手采桑之形'。一九七八年，徐俊良、蒋猷龙在《地理知识》第一期发表的《中国的蚕桑》一文也著录了这甲片，加以介绍；该刊第五期又发表中国科学院历史研究所甲骨文组孟世凯的信，题为《谈谈甲骨文中有关蚕桑的真伪资料》，认为这甲片是伪刻"。[⑥] 由此一度引起论争，先生也曾撰《一块甲片的风波——契斋藏龟之一真伪辩》申述。[⑦] 先生作此

---

① 《殷虚书契·自序》云："因遣山左及厂肆估人至中州，瘁吾力以购之，一岁所获，殆逾万。意不自歉，复命家弟子敬、振常妇弟范恒斋兆昌至洹阳采掘之，所得又再倍。"

② 是著今收入《甲骨文献集成》第1册，四川大学出版社2001年版。

③ 陈炜湛：《读〈殷契佚存〉记》，《甲骨文论集》，上海古籍出版社，2003年版，第242页。

④ 是著今收入《甲骨文献集成》第1册，四川大学出版社2001年版。

⑤ 《福氏所藏甲骨文字序》，今收入商志馥编《商承祚文集》，中山大学出版社2004年版。

⑥ 陈炜湛：《甲骨文简论》，上海古籍出版社1987年版，第207,28页。

⑦ 原载《随笔》1980年第10期，今收入商志馥编《商承祚文集》。

文，除了申明甲片之真的理据外，还是先生多年甲骨辨伪的经验之谈。事实证明，先生购藏的这块甲片是珍品。① 于此可睹先生精湛的辨伪能力。

先生于1923年刊行的《殷虚文字类编》，②“依《说文解字》体例编排，计收单字七百九十字，重文三千三百四十字，凡罗氏有说解者照录之，商先生另有见解或新释者则以‘祚按’别之。”③王国维为此书作序，认为“如锡永此书，可以传世矣”，④决非溢美之词。虽然后出的《甲骨文编》取而代之，但《殷虚文字类编》的筚路蓝缕之功却是有目共睹的，其体例，其识见，均为继作者所接受。譬如早出的《簠室殷契类纂》，“所引卜辞全无出处，无可复核且多为残辞断句，无补于文义的理解”，而先生所作，“每字之下，注明引书卷页，较《类纂》为优”。⑤ 再如文字的考释，亦多有胜于《类纂》者，从而及时反映了甲骨文字研究的发展（详下文）。

甲骨文发现之初，考释文字是学者的重要工作之一。文字尚且不识，遑论其馀。直到今天，考释未识之字依然是甲骨学者的要务。先生搜集整理甲骨文的材料，当然是为了下一步的研究，其中，考释文字便是研究的重中之重。集中反映了先生在甲骨文字考释方面的成就是《殷虚文字类编》和《殷虚文字考》二著。先生在作《殷虚文字类编》时，已经开始了文字的考释，所附按语166条，“其中纯属独自立说者一百零三条”⑥，这一百多条的按语实际上就是先生对存疑字的考释。后来先生作《殷虚文字考》，⑦大部分的按语就收入此考释中。文章共考释85字，其中已成学界共识者至少有17字，计有：兆([illegible])、嚚、齒、解、虤、良、椃([illegible])、或、盟、眔、老、考、滛、直、蠱、鼍、取。此外，在《殷契佚存考释》中，亦多精到之论，⑧均为后出之《甲骨文编》或《甲骨文字典》所吸收，只是有些说解乃暗引，一般读者不知而已。先生在考释之余，还注意对殷墟文字的特点进行规律性的总结，以利于对未识字的钩沉稽考。《殷虚文字用点之研究》就是先生关于甲骨文考释的理论性文章。先生说：“卜辞中用点之字甚多，或表水，表雪，表雹，表火，表酒，表血，表粥汁，表粟米，表尘土，表光芒，表残糜，表细小，表众多，由一点至十点以上无定例……”⑨先生还在文末附了七十七个带有“点”的未识字，实际上告诉我们，甲骨文的

---

① 陈炜湛：《“契斋藏甲之一”真伪问题的再讨论》，《甲骨文论集》，第169—172页。

② 是书初版为民国十二年(1923)番禺商承祚决定不移轩刻本。台北艺文印书馆1971年曾出过影印本。今收入甲骨文研究资料编委会《甲骨文研究资料汇编》第6册，北京图书馆出版社2000年版。

③ 陈炜湛：《商承祚先生学术成就述要》，《甲骨文论集》，第251页。

④ 王国维：《殷虚文字类编序》，收入《王观堂先生全集》第4册，文华出版公司1968年版。

⑤ 陈炜湛：《甲骨文简论》，上海古籍出版社1987年版，第207,28页。

⑥ 陈炜湛：《商承祚先生学术成就述要》，《甲骨文论集》，第251页。

⑦ 原刊民国十四年(1925)南京东南大学国学研究会《国学丛刊》第2卷第4期，今收入商志𩡖编《商承祚文集》。

⑧ 陈炜湛：《〈读殷契佚存〉记》，《甲骨文论集》，第242—250页。

⑨ 《殷虚文字用点之研究》，原刊民国十九年(1930)中山大学《语言历史学研究所周刊》第11集第125至128期合刊《文字专号》，今收入商志𩡖编《商承祚文集》。

"点"有多方面的所指，考释时不能一概而论。先生还在《研究甲骨文字应该注意的一个问题》一文提出了考释甲骨文的一个重要原则：除求其字形吻合外，还得考虑文义的沟通。[①] 与此相关，先生还提请考释者注意甲骨文文献所具有的三个特点：一是假借现象，二是误字，三是没有刻完全的字。顺便一说，早在1930年即注意到甲骨文考释的理论和方法并进行总结归纳的，只有先生而已。譬如唐兰，是大家公认在古文字的理论和方法上建树颇多的学者，其甲骨文考释理论及方法的实践性著作《殷虚文字记》是在民国廿三年(1934)写定的，影响颇广的《古文字学导论》，则在民国廿四年(1935)写定。而杨树达先生的考释文字名言："首求字形之无啎，终期文义之大安，初因字以求义，继复因义而定字。义有不合，则活用其字形，借助于文法，乞灵于声韵，以假借通之。"则写定于1951年。[②]

先生在商史方面用力不多，但1933年发表的《殷商无四时说》一文，[③]考定殷商时人只有春秋两季的概念，至今仍是颠扑不破的认知。先生还有1949年发表的《商纣之检讨》一文，[④]迄今为止仍不失为一篇据甲骨文以论商史的重要论文。先生旁征博引，除了引述传世典籍，还充分利用甲骨文材料，一反传统之说，认为纣并非什么暴君，周灭商也并非什么义举。让人有耳目一新之感。先生认为，研究商纣其人，"要在史书中用冷眼来观察，侧面去推敲，客观去论断，同时再拿地下的材料爬梳印证，才能去伪存真"，[⑤]实在是古史研究的金科玉律。

应该特别书上一笔的是先生在甲骨学教学上的贡献。1924年，先生因作《殷虚文字类编》而为马衡(字叔平)所举荐，进入北京大学国学门念研究生，才读了一年就被东南大学聘为讲师，讲授甲骨文字。[⑥] 先生恐怕是在大学里开设甲骨文字课程的第一人。1927年，先生转到中山大学任教，编有《殷墟文字》讲义，[⑦]石印刊行。这大概算是甲骨文最早的教材了。于此可见先生讲授这门课程已是驾轻就熟的了。1931年，先生转而任教于北平师范大学，1932年撰成《甲骨文字研究》讲义，[⑧]用于北平师范大学以及北京大学、清华大学的教学。《甲骨文字研究》虽然被用作教材，事实上是先生研究甲骨文的

---

① 原刊1936年南京《中国学生》第2卷第1—4期合刊，今收入商志䜓编《商承祚文集》。

② 《积微居金文说自序》，载《积微居金文说》(增订本)，中华书局1997年版。

③ 原刊民国二十一年(1932)清华大学《清华周刊》第37卷第9、10期合刊，今收入商志䜓编《商承祚文集》。

④ 原刊民国三十八年(1949)珠海大学《珠海学报》第2集，今收入商志䜓编《商承祚文集》。

⑤ 商志䜓编：《商承祚文集》，第227，525、534页。

⑥ 同上。

⑦ 曾宪通：《商承祚先生的生平和学术贡献》，载《曾宪通学术文集》，汕头大学出版社2002年版，第361—365页；又参《甲骨文字研究·后记》，天津古籍出版社2008年版，第259页。

⑧ 是著原于民国二十一年(1932)由北平聚魁堂装订讲义书局刊行，后影印收入甲骨文研究资料编委会《甲骨文研究资料汇编》第6册。现经商志䜓教授校订后，复由天津古籍出版社于2008年4月刊行。

心得。譬如“甲骨文字中用点之表示”一章，就是本诸《殷虚文字用点之研究》一文。又如对甲骨诸家的评介，不偏不倚，实事求是。对于素为唐兰所诟病的叶玉森，[①]先生称赏有加：“丹徒叶玉森（葓漁）著《殷契钩沉》、《说契》、《研契枝谭》，骋其所见，多独到语，于罗、王二家外，别树一帜。”[②]可知先生确乎把叶氏看作当时研究甲骨文三大家之一。在评价《殷契钩沉》一书时又说：“此篇于国名稽钩甚多。……其字虽不尽识，地望无从得知，观其上下文义则为国名地名而可信。颇可补罗氏之挂漏。”[③]先生此书，已注意到利用甲骨文以上溯殷商古史的问题。其中“（四）由甲骨文字中推想上古人民生活之程序”一章，钩勒出渔猎、游牧、农业、信仰与宗教、政治与刑法、思想与艺术等史迹。每一项都可以出一专论，可惜先生后来无意于此。但可以肯定，先生富有启示的导论，影响过有志于此的学人。此外，先生此书还具有学术史之价值，从甲骨文的发现到早期甲骨文著作的述评，都可补目下所见之不足。

二

如同甲骨学，简帛学也是一个年轻的学科。当然也是在简牍、帛书发现的基础上逐渐形成的一门学问。所谓简帛学，就是以竹简木牍帛书及其所载文字为研究对象的学问。

在纸张发明以前，简牍、缣帛作为文字主要的书写载体，历史可能相当悠久。譬如简策，徵诸传世文献和古文字，大概可上推至殷商以前。[④] 帛的使用历史也许不如简牍久远，却也不会太晚。王国维认为：“帛书之古，见于载籍者，亦不甚后于简牍。……则以帛写书，至迟亦当在周季。”[⑤]不过，由于简牍、缣帛保存不易，因而后世所发见的简帛在总数上所占比例可能微乎其微。

简牍发现及研究的历史，目前所知，至迟可上推至汉。《汉书·艺文志》：“武帝末，鲁共王坏孔子宅，欲以广其宫，而得古文《尚书》及《礼记》《论语》《孝经》凡数十篇，皆古字也。”由此而形成了一个古文经学派。延至晋，亦有简牍的发现及研究。《晋书·武帝纪》：“咸宁五年不准掘魏襄王冢，得竹简小篆古书十余万言。”流传至今的《竹书纪年》《穆天子传》等，就是经过了当时的学者整理过的古籍。不过，战国帛书的发现就相当晚

① 赵诚：《重新认识叶玉森》，《古文字研究》第24辑，中华书局2002年版，第43—51页。

② 参氏著：《甲骨文字研究》，天津古籍出版社2008年版，第10、50—51页。

③ 同上。

④ 陈炜湛：《战国以前竹简蠡测》，《陈炜湛语言文字论集》，上海古籍出版社2005年版，第48—54页。

⑤ 参氏著：《简牍检署考》，《王国维遗书》第6册，上海书店1983年版。

了，在20世纪40年代长沙所出之前，闻所未闻。

简帛的发现虽然很早，然而，科学意义上的简帛学却在19世纪末年才得以建立。早期的简帛学，实际上只是简牍学，并不包括缣帛的研究，而且仅涉及汉代简策。例如简帛学上的奠基性著作——罗振玉、王国维的《流沙坠简》，虽然旁及少量的晋简、纸片和帛书，主要的还是汉简的研究。随着考古上新的发现，简帛学研究的范围遂逐渐扩大到战国及秦的简策和缣帛。

先生在简帛学方面的贡献，大致可分为两个方面：一是资料的收集及整理，二是文字考释及书法研究。以下分别述之。

先生曾藏"居延汉简"一函五枚，为西汉哀帝时物，"当得自裘善元处，原是1930年西北科学考察团在黑城附近所得两汉木简的一部分，因被盗窃出来而流失四方。"[①]虽然先生一直没有撰写文章加以讨论，但亦可藉以得知先生有意于此久矣。先生还藏有帛书残片一件，出自长沙子弹库。[②] 1942年9月，战国楚帛书被盗出土后不久归长沙唐鉴泉（先生原注：原做上门裁缝，民国十六年始在车站路正式开业，招牌"唐茂盛"，辟屋之半兼营古玩。二十年专业古玩，人皆以"唐裁缝"呼之——引者按）所得。是年冬季，唐去信先生求售。先生托友人沈筠苍前往了解情况，据沈筠苍给先生的信中说：当时的帛书是"大块的不多，小块的累累"。正在反复议价之际，就被蔡季襄捷足先登。可见，先生所藏就是"累累的小块"中的一块。先生虽然与完整的楚帛书原件失之交臂，却在1959年得到楚帛书的原大照片，于是摹写刊布，以利不易见到照片的学者。[③] 先生所收集的简帛原物虽然不多，但在原始材料的搜集上仍旧是不遗余力的。"上世纪50年代初，以迄60年代中，先后在湖南长沙、河南信阳、湖北江陵出土七批战国楚竹简，计八百余枚"，先生"遂倾注精力开展楚简研究工作"。开始先生根据发掘单位及学界友人提供的照片及临写本进行研究，终觉不安，后来两次到实地考察，进行精确的摹写和考释，然后公诸学界。[④] 应特别一提的是，早期的照相术不太精良，而简帛又都是书写本，不同于甲骨文可以施以墨拓。因此，一份精确的摹本甚至比照片还有研究价值。以"楚帛书"为例，先生据弗利亚美术馆（The Freer Gallery of Art）提供的全色照

① 曾宪通：《居延汉简研究二题》，载《曾宪通学术文集》，第277—280页。

② 参商志*：《记商承祚教授藏长沙子弹库楚国残帛书》，《文物》1992年第11期。笔者按：1997年11月10日，商志*教授把先生珍藏几达半个世纪的楚帛书残片捐赠给湖南省博物馆。详参楚言《楚帛书残片回归故里》，载《湖南省博物馆文集》第4辑，第45—46页，《船山学刊》杂志社，1998年4月。

③ 商志*编：《商承祚文集·战国楚帛书述略》，第347页。

④ 陈炜湛：《商承祚先生与简牍学》，载《陈炜湛语言文字论集》，第36—44页。

片所摹凡 839 字，经与后来的红外线照片相校，除其中残文 105 字外，摹写有误者仅 91 字，而正确无误者有 643 字，比蔡修涣据实物临写的本子（凡 592 字，误摹 133 字）精确得多。[①] 在纽约大都会博物馆（the Metropolitan Museum of Art）红外线照片（1966 年）刊布之前，堪称最佳摹本。又如 70 年代以前所出战国楚简，先生及其助手曾畏的摹本较之照片研究价值更高。遗憾的是，倾注了先生多年心血的《战国楚竹简汇编》直到 1995 年才正式面世。[②] 尽管如此，能够把出自多处、出土时间不一的材料汇为一编，功德无量。此书至今仍是学者重要的参考著作。

集中反映先生在简帛文字考释及书法研究方面成就的是《战国楚竹简汇编》《战国楚帛书述略》《商承祚秦隶册前言》等著述。事实上，在山东临沂银雀山汉简出土后，先生就参与了整理的工作，只不过其研究的成果都融汇在《银雀山汉墓竹简》之中而已。[③]《战国楚竹简汇编》所考释的文字，证诸今天新发现材料，仍多真知灼见。“如信阳竹书十三号简之‘周公岁然作曰’，不见于前出古文字材料，与印相近而绝非印，商先生释为色，读整句为‘周公猝然作色曰’。今郭店楚简正有此字，作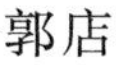，曰‘爱则玉色，玉色则形’，‘见贤人则玉色，玉色则形’（《五行》13、14），曰‘形于中发于色’（《成之闻之》24），与信阳简恰可互证。再如望山一号墓竹简之字，凡十余见，均与卜筮之事有关，不见前出古文字资料，《汇编》直释为‘即贞之省’（页二二五，贞误写为⾃，《字表》二五页不误），并无确定。不意此形既屡见于包山楚简（第 20、197、213、228 等），复见于郭店楚简（《老子甲》13、《老子乙》11、《缁衣》3、9），证明释贞正确。”[④]又如“豢”字。《望山》1.1 云：“軦膢以怆豢为怼固贞……”北大的同道认为“豕”“至”古音相近，遂把字释为“室”，但是，为了迁就《楚帛书》所载“不可以豢女取臣妾”语，又说“‘豢女’当读为‘嫁女’。因为‘豢’字包含‘家’字的字形，所以又有‘家’音”。[⑤] 罔顾楚地所出竹简已见“室”字的事实，并且如此辗转反复、随心所欲地考证，不免让人疑窦丛生。而先生则直截了当地说：“豢，即家。从爪之家，战国以后未见。此字亦见于第六〇、九六、九八、九九简。”[⑥]事实证明是非常

① 曾宪通：《长沙楚帛研究述要》，载《曾宪通学术文集》，第 126—170 页。

② 是著于 1995 年 11 月由齐鲁书社刊行。

③ 按：银雀山汉简出土于 1972 年 4 月间，为汉文帝至汉武帝初年之间写定的简策，凡四千九百四十二枚，内容包括《孙子兵法》《六韬》《尉缭子》《晏子》《孙膑兵法》等典籍。1974 年，国家文物局组成“银雀山汉墓竹简整理小组”，商先生是为成员之一。参吴九龙：《银雀山汉简释文》（文物出版社 1985 年版），第 1、3、9、13、245 页。全部简策，“整理编辑成《银雀山汉墓竹简》一书，准备分 3 辑出版。第 1 辑内容包括《孙子兵法》《孙膑兵法》《尉缭子》《晏子》《六韬》及《守法守令等十三篇》，已于 1985 年 9 月由文物出版社正式出版发行。第 2 辑为《佚书丛残》。第 3 辑包括全部散碎竹简、篇题木牍及《元光元年历谱》。由于种种原因，第 2、3 辑至今尚未出版发行。”参骈宇骞：《银雀山汉简文字编·前言》（文物出版社 2001 年版）第 2—3 页。

④ 陈炜湛：《商承祚先生与简牍学》，《陈炜湛语言文字论集》，第 42 页。

⑤ 湖北省文物考古研究所、北京大学中文系：《望山楚简》，中华书局 1995 年版，第 87 页。

⑥ 氏著：《战国楚竹简汇编》，齐鲁书社，1995 年，第 243 页。按：此简可与第一简缀合。

正确的。后出资料，例如郭店楚简每见此字。[①]《老子丙》3 云："邦豙混乱。"《缁衣》20 云："邦豙之不宁。"《语丛一》13 云："有豙有名。"《五行》29 云："有德则邦豙举。"《语丛四》26 云："一豙事乃有貨。"显然，这些例子中的"豙"都是"家"。所谓"邦家"，就是"国家"。准此，《楚帛书》"不可以豙女取臣妾"中的"豙"读为"嫁"才能通假的理据。后来，某些涉及楚地文字的字编都直接把"豙"作为"家"的异体附于该字条下，[②]实在是对先生考释的肯定。近见上海博物馆所藏战国楚竹简也有"豙"字，《郑子豙丧》一篇有甲、乙两个本子，"豙"字多次出现。"郑子豙"，传世典籍正作"郑子家"，[③]进一步证明了先生的考释确为不刊之论。

先生所作楚帛书摹本，实际上已经反映了先生在帛书文字考释方面的项献。兹略举数例为证。，先生隶定为"杲"。帛文所谓"少杲"，当即典籍所见的"少皞"。，似百而非百，先生释为"首"。帛书云"型首事"，即施刑于肇事者。，字像"紀"而"己"下多了个"口"，先生认为即"紀"繁构，缀加口符，为楚地文字所常见者。[④] 这些考释，堪称精当，为学界所接受也是意料中事。

1975 年末，在湖北云梦虎地十一号秦墓发现了大批竹简，凡一千一百五十五枚。不久，所出辑为《睡虎地秦墓竹简》一书。[⑤] 先生对其承上启下的字形及书法极感兴趣，"反复读之，深知由小篆而汉隶其间的秦隶百分之九十未脱篆体，亦有不少横画和擦笔已蓄挑势，此后汉隶将之扩张，字形结构又追求方整，以致气质日下，至东汉而秦隶亡。""从秦隶可以看出其承上启下所起的变化，如极端简化的葱、總、草化的走、是……等。以上诸字因见于书册，故表而出之，便于读者观览。""草木的草字，以往我认为始自西汉中晚期，前此则作艸。今知始皇时草字已产生。复有一发现，即简文中世字皆作，未见他用。至借为树葉之葉，则是后来的事。及葉字行，仍把枼读作葉，人们将一个朝代的中期说成'中葉'是不对的，应曰'中枼(世)'。"[⑥]虽然先生未对秦简进行深入的探讨，但所言均字字珠玑，特别有启发性。有意思的是，先生自此"为人题字题辞，几乎均以秦隶书之"，以为"写秦隶，既古朴雅致，又容易辨认"，"在书坛上独树一帜，亦堪称一绝"。[⑦] 足见先生对秦隶真的是情有独钟，同时也可以视之为先生对自己秦隶书法理论的实践。

---

① 荆门市博物馆：《郭店楚墓竹简》，文物出版社 1998 年版。

② 例如张守中等《郭店楚简文字编》（文物出版社 2000 年版），第 108 页；又如汤余惠主编《战国文字编》（福建人民出版社 2001 年版），第 493 页。

③ 马承源主编：《上海博物馆藏战国楚竹书》（七），上海古籍出版社 2008 年版。

④ 此数字说解详参曾宪通《长沙帛书文字编》（中华书局 1993 年版），第 44、52、60 页。

⑤ 睡虎地秦墓竹简整理小组编：《睡虎地秦墓竹简》，文物出版社 1978 年版。

⑥ 氏著《商承祚秦隶册前言》，今收入商志䃅编《商承祚文集》，第 516—517 页。

⑦ 陈炜湛：《夕阳红胜火——商承祚先生晚年生活片断》，《陈炜湛语言文字论集》，第 217 页。

结 语

商先生在甲骨学和简帛学上的贡献无疑是巨大的。兹略赘一笔,以为本文结语。

在甲骨学的创建期间,先生至少作出了四个方面的贡献:(一)资料搜集与整理(包括辨伪)。先生撰有两部甲骨文资料汇集:《殷契佚存》和《福氏所藏甲骨文字》,尽管数量不是十分巨大,但所辑都很有研究价值。(二)字典编纂。先生所作《殷虚文字类编》,远胜于前出的《簠室殷契类纂》,而为后出的《甲骨文编》奠定了学理基础。(三)文字考释。在先生所考释的甲骨文字中,为学界所承认的至少有17字。先生还是最早总结、归纳甲骨文考释理论的学者之一。(四)商史钩沉。先生在商史方面的研究虽然不多,但《殷商无四时考》及《商纣之检讨》二文,凡关注商史者都不能不读。此外,先生在甲骨文的教学及人才培养方面,也用力甚多,先后撰写过两部甲骨文教材:《殷墟文字》和《甲骨文字研究》。

先生在战国楚竹简和战国楚帛书的整理和研究上,一直走在学界的前面,具体体现为原始材料的收集、整理及文字考释两个方面。先生是最早接触战国楚帛书的学者,也是国内最早获得帛书全色照片的学者,因此,先生所作的战国楚帛书摹本一度是学界信赖的研究文本。先生是战国楚竹简最早的整理、研究者之一,所作摹本至今仍是最好的。在楚竹简发现之初,先生已经有意识把全部楚竹简汇集起来,这不能不说是高屋建瓴般的学术眼光。先生对简帛文字的考释,证诸今天新发现的考古资料,相当一部分确不可易。在当年缺乏传世文献可供对读,且楚系文字尚不大为学人所熟悉的情况下,先生精确的考释显得难能可贵。而《战国楚竹简汇编》一著的编撰体例——有照片,有摹本,有考释,有字编,实在是今后材料整理的良好范例。

附录

商承祚先生著作提要(十八种)

(一)《殷虚文字类编》十四卷,待问编十三卷,附检字

1923年决定不移轩刻本线装四册(又有八册本)。罗振玉署耑。卷首有王国维序及自序。本书主要依据罗振玉、王国维之考释,将甲骨文字按《说文》次序加以编排。计收单字七百九十字,重文三千三百四十字,凡诸说解,均依罗、王立说,其另有见解之字或

新释者则以“祚案”别之。卷中称“祚案”者凡一百六十六条，其中纯属独自立说者一百零三条，余为附申罗、王之说。又节录《殷虚书契考释》之前四章，与《待问编》十三卷合为一册。甲骨文字写刻极工。自序略述著作始末。王序称先生为“今世弱冠治古文字学者”四人之一，并以“可以传世”评此书，赞其“精密矜慎，不作穿凿附会之说”。

（二）《甲骨文字研究》二卷

1932年6月，北京师范大学讲义，石印本线装一册。书分上下两篇（卷）。上篇又分为总论，定名，发现之历史及考证之书籍，由甲骨文字中推想上古人民生活之程序（渔猎、游牧、农业、信仰与宗教、政治与刑法、思想与艺术），甲骨文字中用点之表示五节论之。下篇为《文字》。先生曰：“凡读古文字，欲求易于贯澈，有条不紊，六书当矣。兹篇亦宗其旨，类而论次，但转注一门于殷无徵，故付阙如，而言其五。”但本卷先象形，次指事，而止于会意，每项皆详举甲骨文字而解释之，惟不及形声与假借。似稿尚未完。2008年4月，此书由天津古籍出版社重印（商志䭾校注本）。

（三）《福氏所藏甲骨文字》，附考释

1933年4月，金陵大学中国文化研究所丛刊甲种，线装一册。本书著录美国福开森所藏甲骨三十七片（本刘铁云、徐梧生旧藏）并予考释。卷首有自序，略述著作经过。卷末有董作宾跋。据董跋，三十七片甲骨，除第十三、二十八两片属第三期（廪辛康丁），第八、九两片属第五期（帝乙帝辛）外，均为第一期（武丁）之物。

（四）《殷契佚存》，附考释

1933年10月，金陵大学中国文化研究所丛刊甲种，线装二册。本书征集八家所藏甲骨和甲骨拓本，合计一千片，成为一卷，另考释一卷。其中有不少未发表过的材料，为研究甲骨文的重要书籍之一。卷首有董作宾序、唐兰序及自序。董序曰：“……而环顾海内，努力于第一项工作者（案：指‘搜集所有材料’）则以锡永为最。锡永搜辑功勤，考释矜慎，故收藏者乐与流传。此书取材并其所有凡八家，而新获者犹络绎不绝，虽金陵大学倡导国学之力，然非锡永实无以成兹大业也。”本书收有许多重要材料，如第二〇三片、二六六片等第三期卜辞即为甲骨断代之研究增添了标准片；又如第四二六片、四二七片、五一八片兽肋骨记事刻辞，更是极为珍贵的史料。考释亦多创获，如辨羌甲、释醜、说献之本从虎，等等，卷中随处可见。

先生自序云：“夫以一人有限之心力，从事搜集材料，随得随印，故往往有重见之墨本，爬梳考释，纰缪疏漏尤所难免。”炜湛因喜爱此书，阅之再三，得益至深，并于1978年成《读〈殷契佚存〉记》一文，作为读书心得呈请先生审阅。先生细为校改，并批示多处，且嘱刊布后送一抽印本，俾附诸书后，以备参考。今检视旧稿，先生手迹，赫然在目，益增缅怀之情。

(五)《十二家吉金图录》二卷

1935年5月,金陵大学中国文化研究所丛刊甲种,线装二册。本书集海城于思泊双剑誃、定远方伯常宝楚斋、定海方药雨旧雨楼、北平王铁庵贮盦、至德周季木居贞草堂、北平孙伯恒雪园、衡水孙秋帆式古斋、固始张㴾彬镜菡榭、山阴张致和补萝盦、江夏黄伯川尊古斋、番禺商锡永契斋、番禺叶玉甫遐盦,计南北十二家所藏青铜器凡一百六十九器编著而成。器物时代由商至晋,每器有图版,图后附铭文及花纹,次附铭文释文及考释,并著其色泽,详其尺寸。所收入的奇器异文相当丰富,特别是其中有二十一件楚器,为研究楚文化的重要资料。

卷首有于省吾(思泊)序及自序。于序备述搜集研究资料之艰难不易,且谓:"以锡永之俊才伟抱,如与众人争于取舍之途,虽膺青紫跻显庸,岂有所不逮。乃屏百为,甘落莫,撢古寻幽,日从事于钟鼎彝器之学,其耽此而弃彼,孰得孰失,后之人必有能辨之者。"

自序谓:"此录虽未尽诸家之藏,然其精英备著于是。"又曰:"念我友朋,慨然假借,既许鉴别以摩挲,复获传摹而著录,敦夙好而结古欢,其视善刀而藏者,风义不倜乎远哉?"

(六)《浑源彝器图》

1936年6月,金陵大学中国文化研究所丛刊甲种,线装一册,又洋装一册。今山西浑源县为春秋时晋国重地,1923年前后出土一批相当惊人的铜器群,造型花纹均具晋国的独特风格。先生收集得二十七器之器形照片,遂编为此册。卷首有自序,备述器物出土前后之有关情况。

(七)《契斋古印存》

1936年6月,线装十册。卷首有柯昌泗序及自序。第一册为周玺,第二、三册为秦玺汉初印,第四册为官印套印,第五、六册为汉四字私印,第七册为汉三字私印,第八册为汉两字私印(宋元印附),第九册为两面印,第十册为吉语玺印肖形玺。柯序称:"同门番禺商君锡永以金石学驰名中外,近集古印千钮,制谱以传。君审定古印,浏览谱录,凡陕西山东塞上及直省所出,靡不赅洽,博识前人之所已见者,而精选前人之所未见者,盖诸地之菁英,皆采获于所藏,准以古今藏印之条流区画,可谓得其时地矣。"自序谓此前曾蒐藏古印近千钮,"钤装二十部,分贻同好,藉共赏析"。此印存所录"官印除簠斋旧藏数印、私印除稽庵旧藏二百余钮外,皆未见著录者"。

(八)《长沙古物闻见记》

1939年,金陵大学中国文化研究所丛刊甲种,线装二册。抗日战争开始,先生随金陵大学南迁,路过长沙,见到、听到几年前有不少文物出自战国楚墓葬,乃用心调查，收集材料，著为是书。分上下卷。卷上分漆、木、匏、革、缯帛、纸、黄腊、松香、水晶玛瑙、琉璃、陶、泥十四类，五十二则；卷下分金银、铁、铜、石、不详其质、附邻邑古物五类四十则，凡十九类九十二则。所记古物，除少数汉及汉以后器外，绝大部分为战国楚器。卷首有陈梦家序及自序。我国记述出土楚文物，特别是楚漆器方面的书，此为第一部。

是书出版后，先生复于 1941 年再度入湘，考察长沙古物，并以日记体撰《长沙古物闻见续记》（自四月五日至八月廿日，凡记三十九则）。又于 1952 年冬应中南行政区文化部邀请，赴长沙参加抢救性之考古发掘。归后作《长沙发掘小记》，以续《长沙古物闻见记》及《长沙古物闻见续记》。1996 年 11 月，中华书局据原书影印一册，并附入《续记》《小记》，还附入《金陵大学中国文化研究所长沙古器物展览目录》及《跋柯克思〈中国长沙古物指南〉》。先生当年手拓（绘）之器物图及部分手稿亦一并附入以飨读者。卷末有商志香覃《重印后记》。

（九）《广州光孝寺古代木雕像图录》

1955 年 2 月，上海出版公司出版，精装一册。1950 年光孝寺大殿三宝佛被毁，在佛内发现六十至七十个木雕像，在无人过问之下，绝大多数随土弃去。事后先生将为人保留下来的十七个，集中加以研究，根据伴出的“开元通宝”、“乾元重宝”钱及雕塑风格、手法，认为是唐代的作品。这大批的唐代木雕像，在全国还是第一次发现。卷首有先生所著《广州光孝寺古代木雕像的发现经过和它的艺术价值》一文，认为木雕像“很可能是唐代的作品，而不会是唐以后的东西”，“这些像在美术上的价值是远超过其在考古方面的价值的”。计罗汉像四、护法像二、信士像二、供养人像九。

（十）《长沙出土楚漆器图录》

1955 年 6 月，上海出版公司出版，精装一册。郭沫若题写书名。全书著录并摹绘战国楚漆器二十八件，计凭几一，俎一，案一，柄一，匜一，舞女奁、车马奁、狩猎奁各一，银扣盒三，银扣盒盖一，银扣盘二，盘四，羽觞七，羽觞盒一，壶盖一。卷首有序，论述楚漆器在历史考古学上的价值，并从楚漆器的造型和图案美术两方面论述其艺术价值。附有《长沙出土楚漆器图录说明》，详细记述漆器的尺寸及有关出土或收藏情况，并对有些器物的名称用途作简要的考证。卷内所录漆器，部分已不知去向，部分在摹绘之后，器收缩失去原来的造型，或已破坏，无法挽救。故所载器物图（照片及彩绘摹本），已成孤本，异常珍贵。本书 1957 年 5 月由中国古典艺术出版社再版。

（十一）《石刻篆文编》十四卷，附录一卷，附检字

1957 年 7 月，科学出版社出版，线装二册。卷首有自序，略述编撰经过及对若干石刻文字的看法。全书以双钩摹录石刻篆文二千九百二十一字，采自九十三种石刻，每字之下录入与该字相关之原句。以《说文》次序分为十四卷，附录一卷，检字一卷。此书为先生继《殷虚文字类编》后撰集的又一部古文字字典，从摹录篆文到付梓行世，前后达三十余年。这是我国目前惟一的石刻篆文字典。

1976 年 11 月中华书局香港分局曾重印此书，精装一册。1996 年 10 月，中华书局影印容庚先生朱批校补本，又据作者生前手迹，重新排印前言，调整部分采用石刻目次序，并附入《字说》十四卷，合为精装一册。卷末有商志䄅《重印后记》，略谓："《字说》初稿写于抗战期间蜀地，一九五八年父亲曾略加梳理，一九七九年复命陈炜湛协助整理，部分条目刊载于《中山大学学报》(社会科学版)、《古文字研究》。此次发表《字说》全文，是根据父亲晚年手批眉补，加以整理补正，并校核引文。"

(十二)《中国历代书画篆刻家字号索引》二卷(与黄华合编)

1960 年 6 月，人民美术出版社出版，精装二册。本书分为上下两卷。上卷以书画篆刻家之字号为序，检此卷可得知其姓名、籍贯、年代、专长等资料；下卷以书画篆刻家之姓名为次，检此卷可得其字号。两卷相辅为用，甚便读者。卷首有自序，略述中国历代文人于名字外使用别号的概况，并谓编纂此书得黄华襄助，合二人之力，费四年余的时间，编成这部字号工具书，提供同好者参考。

本书所收书画篆刻家之字号，自秦至于民国，约一万六千余人。

(十三)《商承祚篆隶册》

1981 年 2 月，岭南美术出版社出版，平装一册。这是先生的书法作品集，共有四种书体：一甲骨文、二金文、三小篆、四秦隶，其中以金文书体为多。各种书体，各具风格。所书内容包括历代著名诗作，陈毅诗，鲁迅语录，革命烈士诗词，民歌，谜语，尼泊尔、缅甸、柬埔寨谚语及先生自作诗等，至为丰富。卷首有《前言》，论篆书及秦隶笔法，为先生书法创作经验之谈。卷末附释文。

(十四)《先秦货币文编》十四卷，附录《待考》一卷(与王贵忱、谭棣华合编)

1983 年 3 月，书目文献出版社出版，精装一册。本书为先秦货币文字字典，依《说文》体例，收录已考释之先秦货币文字三百十三文，同文异体字五千七百二十六文，又录合文六十三文，同文异体者二百三十二文；附录《待考》五百三十四文，异体一千三百四十七文，总计收录货币文字八千二百十五文。本书初步总结了 20 世纪以来我国先秦货币文字的研究成果，对历史学及古文字学研究者都有一定的参考价值。卷首有编者序言及凡例五则，卷末附检字表及引用书目。序言称："本编所收的文字，以采取货币正用品为限，其他不是通货器物，以及谱录中致疑之品，一概不收录。近代出土的四朱、三朱铜币，形制不一，一般作方形，少数作圆形，文字有阴文和阳文，有东阿、陈、高安、骀、高阳、临菑等，钱币学界对这类铜币的年代多有争论，所以不予收录。"

(十五)《说文中之古文考》

1983年3月,上海古籍出版社出版,平装一册。本书始作于金陵大学中国文化研究所,1937年12月清稿于安徽屯溪,1940年5月写正于成都南郊御营坝古先斋,曾连载于《金陵学报》第4卷第2期,第5卷第1期,第6卷第2期,第10卷第1、2期。1981年秋汇集成册,付印行世。卷首有自序。本书依《说文》次序,将篇中注为古文之字或未注而推知之者悉予录出,据甲骨文、金文、魏三体石经等资料加以诠释辩正,于研读《说文》者大有助益。惟先生属稿之初,战国文字资料出土尚少,故取证亦寡。晚年结集,为存原貌,"一仍其旧,不事更张"。

(十六)《商承祚秦隶册》

1984年,香港雅历柯式印刷有限公司承印,平装一册。这是先生第二本书法作品集,1982年春夏间书于香港。所书内容有节临睡虎地秦简《为吏之道》、银雀山竹简《孙膑兵法》、历代诗文名作、鲁迅语录、革命烈士诗钞、民歌民谣及先生自作诗等。诗作后多有行书《记》语,爱憎分明,文采斐然。卷首有先生手书行书《前言》,论秦隶、汉隶之关系以及秦隶承上启下的作用。

(十七)《战国楚竹简汇编》

1995年11月,齐鲁书社出版,精装一册。本书为先生遗著,著录并考释50年代初至60年代中先后在湖南长沙、河南信阳、湖北江陵三地出土的七批战国楚竹简。这七批楚竹简是:1.长沙五里牌四零六号楚墓竹简(遣策);2.长沙仰天湖二五号楚墓竹简(遣策);3.长沙杨家湾六号楚墓竹简;4.信阳长台关一号楚墓竹简第一组(文章);5.信阳长台关一号楚墓竹简第二组(遣策);6.江陵望山一号墓竹简(疾病杂事札记);7.江陵望山二号墓竹简(遣策)。七批竹简,原共八百余枚,经缀合、拼复为五百三十余枚。全书分图版(照片)、摹本、考释、字表四部分。摹本之左侧附释文。卷首有《前言》,论竹简的时代,形制及编组、内容、文字等项及本书的特点,并有先生像一帧、研究竹简的照片二幅、手稿二页。卷末有商志𩡝撰《后记》,略述先生逝世后整理此遗著之始末。

(十八)《商承祚文集》

商志𩡝编,收入《中山大学杰出人文学者文库》,2004年11月中山大学出版社出版。原名《契斋论述集》,收入各类学术论文、随笔、序文以及自传性质的《我的大半生》共八十二篇,卷首有照片七帧、先生生前所作《契斋论述集序》,卷末有商志𩡝所撰《后记》及先生手摹之楚帛书。

冼玉清教授传略

黄任潮

冼玉清的家庭出身及其主要经历

已故中山大学教授冼玉清女士，是我国著名的女诗人、学者、广东文献专家，也是一位具有民族气节的爱国知识分子。

她原籍广东南海县西樵乡，祖辈在洪杨之役，避居澳门，以打工为活，到她已历五代；她是1895年1月出生于澳门的。

其父名藻扬，少孤贫，年十五辍学，跟族人在湛江、钦廉一带搞船务工作，后来稍有积蓄，发起集资组织天和轮船公司，首任经理，开创西江汽轮航运的新纪元。之后在香港、澳门电灯公司、牛奶公司、麻缆公司等投资入股，并于香港开设建昌荣药庄，成为知名的企业家。母亲刘氏，是农家女，略识文字，是一个精明贤淑、笃守礼教和有正义感的女性。生有七个子女：长男秉钧，任建昌荣司理；次男秉芬，伦敦商科大学毕业后，任广西梧州天和轮船公司经理；三男秉熹，留英时曾是我国驻英总领事署顾问及英国最高法院特约律师，后来以大律师身分长期在香港开业。玉清混排第三，弟妹们叫她"三姊"。由于没有结婚，人们一直称她为"冼姑"，而在学术上有了成就之后，朋友和后辈又尊她为"冼子"了。四妹瑞清、五妹亮清，夫婿均经商，都是家庭妇女。七妹妙清，则从事医务工作。

玉清8岁始入学，最初在澳门林家私塾启蒙。9岁至11岁转到启明学校，这里设有算术、图画、体操、唱歌等课程，是比较开明的小学。

由于冼玉清的父亲少年失学，对缺乏文化的痛苦，有切身感受，因而对自己的儿女，渴望能够找到好的老师，好的学校，以利他日成材。经过多方打听，获悉有位叫陈子褒的老师，学问人品都很好。于是就叫玉清转到陈子褒办的"灌根学塾"念了六年书，在该塾普通中学毕业。

陈子褒本名为荣衮，字耐庵，广东新会县人。他与康有为是同科举人，是康有为"公车上书"的热情支持者。戊戌政变后，他逃到日本，悉心考察教育，走教育救国的道路。

据冼玉清在自传中回忆说："陈老师特别认真教我，我的成绩也特别好。有一次他给我一封信说：'同学中聪敏者多，勤勉者少，而勤勉者又往往鲁钝。足下兼而有之，当为社会做工，勿斤斤于文字已也。'我接信后，深为感动！由是愿意终身从事教育，以继承他的志向和尽自己的天职。继思一心不能两用，注力于此，必忽略于彼。假如有了室家，要当好老师，就要失贤妻良母之职，要当好贤妻良母，就无法完成教师的使命；二者是不可得而兼的。想来想去，最后还是认为不如牺牲个人幸福，来为社会服务好！"因此，冼玉清在十六七岁时，就有独身的想法了。

冼玉清的父亲，是一个开拓型的企业家，富于进取。在香港这块殖民地，他觉得英文很有用处，因而希望女儿学习英文，将来好做他的帮手。1916 年冼玉清在"灌根"毕业后，父亲就立即叫她到香港很有名气的"圣士提反"女校读了两年英文，打下英文的基础。

1918 年，冼玉清跟父亲到广州游览，参观了康乐村的岭南大学。此地远离城市，有长林细草，碧瓦红墙，环境十分幽雅，她觉得这是理想的藏修之所，于是转读岭大附中。1920 年在附中毕业，顺利升入大学。1924 年在岭南大学中文系毕业，取得文学士学位和教育专科毕业证书。

冼玉清家境富有，但是，她在岭南却是半工半读，她读附中第二年就在附小教国文，读大学时，又兼附中主任历史教师，可以说学习费用有一半是自给的。因为她没结婚，她父亲在逝世前，照例分给她一份财产，可她没有动用它，而是长期放在银行生息。

从 1925 年起，她在岭南大学由助教、讲师、副教授、教授而部聘一级教授。这当中，1927 年至 1952 年兼任岭南大学博物馆(后称文物馆)馆长。1931 年至 1937 年兼广州市博物馆顾问。1935 年至 1937 年兼广东通志馆纂修。1936 年至 1937 年，分别兼勷勤大学和省文理学院的国文、诗学教授。1947 年兼广东文献委员会顾问和广东文献馆《广东文物》编纂委员，同年兼国史馆协修。新中国成立后继续在岭大任教。1952 年院系调整，岭大并入中山大学，照旧供职，直至 1954 年冬退休时止。1955 年被安排为广东省政协常务委员，旋兼广东省文史研究馆副馆长。1965 年 9 月，因患癌症不幸逝世，终年 71 岁。几十年来，她以自己的劳动和智慧，成长为诗人、学者、广东文献专家"三位一体"的名教授，赢得世人的尊敬。

冼玉清教小学、中学曾得到当时岭大校长钟荣光的支持，大学毕业后留校任教和逐次升级，也受到他的关怀。当冼玉清 1929 年北游时，燕京大学国文系主任马季明拟延她讲文学概论；清华大学教务长杨金甫想邀她主持诗学，也是钟把她拉回来的。当时钟适因事赴平，告以"岭大正需人，尤需一心一意以教育为终身事业之人。岭大为吾子母校，人地相宜，且无政治色彩，对吾子最为适合。北平为全国精华所聚，燕大、清华不患无人，惟岭南僻处海隅，聘人不易，故吾子必须服务母校，岭南亦终不会负吾子”。经过恳切挽留，冼玉清终于南归了。钟荣光是在1927年收回教育权后，由华人出任岭南大学校长的第一人。果然不久，钟即在校园内“九家村”特地给冼玉清拨一座专用的房子，即后之“碧琅玕馆”所在。

钟荣光为发展岭大，曾将出国募捐时购得的动、植、矿物标本和珍贵古物，创设一个博物馆（后称文物馆），要冼玉清兼主馆务。起初冼玉清未敢应允，钟对她说：“博物馆是重要的文物机构，不是任何人都可以干的，只有你，在品格上完全可以信赖，在能力上完全可以胜任，而且和你的志趣很适合，我是经过考虑的，不要再推辞了。”冼玉清在这样诚挚的敦促下，终于接受了，并且一兼就历25年。事实上，冼在学术研究上也因此而获得许多便利。同时钟还先后介绍她认识了许多名流、硕学、遗老、专家，如张荫棠、叶恭绰、陈垣、江孔殷、桂坫、黄晦闻、汪憬吾、龙榆生、冒广生、陈述叔、黄慈博、罗原觉、高奇峰、徐信符、岑学吕、容庚等，冼玉清眼界为之大开，知识日益广博，研究也日益精进，终于卓然成家。

另外，冼玉清熟悉廿四史、“三通”、“三考”、“四库”和宋元明学案，是得力于岭南大学国文系主任杨寿昌的指导。做人处世，也是受他的薰陶的。

冼玉清长期和这些人相处，有它有利的一面，也有不利的一面，就是在这种环境中，使她慢慢地潜移默化，趋于保守、恋旧，有超世俗思想。用她自己的话来说：“严子陵的富春江畔，张志和的西塞山前，陶彭泽的东篱采菊，林和靖的孤山养鹤，都是我梦绕神驰的境界。”

本来她生于澳门，就读于香港和洋化十足的广州岭南大学，而且读书时代，正当五四运动前后，可她却不趋时髦，不接受新思潮（岭大曾有反美运动，出现过廖承志等一批进步学生），也不研究自然科学；相反，她却有点像当年的胡适那样，一头栽向国故，更确切地说栽向省故（专研广东文献）。这里面，除着她本人的因素（一方面是爱好，另一方面也许因为独身关系，想寻求更多的精神寄托）外，相当程度上是由于遗老、专家的诱导，这是毋庸讳言的。

诚然，冼玉清选择的道路并没有错。这里只是稍稍指出她的脱离现实的根由而已。

冼玉清的立身行事

中国有句老话：“士先器识而后文艺。”这就是说，一个知识分子，首先要看他的品质胸襟和是否能够明大义，识大体，然后才值得去谈其文艺学术。

就笔者所知，冼玉清在许多方面，是值得人们去学习和尊敬的。

她出身于资产阶级的家庭，长期在港澳和公子哥儿的行列中（岭大多豪门子弟），却没有资产阶级的习气。

她一生非常俭朴，自奉尤其简单，有人笑她吝啬，她毫不在意。其实，情况并非完全如此。她对贫病亲友，是富有同情心，乐于相助的。例如：她对学生冼星海赴法留学，就曾一出手给他五百元。冼星海后来成为革命音乐家，《黄河大合唱》作者，其成就与她的资助是分不开的。又如对贫病的老同事，《辞海》的编者朱师辙教授，经常地给以照顾。朱曾有《长相思》词答谢云："岭南游，燕北游，执教中山历五秋，育才惭未酬。忆良俦，念清修，惠我鸡膏佐素馐。深情感涕流！"可见她并非一毛不拔之辈。

1941年香港沦陷时，她正随岭大迁校在港，来不及走避，为日伪侦知，被认为是可供利用的对象。日酋酒井亲自登门拜访，要她和汪伪合作，回广州伪广东大学任教（按：伪广东大学校长林汝珩是岭大毕业的）。经过一番威胁，她都巧为应付，没有下水。旋即冒着生命危险，逃回内地，由湛江辗转桂林、重庆、成都。本来华西大学欲聘其任教，嗣因获悉岭大已由港迁到粤北，她即转回广东，先后在韶关、坪石任教。这种大节不亏，是难能可贵的。

八年抗战中，她因为爱国家、爱民族、不愿当顺民，孑然一身，流离转徙，在旅途中，写过不少诗词和文章。其中有《流离百咏》和"抗战八记"——《危城逃难记》、《香港罹灾记》、《故国归途记》、《曲江疏散记》、《连州三月记》、《黄坑避难记》、《仁化避难记》、《胜利归舟记》，分别发表在当时的报刊上。除了揭露敌寇的残酷、人民的痛苦和国民党官僚的腐败无能外，还写过许多借古讽今、鼓舞士气、谴责投降的文章，如《读宋史岳飞传》、《论李纲》、《宋代大学生之士气》、《朱九江对外之正义感》、《黄遵宪之中日战争史诗》等篇；《流离百咏》，是诗人呕心沥血，切身经历的史诗，胜利后，由琅玕馆自费出版。容庚教授为题："一代闺门好女子，百篇诗卷怨流离"，盖纪实也。至于"抗战八记"，原拟结集出版，因原件分置省港澳等地，未能收齐，没有出版。此外，在粤北连州等处，还写过不少关于地方风物和考古的文章，至今脍炙人口。

总之，冼玉清在抗战期间最关心的是国家民族生死存亡的大事，是继承了我国爱国知识分子的优良传统的。

冼玉清是个笃于师友和十分勤奋的人，她除了教学外，终日埋头研究、写作，很少和外间交际，间或能加雅集，寻幽访古，都是为了学术。她的周遭有著名的诗人、词家和历史、掌故、版本、金石、字画、印刻、图书、丛帖、宗教研究等专家，她能充分利用一切机会，兼收并蓄，吸取众长，这是很不容易的。她曾将业经去世的生平知好，认为德学可尊者十人写成《青燐十记》以纪念他们。里面有：

甲、《记先族父冼雪畊先生》（前清举人）

乙、《记先师陈子褒先生》(见前述)

丙、《忆张荫棠丈》(前驻藏大臣、驻英法公使)

丁、《记黄晦闻丈》(黄节,北大教授)

戊、《记黄慈博丈》(黄佛颐,广东文献专家)

己、《记伦哲如丈》(伦明,北师大教授)

庚、《忆陈述叔先生》(陈洵,著名词家)

辛、《忆杨果庵先生》(杨寿昌,见前述)

壬、《忆钟荣光》(见前述)

癸、《记梁镜尧烈士》(岭大毕业、仲元中学校长)

这些人都是冼玉清的知交,因为先后去世,感到青燐白骨,思之黯然而执笔的。由此可见冼玉清为人诚挚,不忘本,这是一种美德。可惜上述"十记",有的已经失去,有的遗散澳门,同样没有印成专辑,仅仅从其日记中,获见端倪而已。

冼玉清在主攻广东文献之外,还兼长书法、绘画,写有不少条幅、中堂,字迹娟秀,有如其人。在绘画方面,喜画梅花、水仙,并能刺绣。她绘过《旧京春色图》(北游时绘)、《海天踯躅图》(香港沦陷时绘)、《琅玕馆修史图》(岭大任教时绘),都有名人题诗、题字。这些都是通过师友切磋和观摩古画,自我探索、自我创造出来的,虽未臻炉火纯青,却已有一定的造诣。她爱画梅花、水仙,也反映出她的性格。

岭南大学曾有一种惯例,即教授教了五年以上,有到美国或其它国家进修考察的机会。可是,由于冼玉清不是基督教徒,也不羡慕美国,因而一直没有享受过这种待遇。正是由于这样,她和美国人是貌合神离的。

1954 年,冼玉清的教龄早已超过退休的规定了,生活上也不成问题。只是她感觉到一旦退休,一个独身女人,要到校外去住,很不方便。而且还有许多著作,需要整理出版,若能继续留校工作,自然便利很多,因此她有过迟疑。后来觉得自己有港澳关系,旧同事也有到香港大学任教的(如简又文、罗香林),为免误会,终于同意退休了。

她曾两次到香港、澳门治病,家人和亲友曾力劝她不要回穗,都遭到她的毅然拒绝,她不但按期回来,而且还把在港澳的存款,全部调回广州(逝世前遗嘱捐给政府),像她这样热爱党,热爱社会主义祖国的诗人、学者、广东文献专家,堪称为爱国知识分子的典范。

冼玉清的文学创作和诗词

冼玉清是著名的学者、诗人、广东文献专家,早有公论,但人们一提到她的名字,总是首先把她看作诗人。冼玉清最早的文学作品是《万里孤征录》六卷，是1929年夏应燕京大学教授周钟岐之邀，首途北游，经沪、杭、津抵达北平，遍游名园古刹，出居庸关，登万里长城，参观明十三陵，接触过不少名流学者和异物奇书的记录。作者自称："阅之可使人增益见闻不浅。"惜该稿在抗战期间，遗留寓所，她曾有"不知为何人取云？希冀珠还"等语，但终归成为泡影。不然，我们可以看到她那独具风格，情文并茂的初试啼声。

1936年，她因患了严重的甲状腺病，写过一篇长达几万字的《更生记》，由上海学术世界社初版。1949年碧琅玕馆自费在广州再版。书中缕述患甲状腺病之痛苦与割治之危险！通篇抚时感事，低徊往复，尤其用文学之笔，写科学之事，曲达病者的心声。伦哲如谓为"闲情写出病情长，快意文章苦恼场"，区朗若则赞为"愿写万篇胝右手，谁将九死悔中情"?！其令人倾倒若此。而岭大文学系主任杨寿昌，在给《更生记》作序时，更有一段为常人所不能道者，充分反映出冼玉清的生平形象。特为照录如下：

南海冼玉清女士，吾粤女中人杰也。性情和易，而义之所在，不可回夺。躬独身生活，而于亲友夫妇父母子女间伦纪恩义，敦敦致意。自奉俭朴，布衣蔬食，悠然自得，而周贫济急，扶助人才，挥金如土。毕业岭南大学，通外国语言文字，而于国粹深耆笃好，讲贯搜讨，唯日不足。能诗歌词章，而于立身经世学问之大，文章掌故沿革之要，尤深究其本源。爱才如命，考核严格，一矫因循苟且之习。相识遍南北，而人之亲之，如冬岭孤松，秋空皎月，崇仰其人格之峻洁。

杨寿昌这段话，不啻是冼玉清立身行事的写照，是完全符合客观实际的。由此也可以知道她对学术的倾向。这本用文言文写的《更生记》，有如梁任公的笔锋常带感情，是一篇比较成熟的文学作品。

人们都知识，冼玉清是以诗名世的，在她的生命历程中，诗词创作，占有一定的比重。她病中有诗，旅游有诗，雅集有诗，归省有诗，参观访问也有诗。不过思想内容、表现形式都沿着古典诗词的道路，属于旧的范畴。只有新中国成立后，思想有了转变，有时是旧瓶装新酒了。她没有写过"五四"以后那种语体诗。尽管她有愤世嫉俗、感情充沛的诗篇，思想上、形式上仍然不脱旧日文人、闺秀的窠臼，没有能够开创新风格、新意境，但即使如此，她的艺术上的成就还是相当卓越的。

冼玉清的诗词，所以局限在旧的领域，和她从小就受宿儒、硕学的薰陶是分不开的。

1929年，她在岭南大学讲诗未久，就由江孔殷（前清翰林）、杨寿昌介谒南国诗宗黄晦闻（黄节）先生。同年夏，在澳门，黄晦闻曾询其讲诗方法，冼答以"远溯风骚，以明诗人风世励俗、温柔敦厚之教，与骚人忠厚缠绵、言情叙景之法。近探汉魏诗之造意，与六朝之造词;而十九首之婉转附物、惆怅切情,与陈思王之隽炼喷薄,阮步兵之腴厚遥深,陶渊明之冲淡精拔,大谢之奇丽蕴凿,小谢之清切风华,皆为诗学不祧之祖。下及有唐一代诸家之变化,和李太白之气韵超迈、纵横飘逸,与杜工部思力之遒厚、沉郁雄奇;皆诗学当循之门径"云云。晦闻闻之,颇为赞许,当谓"以此见子之学,而未见子之艺也"。

是年9月,冼玉清北游,复见晦闻于故都大羊宜宾胡同之"蒹葭楼",以"碧琅玕馆诗稿"呈览。晦闻喜其真切,而戒以"务去陈言",并谓"吾粤诗格之滥,滥于张南山",嘱谢绝应酬之作,戒"勿成书太捷"。又云:"昔梁节庵语我,丰功伟绩成不成,有天意存焉。至以区区作诗,岂亦不能成就耶?! 节老以此勉仆,仆亦以此勉子也。"(注:此段引自民国二十四年3月5日香港《工商日报》《黄晦闻追悼专号》冼玉清作的《忆黄晦闻先生》)以鼓励冼玉清致力研究。其诗词创作,除《流离百咏》胜利后印有单行本,解放后参观访问有油印、打印本外,名为琅玕馆诗钞甲、乙、丙三集及琅玕馆词钞一集和诗话,均未正式出版。这和黄晦闻的上面一席话是很有关系的。现随手摘录她的诗词三首,以见一斑。

水仙花图咏

约素含娟总自然,不矜香色不争妍。
自怜时世空悲怨,别有逋逃托静禅。
绝俗孤标遗翠羽,高山情调依朱弦。
兰幽菊淡输清艳,独捧檀心洛水边。

漱珠岗探梅次陈寅恪先生 己丑仲冬

骚怀惘惘对寒梅,却罅凭谁讯落开。
铁干肯因春气暖,孤根犹托岭云栽。
苔碑有字留残篆,药灶无烟剩冷灰。
谁信两周花甲后,有人思古又登台。
(壁间有碑立于道光己丑,去今适百二十年。)

高阳台 题《海天踯躅图》

锦水魂飞,巴山泪冷,断肠愁绕珍丛。海角逢春,鹧鸪啼碎羁踪。故园花事凭谁主?怕尘香都属东风。望中原,一发依稀,烟雨溟蒙。

万方多难登临苦,搅沧江危涕,洒问长空。阅尽芳菲。幽情难诉归鸿。青山忍道非吾土，也凄然一片啼红。更销凝，度劫文章，徒悔雕虫。

（民国廿七年十月廿一日，广州沦陷，岭南大学迁校香港，余亦随来讲学，栖皇羁旅，自冬涉春，如画青山，啼红鹃血，忍泪构此，用写瘕忧！宁作寻常丹粉看耶?!）

以上是冼玉清的诗词一瞥，但不等于是她的代表作。

当年黄晦闻看过她的旧诗稿后，曾批"陈想未除、陈言未去，独喜其真"。而散原老人陈三立则题："澹雅疏朗，秀骨亭亭，不假雕饰，自饶机趣。"这两位都是诗坛泰斗，有此评价，是不简单的。当然，她的诗作后来更加进步了。

认真说来，冼玉清的主要精力是倾注到学术研究和整理广东文献上的。但由此也可以知道冼玉清的诗品、诗论及其渊源所自。

记得柳亚子先生曾有一首《赠冼玉清大家诗》云：

迢遥华胄溯夫人，抛却旗常媚典坟。
围解青绫尊道蕴，经传绛帐拜宣文。
才高咏絮簪花外，名轶搓脂滴粉群。
珍重女权新史艳，书城艺海共论勋。

这又兼许冼氏的学术著作方面了。有人把她比做班昭、李清照合而为一，虽然是过誉之词，但温丹铭说她有李清照之才，而胜于李清照之遇，倒是接近实际的。

冼玉清的学术著作简介

冼玉清作为一个文史学者和广东文献专家，是有她的深厚根底的。但她不搞通史、断代史，而是喜欢搞史料整理和介绍，而且主要是有关广东的历史人物、著作和金石、书画、丛帖、篆刻、戏剧、民歌、宗教等等，对象是比较复杂和有地方性的。她的做法，首先是详细占有材料，然后是分析、归纳；通过考据，去伪存真，并加以系统化，再从理论上给读者以较全面的认识，以利于研究、继承和发扬。

虽然她的研究，没有像范文澜、吕振羽、翦伯赞等长于用马克思主义的唯物史观来对待历史，而是沿着旧史家的道路，并且选题比较冷僻，也有其有局限性，但她处理研究对象，总是实事求是，具有仆素的唯物主义思想。

一、金石鉴赏方面 自从宋代欧阳修的《集古录》、赵明诚的《金石录》问世以后，金石学已成为专门的学问。至清代王昶《金石萃编》，都是把前代金石文物，看作研究历史的津梁。近代如罗振玉、王国维、敦沫若更是藉地下文物以考证古史。冼玉清对此，亦具卓识，她认为“摩挲把玩，固足以启发情趣，而制度款识，实足以反映各个时期的风貌，可资考古之助；不能简单地认为玩物丧志”。粤东鉴藏之风，嘉道后始盛。吴氏筠清馆倡之于前，潘氏听飒楼、叶氏风满楼、孔氏岳雪楼续之于后，留传著录，彰彰在人耳目。冼氏把具有代表性的广东鉴藏家50人，始朱明，终近代，每家附以小传系以收藏事迹。其藏物不可考者略之。姓名排列以年代为先后，生卒及室名、别名均详为记载，写成《广东鉴藏家考》一书。像这样系统的介绍，过去是没有的，学者得此，不仅便于参稽，而且也可以知道历史演化和广东收藏这类文物的概况。

北碑南帖向为世重。岭南因开化较迟，丛帖之刻，始于宋而盛于明。清嘉道间海内富庶，丛书丛帖之刻，尤盛极一时。广东潘、卢、伍、叶四巨族为尤著者。冼氏将著名的《溪声堂法帖》、《吾心堂临古帖》等近二十几家丛帖，及许多名流、巨公、豪贾所藏，外间不易得见的都收入，编成《广东丛帖叙录》。此书无疑嘉惠士林不浅，且对近代岭南书风之崛起，亦有所推动。

冼氏还撰有《广东文献丛谈》、《广东艺文志》、《广东艺文志解题》等等。《广东文献丛谈》一书，是冼氏研究广东文献过程中的小品文结集，分六部分：书籍、人物、文化、文物、文艺、杂考。内容无所不包，且多述岭南尤其是广东撰述之最，及其他的风俗典故由来等，如“书籍”类有《广东第一部科学著作——杨孚〈异物志〉》、《广东第一部海外风物志——黄衷的〈海语〉》、《广东第二部海外风物志——谢清高的〈海录〉》以及《一本控诉殖民主义人口贩子的书——〈夜半歌声〉》；“人物”类有《中国最早发明摄影机的科学家——邹伯奇》、《我国第一个制造飞艇的人——谢缵泰》、《第一个留名托尔斯泰博物馆的中国人——孔立宪》；“文化”类有《广东得名的由来》、《康有为与“万木草堂”》；“文物”类有《广东最早的砖窑——甘溪灶》、《佛山的锡铸活字版》；“文艺”类有《居廉的故居及其它》、《广东最长的龙舟歌》；“杂考”类有《除夕广州花市的沿革》、《华侨与祖庙》等等。这些都是反映广东的具有特色的作品，写来引人入胜，字字晶莹，可读性很强，是以文学形式阐介广东文献的佳作。而《广东艺文志》、《广东艺文志解题》篇幅颇巨（共约60万字），内容是将粤人（包括寓贤）著作，按四库经史子集分类排列，写出提要，并附作者小传，相当于广东艺文总汇，大大有利于广东艺文的研究。惜原稿在“文革”期间遭到破坏，和其它稿本一样，有不同程度的缺损，但从其目录仍可藉悉全貌。《广东艺文志》分四部共列六十六条目，可见其内容之详备。《广东艺文志解题》，目录基本上与《广东艺文志》的相同，是仿《汉书艺文志》、《隋唐经籍志》的编法。其搜罗之富，分目之细，具见治学的功力和编次的严谨。

冼氏对印谱也颇有研究，曾于1936年5月在《岭南学报》五卷一期发表《粤东印谱考》,后经专家罗原觉、黄文宽校补,更名为《广东印谱考》。有序云:“我粤代有文人,但印章一道,则瞠乎其后。阮《通志》素称博雅,仅有谢云隐《汉印分韵》一书,亦无印谱之录。尔后虽有出现,为数仍少。其实印章一项,标志文字之演化与制度之沿革,而赖以踪迹探究者,端资印谱。”故冼氏特发宏愿,搜集资料撰成此书。其目录有引言、集印谱、自镌印谱、篆刻字类及结论五部分。欲尽搜述印谱之书,并探各类印刻之源流。正如冼玉清自己所说:“印章制度,明陶宗仪《辍耕录》言之綦详,汉用白文,唐用朱文,元人以小篆镌印,明人求迹象、尚纤巧。至清金冬心、黄小松辈力追汉魏遗法,益扩印章疆土。流风所被,及于粤东。嘉庆以还,渐见粤人印谱。讲授之暇,刻意求书,乃成《粤东印谱考》。”从冼氏的自述及书的内容,我们可以看到冼玉清用力之勤,对印章演变,莫不源源本本,曲尽探讨,诚印刻界之瑰宝。

二、广东人物及著作方面 冼玉清把从古代以来,对广东的经济文化有影响的人物,比如杨孚、梁廷枏、招子庸等的生平及其著述,作了较为详尽的研究。撰有《杨孚与杨子宅》、《梁廷枏著述录要》、《招子庸研究》、《天文家李明彻与漱珠岗》等文章,分别在《岭南学报》12、4、7、10等卷发表。

梁廷枏,字章冉,号藤花亭主人。祖籍顺德,道光时举人。曾作为林则徐、祁𡎴的幕僚。学问淹博,为粤人著书之最突出者。著有国防、经济、艺术等方面的书籍近40种,约200卷。其中《夷氛闻记》,就是因为有了它,人们对三元里人民抗英斗争,才有比较系统和真实的认识。再如《粤海关志》,也是我国和外国通商后,有关征权的首创的志籍。在如此众多的著作中,冼玉清敢于不惜时间精力,不避烦琐,为之录要,以阐扬乡邦文献,是有意义、有价值的。

招子庸是道光时著名的文人画家,广东南海县人,长于曲艺,善画竹蟹,所著《粤讴》,宜于说唱,是文艺上一朵奇葩。他因汉奸鲍鹏之累,曾蒙上污点。冼玉清作《招子庸研究》,除了充分介绍招的生平事迹和文艺成就外,还着意搜集不少证据为招作了合乎逻辑的辩解。

《粤讴》这一新颖而生动的民歌形式,辛亥革命前后,曾被广泛利用来揭露黑暗,鼓舞革命情绪。冼氏另外还写过《粤讴与晚清政治》的长文,来歌颂它的贡献。英人港督金文泰,受冼文的启发,也曾把《粤讴》翻译成外文在欧洲发表。可见其作品的影响。

《招子庸研究》分引言、子庸传略、子庸之家庭、子庸之政绩、子庸在山东四川之纪游诗、子庸之画、子庸与“粤讴”、“粤讴”之翻译、结论,文章有力地评介了这一代艺人,是一篇有分量的佳作。

李明彻(1751—1832),广东番禺县人。幼聪敏,不事科举,出为道士,喜学洋画。年十三,附关舶北行至京师,谒钦天监,得其传授,学业大进。寻回澳门与西人共研天道地理之法。著《圜天图说》三卷、续二卷。阮元修《广东通志》，采入"艺文略"，并饬绘《广东舆地总图》、《广东府州县志图》。他是我国接受西方学术较早且有突出成就的人物。冼氏《天文家李明彻和漱珠岗》一文除发掘介绍过去不大为人知晓的李明彻的生平外，还考定他与广州河南名胜漱珠岗的关系，对广东的科技和名胜均有重大发现。

杨孚，字孝元，东汉南海郡番禺人。以学行拜谏议郎，是粤人中著书最早者。所著《南裔异物志》，是我国历代同名书之嚆矢。"志"中提到水稻、甘蔗、食糖、竹布的栽培及水陆动物甚多，是广东最早的介绍生产科学的文献。由于过去同名书不少（五六种），常被张冠李戴，混淆错引，冼氏在《杨孚与杨子宅》中，一一为之订正，极见功夫。

三、民族、宗教方面　主要著述有《谯国夫人丛考》和《广东释教道教撰述考》。

谯国夫人原称为冯冼夫人，是少数民族杰出的英雄，经历了梁、陈、隋三个朝代，她对国家、民族的统一起过很大的作用。苏东坡《冼庙》诗有："冯冼古烈妇，翁媪国于兹。策勋梁武后，开府隋文时。三世更险易，一心无磷缁，锦缴平积乱，犀渠破群疑。"基本上概括了她生平的业绩。冼玉清本于热爱其本族先人和促进民族的团结，不辞劳累，繁征博引，撰成《谯国夫人丛考》，是很有价值的。1984 年《岭南文史》刊出"冼夫人学术研究交流会专辑"的文章中，有不少是取材于《丛考》的。

《广东释教道教撰述考》，是冼玉清花了半生心血的专著。1965 年前，冼曾托香港汪宗衍审订，至 1979 年才送回省文史馆，冼氏已不及见了，这本书的对象是学者，带有经院派气息，对广东释道两教有关的著述，采摭綦详，引书至富。如对禅宗六祖慧能《金刚经》的注解，就提过七八种版本。冼氏指出胡适在其所著《神会和尚遗集》一书（该书取材于巴黎和伦敦国立图书馆藏敦煌写本）中提出关于南宗定是非的问题，其实早就有人认定是神会之力，如钱谦益在给《杜工部集》卷十五《秋雨夔府咏怀奉寄郑监（审）李宾客（之芳）一百韵》所加的注以及《海日楼丛札》卷五《禅门中师资承袭图》等书早已提到过的，证明胡适自诩为发千古之覆是十分可笑的。此外，关于道教的葛洪入粤、佛教的憨山祖师和近代的虚云和尚传奇般的事迹、著作，也都加以源源本本、条分缕析的考证，说明冼氏是有淹博的学问和本领的。

另外，冼玉清对戏剧和书画方面也颇有研究，曾写过《清代六省戏班在广东》（《中山大学学报》1963 年第 3 期），凭藉丰富的资料，对广东戏剧的历史演变作了探索。又有专文论述赵松雪的书画。

结束语

冼玉清是一位多才的学者，不是党政军方面的风云人物；她一生尽瘁教育，没有做过什么大官。她给人留下深刻的印象:一方面是她的立身行事,另方面是她为学术锲而不舍的献身精神。

作为社会科学工作者来说,她对为谁服务的问题的认识,曾有一个转化过程。起初未能很好解决,有为学术而学术的倾向,后来逐渐明确了。

在治学方面,尽管未能很好地应用历史唯物主义来看待历史上的人物,其著述在理论方面较为薄弱,但基本上是实事求是的,具有朴素的唯物主义思想。在治学方法上,惯于详细占有材料,再加分析、归纳和通过考据的手段,发现事物的本来面目,这些都有值得借鉴的地方。冼玉清作为一名粤籍女诗人、学者、广东文献专家而受到海内外人士的尊敬,决不是偶然的。

(原载丁身尊主编《广东文史资料》第64辑,广东人民出版社1990年版)

王力先生与中山大学

吴宏聪

世界有时仿佛很小。我一辈子教书，转了几间学校，没有想到转来转去竟两次进入中山大学校门。在中大教书，前后合计，超过了半个世纪，并且有幸在语言学大师王力先生身边工作了一段时间，耳提面命，获益良多，毕生难忘；而中山大学更使我魂牵梦绕，念兹在兹，结下了不解之缘。

我第一次进入中山大学是在 1946 年 9 月，那是抗日战争胜利后第二年，中山大学由粤北连山、粤东梅县等地迁回广州石牌原址复课不久，原西南联合大学教授王力先生由昆明北上回清华大学任教，5 月间途经广州，中大邀请他作短期学术活动，后被借聘为中大文学院院长。承他推荐，我便到文学院任讲师兼文学院秘书，协助王力院长处理一些日常行政事务。

当时广东省只有中山大学是国立大学，为华南最高学府，校址在广州东郊石牌。初进校门觉得一切都很新鲜。第一个印象是校舍十分雄伟堂皇，因为我刚从西南联合大学出来，联大的校舍是抗战期间临时应急的建筑，非常简陋。宿舍一律是禾草铺顶、泥砖砌成的土房子，地板是泥地，窗户敞开，没有玻璃，碰到刮风下雨，屋顶漏水，屋檐下的滴水飘进宿舍，满地泥泞，寸步难行。教室的屋顶虽然是用马口铁皮盖的，但碰到大雨，房顶上叮叮当当响个不停，简直无法听讲。这样的校舍与石牌中大校舍相比，真有天渊之别。石牌中大文、法、理、工、农、师范六个学院（医学院在市内）除师范学院建筑风格不同外，其他各学院利用地形各占一个“山头”，全部是宫殿式的琉璃瓦大屋檐，教室和办公大楼均为新式钢窗水泥结构，各有特色，绝不雷同。文学院门前四根水磨石的希腊雅典式的大圆柱子，显示出浓郁的文化气氛，把人引进了一个审美领域，建筑师匠心独运，令人击节赞赏。

第二个印象是中山大学拥有文、法、理、工、农，医、师范七个学院，还有一个研究生院，学科齐全，这种规模当时在全国是数一数二的。

第三个印象是中山大学重视人才，尊重学术。战前中山大学是学生运动大本营，在广东又是“老大”，具有爱国主义传统；战后复员，求新务实，基本上体现了孙中山提出的校训——博学、审问、慎思、明辨、笃行的精神，校风学风都很好。

1946年王力先生接长文学院，求贤若渴，在校长王星拱的支持下，大力延揽人才，聘请了一批学有专长的知名学者来校任教。抗日战争结束后，内迁学校，纷纷复员，人才流动性比较大，知名学者有多种选择的机会，中大是孙中山创办的华南最高学府，颇有吸引力。王力先生把握时机，积极引进各学科人才。以文、史、哲三系为例：在他任内，先后在文学院任教的教授，中文系除原有钟敬文、詹安泰、吴三立、黄海章等教授外，还有新聘的李笠、方孝岳、商承祚等教授；历史系除原有的岑仲勉、曾纪经、罗香林、郑师许等教授外，新聘的教授有刘节、朱延丰、阎宗临、杨成志、楼公凯、陈锡祺等；哲学系除原有的朱谦之、吴康、李白华、马采等教授外，新聘来校的有熊十力、黄艮庸、洪谦、方书春等教授。王起教授也于1948年秋应聘来中大中文系任教，人才荟萃，盛极一时。

特别值得提出的是王力先生1946年在中大创办语言学系，聘请岑祺祥教授担任系主任，聘请杨树达、谭戒甫、方光焘、严学窘等教授讲授语言学科有关的课程。当时全国各大学设立语言学系的为数不多，王力先生这一创举，为培养语言人才，促进语言学科发展提供了一个基地，王力先生是中大语言学学科的奠基人、开拓者。

王力先生原是我在西南联大念书时的老师，我1938年考入西南联大中文系，进校后听高年级的同学介绍：王力先生没有接受系统的中学、大学教育，自学成才，国学根底非常深厚。1926年考入清华大学国学研究院，超群出众，深得毕业论文（注：论文题目为《中国古文法》）导师梁启超、赵元任的赏识。梁启超盛赞其论文"精思妙语，可为斯学辟一新途径"。在眉批中还批上"卓识"、"通极"、"所论二特性真足开拓千古，推倒一时"等等，赞扬论文的创新精神。据说他是1926年国学研究院同班32位同学中，唯一跟赵元任先生学习语言学的研究生，深得赵先生真传。1927年他赴法国留学，攻读实用语音学；1931年获得文学博士学位，旋即回清华任教。抗战爆发后，王力先生随校南迁到昆明，在联大八年，先后教授中国文法研究、语言学概论和中国现代语法等课程。我选修了后面两门，即语言学概论和中国现代语法。记得中国现代语法中举了不少《红楼梦》的例子，《红楼梦》是文学名著，大家耳熟能详，自以为读得懂，哪晓得提到语言学的层面来分析，还有许多奥妙，引人入胜，因此他的课很受欢迎。后来王先生把1939年用的讲义《中国现代语法》，经过修改充实，分成两部书：《中国现代语法》和《中国语法理论》，由商务印书馆正式出版。1946、1947年他在中山大学语言学系讲授中国现代语法和中国语法理论，即以这两本书为教材。学术界认为《中国现代语法》运用现代语言学理论，剖析了现代汉语语法结构规律和汉语句法的特点，极有创见；而《中国语法理论》则着重理论的阐述，主要比较了汉语同英语、法语的异同，现代汉语和古代汉语的异同，同时旁及现代汉语与梵语、希腊语、拉丁语等多种语言以及现代汉语与苏州话、广州话、昆明话等多种方言的差别，阐明了语言的民族性、时代性和地方性。这是语言学入门的课程，打基础的课程，王力先生当仁不让，亲自主讲，可见其对语言学系的重视，说明他已下足决心，非把中大语言学系办好不可。

王力先生主持中大文学院工作时间不长，但给人留下深刻印象，除了上面提到的他求贤若渴延揽了一批知名专家学者来中大任教、创办语言学系外，主要还由于他治学闳通，求新务实，尊重学术，善于营造一种学术气氛，让专家学者尽展所长，行政上从不加任何干预，这是不标榜学术自由的自由。当代著名语言学家郭锡良说：王力先生提倡的求新务实是相辅相成的，求新而不务实则近乎妄，务实而不求新则不免于迂。[①] 确实讲得很好。我认为 1946 年至 1948 年是中大文学院学术气氛最活跃的两年。回溯历史，中大以前也有过辉煌的年代，1925 年至 1927 年，北方学者相继南来，鲁迅、郭沫若、郁达夫、许寿裳、孙伏园、傅斯年、顾颉刚、罗常培、杨振声、孙福熙、俞平伯、罗庸等学者都曾应聘来到中大文学院任教，鲁迅还曾被聘为文学系主任。但一来因时局变化大，社会不安定，二来许多学者在校逗留时间不长，多数只呆上一年半载，有的三五个月便离开了，不能尽量发挥专家作用。抗战胜利后的形势则完全不同，这对校风、学风的形成有很大关系，王力先生功不可没。1948 年夏王先生为岭南大学借聘，任文学院院长，我也离开中大到广西大学去了。

我第二次进入中大是 1949 年 11 月，广州刚刚解放才半个月，这又是一个历史转折的关键时刻，我仍在文学院中文系任教。随着社会大变革，弃旧迎新，文化学术界面临着一个文化学术转型期，有些东西我们一时不适应，有些事情一时不理解，于是全国掀起了一个学习马克思主义的高潮。1952 年全国开始进行院系调整，中大保留文理两个学院，工、农、医、师范学院各自独立，由中大分出去，法学院则并入中南财经学院和政法学院，中山大学由石牌迁入广州河南康乐村原岭南大学旧址（岭南大学及广州其他私立学校文理科与中大合并）。岭南大学原是教会创办的私立大学，校舍风格跟北京的燕京大学差不多，校园内古木参天，林荫蔽日，二三层的西式小洋房，错落有致，由礼堂向珠江边延伸两条校道，两旁的榕树拖着长长的气根好像老人的美髯，礼堂门口的几块草地绿草如茵，拓宽了人们的视野，格局虽小，倒不失其大方，环境幽静，堪称一流。

由于院系调整后实行校系两级管理体制，取消学院，王力先生改任中山大学语言学系主任，我因为兼任教务处秘书，行政事务需跟学系联系，我又一次获得在王力先生身边工作的机会，虽然不像石牌中大时那么直接，但要向他请示的事情还是挺多的。这时办学模式已由欧美模式转变为苏联模式，各系主任主要精力都是抓确定培养目标和课程设置等几项工作。当时王力先生结合中国实际，参照苏联做法拟订了一份专业教学计划，决定

---

① 郭锡良：《王力先生的学术道路》，《纪念王力先生九十诞辰文集》，山东教育出版社 1992 年版，第 14 页。

开设语言学概论、现化汉语、古代汉语等基础课，高年级根据自身条件则开设汉语语音史、汉语语法史、汉语词汇史和方言研究等课程，为新时期语言学科发展建构了一个框架。除了行政工作外，他还结合教学带头大力开展科学研究，成绩显著。

1954年秋，上级决定中山大学语言学系合并到北京大学中文系，王力先生也调任北京大学汉语教研室主任，以后一直在北大任教，长达32年（王力先生于1986年5月谢世）。在这期间，虽然学术界受到极左思潮的种种干扰和冲击，"文革"期间又遭受浩劫，但他仍笔耕不辍，先后完成了《汉语语法史》《汉语语音史》《汉语词汇史》三部力作。1961年受全国高等学校文科教材会议委托主编的《古代汉语》，不仅体系新颖，内容丰富，适合教学的需要，而且在常用词训释、通论内容方面都有创新，受到国内外学术界的赞誉。王力先生著作等身，不能一一列举，据统计，他在50多年的教学和学术活动中，出版了专著40多种，发表论文两百余篇，收入《王力文集》二十卷本中的文字便有八百余万字，不少著作被译成日、英、法、俄、捷克等国文字，在外国发行，蜚声海内外。1980年教育部部长蒋南翔在王力先生八十寿辰庆祝会上讲话，盛赞王力先生"是教学和科研相结合的典范"、"是我国高等教育界的一个杰出代表"。面对着如此崇高的赞誉，王先生非常感激，也非常谦虚，致谢辞时即席赋《调寄浣溪沙》词一首：

自愧庸材无寸功，不图垂老受尊荣，感恩泥首谢群公。
浩劫十年存浩气，长征万里趁长风，何妨发白此心红。

感情真挚，十分动人。1990年北京大学举行规模盛大的"纪念王力先生九十诞辰语言学研讨会"，中文系系主任孙玉石教授、著名学者张志公、俞敏、周祖谟和刘坚等几位先生先后在会上讲了话，孙玉石教授说："王力先生是我国近百年文化史上最卓越的语言学家之一。他以渊博的学问、过人的才识、拓荒者的气魄和坚韧不拔的精神，在语言学的领域里辛勤耕耘，纵横驰骋，肩负起了开创中国现代语言学的重任，获得了举世瞩目的成绩。他在汉语音韵学、词汇学、语法学、汉语史、语言学史、诗律学、方言学、实验语音学等语言学科的各个方面都进行了潜心研究，做出了空前的创造性的贡献……王力先生在中国语言方面的成就，使他成为开启一代的大师。王力先生是我国最杰出的教育家，他从事教育事业半个世纪之久，他具有高瞻远瞩的气概和放眼未来的目光，重视教育、培养人才已经成为他学术灵魂的最高追求……"[①]这虽然是后话，但1946年王力先

① 宋绍年、孙景涛：《纪念王力先生九十诞辰语言学研讨会纪实》，《纪念王力先生九十诞辰文集》，山东教育出版社1992年版，第4页。

生在中山大学创办语言学系，不就是为了开创中国现代语言学，实现他重视教育、培养人才的最高追求么？中山大学的语言学系是他开创中国现代语言学的先行点、试验田，我作为王力先生的一名学生、一名在中山大学工作了五十多年的教师，为王先生取得辉煌的成就而感到无比欢欣，也为中山大学曾有一代大师来校任教而感到自豪。他虽然走了，但他的学术著作和师道人品已成为我们宝贵的精神财富、后学的风范，名山事业，薪火相传，王力先生的名字和中山大学联系在一起，必将永远流传下去。

（选自吴定宇编：《中华学府随笔·走近中大》，四川人民出版社2000年版）

梁宗岱和他的象征诗学

李青果

梁宗岱(1903—1983),广东新会人,现代著名诗人、诗论家、翻译家。虽出身行商之家,却天资聪慧,自幼得览四书五经唐宋八大家,并《水浒传》《三国演义》等通俗作品。少富诗才,受新文学运动影响,开始走向诗坛,所作新诗激情饱满,意态深沉,有超于时流者,16岁即获得"南国诗人"称号,引起在京新文学主将郑振铎、沈雁冰的注意,并获函请加入文学研究会,成为该会最年轻的会员之一。1923年梁宗岱免试进入岭南大学。1924年负笈欧洲,先后游学于法国巴黎大学、瑞士日内瓦大学、德国海德堡大学、意大利佛罗伦萨大学,对欧洲古典文学、文艺复兴以至启蒙运动时期文学有通观的了解;与当世法国大作家保罗·梵乐希(现通译保尔·瓦雷里)、罗曼·罗兰等过从频密,深受其时新锐文学影响,形成他象征主义诗学的肌理。1931年梁氏回国,先后执教于北京大学、清华大学、南开大学、复旦大学等名校,尤以居中山大学讲席时间最长(1956—1970)。有诗论《诗与真》(1933年,商务印书馆)、《诗与真二集》(1935年,商务印书馆)、《屈原》(1941年,广西华胥社)、《非古复古与科学精神》(1942年,西南联大《学术季刊》第1卷第1期)、《试论直觉与表现》(1944年,《复旦学报》创刊号)、诗集《晚祷》(1924年,商务印书馆)、《芦笛风》(1944年,广西华胥社)及大量翻译作品行世。

通观梁氏一生,其诗人地位可谓牢不可破,而其诗学主张更见精彩纷呈,引人注目。近人评价他论诗是"以独特的禀赋,深厚的文艺涵养以及广博的学识,对古近中外文学娓娓道来,不仅是如数家珍,且都深掘和揭示其珍异精微,或找出得失端绪"。[①] 站在20世纪20—40年代"新诗纷歧的路口",他的诗学主张既涉及诗歌的现代"本义",也为其探骊古今中外诗学源流,复对"科学与诗"的沟通提出为人所忽视的观点。这些论述"为中国新诗通向现代化的正道推进了一步"[②],对中国诗歌的发展作出独异的贡献,是为中国新诗理论的宝贵财富。

---

① 陈敬容:《重读〈诗与真·诗与真二集〉》,《读书》1985年第12期。

② 卞之琳:《人事固多乖——纪念梁宗岱》,《新文学史料》1990年第1期。

一、象征主义:本义和创作

象征主义文学发端于19世纪70年代的欧美大陆,至20世纪20年代进入后期象征主义阶段,梁宗岱赴欧游学之时所结识的法国诗人梵乐希,正是后期象征主义集大成的人物。当时梵乐希声誉日隆,其“纯诗”理论和诗歌创作所代表的文化精神几成挽救一战后西方文明衰落的一个标志。在他接到梁宗岱进献的法文诗和《陶潜诗选》法译本时,不禁惊讶于这位年轻的中国诗人在法国“巴拿斯派和象征主义之间”,所娴熟进行的“一种企图把极度谨严和极度自由协调起来的探索”,更在中法两国诗人的亲缘性上,称道梁宗岱“把粗糙的语言转化成精美工作的原料,从中提取出纯之又纯、美之又美的物件;把一个词变成稀有的宝石,把一句诗变成确定的结构”的能力。[①] 这种归之于近世象征主义和“纯诗”理论的评述,超出了梁宗岱对陶诗属于“一种斯多噶式的乐观主义,却又胜于斯多噶主义”的古典判断。[②] 在梵乐希看来,梁宗岱著译的法文诗歌,具有纯诗的品质和会通中外古今的视野。这对梁宗岱的影响无疑是巨大的,此后他的诗学建构即以此为肇端和基础。

其实早在梁宗岱亲与接触象征主义之前,这种诗学观念就已登陆中国文坛。五四文学革命的一代如陈独秀、李思纯、沈雁冰、周作人、田汉等人都对此作过介绍,后起的诗人穆木天、王独清、李金发对象征主义和纯诗理论更有自觉的建设。[③] 但在梁宗岱看来,这些介绍“直到现在还是片面而不正确的”,这些努力“又给一般无聊的诗人糟蹋得不成样子了”[④];所谓象征主义,涉及“真之追求与美之创造”,“不特深思而且要建造”,重要的不是“熟悉”它的“名字”,而是要“把握”其“本义”。[⑤]

在1933年出版的诗论集《诗与真》中,梁宗岱集中精力从文学史及理论上解决何谓象征主义的问题。该著借名于歌德的自传 *Dichtung und Wahreit*(《诗与真》),“可是立名虽是蹈袭,命意却两样”[⑥],其中隐含着梁宗岱梳理文学史的机心和智慧。他指出歌德的意思“是指回忆中的诗与真,就是说,幻想与事实之不可分解的混合,所以二者是对立

① [法]保罗·梵乐希著、卢岚译:《梵乐希序言》,《梁宗岱文集》Ⅰ(诗文卷·法译卷),中央编译社、香港天汉图书公司2003年版,第140页。

② 梁宗岱著,卢岚译:《陶潜简介》,《梁宗岱文集》Ⅰ(诗文卷·法译卷),第150页。

③ 许道明:《中国现代文学批评史新编》,复旦大学出版社2002年版,第196页。

④ 梁宗岱:《保罗·梵乐希先生》,《梁宗岱文集》Ⅱ(评论卷),第11,15,11,8,7页。

⑤ 同上。

⑥ 梁宗岱:《诗与真·序》,《梁宗岱文集》Ⅱ(评论卷),第5页。

的”,而他的追求,却是参透对象的两面:“真是诗底唯一深固的始基,诗是真底最高与最终的实现。”[①]这种幻想与事实的由“对立”到“同一”,被梁氏认为是欧洲文学从浪漫主义到象征主义的历史演变。在《保罗·梵乐希先生》一文中,他进一步追述浪漫主义之后,“自然主义也好,班那斯派也好,黄金中已现败絮,灿烂中已呈衰象”[②],当此之时,整个世界文学的神话时代已经结束,“颂赞神底异象和灵迹的圣曲隐灭了;英雄底遗风永逝了,歌咏英雄底丰功伟绩的史诗也消歇了”,只有“人的灵魂却是一个幽邃无垠的太空,一个无尽藏的宝库……创造那讴颂灵魂底异象的圣曲,那歌咏灵魂底探险的史诗”,非象征主义莫属。[③]

从文学史的正本清源推出象征主义,是梁宗岱高于一般时流的地方;而指出象征主义是“讴颂灵魂底异象的圣曲”和“歌咏灵魂底探险的史诗”,则探入了它的本义。借为梵乐希造像,他认为诗人切入人生悲喜和宇宙万象,是为了经由“真之追求”“参悟生之奥秘”,并给诗歌“带来深沉永久的意义”[④];通过与另一诗家朱光潜的辩驳,他指出朱氏所言“象征最大用处,就是把具体的事物来替代抽象的观念……象征主义底定义可以说‘寓理于象’”为根本错误,这种“以甲为乙底符号”来称谓近世以来的“象征”实属言不及义。[⑤] 在梁氏看来,象征属于生命诗学范畴,不是“反映”固化的“观念”,而是“表现”生命的“灵境”“真义”。在中国古典诗学领域它与“起情者依微以拟义”的“兴”近似;在近代西方哲学世界则与阿米耶尔“一片自然风景是一个心灵底境界”相仿佛,是把“心情印上那片风景去”,重视不相联的两物之间微妙的“暗示”关系,并具有“融洽或无间”、“含蓄或无限”两个特性。[⑥] 由“含蓄或无限”出发,他把象征定义为:“藉有形寓无形,藉有限寓无限,藉刹那抓住永恒,使我们只在梦中或出神的瞬间瞥见的遥遥的宇宙变成近在咫尺的现实世界……它所赋形的,蕴藏的,不是兴味索然的抽象观念,而是丰富,复杂,深邃,真实的灵境。”[⑦]由“融洽或无间”出发,他指出“象征之道”在于心灵与万物互融的“契合”,达到形神两忘的无我境界:“在那里我们底心灵是这般宁静,连我们自身的存在也不自觉了……我们正因这放弃而获得更大的生命,因为忘记了自我底存在而获得更真实的存在。”[⑧]在他看来,以具象代替抽象仍居于“反映论”位置,只有以有限寓无限的

① 梁宗岱:《诗与真·序》,《梁宗岱文集》Ⅱ(评论卷),第5页。

② 梁宗岱:《保罗·梵乐希先生》,《梁宗岱文集》Ⅱ(评论卷),第11,15,11,8,7页。

③ 同上。

④ 同上。

⑤ 梁宗岱:《诗与真·象征主义》,《梁宗岱文集》Ⅱ(评论卷),第60—61页。

⑥ 同上书,第63、66,66—67,72,67—68页。

⑦ 同上。

⑧ 同上。

“创境”，才称得上象征正轨。诗人要以灵巧的心智参悟万物玄机，在澄澈的心境中映照出万象真义，“实因为它们包含作者伟大的灵魂种种内在的印象，因而在我们心灵里激起无数的回声和涟漪，使我们每次开卷的时候，几乎等于走进一个不曾相识的簇新的世界”[①]。梁氏以“纸花”、“瓶花”、“生花”为喻，指称只有元气浑全、看不出作者心机和手迹的生花才是艺术的最高境界，非纸花瓶花的匠气所可比拟[②]；后来他又为诗人排列位次，说三流诗人借助写诗抒写苦闷、宣泄悲愤，二流诗人写诗可以驾驭强烈的感情，只有一流诗人通过象征“把他们所负荷的内在解放出来”，超越情绪情感，并“从这些情感底混沌创造出他们不朽的精神世界”[③]，从而把象征主义推向了诗歌的最顶峰。

梁宗岱服膺梵乐希“纯诗”理论，指认这一理论为象征主义的最新标尺。梵乐希认为纯诗是一种理想状态的“绝对的诗”，是与实际的秩序毫无关系的世界的、事物的秩序和关系体系，但因其理想性受制于实践方面的语言因素，实际上只能是一个难以企及的目标。[④] 梁宗岱赓续其说，承认诗人永远追求“绝对”与“纯粹”，去创造现世未有或未臻完美的东西，但更致力于在“创作”上探索写作纯诗的法则。1935 年出版的《诗与真二集》就是贯穿“‘诗与真’探讨的精神”，继续用心于寻绎“诗的技巧和内容”[⑤]的成果。在《谈诗》中他为纯诗定义，就涉及创作方法：“所谓纯诗，便是摒除一切的客观的写景，叙事，说理以致感伤的情调，而纯粹凭藉那构成它底形体的元素——音乐和色彩——产生一种符咒似的暗示力，以唤起我们感官与想像底感应，而超度我们底灵魂到一种神游物表的光明极乐的境域。”[⑥]他认为艺术的生命是节奏，正如脉搏是宇宙的生命一样，节奏分明音韵铿锵的诗句“蕴藏着深刻的情感或强烈的思想”[⑦]，故力倡新诗的格律化，强调诗人应仔细摸索语言文字和诗句组织的内在“节奏韵律”，用文字来创造音乐。只有把诗提高到音乐的纯粹的境界，才是象征诗人殊途中的共同倾向。而摒除客观的叙事说理及主观的感伤主义，实由于最高明的诗歌深入宇宙人生的真相，勾心夺魄，神思飞越，“使人起崇高的感觉”[⑧]。梁宗岱其实把诗提升到哲学的高度，要求诗歌与纯真的哲学思想保持适当的关联。为达到这一境界，诗人写诗必备内倾和外向两种素质：“对内的省

---

① 梁宗岱：《诗与真·象征主义》，《梁宗岱文集》Ⅱ(评论卷)，第 63、66、66—67、72、67—68 页。
② 梁宗岱：《诗与真·论诗》，《梁宗岱文集》Ⅱ(评论卷)，第 26 页。
③ 梁宗岱：《屈原(为第一届诗人节作)》，《梁宗岱文集》Ⅱ(评论卷)，第 242 页。
④ [法]瓦雷里著、梁栋译：《瓦雷里诗歌全集》，中国文学出版社 1996 年版，第 304、306 页。
⑤ 梁宗岱：《诗与真二集·题记》，《梁宗岱文集》Ⅱ(评论卷)，第 83 页。
⑥ 同上书，87，84 页。
⑦ 梁宗岱：《诗与真二集·李白与哥德》，《梁宗岱文集》Ⅱ(评论卷)，第 103 页。
⑧ 梁宗岱：《诗与真二集·论崇高》，《梁宗岱文集》Ⅱ(评论卷)，第 123 页。

察愈深微,对外的认识也愈透澈……二者不独相成,并且相生:洞观新体后,万象自然都展示一副充满意义的面孔;对外界的认识愈准确,愈真切,心灵也愈开朗,愈活跃,愈丰富,愈自由。"[①]梁宗岱虽高标诗歌的高妙境界,却同样重视对诗歌真义的有效传达,强调"最要紧的还是要能够把这灵象从私己的感觉变成大众可以欣赏的对象;把自己的体验变成公共体验的工具"。[②] 这种对形式与内容、价值与传达的完整表述,显示他对其诗学主张有通盘的考虑。

梁宗岱论诗具有纵横流泻风姿,长于以诗化文字分疏理论,擅用感性思维处理抽象议题,文思畅宕,义理澄澈,触处成春而新见迭出,且"词意的谨严是迄今所仅见"[③],以致获得同道交口赞誉,被评为"成色足,分量足"的"黄金文字"[④],是用"博学深思"之笔,以"毫不苟且的思想家的态度"所作的"近年来文学论文中最认真最深刻同时也极美丽的论文",足以在"时间上站得住"[⑤],显示他是当时诗坛独特的"这一个"。20世纪二三十年代,中国象征主义现代派初登文坛,胡适的写实主义之风影响犹存,左翼革命诗风正风行一时,各路诗人"只知道用'常识'或'报章主义'来处理一切事物和现象"[⑥],"教训诗"大行其道,重视人类精神活动、表现人生永恒意义的作品反被斥为"捣鬼"、"弄玄虚"[⑦],整个诗坛存在着破坏有余、建设不足,或热闹有余、沉淀不足的现象,因此梁宗岱论诗不仅属于创建,也是针对诗坛流弊而加以匡正,具有自觉的文学史意识和明显的实践性倾向。

二、传统资源:西方与中国

梁宗岱论诗意在革新,思想在中国诗坛激起新浪潮,开创新局面,但他创新的思路,却是充分利用文学传统资源,重视文学史的源流之辨。自五四以来,中国文坛偏重于取法西学"新声",不甚措意于维护本国的文学传统,所以梁宗岱张大传统的力量,在当时文坛虽非独此一家(如周作人一派取法晚明小品,独张"言志"文脉),但因他对中西最新文学的论述都能重视其贯串传统、开源启流的一面,而显示出不同凡响的特色。

在他综理西方象征派时,虽然对它断代清晰,却是以"通史"之眼来考察的。如从理论一面,起自"柏拉图底《斐特儿》(Fhedre),《斐东》(Phedon)和《宴会》(The Banquet)尤

---

① 梁宗岱:《诗与真二集·谈诗》,《梁宗岱文集》Ⅱ(评论卷),87,84页。

② 梁宗岱:《试论直觉与表现》,《梁宗岱文集》Ⅱ(评论卷),第338页。

③ 徐志摩为梁宗岱《论诗》所写"前言",《诗刊》第2期,1931年4月。

④ 李健吾:《读〈从滥用名词说起〉》,《大公报·文艺》1937年4月2日第12版。

⑤ 朱紫:《读〈诗与真〉》,《大公报·文艺》1937年7月25日第13版。

⑥ 梁宗岱:《诗与真二集·韩波》,《梁宗岱文集》Ⅱ(评论卷),第177,178页。

⑦ 梁宗岱:《诗与真二集·谈诗》,同上书,第89页。

其是来宾尼滋底《单元论》(*Movadologie*)和《人类悟性新论》(*New Essays on Human Understanding*)"[①],以至宗教家班扬的《天路历程》和达芬奇、莎士比亚、卢梭、康德、斯宾诺莎、帕斯卡尔、卡莱尔、梵乐希、里尔克、彭加勒等著述学说,范围涉及哲学、宗教、诗学、绘画、数学等领域,时间贯串古希腊、文艺复兴、启蒙运动以迄现代。他论象征诗风,也是远推前代,搜寻诗综,对于之前的浪漫派如济慈的诗作,便称为有"深沉的意义",更把哥德《浮士德》的《和歌》视为象征的典型,[②]可作为象征诗风的样板,昭示前代诗人的灵光显现已伏有今世诗歌的慧根种苗。他指出象征诗人兰波的成功经验,就是对前代文学的认真吸纳,以致使他成为"许多文学史底摘要或菁华"[③],并看到马拉美、梵乐希师徒二人从旧诗的格律和最古典的法文中创造出了一种新的文字,"不特能把旧囊盛新酒,竟直把旧的格律创造新的曲调,连旧囊也刷得簇新了"[④]。他进而论述道:"文艺底创造是一种不断的努力与无限的忍耐换得来的自然的合理的发展,所以一切过去的成绩,无论是本国的或外来的,不独是我们新艺术底根源,并且是我们底航驶和冒险底灯塔。"[⑤]诗人浪费在"新旧之争"上其实是一种"短见",对传统应保持严肃的敬意,惟"循"古——"采用那渐渐改良底系统"[⑥]——才能"创"新,甚而至于要在看不出连续性的事物中找到关系才能于文艺所有贡献。[⑦]

从西方诗学转到中国诗学,他也要求破除"中外"之蔽,套用他翻译的梵乐希的话——"可是还有比受东方诱惑更是欧洲性底明证的么",[⑧]他对西方诗歌的称道就同样是他表达中国性的逻辑和证据。这种"中外"逻辑也是"古今"逻辑,空间交接实寓时间的接榫。他尊古的取向一方面来自中国前代诗人的"复古"经验,一方面也受启发于西方的保守潮流。他引用勃莱克所说"所有的时代是相等的"[⑨],说明当时诗坛专事"打倒"的激进"革命",其实是"一种玉石俱焚的破坏,一种解体"。[⑩]

承认"旧诗体最大的缺陷(由极端的精炼和纯熟流为腐滥和空洞),是新诗惟一的存在理由"[⑪],但对前代诗学应"运用自己智力底源泉,从新的观点去研究新的应付或解决的方法"[⑫],方能"移花接木",使传统变换新声,梁宗岱以回溯的方式推出他的诗学新观。

---

① 梁宗岱:《释"象征主义"——致梁实秋先生》,《中国现代文学研究丛刊》2005 年第 6 期。
② 梁宗岱:《诗与真二集·李白与哥德》,《梁宗岱文集》Ⅱ(评论卷),第 105 页。
③ 梁宗岱:《诗与真二集·韩波》,《梁宗岱文集》Ⅱ(评论卷),第 177,178 页。
④ 梁宗岱:《诗与真·保罗·梵乐希先生》,《梁宗岱文集》Ⅱ(评论卷),第 23 页。
⑤ 梁宗岱:《诗与真二集·新诗底纷歧路口》,《梁宗岱文集》Ⅱ(评论卷),第 157 页。
⑥ [法]梵乐希著、梁宗岱译:《诗与真二集·哥德论》,《梁宗岱文集》Ⅱ(评论卷),第 146 页。
⑦ 梁宗岱:《非古复古与科学精神》,《梁宗岱文集》Ⅱ(评论卷),第 269 页。
⑧ [法]梵乐希著、梁宗岱译:《诗与真二集·哥德论》,《梁宗岱文集》Ⅱ(评论卷),第 151 页。
⑨ 梁宗岱:《诗与真二集·谈诗》,《梁宗岱文集》Ⅱ(评论卷),第 92 页。
⑩ 梁宗岱:《诗与真二集·新诗底纷歧路口》,《梁宗岱文集》Ⅱ(评论卷),第 156,157 页。
⑪ 同上。
⑫ 梁宗岱:《非古复古与科学精神》,《梁宗岱文集》Ⅱ(评论卷),第 269 页。

他谈象征，多引类《诗经》《楚辞》、晋唐诗歌、北南宋词，显示新造必有旧端，并能掘微显幽，分别高下真伪。如论谢灵运、陶渊明诗，指出谢诗“池塘生春草，园柳变鸣禽”始终有一个旁观者，未得全喻，而陶诗“采菊东篱下，悠然见南山”情景浑融，主客合一，才是真正的象征。[①] 他论诗受近世王国维的“境界说”影响很大，多用有我无我、隔与不隔标示象征的“境界”。王氏之说，在当时已流出诗坛而归之于学术，位列“古典”，属于文学革命需要超越的对象，而梁氏上起古代传统下迄王氏之说，足见他总览远宗近源，别立诗宗的眼力。又如他谈纯诗，指出纯诗实起源于屈原的《九歌》，后世诗人宋玉、曹植、温李、姜白石、柳宗元等，“均各得其一体，便可成家”[②]；由此整理出中国诗歌的纯诗传统，并标示南宋词为其最高境界，在“言志”一派之外又新开一支文脉。他还提出文学发展的“树”型理论，以“树”型——枝桠的生长伸展——比喻作家所有作品的完整性、延展性，在这个一贯而完整的观念中，是传统“将随你的视域底广博和深远而增长”的意识。又如他在《屈原（为第一届诗人节作）》一文中，反对当时学界有人认为《九歌》只是《离骚》的范本而非屈原作品的说法，指出《九歌》是屈原的早期作品。这种论说，是要引出他的新旧传统延续中的“支点”说——正是《九歌》这个看似不够分量的作品成为了《离骚》的“支点”；更进一程，他回溯到《诗经》，认为《诗经》是楚辞的“支点”，从《郑风·野有蔓草》到《少司命》，从《郑风·子衿》到《湘夫人》，从《卫风·硕人》到《山鬼》，从《邶风·击鼓》到《国殇》，使楚辞从“旧世界”来，又以新的情感方式和表现手法，创造出一个“新宇宙”，“不止灌注新的情感，并且创造了一种新的完美的诗体”。摸索梁氏文踪，其实隐含着“创作”来自于“改作”这一渐进改良的文学史的事实与逻辑。他还把这种创化视为西方文艺复兴大师们的手腕，屈原与《诗经》的关系如同文艺复兴画家创化《圣母像》一样，都是在“改写”中打破“因袭”而创造新境，从而推动文学的演进。[③]

梁宗岱谈的是中国新诗，但所用材料几乎全是“西典”和“古典”。重视“西典”，是“援西入中”，为中国新诗嫁接西方诗学资源；重视“古典”，是“守旧出新”，承接中国诗歌传统，为新诗固本培元，实现中国诗歌的现代化。但相对于引进西方诗学成就，他认为还是激活本源最为重要，因为学习他人，“即使做到亦步亦趋，而源泉不在自身，实无异于等天吃饭，终有匮竭之一日”。[④] 这种观点，在西方经典地位上升、中国经典地位下降的现代，含义十分明显。其平视中西、烛旧照新的态度，也是一种值得称道的“拿来主义”。他常用中西诗歌对举或互释的方法探索中国新诗的出路，证明中国自有现代诗学

① 梁宗岱：《诗与真·象征主义》，《梁宗岱文集》Ⅱ（评论卷），第64页。
② 梁宗岱：《屈原（为第一届诗人节作）》，《梁宗岱文集》Ⅱ（评论卷），第219，213—219页。
③ 同上。
④ 梁宗岱：《非古复古与科学精神》，《梁宗岱文集》Ⅱ（评论卷），第269页。

的原型，中国诗歌也有它永恒的意义和形式的基石，新诗试验无需彻底“革命”，打倒重来，现代诗人应该充分承认和尊重“古意”，实施转换而出以“新声”。梁宗岱甚至以“欢乐的源泉”比喻传统：“一个人和一个世代既经汲尽了他们底特殊关系所容许他们分受的它（传统）那神圣的流泻之后，另一个然后又另一个将继续下去，新的关系永远发展着，一个不能预见也未经想象的欢乐的源泉。”[①]把现代与传统的关系理解为一种永远的世代更新的关系，一种不停地发展着的“新的关系”。这在盛行“文化破坏主义”的现代，无疑具有补正纠偏的作用。

三、科学精神与诗

在常识看来，科学与诗，分属物质和精神两个领域，除非用科学作为诗的表现题材，两者的交集其实很少。可在梁宗岱眼里，认识宇宙万物真相，科学和诗具有异曲同工之处。科学探索世界的本原和普遍法则，诗也负有同样的使命，因为诗人的智慧“并不在于事事浅尝，事事涉猎，以求得一个浮光掠影的认识；而在于深究一件事物或一个现象到底，从这特殊的事物或现象找出它所蕴蓄的那把它连系于其他事物或现象的普遍观念或法则。一旦达到这‘基本态度’之后，正如俗谚所谓‘一理通，百理融’，万事万物自然都可以迎刃而解”[②]。这个参透事物普遍法则的“基本态度”，就是诗人应该具备的科学精神。

这种观点来自文学史和科学史的相关史实，梁氏发现他所阅读、接触的大诗人如哥德与梵乐希，都是“以诗人而兼思想家科学家……属于全才一流的”人物[③]，在他们身上，科学探索和诗歌创作并无轩轾反而是两面一体。哥德精通植物学，探索的对象是外在世界，他“从森罗万象找出共通的法则，然后从那里通到自我底最高度意识”，创作出伟大的作品；梵乐希精通数学、几何学，把它作为探索心灵法则的实验科学的最有力工具，他“先对自身法则有澈底的认识或自觉，然后施诸森罗万象”[④]，写出了绝世的象征诗歌。梁氏由此指出“诗人是两重观察者”，对外物的掌握越准确，心灵就越自由越丰富；对心灵的认识越深入，就越能穷物力之变，探造化之微。这不仅涉及诗歌探索真理的主题和影响及于形式上“谨严”与“自由”的张力，还显示了科学和诗歌互相激发的促动。如他

---

① 梁宗岱在《屈原（为第一届诗人节作）》中所引雪莱《诗辩》文字，《梁宗岱文集》Ⅱ（评论卷），第207页。

② 梁宗岱：《诗与真二集·哥德与梵乐希——跋梵乐希〈哥德论〉》，《梁宗岱文集》Ⅱ（评论卷），第152，150，150，152页。

③ 同上。

④ 同上。

看到"梵氏是现代欧洲最大的诗人，但普氏（普恩迦赫）那被数学界公认为'数学论证法底真正灵魂'的'循环法'却得自他的暗示；反之，当我读普氏底科学论文的时候，除了不断地惊异他对于文艺的理解外，有些句子几乎使我疑心是梵氏底诗底前身"[①]；他还引用《天演论》作者赫胥黎把哥德的散文诗《自然》当作英国科学杂志《自然》发刊词时说的一句话——"这篇《自然》是哥德年青的作品，写了若干年了。可是我觉得不独哥德本人在自然科学这方面的探讨赶不上它，就是未来自然科学底造诣也不能超出它的藩篱"[②]，说明诗人探索真理、把握世界真相所具有的价值和前导作用。梁宗岱论诗贯串着求真的意志，科学对于世界的精密观察，无疑可作为诗的助力。

在作于1935年的《哥德与梵乐希》和1941年的《非古复古与科学精神》中，梁宗岱都用不少篇幅谈到科学精神对诗的重要性。对科学精神的持续关注，源于他对中国缺乏科学精神的判断。在他看来，中国自宋明以来虽有"格物"、"致知"的认识论，但均以伦理学为依据，"认识论不能脱离伦理学而独立发展"[③]，"本体论和认识论等形而上部分却惊人地片段和零碎"[④]，始终是科学精神无以张扬的一个主因，影响了诗人探索心物究竟的能力。他认为五四以来中国学界高标的"科学主义"，专力于对传统的"打鬼"，无甚科学可言，所倡导的科学并未"溯本探源，根植于我们民族性底深处，以期达到一个独创的阶段"而修成正果[⑤]，相反对科学的"副产品"如飞机、电话、潜水艇等产生"恋物癖"，影响及于诗歌，便是以常识代替真知的惰性，流于表象而不能深入究竟。他感叹当时不少诗人的头脑"根本是'加减式'或'算术式'的"，"所能想像和欣赏的诗文，自然只限于一加一减，至多不过一乘一除而已。你和他们谈代数，谈几何，谈微积分不独等于'对牛弹琴'，并且他们很少不目你为'痴人说梦'的"[⑥]。他认为，五四以来提倡科学精神的中坚胡适，不过是"一个以常识来处理和解决一切专门问题的思想家"，批评他"自认为代表作"的诗歌《飞行小赞》"古人辛苦学神仙，/要守千百戒，/我今不修不炼，/也凌云无碍"，正显示出"不修不炼"的懒惰[⑦]，缺乏运用精神力量征服表象、探究物我关系的能力。梁氏一向批胡甚力，或有过甚之辞，而在诗学较量上，时有肯綮之论。梁宗岱虽断定宋明以来中国缺乏科学精神，但对先秦两汉诗哲对世界的探索却保持相当的敬意，注意发挥

① 梁宗岱：《非古复古与科学精神》，《梁宗岱文集》Ⅱ（评论卷），第271，284，262，269页。

② 同上。

③ 梁宗岱：《诗与真二集·哥德与梵乐希——跋梵乐希〈哥德论〉》，《梁宗岱文集》Ⅱ（评论卷），第152，150，150，152页。

④ 梁宗岱：《非古复古与科学精神》，《梁宗岱文集》Ⅱ（评论卷），第271，284，262，269页。

⑤ 同上。

⑥ 梁宗岱：《诗与真二集·诗·诗人·批评家》，《梁宗岱文集》Ⅱ（评论卷），第187—188页。

⑦ 梁宗岱：《非古复古与科学精神》，《梁宗岱文集》Ⅱ（评论卷），第270，270，268，270、266页。

其潜德幽光，认为“孔老庄之所为孔老庄”，就是因为他们具有“抓住一切事理底核心或深层关系的灵机和洞见”。[①] 循此灵机洞见，孔子要求诗人多识草木虫鱼之名便具科学探索的内涵，孔子“逝者如斯夫”的感叹，由于“同时直接抓住了特殊现象和普遍原理底本体，是川流也是宇宙底不息的流动”，并且“表现方法暗合了现代诗之所谓‘具体的抽象化，抽象的具体化’底巧妙的配合”，“所以便觉得诗意葱茏了”。与之对照，希腊哲学家赫拉克利特的“我们不能在同一的河入浴两次”，由于“是辩证的，间接的，所以无论怎样警辟，终归是散文”，无法达到中国诗哲的高度。[②] 他又举出汉代贾谊的《惜誓篇》与胡适的《飞行小赞》相对照，认为从贾诗“一举兮知山川之迂曲，再举兮睹天地之圜方”，“可以一目览尽其中每一个元素，以及它在整个系统中所占的位置”，而且“又是永无止境的，永远发展和扩大的，峰外有峰，真理外还有真理”；胡适的飞行诗只有“感情底自然的流露”，而贾谊的飞行诗却“所举愈高，所见亦愈广博而愈真切”[③]，具有“穷天人之际”的深邃、气魄和不断追求“真理”的意志。梁宗岱如此论证科学精神与诗的关系，致力于“把准绳的科学与美感的直觉融在一起”[④]，打破唯物唯心的二分法，统一诗人内外探索的两条路，在当时中国科玄对立，诗坛缺乏探索力、感受力、表现力的背景下，起到了以科学精神的求真和精密激发“文艺的想象”的作用。

四、现代“畸人”的诗性意味

中国历来有“畸人”，其特征是独立特行，不合流俗，恣肆自我，诗文超迈有真气。《庄子·大宗师》：“子贡曰：‘敢问畸人？’曰：‘畸人者，畸于人而侔于天。’”成玄英疏：“畸者，不耦之名也。修行无有，而疏外形体，乖异人伦，不耦于俗。”其行状如宋陆游《幽事》诗之二所述：“野馆多幽事，畸人无俗情。静分书句读，戏习酒章程。”其作诗如唐司空图《二十四诗品·高古》所论：“畸人乘真，手把芙蓉，泛彼浩劫，窅然空纵。”郭绍虞为其集解：“畸，奇异也……真……畸人乘真，谓畸人乘其真气而上升也。”可见“畸人”所涉实在“诗与真”两面。如以这些条例加诸梁宗岱，则他分明是一现代“畸人”，并饱具诗性的意味。

梁宗岱一生酷爱陶诗，如用“无俗韵”名之，是恰如其分的。当新诗运动风起之时，他创作的诗歌便被目为“与别的作家显有不同之处，喜欢研究新诗者不可不读”[⑤]。在岭

---

① 梁宗岱：《非古复古与科学精神》，《梁宗岱文集》Ⅱ（评论卷），第270，270、268，270、266页。

② 梁宗岱：《说“逝者如斯夫”》，《梁宗岱文集》Ⅱ（评论卷），第126页。

③ 梁宗岱：《非古复古与科学精神》，《梁宗岱文集》Ⅱ（评论卷），第270，270、268，270、266页。

④ 梁宗岱：《诗与真·保罗·梵乐希先生》，《梁宗岱文集》Ⅱ（评论卷），第15页。

⑤ 引自黄建华、赵守仁：《梁宗岱》，广东人民出版社2004年版，第31页。

南大学研习文学，他就阅读陶诗入迷，并在法国留学时把陶诗翻译成法文，进献于文豪梵乐希、罗曼·罗兰，后由巴黎 Editions Lemaiget 出版社于 1930 年出版。和许多专攻一艺、师从一门的留学生不同，他留欧七年，从不受“专业”、“学位”限制，游历于法国、意大利、德国、瑞士等国大学和名山大川，结交名士，淬炼新知，淘洗心灵，壮大胸怀意志。他的“留学”实为“游学”，他“游于艺”而不取学位，与陈寅恪最为近似。

因陶诗结缘的梵乐希和罗曼·罗兰对陶渊明其人其诗都充满钦敬，罗曼·罗兰对陶诗“少无适俗韵”更是沉吟再三，体味不已。[①] 他们二人对梁宗岱都影响巨大。前者“纯思想纯美感底悦乐”，在“诗”的一面启发梁宗岱最深，后者提倡的“新英雄主义”要求“做一个‘人’，一个顶天立地一空依傍的好汉”，在“真”的一面对梁宗岱的“处世伦理”有更大的影响；罗曼·罗兰主张的一个人要用毕生精力征服痛苦完成工作和弃绝“领袖欲”、“奴隶性”，更是梁宗岱一生行事独张自我、坚持己见的精神之源。[②] 如在与同道论学时，他从不掩饰自己的“不耦于俗”，甚而张大自己一空依傍的独立特行。二三十年代中国现代大学体制渐入正轨，学者多安于一家从事专门而系统的著述，可梁宗岱却甘于做野狐禅的狐狸型学者，自道“事事都爱涉猎，东鳞西爪，无一深造”。[③] 其原因在于他所研究的对象是活泼诗文而非灰色理论，是追踪天纵诗性而不限于理性学问。他作文虽有底蕴理据，却是发散思维，任由文思行云流水，非至于穷形尽相然后达旨得意而不止，同道对此或时有微词，他却坚持一生从未有任何改变。又如 40 年代他突然抛出诗集《芦笛风》，全用格律词体，被诗界视为“弃甲曳戈的逃兵”，招致广泛的批评。可他的“反潮流”，恰恰是要对新诗的“矫枉过正”再来一次矫正，为新诗施以“镣铐”，重建它的“纪律”和“规矩”。新诗发展二十余年，“诗体大解放”的形式革命导致新诗自由过度，讲究格律被看成汩没性灵、个性的举措，松散的自由诗成为新的一律，因此他的惊人之举也是找回诗人“个性”的象征方式。[④] 他说：“就是词又怎样呢，如果它能恰当地传达我心中的悸动与眩晕？”[⑤]这是他一贯反对诗人“为人”写诗，主张“今之诗人为己”[⑥]，弃绝浅薄凡俗，大胆抒写自我，保有纯真本性的表现。特别是《芦笛风》记录的是他和甘少苏的不凡爱情，甘是一个不识字的普通粤剧花旦，二人的结缡招致众人的不解和非议，但他自道“世情我亦深尝惯，/笑俗人吠声射影，/频翻白眼。/荣辱等闲事，/但得心魂相伴”，并不以为意。他的“逆流写词”和“抗俗结婚”也是他弃俗取真、不拘格套的性情流露。后

---

① 梁宗岱：《诗与真二集·忆罗曼·罗兰》，《梁宗岱文集》Ⅱ（评论卷），第 198 页。

② 同上书，第 194，194 页。

③ 梁宗岱：《诗与真二集·论崇高》，《梁宗岱文集》Ⅱ（评论卷），第 108 页。

④ 单世联：《梁宗岱：诗人的戏剧生涯》，《南方周末》2001 年 12 月 20 日。

⑤ 梁宗岱：《试论直觉与表现》，《梁宗岱文集》Ⅱ（评论卷），第 297 页。

⑥ 梁宗岱：《诗与真二集·诗·诗人·批评家》，《梁宗岱文集》Ⅱ（评论卷），第 187 页。

来甘少苏在《宗岱和我》中回忆道:“在纵情声色、人欲横流的社会里,宗岱抛弃了世俗观念,用艺术审美的眼来鉴别人的品性,从社会的最底层发现了我,付出了很高的代价救我于水深火热之中,让我恢复了人的尊严,走出了苦海,过上了正常人的生活。”这种“乖异人伦”的“畸人侠客”[①]行为,实则又是梁宗岱“毫不犹豫地把个人主义和人道主义带到生活中去”的最佳证明。[②] 鲁迅先生在论“清之拟晋唐小说”时曾说“畸人异行,出于幻域,顿入人间”[③],则梁甘因缘中的诗情(幻域)和侠义(人间),庶几近之,其本身就是一部精彩的“传奇”。

写诗论诗,梁宗岱可谓“畸人乘真,手把芙蓉,泛彼浩劫,窅然空纵”,即使生活中留给人的印象,也是“修行无有,而疏外形体”的畸人形貌。学生称他“大模大样”,与其说他是文学教授不如说他是体育老师,他的几十个“老子天下第一”常常成为学生编排他是“自大狂”的生动资料。[④] 对于“他摇着大蒲扇,精神抖擞,急促促地、甚至是雄赳赳地行走,脸庞满溢红光,笑起来像顽童”的姿容,北京大学同事、英文教授温源宁曾惊为独步寰宇的天人,认为他的诗人真趣可以补充书斋学问家欠缺的生活力:“万一有人长期埋头于硬性的研究科目之中,忘了活着是什么滋味,他应该看看宗岱,便可有所领会。万一有人因为某种原因灰心失望,他应该看看宗岱那双眼中的火焰和宗岱那湿润的双唇的热情颤动,来唤醒他‘五感’世界应有的兴趣;因为我整个一辈子也没见过宗岱那样的人,那么朝气蓬蓬,生气勃勃,对这个色、声、香、味、触的荣华世界那么充满了激情。”其实这种激情源于一种生命的“沉醉”,有时形成一种可爱的较真的“力”。在流传的一些关于他的故事里,最精彩的莫过于他因论诗衡艺而与人吵架,甚而至于上演全武行的生动案例了。如他自道:“朱光潜先生是我的畏友,可是我们意见永远是分歧的。五六年前在欧洲的时候,我们差不多没有一次见面不吵架。去年在北京同寓,吵架的机会更多了:为字句,为文体,为象征主义,为‘直觉即表现’。”[⑤]他挖苦梁实秋:“我不相信世界还有第二个国家——除了日本,或者还有美国——能够容忍一个最高学府外国文学系的主任这般厚颜无耻地高谈阔论他所不懂的东西。”著名古希腊研究学者罗念生教授回忆:“1935 年我和宗岱在北京第二次见面,两人曾就新诗的节奏问题进行过一场辩论,因各不相让竟打了起来,他把我按在地上,我又翻过身来压倒他,终使他动弹不得。我警告他,如再动手,我可以一拳送他

---

① 见郭希仁《从戎纪略》附《钱君定三传》。

② 梁宗岱:《诗与真二集·忆罗曼·罗兰》,《梁宗岱文集》Ⅱ(评论卷),第 194,194 页。

③ 鲁迅:《中国小说史略》,《鲁迅全集》第 9 卷,人民文学出版社 1981 年版,第 211 页。

④ 卢岚:《心灵长青——怀念梁宗岱老师》,《梁宗岱文集》Ⅰ(诗文卷·法译卷)“附录”,第 233—240 页。

⑤ 梁宗岱:《诗与真二集·论崇高》,《梁宗岱文集》Ⅱ(评论卷),第 108 页。

回老家。”抗战时期在重庆北碚复旦大学，他和一位中文系长发老教授为一个学术问题争论起来，没几下便交起手，“两人从休息室一直打到院子当间，终于一齐滚进了一个水坑；两人水淋淋爬了起来，彼此相觑一下，又一齐放声大笑。这两位师长放浪形骸的潇洒风度，令一些讶然旁观的学生永远忘不了。”还是温源宁说得好：“宗岱喜好辩论。对于他，辩论简直是练武术，手、腿、头、眼、身一起参加。若一面走路一面辩论，他这种姿势尤为显著：跟上他的脚步，和跟上他的谈话速度一样不容易，辩论得越激烈，他走得越快。他尖声喊叫，他打手势，他踢腿。若在室内，也完全照样。辩论的题目呢，恐怕最难对付的就是朗弗罗和丁尼孙这两位诗人的功过如何。要是不跟宗岱谈，你就再也猜不着一个话题的爆炸性有多大。多么简单的题目，也会把火车烧起来。因此，跟他谈话，能叫你真正筋疲力尽。说是谈话，时间长了就不是谈话了，老是打一场架才算完。”①

1956年，经历了“浮士德”式丰富生活——当然，除了参与社会政治活动外，1944年蒋介石派人坐总统专车招见，他借酒醉不应，以伸诗人意气，不为权贵所熏灼——的梁宗岱，在阔别母校30多年后再次回到康乐园，任中山大学外文系教授。他独立直行的性情依然不改。当政治氛围紧张之时，他还敢于放言“违俗”之论，批评1958年之后的大学校园自由学术空气渐趋稀缺，是因为“现在大家都有戒心，怕抓辫子，受牵连，弄到‘比邻若天涯，老死不相往来’”。他不顾流言提携有天赋的学生，却指责热衷政治而疏于问学的青年：“你应该分一部分精力把法文学好，否则你将成为空头政治家！”他怀疑某种不顾规律的“团结论”，说：“团结要有一定的基础，和一些不学无术的假知识分子怎能搞好团结呢？”最为率性的是，“文革”中看到有人在校园刷写巨幅标语“因为我们是为人民服务的，所以，如果我们有缺点，就不怕别人批评指出”，便出言建议“‘所以’两个字不必要，删去更简洁些”。全然不觉这是领袖语录，不可妄评，更不得作一字修改，径以“诗家语”批改“政治经典”。而与此形成映照的是，梁宗岱在自己的红墙绿瓦小楼购置了三台电唱机，经常邀请同事、学生共坐，手把红酒，欣赏品味西方古典音乐。② 他在交响乐的流转飞扬中以酒为伴，沉酣不已，保持诗心常在，诗脉不坠，完成了重译《莎士比亚十四行诗》、《浮士德》的重要工作。这种“畸人无俗情，静分书句读，戏习酒章程”的行为，与其说是表面可见的“抗俗”，毋宁说是体验生命底里的“沉醉”诗意。他说：“只有醉

① 参李冰封：《想起了梁宗岱先生》，《读书》1991年第7期；杨建民：《争辩——梁宗岱的生活方式》，http://www.gmw.cn/content/2004-12/14/content_123706.htm.

② 参黄建华、赵守仁：《梁宗岱》，第227—265页。

里的人们——以酒，以德，以爱或以诗，随你的便——才能够在陶然忘机间瞥见这一切都浸在‘幽暗与深沉’的大和谐中的境界。”[①]这是生命世界最高的象征主义，梁宗岱完成了他生命诗学最华美的一章。

（原载《中山大学学报（社会科学版）》2010年第5期）

① 梁宗岱：《诗与真·象征主义》，《梁宗岱文集》Ⅱ（评论卷），第71页。

仰望陈寅恪

蔡鸿生

辉煌的笔耕

新编《陈寅恪集》出版告成之际，适逢广州荔枝成熟的季节。夏夜抚卷，浮想联翩。犹忆当年因选修“元白诗证史”之缘，曾在陈宅忝列末座，听寅恪先生关于“荔枝来”与“妃子笑”的妙解，津津有味，久久难忘。他“栖身岭表”二十年留下的教泽，至今依然是康乐园里重要的精神遗产，尽管故居已经人去楼空了。

摆在面前的皇皇十四巨册，文集而兼像集，再现了金明馆主人的睿智和音容，令人叹为观止。至于它究竟能拥有多少“后世相知”，那就要看人们用何种方式去“走近陈寅恪”了。我想，冷比热好，真知灼见是不会烫手的。海内贤俊当会明白，各取所需与“各有灵苗各自探”，大异其趣，相距何其远也。

陈寅恪先生七十九年的生命行程，可以说是一次忧患之旅。在经历过世变、家变和个人的病变之后，他晚年以衰残野老自居，带着“文盲叟”的伤痕和泪痕，自哀而不自弃，继续从事辉煌的笔耕，堪称伟大的灵魂。在作于 1964 年的《赠蒋秉南序》中，寅恪先生悲苦地回顾了以往的经历，并自明心迹道：“凡历数十年，遭逢世界大战者二，内战更不胜计。其后失明膑足，栖身岭表，已奄奄垂死，将就木矣。默念平生固未尝侮食自矜，曲学阿世，似可告慰友朋。”写这段话的时候，他已经七十五岁了。像禅门高僧的临终偈一样，暮年的陈寅恪也在“默念”中拷问自己的灵魂，对平生作出无愧的鉴定：“未尝侮食自矜，曲学阿世。”寥寥十个字，虽说是“告慰”之言，其实大有告诫之意。论资排辈，我不在他的“友朋”之列，只是受业一年，略亲謦欬而已。尽管沙弥缘浅，只要感悟所及，似也不妨合掌问道，探求一下在治学、治生和治心的关系问题上，陈寅恪先生的行谊对晚生后学的示范意义。

任何从事精神生产的人，都离不开人间烟火。“民以食为天”，这对学人也同样是适用的。抗战期间，逃难桂林的陈寅恪，曾写信向傅斯年诉苦：“弟之生性非得安眠饱食

（弟患不消化病，能饱而消化亦是难事）不能作文。”语涉牢骚，实则是平常心的流露，食而后作嘛。这里借用几句洋话来作注脚，但愿不会是画蛇添足。早在19世纪中期，当别林斯基困于穷愁的时候，也曾在挚友屠格涅夫面前抒发过陈寅恪式的愤懑：“在欣赏一尊雕像的美之前，我的权利和我的义务是喂饱我的亲人，也喂饱我自己。”是的，最伟大的脑袋，也无法抗拒肠胃的挑战。谁都得生活，问题是为生而活，还是为活而生。只有庸夫俗子的词典里，才会把“人生观”解读为“人活观”。至于纯正的学人，对此是毫不含糊的。寅恪先生一贯厌恶“阿世”派，曾多次引述东晋伧道人对支愍度的寄语：“无义那可立？治此计，权救饥耳，无为遂负如来也。”援释入儒，是有针对性的。很明显，在这个值得深长思之的僧徒旧话里，救饥属于治生，立义属于治学，是否负如来则属于治心了。前人有言：“小人治迹，君子治心。”直到晚年，陈寅恪仍念念不忘“守伧僧之旧义”，表明脱俗求真是他终生的追求。可惜，这个在陈寅恪诗文中反复出现的“支愍度话题”，尽管意蕴宏深，却不入时眼，似乎已被忘却了。

治心为治学之本。善于治心的人，才能在忧患中奋进。陈寅恪先生在颠沛流离中三校《新唐书》，与命运对着干，其毅力确实惊人。据他自己的题记，完成一校是1939年9月30日，从昆明到香港，患气管炎、肋骨关节炎；二校是1940年12月14日，在昆明，患心悸病；三校是1942年4月13日，香港沦陷不久，“时在忧患疾病穷困之中”。往事如烟，半个世纪过去了，当年的辛酸和苦涩，证明陈寅恪的学术生涯并不甜美，它的原汁原味是足以激励后人的。

多少年来，人们往往被寅恪先生的记忆力所震惊，甚至传为奇人奇事。我也有同感。大学时代听讲《长恨歌》，到释“温泉水滑洗凝脂”一句，他连带提到清故宫武英殿之浴室，一口气就念出了西太后那个长达19字的谥号“慈禧端佑康颐昭豫庄诚寿恭钦献崇熙皇太后”，如数家珍，令人瞠目结舌。然而，他真正难以企及的，并非记诵之功，而是那种非凡的想象力和洞察力。思细如发，深达幽微。按其对历史认识的意义而言，陈寅恪史学可以称为“发覆史学”。破旧说，创新解，发前人所未发，此类事例甚多，早已脍炙人口了。例如：书圣王羲之爱鹅与其家族的天师道信仰有何关系？南方的武陵为什么不是真正的桃花源？唐代宫廷政变的成败系于北门是何道理？“养在深闺人未识”符合杨贵妃的婚史吗？崔莺莺被“始乱终弃”的社会根源何在？为什么弹词体的《再生缘》可与希腊梵文诸史诗相持并论？至于柳如是与钱牧斋的风月谈包含有多少兴亡恨，其破解工夫就更出神入化了。按个人浅见，陈寅恪史学的魅力，可说就在一个“思”字。读其书者，倘若斤斤于汲取考史笺诗的点滴知识，所获必浅；倒不如以追寻思路为务，把阅读当作智力场上的操练，也许更能增进对如何发覆的了解。

陈寅恪对中古史事的研究，完全不靠孤本秘笈，而是从常见书中找突破口，这才显出发覆的本领。几年前，西方汉学界有位热心的朋友，用量化方法分析《隋唐制度渊源略论稿》和《唐代政治史述论稿》两书的史源，发现正史的引用率占 73.14%，略超七成；其余碑刻、笔记和诗文集，占三成弱：可知其研究是以基本文献为主要依据的。靠七成大路货来发覆，非将书读"破"不可。俞平伯先生用"覃思妙想"一语概括了陈寅恪论著的特点，真是知人之言。从早年到晚年，无论是述论、笺证还是考释，寅恪先生都有独特的思路，因而取得"较乾嘉诸老更上一层"的成就。钻味其书就会知道，陈寅恪的历史思维兼有逻辑思维与形象思维的特点，独具一格，非同凡响。他善于对历史情景进行理性的重构，通过"神游冥想"化腐为奇，把历史事物从潜在的状态导向现实的状态，从在场的东西引出不在场的东西。这种奇妙的境界，不能说是史从思出，而是学者的精思复活了死去的历史。作为精神生产的硕果，《陈寅恪集》完全证实了克罗齐的名言："没有这种想象性的重建或综合是无法去写历史或读历史或理解历史的。"

理解历史不容易，被人理解更不容易。陈寅恪在世的时候，曾叹息过"剩有文章供笑骂"，实属无奈。从当年"拔白旗"的情况来看，挨"骂"最多的，似乎是那个经过人工整合的所谓"种族文化史观"。其实，寅恪先生把种族与文化的关系看作是中古史事之关键，正是从历史的深处发覆，由此揭示出一系列以地域利益和文化传承为纽带的社会集团，如关陇集团、河北集团、山东豪杰和婚姻集团等等。批判者似乎义正辞严，指责这是以统治阶级的内部矛盾来代替阶级矛盾；崇敬陈寅恪先生的人则又事后苦苦辩解，"犹抱琵琶半遮面"，申说社会集团虽然不是阶级分析，却是阶层分析，云云。事过数十年，"茶杯里的风暴"早已平息了。现在看起来，陈寅恪对中古社会力量所做的集团化分析，既不是阶级分析，也不是阶层分析，它仅仅是结构分析，即对朝野的社会结构做一个实事求是的分析，有什么可"笑骂"呢？

寅恪先生一辈子不喜欢说教，但对"读史早知今日事"充满信心。他早年已发"从史中求史识"之愿，到老仍不改初志。这意味着在他辉煌的笔耕中，还有一个知人论世的思想层面存于字里行间，明眼人当不会视而不见。下面这段卓越的观察，至今仍有醒世警世的作用：

> 纵览史乘，凡士大夫阶级之转移升降，往往与道德标准及社会风气之变迁有关。当其新旧蜕嬗之间际，常呈一纷纭综错之情态，即新道德标准与旧道德标准，新社会风习与旧社会风习并存杂用，各是其是，而互非其非也。斯诚亦事实之无可如何者。虽然，值此道德标准社会风习纷乱变易之时，此转移升降之士大夫阶级之人，有贤不肖拙巧之别，而其贤者拙者，常感受苦痛，终于消灭而后已。其不肖者巧者，则多享受欢乐，往往富贵荣显，身泰名遂。其故何也？由于善利用或不善利用

> 此两种以上不同之标准及习俗，以应付此环境而已。譬如市肆之中，新旧不同之度量衡并存杂用，则其巧诈不肖之徒，以长大重之度量衡购入，而以短小轻之度量衡售出。其贤而拙者所为适与之相反。于是两者之得失成败，即决定于是矣。（《元白诗笺证稿》第四章）

他还从李商隐在唐代党争的遭遇中，提示了文人自律的必要性："君子读史见玉溪生与其东川府主升沉荣悴之所由判，深有感于士之自处，虽外来之世变纵极纷歧，而内行之修谨益不可或缺也。"（《唐代政治制度史述论稿》中篇）难怪陈寅恪栖身岭表之初，就下定决心"从今饱吃南州饭，稳和陶诗昼闭门"了。

陈寅恪的过人之处，还在于他深刻的历史感。缺了这个，"通识"就无从谈起了。请看他对元稹和白居易的家世源流，有此精辟论述："吾国中古之时，西域胡人来居中土，其世代甚近者，殊有考论之价值。若世代甚远久，已同化至无何纤微迹象可寻者，则止就其仅余之标帜即胡姓一事，详悉考辨，恐未必有何发现"；"故谓元微之出于鲜卑，白乐天出于西域，固非妄说，却为赘论也。"在这个如何理解外族汉化的实例里，世代感构成历史感的基础，具有明显的可操作性，是一点也不虚玄的。可惜，早被陈寅恪摒弃的这类"赘论"，至今还有人旧调重弹，自诩创获，真是不可思议了。

寅恪先生逝世于 1969 年，作古已经多年了。他一生力学精思之所得，已备录于新编《陈寅恪集》中，可供后人学习和研讨。至于"先生之学说，或有时而可商"，那是完全正常的，王国维如此，陈寅恪也是如此。大师并非完人。他们既是历史的人，就有历史的局限性。对此，似应采取海涅对路德的那种态度：

> 我们绝不应当抱怨他的观点的局限性。站在巨人肩上的一个侏儒当然能够比这位巨人看得更远，特别是他戴上一副眼镜的时候；然而为了登高望远却缺乏那种崇高的感情，缺乏那种我们无法取得的巨人的心灵。我们尤其不应对他的缺点下尖酸刻薄的断语；这些缺点比成千人的德行对我们更为有用。（《论德国宗教和哲学的历史》）

崇高的感情和巨人的心灵，陈寅恪兼而有之。他倡导的"独立自由"的学术精神和"神游冥想"的学术风格，随着岁月的推移，必将深入人心，在"后世相知"中开花结果。

"颂红妆"颂

1961 年秋季，正当《柳如是别传》加紧撰作但尚未毕稿之际，吴宓教授远道来访，陈寅恪先生写了题为《辛丑七月雨僧老友自重庆来广州承询近况赋此答之》的律诗一首，内有句云："留命任教加白眼，著书唯剩颂红妆。"[①]同时，寅恪先生向吴宓先生"细述其对柳如是研究之大纲"，后者便在日记中对"颂红妆"的学术构思作出如下的概括：

> 总之，寅恪之研究"红妆"之身世与著作，盖藉此以察出当时政治（夷夏）、道德（气节）之真实情况，盖有深意存焉，绝非清闲、风流之行事……[②]

这是对《柳如是别传》的撰作意旨最真切、最平实的评介，与寅恪先生在《缘起》中的自白完全一致：

> 披寻钱柳之篇什于残阙毁禁之余，往往窥见其孤怀遗恨，有可以令人感泣不能自已者焉。夫三户亡秦之志，九章哀郢之辞，即发自当日之士大夫，犹应珍惜引申，以表彰我民族独立之精神，自由之思想。何况出于婉娈倚门之少女，绸缪鼓瑟之小妇，而又为当时迂腐者所深诋，后世轻薄者所厚诬之人哉！[③]

很明显，吴宓先生所指的"深意"，即是寅恪先生力求表彰的精神和思想。一言以蔽之，"颂红妆"，就是颂独立，颂自由。《别传》的题材是独特的，寄托是遥深的。后人也许会困惑不解，在那个"不爱红装爱武装"的年代，陈寅恪居然为风流才女立传，岂不是又悖时又落伍么？其实，它作为激楚苍凉的民族心灵之歌，形式上发思古之幽情，实质上发潜德之幽光。既"痛哭古人"，又"留赠来者"，[④]其基本倾向并非怀旧，而是面向明天。

（一）陈寅恪史学的"红妆"系列

在中国古典语言中，"红妆"与"红袖"，更不必说"红粉"，在语义上是有重大差别的。如果说"红妆"不仅是女性的标志，而且在文化品位上可以相当于"才女"的话，那么，陈寅恪先生对"红妆"的研究，就不是始于《柳如是别传》或《论再生缘》，而是由来已久，源远流长了。

---

① 陈美延、陈流求编：《陈寅恪诗集》，清华大学出版社 1993 年版，第 113 页。

② 吴学昭：《吴宓与陈寅恪》，清华大学出版社 1992 年版，第 145 页。

③ 陈寅恪：《柳如是别传》上册，上海古籍出版社 1980 年版，第 4 页。陈氏的《论再生缘》，也同样有颂独立、颂自由之意："再生缘一书，在弹词体中，所以独胜者，实由于端生之自由活泼的思想，能运用其对偶韵律之词语，有以致之也。故无自由之思想，则无优美之文学，举此一例，可概其余。此易见之真理，世人竟不知之，可谓愚不可及矣。"

④ 《柳如是别传》下册，第 1224 页。

早在1919年，寅恪先生还是一名就读于哈佛大学的青年学子，他就已经对历史上的儿女之情作了全面思考和类型分析：

> 陈君又论情之为物，以西洋所谓Sexology(性学)之学，及欧洲之经历参证之，而断曰：(一)情之最上者，世无其人，悬空设想，而甘为之死，如《牡丹亭》之杜丽娘是也。(二)与其人交识有素，而未尝共衾枕者次之，如宝黛等及中国未嫁之贞女是也。(三)又次之，则曾一度枕席，而永久纪念不忘，如司棋与潘又安，及中国之寡妇是也。(四)又次之，则为夫妇，终身而无外遇者。(五)最下者，随处接合，惟欲是图，而无所谓情矣。[①]

在当年寅恪先生心目中，第五类即“最下者”不登“情”榜，把“欲”从“情”中排除出去，才能维护“情”的纯洁性。这种“纯情”研究，可说是“红妆”研究的滥觞。

按编年顺序，陈寅恪史学中的“红妆”系列，似乎可以这样排比：

1935年	武则天	见《武曌与佛教》
1936年	秦妇	见《读秦妇吟》
1941年	崔莺莺	见《读莺莺传》
1944年	杨贵妃	见《长恨歌笺证》
	韦丛	见《元微之悼亡诗笺证稿》
	琵琶女	见《白香山琵琶引笺证》
1952年	婚姻集团	见《记唐代之李武韦杨婚姻集团》
1953年	陈端生	见《论再生缘》
1954—1964年	柳如是	见《柳如是别传》

从30年代中期分析武曌身世与佛教信仰的关系，到60年代中期完成钱柳因缘诗笺释，数十年间，女性研究在寅恪先生的历史研究中，不仅没有削弱，反而逐步加强，直至垂老之年，“著书唯剩颂红妆”，岂不是一代宗师的一大奇迹！如是说，要完整地把握陈寅恪的历史观，就不能忽视他的妇女观，也许不至于会是捕风捉影吧。

陈寅恪先生在妇女问题上的卓越史识，并非表现在具有《庄子·天道篇》所说的那种“嘉孺子而哀妇人”的悲悯胸怀，而是用人文主义的锐敏眼光，透过贵贱的外表，去发现女性中蕴蓄极深的英雄气质。分析一下前述那个“红妆”系列的社会构成，可以看出

---

① 吴学昭：《吴宓与陈寅恪》，第15页。

主体角色并非贤妻良母，而是一批不同层次的巾帼奇才。只有韦丛例外，她是因为体现了“贫贱夫妻，关系纯洁”[①]才入选的。至于武、韦、杨之类的后妃，无一不是后宫佳丽中的出类拔萃者。难民潮中的秦妇，不同于一般弃妇；琵琶女是沦落天涯的才女，崔莺莺是被“始乱终弃”的河东丽人；而陈端生作为惊世骇俗的“小女子”，则犹如凤毛麟角，更加受到陈寅恪先生的激赏：

> 噫！中国当日知识界之女性，大别之，可分为三类。第一类为专议中馈酒食之家主婆。第二类为忙于往来酬酢之交际花。至于第三类，则为端生心中之孟丽君，即其本身之写照，亦即杜少陵所谓“世人皆欲杀”者。前此二类滔滔皆是，而第三类恐止端生一人或极少数人而已。抱如是之理想，生若彼之时代，其遭逢困厄，声名湮没，又何足异哉！又何足异哉！[②]

在这里，寅恪先生通过陈端生的“个案”，揭示了“红妆”类女性悲剧命运的历史根源，即理想与时代的冲突，人性与社会的冲突。巾帼奇才的悲剧结局之所以能够传诵百代，正因为胭脂泪中凝聚着民族魂。人们往往认为，与西方古典文明相比，中华文化缺乏悲剧传统，灵魂震撼强度较弱，精神上不够昂扬，实为一大憾事。读了寅恪先生的“红妆”系列，似乎可以无憾了。正如他分析叙事言情七言排律之长篇巨制《再生缘》之后，指出“世人往往震矜于天竺希腊及西洋史诗之名，而不知吾国亦有此体”[③]一样，寅恪先生呕心沥血的“红妆”研究，又为世人揭示了与“大团圆”大异其趣的孤怀遗恨，大大地丰富了华夏的悲剧性心史。在他笔下，即使是金屋名媛的悲欢，也带有一股庄严的气息，这是明明白白的。

我完全相信，晚年陈寅恪“著书唯剩颂红妆”，并非孤鸿落照，意味着从政治史和制度史的前沿作出无可奈何的退却。事实上，“推寻衰柳枯兰意，刻画残山剩水痕”，[④]正是来自他的文化使命感：“今上距钱柳作诗时已三百年，典籍多已禁毁亡佚，虽欲详究，恐终多讹脱。若又不及今日为之，则后来之难，或有更甚于今日者，此寅恪所以明知此类著作之不能完善，而不得不仍勉力为之也。”《柳如是别传》熔史识与情思于一炉，宣扬正气，反对屈辱，把河东君遗事提升到优美感与崇高感合一的高度。洋洋八十万言，证明陈寅恪先生是在“卧榻沉思”中追寻那种他惟恐失落的民族精神，自觉地承担起华夏文化的托命，决不可与自娱式的“文儒老病销愁送日之具”等量齐观。

---

① 陈寅恪：《元白诗笺证稿》，上海古籍出版社 1978 年版，第 106 页。

② 陈寅恪：《寒柳堂集》，上海古籍出版社 1980 年版，第 60 页。

③ 同上书，第 64 页。

④ 陈美延、陈流求编：《陈寅恪诗集》，第 105 页。

(二)《柳如是别传》是“天下兴亡匹妇有责”的赞歌

在波澜壮阔的《别传》中,钱柳因缘表现为“女侠名姝、文宗国士”[①]的生死之交。侠气、才气和骨气,在柳如是身上,可说是三者合一的。这种“无礼法之拘牵”的另类女性,是明末江南社会风气的产物:

> 寅恪尝谓河东君及其同时名姝,多善吟咏,工书画,与吴越党社胜流交游,以男女之情兼师友之谊,记载流传,今古乐道。推原其故,虽由于诸人天资明慧,虚心向学所使然。但亦因其非闺房之闭处,无礼法之拘牵,遂得从容与一时名士往来,受其影响,有以致之也。清初淄川蒲留仙松龄聊斋志异所纪诸狐女,大都妍质清言,风流放诞,盖留仙以齐鲁之文士,不满其社会环境之限制,遂发遐思,聊托灵怪以写其理想中之女性耳。实则自明季吴越胜流观之,此辈狐女,乃真实之人,且为篱壁间物,不待寓意游戏之文,于梦寐中求之也。若河东君者,工吟善谑,往来飘忽,尤与留仙所述之物语仿佛近似,虽可发笑,然亦足藉此窥见三百年前南北社会风气歧异之点矣。(《柳如是别传》第三章)

柳如是作为现实化的“狐女”,自有其风流怪诞的特性。妓中有侠,清代的袁枚早就这样说过了。在《答杨笠湖》信中,他斩钉截铁地断言:“妓中有侠者,义者,能文者,工伎艺者,忠国家者,史册所传,不一而足。”因此,结论如金石声:“伪名儒,不如真名妓。”按气节而言,“真名妓”柳如是确是“伪名儒”钱牧斋所望尘莫及的。早在青春时代,柳如是参与风流儒雅的杞园之宴,其谈吐和风度,已经表现出非凡的魅力。陈寅恪先生写道:

> 河东君往往于歌筵绮席,议论风生,四座惊叹。故吾人今日犹可想见是夕杞园之宴,程、唐、李、张诸人,对如花之美女,听说剑之雄词,心已醉而身欲死矣。[②]

河东君的青春活力,经过社会巨变的磨练,变得越来越刚烈。1954年,寅恪先生赋《题初学集并序》一律,在“谁使英雄休入彀”句下自注云:“明南都倾覆,牧斋随例北迁,河东君独留金陵。未几牧斋归。然则河东君之志,可以推知也。”[③]这种在乙酉(顺治二年,1645)之变后独留金陵的“河东君之志”,随后表现得更加激越。顺治三年(1646),黄毓

---

① 《柳如是别传》上册,第3页。

② 同上书,第175页。

③ 《陈寅恪诗集》,第86页。

祺在舟山起义抗清，柳如是“闺阁心悬海宇旗”(钱牧斋《后秋兴》之四)，亲自到舟山慰劳义师。为了重新装备神武伯姚志卓的抗清残部，把“装五百罗汉之议”付诸实施，柳如是不惜“破除服珥装罗汉”(钱牧斋《后秋兴》之三)，让首饰转化为兵器。倘若反清复明成功，饮水思源，她也有资格被人尊为“罗汉妈妈”了。

这位女侠的壮志，究竟如何形成？寅恪先生作过一番深达幽微的回溯，把时间地点定于崇祯八年(1635)几社名流的南园宴集：

> 当时党社名士颇自比于东汉甘陵南北部诸贤。其所谈论研讨者，亦不止于纸上之空文，必更涉及当时政治实际之问题。故几社之组织，自可视为政治小集团。南园之宴集，复是时事之座谈会也。河东君之加入此集会，非如《儒林外史》之鲁小姐以酷好八股文之故，与待应乡会试诸人共习制科之举业者。其所参预之课业，当为饮酒赋诗。其所发表之议论，自是放言无羁。然则河东君此时之同居南楼及同游南园，不仅为卧子之女腻友，亦应视为几社之女社员也。前引宋让木《秋塘曲序》云：“坐有校书，新从吴江旧相家，流落人间。凡所叙述，感慨激昂，绝不类闺房语。”可知河东君早岁性情言语，即已不同于寻常闺房少女。其所以如是者，殆萌芽于吴江故相之家。盖河东君夙慧通文，周文岸身旁有关当时政治之闻见，自能窥知涯涘。继经几社名士政论之薰习，其平日天下兴亡匹“妇”有责之观念，因成熟于此时也。①

由萌芽，经薰习而臻于成熟，构成一名“女侠”循序渐进的心路历程。因此，柳如是以出自北里章台之身，而具有沉湘复楚之志，就完全可以理解了。

下面，对“天下兴亡匹妇有责”的柳如是观念，试作一点解释。寅恪先生给河东君政治思想所下的这个考语，使我们不能不到顾炎武的著作中去探求“天下”一词的文化内涵。《日知录》说：

> 有亡国，有亡天下。亡国与亡天下奚辨？曰：改姓易号，谓之亡国；仁义充塞，而至于率兽食人，人将相食，谓之亡天下。
>
> 保国者，其君其臣肉食者谋之；保天下者，匹夫之贱，与有责焉耳矣。

这段“天下兴亡，匹夫有责”的著名言论，章太炎在《革命道德说》一文中，又更明确地强

① 《柳如是别传》上册，第282页。

调它的精义所在：

余深有味其匹夫有责之说，今人以为常谈，不悟其所重者在保持道德而非政治经济之云云。

有顾说在前，又有章释在后，可知礼义存则“天下”存。所谓以“天下”为己任的问题，无非是道德气节的问题。遗民的天职，就是在易代之际避免文明的野蛮化。即使为此付出生命，也应当在所不惜。身为“匹妇”的柳如是，通过“独留金陵”、劳军和助饷等实际行动，表明她抱高风亮节不坠。正像顾炎武所说那样：“人间尚有遗民在，大节难随九鼎沦。”奇女志与遗民心相结合，使柳如是成了常熟“红豆庄”里的一盏红灯。

《柳如是别传》以钱柳因缘为主轴，为人们提供了明清之际一个长长的遗民画廊，再现了“三户亡秦之志，九章哀郢之辞”在17世纪中期的特殊表现形式。处于中心位置的柳如是，“更无花态度，全是雪精神”（辛弃疾《临江仙》）。《别传》第四章云：“陈（圆圆）董（小宛）柳（如是）三人皆为一时名姝，陈董被劫，柳则独存。人事环境，前后固不相似，而河东君特具刚烈性格，大异当时遭际艰危之诸风尘弱质，如陈董者，实有以致之。”“红妆”有高下勇怯之分，不可同日而语。经过寅恪先生的博考详辨，可知这位“旷代难逢之奇女子”少怀大志，青年时代已用“天下兴亡匹妇有责”来自励自期，直至康熙三年（1664）六月“披麻就缢，解绖投缳”，始终未改初志。像这样的“红妆”史，当然可歌，可泣，可颂。它的作者陈寅恪先生，也有权可以自豪地宣告：“老来事业未荒唐。”

（三）为谁“颂红妆”

《柳如是别传》是一部悲壮的书。无论从传主的际遇还是从撰作的过程来看，都是如此。寅恪先生写于1964年的“稿竟说偈”可以为证：

奇女气销，三百载下。孰发幽光，陈最良也。
嗟陈教授，越教越哑。丽香群闹，皋比决舍。
无事转忙，然脂暝写。成卌万言，如瓶水泻。
怒骂嬉笑，亦俚亦雅。非旧非新，童牛角马。
刻意伤春，贮泪盈把。痛哭古人，留赠来者。

偈后题记，郑重其事：“钱柳逝世三百年岁次甲辰夏月陈寅恪书于金明馆时年七十五。”偈语中愤懑之气毕露，定稿改得略为含蓄，不妨比较一下：

> 刺刺不休，沾沾自喜。忽庄忽谐，亦文亦史。
> 述事言情，悯生悲死。繁琐冗长，见笑君子。
> 失明膑足，尚未聋哑。得成此书，乃天所假。
> 卧榻沉思，然脂暝写。痛哭古人，留赠来者。

尽管两偈命意隐显有别，但"痛哭古人，留赠来者"则同出一辙。如果据此断言，陈寅恪仅仅为"古人"和"来者"而"颂红妆"，那就完全忽视他"然脂暝写"的现实性了。作为一位盲于目而不盲于心的卓越学人，陈寅恪的历史思维难免被世变的实际进程所牵引和激发。像《述东晋王导之功业》及《论唐高祖称臣突厥事》之类的文章，显然就不是为回顾而回顾的。《柳如是别传》作为"文盲叟"的心史（有"珍重承天寺中水"、"欲将心事寄闲言"之句为证），其实是在"世变"中写"世变"，把身世感与历史感揉成一团，浓缩着他的人生哲学。从根本上说，这部"怒骂嬉笑"的书，是为"居今日历世变之君子"说法的。其中带有哲理性的头等大事，就是以气节为核心的生死观。对这个人生的大节问题，陈寅恪先生是费大力、施重彩来论证的。请看他从陈卧子、钱牧斋、柳如是的离合因缘中，引出什么样的悲壮结论：

> 庚辰后五年为顺治二年乙酉，明南都倾覆，河东君年二十八，牧斋年六十四。河东君虽愿与牧斋同死，而牧斋谢不能。庚辰后六年为顺治三年丙戌，卧子殉国死，年三十九。河东君年二十九。庚辰后八年为顺治五年戊子，牧斋年六十七，河东君年三十一。牧斋以黄毓祺案当死，而河东君救之，使不死。庚辰后二十四年为康熙三年甲辰，牧斋年八十三，河东君四十七，两人先后同死。由是言之，河东君适牧斋，可死于河东君年二十九，或三十一之时，然俱未得死。河东君若适卧子，则年二十九时，当与卧子俱死，或亦如救牧斋之例，能使卧子不死。但此为不可知者也。呜呼！因缘之离合，年命之修短，错综变化，匪可前料。属得属失，甚不易言。河东君之才学智侠既已卓越于当时，自可流传于后世，至于修短离合，其得失之间，盖亦末而无足论矣。因恐世俗斤斤于此，故取三人之关于此点者，综合排比之，以供参究。寅恪昔撰王观堂先生挽诗云："但就贤愚判死生，未应修短论优劣。"意旨可与论河东君事相证发也。[①]

在陈寅恪心目中，柳如是"才学智侠"俱全，无异理想化的人格标本，可供"居今日历

① 《柳如是别传》中册，第564页。

世变之君子”(包括所谓“白头学究”或“白头宫女”)作为立身处世的一面镜子,从中省察贤愚和优劣,以免陷入曲学阿世的精神危机而不能自拔。像他这样“悯生悲死”,寓警世于言情,显然已经达到理性化和道德化的高度了。

《柳如是别传》是陈寅恪先生在“失明膑足”的情况下“十年辛苦不寻常”的心血结晶,“得成此书,乃天所假。”唱完这首悲歌的时候,他已经人比黄花瘦了。然而,书比人长寿。有这样一部“亦文亦史”的巨著传世,“以表彰我民族独立之精神,自由之思想”,乃是华夏文化之幸,也是华夏文化之光。

陈寅恪与中国突厥学

20 世纪初期,当陈寅恪先生以“求学之故,奔走东西洋数万里”①的时候,正值突厥学在国际范围内迅速兴起。1894 年,丹麦语言学家汤姆森在哥本哈根发表《鄂尔浑叶尼塞突厥碑文的解读》一书,揭开了鲁尼体古突厥文之谜;1893、1899、1905 和 1911 年,俄国语言学家拉德洛夫在圣彼得堡连续刊印四卷本的《实验突厥方言辞典》,为突厥语的比较研究奠定了基础;1900 年,俄国历史学家巴托里德在圣彼得堡出版《蒙古入侵时期的突厥斯坦》,把中亚史地研究推到一个新阶段;1903 年,法国汉学家沙畹的名著《西突厥史料》,也在圣彼得堡问世,展示了用中西文献互证的方法研究中亚突厥史的广阔前景。面对着世界学术的新潮流,寅恪先生奋励潜研,成了一名卓越的“预流”者。任教清华期间,他除讲授中亚史地课程外,还指导学生研究北朝胡姓和突厥官制。在《朱延丰突厥通考序》中,寅恪先生回顾自己与突厥研究的关系说:“龚自珍云,但开风气不为师。寅恪之与西北史地之学,适同瑶人之所志。”②从留学时代的“预流”到回国后的“开风气”,寅恪先生对中国突厥学的直接贡献,并不是译释突厥碑,而是研究突厥史,尤其是唐帝国与突厥汗国的政治关系史。在这方面,也像在其他学术领域一样,他给后人留下了可贵的成果和经验。

(一)

6 世纪中期兴起于阿尔泰南部的突厥汗国,在鼎盛的木杆可汗时代(553—572),“其地东自辽海以西,西至西海万里,南自沙漠以北,北至北海五六千里,皆属焉”(《周书》卷五〇《突厥传》)。这个以阿史那氏为首的军事行政联合体,到隋唐之际,虽分裂成东西两大汗国,仍然是当时亚洲内陆一股举足轻重的政治力量。

---

① 《寒柳堂集》,第 162 页。

② 同上书,第 145 页。

寅恪先生摒弃了那种把突厥史作为隋唐史附属品的陈旧观念,充分认识突厥汗国的历史地位。他在《论唐高祖称臣于突厥事》一文中,[①]作出"突厥在当时实为东亚之霸主"的结论。唐高祖向突厥称臣,是唐室讳莫如深的"国耻",但从隋末争雄的国内外政治环境看,又是势在必行的权宜性"国策"。寅恪先生对此作了鞭辟入里的分析,掏出了温大雅《大唐创业起居注》曲为唐讳之苦心。下列两点,尤有"发覆"之功:第一,太原起兵改旗帜以示突厥,并非纯用突厥白旗,而是绛白相杂。按寅恪先生锐敏的观察,"唐高祖之不肯改白旗而用调停之法兼以绛杂半续之者,盖欲表示一部分之独立而不纯服从突厥之意"。第二,太宗与突厥可汗结盟,是按"突厥法"行事而成了"香火兄弟","故突厥可视太宗为其共一部落之人,是太宗虽为中国人,亦同时为突厥人矣!"这就说明,在隋末群雄中,李唐一支虽无例外地"北面称臣",但却比刘武周辈有更高的独立性和策略性。

十年之后,唐室转弱为强,太宗击败颉利可汗,一举而摧毁了阿史那氏在漠北的统治,赢得了"天可汗"的国际性荣誉。这个新均势是怎样形成的?"寅恪案:北突厥或东突厥之败亡除与唐为敌外,其主因一为境内天灾及乱政,二为其他邻接部族回纥薛延陀之兴起两端,故授中国以可乘之隙。否则虽以太宗之英武,亦未必能致如是之奇迹。"[②]在这里寅恪先生把"奇迹"归于"外族盛衰之连环性",而不是唐太宗个人的英雄气质。其史识之卓越,较之那种口头上反英雄史观,实际上行个人崇拜的时髦学者,何止霄壤之别。

唐与突厥霸权地位的急剧转化,很容易诱导出非科学的历史神话。寅恪先生有鉴于此,语重心长地写道:"唐代武功可称为吾民族空前盛业,然详究其所以与某甲外族竞争,卒致胜利之原因,实不仅由于吾民族自具之精神及物力,亦某甲外族本身之腐朽衰弱有以招致中国武力攻取之道,而为之先导也。国人治史者于发扬赞美先民之功业时,往往忽略此点,是既有违学术探求真实之旨,且非史家陈述覆辙,以供鉴诫之意,故本篇(指《唐代政治史述论稿》下篇)于某外族因其本身先已衰弱,遂成中国胜利之本末,必特为标出之,以期近真实而供鉴诫,兼见其有以异乎夸诬之宣传文字也。"[③]真是金玉之声!一个史识与史德统一的典范,跃然纸上。在烽火连天的40年代,在南驰苍梧的逃难途中,寅恪先生用他一贯的高度谨严来处理"赞美"与"求真"的关系,给"先民之功业"以实事求是的评价,坚决与那种"夸诬宣传文字"划清界线。这条重要的学术经验,到了开放时代的今天,依然没有失去时效。

---

① 《寒柳堂集》,第97—108页。
② 《唐代政治史述论稿》,第131页。
③ 同上书,第129页。

（二）

在唐帝国的政治生活中，突厥籍和突厥化的蕃将，占有十分重要的地位。寅恪先生的《论唐代之蕃将与府兵》，[①]既揭示了唐代蕃将社会基础的演变，又论证了蕃将所特有的使用价值。

寅恪先生指出："治唐史者习知唐之用蕃将矣，然似未能辨唐代初期即太宗、高宗之用蕃将，与后来玄宗之用蕃将有重要之区别。"前期名将如阿史那社尔、契苾何力，后期名将如安禄山、哥舒翰，都曾为唐帝国建立过战功。但他们的社会地位是完全不同的，前期取自上层，后期取自下层。"太宗所任之蕃将为部落酋长，而玄宗所任之蕃将乃寒族胡人"，任用对象由部落酋长变成寒族胡人，是为了瓦解同一部落之内部酋与部属之间的从属关系，避免形成割据的局面。不过，"太宗、玄宗任用蕃将之类别虽不同，而有任用蕃将之必要则相等。蕃将之所以被认为重要，在其部落之组织及骑射之技术"。为了阐明蕃将这种特有的使用价值，寅恪先生将游牧民族与农业民族的军事组织和军事技术进行比较研究，从中引出了两个重要结论：第一，骑射技术的优越性："骑马之技术本由胡人发明，其在军队中有侦察敌情及冲陷敌阵两种最大功用"；"至弓矢之用，若不与骑马配合，则仅能防守，而不能进攻，只可处于被动之地位，而无以发挥主动进攻之效用。"第二，部落组织的凝聚力："其酋长即父兄，任将领。其部众即子弟，任兵卒。即本为血胤之结合，故情谊相通，利害与共。远较一般汉人以将领空名，而统率素不亲切之士卒者为优胜。"[②]

寅恪先生这些精确的论断，具有普遍的学术意义。从历史上看，骑射技术和部落组织，确实是古代游牧帝国的两大法宝。在匈奴、突厥、蒙古三次向西扩张的浪潮中，均曾显现过"控弦之士"的强大威力。"挚仲洽谓杜元凯春秋释例本为左传设，而所发明，何但左传。"同样，寅恪先生对突厥兵制和装备的分析，其学术价值也是超出突厥史的范围的。

（三）

突厥语在唐代文献中的遗存，当然也在寅恪先生研究之列。他对"纥逻敦"和"唐家子"所作的勘同和考释，同样具有"开风气"的示范作用。

白居易新乐府《阴山道》一诗，有"纥逻敦肥水泉好"之句。寅恪先生是这样解释的："纥逻敦一词不易解。疑'纥逻'为 Kara 之译音，即玄黑或青色之义（见 Radlloff 突厥方言字典贰册壹叁贰页）。'敦'为 Tunā 之对音简译，即草地之意（见同书叁册壹肆肆拾

---

① 《金明馆丛稿初编》，第 264—276 页。

② 同上书，第 269 页。

页）。岂‘纥逻敦’者，青草之义耶？若取‘草尽泉枯马病羸’句之以草水并举者，与此句相较，似可证成此说也。”[①]

突厥文《阙特勤碑》和《暾欲谷碑》，均称中国为 tabrac，并搭配成下列词组：tabracal（中国朝廷）、tabracbudun（中国百姓）。寅恪先生在校读新、旧唐书时，多次批注这个突厥字是当时俗语“唐家”的对音，《旧唐书》卷一九四和一九五，共有四处“唐家”字样，在《新唐书》中全被删掉。对此，寅恪先生作出明确判断：“唐家二字，新书删，新书之删去，足征其为当时俗语，与阙特勤碑突厥文合。”[②]

寅恪先生拥有丰富的突厥语知识，但他并不滥用对音。相反，一旦涉及突厥语与汉语的勘同，他总是持之以谨，多方求证，决不轻下断语。这种严肃的科学态度，对于一切探讨“塞表殊族之史事”的人来说，都是值得学习的榜样。

（四）

寅恪先生游学海外多年，深知近世西洋学术锐进，日新月异。为振兴中华学术，他郑重告诫学人：“今世治学以世界为范围，重在知彼，绝非闭户造车之比。”[③]从他的著述和讲学中，我们得知寅恪先生对俄国突厥学三院士（拉德洛夫、巴托里德和马洛夫）的成就，是十分熟悉的。拉德洛夫《辞典》是他“所藏最好的东方语言学书籍”[④]之一，曾多次引用过。谈到自己治学“深受西洋学者的影响”，其中就提到巴托里德（西洋学术界誉他为“突厥斯坦的吉本”）的名字。[⑤] 对马洛夫在肃州所获的《金光明经》突厥系文本，他也参考无遗。[⑥]

放眼世界做学问，是陈寅恪先生留给后人的光辉遗教。在改革开放的今天，尤其具有直接实践的意义。当代西方突厥学正在向两头深入：一头探索古突厥经济制度（俄国突厥学家克列什托尔内的近期工作），一头探索古突厥社会心理（法国突厥学家巴赞的近期工作）。新的风气正在形成，“重在知彼”，中国突厥学必须走向世界。

从支愍度学说到支愍度话题

1933 年，蔡元培先生六十五岁诞辰，学界名流，撰文祝寿，辑成纪念论文集两卷。洋洋大观，反映了人文科学各个领域的新进展，堪称一次学术的盛宴。

---

① 《元白诗笺证稿》，第 255 页。
② 《陈寅恪先生编年事辑》，第 98 页。
③ 《金明馆丛稿二编》，第 318 页。
④ 《陈寅恪先生编年事辑》，第 130 页。
⑤ 同上书，第 51 页。
⑥ 《金明馆丛稿二编》，第 256 页。

陈寅恪先生提交的祝寿论文《支愍度学说考》(见《金明馆丛稿初编》),是他风华正茂时期的精心之作,对大乘佛教般若学的中国化及其义理和方法,作了匠心独运的发覆。阐释精辟,胜义纷呈。尤有进者,支愍度事迹是陈寅恪后半生难解难分的情结,被注入深沉的身世感,成了他诗文中一个不断出现的话题。可以说,《支愍度学说考》不仅考出佛学流派,而且考出人生哲理,是陈寅恪"从史中求史识"的典范。他一直到死都"守伧僧之旧义",难道还不足以发人深思么?

(一)《支愍度学说考》的文化理念

所谓"支愍度学说",指的是佛教大乘般若学心无义。这个宗派的立说者支愍度,是一位胡姓汉名的和尚。按中古惯例,"支"表明月支血统,"愍度"则含有"愍世度人"之意。其人应为汉化已深的土生胡,籍贯不详,只知为豫章山(浙江龙泉)的一名高僧,是西晋末年从北方渡江过来的。据寅恪先生考证,支愍度学说包括义理和方法,合成一个佛学的新"宗"。

(一)理——心无义。大乘佛教的般若学属空宗,其核心是"空色",即本体与现象的关系。支愍在江南宣扬的所谓"心无"义,即般若学中的一说。"般若"意为智慧,即"种智"(一切种智):"种智之体,豁如太虚,虚而能知,无而能应。"他说的"无",其实是"无心于物,物未尝无",即仍以物为有。可知,心无义是尊崇现象而轻视本体,陈先生认为此义"与主张绝对唯心论者不同",任继愈先生推得更高,指出"有唯物主义的倾向"(《汉唐佛教思想论集》第 44 页)。"心无"二字从何而来?东汉译本《道行般若波罗蜜经》卷一开宗明义:"有心无心",失其正读便成了"有'心无'心"。如此解经,显然,不是出于误读,而是有意附会,即用"虚无"解释"空",以迎合东晋时代佛玄合流的思潮。魏晋玄学崇老庄,主张名教即自然。杜牧《润州》:"大抵南朝皆旷达,可怜东晋最风流。"要言不烦,道尽了时代精神。

(二)法——"格义"和"合本"。一为学理,一为方法。"格义"是"以经中事数拟配外书",如"三归"(佛、法、僧)配"君子三畏"(畏天命、畏圣人、畏大人之言),"五戒"(杀、盗、淫、妄、酒)配"五常"(仁、义、礼、智、信)。前述用虚、无释"空",也属此类。从历史上看,两种异质文化的接触,要以"格"为"桥",才能沟通。支愍度犹如搭桥人,步西晋僧徒竺法雅之后尘,取内典与外书相配拟,借"格义"说"心无",正如寅恪先生所明断:"为我民族与他民族二种不同思想初次之混合品。"在中印文化交流史上,支愍度有不可没之功。

"合本",即集合不同译本探讨经义,支愍度也有作为,所著《合维摩诘经五卷》《合首楞严经八卷》,均有裨于内典的解读。"合本"之法,相当于近代的比较研究法,从"同本异译"求本义,也是支愍度的一大发明。

经过博考详辨,寅恪先生充分肯定了支愍度学说的历史地位:

夫"格义"之比较,乃以内典与外书相配拟。"合本"之比较,乃以同本异译之经典相参校。其所用之方法似同,而其结果迥异。故一则成为傅会中西之学说,如心无义即其一例,后世所有融通儒释之理论,皆其支流演变之余也。一则与今日语言学之比较研究法暗合,如明代员珂之楞伽经会译者,可称独得合本之遗意,大藏此方撰述中罕见之作也。当日此二种似同而实异之方法及学派,支愍度俱足以代表之。

支愍度学说并非坐床静思的产物,它是在忧患意识中创立的。据《世说新语·假谙篇》云:

愍度道人始欲过江,与一伧道人为侣,谋曰:用旧义往江东,恐办不得食,便共立心无义。既而此道人不成渡。愍度果讲义积年。后有伧人来,先道人寄语云:为我致意愍度,无义那可立?治此计,权救饥尔,无为遂负如来也。

事在东晋初年,约4世纪二三十年代。"旧义"依据西来原意,应承认"种智是有,万物空无"。"无义"则为救饥而立,一"无"到底,难免有负如来了。因此,人们在"世变"中究竟是守旧义还是树新义,便成为事关气节的严峻考验,难怪陈寅恪对支愍度事迹念念不忘。

(二)陈寅恪诗文的支愍度话题

从30年代到60年代,陈寅恪诗文涉及支愍度话题共六次,现按先后顺序,略作如下说明。

第一次,1932年《与刘叔雅论国文试题书》,追溯"格义"的历史渊源及其局限性,主张:"今日中国必先将国文文法之'格义'观念,摧陷廓清,然后遵循藏缅等与汉语同系语言,比较研究之途径进行,将来自可达到真正中国文法成立之日。"

第二次,1938年《残春》诗作于云南蒙自,有"过江愍度饥难救"之句,慨叹自己在流亡生活中的困境。

第三次,1940年作《陈垣明季滇黔佛教考序》。从支愍度话题入手,抒发了一位纯正学人在国难中的心声:

呜呼!昔晋永嘉之乱,支愍度始欲渡江,与一伧道人为侣。谋曰:用旧义往江东,恐不办得食,便共立心无义。既而此道人不成渡,愍度果讲义积年。后此道人寄语愍度云,心无义那可立,治此计,权救饥耳,无为遂负如来也。忆丁丑之秋,寅恪别先生于燕京,及抵长沙,而金陵瓦解。乃南驰苍梧瘴海,转徙于滇池洱海之区,亦将三岁矣。此三岁中，天下之变无穷。先生讲学著书于东北风尘之际，寅恪入城乞食于西南天地之间，南北相望，幸俱未树新义，以负如来。

序言将杜甫《咏怀古迹》的诗句“支离东北风尘际，漂泊西南天地间”也溶化其中，真是百感交集、感慨万千了。

第四次，1942年《由香港抵桂林》诗，在“江东旧义饥难救”句下自注“支愍度事”。当时经历的艰危境况，他在6月19日致傅斯年函中说得一清二楚：

此次九死一生，携家返国，其艰苦不可一言尽也。可略述一二，便能推想。即有二个月之久未脱鞋睡觉，因日兵叩门索“花姑娘”之故，又被兵追迁四次；至于数月食不饱，已不肉食者，历数月之久，得一鸭蛋五人分食，视为奇珍。此犹物质上之痛苦也，至精神上之苦，则有汪伪之诱迫，陈璧君之凶恶，北平“北京大学”之以伪币千元月薪来饵，伪督及汉奸以二十万军票（港币四十万），托办东亚文化会及审查教科书等，虽均已拒绝，而无旅费可以离港，甚为可忧。当时内地书信继绝，沪及广州湾亦不能通汇，几陷于绝境。忽于四月底始得意外之助，借到数百港元，遂买舟至广州湾，但尚有必须偿还之债务，至以衣鞋抵值始能上船，上船行李皆须自携，弟与内子俱久患心脏病，三女皆幼小均不能持重物，其苦又可想见矣。幸冒险将二年来在港大讲稿携出，将来整理或可作一纪念也。（见《书信集》第87—88页）

为了“不负如来”，陈寅恪一家付出了多么沉重的代价！

第五次，1951年作《送朱少滨教授退休卜居杭州》，中有“江东旧义头盈雪”之句，并自注“支愍度事见世说新语”。

第六次，1965年撰《先君致邓子竹丈手札二通书后》，内云：“乞仙令之残砂，守伧僧之旧义。”表明寅恪先生在“山雨欲来风满楼”的“文革”前夕，仍一如既往，坚持高风亮节，决心守“旧义”以终。

除第一次属于阐述学理外，其余五次，均抒发身世之感，取支愍度的“古典”，寓陈寅恪的“今典”。在他的心目中，支愍度事迹含有深刻的哲理性，“伧僧旧义”乃大节所在。也许可以这样演绎，“立义”属于治学，“救饥”属于治生，是否“负如来”则属于治心了。三者以治心为本，构成一个实践“独立之精神，自由之思想”的方程式，耐人寻味，发人深省。

发覆的魅力

陈寅恪史学的魅力，无论在讲席上还是著述中，都有独特的表现。通过不同层次的发覆，显示出一位“博学精思”者的神魂，动人而不惊人。

早年的一批听讲者，对此念念不忘。周一良先生回忆道：

1935年秋季开学后，我就到清华三院去偷听陈先生讲魏晋南北朝史。听完第一次，就倾服得五体投地。这堂两小时的课讲五胡中的羯族，论证羯族来源及石氏出自昭武九姓的石国，谨严周密，步步深入，尤其涉及中亚各族问题，为我闻所未闻。记得还有史语所的余逊（让之）、劳榦（贞一）两先生从城里赶来听课。我们几个青年都是京剧爱好者，听完课不约而同地赞叹说：真过瘾，就像听了一场杨小楼的拿手好戏！①

抗战期间在西南联大史学系读书的何兆武先生，对当年的听后感记忆犹新：

陈先生经常身着一袭布长衫，望之如一位徇徇然的学者，一点看不出是曾经喝过一二十年洋水的人。陈先生授课总是携一布包的书，随时翻检；但他引用材料时从不真正查阅书籍，都是脱口而出，历历如数家珍。当时虽然震于先生之名，其实对先生的文章一篇也没有读过。翌年先生去香港后（本是取道香港去英国牛津大学讲学的，因战局滞留香港），我才开始读到先生的著作。当然，先生的学问，我只有望洋兴叹，佩服得五体投地；但是我却时常不免感到，越是读它，就越觉得从其中所引征的材料往往得不出来他那些重要的理论观点来。这引导我认为，历史学家的理论并不是从史料或史实中推导出来的，反倒是历史学家事先所强加于史实之上的前提；也可以说，历史学家乃是人文（历史）世界真正的立法者。②

抗战结束重返清华园之后，陈寅恪的课堂形象又是怎样的呢？1948年的《清华年刊》有一篇类似报告文学的《院系漫谈》，由文科学生撰稿，其中写道：

陈寅恪先生是有名的国学大师，他的学术成就，不但在国内，即在国际间也有崇高的地位。上他的课像听故事，记笔记觉得茫无头绪，下课细细温一遍，才发现讲得有条有理，首尾一贯。他提到魏晋六朝隋唐五代的名人时，熟得像在叙一个老东家的家常似的。

在大学里，有的先生是把我们当研究生教，而陈寅恪先生就是一位。陈先生的

---

① 周一良：《毕竟是书生》，北京十月文艺出版社1998年版，第24页。

② 何兆武：《历史理性批判论集》，清华大学出版社2001年版，第704—705页。

> 研究学问，极缜密，且有新的见解。他应用考据家科学家处理史料的方法，但绝不拘泥于考据家见树不见林的僻性。[①]

以上这些耳闻目见的实录，再现了陈寅恪先生的大师风范，耐人寻味。我在50年代中期，也有幸在《元白诗笺证稿》的讲席旁修业一年，同样留下"真过瘾"的感觉，但不必再来狗尾续貂了，还是谈点粗浅的读书体会吧。

80年代初，《陈寅恪文集》由上海古籍出版社公开印行，学界期盼已久的"义宁遗书"，总算正式问世了。俞平伯先生为此写了一首题词，文曰："覃思妙想，希踪古贤。博识宏文，嘉惠来学。名山事业，流水人琴。"俞、陈二人相差十岁，但缔交甚早，相知甚深。题词开宗明义，突出"覃思妙想"四字，可谓一语中的，点出了陈氏之学融史识、哲思和诗情为一体的特征。寅恪先生在历史人物与艺术典型之间"搭桥"的本领，虚实结合，令人叹服。请看他如何用文化史分析柳如是的复合性：

> 清代曹雪芹糅合王实甫"多愁多病身"及"倾城倾国貌"，形容张崔两方之辞成为一理想中之林黛玉。殊不知雍乾百年之前，吴越一隅之地，实有此理想而具体化之河东君。真如汤玉茗所写柳春卿梦中之美人，杜丽娘梦中之书生。后来果成为南安道院之小姐，广州学宫之秀才。居然中国老聃所谓"虚者实之"者，可与希腊柏拉图意识形态之学说，互相证发，岂不异哉！（《柳如是别传》第四章）

这段妙趣横生的大议论，犹如神来之笔，如果不是兼通文史哲，恐怕是难以参悟的。

从《文集》中，可以见到寅恪先生多次提及"博学精思"和"神游冥想"之类的治学要诀，说明他非常重视史与思的关系。在历史研究的实践中，无论是述论、笺证还是考释，寅恪先生都有非同凡想的独特思路，因而取得"较乾嘉诸老更上一层"（语出《与妹书》）的成效。下面试举两例，以明其"发覆"之功。

《桃花源记旁证》对陶渊明那篇传诵百代的名文，提出一个别开生面的两面观，指出此记是寓意之文，也是纪实之文。其中纪实部分，取自北方弘农、上洛一带的坞壁生活。这样，便从历史深处挖出了一个"真"桃源："真实之桃花源在北方之弘农或上洛，而不在南方之武陵。"从西晋末世避乱求存的具体形式来看，筑坞壁较之辟桃源，显然是更真实和更普遍的。寅恪先生还在文中谈及自己这个"新解"较之"古今论辨此记之诸家专向桃源地志中讨生活者聊胜一筹"，其思辨和论证的程序是："要在分别寓意与纪实二者，

---

① 齐家莹：《清华人文学科年谱》，清华大学出版社1999年版，第366—368页。

使之不相混淆。然后钩索旧籍，取当日时事及年月地理之记载，逐一证实之。”这无异是现身说法，具体而微地阐释了史与思的关系如何在“读书得间”中展开。[①]

《论唐代之蕃将与府兵》，也同样是发前人所未发的。前人研究唐代兵制，均以府兵为主要对象，对蕃将的重要性并未足够重视。寅恪先生不仅指出府兵废弛与蕃将兴起的关系，而且觉察到太宗朝与玄宗朝所用蕃将有上层、下层之分：前者任用部落酋长，如阿史那社尔、契苾何力等；后者任用寒族胡人，如安禄山等。正因为这样，出身“牧羊小丑”的安禄山，才有可能在8世纪中期兴风作浪：“渔阳鼙鼓动地来，惊破霓裳羽衣曲。”

由上面列举的例子，似乎可以看出寅恪先生的“发覆”，植根于深刻的反思，是对历史情景进行理性的重构，不同于一般意义上的发现。他读“破”了世人皆可得而见之的典籍，如《世说新语》、《资治通鉴》和新、旧《唐书》之类，完全不靠孤本秘笈，就能化腐为奇，举重若轻地把历史事物从潜在的状态导向现实的状态，从在场的东西引出不在场的东西。这种奇妙的境界，不能说是史从思出，而是学者的精思复活了死去的历史。

如果说，陈寅恪史学的魅力就在一个“思”字，那也只是知其然而已。至其所以然之故，尤其值得深入探讨。按个人浅见，陈寅恪的历史思维兼有逻辑思维与形象思维的特点，他明确指出：“欲藉此残余断片，以窥测其全部结构，必须备艺术家欣赏古代绘画雕刻之眼光及精神。”（《金明馆丛稿二编》第247页）他的重要论著，可以说是判断力、历史感与哲理性的统一，尽管外观古色古香。这样的火候，究竟怎样修炼而成？我还找不到完满的答案。不过，他那“发覆”的心路历程，似乎还是有迹可寻的：

第一，由表及里，层层推进历史认识，达到剥蕉至心之效。唐德宗时代李怀光之叛，表面上扑朔迷离，令人不解为何“以赴难之臣，忽变成通贼之叛将”？怀光与卢杞的个人恩怨，并非根本原因，决定事变的是李晟统领的神策军与李怀光统领的朔方军待遇悬殊，军饷不均。正是在这个骨节眼上，寅恪先生揭示出兵变的必然性和可能性：“两者禀赐之额既相差若此，复同往咸阳一隅之地，同战朱泚一党之人，而望别一系统之军队共士卒不以是而不平，其将领不因之而叛变，岂不难哉！岂不难哉！”（见《论李怀光之叛》）

第二，以小见大，犹如牵线头接网络，从单一事实追寻到发展趋势。其显著例证，就是从李栖筠一家自河北迁洛阳，觉察到唐代中期的社会变迁。安史乱前，山东士族的老

---

① 可参看唐长孺的《读桃花源记旁证质疑》，见《魏晋南北朝史论丛》，河北教育出版社2000年版，第622—635页。

巢河北地区，已渐成胡化藩镇。李氏家族不得不舍弃累世产业，迁居异地。为谋生计，其子孙被迫改弦易辙，只得通过进士科来谋取体面的出身。寅恪先生从这个家庭的命运，追寻到新兴士族与世家旧族的盛衰，及其带来的社会后果，即他所说的“中古政治社会上之大事变”：“夫李氏为豪纵之强宗，栖筠又是才智不群之人，自不能屈就其它凡庸仕进之途径，如明经科之类，因此不得不举进士科。举进士科，则与其他高宗武则天后新兴之士大夫阶级利益冲突。此山东旧族之李党所以与新兴词科进士阶级之牛党不能并存共立之主因。然非河北士族由胡族之侵入，失其累世之根据地，亦不致此。”（见《论李栖筠自赵徙卫事》）

第三，史外寻史。这不仅是一个史料问题，尤其是一个眼界问题。韩愈那篇作于德宗贞元年间的《送董召南游河北序》，本来是一篇反复叮咛“董生勉乎哉”的赠序，谁也没有将它当作历史文献。寅恪先生却独具慧眼，从中挖掘出仕途失意者的社会心理，觉察到唐代社会存在着结构性的文化分裂，进而“阐明长安集团与河北集团政治文化对立之形势”（见《唐代政治史述论稿》上篇）。像他这样治史，堪称出神入化了。

以上几个例子，尽管在转述中已被简化，但仍足以说明寅恪先生那种深达幽微的历史分析，有多么高的智慧含量。这固然由于他博闻强记，掌握直接、间接有关的历史资料，但更重要的是博学加精思，也即他的治学之道有超越时流的思维力度。可以这样说，陈寅恪史学并非记诵之学，而是解释之学。它的魅力透出心力之光，并不是由学力堆砌而成的。从历史上看，多想出智慧，确实是精神生产的重要历史经验。太史公如果不勤于“思”，《史记》就会有“记”无“史”，他标举的“通古今之变”也只能是空话一句而已。风靡20世纪学坛的西方两大史学巨擘，也无例外地以“思”见长。法国的布罗代尔能够从历史时间中发现快慢节奏，英国的汤因比能够打破国别而以文明类型作为历史研究的单位，都是由于历史智慧才大放异彩。所谓“史学危机”云云，无非是历史思维陷入困境引发的贫血症，绝不是外力摧抑所致。

多少年来，人们往往把陈寅恪发覆的魅力归结为实证之功，这未必是准确的。如果说，历史资料是“实”，历史思维是“虚”，历史本质是“真”，那么，陈寅恪的出类拔萃处，显然就在于他完全与“史料派”和“史论派”绝缘，善于在虚与实的统一中求真。发覆就是求真。可惜，在近年所谓“陈寅恪热”中，话题的焦点集中在他所倡导的“独立自由”的学术精神方面，对“覃思妙想”的学术风格，则似乎视而不见，未免令人遗憾。事实上，寅恪先生主张独立于“俗谛”之外，完全是一种理性的呼声，为的是通过深思妙悟去求“真谛”，与朝市的纷纷扰扰毫不相干。如果不排除这个把学人非学人化的盲点，“走近陈寅恪”的愿望，恐怕是难以实现的。借用诗人元好问《论诗三十首》的话来说，倘若“真书不入今人眼”，就难免“儿辈从教鬼画符”了。

《陈寅恪集》的中外关系史学术遗产

对陈寅恪先生而言，中外关系史并不是治学的重点，只是他的学术眼界触及的领域。早年著作《三国志曹冲华陀传与印度故事》、《西游记玄奘弟子故事之演变》、《几何原本满文译本跋》以及《莲花色尼出家因缘跋》、《狐臭与胡臭》等，对"二西"(西域和西洋)与中国的文化因缘，均在不同程度上有发覆之功，早已蜚声学界了。至于散见的有关塞表殊俗和胡汉关系的论断，其卓识对后学也无异提示和导向，犹当贯串会通，以收金针度人之效。本章是个人的读书心得，谈不上什么系统的阐释和全面的整合。力所能及的只是提出问题，即探寻陈寅恪先生通过思维范畴化形成的若干理念，如传播、格义、体用、世代和连环等，聊供研究中外关系史尤其是文化交流史者参考。

(一) 文化传播的两种方式

佛法东传和西学东渐，是中国文化史上两次著名的"西潮"。关于"二西"的传播方式及其利弊，陈寅恪先生读慧皎《高僧传》作过如下的精辟论述：

> 自汉明迄梁武，四百五十年间，译经诸大德，天竺人居四分之一，其余皆罽宾、西域及凉州之人。据此可知六朝文化与中亚关系之深矣。
>
> 间接传播文化，有利亦有害。利者如植物移地，因易环境之故，特可发挥其特性而为本土所不能者。如基督教移植欧洲，与希腊哲学接触，而成欧洲中世纪之神学、哲学及文艺是也。其害则辗转间接，致失原来精意，如我国自日本、美国贩运文化中之不良部分，皆其近例。然其所以致此不良之果者，皆在不能直接研究其文化本原。研究本原，首在通达其语言。中亚语言与天竺同源，虽方言小异，而大致可解，如近世意语之于拉丁。按《出三藏记集》卷八僧睿大品经序谓：胡音失者，正之以天竺。盖古译音中如弥勒、沙弥之类，皆中亚语。今日方知，足证当时实此类之经本。然其所译，大抵仍皆是梵文，犹天主教人赍译诸书，实皆拉丁之本，而音译名字犹存法意土音也。因此可知中亚人能直接通习梵文，故能直接研究天竺学术之本原。此则间接之害亦不甚深也。至其利则中亚大小乘俱盛。①

上面这段引文，充分表现出陈寅恪史学的国际眼界和辩证思维。中古时代的文化传播，既是渐进的，又是曲折的。由于当时物质技术条件的限制，来自"文化本原"的直接传播

---

① 陈寅恪:《读史札记三集》，三联书店 2001 年版，第 307—308 页。

不可能起主导作用，“辗转间接”才是普遍存在的方式。因此，为了探索一种文化因缘在空间上的展开，也即为何从此地传入彼地，必须找出中间环境，才不致于架空立说。寅恪先生对文化传播的中介性或间接性的重视，与现代西方哲学强调“综观”不谋而合：“发现或发明中间环节是极为重要的。”①

文化本原通过中间环节而变异，导致正宗与变种并存，蔚为文化交流的奇观。西域的九姓胡（粟特），南海的三佛齐（苏门答腊），是传播波斯文明和大食文明的中介，由此而来的胡俗和蕃俗，从信仰、音乐、服饰、饮食直至丧葬，无不涂上间接传播的异彩。时至今日，描述这类历史现象已经不算什么创见了；至于如何作出“有利亦有害”的判断，可能就要以陈寅恪史学为范式，注意地域、阶段和类型的差异，以便取得更敏锐、更精微的文化分析。

（二）“格义”的功能和限度

在本土文化与外来文化相逢之初，其认同的逻辑手段貌似融会，实为附会，即所谓“格义”是也。陈寅恪先生在《与刘叔雅论国文试题书》中，明确指出“格义”现象的由来及其与比较研究的差异：

> 西晋之世，僧徒有竺法雅者，取内典与外书以相拟配，名曰“格义”（“格义”之义详见拙著《支愍度学说考》），实为赤县神州附会中西学说之初祖。即以今日中国文学系之中外文学比较一类之课程言，亦只能就白乐天等在中国及日本之文学上，或佛教故事在印度及中国文学上之影响及演变等问题，互相比较研究，方符合比较研究之真谛。盖此种比较研究方法，必须具有历史演变及系统异同之观念。否则古今中外，人天龙鬼，无一不可取以相与比较。荷马可比屈原，孔子可比歌德，穿凿附会，怪诞百出，莫可追诘，更无所谓研究之可言矣。②

引文提及的《支愍度学说考》，博大精深。其中详细剖析“格义”的成因和流变，认定“其为我民族与他民族二种不同思想初次之混合物”，③并指这个古老模式对宋代理学援释入儒的影响。前章《从支愍度学说到支愍度话题》，已略加论述。这里想强调的是，研究中外关系的学人，倘能对寅恪先生所阐述的义理尤其是“历史演变及系统异同之观念”有所领悟，则对历史上从海陆两路入华的精神舶来品和物质舶来品，当可作出更具深度的观察，避免简单化，进而澄清“引进”和“接轨”之类的流行观念。

---

① 维特根斯坦：《哲学研究》，上海人民出版社 2001 年版，第 75 页。

② 陈寅恪：《书信集》，三联书店 2001 年版，第 161 页。

③ 陈寅恪：《金明馆丛稿初编》，三联书店 2001 年版，第 123 页。

（三）“中体西用”的历史验证

陈寅恪先生对晚清“中体西用”的文化主张，曾在自己的历史研究中进行过不止一次的验证。其目的当然不是为了提出社会改革的方案，而是旨在给主体文化与客体文化的结合方式作出理性的说明。

验证之一，见于《四声三问》：

> 宫商角徵羽五声者，中国传统之理论也。关于声之本体，即同光朝士所谓“中学为体”是也。平上去入四声者，西域输入之技术也。关于声之实用，即同光朝士所谓“西学为用”是也。盖中国自古论声，皆以宫商角徵羽为言，此学人论声理所不能外者也。至平上去入四声之分别，乃摹拟西域转经之方法，以供中国行文之用。其“颠倒相配，参差变动”，为“天子圣哲”之例者，纯属于技术之方面，故可得而谱。即按谱而别声，选字而作文之谓也。[①]

验证之二，见于《隋唐制度渊源略论稿》“礼仪”章：

> 综合隋代三大技术家宇文恺、阎毗、何稠之家世事迹推论，盖其人俱含有西域胡族血统，而又久为华夏文化所染习，故其事业皆藉西域家世之奇技，以饰中国经典之古制。如明堂、辂辇、衮冕等，虽皆为华夏之古制，然能依托经典旧文，而实施精作之，则不藉西域之工艺亦不为功。夫大兴、长安城官市之规模取法太和洛阳及东魏高齐邺都南城，犹明堂、车服之制度取法中国之经典也。但其实行营建制造而使成宏丽精巧，则有资于西域艺术之流传者矣，故谓大兴长安城之规模及隋唐大辂、衮冕之制度出于胡制者固非，然谓其绝无系于西域之工艺者，亦不具通识之言者也。前贤有中学作体、西学为用之说，若取以喻此，其最适合之义欤？[②]

在历史验证的基础上，陈寅恪先生对中国文化如何实现创造性转化的问题，作出如下一段“通古今之变”的预言：

> 窃疑中国自今日以后，即使能忠实输入北美或东欧之思想，其结局当亦等于玄奘唯识之学，在吾国思想史上，既不能居最高之地位，且亦终归于歇绝者。其真能

---

① 陈寅恪：《金明馆丛稿初编》，三联书店2001年版，第381页。

② 陈寅恪：《隋唐制度渊源略论稿》，三联书店2001年版，第88页。

于思想上自成系统，有所创获者，必须一方面吸收输入外来之学说，一方面不忘本来民族之地位。此二种相反而适相成之态度，乃道教之真精神，新儒学之旧途经，而二千年吾民族与他民族思想接触史之所昭示者也。①

这段带有规律性的智者之言，博古通今，在《陈寅恪集》的中外关系史学术遗产中，堪称“重中之重”，任何时候都是发人深省的。

（四）胡人汉化的世代层次

魏晋以降，直至隋唐，胡人汉化的问题，在文化史中占有重要的地位。其中涉及“兴生胡”与“土生胡”的差异，似乎不难辨认；至于土生胡中华化程度的深浅，如果没有精确的分析，就比较容易产生混乱。例如，据墓志或文书中的胡姓（源出西胡或东胡之姓），就断言某甲某乙属胡人族类，甚至认定某时某地仍有胡人聚落，都是很难取信于人的。

陈寅恪先生认为观察胡人汉化必须注重世代层次，仅仅按“姓”论人，就容易陷入简单化的误区。他在考释白乐天和元微之的世系时郑重指出：

吾国中古之时，西域胡人来居中土，其世代甚近者，殊有考论之价值。若世代甚远久，已同化至无何纤微迹象可寻者，则止就其仅余之标帜即胡姓一事，详悉考辨，恐未必有何发见，而依吾国中古史“种族之分，多系于其人所受之文化，而不在其所承之血统”之事例言之（见拙著《唐代政治史述论稿》及《隋唐制度渊源略论稿》），则此类问题亦可不辨。故谓元微之出于鲜卑，白乐天出于西域，固非妄说，却为赘论也。②

除此之外，陈寅恪先生为给“谈唐代异族华化史者又增一新例”而做的个案研究，即《刘复愚遗文中年月及其不祀祖问题》一文，往往被人忽略，特将其结论引在下面，藉以提醒胡人胡事的当代论者切勿掉以轻心：

藤田（丰八）氏以刘为伊斯兰教徒惯用名字之音译，固不可信，而桑原（骘藏）氏以广州通商回教徒之刘姓实南汉之赐姓，今若以复愚之例观之，其说亦非是。鄙见刘与李俱汉唐两朝之国姓，外国人之改华姓者，往往喜采用之，复愚及其它

---

① 陈寅恪：《金明馆丛稿二编》，三联书店 2001 年版，第 284—285 页。

② 陈寅恪：《元白诗笺证稿》，三联书店 2001 年版，第 317 页。

伊斯兰教徒之多以刘为姓者，殆此之故欤？关于复愚氏族疑非出自华夏一问题，尚可从其文章体制及论说主张诸方面推测，但以此类事证多不甚适切，故悉不置论，仅就其以刘为氏，而家世无九品之官，四海无强大之亲，父子俱以儒学进仕至中书舍人礼部尚书，而不祭祀先祖，及籍贯纷歧，而俱贾胡侨寄之地三端，推证之如此。[①]

很明显，胡姓作为标帜性的符号，如果脱离礼俗体系，就会失掉认知价值。在胡汉世系问题上，忽略世代感，也就没有历史感可言了。

（五）“连环性”——历史联系的网络式理解

柏拉图在《理想国》中道出一个平凡的真理：“能在联系中看事物的就是一个辩证法者，不然就不是一个辩证法者。”[②]陈寅恪史学的辩证思维，正在于能在联系中看事物，“连环性”的概念就是它的集中表现。

《唐代政治史述论稿》的下篇，取名“外族盛衰之连环性及外患与内政之关系”，可说是陈寅恪先生“以现代国际观念来看唐史”[③]的典范性的学术演示。内云：

所谓外族盛衰之连环性者，即某甲外族不独与唐室统治之中国接触，同时亦与其它之外族有关，其它外族之崛起或强大可致某甲外族之灭亡或衰弱，其间相互之因果虽不易详确分析，而唐室统治之中国遂受其兴亡强弱之影响，及利用其机缘，或坐承其弊害，故观察唐代中国与某甲外族之关系，其范围不可限于某甲外族，必通览诸外族相互之关系，然后三百年间中国与四夷更迭盛衰之故始得明了，当时唐室对外之措施亦可略知其意。盖中国与其所接触诸外族之盛衰兴废，常为多数外族间之连环性，而非中国与某甲外族之单独性也。

这种对历史联系的网络式理解，把双边与多边结合起来，构成一个互动的视野，有特别重要的意义。我深受其惠，念念不忘，曾形诸笔墨：

九姓胡之所以在八世纪上半期频频入贡，还有更深刻的动因，这就是阿拉伯人对中亚两河流域的步步进逼。我从这场席卷粟特城邦的“圣战”浪潮，追溯到它对

---

① 陈寅恪：《金明馆丛稿初编》，三联书店，第365—366页。

② 柏拉图：《理想国》，商务印书馆1986年版，第305页。

③ 陈寅恪：《讲义及杂稿》，三联书店2002年版，第495页。

唐代胡汉关系的影响，进一步领会到陈寅恪先生关于“外族盛衰之连环性”的判断，是一个嘉惠后学的卓识。[①]

《陈寅恪集》的中外关系史学术遗产，并不限于本文列举诸端。不过，即使仅据上述五项立论，也足以说明这些渗透通识的概念工具，对深化历史思维有什么样的价值。中外关系史是专门史，一“专”就容易忽略“通”。前辈虽有“专家易得，通人难求”的告诫，似乎尚未深入人心。在当代治学日益专门化的趋向之下，历史观念中“通识”的式微，往往导致作茧自缚的局限，是值得我辈学人警惕的。

（选自蔡鸿生《仰望陈寅恪》，中华书局2004年版）

① 拙著《我和唐代蕃胡研究》、《学林春秋》三编上册，朝华出版社1999年版，第246—247页。

岑仲勉先生学述

姜伯勤

一

岑铭恕先生(1886—1961),字仲勉,又名汝懋,广东省顺德县桂洲裡村人[①]。顺德是清季西北史地学家、礼部侍郎李文田和史学家梁廷枏的故乡。家乡的濡染,使岑先生从少年时代起,就对史学有了浓厚的兴趣。

仲勉先生的求学和学术生涯,可分为四个时期。

(一) 求学时期(1895—1912)

仲勉先生3岁丧父,父亲是一位留心海防和新学的前清举人。童年时,曾师事陈澧的伯父,即令其课习北碑,摹写汉隶。10岁,外出就傅,到14岁,已八股成篇,并能写策论和浅近骈文。少年时业已打下了中国文字的坚实基础。仲勉先生后来回忆说:"我也奇怪,或者由先父遗留下的书籍的暗示,自初即不喜欢八股,而爱看史地、掌故、政典之书,加以经过戊戌、庚子两次政变,阅些《湘学报》、《清议报》、《新民丛报》、《浙江潮》等新书,自己觉悟到国势如此之糟,非外出追求新知识不可。"15岁,在中国资产阶级启蒙思潮的启迪下,经历了破除迷信的思想转变[②]。不久,考入"两广大学堂"(清"广雅书院",后改为两广高等学堂),后又考入"两广游学预备科"(清"粤秀书院",后改为"两广方言学堂")。

青年岑仲勉志在工业。为了筹措赴外国留学的经费,1906—1907年曾在灵州速成师范及高州中学任理科教员两年。由于经费终难筹齐,遂毕业于北京高等专门税务学校第一届(1908.10—1912.12)。游学北京的五年中,一方面,由于岑先生的二兄供职翰

---

① 岑仲勉先生的生年据先生的自述资料为1886年。1955年8月25日被定为七十寿辰,则是出于前人多据虚龄计算的缘故。

② 参见《唐唐临冥报记之复原》附记,《历史语言研究所集刊》第十七本,1948年。

林院，故多少接触到晚清官场的实况，并意识到"满清不可不革"；另一方面，北京税专与洋务潮流有关，因而五年学习也在外国语方面打下了基础。先生晓英语，并能阅读法语，这对后来的研究事业大有裨益。

（二）业余读书时期（1913年2月—1937年6月）

1913年2月，仲勉先生去上海海关工作。为了反对袁世凯当皇帝，又不甘当洋人的工具，他放弃了洋人控制的上海海关的优厚待遇，毅然返穗做职俸微薄的倒袁工作，任职两广都司令部财政科科长。其后虽在各机关任职十余年，但心中却向往教育及学术研究。工余之暇，博览实科及史学群书。在1923年以后十余年间，曾业余致力于中国植物名实考订和植物分类学研究。

仲勉先生以主要精力转入历史学研究，大约是在20年代末期，时年在40岁左右。他10岁在学塾时，虽无历史课，却自动点读了《纲鉴》，15岁，又自修了父亲留下的丹黄俱下的《通典》等政书。20岁时，服膺于高邮王氏父子及德清俞氏，因而学有根底。1930—1934年主持圣心中学教务期间，撰写了不少颇具卓识的"课余读书记"。1934年为旅沪读书，任上海暨南大学文书及秘书课主任一年，并在商务印书馆出版了《法显传考释》（即《佛游天竺记考释》），从而引起了国内史学界的注目。

这个时期，仲勉先生得到新会陈垣先生的赏识和关心。1934—1937年间，岑先生在《辅仁学志》、《金陵学报》、中山大学《文史专刊》发表了一大批著作，进一步引起史学界重视。1937年春，复游学长安，得访唐碑。至此，仲勉先生以坚韧的毅力和"一个人要咬得菜根，方才能实心教育"的献身精神，实现了从一个业余研究者到专业研究者的转变。

（三）研究院时期（1937年7月—1948年7月）

1937年7月，经过陈垣先生的推荐[①]，岑先生进入中央研究院历史语言研究所历史组任专任研究员。以后八九年的颠沛流离中，仲勉先生以饱满的爱国热情和寸阴必惜的紧迫感，作了大量的研究工作。看一下这个日程表就不能不为之赞叹：

> ——1937年抵南京，整录郎官题名竟。年底，转徙长沙，研究《文苑英华》、《白氏长庆集》等唐人文集。1938年入滇，秋校《元和姓纂》，泛览《文苑英华》。8至9月始作《唐人行第录》。1938年秋至1939年1月，三个月中校读完《全唐文》，1939年1、2月两月中，校读完《全唐诗》……1942年整理《翰林学士壁记》……在八年离乱中，完成了自三十年代初开始进行的《元和姓纂四校记》和《突厥集史》的主体部分。

---

① 参见朱杰勤：《岑仲勉先生对西域史地的研究》，《史学史资料》1979年第5期。

岑先生最优秀的盛年之作，都写成于这个时期。先生曾说："五十二岁到六十二岁则是我做学问最努力的时期。"[①]正是这十一年，造就了他毕生学术成就的规模。1948年7月，他回到广州，入中山大学文学院历史系任教授，担任"蒙古史"课程，并在中山大学历史研究室指导研究。

（四）新中国成立后（1949—1961）

新中国成立后，岑仲勉教授迎来了学术生涯中的黄金时期。

1955年8月25日，在中山大学历史系为岑仲勉先生七十寿辰举行的尊师敬老大会上，先生以黄河为题发表的讲话，足以代表他的思想风貌。他在回顾东汉王景直至清朝的所谓治河后说："今天的根治黄河方案才是真正伟大的创举"，"这是由于人民掌握了政权，党和政府正确掌握及运用了马列主义，认识及运用了自然法则的原因。"他还说："黄河尚可以根据马列主义的原则来改变，人们是有认识的，更应该应用马列主义来改造自己。"[②]

仲勉先生对新社会、对党、对马克思主义表现了真诚的热情，他更加勤奋。1950年至1953年暑假，完成50万字《隋唐史》讲义。1951年底至1952年夏天，基本完成《黄河变迁史》54万字。民国时期，仲勉先生仅有机会出版专著二种，新中国的11年间，出版专著已达13种（15本）之多。近年又已出二种。直至去世那年，他仍以76岁高龄终日著述。逝世前数日，仍在病榻上处理与《唐人行第录》校样有关的函件。

仲勉先生自40岁至76岁的三十多年间，全部史学著作约一千万言[③]。自1912年起发表的单篇论文在180篇以上[④]。正如刘节先生在《祭岑仲勉老教授文》中所云："著作等身，群言是宝。"

岑先生的独特之处还在于，在史学上是自学成才而中年崛起。他曾说："仲勉早岁学殖荒落，中年稍振刷，视苏老泉已瞠乎其后。"欲探求仲勉先生能迅速取得大面积成就的奥秘，我们不能不追溯先生的学术渊源。这里，有三点特别值得注意。

第一，仲勉先生批判地继承了清代嘉道以后的史学，学风近于晚清学者劳格。

清代早期经学家可不读唐以后书。除清初有人留意明史外，注意中近古历史的风气，自嘉庆、道光以后始盛。一方面，由于19世纪边疆危机的深重，唤起一些敏感的知识分子致力于西北史地研究及元史研究；另一方面，正如陈寅恪先生所云："往昔经学盛

① 陈达超：《岑仲勉》，《中国史研究动态》1982年第12期。

② 参见《中山大学周报》第117期（1955年9月17日）。

③ 朱杰勤：《岑仲勉先生对西域史地的研究》，《史学史资料》1979年第5期。

④ 据1952年岑先生自述资料，"1912年起至现在，科杂志上曾发表学术论文一百五十篇以上"。又，1952年至1962年报刊发表文章约30篇。但此数未计入此期间各专著所载首次发表的未刊稿。

时，为其学者，可不读唐以后书，以求速效，声誉既易致，而利禄亦随之。”注意唐以后历史的研究，确实是与以后人们逐渐摆脱“清代经师之旧染”[①]分不开的。故仲勉先生所继承的主要是嘉道以后的史学。

仲勉先生对清代史学的继承，得力于他对清代史学有一种批判的眼光。他认为清人先是着重汉史，后是致力元史，“实造成一畸形发达之象”[②]，认为钱大昕《考异》一书亦邀赫誉，但对于隋唐史，却非所专功。因此，他对中叶及晚清学人中真正在隋唐研究上作出了成绩的学者，不论其原来名声大小，倒是作了认真的继承。其中对岑先生影响较大的，可举出大兴徐松与仁和劳格。

徐松，原籍浙江上虞，后为大兴人[③]，嘉庆时任全唐文馆提调兼总纂。32 岁谪戍伊犁。著有《唐登科记考》、《唐两京城坊考》、《汉书西域传补注》和《西域水道记》等。徐松是清代西北史地学派和唐史研究的先行者。仲勉先生 1930—1959 年间著《汉书西域传地里校释》，着力于地名、道里两项。该书绪言有云：“可惜唐以后直至清代中叶，都未有人对全《传》作过研讨。清道光年间大兴徐松始奋起为之，于道里考证尤三致意，可谓知所先务。”可见岑先生把徐松奉为先驱。1941 年先生著《登科记考订补》，谓徐松《登科记考》三十卷“搜采极勤，与劳格、赵钺合著之郎官柱考同为研唐史者必备之书”。亦可考见岑先生对徐松史学的继承。

劳格，原籍浙江仁和，家于唐栖。因曾为其父劳经原校补《唐折衡府考》而知名于世。作为主力与赵钺合著《唐郎官石柱题名考》二十六卷及《唐御史台精舍题名考》三卷。又有《读书杂识》十二卷。劳格对《元和姓纂》、《全唐文》、《文苑英华》、《登科记》等都进行广泛的涉猎或研究[④]，是有清一代数一数二的唐史专家[⑤]。终因以 45 岁（实年 44 岁）之英年而早逝，学问未及发挥。仲勉先生在《郎官柱》、《姓纂》、《登科记》、《全唐文》等各项研究中，可以说继承了劳格的未竟之业，而成就上则更上一层楼。

第二，仲勉先生对近代东西方汉学的有关成就，有相当广泛的涉猎，并能有一种批评的眼光。

如在西突厥史的研究中，他广泛利用了沙畹、毗尔、玉尔、拉德洛夫、巴尔托里德、夏德、白鸟库吉等人的著作。他认为，巴尔克的《鞑靼千年史》谬误不少，国人翻译后竟推

---

① 陈寅恪：《陈垣元西域人华化考序》，《金明馆丛稿二编》，第 238—239 页。

② 岑仲勉：《唐新书突厥传拟注》，《辅仁学志》第 6 卷第 1、2 合期（1937 年）。

③ 参见朱杰勤《中国史学史》，河南人民出版社。

④ 劳检：《亡弟季言司训事略》，载《月河精舍丛钞》；吴昌绶：《唐栖劳氏三君传》，见《劳氏碎金》。

⑤ 丁宝：《读书杂志序》略谓：“季言（劳格字）习诸史而尤熟唐代典故，钱少詹以后一人而已，后之人读是书者自能弁别。”见《月河精舍丛钞》。

为世界名著，实在缺乏鉴识；对于沙畹的《西突厥史料》，则认为“从我国学者观之”，“除西史部分外，中史材料之编纂，直未达到吾人所预期”。正是这种对外国成果既批判又吸收的思想，使仲勉先生能够在《西突厥史料编年补缺》中既受到沙畹的启发，又在材料上超迈于沙畹之上。

第三，在晚清“新学”潮流的激荡下，仲勉先生受到了自然科学方法论的洗礼。这种训练影响到其后来史学研究中的形式逻辑的素养。

20世纪初叶，王国维曾接触农学并学习物理学，由此而“经过严格的自然科学方法论的训练”[①]。陈垣先生在本世纪初也曾学习医学。人文科学家对自然科学的重视，确是那一年代的时尚。岑仲勉先生早在1923年即在赵元任等主编的上海科学社机关刊物《科学》上，发表《对于植物学名词的管见》，次年又发表《楮构说》[②]。在其后十余年间，撰成植物分类学手稿一部，该稿载有110科植物的科属形态说明及考注，凡五十万言。1955年中国科学院华南植物研究所成立时，岑先生曾将该手稿奉赠该所[③]。自然科学的素养，使岑先生在撰写《书舶庸谈所说两医书》(《圣心》二期，1933年)、《墨子城守各篇简注》(古籍出版社，1958年)等稿时，能运用自如。这种受惠于植物分类学的方法，是一种带有近代色彩的实证研究，虽然不是辩证唯物论的方法，但却比清代学者迈进了一大步。

二

当岑仲勉先生30年代初崛起于史学界时，其主要成就可分为西北史地和隋唐史两大方面。的确，仲勉先生毕生倾心于西域塞北史事的研讨，曾不止一次自述“好研西北史地”。但就更加长远的学术价值而言，岑先生的全部成就中居于第一位的，却应该是隋唐史考据。

兹将岑先生的主要成就分述如下。

(一) 以碑证史的丰硕创获(隋唐史考据之一)

仲勉先生的史学成就中，以碑证史是有代表性的突出创获。

清代金石学著作汗牛充栋。著名学者如顾亭林、朱彝尊、钱大昕等都曾倡导金石研究。仲勉先生幼承庭训，课习北碑，耳濡目染各种拓本，由是而种下了日后开拓金石证

---

① 李泽厚:《梁启超王国维简论》,《历史研究》1979年第7期。

② 两文均以“岑铭恕”署名。分别载于《科学》第8卷第11期(1923年11月)及第9卷第1期(1924年1月)。

③ 《中山大学周报》第98期(1955年3月19日)。

史之路的前因。

岑先生的以碑证史的途径，有几个明显的特点。

首先，对清代金石学家中以碑证史的先行者的卓识予以发扬，而对清代金石家中过信石刻和偏责史失的时弊进行了批判。

清代学者朱枫说：考证金石“可以正史传之缺谬，闻前人之未发”。但清代金石家专金石而兼史者居多，专史而兼金石如钱大昕者，却寥落如晨星。故岑先生认为，清代金石家常见有二弊：一为过信石刻，主张“自当以碑为正”；二为偏责史失，金石家常据碑刻内容苛责“史之失载”。但史传纪事不能不厌其详，如《新唐书·宰相世系表》为省繁文，不能将任免和迁升每岁必书，因之亦不能视为失裁或疏漏。

由是，仲勉先生又提出了碑志的信值问题。《贞石证史》(1937)一文首先有一节《总论碑志之信值》，从大量考据中发现，碑志中不乏溢美谀词，而朝代误、宫殿误、年龄误，均不乏见。如李绅于元和十一年为其亲兄撰《李继墓志》，谓李继卒于元和四年。二十二年后即开成三年，李绅为其嫂撰《博陵崔氏夫人志》，却谓李继卒于元和五年。记其兄卒，犹显差一年。岑先生因此说：“比观参核，疑团愈多，于是吾人对于碑志之信值，有不能不变昔贤之绝对信仰，而持相对慎重之态度者。”清代学人中，正如许慎迷将《说文解字》看作圣传一样，金石迷也大有碑志所书绝无可疑之慨。仲勉先生打破了对碑志的绝对迷信，这是他比清代金石学家的一大进步处。

其次，清代金石家的碑跋，多述小学、碑例、书法等专义，岑先生则以碑志考证史实，开拓史源。

岑先生利用碑志考订人物的姓源、朝代、名字、世次、官历、年寿、乡里等。通过碑志改正了过去的一些成说，如钱大昕《廿二史考异》六十云：“翰林有侍书之诏学士，惟见于公权传。”岑先生则认为，张怀瓌充翰林、集贤两院侍书侍读学士，见张中立墓志，则开元中已有翰林侍书，由此改正了钱说。

仲勉先生以碑证史的一个突出成就还在于，他对唐代传世名碑尚书省郎官柱题名的考订整理，与清人相比，业已提高到一个崭新的水平。

唐代尚书省各部郎中及员外郎合称“郎官”。唐世重郎署，将历任郎官书于壁记，后改为刻石。传世的郎官题名石柱，是研究唐史人物的头等史料。钱大昕《潜研堂金石跋尾》、朱彝尊《曝书亭集》均论及此碑。流传至今的著录有三家：赵魏、王昶(《金石粹编》)和后来居上的劳格、赵钺(《唐尚书省郎官石柱题名考》二十六卷)。仲勉先生的新成就是：(一)补三家之缺者，赵魏实著录3321人，王昶实著录3317人，劳格实得3256人。岑先生实著录3439人。姓名未为三家所著录或著录不完者，如左司郎中之郑彦弘等，计45人。(二)订著录之讹者，三家著录均未确而予以改正者，如吏部员外郎之卢珽。

(三)正后先之序者。题名率依时代为序,倘紊其先后,则考证者失所依据,今一一为矫正之。(四)袪旧说之疑者,前人虽有所疑,未加决定,今勘视石刻而其说之良合,如吏部郎中之沈佺期等。

仲勉先生超越前人的原因,一方面是他于1937年春曾往长安亲访此碑,通过实地考古,弄清了石柱的侧面如何展开及初刻再刻问题。先是劳格已发现同一石柱上有开元廿九、贞元中、大中十年三刻的问题。仲勉先生发现劳氏所谓初刻留痕,实是再刻,今户部员外郎一面,再刻时亦是户部员外郎,且柱面为向右旋展而非左旋。另一方面,则由于仲勉先生谙熟于唐代职官制度,并对有关人物背景的史料进行了全盘搜讨的缘故。

仲勉先生以碑证史的名篇《金石证史》(1936)、《郎官石柱题名新录》(1937)、《贞石证史》(1937)、《续贞石证史》(1942)等,今均已收入《金石论丛》(上海古籍出版社,1981年)一书,尚有未刊稿《郎官题名考补正》待刊。可以说,以碑证史是岑仲勉先生的创造力的代表性方面,以碑证史大大开拓了唐史研究的史料来源。

(二)隋唐史源学(隋唐史考据之二)

仲勉先生早年曾受到新会陈垣先生的影响。陈垣先生30年代曾讲授"史源学研究",提出读史时要"追寻其史源,考正其讹误"①。

仲勉先生1937年在《辅仁学志》发表的《新唐书突厥传拟注》一文中,亦提出《新唐书》整理中宜注意"史源之不可不讲"。

仲勉先生在该文中曾举了三个例子说明追溯史料来源的重要性。

例一,《新唐书·地理志》所记西域道里较玄奘《大唐西域记》为短。明白了新志的史源来自贾耽遗著的残文,则可知《西域记》所记偏长是玄奘的夸大,新志所记偏短则是欧阳修对贾耽遗文略引的缘故。

例二,《通典》以为突厥亡于开元十五年前,不确。《旧唐书·突厥传》传末专据颜真卿康公神道碑,多不可信。宋祁在晚出的《新唐书·突厥传》中扫除旧说,纪事独详。但宋祁的根据在哪里,必须从史源上予以实证。仲勉先生是篇文章即为此而作。

例三,人们每以失载讥《新唐书·宰相世系表》,并以此责备欧阳修;或者用新表来纠正《元和姓纂》。其实,据岑先生考证,新表的史源即来自《元和姓纂》。

仲勉先生揭出《新唐书·宰相世系表》是"《元和姓纂》之嫡子"。这是他在史源学上的一个最有光彩的发现。自洪迈以来一直以为新表"皆承用逐家谱谍"。倒是罗振玉最初窥探出"世系表述诸家世系,多据《姓纂》"。仲勉先生则由宰相世系之缺载、或详或略

① 参见《陈垣史源学杂文》,人民出版社1980年版。

之关系、姓源叙述之痕迹、资料限制之从同、记述错误之因袭、表式排列之蒙昧等六证，证明新表元和以前史料，皆本《姓纂》。

弄清史源对考据的重要意义在于，当发现两个材料有从同关系时，我们就不能准其任一以证他之必是，两书有互殊者，尤不能准其任一以证他之非，别须于两者外觅获源流确异之史料，假定其是非何在[①]。因此，不能允许以《姓纂》来纠新表，亦即同一史源的纪事不可互证。

岑先生在史源学上的另一个见解，是认为前人修史未取之材料即所谓“史余”，也是一种史源，故称：“集之一部为史源，亦史余也。”（《唐集质疑》前言）又谓：“欧宋修书，固能运用史余，自新壁垒。”（《新唐书突厥传拟注》）仲勉先生之能在《登科记》、《方镇年表》、《郎官题名》等研究上扩大清人的成果，即在善于利用史余扩大史源。在翰林学士壁记的开创性研究中硕果累累，亦在于善于辩正及开拓史源。

翰林学士壁记的研究是岑先生的独创性工作。翰林，唐开元以前尚未有，开元中设翰林学士，却止于唱和文章、批答表疏。翰林参预枢密，是在肃宗到灵武、凤翔以后，原来作为文学侍臣的翰林，变成机密文件起草者。贞元以后的政事，多由翰林等参预决策，故时人有“内相”之称。王鸣盛亦谓翰学不可不书。唐开成二年丁居晦撰《重修翰林学士院壁记》（按内容应名为《重修翰林学士院壁记》），记载了各朝翰林学士的题名及升迁，是研究唐后期政治史的重要史源。但自宋代以来却无史家予以整理。有清一代，也未如《登科记》、《郎官柱》那样为人所研究，有人亦只将此视之为一种历史上的“升官图”。岑先生因而草创了此项研究。

仲勉先生研究了丁居晦《壁记》，作《翰林学士壁记注补》十二卷[②]。从考据中发现，如《新唐书·仇士良传》（《唐语林》三同），谓仇士良陵轹文宗，欲更立嗣君，曾谓崔慎由曰：“学士当作诏。”但据《壁记》，崔慎由其时尚未充任翰林学士，可知此说纯为小说家的虚构。由此可见《壁记》史料价值之一斑。但丁居晦的重修《壁记》止于咸通，元稹的《翰林承旨学士厅壁记》止于长庆。仲勉先生遂作《补唐代翰林两记》[③]，补辑了宣宗至哀宗五朝的翰学历史。有了岑先生的这两大研究，唐代翰林史的材料已经大备。这是一件可以和徐松的登科记研究、劳格的郎官柱研究媲美的新成就。

这一研究同时也体现了岑先生在史源学士的犀利眼光。首先，他看出了丁居晦的重修《壁记》，其所根据的史源是李肇《翰林志》、韦执谊的《翰林院故事》、韦处厚的《翰林

---

① 岑仲勉：《元和姓纂四校记·再序》，1948年。

② 《历史语言研究所集刊》第十五本，1948年。

③ 《历史语言研究所集刊》第十一本，1943年。

院厅壁记》、杜元颍的《翰林院使壁记》、元稹的《承旨学士厅记》等，指出丁居晦此集“无非集合此等史林及翰林院故事而详书之”。但是，后来宋敏求著《补唐实录》时，丁居晦此重修壁记，又是其重要史源之一。而《新唐书》和《通鉴》又往往以宋著《补唐实录》为同一史源，从而查明了一环扣一环的史源从出关系。所以，《新唐书》所记也就多与《通鉴》同而与《旧唐书》不同。明乎此，就不可将史源从同的诸记载互证。岑先生说：“考订家处此，往往失察史源，辄引三占之辞以成其说。”这是“研究晚唐典乘所宜注意者也”。仲勉先生在这里探明了多层次的史源从出的关系，在研究晚唐史料方面，给予后来者以重要的启发。

以上，我们从以碑证史与史源学两方面，说明了岑先生隋唐史考据的精审。从考据内容的门类来看，岑先生亦作了多方面的工作。如：

编年考证：有如《隋书州郡牧守编年表》[①]诸篇。

地理考证：有如《括地志序略新铨》[②]诸篇。

职官考证：有如《依唐代官制说明张曲江集附录诰命的错误》[③]，本篇可作为一篇唐代职官制的概论来读。

姓氏考证：有如《校贞观氏族志残卷》[④]诸篇，又如岑先生又有未刊稿《广韵姓氏辑校》。

辨伪考证：有如《论白氏长庆集源流并评东洋本白集》、《白氏长庆集伪文》、《白集醉吟先生墓志铭》[⑤]诸篇。白集辨伪研究也是岑先生的又一项光彩夺目的代表性成果。

复原考证：有如《两京新记卷三残卷复原研究》[⑥]诸篇。

总之，仲勉先生的考据学，除了继承了芟误、拾遗、正本、伐伪等传统方法，除了注重追寻史源之外，还特别注重事证，岑先生尝云：“读史方法，比校之功，万不可少。盖史误之要者，多不在文字而在事实。”（《隋书求是·自序》）又云：“史之为学，不外摹写实状，故必先明瞭古今之社会实况，然后可以论史。”[⑦]这就是说，读史不能只作形式上的考证，而更要着力于历史事实的考察方面，这也是岑先生的考据学带有近代色彩而超越于清人的地方。

（三）隋唐史通论中的发明

仲勉先生的主要成就是在隋唐史考据方面，但由于他十分注重通识，如曾经说：“然

① 中山大学《史学专刊》第1卷第3期，收入《隋书求是》，上海，1958年。
② 中山大学《史学专刊》第1卷第1期（1935年12月）。
③ 《中山大学学报》1958年第2期。
④ 中山大学《史学专刊》第2卷第1期（1937年8月）。
⑤ 《历史语言研究所集刊》第九本，1947年。
⑥ 同上。
⑦ 见《玉豁生年谱会笺平质》，《历史语言研究所集刊》第十五本，1948年。

余以为读书贵在其通，不可呆板，通则开卷有益。”[①]又由于新中国成立后不断学习新思想，因而在1950—1953年撰成《隋唐史》讲义（1956—1957年修订）。本书集中反映了先生数十年中读唐史的心得，在隋唐史通论上亦常发前人之未发。今试举数端如下。

其一，对黄巢大起义研究的贡献。

1951年底，仲勉先生受到党所领导的中国人民革命胜利的鼓舞，热情撰写了《黄巢事迹的整理与测定》一稿。此稿内容其后已写入《隋唐史》第五十节《大革命之爆发——领导者黄巢》的长篇注释中。由于唐宣宗后宫中没有实录，有关记载矛盾百出。宋祁所写《新唐书·黄巢传》在乾符二年至六年间，夹叙几十件事而未经过时序的考证。仲勉先生认为："黄巢事迹，异常踳駮陵乱，向未经人整理，如果不深入研究，删讹去复，使得稍露真相，未免蔑视革命之史实。"

岑先生从不可蔑视革命史实的高度，来整理有关史料，如王仙芝起义的年代，有乾符元年及二年说。《通鉴考异》引宋敏求补《实录》作乾符二年五月，引《续宝运录》作"乾符一年"，据古人无以"元年"为"一年"之习惯等论据，以为置于二年之初较稳当。又如，《通鉴考异》引补《实录》，宋威败走王仙芝，在乾符二年十二月，司马光隐改为乾符三年七月，岑先生论定司马光说之非。对于历史上著名的王仙芝、黄巢"乞降"问题，一方面，据《通鉴》载郑畋奏"王仙芝七状请降"，论定王仙芝立场如此不坚定；另一方面，史籍上虽然屡次说到黄巢拟降唐，但据《续宝运录》曾称黄巢"并所赐官告并却付（仇）公度"，认为黄巢这种对官府委任证书抛却一边的真情，表明黄巢是坚定的。此外，并驳正日人桑原隲藏据阿拉伯史料所倡黄巢乾符五年前入广州说，考定仍为六年；并对大食人阿布赛德哈散游记所称黄巢在广州杀伊斯兰教、基督教、穆护教徒及犹太人十二至二十万人一说，证实其不可信。

其二，关于陈子昂在唐文改革中地位的卓见。

苏轼称韩愈文起八代之衰，有人更推韩愈为"革命钜子"。仲勉先生说："此以名家之言而浸不加察也。"早在1946年，岑先生即于《辅仁学志》发表《陈子昂及其文集之事迹》一文，《隋唐史》一书又立《文字由骈俪变为散体》的专节。岑先生说，由骈文转散文，高宗、武后间陈子昂实开其先，唐人具有定论。如李华《萧颖士文集序》、李舟《独孤常州集序》、梁肃《补阙李君（翰）前集序》、韩愈《送孟东野序》、杜甫《陈拾遗故宅诗》、白居易《唐衢诗》，均对陈子昂备极推崇。

又如宋姚铉《唐文粹》自序认为，韩愈"首唱古文"，柳宗元"从而和之"。岑先生考出散文之年序可考者，柳始贞元元年，韩始贞元四年，从而断定柳为文绝非受韩所鼓动。

---

① 《唐集质疑》"龙精凤髓判"条，见《历史语言研究所集刊》第九本。

仲勉先生在此之所以能“纠正九百年来之错觉”，是因为他不迷信古人及名家，并对唐代集部进行了辛勤耕耘的缘故。

其三，推倒《通鉴》对李德裕的不实之词。

司马光在《通鉴》里对李德裕持一极端态度。如李德裕收复维州、维护统一一事，被斥为“徇利而忘义”。早在1936年，仲勉先生撰《李德裕会昌伐叛集编证上》[①]，“叹千年以还，公(李德裕)之功罪，犹无平心痛快之论”。在《隋唐史》一书中，引毛凤枝(《关中金石文字存逸考》作者)语，谓李德裕“其才不在诸葛下”。对李德裕“辟孤寒之路”的史实，据范摅《云溪友议》、《玉泉子》、裴庭裕《东观奏记》、孙甫《唐史论断》予以证定，指出牛李之争，“并非‘门第’与‘科举’之斗争”。他批判司马光说：“余尝抉其隐，以为德裕动作敢为，深得武宗信用，略类(王)安石，司马光痛恶安石，因而恶及德裕”，“简言之，怀挟着满胸私见，其为信史也几希矣。”仲勉先生的这一识断，近年来已为越来越多的人所接受。

其四，关于四镇始末的通考。

唐苏冕修《唐会要》时，对于咸亨元年所罢四镇与长寿二年所复四镇，“两四镇不同，未知何故”。《新唐书·地理志》则错误地将王方翼所筑碎叶城置于焉耆都督府条下。仲勉先生在《隋唐史》第二十五节中明确指出，咸亨元年(670)所废四镇为第一次之设立，调露元年，四镇再置，与前异者用碎叶代焉耆，碎叶在今吉尔吉斯共和国，长寿元年(692)克四镇，是为四镇之第三次设立。此说改正了《新唐书·地理志》以来的错误，并为二十年后即六七十年代之交的大量研究所证实，实可谓着其先鞭了。

其五，关于均田制与租庸调有关系的证定。

1954年，岑先生参加了唐代均田制有无实行、均田制与租庸调是否有关的讨论，并将研究成果写入《隋唐史》第三十八节。在《租庸调与均田制有无关系》[②]一文中，难能可贵的是，其对均田实行方法的推论，与近年公布的吐鲁番文书相合。如文章说，某田退田共若干亩，除给应受田之人(指原无受田者)，余应划分开来，补给不足平均数的那几个丁，而不能全数补给任何一个丁。此点已由大量文书中之退田文书、欠田文书及给田文书证实。

大凡一种学术研究，在发表时如能推进某些争论和研讨，就已是功不可没，如能经历长久时间的考验，则更属难能可贵。上举五端都是历时弥久而更见其精到的几个例子。它说明岑先生在唐史研究中确实具有一种独到的洞察力。

新中国成立后，属于通论方面的工作，还体现在先生积极参加了新史学的几次重大

---

① 中山大学《史学专刊》第2卷第1期(1937年8月)。

② 《历史研究》1955年第5期。

讨论。如在古代史分期问题方面，著有《西周社会制度问题》一书。土地制度问题方面，著有《西晋占田和课田制度之综合说明》[①]等。农民战争的讨论方面，先生去世前两年以74岁的高龄撰《如何探讨我国农民战争发展的规律》[②]一文。这些作品颇有卓见，虽然在结论上有时抑或有可商之处[③]，但却鲜明地表现了一位高龄学者对新史学的不倦的热情。

（四）西北史地及其他

仲勉先生毕生"颇好研究西北史地"。在这方面，他以一种惊人的韧性和耐久力做了几件大型的工作。

《汉书西域传地里校释》是一部写作历时三十年的著作。1934年，岑先生首次发表了《汉书西域传康居传校释》（《辅仁学志》第4卷第2期），本篇后经增改收入《校释》一书之第二十一篇。仲勉先生指出了前人将"康居"与"康国"混同的问题。如《隋书》八三指康国为康居，《新唐书》以石国为康居之一城。过去，"对康居与康国如何区别，前人何故把两者混在一起等问题，完全未有接触，故旧史之错误，始终不能清除"。岑先生说，追究其因，"康居"与"康国"之混同，不特由于汉语两词汇字面上有"康"字相同，亦由于西汉时康居领域，原包康国在内。

早在清代，西北史地学家洪钧已在名著《元史译文证补》中推测："汉之康居或即是高车二字，元之康里或即康居分支。"岑先生说，洪氏康居、高车、康里同一之疑，本可成为定案，但康居、康里是译音，高车是译义。后来，松田寿男又研究出，康里在唐代曾别译为"康曷利"，遂使本问题更加明朗。

统而言之，岑先生认为，康居非后来之康国，《后汉书》有"粟弋"（栗特，后称为康国的前身）属于"康居"的记载，可知东汉中叶以前对康居尚能正确认识。两国相混，似起于汉末及三国。

康居考证是《校释》一书中的代表作。《校释》全书凡45万字。本书着力研究《汉书·西城传》中的地名与里距两大问题。同时还研究《传》中方位的错误，如《元雷传》云西与大月氏接，及考《水经注》，始知无难西接"难兜"，而不得接月氏。本书广泛利用了清代西北史地学的成果，又避免了李光廷《汉西域图考》及丁谦《汉书西域传地理考释》两书缺乏外文知识的缺陷，大量涉猎了30年代以前的国外有关成果。本书的不足之处则如该书《出版说明》所云："对音多有问题"，往往只能是"以备一说"，当然，仍不失为研究者

---

① 《中学历史教学》1957年第8期。

② 《文汇报》1959年11月29日，后收入《中国封建社会农民战争问题讨论集》，北京，1962年。

③ 如唐耕耦：《唐代前期的户等与租庸调的关系》（载《魏晋隋唐史论集》第一辑，订正了岑先生关于租庸调与户等有关的前说，证实租庸调额并不因户等高低而有增减，但租庸调实物送达地点，则因户等高低而有不同。

的重要参考。

《法显传考证》即《佛游天竺记考释》，出版于1934年，是岑先生西域南海研究的第一部专著。大体自30年代初，仲勉先生已对晋宋间的中西交通地理佚书进行了缉佚工作。1932年已写成《法显西行年谱》(1933年《圣心》一期)，1933年又发表《水经注卷一笺校》(《圣心》二期)。在上述工作基础上，迅速完成了《考释》一书。本书利用了西人毗尔考证《西域记》的一类国外成果，发现了中外考据家惑于清代官修《西域图志》的权威而造成的错误，证定《图志》以喀什噶尔相当"竭叉"之不妥。本书发表后，引起《法显传》是否可称为《佛游天竺记》的争论①。在本书出版以前，我国对法显行纪仅有清李光廷的节录、概论和近人丁谦的《佛国记》考证，因之本书的出版对于早期推进法显传的研究功不可无。

《突厥集史》是仲勉先生前后费时25年(1932—1957)的另一部巨著。该书有关部分至迟自1932年已着手撰写，1947年已大体编定。这是一部内容翔实、气魄宏大并在国际东方学中有影响的著作。

1927年，仲勉先生发表《跋突厥文阙特勤碑》一文②，由于岑先生对汉文突厥史料用功极深，故对于突厥文碑中的若干词与唐代旧译的对译作出了贡献，如证出了"梅禄"、"匐"、"颉跌利施可汗"、"曲漫山"、"娑葛"、"失毕"等语的对译，本篇可视为岑先生的成名作之一，虽也使用对音方法，但由于以唐代史料作后盾，故确有可以定案的珍贵收获。本篇增改后已收入《集史》卷十六。

《突厥集史》共十七卷，一至十卷为编年史料，十一至十三卷为突厥本传校注，十四卷为突厥属部校注，十五卷为突厥部人汉文碑志及列传校注，十六卷为突厥文碑译注。附录一卷，为作者有关论文及译文。可以说，本书几乎囊括了有关东突厥的全部汉文史料。全书85万字，规制的宏大超过了法国沙畹的《西突厥史料》。

1958年，继《突厥集史》出版之后，又出版了《西突厥史料补阙及其考证》。全书18万字，其核心部分是《西突厥史料编年补阙》。由于沙畹《西突厥史料》中的编年部分完全来自《册府元龟》。《元龟》以外的有年代可考的史料，则由岑先生采入本篇，其中包括史传、集部及石刻史料，并间或插入考注。本篇是当今研究中亚史、新疆史以及吐鲁番文书的学人案头必备之书，其学术价值已获举世的公认。

仲勉先生的四十年史学生涯，一直致力于西北及南海史地研究。上举各书以外的

---

① 向达先生在1935年2月28日《大公报·图书副刊》有书评。同年5月23日有岑仲勉先生答辩及向达先生《答岑仲勉先生》。岑先生又有《〈佛游天竺记〉名称之讨论》，1962年刊于《中外史地考证》，第151—163页。

② 《辅仁学志》第6卷第1、2合期(1937年6月)。

有关论文，则绝大部分收入1960年编定的《中外史地考证》，凡42万字。其中《读〈西辽史〉书所见》和《〈耶律希亮神道碑〉之地理人事》可视为有代表性的名篇。道咸以来的西北史地宿学对《元史·耶律希亮传》西行路程研究曾有所忽略。俄国学者布列兹莱德在名著《中世纪研究》中则有所论列，后由洪钧采入《元史译文证补》，嗣后屠寄等重修《元史》时均未获参校危素《耶律希亮神道碑》，遂生误会。1934年，岑先生旅沪读书，得读危素此碑，不禁狂喜，并写作此文。本文反映了岑先生对晚清元史学的继承发扬和蒙元学的学识素养。

上列著作以外，仲勉先生的《两周文史论丛》和《黄河变迁史》、《府兵制度研究》等专著的有关部分亦与西北史地多少有关，但此三书似不属于仲勉先生学术成就的代表作，兹不详论。

总括来看，西北史地研究是仲勉先生学术成就中仅次于隋唐史考据的第二大成就。岑先生在此方面最大的长处是对道咸以来的清季宿学的西北史地学有价值部分的发扬。笔者认为，仲勉先生1939年在《历史语言研究所集刊》第八本第三分发表的《外蒙于都斤山考》，堪称发扬此一传统的典范。本篇详考自《周书》至《元史》各书中该山的异名，综核各家之说，指出其语义与松漠草诗注之"少天"有关，意当即"天山"，地望为今杭爱山之一高峰；并订正了《西域图志》将民间熟悉的薛仁贵三箭定天山附会为西州天山之误。本篇有一种博大贯通的眼光，自北周以迄元蒙，一以贯之，在吸收海外研究成果及音证方面，亦务求严谨。本篇是仲勉先生盛年时的力作，单以此篇论，与近代沈曾植、王国维等比较，亦毫不逊色。

因此我们说，仲勉先生在西北史地研究方法上的一大长处可以称为博通。在时间这个坐标上，上穷《穆天子传》，下迄陶葆廉《辛卯侍行记》等近人著述；在地域这个坐标上，则对历世西域行程有全面的详考，对周穆王、法显、耶律希亮以迄陶葆廉的历次行程都有详细的研讨，就是对顾炎武所记明人无名氏的西域行程亦不放过。总之，他的研究不是就一时一地来考证，而是在详考全局的基础上论定。这种研究方法，如没有坚韧的毅力、过人的精力和着迷式的兴趣，确实是办不到的。这种气魄，也确实为我辈后生学子所望尘莫及。但是，也正如常言所说，智者千虑，必有一失。仲勉先生所失就在过于相信对音，所失就在对音方法上亦过于泛滥，以致影响到一些地名证定的信值，这是作为后学而真诚地为先生感到惋惜的。

三

岑仲勉先生是近代以来对隋唐史研究作出了超越前人的杰出贡献的学者。向达先生曾经说:“关于唐代历史的研究,陈寅恪、岑仲勉、贺昌群、唐长孺诸先生都有很好的贡献。”[①]的确,岑先生的学术成就,在海内外都享有盛誉。

陈寅恪先生在《元白诗笺证稿》一书中,曾经肯定了岑仲勉先生的《白集醉吟先生墓志铭存疑》一文,肯定此志乃一伪撰之文,并指出前人因未尝质疑而致解释上扞格而不能通[②]。陈垣先生对岑先生的工作更是十分关注,如岑先生的《再说钦察》等文,就是奉援庵先生的函诏而撰写的。唐长孺先生也曾极为中肯地指出:“岑先生的学风近于劳氏,但博大过之。”这是理解岑先生学术的一把重要钥匙。王仲荦先生则在评价《元和姓纂四校记》时指出,是书“广征石志,用补旧史之阙文,其为功至勤也,且考知欧阳修、吕夏卿作《新唐书·宰相世系表》,迄元和之季,大概本自此书,千载矜异之巨著,一朝得知其所从出,顾不大快人邪!”[③]。贺昌群先生又谓岑先生的法显传研究“亦是用力之作”[④]。文学史家傅璇琮先生也认为,仲勉先生“真是一位勤勉的学者,他的著作中材料的丰富是使人获益不浅的”[⑤]。严耕望先生论定了岑先生《括地志序略新铨》论孙星衍氏排列之非的正确,严先生在推进了这一方面的研究时,仍念念不忘“斯则岑先生开辟之功为多”[⑥]。周法高先生则在《汉学论集》中,在痛感断代史方面缺乏煌煌巨制时指出:“岑仲勉的《隋唐史》算是好的。”[⑦]

仲勉先生的成就在国外也深有影响。1956年,日本花房英树氏著《关于岑仲勉先生的白氏长庆集研究》,称扬岑先生的研究“实在是充实的著作”。日本著名学者榎一厷氏,最近著文评介了《汉书西域传地里校释》。他认为,由于本书的出版,今后《汉书·西域传》的研究有了一个新的起点,是应大力高兴的事情[⑧]。日本突厥学家护雅夫氏在名著《古代突厥民族史研究 I》一书中,多处评及岑著。如,关于颜真卿《特进行左金吾卫大将军上柱国清河郡开国公赠开府仪同三司兼夏州都督康公神道碑铭》,岑先生将其中一句读作“曾祖颉利,部落都督”。蒲立本氏在名作《内蒙的粟特聚落》(《通报》XLI,1952)一文中,将“颉利”与“部落都督”连读,解作“曾祖为颉利部落都督”。护雅夫氏在详细论证后,认为岑仲勉先生释读是正确的[⑨]。苏联《亚非民族》杂志亦于1961年发表书评,认为《突厥集史》出版后,“突厥史汉文史料在科学上第一次得到了完整的汇集”,认为“作

---

① 向达:《唐代长安与西域文明》卷首《作者致辞》,北京,1957年。

② 陈寅恪:《元白诗笺证稿》,第320页。

③ 王仲荦:《关于岑仲勉元和姓纂四校记》,《学原》第2卷第7期(1948年11月)。

④ 贺昌群:《古代西域交通与法显印度巡礼》,第3页。

⑤ 傅璇琮:《唐代诗人丛考》,北京,1980年。

⑥ 严耕望:《唐史研究丛考》,香港,1969年,第2页。

⑦ 周法高:《汉学论集》,台北,1965年,第18页。

⑧ 榎一厷:《汉书西域传的研究》(书评),《东方学》第六十四缉(1982年7月)。

⑨ 护雅夫:《古代突厥民族史研究 I》,山川出版社,1967年,第75页。

者选择材料的精密，对史料的批判分析，细致的历史编纂学的、历史语言学的和历史地理学的研究，保证了书中引用的材料的可靠与可信”[①]。总之，海内外学人都高度评价了岑先生的辛勤劳动。

岑仲勉先生的历史学，是中国近代以来新旧交替而又急剧变革的这一特定时代的产儿。像这个时代所造就的许多大家一样，他的鲜明的爱国主义思想与不断接受新事物的革新进取精神是相一致的。在清末，他受到宣传资产阶级革命思想的《浙江潮》和在介绍资产阶级启蒙思想方面功不可没的《清议报》、《新民丛报》的影响，追求新学知识，拥护辛亥革命，参加倒袁斗争。在抗日战争时期，他在《明代广东倭寇记》、《李德裕会昌伐叛集编证(上)》及《唐唐临冥报记之复原》诸篇中，表达了对日本军阀侵略中国的严正声讨，以及侵略者必亡的识见。新中国成立后，他在《黄河变迁史》一书中说：“说要研究黄河变迁的历史，谈何容易”，但不能退缩，而要“更奋勇地”去研究，并“按着唯物辩证论来推衍”[②]。这里，反映了岑先生以历史学为新社会的人民治河事业服务的爱国思想和学习马列主义新思想的进取精神。在《景教碑内好几个没有彻底解决的问题》一文中，正确宣传了人民政府的宗教信仰自由政策，并对外面借传教为名，暗中却潜伏着替帝国主义者、反动派作间谍者进行了批判[③]。先生的爱国之心，跃然纸上。

从仲勉先生的史学思想中，我们再一次看到，一个史学家世界观中的进步思想，对于史识方面有决定性影响。例如，岑先生对雅人深致的韩愈、司马光每有批判，而对王叔文、李德裕等又极力辩诬，就是在《翰林学士壁记补注》这篇考证文字的前言中，亦有一段是专门为此而发的。这种被时间的考验证明是正确的见识，确实与岑先生自青年时期以来就追求革新的进步思想有关。

岑先生的史学方法，也打下了中国近代以来这一新旧交替、变革急剧的时代的烙印。像这个时代所造就的许多大师都具有博通的气概那样，仲勉先生也主张博通。他认为：“我们初步的知识要面积宽，种类多，既普而博，阅览时可能触发之机会便多，拘于局部则怀疑之机会便少。因为每一种科学无不与其他作蛛网式关联。”又云：“记弱冠时朋辈论学，开首便以专哪一经、四史中专哪一史为问，然而刚能独立研究，基础未厚，便即进入专的途径，论求学程序，似乎是躐等的。清代研究家很少能够全面展开，这恐怕是专之过早的毛病吧。”[④]仲勉先生正是这样实践的。另外，即如前文多次提到的过于相信对音研究方法，也是那一时代的产物。清代的考据家、小学家等即已嗜谈阴阳对转之

---

① Y. A. 拉里昂诺夫《岑仲勉著〈突厥集史〉》(书评)，《亚非民族》1981 年第 3 期，第 205—207 页。

② 《黄河变迁史》，第 706 页。

③ 《金石论丛》，第 319 页。

④ 《中外史地考证》，《前言》第 8 页。

类，二三十年代又由于有高本汉、伯希和、白鸟库吉等外国汉学家的影响，一时成为一种风气。有确实旁证的对音研究是有益的，但没有确证的对音研究，作为中国学术近代化中的一种不成熟的尝试，也可以说是一种时代的征候吧！这些成功的或不完全成功的经验，都可作为后人的珍贵借鉴。

作为一位爱国的、进取的史学家，岑仲勉先生还具有一种十分可贵的性格，这就是对传统的中国学术界"为贤者讳"的积习的批评。岑先生说："吾国学术界流传一错误观念，迄于今莫能廓清，致为文化进步之大碍，则所谓'为贤者讳'是也。""盖古今中外，都无十分完全之书，其声誉愈高，愈易得人之信受，辩正之旨，非抑彼以自高，亦期学术日臻于完满而已"（《唐方镇年表正补》[①]）。岑先生也反对"为其师讳"。他曾指出他的友人容庚先生在重编王国维著《宋代金文著录表》时"于原表误会之处，未加论辨"，是"为其师讳"（《四库提要古器物铭非金石录辨》[②]）。岑先生更主张学术讨论与私交友谊应截然分开，尝云："然僚友中如董作宾、向达、马元材、杨宪益诸先生，拙亦屡有讨论之作，则因我的看法，讨论与友谊，应截然划分为两事也。"（见《学原》载《关于贾岛年谱的讨论》[③]）如先生在《隋唐史》一书中，对陈寅恪先生意见的讨论，看起来都有些近于过火。但在1960年5月，当全国学术批判之风弥漫，出版物上已少见正面提及陈先生时，岑先生在《唐人行第录自序》中，却回忆了1938年"在昆明青云街靛花巷初与陈寅恪兄会面，渠询余近状"的情景，可见岑先生是严格把讨论与友谊区分开来的。岑先生在批评钱大昕、陈寅恪、冯承钧三位名家的论点时，确实有时让人感到"有点过火"，但这恰恰反映了岑先生对他们三位的看重。关于"过火"，岑先生亦有云："抑有些学子，对前辈往往估价过高，以为学到他也可以了，不思振奋，这对我国学术进化，发生很大阻力，与跃进的目标恰背道而驰。作者批评前人，似乎有点过火，然而这只希望百尺竿头，再进一步，读者幸勿误会为吹毛求疵啊！"（《金石论丛》第802页）。在这里，我们看到了仲勉先生对青年的希望和勇于批评前人的赤诚。的确，在中国的学术界，如能进一步抛掉因袭的重担，不"为贤者讳"，并把讨论与友谊划然分开，那么，中国的学术一定将如岑先生的希望那样，会有更大的进步。

（原载《中国史学家评传》，中州古籍出版社1985年版）

① 《历史语言研究所集刊》第十五本，1948年。
② 《金石论丛》，第41页。
③ 《学原》第2卷第1期所载《岑之答辩》，1948年5月。

梁方仲先生的中国社会经济史研究

刘志伟　陈春声

在20世纪五六十年代，中山大学树立了一个“只专不红”的典型，他就是以“一条鞭法”研究享誉学界，被何炳棣先生称为“明代赋役制度的世界权威”①的历史系教授梁方仲先生。梁方仲先生1949年离开中央研究院社会研究所，从南京回到广州，应陈序经之邀受聘于岭南大学，任经济商学系教授兼系主任，创办岭南大学经济研究所；1952年院系调整以后一直任中山大学历史系教授，1970年因病辞世。他在岭南大学、中山大学任教二十余年，在非常艰难的条件下，坚守自己的学术理念，辛勤耕耘，以扎实的文史修养和良好的西方经济学造诣，继续沿着自己过去的学术道路，致力于把社会科学的理论和方法引入中国历史研究，建立中国新史学的研究范式，在中国社会经济史研究领域作出了奠基性的贡献。近年来，在中国社会经济史研究领域，梁方仲先生的学术成就以及他提出的研究课题和学术见解，重新被人们认识，越来越受到重视。今年是梁方仲先生诞辰100周年，我们在这里谈一点学习梁方仲先生著作的心得，作为对先生的纪念，希望得到学界师友的指教。

一

明代一条鞭法研究，是梁方仲先生成就其学术功业的基石。1936年他发表《一条鞭法》一文②，以后又陆续发表多篇相关论文，这些论著，几十年来被学界公认为一条鞭法研究最具权威性的经典之作。人们谈到梁方仲先生的学术成就，总是把他的名字与“一条鞭法”联系在一起，因此，讨论梁方仲先生的学术成就和治学风格，自然应该从一条鞭法开始。

梁方仲先生出生于清末一仕宦世家，其先世是广东著名的十三行商之一，他本人先后入读清华大学农学系、西洋文学系、经济系，再入清华大学研究院专治经济学。就专

---

① 何炳棣：《南宋至今土地数字的考释与评价》，《中国社会科学》1985年第2期。

② 梁方仲：《一条鞭法》，《中国近代经济史研究集刊》第4卷第1期（1936年）。

业教育而言，他接受的是现代社会科学的训练，以经济学为主途，以今日习用的学科分类，应划到经济学家一类。不过，因着家学渊源，他从小深受中国学术传统的熏陶，对古代文献和学问造诣深厚，具有文史专家之素质。当他在清华研究院开始钻研中国财政经济问题时，就十分敏感地认识到，要了解当时中国农村的社会经济问题，田赋制度是一个重要的切入点，而当时中国所实行的田赋制度的基本架构，是由明代一条鞭法开始形成的。于是他把明代以后中国田赋制度的演变历史，设定为自己研究中国农村经济的起点。经过数年的精心钻研，形成了对在明代嘉靖万历年间开始施行的一条鞭法的基本认识。在《一条鞭法》一文，他开宗明义，以非常精辟的语言，对一条鞭法及其社会意义作了经典性的表述：

> 从公元十六世纪，我国明代嘉靖万历年间开始施行的一条鞭法，为田赋史上一绝大枢纽。它的设立，可以说是现代田赋制度的开始。自从一条鞭法施行以后，田赋的缴纳才以银子为主体，打破二三千年来的实物田赋制度。这里包含的意义，不仅限于田赋制度的本身，其实乃代表一般社会经济状况的各方面。明代自十六世纪初年正德以后，国内的农工业的生产方法及生产关系，虽然没有重大的变化，但因历史上的机缘，如西洋航海术的进步等，使中国与外国的贸易却逐渐兴盛起来，国内的社会经济情形亦逐渐从自然经济时代发展到货币经济阶段上去。一条鞭法用银缴纳，不过是当时大潮流中的一条旁支。但除去用银一点足令我们注意以外，一条鞭法还有种种在赋法与役法上的变迁，与一向的田赋制度不同。从此便形成了近代以至现代田赋制度上主要的结构。

这段论述把从古代的田赋制度到现代田赋制度看成是一种结构上的转变，一条鞭法就是这个结构性转变之一大枢纽。这一结构性的转变，是由以白银成为主要通货为主调的货币经济发展，以及由此引起的赋法与役法的改变造成的。他对一条鞭法的社会经济意义更具体的看法，在 1952 年发表的《明代一条鞭法年表(后记)》[①]中得到进一步的发挥。他把一条鞭法的社会经济意义放在明清商业与商业资本发展与社会结构变动关系的背景下，指出：

> 总之商业资本的发展，只是增加了封建社会的内在矛盾。它只标志着封建主义底解体过程，它本身并不可能就产生资本主义底生产方式。一条鞭法就是为了

① 《岭南学报》第 12 卷第 1 期(1952 年)。

适应这个变动环境而设的赋役制度。

这里，梁方仲先生既认定一条鞭法并不意味着传统中国社会结构发生了本质性的改变，又指出一条鞭法体现了原有社会结构的解体过程，努力通过对一条鞭法改革内容和社会背景的深入分析，说明明清社会结构性变动的实质，这是梁方仲先生一条鞭法研究的基本视角。在《明代一条鞭法年表(后记)》中，他对一条鞭法这种新的赋役制度的社会意义提出了深刻的见解。但由于这篇文章发表在20世纪50年代初，在思路和语言上不免带有那个时代的印记，加上其他种种原因，梁方仲先生的这些见解没有能够充分发挥，他的一些意见，在表述的时候，往往语焉不详，欲言又止，后人读起来，可能有不同的理解。我们在学习过程中，体会到其主要的观点可以概括为以下几点：

第一，一条鞭法改变了赋役摊派的对象和征收办法，主要的意义不在于调整赋税负担的轻重，而在于将既成的社会事实整齐划一起来。这个既成的社会事实，就是朱元璋建立的通过里甲制度实现的“画地为牢”的社会秩序的解体。

第二，赋役的缴纳一律折收银两，固然是货币经济抬头的表征，但在一条鞭法之下，白银货币流通的范围，主要在贡赋经济的领域。我们在分析白银货币与市场经济发展之间的关系时，需要建立一种更为复杂的解释模式，把市场运作与贡赋经济的运转结合起来考虑。

第三，一条鞭法以折银取代亲身应役制度，改变了人民与政府之间的关系，在编户齐民与王朝政府之间，更多地通过货币方式来联系。但同时，一条鞭法也意味着中央集权与官僚政治的加强。在一条鞭法制度下，官与民的关系，尤其是在官民之间的富人(乡绅)与胥吏一类中介的角色发生了变化，这种变化，形成了中央集权的官僚政治加强的新机制。

我们不能完全肯定，这样的概括一定能够贴切地表达出梁方仲先生的原意，其中的要旨，是在业师汤明檖先生一再提点下，我们从梁方仲先生的著作中逐渐体味出来的，自然也难免加上了我们自己的发挥。后文还会谈到对一条鞭法的这些认识在当代学术视野下的意义。仅就这几点而言，我们已经看到，在半个多世纪以前，梁方仲先生对一条鞭法的认识，不但超出了他同时代的人，甚至在以后几十年，许多有关一条鞭法的研究，就认识的层次来说，也没有达到这样的深度。

梁方仲先生关于明代一条鞭法及其社会意义的洞见与卓识，并非只是凭着个人的敏锐聪颖，在苦思冥想中由义理推衍出来，而是在广泛掌握材料的基础上，对一条鞭法在各地实施的过程、实行的办法、所产生的社会影响、推行过程中涉及的种种社会经济问题以及暴露出来的社会矛盾进行深入细致的分析，究明一条鞭法的内容和赋税征收机制，进而形成了上述认识。梁方仲先生之所以能够在一条鞭法研究上发他人所未发，能够从这一特定的制度改革，揭示明清社会变迁之情状，是因为他创造性地运用社会科学的方法，研究传统中国的典章制度。梁方仲先生从开始把明代赋役制度作为自己的研究对象，就努力探索开创一种用社会科学方法去研究王朝制度与社会变迁的新途径，1948年他在《论社会科学的方法》①一文中曾指出：

如果有人认为方法学的讨论只是一种智慧的游戏，——他当然有他充分的理由。不过要晓得，惟有方法上良好的训练，对于材料之处理，才能“化臭腐为神奇”。

梁方仲先生自己在一条鞭法研究上表现出来的远见卓识，可以说就是这种基于“方法上的良好训练”从而“化臭腐为神奇”的一个典范。汤明檖、黄启臣教授曾经把梁方仲先生的治学方法总结为“小题大作”、“讲求新的观点新的方法”、“重视史料的搜集和整理”、“重视史料的考释”、“重视计量方法”几个方面②。这几点就是梁方仲先生具有社会科学方法的良好训练的概括。他的这种治学方法，在一条鞭法研究中得到明显的体现。以下我们不妨再以一些具体的例子，看看他进行一条鞭法研究的旨趣所在。

关于明代一条鞭法的规制，在《明史》等明清时期的典籍中，本来就有着非常清楚的概括性表述，《明史》卷七十八《食货二》云：

一条鞭法者，总括一州县之赋役，量地计丁，丁粮毕输于官。一岁之役，官为佥募。力差，则计其工食之费，量为增减；银差，则计其交纳之费，加以增耗。凡额办、派办、京库岁需与存留、供亿诸费，以及土贡方物，悉并为一条，皆计亩征银，折办于官，故谓之一条鞭。立法颇为简便。嘉靖间，数行数止，至万历九年乃尽行之。

应该说，这一段文字对一条鞭法内容的概括非常精确，若以研究王朝制度通常所用的方法，只要仔细释读这段文字，已足以对一条鞭法规制获得比较精确而清晰的了解。事实上，很多学者在他们撰写的历史著作中，对一条鞭法赋税制度的理解，大致都是由这一段文字所表达的意义推演出来的，几乎没有超出这段文字已经包括的内容。许多研究往往只是套上现代财政赋税概念，把这段文字表达的内容，解读为由实物税和力役转变为货币税，由人丁税到土地税，合并多种税目等等。在这样理解的基础上，研究者

① 见梁方仲等著：《现代学术文化概论》第2册，上海华夏图书出版公司1948年版。

② 汤明檖、黄启臣：《梁方仲传略》，《梁方仲经济史论文集集遗》，广东人民出版社1990年版。

对一条鞭法的社会经济意义的理解，也就往往以逻辑推理得出这样的认识：从按人丁征税改变为按土地征税，意味着占有土地的地主负担加重，而没有或只有很少土地的农民负担减轻；从实物税和力役改为折征白银货币，意味着适应并推动了商品货币经济的发展。这些理解当然也触及到了一条鞭法的核心内容，对其社会经济意义的这些认识也难说有什么错误，但若由此再作进一步推论，就难以避免想当然任意发挥的危险。对一条鞭法改革的历史、制度的内容实质及其社会经济意义的理解，更局限在现象的表层，难以更深入地揭示一条鞭法实际运作的机制。

梁方仲先生的一条鞭法研究则循着颇为不同的路径，他以社会科学方法上的良好训练和诠释传统文献的深厚功力为基础，在研究一条鞭法时，通过对大量历史文献的考释和比勘，仔细弄清楚文本的意义，究明实际施行过程的种种细节，并比较不同时间和不同地方实行一条鞭法的异同和关系，掌握其赋税编派的种种办法，达致对该赋税制度获得系统的理解。《一条鞭法》一文就是最典型的例子。该文的目录大纲清楚地呈现了这一研究的旨趣所在：

甲、导论

Ⅰ.一条鞭法以前明代的赋法与役法

Ⅱ.赋役制度的崩溃

Ⅲ.赋役的改革

乙、一条鞭法本论

Ⅰ.合并编派

一、各项差役的合并

1.合并编派的方法(及其实例，原则)

2.合并的程度

a.部分的合并

b.全部的合并

二、各项税粮(即“赋”一方面)的合并

1.田地种类及其科则的合并

2.税粮的合并

a.每一项税粮内各条款的合并

b.各项税粮的合并

三、役与赋的合并

1.役与赋合并编派的实例

2. 合并编派的方法

a. 随田面积摊派役银

b. 随粮额摊派役银

c. 随粮银摊派役银

3. 合并编派的程度

a. 役部分的摊入赋内

(1)先以丁承受一部分固定的役额,余额由田承受

(2)丁田依一定的比率分配役额

(一)以丁为主,以田助之

(二)以田为主,以丁助之

(三)丁田平均分配

b. 役全部的摊入赋内

(1)某一役项全部的摊入赋内

(2)一切的役全部摊入赋内

4. 一条鞭的会计方法

Ⅱ. 合并征收

一、征收期限的合并

1. 役的合并征收

2. 赋的合并征收

3. 役与赋的合并征收

a. 合并征收的原因及其实例

b. 一条鞭法所立的征收期限

二、征收上管理的合并

Ⅲ. 用银缴纳(实施状况及其对征收期限的影响)

Ⅳ. 征收解运制度上的变迁

一、民收民解的制度及其流弊

二、官收官解制度的成立

1. 人民直接输纳与官收

2. 官解(用银与官解的关系)

三、官收官解的手续的说明(附库藏及倾熔银两事宜)

Ⅴ. 各种征收单据册籍的设立

在这个大纲下，每一个子目，都是通过具体的实例分析，说明在“一条鞭法”这个名称下，具体的赋税编派、征收与管理办法的种种细节差别。曾有人认为梁方仲先生这种研究的方法是繁琐考证，其实这种方法与传统考据方法不同，它不是用不同的证据去印证一个事实，而是对在不同时空中发生的不同事实，从不同的角度进行分析性研究，从而找出一种制度发展的内在脉络，揭示出概括性的叙述所不能呈现的原理，从而为把握这种制度实际运作的机制建立一种认识的逻辑。

我们不妨举一个更具体的例子。一条鞭法在字面上的意义，是赋与役的合并，这种合并，究竟对于赋税制度在结构上的改变有什么意义呢？一般的解释只从人丁税改为土地税这个层面上去解说，但经过梁方仲先生的分析，我们知道其中包含了相当复杂的内容和实质。他在《明代一条鞭法的论战》[①]一文中，根据早期的《一条鞭法》一文的分析，作了如下概括：

> 所谓役与赋的合并，有种种方面：或为种类与名目上的统一，或为税则的简单化，或为征收与解运的期限的划一，或为征解人员与机关的裁并。而尤其值得注意的，是编派方法的统一。此点可从课税的客体及其根据的原则的统一两方面去说明之。

在这里提到的从课税客体及其根据的原则去分析赋役合并编派的方法，对于了解一条鞭法在制度上改变的原理是十分重要的。例如，其中在差役的合并上，梁方仲先生经过细致的分析，得出这样的认识：

> 原本是对户所课的里甲，今并入本意课于人丁的均徭；又均徭中必须论户佥编的力差，改为不必论户佥编的银差；又旧日银差是按户征银，今改为地丁兼派，都证明了役法的编佥，以“丁”替代了昔日“户”的地位。[②]

一条鞭法的这一改变，有着非常重要的意义，我们研究一条鞭法后户籍制度的变化与广东乡村社会结构变化的关系时，就是从梁方仲先生这一分析得到启发[③]。而这种认识，只有在对大量描述性的记载进行分析性的研究之后才可能得到。基于这种对历史

---

① 《社会经济史研究》1951年第1期。

② 梁方仲：《一条鞭法》，《中国近代经济史研究集刊》第4卷第1期（1936年）。

③ 刘志伟：《在国家与社会之间——明清广东里甲赋役制度研究》，中山大学出版社1997年版。

文献记载进行考辨与分析的工夫，梁方仲先生对一条鞭法的内容和实质的把握，包含了许多深刻的见解，因而被认为是“最为全面和深邃”[①]的研究，绝非虚言。

正是由于梁方仲先生通过分析性的研究，把握了一条鞭法的本质内容，他对明代中期以后各地发生的名目各异的种种赋役改革的分析，就能够抓住本质，认识这些改革与一条鞭法之间的异同和联系，他指出：

> 纲银法，征一法，十段锦，一串铃等法，它们在基本原则和主要内容上皆与一条鞭法相同，然所包括的范围大都比条鞭稍狭——谓为“具体而微”，颇为恰当。但诸法在施行上亦颇有与条鞭相异之处，且各名均有其独立的存在，个别的历史，故不宜与条鞭混而为一。[②]

与此同时，他又分析了在各地施行的种种以一条鞭法为名的赋役改革的内容，指出：“一条鞭法在各地的办法是殊不一致的：论其范围，有广狭大小的不同；论其规制与实施程度，有精粗深浅的分别”，因而“一条鞭法只是当时在历史上的和地域上的一种发展”。如果没有通过分析性的研究去把握一条鞭法赋税制度的本质，只是这样表述，难免会或流于敷衍，或纠缠于无谓的争辩；而梁方仲先生不但没有陷入这类疏误中，反而能够从这种认识出发，揭出一条鞭法与明代社会结构转变之间的关系。梁方仲先生的一条鞭法研究，是运用社会科学方法对王朝制度进行分析性研究的一个典范，在中国历史研究，尤其是中国社会经济史研究领域，具有开创性的意义。

二

要对一条鞭法改革的具体过程、内容和社会意义有深刻的理解，不仅仅依赖于对一条鞭法本身的深入分析，也有赖于对一条鞭法改革的前因后果与相关制度沿革递嬗，以及一条鞭法得以实行的社会经济状况有多方面的了解。为了深入透彻地弄清一条鞭法的历史意义，梁方仲先生把视野扩展到与一条鞭法相关的多个领域，从不同的角度展现了这一改革的社会经济脉络。在这些研究中，我们不仅看到梁方仲先生视野之开阔，眼光之锐敏，更看到他对一条鞭法的研究，如何可以成为理解明代经济社会的结构性转变以及国家转型的关键。

---

① 语出自黄冕堂：《明史管见》，齐鲁书社 1985 年版，第 373 页。

② 梁方仲：《释一条鞭法》，《中国社会经济史集刊》第 7 卷第 1 期（1944 年）。

首先，为了明瞭明代赋税制度演变之轨迹，梁方仲对明代财政赋税制度的研究，是从明初税制始定开始的。在开始着手探讨明代田赋制度的时候，他就对明代赋税及各种相关制度，如明代田赋的税目、税率、赋税定额的制定，以及户帖、黄册、鱼鳞图等作为赋税征收依据的册籍等等，都作了专门的考释，从而为准确把握以一条鞭法为中心的明代赋税演变的本质内容提供了可靠的依据。

为了弄清一条鞭法的社会经济背景，阐明“一条鞭法得以用银普遍地缴纳的缘故”，梁方仲先生没有把商品货币经济发展当作不言而喻的事实，而是对明代银矿开采和明代国际贸易中银的输出入作了专门的实证性研究。这两项研究在厘清了相关制度的基础上，特别着重于数量的分析(关于这两项研究所见的计量方法的运用，后文另行讨论)。虽然由于资料的局限，这些研究所能重建的白银生产和输入的数字并不必定精确，但勾勒出一个可以实实在在地把握的白银供给规模的轮廓，来说明一条鞭法得以普遍用白银作为缴纳手段的前提和背景，同泛泛空谈“商品经济繁荣”相比，要更为实在，为进一步的分析性研究建立起基础。

一条鞭法是以赋税征收统一用银计算且用银缴纳为基础的，但白银本来并非明朝法定流通的货币，白银流通的普遍化固然是商业发展，尤其是在海外贸易中美洲白银大量流入的结果，但其中一个最直接的制度性原因，是钞法的废坏。在梁方仲先生的遗稿中，有一份早年草拟的关于明代钞法的研究提纲。这份提纲虽然只是一个草稿，但从中可以看出梁方仲先生的一条鞭法研究，是建立在他对明代货币经济的系统深入研究基础之上的。他把明代宝钞和白银的流通，置于明代市场体系和王朝贡赋体制的互动中来研究，从货币的市场流通和明代国家运作机制的关系去说明钞法崩溃的必然性和由用钞到用银转变的内在原因。以下这样的论述表达了他对于明代货币流通的独到见解：

> 在这段时期中(指景泰到成、弘年间，这是宝钞的地位被白银取代的关键转折时期——引者)，宝钞渐渐变成了非货币，仅成为某些税目的纳税工具和计算单位(都是与沿习有关)，这是对民间来说的。其在政府，则使用宝钞纯然变成掠夺之手段，凡各种折出折入均以损人利国为原则，所定各种比价全属任意的。总之，此时宝钞之使用几全在国家与官吏商民的经济关系上，而且是强制的。
>
> 因此，这一时期的官定宝钞与其他品物(包括银钱)之比价是极不可靠的(特别是弘治时期)，钞价之涨落，很难说是货币流通的运动现象。然而，这时宝钞还不是绝对地与商品流通断绝联系，根据市价还可以多少看出一点贬值的痕迹。

这些见解,在明代货币制度演变的历史研究中是非常深刻的。在这份提纲手稿中讨论到其他各种具体的历史现象,都有从这一角度阐发的精彩论述。例如讨论到盐钞和商税征收与钞法崩溃的关系时,梁方仲先生指出,本来明朝政府为了调控通货流通而采取的措施,都因为成了政府获得更多贡赋收入的途径,而令明朝政府失去了建立起货币调控机制的机会。通过这些研究,我们可以了解到,梁方仲先生以一条鞭法为中心对明代社会经济的研究,其中一个非常独到的角度,就是把国家财政赋税体制与市场商品货币流通体系打通,从而深刻地揭示了明代社会经济的内在运作机制。

另一个相关的角度,是梁方仲先生关于明代一条鞭法论战的研究。在《论社会科学的方法》一文中,梁方仲先生提出,"关于方法的选择,要以研究者所欲达到的目的来决定",他列出了几种情况为例,其中一种是:

> 如果研究者的目的,在于探求某一种现象的意义,那末,他可以从创造(或改造)此一现象的人(或团体)的真正用意去着手研究,此即所谓心理的方法。倘若研究者能证明他寻找出来的意义尽与创造者或改造者原意符合,那便是说他的方法是准确的了。怎样才晓得创造人的真意?那就要看:第一,有没有充分的证据?——如创造人自己的著作,日记,演讲词,或他人的著作足资证明者,等等。第二,研究者对于证据的解释是否真得了原意?

梁方仲先生的《明代一条鞭法的论战》一文,就是运用这种方法去探求一条鞭法的社会经济意义的一个很好的例子。在明代一条鞭法推行过程中,围绕着实行一条鞭法的利弊,支持者和反对者之间发生了持续多年的争论。梁方仲先生先是"专就《明实录》的记载,略按年月编排,并稍加考语,庶得以明瞭朝廷上争论的焦点,而整个历史发展过程的大概亦自明白"。然后,从方志、文集等文献中搜剔出当时人的意见,按支持和反对的理由,条分缕析,"这样,对于朝野间关于这种改革运动的论战,或可收览全貌,且更进一步地了解其真正的背景"。

细读这篇论文,不难看到,梁方仲先生所用的方法有非常明显的特色。他不仅仅列举了当时争论双方说了什么,也不是简单地以己之见对有关论点之是非加以评说,而是把有关讨论放到一个实在的社会背景下,结合一条鞭法在特定情景下实际施行中的问题来加以分析。例如,在反对一条鞭法的意见中,有一个理由就是认为征收银两对于农民不便。梁方仲先生在评论这种意见时,特别从一条鞭法征银的实际情形和明代用银的历史两点去加以考察,把征银的历史与钞法、钱法先后废坏的历史放到一起分析,指出反对一条鞭法征银的理由,其中一个主要的原因就是“银钱的比率定得太不合理。我们有了这个认识,才能够明白当时人疏章内所说的真意”。而这一事实背后,则是政府与富室权贵从普遍用银中得到最大的利益。这一认识对于了解一条鞭法的社会经济意义,是非常关键的。从当事人的看法入手,又通过分析当时的场景去解读当时人看法的真意,从中揭示现象的本质和意义。这正是梁方仲先生对明代一条鞭法的见解能够高人一筹的原因所在。

在明代一条鞭法争论背后,梁方仲先生揭示了理解一条鞭法的社会经济意义的两个重要的方面:一是南北社会经济背景的差异,特别从中可以明白,明代中期以后,由于在国际贸易中大量银元的流入引起的南方社会经济变动,是一条鞭法得以在南方迅速推广的社会背景;二是透过一条鞭法的赋役征收制度所体现出来的社会各层的关系及其利益冲突,从中可以了解政府与人民、富户与贫民之间关系的许多真相。把这两个方面结合起来解读一条鞭法,我们就可以更深入地探讨明代市场与货币经济的发达,如何在既定的社会经济结构下引起明代社会经济结构本身的改变。

梁方仲先生在这个问题上的观点,在1957年出版的《明代粮长制度》①一书中有更为详尽的表达。梁方仲先生研究明代粮长制度,始于30年代中期,此后20多年间,经过多次改写,最后形成了这部近10万字的专著。在这部著作中,梁方仲先生把赋役制度演变和乡村社会关系的研究结合起来,将视角深入到活跃在乡村中的各种地方势力的关系变化上,并把这种变化置于商业发展、王朝制度及政治环境变动的脉络中考察,为这种研究旨趣建立了一个典范。他对明代粮长制度演变的研究,把王朝制度研究的视角,引向对王朝国家运作的社会机制的关注,开辟了从深入探究基层社会组织和权力结构变动去说明国家历史重大转变的历史研究新路径。

《明代粮长制度》是梁方仲先生在世时正式出版的惟一一部专著,而这部著作表现出来的学术取向,与50—70年代中国史学的主流有点格格不入,因而,在相当长的一段时间里,在中国史学研究中影响甚微。直到近年来,中国社会经济史学界开始重视对明清以后市场发展、王朝制度与乡村社会之间的互动的研究,梁方仲先生的《明代粮长制度》以及作为这一研究的基础的一条鞭法研究的论著,才越来越为学界所重视。这部著作的价值,经历了半个世纪以后能够重新得到认识,说明其代表的,是中国史学发展的一个具有前瞻性的方向。今天很多年轻学者热衷于开展明清乡村基层组织研究,这部著作应该成为这一研究方向最重要的基石之一。

---

① 梁方仲:《明代粮长制度》,上海人民出版社1957年版。

三

谈到这里，我们希望澄清一种颇为流行的误解，这种误解以为梁方仲先生属于从事传统制度史研究的学者，以为梁方仲先生的一条鞭法以及相关的研究，重点只是着重在从史料考释上面，说明王朝典章制度的内容与施行情况，而欠缺揭示王朝典章制度的社会经济意义①。其实，梁方仲先生的关怀及其研究的着眼点，从一开始就落在明清社会经济的变迁过程，并由此去理解在这个历史过程中形成的近代中国社会的结构。研究中国王朝国家和社会转变的历史，要由典章制度入手，一则是因为从王朝典章去说明社会制度，在中国学术传统上，有长久的渊源，一个中国学者研究传统中国社会问题，承此“家法”，不失为治学之正途；二则是因为在事实上，传统中国的社会制度和社会生活，一直在王朝典章制度的规范之下，虽然社会现实与制度规范间常有相当大的距离，但王朝制度通过不同的机制，直接间接地影响或制约着社会生活形态和社会关系的结构。由于我们研究所用的资料，不能离开士人留下的文字，若脱离了对王朝制度的了解，难以真切地解读文字记录的本意，也难以真正把握和理解现实社会现象。因此，研究者重视典章制度的考释，重视弄清有关制度的内容和本义，并不意味着只是以厘清制度沿革为研究的目标。我们综览梁方仲先生的论著，许多都是从制度考释入手，去说明社会现实之情状的。前面讨论过的一条鞭法、粮长制度等研究固然如此，其他有关制度的研究也无一例外，如《明代的民兵》②和《论明代里甲法与均徭法的关系》③等文章，都是体现了这一研究取向的很好的范例。

在梁方仲先生留下的遗作中，有一份《明史食货志》笺证，为未完成之手稿，80 年代初期《北京师范学院学报》分期连载刊出了这份手稿④，这份以“笺证”形式写成的手稿，与一般的文字校订诠释和典制考据溯源的笺证文章不同，不但利用各种不同性质的材料，对《明史食货志》中所记载的制度及其演变之迹作了详细的笺释，更以笺证的方式，发挥了研究者对与有关制度相联系的社会现实的解读。这篇遗稿，开创了文献笺证的一种新的风格，典型地体现了梁方仲先生的治学方法。

1958 年，在梁方仲先生指导下，汤明檖、李龙潜、张维熊几个青年学者发表了《对邓

---

① 这种看法不时会在一些研究一条鞭法的论著中见到，例如一篇作于 1980 年的台湾政治大学的硕士论文说：“梁氏对于一条鞭法制度内容之探讨，系针对史料的整理出发，并未涉及社会经济的论点。”（罗汉杰：《明代一条鞭法研究》，台湾政治大学财政研究所硕士论文，1980 年）。

② 《中国近代经济史研究集刊》第 5 卷第 2 期（1937 年）。

③ 《学术研究》1963 年第 4、5 期。

④ 刊于《北京师范学院学报》1980 年第 3、4 期，1981 年第 1、2 期。

拓同志〈从万历到乾隆〉一文的商榷和补充》[①]一文，文章虽然不是梁方仲先生亲手撰写，不过，文章中提出的处理和运用文献资料与实地调查材料的方法，显然是梁方仲先生的主张。文中有一段关于官府与民窑关系的讨论，利用《实录》、《会典》等文献记载的官方制度，说明了研究具体的社会经济问题时，如果不能掌握王朝制度，没有弄清政府规制与民间经济行为的关系，就可能导致对民间文献中反映出来的经济关系的误解。在这个意义上，梁方仲先生重视王朝制度研究的取向是没有疑问的，但梁方仲先生研究王朝制度的目的，并不只是为了说明制度本身的内容，而是要通过剖析制度运作的机制去说明社会经济结构的实态。因此，在梁方仲先生的研究中，除了正史、实录、会典一类官方文献一直被重视之外，其他地方的、民间的文献也一直是梁方仲先生所倚重的材料。

在1930年代，中国社会经济史研究还处在拓荒阶段的时候，很多青年学者就提出要重视地方志资料的利用。梁方仲先生可以说是利用地方志资料来研究王朝制度与地方社会的学者中最为成功的一位。为了弄清楚一条鞭法在地域上的发展以及各地施行的实况，他所利用的中国各地和日本、美国等国家收藏的地方志在一千种以上。正因为大量利用地方志资料，使他得以掌握一条鞭法在地方上推行的过程、内容的精粗差别以及不同地区的社会实况。在当时的中国历史学研究者中间，很少有像他这样大量利用地方志资料的。如果他的研究兴趣不是要究明一条鞭法这一赋税制度在地方社会实际推行的情况，以此考察现实社会经济关系及其演变趋势，绝不需要花费如此大的精力去搜集和利用地方文献资料。

除了地方志资料以外，梁方仲先生还特别重视各种公私档案、民间文献和实物证据的搜集、研究与利用。早在1936—1937年间，他所在的中央研究院社会科学研究所（今中国社会科学院经济研究所的前身）向北京大学借抄清内阁大库档案，就是由他与刘隽先生负责挑选出来，先后抄得三万余件。他在《易知由单研究》[②]一文的开头，就阐明了自己对利用民间文献研究社会经济史之价值的看法：

> 过去中国田赋史的研究，多以正史和政书为限。这些材料，皆成于统治阶级或其代言人之手，当然难以得到实际。比较可用的方法，我以为应当多从地方志、笔记及民间文学如小说平话之类去发掘材料，然后再运用正确的立场、观点去处理这些材料，必须于字里行间发现史料的真正意义；还给他们真正的面目……除了书本

---

① 《历史研究》1958年第10期。

② 《岭南学报》第11卷第2期（1951年）。

上的材料以外，还有一类很重要的史料，过去不甚为人所注意的，就是与田赋有关的实物证据，如赋役全书，粮册，黄册，鱼鳞图册，奏销册，土地执照，田契，串票，以及各种完粮的收据与凭单都是。

事实上，重视搜集各种公私档案、契据册籍作为研究的资料，在梁方仲先生治学生涯中，一直没有停止过。早在1933年，他就发表了关于明代鱼鳞图册的研究，后来，又陆续发表了关于户帖、黄册、易知由单研究的论文。尤其值得提到的是，在编著《中国历代户口、田地、田赋统计》一书时，他更实践了上面所引这段话提出的主张，为了探索揭示官方统计数字背后意义的途径，他开始尝试收集各种契据文书，并对这些契据文书作了初步的整理和研究。在梁方仲先生留下的文稿中，有一批释读各类契约票据文书的手稿，他本来计划把这份文稿作为附录收在《中国历代户口、田地、田赋统计》一书中。我们知道，《中国历代户口、田地、田赋统计》一书收集整理的数据，大多出于官修正史、实录、政书，基本上是一些出自官方档册中的账面数字。梁方仲先生把这些数字汇集起来，加以条分缕析的整理，编成表格，为研究王朝时期中国社会经济建立起一个可以通过数字去把握的基础。但与此同时，他也深知这些数字是在一个官僚体系的运作过程中形成的，要理解这些数字背后的意义，需要更深入去探究这些数字如何产生出来的机制，以及这些数字所体现出来的事实。梁方仲先生本希望把与历代户口、田地、田赋有关的实物票据文书的考释，收入《中国历代户口、田地、田赋统计》中作为附录，为后人指出从这些官方数字出发，逐步深入揭示社会经济事实的一条路径。遗憾的是，梁方仲先生在这方面的研究刚刚开始就不幸弃世，目前我们看到的只是做了最初步研究的草稿。在《中国历代户口、田地、田赋统计》出版时，也没能把这部分附录收入书中。

四

既然谈到梁方仲先生的《中国历代户口、田地、田赋统计》这部著作，不能不谈及广为大家熟知的梁方仲先生在中国经济史的计量研究方面的贡献。

梁方仲先生早在清华大学研究院读书，写作毕业论文《明代田赋史述要》的时候，就开始把他从《明实录》、《大明会典》、《大明一统志》等明代史籍中搜集的有关明代户口、田地及田赋数字编制成表格。1935年，他把这些表格整理出来，在《中国近代经济史研究集刊》上发表了《明代户口田地及田赋统计》一文，这是他到1950年代作《中国历代户口、田地、田赋统计》一书的雏形。

梁方仲先生整理利用这些旧史籍中的数字，从一开始就采取了一种科学的态度。

早在《明代户口田地及田赋统计》一文中，梁方仲先生就自己的“编制手续与方法并其内容作一概括的说明”时，已经对利用史籍中的数字要注意的几个基本问题作了阐述：第一是关于根据史籍的版本和如何处理不同史籍数字的异同问题；第二是如何处理项目的名称与单位的歧异问题；第三是如何处理数字本身的准确性和真实性问题。在这些问题上，梁方仲先生的处理办法，对于今天企图利用传统史籍作计量研究的学者来说，仍然是非常有价值的经验。特别值得一提的是，在说明历史上的户口、田地数字的性质的时候，梁方仲先生指出：

> 例如田地之数实指纳税之垦田，并不是指全国的实际的田地面积。这是历代都如此的。至于户口，有时亦是如此，所以在万历三十年和天启五年都有“半口”的记录……可以作为是指纳税户口之明证。

在《中国历代户口、田地、田赋统计》中，梁方仲先生谈到明代田地数字时，也非常清楚地指出：“所谓顷亩是纳税单位，而非面积单位。”[①]可见梁方仲先生早就提出了“纳税户口”、“纳税单位”的概念，来区别于实际的田地、户口数字。刘志伟曾于2006年由梁其姿、范毅军教授引见，在中央研究院历史语言研究所向何炳棣先生求教，何炳棣教授非常肯定地认为，梁方仲先生早就清楚明代户口、田地数字是纳税单位而不是实际人口，并特别强调他自己的研究就是从梁方仲先生的著作中得到启发的。把王朝统计的田地、户口数字理解为一种纳税单位这一事实，对于我们利用中国历代官方户口、田地数字来研究经济史是非常重要的。但学界却长期忽视了这个事实，后来经何炳棣先生加以更深入地论证[②]，才逐渐被人们认识；而在中国，即使何炳棣先生著作发表之后的很长一段时间，仍未被大多数学者所了解[③]。甚至直到今天，不少著作在引用明清时期的垦田与丁口数字时，仍漠视这个基本的事实。梁方仲先生早在70年前，在开始搜集整理传统史籍的数字资料时，就已经能够从数字本身的性质去把握数字所反映的经济事实，为科学地利用历史上的数字去进行中国古代经济史的计量研究指出了正确的方向。

1950年代，梁方仲先生开始编撰《中国历代户口、田地、田赋统计》，这可能是梁方仲

---

①　梁方仲：《中国历代户口、田地、田赋统计》，上海人民出版社1980年版，第338页。

②　Ping-ti Ho, *Studies on the Population of China 1368—1953*, Cambridge, Mass: Harvard University Press, 1959；何炳棣：《南宋至今土地数字的考释与评价》，《中国社会科学》1985年第2期。

③　参见葛剑雄教授为何炳棣《明初以降人口及其相关问题，1368—1953》2000年版中译本所撰的《译后记》。据葛剑雄教授所说的情况，我们相信在葛剑雄教授介绍和翻译何炳棣教授的这本著作之前，在中国大陆，很可能只有中山大学历史系藏有该书的英文本，刘志伟1980年读到这本书时，汤明檖师说，本系所藏，是何炳棣教授在该书出版后寄赠梁方仲先生的。

先生所有著作中最为人熟知的一部，相信当代许多中青年经济史学者都是通过这部著作才知道梁方仲的名字。尤其是1980年代初这部著作出版之时，正是我国历史学界在反省过去史学研究的偏差，一度热衷甚至迷信所谓的“计量史学”的时候。一些青年史学工作者曾经相信所谓的“定量研究”比“定性研究”更具科学性，在这样一种倾向下，人们更称道这部著作在推动中国社会经济史研究收集和利用数字资料，进行量化的统计分析方面的开创性贡献，对梁方仲先生能够在五六十年代编撰出这样一部著作表示钦佩。近年来人口史研究的热闹，也突显了梁方仲先生作出了走在学术发展最前沿的奠基性贡献。因此，关于这部著作的学术价值，不需要我们详细申述了。

不过，我们想指出的是，在梁方仲先生编撰的这部以汇集历史数据为主体的著作中，最值得注意的，并不在于梁方仲先生处理历史数据采用的统计方法，而应该是他处理这些数据时坚持的历史方法。在《中国历代户口、田地、田赋统计》中，他特别撰写了一篇《原论》，并早在1962年就先行发表，体现出他在编撰《统计》的时候，是如何重视对相关历史背景的通识性的理解。可以说，如果缺乏把历代户口、田地、田赋制度演变打通理解的知识背景，只是根据需要去撷取一些数据随意加以解释和发挥，是有违梁方仲先生编撰此书的本意的。对于《中国历代户口、田地、田赋统计》，学术界最常见的一种误解，就是把这部著作简单地当作工具书来使用。《中国历代户口、田地、田赋统计》从历代官私文献中汇集了大量的数据，并加以科学的排列统计整理，当然是一部可以方便使用的工具书。但是，这部著作中渗透了梁方仲先生大量的研究心得，一些在近十几年来被视为新进展的研究课题，其实在《中国历代户口、田地、田赋统计》里面已经提了出来。例如明初土地数字问题、宋代客户问题、北魏迄唐的均田制的一些问题等。梁方仲先生的解释虽然只是一家之言，但他力图在通解历代制度演变的基础上去解读数字资料的方法，应该成为中国经济史研究运用计量方法的基本规则。

学界有人曾因《中国历代户口、田地、田赋统计》直接采用官方文献中的数字，对这些数字的可用性提出质疑。其实梁方仲先生作《中国历代户口、田地、田赋统计》，本来的用意就是把文献原始记载的数字整理出来。他在早期作《明代户口田地及田赋统计》时，就已经声明：“本篇的职能仅是将这些矛盾参差的各种记载，明白简单地提示出来而已。”在这个基础上，如何通过辨证考释，对这些数字作出校正，应该另行作专门的研究。所以，不加分析就直接引用《中国历代户口、田地、田赋统计》的数字，或者虽注重数字考辨却否认原始数据应该是研究出发点的价值，都是对这部著作意义的误解，都与梁方仲先生的原意相违。梁方仲先生的《中国历代户口、田地、田赋统计》在中国经济史研究中的学术价值，应该从其所开辟的方向去认识。

在梁方仲先生的经济史论著中，比较能够体现他运用定量分析方法的研究，更值得注意的，是他的《明代银矿考》[①]和《明代国际贸易与银的输出入》[②]两文。前面已经提到，这两篇论文，为了阐明"一条鞭法得以用银普遍地缴纳的缘故"，比较多着力于在数量上弄清楚白银来源的规模。但在史籍上，直接关于银矿产量和白银输入的数字是相当零碎而且模糊的，需要利用史料上有记录的数据，复原或估算白银来源的数量。

对于银矿产量的估算，我们能够从史籍中得到的最具系统性的数据，是政府的银课收入的数字。如何评价银课数字，能否从这些数字推算出银矿产量，是研究明代银矿首先会遇到的问题。一方面，梁方仲先生没有简单地从银课直接推算出银产量，因为他很清楚，一则史书没有银课的税率，不能从银课推算银的生产量；二则在明代的体制下，银课往往是以摊派的方式科敛，可能根本就不与产量挂钩。另一方面，梁方仲先生也没有简单放弃对银课数字的利用，因为这毕竟是我们能够从史籍中收集到的最有系统的数据。他在厘清明代银矿经营方式和开采经过的基础上，把这些数据收集起来整理成表格，然后尽力细致地讨论了不同年代的数字背后的意义，再选出一些资料较为丰富的地区，更具体地揭示了银矿开采与银课征收的实际情形，通过分析，提出了有关如何理解银课数字意义的重要见解，例如银课并不全部出自生产领域，银课数字往往是一个因仍其前某一年份制定的课额等等。

明代由国际贸易流入中国的白银数量相当巨大，但究竟是什么规模，要从数量上作比较确切的估算，比起银矿产量来，难度更大。梁方仲先生从具体考察明代国际贸易状况入手，考察了贡市时期和海舶贸易时期白银进出口的情况，把关税制度、税率、贸易船只的数量和规模、贸易货物品种结构、世界银产量、南美—菲律宾—中国—日本之间贸易格局等方面的资料加以综合分析，努力尝试利用有限的记载去重建白银输出入的数量。这种在没有直接可以利用的数据的情况下，通过考释比较不同的史料，推算出可以作量化把握的数据的办法，在中国古代经济史的计量研究中，是一种富有开拓性的探索。

总之，梁方仲先生在中国古代经济史计量研究的方法上，通过自己的实践，建立起一种研究的规范，这种规范的基本原则和规则，直到今天，在中国古代经济史研究领域中仍然值得效法。

五

"小题大作"是梁方仲先生所推崇并一生实践的研究风格。汤明檖、黄启臣老师阐

---

① 《中国社会经济史集刊》第 6 卷第 1 期(1939 年)。

② 同上刊，第 6 卷第 2 期(1939 年)。

释这一研究风格时指出，所谓“小题”，是指从个别研究着手。“所谓‘大作’，有两个意思，一是大量搜集资料，充分掌握全面的历史事实，务求本末俱备，源流兼探；二是把研究某一具体专题置于时代经济状况中去作综合考察，以求得对整个社会经济特点及其发展规律的认识。”[①]这在我们前面讨论的梁方仲先生以一条鞭法为中心的研究中，已经得到充分的体现。梁方仲先生的遗稿中，包括一批读书札记和讲义的草稿，让我们对梁方仲先生在研究中如何“大作”有更丰富的了解。

梁方仲先生已经发表的主要论文，大部分都是非常专门的题目，但他搜集资料的努力，从来都是视野恢宏，广博采撷。前面我们已经提及了很多这方面的事实，在他已经发表的论著中也得到清楚的体现。可惜的是，他早年广泛搜集的许多资料，由于各种原因散失不少，但令人欣慰的是，他在1960—1965年的读书笔记得以保存下来。将近500篇的读书札记，让我们看到他治经济史如何“大作”的一面。这些笔记涉及题材之广，引用文献之伙，反映出他对中国历史上社会经济的各个方面，包括许多在当时甚至今天都还不太为研究者所注意的具体事实有广泛的关注，其用力之勤谨，见识之敏锐，从中可见一斑。由于这些只是他个人读书所作笔记，写下时并无公开发表的预设，我们不应轻率评述其中的学术见解。但是，从这些笔记中，多少可以看出梁方仲先生当时对中国历史，尤其是明清社会经济史，以及其他领域，如文献版本、科学技术史、诗词文学等，均有不少独到的视野、想法和见解。惜天不假年，梁方仲先生未能在这些读书心得的基础上，完成其志业，就弃世而去。但是，这些札记留下了丰富的信息，明示暗喻着许多破解历史之谜的途径，启发着很多研究的课题和方向，是梁方仲先生留给我们的一笔非常珍贵的学术遗产。

对于治史之人来说，读书广博，惟求其“通”，而这个“通”，正是达到第二个意思的“大作”所必须具有的素质。梁方仲先生的社会经济史研究，之所以能够“小题大作”，同他长期在读史求通方面所作的努力是分不开的。我们在他留下的著作中，不仅可以看到有通论古代历朝户口、田地、田赋制度，专论汉唐间户调制与均田制的社会经济背景、隋代经济高涨的原因以及元代经济问题等多篇论著，还可以看到他在专门研究明清田赋制度之外，也对明清社会经济的各个方面都有深入的研究。

我们特别想提到的是，他从1950年代初期开始，在岭南大学和中山大学开设中国经济史课程，系统讲授从上古到明清时期的中国古代经济史，这门在新中国大学历史系中最早开设的中国经济通史课程，清楚显示出他对贯通理解中国古代经济问题的追求。他留下的中国经济史讲义和另一门为研究生开设的《明代社会经济史专题》的讲稿或演

---

① 汤明檖、黄启臣：《梁方仲传略》，《梁方仲经济史论文集集遗》，广东人民出版社1990年版。

讲笔记，均已残缺不全，但仍可以展现出梁方仲先生在中国社会经济史的许多领域都有自己独到的见识。这些讲稿中涉及的经济史问题，有些是梁方仲先生自己多年研究的心得，也表达了不少他对当时经济史研究的一些热门课题的独立思考和见解。我们从梁方仲先生在这些课程讲授的内容，可以更全面地了解梁方仲先生在中国社会经济史研究领域的抱负和追求。

六

我们一开始就提到，梁方仲先生既是一位受过正规经济学训练的历史学家，又是一位具有深厚文史造诣、长期在史学园地耕耘的经济学家。他的研究，大多从明代赋役制度入手，不过，他在学术上的根本关怀，他所有研究的着眼处，是要去理解和解释传统中国的社会经济结构及演变逻辑，对现代中国社会问题的关注是他研究历史问题的根本出发点。

梁方仲先生有关现实问题研究的论著有《“战后问题”的问题》、《北平市田赋概况》等数篇。这些文章篇幅不大，数量也不多，但梁方仲先生注重贯通历史和现实之间的内在联系，把文献考释与实地调查结合起来的研究风格，是显而易见的。关于梁方仲先生对实地调查的重视，李文治先生曾回忆说：

> 为了进行前后对比，梁先生还特别重视社会调查，多次到农村调查土地关系和农民田赋负担问题。1939 年，为了相同的目的，曾前往陕甘三省从事社会调查，不辞劳苦，深入农村，搜集有关资料，为期凡八阅月。①

梁方仲先生留下的手稿中，有《田赋折价问题：改征实物或实物折价与折价之标准》一文，是他在陕甘宁边区调查后写成的一份调查报告。我们目前所见梁方仲先生公开发表的著作中，这类社会调查的成果不是太多，在他留下的一份《历年发表论著要目》中，开列着一篇以《关于田赋征实粮食征购之意见书》为题的文章，是与他人合草之文，有可能就是 1939 年调查的报告或基于这次调查收集的资料草拟的，可惜我们还没有找到原文。在他已经发表的文章中，我们现在可以看到的一篇与这次调查有关的文章，是发表在 1940 年的短文《对于驿运的几点贡献》②，文中明确说明是以这次调查了解的情

---

①　汤明檖、黄启臣编：《纪念梁方仲教授学术讨论会文集》，中山大学出版社 1990 年版，第 18 页。

②　《新经济》第 4 卷第 3 期(1940 年)。

况为依据写出的文章。在这篇文章中，梁方仲先生首先从驿运的历史出发，强调了战争状态下驿运的重要性，然后根据自己1939年在西北数省实地考察所了解的情况，对如何建立完善的运输系统，提出了八点卓有见地的意见。有关该文讨论的具体问题，我们基本不懂，难以置评。不过，从他一开始就从历史上的驿站运输制度入手，可以看出，他对与历史上王朝差役制度有密切关联的驿运制度的深入了解，是他能够在实地调查时对驿运产生兴趣和形成比较深入的见解的一个原因。

我们更想强调的是，在农村所作的实地调查，对梁方仲先生从田赋制度入手研究中国社会问题，不能不产生潜在的深刻影响。虽然我们很难举出具体的实例来证明这种影响，要简单地指出他的哪些学术观点或视角是来自农村调查，也不免牵强。不过，如果注意到梁方仲先生在1940年代以后有关一条鞭法以及粮长制度等方面的研究，常常会更多地引出有关农村社会关系的讨论，而这些讨论又总能切中农村问题之肯綮，就不能不相信农村调查经验对梁方仲先生研究历史上田赋制度的问题意识和观察视角有着深刻的影响。

梁方仲先生早年曾写过一些有关中国土地赋税问题研究的书评。其中1935年发表的一篇关于孙佐齐《中国田赋问题》的书评，一开头就指出："中国的田赋，主要的本来是地方的问题。"所以，研究中国田赋的人们，最妥善的办法是分地区去研究。他批评该书搜集的范围，"大约不外政府公报，章程，及私人论著等资料；绝少是根据直接调查所得"[①]。他用英文撰写的关于卜凯《中国土地的利用》一书的书评，对卜凯的著作从方法论上的一些主要问题作了比较具有批判性的评论。从这些评论也可以看出梁方仲先生对中国土地和农业问题有极为深刻的了解，以及他在社会实地调查方法上的功力。

比较明显地体现梁方仲先生对当代农业问题的了解与他在经济史研究上的见识之间有相互启发的联系，也许可以他在1942年发表的《田赋史上起运存留的划分与道路远近的关系》[②]一文为例。这是一篇包含了非常精辟的见解，但一直没有得到应有重视的文章。这篇文章很典型地反映出，梁方仲先生对社会经济问题的敏感和洞察力，是如何由他的经济学理论素养、历史研究功力和对现实问题的关怀交织形成的。文章讨论的问题，既是历史问题，也是现实问题，在历史与现实之间完全是贯通的。研究财政赋税制度，注意的焦点多从税率的高低论负担轻重，而对由空间距离引出的运输问题，如果不是较少关注，就是只当作财政供应问题来考虑。梁方仲先生则把税收的划分与赋

---

① 《大公报》1935年7月25日。
② 《人文科学学报》1942年。

税运输的空间距离问题，同赋税负担轻重，赋税缴纳物或缴纳手段的区分等等因素结合起来考察，揭示了我国财政赋税制度上一个极为关键的事实——由空间距离引出的财富输送问题，在赋税结构以及赋税负担分派上占有很重要的位置，并对征纳物、税率、税种、征纳方式产生直接的影响，是赋税制度的一个基本的要素。这个问题有助于我们理解一条鞭法改革，尤其是赋税折银和官收官解制度的深远意义。如果进而联系到梁方仲先生所指出的中国传统赋役制度的结构在性质上是"赋中有役，役中有赋"这一命题，我们认为，认识到赋税结构与赋税缴纳的空间距离之间的关系，并弄清楚其内在联系，对于解释中国王朝国家制度和社会结构是一个具有十分重要价值的发现。

值得注意的是，梁方仲先生在这个问题上的认识，开始本来是从西方经济学的地租理论中得到启发的。1936 年，梁方仲先生在天津《益世报》的《史学》专刊第 20 期中，发表了一篇题为《田赋输纳方式与道路远近的关系——一个史的考察》的文章，这篇文章显然是六年后发表在《人文科学学报》上的《田赋史上起运存留的划分与道路远近的关系》一文的雏形。有意思的是，在最初发表的那篇文章中，关于历史上田赋输纳方式与道路远近关系的讨论，是从杜能（Johann Heinrich von Thuenen，梁方仲文中译作吞伦）的农业区位论引申出来的；而到 1942 年发表的文章，同一问题却是从当时的田赋改革出发，从当时田赋征收的现实问题入手开始讨论的。虽然没有直接的资料说明他对这个问题的关心以及所作分析的洞察力，与前面提到的他在西北调查时对田赋和驿运问题的考察有必然的联系，但我们认为，在实地调查中获得有关当时田赋征收实施现状的了解，对于本来已经通过理论推理和史料分析，就有关赋税征收运输与税制的关系形成了自己的见解的梁方仲先生来说，是相当有帮助的。在这里，理论假设、史料分析和实地调查的收获顺理成章地结合起来。究竟是他对赋税制度历史的理解，启发他对现实的赋税运输问题的重视，还是对现实赋税运输问题的观察，支持他形成了有关历史上赋税运输的财政意义的观点，已经无需深究。因为历史与现实的问题，在他的视野里是完全相通的。作为社会科学的经济史研究，任务是从历史中发现经济与社会运作的机制和逻辑，对于现实的考察和历史资料的分析，正可互为印证，相互发凡。在该文的最后，梁方仲先生写下一段意味深长的话，正表达了这种旨趣：

> 自明代晚年一条鞭法行后，田赋以银为正赋，实物田赋制度因而逐渐废止，于是起运与存留的分别，其重要性亦逐渐降低，问题亦不如以前的复杂，民国以后，所谓"中央解款"，"解省"，"解库"等等名称，就是明清以来的"起运"；"存县"，"地方留款"等等的名称，就是明清的"存留"。这些分别，自民十七划为地方税后，只变成历

史上的名词。但最近田赋又改归中央接管,这些区分以及相当于它们区分的名词亦应当复活;况且自改征实物以后,问题的性质与往日相像的亦更多。历史的"重演"岂不是一件有趣的事情吗?

我们今天读着梁方仲先生这些文章,能够体会到他对文献资料精细的解读和分析,与他重视田野调查以及对现实问题的关怀,是如何紧密地结合起来,形成梁方仲先生经济史研究的特色。这种研究风格,既不是以今律古,更非以古律今,体现的是社会科学的分析方法在制度与经济社会历史研究中的运用,表现出与传统的制度史研究完全不同的旨趣。

七

梁方仲先生的经济史研究,遵循着社会科学研究的规范,从中国传统社会经济结构的大处着眼,从具体社会经济问题的深入考释入手,因而他的研究所提出的问题和相关的见解,能够切入中国传统社会经济发展的根本问题,有着深远的学术生命力。在结束这篇学习体会之前,我们想再以梁方仲先生的一条鞭法研究为例,谈一点对梁方仲先生学术成就的现代意义的肤浅看法。

20多年前,汤明檖老师指导我们研读梁方仲先生的著作时,一再提醒我们,梁方仲先生的一条鞭法研究,有两个最重要的观点值得注意:一是关于一条鞭法是"现代田赋制度的开始"的论断,二是梁方仲先生对一条鞭法下白银的流通领域及其社会影响有自己独到的理解。汤老师一再提醒我们,梁方仲先生的这两个观点,包含着相当深刻的内涵,但由于种种原因,在他自己的论著中没有充分发挥出来。

在后来的学习中,我们一直努力去思索、探讨,期望能够更好地理解这两个观点的深刻内涵。近年来,随着我们自己研究的深入,加上学术界在中国社会经济史研究领域一些新进展的影响,我们逐渐悟出了一些意思。

首先,对于一条鞭法是"现代田赋制度的开始"这个命题,我们一直觉得费解,为何梁方仲先生要用"现代"这个概念,我们开始以为只是一个笼统的用法。可是当我们和汤明檖老师讨论时,老师反复提醒我们,梁方仲先生用"现代"这一概念,包含着他对明代历史的一种具有关键意义的理解,还提醒我们把梁方仲先生提出的"洪武型生产关系"、"画地为牢的封建秩序"、"赋中有役,役中有赋"等命题结合起来理解,循此思路深入探索下去。

根据老师的指引,我们一直努力探索思考,逐渐明白,梁方仲先生把一条鞭法看成是“现代田赋制度的开始”的见解，可以通向有关明代以后国家转型问题的研究上去。近年来，陆续有学者揭示，中国从明代中期开始，国家的规模和国家的形式，已经出现了一系列转型的趋向，甚至有人把这种转型与“民族国家”形成联系起来。我们认为，明代以后的国家是否属于“民族国家”的范畴，自可以另作讨论，但一条鞭法的施行，的确意味着明代中期以后国家规模和统治形式发生了深刻的转变，这一点在梁方仲先生讨论一条鞭法的意义时曾一再有所暗示。

梁方仲先生提出的一条鞭法是现代田赋制度的开始的观点，如果放到这样的认识脉络中理解，可以引出不少意义深远的课题。在梁方仲先生已发表的论著中，关于一条鞭法问题虽然有一些还只是片段的或扼要的论述，但包含了一些独具眼光的见解。例如，他指出一条鞭法取消轮役制，并以官收官解代替民收民解后，“人民和政府的关系亦不能不起了相当的变化”，中央集权和官僚政治也相应得到加强，等等观点，到今天可以成为我们研究明代国家转变的基础。梁方仲先生的《明代的民兵》、《论明代里甲法与均徭法的关系》等论文，特别是他在50年前出版的《明代粮长制度》一书，都可以放到这样一种学术理路中去理解。

梁方仲先生关于赋税普遍用银缴纳的社会经济意义的独特见解，在我们今天研究明清社会经济转变的学术兴趣下，仍然有着极为重要的价值。我们知道，17世纪把新大陆和东西两个世界连成一个整体的主要媒介，就是白银的流通。关于白银流通在16世纪以后世界经济体系形成和发展过程的意义，一直是研究近代世界形成的历史的中心课题之一，直到最近，仍然在关于近代中国与世界经济发展的研究中备受重视。1998年出版的弗兰克的著作《白银资本》，曾在中国明清经济史界引起注意。该书其中一个比较核心性的讨论，就是从白银货币在17世纪的流通格局，说明中国经济发展在当时全球经济形成过程中的地位。王国斌教授在前言中对有关的论点有这样的评价：

> （弗兰克）关于世界经济联系的基本观点是十分简单的。欧洲人渴望获得中国的手工业品、加工后的农产品、丝绸、陶瓷和茶叶，但是没有任何可以向中国出售的手工业品或农产品。而中国在商业经济的扩张中，似乎对白银有一种无限渴求。16世纪和18世纪大量白银流入中国照理会引起通货膨胀，但实际上却没有出现这种情况。这就意味着，中国经济有能力吸收更多的白银，扩大手工业者和农民的就业和生产。①

① ［德］安德烈·贡德·弗兰克著、刘北成译：《白银资本——重视经济全球化中的东方》，中央编译出版社2000年版，序言第13页。

弗兰克的讨论有一个基本的假定,就是16—18世纪白银流入中国之后,在市场流通领域中必定产生广泛影响。但梁方仲先生在半个多世纪以前的研究,启示我们,弗兰克的讨论,存在一个根本性的失误,作为他讨论前提的基本假定其实并不能成立。他似乎没有了解到梁方仲先生在一条鞭法的研究中着重揭示的事实:中国对白银货币的需求很大程度上是由赋税货币化引起的,而这种赋税货币化的动力来自政府的财政体系运作的需要,白银的流通,主要发生在政府赋税分配的领域。这种流通,虽然也可以引起了商品流通的发达,但这种商业"一马当先"的繁荣,并不能引起手工业农业同步发展,梁方仲先生后来在《明代粮长制度》一书中,将这种现象称之为"虚假繁荣"。梁方仲先生的这些重要思想,长期没有得到学术界重视。弗兰克上述凭想像和逻辑推理产生的误见,以及在部分学者中引起的认同,多少是由于他们没有注意到梁方仲先生在半个世纪前已经指出的白银货币在明清中国社会的流通领域的实情和特点。其实,早在50多年前,费正清教授在为《一条鞭法》英文本写的前言中已经指出,梁方仲先生的研究"为任何有关现代中国货币经济发展的研究提供了重要的背景"[①]。或许由此不难明白,为何费正清主编《哈佛东亚研究丛刊》,第一种就收录了梁方仲先生的著作。可惜费正清这个提醒,后来也常常被人们忘记了。

梁方仲先生的研究,经历了半个世纪以上,仍然保持其生命力,时至今日,仍然在讨论的问题、研究的方法和提出的见解等方面,为中国社会经济史研究的最新关怀提供坚实而"新锐"的学术基础。我们认为,其中最重要的缘由,就是他的研究完全是在社会科学发展的内在逻辑下,按照学术的规范展开的。最近王学典教授撰文评述当代中国历史学发展的时候,把当代中国史学分为史观派、史料派和会通派。[②] 这种分类是否妥当,我们姑且不加评论,不过,文章把梁方仲先生归为"兼重材料与理论"的"会通派"中的主要代表人物之一,还是有一定的理由的。

熟悉现代中国学术史的人都知道,当代中国社会经济史研究最热门的课题以及研究成果,是在政治色彩极浓厚的两场大讨论中引发出来的,这就是社会史大论战和资本主义萌芽的讨论。梁方仲先生的学术生涯,在时间上几乎是和这两场讨论相始终的。在这两场讨论主导下兴起的中国社会经济史研究,由于受讨论的主题牵制,难免在许多方面偏离了学术研究的规范。梁方仲先生的研究,就问题意识来说,不能说与这两场讨论没有任何关系,但是,在研究的方法,在遵守学术规范的自觉方面,梁方仲先生坚持了

---

① 费正清的前言见 Liang Fang-chung, *The Single-Whip Method of Taxation in China*, Cambridge: Chinese Economic and Political Studies, Harvard University, 1956.

② 王学典:《近五十年的中国历史学》,《历史研究》2004年第1期。

学术的独立和研究的科学性。

当大家闹哄哄地争论中国社会性质问题的时候，梁方仲先生认为，要认识中国社会，必须从研究农村社会入手，而田赋制度在中国农村经济中具有重要的位置，因而他选择从明代田赋史入手去探索中国社会的性质，并从对田赋以及相关制度的实证研究中，得出对明清以后中国社会性质的独到认识。

当经济史学界一窝蜂地为资本主义萌芽问题争论不休时，他却相信中国经济史的研究，必须从整理基本的资料，尤其是基本的数据开始。早在30年代，他就和汤象龙先生一起领导了从清宫档案中整理经济史料和经济统计数据（包括粮价、银钱比价、海关税收等等）的工作，到五六十年代资本主义萌芽研究几乎成为明清经济史研究惟一课题的时候，他更把自己的主要精力花在了当时没有任何人重视的户口、田地、田赋统计上去，为中国经济史的计量研究作出了奠基性的贡献。

当经济史研究者热衷于通过对大土地兼并的谴责和讨论地租剥削形态去图解中国封建社会经济结构时，他却着力于透过对明代粮长、里长制度的深入研究去说明明代乡村社会的复杂结构和演变轨迹，并把对传统中国社会经济结构的理解，置于国家政治行政体制与乡村基层组织机制的关系中去把握，走出了一条解释中国传统社会经济结构的独特路径。

在研究方法上，当大多数研究者受了包括马克思主义在内的种种西方社会科学的影响，享受着简单地运用外来的概念分析中国历史现象的便利，也不免停留在围绕着这些概念的“义理”争执时，他坚持从史料的考释和事实的分析性研究去解释历史的真相；他是在中国社会经济史研究中较早大量利用地方文献和民间文书进行研究的开拓者，他特别强调了地方和民间文献资料的运用，特别是强调利用经济活动中形成的实物资料的重要性，并在自己的研究中付诸实践。

梁方仲先生晚年在病中卧榻咏怀，其中有“天留迂腐遗方大，路失因循复倘艰”句。此句典出《尚书·大诰》：“予造天役，遗大投艰于朕身。”孔安国传：“我周家为天下役事，遗我甚大，投此艰难于我身。”[①]梁方仲先生借用此典，表达了自己的学术志向。他一生坚持学者的“迂腐”，以艰苦的努力，筚路蓝缕，开辟新径。可惜长期以来，梁方仲先生的研究在中国社会经济史研究领域并没有得到应有的理解，尤其是50年代以后，一直偏处中国史学主流之外。惟所幸者，在日本和美国的中国研究学界，他的研究成果和学术思想，不但一直在中国社会经济史研究的主流之中得到承认和重视，而且历久常新，几十年来一直保持其生命力；他提出并努力探讨的许多问题，在中国社会经济史研究的最

---

① 关于此句出典，承蒙卜永坚、董就雄兄示教。谨此致谢！

新发展中，正在成为许多最前沿研究的出发点。当中国历史学正在反省过去几十年走过的道路，重新寻找新方向的时候，我们重读梁方仲先生的遗作，重新思考梁方仲先生在明清社会经济史研究领域所提出的问题和在研究方法上的探索，对于重建中国社会经济史研究的新体系、新范式，一定可以得到许多的启示。

（原载《中山大学学报（社会科学版）》2008 年第 6 期）

朱谦之的史学理论及其史学史研究

——以在中山大学的教研活动为中心

周文玖

朱谦之(1899—1972),字情牵,福建省福州市人,是著名的哲学家、史学家和东方学家,在哲学、史学、宗教、政治学、文化学、经济学、教育学、音乐史、戏曲史、中外文化交流史等方面,均有卓越的成就,被誉为"百科全书式的学者"①。朱谦之自1932年秋到广州中山大学任教,直至1952年全国院系调整调入北京大学,在中山大学工作了整整20个春秋。这期间,他担任中山大学史学系主任十余年,倡导并大力开展"现代史学运动",在当时史学界产生了相当大的影响;他创办和主持的《现代史学》,是20世纪前半期有影响的史学刊物。他在中山大学讲授史学理论及史学史等课程,发表和出版了很有分量的论文和著作,对史学理论和史学史研究做出了重要的贡献。

一、朱谦之的史学理论

朱谦之的史学理论,主要表现在他的《现代史学概论》一书中。这部书吸收了他发表的有关史学理论研究的成果,并使之体系化,因此是最能全面反映他的史学理论成就的一本书。该书除卷首"发端"外,由十一章组成,依次是:史学的意义、史学的分类、史学的历史(上)、史学的历史(下)、史学在科学中的位置、什么是历史方法、史的论理主义与史的心理主义、历史论理学、历史心理学、历史统计学、社会科学与历史方法。这十一章有一定的逻辑关系:"史学的意义"和"史学的分类"是对历史学的总论。"史学的历史"分为两章,分别论述西方和中国的史学史。"史学在科学中的位置"论述了在不同的历史时期,史学在科学体系中的地位,介绍西方人的观点并加以批评,在此基础上进而论述了史学与文学、史学与哲学、史学与科学的关系。"什么是历史方法"以下诸章基本讲的是史学方法论,由大到小、逐层推进地介绍和论述历史研究法:"什么是历史方法"

① 王亚南:《社会科学新论》,转引自朱谦之《五十自述》,见《朱谦之文集》第1卷,福建教育出版社2002年版,第108页。

是一般论述;“史的论理主义与史的心理主义”说的是研究历史的两种典型模式;“历史论理学”、“历史心理学”是从学术史上说明这两种模式的产生和发展;“历史统计学”介绍的是统计学在历史研究中的应用,它是比较法在历史研究中的运用,属于历史研究的特殊方法;“社会科学与历史方法”说明历史方法是一切社会科学最重要的工具。要之,《现代史学概论》十一章可以归纳为四个方面:一、历史学总论;二、史学史;三、史学在科学中的地位以及与相关学科的关系;四、历史学方法论。这四部分内容,形成了比较严整的史学概论体系。

关于史学的意义,朱谦之认为英国史学家弗里曼、德国史家兰克的观点都存在不足。弗里曼说:“历史就是过去的政治。”换句话说,除却过去的政治,就应该没有历史了。德国史学家兰克以为史学的目的,是要明了我们对于国家起源和性质的观念,似这种把国家—政治的组织,作为研究史学中枢,和中国的二十四史、《资治通鉴》把帝室作为史的中枢的观念,当然是一样地错误了。他认为,对于历史的界说,应该比较广大一些。他分几层论述历史的内容:“历史是叙述进化的现象的”;“历史是叙述人类的进化现象的”;“历史是叙述人类文化的进化现象的”;“历史是叙述人类文化的进化现象,使我们明白我们自己和人类的现在及将来”。[①] 他认为从前的历史,看重凝固的史迹,而忽略纯粹的生命绵延,不知历史是为进化而存在,为生机开展而存在。“历史家应该把从过去而现在而未来而不断的生命阐明出来,这就是历史家供给人们以一种改造现状的原理了。”[②]真正的历史家,是真理的火把,是生命的导师,是往古的传达人。历史家如果能够把过去的僵迹,完全无缺地记载下来,还不算尽了史家的职务,须知史家之所以为史家,在他能够将过去同现在、未来联络起来。朱谦之对“历史”的阐述,与梁启超、李大钊关于历史的定义有相通之处。梁启超说:“史者何?记述人类社会赓续活动之体相,校其总成绩,求得其因果关系,以为现代一般人活动之资鉴者也。”[③]而李大钊的定义则是:“历史是亘过去、现在、未来的整个的全人类生活。”“历史是在不断的变革中的人生及为其产物的文化。”[④]同时朱谦之又接受了德国生机主义历史哲学的观点,注重历史的生命性,注重过去、现在和未来的联系,认为研究历史是为了现实。他的“历史”定义,吸收了中外史学理论的最新成果,在当时是比较有特点的。

关于史学的分类,他说,历史的分类,从大体来看,有三种分类法,那就是年代的分类、区域的分类、事实的分类。年代的分类有古代史、中世史、近世史之划分。朱谦之认

---

① 朱谦之:《朱谦之文集》第6卷,第8—14页。

② 同上书,第14页。

③ 梁启超:《中国历史研究法》,《饮冰室合集》专集之七十三,中华书局1989年版,第1页。

④ 李守常:《史学要论》,河北教育出版社2000年版,第10页。

为，这种年代的分类法，已渐成为老式教科书中的分类，对以后的影响主要是习惯所致。区域的分类，就是以所占特殊之区域为分类的标准，如所谓欧洲史、亚洲史、希腊史、罗马史、德国史、英国史等。这种分类，最适用于政治史的叙述，对一般的文化状况常常忽视过去，仍不算最好的历史分类法。事实的分类，可以分为两种，一是以事实的范围为主，分为通史与专史；二是以事实的内容为主，即分为政治史、文化史、法制史、经济史等等。他还将这三种分类与中国传统的编年体、纪传体、纪事本末体相对比，认为中国传统的史体，大有改革的必要。

关于史学史的认识，朱谦之的观点也有自己的独到之处，本文将专节论述。

关于史学在科学中的位置问题，朱谦之的论述十分宏观，他对西方关于知识分类的历史进行了总结和概括，从科学知识分类的不同时期，论述历史在科学中的不同位置：在以神学为知识分类标准的时期，历史学属于修辞学之内，为一种文学；在以哲学为知识分类标准的时期，历史属于"记忆"的范围，为一种主观的知识；在以科学为知识分类标准的时期，历史学属于生物学、心理学、社会学之内，为一种复杂科学；在以文化学为知识分类标准的时期，历史学属于精神科学或文化科学。他说，这些分类法，"虽不曾告诉人们以史学在科学中的学说的知识分类，因其太把历史和自然科学分开，但在原则上我仍承认历史学为文化科学"①，"所以我一方面站在第三时期，认历史为社会科学之一，一方面又把目标移向第四时期，以为历史即是文化史，所谓历史学即为叙述人类文化的进化现象，使我们明白自己同人类的现在及将来的一种文化科学"。② 对于历史同文学的关系，他以发展的眼光来认识，认为历史与文学相互联系，但历史和文学是绝不相同的。"自有了科学的历史文学发生，于是历史便与文学绝对不同，而旧史家将文学与史学混同的观念，也不能成立了。因为历史本身不能不成为一种科学，所以历史的文学亦不能不成为科学的历史文学"。③ 他站在现代史学的高度，认为现在是科学的历史科学时代，在这个时代里，历史学已经不是文学，不是哲学，而为历史科学。"所以我们现在所需要的历史文学，也为科学的历史文学；所需要的历史哲学，也为科学的历史哲学；三者互相帮助，因而建设了真正的历史科学的新时代"。④ 于是历史同科学的关系也就很清楚了，那就是在当今的时代，历史是一种科学。朱谦之用历史的眼光、发展的观点考察历史学在科学体系中的地位，论述历史学的性质，这是他的见解深刻的地方。特别是对解决历史是科学还是艺术之争，他的见解富有启示意义。

---

① 朱谦之：《朱谦之文集》第6卷，第106页。

② 同上。

③ 同上书，第108页。

④ 同上书，第112页。

关于史学方法论,朱谦之认为,历史方法应分两方面解释,一为"历史进化的方法",一为"历史构成的方法"。前者是研究社会科学所共同采用的历史方法,后者为历史科学所特别采用以建设历史的方法。所谓共同采用的历史方法,就是发生式(Genetic model)的方法。这种发生式的方法,本是生物学上研究有机体发生之各时期的经过之一种方法,现在却可用来研究各种社会事实。它更重要的是在整理人类过去的"记载"以外,还要对于实际存在的事实,表明历史"进化"的意义。历史学作为一种实证科学,也用得着其他实证的研究法,如观察法、实验法、比较法等,但相比之下,历史的方法更加重要。"历史的方法中,原用得着观察法、实验法与比较的方法,不过这些方法都不能全部应用于历史的全领域,历史之所以成为真正科学,依我意思,则除以上各种方法以外,最重要的还要算到史学所特有之历史法,没有它,便历史也不能成立了。"[①]历史方法在以生物学为背景外,还有以哲学的进化论为背景的一派,前者可算作史的心理主义,以孔德为代表,后者可算史的论理主义,以黑格尔为代表。史的论理主义注重论理学的方法,以生活为本位,注重个别的内容,属于经验主义;史的心理主义注重心理学的方法,以思想为本位,注重普遍的形式,属于越验主义。"论理学",是"辩证法"的旧译法。朱谦之认为辩证法也有其进化的历史,中世纪以后辩证法的发展可分为神学的辩证法、观念论的辩证法、唯物的辩证法、生命的辩证法,并依次讲述了这些辩证法的历史和基本观点。朱谦之对唯物辩证法的认识也有一些偏见,他说:"唯物辩证法,就是'矛盾的论理学','革命的论理学',所以从这方法起点,所见的人类历史,也不外乎就是人类社会之矛盾的发达史,就是阶级斗争的历史了。"[②]"马克思所注重者,乃在这个'敌对形式'之发展,这就是所注重者仍在说明社会病理的发展,而非社会生理的发展。""假如这社会病理的现象消灭以后,便不适用,所以由唯物辩证法所形成之唯物史观,应用在历史上面,也只有相对的意义,却没有绝对的意义。"[③]研究历史还需要社会生理的法则,那就是历史的心理法则了。于是,他又专辟一章,讲"历史心理学"。他论述了历史心理学的历史,并依次论述了宗教心理学、玄学心理学、社会心理学、文化心理学的代表人物及其基本观点。关于历史的论理的方法和历史的心理的方法的关系,朱谦之说,两者相比,更重要的还是历史的心理的方法。"所谓论理的方法,只不过心理的经验的方法之一个说明,一个解释,历史终竟是以经验的事实为主,而倾向于社会心理学或文化心理学之方法的。"[④]同时他还指出,二者都有自己的局限性,它们之间可以相互补充:"历史论理

---

① 朱谦之:《朱谦之文集》第 6 卷,第 125 页。

② 同上书,第 170 页。

③ 同上。

④ 同上书,第 172 页。

学，走到极端，便自然倾向于唯物的辩证主义，只能看出人类历史之病理的方面；同样历史心理学，走到极端，也自然而然倾向于唯性的本能主义，完全注意于人类历史之生理的方面。然而真正的历史方法，应该包括消极与积极，病理与生理，而成一大综合的方法。""这两种方法都有其重要之点，正是相反而相成的。"[①]最后他说："历史学方法应为一种综合的方法，而这种综合方法，是应兼采史的心理主义和史的论理主义的长处的。"[②]

朱谦之专设一章，讲了"历史统计学"，认为它是"历史补助方法中之历史的比较的方法。"然后论述了史学与统计学的关系，梳理了中国著名史学家像郑樵、万斯同、钱大昕等人关于图表重要性的论述，以及近代自梁启超以来关于历史统计学的理论，包括历史统计学的目的、功用、方法、计划等，具体介绍了梁启超、朱君毅、丁文江、张耀翔等运用统计的方法研究历史的成果。

最后，朱谦之论述了社会科学与历史方法的关系。用"政治学上的历史学派"、"法律学上的历史学派"、"经济学上的历史学派"的治学方法，说明历史方法是研究一切社会科学最重要的工具。历史方法是社会科学所共同采用的方法。有了这种历史进化的方法，而后历史才不但成功为叙述的科学，且为说明的科学；有了这种历史进化的方法，而后才能给人类社会的历史，以一个确实的社会科学的方法论的基础。

朱谦之的史学理论，哲理思辨的色彩很浓，对西方的历史哲学借重较多，这与他多年以来研究西方历史哲学有着紧密的联系。1926 年，他 27 岁时即出版了《历史哲学》，该书是他 1924 年在厦门大学授课的讲稿，内容包括：历史的新意义、历史哲学的进化史、历史哲学的方法、生物学的历史观、历史的一元主义、西洋印度两方哲学的生命派、中国哲学的三时期、世界未来之历史的考察等八部分。这部书反映了作者受新生机主义哲学的影响较深，如作者在《序言》中所说："我最感激的，是新生机主义者杜里舒、柏格森、麦独孤、鲍尔文等，都有很多的借重。还有孔德、克鲁泡特金，都曾给我许多有益的见解，因有这些影响，才成功我的'历史哲学'。"[③]这本书是近代以来中国人写的第一本以"历史哲学"为书名的著作。1929 年 4 月至 1931 年初，他到日本东京留学，接触到更多西方和日本的历史哲学及史学理论著作。归国后，他在暨南大学讲授历史哲学、西洋史学史、史学概论和社会学史等课程，出版了《黑格尔主义与孔德主义》(1933)和《历史哲学大纲》(1933)。这些著作为他撰述史学概论奠定了基础。从上面的分析也可以

---

① 朱谦之：《朱谦之文集》第 6 卷，第 195 页。

② 同上书，第 196 页。

③ 同上书，第 3 卷，第 3 页。

看出，他对史学理论的论述，很重视借鉴孔德、黑格尔、杜里舒、柏格森等人的观点和方法。

20世纪30年代，中国出版了大量的史学概论或史学通论的著作，据不完全统计有30余种，著名的有卢绍稷的《史学概要》(1930)、曹聚仁的《中国史学ABC》(1930)、吴贯因的《史之梯》(又名《史学概论》1930)、赵吟秋的《史学通论》(1931)、周容的《史学通论》(1933)、胡哲敷的《史学概论》(1935)、李则纲的《史学通论》(1935)等，也从国外翻译了不少同类书籍，如法国人郎格诺瓦和瑟诺博司合著的《史学原论》、弗林特的《历史哲学概论》、施亨利的《历史科学与哲学》、班兹的《新史学与社会科学》、司各脱的《史学概论》等等。对国外史学理论著作的翻译，促进了中国史学理论的发展。朱谦之的《现代史学概论》，应当说是30年代史学理论研究高潮下的产物。同时由于他精通几门外文，对西方的历史哲学又有深厚的基础，与同类著作相比，他的这部史学理论著作则是水平较高的一部。他在"史学概论"之前又加上"现代"二字，表明他的史学理论是紧紧地与他所倡导的"现代史学运动"联系在一起的。

二、朱谦之对史学史研究的贡献

1934年，朱谦之在《现代史学》第2卷第1、2期上发表他的长篇论文《中国史学之阶段的发展》，以后又单独成册，题为《中国史学小史》。这篇论文实际由两部分组成，前半部分是论西方的史学发展史，后半部分是论中国的史学发展史，因此，收进《现代史学概论》时，就分为两章：史学的历史(上)、史学的历史(下)。这篇论文在当时具有很大的影响，是史学史上的名篇。

朱谦之对史学史的研究，非常注意汲取西方近代在史学史研究方面的成果。他介绍了美国绍特韦尔的《史学史导言》(*An Introduction to the History of History*)，英国古奇的《十九世纪历史学与历史学家》(*History and Historians in the Nineteenth Century*)等史学史著作，对克罗齐的《历史叙述的理论及实际》以及鲁滨孙《新史学》中所包含的"史学史"内容也进行了评介。关于史学的历史，他说："历史的历史本来是当历史本身成为一种'科学'以后才发达的，是要符合于科学方法之历史考订学兴起而后才发达的，所以为期很浅。"[①]他主张将史学的发达看作人类文化线上之一种进化现象，要用"人类知识发达的阶段法则"来研究史学史，认为以这样的方法来研究，史学的历史便是一个极有条理的阶段发展。他把史学的发展史划分为三个阶段，即故事的历史、教

① 朱谦之：《朱谦之文集》第6卷，第34页。

训的历史、发展的历史。在西方，故事的历史包括史诗与神话、埃及史学、巴比伦史学、亚述史学、圣经史学、荷马史诗、说书家时代、希罗多德史学。教训的历史，就是指实用的历史，也就是说，记述历史，有明确的目的，那就是传给后代，拿做后人的参考之用的。西方教训的历史，从修昔底德(Thucydides)所著《伯罗奔尼撒战争史》始，经希腊史学、罗马史学到塔西佗而达于极致。塔西佗之后，西方史学进入发展的历史阶段。发展的历史可分为两大系列，第一系列为历史哲学即哲学的历史；另一系列是文化史即"发展的历史"之叙述，文化史分为三期：第一期是宗教式文化史，第二期为哲学式文化史，包括唯理主义、浪漫主义和国家主义三种，第三期是科学式文化史，包括考证派、综合史学派、社会史经济史及科学史派三种。像德国的兰克、英国的弗里曼、法国的郎格诺瓦和塞诺博斯等著名史学家都属于考证派；像德国的兰普勒希特(Lamprecht)、美国的鲁宾孙(J. H. Robinson)、绍特韦尔(J. T. Shotwell)等都属于综合史派；关于社会史经济史的代表人物，朱谦之虽然没有指出代表性的史学家，但却认为它在史学史上特别重要，代表了现代史学的新方向。

关于中国的史学发展，朱谦之认为它与西方史学一样，也是经过了故事的历史、教训的历史和发展的历史三个阶段。中国的故事的历史，与西方一样，一方面有韵文的史诗，一方面又有散文的编年史，其代表性的著作是《尚书》、《诗经》、《春秋》、《竹书纪年》、《左传》、《国语》、《世本》、《战国策》、《山海经》、《穆天子传》等。孔子的《春秋》等虽属于故事的历史，但与教训的历史有密切的联系。孔子是教训的历史的开山祖师。教训的历史就是中国史学上所谓纪传体，以人物为中心，司马迁开创了这种体裁。班固继之，更为教训式历史奠定宏基。唐太宗开局修史以后，教训式的历史失却了教训的真精神。《新唐书》和《新五代史》还能支撑教训式历史的局面，此后只可数到官修的《明史》了。二十四史，均不出于教训式历史的范围。刘知几是教训式历史的史评家。以历史为政治的教训，反映了教训式历史的进一步发展。司马光的《资治通鉴》是认历史为政治教训的最好实例，具有开创教训式编年史的功绩；朱熹是教训式历史的集大成者。关于中国史学"发展的历史"，朱谦之把它分为三期：郑樵是发展式历史的开山祖师，袁枢的《通鉴纪事本末》开创了发展式历史的纪事本末体。以黄宗羲为首的浙东史学的形成标志着发展式历史第二期的出现。发展式历史的第三期是指中国史学成为科学的研究时代，即进入20世纪以来的史学，在这一时期中，又可划分为三个阶段，第一阶段先后有罗振玉、王国维等的甲骨文研究，梁启超、胡适、顾颉刚等辨"写的古史"之真伪问题，傅斯年、李济等的"科学发展的方法"，即是说，这一阶段又可划为三个小段；第二阶段指中国社会史论战时期；第三阶段是朱谦之本人所倡导的"现代史学运动"。他对考古考证派和唯物史观派均有批评，指出它们的优缺点，认为自己从事的现代史学运动，是在考证考古派与历史哲学派之尖锐对立中，而完成新兴史学运动的使命，如以历史考证考古派的方法为“正”，则史观派的方法为“反”，而他所开展的现代史学运动就是“合”了。他列了一个表，说明三者之间的关系：[①]

表 1　中国现代史学三派比较

	(一)考证考古派	(二)唯物史观派	(三)现代史学
史之基础	事实	理论	事实与理论
史之认识	以历史补助科学为史学	以历史哲学或经济学为史学	历史科学为文化科学之一
研究法	过小	过大	小大兼容
着重点	古代史	现代史	历史之生命性
优点	史料的搜集和整理	历史进化的方法	均有
缺点	无中生有，侥幸成名	公式主义	均无
论理的次序	正	反	合

从这个表可以看出，他把自己所开展的“现代史学运动”，当作继考证考古派史学、唯物史观派史学之后的一种新型史学，吸收了它们的优点，而避免其缺点。

关于现当代中国史学的研究，朱谦之除在《现代史学概论》讲“发展的历史”之第三期时，对之进行论述外，他还发表了几篇论文进行专门论述，如《谈现代史学》、《现代史学思潮》、《文化科学的方法论之一》、《考今》等，论述的都是中国现当代史学史，反映了他对当代史学的重视。

在史学史的分期上，朱谦之接受了黑格尔等人关于历史的分类的观点，把中西史学史均划分为三个阶段。黑格尔在《历史哲学》中，曾将历史分作三类：原始的历史、省察的历史、哲学的历史。[②] 伯汉姆在《史学入门》中又把历史的发展分为：故事式的历史、实用的或教训的历史、发展的或发生的历史。[③] 他指出，伯汉姆的所谓故事式的历史，相当于黑格尔的“原始的历史”；教训的历史，即是黑格尔的“省察的历史”；发展的历史即是黑格尔的“哲学的历史”。而伯汉姆本是应用孔德的人类知识进化之“三阶段的法则”来讲史学发展的，而其结果竟与黑格尔三种不同的历史考察法完全符合。西方的史学史著作如绍特韦尔的《史学史导言》也用了这种理论来讲西方史学史。可见，朱谦之对史学史的三阶段分期法，综合并借鉴了孔德、黑格尔、伯汉姆的分期观点。

重“通”，是朱谦之史学史研究的一个鲜明特色。其表现有三个方面：一是能够把西方史学从古代通到当代；二是能够把中国史学从古代通到当代；三是重视中西史学的贯通。这种知识结构，在他同时代的史学家中是不多见的。比较而言，他的史学史研究重

① 朱谦之：《朱谦之文集》第 6 卷，第 97 页。
② 黑格尔：《历史哲学》，上海书店 1999 年版，第 1 页。
③ 伯汉姆：《史学方法论》，台湾商务印书馆 1976 年版，第 14—15 页。

点还是在中国史学史方面。他与何炳松研究史学史有些相似，即研究西方史学史是为研究中国史学史打基础，提供借鉴。[①] 他对二三十年代从欧美翻译过来的史学理论著作非常了解，对西方历史哲学发展的历史和趋向有清楚的认识，他能够运用西方及日本的史学理论、史学史以及历史哲学等著作的原文，因此，他的史学史研究，视野比较开阔，立论较高。他对中国史学史上具有开创地位的史学家进行了比较详细的论述，如司马迁、班固、刘知几、司马光、郑樵、章学诚等；对浙东史学的源流，也有清晰的认识，显示出他在中国史学史方面的深厚功力。他的史学史研究，无论从观点还是从研究方法看，在30年代都是很引人注目的，即使在今天，仍有不少可以借鉴的地方。

当然，中国史学有自己的特点，用黑格尔等人的三阶段论来说明中国史学，难免有削足适履之嫌。再者，朱谦之研究史学史，偏好史学流派之划分。他对流派的划分有的很牵强；对史学流派特点的说明，过多地强调它们之间的对立，而对相通的一面重视不够，所以不免带有片面性。第三，他对唯物史观的阐释和对所谓的“唯物史观派史学”的评论也有不少错误。新中国成立后，他在自己的回忆录中曾经对这些缺点作了诚恳的检讨和自我批评。[②]

作为宏观性的史学史论文，朱谦之的这篇长文是发表的比较早的一篇，著名史学史专家白寿彝曾高度评价这篇文章，认为该文的史学史分期对推进史学史研究是有益的，他说：“这样的写法，究竟是否跟中国史学发展的情况相符，这是另一个问题，但他究竟划出了中国史学发展的一条线，这在别的史学史论著中是见不到的。我对这篇文章很有兴趣，后来我的讲稿也吸收这篇文章的某些论点，这使我讲授内容有些变化。”[③]也就是说，与当时讲史学史带有浓重的史部目录解题气味不同，这篇文章注重史学发展的前后贯通，并力图用一根线把众多的史著联系起来。朱谦之关于中国史学史的观点以及他的认识方法，与他的史学理论以及善于从哲学的高度研究历史等均有紧密的联系，对将史学史研究提高到一个新的层次，具有不可忽视的意义。总结史学史学科的发展历程，这篇文章的价值需要给予肯定。

三、朱谦之史学研究的特色

朱谦之史学研究的特点可概括为以下几点：

（一）自觉地把史学研究与拯救民族危机结合起来。朱谦之 1932 年秋到中山大学

① 参见拙文《何炳松的史学理论及其史学史研究》，《求是学刊》2000 年第 4 期。

② 朱谦之：《七十自述——世界观的转变》，《朱谦之文集》第 1 卷。

③ 白寿彝：《中国史学史》第 1 册，上海人民出版社 1986 年版，第 174 页。

任教有一个明确的目的，那就是开展南方文化运动。“九一八”后，国家民族的危机日趋严重，他怀着一腔文化救国的热血南下广州。他说：“谦之此次南来讲学，实抱有坚定的决心，就是愿尽一己所有能力，和南方的朋友们，共从事南方的文化运动，自民国二十年秋以来，帝国主义者所给我们的侮辱，使谦之时常感着一己的生存是可耻的。”“南方文化虽未成熟，然实为未来中国兴亡存续之一大关键，如南方无望则中国亦无望，我们生存的努力，都等于无意义了。”[①]朱谦之是一个很有个性的学者，在北京大学读书时，他即特立独行。他博览群书，刻苦力学，但又反对考试，并发表《反对考试的宣言》；他主张无政府主义，崇拜个人英雄主义。至30年代，他的思想又发生了一些变化，但他读书救国、振兴民族的信念始终没有变化。开展南方文化运动，实际是他个人英雄主义思想在挽救民族危亡方面的一种表现。他发起的现代史学运动，是他开展的南方文化运动的一个方面。因此，他的史学思想，带有鲜明的时代特征。在《现代史学》发刊词中，他开宗明义地阐发“现代史学”的使命，说：“我们不要建设有生命的历史罢了，既然要建设历史，创造文化，便不得不毅然决然舍弃了历史的残骸，而从事现代性的历史之把握。”[②]为此，他主张要重视现代治史方法的应用，重视研究现代史、社会史、经济史和科学史。也就是说，他把“现代史学运动”自觉地同挽救民族危亡结合起来了。

（二）自觉地将中国史学推进到一个新的阶段。史学理论是史学创新的先导。朱谦之对史学理论和史学史的研究，不是为研究而研究，而是通过研究，找到中国史学新的发展之路。尽管他的观点不尽正确，但他研究史学理论和史学史的意图是明确的。他在《现代史学》开辟“史学理论”专栏，开办《史学方法论专号》。《现代史学》杂志是近代学术期刊创办以来最早设置“史学理论”专栏的刊物，朱谦之也因此是把史学理论作为专门的学问进行研究的开风气之先者。要之，朱谦之是一位把史学史、史学理论的研究与开创史学新局面有意识地结合起来的史学家。

（三）史学理论与史学史研究相辅相成。朱谦之的史学史研究，既有一定的独立性，又是他所开设的史学理论课程的一部分；既受他的史学理论的指导，又为他的史学理论提供历史根据。这种史学史与史学理论紧密结合的研究方法，是一种正确的方法，因为史学史是史学理论的基础，史学理论能够为史学史研究提供指导。这对我们今天发展史学理论学科，正确处理史学理论和史学史的关系是一个有益的启示。

（原载《齐鲁学刊》2005年第1期）

---

① 朱谦之：《朱谦之文集》第6卷，第391页。

② 同上书，第1卷，第76页。

刘节先生的治学成就和学术境界

曾宪礼

刘节，原名翰香，字子植，曾用笔名鲈秋、知非、青松、青、松。一九〇一年八月八日生于浙江永嘉县(今温州市城区)。一九七七年七月二十一日病逝于广州。

先生幼承庭训，及长，相继就读于永嘉省立第十四中学、上海商学院、上海私立南方大学哲学系、上海国民大学哲学系。一九二六年秋，考入北京清华学校国学研究院。一九二八年毕业后，到天津南开中学执教并兼任南开大学讲师；至一九三〇年秋，转任河南大学文学院教授兼中文系主任。一九三一年秋，回北平任国立北平图书馆编纂委员兼金石部主任，一九三五年秋转北平燕京大学文学院任副教授。一九三七年夏，由国立北平图书馆推荐，拟应多伦多图书馆聘赴加拿大工作。是年七月初，携眷离平赴津，候船赴加，值“七七事变”，即由津水路赴沪，一九三八年兼任上海大学教授。一九三八年冬，只身自上海水路至香港，辗转越南、昆明、贵州等地至重庆。一九三九年春入中央大学任中英庚款派驻研究员，是年秋到贵州都匀任浙江大学史地系教授。一九四〇年春夏间，转至成都金陵大学任文化研究所研究员，是年秋，旅次重庆专任研究工作。一九四四年秋转入重庆中央大学任历史学系教授。一九四六年夏，返乡接眷由上海到广州，入中山大学任历史学系教授终其身。一九五六年在全国教授评级时，被定为二级教授。任教中山大学时，一度担任史学系主任和古物馆主任，并曾任第三届广东省政协委员。

二

刘节先生治学自哲学始，这跟他入读清华国学研究院前就读于上海私立南方大学哲学系、上海国民大学哲学系不无关系。他最初发表于一九二六年的两篇学术论文就是《性相两轮论》和《实证哲学》。入读清华国学研究院，正值古史辨派起，先生治学受时风影响，而将哲学研究与古史考证相结合。他报名专修之科目为中国哲学史，所登记的研究题目为《中国古代哲学之起源》，其研究成果《〈洪范〉疏证》即在“发见《洪范》系战国晚期作品，于中国古代哲学思想起源一问题上有所贡献”(见刘节先生档案——一九五二年自填《教职员履历表》)。他的导师梁启超先生为之题记，肯定在《尚书》真伪及年代问题的研究中,"《洪范》问题之提出,则自刘君子植此文始";更推许其用以论证"《洪范》为战国末年作品""最强之证据","皆经科学方法研究之结果,令反驳者极难容喙"。在翌年写成的毕业论文《好大王碑考释》中,刘先生用该碑铭多种拓本相校勘。在前人考释的基础上,广取汉魏六朝隋唐碑版文字相对照,使原泐剥已甚、模湖不清的碑铭文字得以通释,再据碑文,博引中、朝、日等国有关史籍相参证,运用历史地理学、音韵学等知识考定高句丽古国的族属源流、居地沿革、世系承递及其兴替史迹等。梁启超先生跋其文谓:"喜此篇之作,能为金石学界开一新路。"刘先生此时的著述已显示了他从事古史研究的志向和功力。

据先生《〈古史辨〉第五册序》所述,就读清华国学研究院时,先生与同学"时常谈到今古文问题,当时就想从《洪范》起,依次《尚书大传》、《春秋繁露》、《白虎通》、《汉书·五行志》,然后数到诸经的经本和经说,以及先秦诸子,汉代纬书,同《史记》、《汉书》中各处提到阴阳五行问题的地方,都要把它抽绎出来,下一番细功夫",后来得知顾颉刚先生在这方面已有深入且成效颇著的研究,于是就"转向研究甲骨金文的路上去"。不过,刘先生转向甲骨金文研究的更主要原因,还在于他有感于先秦书面文献匮乏,而其中夹杂的传说成分太多,且历代学者对其理解又聚讼不休,于是"只有向殷墟书契同两周金文上开扩出新境地",继承自宋至清的学者直到王国维先生所运用的以出土新材料与古代书面文献相释证的方法考订古籍,拓展史料范围,进而整理旧的古史系统,建构新的古史体系。自一九三一年任职北平图书馆编纂委员兼金石部主任起至一九三七年因"七七事变"而离开北平时止,这一时期,刘先生的著述大都与甲骨金石等传世或出土的古器物研究有关。如参与编撰《续修四库全书总目提要》(金石文字部分),撰写提要二百多则,所提要诸书,除了与古文字学研究有关系外,大多是前贤时彦对甲骨彝器、碑石砖瓦、秦陶古玉、钱币印玺、铜镜铜鼓、画像造像、法帖砚墨等古器物的著录、整理、研究。二百余则《提要》,虽多短制,但或略述其著作缘起,或简介其著述内容,或评议其文化价值,或概括其学术精要,或指陈其文字长短,如此等等,不一而足,要皆考核精核,辨析明确,评论切当。与此同时,刘先生还在北图馆刊等多种刊物上发表过数十篇新版书籍的书评、简介或商榷文字,其中不少亦与甲骨金石等研究有关。如《两周金文辞大系商兑》,及对美国福开森著《周铜鼓考》、徐中舒著《驫氏编钟图释》、张国淦著《汉石经碑图》、商承祚著《殷契佚存考释》等书的评介。不管是提要还是书评,刘先生这些文章,虽属针对他人著述而发,但俱足以显示他对甲骨文、金石学、考古学、古器物学、古文字学、古音韵学和古文献学的深厚学养,所以他这时期写的《中国金石学绪言》能就金石、甲骨及简牍诸学的缘起、流衍及其与经史、地理、文字、书法种种学术之间的关系作出简明精要的概括,历列重要著述与名家如数家珍,指示研治途径能言简意赅。

不过，刘先生对甲金诸学的研究主要目的在考核书面文献，并与之相释证以论次史事，而他对甲金诸学的深厚学养，恰成其古史研究的坚实基础，这一时期他所写的《驫氏编钟考》，“于春秋时建筑长城的年代及古代部族对于大部族的关系有所考定”。《古邢国考》“叙述邢部族之由来及其在殷周之际移徙的经过”。《楚器图释》“证明作器年代、地点及楚民族与其他小部族之关系”《禺邗王壶跋》“证明禺邗、工虘诸族即《尚书》中之嵎夷、莱夷，即春秋时之句吴”、“乃沿海一带之原始部落”。（以上引文皆出自刘先生一九五二年自填履历表）《㫚君𠭯子壶跋》证明“郇为周初小侯国，后入于晋……三家分晋，地入于韩”（见《㫚君𠭯子壶跋》）《周南召南考》考定周初二“南”之疆域及与周召二公采邑封赐之关系等问题，刘先生在《〈古史辨〉第五册序》曾拟构一个《上古史长编》的编纂范围，其中包括：年代、地理、氏族、语言文字、民俗、社会织织、政制、学术思想、工艺、文学十篇，以此作为建构新的古史体系的《上古史大纲》的编纂基础。以上文章显然可见刘先生在以甲金诸学为基础考证古史的工作中对古代氏族问题研究的重视。他这方面的研究在离开北平旅居重庆期间仍继续进行并且逐渐形成系统的见解。如，他从一九四一年到一九四三年陆续写成的《释彝》、《夷狄与戎狄》、《汉族源流初探》、《诗经中古史资料考释》、《中国古代氏族社会之分布及其关系》等，都是围绕古代氏族的图腾、氏族的流衍分布与迁移、氏族间的关系等问题展开研究的文章，而一九四三年写成的《中国古代宗族移殖史论》一书，则是这方面研究的总成之作。书中，作者借鉴摩尔根的《古代社会》、罗维的《初民社会》、缪勒利尔的《家族论》等著作的观念，综合运用语言学、考古学、民俗学、社会学和人类学的方法，从文明演进的角度去说明中国上古社会的历史发展，论证了“中国古代的图腾社会发展为有姓氏制度的城邦，再由有姓氏的奴隶社会发展为初期封建社会”的经过（见刘先生一九五二年自填履历表）。先生把书中有关上古史分期的一章看作是“上古史的骨干”，反映了他以该书建构新的古史体系的意图。

除了上述对中国上古氏族、宗族制度的研究外，旅居重庆期间，刘先生学术研究的范围颇广而成果亦甚丰。如他写于一九四二年的《老子考》，分析今本《老子》的思想特点和渊源及其语言的承继性和蜕变，考定《老子》一书的著作年代；一九四三年写成的《辨儒墨》一文，辨析儒墨之名义，追溯懦墨二家学说的文化渊源，并分析其特质；写于同年的《管子中所见之宋钘一派学说》，从《管子》中折出《白心》、《心术》、《内业》诸篇，把它们考定为宋钘、尹文的学说。像这样有关中国思想史、哲学史的文章还有《张衡传》（收入《历史论》一书）、《明代心学批判》（未完）。语言文字学研究方面，一九四〇年起校注《广韵》，“在金陵大学作成《广韵声类》一书，考明古代声类分合之关系。”“一九四四年开始在中央大学作中国古代语言史之研究。”（见先生一九五二年自填履历表）一九四一年发表了《研究中国语言文字的新路径》一文。在历史哲学研究方面，《历史论》和《历史上的两种法则》(收于《历史论》中)两文集中地表达了他全面系统的历史观和史学观。在中国史学史研究方面,一九四三年写的《左传国语史记之比较研究》,除了通过《左》、《国》、《史》三书的史实记载内容的比较,指出三者之间的同异点及其相互间关系外,尤为值得注意的是文中后来收入他的《中国史学史稿》的《古代史籍之雏形与蜕变》一节。此前有关中国史学史的著述,讲古代史著及其编纂,多溯源《尚书》、《春秋》或《诗经》、《易经》,而刘先生此文首次揭示"卜辞是记事史的老祖宗",卜辞的记事形式显示了中国古代历史记载的实事求是精神,并指出周代彝铭的记事形式继承了卜辞,其后再演变成《春秋》的文例,而《尚书》中一些篇章的记事方式也与卜辞、彝铭相近,"可以看出经传里的文章,在甲骨、金文里都已经有一雏形,逐渐蜕化成长"。这些看法对中国历史编纂学和中国史学的实录精神的研究都是饶有深意的。在文学研究方面则有一九四三年写成的《诗与幽默》、《中国文艺观赏录》和《张衡传》中的部分章节。文章虽少,但也足见刘先生对文学与人生、文学的审美意趣和对赋这种文学体裁的起源与衍变等问题的看法都非泛泛之论。

此外,这一时期,刘先生还有《人性论》一书,原拟跟《历史论》一起出版,其中包括十篇文章:《人性论》、《人格论》、《心境之分析与调理》、《青年之修养》、《意志的价值》、《达自由之路》、《甘地精神与容忍》、《力的哲学》、《礼说》、《乐说》,加上收入《历史论》中的《国家观念之起源及其发展过程》、《理想　社会　人生》、《民族更生之理论》等,这十数篇文章反映了刘先生对人性、心理、人生、修养、道德、伦理、民族前途和国家观念等问题的广泛关注。这些文章或沟通古今之思想,或融会中西之观念,大要是从文化的视角去研究人类的精神活动和当时社会的人生与道德观念,关注国家与民族的前途和命运,注重道德理性的张扬与培养,注重人格的自我完善,表现了作者热切的文化诉求与人本精神。刘先生曾说:"历史正是民生日用的写照","我们研究历史,就是为这民生日用"(《〈古史辨〉第五册序》),又说:"历史有发展文化的功能","一部文化史,即是人类用自身的力量,促令理性逐渐实现的过程","人世间一切事情,同历史都有关系"(《历史论》)。明乎此,刘先生对以上问题的关注就是非常自然的事了。

三

抗战胜利后,一九四六年夏,刘先生结束了在重庆中央大学的任教工作,返乡省亲,并携眷经上海至广州,入中山大学任历史系教授。

任教中大初期,刘先生仍继续着以前以卜辞彝铭考证古史的研究工作,如一九四七年写成《麦氏四器考》证明麦氏与牟莱、微卢、苗黎族之关系,认为它们都源于古代的貊貉族；一九四八年写成《释嬴》，证明黄帝之传说源于古代嬴氏部族，“黄帝”这一观念“实为嬴图腾部族之转化”。但相比较而言，刘先生似乎把更多的注意力投入到了中国古代语言学的研究。

刘先生在一九五二年七月十日自填的履历表中提到：“一九四四年开始在中央大学作中国古代语言史之研究”，“一九四九年在中山大学继续做这项工作，想从古文字里发现古代人的语言。语言中最基本的东西有二样：一个是‘语根’，另一个是‘语法’。这两样东西本身就是古代史。自从史太林仝志发表了语言没有阪（阪《集韵》：“讫立切，音急，阶，等也，通作级。”看来，刘先生是按“阪”、“级”二字之通假关系而又取其义，把“阪”当作“阶级”二字的合文用——编者注）性说以后，我越加信从‘语根’里可以发现古代人的社会制度；从‘语法’里可以发现古代人的意识形态，现已作成《古代成语分析举例》一文，尚有《古代转语考》一文即将发表。”《古代成语分析举例》一文发表于《岭南学报》第十卷第一期，后收入《古史考存》，该文举“不廷方”、“对扬”等六个“不能很容易在字形或字音上看出或听出意义来”的成语，解释其意义，追溯其意义来源，其中，又往往连及古代的社会文化制度的阐释。他特别指出：“从一部族的成语里，可以看出这一部族的文化特质……从这种成语里，可以溯源到这种语言的原始状态；并且可以从这些成语里分析出许多社会学上的事实。”通过这六个成语的释义，刘先生还归纳出中国古代语词使用中的转化特点：一、古代许多语词都远源于名词，而名词中以部族名为最重要；二、古代部族名之转为其他名词者，以古代地名之间接引渡者为最多；三、古代转语之异化、同化作用，大体以重言、倒读二种为依归，而音理之转变，以双声为干，叠韵为枝。

可见，刘先生是把中国古代语言学的研究当作上古社会的历史，尤其氏族、部族制度史研究的钥匙。从他这篇文章里可知道他已写成这方面内容的文稿有《言语古物学》、《古代语文史论》、《古代转语考》（包括三个主要部分：《貊貉转语考》、《工敾转语考》、《颛臾转语考》），从他两页手稿所开的文稿目录可知，还有《果嬴转语考》、《三代地名学》、《释祊》等。根据山西人民出版社一九八三年出版、晋阳学刊编辑部编的《中国现代社会科学家传略·刘节传略》所列“刘节著作目录”，还有《中国语文史》（稿）。

共和国建国初期，刘节先生在给学生授课时，编成了《中国通史大纲》、《中国史学史》两种讲稿。其中《中国史学史》讲稿初成于一九五五年，后又作过多次补充修改。至一九八二年才由曾庆鉴、林道南、刘继章先生共同整理，由中州书画社出版。曾庆鉴等三先生在该书的“说明”中对这本书的特色有扼要而中肯的评述。还有李锦全、曾庆鉴、刘继章三先生所写《刘节传略》（晋阳学刊编辑部编，山西人民出版社一九八三年出版的《中国现代社会科学家传略》）对刘节先生史学史研究的评价，亦可视作对刘先生此书的学术和思想评价。此外，仍应指出的是，该书第三章《古代史籍的雏形及其蜕变》虽原出于刘先生一九四三年写的《左传国语史记之比较研究》,但在本书中,稍经增删整理、分节标目,内容更为集中,表述更为严谨,论证更有条理,思想更为明晰,使读者对中国古代史籍的渊源和流变易得更清楚的认识。另外,作者将史官和史官制度作为贯串整个古代史学发展过程的一个内容来叙述,这对理解中国史学的特色也是很有意义的。

一九五六年,刘先生写成《西周的社会性质》一文,参与当时史学界对古史分期问题的讨论。这篇文章同样涉及古代的氏族、宗族制度问题,刘先生尝试改变《中国古代宗族移殖史论》一文从文明演进的角度说明中国上古社会历史发展的做法,而以马克思主义的唯物史观作指导,从生产力的发展、生产关系的变化以及马克思主义著作中所提出的社会形态划分的方法,去说明古代社会的历史发展状况和奴隶社会与封建社会的分期,刘先生仍坚持认为自己原来的观点与马克思主义的唯物史观并不相违背。

一九五九年一月,郭沫若先生发表了《谈蔡文姬的〈胡笳十八拍〉》一文,给予曹操很高的评价,引起了全国学界的热烈讨论。针对当时学界一些人对曹操的看法,刘节先生也写了《曹操对于改造社会制度方面的贡献》以响应。他首先肯定曹操在军事、文学上的天才和在当时的一些功劳,接着指出,这些都被司马光说完了,说得非常恰当,没必要再为曹操翻案。他还针对一些人提出的曹操镇压豪强、打击世族政治、推行屯田制度的看法,引证大量的史实加以批驳,并指出曹操作为一个封建主义的政治家不但有阶级的局限性,而且个人性格也相当狠毒忌刻而且自私。从刘先生的文章可看出,他不但本着史学家实事求是的态度对历史人物作出历史批判,而且还坚持按基本的道德标准进行道德批判。所以在一九六六年"文革"即将来临的前夕,当姚文元的《论〈海瑞罢官〉》一文掀起批清官的浪潮时,刘先生仍然以长期受批判的"待罪"之身,逆风而上,为文疾呼《清官是人民的要求,不是统治者的美化》(载《学术研究》一九六六年第三期)。当然,文章还是学者式认认真真地理性地摆史实、讲道理,但文章中的一段话:"道德感是人类的社会本性,就因为人是社会产物,这种特性必然地会反映在人类的意识形态中。其表现形式就在于个别人的言论和行动,若就其本性说,则是社会的,这就是道德感能够形成为舆论,出现了所谓清议的缘故。……道德形式、面貌可能有种种不同的过渡形式,但是不会死灭……"正可说明,又是"道德感",才使刘先生怀着"是可忍,孰不可忍"的道德义愤去对那样的论调作历史批判,同时也进行道德批判。刘先生因此而受到了不同于以往的思想批判与身体的批斗。

由于政治形势和学术风气的变化,早在上世纪五十年代后期,刘先生已不能完全按自己原来的治学方向进行史学研究,但他生性耿直,治学不隐瞒自己的观点,心底里仍谨遵"精神独立,思想自由"的师训,所以为文并不"曲学以阿世"。一九五九年《理论与实践》登载了他的《自我批判和答辩》,一九六二、一九六三年间,他又先后发表了《中国思想史上的"天人合一"问题》、《孔子的"唯仁论"》、《墨子的"兼爱"和实利思想》、《怎样研究历史才能为当前政治服务》等文。在这些文章中，他虽然接受了对自己观点的某些批评，但大体上无论是对历史上的两种法则的看法，还是对孔子、墨子的思想评价；无论是对疑古、考证的治学方法，还是对阶级斗争理论不能教条、机械地用以解释古代历史事件的看法等等，都基本坚持自己一贯的学术观点。

一九六六年“文革”开始以后，刘先生再无学术文章可写了，但他的学术思维并没停止，那就是读书！刘先生在两种情况下所显示出来的读书境界恐怕是很少人可以做得到的。一种是在“文革”中被剃头、削眉、戴高帽批斗、强迫劳动改造的情况下，只要不被监督或指令写检查，晚上就几乎都在读书。一种是在一九七三年六月经检查已知身罹癌症的情况下，只要身体情况不太坏，还是在读书。翻阅他一九六六年以后的日记，你会见到一个年近古稀的老人，经常是上午写检查，下午劳动，“晚阅《抱朴子》四篇”；或上午洗厕所，下午写劳动与思想总结，“晚阅《古代希腊·罗马社会研究》”，或“晚阅梅因《古代法》”等等。翻阅他一九七三年以后的日记，你会见到一个年逾古稀的老人，“照射(即放射治疗——编者注)二分半钟，读《洛阳伽蓝记校释》”，或“到第一人民医院就医……读《文选》”，或前一天“到市一就医”而第二天“读《辩证逻辑原理》”，等等。而从字迹看，当时先生因病书写已不能自如。而且他读书范围极广，古今中外，文史哲及天文、数学等等，多所包括。据他一九六六年八月三十一日至一九七七年五月六日所写日记，他读过的书有一百五十余种，册数不论，因为有的书一种就有多册，如读《晋书》自一九六七年十月三十日“起第六卷”至一九六八年五月八日竟，接着是《朱子文集》自一九六八年五月十日起至六月二十七日竟。《资治通鉴》的阅读则自一九七一年十一月二十三日起，至一九七三年二月三日竟。这段时间，刘先生对其所读的一些书，应该是有读书笔记的。据钟显华的《刘节学术年表》(载杨瑞津编《刘景辰刘节纪念集》，香港出版社二〇〇二年出版)可知，至少刘先生读《资治通鉴》是有校点批注的。

刘先生这种读书治学的境界，或许用他于“文革”初期(一九六七年左右)的《我之信条三则》里的话可以解释：“我相信为学同做人当相一致，二者之中如果有了矛盾，必定是其中一方面的信仰发生动摇……假定有一种势力要打破我的信仰，使我不能安静为学，我当然要抵抗。做人为学已四十年了，心中光明，对于做人为学的兴味如泉之始涌。设若有一种势力要阻碍我的志向，使我不能如愿以偿，我当然要拿出毅力来。……为学同做人能打成一片，这样的学问才不仅是为谋生的职业，而是造次必于是，颠沛必于是的真生活，这种生活是很快乐的，是前途无量的，这才是真正的成功。”又或许用刘先生写文章所引用过的先贤古训可以解释：“古之学者为己。”——读书治学的目的首先是为了自己道德的完善，人格的完善。这就是刘先生最高的学术境界。

(原载曾宪礼编《刘节文集》，中山大学出版社2004年版)

杨荣国同志的治史方法及中国哲学史研究的成就

李锦全　吴熙钊

一九七八年八月二十二日，中国哲学思想史家杨荣国同志因癌病不治逝世了！

杨荣国，湖南省长沙市人。一九二九年在上海群治大学毕业后，在长沙任中学教师。抗日战争前夕参加革命，一九三八年加入中国共产党。在这期间，他读到了毛泽东同志的《辩证唯物论提纲》（油印本），懂得学术研究必须以马克思主义理论作指导。一九四〇年，他在桂林发表的《中国古代唯物论研究》，和一九四六年在重庆发表的《孔墨的思想》两部著作，是他接受马克思主义的唯物史观研究中国哲学思想史的初步成果。在重庆期间，他曾化名杨天锡，在《读书与出版》、《大学》等进步刊物发表文章，又兼任东北大学（迁重庆三台）教授，讲授历史哲学。

抗日战争胜利后，杨荣国被聘为广西桂林师范学院历史系教授。他写了《十七世纪中国思想史》和《清代思想史》两部著作。这段时期，杨荣国同志自觉地坚持哲学的党性原则。一方面，他以"李埜"的笔名，公开发表了毛泽东同志的《辩证唯物论提纲》，表明了对毛主席著作的热爱。另一方面，他又依据书中关于"全部哲学史，都是唯心论和唯物论这两个互相对抗的哲学派别的斗争和发展的历史"；"所有的哲学学说，表现着一定社会阶级的需要，反映着生产力发展的水平和人类认识自然的历史阶段"的观点，从事《中国古代思想史》一书的写作，至一九四八年已基本上完成。

全国解放后，杨荣国同志担任湖南大学历史系主任兼文学院长。一九五三年院系调整，他调到中山大学历史系，之后担任系主任，并当选中国哲学社会科学学部委员。这段期间，在思想史方面，他不仅从事断代的研究，还从事思想通史的研究。一九五四年《中国古代思想史》出版后，被国外译成俄、德、越等文。他对宋明理学和近代中国哲学的研究成果，前者成为侯外庐同志主编的《中国思想通史》第四卷唐宋部分的内容，后者是他的《谭嗣同思想研究》一书。一九七三年他主编的《简明中国哲学史》，反映了他对中国哲学发展客观规律的见解。他认为中国哲学思想史的发展，是有客观规律的，是离不开唯物主义同唯心主义两军对垒的斗争而发展的；而要阐明中国哲学史的客观规律，就必须努力揭示唯物主义同唯心主义斗争过程中所表现的不同阶段的内容和形式。

杨荣国在中国哲学思想史研究中有他自己的特点，在中国哲学思想的研究领域作出过贡献。本文仅简述他的主要的治史方法及其研究的主要成就。

一、坚持社会存在决定社会意识的历史唯物主义的态度

社会存在决定社会意识，这是马克思主义一个最根本的原理。杨荣国重视把握这一理论原理作为研究工作的指导思想。他在思想史研究中理解到社会思想、社会理论不应当到思想、理论本身去寻求，而要到社会的物质生活条件、社会存在中去寻求。也就是说，他注意从生产关系、生产力的变化发展，从阶级斗争乃至科学的发展水平来考察社会思想的形式和内容。这是杨荣国研究中国思想史的出发点。早在一九四〇年的第一部著作——《中国古代唯物论研究》中，就已初步作出了这种尝试。他认为，“春秋战国学术思想之所以发达，有着那么进步的思想体系”，归根结底是由于“封建社会生产力特别发达”所决定的。尔后他在思想史研究中，进一步沿着这一方向前进。如在《中国古代思想史》一书中分析“上帝”观念的产生时，他说：

> 自殷种族国家建立以后，社会上阶级壁垒形成，有所谓统治者和被统治者。被统治层中分生产奴隶和家内奴隶两种。……殷国王是这个国家中至高无上者。从下界来说，他就是“下帝”。可是，有了“下帝”，便不能不有“上帝”，于是就有“上帝”这一至上神的出现。（《中国古代思想史》第一章）

这就说明，“上帝”的出现，乃是统治阶级出于统治的需要。

杨荣国认为，既然有了“尊天神”的唯心论有神的思想，也就必然产生朴素的唯物论反天神的思想。而“天神”思想的动摇，又是伴随着西周末年的社会历史的变革而来的。荀子站在新兴的封建地主阶级立场，吸取了自然科学知识，提出了否定人格神的“戡天”唯物论思想。他说：

> 荀子的这一戡天思想的产生，也并不是什么偶然的，这是从当时因铁器的普遍使用，农业和手工业的发达，因而引导到社会作急激的变革中，新兴地主层势力打击旧的族有的奴隶所有者势力的一种思想武器。而旧的族有的奴隶所有者向来是天的思想的拥护者，要打击它们，在思想的武器上，便要戡天。（《中国古代思想史》第十章）

这样的分析，显然把握住了唯心主义与唯物主义如何产生和发展的一些最本质的原因。

全国解放以后，杨荣国在对宋明哲学和近代中国哲学的研究中，更为自觉地坚持上述观点。他在探讨宋明理学形成的历史原因时说，这是由于“封建社会后期，在经济、政治、文化各方面”的各种特点所决定的。“理学是中国封建后期反映封建统治阶级利益的官方哲学”，只不过它通过更加“细致的加工，即将原来的神学更加哲学化”。杨荣国既看到了一种哲学形式和内容的演变，是取决于社会的变革；更重要的是，他也认识到一个时代哲学思潮的产生后对社会所起的影响和作用，所以他对理学唯心主义持批判态度。

杨荣国在指导研究生和青年教师时曾常说，哲学思想史是一门“边沿学科”，必须掌握哲学和历史的统一，做到“史论结合，溶论于史，以史阐论”。实则是指从事中国哲学思想史的研究必须以马克思主义的唯物史观为指导，把历史和哲学思想有机地结合成一个整体进行研究，才有可能真正发掘中国哲学史的发展规律及其内在的联系。

二、谨守在历史研究上联系实际的学风

杨荣国早在三十年代末期从事哲学思想史研究伊始，就注意到历史研究与理论联系实际的课题。抗战期间，他写的《孔墨的思想》一书对孔子的核心思想的“仁”，作了多层次的分析，认为“仁”包含“孝”、“忠”、“恕”；又包摄了“礼”、“智”、“勇”、“恭”、“宽恕”、“敏”、“惠”等内涵，所以“仁”的实质是“克己复礼”，是反映维护氏族统治的利益，是代表维护奴隶制国家的意识形态。经过这样分析，就给读者一个鲜明的感觉，孔子“好象一般要拖着时代往后退的人一样，总是顽固到底”。(《孔墨的思想》第七节)处在人民尚没有取得政权的历史条件下，批判孔子，不是个人的主观喜恶问题。尽管在学术上可以各人有不同见解，但把批判孔子与批判白区“尊孔读经”的思潮联系起来，当时是起到抨击一些人提倡“尊孔读经”的作用的。

在批判孔子之同时，杨荣国赞扬墨子，认为墨子思想是进步的，反映“市民利益”。他在《孔墨的思想》一书结尾写了一段“民主之路”：“人民的思想和行动应该向人民取法，就是从人民群众中来教育自己，也就是他(墨子)所说的‘下比’。”(同上书第八节)通过了阐发墨子的“下比”的民主思想倾向，实则是从侧面批判蒋介石的极不民主政治。他赞扬墨子说：“是真理，或不是真理，必定通过人民大众的感受到利益与否为前提。人民大众感受是‘有’或是‘对’的，才是真理。”(《中国古代思想》二《墨子的思想》)

杨荣国在他的著作中，虽然总的倾向是认为孔子是“拖着时代往后的人”，是“顽固的思想家”；但是在四十年代的文章中，他并没有全盘否定孔子。杨荣国一再肯定孔子

开创了私人讲学的新风，他的教育思想对后人有积极的影响。即使在新中国成立以后的一段时期，他仍然引墨子肯定孔子的“当而不可易者也”的论断。所谓“当而不可易”是指要“一分为二”地评价孔子。(《春秋战国时代学术上的百家争鸣》)杨荣国虽然基本肯定墨子是“站在人民大众利益”的一边，是进步思想家，但是，他也批评墨子思想的狭隘经验论，并由此而导致“有鬼论”的落后的一面，因而指出这种思想是不可能战胜奴隶主贵族的。

正由于《孔墨的思想》一书的刊行具有现实的批判意义，该书自一九四六年出版后，受到普遍的重视，至一九五〇年已印刷了十一版。

抗日战争快要胜利的前夕，国民党暗中策划内战，白区日益笼罩着残酷的法西斯专政。这时，杨荣国写了另一部著作——《十七世纪中国思想史》，通过阐扬明末清初反理学、反封建专制的民族爱国思想和民主思想，高度评价了黄宗羲、王夫之等启蒙思想家的历史地位和作用。我们从该书的一部分标题，如《宗羲的反君主专制与倡导民主》、《习斋论“谋食计功”和他的“均田”主张》、《船山的民族民主思想和他的反对专制》、《亭林的反对专制和他的民主倾向》、《吕留良论民族与民主》等，都表明了他那种联系现实的学风。

三、运用马克思主义的哲学党性原则，把哲学史归结为两军对垒的历史

哲学史研究之所以成为科学，就在于坚持哲学的党性原则，做到党性与科学性的统一。

三十多年来，杨荣国一直在探索中国哲学发展客观规律的表现形态及其斗争焦点。他从三十年代末期接受了马克思主义关于“全部哲学史，都是唯心论和和唯物论这两个互相对抗的哲学派别的斗争和发展的历史”的观点之后，就力图通过哲学的两军对垒来揭示每一历史阶段哲学理论思维形式的变化。他不是生搬硬套外国哲学的公式，而是结合我国民族的特点，通过固有的哲学概念、范畴来表现斗争的内容。他认为：

在殷周奴隶制社会时期，作为哲学战线的论争焦点，表现为“尊天神”的唯心论同“反天神”的唯物论的论争。

在春秋战国奴隶制向封建制过渡时，作为哲学战线论争的特点，尽管表现为“百家争鸣”的复杂局面；但实质上是“天人合一”的唯心论天命论，同“天人相分”的唯物论的论争。先秦各派学说，可以依此而划分为两军对垒的阵营。

在封建前期的汉唐阶段，作为哲学战线论争的焦点，表现为官方的统治思想“天人感应”的谶纬神学同反谶纬神学、玄学内部的崇有论与贵无论、神不灭论与神灭论的论争。

在封建社会的唐中叶以后至宋元明清阶段，作为哲学战线的论争焦点，表现为官方的统治思想理学唯心主义同反理学唯物主义的论争。

发展至近代半殖民地半封建社会，作为哲学战线论争的焦点，表现为资产阶级的“新学”与封建统治者的“旧学”的论争。

杨荣国对中国哲学思想史通过两军对垒在各个历史阶段所表现的形式和内容的理解是否正确，或部分正确？仍有待于研究。但无论如何，从方法论上来说，遵循马克思主义关于哲学的党性原则这一点上，正是科学哲学史工作者同旧哲学史研究者的一个根本区别。杨荣国比较早就坚持遵循这一原则从事研究，确实是难能可贵。

四、强调从局部到整体、断代到通史的研究方法

杨荣国在学术研究中，强调从局部到整体，从断代史到通史的研究方法。他认为这样做才能揭示全部中国哲学发展的内在联系及其在发展过程中所表现的特点，才能获得较好的研究成果。

在断代史的研究中，他又重视从个别到一般的认识路线。从他的断代史——《中国古代思想史》为例，可以看出他的研究经验。他是从一个个的具体问题入手研究，然后在有所突破的基础上，抓紧中心，窥探全豹，从中揭示每个思想家的思想核心，并从此出发对其他问题进行论述，达到总体问题的概述。为了研究殷商社会意识的产生，他一方面从文字学角度着手研究，从甲骨文和金文入手，依据卜辞中的“帝”的概念的出现，揭示它带有“至上神”和“宗祖神”的两重意义。另一方面，他又探讨殷周的社会性质，认为是属于“种族奴隶”社会的形态。种族奴隶制的特征是，“一方面这个国家是由一整体氏族所统治。如殷，就是子姓氏族的统治，周，则为姬姓氏族所统治。另一方面，所有的奴隶，就属于这统治者氏族所有，都是这种族国家的奴隶。”(《种族奴隶制的殷周社会》)早期的氏族贵族只有“图腾崇拜和祖先崇拜”；到了他们建立国家之后，成为统治阶级的奴隶主，需要一种思想统治，于是便从祖先崇拜发展到对上帝至上神的崇拜，作为统治人民的思想武器。这种论述方法，是符合从个别到一般抽象的逻辑方法的。对一个思想家的研究，杨荣国还运用了对比的比较方法。他在分析荀况的唯物主义思想的形成时，他首先分析荀况所讲的“礼”来自孔子，但具有新的内涵，可以说是“礼表法里”(后来又解释为“儒表法里”)，反映了商鞅变法以后新兴者的要求，“既反对对被奴役的人们宣传

'止欲'，也反对种族奴隶主——王公大人——自己的纵欲；都要从适应生产力发展中适当的调节，予以适当的满足。”(《中国古代思想史》第十章)其次，他认为荀子的唯物主义的特点，是“人定胜天说”。他既否定了儒家的天命论，也批判了墨子的“天志”思想。在认识自然、崇信科学的前提下，把“天”看成是“神”的唯心论改造为“天”是自然的唯物论，并在一定程度上相信人的力量能够征服自然，能使之为人们所利用，发展了古代唯物论思想。

这里，杨荣国从殷人的“上帝”迷信思想的产生到荀况的制天命而用之的“戡天”思想的总结，描述了先秦哲学思想的客观规律，从而使读者了解到哲学史不是杂乱无章的，更不是材料的堆积，而是有客观发展规律可寻的。

新中国成立后，杨荣国的中国哲学思想史研究课题，向纵深方面发展。他在研究先秦哲学思想史的基础上，参加侯外庐主编的《中国思想通史》第四册的有关唐宋哲学思想部分。为了完成这一任务，从纵的方面，他对从韩愈、李翱到邵雍、张载等思想家，逐个地研究，先后写成专篇论文。从横的方面，他综合研究宋代商业的发展情况和儒、道、佛三教如何溶成以儒为核心的理学思潮。最后他初步断定，理学是封建社会后期的官方统治思想，它是为了适应封建中央集权的政治需要的唯心主义新观念，它有其萌芽、开创、奠基及集大成的规律。所谓“萌芽”是指唐代韩愈和李翱，他们所创立的客观唯心主义和主观唯心主义，成为两宋理学的“先驱者”；所谓“开创”，是指北宋的周敦颐和邵雍，他们所创立的“无极而太极”和“心为太极”的客、主观唯心主义，是两宋理学的理论开创者；所谓“奠基”，是指程灏和程颐提出“天即理”和“理先气后”的唯心主义宇宙观，成为两宋理学的奠基者。所谓“集大成”，是指南宋的朱熹全部继承和发展了理学，并把唯心主义发展到极致。这种从个别到一般的研究方法，就有助于分析两宋理学思想家的特性和共性，不流于一般化。

对封建后期的明清阶段，杨荣国早于四十年代先后写成了两部专著：《十七世纪中国思想史》和《清代思想史》。这样，在具备了各个断代史的研究成果上，一九六二年他接受教育部的委托，准备编写一部四册本的《中国哲学史》，并准备作为大学教材之一。然而这项工作仅完成了大纲和第一册先秦部分以及其他部分章节便中断了。他始终认为是一个遗憾的事。

应该提出的是，杨荣国在断代的研究中，不是孤立地研究断代思想史，而是重视它与思想通史的关系，即注重断代思想史与上下的联系，重视中国哲学史的发展规律。

五、力求在写作方法上通俗化和大众化

杨荣国在从事学术研究的早期，就特别注意到哲学史的研究必须力求在通俗化、大

众化方面下功夫,使难懂的中国古典哲学,变成群众易于学习的读物。这是他的治史方法又一个显著的特点。他在《中国古代思想史》的序言中指出:

过去写中国思想史或哲学史的,有一个共同的毛病,就是由于征引古书多,使读者难免有诘屈聱牙之感。本书征引古书,勉力译为白话,当可便利读者。

这里,所谓"当可便利读者",就充分表明他在解放战争时期着手于写这一部著作时的认识,不是为了藏于名山,而是为了使广大读者易于读懂。所以,他努力运用一种新体裁,用白话文的通俗形式,表述深奥的中国古典哲学内容。例如,他每征引一句古文,每一个词汇、概念、范畴,都作了仔细的考究,有时还向朋友请教后才下笔译成白话文,并作"注释"、"旁注",附录原文,以便读者对照考察,做到通俗而不违背科学。

杨荣国不仅重视行文上深入浅出的表述,而且重视标题的通俗化,使读者对每章每节有一个简明而科学的概念。如他在《中国古代思想史》有关《子思》一节的标题是:"子思企图消除社会矛盾的所谓'中庸'思想"。这就突出了子思的思想的特征是调和矛盾的中庸哲学。在这个大标题之下,他又列举四个小标题:(一)"对孔子中庸思想的发挥";(二)"先验的'理'(诚)的阐明";(三)"把五行说中庸化";(四)"神道设教的企图"。

我们从这四个小标题就可以看出,作者原意是从子思的思想来源,"诚"的哲学的唯心论先验论的特点,中庸思想的调和矛盾的形而上学思想,再谈到子思的哲学思想的历史地位和作用的评价问题。

新中国成立后,杨荣国总是特别注意通过通俗的长标题,使读者对书中所写的哲学思想家有一个简明扼要的观念,容易把握人物的中心思想。他在《简明中国哲学史》中的长标题正是这样处理的。

实践表明,通俗化的中国哲学思想史扩大了读者的对象,使哲学从哲学家的课堂或书斋里解放出来,成为群众的武器。这个途径,当然不是杨荣国的首倡,但运用这一方法至今仍然有它的合理性。《中国古代思想史》尽管写得通俗,但它并不失其作为一部有价值的科学著作。

综上所述,杨荣国在中国哲学思想史研究方面的造诣,是由于他接受马克思主义的唯物论的指导的结果。没有正确的理论指导,也就没有严谨的实事求是的治学态度和相应的研究方法,当然就不可能正确评价历史上的各种思潮及代表人物,从中揭示其规律。事实表明,杨荣国在研究哲学史的早期和中期,基本上是在尊重历史的前提下评价历代思想家,从而对中国哲学思想史的科学化工作作出了一定的贡献。

然而,任何方法论的运用,绝对不能离开实事求是的原则,更不能离开历史真实而空谈哲学的党性原则和联系实际,否则就会走向反面。杨荣国晚年一度把“儒法斗争”当作中国哲学思想史两军对垒的主要内容,这就背离了哲学的基本问题只能是唯物主义同唯心主义斗争的原则,背离了历史实际,从总结治学的方法这一角度来说,是由于离开了他遵循过的正确方法而造成的错误。

指出杨荣国晚年在方法论上的失误,为的是表明历史研究者提供教训,绝不能把主观愿望作为联系现实的出发点,更不能不顾历史事实去适应某种需要,搞所谓“历史研究为政治服务”的实用主义,而是要善于在马克思主义的理论指导下,实事求是地揭示符合历史发展的客观规律,使人们从历史的教训中受到启迪。

揭示杨荣国晚年在方法论上的错误,并不影响他曾经作为我国著名的中国哲学思想家所作出的成就和贡献。杨荣国同志是一位曾在中国哲学史研究的拓荒中作过贡献的老一辈革命史学家。

(原载《学术研究》1982 年第 6 期)

罗香林早年人种学与民族学的理念与实践

程美宝

在1933年初版的《客家研究导论》中，被后人视为“客家学”奠基人的罗香林（1906—1978），就燕京大学国学研究所对客家研究的推动，记下了简短的几笔：

> 此外尚有一事，值得我们顺便一提，北平燕京大学国学研究所，近数年来，亦殊热心提倡“客家研究”。民国十九年冬，该所顾颉刚洪煨莲二先生，特商我编辑《客家史料丛刊》，民国二十一年，他们复叫我特地与史蒂芬生博士（Dr. P. H. Stevenson）同到广东测验人种，并调查客家的文化。他们对于客家，本来无所爱恶，如此热心提倡，亦只是以为客家问题值得学者努力研究吧了；亦只是以为要澈底解决客家在学术上的问题非举行实地调查非广为蒐集关于他们的史料必不能有所成功，不出来提倡一下，于内心实在不快吧了。①

就是在这种认为“非举行实地调查非广为蒐集他们的史料”即不能彻底解决客家在学术上的问题的信念的推动下，加上燕京大学国学研究所的支持，罗香林在1932年2月与北平协和大学解剖学教授的史蒂芬生博士（当时又名“许文生”）在广州展开了为期一个多月的调查。至3月中旬，二人分道扬镳，罗香林继续在广州对疍户进行了一些访问后，随即到曲江、始兴和南雄等地考察，至6月返回广州；9月应国立中山大学之聘，任校长室秘书兼广东通志馆纂修。当年罗香林28岁，距离他本科毕业才两年左右，这次调查考察虽为时不长，却使他受用终身。自1932年秋开始投身大学教育工作始至1949年7月迁居香港前，罗香林也曾游历梧州、桂平、柳州、衡阳、贵阳、南京、曲阜等地，所到之处，或多或少都会作一点历史考察。不过，这后来的考察活动，似乎都不如他在1932年那次那么密集投入。罗香林以这段时间搜集的材料为基础，在1933年出版了《客家研究导论》一书，并陆续发表许多有关中国民族特别是客家研究的著作，堪称客家研究的鼻祖。本文运用香港大学冯平山图书馆藏罗香林手稿及其已出版的著作，集中探讨

① 罗香林：《客家研究导论》，1933年初版，上海文艺出版社1992年影印本，第11页。

罗香林在1932年所做的调查访问活动，理解他是在怎样的学术氛围下，通过什么渠道、运用什么方法进行考察，并探讨这些田野考察活动对他后来成书的民族学著述有何影响，目的是通过一个学人少壮时期的经验，管窥20世纪上半叶中国人文社会学术发展之一斑[①]。

罗、史二氏合作进行的人种学调查

于罗香林来说，华南族系的调查，是他"几年来所抱的宏愿"。他在1930年毕业于清华大学历史系获文学士学位后，便"直升研究院，专治唐史与百粤源流问题"，导师为顾颉刚和陈寅恪[②]。同年冬，他草拟了一篇客家调查的计划书，后来他认为，这篇计划书中以下一段话，最能代表他对民族调查的意见：

> 不佞之意，以为客家问题，确有探究必要，弟此种工作，当以实地检验为先。盖民族研究，其唯一用意，在于明其活动之种种景况，而此种种景况之所以构成，则与其族诸分子所具生理要素，及所值文化自然之环境，有绝大关系。任何民人，莫能离生理要素而言生存，亦莫能离环境影响而言活动。故欲研究民族问题，自当检其人种，验其生理；察其社会，窥其生活；探其环境，究其影响；考其制作，衡其文物；咨其宗信，明其教化；览其述作，核其思维。夫然后乃得综勘比观，表其活动发生之因，穷其兴替得失之蕴，参合至理，谳其特性。若乃舍此不务，而徒斤斤于主观之臆测，或传闻之是书，谓其结果，可以不流空疏寡要，吾不信也。[③]

罗香林曾经把计划书送交几个学术机构申请赞助，但"事不凑巧，以值国家多事，几个学术机关，均以经费支绌之故，原则上虽赞成此种调查，而事实上则无能为力"。也是在1930年冬，燕京大学国学研究所学术委员会通过了请罗编辑《客家史料丛刊》的议案，他随即写定"编辑客家史料丛刊计划书"及"征集史料启事"，印刷分发，得各地客家人士赠以各种材料，至1931年5月，已得稿15万字，本拟付印，却值父亲病危，在6月赶

① 本文关于罗香林在1932年间进行的考察活动的叙述，乃综合其手稿及后来出版的数种著作，包括上引1933年出版的《客家研究导论》、《大地胜游记》（香港：亚洲出版社有限公司，1959年）及《民俗学论丛》（台北：文星书店，1966年）等，整理而成。除直接引文外，不逐一注释。凡有"罗"字编目者，皆为香港大学冯平山图书馆特藏之罗香林手稿，以下不赘。本文涉及少数民族的用字，按现代学术出版原则处理，凡直接引用自原始资料者，则按该条资料原有的写法，不擅加更改。

② 罗敬之：《罗香林先生年谱》，第18页。

③ 罗香林：《乙堂扎记》，罗260—17，Vol. 11，"华南诸族系调查与测验纪略"。

回故里时，父已辞世，“自遭大故，乃请假休学”，印书之事，又一时搁置[①]。

1932年1月，罗香林返回清华，拜见导师顾颉刚。顾在1929年已加入燕大，成为国学研究所的一员[②]，乃鼓励罗香林转学燕京，因为“待遇可较清研为优，且以经费充足之故”，罗亦应允，顾即写信引荐他拜访燕京大学历史教授及研究院文科主任和导师洪业[③]，洪与罗会面后，“谓适有协和医科教授西人史蒂芬生博士（Dr. Paul Huston Stevenson）将往广东福建二省，测验客家畲民黎人福老诸人种，甚欲得一熟悉华南民族情形之学者，以就询一切进行测验之事宜”。洪业未几即带罗香林与史蒂芬生在六国饭店会面，商议协往华南事宜。罗香林对此次会面记述曰：“史氏云彼此次南下测验，实受中央研究院委托，中央研究院，近以经费不充，仅允给彼旅费七百五十元，不敷之数，须由彼自已筹给，因自己已不敷用，故不能复资助他人也，但此次所得关于人种测验之报告及多项data，可以供余自由取用云。后由洪氏声明，谓此次燕大派余协往调查华南诸部状之语言（尤注重客家）文化，实未尝希望其他私人事以津贴，关于余之用费当由燕大国学研究所调查费项下及余scholarship应得津贴内支给云云。”在随后与史蒂芬生相处的过程中，罗了解到他和妻子居中国已十余年，“能操北平语，史氏更能识中国字若干”[④]。

罗香林旋又与史蒂芬生到地质调查所拜访丁文江，丁对其工作表示赞成[⑤]。丁文江一向对人种学甚感兴趣，曾在1928年至1929年间，与史蒂芬生共同进行民族测量。1934年，丁、史与李济三人，共同当选为国际人类学与民族学社的理事会理事，可见丁、史二人既有合作经验，国际学术地位亦不相伯仲[⑥]。人种测验是当时希望能向自然科学靠拢的人文社会学者非常推崇的一种研究方法，不但人类学家奉为圭臬，就连历史学家、地理学家都跃跃欲试。学生时代身处清华燕京的罗香林，大抵很难不受这样的学术风气影响。

---

① 罗香林：《客家研究导论》，第33页，注56；《先考幼山府君行述》，载氏著《乙堂文存》，希山书藏印行，第29—30页。在《乙堂扎记》（罗260—17，Vol.1）中，黏附了一张广州双门底粤东编译公司在1931年4月13日发出的订单，说明是罗香林委印“客家调查计划书”200张及“征集客家史料启事”300张，如果此时才首次印刷这些启事分发，大抵不可能到5月便“得稿15万字”，此处可能是他征集了一段时间材料后，再印刷传单广为征集，也可能是他记忆有误。

② 顾潮：《顾颉刚年谱》，中国社会科学出版社1993年版，第176页。

③ 洪业当年情况见陈毓贤：《洪业传》，北京大学出版社1995年版，第108页。

④ 此段全部引文出自罗香林《南行日记》，罗090—17。

⑤ 罗香林：《南行日记》，罗090—17。

⑥ 丁文江时任北京大学地质系研究教授，1934年6月成为中央研究院总干事，见胡适：《丁文江传》，海南国际新闻出版中心、海南出版社1993年版，第12页；王仰之：《丁文江年谱》，江苏教育出版社1989年版，第52、61页。丁文江与史蒂芬生等人进行民族测验的结果，似无正式发表，有关丁文江这方面的事迹，见翁文灏：《对于丁在君先生的追忆》、吴定良：《丁在君先生对于人类学之贡献》，载《独立评论》第188号，1936年，第15—19、28—29页。

关于这次罗、史二人合作的消息，在1932年6月出版的《燕京学报》“国内学术界消息（民国二十一年一月至四月）”一栏中亦有所披露，其中以下数行，也许最能够反映以洪业和顾颉刚为代表的燕京大学国学研究所对此次调查的期许：

> 本校国学研究所特派罗香林君前往闽粤二省调查南疆部落畲蛋黎猺诸民族
>
> 闽粤二省，民族复杂，畲民、蛋民杂处，黎猺汉各族同居，而汉族又可分为客家、福老、广府（又称本地）、福州四系；而语言习性各异，国人鲜有注意之者。西人虽间有记载，然皆有所锢蔽，非失之穿凿附会，即病于传闻失实，求其真能暴露华南诸族诸系之真象者，戛戛乎其难觏也，国学研究所以华南民族在学术上颇为重要，非积极提倡研究与调查，无以引起国内外学者之注意，以促成华南语言、文化、人种，及其与中国北、中二部之关系等诸问题解决。[①]

上述“国学研究所以华南民族在学术上颇为重要……”等语，表达的不仅是燕京大学国学研究所主要人员的心声，呼应的更是当时不少中国历史学和民族学者的追求，甚至可以说在一定程度上是傅斯年在1928年发微的《历史语言研究所工作之旨趣》的延续[②]。燕京大学国学研究所虽以“国学”为名，但正如桑兵所言，“近代国学并非传统学术的简单延续，而是中国学术在近代西学影响下由传统向现代转型的过渡形态”，作为一所教会大学，燕京大学在1928年建立国学研究所，在一定程度上是为了回应非基督教运动所作出的“中国化改革”的行动之一，其确定的国学范围包括历史、文学、哲学、文字学、考古学、宗教和美术，其成员不是留学英美，就是肆业异域，或至少是毕业于国内新式学堂，在学术上积极求新者[③]。必须注意的是，洪业“一向就反对国学研究这种观念。他觉得学问应没有国界，所谓的国学，不能孤芳自赏，而应按学科归纳到各院校”[④]。未几，对燕大的国学研究发挥着主导性影响的，正是洪业这种主张，加上竭力推动民俗学

---

① 《本校国学研究所特派罗香林君前往闽粤二省调查南疆部落畲蛋黎猺诸民族》，《燕京学报》第11期（1932年6月），第2343—2345页。

② 傅斯年在《历史语言研究所工作之旨趣》中曾提到：“因为广州的地理位置，我们将要设置的研究所有一半在广州，在广州的四方是最富于语言学和人类学的材料，汉语将来之大成全靠各种方言之研究，广东省内及邻省有很多种的方言，可以每种每种的细细研究，并制定表式，用语音学帮助，作比较的调查。至于人类学的材料，则汉族以外还有几个小民族，汉族以内，有几个不同的式和部居，这些最可宝贵的材料怕要渐渐以开化和交通的缘故而消灭，我们想赶紧着手采集。”该文刊登在《国立中央研究院历史语言研究所集刊》，第1本第1分（1928年5月），第3—10页。

③ 桑兵：《晚清民国的国学研究》，上海古籍出版社2001年版，第1、13、17、19页。关于燕京大学国学研究所成立的详情，可参考陶飞亚、吴梓明：《基督教大学与国学研究》，福建教育出版社1998年版，第4章。

④ 陈毓贤：《洪业传》，第107页。

和语言学研究的顾颉刚亦是国学研究所的一员，罗香林进行华南民族调查，得燕大国学研究所资助，也就不足为奇了。

为了做好这次人种调查的工作，罗香林在出发前订定了一个人种测验表格，内分“量度”和“观察”两部分[①]，具体项目可简列如下：

量度(Measurements)	观察(Observation)
体格	头部
(身高、坐着时上身的高度、臂胸伸张的总长、胸围)	(纵度、广度、高度)
面部	鼻部
(颔距、脸长、前头最狭度、面部最广度、下腔骨宽度)	(鼻高、鼻幅宽度)
手部	皮肤
(长度、广度)	(显露于外部，不显露于外部)
毛发	眼部
(性质、颜色、髭须、体毛)	(颜色、形状、摺痕等)
鼻部	耳部
(鼻梁、鼻孔)	(外壳最下部的垂肉)
	颚之角度
	额之突起
	牙齿

这个表格的每个项目又再分为很多细项，每一细项皆中英文并陈。大抵是为了准备这个表格，罗香林在清华大学图书馆借阅了五册20年代出版的英文著作，包括史禄国(Sergei Mikhailovich Shirokogoroff)所著的*Anthropology of Northern China*和*Ethnical Unit and Milieu*:*A Summary of the Ethnos*、Chi Li(李济)的*The Formation of the Chinese People*和Raymond Pearl的*Studies in Human Biology*，以及一本作者不详的*Introduction of*[*to*]*Social Anthropology*[②]。当然，在清华大学念本科的罗香林，对体质人类学的方法自然不会感到陌生。还在清华念书的时候，罗香林欲以“客家概述”为题写作论文，曾就教于李济，李告诉他：“近亦颇测验客家人种，惟data尚不足，不能写为专书”，且取出一“人种量度器”，量度罗香林的头部，说他是客家籍人，“一望而知其physical criteria之不与华北人相同也”[③]。这“人种量度器”，很可能就是现在翻译为“人种测量仪”的anthropometer。罗香林在读书笔记和出版的著作中，列举了一些英

① 表格内容收入于《乙堂札记》的“华南诸族系调查与测验纪略”和后来出版在《民俗学论丛》一书中的附录部分。

② 罗香林：《南行日记》，罗090—17。

③ 李济似乎曾经“观察”过陈寅恪的头部，认为他的头部特征，与“纯粹客人相同”，这次观察似乎是他在清华时做的，至于何谓“纯粹客人”的标准则不详，见罗香林：《客家研究导论》，第33页注58及第275页。

文的人类学著作，也记录了包括 anthropometer 在内的各种体质人类学使用的工具和调查方法[①]。在这类著作的作者中，以俄罗斯科学院人类学家史禄国在中国最有影响。早在 20 世纪 20 年代，史禄国已在华南和华北地区进行了体质人类学调查，其英文著作亦在上海出版。从史禄国的著作的参考书目可见，当时体质人类学研究在中国已蔚然成风，相关的成果也在中国刊行的医学、地质学、自然科学和其他诸如皇家亚洲文会北中国支会的学刊相继以英文发表[②]。可见，罗香林要认识人种测验的方法，在当时的学术氛围下，是有许多渠道可循的。

在采样方面，罗与史氏商量的结果，认为"最便当的还是挑选士兵为妙，因为他们的体态比较与农工阶层中人相近，而又易于找集，只要官长命令一下，他们便都一个个的肯给你量度或观察了"[③]。据罗香林说，他们原以为可作为测验对象的驻沪十九路军，"其主脑陈真如（铭枢）为合浦客人，所部中下级官佐，及士兵，亦多客籍中人"[④]。可惜，由于战事的关系，他们在沪的工作无法开展，罗遂于 2 月 17 日从天津乘船赴粤，史氏则先去上海再赴粤与罗会合[⑤]。

在罗香林由津赴粤的旅途中，有一个细节颇值得我们注意。在船上，罗结识了一个陈姓广州人，自上海避乱来津，乘船返粤。陈君"家人凡七八，其小者颇解沪语，与余言日兵击上海事。余命之教余粤语，彼等皆羞涩不敢言"。后来，罗又认识了正赴粤到中山大学上任社会学系主任的黄凌霜，二人与数名中山大学学生在轮船启程前同游塘沽，但"诸人皆操粤语，于余与之操国语者，或不无隔阂之处"[⑥]。似乎是在其后的旅途中，罗向陈氏一家学习广州话，他事后说："费时四五日，我渐能以广州方言和同船诸广州籍人作简单的谈话了。这是预备到广州测验人种时用的。因为人种测验和研究，最要紧的还是比较工作，我们这次的测验，不仅限于客家民系，就是操广州白话的所谓本地人和汉族以外的水上蜑民，都在测验之列。"[⑦]这个细节不但说明罗香林对是次人种测验何其认真，更反映了一个事实：尽管罗香林壮年以后的事业主要在广州发展，但他在兴宁出生长大，至 20 岁离家到上海攻读中学，22 岁北上清华大学肄业，至 28 岁开始进行人种

---

① 见罗香林：《乙堂札记》，罗 260—17，Vol. 8，成文时间不详，相信是罗香林在 30 年代前后对体质人类学较感兴趣期间所作的读书笔记；其他他曾参考过的人类学著作可见其于 1929 年在《民俗》周刊出版的《广东民族概论》一文。

② S. M. Shirokogoroff, *Anthropology of Eastern China and Kwangtung Province*, Shanghai: Commercial Press, 1925.

③ 罗香林：《民俗学论丛》，"附录：在粤测验人种纪略"，第 206 页。

④ 罗香林：《客家研究导论》，第 172 页。

⑤ 罗香林：《南行日记》，罗 090—17。

⑥ 同上。

⑦ 罗香林：《民俗学论丛》，"附录：在粤测验人种纪略"，第 206 页。

学民族学调查前夕，他是不会说广州话的。

1932年的广东，实际上由军事领袖陈济棠统治，罗香林虽年资尚浅，但他在广东的一些人脉关系尤其是同宗和同籍关系，多少为他提供了一些研究上的方便。罗在2月26日抵达广州后，即至中山大学找旧友陈子明，并晤该校教育系主任庄泽宣，当晚与史氏在大学汇合后，即相约于2月29日与庄泽宣同往第一集团军总指挥部，拜访陈济棠，商议往位于广州近郊燕塘的广东军事政治学校测验客家军士事宜[①]。从罗香林的记录看，陈济棠似乎没有亲自接见他们，只是派总指挥部的副参谋长、广东军事政治学校中将副校长兼高级军官班主任杜益谦出见[②]。史氏亦有备而来，马上对杜出示孔祥熙的介绍信，请其转呈陈济棠。最后杜氏答应在3月1日带他们前往燕塘军校进行测验。广东军事政治学校是陈济棠在1931年在第八路军军官教导队和军士教导队的基础上扩大而成的，校址位于广州北部距市中心约13华里的沙河市北的燕塘，分学员班和学生班，规模颇大，可容集训员生二千余人[③]。

罗、史二人抵达军校后，杜氏派医科主任陈汝棠招待他们，并召集诸客家籍学兵，给他们测验。罗香林记录谓："陈氏态度甚好，能操流利的客语。据说：'军校学兵共三千余员，属于客家籍的，约占五百人'云。"罗香林没有说明这五百多名"客家籍"的学兵的"籍"一开始是如何界定的，反正就是在这样的前设下，当天他们在该校军医处开始进行人种测验。协助他们工作的有罗的旧同学李凤廷及广州冯某，都是军校医官，共测客家籍学兵约20名，罗又记曰："就中有东江某姓士兵二人，其头面眼鼻所表现的特征，颇为奇异，史氏曾加以摄影。"[④]但到底他所谓的"奇异"是指什么，于他对人种学的认识有何启发，罗氏则没有解释。

尽管有杜氏的引介，罗、史二人的研究也不是完全没有阻碍的，遇到这些情况，罗香林的同宗关系似乎又发挥了作用。3月2日，他们在军校测验，得客家籍兵士十余名，然而，据罗香林说，"军校每日有固定功课，欲给他们随时测验，必先出示停课，当事诸人，似以我们前去工作，有点不便"。此时，罗香林又会见了第一教导团团长、第一集团军第

---

① 第一集团军是陈济棠在1931年将反蒋介石的第八路军改编而成的军队，详情见李洁之、江茀：《国民革命军第一集团军纪事本末》，广州市政协文史资料研究委员会编：《南天岁月：陈济棠主粤时期见闻实录》，《广州文史资料》第37辑，广东人民出版社1987年版，第145页。

② 杜益谦(1889—1958)，南海人，香港皇仁书院、广东黄埔陆军速成学堂第六期、保定陆军军官学校第三期步科毕业。1928年任第八路军总指挥部少将政训处长、参谋处长兼军士教导队主任，1932年任第一集团军少将副参谋长，广东军事政治学校中将副校长兼高级军官班主任。其简介见陈予欢编著：《民国广东将领志》，广州出版社1994年版，第198页。

③ 李洁之、江茀：《国民革命军第一集团军纪事本末》，第156—158页。

④ 此段引文皆出自罗香林：《民俗学论丛》，"附录：在粤测验人种纪略"，第208页。

三师少将参谋长罗策群①。罗香林后来忆述说:"罗团长本为我的族人,靓我来,且大喜,我乃介绍史博士与他相见,并请他允我们到团部测验人种。"就是因为这同乡关系,罗香林得到一些方便,把人种测验的活动转移到位于燕塘隔壁的第一教导团团部去。他们对70多名客家籍兵士进行了测验,连同在军校测验者共105名,而"广府本地籍"兵士,则共测验了100名。"其体态及头面特别可以注意的军士,则加以拍照。"②

就广州疍民的测验工作来说,罗史二人采取的策略,也是通过公安机关帮忙安排,但水上居民毕竟不是军队,要集中起来且服从指挥并不容易。3月10日,他们到了管理珠江部分水面的广州河南海珠警察分局,会见了局长魏任民,魏是五华县的客家人,对罗等人颇为客气,即便如此,这次罗史二人的工作仍然不容易展开。"顾以蜑民不易召集,虽各给饮茶费二角,是日肯来应我们测验的,也仅可二十人罢了。蜑民大抵以操舟为业,我们所找的样谱,可说是工人。"③

体质人类学将人物化为可量度的对象,毋宁会对当事人造成干扰,于研究者来说,也就意味着研究不能顺利推行。3月11日,魏任民派电船一艘,送他们到疍家紫洞艇,"由警兵二人宣达我们测验蜑民的意义,并劝他们给我们测验。诸蜑民起初以为奇异,男男女女,挤拥前来,好像看热闹似的。其后叫他们受测,则又各存羞涩,恧缩不前。经二警兵多方劝导,并请该紫洞艇主人先为之倡,诸蜑民始渐有肯给我们测验的,然而至终亦仅得十数人而已"。当日下午,他们又把目标转移到泮塘的福音船,"原欲请该船传教牧师,代我们召集蜑民,前来受测,无如该牧师亦一时无从召集",再把他们转介至东沙启明福音船请某女士帮忙,结果又是到访不遇,工作无法展开④。

最后,他们还是求助于与军队异曲同工的另一种纪律机构——监狱。以犯人为测试对象似乎是当时体质人类学一种常见的做法,这种做法在方法和学理上的问题在当时已有所讨论⑤。罗史二人在3月12日到了维新路的广州市公安局,"测验诸犯罪在牢的蜑人。以该局所押犯人无多,故仅仅测得八名而已"⑥。换句话说,连日来他们进行测验的疍民数,大抵不超过50名。

罗史二人的合作,到此也告一段落,原来他们计划是"以客家、福老、本地三系,及蜑

① 罗策群(1893—1937),广东兴宁人,广东黄埔陆军速成学堂第三期、保定陆军军官学校第六期工兵科毕业,见陈子欢编著:《民国广东将领志》,第285页。

② 两段引文皆引自罗香林:《民俗学论丛》,"附录:在粤测验人种纪略",第208页。

③ 罗香林:《民俗学论丛》,"附录:在粤测验人种纪略",第209页。

④ 同上。

⑤ S. M. Shirokogoroff, *Anthropology of Eastern China and Kwangtung Province*, Shanghai: Commercial Press, 1925, Ch. V.

⑥ 罗香林:《民俗学论丛》,"附录:在粤测验人种纪略",第209—210页。

民、畬民、黎人三种，为工作的对象”，结果，由于时间不足，他们共同合作进行测试的人群只限客家、本地、蜑民三项，其余三项则由史氏独立去做[①]。3月14日，史氏往北江游览瑶山三天，没有测验，便回来转船往海南岛设法测验黎人去了[②]。罗香林则计划从当天起，开始单做客家调查的工作。

罗香林独自进行的民族学调查

结合罗香林未出版的札记和在1959年出版的《大地胜游记》一书来看，可知他与史氏分手后，先是在广州珠江水面对一些疍户进行调查，然后才北上到曲江、始兴、南雄等地(罗沿用旧式地名，在笔记及著作中往往统称之为“韶州”)考察。4月1日12时半，他坐大艇自广州天字码头“落艇”(即登上一疍家艇)，与船家交谈。“据蛋妇云：每日载客多可一至二元余，少则八、九角而已，其人共管艇二个，此外尚有一沙艇也，一家六口，平日收入除食用外，稍有些少仍[盈]余也。”他又得悉“此艇每月码头捐二元、牌照二元、警费一元”，而各种不同的艇(沙艇、花艇、紫洞艇，以及专门载军队的艇)的收入和所需缴纳的捐支亦各有不同，其中又以“紫洞艇形制最大”；“沙艇不准艇妹打麻雀，艇妹只负招呼之责”，而“花艇中妓女，客住夜须十二元，白天接客者甚少，晚间先打粉后接客”。对民间民俗的兴趣，自然使罗香林询问许多有关礼俗和宗教的问题，他得悉：“沙艇新落水必先行礼，客多贺以幛。”“沙艇必供神菩萨，落水必先供神，第二天请客。”“艇中必供菩萨，或龙王或观音，无供天后者。”对于他们的宗族观念，罗香林得到的答案是：“其宗支系统一代讲给一代知，无祠堂，远至四五代，则不知其祖先矣”，且是“不知初祖为何人”的。罗香林大约花了三个小时左右完成这些访问。下午4时，他即上陆参观市立水上学校，并把他们的上课时间表记录下来。晚上8时，再到长堤区氏沙艇访问，“其人年约二十岁，初怀疑吾人之工作，经林三多方解释，始渐置信”。罗香林随即就船制、婚俗、衣饰、生命周期等问题作了访谈。从其札记看来，罗香林这次蛋户调查，似乎以访谈居多，没有做什么人种测验[③]。

4月中旬，罗香林就开始北上进行客家的调查工作了。他在4月19日[《大地胜游记》作4月15日[④]]早上从广州黄沙车站出发，当天下午即抵达曲江，再入市区。翌日填

---

① 此处有关其工作对象的族群名称与分类，严格按照罗香林本人的说法，引自罗香林：《民俗学论丛》，“附录：在粤测验人种纪略”，第210页。

② 关于史氏去海南做的调查及后来罗香林对人种测验的关注，参见罗香林：《中夏系统中之百越》，独立出版社1943年版，第175页。

③ 罗香林：《乙堂札记》，罗260—17，vol. 1，“蜑户探问记”。

④ 关于此次考察的日程，罗香林的札记与其后正式出版的《大地胜游记》所记载者有出入，此处暂以札记为准，并以方括号注明《大地胜游记》所载日程。

公文二份送呈曲江县政府和省立第三师范，请为保护调查和代为收集材料。几经介绍后，罗香林认识了籍在曲江、出任县教育会常务委员的德华女子学校教员李宗尧，李比较熟悉当地的文献，对罗香林客家调查的工作也表示支持。关于当晚的安排，罗香林还提到："是晚并由百昌通主人罗质彬先生，介绍与曲江人张尧阶先生及其侄毓秋先生相见。二先生皆为曲江闻人，我乃出各种启事，及调查计划书，请他们赞助。"[①]我们可以估计，罗、张等人是商人，而罗质彬与罗香林属同宗，很可能是客家人。

作为一个学历史的学生，罗香林相当重视文献的收集；对民族学的兴趣，也使他注意到风俗物的搜集。4 月 21 日[《大地胜游记》作 4 月 17 日]，他参观了曲江县几间学校，到德华女校拜访了李宗尧。在札记中，他记载了曾托连阳化瑶局长林国棠，于连属代其收集多种风俗物品[②]。翌日下午，他与罗质彬的堂弟亚兰，"往各地访求各种碑刻，及曲江人的著述和家谱"。鉴于曲江县治安不靖，罗香林"原想请县府派警士二名，护我落乡，无奈，事不凑巧，旧任县长已先期离职他去，新任陈某，又迟迟未至，县署属员既是不肯负责，那只好自己择定比较安静的乡村，作局部的调查去了"[③]。4 月 23 日[按《大地胜游记》推算则为 19 日]，罗出发往位于曲江县南面 45 里的马坝圩，调查环圩各村的风俗，查询了到该圩做买卖的人来自哪些村子。他认为，当地的住民是"纯粹客家，与县治里五方杂处，语言俗习，皆杂糅而不可究诘的，实有天壤之别"，所以他把马坝当作"曲江客家的代表"[④]。

以上关于罗在马坝圩的活动，是结合他后来出版的《大地胜游记》和当时的札记综述的，部分札记的内容，后来并没有出版。按札记，他在 23 日晚上宿于拖艇之上，"船小人挤，空气浊翳，闷极之余，乃与林君同步上岸，循新东门歌声所自来，信步至一诸青楼及花艇停泊之所，按部徵歌，灯光煌耀者，凡三四艇(余艇无生意)，每艇妓女五六人，拉弦者拉弦，清唱者清唱，而三四琴师鼓手锣错杂要闹其间，其唱情殊不减于海珠听曲也"。他又了解到，"艇中诸妓悉水上人，粤班也；其岸上诸青楼皆外江班，大率湖之衡州人为多，开牌费一元四角，林君颇欲往试，顾以事未果"[⑤]。其实，罗香林这次韶州之行，除了调查客家之外，对船户也依旧注意，他了解到，"自南雄经始兴而韶州而广州，舟楫之利，悉为水上人所操持，自粤汉铁路兴，船户失业者凡二千余家"[⑥]。这段"按部徵歌"的经历，既是罗香林在曲江继续其对水上人所作的调查工作，也可以说是他的一段少年

---

① 罗香林：《大地胜游记》，"韶始雄游访记"，第 43，44 页。
② 罗香林：《乙堂札记》，罗 260—17，Vol. 1，"韶州访问记"。
③ 罗香林：《大地胜游记》，"韶始雄游访记"，第 43，44 页。
④ 同上。
⑤ 罗香林：《乙堂札记》，罗 260—17，Vol. 1，"韶州访问记"。
⑥ 同上书，"蜑户探问记"。

逸事，当年记在笔记本里，近30年后正式出版时再没有提及，自然可以理解。

较诸在广州进行调查而言，罗香林在曲江等地的工作，由于治安不靖的关系，更难开展，他的许多文献收集工作，似乎都只能托人代办。“在曲江县工作了八九天，虽不能说一无所获，然到底离自己的期望太远了。这全是因为没有保护，不敢多落乡村的缘故。”4月24日到始兴考察，是在县长派出15名警卫队员保护的情况下入境的。翌日拜会了“于客家问题的研究与调查，非常热心”的始兴县立中学教师何励修，罗香林记载此行说：“因为要叫他的学生代我收集各种材料的缘故，所以又在他们做纪念周时，特地请我演说了一点多钟，题目是广东民族的研究与调查，我说完了，并稍稍补述燕大国学研究所几年来，对于华南民族研究的提倡和成绩。”在环城附近，罗曾三度拜访始兴名宿陈觉先，也是为了要向他搜集各种文献。罗香林当时的体会是，始兴虽较曲江安静，但有很多乡村还是非常偏僻，林木茂密，常有小股匪徒出没，“要去调查，总得带点枪去，多带些么，居民望着，早就害怕得不敢和你说话了。少带点么，诚如某先生所云：‘三支两支枪，饵盗则有余，防盗则不足也。’真是没有办法，只好不去了”[①]。

由是，罗香林接下来的调查安排是，尽量在有军士保护的情况下到比较安全的乡村考察，到达当地后，除了观察当地风俗，访寻古迹，搜求碑刻外，还托当地人代为搜集文献。在始兴县的新村，他5月3日晚在何氏宗祠借宿，“有小学生何卓材，及其友聂发永，且为代借山歌钞本三册”[②]。5月5日到达斗塘村，他“借林氏族谱稿本一册以归”[③]。在顿冈圩，他向民团分局寻求保护，请小学校长代为收集材料，更碰到在南雄和韶关一带做生意已有20多年的同族人罗逸臣，请他继续帮助收集材料，后来罗香林在南雄各乡做调查，就是罗逸臣代为安排的。5月10日返回始兴时，他手上已经有一些自各姓借来的家谱，从中摘取部分内容作札记了[④]。5月12日至28日，罗香林主要在南雄进行调查，做法也基本相同。

罗氏在南雄进行调查的经历，其中较值得我们注意的是他考察南雄珠玑巷的心得。他在《大地胜游记》相关的叙述，反映了他对史料（包括实物和文献）提出批判与怀疑。他注意到，珠玑巷的故事说的是南宋时代，但在南雄所见的三座分额“珠玑古巷”、“珠玑古楼”、“珠玑楼”的亭楼，“皆属清初石刻，或砖砌品，不足以窥见昔日的真况。惟巷的南端，离珠玑古巷亭楼的不远处，有元至正十年（庚寅）南雄路同知孙朝列重立高约九尺的

---

① 全部引文出自罗香林：《大地胜游记》，“韶始雄游访记”，第46—47页。

② 罗香林：《乙堂札记》，罗260—17，Vol. 1，“新村考察记”。这以后的札记所记载的日程与《大地胜游记》中的“韶始雄游访记”相符。

③ 罗香林：《乙堂札记》，罗260—17，Vol. 1，“顿冈考察与调查”。

④ 见罗香林：《大地胜游记》，“韶始雄游访记”，第48页。这些族谱的部分笔记可见于《客家各族谱乘叙录，民国廿一年人种调查笔记之一，家谱叙录》，罗221—37。

石砌碑幢一座，可以玩味”[①]。他在札记里，还仔细记下了这座碑幢的尺寸和形制，并绘了草图[②]。据他听闻的有关南雄的传说，谓珠玑巷传说中宋帝所宠幸的宫人苏氏投珠玑巷古井自尽，后人怕其化为厉鬼，于井上砌石塔压之，该碑幢是“实物上的证据”。罗香林对此似乎也是存疑的；而对于各族家谱所记载的大同小异的珠玑巷传说，罗香林亦不完全认同，不过，他对于认为属“历史事实”——即“宋元之际，中原难民，至止岭表，多寄居其地，命曰珠玑巷”——的陈述，却似乎深信不疑[③]。他认为，“这段关于民族迁移的故事，虽现在尚有人在怀疑着，然究之实际，确是事出有因”。事隔40多年后，他在1974年出版《宋代南雄珠玑巷与民族迁移之关系》一文，用上当年考察得来的资料，发挥的仍是相同的观点[④]。

罗香林在5月29日离开南雄，6月1日拜访曲江县县长陈氏，商派警兵保护落乡调查事，陈表示有困难，惟有放弃，自是数日，多在县城附近收集材料。6月6日，“往游曹溪南华寺，先期请驻防该县的教导团罗策群团长，派士兵十二名，护送出发”。最后在6月8日返回广州，结束他韶州考察之旅[⑤]。

实地调查对罗氏民族学著述之影响

到底这次与史氏合作为时不足两周的人种测验以及他独自进行的一个多月的调查，对罗香林后来撰写的民族学论著有何影响？首先，由于取样不足，资料不全，使得罗香林难以真正使用这次人种测验的材料，而只剩下一些大体的印象。他在1933年发表《古代越族考》一文，就曾提到该次调查“所曾测验量度的人数，到底还不很多，材料不够，不敢遽然用以比验安南的人种，只好暂时把越族人种形态的问题搁起不谈”[⑥]。他在该文通篇采用的材料，主要还是二十四史、《淮南子》、《水经注》等传统文献。至于以客家人为对象所做的人种测验，罗香林也认为，他和史蒂芬生“虽说也曾测验得客家籍士兵足一百名，可是因种种关系，直到现在，也还是没有把所得的材料，整理就绪，而且仅有一百名的材料，排比起来，统计起来，恐怕还是不容易得到一个确

---

① 罗香林：《大地胜游记》，“韶始雄游访记”，第50页。

② 有关碑幢的文字记录及草图见罗香林：《乙堂札记》，罗260—17，Vol.1，“1932年五月十七日珠玑访问记”。

③ 罗香林：《大地胜游记》，“韶始雄游访记”，第50页。

④ 见罗香林：《宋代南雄珠玑巷与民族迁移之关系》，《华冈学报》第8期抽印本，1974年。

⑤ 罗香林：《大地胜游记》，“韶始雄游访记”，第53—54页。在同一本书的“曹溪访古记”中，却说是在5月29日出发并同日抵达南华寺的（见《大地胜游记》第29页），在手稿《自湞江返韶略记》（罗222—27）中，亦说是在5月29日到南华寺考察的，“曹溪访古记”写于1935年10月10日，很可能是基于《自湞江返韶略记》等草稿写成的；“韶始雄游访记”定稿日期不详，惟逐日记载比较详细，本文暂以“韶始雄游访记”为准，详情待考。

⑥ 罗香林：《古代越族考上篇》，《国立中山大学文史学研究所月刊》第1卷第2期（1933年），第31页。

切的指数”[1]。至于在客家地区所做的调查，他事后亦检讨谓：“本想将闽赣粤各客家居地周行一遭，结果都因种种不可幸免的束缚，不能依计进行，只到了广东东北二部。今兹论述客家居址问题，只能根据各地志书及谱牒，以及个人亲向客家人士访问所得的消息，与夫其他零星记载，以为排比的资料。”[2]从他在1933年出版的《客家研究导论》可知，他也利用到在调查过程中搜集得到的族谱资料，而有不少口述资料则是他父亲生前提供的[3]。更可惜的是，他1932年所做的调查资料后来因战乱散失了，在1950年写就的《中国人对于眼鼻头发等等的看法》一文中，罗香林提到“后以抗战军兴，广州沦陷，所测验获得之图表，未及迁出，为日军所毁，竟未能撰为专书，良可惜也”。到了这个时候，当年的调查给他留下的印象，似乎只是水上疍户的“鼻幅较宽，鼻梁较短，鼻形指数多在八十五至九十左右，鼻长与鼻宽，其数字距离甚近，鼻子形状，望之若等边三角形焉”[4]。到底这些数字意味着什么，罗香林并没有多加说明。

以今人的眼光看来，罗香林和他同时代进行体质人类学调查的研究者，都可以说是犯了“循环论证”的毛病——他们是先设定了种族分类，再按照这个分类取样进行抽样测验。其实，罗香林在进行调查时，某些经验、感想甚至“客观”的调查结果，对他们这种“先分类，后取样”的研究方法或多或少已提出质疑和挑战，只是当时他不一定意识得到。上文提到的他在1932年3月初在军校进行调查时，发现“就曾经测验的一百本地兵士而论，其籍在合浦灵山等县者，眼睛鼻子的表象，均与猺人相仿，这是汉猺混化的结果，不足为奇，又籍在广州附近的本地籍兵士，则每有与水上蜑人相似的特征”[5]。可见，体质人类学调查的结果恰恰告诉罗香林，人种的差别，本来就不是那么截然分明的。对当时通过广州河南海珠警察分局对疍民所进行的调查，他事后曾这样评说过：“蜑民大抵以操舟为业，我们所找的样谱，可说是工人。”罗香林这几句按语其实可圈可点——如果“疍民”这种身分很大程度上乃由其职业和居住性质所界定的话，那么，当他们不再操舟为业、不再栖居船上，过了几代之后，到底还算不算“疍民”呢？还是只能按其职业归类为“工人”呢？这样的问题似乎在罗香林的脑海中是曾经一闪而过的，但最终都没有作进一步的探究。

此外，在整个调查的过程中，语言混杂的现象，也是罗香林难以忽略的，他曾说：

南雄、曲江二县，我曾亲往调查，二地各乡全为客家，惟南雄城内颇杂湘赣系

---

① 罗香林：《客家研究导论》，第24、93页。
② 同上。
③ 罗香林：《客家研究导论》，第115页注3—5、7、8。
④ 罗香林：《民俗学论丛》，“中国人对于眼鼻头发等等的看法”，第62页。
⑤ 罗香林：《民俗学论丛》，“附录：在粤测验人种纪略”，第209页。

人，语言不与客家相似，亦不与广东本地系相似；曲江水面则多蛋民，其固有语言，非普通客人或本地系人所能懂，但那些蛋民，大体都能兼操客语，或本地系白话；曲江市内，五方杂处，惟大部分的住民，均与蛋民血统有关。据曲江各乡客人传说，该种住民原即水上蛋户，后以时局转变，相率登陆，渐次把持各衙门吏役，至今征收田赋的小吏，还是蛋人居多。他们登陆后，因与本地系客家系相接触，日用语言，逐渐变化，寖至近代，遂成立一种特别的方言，只通行曲江市面，与客语，本地语，水上语，均不相同；可是普通曲江市住民，大抵都能兼操湘赣系蓝青官话，以及客语本地语等等，他们说话的本领真比任何地方的人都好。①

在实地调查的过程中，罗香林也应该体会到，他的“观察对象”常用的语言并非与他设定的族群分类相一致。罗氏在1932年4月22日在曲江与连县八排瑶民代表唐曜英的会面，很可能就有点让他出乎意外。当天下午，他在友人吴嘉谟的介绍下，与出席西北绥靖会议的始兴县县长林公顿会面，在同一个场合中，还见到这位唐曜英。大抵出于之前进行过人种测验的工作习惯，罗香林注意到唐曜英“头的形态，虽说和我们汉人，微有几分差异，然能用客家话和我们谈论，他们以客家话为唯一的汉话，因为他们的邻居，大半都是客人，而且要和客人通工易事，所以很受客家的同化，比较开明的猺民，出外应酬，都是喜欢用客话的。他告诉我许多关于开化猺民的意见，不知是他自己的主意，还是林局长教他说的”②。罗香林这番描述，意味着他以为他认定的“瑶民”，说的应该是其独有的“瑶话”，他们一旦讲“客话”，他就认为是受“同化”的结果，而没有想到更多的可能性。

无独有偶，1933年罗香林担任《国立中山大学文史学研究所月刊》编辑时，曾接到一封读者来信，其中有提问曰：

其次有一问题，亦殊值得吾人注意，与奇怪。桂省桂平一带，大山中分布苗猺民族甚夥，其中有板猺人，颇受王化，比较接近汉民，故一切习俗礼制，颇有汉人之风。该猺酋有李荣保者，数月以前，已受桂省当局招抚，居然至南宁，谒见李白两总座。除声言归化外，并领枪械甚多，愿任维持地方治安之工作。其在邕时，颇受各界之欢迎，在席间演说，均以客话讲解。此种奇怪之事，殊令人不解，吾兄研究客家问题有素，客族与猺人有何关系？可否抽暇见示？③

① 罗香林：《客家研究导论》，第116页。

② 罗香林：《大地胜游记》，“韶始雄游访记“，第45页。

③ 《关于广西客家通讯（李次民）》（1933年12月24日），《国立中山大学文史学研究所月刊》第2卷第2期（1933年），第112页。

从今天我们熟悉的学术观点出发，就上述的现象而言，我们完全可以作出另一个假设：在某个特定的地域中，被标签为“瑶人”的人群，其向来使用的语言很可能与研究者认定为“客家”的语言没有很大差别，反之亦然；我们甚至可以假设：该地“客家人”和“瑶人”之区分，是在特殊的历史情境中人为地造成的，换句话说，“混化”方为常态，清晰的区分不过是人为的结果。其实，如果我们读回罗氏早年的作品《广东民族概论》，就知道他并不是没有注意到各“族”混化的现象。在《广东民族概论》一文中，罗提到，根据血液调查结果显示，“福客虽尝杂有畲民的血分”，但他还是认为“较之长江以北的汉族，[福客的血分]仍是纯粹得多”。另一方面，他认为“广府”一族，从历史上看，并不是“纯粹的民族”，之所以呈现出比较“纯粹”的血分，是因为与“广府族”发生混化作用的“旧日粤族”的智力体力均不若广府族之故，其“劣性为广府族人的优性所抑制，所生子女，体中虽潜有劣性恶质的系统，然其表现则类为优性”①。罗氏这样的观点，意味着他认为先有各种“纯粹的民族”（如“汉族”，下分“越族”、“广府族”、“客家族”、“福老族”；“苗蛮族”，下分“苗族”、“瑶族”、“壮族”、“畲民”），后来这些民族“混化”，才出现血分“不纯粹”的现象。

这种“纯粹性”的假设与他后来提出的“汉族乃是混合了无数民族民系的血统而成形的一个住在东亚的民族”的见解似乎是相矛盾的。他在1933年发表的《客家研究导论》中提出，所谓“汉族”，是个“包罗万有的混血人群”，只是秦始皇“着实的给牠统一组合，书同文，车同轨，民同俗，政同君，好容易造成了一个大家利害相同能够发生群体情操和意识的人们集团”②。可见罗氏的所谓“族”的同一性，更强调的是其主观的“情操和意识”，以及“书同文，车同轨，民同俗，政同君”这些文化、社会和政治的元素。其实，罗氏也并非没有尝试把学术概念和政治理念予以区分，在其手稿《华南诸族系调查与测验纪略》中，他曾经这样提道：

> 我们原拟以客家福老本地三系及蛋民畲民黎人三种为工作的对象，前三系均为汉族，不过语言各殊，习性稍异，为便于学术的研究起见，所以特把牠权为分开。后三种为汉族以外的民族，虽说与汉族同为组成中华民国的一个分子，自政治上的眼光看来，是绝对不能把牠们和汉族分开的；不过，牠们拥有的文化，多少总与汉族的文化有些分别，至于人种上的分野，那就更不容我们否认了。③

① 罗香林：《广东民族概论》，《民俗》周刊，1929年，第63期。

② 罗香林：《客家研究导论》，第38，1页。

③ 罗香林：《乙堂札记》，罗260—17，Vol. 11，“华南诸族系调查与测验纪略”。

然而，在处理己身所认同的“客家族”的“纯粹性”时，罗香林把他那套中华民族形成过程的逻辑倒过来了，并且创制了“民系”这个概念，来解释广府、客家和福老同为“汉族”却在方言风俗等方面各有不同的现象。他在同年(1933)发表的《民族与民族的研究》一文中，就说“‘民系’一词，是我自己杜撰的”，“民系原为民族里头的各个支派”，这是因为“一个庞大的民族，有时亦会因环境和时代的变迁，逐渐分化，成为若干不同的系派”[①]。在《客家研究导论》中，他用了“民系”这个概念，开宗明义地说：

> 南部中国，有一种富有新兴气象，特殊精神，极其活跃有为的民系，一般人称他为“客家”(Hakkas)，他们自己也称为“客家”。他们是汉族里头一个系统分明的支派，也是中西诸社会学家，人类学家，文化学家，极为注意的一个汉族里的支派。[②]

罗香林这几句或许不太经意的开场白，却是当时甚至今天的学者把“客家”这个概念三个不同层面的意思并用甚至混同的一个典型。“客家”可以是“一般人”对他们认为是“客家人”的他称，可以是自我认同为“客家人”的人的自称，也可以是“学者们”基于当时流行的民族理论而使用的具有本质化意味的一种分类名称。这样的叙述的缺失，在于没有说明何时何地何人称他人或自称为“客家”时到底意指为何，这也是罗香林所说的包括自己在内的“中西诸社会学家，人类学家，文化学家”对他们所相信的民族学理论反省不足，对他们所作的人种学调查未能充分利用的结果。

结语：20世纪中国新史学背景下的人种调查研究

梁启超在1902年发表的《新史学》一文，谓过去史家的弊端之一是“徒知有史学，而不知史学与他学之关系也。夫地理学也，地质学也，人种学也，言语学也，群学也，政治学也，宗教学也，法律学也，平准学也(即日本所谓经济学)，皆与史学有直接之关系”[③]。到了30年代，梁启超所指出的这个弊端可说是已经扭转过来了，我们只要翻阅20年代末至30年代中国出版的学术刊物，就可以看到各种社会学、人类学、民族学、民俗学的调查报告，已是汗牛充栋，而史学家也深受这股调查之风的影响，青年时代的罗香林在1932年所做的调查，只是当时这各色各样的调查之一。

---

① 罗香林：《民族与民族研究》，《国立中山大学文史学研究所月刊》第1卷第1期(1933年)，第47、61页。

② 罗香林：《客家研究导论》，第38,1页。

③ 梁启超：《新史学》，载《饮冰室文集》之九，第10—11页，收入《饮冰室合集·文集》，中华书局1989年据上海中华书局1936年版影印。

与此同时，正如陈世松认为，罗香林的客家研究是在梁启超号召下的“国族主义”建构活动以及在胡适号召下的“整理国故”活动的史学思潮下进行的[①]。这两条思路，有助于我们简明地理解当时诸多历史研究者的学术理念与实践。本文的讨论，具体地展示了罗香林的人种学和民族学调查活动如何在以充满悖论的“国学”概念为名的研究机构的赞助下开始，如何在到了民国时期已经发展相当成熟的客家认同感的支持下进行，而这些研究结果有可能展示的复杂性和不确定性，又如何在“‘中华民族’下分‘汉族’与‘非汉族”这个政治—种族框架中被忽略或诠释[②]。

罗香林视为导师的陈寅恪，在1942年完稿的《唐代政治史述论稿》中曾说过：“汉人与胡人之分别，在北朝时代文化较血统尤为重要。凡汉化之人即目为汉人，胡化之人即目为胡人，其血统如何，在所不论。”[③]陈寅恪这番见解究竟在清华任教时是否已经发微，笔者一时未及查考，但从罗香林的研究过程和成果看来，由于他受到人种学研究方法的影响，在辨析“汉人”与“非汉人”的分别时，血统却变得较文化重要，而人们主观的文化认同——也就是上引陈寅恪语的两个关键词：“化”和“目为”——却没有得到足够的重视。这不是罗香林一人之缺失，亦不能说是当时中国学者之疏漏，而是20世纪上半叶社会人文科学追求“客观”、相信“分类”的普遍现象。我们应该认识到的是，经过了30多年几代学人的努力与交锋，20世纪30年代的中国史学，可说是在一定程度上实现了梁启超在世纪初就已经提出的“新史学”理想，而罗香林正是这滚滚的新史学洪流中竭力而为的青年学子的最佳例证。

（原载《中山大学学报（社会科学版）》2008年第6期）

① 陈世松：《中国近代以来学术建构对客家研究的影响——以罗香林〈客家研究导论〉为例》，《社会科学研究》2007年第6期，第163页。

② 关于近代客家认同的形成，本文并没有展开讨论，详情可参考拙著《地域文化与国家认同：晚清以来“广东文化”观的形成》，生活·读书·新知三联书店2006年版，第66—96、242—259页。

③ 陈寅恪：《唐代政治史述论稿》，生活·读书·新知三联书店2001年版，第200页。

滇川民族学调查第一人

——记杨成志先生滇川调查之行[①]

蔡家麒

“民族学”(Ethnology)是一门记录和研究民族的起源、变迁及其社会与文化的学科，尤其注重实地考察，19世纪中期形成于欧美诸国。中央研究院院长蔡元培先生(1868—1940)曾留学德国研习过民族学，1926年将民族学正式介绍到我国来，[②]遂在中央研究院社会科学研究所增设民族学组，自兼主任。在他的倡导和主持下，于20世纪20年代末，开展了我国最早的民族学田野调查研究工作。

杨成志教授(1902—1991)，广东海丰人，是我国老一辈著名的民族学家，也是最早参加我国民族学田野调查的学者之一。1927年毕业于广东岭南大学历史系，在任中山大学助教期间，受该校语言历史学研究所及中央研究院历史语言研究所委派，于1928年7月12日会同容肇祖先生及俄籍人类学教授史禄国(Shirokogoroff)夫妇共赴云南调查少数民族。他们从广州出发，经香港、河内，转经滇越铁路到达昆明。容先生在昆明购买了不少《云南丛书》先期回粤，杨成志先生和史禄国教授用了一个多月的时间，对昆明地区的一些学生、士兵和监狱犯人做了体质人类学的测量；访问了当地学者和外籍传教士；查阅云南史志文献，初步了解了云南省和西南地区的民族情况，并且选定异常艰险的川滇交界的凉山彝族作为调查对象。史氏不敢冒然前往而回粤，剩下时年26岁的杨先生独自去执行调查任务。“我当时所觉得的，有两种背驰情感：一以为调查民族是我国新辟的学田，播种的人，安能任它荒废？一以为土匪遍野和山谷崎岖的滇道，孤行独往恐易陷于危险！结果，我的勇敢心战胜了畏惧，于是乎，这种调查的重大担子遂由我个人独挑。”

青年时代的杨先生怀着一腔求知的热血，携带着云南省政府主席龙云的介绍信，于

---

① 本文是笔者于1989年春专程去中央民族学院拜访杨成志教授后写成的初稿。2002年逢杨成志教授诞辰100周年，为了纪念这位中国民族学界的前辈，我将辗转获得的杨先生早年亲自撰写付印的滇川《调查经过纪略》一文检出，对初稿重作改写，并作了许多补充。杨文是其某篇文章中的第三部分，因被他抽出单独剪贴，一时难以查出该文的总题名和出处。本文的引文部分，均出自这篇文章，特作说明。

② 蔡元培:《说民族学》,《一般》1926年第4期。

9 月 1 日向滇东北进发，经大板桥、杨林、羊街、功山、钢厂、癞头坡、鹧鸡、东川等地，抵达金沙江畔的巧家县城，历时半月。巧家县长力劝他放弃此行。实因为这一带高山激流，交通险阻，且匪盗众多，尤其是旧时凉山的奴隶主常掠汉人为奴，安全得不到保障。但是，杨先生决心已下，认为外国人探险南北极尚能做到，而凉山就在我国境内，眼下只隔一江之遥，山顶上彝民的茅屋已隐约可见，为什么不能进去探险一下？他在熟悉彝情人士的帮助下，沿着金沙江步行三天至大田坝，乘一条小木舟，惊恐万状地越过汹涌湍激的江水，到达凉山脚下一个叫六城坝的县佐驻地，因连日来旅途劳累而病倒。在民族关系颇为隔阂的年代，附近彝村听说省府派来专员，于翌日黄昏结集了 40 多名武装人员，攻击县佐驻地，只有五个人的县佐衙门抵挡了一阵，后有汉人团兵来援，方才退去。

这期间，杨先生结识了几位当地会操汉语的彝民朋友，诚恳地向他们学习彝语，又通过观察当地三日一市的黄草坪"赶场"贸易活动，使得他和当地人之间有一个互助观察接触了解的熟悉过程。后经联络交际，才获得彝民中有声望的酋长禄呷呷的准许进入凉山调查。是年 10 月，他由彝民友人带路，携礼物拜访了禄呷呷，禄酋长宰牛置酒款待他。他尊重彝家的风俗习惯，不断克服异文化的困扰，和当地人同吃同住，结下了友谊，从而比较顺利地展开田野调查。

在凉山两个多月的时间里，他先后经过了 200 多个彝村，如诸路磨开、斯古、沙木箐和跑马坪等，行程 500 余公里，了解和搜索到不少 20 年代末彝民社会的组织结构、文化习俗和彝文宗教经卷。他深感彝民的豪爽质朴、热情好客，重情感亦重友谊，非外间所传的"野蛮"。他重视民族的教育，经他建议，在诸路磨开和斯古开办了两间小学，聘请了两位汉人(师爷)任教。在结束调查离开凉山时，他同禄酋长等人合影留念，依依话别，禄酋长赠送他一只当地的狮子狗，以解他归途的寂寞。后来，据杨先生告诉我，这条狗活泼勇猛，异常可爱，成了他的宠爱之物，回到广州后曾几度失而复得。从凉山返回时，他还邀请了几位彝家朋友，渡江同来巧家县城观光，以开其眼界。在巧家停留的五个月中，他勤奋地学习彝文彝语和苗语苗文，以便今后能够读懂和研究用老彝文书写的宗教经卷。他原拟取道昭通经贵州到四川，顺长江一路调查回去，不料滇黔军阀开战，旅途不通，不得已于 1929 年 5 月由原路折转回昆明。

杨成志先生在昆明住了九个月，其中用了三个月的时间对当时昆明县的彝、白、苗族作了调查，运用比较研究的方法考察分析了上述民族的语言，认为住在市郊五个乡的"散民"、"罗罗"、"白夷"、"黑夷"和"子君"，原是"罗罗"(彝族)的同族异称；白族的所谓"白子"和"民家"的方言，是"罗罗"与汉族及他们原有语言混合或递变而成。他还发现当年的昆明县(不含昆明市)人口约有 20 万之众，其中少数民族即占 40%，约有七八万人之多。他估计，远离昆明的山区少数民族就更加众多了。

杨先生回到昆明后，受到学界的热烈欢迎，皆盛赞他的科学探险之精神。他先后应邀在十余所学校演讲，报告他在滇川调查的经历、体会和收获，提出在云南开展民族调查研究的必要性。① 他的各场演讲，非常注意针对不同受众而发，还现场展示了他实地搜集的民族文物和照片，观众受益良多。为日后编写《云南民族志》和《云南民间文艺集》作准备，他特地编制了“西南民族调查略表”和“云南民间文艺征求表”，在各处演讲会上对表格内容逐一讲解，分发给师生，请大家根据自己的见闻逐项填写。他还通过省教育厅向全省104个县的教育局长寄去上述表格，并附一份言词恳切的信函，请他们填写寄回。此一信函题为“关于开掘云南文化上的一封要函”，表达出杨成志先生从事民族学调查研究之动因，也反映出我国老一辈民族学家青年时代的爱国情怀与学术理想。这封信函的主要内容如下：

志系国立中山大学语言历史学研究所特派来滇的西南民族调查员，足迹所经虽逾数千里！然高山峻岭的全滇，以个人的精神和时间，每以不能踏遍为憾！因为最近感觉到云南不特是一个动植矿的宝库，又是一座民族、语言和历史的图书馆，可惜物富工少，人们只顾及眼前的权利，不虑将来的大计，这是多么可惋叹的！现在就云南民族方面而言，的确是一个急待解决的问题，只就个人的管见，把“为什么要调查民族的理由”略陈于下：

(一)谋文化的贡献——各民族具有各民族的原有文化，不论其开化的，或半开化的，或野蛮的。窃考中国的经、史、子、集……所载的材料，无一不是汉族的私有表现。我们现在要把苗夷的各种文化在书籍还他们原有的地位，增加我国学术上的光辉，是以不能不加以调查、采访和比较的研究。

(二)促进民族主义的实现——在总理的民族主义上有两条大原则：对外求中国在国际上平等，对内求中国境内各种民族一律平等。我们眼看着苗夷的地位比诸汉族都处在水平线以下的。我们虽一时不能把他们马上扶高起来，但最低的限度应先明了其惯俗、礼制……做将来从事开化的预备。

(三)融洽民族观念——民族不同，观念自分，由隔阂而生误会，由误会而至仇视或斗杀，汉欺夷，夷侮汉，证诸往事，比比皆然，如杜文秀“回乱”，尤其彰明较著

① 据杨成志先生记载，当年他在昆明演讲的处所有：历史研究社（讲题《从人类学谈到国立中山大学语言历史学研究所的工作及民族调查方法》）、青年会（《西南民族概论》）、省立第一师范（《云南民族略论及调查方法》）、成德中学（《云南民族概论》）、高级中学（《云南民族的类别》）、东陆大学（《罗罗略论》）、省立第一中学（《民族调查的重要》）、昆明师范（《乡村教育与民族调查》）、省立女子中学（《妇女与民间文艺》）、联合中学（《调查民族应该注意的几点》）、昆明市立师范（《怎样开掘云南的宝库？》）、昆明县立第二中学（《到民间去！》）、建设人员训练所（《建设事业与民族调查的关系》）。

者！我们现在要把汉夷的观念打破，同跻于平等地位，不能不和他们携手，从事探讨其各种生活的实况，俾做实行亲善的先导。

（四）维护边陲——云南地边缅越，直像一只驯猪介在虎狮的中间，任由英法两帝国主义者向沿边的土人进攻，问诸吾政府失了许多国防要隘或膏腴之地，反茫无所知。片马划界既成悬案，江心坡问题继起而复搁浅了去，若不急起调查边陲的土人及境域，作保护国界的参考，志恐云南地图将日见变色了！

（五）汉土人口的观测——窃考云南直系土人的故乡，汉族之居此者乃历代相沿多由两湖、两广、赣、江、浙、川、黔……诸省迁徙而来的。现虽称一千七百余万或称一千一百余万（其实都不是确实的统计）的滇民，本志个人的经历，除外来的汉族，各种土人实占大半。别县不言，只就志用了三月的时间实地调查昆明首县五乡分布的人口来说，各种夷苗的人口数率，将近百分之四十。以物质和人文最开化的首县，土人尚且如此的繁殖，其山多地狭的各县，盖可知矣！处此民族解放热潮当中，要把多数的土人扶植或开化，非先把其一切生活弄清楚宣告出来不为功！

（六）争回中国人的体面——说起云南民族资料的参考，所谓《云南通志》、《云南通志稿》、《滇系》、《南诏野史》……及各县县志的记载，以志个人观察起来，若不偏于捕风撮影之谈，即成为闭门造车之说，简直是不可靠的。率性我们便随翻阅英法美诸外国人所著关于云南民族诸书（就志所知者有二十余部），反比高明些，实在些。为什么呢？中国人偏重传统，外国人注意实验罢。就全滇一百多县来说，有外国教堂的几占九十多县，他们外国传教师往往以一个人能把当地的情境调查得非常清楚，而笔之于书。若问起本国地方官对于本县社会环境所认识的程度如何，恐怕大多数非像哑子吃黄连不止哪！这是多么可羞耻的一回事！这样看来，对于本地民族的认识，岂可让外国人专长么？

总括上以六端看起来，当此训政时期，民族调查实是一桩急不容缓的工作，换句话说，就是志极盼先生把“西南民族调查略表”尽量地把一切的见闻填好起来，俾事比较和整理罢！至云南民间文艺征求也是重要的一种学问，这种学问在周代已设官采访，《毛诗》一书便是当时各国的歌谣集，不过以后这种民间文艺被历代所谓文人学士们所鄙视而无闻了！在文化落后的中国，十年来才把这种学问再张旗鼓恢复起来，为什么呢？简言之，民间文艺是表现民众心理、生活、语言、思想、风俗和习惯的一种平民文学，换言之，就是平民文化的结晶品，我们要窥视各地平民的真面孔，舍此，实找不出第二法，甚望将“云南民间文艺征求表”也尽量填述出来，和“西南民族调查略表”一并赐下！

总之，志想编成“云南民族志”，故有“西南民族调查略表”的请托；又想汇著“云南民间文艺集”，故有“云南民间文艺征求表”的恳求。本来这种工作完全是发扬云南文化的，云南人当自为之，然志谨以充满爱云南的一腔热诚，故有此次恳托先生费心一下，请于附上两种表式收接一月内填妥装入原奉信封里惠寄！

志更相信教育界比较可靠的，凡敷衍、搁浅、掩饰和造作……诸通弊，乃腐败官僚的恶习，我们教育界当一概铲除之！因为先生只一举笔，便关系着云南的文化，谅不至视为一种官样文章，而能体恤志一点苦忱也，西南民族的前途幸甚，云南文化的光辉幸甚！则志愿实现矣！谨此敬托，顺颂教安！

此函件距今虽隔七十余载，然读之倍觉亲切，实可视为研究云南民族学历史的一份不可多得的文献资料。

按一般人的做法，在外地结束田野调查后，即收拾行装和资料而离去，可是杨成志先生却有着更为远大的考虑。他留居昆明一住就是九个月，同昆明的学界进行了广泛的接触交流。为了开掘云南边疆民族的文化，他在多处场所介绍了民族学调查的方法，旨在引起社会各界对民族民间文化的重视，而且还拟出多项调查的项目，让更多的人参与民族文化的调查和研究。杨成志先生在昆明逗留期间的学术活动，充分体现了他对于我国新兴的民族学事业的热爱，对于边疆各族人民的热爱。内中尤其值得推崇的是他提倡民族学应该迈出书斋课堂，走向社会，应用到实际生活中去，扶助少数民族社会的建设、发展。杨先生本着强烈的社会责任感，在他的田野作业中予以实践，这种精神在70多年前，殊觉难能可贵。杨成志先生当年的滇川之行，真可谓开启了云南四川两省民族学调查研究之先声。正当他筹备准备用四年的时间对云南全省进行民族调查时，忽接到他所在的研究所要他回粤的函电，他不得不在1930年3月1日离开昆明循来路返回广州。

1931—1934年，杨成志教授先后发表了《云南民族调查报告》、《罗罗族巫师及其经典》、《罗罗太上消灾经对译》和《从西南民族说到独立罗罗》等著述，这些著述应是中国最早的民族学田野调查研究著作。1934年他赴英国伦敦，参加了首届国际人类学民族学科学大会，并宣读了滇川考察的论文，这是中国民族学学者第一次在这样的国际学术论坛上向世界同行报告自己的调查研究成果。

今天，中国的民族学普遍缺乏的是扎实的田野调查和研究，内中客观的原因固然有，但是，主观因素还是我们田野功夫下得不够。老一辈学者在做学问和做人方面，为我们树立了榜样，我们应该效法他们，继承下去。

（原载《云南民族大学学报（哲学社会科学版）》2003年第4期）

梁钊韬与人类学

庄益群

梁钊韬教授是一位著名的人类学家、民族学家、考古学家；他为祖国的教育事业鞠躬尽瘁，也是一位卓有建树的教育家。

一、矢志力学从教，早年学业有成

梁先生名钊韬，字勉之。1916 年 6 月生于广东省顺德县高辉乡北头村。其父梁卓庭是当时广州的第一大煤商，勤勉实干，经营有道，家业甚厚。其母余琼玉虽为继室，但入过私塾，知书识理，勤劳慈惠。梁先生是幼子，父亲甚为疼爱，但常受兄嫂歧视，母亲余氏也常遭奚落。至 1939 年，父病逝，家境衰败。此后，兄弟分家，梁先生随母生活。母亲是一位精明贤淑、笃守礼教和有正义感的女性。她对梁钊韬先生的成长起着很好的作用。梁先生少年时，其父目睹官僚腐败，民族不振，商途艰险，常教诫儿子长大“一不做官，二不经商，而应矢志力学从教”。但其长兄却要他攻读英语，以期能早日在海关谋职。先生母亲极力反对，要他依学制就读学校，并勉励他刻苦攻读，将来为国效力。梁先生后来回忆说：“我之有今日，完成我国学制中的一切阶段，实以吾母坚持为关键。”在双亲的谆谆教诲之下，先生毕生都立志于学业，致力于教育。

梁先生青少年时代，国家多难，民不聊生，求学的道路是十分艰辛曲折的。

1922 年，先生入广州河南培英小学，1926 年 8 月转南武小学，并就读于南武中学初中，1931 年秋考进广东法科学院附中高中。在中小学时代，先生不负重望，夙兴夜寐，自强不息，勤奋读书，取得优异的成绩.多次被评为优秀学生。

梁先生 1935 年考进厦门大学历史社会学系，1937 年转中山大学历史系。大学期间，梁先生怀着深造的愿望，更加勤学苦读，又能得到诸多著名学者的教导。特别是在著名的考古学家郑德坤教授及著名文化人类学家林惠祥教授的影响下，梁先生不仅深深地爱上了历史学、考古学、民族学，而且希望探求以史为鉴，解答社会问题的途径。尤其是先生在中山大学历史系求学期间，抗战军兴，政局混乱，更有感于时势，先生回忆当时的思想是：“以历史上朝代兴亡比于家庭成败，内外家族之盛衰了如指掌，甚有所感，故益加奋勉，慎思潜读”。先生目睹敌人的飞机在广州上空狂轰滥炸，日寇四处烧杀抢掠，益加愤恨。在此硝烟弥漫、兵荒马乱期间，梁先生奋笔疾书，写了题为《检讨欧战德国失败原因，证明日本必败》的文章（载《更生评论》4 卷 2 期），文章以战争的正义不正义来论证“日本帝国主义者必然要在这不合社会思想条件下而失败”；这反映了先生对社会主义的朦胧认识，先生认为“社会主义者反对黩武主义，但又主张御外侮的自卫行为，社会主义者应与中等阶级组织联合战线共御大敌，成立国际民主阵线与之对抗”，表现了先生的爱国主义的正义感和行动。

梁先生毕生致力于人类学的研究和教育事业，与在大学期间受到著名的人类学家杨成志教授、民族史学家罗香林教授、哲学史家朱谦之教授的多方指导分不开。特别是杨成志教授的学术思想以及治学方法都对梁先生有十分深刻的影响。杨成志教授坚持人类学家必须长期持久地进行田野科学考察，必须有所发现有所创新。抗战期间，“在我们自己偌大的国土上，已经再也放不下一张安静的书桌的日子里”，中山大学向内地西迁，初至罗定，继而迁至广西龙州，最后定址云南澂江。先生等跟随杨成志教授取道桂林入滇。在这种颠沛流离的生活和极其恶劣的环境下，仍坚持进行社会调查。当然，云南是我国少数民族聚落最多的地区，先生利用这一有利条件，曾经往澂江南面的抚仙湖湖口区对苗族瑶族等进行民族学考察，搜集了不少有关民族学的历史、语言、民俗、歌谣等资料。这一时期的实践，为先生在人类学、民族学的研究确立了很好的基础。

梁钊韬先生大学毕业后，一种炽热的爱国情感，强烈的求知心理以及“成一家之言”的心愿驱使他又进入中山大学研究院，攻读研究生，继续深造。此时，正值其家道中落，但先生“律已颇严，从不浪荡”。同时，在导师杨成志教授和罗香林教授的精心指导下，从此不仅对人类学、考古学、民族学的研究打下坚实的基础，而且对原始社会史以及宗教学的研究也产生了浓厚的兴趣。

在梁先生读研究生期间，1940 年秋，中山大学开始由澂江迁回粤北坪石。杨成志教授乘此机会，于 1941 年率领民族学研究生梁钊韬、王启澍等人再度深入粤北瑶山对瑶族的一支“过山瑶”进行调查研究。这次调查，涉及的范围很广，既有历史、社会、经济、房屋、工具、服饰、婚烟家庭、宗教信仰、民间传说、歌瑶，又有瑶胞的体质特征。采用分工负责的方法，单独完成调查报告。梁先生在这次调查中，不畏艰苦，深入村寨，取得了大量第一手资料，通过实地调查研究，他写了一篇很有学术价值的论文——《粤北乳源瑶民的宗教信仰》（发表在《民俗》季刊 1943 年第 2 卷），文章精辟地分析了瑶族宗教的实质，指出瑶族宗教的主要特质“是精灵崇拜、有灵崇拜和妖物崇拜，而并非是道教”。梁先生在读研究生期间，对我国古代巫术、宗教产生了浓厚的兴趣，这是与朱谦之教授的指导分不开的。朱教授是先秦哲学史家，熟读古代经典名著，梁先生在朱教授的指点下，刻苦攻读《十三经注疏》，笔者自1981年来人类学系任教，但先生曾多次谈及《十三经注疏》对研究中国民族文化史的重要性。梁先生撰写的硕士论文《中国古代巫术——宗教的起源和发展》便大量运用《十三经注疏》的材料。先生这部著作虽然在四十多年之后才出版，但至今仍有重大的学术价值。该书一出版即在国内外引起热烈的反响。这部著作观点的创新，方法的独特，材料的翔实，也足以说明梁先生学习的勤奋，学业的深厚。先生不但学业有成，而且从此与人类学、民族学、考古学结下了不解之缘，并为之不断创新，不断的突破，为之奋斗了一生。1941年，梁先生在中山大学完满完成学业，获得硕士学位。

二、竭心栽桃李，毕生为教育

梁钊韬先生所追求的理想和事业就是教育事业，在教育这个园地上辛勤耕耘了42年，竭尽园丁之劳，为国家为人民培育大批的人才。先生不仅教书育人，而且兴资办学，呕心沥血复办新中国第一个人类学系，梁先生不愧为教育家，这也是他一生的光辉业绩之一。

梁先生毕业后留校任社会学系讲师，1942年，由校长许崇清介绍任广东省政府指导委员会研究员，并担任广东省地方行政干部训练团边政班的业务教官，讲授《民族学概论》及业务实习课等。任职期间，梁先生曾多次赴连阳上峒排瑶聚居区视察边政，撰写了反映排瑶政治、经济、婚丧的论文《上峒瑶民社会》(载《大同杂志》第1卷第2期)，试图解决当时瑶区的边政教育问题。

1944年梁先生经成都华西大学博物馆馆长郑德坤教授的推荐，任该馆助理研究员，后升任副研究员兼民族学部主任。任职时间虽不长，但先生做了大量的工作，设立了民族学研究室，以专门研究西南民族，同时主编《西南民族志》，搜集了200余万字的资料。先生在此期间，研究成果甚丰，先生在《中山大学学报》、《民族研究集刊》、《边政公论》、《文史杂志》、《广东建设研究》等刊物发表了有关中国民族学、民俗学、人类学等方面的论文十余篇。先生在西大工作期间深入西南地区进行民族、民俗方面调查，收集了大量的文物、资料，这对其以后的教学研究起了很大的作用。

1946年，梁先生返回中山大学任社会学系讲师。1948年秋，中大成立人类学系，先生又经杨成志教授举荐任该系副教授。新中国成立后，中大的人类学系取消了，梁先生被调到历史学任教，历任副教授、教授及考古学教研室主任等职。1978年后，我国教育和科研事业呈现出一派生机，经梁钊韬教授积极筹划和争取，教育部批准中山大学成立人类学系。这是新中国的第一个人类学系。梁先生任系主任，主持人类学系工作。

四十多年来，我国教育环境有好有坏，工作有顺有逆，但梁钊韬教授献身教育之志未曾动摇。他认为教师是一种光荣而又崇高的职业。1983 年在一次系教师座谈会上，针对有人提出教师地位、待遇相对偏低的问题，梁先生说：孔子一生，在仕途上是失败的，在教育上却是成功的，传授弟子，有教无类，遂开战国诸子百家争鸣之风，于是后人尊孔子为“万世师表”；孟子有三乐，“得天下英才而教育之”，一乐也。我国历史上有无数的教育家，都以传道授业，培育人才为乐事。我们今天是为社会主义祖国培养人才，有着更崇高的意义。他谆谆教诲老师们要正确对待待遇、地位问题。他说，作为人民教师，首先应当自重，诲人不倦，忠于职责，然后才能得到社会上的重视。只要想着我们是为着祖国的繁荣、民族的兴旺、人类的进步，是为着更美好、更辉煌的明天而工作的，面对着这一天比一天壮观的景象，我们就能始终保持饱满的热情，为教育事业多作奉献。梁先生就是以这种坚定的信念，数十年如一日地在教育园地里默默耕耘一生的。由于他为国育才的贡献，从 1965 年以来，曾多次被广东省和中山大学评为先进工作者。

梁钊韬教授作为教育家，首先是以严谨的治学态度，率先垂范于后人。他经常对教师和学生说，在教学科研工作中，“不经自己核实的材料不能用，不经自己深思熟虑的观点不要写。”“作为人类学家，要多到现实中去寻找第一手资料，自己调查得到的材料，更为可贵。”这也是梁先生自己治学的基本原则。在他的论著中所用资料都经过查对来源，认真核实，而且尽可能将有关资料作较全面的处理。这使他的著作不仅有独到的见解，而且资料翔实，科学性强。梁先生作为人类学家，非常重视理论联系实际，他始终认为人类学研究，既要有正确的理论指导，又要有田野的实践；光有空洞的理论是没有说服力的；而只有调查得来的材料，不在正确理论指导下进行分析、综合，揭示客观规律，也是没有用的。他从 22 岁在中大读本科时开始直到晚年，几十年中进行过许多次的人类学、民族学、考古学的田野考察研究。他跋山涉水，不辞辛苦，足迹遍及祖国大江南北、海岛边陲。1952 年暑假，梁先生率领中南历史文物小组到海南岛五指山区，为了进行文物搜集工作和黎族社会研究，从海岛的西南至东北，横贯黎区，步行几百里，每天翻山越岭，深入黎家村寨。历时两个多月的调查，对海南岛民族分布现状，黎族社会发展以及黎汉两族的相互影响等作了比较详细的了解；并以历史唯物主义、辩证唯物主义的原则，把调查得来的材料，进行综合研究，写出了《海南岛黎族社会史初步研究》这篇很有见地的论文。像这样艰苦的实地调查，不知经历多少次。1963 年夏天他参加广东省博物馆在广东南海和增城县的新石器时代遗址和汉墓群的发掘。同年冬天又带领他指导的研究生和助教，穿越云贵高原，赴滇西少数民族地区进行社会历史调查，行程万里以上。经历五个月时间，先后考察了西盟佤族、澜沧拉祜族、碧江怒族和傈僳族、福贡独龙族、德宏傣族、景颇族和崩龙族、大理白族等，获文字记录材料约十八万字，拍摄有关照片二百余张，并搜集了一些民族文物。梁先生撰写的《滇西有关民族原始社会史调查材料初释》就是以这样的田野考察作为基础的。

梁先生严谨的治学态度，还表现在课堂教学上。他认为，作为一名称职的老师，每一节课都要对学生负责。他说：上一节课，如同演一出戏，“台上一分钟，台下三年功”说的是演戏，也同样适用于上课。我们上每一堂课，除了观点正确，内容充实之外，首先要熟悉“台词”，对教材要熟悉，最好不看讲稿，或少看讲稿，纲目要十分清晰，板书的位置都要事先考虑好，最重要的是让人听懂；其次，要讲究表情、语调，要使人爱听。梁先生对教学工作极为认真负责。尽管他有长期的教学经验，所讲授的课程也讲过很多遍，但他每次都认真备课，写出详细讲授提纲。同时不断改进教学方法，力求把内容讲活，使之富有启发性。他善于提出问题让学生思考，启发学生钻研问题，分析问题逻辑性强，论证深入。他所讲的历史学、考古学、民族学课程，内容比较枯燥，但学生爱听，能从中得到很大的收益。他编写了不少教材，质量都很高。他编的《中国考古学通论》、《原始社会史》等被高教部列为全国交流教材。

作为教育家的梁钊韬教授，另一表率就是悉心培养下一代。他总希望弟子们的学术造诣能超过自己。他说，学生超过教师是一种好现象，“弟子不必不如师，师不必贤于弟子”，这样一代胜于一代，中华民族的前途是很有希望的。梁先生培育人才在于他甘为人梯，奖掖后进。他关心青年教师的成长，经常给教师们介绍国内外人类学的学术动态，讲述自己教学科研工作的体会，为帮助青年教师备好课，甚至连自己的手稿和珍藏的资料都无私地提供给他们参考、使用；将专业书籍借给研究生、教师更是十分平常的事。梁先生指导中青年教师写作论文，编写讲义更是耐心细致，没有保留的。因此，很多教师都说，梁先生对青年的指导和帮助是无私的、慷慨的。

梁先生经常到教师家里串门、谈心，了解他们的思想和生活状况，并积极帮助他们解决实际困难。他多次为解决教师配偶调动、住房问题去奔跑，为解决教师的经济生活困难还时常解囊相助。1984年何纪生老师病重住院，梁先生多次上医院探望，还拿出不少钱，为他治病。最后何老师还是不幸去世了。梁先生因痛失良材而老泪纵横。何老师在弥留之际还对人说：“梁先生待我如慈父一样！”梁先生是十分爱护年青一代，关心后辈成长的。

梁钊韬教授是一位名副其实的教育家，其最突出的贡献是复办了新中国的第一个人类学系。他在长期的教学和科研实践中，深感中国应该开展人类学研究，培养自己的人类学家。梁先生认为，“我们伟大的祖国是世界上历史最悠久，多民族的文明国家之一，拥有异常丰富的人类学研究资料，中国应该建立自己的人类学”。在办系的指导思想、专业设置以及课程结构方面，梁钊韬教授全面分析了国内外人类学的情况，吸取我国和中山大学及其他院校解放前后相同或类似专业的办学经验，借鉴苏联和西方一些国家有关经验，并广泛征询了有关专家、学者的意见，经过论证，从而提出了以辩证唯物主义和历史唯物主义为指导，四个学科相结合，即把文化人类学（包括民族学、考古学、语言学）和体质人类学结合起来，办出具有中国特色的人类学系的主张，并全力付诸实践。从筹备办系开始，到把系办好，梁先生都躬亲其事。他亲自向学校和教育部写报告，充分论证社会主义的中国需要人类学；他亲自调配系领导班子，物色教师；他亲自设置专业，制订教学计划，安排课程，组织教材。总之，办人类学系，白手兴家，一切都得从头做起，梁先生不顾年迈体弱，为办好人类学系四处奔波，亲力亲为。今天，中山大学人类学系经过十年的艰苦创业，已颇具规模了。拥有几个学科构成的较强的师资队伍；设有人类学博物馆，设立了三个教研室、一个研究室、两个实验室和一个图书资料室；为国家培养了一批各种层次的人类学专门人才。梁钊韬教授亲自培养了16名硕士生和4名博士生，其中获我国藏族第一位博士学位的研究生格勒，不仅已成为我国藏学研究工作骨干，而且在国内外都有较大的影响。

中山大学人类学系的复办为国内外有关学术界所瞩目，国外不少报刊报道中大成立人类学系，有的学者赠送图书资料，有的学校派来留学生，或派专家来交流。他们认为"中大的人类学系才是真正的人类学"。1986年美国传记协会主编的《世界名人录》载入了梁钊韬教授的名字，对他作出了高度的评价，称梁先生"为中国人类学的奠基工作作出卓越的贡献"。美国传记协会主席J. M. 伊文斯教授在给梁钊韬教授的信中说："这是您被人所承认的突出贡献而得到的荣誉。"对于这一赞誉，梁先生是当之无愧的。

梁钊韬教授忠诚于人民的教育事业的一颗赤诚之心，还体现在他一贯关心祖国的教育事业，关心学校的发展上。特别是我国实行改革开放政策以来，梁先生出于爱国爱校的热忱，向他的兄长、香港知名人士、工商界巨子梁球琚先生和夫人梁李秀娱女士，向香港知名爱国人士、工商界巨子何善衡先生以及其他知名人士介绍祖国建设的成就和中山大学的发展情况。现在，在康乐园矗立的雄伟壮观的"梁球琚堂"，我校设立的香港中山大学高等学术研究中心基金会，何善衡先生设立的中山大学管理学院何氏教育基金会，中大附小梁李秀娱图书馆，梁尧琚先生捐赠的学校办公楼报时系统等，都是这些知名的香港工商界巨子赞助的：这些成就都与梁钊韬教授的努力分不开。1987年梁先生在病重期间还一直在想着学校和系的发展，他立下遗嘱，把自己珍藏了几十年的心爱的图书全部捐赠给人类学系。

梁钊韬教授的一生是对祖国对人民的教育事业无私奉献的一生。在庆祝梁钊韬教授七十寿辰时，笔者曾赋拙诗一首，现抄录如下，以志怀念：

德学群伦重，高龄古谓稀。
赤心关国运，理论撷真知。
民族与考古，精研探归依。
自强振中华，鼓吹日驱驰。
人类开学系，全国首擎旗。
团结怀远人，经物宏展施。
化雨与春风，滋润到边陲。
孜孜无倦厌，文崇道日丕。
盈庭申暇祝，南山介寿眉。
愿倾东海樽，为公进一卮。

三、学术造诣精深，研究硕果累累

梁钊韬教授一生，茹苦含辛地耕耘在学术园地上，硕果累累，给后人留下了丰厚的学术遗产。自30年代以来，发表了一百多篇学术论文，还有专著多本和译文。研究领域十分宽广，涉及人类学、历史学、民族学、考古学、民俗学、宗教学等。本文仅就梁先生在学术上贡献较大的几方面作些概述。

(一) 在人类学方面的贡献

梁钊韬教授对人类学的贡献，不仅体现他在中国率先复办中山大学人类学系，更重要的还体现在他对人类学学术上所取得的成就。

梁钊韬的人类学学术思想体系是完整的。在指导思想上，他一贯强调人类学研究要以辩证唯物主义、历史唯物主义作指导。他认为，一百多年来，国内外人类学的学派与观点都始终贯穿着唯物主义和唯心主义的斗争，这是人类学这门学科的发展史的一个重要特点。他说，我们要办出有中国特色的人类学系，首先应该自觉地运用马克思主义的观点来研究。他认为《劳动在从猿到人转变中的作用》和《家庭、私有制和国家的起源》这两部经典著作，是代表无产阶级世界观的人类学理论著作，一定要认真去研究。但是，梁先生还认为，马克思主义也不是一种封闭的思想教条，它本身是发展的，因而每一位人类学者都有责任去丰富、发展马克思主义的人类学。

在对待西方人类学的态度上，梁教授认为必须坚持"两点论"，即既要批判西方人类学各派唯心主义成分，又要吸收西方人类学中有价值的东西。他说，有一些西方人类学者出于维护资产阶级和帝国主义者的利益的唯心主义的理论宣扬种族主义、侵略有理，这些以学术研究为名为帝国主义和殖民主义服务的观点，当然要批判；但是，另一方面，人类学在西方已有百余年的历史，中国早期人类学与西方人类学有着千丝万缕的联系，我们今天的人类学虽是发展，也是继承。我们应该把有用的东西继承下来，应该学会在和西方人类学的交往中锻炼自己。

在建立中国人类学体系方面，梁先生更有其独到的见解，他认为人类学作为一门研究人类自身起源和发展以及人类的物质文化和精神文化起源和发展的规律的边缘学科，其体系应该是由体质人类学和文化人类学两部分组成，而文化人类学应是包含民族学、考古学、语言学等分科。这种体系既适合我国人类学研究的客观条件，又符合当代跨学科研究的要求。他还认为，这种体系仅是一种构架，在研究具体问题上，既有综合研究，又有分科研究，同时，还不应该仅仅局限于上述分支学科，而应博采各学科之所长，使之相互渗透，以丰富人类学的研究成果。如在研究古代社会和文化时，梁先生是从考古、历史文献以及民族调查三方面结合进行的。后期，梁先生还强调要吸收自然科学的理论、方法和研究成果，强调文理结合。他对本系体质人类学建立的实验室，并且和民族学结合起来调查研究取得的成果，是十分高兴的。他认为，这是人类学这门综合性学科研究的趋向。他的这一学术思想，在他主编的《文化人类学》这部著作中得到了体现。在 1984 年中山大学建校 60 周年庆典之际，梁钊韬教授亲自主持召开了我国首次人类学国际性学术讨论会，会上他作了题为《中国南方文化的特点和研究方法》的学术报告，论述了人类学理论和方法，把系统理论应用于区域文化和文化结构的研究。

梁钊韬教授在人类学方面的学术思想是完整的，是有创见的，在国内外都有较大的影响。

（二）在民族学方面的贡献

梁钊韬教授在民族学方面的贡献是多方面的，不论是指导思想、研究内容，还是研究方法上都有突出的成就。

梁先生研究民族学的指导思想，一贯认为研究民族学要立足于为中华民族服务。他说我们不能为研究而研究，民族学首先是用来说明人类社会发展的客观规律的。他认为，科学理论有赖于实践的检验其是否正确。民族学理论之正确与否，就在于是否理论符合实际，是否能收到民族真正的平等、团结和互助的应用效益，使民族学能否成为真正的为某些民族，进而为全世界人类的幸福而服务的科学(《中国民族学概论·序》)。梁先生几十年从事民族学研究正是沿着这个方向去努力的。

基于上述指导思想，梁先生在民族学研究上的一个突出特点，就是十分注重民族调查研究。他认为，我国的民族学应该是重视田野工作，深入调查研究，理论联系实际的，同时经过民族政策实施检验的，系统的，有理论的民族学。这方面，追溯到他读大学时，杨成志教授等对他的指导和影响是很大的，杨成志教授之所以成为杰出的民族学家，跟他重视调查研究，亲自到民族地区进行田野调查，搜索大量的材料是分不开的。梁先生从年轻时跟随老师深入少数民族山寨去进行田野实习，到他年逾花甲还到西南边疆去作民族调查。他的足迹遍布我国南方的民族地区。梁先生认为，中国民族学的特色是建立在我国隐藏着世界各国的罕有的民族学材料上，这是建立我国自己民族学的极大的优越条件。民族学的研究只能走理论联系实际的道路，民族学研究没有第一手材料不行，民族学的教学不进行田野方法实习也不行。梁先生身体力行，他的民族学研究，始终坚持这一方向。他撰写的民族学著作都是在他调查研究所得材料的基础上写成的。如1955年他撰写的一篇很有价值的论文《海南岛黎族社会史初步研究》，便是他穿山沟、住茅寮，步行几百里，历时两个多月，深入黎村座谈访问，搜索到大量的资料写成的。只有占有大量的第一手材料，对海南地理与民族分布的状况、黎族原始社会的发展、汉族封建统治势力的影响等才有详细的了解，才能找出黎族社会中文化制度发展的必然关系，区分出类型，断定其发展顺序，定出黎族社会史的发展阶段。

梁钊韬教授在民族学上的研究成果是多方面的，有民族学理论、民族史、民族宗教信仰、民族习俗以及族别与民族识别等的教材和论文。特别对南方民族的研究有深刻的见解。因此，他在中外民族学界享有崇高的声誉。1979年，为了进一步开展百越民族史的研究，他连同一些学者组成“百越民族史研究会”，并被推选为会长。他撰写的关于百越民族史的文章，对我国百越民族史的研究起了重要的推动作用。

梁钊韬教授在民俗学领域中的研究，早在30年代就开始了。除翻译过《神话学与民族学》外，还先后发表了《民族学与民俗学及其在我国的展望》、《中国古代巫师的种类》等十多篇论文。这些初期著作虽然受时代的局限，有些观点会失之偏颇，但对我国民俗学研究起了很好的影响。在开辟民俗学这一新科学、新园地中，梁先生有一定的劳绩。新中国成立后，梁先生的民俗学理论在唯物史观的指导下，有了很大的发展。1982年他在《社会科学战线》上发表的《试论民俗形成的社会根源》的文章，更是受到民俗学界的好评。

（三）在考古学方面的贡献

梁钊韬教授在考古学方面的贡献也是很突出的。这首先要论马坝人头骨化石的鉴定。1958年，广东省曲江县马坝乡农民在狮子山石灰岩洞挖出了残断的人头骨化石。省文物管理委员会请梁钊韬教授鉴别。梁先生以其丰富的古人类学知识和敏锐的观察力，并通过现场勘查、碎片复原，精细研析，首先鉴定是古人类头骨化石。后经有关部门、专家复查确证，为距今13万年前的早期人类头骨化石。这是华南地区最早发现，也是新中国成立后首次发现的最重要的人类化石。马坝人的发现，是梁钊韬教授的一大功绩。马坝人的发现在学术上具有十分重要的科学意义，它对我国乃至世界的古人类学研究都是一个重大的贡献，因为这一发现填补了从猿人到新人的中间环节，对了解直立人到早期智人的过程提供了重要的依据。梁钊韬教授对马坝人的首先鉴识，使其在我国考古学界享有盛誉。

梁钊韬教授在考古学上另一重要贡献，就是他对西樵山石器遗址的调查，发现了多处分布地点。他除了写出调查报告外，还撰写了《广东南海县西樵山石器时代遗址的发现和对遗址性质的一些看法》以及《我国东南沿海新石器时代文化的分布和年代探讨》等论文，为国内学术界所瞩目。梁钊韬对西樵山的调查研究为西樵山新石器时代的研究开了路，也为人类学系考古学教学科研开辟了很好的基地。

梁钊韬教授在考古学的贡献也是多方面的，他提倡建立民族考古学。他运用考古学资料和民族学资料以及历史文献相结合的方法研究古代文化，以考古学的观点去观察和研究少数民族的社会和历史文化。梁先生对海南岛黎族历史文化的研究就是采用民族学与考古学相结合的研究方法。1983 年，他与张寿祺教授在《社会科学战线》发表了《论“民族考古学”》的论文，专门探讨了这门新兴学科为什么会产生，它在民族学、历史学、考古学研究上能起何种作用，并对这一学科的发展作了展望。梁钊韬教授确是我国民族考占学的一位先导者。

梁钊韬教授还十分注重“水下考古”研究。早在 1983 年，他就在《社会科学战线》上发表文章介绍欧洲的水下考古，并呼吁我国尽快开展这方面的工作。

梁先生还十分注意考古学教学科研基地的建设。除了在校外开辟基地之外，还着力于校内实验室的建设。1954 年他参加创办孙中山纪念室，兼任该室主任；1956 年主持建立原始社会史陈列室，以后扩充为本校文物馆，他亲自制定了文物编号、保管制度。今天，这个馆已被国家正式批准成立为“人类学博物馆”。梁先生为此不知付出了多少心血。

梁钊韬教授平凡的一生，为祖国人民的教育事业创造了光辉业绩，在学术研究上也卓有成就。他不仅数十年如一日地在教育工作中孜孜不倦，在科学研究中不辞劳苦，而且一生满怀爱国热情，追求真理，表现出一个知识分子的高贵品质。梁先生于 1955 年参加民盟，曾任广东省第四、第五届政协委员。1987 年 10 月他光荣地加入中国共产党，实现了自己的政治夙愿。1987 年 12 月 2 日梁钊韬先生不幸病逝，享年 71 岁。梁先生走完了人生的道路，却给后人留下了丰厚的思想学术遗产。他对教育事业无私奉献的崇高品格，他在学术上的精深造诣，研究工作中的开拓创新精神和求实学风，以及他作为学术领导人的高风范懿，都深受后人景仰。他的后继者将从他的思想和学术遗产中吸取有益的营养，为繁荣和发展我国的人类学而作出自己的贡献。

（原载中山大学人类学系编《梁钊韬与人类学》，中山大学出版社 1991 版；
原题《梁钊韬教授生平业绩》）

王亚南在中山大学及其百科全书

陈其人

王亚南曾经这样总结过自己的学术道路：1940 年以前，“虽然出版过一些有关经济学方面的东西，但用我自己的思想，自己的文句，自己的写作方法，建立起自己的理论体系，并根据这个体系，把它伸拓到一切社会科学方面，却显然是到了中大以后开始的。”这就是说，了解他在中山大学的情况，对理解其学术思想发展的质的飞跃，有重要意义。

我在这里要指出的是，他在中山大学的答疑、教学、学术交流、论民主政治等等，为这一飞跃准备了条件，从而终于建立了王亚南百科全书。

下面就是我在中山大学求学时期，以及其后的一个短期对王亚南种种活动的认识。

一、住所、答疑教学和学术交流

高中我在中山大学附属中学求学，有幸同大学一年级新生听了王亚南的演讲《现代、现代人、现代国家和现代经济学》，极感兴趣，就下决心要考以他为系主任的经济系。1943 年我实现了这个理想，从此就成为王亚南的正式学生。

王亚南在中大工作，从时间看，可以分为两段：坪石时期（中大因抗日战争搬迁到广东北部坪石镇一带）和广州时期（抗战胜利中大迁回广州）。下面就按这两个时期谈谈我间接和直接所知的王亚南情况。

在坪石时期，他住在坪石镇上或附近，是极其普通的民房，同经济系所在地隔一条江，交通不便。他当时 40 多岁，到经济系参加种种活动来回都要过江，还要上下山冈，颇费时间和体力。

至今我还记得：为了答疑，一天晚上，他提着油灯来了，我们也带着油灯去。在简陋的礼堂里，我们看书，他也一面看书，一面等候我们提问。我走到他的面前，拿着书问：什么叫“二五减租”？他神态凝重地回答我：北伐战争誓师时，国民党曾对农民许愿要实行二五减租的政策。所谓二五减租就是在实行耕者有其田之前，先将现行的地租率降低 25％；它假定一般地租率为正产品 50％，减去 25％，即为正产品 37.5％。可事实上遇到很多障碍。在北伐战争中，由于国民党和共产党分裂，许多地方都公然对抗国民党制定的有利于佃农的政策，叫嚣凡实行二五减租者以共产党论处，于是二五减租终成泡影。这样，北伐发展到长江中下游，即中国资本主义最发达的地区，国民党中的极右派就反对革命，蒋介石就举起屠刀。王亚南参加过北伐战争，但结果让他失望，不得不离开北伐军，浪迹到杭州西湖一个和尚庙里，计划写一本反映北伐失败原因的小说。就在这庙里，他结识了已开始翻译《资本论》第一卷的郭大力先生，从此开始了他们合作翻译《资本论》和其他古典经济学著作的事业，由此又奠定了他们研究马克思主义的基础。我现在认识到，二五减租这一答疑问题，起了如此大的作用，王亚南能不神态凝重吗？

我们学生从王亚南那里得益最多的，当然是他的教学。他对我们一年级讲的是政治经济学。最初听讲，只见他全神贯注，声音洪亮，那湖北口音，接近西南官话，特别富有表现力，使人难忘。例如，他分析封建社会经济时，指出其特征是：土地经济、庄园经济和自然经济，"园"和"然"都变成"软"、"济"拖得特别长。后来我才知道，庄园经济只是西欧领主经济封建制度的特征，而不是长期存在的中国地主经济封建制度的特征。关于后者，要到1946年中大迁回广州，他从福建赶回来为我们补课，讲授中国社会经济史，我才有较深的认识，从中也知道这是王亚南的重要学术贡献。

此外，他还给高年级学生讲授高等经济学。起初，采用他和郭大力先生合译的英国李嘉图的《政治经济学及赋税原理》为读本，但学生反应冷淡，因为不联系中国实际。因此，他就另起炉灶，一面讲资本主义的经济范畴，一面分析它不适用于中国地主经济封建社会。对此学生反应就热烈，连设在湖南省南部（靠近坪石）的农学院农业经济系的学生也前来听讲。这门课程就成为1946年出版的《中国经济原论》的基础。这本著作也是王亚南的重要学术贡献。

在坪石时期，王亚南收获最多的，除了教学相长所得到的以外，就是学术交流了，他同下面几位学者经常切磋：胡体乾教授、梁漱溟先生、朱谦之教授和英国化学家李约瑟。

关于胡体乾教授，王亚南在序言中说，他在撰写《中国经济原论》时，就个别给予帮助的朋友讲，中山大学文学院院长胡体乾先生，应当最先被数到的。他是一个极渊博的社会学者，我们在几年同事中，几乎每天有一次聚谈的机会，当我们彼此把讲述的问题进行意见交换的时候，他总能从正面或反面给予一些补充和提示。而对于资料的提供方面，他的助力尤多，有关中国经济研究的一些重要杂志，他都全部保存着。

关于梁漱溟先生，王亚南认为他是中国传统文化的化身，中国传统文化之一就是儒家的学说，它经过汉代董仲舒的改造，就成为官方意识形态，维护地主封建经济制度。王亚南对此进行过批判。

关于朱谦之教授，王亚南曾和他面对面讨论东西文化。王亚南认为他是哲学家、历史学家，再到百科全书派。王认为百科全书派的特点是：时代感非常强烈，涉猎非常广，态度非常开明。但正是由于涉猎太广，就不易深人，并常常将现象相似的东西认为是本质相同的东西。王与朱讨论的结果是：朱认为“你讲的很对，我讲的也很对”。

关于英国化学家李约瑟，王亚南在坪石镇的一个小旅馆接见了他。他当时尚未开始研究中国科技史，向王亚南提出了中国官僚政治问题，王一时未能回答，这就迫使王下决心研究这问题。先在《时与文》杂志上连续发表了17篇论文，这就是1948年出版的《中国官僚政治研究》，这本著作实质上是答李约瑟问。王亚南认为，这一研究使他加深了对中国地主经济封建制度的理解。因为其政治上层建筑，他也研究了。因此，《中国官僚政治研究》同《中国经济原论》，就成为研究旧中国经济基础和政治上层建筑的重要著作。

二、学术自由小天地的形成和官方理论家的无可奈何

当时中大经济系所属的法学院有一个以王亚南为轴心的学术自由的小天地。这种自由的物质表现，就是院内有一块篮球场大小的广场，竖立了很多竹墙，墙上都是壁报，什么言论都有，有些好文章，湖南省衡阳市某报还拿去发表。

壁报上的文章，我记忆最深的是一篇《法西斯细菌在中山大学》，是学生为批评一位教授的政治观点而写的，很尖锐。当时，正是德国法西斯军队进犯苏联，并节节逼进的时候，而保卫苏联则是进步学生的普遍要求。这位教授竟为法西斯辩护，当然是错的，要受到很大的精神压力。后来，还是王亚南出来讲话，凭他崇高的学术威望，化解了矛盾，平息了事件。

当时，我十分奇怪：为什么不是法学院院长而是王亚南这位教授出来讲话就平息了事件？院长是英国留学生，记得我们入学时，曾对我们讲话，说什么他在英国留学时，学生向教授请教问题，是要论时付酬的。我当时虽懂得价值规律的等价交换原则，但反对将这种关系引到朋友和师生关系中。我认为，他的世界观和王亚南简直不能比，更不用说学术地位了，其他同学也不把这位行政长官放在眼里。由于这样，他对上述“法西斯细菌在中山大学”事件就不予表态，亦即不负行政长官的职责。王亚南则管了本不应管的事情，维护了学术自由的小天地，逐渐成为青年教师和学生的权威。就是说跟随他的人就越来越多了。其中，最杰出的一位是涂先求学长。

王亚南在中山大学时，最得意的门生就是涂先求。当时，王亚南发表的文章，相当多是由他的听讲笔记整理而成的。他1940年入学，1944年毕业，留校任助教。1944年夏，王亚南一度离开中山大学到福建讲学。这样，在王亚南离开这段时间内，王亚南的

课程,就由涂先求担任,王亚南的衣钵并没有因此而失传。

在原来由王亚南担任的课程中,涂学长选择其中的精华,即马克思主义唯物史观理论,组成几个专题,向我们讲授。其主要内容如下:人类的发展是从被动地适应到主动地利用自然条件的过程。与此相应,人们结成的生产关系也在发展,其差异性越来越小,共同性越来越大。根据这一原理,他重述了王亚南的看法:"我还得就历史法则提出这样一个还不大有人谈到的意见,我们是公认各民族所遭遇的自然条件是不同的,且不说在最先,历史条件的不同,是如何受着自然条件的影响,单就自然条件来说,它对于社会的发展,愈往过去,是愈有拘束限制作用的,也就是说,社会劳动生产力对于自然力的克服作用,是愈来愈大的。如其说,人类社会在愈早的历史阶段,他们为维持生存,克服其遭遇的自然,所表现的社会劳动生产力,愈益薄弱,因而,哪怕在同一历史阶段,比如说,在同一原始社会阶段,它们各别的社会经济形态,彼此间可能发现出较大的特殊性;反之,如其在一个发达的社会,比如说临到资本主义这个历史阶段,它的社会劳动力便相对愈来愈大,愈有克服气候、地形、人种以及其他种种自然因素的力量,因而由自然因素作用而形成的社会特殊性,就相对愈少了。"根据这种方法论,王亚南进一步指出,希腊、罗马社会的奴隶经济形态,与东方奴隶经济形态的差异性,可能较之东西方封建经济形态间的差异性更大;而两个资本主义国家间所表现的一致性或一般性,要比两个封建制国家间所表现的一致性或一般性更大。王亚南特别指出:"许多流俗经济史论者,就惯拿此点来否认资本主义社会以前的社会经济形态,即否认历史法则,其实,在同一历史阶段诸社会彼此间所表现的差殊性,虽愈往过去愈大,但它们构成一个历史阶段的根本共同点,却不因此受到影响。"[①]真是哲学使人聪明,由涂学长重述的历史唯物主义基本理论,不仅使我们学生通晓历史发展法则,经得起政治风浪的考验,也掌握了学习一切历史科学的方法论。

就在王亚南暂时离开中山大学的时候,一位著名的官方理论家被派来当中山大学法学院院长,目的是清除王亚南的影响,削弱他所传播的马克思主义理论。根据我观察,这位官方理论家确实是三民主义的忠实信徒,解释三民主义的专家或理论家,不是政治家,他妄图消灭已经形成并巩固的学术自由小天地,改造学生的思想,消除头脑中的马克思主义。不言而喻,这是不可能的事情。最根本的原因是:思想、理论和学术的载体是头脑,除非破开脑壳清洗一番,否则已经存在的思想等,是不可能被清除的。因此,官方理论家只能是无可奈何。这就像法国资产阶级大革命之后,虽然是封建王朝复辟,但是复辟并不能全部消灭革命的影响一样。

---

① 《王亚南文集》第4卷,福建教育出版社1988年版,第27—28页。

三、王亚南悄然回校，议论民主政治讲授中国经济史

1946年暑假，王亚南从福建回到中山大学，为我们补课。为了省钱，师母和孩子没有一同回来。他独自一个人住进广州市一个最差的小旅馆里。当时广州市最好的旅馆，是珠江边的爱群酒家，犹如上海的国际饭店一样。那个小旅馆则是最下等的，其对面就是广州市监狱，条件之差可见一斑。

他住下后，一打听，到中山大学所在地石牌，路程相当远，坐出租车太贵，因而只能按地图，提行囊（内有中国社会经济史讲稿），冒着酷暑，徒步来校。我们是在晚饭后散步，意外看到他的。到达后，他就借住在中文系一位教授的家里。李嘉图的《政治经济学及赋税原理》、斯密的《国富论》、马克思的三卷《资本论》的中译本，更重要的是《中国经济原论》和《中国官僚政治研究》等足以构成一个学派之著作的作者：名教授王亚南，就这样没有接站者、没有鲜花、没有摄影记者、当然也不见报，静悄悄地回到中山大学，开始他在中大工作的第二段——广州时期。

王亚南回校，学生自发地开欢迎会。他内疚地自责说：1944年秋，日军还没有进犯坪石，他就先离开该地到福建，没有和大家一起逃难，这虽是福建方面讲课的需要，但总感到自己是个"逃兵"，很不安。后来中山大学搬迁到广东东北部，本应马上归队，又因病住院，耽搁下来，直到现在才回来。

由于当时的政治形势，一位学生提出何谓民主政治的问题。王亚南是从经济制度决定政治上层建筑这一唯物史观的基本原理予以解答的。我认为至今仍有现实意义。现将其基本内容记述如下：

王亚南说："民主或民主制度，原是政治或政治学上的用语。但不论这种制度的发生抑是它的演变，它却始终同经济或经济制度密切关联着。我们甚至可以说，现在的民主制度，是从现在的经济制度取得其存在基础的，在民主政治上发生的一切问题，都可以直接间接的在现在经济领域内的诸般经济发展的障碍上或变动上得到解释。我们如其不否认现在社会是资本主义支配的社会，则在这个社会的政治范围内产生的民主问题，就显然可以正本清源地说是它的经济问题在政治上的感应。把民主问题和经济问题联系起来研究，是那种种问题本身性质要求我们这样做，离开了经济问题来谈民主问题，尽管它在今日世界论坛上，乃至在中国论坛上，大家像是不约而同采取的一致作风，但撇开了最基本的，或者种种不同性质的民主问题所由发生的经济问题，民主问题将会像悬空断线的风筝，最后是不知演到伊于胡底的。"接着，他就以历史和事实对此作了说明。我经常回味王亚南这番议论，痛感现在有些人论述的民主制度，是一种脱离经济基

础，只是几个政治范畴自身在那里演变的玄学，恰如现在有些人论述的经济发展，是一种脱离生产关系，只是几个结成函数关系的经济因素在那里运动，他们就像是在演算数学一样。

欢迎会开过之后，王亚南就为我们补课。补课是在酷热中进行的。开始那一天，他拿了一把大葵扇，不停地扇，不停地揩汗。时近中午，下了课，我们送他回到借住的中文系教授家里。教授不在，他就坐门口等候，还是不断地扇扇子。

补课的内容，是我听过王亚南所讲的课程中最精彩的。我特别注意的是：关于社会形态随着向高级发展就越来越相同的原因，以及中国地主经济封建制度对中国社会发展的影响这两个问题。前一问题，涂学长为我们上专题课时，已将王亚南的观点介绍过，前面已有记述，这里就不再谈了。要谈的是后一问题，而对这个问题的回答，恰好又是王亚南的又一重大学术贡献。

王亚南认为，这个问题的实质，就是与西欧相比较，中国封建社会较长些，资本主义难产，这与中国存在过亚细亚生产方式有关。由马克思提出的亚细亚生产方式，指的是在阶级社会中仍然存在着大量既有公有又有私有因素，即农村公社组织这样的社会。农村公社在中国的表现就是井田制。相对于西欧来说，中国由领主经济阶段进入地主经济阶段，不是由于商品生产的发展，而主要是由于生产力的发展，要求突破束缚其发展的大量存在的农村公社，即井田制。

问题很清楚：束缚在井田制中的领主经济阶段的集体农奴，每家耕种的土地面积受到限制，相传是每家种私田百亩，八家合种公田百亩。这样，随着人口的增加和劳动生产力的提高，就必然要求耕种更多的土地，这就表现为农奴在井田之外开垦荒地。随着这种情况的发展，原来提供剩余劳动表现为合耕公田的形式，就发生变化，即改为按农奴实际耕种的土地（包括开垦的荒地）面积征收相结合的地租和赋税，这就是史书上所说的“履亩而税”和鲁宣公十五年“初税亩”，这是一方面。另一方面，随着这种据以征收统一的地租和赋税土地面积的变化，各级领主亦即诸侯卿大夫（其身分分别为公、侯、伯、子、男），其实际占有的耕地，即实际所得到的合而为一的地租和赋税，就慢慢地变得和其身份应占有的不相等。亦即封建的等级制的这一面，由于农村公社井田制的突破而开始动摇。这是经济原因使其动摇的。经济的要求变为政治上的要求，这就是大小诸侯争地以战、争城以战，相互兼并土地，以至最后完全动摇了与占有相应的土地面积相联系的封建等级制，这就是中国历史上的春秋和战国时期。

在上述自发的经济和政治形势的变化下，能够以纲领的形式，自觉地运用政治力量来改变原有的经济条件，以进一步促进经济的发展，在各国中做得最好的，是秦国。其集中表现就是商鞅变法，它共有两次。就我们研究的问题而言，其重要内容是：鼓励垦荒,使"耕织致粟帛多者复其身",即解除农奴身分;"家有二男而不分异者倍其赋",即废除兄弟同室共妻的旧俗;废井田,开阡陌,即在开垦荒地的基础上用法令来破坏农村公社;土地民得买卖,有战功者授予爵位与土地,无战功的贵族即领主失去特权,要变为民户中的富户。以上是变领主经济为地主经济。在开阡陌的基础上将原来的采邑打乱,合并为县,先派县令,掌管全县政事,这一点后来就发展为废封建、置郡县。以上是变贵族政治为官僚政治。这条经济和政治路线适应社会经济发展的要求,这样秦国就终于打败山东六国,统一天下,然后再在全国实行这条路线。正是这样,秦统一中国后,就在全国逐步确立地主经济的统治地位,实行土地私有制。分天下为三十六郡。探索选拔治理郡县之官僚的方法,最初是人分为三等,每等又分三级,从优到次,按顺序任命为官,后来就发展为自隋唐开始到1905年结束的科举制。这样,地主和官吏就分开。与此相应,地租和赋税也分开。全国统一度量衡,书同文,车同轨。这一切都有利于经济的进一步发展。这就标志着中国由领主经济封建制度过渡到地主经济封建制度。其政治上层建筑就是中央集权的专制政权,它是官僚政治的派生物。

以上这些新建立的经济和政治制度,最初是有利于社会经济发展的。拿地主经济封建制度来说,它能解放被井田制束缚的劳动生产力。而官僚政治制度,经过科举考试选拔官僚,比凭血统而世袭的贵族政治总要好些。但是,发展到后来,就妨碍社会经济的发展了。

这是因为:(甲)在地主经济制度下,产生了土地资本,只要有货币就可以购买土地,用以榨取地租,于是原来就存在的高利贷者和商人,就将其积累的货币,用来购买土地,成为地主或兼地主;而原来的地主也可以成为高利贷者和商人。这样,就出现了可以相互转化的三位一体公式:土地资本——高利贷资本——商业资本。它们的相互转化是由高利贷的利润率调节的。土地从不能买卖到能买卖,从没有"价格"到有"价格"时,这价格就由原来的地租(领主经济性质的)和高利贷的利息率决定。这个土地价格一旦产生,就以它为前提产生了新的地租,这地租就又由土地价格和高利贷利息率来调节。这个地租额远远高于原来的领主经济地租额,亦即高于原来认为的地租是剩余劳动。而地主经济封建主义的地租,则往往侵占到农民的必要劳动,使其日益贫困,农业也就日渐衰落。

(乙)在官僚政治条件下,由于科举制可以使考试中的优胜者成为官僚,于是地主、高利贷者和商人就有可以通过科举道路成为官僚。这样一来,前述的三位一体公式又演变为四位一体公式:地主——高利贷者——商人——官僚。它们也可以相互转化,因为官僚有较高的俸禄(原因下述),其节余可以用来购买土地。这样一来,地主、高利贷者、商人和官僚又成为四位一体者,你中有我,我中有你,它起了钝化阶级矛盾的作用。

因为通过科举制，任何人只要有条件刻苦研读，十年寒窗，就可能成为官僚，从而又成为地主等等。这样，某些要求社会变革的优秀人物就妄想通过科举制而达到其目的，实际上却加入了统治阶级的队伍。这就是马克思所说："一个统治阶级越能把被统治阶级中最杰出的人物吸收过来，它的统治就越牢固，越险恶。"①

（丙）由官僚政治所派生的中央集权专制制度，要有经济和财政上的支持，这就是除了征收的赋税外，还有各级官僚经营的企业，包括生产和销售的，如盐、铁、茶、米等，都被官家垄断了。这些与民生密切相关的，也是最盈利的，百姓都不能染指。再加上这些官办企业，浪费、效率低，就不能为新的社会经济形态的产生创造条件。

由于上述几方面的综合作用，在地主经济封建制度下的农民，因所受地租剥削沉重、所受赋税压榨日深，就铤而走险，起来造反，将地主、高利贷者、商人和官僚列在一起，作为打击的对象。这样，高利贷者和商人积累起来的原始资本，就消失殆尽，造成牛死虱死的结局。高利贷者和商人本来可能发展为未来的资产者，就成为不可能了。而这些造反的农民，即使不被镇压失败而有幸成功了，也提不出建立新社会经济的纲领，因为它连萌芽的因素都没有。这样，他们只能成为改朝换代的工具，让他们自己成为新的统治者。这种情况，我们可以将其和西欧相对比。在法国只有三个等级，即僧侣、贵族和平民，平民包括未来的资产者和工人，此外还有一般的农民。他们的资产阶级革命，就是未来的资产者带领未来的工人和一般农民起来反对贵族，并按资产者的意图，提出建立新的社会经济形态的纲领。他们终于成功了，资本主义产生了。

与上述经济制度和政治上层建筑发展到后来才妨碍经济的发展、从而使资本主义难产不同，中国地主经济封建社会的思想上层建筑，却是一直起维护这个社会的作用。

从历史事实看，这种思想上层建筑之被确定为官方的意识形态，是经过一段探索过程的。中国春秋战国时期，是从领主经济逐步演变为地主经济的时期。与此相应，反映各个阶级和阶层利益的思想互相交锋，精彩纷呈，这就是诸子百家争鸣，孔子的思想即儒家学说是其中的一家。本来就其主要精神而言，它是完全适合地主经济封建制度的中央集权专制制度的需要的，但秦王朝在选择官方意识形态时，却走过弯路。这就是王朝的建立者秦始皇由于没有经验做了被后世儒家责骂的事情，这就是历史学家所说的焚书坑儒，地主经济的官方意识形态，一直到汉王朝的汉武帝起用董仲舒，并改造儒家学说，才确定下来。这就是"罢黜百家，崇尚儒术"。其主要内容如下：

1. 天道观念政治思想的产生。天道观念政治思想的实质，是用自然界的秩序来说明社会秩序的根据所在。孔子不大讲神，也不大说鬼，却大谈其天，如"天子作民父母，

---

① 《马克思恩格斯全集》第25卷，第679页。

以为天下王”。孟子也说:“天将降大任于斯人也。”中国的老百姓也常说:天知道,天意如此,成事在天。这些说法就是天道观念。那么,它是怎样产生的呢?在意识形态发展史上,它是由于取代神道观念而产生的。神道观念适合于领主经济封建制度,因为领主经济一般的显出金字塔形的等级身份制的特点,就成为神道观念的温床。当领主经济推移到地主经济的时候,社会金字塔形的社会等级秩序就开始动摇,在这情况下,神的说服力就不够了,要用自然界的秩序来取代它,于是天道观念的政治思想就产生了。但是,天道观念在孔子那里还不够完备,他只能说明君主是天之子,是替天行道的,但他还没有说,替天行道之事是非常复杂的,君主要有大大小小的官吏辅助,他们的存在到底在“天”的哪里可以找到依据。这个问题到了董仲舒才解决。他将这个依据归结为自然现象,说:“天以四时之选,与十二节相和而成岁,王以四位之选,与十二臣之选相砥砺而致极。”这就将专制君主及其臣子官吏的存在的依据归结为自然现象,如一年有四季,一季有三个月一样。这样一来,官制确实是像天了。

2. 大一统主义是天道政治思想的产物。按照董仲舒所说的天无二日、民无二主,这样天子就是天下的最高主权者。但是,这里存在着这样的缺点,即统治者强调天命天意,说他自己在位在职,是天予民归,而反对他的人,也可以利用这个不可捉摸的玄理,说他们也是由天授命,要起来反叛既成的统治,并且强调说:天命不取,反受其殃。这可称是以天子之道,还治于天子之身了。为了补这个漏洞,就产生了纲常之教。

3. 纲常之教的作用。纲就是三纲:君为臣纲、父为子纲、夫为妻纲;常就是五常:父义、母慈、兄友、弟恭、子孝。这两者就把国与家打成一片,使政治家族化,或家族政治化,这是伦理政治的精髓。其中最重要的是三纲,因为它是天定的秩序。这样,自然的大法,就像是天网恢恢,从天子到庶人,概莫能外。三纲,已经分别把君权、父权、夫权加以确定了,这样一来,家族关系就完全被当作政治关系来处理。这就是所谓国之本在家,家齐而后国治。所以,在孔子看来,把家里弄妥当了,即没有逆子、悍妻以及不法的兄弟,就等于为国家完成了一定的政治任务。儒家学说这种伦理政治主张,在领主经济贵族政治制度下,由于存在金字塔式的等级制,即小国寡民,层层管制,就显得不那么重要,而在地主经济官僚政治制度下,王者或天子高高在上,对于领内广土众民单靠群县制束管理,实难周密,最妥当的办法莫如通过家族和宗族来管理,亦即把防止犯上作乱的责任,由家庭和宗族来担任,亦即要为人父的,为人夫的、为人家长和族长的,分别担任,以建立起家庭政治的连带责任。其实现办法有“劝”有“惩”。劝就是一人成佛,鸡犬升天;惩就是一人犯法,株连九族。结果就是,父劝其子,妻励其夫,兄弟朋友互相规诫,无非是要大家安于现状,在现状下求长进,求安富尊荣,天下因此就太平了。

上述儒家学说的三根支柱，有如此大的维系社会秩序的功能，这就无怪乎被定为文教的指导原则，历代专制王朝都把崇儒尊孔，当作维系地主封建专制主义统治的国策。

从以上王亚南为我们补上中国经济史课程的全部内容看，中国进入地主经济封建制度后，在经济制度、政治制度和思想上层建筑等方面，最后都起了妨碍社会经济发展、维持现状的作用，这就使中国地主经济制度发展停滞，资本主义难产。

四、临别赠言，我的感受，别后简况

王亚南为我们补完课了，就要回福建而同中山大学告别，部分师生为他开会送行。在会上，他讲了两件使我终身难忘的事。这两者都与他讲授马克思主义，以及传播马克思主义著作有关，并且使我联想了一些问题。

第一件事，蒋介石曾在重庆接见他，以经济问题相问。他谈了几次，但因“布衣之言，不合君意”，住了没有几天，留下要说的话，就回到学校。这使我恍然大悟，在坪石时期就传说，他将被解聘。而就在这时，校方接到蒋介石召见王的电报，就不敢轻举妄动。这使我想到，王亚南讲授马克思主义，以他为轴心形成学术自由的小天地，表面看来是风平浪静，实际上却暗藏旋涡。

第二件事，《资本论》第3卷即最后一卷于1938年出版，当时上海已成孤岛，该书就不能在上海发行，而要从西南部运入后方，沿海各城市是没有此书销售的。当时后方实行杂志书籍检查制度，经过送检没问题才能放行。《资本论》很厚，若一个人检视需要很长时间才能看完，就得多送几本。可书送出后，就不见回来。因此，许多书店就不敢卖《资本论》。这就限制了这部经典的传播。这件事使我想到，抗战胜利后的1945年10月15日我随中山大学法学院所在地的广东东北部复员到广州，第二天就到旧书店买《资本论》，只有第1和第2卷，不见第3卷。其原因原来如此。

它又使我想到更重要的事情。解放之后，《资本论》中译本的版本多起来了，其全译本，除了郭大力和王亚南译的之外，大陆有马恩列斯著作编译局译的，台湾也有。但这并没有降低郭、王译本的地位。最重要的原因是，编译局译的和台湾译的，译一个最重要的名字时同样地都译错了，就是将李嘉图错译为欧文。具体的文句如下：

《资本论》第2卷的“序言”(由王亚南分工译的)说：“在20年代，有许多文献，在为无产阶级的利益而利用李嘉图的价值理论和剩余价值理论，以攻击资本主义生产，利用资产阶级自己的武器来与资产阶级斗争。在这全部文献中，上述那本册子，不过是最突出的前哨。欧文的共产主义，在它以经济学的论战姿态出现时，也完全是以李嘉图为基础。当时，除欧文外，还有许多其他作家。其中，有几个，已由马克思在1847年反对蒲鲁东的书……中引用过。"[①]上述有着重号的那一句,编译局版译为:"……除李嘉图还有许多著作家……"台湾版也是这样,把欧文换成李嘉图,是严重的错误。因为这里说的是利用李嘉图理论来反对资本主义生产的李嘉图派社会主义者。李嘉图是资本主义永恒论者,他本人当然不算在内。这是懂一点社会主义史的人都清楚的。这说明,王亚南的正确译文,对研究社会主义史非常重要。

离开广州时,王亚南在报纸上发表"致中山大学经济系同学的公开信",内容充满了对中山大学及其学生的感情。这有两点,一是到了中大之后,才建立起自己的理论体系,并扩展自己的研究领域。这一点,本文在前面已谈到,其具体表现留在下面谈。二是不管世人如何评论,中山大学的同学是很好的。这句话的含意很深。我想了很久,觉得它有两层意思,这都可以用王亚南的谈话和著作来证实。在一次闲谈中,他说:厦门大学的学生,不管怎样忙于参加政治活动,铃声一响,就回到教室;中山大学的学生则不然。我倾向于认为应当回到教室,因为需要压抑感情。他在 1948 年出版的《中国官僚政治研究》的"自序"中说:"过分渲染一种急于除去的东西的丑恶和过分渲染一种急于实现的东西的美好,也许在宣传上是非常必要的,但同样会妨碍科学上的认识。"他写下这段话,本意是自勉,但我认为同样也是共勉,对青年学生是非常重要的。因为感情冲动虽然能够写出热情的诗篇,却写不出冷静的科学论文。

如果说,上述这一段文字,还不能证明王亚南希望中大同学要有科学的冷静态度,那么他在 1946 年出版的《中国经济原论》的"序言"中,则明确这样说了:在酝酿《原论》时,"国立中山大学经济系及至全校有志于中国社会经济的科学研究的同仁与同学,他们每有机会,就提出有关方面的问题来同我商讨,这样,我便经常像是处于被考试者地位。中国商品与商品价值的研究,刚刚研讨出一个头绪,他们又要求我依次说明中国的货币、资本……不管我的考试是否及格,而我像经常被安置在被考试的地位,却是一个事实。我在这当中,才比较理解到所谓'教育者不断被教育'的意义,亦就因此之故,不管国家怎样理解中山大学,我总觉得那是一个有生气,有活力,特别富于时代感的学校,只要稍加绳墨,领导有方,那是格外显出学术研究的展望的。"这段 1946 年元旦写的话,明确对中大同学表示感激之情外,又希望对他们"稍加绳墨",要他们"铃声一响,就回到教室",同老师切磋学问,这样才能写出像《原论》那样的有名著作。

"公开信"发表之后,王亚南就告别中山大学回到福建,随之他就完成了《中国官僚政治》的出版,这是在中大时期尚未来得及做的事情,这标志着王亚南百科全书的产生。

---

① 郭大力、王亚南译本《资本论》第 2 卷,人民出版社 1953 年版,第 17 页。

五、王亚南的广义百科全书和狭义百科全书的产生

王亚南百科全书的称谓不是我杜撰的，而是从我的同事张薰华教授和洪文达教授为拙作写的“序言”演化出来的。他们写道：“在中国经济史这一领域作者（指陈其人——引者）是属于王亚南学派的。”[①]王亚南学派和王亚南百科全书，我以为只有量的差别，没有质的不同。不过，他们所指的只是狭义王亚南百科全书，它仅限于中国经济史。我认为，王亚南百科全书有广义和狭义之分。狭义的也不仅是中国经济史，而是整个马克思主义经济科学，广义的则是由经济科学扩展开来而又包括其他科学在内的社会科学。

《中国官僚政治研究》是构成广义百科全书的第一本，也是狭义经济科学中的中国经济史的产物。王在该书的“序言”中说：“中国官僚政治的研究，又必然要成为我关于中国经济史研究的副产物。而我希望藉此减轻我对于非所专习的政治制度加以研究的僭越（不安份）。”[②]后一句话的含义是：他原来的专业是经济，但其副产品却是《中国官僚政治研究》，这是僭越，因为这已越出经济而到政治了，而他后来又扩大研究政治的范围，这样，《中国官僚政治研究》就成为从经济到政治的第一本。再后来，他又将研究政治的范围扩大到包括全部经济和政治在内的社会科学。

《中国官僚政治研究》从所回答的问题来看，是在坪石中山大学时期发生的答李约瑟问。李约瑟回到英国后，花了多年工夫，出版了多卷本的《中国科技史》。此书大陆、台湾都有中译本。他在书中提出：当西方人在中世纪的黑暗中艰苦摸索时，中国在数学、天文学、地理、物理、化学、生物以及医学等方面已大放异彩，直到16世纪欧洲人发现通往美洲和亚洲的海路，因而促使资本主义发展之前，中国始终领先于欧洲，其后中国才相对落后于欧洲。对此事实，李约瑟未能解释其原因。因此，就成为一个谜。

这个所谓李约瑟之谜，在我看来，根据王亚南所说的历史唯物主义原理，是不难解答的。这个原理就是：西欧领主封建制度的思想上层建筑，是神道观念，其具体表现就是宗教统治、神的统治。它排斥对自然现象的研究，排斥自然科学。有人敢违反这规定的，就要被送进宗教裁判所，严重者会被判处死刑。例如在中世纪的欧洲，提出地球环绕太阳转这一科学理论的人，就被烧死。宗教统治的严酷，从此倒可见一斑。在这条件下，科学和技术当然不能发展。反之，中国地主经济封建制度的思想上层建筑，是天道

① 《殖民地的经济分析史和当代殖民主义》，上海社会科学院出版社1995年版，序言第2页。

② 《中国官僚政治研究》，第15页。

观念，不仅可以研究，并且要用自然现象来解释社会秩序的合理。这样，中国的自然科学就领先于西欧了。这里有一个错误认识要纠正，这就是王亚南说的，不要以为中国地主经济制度下的技术和生产力，明清时期的和秦汉时期的，都同样。中国地主封建制度发展的停滞，是指质的变化缺乏，而非量的变化缺乏。

《中国官僚政治研究》初版于1948年，经过32年即1980年，由初版原稿的抄录者孙越生先生出再版，因为这时作者已在"文化大革命"中受迫害而辞世了。孙先生的再版工作，可以分为两个方面，这就是保持原书风格，在校订时只限于改正一些误植，修订译名和若干引文，以及对文字作了一些修饰，即纯技术性的。此外，最重要的是写了一个"再版序言"，它起了要结合当时世界和国内的形势来发展官僚政治理论的作用。考察序言内容后，我觉得有正确的地方，也有不正确的地方，现在要提出来的是不正确的方面。孙先生认为："统治阶级讲究吏治者为防止官僚政治的流弊，历来主要有以下几种安排，按其实践成效、按其从人治到向法治过渡的程序，可以分作五等。"他欣赏其中最激烈的第五等："以资产阶级民主政治取代封建群主专制的官僚政治，以法治取代人治。即废除君主专制，实行分权制；取消行政官吏终身制和实行职业化的文官制度；官吏不再向国王负责，而向民意机构和最后向选民负责。法律规定人民有权监督、批评和选举、弹劾、罢免官吏；人民的权利受法律和一定机构保护，官吏不得任意侵犯。"

他认为："五种反对官僚政治的方式，对于社会主义、民主政治来说都有参考价值，特别是资产阶级民主政治反对官僚政治的经验值得我们借鉴。资产阶级民主政治反对官僚政治，其规律根本不在于否定官吏制度，而在于分权制。广义分权制原则的要害，它的核心，尽可能使行政与经济行政官吏与企业保持一定距离，除一些经济命脉以外，国家行政对经济的管理与干预减少到最低限制，资本主义自由经济政策是它的典型表现。它的好处是，从政治方面保证按经济规律管理经济，提高经济效率；从经济方面保护官吏队伍的纯洁性，提高行政效率。社会主义国家组织，应逐步改变党政不分工的领导体制，改变政社合一、政企合一等管理体制，扩大企业自主，扩大商品生产范围，把计划经济逐步地适当地建立在价值规律之基础上，使国家管理生产的职能从低级领域腾出手来加强高级领域的领导职能。这样做，在经济方面就可以较好地防止来自官僚主义对经济的瞎指挥和不正之风的侵袭；在政治方面就可以做到精兵简政，并在此基础上提高干部薪给，符合养廉要求，以便同时彻底废除薪给以外一切经济特权待遇。"

从以上冗长的引文看，我觉得混淆了两种不同社会性质的国家反对官僚政治的办法，具体说，就是将理想的资本主义共和国的三权分立原则和文官制度，变成社会主义国家改造其政治制度的原则，这就从根本上错了。特别是上述那些，即使认为可以用来改变社会主义国家的领导体制和管理体制的话，那其中的"党政不分"含义也不清，使人觉得党要退出领导地位，这样社会主义要由党来领导就落空，就不是社会主义国家了。所谓改变政社合一的管理体制，就明明是指孙先生写序言中仍然存在的农村人民公社生产资料和管理方法的缺点，这是中国农村人民公社运动的产物，不是社会主义国家普遍都存在的。事实上后来农村人民公社的体制是改变了的，但这不是孙先生意见被采纳的结果，而是中国共产党制定正确政策的结果。总之，孙先生这段冗长的引文，包含着一些糊涂的见解。

此外，还有下列的糊涂见解。孙先生说："由于社会主义基本上是在资本主义不发达和封建主义相当严重的落后国家取得胜利的。因此官僚政治问题不仅是中国革命面临的问题，也是世界共产主义运动所必须解决的重大理论和实际问题。"是什么问题呢？他分析到最后，指出是这个问题："如果清官不清，人民也不是没有对付的办法。除了利用法制对其惩处之外，这些官僚主义者总有一天会发现，聪明的人民宁可用机器人来逐步地代替他们。这不是危言耸听。在电子计算机时代，一部分管理工作的自动化并不是多么遥远的幻想，而很可能是未来人类与官僚主义斗争的手段之一。"这样说来，孙先生认为靠科技发展，而不是靠社会条件的改革，就能消灭官僚主义，这同样是糊涂见解。

初版的《中国官僚政治研究》，从篇章结构看，虽然有"官僚政治在世界各国"、"新旧官僚政治的推移与转化"以及"新官僚政治的成长"的篇章和内容，但是它的全书篇章结构，亦即全书的内容，却主要是由中国地主经济封建制度决定的官僚政治。我们在下面将看到，这本书的再版，再版者不是王亚南了。孙先生写的"再版序言"认为：要根据当时的形势，即中国文化大革命结束的政治经济情况，以及其他先进国和落后国的政治情况，不仅研究中国的，而且也研究世界的官僚政治，也就是说要结合新的资料来建立"广义官僚政治研究"。它与《中国官僚政治研究》不同，其内容是要将世界先进国惩治官僚政治的经验介绍给当时的中国，即已经成为社会主义国家的中国，同时又要将中国的同样经验介绍给非社会主义的落后国。换言之，"再版序言"的意图，是要将《中国官僚政治研究》的内容扩大为《一般官僚政治研究》。这样做，我认为是行不通的。因为社会经济形态不同，官僚政治的惩治经验，虽然有的可以搬到社会制度不同的国家，但大多数是不行的。因此，"再版序言"的内容，大多数尤其在关键问题上，是不正确的，或者是糊涂的，少数才是正确的。当然，瑕瑜互见，"再版序言"仍有很大的价值。这留在下面谈。

为什么有这么多糊涂见解呢？这就有必要研究孙先生要"结合新资料建立广义官僚政治学"。其中的"新资料"是什么？我找遍了"新版序言"才发现，原来是他写这"序言"时，"文化大革命"结束不久，国家各方面都很混乱，这状态吓坏了他，也激怒了他。以下是他在"再版序言"中的描写。

"人们从一场封建法西斯复辟的浩劫中清醒过来……"

“林彪和‘四人帮’这一伙打着‘共产主义’和‘反官僚主义’旗号篡党夺权的反革命野心家……这就把他们封建法西斯官僚统治的丑恶本质暴露得一清二楚。”

“十年浩劫教训用不着再来第二遍……”

“林彪和‘四人帮’利用马克思主义要求消灭脑力劳动与体力劳动差别这一正确口号,把知识分子当作改造对象……对主张四个现代化知识分子……大规模镇压、迫害和虐杀,特别明显地再现了封建时代慈禧之流保守官僚士大夫反对现代化的狰狞面目。”

以上种种激怒了孙先生,他终于骂了一句:“聪明的人民宁可用机器人来逐步地代替他们。”

以上说的是“再版序言”的“瑕”,但它也有“瑜”:

“中国二千多年来农民起义(多是)‘官逼民反’的结果,而不是生产力发展到高度水平产生了新的生产力之后引起的社会革命”,但是要有“新生产力的发展准备好社会革命条件的阶级斗争,才能推动历史的前进。所以阶级斗争并不是一抓就灵的万应灵药。”孙先生能说出这番符合历史唯物论原理但有所触犯的话,是要有科学勇气的。

现在最重要的任务,是要研究孙先生为什么将十年“文革”造成的混乱的扫除,列为他要建立的“广义官僚政治学”内容呢?

这使我想起俄国布哈林在新经济政策时期开始不久写的《过渡时期经济学》。新经济政策是对第一次世界大战中,俄国十月革命后开始实行的战时共产主义政策的替代,以商品货币关系取代余粮征集制。《过渡时期经济学》研究的是新经济政策时期的经济规律所反映的本质,而不是描绘包括战时共产主义政策在内的一切经济现象。因此,那些被旧现象俘虏的人,就劝布哈林改写《过渡时期经济学》。布哈林拒绝了,说:“我写的并不是俄国经济史,而是过渡时期的一般理论,那些不能理解一般理论的问题的纯粹的新闻记者和狭隘的‘实践家’是不能理解这种一般理论的。”①新闻记者是有闻必采的,研究官僚政治是否也要这样呢?让我们和孙先生一同思考。

《中国官僚政治研究》的初版,已经是王亚南在中山大学时期对未竟工作的完成,它的再版就标志着王亚南和中大关系的完全结束。当然,王亚南百科全书还在发展。

六、广义百科全书和狭义百科全书的发展

由《中国官僚政治研究》引出《社会科学新论》的问世。它包括了社会科学认识论、社会科学文化论、社会科学战争论、社会科学建议论这四部分。从内容看是广义的百科

① 《过渡时期经济学》,三联书店 1981 年版,德文版跋,第 73 页。

全书。

由《中国经济原论》引出的有三本书：《封建制度下的领主经济形态与地主经济形态》、《中国地主经济封建制度论纲》，以及《中国社会经济改造思想研究》。

由王亚南所任课程“经济思想史”引出的有《政治经济学史大纲》。它连同上述三本书，从内容看是狭义的百科全书。

现在开始从上述全部书籍中，根据内容选出几个问题来谈论。当然，由于王亚南已经离开中大，我也毕业离校，再也不可能像听他的答疑和授课那样，有具体而微的感受，因而读他上述几本著作后，谈论我的看法，就只能是很浅淡的。除了对有几个问题，因受到其它论著的启发，我个人的见解就较为深些外，我对一般问题的答复，只能一笔带过。

《社会科学新论》有社会科学文化论一项。王亚南在其中予以评论的有三个人，内容都是关于东西文化与东西经济的。这三个人是梁漱溟、钱穆和朱谦之。现在谈对梁漱溟的评论。

对梁漱溟的评论，是由他发表的一篇《中国以什么贡献于世界》的文章引起的。梁认为中国贡献于世界的，是“人生向上伦理情谊”。王亚南指出：“许多人读过梁先生的大作，在体谅到他的苦衷与诚挚之余，接着就觉得他实际只给了我们一些漠然的，不易联贯的，空泛的概念。‘人生向上伦理情谊’这八个字，也许比‘仁义忠孝信义和平那八个字还要抽象。事实上，拿‘人生向上伦理情谊’这八个字所包涵的哲理及其行为表现，作为向世界贡献的一部分隆重礼物，那在理论逻辑上，至少会遇到……问题……。”[①]这就是说，西方不会接受这个礼物。这是因为各有各的“伦理”。接着王亚南又分析东西方经济不同，由其决定的伦理就不同。东方即中国的经济是地主经济封建制度，西方的经济是领主经济封建制度。王亚南是根据历史唯物论基本原理，结合他深有研究的地主封建制来分析问题。

关于梁漱溟我个人有些看法，那就是他在30年代以来从事乡村建设活动，客观上起了对当时在根据地由共产党领导的土地革命的抵消作用。1953年，毛主席在会议上批判了梁的思想。

我想从《中国社会经济改造思想研究》中突出的一个问题来研究。该书分为上下卷。下卷有论述我国新民主主义革命中三大经济纲领，同中国地主经济封建制度之关系的内容。三大纲领之一是实行“‘耕者有其田’使农业生产力获得发展”的政策。王亚南指出，实行的办法是“由国家，由人民政权，毫无补偿的，把一切属于地主富农的封建

① 《社会科学新论》，经济科学出版社1946年增订版，第76页。

土地所有，毫无代价的转变为贫农雇农佃农的个人所有。不过依据……《土地法大纲》，中农的土地，是尽可能的不予变动的，地主也可以均分一份。这样一来，土地虽然还是私有的，但经过转移再分配以后，已再不能当作一种社会权势的表征，已再不能被利用作支配佃农人格，并任意勒索其劳动与劳动生产物的手段，已再不能成为整个地主阶层伙同高利贷业者、奸商、官吏鱼肉一般农民，并在意识形态上多方欺骗捉弄他们的物质凭藉。换言之，封建的榨取，封建的精神锁链，是会随着土地改革而除掉的。”[①]这就是说，依《土地法大纲》进行的土地改革，是从根本上变革了我国封建地主经济的基础——封建地主的土地所有制。这是商鞅变法后，另一次土地改革。新民主主义革命的三大纲领，除了上述的实行“耕者有其田”外，还有两条：“取消帝国主义在中国的特权”和“保护并发展工商业”，亦即保护民族资本主义私有制。由于实行“耕者有其田”的个人私有制，与保护资本主义私有制同时出现在三大纲领中，这就发生了为什么对两种私有制有不同态度的问题。于是，在解释为什么要保护资本主义私有制，即为什么不让工人像实行“耕者有其田”那样，实行“私营工人有其工厂”的政策时，就发生片面性。

对这重大政策问题，有位理论家说：耕者有其田后，土地仍然像以前那样，可以用来耕种；而工厂的机器等设备，被工人在实物上分光了，工业生产就不可能了，结论就是工人不能有其工厂。

我认为这理论家的说法不科学。因为工人可以在价值上，而不是在实物上分配机器等，然后再成立工人的合作工厂，或股份公司，照样可以生产。那么，应该怎样解释才对呢？我认为在当时的中国，私营资本主义工商业这种生产关系，还起促进生产力发展的作用，同封建地主土地私有制已经妨碍生产力的发展不同。因此，对待两种不同的私有制，应有不同的政策；而三大纲领中，是有“一切方面，从保护生产和发展生产出发”这一条的。这就是说，理论家应该全面理解三大纲领。

在《政治经济学史大纲》中，王亚南说：“政治经济学史是以政治经济学为研究对象；政治经济学是以资本主义经济为研究对象。”[②]我们知道，资本主义经济的细胞是商品，这就等于说政治经济学是以研究商品为任务，一旦商品消灭了，政治经济学就可以退出历史舞台了。

这使我想起了布哈林。他在《过渡时期经济学》中说：“政治经济学是研究商品经济的，因此，资本主义商品末日也就是政治经济学的告终。”他又认为：“理论政治经济学是

---

① 《中国社会经济改造思想研究》，中华书局 1950 年版，第 242 页。

② 《政治经济学史大纲》，中华书局 1949 年版，第 5 页。

关于以商品生产为基础的社会经济的科学，也就是关于无组织的社会经济的科学……只要我们来研究有组织的社会经济，则政治经济学中的一切基本'问题'就都消失了……。"①

列宁不同意布哈林的看法。他说："商品生产也是有'组织'的经济……(因为)甚至在纯粹的共产主义社会里不也有Ⅰv＋m和Ⅱc的关系吗？还有积累呢？"②他就以这种Ⅰv＋m＝Ⅱc即简单再生条件的存在，以及Ⅰv＋m＞Ⅱc(积累)即扩大再生产条件的存在，来证明共产主义社会也是有组织经济，即商品生产不会告终。

布哈林并没有和列宁讨论这些问题。但根据以前布哈林的其他有关商品、政治经济学之命运的分析来看，他是坚决认为，在社会主义自觉经济过程的统治条件下，商品、政治经济学是要消失的。

七、结　语

限于本文的研究题目(王亚南百科全书)，并且王亚南已于1969年11月死于林彪和"四人帮"的迫害，王亚南百科全书再也不能在王亚南手中发展，本文就应该结束了。

综观王亚南的一生，译著41部，论文300多篇，创办《中国经济问题》等刊物、厦门大学经济研究所等，培养众多桃李，宣传和捍卫马克思主义，倡导并力行以中国人的资格研究中国问题。对于王亚南的含冤离世，厦门大学的师生员工是很悲痛的，他们在为老校长(1950—1965年，王亚南任校长)骨灰安放仪式上，敬献了一幅挽联：

辛勤译著传马列，业绩永垂海内。
不倦教诲育桃李，深情常存鹭滨。

这幅挽联是对王亚南的最恰当评价！

斯人已逝，风范永存！

(原载《中国经济问题》2009年第3期)

① 《过渡时期经济学》，转引自列宁对布哈林《过渡时期经济》一书的评论，第3页。

② 同上。

姜立夫先生和中国现代数学

吴大任

姜立夫先生是现代数学在中国最早而又最富成效的播种者之一。他把毕生精力贡献给中国的数学事业，中国现代数学之所以有今日，是和他数十年的艰辛努力分不开的。本文拟概括介绍立夫先生的业绩，说明他在使现代数学在中国土壤上生根开花结果中所起的巨大作用①。

姜立夫(1890—1978)，原名姜蒋佐，1890 年 7 月 4 日生于浙江平阳县(今苍南县)。1911 年以中美庚款留美，1915 年获加州大学理学士学位，1919 年获哈佛大学哲学博士学位。1920 年创办南开大学算学系②。1934—1936 年赴德国，先后在汉堡大学和哥廷根大学进修。抗日战争期间，作为南开大学教授，在西南联合大学执教。1940 年任新中国数学会③会长，1942 年任中央研究院数学研究所筹备处主任。1946—1948 年在美国普林斯顿高等研究所进修。1948 年数学研究所成立，任所长，同年当选中央研究院院士。1949 年创办岭南大学数学系。1952 年院系调整后任中山大学教授。自 1954 年起历任第二、三、四届全国政协委员。

一、把现代数学移植到中国

根据立夫先生本人的回顾，早在 1915 年毕业于美国加州大学时，他就立志要把现代数学移植到中国来。他认为，他到美国留学用的中美庚款是中国人民辛勤劳动的果实；用了人民的钱，就该为人民做点好事。他还认为，中国需要科学，而数学是一切自然科学的基础，所以中国也需要数学。他到哈佛大学深造，就是为实现他那个宏伟志向作准备。但是，那时候现代数学在中国还很难说有了什么基础：我国大学里开设的数学课

① 1989 年 10 月南开大学和中山大学先后隆重集会，纪念姜立夫先生诞辰一百周年。笔者在两个会上都作了简短发言。本文是在那两次发言的基础上补充整理而成的。除文中所列参考文献外，笔者还广泛利用了江泽涵、胡芷华，黄树棠等先生以及中国科学院、中国科协、中国数学会过去所提供的资料，谨向他们致谢。

② 当时“算学”、“数学”两词都有人用。抗日战争后期，教育部规定一致用“数学”。

③ 1935 年创立的中国数学会会址在上海，抗战开始后，开展工作困难。1940 年，在昆明的数学工作者发起成立“新中国数学会”，推姜立夫为会长，陈省身为文书，华罗庚为会计。1949 年恢复中国数学会。

是很不完备的，质量也难以保证，对学生的要求很不严格。我不知道那时国内有谁进行着创造性的数学研究；在20年代之前，国外数学杂志上也只发表过个别中国人（如胡明复、俞大维）写的个别文章。所以，把现代数学移植到中国，实际上是一项十分艰巨的开创性的事业。立夫先生当然充分认识到他面临的巨大困难，但他知难而进；他的态度，用他自己的话说，是"不管成熟不成熟"，就是要把它作为自己的目标而为之奋斗终身。

立夫先生1919年回国，次年初即创办南开算学系，迈出了万里征途的第一步。经过他和其他先驱者以及年轻一代数学工作者努力，工作二十余年后，在抗战时期，就已初见成效。1943年，他为中央研究院数学研究所筹备处向研究院提交的工作报告中，就列举了筹备处成立后的两年中已聘六位兼任研究员苏步青、陈建功、江泽涵、陈省身、华罗庚、姜立夫所完成的论文41篇，其中大半已为国外十种数学杂志所发表或接受发表。这可以看作当时中国数学主要研究成果的一次小检阅。他满意地指出："数学所虽未成立，已有成熟之作品与国际学术界相周旋。遭时多艰，有此表现，前途未可限量。"的确，这些都是在国内土生土长的论文。回顾二十余年前还是处于孤军奋战时的情景，他怎能不感到欣慰呢？报告接着说："所望各方关心学术研究者，注意实际之成就，不骛形式之铺张……俾此极端抽象之基本科学，得以孕育滋长，发扬光大于国中，则学术幸甚，国家幸甚"①。这些出自肺腑的话，既表露了他的务实作风，也倾诉了他的殷切期望与爱科学、爱祖国的真诚。1944—1945年，筹备处又聘了兼任研究员许宝騄、李华宗二人。1945年初，在向中央研究院提交的第二次工作报告中，立夫先生又列举了八位兼任研究员该年度完成的论文30篇，并指出：这些论文"对于所研究之问题，俱能创立崭新之方法，探得珍贵之结果"②。

新中国成立后，教育发展很快，科研工作受到重视；数学事业尽管遇到了或大或小挫折，走了曲折道路，仍然呈现了繁荣昌盛气象。在立夫先生还健在的时候，可以说，他的目标已经完全实现。他能够亲眼看到，他和其他先驱者所播下的现代数学种子，已在我国土壤中发芽生根，遍开烂漫的花朵，结出累累的果实。

下面重点介绍立夫先生为实现他的目标所作的种种努力。

二、现代数学队伍的培养

要移植现代数学于中国，就要在国内建立一支现代数学队伍。立夫先生把培养人

① 《国立中央研究院数学研究所筹备处工作报告》(1941—1943)。

② 同上，1944年3月至1945年2月。

作为自己的首要而且最根本的任务。为此，他用尽了心血，并且在这项实践中度过了最好的年华。

1920年初，他创办的南开大学算学系是中国第二个数学系①。陈省身把它叫做“一人系”，是名实相符的。该系1924年才第一次有助教，即算学系刚毕业的刘晋年，次年才有第二位教授，即钱宝琮。立夫先生长期集教学和行政任务于一身，所以他说，“一人包办一个系，感到吃力”，唯一希望是学生们快快成长起来。但在系里有了别的教师以后，这种紧张局面基本未变。不妨用我的亲身经历来说明。我1926年入南开大学，第一学年，立夫先生在厦门大学。我在二年级时，他开了高等微积分、立体解析几何和投影几何（即射影几何）；三年级时，开了高等代数和复变函数论；四年级时，开了微分几何，n维空间几何和非欧几何②。他既教基础课，又按照学生情况，逐年开设主要专业课和选修课。由于他数学功力深厚，又有一套高超的教学方法，能保持高质量的教学效果。我们学生只感到他从容不迫，左右逢源，不知道他“吃力”。

立夫先生教学质量极高，是有口皆碑的③，根本原因自然是由于他有着渊博的数学知识、深广的数学修养以及无私的奉献精神。他还有很高的课堂讲授艺术，在此值得着重介绍。他讲课逻辑严谨，分析周密，又能把严格的推导和几何形象结合起来，做到深入浅出，引人入胜；加以声音宏亮、吐字清晰，不疾不徐，使学生注意力高度集中，收到最佳效果。他板书整洁，作图认真，有计划地使用黑板空间，连使用的数学符号和粉笔颜色都有讲究，他边写（画）边讲，从不哑场。特别应当强调的是，他从不“照本宣科”，没有教材时，他只在一两页小日历纸上写个讲授提纲。由于他能完整地驾驭教学内容，具有严密的推理能力和熟练的运算能力，讲解时精神集中，并时时注意学生的表情，做到师生同步思维，所以能获得很好的效果，这对学生也是良好的训练。

对学生的训练实际上是通过一切教学环节进行的。最经常的训练当然是习题，立夫先生对习题有严格要求，在一定意义下，他的讲授也是解题的示范。微分几何课没有教材，讲完每章后，就要求学生把笔记整理交上，他亲自审阅；非欧几何课也没有教材，他分别指定学生阅读文献，轮流报告。高等代数课期中考试用读书报告代替，立夫先生按照学生条件，分别指定阅读的材料；非欧几何课的期终考试，则让学生写读书心得，题目自拟。通过各个环节，学生学会了组织材料，整理思想，锻炼了口头和书面表达能力。

---

① 第一个是北京大学数学系，1919年由“数学门”改名而成。

② 吴大任：《怀念姜立夫先生》，《中国科技史料》1980年第3期。

③ 吴大任：《从辛勤栽植到春色满园——怀念姜立夫先生》，《天津文史资料选辑》第28辑（1984年）；江泽涵：《回忆姜立夫老夫子》，《南开教育论丛》1987年第4期；刘良深、黄树棠：《怀念姜立夫老师》，《中国科技史料》1984年第3期。

归根到底，立夫先生的言传身教起了决定性作用。

立夫先生在南开的办系经验对北京大学数学系也有积极影响。江泽涵先生1925年毕业于南开大学算学系，1930年获得哈佛大学博士学位，1931年到北京大学任教。那时北京经过长年军阀统治，教育经费和教师薪金长期拖欠，教师兼课之风甚盛，教育质量深受影响，教学纪律松弛。数学系课外作业和考试都有名无实；考试出10题，做5题。泽涵先生专长拓扑学，立夫先生嘱咐他，对经过严格训练的高年级学生，才能教拓扑学，“切不可以在沙滩上筑大厦。”具体作法，立夫先生建议，要跟班前进，即今年教一年级，明年教二年级，如此下去。泽涵先生遵照他的教导，并严格要求学生做作业和考试。对此，学生和学校都反对，一年级部分学生甚至罢课。幸而院、系领导都支持，又有南开、清华两校榜样，才勉强复课。如此坚持两三年，泽涵先生才开始组织讨论班，开展科研。所以泽涵先生说，“姜老夫子有力地帮助了北大数学系的教学改革”①。

即使在行政及其他事务减轻，能进行个人科研时，立夫先生对培育人才这个根本任务仍然毫不放松。在岭南大学，有一个课只有一个学生，他讲课照样认真，声音照样宏亮②。在中山大学时，他年事已高，有的班次程度不齐，他晚上为部分学生补课，风雨无阻。1956年，在一次讲课中，因心肌梗塞昏倒，经抢救缓解过来。此后学校不再安排他担任课堂教学。但他很快就在家中挂起黑板，领导研究生和青年教师读书、翻译和从事科学研究③。

为了使现代数学在中国有坚实的基础并健康发展，除人才培养外，立夫先生对其他奠基性工作也倾注了大量心血：如数学书刊资料的搜集，数学名词的整理审定，中外学术交流，教材建设等等。这些工作都有助于人才培养，但又不单纯为人才培养服务。

三、奠基性工作

发展现代数学，必须准备各种条件。首要的是图书。这是立夫先生始终抓紧的一项工作。他搜集图书，一贯兼顾教学和科研的需要。

南开算学系开办伊始，他就亲自动手采购书刊。他对教材和专著筛选极精，重要丛书都成套，还有一些绝版书。有些书新旧版各具特色，就都搜集。重要期刊，从创刊号起是齐全的，还有许多数学家论文集。这样，到30年代初，南开的数学书刊，在国内已

---

① 江泽涵：《回忆姜立夫老夫子》，《南开教育论丛》1987年第4期。

② 吴博儿：《缅怀姜立夫先生对我的教育》，《南开周报》第254期(1989年)。

③ 刘良深、黄树棠：《怀念姜立夫老师》，《中国科技史料》1984年第3期。

居前列。1932年德国汉堡大学的E. Sperner来访，即对南开数学书刊极为欣赏。这批图书，抗日战争期间，运经越南河内，一部分转到昆明，对西南联合大学的数学教学和科研起了重大作用；另一部分被日本侵略者掠夺，抗战胜利后归还，但已不全[①]。

厦门大学的数学书刊，在立夫先生的倡导下，一年之间，即大为改观。在岭南大学，他决心要在教会学校里办起一个出色的数学系。他亲自整理数学图书，订购与补齐了多套杂志。院系调整后，它们就成了中山大学的财富[②]。

在中山大学，立夫先生对数学文献工作的热情显得更为突出[③]。他不但指导系和图书馆的工作人员购置增补书刊，还帮助他们解决诸如图书分类等疑难问题。他形成了一种二十年如一日的习惯：每日上午10时便到图书馆去，工作人员已先把他要披阅的书刊放在一定位置上，并把希望协助解决的资料准备好，无需当面交接，立夫先生即一一办妥。有一件事可以说明他对图书工作的原则立场。"文革"中，"读书无用论"泛滥，各校外文期刊大都被无情削减。在中山大学，立夫先生对此忧心如焚，终于不得不挺身坚持：《数学评论》不能削减，"停订《数学评论》就等于砍掉数学系！"这份杂志赖以保持完整。1955年起，立夫先生的夫人胡芷华女士主持数学系资料室工作，把该室办得有条不紊。他们伉俪合作无间，在中山大学传为佳话。

立夫先生倾注了大量心血的另一项基础性工作是数学名词的审定[④]。要使现代数学在国内扎根，必须能用中文书写和出版数学作品。统一当时紊乱的数学名词，为不断出现的新数学概念确定恰当名词，便成为紧迫任务。

1923年中国科学社成立以立夫先生为主席的算学名词审查委员会。原计划1931年审查完毕。经过立夫先生、胡明复先生(1927年逝世)以及其他委员的辛勤工作，20年代中期已编印成草案[⑤]。草案选用词汇广泛而不生僻，博取古籍和各国之长而自成体系，故有不少超越前人和西方各国之处。草案前列举的审定原则极具科学性和系统性，有些名词彼此容易混淆，如"无限"、"无尽"、"无穷"，则在它们之间划出明确界线。这套名词草案经过十年的补充修订、定稿后，才于1938年用《算学名词汇编》的书名由科学名词审查会出版。它奠定了我国通用数学名词的基础。可惜的是，这部名词未能普及，因而它的作用未能充分发挥。

---

① 吴大任：《怀念姜立夫先生》，《中国科技史料》1980年第3期。

② 刘良深、黄树棠：《怀念姜立夫老师》，《中国科技史料》1984年第3期。

③ 同上；《中山大学校报》(复)第186期。

④ 同②；江泽涵：《回忆姜立夫老夫子》，《南开教育论丛》1987年第4期；江泽涵：《我国数学名词的早期工作》，《数学通报》1980年第12期、1981年第2期。

⑤ 笔者曾奉立夫先生指示，为全部名词制成卡片，每个名词都准备列有中、英、德、法、日五种文字，但后三种文字尚不全。

立夫先生十分重视中外交流。他鼓励自己的学生到国外学习，参与了出国留学生的选派工作。在他的建议和推动下，北京大学请德国的 W. Blaschke 来北京讲学，请美国的 W. F. Osgood 到北大讲学两年①。对于翻译外文数学教材和专著，他一贯热心。我还在南开学习时，他就建议我翻译 M. Bôcher 的《高等代数》；我于 1933 年译成后，由他推荐出版。在中山大学，他组织领导并亲自参加翻译苏联教材和 E. Cartan 的《黎曼几何学正交标架法》②。

立夫先生还注重用数学模型来辅助教学，早在 20 年代就为南开大学从德国购置了一整套数学模型。后来在中山大学亲自指导学生动手制作。

民国时期，立夫先生的社会活动基本上都和数学事业有关。已经知道的，他是以下各委员会的委员：中华教育文化基金董事会的科学顾问委员会和科学研究补助委员会、北京图书馆购置图书的顾问委员会、商务印书馆大学丛书编辑委员会。1935 年中国数学会成立时，他在德国，被推为领导成员，抗战期间，他是新中国数学会会长。

四、科学研究

上面谈到了江泽涵先生初到北大时，立夫先生对他的告诫。从那几句话可以看出立夫先生对教学和科研关系的观点：科学研究必须建立在良好的教学基础上。笔者以为，现代数学成功地移植过来的标志是：国内有一支较强大的现代数学队伍，并作出了高水平的成果。由于立夫先生做的是开创性工作，他必须从基础做起。他毕生以其主要精力用于“教书育人”，但在组织与推动科研中，在个人科研工作中，也作了长期努力，并取得了显著成绩。

上面谈到了立夫先生的教学工作和各种基础性工作。实际上，可以认为这一切都既促使队伍成长，又推动科研开展。立夫先生直接组织人力进行研究工作是在他筹备中央研究院数学研究所时期。从 1942 年初到 1945 年初三年时间内，八位研究员完成了论文 71 篇，在当时条件下，这是令人瞩目的成就③。

下面试简略介绍立夫先生本人的研究工作。1919 年，立夫先生在 J. L. Coolidge 教授指导下的博士论文题为《非欧几里得空间直线球面变换法》。在论文中，他先后用代数方法和微分几何方法研究了射影空间的直线和非欧空间的球面之间的一种对应关

---

① 江泽涵：《回忆姜立夫老夫子》，《南开教育论丛》1987 年第 4 期。

② 刘良深、黄树棠：《怀念姜立夫老师》，《中国科技史料》1984 年第 3 期。

③ 《国立中央研究院数学研究所筹备处工作报告》1941 年至 1943 年、1944 年 3 月至 1945 年 2 月。

系[①],获得丰富结果[②]。

从40年代起,立夫先生的研究课题主要是圆(球)素几何学,1943年他在《科学记录》I上发表《圆素与球素几何的方阵理论》[③]。这是他第一步成果。1954年在中山大学科学讨论会上作题为"圆素几何的新面貌"的报告,这可以作为他第二步成果。他没有写出他的报告细节,只写了一个报告提纲,但曾向一些研究生和年轻教师讲授他的结果。在这项研究中,立夫先生用二阶对称方阵代表平面上的拉氏圆(即有向圆和点圆),用二阶爱尔米德方阵代表空间的拉氏球(即有向球和点球),再用相应的2×4矩阵作为李氏圆(即拉氏圆和有向直线以及无穷远点圆)和李氏球(即拉氏球和有向平面以及无穷远点球)的齐次坐标,于是对应于点素平面和点素空间的射影群、仿射群和欧氏群,就有圆素平面和球素空间的辛变换群及其相应的子群。这样,古老的圆(球)素几何就获得新的面貌,不但可导出已有的结论,还有着广阔的发展前景。

对于圆(球)素几何学,立夫先生还向他的中山大学弟子们谈到了他的全部计划。在他的遗稿中,一个小册子上写下了他如下的长远计划:

第一阶段:对称方阵与爱尔米德方阵(圆与球,超圆与超球),辛群变换论(Möbius群,Laguerre。群,Lie群),用方阵代数来研讨辛群几何学。

第二阶段:辛群曲线与曲面论等(圆列、圆汇、球列、球汇、球丛),用活动标架法来发展辛群几何学(伪欧氏空间的微分几何)。

第三阶段:辛群联络空间(Möbius联络空间,Laguerre联络空间,Lie联络空间)。用外微分法来推广黎曼几何学与非黎曼几何学。[④]

在立夫先生指导下,中山大学的黄树棠、何少辉得到了属于第一、二阶段计划中的一些结果。近几年来,在笔者的帮助下,黄树棠将立夫先生的第二步成果整理,并写出书面介绍[⑤];他还结合辛反演的不变圆集,得到了辛反演的辛相似类。杨淦则得到了辛反演的不变球集。这些新结果都在《圆(球)》素几何》的总标题下,在《南开大学学报》(自然科学版)陆续发表。显然,要实现立夫先生的计划,还有大量工作要做。

---

① S. Lie研究过这对应的极限情形,

② Chan-Chan Tsoo,"The Geometry of a Non-Euclidean Line-sphere Transformation",《姜立夫教授纪念册》,南开大学出版社1989年版。

③ L. F. Chiang,"A Matrix Theory of Circles and Spheres",《科学记录》Ⅰ,1942—1945。

④ 《姜立夫教授纪念册》,南开大学出版社1989年版,第54—55页。

⑤ 黄树棠:《姜立夫圆(球)素几何简介》,《中山大学学报(自然科学版)论丛》总第10期,1987年。

五、崇高的品德

立夫先生之所以能对中国数学作出巨大贡献，除了数学功力深厚外，还因为他有崇高的个人品德。

首先，他对祖国、对事业有伟大的奉献精神和坚韧的工作作风。为了中国的数学事业，他不畏困难，不辞点滴的具体工作，不谋个人私利，孜孜兀兀，自始至终。为了培植数学队伍，他教人先于“教己”[①]，不惜把个人科研长期搁置。他诲人不倦，学而不厌。请辞中央研究院数学研究所所长职务，未获批准，多次渴望回南开大学，未能如愿。他都以大局为重，并无怨言。在中山大学，他数十年不懈地指导图书工作，不辞繁琐。他的学生中有人转学几何以外的学科，他欣然加以指导；有的学生，工作不便调来，他劝其安心工作；他的孩子，远在北方，组织上要把他们调来，以便照顾，他婉言谢绝[②]。凡此种种，都表现了他以局部服从整体，为他人考虑胜于个人的广阔襟怀。

其次，他谦虚谨慎，律己极严，工作处世，治学执教，一丝不苟。立夫先生开设的有些课程，没有合用教材，而质量特高，足见其熟悉内容已达到融会贯通的境界。若把讲授内容写成教材，必是独具特色的好书，可以风行一时。但他不急于出书，任务繁重自是原因之一，更重要的可能是，他力求作品完善无缺，而又不计较个人名利。关于圆(球)素几何，他的第二步成果，本来也足以写成富有创造性、内容充实、系统完整的长篇论文，但他没有考虑这样做，也显示他一贯自我要求严格，不求自我表现的风格。1950年，他向中国科学院移交旧数学研究所的一笔鲜为人知的外汇余款，此举也是立夫先生光明磊落的一例。

第三，他大公无私，团结同道，奖掖后学，不存门户之见。在旧社会，不同籍贯，不同学校出身，不同国别留学，不同经历等等，都可以成为派别斗争的根源。在立夫先生心中，这类成见一概不存在。苏步青先生津津乐道的一件事是，当苏先生还在日本东北帝大当研究生时，先后接到厦门、北京、清华、燕京几个大学的聘电，他因研究工作尚未告段落，都谢绝了。原来，立夫先生看到苏先生发表的几篇论文，就向那几个大学推荐。立夫先生只知他是中国人，不知他是同乡；只欣赏他的数学成就，不嫌他是“东洋货”(苏先生的提法)[③]。对此，苏先生感受很深。立夫先生筹备中央研究院数学研究所时，所聘

---

① 1925—1926年，立夫先生在厦门大学时，对当时在身边做助教的江泽涵先生说：“前此数年，我把全部精力用来教书、教学生，此后我也要自己继续研究，教自己了。”

② 吴博儿：《缅怀姜立夫先生对我的教育》，《南开周报》第254期，1989年；刘良深、黄树棠：《怀念姜立夫老师》，《中国科技史料》1984年第3期。

③ 苏步青：《温中话旧》，载《温州一中八十周年(1902—1982)校庆专辑》。

请的八位兼职研究员中，就有留英、留美、留日、留德法之别，也显示了兼容并包的雅量。立夫先生这种作风，对当时数学界的团结起了良好作用。

立夫先生的高尚品质远不止这些。还应当提到的是，他向往光明：他被迫到了台湾，很快就感到走错了一着棋。他紧闭门窗，听北京广播。终于以过人的毅力，冒着风险，先个人，后家属，及时赶到广州迎接解放。

有人曾称立夫先生为当代圣人[①]，自有所据。在我看来，立夫先生的品质，既反映了中华民族传统道德优秀的一面，又反映了一位现代科学家不断追求真理的精神面貌。

立夫先生离开我们已经11年了。在此期间，社会安定，中国数学又向前迈了一大步。陈省身已经提出了新的目标：在本世纪末或下世纪初，中国要成为数学大国；在下世纪，中国要成为世界数学中心。这个目标是可以实现的：中国古代数学史和近几十年数学发展的实践都充分证明，中国人是有数学才能的。

中国数学之所以有今日的地位，是我们事业的先驱者以及几代数学工作者努力奋斗的结果。为了实现更高的新目标，我们同样需要努力奋斗。实际上，在我们前进的道路上，当前是有着不能盲目乐观的因素的。例如若干年来，有数学才能的青年愿意专攻数学的少了，在国外许多优秀的中国青年数学家不愿回国。这些都不能不引起数学界人士的忧虑。发展数学，有外部条件，即社会安定，领导重视；有内部条件，即数学工作者团结奋斗。立夫先生的实践经验是我们的宝贵财富，他的道德品质是我们学习的好榜样。只要我们继承立夫先生和数学界优秀人物对数学事业的献身精神，精诚团结，争取各界人士的支持，就必能克服面临的和将来可能遇到的种种困难，实现我们的新目标。中国是个大国，应对人类有较大贡献。

（原载《数学进展》1990年第3期）

① 陈省身：《立夫师在昆明》，《陈省身文选》，科学出版社1989年版。

张云与现代天文学

溢　美

张云，字子春。1896 年 8 月 31 日生于广东开平，1958 年 10 月 27 日卒于香港九龙。天体物理学、天文学家。

张云生于商贾之家。其父张卓南（又名礼祺），在广州经营水烟筒及银器业，有七个子女，因曾受失学之苦，乃悉力供子女读书。张云为长子，少时家境困难，然笃志力学。1906 年就读于广州，1913 年进武昌高等师范学校，1917 年卒业后于菲律宾怡朗华侨商业学校当校长，1919 年返粤于广东省立女子师范学校任教，1920 年考取公费留法。他先进中法大学，继入里昂大学，相继获理科硕士、天文学博士学位。留法期间，与当时旅法国民党人吴稚晖、李石曾相善。1925 年曾列席国际天文学联合会在英国剑桥召开的第二届大会。1926 年学成回国，即受聘于中山大学理学院任教授，而后兼天文台台长、广州气象台台长，翌年又兼广州航空学校天文教官。自此他致力于学校天文课教学，筹建校属天文台，宣传普及天文学，主持天文观测和研究。从 1929 年起，他兼任中央研究院天文研究所通讯研究员、中国天文学会评议员。1930—1944 年任中国天文学会变星观测委员会主任委员。从 1936 年起，连任中国天文委员会第一、二、三届常务委员。1937 年，他受命策动在广州的陈济棠所属飞机北飞成功，曾获国民政府云麾勋章。1939 年任中山大学教务长，在此前后，任中央研究院评议员，并为气象天文组成员。1941 年任中山大学代理校长，次年 6 月以“未能展其筹策”为由辞职。1944 年赴重庆任西北各省高等教育视察团团长。1945 年抗日战争胜利后返广州，任两广教育特派员，从事接管事宜。1946 年赴美国哈佛大学讲学，致力变星研究，1947 年又应邀赴英，1948 年回国被推为立法委员，1949 年 6 月再次任中山大学校长。广州解放前夕，离校赴香港定居，执教于中专院校，潜心天文科普写作。

张云对我国近代天文学的主要贡献之一，是在中山大学开创和发展天文学教学和科研事业。1926 年秋天，在前广东大学改建为中山大学的同时，理学院数学系陆续增设了普通天文学、球面天文学、实用天文学、天体物理学和天体力学等课程，成为当时国内唯一天文课程设置齐全、培养天文学基础人才的学系。张云担任主课，编著有《普通天文学》、《高等天文学》等教材。之后，他“以此种（天文）学科不能徒攻理论而无实习，且测量地方上的经纬度、标准时间及气象变化等均为目前所急需，而欲解决此等问题，非建设一完备之天文台不可”为由，多方游说，筹措经费，艰苦经营，终于在1929年落成我国近代最早自办的中山大学天文台。在他的主持下，天文台开展太阳黑子和变星观测、地方时测定、地方经纬度测量和气象观测等常规工作；首次测定广州市经纬度；通过广州广播电台发布标准时号；为空军提供日月出没时刻值；参加1933年第二届“万国经度联测”；组队赴福建崇安作1941年日食观测等。1933年末，张云鉴于天文台处于城区，不利作天文精细观测，乃拟定迁徙计划，着手筹建市郊石牌新址，至“七七”事变前夕建成，然1938年广州即沦敌手，天文台遂随校西迁，几经曲折，终于1942年在粤北乐昌县坪石建起简易观测室，继续坚持太阳黑子和变星观测，及至抗日战争胜利，始随校迁进石牌。1947年，中山大学正式成立天文学系，这是全国唯一的天文学系，也是解放后南京大学天文学系的前身。为了推动学术交流，1930年张云还创办了《国立中山大学天文台两月刊》。从当年1月起至1936年12月止，每两月出版一册，内容特别注意当代天文特种问题的研究及天文学界最新消息的传达，兼发表变星观测委员会会务和变星观测报告，同时刊登天文台各项天文常规观测资料和广州每月气象报告。该刊1937年起改为年刊，内容着重发表天文台的特别研究工作，并一直同国内外天文台、天文教育机构以及有关研究单位进行刊物和情报资料交换，使中山大学天文台和天文系的藏书丰富多彩。它是当时国内除中国天文学会主编的《宇宙》杂志以外唯一的天文学期刊。

张云从事的研究领域，主要是物理变星、食变星的测光研究，造父变星的统计研究和脉动理论研究。他认为：“变星研究，为近世宇宙问题中之基础工作，内容意义之丰富，占领范围之广大，有非少数之力，短暂时日，所可穷其蕴秘。然变星观测，则入门极易，仅具简单之设置——一图一远镜，已可实施工作，为天界服务。”因而，他把这一研究领域作为“天学无继的中国迎头赶上”的突破口。他于1926年就发表了《变星研究法》，1930—1936年间陆续发表了《联合观测变星之意义》、《司父——变星之特征》、《一般变星之观测法》、《茄勒世司父——变星之周期光曲线》、《造父变星之双星观》、《造父变星之脉动观》、《太阳的变星观》等论述性和指导性文章。他所主持的变星观测委员会的成员，在这期间从事实测工作的多达20人，其观测结果均发表于《两月刊》上，研究内容均为长期变星和无规则变星。这在当时学术不振、气息郁闷的中国土地上，如同严冬中生长的一根嫩苗。为了使这嫩苗得以茁壮成长，他在《变星观测经验谈》一文中，论述了用阿格兰德法，通过单筒望远镜对变星作视观测时，对选星认星、远镜的使用、变星类别应注意的问题、帕克赫斯特(Parkhurst)及延德尔(Yendell)观测的经验、珀金杰(Purkinje)及达夫(Dove)现象等方面，分条缕述，使观测者易于借鉴。而张云本人则自选短周期变星一组，使用天文台的15厘米赤道仪，用阿格兰德法作了系统的观测。观测结果经过整理，发表在《两月刊》上的有小熊座 V、仙后座 SZ、仙后座 RW、仙后座 RS、飞马座 TW、天鹅座 TX、英仙座 SV、御夫座 RX 等篇。这些论文，都根据实测得出各颗变星的平均光变曲线，与前人所作的结果互为印证补充，当时这在国内是为数不多的具有国际水平的工作。另外还有 13 颗此类造父变星观测资料积存，未及整理分析。

1947 年，张云在哈佛大学期间，先是协助当时正在叶凯士天文台讲学的张钰哲发现一颗新食变星(BD-6° 2376)。他根据张钰哲的来信，经过约两个月的时间，检查了哈佛天文台的天文底片，进行测量、计算，最后确认是新食变星，被国际组织正式命名为麒麟座 FW 星。接着，在当年 12 月又发现了一颗北冕座 R 型新变星。先是叶凯士天文台恒星光谱专家 W. P. 拜德尔曼(Bidelman)注意到 HD25878 星的光谱型与北冕座 R 型变星很相似，要求验证。张云反复查阅了哈佛台 1899 年以来约 50 年的 1170 张底片，终于发现该星完全合乎北冕座 R 型星的类型，是一颗不规则变星，被正式命名为鹿豹座 XX 星，这一新发现，载于哈佛快报卡第 866 号，1948 年发表于美国《天体物理学报》(The Astrophysical Journal)上，为国家赢得了荣誉。这一年他发表论文三篇。在哈佛期间，他仍然关心着中山大学天文台观测设备的建设，经他游说，哈佛大学将曾经作出重要天文研究工作的、口径为 28 厘米的德雷柏折光望远镜赠送给中山大学天文台。1950 年该镜安装完毕，用于教学和观测。后安放在南京大学天文系供学生观测实习。

张云从 20 年代末起，还译著了《天河系统和螺旋星云》、《星的光学分类》、《星球和原子》、《冥王星》、《最近土星光环隐匿的说明和观测》、《天文学讲话》、《月球》、《地球》等科普作品。他作为一个富有民族意识的学者，忧虑祖国天文事业凋零无继，他说，“我国是天学先进的国家……我们不应长久拿我们的古董来夸耀于人，靠着一些祖宗的旧遗产来自满”，而应“用连绵不绝的精神，向天学挥真理”，“向期望我们的天学无继的中国负若干重责。”纵观他一生中为发展我国近代天文学所作的一切，可以说他是民国时期为数不多的一名有所建树的天文教育家和天体物理学家。

参考文献

[1]Yuin Chang, Monographie prelimine des Cepheides，法国里昂，1926。

[2]张云，变星研究法，国立中山大学，1926。

[3]张云，普通天文学，国立中山大学，1933。

[4]张云，高等天文学，国立编译馆，1937。

[5]张云，二十世纪之天文学，台湾正中书局，1957。

[6]张云，造父变星之双星观，国立中山大学天文台两月刊，4 (1933)，2，第 29 页。

[7]张云，造父变星之脉动观，国立中山大学天文台两月刊，4 (1933)，3，第 61 页。

[8]张云，几个无规则变星之观测，国立中山大学天文台两月刊，4 (1933)，5，第 127 页。

[9]张云，变星观测经验谈，国立中山大学天文台两月刊，7 (1936)，3，第 53 页。

[10]Yuin Chang, The new eclipsing variable BD—6° 2376, *Ap. J.*, 106(1947), 2, p. 303。

[11]Yuin Chang, Light-curve of a new variable of R Coronae Borealistype, *Ap. J.*, 107 (1948), 3, p. 413.[张云,一颗北冕座 R 型变星的发现,台湾中央研究院院刊,第一辑(1954).]

[12]Yuin Chang, Changes in the period and light curve of the cluster-type Variable SX Ursae Majoris, *A. J.*, 54 (1948), 1, p. 16.

(原载卢嘉锡主编《中国现代科学家传记》第 2 集,科学出版社 1991 年版)

陈焕镛和阿诺德树木园

W. J. Haas 著 许兆然 译

哈佛大学阿诺德树木园位于美国马萨诸塞州的Jamaica平原上，占地约1590亩，离波士顿市中心约8公里。树木园创建于1872年，New Bedford商人J. Arnold以他的遗产作建立该园的基金。此捐款要求哈佛大学“建设一个树木园，尽可能引种所有的，包括本土和国外的树木和灌木种类”。现在，阿诺德树木园以亚洲树种为主，而中国产的树种更是种类繁多，成为欧美国家研究中国树种的一个中心。陈焕镛于1915年的秋天来到波士顿，进入哈佛大学阿诺德树木园学习。他当时刚毕业于纽约州立Syracus大学森林学院，已经阔别他的家乡(上海市)来美国学习了五年。从现在开始，他要在树木园的树丛中学习他的研究生课程，再苦读四年。那时候，C. S. Sargent(1841—1927)已经把阿诺德树木园建成一个研究中国树木的中心。他于1873年就任树木园主任直到去世。Sargent对东亚植物的兴趣受启迪于A. Gray，后者首次发现东亚和北美东部的植物区系有密切联系。这种关系意味着两地的树种也许能够互相引种和生长良好。正当Gray的研究为Sargent引种东亚植物提供理论基础的时候，E. Bretschneider(1833—1901)，一位住在北京的内科医生给Sargent寄来了大量的中国种子。这些种子经Sargent栽培，在美国的土壤上生长起来。从那时起，Sargent不断地收集中国植物。欧洲的同行给他提供种源，他自己也亲自到中国采集种子。1907年，Sargent雇用E. H. Wilson(1876—1930)，原英国Veitch & Sons园艺公司职员，为树木园到中国中西部采集。Wilson采集的大量中国中西部植物种使Sargent和阿诺德树木园从此闻名于世。此后Sargent得到收藏家和人文学家Joseph F. C. Rock(1884—1962)的帮助。由那时起，树木园收集的中国树种迅速增加。无疑，阿诺德树木园栽种和收藏到的大量中国树种和它们的标本使树木园成为一个重要的研究中心，而树木园的研究员，特别是A. Rehder(1863—1949)，对这些中国植物的研究，更进一步对中国植物区系的认识作出了贡献。

就像美国人要到欧洲的标本室研究美国植物一样，中国人要到美国和欧洲来研究中国植物，因为中国植物学家若不利用西方标本室收藏的中国材料，他们要开始研究自己国家的植物区系就象在黑暗中摸索一样。阿诺德树木园比世界上任何其他西方植物园收集到的中国植物都要多。陈焕镛到哈佛大学的目的就是为了利用这些材料,引用他自己的话,“在这里花费几年时间所见识的中国树木,也许相当于我花一辈子的时间在中国考察和研究才能见识到。”

在美国受教育时期(1909—1919)

M. Case 是第一个引导陈焕镛理解阿诺德树木园重要性的人。这位马萨诸塞州 Weston 人于 1909 年用她继承的地产在 Weston 建立一个教育和农作物试验研究所,即今天阿诺德树木园的一部分,称为 Hillcrest 花园。陈焕镛在 1909 年从上海市来到美国,先在 Amherst 的马萨诸塞州农学院学习森林学和昆虫学。于 1910 年开始,Case 雇用陈焕镛为暑期短工。在 1910 年和 1919 年之间有五个暑期,陈焕镛帮 Case 管理和教育 Hillcrest 的其他年轻短工。大家都喜欢他,Case 觉得陈焕镛的西班牙裔母亲给他遗传了平易近人的态度。

陈焕镛在 Hillcrest 出色的工作也许不但由于他母亲的影响,他父亲的影响也可能是其中重要原因。陈的父母相遇大概在他的父亲任清朝驻古巴的外交使节的时候。陈焕镛有十四个兄弟姐妹,他排行第十三,1890 年生于香港,之后不久,全家搬到上海。他的父亲在一男生学校教英文,该校名为 Thomas Hanbury 学校,纪念出资设立该校的英国商人 Thomas Hanbury。陈焕镛在 Hillcrest 的暑期工作类似于他父亲晚年所从事的教育。

阿诺德树木园的植物学家通过在 Hillcrest 开设暑期课程使它成为传播园艺知识的中心,其中 J. G. Jack(1896—1935),为当时的树木园助理教授,和他的未来学生陈焕镛建立了友谊。这一友谊多半是由于对中国植物的共同兴趣而发展起来的。Jack 曾于 1905 年自费到中国为阿诺德树木园采集标本。

陈焕镛在 Hillcrest 度过了第一个暑期之后,以森林学为职业的抱负加强了。决心富强自己国家的中国学生常常要求自己所学的科目是中国未来的关键行业。在当时中国学生发行的 1911 年 1 月刊《中国学生月刊》中,陈阐述了森林学在中国的重要性。他生动地描绘了森林被毁后导致的恶果:洪水泛滥,灾荒,以及不良气候。中国曾经是绿树成荫、碧水晶莹的绿洲,但是不加选择地砍伐森林已经使得整个整个的省份变成荒野,肥沃的表土顺着河流被带到大海。陈焕镛号召发展教育。他认为教育是对付无知的解毒剂。他提出建立专门培养森林工作者的学校,利用西方科学的长处,采取政府和民众配合的办法,来恢复中国的森林。为此,中国学生应该争取全国人民来关心造林。

当时在美国各地的中国学生人心振奋,因为 1911 年 10 月辛亥革命推翻了清朝,

1912年,新政权中华民国成立了。陈焕镛在森林学方面的抱负需要他接受更多的专门训练。1912年,他从马萨诸塞农学院转到纽约州立Syracus大学森林学院。Syracus具有一流的设备,在Catskill山有一个专门的森林夏令营。陈焕镛1914年造访了这个夏令营。在Syracus本科期间,陈焕镛是当时中国学生会的积极分子,该会在全美遍布分会。1913年8月中国学生会在Ithaca康乃尔大学举行第九次年会。陈焕镛参加大会并被选为《中国学生月刊》的英文编委。当时国际银行辛迪加在操纵中国贷款并垄断中国金融。在1910年该辛迪加是英法德美四国合伙,到1912年变成六国,增加了日本和俄国。在Ithaca,中国学生会代表们演出讽刺当时中国政府的节目,谴责中国总理,因为他已接受"五国贷款"。

会后的第二年,由于东西方文化冲撞和接触引起的日益增长的思想苦恼导致陈焕镛在《中国学生月刊》上发表了两篇短文,道出他的内心痛苦。他写的《东方和西方》很可能是以他自己的经历为题材。小说描述了一位年轻的上海小伙子抛下了他的未婚妻梅小姐到美国留学。她"很美,不同于美国姑娘的外在美,而是娴静和温柔,富于东方姑娘特色"。在新英格兰州立学院学习后,这位年青小伙子西化了,爱上了学院的一位中国研究生。这位女士更适合他的美国化口味。俩人结了婚,他再也不回中国了。在东方的大陆上,梅小姐心碎了,希望成了泡影,她终于进了修道院,和那里的寂寞、低声的祈祷及教堂的钟声长相厮守。

陈焕镛的另一篇短文题为《苦力》,抗议西方殖民者对中国人的虐待。故事描写一个香港苦力以拉黄包车为生。劳累一天后,浑身散了架的苦力所赚到的钱仅够带回给他的老母亲糊口。这时一个英国士兵要苦力拉车送他回营地。这个英国兵已经迟到。车夫却累得走不动了,哀求歇息一下,醉鬼般的英国兵还一个劲叫车夫快跑,要跑得比魔鬼还要快。拉到半路车夫实在支持不住而摔倒,黄包车也摔倒在地上。咆哮着的英国兵一刀扎到车夫身上,无情的刺刀穿透车夫无力的肉体。苦力车夫的尸体被一脚踢进车道旁的露天水中。……

1915年陈焕镛毕业于Syracus森林学院后,进入哈佛大学的Bussey应用生物学学院学习。他没有成为一个森林学者,倒打算以树木学为职业了。阿诺德树木园没有开设正规课程,但学生们可以在Bussey学院注册而在树木园跟J. Jack做研究。同年,另一位中国学生钱崇澍(1883—1965)也在Bussey注册跟Jack做研究。在树木园学习期间,钱崇澍在新英格兰植物俱乐部杂志*Rhodora*上发表论文。陈焕镛后来为此庆祝,称赞钱崇澍为"第一个描述植物新种的中国植物学家"。第二年,又一位中国学生钟心煊(音译,原文为Zhong XinXuan)也来到这里。J. Jack擅长教学,学生们都称赞他。他多方帮助学生,常常自己掏腰包支付学生们在树木园研究工作的工资或帮助学生们申请哈佛大学的贷款。他从 1916 年开始为陈焕镛办理贷款。

当时在哈佛大学有十多个中国学生就读于不同的系,陈焕镛比他的多数同胞更富于冒险精神。中国学生大部分都住在研究生宿舍或靠近学校,陈焕镛则起初住在 St. Botolph,后来搬进 Gainsborough 街。两者位于波士顿 Back Bay 艺术中心,离马萨诸塞州园艺学会、交响乐大楼和新英格兰音乐名胜仅仅一石之距。在波士顿学习的第三年,波士顿环球报曾采访过陈焕镛,一个"从中国来到波士顿研究中国树木"的外国学生。陈焕镛详述了他在树木园的学习。在当时,中国人来美国学习已有 25 年的历史。那年约有 1,600 名中国学生在美国留学,大部分在学习将直接应用于中国科学的项目。

在哈佛大学四年的每一个学期,陈焕镛都注册 J. Jack 的森林学课程。他学习优良,于 1919 年学习结束的最后一年春天,获得哈佛大学的 Sheldon Travelling 奖学金,准备到中国南部采集植物标本。他毕业那天,C. Sargent 召见这位才华出众的中国学生,声音粗哑地训导他:"陈,你的植物学生涯就要开始了。"Sargent 叫他回到家乡认识野外植物,而植物学上尚未开发的海南岛将是最好的地方。Sheldon 奖学金可以支付一年的工作费用。正在整装待发,哈佛大学财务处发来一个不寻常的通知:陈焕镛所获的奖学金必须扣除部分以偿还 J. Jack 为他申请的贷款。幸好 Bussey 学院院长,昆虫学家 W. M. Wheeler 帮陈焕镛出面说情。Wheeler 正在研究世界性的蚂蚁分类,后来包括了中国的蚂蚁。他赏识让陈焕镛为阿诺德树木园采集中国植物的价值。

由于 Sargent 想扩大引进中国植物的计划,他安排中国学生到树木园学习,然后回国采集标本。当时陈焕镛是执行这样任务的第一位中国学生。计划要求陈于 9 月份离美回国,在中国野外工作一年,然后再返回美国学习一年,整理所采集的标本。Sargent 要求陈焕镛尽可能采集木本植物和种子,而 Jack 则鼓励陈把自己的领域扩大到草本和昆虫。所需费用由陈所获的资助和将来出售采集材料之所得来支付。为了寻找进一步的经费来源,J. Jack 曾出面和 B. L. Robinson 教授商量,希望后者出资为哈佛大学 Gray 标本室购买陈将采集的材料。

海南岛位于中国南部,与广东大陆隔海相望,属于热带气候,当时尚未开发。西方人在那之前已有文章记述对海南的探险。第一个横跨海南的人是 B. Henry,原籍美国宾州西部的新教传教士。后来,他于 1893 年就任广州基督学院第一任院长。广州基督学院即岭南大学的前身,模仿新教徒建立的 Syrian 学院来设计,后者即今天的贝鲁特美洲大学(位于中东黎巴嫩)。Henry 曾于 19 世纪 80 年代游览海南岛,专门研究海南土著。据他报道,一些年青土著妇女"相当漂亮,尽管她们脸上纹了蓝色的线条"。

带上一本探险手册和依靠"年青人的犟劲",陈焕镛只身一人到了海南。疟疾天天威胁着他。在土著村寨里坚持了九个月,他终于病倒了,高烧至 40.6℃,满身都是蚂蟥叮咬的伤痕和营养不良引起的病痛,左手肿得像冬瓜一样,最后被人用担架抬出了海南中部的五指山区。

陈焕镛返回南京疗养,并包装他采集的植物、昆虫和两栖动物标本,准备船寄到美国波士顿。没想到祸从天降,这些标本被一场大灾烧毁于中国商船公司的上海货仓。此时,陈至少还保存着那批海南标本存于南京的副本。此后不久,中国海关一官员为陈焕镛出资到湖北西北部采集。于是,陈焕镛、钱崇澍、秦仁昌和采集员老姚于1922年一起到湖北采集植物。老姚是一位退休采集员,曾帮助 Auguotine Henry 采标本,后者当时是在中华帝国海关服役的爱尔兰籍医生。陈焕镛和钱崇澍的草木植物标本寄到哈佛大学的 Gray 标本室,陈的木本标本寄到阿诺德树木园。湖北采集的成功补偿了陈焕镛海南之行的失败。

南京年代(1920—1927)

陈焕镛于1920年在南京开始任教。在20世纪初期数十年间,中国存在着两个教育系统,中国人办的教育和洋人办的教育,后者多为基督教会学校。小学和中学的中办和洋办学校没有什么大冲突,但大学的中办和洋办学校在教师和财政方面常有竞争。竞争最激烈的是在北京、广州和南京,这些大城市同时有中办和洋办的大学。陈焕镛的第一个教职是金陵大学教授。金陵是美国驻南京的新教会神职人员和在纽约的美国基金会共管的教会大学。金陵大学以基督精神为教义,学生要上宗教课和上教堂。中国籍教授都任教于基督教科目中,每周要上一节圣经课。陈焕镛在每周一次的圣经课中讲的都是森林和诗的美,令教师和学生们听得津津有味,却只字没有提到圣经。

后来,陈因为不满金陵大学而转任国立东南大学教授,他说:"我是个中国人,不想为基督学校工作。"东南大学是中国人在南京新开办的大学,当时的校长郭秉文(Guo Bingwen)是第一位取得美国哥伦比亚大学师范学院博士学位的中国人。他网罗人才,招聘归国留学生为东南大学教授。虽然东南大学财经来源不稳定,但是它有一流的教授并且是中国人开办的,从而吸引了有为的中国人。和陈焕镛一样,一些金陵大学的中国籍教授也转到了东南大学。金陵大学当局对一流教授的离去感到恼火,从而加剧了和东南大学之间的财经竞争。

东南大学的理科比较强,特别是生物学。由此,中国科协在南京设立生物研究所时主要聘用了东南大学的教授作研究员。当时东南大学植物学教授胡先骕(1894—1968)被任命为该所植物研究室主任。胡先骕于1916年毕业于加州柏克莱大学,并于同年回国工作,直至1923年又到哈佛大学读研究生。胡于1916年即任教于南京高等师范学院,即东南大学的前身,也许因为陈焕镛的影响以致胡决定到阿诺德树木园学习。

胡先骕最初和阿诺德树木园的联系是写信给 C. Sargent。寄送标本是和植物学名流联系的普遍途径。1920 年,胡寄给 Sargent 一批采于江西的木本植物标本以换取对这些标本的定名。然后,他按照 Sargent 的鉴定名录将存在南京的副份标本写上拉丁学名,由此建立了东南大学的研究材料。

1923 年 9 月至 1925 年 6 月,胡先骕在哈佛大学 Bussey 学院学习,选修了 J. Jack 的四门森林学课程。以他曾帮助过陈焕镛的办法,Jack 帮助胡申请了哈佛大学的贷款。但胡没有借到陈曾得到过的那么多。因为陈的哈佛大学贷款尚未还清,哈佛大学的一位官员批评 Jack 帮助陈"钓走哈佛大学的奖学金和其它利益"。

Jack 后来写信告诫陈,他的大意令 Jack 在哈佛大学帮助其他中国学生申请贷款时遇到困难。基于 Jack 的批评,陈焕镛马上还了一半的贷款。胡先骕于 1925 年返回东南大学后,从 Jack 那里了解到陈焕镛贷款的情况,感到哈佛大学当局已经对中国学生产生偏见,尽管 Jack 并没有因陈的贷款未还清而误解其它中国学生。考虑到其他在哈佛大学的中国学生的利益,胡先骕出面筹款还清了陈焕镛的另一半贷款。

陈焕镛当时无法还清哈佛大学贷款的客观原因是东南大学的教授工资常常拖欠,有时长达八个月之久。尽管经济困难,陈在南京期间著述颇多。他开始于阿诺德树木园的著作《中国经济树木》于 1922 年完稿送交出版。同年,他写了关于中国和日本的松类比较,发表于《中国科学生物研究论文集》首卷。这些以英文出版的《论文集》为中国科学家在国际科学领域增加了一页。此后,通过交换《论文集》,生物研究所建立起自己的图书馆,增加了世界各地的研究刊物。

至 1923 年底,灾难又再降临,东南大学的科学大楼被大火烧毁了,置于其中的图书馆和收藏自然科学材料的标本室毁于一旦,成千上万辛辛苦苦采集和精心制作的标本以及它们的标签和文献资料随烟而去。陈焕镛为此痛心疾首,已经开始了的事业又得从新开始!而此时的金陵大学则颇有点幸灾乐祸,以此讽刺东南大学的同行。1924 年春天,东南大学准备接受由秦仁昌采集的一套藏于国立地理学会的标本。秦当时就读于金陵大学,同时在东南大学任助教。金陵大学的植物学家 A. Steward 想挖东南的墙脚,把这套标本吸引到他的标本室。他马上写信给 E. D. Merrill(1876—1956),后者是当时研究中国植物的一流美国专家。Steward 知道 Merrill 和华盛顿的联系能够影响这批标本的去向。

Merrill 在就任菲律宾科学局局长时已成为研究中国植物的一流专家。他致力于促进研究所之间的联系和帮助建立标本室,故而影响广泛。他曾帮助岭南大学和金陵大学建立联系;他鉴定过大量的中国植物的标本,在 1914 年至 1929 年间,他鉴定了大约

75,000 份中国植物标本。1924 年,Merrill 转任加州柏克莱大学农学院院长,这个重要职务增加了他的影响。

当 Steward 于 1924 年写信给 Merrill 时,收藏在西方的中国标本还比存在中国本土的多。Steward 装出一种进步姿态来给他的狭隘目的辩护,说:“这么多中国植物标本完全流出这个国家,对在中国工作的植物学家来说既是一种不便,也是一种遗憾。”当时已经决定把国立地理学会的标本留在中国,并归入东南大学的标本室。但 Steward 散布流言,说东南大学不安全,去冬的大火是个好教训:它收藏的标本没有好好整理,管理人员无能,无真正兴趣,又没有合作精神。Steward 专责备陈焕镛的不是,因为金陵大学出资为陈 1922 年到湖北采集。他指责陈欠他的标本,并恼火陈的教父朋友 Jack 教授原要鉴定海南的标本,却收了陈在湖北采集的木本植物标本。Steward 觉得阿诺德树木园的 J. Jack 是一股支持这批标本归入东南大学的力量。可是 Steward 无处诉苦,因为 Merrill 和陈有交情,并热心帮助鉴定陈的海南材料。金陵大学想获得这批国立地理学会标本的企图最后没有得逞。

从 1925 年起,植物学研究在东南大学又有了起色。秦仁昌从金陵大学毕业后开始在东南大学全勤工作,同时胡先骕从哈佛大学回到了东南大学。胡像陈一样,在阿诺德树木园期间赢得 C. Sargent 的信任。在 Sargent 和 M. Case 两人就任阿诺德树木园基金会委员时准备筹措一笔经费作中国植物考察使用。若东南大学获得这笔经费,胡先骕将兼管金陵大学的参予者。胡曾天真地和金陵的农林学院院长 J. Reisner 谈论此事。

Reisner 怂恿 Merrill 帮助金陵取得此笔考察资金。他跟 Merrill 说:“没有人比我对中国人的抱负更富于同情心:胡虽然是强有力的中国主义者和热衷于植物学,不幸的是他的热情从不曾成功地把东南大学的标本室组织好,以使它成为一套有用的材料。”当然,Reisner 又拿东南大学的火灾为证。他指称生物研究所收藏的由胡管理的标本资料也像其它的中国植物标本室一样,欠缺有效的管理,以致于失去其本来价值。Reisner 请求 Merrill 推荐金陵大学和 Sargent 的阿诺德树木园合作。胡发现了 Reisner 的企图而感到恼火,指责 Reisner“总是损害我们的友谊和合作:假如此即所谓的‘基督精神’,就毫不奇怪我们的年轻人为什么在努力推动全国性的反基督宣传了”。

1925 年返回中国后,胡先骕就和陈焕镛开始一项长期的和后来富有成果的合作,撰写《中国植物图谱》,一套图文并茂的中国植物丛书,其首卷于 1927 年出版,绘图和活植物的比例是 1∶1。两位作者赠书 C. Sargent,称“由于他对中国植物学的浓厚兴趣,我国木本植物的知识已经大大地前进了”。同年,陈焕镛以休假一年离开东南大学,前往研究华南植物区系。他受聘为设在广州的国立中山大学教授,但那年冬春两季的大部分时间他却在香港植物园和秦仁昌一起研究那里的中国植物标本。自那年之后,陈没有再回到东南大学而留任中山大学教授。胡先骕也离开了南京，就任新建于北京的静生生物研究所植物室主任。

在华南建立研究所(1927—1937)

中山大学当时发展很快。那时的中国基金会掌握着美国豁免的中国义和团战争赔款，并决定支持陈焕镛的研究。基金会于 1928 年拨款给中山大学建立一个新的植物研究所，以陈任所长。第二年，基金会又任命陈为中国基金会科学教授，从而确保了陈的工资收入。于是，陈提出了雄心勃勃的计划，在华南开展大量采集，通过和阿诺德树木园的 A. Rehder 以及加州大学的 E. D. Merrill 交换材料，来建立起自己的图书馆和标本室。Merrill 的主要兴趣是华南植物，他和陈建立了密切的工作关系。Merrill 尊重陈，因为陈的工作质量高，尽管岭南大学向他抱怨陈焕镛，也没有改变他对陈的看法。

Merrill 衡量一个植物学家是看他的标本质量和野外记录。1932 年以前，岭南大学寄给 Merrill 鉴定的标本大部分来自 F. McClure(1879—1970)，后者毕业于美国 Ohio 州立大学，于 1919 年到岭南大学任教。McClure 寄给 Merrill 的标本常常没有花果，又没有详细的记录和标签，标本太小而无法分割。后者对 Merrill 很重要，他常常需要切取标本的一小部分寄给有关专家帮助鉴定。Merrill 曾严厉地批评过 McClure 寄来这样低质量的标本，而 McClure 则埋怨他雇佣的采标本的苦力没有文化，不懂采集。相比之下，Merrill 特别喜欢陈焕镛寄来的标本，陈则把这归功于他的采集助手是大学生，不但懂得采，而且会观察。

基督教会办的岭南大学和中国人办的中山大学之间也有摩擦，但相互关系没有金陵和东南两大学的那样紧张。岭南大学和中山大学植物学同行之间的摩擦似乎源于岭南大学想在华南执牛耳，这种愿望也许跟当时的岭南大学校长 J. M. Henry 有关。他是华南探险家和第一任岭南大学校长 B. Henry 的儿子。James 也许觉得陈焕镛刚到华南而不以为意，但岭南大学的领先位置显然受到威胁，因为陈迅速地掌握了华南植物研究的主动权。当时岭南大学《岭南科学杂志》编辑兼生物系主任 W. Hoffman 和陈焕镛有隔阂。其实，陈对岭南大学的任何人也没有成见，但 Hoffman 疑神疑鬼，向 Merrill 告状，说陈与某些科学家及研究所有暧昧关系。

按陈焕镛的解释，两家的不和是因为他不愿意接受岭南大学的计划。当时岭南大学获得中国基金会一笔较大的资助，Hoffman 和陈以及岭南的几个人开会讨论双方合作。Hoffman 提了三个建议：两家交换标本，划分势力范围，和不在同一季节到同一地点考察。陈焕镛答复，交换标本并不需要以岭南大学取得这笔资助为条件，而其它的两个建议则是在合作面具下的限制。他直截了当地说："我来广东是为了研究广东的植物。只要有条件和需要，什么地方和任何时间，我都可能进行必要的考察。目的有两个：出版一本高水平的广东植物志、收集并栽种尽可能多的珍稀植物以保护它们不至于绝灭。"

至1930年，陈焕镛的影响已经扩大到国内外的科学团体。陈一般不在洋办的学报上发表论文，但他于1930年在《岭南科学杂志》上发表《森林学和资源保护》一文，希望增加外国学者对中国一个最严重问题的认识。同年，陈领导的植物研究所开始出版英文学报。在那之前，中山大学的学报仅发表中文论文，研究也只限于地区性的问题。新的英文学报欲"把科学作为一个世界性的整体"。陈接受 Merrill 的建议，用一个单词作这个新学报名以方便引证，并取名为 *Sunyatsenia* 以纪念"共和国之父"孙逸仙(即孙中山)。

1930年，陈焕镛参加了在爪哇举行的第四次泛太平洋科学大会，提交一篇关于广东植物的论文。同年8月，他又参加在英国剑桥举行的第五次国际植物学大会。这次大会首开记录，设有一个中国植物专题讨论会，也是第一次有中国植物学家参加的国际植物学大会。中国植物专题讨论会把研究中国植物的专家从列宁格勒、哥本哈根、柏林、维也纳、佛罗伦萨、巴黎、伦敦、爱丁堡、阿伯丁、纽约、南京和广州吸引到一起。陈代表中国政府、中国科协和中山大学农林植物研究所参加会议。他在专题讨论会上发言回顾中国植物学发展的三个阶段：古代中国人的研究时期、早期欧洲人的研究时期和现代中国人的研究时期。

第一个时期从第1世纪到19世纪，植物学知识以草木学、百科全书和字典的形式出版；第二个时期开始于18世纪，欧洲植物学探险者在中国采集植物，丰富了西方标本室的材料，陈在欧洲期间研究了这部分材料；第三个时期是中国人自己"承担起在科学基础上重新检查自己国家的植被的任务"，这一时期开始于1916年钱崇澍在 *Rhodora* 上发表他的毛茛属新种。陈还总结了其他一流中国植物学家的研究成果，包括钟心煊、胡先骕、秦仁昌和他自己。这上述五人中，只有秦仁昌没有在哈佛大学学习过。陈介绍了华北、华中和华南的主要植物学研究所，概述了他们的图书馆和标本室的成长过程。听众中很多人都熟悉这一历史，因为通过交换标本和资料，他们已经得到了中国植物学家出版的整套刊物，连同带有中国植物学家标签的标本，归入自己的图书馆和标本室。陈希望他们继续合作，帮助中国人建立完整的文献和资料收集。

会议前后，陈抽空研究了伦敦邱园的馆藏资料，并和 Merrill 讨论双方的合作。1930年初期，Merrill 从加州大学转到纽约植物园就任该园主任，他有资金作植物考察。陈提议纽约植物园和中山大学合作考察海南植物。这一提议后来发展为连续几年的一系列合作考察。这次欧洲之行是陈焕镛植物学生涯的一个里程碑，现在他和西方同事平等地工作，成为国际植物学团体的一分子。

在30年代，华南的植物学研究在陈的带领下稳步前进。1934年，中国基金会把陈从科学教授提升为研究教授，授权他协调广东和广西两省的植物学研究。基金会和广西省政府共同出资建立广西大学植物研究所，并任命陈为所长。研究所占用原英国领事馆在梧州的房子。当时广西大学里的情形是令人惬意的。校长马君武(Ma Junwu)对生物学特别感兴趣，曾翻译达尔文的《物种起源》，支持陈焕镛的工作。

1935年，Merrill从纽约植物园转到哈佛大学，主管阿诺德树木园和整个哈佛大学的植物学材料。Merrill的新职务给陈焕镛和整个中国植物学界带来好处，现在，一流的中国植物学的西方专家和哈佛大学丰富的中国植物材料结合到一起。同年，陈焕镛和胡先骕出版《中国植物图鉴》的第四卷，赠书Merrill"纪念他对海南和广东植物区系研究的重大贡献"。

陈焕镛在30年代是高产的，成为中外科学家公认的华南植物学的一流人物。人们说他感情丰富，他的私生活也变成中山大学、岭南大学和广西大学植物学同行之间闲话的一个主要话题。30年代中期，陈开始和他的侄女(原文是Niece)陈淑珍合作研究中国金缕梅科。陈焕镛的前妻是一香港富商的女儿。这个婚姻没有遗下子女。前妻过后，他再婚的妻子是他以前的管家，后一婚姻遗传下一男一女两个孩子。

抗日战争时期(1937—1945)

在1937年抗日战争爆发之前，中国的植物学和陈焕镛主持的研究都进展迅速。日军占领了首都南京之后，制造了震惊中外的南京惨案。陈坚持在广州的研究所工作直到1938年10月广州沦陷。后来写信给Merrill时描述了他如何在日军轰炸下逃到香港：

> 炸弹就落在我们研究所的大楼一带。……你曾经建议把标本室和图书馆搬到香港，并准备好可以立即船运到纽约，所需费用由你支付。……我们设法搬了。最后，广州完全撤退了，但我却自己疏忽而进了沙面(当时广州的外国租界)。日本人雇用德国人来搜查藏在沙面的中国难民。他们半夜来到我藏身的地方，好在我骗过了纳粹们。后来别无他途，我只好扮成苦力步行逃到香港。

到香港之后，陈和其他同事努力恢复研究。虽然中国基金会继续提供资金，但费用不足。为了使研究所能运行，他妻子的妹妹把自己的房子抵押出去，为研究所提供资金。陈曾经电告 Merrill 求援，Merrill 从自己的工资收入中汇过来小额美金。日本人于 1941 年圣诞节占领香港。日本兵亮着刺刀闯进设在九龙的中山大学植物研究所。陈焕镛再次成功地保护了这个研究所，他请求日伪政权的广东省教育主任允许把中山大学的植物学文献和标本搬回广州，获得批准。陈被任命为伪政府的广东大学教授，该大学占用了原岭南大学的校园。由此，植物研究所又回到了广州。

日本战败后，国民政府控告陈焕镛为文化汉奸，因为他曾经为伪政权效劳。陈没有遵从中国人的传统，和敌人绝对地抗战，以致他自己的反对派现在获得机会攻击他。当时的教育部调查委员会和中山大学一群教授员工代表控告陈曾经就任日伪政权的“国际宣传局”局长。陈的辩护律师是当时中山大学法律教授，曾经被指定为日军驻华南司令的辩护律师，他们出示了从 Merrill 和其他同事的来往信件，证明陈的行为确实保护了研究所的标本室以及有关文献资料。由于实际上并没有什么“国际宣传局”存在过，也由于陈的行为对保护研究所的标本和资料这点来看符合情理，对他的控告后来终于撤销了。

Merrill 在 1946 年曾经安排资助想让陈焕镛到哈佛大学工作一两年。当时对陈的犯罪指控已经撤销，他似乎可以成行，但中山大学校长却要求他留在中国。陈“没有其他选择，只有服从”。后来，陈努力使他领导的在广州和广西的两个研究所重新运行，但事不尽如人意。第二年，他变得越来越失望。在广州的研究所，人们的收入不敷支出，经受着不满、失望和意志消沉的折磨。时间在无情地流逝，自从日本入侵以来，研究所就一直没有过任何发展。陈写信给 Merrill 说：“我才 60 岁多一点，却除了孤独的晚年之外看不到任何前景。无论是精神还是肉体，我都完全疲倦了，仅以丁点儿乐观支撑自己挣扎着做点事。”他也想为其抱负作最后拼搏，问那好像不知疲倦的 Merrill：“以你丰富的生活经历，你觉得我该做点什么来解除这失望和厌倦呢？”

陈焕镛当时还不知道 Merrill 向他隐瞒了自己的失意。Merrill 在 1946 年辞去阿诺德树木园主任一职，原因是在如何处理阿诺德树木园的私人捐款时发生争执。那些捐款主要是 Merrill 筹集的，他向捐款人强调这些钱仅用于树木园并将尽可能迅速地增加树木园栽种的树木。人家批评 Merrill 拿回来太多使树木园消化不了，哈佛大学当局主张把阿诺德树木园的捐款用于发展整个哈佛大学的植物学研究。Merrill 反对这个主张，坚持阿诺德树木园建园的最初宗旨，指责哈佛大学当局的主张危害了 Charles Sargent 的一贯宗旨。最后，Merrill 斗不过哈佛当局，他的身体也垮了。

1949 年 6 月，陈焕镛写信给 Merrill，告诉他曾想挽回广西的植物研究所但无济于事。当时华南的形势已经紧张起来，那是 Merrill 收到陈的最后一封信。中国共产党领导的革命成功了，中国的科学事业也面临彻底改组。

人民共和国的科学(1949—1971)

1949年中国科学院成立并迅速地吸收北京地区的科学研究所。11月末,胡先骕写信给Merrill抱怨静生生物研究所转到科学院系统期间,麻烦诸多和人浮于事,他希望研究所新的组织关系落实之后能回到正常运转轨道。他那时没有听到陈焕镛的消息,但解释说"广州已经解放,陈的处境乐观,因为现政权对自然科学家高度尊重"。到1954年,陈领导的中山大学的植物研究所也并入了科学院系统,并重新取名为"华南植物研究所"。

1954年9月,1200名代表汇聚于北京开第一次全国人民代表大会,审批中华人民共和国宪法。陈焕镛以及钱崇澍和秦仁昌作为科学家代表出席此届人大。15日下午毛泽东主席在怀仁堂主持开幕式,他的讲话不断被雷鸣般的掌声打断。毛主席谆谆教诲大家,"奋发图强,学习苏联的先进经验"。分组会议上,许多代表都发言。所有与会科学家几乎都在西方学习过,听了化学家侯德榜作检讨发言后,也许个个如坐针毡。侯当时是全国科协副主席,在苏打研究方面闻名,早年曾经在美国麻省理工学院、Pratt学院和哥伦比亚大学学习过。他一开头就说:"我接受过长期的美帝国主义教育,对英美资本主义教育中毒甚深。"抗日战争时期,侯支持西方科学,解放以后,他站到苏联科学一边。地质学家李四光、工程学家茅以昇、数学家华罗庚和林业部长梁希也在会上发言。在其中一个分组会上,陈焕镛、钱崇澍和秦仁昌等生物学家代表提议每省都划出森林保护区来保护野生植被和用于科学研究,这个提案后来被国务院批准。

召开人大的同年,陈发表了一篇关于杜仲研究的论文,从中论述苏联科学的特点。第二年,陈被任命为中国科学院学部委员。往后,中国越来越亲苏,巴甫洛夫的心理学和哲学,勒柏辛斯卡亚的细胞生物学,米丘林的树木栽培学和李森科的遗传学传入中国生物学界。当时遗传学上的美国摩尔根学派和苏联李森科学派之间爆发剧烈争论。虽然胡先骕和遗传学没有什么关系也卷入争论,而陈焕镛则避开了这一争吵。

50年代和60年代初,陈焕镛不断发表论文。解放以前他的论文多数以英文发表,解放以后他改用中文发表论文,但并没有脱离国际植物学,发表新种和较高分类群附有国际法规要求的拉丁文描述。其他同事也采用了这一新的语言规范。胡先骕没有像陈转变得那样快,但至1958年,他也仅用中文发表论文了。这一改变无疑对中国植物学的发展有益,但这突然转变又使他们进一步和西方同行的联系脱节。

"无产阶级文化大革命"开始于1966年,国内多数地方的科学研究陷于停顿。即使在八年抗日战争期间,中国科学界多少有些科学研究,但现在,没有科研也没有论文,有的是不少科学家受到的剥夺和污辱。一些当时被允许看点书的生物学家认为他们已经极为幸运了。当时的中国是在向自己开战,压迫自己的科学家。由于陈焕镛曾经和外国研究单位交换标本和文献,他被指控为“里通外国”和“文化汉奸”。科学家不但自己受攻击而且亲属受株连而承受更大打击。残酷的迫害终于摧残了他的身体也摧毁了他的意志。1970 年底陈先生 81 岁,病到奄奄一息,“文革”的政治还跟随他进入广州的沙河医院;1971 年 1 月初,某教授到医院看望陈,据报道,陈的遗言是:“我坚信党,坚信党的政策,坚信毛主席的革命路线。”数周后他离开人世。他没有看到“文化大革命”的结束,也没有看到中国和美国恢复正常关系。

译后记

陈焕镛(1890—1971),字文农,祖籍广东新会,原文中没有提及他晚年的工作,其工作主要有:1954 年起任中国科学院华南植物研究所所长,50 年代起主编《海南植物志》并与钱崇澍并列任《中国植物志》主编。本文原作者 W. J. Haas 是美国哈佛大学科学史系毕业生,原文主要依据存于哈佛大学档案馆的当年陈焕镛和美国植物学家的来往信件,文中加引号的节段多数为作者引用的有关文献中的原话,其中不少是鲜为人知的材料;本文围绕陈焕镛还描写了不少中国和美国的植物学家,对了解中国现代植物学发展史是一份不可多得的材料。原文发表于哈佛大学阿诺德树木园出版的 *Arnoldia* 48(2),“Transplanting botany to China:The cross-cultural experience of Chen Huanyong”。译文基本上忠实于原文,个别地方有删节和译注,美国人名和地名多数保留原文。译文标题为译者所加。

哈佛大学阿诺德树木园,这个中国植物学工作者向往的地方在这数十年来也历尽风波。随着 Merrill 的逝去,阿诺德树木园往日的西方研究中国植物的旗手风光也逐渐在褪色。在 50—70 年代,由于美国对中国的封锁,阿诺德树木园和中国植物学家的联系也基本上中断。几十年来,树木园主任人事更迭,树木园的研究方向也跟着一变再变。Merrill 辞职后,K. Sax 先代理主任,后于 1947—1964 年就任树木园主任。1946 年,哈佛董事会批准把阿诺德树木园标本室、哈佛大学的 Gray 标本室和 Farlow 标本室合并,成为今天的哈佛大学标本馆(Harvard University Herbaria)。1953 年 1 月 19 日,哈佛大学当局决定阿诺德树木园的标本室和图书馆搬到位于坎布里奇(Cambridge,即哈佛大学所在地)的标本馆主楼。K. Sax 因为拒不执行这一决定而被哈佛董事会在 1953 年撤职。同年底,阿诺德树木园协会(Association for the Arnold Arboretum)向马萨诸塞州最高法院呈上诉讼,控告哈佛大学当局的上述决定违背阿诺德树木园建园的契约，但是法院于1966—1967年度裁决驳回这一控告。Richard Alden Howard 于1954至1978年接任树木园主任，使哈佛大学标本馆增加了不少热带中美洲和加勒比海地区的植物标本；接着，英国阿伯丁大学教授 Peter Shaw Ashton，于1978年至1987年继任树木园主任，他把树木园的方向再次转向亚洲，但不是中国而是热带的印度尼西亚。尽管热带植物学是当今西方植物学的热门货，无论是美洲的还是亚洲的热带植物都难以在温带的阿诺德树木园扎根。

今天也没有人能否认哈佛大学的名气，但是 Merrill 之后这几十年，哈佛大学没有再产生过研究中国植物学的明星。今天，在美国执牛耳的中国植物学界和美国植物学界大合作的《中国植物志》英文版是密苏里植物园，而不是阿诺德树木园。就连原来设于阿诺德的美国濒危植物保护中心也于1991年搬到了密苏里。据说近年来，哈佛大学的植物学也不景气，六名植物学教授先后退休，一个也没有补上。的确，岁月不饶人，树木园原来唯一的华裔研究员胡秀英博士还是 Merrill 在时雇佣的，她也已退休近二十年了。

好在树木不像人苍老得那么快，标本室里的标本也不会随人事变动而变价，阿诺德树木园对中国植物学界仍然具有价值。中国改革开放以后，无数中国植物学人士访问了哈佛，那里丰富的中国植物学材料又开始受到重视。新任的树木园主任(1988—　) R. Cook 似乎有意和中国植物学界重新建立合作关系，哈佛大学标本馆助理馆长 D. E. Boufford 是现在正在编写的英文版的《中国植物志》的美方编委之一。中国的植物学家似乎应该伸出友谊的手和阿诺德树木园再次合作。这种合作，我相信将会是对中美双方植物学界有利的。近年来，我访问过欧洲和美国的几个主要标本馆，关于中国植物的材料，无论是图书资料还是标本，其他标本馆都无法和哈佛大学的相比，更不用说阿诺德树木园里的中国植物活标本。

(原载《植物学通报》1993年第4期)

邓植仪教授教育与学术思想研究

何贻赞

邓植仪教授(1888—1957),字槐庭,广东省东莞县人,我国著名农业教育家、土壤学家。他的青少年时期,我国正处于历史更替,社会变革的大动荡年代,民族灾难深重。他目睹广大农民在封建统治阶段和帝国主义双重压迫下,自耕不能自食,自织不能自衣,缺乏科学文化知识,贫穷饥饿,苦不堪言。对此他感到万分忧虑,从而萌生了教育救国、振兴农业的思想,坚定地选择了学农、研农、振兴中华农业的道路,并为之奉献终生。

1909年,邓植仪冲破轻视学农的世俗观念,自费赴美学习农业科学。在威斯康星大学攻读土壤学,1914年获硕士学位。在威斯康星州农事试验场从事短期土壤研究工作后,同年返回祖国。自此,他一直工作在教育和农业部门,为发展我国农业教育和土壤科研事业辛勤奋斗了40多个春秋,作出了卓越贡献。中华人民共和国建立前,他先后担任过广东农林试验场场长,广东公立农业专门学校校长,国立广东大学、中山大学筹备委员,广东大学农科研学院、中山大学农学院教授、院长,广东土壤调查所所长,中山大学教务长和农林部技术总监等职。中华人民共和国建立后,先后受聘为农业部顾问,华北农业科学研究所、中国农业科学院和华南农业科学研究所研究员。1957年10月18日,年近古稀的邓植仪正在华南农科所研究室召集有关科研人员聚精会神地规划广东红壤研究工作时,由于过度劳累,突发脑溢血,经抢救无效而辞世。他那种对祖国农业现代化建设无限忠诚的献身精神,深受后人景仰。

一、农业教育为农业发展服务

邓植仪是一位有远见卓识和领导才华的农业教育家。他的办学指导思想非常明确,一向认为,农业院校和农业科研机构的设置,是为了“挽救我国农业之衰颓而发展之”,建设一所高水平的大学农科,就是要使他真正负起解决农业生产重大问题之责。在办学过程中,他一直重视教学、科研、推广(生产)相结合,坚持农业教育为农业建设服务。

(一) 艰苦创业,勇于开拓

广东现代高等农业教育,特别是中山大学农学院的发展历程是和邓植仪的名字紧紧相连的。从 1917 年至 1949 年,经历了广东公立农业专门学校、国立广东大学农科学院和中山大学农学院三个发展阶段,历时共 33 年,邓植仪曾先后多次出任校、院长达 21 年,两次出任中山大学教务长,长达 11 年,这在 1950 年以前中山大学校史上是少见的。他为广东现代高等教育的开创、巩固,从低层次向高层次、多层次发展,作出了卓越贡献。广东公立农业专门学校创建于 1917 年,邓植仪从 1920 年开始主持该校工作,当时国内军阀混战,政局不稳,农专办学是极其艰苦的,历程是坎坷的。学校不仅缺乏必要的经费,还曾因生源缺乏,校舍被军队征用,实验场地被变卖,学校被逼迁,在临时棚厂内办学两年多。邓植仪带领全校师生克服重重困难,采取了向社会募捐增建校舍,改进招生办法增加考生来源,增聘知名教授壮大师资队伍,改革教学体制等措施,使农专转危为安,打下了进一步发展的基础。

1922 年,为了推动农专向高层次发展,农专师生发动了改办大学运动。邓植仪明确提出:“本校欲图提高,不能不急于改为农业大学。”经一年的争取,广东省教育厅终于同意农专筹备改办大学,并任命邓植仪为广东农科大学筹备会会长;1924 年孙中山创办了广东大学,将筹建改制中的农专改组为广东大学农科学院。邓植仪受聘为首任院长。1932 年至 1940 年,邓植仪担任中山大学农学院院长期间,在任的前六年是农学院蓬勃发展并走向更高办学层次的时期。1935 年,中山大学建立了研究院,下设土壤学部和农林植物学部,邓植仪兼任土壤学部主任,开始招收土壤学科的硕士研究生。这是中华人民共和国建立前国内惟一的培养土壤学科硕士研究生的机构,为我国培养了一批著名的土壤学专家。

邓植仪在推动学校向高层次发展的同时,开拓了多种办学形式,如为扶助贫困地区发展蚕桑业,成立了由他兼任所长的巡回蚕业讲习所,派出教师下乡巡回讲授蚕桑应用技术,学制一般为半年。这种送科学技术下乡的办学形式,深受当地政府和农民的欢迎。

(二) 颠沛流离,坚持办学

抗日战争期间,中山大学是在颠沛流离,鼙鼓频惊中度过的。1938 年 10 月,广州告急,中山大学奉命西迁。当时校长邹鲁远在重庆,乃由教务长邓植仪带领全校师生,辗转搬迁,初迁广东罗定,旋又改迁广西龙州,最后定址云南澂江县。西迁途中他风尘仆仆,备尝艰辛,定址澂江后又四处奔忙,积极筹划,于 1939 年 3 月 1 日正式复课。至此,一个拥有七个学院、2000 余名师生的中山大学在交通极为困难的条件下经过四个多月数千里的辗转搬迁后,终于安顿下来,得以弦歌再续。

在澂江期间，邓植仪除了主持全校教务工作外，作为农学院院长，他亲自和丁颖、侯过教授到昆明大普吉农事试验场洽商学生实习问题，并与澂江县合作建设试验场，保证了一年级新生农场工作和四年级毕业论文得以按教学计划进行。在他亲自带动下，全院的科研、推广工作也能结合当地农业生产逐步开展。除土壤调查外，还与云南合作规划研究稻、麦、茶、果树、林业生产的改进与发展。

1940年秋，邓植仪奉调农林部任技术总监。中山大学从云南迁回粤北，农学院则迁到湖南宜章县栗源堡。1942年6月，邓植仪从农林部返回中山大学任教务长，1943年8月，重新担任农学院院长。1944年底，日本侵略军进犯粤北，1945年1月16日，栗源堡沦陷。邓植仪率领农学院和其他学院部分师生，历尽艰险，从栗源堡突围到达连县，成立中山大学连县分教处(当时中山大学校本部迁往梅县)，邓植仪兼任主任。他临危受命，竭尽全力，坚持办学，使学生不致中断学业，直至抗日战争胜利，才带领师生迁回广州石牌校区。此后直至1949年，中山大学曾数度易长，但邓植仪一直担任教务长兼农学院院长，为医治战争创伤恢复教学、科研秩序而辛勤工作。

(三)坚持宗旨，矢志不移

在数十年办学实践中，邓植仪坚持以振兴中华农业为办学宗旨，一直强调农业教育应与农业建设密切结合，应面向农村，面向农民，为农业生产服务。他发表的教育方面的讲演和论著不少，如《论吾粤实业与实业教育》①《论农学院之过去与将来》②《三十年来之广东农业》③《改进我国农业教育刍议》④和《农业改进与乡村教育》⑤等，均体现了他的农业教育思想。他对兴办农业教育的主要观点如下。

1.热心农民教育　他认为农民是整个农业的主体，居于直接生产地位，能否接受农业科学知识的教育对农业生产至为重要。早在1921年，他就曾向广东第五次教育大会提出设立乡农学校议案，他严肃批评当局不重视农民教育："吾国四民农为最众……独于此占多数之辈不为设想，宁非憾事。"他倡议设立乡农学校，以图补救，并就其办学方针提出具体建议。1938年，他又指出，为改变"业农者不可得学"的状况，既要积极推进农村义务教育，又要改革农业教育制度，大力开展形式灵活多样的辅助农民教育，以利农民教育之推行。

---

①　邓植仪：《论吾粤实业与实业教育》，《广东省教育会杂志》第二卷第四号(1942年5月)。

②　邓植仪：《论农学院之过去与将来》，《农声》月刊1933年第171期。

③　邓植仪：《三十年来之广东农业》，本文系邓植仪院长应香港华字报76周年纪念而作，是研究广东农业史迹重要参考史料，原载《农声》月刊1935年第186期。

④　邓植仪：《改进我国农业教育刍议》，《农声》月刊1938年第218、219期合刊。

⑤　邓植仪：《农业改进与乡村教育(纪要)——在广东省教育行政人员暑期讲习会上的讲话》，《广东教育》第二卷1947年第五期。

2.倡导"教建合一" 邓植仪认为"农业教育与农业建设当谋其沟通"。农业教育要以整个农业为对象,应依据整个农业政策而规划。为此,他建议由农业部、教育部与实业部共同组织一个委员会,主持整个农业教育,以消除农业教育与农业建设之隔阂,使其相辅并进。

3.建议建立适合国情的农业教育体系 他的构想是:以高等农业学府为中枢,其设立与布点"不贵乎多而贵乎健全"。主张适当调并一些高等农业院校以充实师资和合理使用有限的经费。而发展中初等两级农业学校则应面向广大农民,以提高农民文化技术素质,适应农民子弟易于就学和利于农业技术推广为主旨。

4.重视理论联系实际 邓植仪一向认为农业教育应注重结合国情,教学必须联系实际,反映中国特色。他对当时农业教育"多犯空泛之病",对教材内容不切实际,或不加选择照抄外国教材,深感遗憾。他批评这种脱离中国农业生产实际的"讲堂式之教材"和"黑板上之教育",是难以培养出实用人才的。他在和彭家元教授一起编写《土壤学》教材时,就非常注意利用广东土壤调查中掌握的第一手资料,并翻阅我国古籍中有关土壤鉴别和土地利用法则等史料,使该书紧密联系我国实际,具有中国特色。

5.重视与兄弟院校、科研机构的协作 邓植仪认为要改变中国农业落后面貌,全国农业界必须团结合作始能收到良好的效果。1923年他在担任广东农专校长时,就与东南大学农科、北京农业大学商定,建立交换教授及学生可相互转学等合作协议,如农专派出沈鹏飞、张天才教授作为交换教授到北京农业大学执教,派黄国华教授赴东南大学任教,促进了三校良好协作关系。

(四)不负使命,艰难求索

邓植仪从教数十年,继承发展了祖国优秀的传统文化,借鉴了国外先进办学经验,不断探索办中国式农业教育的道路,为我国农业教育积累了丰富的、可贵的经验,有些对当前深化农业教育改革仍具有一定的参考价值。

1.重视建立教学、科研、推广三结合的学校管理体制,积极推动系、科与研究推广机构同步发展,从组织管理上促进了学校面向农村,为农业生产服务。邓植仪常说:"须知高等农校所负之使命,不仅造就人才而已,尤负有改进地方农业之责。"他认为地方农业问题至为复杂,如不组织教师分头开展研究,是不易奏效的;而向农民传播农业科技知识,及时把科研成果推广于农村,则是振兴农业至关重要的一环。因而他在担任广东农专校长时,就设立了推广部,建立了整套农事咨询部门,编印并赠阅《农业浅说》,与农民合作试验推广优良品种和新技术的措施,并派教师下乡,为农民举办农业技术夜校、讲习班等。这些推广工作,即使在抗战期间,也没有中断过。这不仅使农民得到实惠,同时也培养了教师深入农村理论联系实际的良好作风。

邓植仪极力主张每个系都应附设相应的试验研究机构，教师不仅要承担教学任务，而且应积极开展科研工作。早在1930年前，中山大学农学院农学、林学、农林化学三系，就先后创建了稻作试验场、农林植物研究所、土壤调查所、白云山模范林场、蚕种改良所和气候观测所等。抗战胜利后，农学院又与善后救济总署广东分署联合创办了广东柑橘繁殖场，增设了病虫害药剂研究室。这些试验机构和农林业主产紧密结合，有的还直接建在农村，它们的建立、发展，直接带动了稻作学、植物分类学、土壤学、昆虫学的发展，使之在国内处于先进行列，促进了农学院学术水平和教学质量的不断提高。

中山大学农学院在创建初期只有三个学系，经过邓植仪和教师们多年努力，至1949年，已发展成有农学、林学、农业化学、蚕桑、农经、畜牧兽医、园艺和病虫害等八个学系和科研试验机构较完善的农学院，为以后的进一步发展奠定了一定基础。

2.着力建设一支有学科带头人的高素质、稳定的师资队伍。新中国成立前的许多大学，由于种种原因，人事变动频繁，教师队伍极不稳定，邓植仪深知这对办学非常不利。当时农学院师资来源是多渠道的，但由于他知人善任，真诚待人，扶掖新秀，善于团结教师，因而能使一批学术造诣专深，有振兴中华农业抱负的知名教授如丁颖、陈焕镛、张巨伯、侯过、温文光、利寅、杨邦杰、蒋英、王仲彦等人，长期稳定地在农学院执教。这就使农学院成为当时中山大学七个学院中教师队伍最稳定的一个学院。

对师资素质的提高，邓植仪是极其重视的。他一方面认真执行中山大学关于长期教授连续服务满五年以上者，得出外考察研究一年照支全薪的规定，以提高教授学术水平和稳定知名教授在院执教；另一方面为使教师队伍不断充实提高，后继有人，他很重视新秀的培养。早在1935年，他与丁颖、侯过、利寅教授等就联名向中山大学校长建议，制定并公布了《选举农学院助教及技术人员留学外国暂行规定》，明确规定要选派一些品行端正，成绩优异，对于农业科学确能专心研究的年轻教师出国深造。同年他们即联名推荐了谢申、林亮东、罗彤鉴等赴美、日两国留学。他们学成后，在抗日战争爆发前后都返回学院任教。他还竭力争取留学归国校友，如赵善欢、蒲蛰龙，黄昌贤等返院执教，壮大了教师队伍。

在师资队伍建设中，邓植仪严于律己，以身作则，他身兼中山大学教务长、农学院院长两要职，但从没有忘记自己是一位教师，一直坚持讲授土壤学、地质学、土壤分类学和指导研究生，还常利用寒暑假带领科研人员到农村进行土壤调查，开展科学研究。

3.寓学农、爱农、务农教育于实践教学环节之中。邓植仪经常教育学生，农业科学是应用科学，农业工作又较艰苦，农科学生求学意志不可不坚，学成之后从事农业工作，尤须刻苦勤劳。为此，他对学生的专业劳动和专业技能的锻炼，要求非常严格。新生入学伊始，就先从事一段时间的农场工作，“以锻炼其精神体魄，以免将来易为不良环境所变迁”。其后通过组织学生在校内外农林场进行暑假实习和科学试验，正确引导学生理论联系实际，培养其解决生产问题的能力和坚定热爱农业、献身农业的意志。早年中山大学农科大多数毕业生都能长期坚持在农业部门工作，并保持艰苦朴素的作风，这与邓植仪的谆谆教导和严格要求是分不开的。

二、为振兴农业，开展调查研究

邓植仪深知，“中国以农立国，农业之蓬衰，关系于国计民生至重且大。”他认为农业的改进必须从调查研究入手，以改变过去“缺乏详细之调查，无精确之统计，茫然无可考，无可凭借的状况”，应“以调查所得资料，作为改良农业之根据”。

（一）组织领导广东分县农业概况调查

1920年，他出任广东农林试验场场长、广东公立农业专门学校校长伊始，立即在试验场增设调查科，积极组织领导广东分县农业概况的调查，派出科技人员分赴各地对各县的地理位置、地势、气候、耕作状况、农民经济状况、作物、果树、畜牧、森林、荒山、荒地、特产及输出品、农村教育状况等进行逐项调查并提出改进意见，历时12年，于1932年完成了广东全省94个县的调查任务。先后编撰出版了《广东农业概况调查报告书》(1925年)、《广东农业概况调查报告书续编（上卷）》(1929年)和《广东农业概况调查报告书续编（下卷）》[①](1933年)，至此，广东全省农林业之梗概始获较全面的反映。这项工作在广东农业史上是空前的，也是发展广东农林业不可缺少的一项基础工作。

（二）组织广东蚕丝、蔗糖和化肥的专题调查

邓植仪对我国20世纪20年代蚕丝业、蔗糖业的日渐衰落，特别是对原以盛产蔗糖闻名于世的广东不但不能输出蔗糖，反而要从域外输入大量蔗糖深感忧虑。1921年，他开始组织科技人员对广东蚕丝、蔗糖主产区进行专题调查，编撰刊行了《广东蚕丝调查报告书》和《番禺增城东莞中山糖业调查报告书》。他分析了广东蔗糖业的盛衰史，呼吁当局立即切实改良甘蔗种植方法、蔗糖榨制法，充分发挥广东地区“土地之腴，气候之适，消费之多，人工之贱”的优势，以振兴广东地区蔗糖业。可惜由于当时政局动荡，政府忽视农业，邓植仪所做的努力，未能收到预期效果。

邓植仪对20世纪30年代外国化学肥料的大量输入十分关注，因其不仅造成大量金钱外溢，而且由于长期施用化肥不当，使土壤性质和农作物品质变劣。1932年，他派

---

① 邓植仪：《广东农业概况调查报告书续编》下卷序言，载《广东农业概况调查报告书续编》下卷，1933年8月。

科研人员赴广东各肥料入口港埠，调查其营业状况，赴使用化肥最广的地区，调查其施肥法。1933年，编撰出版了《广东化学肥料营业施用概况调查报告书》，为研究改良施用化学肥料的方法提供了依据，又提醒人们必须重视振兴土肥。

(三) 为发展西北农业献计献策

1934年夏，邓植仪到西北地区进行土壤调查和农业考察。这次考察使他深深感到，开发西北农业与我国国计民生关系重大。他对西北农业的未来满怀信心，认为"苟得人而治，假以岁月，孰敢谓干燥之西北高原，将来不可以媲美于东南耶"。他撰写了《发展我国西北农业之管见》[①]一文，提出了充分体现以科技振兴农业和综合治理观点的七项颇具远见的建议，如设置西北科研总机构；设置气候观测台以观察气候变迁情况；进行土壤调查，掌握土壤情况；在黄土高原应先种牧草，然后造林以防治水土流失；采取水利与防治碱盐并举措施，以改良碱性土壤；整治交通水利，增加农业投资，以改善农民经济和农业发展条件；对农产品加工工业的建设必须预为筹谋，羊毛、乳品、棉花、肉品、果品等应就近设厂加工精制而后运销，以降低成本，减轻运输压力，增强抵制舶来品的能力。

(四) 出国考察农业与农业教育

邓植仪不仅重视对我国农业和土壤的调查，而且注意借鉴国外经验。1935年，他乘赴英出席第三次国际土壤学大会和世界教育大会之便，带着多年感受到的农业和农业教育问题，考察了英、比、荷、德、丹麦、意、法、美等国和南洋各地的农业教育与农业概况，以寻求解决我国农业发展之良方，行程10万里，历时165天，对各国的农业设施、政策、科学试验、经营管理、农产品贸易、土壤、肥料等进行了认真的调查研究。这次考察给邓植仪留下深刻的印象是："农业之在欧美，无论其为农业国抑系工业国，均重视之，而尽量谋其发展。"

在进行农业教育考察时，不仅访问了剑桥大学农学院、威斯康星大学农学院等著名大学，还对一些农业专门学校、中等农校、乡村农校和专为冬季农闲时培训农民及其子弟的冬闲学校进行了考察。他对各国农业教育的特点，边考察边比较。对英国农业部与教育部能共同制订整体的农业教育计划，注意与地方教育当局暨各大学通力合作，重收实效非常赞赏。回国后，他发表了《出席第三次国际土壤学大会暨沿途考察农业与农业教育概况报告书》，详尽记述了考察情况及改进我国农业和农业教育的意见。呼吁当局要重视发展农业生产和农业教育，复兴农村。

---

① 邓植仪：《发展我国西北农业之管见》，《农声》月刊1935年第184、185期合刊。

三、发展土壤科学,促进农业生产

邓植仪是一位学术造诣专深,具有组织领导才华的土壤学家。他深知土壤问题乃农业生产的根本问题,要发展农业生产,必须重视发展土壤科学。因此,他数十年如一日,把汗水洒在祖国大地上,不间断地从事土壤调查和土壤科学研究工作。

(一)倡议创建广东土壤调查所

"欲科学化其农业,必首先建设有系统而充实之农业科学机关以为中枢。"这是邓植仪建立农业科研机构的基本观点。1930年,中央地质调查所成立土壤调查室,同年10月1日,广东正式成立于广东土壤调查所,这是我国建立土壤研究机构的开端。广东土壤调查所是由邓植仪建议,由省建设厅农林局、农矿部广州农产物检查所及中山大学农学院三个单位联合筹建,负责广东土壤的系统调查研究,隶属于农林局,挂靠于中山大学农学院。邓植仪受聘为首任所长。该所在邓植仪亲自领导下,不仅摸清了广东土壤概况,而且培养了一批土壤学专家。

(二)锲而不舍进行土壤调查研究

土壤调查所成立后,邓植仪亲自规划了广东全省土壤调查研究工作:一为各县的详细查;二为各县之简单调查;三为全省重要土壤系区的调查。1930年11月,他即带领全所科技人员到番禺县进行了为时三个月的土壤野外调查,为我国分县土壤详细调查工作拉开了帷幕。经过八年艰苦努力,至1938年广州沦陷前,先后完成了番禺、南海、东莞等34个县的土壤调查报告书及土壤详细调查工作,其中已出版了28个县的土壤调查报告书及土壤分布图。

1931年夏季开始,邓植仪连续利用三个暑假,亲自主持广东全省重要土壤系统性质及其分布的概略调查,足迹遍及全省各地,于1934年撰写出版了《广东土壤提要初集》。这一论著不仅可供行政、研究与经营三方面参考,还可用作农业学校教材。

不管是在和平时期还是在战火纷飞的抗日战争的艰苦岁月里,邓植仪从未中断过土壤调查工作,中山大学农学院迁到哪里,土壤调查工作就开展到哪里。1939年春,中山大学刚迁到云南澂江,邓植仪就与丁颖、侯过教授乘坐西南运输处货车沿滇缅公路考察昆明至大理间农林及土壤概况,全程400多公里,多属崇山峻岭,沿途采集了不少土壤标本。考察后,他亲自撰写了《沿滇缅公路考察昆明至大理间农林及土壤概况报告》。土壤调查所则就地组织进行了澂江县土壤详细调查,编印出版了《澂江县土壤调查报告书》。抗日战争胜利后,又派遣科技人员赴粤北继续进行土壤调查,并进行全省土壤理化性质研究。

广东土壤调查所在邓植仪直接参与和领导下进行的全省分县土壤调查，不仅在全国开展得最早，而且能面向农林业生产，从 1930 年至 1949 年坚持了 20 年。通过调查发现，广东农业土壤普通呈现酸性，而且沿海一带还有咸性水田（俗称沙田）。这些调查研究的成果，为研究广东土壤改良和合理施肥奠定了基础。

（三）高度重视学术交流

为了促进全国土壤肥料科技工作者的学术交流，推动土壤肥料科学事业的发展，1934 年，邓植仪与彭家元、陈方济等倡仪，组建了中华土壤肥料学会。该会发行了会刊《土壤与肥料》（季刊）。该会和会刊编辑处均设在中山大学农学院，邓植仪、彭家元等主持学会和会刊编辑工作。

邓植仪是一位民族自尊心很强的科学家。早年，他对第一、二次国际土壤学大会没有中国科学家参加深感遗憾。他下定决心要改变这种落后状况，积极进行了多年准备，使广东土壤调查研究工作取得了可喜的进展，积累了不少宝贵的资料，为出席大会创造了条件。

1935 年 7—8 月间，邓植仪应邀出席了在英国牛津大学进行的第三次国际土壤学大会，实现了他多年的夙愿。邓植仪向大会提交的论文，主要论述广东省土壤调查工作和成就，在引言中还介绍了我国古代夏禹治平水土后，曾辨别九州的土壤，并比较其肥力而制定赋贡之法，弘扬了我国古代农业科学文化。我国代表还主动邀请与会代表座谈，向他们介绍了我国土壤科学的发展情况，促进了要互了解与合作。邓植仪还与亚洲代表一起商议了有关准备绘制亚洲土壤草图等问题。这些学术交流活动，提高了我国在国际土壤学界的学术地位。

与此同时，他还代表中山大学出席了牛津大学举行的世界教育大会，提交了《中山大学近年来之发展》一文，交流了办学经验。回国后，他撰写了《出席世界教育大会报告书》，并建议组织全国教育联合会，以提高我国在世界教育大会上的地位。

（四）年近古稀，壮心不已

1950 年 4 月，农业部在北京召开我国有史以来第一次全国土壤肥料会议，年过花甲的邓植仪应邀从香港到北京出席了大会，并为大会撰写了《广州三角洲土地的利用和沙田部分的生产改进意见》一文，提出了机耕、设置排水装备、改良稻种和改个体经营为合作经营等改进意见。

大会后，邓植仪先后受聘为农业部顾问，华北农业科学研究所、中国农业科学院研究员。他满怀激情和强烈的历史责任感，多次深入基层开展工作。在华北农科所工作期间，与中青年科研人员一起，翻山越岭全力协助新建的国营农场和农业生产合作社进行土壤调查、勘测、科学鉴定，了解其土壤的类型和特征，以制订生产计划。在土壤调查工作中，他不忘向农民群众学习我国传统的生产方法和辨认古称“垆土”的各种形态。他积极响应人民政府提倡整理祖国农业遗产的号召，整理古籍中有关土壤学的文献资料，探讨前人对土壤分类与土地利用方面所作的研究，撰写了《有关中国上古时代(唐、虞、夏、商、周五朝代)农业生产的土壤鉴别和土地利用法则的探讨》一文。

1957 年 5 月，邓植仪南返广州任职于华南农业科学研究所，这时他已年近古稀，但仍着手研究反酸田改良问题和规划红壤研究工作，可惜任务未完成而突然辞世。

邓植仪从事教育、科研工作 40 余年，深受师生、同事的尊敬和爱戴。他学识渊博，造诣专深，著述丰富。他的土壤调查成果，至今仍对农业建设发挥一定作用。他的农业教育思想和办学经验则是我国现代农业教育史上的宝贵财富。1992 年，华南农业大学专门出版了《丁颖邓植仪农业教育论文选集》，以表达对邓植仪教授的缅怀之情。他求是务实的科学态度，艰苦创业，勇于开拓的献身精神，将永远激励着后人为祖国农业科学和农业教育事业的发展不断开拓前进。

(原载《沈阳农业大学学报(社会科学版)》2005 年第 2 期)

丁颖教授在稻作(种)起源问题上的探索及贡献

赵艳萍　倪根金

中国稻作科学之父——丁颖教授是近代中国稻作研究的先驱,他一生致力于水稻研究四十余年,以水稻生态为核心,涉及稻种起源、栽培稻种的分类、稻作区域划分和遗传育种等基础学科,有极高的学术造诣和成就。20世纪30年代,中国稻作学界有"南丁(颖)北赵(连芳)"的美誉。稻作(种)起源问题研究是丁颖教授的四大学术贡献之一,1949年发表探索之作《中国稻作之起源》,引起了国内外学术界的极大关注;1957年发表《中国栽培稻种的起源及其演变》,成为解答中国栽培稻种起源的经典,此文在他去世14年后,荣获1978年全国科学大会奖。丁颖教授论证的结果是:中国栽培稻种起源于华南,纠正了"中国栽培稻起源于印度"的错误,以生态学的观点阐明中国栽培稻种的演变及各类型间的关系,为稻种分类和中国稻作区域划分奠定了理论基础。此观点成为当时学界栽培稻种起源的重要学说之一,得到了国内外学者的广泛重视和认可。1989年日本学者渡部武尊称丁颖教授为"中国稻作学之父"。

本文根据丁颖教授留下的论著、草稿、笔记、会议记录等多种原始手稿,及其与国内外学者的数十件书信,探寻丁颖教授在中国稻作(稻种)起源问题上探索的每一个脚印,展示他对这一历史难题的解答思路与客观证据,感悟他在研究问题时孜孜以求的精神,缅怀这位可敬的学者。

一、时代背景与问题的提出

中国有着悠久的稻作历史,而对于稻种起源问题却几乎长期无人关注。在浙江河姆渡遗址发掘之前,对稻作起源的认识,基本上单纯地依靠生物学和遗传学的证据。当时国际学界关于亚洲栽培稻 *Oryza sativa* 的起源,通常认为是起源于印度,代表人物如华特(Watt 1892)、瓦维洛夫(Vavilov 1926,1951)、察脱吉(Chatterjee 1947,1948,1951)、雷米及戈斯(Ramiah & Ghose 1951)、松尾孝岭(1951)、茹可夫斯基(Zhukovsky 1972)等。苏联植物学家 H.N.瓦维洛夫根据印度水稻种类特别丰富的现象,提出印度是水稻的故乡,是栽培稻的起源中心,中国的水稻也源于印度。1928年日本学者加藤茂包(S. Kato)将栽培稻的两个亚种命名为 *O. sativa subsp. indica*(印度型)和 *O. sativa subsp. japonica*(日本型),国际影响巨大,造成中国稻种从印度传入的印象。当时也有学者主张栽培稻起源于中国,如德康多尔(de Condolle,1886)在《农艺植物起源》指出中国的神农氏早在公元前2800—前2700年已经知道种植"五谷",即麦稷黍菽稻。1923年安特生在河南乡渑池县仰韶村的发掘报告,发现附着于陶器的稻植物遗骸,经检定为稻体及种粒,又据出土的农具推断距今约五千年前中国已有稻作。Watt(1892)、Roscheviez(1931)、Wolf(1959)等,以安特生在河南庙底沟发现稻谷颖片(定为公元前3280年)属谷子(粟)的误引作为中国稻作起源的证据。印度人 Mahdihassan(1950)根据中国宁波方言指出印度水稻来自中国。[①] 但这些观点都缺乏确凿的证据和系统论证。丁颖教授对国外某些研究资料随意肯定中国栽培稻种来源于印度,或指称在中国栽培了数千年的粳稻为日本型的论断深为不满,提出了严肃批评。[②] 他认为弄清稻种起源与演变的问题,不仅是一个科学理论的实事求是问题,而且有利于中国稻作文化的进一步发展。因为不了解稻种的由来,就不可能深刻认识它的现状和发展;认识了稻种的系统发育,就能更好地掌握具体品种的个体发育特性。[③] 丁颖教授决定从以往学者提出的分类学、语言学、考古学等角度对稻种起源与演变的问题进行深化研究,而此时野生稻的发现则成为一个契机和推力。

二、解放前的研究工作

丁颖教授对中国稻作(种)起源问题的解答,是从分析稻作起源的年代和稻种发祥地入手,这方面的探索使得其稻作起源学说有了广泛的受众群。根据植物生态学上的考察,现有的栽培稻源自野生稻当无疑。而对于最早可见的野稻分布,丁颖教授从一开始就猜想来自于华南地区,因为 A. de Candolle 于1884年的《作物起源》中提到从植物分布地带上推定华南有野稻存在。1917年 E. D. Merrill 在广东罗浮山麓至石龙平原发现野稻(*O. s. L.*),这使他相信广东一定有野生稻的分布。1926年丁颖教授在广州犀牛尾泽地发现一种野生稻,极大地引发了他对水稻在中国的起源和演变的研究兴趣,开始收集材料,进行探讨。

---

① 游修龄:《从河姆渡遗址出土稻谷试论我国栽培稻的起源、分化与传播》,《作物学报》1979年第8期。

② 章潜才:《稻花香——华南农业大学校友业绩特辑》,广东科技出版社2009年版,第29页。

③ 水稻生态研究室:《丁颖教授的学术观点和在水稻研究上的成就》,《作物学报》1964年第4期。

（一）中国古代文献资料的整理

1928年丁颖教授发表《谷类名实考》，通过对《尔雅》、《说文》等先秦两汉文献梳理考证，认为："我国稻种，来自南方；于神农时代，开始栽培，时距今约五千年；于黄帝时代，以黏者酿酒，时距今约四千六百年；至禹平水土，稷播百谷栽培渐盛，民食稍调，时距今约四千一百余年；周后至管仲时代，水稻之外，兼植陆稻，时距今约二千有六百年；至汉则粳与稉别，籼粳与别；魏晋而后，品类益繁，不可弹矣。"[①]此文的文献资料有限，但是文献上的梳理是很有价值的。从丁颖教授整理的《殷墟文字类编字钞》手稿中可见其从语言学角度寻找证据的思路。手稿中仔细地抄录"农、麦、粟、禾、黍、米"等字的字型字义演变，结合《说文解字》、《古籀汇编》等书的解释，以丰富"稻"在字音字义上的变化，及与各国发音之间的渊源关系。[②]

（二）考古材料的整理与分析

丁颖教授注重收集考古发掘报告，以此来论证稻作起源。当时主要的稻作发现在仰韶村，他根据对仰韶遗址及其出土物的解读，梳理了中国稻作的历史。在其手稿中发现有多种考古材料的解读及研究成果的收集本：如安特生《中华远古之文化》(1923)，摘录了石斧、器物形状；阿尔纳《河南石器时代之着色陶器》(1925)；杨钟健《中国人类化石及新生代地质概编》(1933)；徐中舒《耒耜考》(1930)、《殷人服象及象之南迁》，李济《殷墟铜器五种及相关之问题》(1933)等。丁颖教授将前人的研究成果，应用到自己的论述中，[③]如从徐中舒关于殷人服象的论述中得到的启发是：大象这种热带动物在殷代时曾出现于江淮流域，而野稻作为种热带作物是否也有在当地出现的可能，是否有适合野稻种发育的环境？作为象与野稻的原产地——古越地方，从人种上看应该与驯象民族殷人有渊源关系。又李济的文章也让丁颖教授更坚定了殷商民族与东南沿海的越族关系，正如同夏民族与越族的关系一样密切。

（三）野生稻种实物的发现

野生稻种的发现，使丁颖教授的中国稻种起源于华南的学说形成清晰的概念。继1926年在广州发现野生稻之后，又在珠江流域发现了多种野稻，分布在罗浮山麓以至鉴江流域：番禺、增城、从化、清远、三水，南至阳江、茂名，西至广西西江流域，凡亘1600余里。1932—1933年中山大学植物研究所在海南岛又发现了另一个野稻种疣粒野稻种(*O. meyeriana Baill.*)。这一系列的发现，使丁颖教授坚定华南是中国稻种的起源地，

---

① 丁颖：《谷类名实考》，《农声》1928年第99期。

② 丁颖：《殷墟文字类编字钞》，华南农业大学档案MR1(145—14)。

③ 丁颖：《考古参考资料》，同上，MR1(145—15)。

促使他更深入地探索,如野稻的种类与生存地域、野稻与栽培稻的亲缘关系等。1933年《中华农学会报》第114期,丁颖教授发表《广东野生稻及由野稻育成之新种》,便是对稻种起源的又一探路之作。文中检索了世界上所见的野稻,发现都出现在热带地区。通过文字学和文献上考证,以及在华南热带地区发现的多年生野生稻、疣粒野生稻和药用野生稻等证据,并根据这些野生稻的地下茎、植物形态和染色体数等多方面的研究结果,认定多年生野生稻是亚洲栽培稻种的祖先,肯定野稻为中国水陆栽培稻的原种。又因这些野生稻广泛分布在华南地区,而未见于北方,因而肯定了中国栽培稻种起源于广东,日本稻种是中国传去的。这一论断澄清了中国稻种来源于印度和中国粳稻是日本型等谬误,1949年发表的关于籼粳稻分类法的文章更系统驳斥了这一谬误。

(四)长年的稻种栽培试验力证学说

从1926年至1933年,丁颖教授一直进行野稻培育成栽培稻的试验,以证明现有栽培稻与野生稻之间的亲缘关系。1927年起他先后在全省各地创办六个稻作试验场进行各项试验。试验结果发现,广东野生稻自然生长于泽地,与栽培稻杂交,结实率高达70%,两者在亲缘上颇近。这一证据极大地支撑了他提出的华南为栽培稻种起源的设想。而此时的杂交探索,即利用犀牛尾沼泽地的普通野生稻自然杂种后代,丁颖教授于1933年成功选育出世界上第一个具有野生稻血缘的新品种中山1号。中山1号品质优良,抵抗力强,产量高,平均亩收计约450斤,成为推广种植和繁衍时间之久为水稻育种史上所罕见的一个品种,这是他对中国水稻栽培事业做出的一个重大贡献。卢永根院士在2003年第一届全国野生稻大会的报告中赞誉"丁颖院士不愧为中国野生稻种质资源之父"。

1934年丁颖教授发表《广东野生稻不实现象之观察》,[①]对广东野生稻进行了深入的性状考察。根据中山大学农学院稻作试验场采集的广东野生稻观察试验,发现野稻结实率一般在50%。1931—1933年丁颖教授观察野稻花及其杂种分离种的不实现象,与高度结实的栽培穗花比较,从中窥知野稻实性嬗变为栽培稻结实性的原因,藉以了解两者遗传学上的系统关系。

与此同时,丁颖教授提出对现有水稻品种订立明确的分类系统,才能更好地说明野生稻与栽培稻的亲缘关系。1934—1938年他广泛搜集稻种,从事品种分类的观察研究,1946年又集得栽培种四千余种。1949年《中国古来粳籼稻种栽培及分布之探讨与栽培稻种分类法预报》一文在中山大学农学院《农艺专刊》第六号上发表,梳理了中国丰富的古代栽培稻种种类的记载,确定粳籼是中国栽培稻种的两大派系,古代栽培稻以粳稻为

① 丁颖:《广东野生稻不实现象之观察》,中山大学农学院《农艺专刊》1938年第4期。

代表，分析了粳籼稻在中国的地理分布，提出当时命名的印度稻和日本稻实际上相当于中国的籼稻和粳稻，并为籼粳稻重新定名籼亚种（*O. sativa L. subsp. sen*）和粳亚种（*O. sativa L. subsp. kêng*），并提出了水稻分类标准，为中国栽培稻种起源说提供坚实的基础。丁颖教授在稻种分类和稻作区域划分上有超高的学术造诣，是后人研究无法比拟的，而他对中国栽培稻种种类和分布的研究，不仅科学地说明了中国稻作的历史，也清晰地梳理了野生稻嬗变为栽培稻的历史轨迹，确认了水稻的传播路线，有力地驳斥了印度传入说。

通过如上的准备，丁颖教授着手撰写文章，系统论述中国稻作（种）起源问题。1949年5月发表《从中国古籍中所见之中国稻作》，主要从文献学角度探讨了稻作时间和稻种起源发祥地，并明确表达中国稻作最古，中国稻种发祥地为今之华南。① 不过，文章的材料单一，论述也略显简略。1949年7月，丁颖教授对中国稻作（种）起源标志性的探索成果《中国稻作之起源》面世，载于中山大学农学院农林研究委员会丛刊《农艺专刊》第七号。论文分历史学、语言学、古物学、人种学、植物学、粳籼稻地理分布学六个主题进行考察，将之前的研究悉数置于文中，以翔实、确凿的材料说明了中国稻作文化最久远，“中国稻作起源于公元前3000年前之神农时代，扩展于公元前26—前22世纪间之黄帝至禹稷时代，至公元前1122—前274年间之周代而奠定稻之栽培基础；除古典外，得由公元前26世纪间之仰韶稻米及稻叶遗迹，公元前1400年前后殷墟甲骨文之稻、䅗等字出土地，及周代多数出土之金文，以实证之”，说明中国有自己的稻种起源地。又通过比对印度所见文献，发现印度最早记载为公元前1000年间，而此时中国关于稻作的记载已颇为丰富，由此得出中国稻作来源与印度无关，全世界稻作当以中国迄今约历五千年者为最古的论断。“丁颖教授对稻作的起源演变问题是以生态学观点来开展的。他的研究结果，澄清了过去许多片面或错误的看法，使栽培稻种的起源、演变、形成过程获得一个系统的认识，为稻种分类奠下理论基础，为我国稻作区域划分提供了依据。”②

此文一经发表即引起了国内外学术界的关注，对世界的稻作起源研究领域也是个极大的冲击，稻作（种）起源华南说成为当时学界的又一代表学说，直接冲击传统印度起源说，丁颖教授成为稻作起源、稻种分类研究新的领军人物和标杆。

三、建国后的重点研究与完善

稻作（种）起源华南说的提出，引发了国内外学界的热烈讨论，国际上尤以亚洲国家

① 丁颖：《从中国古籍所见之中国稻作》，《中山大学校刊》1949年19号。

② 水稻生态研究室：《丁颖教授的学术观点和在水稻研究上的成就》，《作物学报》1964年第4期，第351页。

及苏联的学者反响热烈，学者们来函索要研究成果，或求教稻作起源的问题，频繁的书信交流给丁颖教授提供了许多新材料和一些新的研究思路。丁颖教授在国际上宣传稻作、稻种起源学说，与各国同行探讨疑问，搜集整理文献资料，强而有力地论证了中国栽培稻种的起源，成为不可撼动的学说之一。

(一) 完善考古材料和文献

丁颖教授一直坚持对文献收集，1959—1960年的字报摘录手稿中整理了《宋书·符瑞志》、《梁书·武帝纪》、《唐书·地理志》、《文献通考·物异志》几条关于唐宋时期野生稻种史料的记录，以及1959—1960年数条稻谷遗存的考古材料，如陕县庙底沟发掘结果，证明仰韶村的稻谷遗存在仰韶文化和龙山文化之交；1959年陕西华兴县柳子镇的谷壳遗址，太原市东太堡庄稻谷遗存，河南灵璧县濠城镇稻谷遗存，以及安特生著《中日史前史研究》所称仰韶稻谷种来源于华南的言论，及其他数十条在《考古》、《科学通报》、《甲骨学商史论丛》等期刊所见的遗存发掘材料，体现了丁颖教授重在从稻种起源于华南的角度去丰富材料，通过考古材料来证实稻作起源论断是他在这一时期投入最多的工作。[①] 20世纪50年代，丁颖教授与中国科学院考古研究所频繁书信往来，索要考古材料相片、遗存实物等。考古所寄来京山屈家岭遗址的谷壳烧土、武昌放鹰台遗址的谷壳照片等，并拟通过刊物形式请全国考古工作者协助搜集稻作标本，为丁颖教授系统整理了仰韶、柳子镇、东太堡庄、屈家岭、石家河、放鹰台、大陈墩、濠城镇、仙蠡墩、施墩、庙山、营盘里、海门口、滇池东岸、石寨山、官渡计16个稻谷遗存的材料。[②] 同时，丁颖教授担负着为考古所鉴定出土的稻谷烧土的重任，可见丁颖教授的稻种起源学说在当时的影响力。1959年丁颖教授根据这些书信交流成果写成《江汉平原新石器时代红烧土中的稻谷壳考查》一文，讨论江汉平原出土红烧土中的稻谷壳，得出距今三四千年前，江汉平原已有不少粳稻栽培，结合文献记载，认定古代在黄河流域所栽培的水稻品种当以粳为代表的论定有一些相关事实依据。[③]

(二) 栽培稻种起源的探索及稻种的搜集与分类

新中国成立后，丁颖教授继续研究稻种分类和稻作区划，在全国范围内广泛收集稻种，系统整理了前期栽培稻种的研究成果。1956年华南农研计划会议的小组会中，学者广泛讨论了丁颖教授提出的华南稻种起源说，一致认为，“丁意见很现实，而且不只分类学家，还是生态学家都有说服力”，[④]肯定了这一学说的提出意义重大。1957年发表《我

---

① 丁颖：《字报摘录》，华南农业大学档案 MR1(145—11)。

② 丁颖：《张云鹏同志(中科院考古研究所)给丁颖教授的信》，同上，MR1(148—11)。

③ 丁颖：《江汉平原新石器时代红烧土中的稻壳考查》，《考古学报》1959年第4期。

④ 丁颖：《华南农研计划会议(1956.10.23—26)》，华南农业大学档案 MR1(145—10)。

国稻作区域的划分》一文，分析了各地气候条件与稻种类型分布的关系，将全国稻作区域划分为华南连作籼稻带、华中单双季籼粳稻带、华北单季粳稻带、东北早熟粳稻带、西北干燥粳稻带、西南高原籼粳稻带六个地带。[①]

丁颖教授根据对全国稻种分布区域的考察，及对野生稻、籼粳稻的地理分布、稻作起源等问题的研究，1957 年 8 月在《农业学报》第 3 期上发表了轰动国内外学术界的《中国栽培稻种的起源及其演变》。文章梳理了中国栽培稻与野生稻之间的关系，分析栽培品种类型如籼、粳稻，早、晚季稻，水、陆稻，粘、糯稻的演变形成过程。丁颖教授确认栽培稻的祖先为广泛分布于亚洲南部以至南洋一带的野生型(*O. fatua*)，通过比对其他地域发现的野稻品种，清楚地论证了中国向来在华南地区普遍分布的宿根性或一年生野生稻，是中国栽培稻的野生型。从语言学上，根据殷商关于稻的依声造字成为 Tao、Tu、Dau 等声，认定其与今之华南沿海福老语之 Deu 或 Teu、越南语的 Gao、泰国语的 Kao 有关。"据我国五千年来的稻作文化创建过程并由华南与越泰接连地带的野稻分布和稻作民族的地理的接壤关系，特认定我国的栽培稻种起源于华南。"同时，重申了中国栽培稻种的传播路径从南方传至北方。依据古籍记载，野生稻广泛分布于珠江流域，现在栽培稻种的植物特性并系统发育等方面，及从中国南北各民族关于稻的语言文字上看，可推定"稻的植物特征、特性和分类方面看，无论南北籼粳都早被认定同属于一种(*O. sativa. L.*)；在品种生长发育生理上，无论南北各地带的籼粳及其早晚稻种，都具备着生育于高温和短日季节的性能，这也说明了各种类型的品种还保存着其祖先发祥于南方热带地区的特征"；提出全世界稻种栽培传播系统有三：一是中国系统。中国的栽培稻约于公元前一、二世纪向东传至日本，水稻栽培技术约在公元前一千年以前，由中国向南传至菲律宾；二是印度系统。在公元前第 10 世纪间由印度西经伊朗入巴比伦，后传至非、欧、美等洲；三是南洋系统。公元前一千年前后由澳尼民族从大陆传至南洋。印度稻作起源晚于中国，中国稻种与印度没有关系。[②] 1961 年 9 月 26 日他在《文汇报》发表《中国栽培稻的起源问题》，重申栽培稻种起源于华南，并就籼和粳是否同一祖先、早晚稻同源及水稻在南或北方栽培先后阐述自己的看法。这也是他最后一篇关于稻种起源的论文。

丁颖教授关于中国稻种起源于中国的野生稻，而且是世界稻种传播中心之一的学术见解，得到当时学界的广泛认可，现在仍为学者所重视，成为稻种起源研究不可绕过的学术基石。

---

① 丁颖：《我国稻作区域的划分》，《华南农业科学》创刊号。

② 丁颖：《中国栽培稻的起源及其演变》，《农业学报》1957 年第 3 期。

(三)稻作、稻种起源学说的传播与交流

20世纪50年代以后,丁颖教授在多种场合发表他的研究成果,在国际学术界反响热烈,如在苏联农业科学院成立大会上作"中国栽培稻种的起源及其演变"报告,引起了苏联庞大生物科学界的极大兴趣。1957年5月20日苏联农业生物学杂志编辑部副总编辑致信,索要其报告原文,提出将其成果译成俄文刊登出来。[①] 此后陆续有苏联专家邢雷金教授、卡森科教授等,与丁颖探讨稻作起源问题。邢雷金教授曾从历史性的稻作起源、稻谷品粒、生态类型等角度探讨过稻作起源,总结水稻是水生植物,*O. fatua* 是栽培稻的祖先,中国稻种不是来自印度,中国可能是稻种独立发源地之一等观点,都与丁颖教授的见解不谋而合。卡森科教授提出把稻田稗草的起源和传播与栽培稻种的起源和传播结合在一起看,启发了丁颖教授,认为这是对中国栽培稻种起源看法的一个有力支持。[②] 1957年卡森科教授等将"中国栽培稻种起源及其演变"稿件传至同行评阅,通过世界同行,丁颖教授搜集各国稻种,如致信越南农业科学院裴辉院长,请赠粳籼稻种(日本型种)和最优籼稻若干并野生稻种。[③]

1957年日本学界开始讨论栽培稻起源,对丁颖教授的研究成果颇为关注。1958年日本东京大学农学部育种教授日向康吉与丁颖教授多次书函探讨稻作起源问题,如5月7日丁颖教授在信中说:"所有栽培稻种除个别地方有少数品种类似于疣粒稻或有些类似于小粒稻种……是根据日比野(1942)、Merrill(1940)和其他报告,这在我有怀疑,因而在摘要中只说'类似'……籼型野生稻是见到很多的,但粳型野生稻还未发现,因而无法想象粳籼为各别由野生稻栽培化的类型。至于野生稻不是仅在一个地方栽培化,而是在各地各别栽培化起来的,我的意见也正如此。"[④]20世纪50年代后期与日本国立遗传学研究所岗彦一教授频繁交流,讨论两国的栽培稻起源研究,以及互寄野生稻种子和研究资料。1963年5月9日岗彦一致信丁颖教授说:"弟现在仍然继续研究有关栽培稻起源之问题,从亚洲各地收集了各种野生稻,进行对集团遗传学的探讨,希望调查在野生稻中有关进化为栽培稻的因子,在印度采集的材料中发现栽培型和野生型之间有连续变异,栽培稻的祖先好象是多年性亚洲野生型(*O. perennis*)。"丁颖教授回信:"……十多年来,我利用我国实有的水稻研究资料和条件,从生态学的观点上进行着一些野生稻与栽培稻品种演变形成工作,最近与若干位同道协作把研究范围稍为扩大到生理、生化、细胞、遗传、变异等方面。"[⑤]丁颖教授逝世前,一直跟国内外学者有着频繁的书信往

---

① 《苏联农业科文杂志编辑部副总编辑给丁颖教授的信》,华南农业大学档案 MR1(154—2)。

② 《丁颖教授给邢雷金教授的信》,华南农业大学档案 MR1(154—4)。

③ 《丁颖教授给越南农业科学院院长裴辉的信(1960.9.20)》,华南农业大学档案 MR1(157—5)。

④ 《日本东京大学向康吉教授给丁颖先生的信(1959.3.13)》,华南农业大学档案 MR1(155—5);《丁颖教授给日向康吉的信(1958.5.7)》,华南农业大学档案 MR1(155—4)。

⑤ 《日本国立遗传学研究所岗彦——给丁颖院长的信(1963.5.9)》,同上,MR1(154—8)。

来，如越南人大副委员长孙光阀、留学苏联的越南学者杜世俊、朝鲜农业科学委员会金恩山、朝鲜农业科学委员会蚕学研究所、日本国吉冈金市、日本大阪市立大学农史专家天野元之助，以及国内刘瑞龙、张云鹏、卢永根、徐云峰、程侃声、钱泳文、胡子成等师友，交流学术心得、交换研究资料和稻种品种等。

四、结 语

丁颖教授对稻作起源的探讨源自于野生稻的发现，通过科学试验杂交培植野生稻与栽培稻，考察两者的亲缘性，在得到确实答案后，形成了华南稻作说。但后来的探讨中，丁颖教授又提出稻种起源华南说，他并未刻意去区分两者的区别，很可能他认为既然稻种源自华南，那稻作农业也必起于华南。丁颖教授一直不断完善自己的观点，论证思路是：(1)文献上的补充，甲骨文字方面有一些准备，与学生或友人之间交流得到文献上的新发现，及少量语言学上的考察；(2)充分意识到考古材料对华南说的重要性并寻找支持，查阅考古杂志的报道，跟踪最新考古发现，频繁与考古所等研究队伍联络，请求供应标本，也因丁颖教授在全国稻作起源研究的影响，得到很多响应；学者们请他鉴定稻谷标本的性状，丰富了他的思考。丁颖教授坚持华南说，并无所谓多元说的提出。同时，通过对古稻作遗存的考察，也关注遗存人类的生活状况，留意器物、文化等，这在他所作的一些笔记中可见，这应该是丁颖教授想从人种学的角度丰富华南说的一些准备。(3)从水稻的研究去印证，如对中国稻作区域的划分。除了考察野生稻与栽培稻的亲缘性状外，更具体的是体现在对粳籼稻的研究，如《中国古来粳籼稻种栽培及分布之探讨与栽培稻种分类法预报》(1949)的发表。稻种类区分和稻作划分是丁颖教授学术代表之一，而这对华南说的论说角度，是后人无法比拟的。20世纪四五十年代应该是丁颖教授在这个问题的思考最活跃的时期，也是影响最大的时期，当时应有很多人接受了华南说。

尽管丁颖教授关于稻作(种)起源华南说的解答在现代学术界还存有疑问，但他关于中国栽培稻种的起源问题所作的开拓性工作是毋庸置疑的。其扎实的专业功底、丰富的材料、系统的论述，让他的研究水平达到他所处时代的最前列，这方面的工作和成果是空前的，为现在继续开拓这个课题的研究，提供了坚实的前进基础，是现在稻作史研究者不能绕开的基石，因而称他为“中国稻作学之父”，实至名归。

(原载《农业考古》2013年第4期)

生物环保第一人蒲蛰龙

麦淑萍

“我怀着沉痛的心情深切悼念蒲蛰龙教授，他不仅是一位饮誉海内外的著名科学家，也是一位和蔼可亲的朋友……蒲蛰龙教授在昆虫病理学领域做出了杰出的贡献，他不仅在中国而且在全世界都受到尊敬……他致力于各国之间的合作，他的地位是不可替代的，他将永远活在我们心中。”这是国际无脊椎动物病理学会主席、美国加州大学教授菲德里西(Brian A. Federici)先生的唁电电文，道出了人们的心声。蒲蛰龙先生于1997年的最后一天，走完了他86年的人生之路。他一生致力于科学研究和培育人才，并在生命科学领域作出了巨大的贡献。蒲蛰龙院士渊博的学识、卓越的成就以及崇高的人格力量为我国生物学界树立了一座丰碑。

一

蒲蛰龙祖籍四川，先辈迁居广西钦州龙门岛，到他这一辈已有10代。民国元年年农历六月十九日蒲蛰龙出生于云南，乳名云生。父亲蒲春榆为清朝秀才，时任地方文职官员，母亲李贤是位贤良淑德的家庭主妇。小时候，蛰龙曾在龙门住过一段日子。钦州龙门是广西著名风景区，那里星罗棋布的岛屿在波光潋滟的大海中浮动，勾画出宛如白龙吐珠般的奇观，故龙门被称为“龙泾还珠”。这里的自然景观得天独厚，简直就是人间仙境。龙门给蛰龙留下了深刻的印象，直到他的晚年，仍然念念不忘他那美丽的故乡。

蒲蛰龙小时候，由于父亲工作调动频繁，他也习惯了随父母穿梭于城市与乡村之间，没有固定的小学入读。饱学经史子集兼精通医术的父亲成了蛰龙的启蒙老师，他整个小学阶段都几乎是在父亲的严格教育下度过的。

1925年，蒲蛰龙13岁时，全家定居广州。同年秋，蛰龙考上私立执信学校读初中。时执信校址在观音山(今越秀山)脚，那时山上还比较荒凉寂静，茂密的树林郁郁葱葱，不时传来阵阵的昆虫叫声和“啾啾”的鸟鸣声。清幽宁静的自然景色深深地吸引着蒲蛰龙，课余，他喜欢沿着校旁直通山上的石阶(今人叫百步梯)攀登越秀山。而在节假日里，蛰龙喜欢邀上几位小伙伴去登白云山或到市郊漫游。走在乡村的小路上，宁静的旷野山花烂漫，自由飞翔的小鸟一路欢歌，五光十色的蝴蝶在翩翩起舞……如诗如画的大自然景色常常令蛰龙留连忘返。然而，蛰龙在沿途也看到了一些与自然美景形成反差的现象：破落的村庄、低矮的土房、衣衫褴褛的农民和许多光着屁股的儿童——这是一个多么贫穷落后的村庄！这使他又想起平日遇到的情景：冬天里菜农们身穿单薄的衣裳，天未亮就赤脚挑着满满两筐蔬菜到市区沿街叫卖，菜价低贱，不少嫩绿的青菜给虫子咬得伤痕累累。“当农民真苦，”蛰龙想，“将来，我一定要掌握多点实际的农业知识去帮助农民，为改变农村贫穷落后的状况而尽自己的力量。”

1928 年秋，蒲蛰龙考进中山大学附属中学读高中和预科，三年后预科毕业。由于成绩优秀，蒲蛰龙可以免试直升大学。这时，已在广州挂牌行医的父亲动员儿子报读医科，认为当医生有一门技术，可以解决饭碗问题，也可以自己家人有病不求人。当时社会上报读工科、法律、经济、医科等实用性科目成为热门。而生性热爱大自然，那种从小培养起来的对大自然的感性认识，以及成长过程中接触社会，特别是对中国农村的贫穷、农业生产的落后状况的认识，使他萌发了要为中国农业的改造和发展，为农民的幸福做点实际贡献的想法。于是，蒲蛰龙报读了中山大学农学院。

1931 年秋，19 岁的蒲蛰龙开始了农学院的读书生涯。农学院里设有很多专业课，有农艺、水稻、农经、畜牧、蚕桑、昆虫、森林等等，蒲蛰龙认为，应该多学点关于昆虫的知识，因为昆虫占动物总数的 80%，昆虫中有益虫，也有害虫，害虫会为害农作物、毁坏桥梁和建筑物等，农民因虫害造成的灾难而逃荒乞食、卖儿卖女，甚至饿死是常有发生的事情。而益虫是人类的好朋友，不少益虫还是害虫的天敌呢。学好昆虫学，掌握其种类、构造、特性和功能等知识，将来必定大有作为。于是，从小热爱大自然，喜欢跟小昆虫打交道的蒲蛰龙选择了昆虫学科作为自己的主攻方向。

在旧中国，昆虫的“家底”相当混乱，国内估计有昆虫 15 万种，但通过鉴定的只有 2 万种，而且 93%以上还是由外国人作鉴定分类的，我国搞昆虫分类的不足十人！了解到这种不容乐观的情况，蒲蛰龙感到肩上责任的重大，他迫切地希望自己能尽快学多点昆虫知识，做昆虫王国的驾驭者。

在农学院里，尽管节假日都有校车进出校门，然而蒲蛰龙很少回家，空余时间大多用来认真阅读有关教材和参考资料，有时还进行野外观察和实验。广东各地有很多松林，却由于松毛虫的为害，造成不少松树枯死。针对这种情况，蒲蛰龙亲自到林区找来松毛虫在学校喂养，虽然实验设备简陋，但是蒲蛰龙还是很细心地观察松毛虫的形态结构、生活规律和生命过程，摸索防治松毛虫的有效方法。大学毕业时，他的论文《松毛虫形态、解剖、组织及生活史的研究》成为广东乃至全国首篇较全面论述防治松毛虫的重要文献。为此，蒲蛰龙大学毕业时同时获得了中山大学农学院颁发的“毕业论文奖”和

“优秀成绩奖”，这在当年的农学院是绝无仅有的。

大学即将毕业，求知欲旺盛的蒲蛰龙深深地感到所学专业知识尚不足，农学院的教授偏重于实际应用，而理论研究则十分欠缺。他了解到燕京大学在这方面的理论研究全国闻名，而且燕大教授、原籍广东的胡经甫先生又是世界著名的昆虫分类学家，于是，蒲蛰龙给胡先生写了一封措词恳切的信，希望能拜胡先生为师。胡先生为这位有为青年所感动，回信表示欢迎。1935 年秋，23 岁的蒲蛰龙遂从心愿，考上燕京大学研究院生物学部当研究生，师从胡经甫先生。

胡经甫先生是我国最早的昆虫学科研事业开拓者之一，著有《中国昆虫名录》、《中国积翅目昆虫志》等书，这些书都是中国昆虫分类学研究的奠基性著作。胡经甫先生对蒲蛰龙爱护有加，蒲蛰龙在燕大的两年学习期间，刻苦攻读，学业有了长足的进步。正如当年燕大同学、中国协和医科大学金荫昌教授和唐冀雪教授两夫妇对蒲蛰龙的评价那样，说蒲钟情于学问研究，那种专注和执着是同学间少有的，偶然间傍晚放学后，蒲蛰龙会站在课室外走廊里拉起心爱的小提琴，独自陶醉在动听的乐曲中，拉小提琴成为他紧张学习生活中难得的调味剂。在燕大期间，蒲蛰龙所写的论文相继在《北京博物》杂志上发表，他在我国昆虫学牙甲科分类方面崭露头角，更为日后的科研教学打下了坚实的基础。

1937 年夏末，蒲蛰龙已完成硕士毕业论文但尚未答辩之际，就发生了震惊中外的“七七事变”，日寇的铁蹄踏进了北平，蒲蛰龙怀着惆怅的心情回到广州中山大学农学院任教。1938 年下半年，广州也沦陷了，中山大学紧急疏散，从此，蒲蛰龙开始了艰苦的流亡生活。祖国山河的破碎，民族苦难的深重，还有个人的颠沛流离生活并没有磨灭他“科学救国”的志向。他从广州沿广西，经越南、贵州，关山跋涉，转徙万里，到达昆明，再从昆明雇马车抵达中山大学迁居地澂江。

1939 年秋，中大在大后方澂江办学时，已是农学院副教授的蒲蛰龙经历了战乱的洗礼，面对着虽是穷乡僻壤，但又景色宜人，风景秀丽的难得静土，似乎忘却了之前的种种不愉快，很快投入到教学科研生活中。他深入乡村林区，调查当地的农林业资源及作物生长情况。此刻，抚仙湖的旖旎风光深深地打动了诗人般赤诚的心灵，为了使如此美丽的自然环境能世代保持下去，而农作物害虫又能得到治理，蒲蛰龙就在这里开始了他有生以来的第一次用微生物细菌防治蔬菜害虫菜青虫的试验，效果令人满意。

1940 年下半年，中大迁回粤北坪石，农学院驻地为湖南宜章县栗源堡。抗战胜利后中大重回广州原校址。这时，已是农学院教授的蒲蛰龙满以为日寇走了，天下该是太平了，孰料，面对的仍然是黑暗的现实：全面内战一触即发。蒲蛰龙渴望祖国和平、国家复兴的热望化为泡影，为了将来更好地为祖国服务，他再次踏上求学之路，于 1946 年赴美,进入明尼苏达大学研究院攻读博士学位,师从美国著名昆虫分类学家 Mickel 教授,从事昆虫分类研究。在美期间,蒲蛰龙异常珍惜这样的学习机会,边读书边搞专业研究,还自学了德、法、意、日等 7 国外语,为日后科研需要打下良好的基础。1947 年,蒲蛰龙的妻子利翠英也考取了留美奖学金来到美国同一大学攻读硕士学位。1949 年秋,蒲蛰龙获得了明尼苏达大学哲学博士学位,利翠英也同时获得了硕士学位。当时美国方面多方劝蒲蛰龙夫妇留在美国发展,但蒲蛰龙从当地进步华侨报刊上得知中华人民共和国成立的消息时心情十分激动,他的心里惦记着多灾多难的祖国,牵挂着这片战后急需重振的热土。他谢绝了亲朋好友的挽留,放弃了国外优越舒适的生活环境,携同妻子一道怀着一颗无限热爱祖国的赤子之心踏上了归程。

二

1949 年 11 月,蒲蛰龙夫妇回到广州,双双被安排在中山大学农学院任教授。不久,组织上让蒲蛰龙兼任广东省农业试验场(广东省农科院前身)场长。

蒲蛰龙深深地为饱经战乱的中华民族终于能够重获新生,开始了新的和平年代而欢欣,然而,旧中国遗留下来的经济却是千疮百孔,一穷二白。中国一向号称“以农立国”,可是农村经济长期以来生产技术落后,劳动生产率低下,古老的农具和原始的耕作方式占了主流。自然科学基础十分薄弱,密切结合生产和新兴学科的部门几乎完全空缺。面对这样一个国情,蒲蛰龙看在眼里,急在心里,他不敢懈怠,恨不得能生出三头六臂来多为百废待兴的祖国重振国威。

学校的教学设施相当落后,蒲蛰龙想方设法购置各种仪器设备,亲手制作各种教学用图表和教具。蒲蛰龙在教学中特别强调要理论联系实际,要多为生产第一线服务,他也经常带领学生到学校附近的农村去参加生产劳动。一天午后,蒲蛰龙和同学们来到石牌乡参加水稻害虫防治活动。当他和农民一起把危害水稻的铁甲虫用手扎小扫一个一个地扫进盛有煤油的小水盆时,心中颇感震撼——这是一种多么古老的除虫法,害虫何时能除掉啊!那时候,西方国家对新中国实行包括禁运农药在内的全面经济封锁。而在我国,对农作物虫害的防治由于长期以来没有得到科学理论的指导和先进技术的运用,面对严重的虫灾,农民除了用原始的方法捉虫外只能是听天由命。面对这样一个事实,身为昆虫学教授的蒲蛰龙忧心如焚。

那时候的蒲蛰龙已经是国内声誉鹊起的昆虫分类学权威,按当时先进国家的惯例,他只要专心坐在实验室里驾轻就熟地做他的昆虫分类研究就可以,而不必如此费心地去做其他工作了。然而,面对着农民焦灼期待的目光,想到自己科学报国的宏愿,蒲蛰龙没有去追求自己安逸的工作和生活，他勇敢地接受了新的挑战——开创生物防治病虫害研究新领域，把主要精力转移到“以虫治虫”的生物防治研究上来。

在自然界里，能对害虫起抑制、消灭作用的生物叫“天敌”，害虫天敌和害虫是一对矛盾的两个方面，利用害虫天敌去防治害虫，这就是人们常说的“一物降一物”原理。各种害虫都有自己的天敌，要防治害虫，就必须找出害虫的天敌，有计划地保护、繁殖和充分发挥其治虫的积极作用。

在过去，甘蔗一直是我国重要的糖料作物，广东是生产甘蔗的大省，甘蔗的主要害虫是甘蔗螟虫（俗称钻心虫），它为害甘蔗，造成严重减产。1950 年始，蒲蛰龙选取利用赤眼蜂来防治钻心虫的研究课题。自然界的赤眼蜂不多，而且不能听从人的指挥，于是，繁殖赤眼蜂，“教”赤眼蜂像孙悟空那样钻进害虫肚子里，将害虫歼灭是研究的主题。在蒲蛰龙的领导下，他的学生陈守坚、邓德蔼和助手刘志诚参与了试验过程。他们开始时仍沿用美苏等国的模式试验，即用小卵麦蛾繁殖赤眼蜂，但是效果很不理想，繁殖出来的赤眼蜂体弱、雄性多、寿命短。蒲蛰龙试用 17 种鳞翅目昆虫卵作赤眼蜂寄主，反复试验的结果表明，以松毛虫和蓖麻蚕卵为最优良寄生。于是，大量繁殖赤眼蜂在各地蔗田释放，治虫效果不错。

用大寄生卵繁殖赤眼蜂的试验成功在国内国外都是首创。1958 年，蒲蛰龙率先在广东顺德县建立了全国第一个赤眼蜂站，并相继为全国各地培养了一大批技术骨干，这种“以虫治虫”的方法先后被全国十多个省份学习应用于防治多种农作物害虫，在国内打响了现代生物防治的第一炮。

值得一提的是，曾对我国实行经济封锁的某些西方大国，此刻却由于利用赤眼蜂防治虫害的试验屡遭挫折而陷入应用的低谷。而我国则从南到北迅速发展，赤眼蜂被广泛应用于防治农林果蔬等多种作物害虫，成为众多害虫的克星。

这一课题研究的成功，不仅使蒲蛰龙成为我国第一个有系统地研究赤眼蜂，并在生产实践中广泛应用的科学家，而且减小了农药对整个生态环境的污染，降低了生产成本，对于人类保护自然，保持生态平衡起着积极的推动作用。蒲蛰龙为我国生物防治事业作出了开创性的贡献，首开我国生物环保之先河，成为我国“生物环保第一人”。

三

继繁殖和利用赤眼蜂防治多种作物害虫研究成功并广泛应用于生产之后，蒲蛰龙更坚定了走害虫生物防治道路的信心，并在这基础上又展开了一系列生物防治系统性研究应用，成为新中国绿色环保的先锋和领航人。

(一)引进国外害虫天敌防治农作物虫害

吹绵介壳虫和粉介壳虫均是柑桔和农林作物的主要害虫，1955年，蒲蛰龙通过苏联农业部，引进了这两种介壳虫的天敌——澳洲瓢虫和孟氏隐唇瓢虫，在他的指导下，由研究人员邓德蔼、何等平等精心培育繁殖成功。澳洲瓢虫被广泛放养于柑橘、木豆、木麻黄及台湾相思树等植物上，有效地防治了吹绵介壳虫的为害，及至把它移殖到全国各地，均取得了较好的效果；把孟氏隐唇瓢虫投放于广东及各省的柑橘种植区，也同样发挥了显著的效果。

1956年底，广东电白县博贺镇沿海岸线绵延20公里、宽100米的木麻黄树防风林带发生了严重的吹绵介壳虫灾，10多万株木麻黄树已有2万多株受虫害，而且虫灾还在迅速蔓延，用农药喷杀也无济于事。眼看这片由海边沙滩地带改造成的防风林带很快就要被害虫所毁，当地政府紧急向省农业厅求救。蒲蛰龙知道这个情况后，立即派人协助省农业厅，把数百只澳洲瓢虫及其子代送到该林带放养，很快害虫就被消灭了。从此之后，虎头山下，被誉称为全国第一条也是最长的一条海岸防风林——木麻黄树林带一扫其萎靡的病容，成为远近闻名的一道风景线。

蒲蛰龙引进澳洲瓢虫和孟氏隐唇瓢虫这两种害虫天敌获得成功并广泛应用于生产，首开我国引进害虫天敌的先河。如今，这两种瓢虫已在中国落户，真正定殖和发挥着应有的作用，它们不仅在广东有效地控制了吹绵介壳虫和粉介的发生，而且在我国不少植物区建立了天敌与害虫之间生生息息，相互平衡，相对稳定的群落。这是我国引进害虫天敌取得大面积田间应用的第一例，也是达尔文“自然选择学说”论证的又一精彩的成功演绎。

(二)利用平腹小蜂防治荔枝害虫

荔枝是岭南佳果，“日啖荔支三百颗，不辞长作岭南人”的东坡名句让岭南人引以为豪。然而这诱人的岭南佳果却常常受到一种学名叫荔枝蝽象(简称荔蝽)的害虫为害而减产失收，实在可惜。蒲蛰龙对此十分关注，1960年，他亲自主持了利用平腹小蜂防治荔蝽的研究工作。

过去，荔蝽为害时，荔农只懂得用农药去喷杀，而用农药会引起一系列不良后果：害虫产生抗性，蜂蜜生产、水果及周围环境也都会受到农药的污染，生产成本高、效能低等，且极不利于生态平衡。在蒲蛰龙的主持下，黄明度、麦秀慧等科技工作者繁殖出平腹小蜂，并在广东省内的从化、增城等荔枝主要产区试验，收到显著的效果。

1969年，东莞县荔枝产区出现了严重的虫灾，正在英德坪石接受“劳动教育”的蒲蛰龙知道此情况后，没有理会当时的社会环境以及身体状况，与夫人利翠英教授一起，打起背包率领中山大学生物系部分师生直奔虫害灾区。

蒲蛰龙深入荔乡调查虫害情况，举办“以虫治虫”培训班，开展了繁殖平腹小蜂防治荔蝽试验。由于这里的设备简陋，又值冬春之交，繁蜂室温低湿度大，试验遇到了不少困难。蒲蛰龙不顾年高体弱，不畏腊月寒冬，克服了一个又一个困难，终于成功地繁殖出了大批平腹小蜂。1970 年，东莞荔乡这个昔日“只见花开不见结果”的“金背(荔蝽俗名)祠堂”，如今已创下了历年来所未见的荔果大丰收。这在当地一直被传为佳话。

(三)综合防治结硕果

蒲蛰龙利用有益生物防治害虫的研究取得了巨大的成功，他也由此而声名远播。全国各地甚至海外咨询、请教的函电纷至沓来，蒲蛰龙总是有求必应地给予解答。1972 年冬，蒲蛰龙家里又来了两位不速之客，他们来自广东重要产粮区之一的四会县大沙公社，那里由于水稻虫害严重，请求蒲蛰龙为其出谋献策。

这个产粮区过去对水稻虫害的防治主要靠化学农药，近年来每一造水稻均增加了农药的投放量，但是害虫却越来越猖獗。蒲蛰龙告诉客人：化学农药不是万能的，早在 19 世纪，欧洲已发明化学农药来对付害虫，一些昆虫学家以为从此害虫绝迹，纷纷赶制昆虫标本以留世上，但百年过去了，农药越出越新，越出越毒，结果呢，害虫不仅留存下来，而且越来越难治，这是由于长期单一地大量施用农药，使害虫产生了抗性，在消灭害虫的同时也大量杀伤了青蛙、蜘蛛等害虫天敌，不仅妨碍了禽畜牧业的发展，还造成了食物和环境的严重污染，使自然生态遭到严重的破坏。蒲蛰龙意识到问题的严重性，他觉得有责任要为农村基层解决困难。但是当时在国内外，尚没有成功解决这一难题的先例，同行为他担心，怕搞不好会影响他的“一世英名”，然而，从来都是淡泊名利，心中只想着为国家为农民做点实事的蒲蛰龙却毫不犹豫地作出决定，一定要攻下这一难题。

1973 年初春，蒲蛰龙带领中山大学生物系部分中青年教师，前往四会县大沙公社安营扎寨，开始了新一轮的以生物防治为主的水稻虫害综合防治研究和试验。大沙的水稻害虫种类繁多，有近 50 种，要抑制害虫的发生和为害，仅靠“以虫治虫”一种办法是远远不够的，需要与其他防治方法相结合才能更有效地抑制虫害的发生。

1973 年至 1975 年间，年逾花甲的蒲蛰龙前后 34 次来到四会县大沙公社，他根据当地水稻害虫发生情况分别采取了“以菌治虫”、“以虫治虫”、“养鸭除虫”、提早浸田等一系列综合防治措施，试验面积从最初的 24 亩到 1975 年的 6 万亩，为害水稻的三化螟、稻纵卷叶螟、稻飞虱等主要虫害的发生率下降到 1%以下，化学农药总用量比综合防治前减少了 80%，成本大大下降，产量也逐年提高。经过多年的研究实践，蒲蛰龙他们总结出了一套以发挥害虫天敌作用为主、包括以虫治虫、以菌治虫、养鸭除虫、农业技术防虫、合理施用化学农药在内的水稻综合防治方法，综合防治的目的是提高生态效益、经济效益和社会效益。这种防治方法为广东省围田类型稻田的害虫防治开辟了新的途径。

综合防治的成果引起国内同行的注意，不断有慕名者前来大沙观摩取经，外国学术界同行也闻风而来。1975 年 8 月和 1977 年 9 月，分别有来自美国的害虫防治考察团和来自英国的皇家学会害虫生物防治考察团千里迢迢来到中国四会县大沙公社，他们对这里的综合防治水稻害虫的做法给予了很高的评价。联合国粮农组织对蒲蛰龙领导的中山大学昆虫学研究所在大沙大面积进行的水稻害虫综合防治试验所取得的成就给予了充分的肯定，该组织为此编写了《水稻综合防治指导》一书给各国农业部门参考，该书称中国稻虫综防是"模范的水稻综合治虫的计划"，对大沙水稻综合治虫工作作了系统的报道和介绍。

四会大沙自 1973 年至今，一直是中山大学生物学系、昆虫学研究所教学科研的实验基地，这里生产的稻米也成为新中国第一批绿色食品——无公害大米。1978 年，蒲蛰龙出席了全国科学大会，他的水稻综合防治害虫的研究成果获科学大会授予"科学成果奖"，该成果同时被国家科委列为"八五"重点推广计划。

为了进一步研究大沙水稻害虫的发生规律，找出防虫的最优方法，1982 年，蒲蛰龙组织中山大学昆虫学研究所、数学力学系和计算机科学系的部分教师共同合作，从生态系统的角度深入研究大沙区水稻害虫与耕作技术及其各种环境因素的关系，以建立害虫动态预测、防治的数学模型，为进一步采用现代化手段防治农业害虫提供理论依据。

四

"科学实验一定要和生产实际紧密联系，如果只关在实验室里搞科研，得出成果不投入实际生产应用，那只是纸上谈兵。这不是我们科学工作者要走的路。"走理论联系实际的道路是蒲蛰龙的一贯作风，也是他"科学报国"的一向行动宗旨。

半个多世纪以来，蒲蛰龙总是以科学家特有的敏锐关注社会，关注民生，正确地运用科学知识解决人们生产上的难题，60 年代，他解决了利用平腹小蜂防治荔枝害虫的同时，积极为贫困山区——湘西黔阳地区解决柞蚕放养问题，打破了"柞蚕不能过长江"的神话，被湖南省科委通报表扬。"七五"期间，他承担了国家攻关项目——斜纹夜蛾核型多角体病毒防治蔬菜害虫中试生产研究，该成果获 1991 年国家教委科技进步二等奖。1988 年，广东的松树发生了严重的松突园蚧虫害，蒲蛰龙为挽救松林出谋献策，提出了引进害虫天敌，用"以虫治虫"的生防方法的建议，被政府采纳。用害虫天敌繁殖而成的"仿生农药"使广东的松树避免了毁灭的厄运。在他的晚年，他不顾身患多种疾病，仍夜以继日地从事微生物防治害虫的科研工作。他大量阅读有关文献，和中青年教师一起开展对苏云金杆菌、白僵菌、昆虫病毒、昆虫类立克次氏体及昆虫疾病的理论和实际工作的研究。

在科学技术日益发展、边缘科学不断出现的时代，蒲蛰龙总是善于理性地和客观地捕捉各个时代先进国家的科技发展趋势，瞄准国际学科前沿，结合我国现实的需要，牵头组织科研人员攻关。他认为有利于国家，有利于人民的科学研究，都一定会尽自己的最大努力去争取试验成功。他善于领导和团结研究人员不断拓宽研究领域，在国内，他率先通过学科渗透、学科交叉，建立了两个新的研究方向——昆虫数学生态和昆虫病理学及基因工作，这两个新的科研方向在实践过程中取得了显著的成果，得到国内外同行的好评，研究成果处于国际先进水平。

年高德劭的蒲蛰龙，以锲而不舍、孜孜以求的科学精神赢得了广大科技工作者的尊敬和爱戴。他在耄耋之年依然疾驰奋行，真正做到了生命不息，拼搏不止。

五

蒲蛰龙不仅是一位学识渊博的杰出科学家，同时也是一位德高望重的杰出教育家。他治学严谨，学风正派，为人谦逊，激励后学备受师生尊崇。半个多世纪以来，蒲蛰龙满腔热情地把知识和爱心毫无保留地奉献给祖国的教育事业，他就像一位辛勤的园丁，呕心沥血，辛勤耕耘，尽心尽力地为我国培养了一大批高级专门人才，不少还是学科带头人，可谓桃李满天下。

蒲蛰龙常说："当教师的，一定要设法让学生超越自己，否则，国家的科学技术就不可能向前发展。"在他本人的成长过程中，曾经得到过不少中外名师的指导和帮助，因此，他把这种关怀的力量灌输到他的教学工作中。他言传身教，重视发掘学生的潜能，重视培养学生的逻辑思维能力，强调学生的观察动手能力和创造能力，鼓励学生向一专多能发展。他反对"满堂灌"，反对不切实际的"闭门造车"，他对孜孜不倦的治学态度和为师之道有着深刻而独到的理解。

蒲蛰龙常常告诫他的学生："作为一个自然科学工作者，胸怀要豁达，意志要坚定，要扩大视野，重贤器才。"他严谨治学，谦虚谨慎，虚怀若谷，在从事繁重的教学、科研工作的同时，主动积极地扶掖年轻人，帮助他们提高业务水平。他深深懂得，一个人的能力有限，科学家是一个专才，但也有其知识盲点，穷其一生也不可能做到面面俱全，因此，他善于团结、起用有才华的年轻人，鼓励他们不断深造，学习先进国家的科技知识，对学成回国的中青年学者任贤重用，推荐其跃上科研新台阶。在昆虫研究所里，像王珣章、庞义等一批学有所成的青年科学家为蒲蛰龙的爱国主义情怀和人格魅力所感召，大都甘愿放弃国外优越的生活和工作环境，回到蒲先生的麾下工作，在各自的岗位上取得骄人的成就，成为重点学科领头人。

蒲蛰龙学贯中西，德才兼备，谦和宽厚，亲贤爱才，堪称当代学人的典范。著名昆虫学家、中科院院士庞雄飞教授在讲述了他和蒲蛰龙半个世纪的师生情缘时，深情地说："我永远忘不了恩师的教诲，也一直以他为榜样，我一家三口都是从事生物防治研究工作的，我们现在所做的都是蒲先生未竟事业的延续。"广东九三学社主委、广东省昆虫研究所研究员黄明度先生是蒲蛰龙的学生，提起广东省昆虫研究所的创建和发展历程以及自己的成长过程时，他颇为激动地说："我们今天所取得的成绩跟蒲先生的指导和关怀是分不开的，蒲先生从来都是我们的良师益友。"一位国际友人在谈到蒲蛰龙出访讲学时的风采，称蒲不仅是一位杰出的科学家和教育家，更像是一位风度翩翩的外交家。

"敬事业德高望重　科教界一代楷模；育英才为人师表　海内外万古流芳。"这是在蒲蛰龙遗体告别会上学子魏聪桂、周昌清、庞义、黄治河撰写的一副对联。蒲蛰龙夫妇为了祖国的科教事业一生不育，他们的学生尊称蒲蛰龙为"师父"，亦师亦父，正是人们对浩浩师恩从心底里流露出来的亲切呼唤。蒲蛰龙一生高风亮节、无私奉献的高尚人格永远镌刻在人们的心碑上。

六

在人类历史上，由于农业文明发展不当带来生态环境恶化，从而使文明蒙羞的例子屡见不鲜。尤其是人类社会进入 20 世纪以来，在片面发展观的指导下，人们为物质财富的增加而不惜一切代价，资源被掠夺性开采，环境被肆意糟踏，好端端一个地球变得危机四伏：空气污染蓝天变得灰茫茫，天上落下的甘露变成了酸雨，水土流失更使洪水如猛兽，"灾害链"犹如不定时炸弹……这一切似乎都是人类为了积极自由生存而制造物质享受的同时，也无意中为自己建造了一个恶劣的生存空间。

为此，在 1962 年，美国海洋生物学家莱切尔·卡逊针对地球环境日益恶化的事实，抱着病魔，用了足足四年的时间，耗尽精力撰写了一本反映美国农业、商业为追逐利润而滥用农药造成"危害日益增长"为主要内容的惊世之作《寂静的春天》，书中揭露了"人们恰恰很难辨认自己创造出来的魔鬼"，唤醒人们正视现实，重新审视人类创造文明的历程，减少环境污染，开创新的生态环境。两年后，莱切尔·卡逊含笑谢世，然而她在世界环保历史上留下的不朽之作影响了世界多国政府的执政纲领，人们开始正视环境，"可持续发展"成为今天全世界人民的共识，卡逊也成为世界环保史上的先驱。

较之卡逊《寂静的春天》出版前 20 多年，我国生物学家蒲蛰龙教授就意识到保护自然环境的重要性，他率先履行自己天使般的职责，在调节人类与生态环境和谐发展的生命科学领域里取得了巨大的成就，成为我国乃至世界上运用生物环保最为成功的科学家。蒲蛰龙一生对世界环保所作的贡献，凸现出一位科学家在认识方面的深刻和超前，更体现了一种超越学科关怀的社会道义感和先锋导向作用。

蒲蛰龙在60多年的科教生涯中，先后在国内外学术刊物发表学术论文近200篇，出版专著6部，获得国内外学术界的高度评价，研究成果多次获国家级、省部级奖励。他于1980年成为中国科学院学部委员，同年获得母校美国明尼苏达大学颁发的“优秀成就奖”，国际同行称他为“南中国生物防治之父”。我国政府也给予这位优秀学者相当高的荣誉：全国侨界十大新闻人物，第二、三届广东省科协主席，广东省杰出贡献科学家，南粤杰出教师……

蒲蛰龙一生追求科学，竭尽所能为保持生态平衡，实现人与自然的和谐发展所作出的巨大贡献可谓“功在当代，利在千秋”。蒲蛰龙——一位20世纪世界杰出的生命科学家，将永远记载在人类历史发展的丰碑上。

（原载《岭南文史》2000年第1期）

鼻咽癌研究的开拓者梁伯强教授

熊　敏　董　郡　宗永生

梁伯强教授是我国著名的医学教育家、病理学家、中国科学院学部委员、我国病理学奠基人之一。他毕生从事医学教育和病理学研究。他治学严谨，学术造诣极深，培养了大批优秀的病理学人才。他科研成果累累，尤其是对鼻咽癌的开拓性研究，蜚声国际，为发展我国病理学作出了重大贡献。

梁教授于1899年2月15日出生在广东省梅县一个知识分子家庭。其父梁劭勤曾先后在本乡小学和梅县女子中学任教。对子女要求严格，勉励子女努力读书。其母萧氏是位贤慧、勤劳、俭朴的家庭妇女。她相夫教子，生活乐也融融。梁伯强6岁那年，一场瘟疫，夺去了他母亲的生命。梁伯强幼小的心灵里萌发了长大后从医、普济芸芸众生的心愿。他自幼天资聪颖，在他父亲的熏陶和教育下，学习更加勤奋，在小学念书时，成绩一贯名列前茅。

1912年，梁伯强考入梅县巴色会教会中学(即梅县乐育中学前身)。仅用四年时间完成了中学的全部课程，于1916年以全年级第一名的优异成绩毕业。同年考进上海同济大学医学院，1922年毕业。

还在同济学习期间，他深感我国基础医学薄弱，制约着临床医学发展，要发展我国医学事业必须从发展基础医学入手。因此，他很注重基础医学理论的学习，特别喜爱病理学，三年级时，他便协助病理学教授的教学工作。毕业后即留校任犹太籍德国病理学教授F. 欧本海姆(F. Oppenheim)的助教，专修病理学。教学之余潜心从事中国人血型和地理关系的研究。

1923年，梁伯强被学校推荐到德国慕尼黑大学研修病理学，师从Borst教授，利用该校实验室继续从事中国人血型的研究。1924年获慕尼黑大学医学博士学位。

梁伯强1925年回国后受聘为同济大学病理学副教授。1932年受聘为国立中山大学医学院教授兼病理学研究所主任，年仅33岁。他以病理学研究所为基地，积极从事教学和科学研究。经短短几年的努力，他把中山大学医学院病理研究所办成为当时国内有一定影响的、学术气氛浓郁的学术机构。1936年，德国著名病理学家H. 贝廷格(H. Bettinger)教授参观该所时，称赞该所“是一个很完善的、学术气氛浓厚、极有发展前途的研究所”。

梁教授在中山大学医学院任职期间，曾于1937—1938年和1948—1949年两度出任医学院院长。1949年初赴美国约翰·霍普金斯(Johns Hopkins)等大学考察医学教育。

新中国成立后，梁伯强继续在中山大学医学院任教授和病理学研究所主任。1953年，他参加维也纳世界医学大会，会后赴苏联考察医学教育。

在全国高等学校院系调整中，中山大学医学院、岭南大学医学院和光华医学院合并成立华南医学院(后改为中山医学院，为中山医科大学前身)。梁先生任病理学教授、病理学教研组主任。1954年任华南医学院第一副院长，主管全院科研工作。在他任职期间，积极推动全院科学研究和活跃全院学术气氛。当时中山医学院在血吸虫病防治、肝硬化与肝癌、麻风病、鼻咽癌、神经生物学和防盲治盲等方面的科研工作是卓有成效的。1963年经卫生部批准，他组建了肿瘤研究所和寄生虫病、病理形态、神经形态、眼科学、药物学等研究室(所谓“一所五室”)，成为中山医学院教学、医疗和科研相结合的科研机构，有力地推动了该院的科研工作。他兼任第一任中山医学院肿瘤研究所所长。

1956年他光荣地加入中国共产党。1962年出席莫斯科第八届国际肿瘤大会，在大会上宣读了鼻咽癌研究的论文。

自1950年起任中央卫生部全国卫生科学研究委员会委员、中南军区后勤部卫生部顾问和地方病防治委员会委员。

1955年梁伯强被选为中国科学院生物部学部委员，历任中央卫生部医学科学委员会常委、国家科委医学组成员、中华医学会理事、中华病理学会副理事长、中华医学会广东分会副理事长、中华病理学会广东分会理事长、中华病理学杂志副总编辑。

他是第一、二、三届全国人大代表。

正当梁教授率领全国鼻咽癌科研走向世界，为攻克鼻咽癌作出新的努力的时候，1966年“文化大革命”开始了。他被扣上莫须有的罪名，被剥夺了教学、科研和业务工作的权利，身心健康备受摧残，心脏病复发而得不到积极的治疗，于1968年11月28日在广州逝世，终年69岁。

发展病理　倡导尸解

梁教授从多年研究实践中深深地认识到，要建立我国病理学，必须有我们自己的病理学资料。因此，他非常强调开展尸体解剖研究。在上海同济任职期间，他便千方百计争取尸体来源：耐心细致动员死者家属献尸；对无主尸体，不论白天黑夜，随到随解。有一例无主尸体，经医院同意后，梁伯强作常规解剖。不料风云突变，当地流氓地痞向医院交涉，声称该尸体是他的亲属，向梁敲诈、勒索巨额“赔”款，扬言若不同意则诉诸法律，控告梁“盗尸罪”，闹得满城风雨。后经同济大学和社会名流出面斡旋，由医院支付一笔款，风波始获平息。梁伯强并不因此而畏缩，只是更加小心选择无名尸体进行解剖。在中山大学医学院任职期间，他更加努力开展尸解研究。他亲自向死者家属，向广州市政、卫生当局、慈善医院和掩埋队反复宣传尸解的科学价值。他还在尸体解剖室门口挂上“遗体献给科学功德无量”的横匾，积极开拓尸体来源渠道。抗日战争爆发后，中山大学内迁云南澂江，路过越南河内，因一时无法出境，在河内停留期间，经他努力得到印度支那医院的支持，在该医院太平间作尸解，连大年初一仍然坚持解剖，两个月内共解剖 30 多例，成为当时教学的珍贵教材。随着战局变化，中大医学院又迁回粤北。在粤北山区乐昌县办学的日子里，梁伯强不屈不挠，艰苦创业，继续开展尸体解剖。他把破庙当解剖室，请铁匠打制尸解工具，没有橡胶手套，就用凡士林涂于手部皮肤带领他的助手进行尸解。抗战胜利后，特别是新中国的建立，为他创造了有利条件，他更加积极倡导尸解，并得到广州地区各医院的支持，中山医学院病理学教研室的尸解数量逐年增加，到 1965 年尸解总数已达 7689 例，居全国之首位，成为教学和科学研究的宝贵资料。

梁教授不仅积极倡导尸解，也非常注重病理研究所管理工作的规范化和制度化的建设。对于尸解程序、尸解记录、尸解报告等，制定了完善而规范化的格式。一位德国病理学教授曾对梁教授说：“你所用的‘尸解记录’非常好，我们德国的也没有那么完善。”此外，他对于组织处理、报告签发、档案资料保管都有具体规定。经过反复实践，在此基础上他指导古建鼐编写了《病理尸检手册》(人民卫生出版社，1965 年)，鼓励和支持麦兆煌编写了《病理组织学标本制作技术》(人民卫生出版社，1962 年)。这些工具书的出版，使我国病理尸解技术和组织标本制作技术更加规范化和档案管理的科学化。现在全国很多医学院校病理学管理制度、尸解程序和记录等方面都在不同程度上演绎梁伯强格式。足见梁教授在我国病理学建设上的贡献和其深远的影响。当然，随着科技进步，病理学管理也步入电脑化阶段。

培养人才 后继有人

梁伯强深知发展我国病理学事业需要几代人的努力，因此，他非常重视人才培养。早年悉心培养年轻助教，为他们创设学习和工作条件，并谆谆教导青年教师要从实践中学习，在实践中提高。新教师要经过一年严格基本功训练。他以自己严谨的治学态度影响他们。从作第一例尸体解剖开始，尸解记录、病变描述、病变组织标本选取、绘图、照相、诊断报告等都要求规范化，并需按时完成。他教育青年教师和学生，要有献身事业的精神，当工作、学习出现困难时，要有不怕困难的决心和不屈不挠的精神，“走路、吃饭都要去想解决困难的办法。”他还说：“我的工作计划和科研构思，很多时候是在走路时想出来的。”1936年梁教授开始招收高级病理师资研究员。

1951年受中央卫生部委托培训三名高级病理师资。1953年后与著名病理学家秦光煜教授和李瑛教授连续开办十多期高级病理师资培训班，使中山医学院病理学教研室成为当时全国病理人才培训中心。现在仍为卫生部指定的高级病理师资培训点。1955年梁教授开始招收研究生和高级进修员。通过这些教学形式为全国医学院校、医疗和科研机构输送了400多名病理学人才，其中不少人已成为当代知名学者和学科带头人。如早年的学生杨简教授，是国际著名的实验肿瘤学家，在实验肿瘤病理学方面有很高造诣，特别对食道癌病因发病学研究取得显著成绩，在梁教授逝世后被选为学部委员。解放后，梁教授与秦光煜教授共同培养教研室的青年教师，使他们迅速成长，个个身怀绝技，各有所长，成为病理学的中坚力量，被誉为“十大金刚”。现在他们在各自的岗位上，为发展我国病理学事业努力工作。在病理技术上，梁教授也造就了一批人才。如凌启波主任技师，随梁教授20多年，在他严格训练下，勤奋好学，工作严谨认真，一丝不苟。凌启波总结了40多年的经验，编著出版《实用病理特殊染色和组化技术》(广东高等教育出版社，1989年)。

梁教授培养学生，既严格又细致，被他的学生称为“严师慈父”。严——严格而高强度训练，制定每周学习和工作计划，严格执行，周末检查，未能按计划完成任务的，毫不留情，勒令“补课”。因此，青年教师业务成长快。早在1937年，梁教授到青岛度假。行前他叮嘱助手杨简，疑难病例诊断有困难时，可请H.贝廷盖教授复验(当时贝教授在广州另一所学校任教)。杨遵嘱，几次携活检标本请贝教授复查。他对杨简所拟的诊断报告，只字未改，同意诊断。他微笑着对杨简说：“真是名师出高徒。”后来当他知道杨简师从梁教授不满两年时，非常感慨地对何凯宣教授说：“实在令人难以相信，这样高质量的训练效果，在德国也不多见。”慈——言传身教，细致指导，有针对性地要求青年教师全面发展。年逾花甲的梁教授，虽然担负着繁重的行政领导工作，社会活动也频繁，但每届研究生和高师班开学之初，他都要亲自作尸解示教，认真细致，一丝不苟，不怕辛劳，解剖长达五六个小时。这种严谨的治学态度给学生留下深刻的印象。对教研室青年教师，能根据每个人的特点，有针对性地提出努力方向。教师们方向明确，也就更加刻苦用功，所以能在短时间内使十名年轻的讲师迅速成长，并各有所长，培养出一支实力雄厚的师资队伍。

在生活上，梁教授夫妇也非常关心学生。他常常对夫人说："研究所的职工是我们的亲属，研究所的教师是我们的子弟，我们要多关心他们。"每逢节假日，梁教授夫妇总是热情邀请青年人到他们家做客，在促膝谈心中，交流思想，融洽师生关系。

梁教授对自己也严格要求。他给学生上课，总是铃声一响，便站在讲坛上，从不差分秒。就是到了晚年给研究生和高师班学员上课，还是认真准备，查阅文献，让助手预先绘制图表，精心挑选标本和幻灯片，并预先发给讲授提纲，讲课时内容丰富，语言生动、简洁，深入浅出，理论结合实际，逻辑推理严谨，辩证地分析疾病发生、发展规律，使学生既学到知识，又从中学习梁教授的思维方法。梁教授为了让教师和学生自觉地掌握辩证唯物主义的思想方法，他亲自指导他们学习恩格斯的自然辩证法哲学著作。

科研工作　成果累累

病理学的发展有赖于科研工作的深入和提高。梁教授不仅注重病理学的基础建设，而且也非常重视科研工作的开展，他认为科研是学科发展的原动力。在科学研究上，梁教授强调科研应结合实际和需要。因此，他在科研选题上重视研究地理环境和卫生习惯对人体疾病的影响；重视研究我国常见病、多发病的发病规律。早年他研究血型与地理的环境关系、肝吸虫病和日本血吸虫病、气候变化与死亡的关系。抗日战争期间，指导学生研究军用毒气与病理。南来广东后，多年的尸解实践发现南方肝硬化和肝癌发病率高，便与研究所同仁拟定研究计划。但在旧中国连年战乱、外敌入侵，贫穷、经费短缺的情况下，要进行系统科学研究，又谈何容易！新中国的建立，梁伯强的梦想变为现实。在院领导的支持下建立了肝病研究室，才得以全面开展对肝炎、肝硬化和肝癌的基础和临床的研究。50年代后期，又转向研究鼻咽癌。梁教授的研究领域是多元的。梁教授还研究维生素A在脂肪和胆脂代谢中的作用；在淋巴组织肿瘤和血液病的研究也有所建树。此外，早在30年代，他便研究我国古典医学——《黄帝内经》。

在研究工作中，梁伯强具有不屈不挠、锲而不舍的精神。条件差，人力不足也难不倒他。抗日战争期间，在粤北山区办学，条件异常艰苦，但梁伯强没有中断研究工作。没有尸解室便在离学校几里路的破庙进行解剖；人力不足，白天做不完，晚上继续干。1942年梁教授在中山大学《返粤周年纪念刊》上发表的《如何在非常时期研究病理学》一文中指出："病理学为临床医学之基础。欲求临床医学之进步，须先研究病理学，此固尽人皆知。唯在物质供应异常缺乏之今日，研究室之设立既非易事，而维持亦难。吾人此后将如何研究病理学？为解决当前严重问题，作者曾再三考虑：(1)如何尽量用国货而代替奇昂难得之舶来品？(2)如何改良方法以适应新的工作条件?"他首先付诸实施。他因地制宜坚持开展科学研究，设计出新的固定液来固定标本，得到相同的效果，而节省了大量当时难于得到的甘油；用云母片代替需要进口的盖玻片；用松节油取代二甲苯；用燃烧木炭的土烤箱代替电热烤箱。

梁教授的科研工作具有科学的预见性和开拓性。早在30年代他就提出："广东要与肿瘤、结核病和麻风病三大疾病作斗争。"在科研工作中，他坚持忠于事实，忠于科学，一切结论以事实为准绳的指导思想。在一次教研室科研小组会上，对他的助手们说："尽信书不如无书"，"科研工作是创造性的劳动，是探索前人没有认识的事物的本质。既要重视前人的经验，吸收前人研究的成果，但又不能拘泥于前人的框框，这样才能有发现、有所前进。"正是由于坚持辩证唯物主义的思想，梁教授才能在1928年提出原发性肝癌是肝吸虫感染有关，50年代指出我国肝硬化的原因主要不是酒精中毒和营养不良。

在科研组织和管理工作上梁教授也取得卓著的成绩。梁教授是一名出色的科研工作的组织者和领导者。他主持全院科研工作，作出了重大的贡献。在合校初期，科研工作涣散，自由选题。梁教授率领助手们深入调查研究。在此基础上，组织全院有关的临床、基础各科室，并根据专家教授的特长，有机地组成基础理论、肿瘤、地方病、常见传染病等协作研究组，最大限度地发挥有限的人力和物力，把全院科研工作纳入国家计划，实践我国医学科学研究规划。但梁教授又能辩证地处理好国家任务与学科发展，专家特长与科研任务的关系，大大地调动了全院教师科研积极性。1962年梁教授应邀参加国家科委召开的制订我国科学技术发展第三个五年计划讨论会。在会上，梁教授根据自己的经验指出："发展科技不外乎人和物两个因素。在目前情况下，要迅速发展我国科技，就要正确地处理科研任务与学科发展的关系"，"要尊重专家特长、发挥专家作用"，"还要组织精干的科研管理队伍"。梁教授指导科研的思想，得到与会者的赞同。

在此期间，中山医学院科研工作呈现一派生机。1963年，梁教授组建了肿瘤研究所和神经形态学、病理形态学、寄生虫学、药理学、眼科学五个研究室，成为中山医学院教学、医疗和科研相结合的研究机构，进一步推动了全院的教学、医疗和科研工作。全院学术气氛浓郁，科研工作空前活跃。

几十年的耕耘，获得丰硕的收获。梁教授著述甚丰，其中有30多篇论著，具有深远的影响。早期研究中国人血型和地理环境的关系，共发表了四篇论文，其中《中国人的血型和地理关系的研究》为博士学位论文(德国慕尼黑卫生学报第94卷第1—2期，1924年)。这些研究成果，从不同侧面阐述了血型与地理环境有密切相关。《中国人正常白血球血象的研究》(德国匹兹堡疾病研究杂志,第9卷第3期,1931年)一文指出,中国人正常的血的淋巴细胞比欧美人高,而居住在上海的德国人,其外周血的淋巴细胞比居住在其本土的德国人高,充分说明了环境因素对人体的影响。

梁教授在肝硬化、肝癌病因发病学和形态发生学的研究有独到见解。从尸解研究实践中,他发现不少原发性肝癌患者伴有肝吸虫感染。1928年他与E. G. 瑙克在《中华肝吸虫传染和原发性肝癌发生》(德国汉堡热带卫生学报,1928)一文中,率先详细描述了在我国观察到的这种相关现象,并提出肝吸虫的感染可能是原发性肝癌的原因之一。此后,不少西欧学者提出反对意见,认为是并存现象,没有因果关系。1933年梁伯强再次发表研究报告,进一步阐明肝吸虫感染与肝癌的关系。1955年,我国著名病理学家秦光煜教授从他的研究结果中也认为肝吸虫感染与原发性肝癌发生有关。1956年,原香港大学病理学家侯宝璋教授,从200例原发性肝癌尸解材料中发现其中30例原发性肝癌有确凿证据证明是由于肝吸虫感染导致肝癌。经过近30年的争论,才取得共识,确认一部分原发性肝癌是由于肝吸虫感染所致。

1956年梁教授代表我国医学界应邀出席巴基斯坦医学会第四届年会。在大会上他宣读了《有关坏死后性肝硬化的问题》(中华医学杂志外文版,1956年)的论文,首先阐明我国有坏死后性肝硬化这一类型,并指出病毒性肝炎是产生坏死后性肝硬化的原因;同时提出在我国肝硬化的主要原因不是由于酒精中毒和营养缺乏。这与当时国际上强调肝硬化是由于酒精中毒和营养不良的观点大相径庭。

1959年,在《原发性肝癌的形态学、病因学和在我国发病率的研究》(中华医学杂志外文版,1959年)一文中提出:病毒性肝炎⟶肝硬化⟶肝癌发病模式。这一科学的见解直到80年代始为病毒学、免疫学和超微结构的大量研究资料所证实(当时国际上的模式为黄曲霉素⟶肝癌)。此文发表后有20多个国家和地区的学者来函索取论文,也有不少学者提出合作研究的意向。

梁教授受卫生部委托主编了我国最早的病理学教科书《病理解剖学总论》、《病理解剖学各论》(人民卫生出版社,1960、1964)。这两部著作的出版有力地保证和提高了我国病理教学的质量。

鼻咽癌研究的开拓者

经过几年奋战,肝病研究打开了局面,奠定了坚实基础。1959年下半年,梁教授将肝病研究交由他的一位助手负责继续研究。他率领其他助手去开辟新的领域——鼻咽癌的研究。

鼻咽癌是广东地区最为常见的恶性肿瘤之一。居留国外的广东籍人鼻咽癌发病率也远比居留国土著民族和别的国家或地区的移民为高，故被国外学者称为“广东癌”。50年代仍未引起人们的足够重视。1959年，梁教授明确地提出把鼻咽癌研究作为中山医学院的科研重点。他一方面派人到苏联进修学习；另方面建立了从基础到临床的研究机构：鼻咽癌病因室、病理形态室、药物研究室、流行病学室，并在附属一院组建了肿瘤科。他邀集北京、上海、四川等地有关单位成立鼻咽癌研究全国协作组。1960年卫生部行文确认中山医学院为全国鼻咽癌研究中心，北京、上海、四川、湖南和广西为参加单位。1957年和1962年梁教授亲自主持召开全国第一届、第二届鼻咽癌研究专题讨论会，交流研究成果，统一部署研究计划。参加会议的单位有北京、上海、湖北、湖南、福建、广西、四川等省市从事鼻咽癌研究的科研机构和高等医学院校，迅速形成了一支强大的研究队伍。

鼻咽癌研究早期，梁教授首先组织力量在广东雷州半岛、珠江三角洲、西江沿岸和广州市等县市进行群众性普查，弄清其流行病学情况。他们发现广东西江沿岸和珠江三角洲为鼻咽癌高发区，其发病率居恶性肿瘤之首位；继而发现广西和湖南两省发病率也颇高，全国其他省市亦有不少病例报告。为了早期发现鼻咽癌患者，他提出在高发区对高危人群进行定期细胞学普查，取得良好的效果。在临床治疗方面，梁教授与同事、放射学家谢志光教授研究改进鼻咽癌的治疗方法，用放疗和化疗取代过去外科手术治疗，大大地提高了患者生存率。

在他的指导下，祝家镇首创在尸体上完整取出鼻咽部组织的解剖方法，这为研究鼻咽癌的组织发生学和早期癌创造了条件。梁教授在研究中发现，有些鼻咽癌病人初诊时肿瘤分化较好，随着病情发展，肿瘤发生转移，肿瘤组织学类型也发生变化。梁教授认为：“这不仅是局部的改变，而是与整个机体状态密切相关的，组织学类型的改变是机体反应性改变的反映；肿瘤恶性程度升高，亦反映机体抗癌能力的下降。”但也有一些病人，肿瘤分化较好，病情发展较慢，其肿瘤间质中有大量淋巴细胞和丰富的嗜银纤维。梁伯强认为：“肿瘤间质状态是机体抵抗力（即免疫功能状态）的反映，间质在一定程度上限制肿瘤的发展。”他因此提出“肿瘤间质反应”的概念，并进一步指出：“一切事物，当然也包括我们所研究的肿瘤、机体与肿瘤、肿瘤实质与间质是互相联系、互相制约的。”这一科学的论断，已为近年肿瘤免疫学研究的资料所证实。

1962年，在莫斯科第八届国际肿瘤大会上，梁教授宣读了《鼻咽癌的组织学类型、生物学特性和组织发生学的研究》的论文，首先在国际上提出鼻咽癌的组织学分类，并详细描述各类型的病理组织学特点和组织发生，阐明不同的组织学类型具有不同的生物学特性，辩证地论述了肿瘤实质和间质互相关系，肿瘤间质对瘤组织发生、发展和分化的影响。这一科学论断受到国际肿瘤学家的赞同。此文与《鼻咽癌发生学的研究》（中华病理学杂志,1960)至今仍被视为鼻咽癌病理组织学研究的经典文献。1974 年世界卫生组织(WHO)的呼吸道肿瘤组织分型咨询中心约请梁教授参与上呼吸道肿瘤组织分型(图谱)的复审工作,惜此时梁教授已逝世多年。

鼻咽癌的研究工作,经过梁伯强等学者、专家几十年的艰苦努力已取得巨大的成绩。它的病因发病学被逐渐揭示,组织学分型和临床分期有了新的发展;防癌网的建立,使更多的早期患者得到及时诊断和治疗;治疗方法的改进,提高了患者治愈率,从 50 年 20%左右的治愈率,到现在超过了 50%,而早期癌患者治愈率则高达 80%。这些成绩的取得,凝集着从事鼻咽癌研究工作者的心血,亦与梁教授的早期工作不可分割。当然人类要最后征服鼻咽癌,就像要征服其他肿瘤一样,可能还要几代人的努力,但可以预言绝不会是遥遥无期。

梁教授热爱祖国,为祖国医学教育和卫生事业的发展呕心沥血。1949 年春他赴美国考察医学教育,此期间人民解放战争节节胜利;他在国外的亲友担心他的安全,劝梁伯强留国外工作。他说服了亲人。他说:“发展祖国医学事业是我为之奋斗的目标。”他毅然在广州解放前夕回到广州,迎接新中国的诞生。新中国成立后,他热情投身于医学教育和卫生事业的建设;勤奋工作,首批接受卫生部委托培养高级病理师资。他还经常教育青年教师和学生,要“关心国家”、“关心社会”,他言传身教,堪称楷模。他具有强烈的事业心和责任感,患病住院期间还经常检查鼻咽癌研究工作。他治学严谨,重视人才培养。根据工作需要,选派青年教师到国外进修学习,为青年教师确定科研方向,善于调动青年人学习和工作的积极性,加速了青年教师的成长。他鼓励学生超越自己。他说:“只有青出于蓝而胜于蓝,我们的事业才能向前进。”“培养出的学生能够超越自己的教师才是一个成功的、好的教师。”他善于团结人。在教研室与秦光煜教授共事多年,他们互相尊重、团结合作,发挥各自的优势,促进教研室各项工作的发展。他支持和尊重院内专家的工作,协助谢志光教授创建肿瘤医院,支持陈耀真教授建立全国第一间眼科医院。他与国内的同行专家也有很深的私交,为发展我国病理学友好合作,携手前进。他学识渊博,蜚声国际,却又虚心学习国外先进的科学技术和经验,与国外学者进行友好的学术交流。但在与外国人的交往中,却没有丝毫的奴颜和媚骨,早在同济任教时,常常为了不同的学术见解与外籍教授争论,他是中山大学医学院唯一敢于和德籍教授进行学术争论的中国教授。

斯人永逝,风范长存。梁伯强教授倡导的尸体解剖,他开创的肝癌、鼻咽癌的研究,后继有人。他的学生正为发展我国医学教育和病理学事业而不避艰辛,继续努力。

(原载广东省政协文史资料委员会、中山医科大学合编《广东文史资料》第 77 辑《医林群英——广东著名医学家传》,广东人民出版社 1996 年版)

谢志光教授传略

孟悛非　许达生　肖官惠

我国著名的临床放射学专家、一级教授谢志光1899年2月10日出生于广东省东莞县。他在青少年时就学于岭南大学附小、附中，后考入湖南湘雅医学院。由于家境差，他在中学时代便常以白天在校上课，晚上到夜校兼任教师，赚点微薄工资来补助自己的学杂费用。当时，清朝的封建统治已被推翻，但中华民族并未由此而获振兴。目睹国家的贫穷，人民的苦难，年轻的谢志光痛心不已。他立志为祖国的强盛、人民的健康付出自己毕生精力。他勤奋好学，成绩优异，屡获校方准予跳级的嘉奖。因此，1917年他考入湖南长沙湘雅医学院后，直到毕业，被视为班中"最年轻而成绩最好"的一个。

毕业后因他成绩优异，又爱好诊断学，1923年便由他的美籍老师推荐到协和医学院放射科跟随著名放射学专家保罗·霍奇(Paul C. Hodges)教授工作。湘雅医学院对他的评价很高，介绍信中称他"是从学习、工作到待人接物等方面是全面的、一个好的人才"。

到协和医学院后，他作为助手，工作十分出色，很获器重，于是在1925年被送往美国密西根大学跟希基(Hickey)教授进修放射学。当时旧中国医疗设备极端落后，他在美国见到的在西方国家普遍使用的用放射线诊治疾病的设备和技术，在中国却还是一片空白，只有在外国人开办的少数几个教会医院中才有放射诊疗设备。这使谢志光感到屈辱，他决习要学习外国先进医疗技术，创造和发展中国自己的放射学，为中国人造福，为中国人争气。一年后他即获美国医学科学硕士学位，回国后不久，1928年谢志光接任了协和医学院放射科主任的职务。协和开办以来各科主任多为外国学者，当时他是第一个在协和放射科任主任职务的中国年轻学者，同时，他又是取得美国放射学会会员资格的第一个中国人。

1930年至1931年及1937年至1938年，谢志光曾先后两次到美、英、德、法、澳、瑞典和丹麦等欧美先进国家参观、学习有关放射学的诊疗、教学和实验室研究的经验。其间于1933年晋升为教授。

从1923年至1948年，在协和的这25年中，谢志光总是勤勤恳恳地从事临床放射学的医疗、科研和教学工作，白天工作整日后，仅在晚饭后听一会儿古典音乐，又从晚上

8点工作到深夜12点或甚至凌晨1点。

谢志光在协和医学院任放射科主任后，立志培养中国专业人才，他不但培训了大批医科大学的毕业生，还从理工科大学招收专科毕业生来进修培养，造就了一批从基础到临床的专业人才。

1930年至1935年间，在他的领导下，协和医学院放射科除X线诊断外还先后建立了放射治疗室、放射物理学室，装置了氡治疗室，成为旧中国放射诊断、治疗基础和临床研究的中心、培养中国放射学人才的重要基地。

1941年太平洋战争爆发后，协和医学院被迫关闭，各科专家有的去内地（重庆、成都），有的去天津开业行医。当时谢志光身体有病，经济上也有困难，社会上多家私人医院请他去开诊。一次在已约定的医院开诊前夕，他将工作让给了他的学生，而自己最后还是到了能为中国百姓服务，又能培养人才的中和医院（现在的北京人民医院）任放射科主任。谢志光（同时还有林巧稚、钟惠澜等教授）带领一部分原协和医院的中青年医生、护士到中和医院后，改组、充实了各科室医护人员，建立了严格的工作制度、住院医师培养制度，巧妙地避开了日本势力的侵扰。在中和医院，谢志光使放射科与各科密切配合，通力合作，在生活工作极端艰苦的情况下，经过七年的努力不但大大提高了该院的医疗水平，并且培养出一批具有一定技术水平的中青年医护人员。与此同时，他还在报酬少、工作累的北京大学医学院兼任放射科主任、教授，亲自参加医学教研工作，坚持为祖国培养专业人才。1948年他又开办了X线投照技师训练班。解放后，这些经谢志光在艰苦的环境下培养的专业人才在各自的工作岗位上都为新中国卫生事业的发展作出了贡献。

1948年5月，协和医院复办。谢志光带领几个学生回到该院放射科，指导他们进行恢复整顿工作。北方的放射学事业逐渐发展起来了，然而多少年来谢志光都这样说：“不要眼睛只看北平的放射学界，华南更需要X光诊断和X线治疗，那里的情况比北方差得多，北方是有基础的，南方更需要这方面的工作人员。”

1948年为了开创祖国南方的临床放射学，谢志光毅然离开了工作多年条件优越的协和医院，回到了他阔别30多年的家乡——广东。他先后接受当时岭南大学医学院院长李廷安和岭南大学校长陈序经的邀请，并联系了司徒展、陈国桢、秦光煜、何天骐四位教授，来华南开展医学工作。1948年10月22日他们到达广州。谢志光先后就任于岭南大学医学院、中山医学院，为开拓华南的临床放射学和肿瘤学付出了他后半生的全部精力。

从此，我国的放射学事业，才能在当时无论条件、人力方面都近乎空白的广州开展起来。无怪乎年纪大一点的放射界人士说：“谢志光艰苦创业于北京，白手兴家于广州。”

谢志光以岭南大学医学院附属博济医院为基地，开始培养华南地区的放射学、肿瘤学专业人才，不断提高诊断治疗的专业水平。解放前的广州正是千疮百孔，由于经过日寇入侵蹂躏，战后国民党反动派的劫收，医药卫生事业谈不上一点建设。博济医院放射科设备和人员的配备都很差。谢志光首先就从这里做起，他利用原有的简陋设备，苦心积虑，精打细算，物尽其用地开展工作，并以身作则地把工作带上轨道。从病员接待、科室规章制度、照片管理、照片摆设、各种特殊造影，甚至暗室怎样操作、报告如何书写等，均一一亲力亲为，做出榜样。同时积极参加临床科每周的大查房会诊，又定期到广州各大医院参加会诊和指导工作，组织和领导广州地区放射学会的工作，定期举行学术活动，使广州的放射学界顿时活跃起来。就这样，尽管当时困难不少，但局面还是初步打开了。

新中国成立后，在党的领导下，全国上下一片欣欣向荣，使抱定为国为民宗旨的谢志光受到了极大的鼓舞。在党和政府的支持下他开始了自己新的更加光辉的里程，他更加意气风发，在新的条件下、新的岗位上承担起培养新中国放射学专门人才的任务。他医、教、研三者同时并举，加紧编译教材并着眼于大量培养专业人才，以适应卫生事业的需要。在医疗上他强调严格的操作规程、和蔼的服务态度、精益求精的医疗质量。在教学上他强调开展立足于专业的大协作。在临床放射学已具有一定基础时，他又着眼于肿瘤防治工作的开展。在他的倡议和支持下，中山医学院附属第二医院（原博济医院）、第一医院分别于 1956 年、1958 年成立了肿瘤科。1961 年他积极向广东省委建议成立肿瘤医院，省委第一书记陶铸同志对此十分重视，省委很快同意了他的建议，于 1964 年正式成立了华南肿瘤医院（后放为中山医学院附属肿瘤医院），由谢志光任院长。可以说，新中国成立后华南临床放射学和肿瘤学的迅速发展，受到国内外专家的普遍重视，是谢志光近二十年辛勤劳动的见证，这其中凝结着他后半生的全部心血。

谢志光在多年的专业实践中，逐步形成了一套特有的对放射学、肿瘤学甚至整个临床医学的发展都有指导意义的学术见解。首先，他认为放射学是一门综合性的学科。早在 30 年代初期，放射线在临床方面的应用还主要在 X 线诊断和放射治疗两方面，那时他就预见到随着医学科学的发展，必然会出现新的“边缘学科”。放射学不但应包括诊断、治疗，还应包括放射生物学、放射物理、机械和放射剂量学等内容，只强调诊断、治疗，忽视其他方面是片面的。为了提高各种仪器设备的使用效率，他在科内聘请经过正规训练的机械师和投照技师。他想方设法，使放射科的设备日趋完善，人员配备组合日臻齐全合理。他参考了国外的经验，在放射科除了 X 线诊断外，还建立了放射治疗室、放射生物和放射物理实验室，从事放射线剂量测定和防护以及射线对生物影响的研究。

谢志光是在中国将放射生物、物理学与临床应用密切结合起来的创始人。出于这样的指导思想,他特意从辅仁大学、清华大学、燕京大学招收年轻的专科毕业生来进修,亲切而严格地将他们培养成为放射领域的有关专业人才,为以后我国放射生物学和放射物理学准备了骨干。徐海超教授就是当时谢志光亲自培养的学生之一,目前已成为我国知名的放射物理学专家。

其次,谢志光特别强调基础理论的学习和基本功的训练,并一贯主张临床放射学不是一门孤立的学科,不论是 X 线诊断或放射治疗,都与基础医学和其他临床科有密切的关系。他培养放射专业医师,必须经过轮转到临床各科学习,然后才到放射科接受专业培养。他教导和要求学生不要囿于学科的界线,要主动加强和有关的基础医学和临床医学的科室联系,学习有关学科的知识,从而更好地开展临床放射学的医疗和科研工作。他倡议开展临床、X 线、病理的三结合。中山医学院的骨肿瘤三结合研究小组,和定期的三结合会诊制度,就是在他倡议和直接领导下成立和开展工作的。我虽然受到过"十年动乱"的干扰,但仍然一直坚持下来,并且取得较好的成绩。

展望今天医学科学的发展,从放射学派生的新的"边缘学科"林立,就 X 线诊断学来说,已进入综合电子计算机化体层扫描术(CT)、核磁共振成像、放射性核素扫描成像和超声技术的影像诊断学的新领域,处处体现了谢志光具有远见卓识的学术思想。

在肿瘤防治学方面,他在 1955 年就根据我国卫生工作的具体情况向我国呼吁:"当前对恶性肿瘤的早期诊断和早期治疗,应属于我国卫生方针四大原则的一部分,即预防为主的原则的一部分。"在肿瘤的早期诊断方面,他着重提出要作好宣传教育工作,要把肿瘤防治的知识教给群众,并且列举了各国对恶性肿瘤治疗的数据以说明早期治疗的重要性,明确指出早期发现、早期治疗是当前恶性肿瘤患者得以恢复健康的唯一希望;提出开展癌瘤的统计和普查工作从而制订出有效的防治计划,建立癌瘤防治机构网……这些都成为当时、现在以至将来的防治肿瘤工作的方向。

谢志光一贯热心培养专业人才,全国解放以后,更是如此。他经常说:"新中国要有一批自己的放射学人才。"早在协和医学院时期,从他担任放射科主任以后,科里就再没有聘请过外籍专家,而着手于培养和使用中国的学者。解放后,谢志光虽身在广州,但对全国放射学的发展也十分关注。他经常与在北京的学生保持联系,交流经验,互相促进。50 年代协和医学院在卫生部领导下开办了几期放射专业医师训练班和师资训练班,谢志光曾专程多次到北京去指导训练班的工作。"文革"以前,中山医学院放射学教研组在谢志光的领导下,历年都受卫生部的委托举办高、中级专业医师进修班,培养了大批的专业人才,这些专业干部目前遍布全国,成为各地临床放射学的专业骨干。在办班过程中,举凡教学计划、操作安排、讲课、辅导、论文审阅他无不亲自过问,即使生病,也未尝稍歇。谢志光治学严谨，一丝不苟，对学生既严格又热诚教导。在教学上注重言传身教，理论及实践并重，不但亲自讲授理论，而且事事亲自操作示范，深得晚后辈敬仰。谢志光学识渊博，讲课生动活泼，富有启发性，不少已毕业多年的临床医生也乐意去听他的课。他教学有个“三部曲”，一是他做你看；二是你做他看；三是他放手让你做，做完后再检查纠正。此外，他十分重视培养学生的自学能力，经常指定参考资料，要求学生自学后提出评价和个人看法，让学生对照别人成功和失败的经验、教训以锻炼思维方法，不断提高自己的工作能力和科研水平。他经常告诫学生：“我们的工作不能有半点疏忽，任何一张不合要求的X光片，任何一个错误的诊断都会给病人带来无法估量的损失。”在X线诊断工作中，他强调优良的投照质量、周密的观察和全面分析X线表现，结合临床资料做出诊断结论；反对那些不分主次的罗列X线征象，主观片面地下诊断的做法。他常常举美国一学者的话：“X线片是不骗人的，骗人的只能是医生”，告诫他的助手和学生，用意也在这里。谢志光时刻鼓励和要求他的学生们勤奋学习，并指出“学习是没有止境的，光学书本上的知识还不够，要向有学问的人学，要到临床实践中去学”。他自己就是这样做的。当学生具备一定的专业水平时，即设法送他们出国或到别的院校进修，并嘱咐他们不要有任何派系的保守思想，不管是哪个国家，不论是哪个学派，只要是先进经验都要学习，把国外的新知识带回来，提高我国的放射学水平。

谢志光医术精湛，学识渊博，却从不骄傲自矜。他一贯讲究学术民主，给学生以充分发表个人见解和热烈讨论的机会。他常让向他请教问题的人去问他的学生，并谦逊地说：“这方面他比我强。”在他的悉心指导下，他的学生大多能继承他的治学态度和工作作风，并据此培养年轻一代。他培养的第一代学生如荣独山、张去病、汪绍训、胡懋华、丁德泮、徐海超等人均为我国现代知名的放射学家，至于他的第二、三代学生，更是桃李满天下，目前都在各自的工作岗位上为祖国的社会主义建议贡献力量。尽管他们在临床放射学各领域中成就各有不同，却无不与谢教授的教益有关。

谢志光毕生从事临床放射学的科学实践，认真负责，刻苦钻研，勤奋学习，精益求精，数十年如一日，为祖国医学事业留下了丰硕的科研成果。

早在30年代初期，X线的临床应用，在我国大多数地区尚处于起步阶段，谢志光对临床放射学的各个领域，就已经有比较深入的研究。他是第一个对中国人肠结核、长骨结核的X线表现提出全面、系统描述的专家，否定了国外长期认为长骨结核罕见的观点。他首创一个显示髋关节后脱位的特殊投照位置，引起了国内外学者的重视，在国外称为“谢氏位”，至今仍为外国学者所沿用。他又是我国首批报告原发性肺癌的X线表现的学者之一，从此，X线检查对发现和诊断肺癌的价值和重要性，引起了国内医学界普遍的重视。肺与骨的寄生虫病的X线表现，谢志光也是国内首批报告的学者之一，这些研究成果，不但为国内以后对这些疾病的诊断提出了标准，在国际上也是研究这些疾病十分有价值的参考资料。他十分重视对国人正常X线解剖标准的研究，早在30年代就对心脏面积测量提出了独特的方法，并提出了国人正常值的标准，以后四十多年的实践证明了这些成果是适合我国国情的。50年代他又对国人松果钙化的定位作了研究，指出了正常值的范围。

在放射治疗方面的研究，谢志光也深有造诣。1936年当抗菌药物在我国尚未普遍使用时，他已取得了应用小剂量X线治疗疖和痈的成功，为病人解除了痛苦，深受临床界的赞赏。他还根据多年的临床实践经验，对X线与视觉的关系进行了全面的论述，并根据正常人具有X线视觉的特点，首创了对白内障及角膜混浊的患者术前用X线视觉来检查视网膜有无病变的方法。多年来，谢志光对恶性肿瘤的诊断和治疗作了深入的研究，特别对鼻咽癌的早期诊断、临床发展规律、晚期病例的分型分期和治疗方法等，积累了丰富的经验，持有独到的见解，深为国内外专业学者所重视。他根据鼻咽癌的临床特征，在论文《鼻咽癌500例的临床分析与临床分型》中，首次在国内外提出代表鼻咽癌发展规律的上行、下行和上下行三个分型，几十年来临床经验一再证实它的正确性并具有临床计划治疗的指导意义。在谢志光的指导下进一步完善了鼻咽腔钡胶浆造影术，为争取鼻咽癌早期诊断作出了重要贡献。谢志光一生中发表了许多高质量、科学性和逻辑性很强的论著。其中，新中国成立后发表的具有代表性的还有《恶性肿瘤的早期治疗问题》(《中华放射学杂志》1954年第1号)、《原发性肺癌的临床X线研究》(同上，1965年第4号)、《我国放射学的发展方向和当前任务》(中华医学会放射学会，1963年学术会议副刊)、《广东地区肿瘤防治事业发展刍议》(《广东医学(现代医学版)》1965年第2期)、《26例骨巨细胞瘤的临床、X线、病理分析》(《中华骨科杂志》1984年第2期)等。后者完成于1965年，它阐述了骨巨细胞瘤的X线表现和病理分型的关系，是骨肿瘤研究中临床、X线、病理三结合的典型范例。

谢志光的科研态度非常严肃、踏实，对论文注重质量，讲究科学性、逻辑性，要求严格，取材严谨，结论确切，他有不少论文刊登于国外杂志或为国外文献所引述。他发表论文在署名问题上也很严肃认真，实事求是。不论个人发表或与科内、外专家合作，总是根据各人所提供的材料、观点的价值和分量以及所付出的劳动的多少排列名次。从来不显示个人的功绩，不抹煞别人的劳动，表现出一位科学家的高尚品德，为后辈树立了榜样。

谢志光热爱祖国，热爱人民，决心与祖国与人民共命运。他毕业于湘雅，长期在协和工作，又多次在欧美学习、考察，以他的经历和声望可随时在国外工作、任教，但他却一直在当时条件十分艰苦的国内工作。他为开创祖国的临床放射学，历尽艰辛，百折不挠，即使在最困难的情况下，也没有动摇过。民国时期为了坚持在灾难深重的旧中国发展临放射学，他不惜与在国外的亲人分手。当太平洋战争爆发，北平沦陷后，协和医学院被日本占领，两个月后被改为日本军医院。谢志光当时已四十多岁，身患高血压，经济很困难，但他宁愿失业挨饿也不为日本侵略军服务，愤然离开，表现出中国人崇高的民族气节。新中国成立后，一位在香港开业的学生许以高薪，劝他去香港工作，遭到他的拒绝，他说："如果为了赚钱，我早就到国外去了。"热爱祖国，为新中国临床放射学献身的决心不能不令人敬仰。谢志光对我国放射学的贡献是巨大的，但他从不居功。1963年举行全国放射学学术会议，他在会上以亲身体会作了关于解放前后我国放射学情况对比的发言，说明只有在中国共产党的领导下，我国放射学的水平、设备和专业人员队伍才能有今天这样的提高、完善和迅速发展，而绝口不提个人的贡献。

谢志光待人诚恳，平易近人，他是中国临床放射学的奠基人之一，但从不摆前辈的架子。对他的学生，哪怕是年轻的住院医生，对科室的工人，态度都非常亲切，从工作、学习到生活都关怀备至，使人感到他既是严师又是慈祥的长者。每届分配来放射科的新医生，谢志光即使再忙也一定要抽时间亲自接见，和蔼可亲地交谈，热情地提出希望和要求，使新医生受到很大的鼓舞。一次他在北京，得知他的一个学生从广州到北京进修，当时他已年过六十，但仍冒着严寒深夜到车站接他，为他作好生活上的安排。科里的工人病了，他不顾自己年老体弱，登上三楼去病房看望，这些虽是生活小事，但说来却感人肺腑。

谢志光在医疗工作中也是非常认真细致，关心、体贴病人。凡经他做过检查的患者无不为之感动，即使是精神紧张对放射检查和治疗有恐惧感的病人，在他的亲切开导下也都能解除紧张，主动配合检查和治疗，他的医德医风也堪为后人的楷模。

谢志光廉洁奉公，严于律己，从不占国家一分一厘的便宜，哪怕是一纸一笔也从不浪费。抗日战争时期，他生病卧床，需用药用酒精和汽油，但一时难以搞到，他的学生就从门诊弄到两小瓶送给他，当他问明来路后，一反平时的和蔼态度而疾言厉色对他的学生说："给我拿回去，我不要。"50年代他腰痛发作，行动艰难，有人想将医院的红外线灯放到他家里，以方便治疗，亦为他所拒绝。

谢志光一生致力于祖国的临床放射学，四十余年如一日，培养了我国几代放射学人材。他在X线诊断学、放射治疗学、放射物理机械学、放射生物学、X线检查技术等方面都取得了卓越成就，在国内外享有很高的声誉，对祖国的医学科学作出了重大贡献，因而得到了党对他的高度评价，人民对他的敬仰。新中国成立后他历任岭南大学医学院院长、中山医学院附属肿瘤医院院长、中山医学院放射学教研组主任、中华医学会理事、中华医学会放射学会名誉会长、全国肿瘤学会副主任委员、全国临床放射学专题委员会主任委员等职，并曾先后被选为第三届全国人民代表大会代表，广东省第一、二、三届人民代表大会代表，广州市第一、二、三届政治协商会议副主席等职。但在“四人帮”横行期间，谢志光被以莫须有的罪名，扣上“资产阶级反动学术权威”的帽子，身心遭到严重摧残，1966年患了胆管癌，由于得不到及时的检查和充分的治疗，于1967年8月含冤逝世，终年68岁。他在临终前仍念念不忘自己所从事的事业，念念不忘祖国和人民，他嘱托家属把自己数十年珍藏的书籍全部献给中山医学院，作为他对祖国和人民的最后献礼，表达了他对所从事的事业的忠诚。粉碎“四人帮”后，党和人民即为谢志光教授平反昭雪，恢复名誉，对他热爱党，热爱祖国，把毕生精力献给祖国的放射学事业的精神给予高度评价。谢志光的名字，连同他的业绩，将永远载入祖国临床放射学的史册。

（原载广东省政协文史资料委员会、中山医科大学合编《广东文史资料》第77辑《医林群英——广东著名医学家传》，广东人民出版社1996年版）

我国现代眼科学奠基人之一陈耀真教授

卢春宁

著名的眼科学家、医学教育家陈耀真(1899—1986)是我国现代眼科学奠基人之一，新中国眼科学领域的主要领导人之一。生前任中华医学会眼科学会名誉主任委员、中国医学科学院临床医学委员会委员、卫生部医学科学委员会委员、《中华眼科杂志》名誉主任和副总编辑、中山医科大学中山眼科中心名誉主任、一级教授。他在一生中经历了80多年的风雨历程，从我国清末民初的动乱到抗战时期的颠沛流离，从新中国的诞生到“文革”劫难，从百业待兴到改革开放的各个不同历史时期，都刻有他热爱祖国和人民，忠于眼科事业，竭诚为病人服务，勤奋苦学、诲人不倦，艰苦创业，为人师表的人生足迹。

一

陈耀真是广东台山县人，1899年诞生在一个知识分子家庭。19世纪末叶的中国处于半殖民地半封建社会，位于珠江三角洲的台山，外出求学与谋生者众，被称为“侨乡”。陈耀真的祖父早年被“卖猪仔”到美国谋生，其父陈联祥随父在美国生活，少年时代被一名欲做善事的美国妇人看中而供养读书，直至美国哈佛大学毕业。当时国内正值清代末朝，年轻的陈联祥抱着兴我中华的思想回到祖国，先后在南京、福州等地的大学任化学教授。长子陈耀真最先受到父亲的教育与熏陶，且聪颖好学，就读于香港皇仁书院时，已表现出过人的语言才能。十几岁便常在知书达理的母亲陪伴下，到大学协助父亲为部分学生补习英语，被同龄人誉称为“小老师”。这种早期开发的语言能力，为他日后通晓英、德、法、西班牙等国语言以及钻研古汉语奠定了基础。

16岁时，父亲突然病逝，家道中落。为扶养母亲及弟妹，他中途辍学，到其父早年在香港开的一间眼镜店工作。然而，已被点燃的求知欲并没因此而中止。工作之余，他开始了五年的自学与补习。这期间工作与学习不同性质和内容的交替，培养了他高度的自制力与专注精神，也锻炼了他吃苦耐劳的意志，眼镜店的工作，萌发了他探索眼睛奥秘、提高视觉功能研究的兴趣。

1921年，22岁的陈耀真考入美国波士顿大学，经过六年的系统学习，他掌握了西医理论，先后获得理学学士、医学博士学位，随即在美国底特律福特医院担任实习医生一年。

19 世纪末叶，随着西方文化传播，现代眼科学开始传入我国，到 20 世纪 20 年代，才开始有自己的眼科专家。1929 年，陈耀真踏上了眼科学生涯。此后的五年应聘任美国霍普金斯大学魏尔玛(Wilmer)眼科研究所研究员，从事眼的生物化学构成、视网膜色素变性病理等研究。先后在《美国眼科杂志》、《美国生理学报》以及德国、古巴、菲律宾等国刊物上用英、德、法、西班牙等文字发表《结膜、脉络膜和虹膜的化学结构》、《结膜非溶性蛋白分析》及《角膜钙化(带状角膜炎变性)并发结膜改变》等九篇论文，得到很高评价。他在眼科研究中的成绩，令美国同行不得不对这个身材不高的黄皮肤学者刮目相看，以致时隔 40 年后的 1975 年，Wilmer 眼科研究所成立五十周年纪念活动中出版的 *The Wilmer Ophthalmolgical Institute, The Fifty Years 1925—1975* 一书中，专门介绍陈耀真的简历与成就。这些成就为他在美国眼科界的发展铺设了通向新的成功之路，但饱学之后的陈耀真却以游子之心遥望着自己的祖国。

二

30 年代的中国，外受日本帝国主义的侵略，内有军阀混战，社会经济濒临崩溃，科学技术远远落后于现代文明，广大民众挣扎在贫困和死亡线上，大地满目苍凉。"九一八"事变后，我国东北三省沦陷在日寇的铁蹄下的民族耻辱，深深刺痛了他的心，作为学有所成的炎黄子孙，岂能熟视无睹！他坚信："创用印刷术之人种，必赐吾人其他和平之艺技；首用火药之人类，定可贡献更新之战术；发明种痘之人民，必有更妙防治疾病之方法。此数万万之人群，将充满科学场上，倍徙奉还欧西人士之贡献。"1934 年，陈耀真谢绝了美国同仁的挽留，辞别了工作和学习的母校，回到灾难深重的祖国。从此，他跋涉在发展我国现代眼科学的道路上，历时半个多世纪，矢志不移。

1934 年至 1937 年，他在山东的齐鲁大学医学院任眼科教授，传授现代眼科知识；组建济南眼科学会，开展眼科学术活动；深入济南孤儿院，为患童查治眼病。与此同时，他怀着"发明种痘之人民，必有更妙防治疾病之方法"的夙愿，开始了从祖国文化医学宝库中挖掘眼科遗产的艰苦卓绝的努力。要从浩瀚的古籍堆中寻觅对眼疾诊治的描述，不但要面对书山，还要面对古汉语和商殷代的甲骨文等文海，这对一个自幼接受现代科学文化教育的科学家，谈何容易！但他还是迎着各种困难独自闯了进去。1936 年，他把最初研究祖国眼科遗产的成果写成论文，在《中华医学杂志》发表了回国后的第一篇论文——《中国眼科之外科手术》。

1937年卢沟桥事变，揭开了中国全面抗日战争的序幕。山东成了抗日的主战场之一。战火摧毁了齐鲁大学校园的宁静。这时，陈耀真面临着三种选择：一是去美国找一张安静的书桌；二是去香港以美国医学博士学位开业养活自己与家人；三是随学校转移到敌后，在更艰苦的条件下继续工作。他自愿选择了最艰难的路，坚持在医学教育岗位为上千疮百孔的祖国奉献——1937年，他带着学生，在战乱中颠连跋涉，随齐鲁大学来到四川成都。

三

抗日战争初期，华北、华东一带大学纷纷内迁，其中北平协和医学院、山东齐鲁大学医学院和南京中央大学医学院的教师和学生云集成都，以华西大学医学院为基地。特定的历史情况使成都成为当时全国的医学中心。陈耀真任华西、齐鲁、中央大学等校联合大学眼科教授，并任华西协和大学医学院眼科主任。

面对从四面八方到成都求学的医学生，他欣喜万分，办起了眼科医师进修班。学生多，眼科师资缺乏，他亲自承担大部分教学与医疗任务。教学中，他不仅认真传授现代眼科理论知识，而且反复向学生进行为病人服务、为祖国眼科学服务的思想教育。经费出现困难，他四处奔走，利用自己的影响向国内外社会人士呼吁募捐，提供培养眼科住院医生和进修医生的经费，还积极协助学校先后选拔四名眼科医生出国留学深造。医疗实践中，他细致地为每个医生安排医疗工作，指定自学资料，定期在学术会议上轮流作学习报告。为了让学生尽快成才，他不断给自己的工作"加码"，指导青年医生开展简单的科研题目，训练研究和总结能力，还不厌其烦地为他们修改文章，亲自联系在期刊上发表。年轻的眼科医师在他的言传身教下，不仅白天、晚上认真工作学习，连星期天也不例外。在他身体力行的服务华夏、立志坚定、奋学求进的思想感召下，很多毕业的学生争先恐后地申请留在他身边，决心为中国大众的防盲治盲工作献身。因此，逐渐形成了一支基础扎实，技术高明，讲究学术的眼科专业队伍，在艰苦的战乱年代，起到为国育才、储才的作用。这批人才在新中国成立后都成为这门学科的带头人和骨干，分散在全国各地，为带动和发展当地眼科学工作创下了业绩。

眼科学作为临床医学中的一门学科，其科学作用的发挥和学术上的发展与临床医疗工作有直接的关系，为此，陈耀真为创办我国最早的一所眼耳鼻喉医院——存仁医院作了很多努力。初到成都，设在华西大学医学院存仁医院内的眼耳鼻喉科设备简陋，管理不健全，医疗服务水平有限。陈耀真没有坐等条件，以"拓荒者"精神，运用当代医学管理知识，投入到医疗制度的建立、工作秩序的整顿、医疗设施的添置等工作中去。医疗基地的建设大大提高了为病人服务的能力。不久，存仁医院成为一所眼耳鼻喉专科医院。不少眼疾病人从百里以外辗转跋涉，慕名前来求医。医疗实践进一步培养和提高了医生的业务能力，使这里成为培养眼科专业人才的基地。

他不倦的奋斗精神深深打动了一位四川姑娘的心——她就是1937年在华西大学医学院毕业后留校任教的毛文书。在跟随他学习钻研眼科中，共同的理想与追求把他们的命运联结在一起。1940年，他们结为伉俪。

陈耀真的思考并没有停留在创业的欣慰里，求医患者一双双因感染病和营养不良所致盲的眼睛，像一块块石头压在他心上。他的视角扩向社会，他的双脚跨出课室，走出院门。1942年，他在医院门诊附设为体力劳动者免费就医的诊室；1944年，他带领医疗队深入四川阿坝藏族地区考察眼病。初与世代居住深山、与世隔绝的少数民族打交道，常因语言不通、习俗不同而遭刀剑的阻拦。他不畏艰险，以诚挚之心，晓之以理，取得谅解，先后在汶川、威州、理番、杂谷老等地查治眼病。

为了在医学界提倡钻研眼科的学术风气，1937年12月，在他的倡议和组织下，成都眼耳鼻喉科学会成立了。1941年12月29日，他又倡议和成立了"成都眼科学会"，并当选为第一任会长。从1941年至1950年他主持学会工作期间，除暑假外，每月都举行学术交流活动，邀请眼科学及其他相关学科(如物理学、光学、生理学、病理学)的专家讲演，或进行病例讨论。无论在抗战时敌机轰炸下，还是解放战争的大炮声中，这些活动从未中断过。

为扩大现代眼科医疗宣传，力除民间蒙昧陋习，他发动青年眼科医生撰写防盲治盲的科普文章，发表在《希望月刊》、《田家半月刊》、《中央日报》、《工商导报》等报刊上。他的付出有口皆碑，但他的微薄收入，竟使自己的一个女儿自幼营养不良。鲁迅所云"吃进去的是草，挤出来的是奶"，正是他的写照。

科学是积累、继承、突破和演进的过程。在这个过程中他像一个忠实卫士，即使战乱不休，仍然孜孜不倦。他深知科学文献既是记录这一演进的结晶，也是触发科学演进的火花。1942年10月至1945年10月，陈耀真与同行创办了英文中华医学杂志成都版(季刊)，出版13期(其中一期为眼科专利)，载文161篇，作为国际文献交流资料，收进了因抗战而可能失散的部分医学文献。同时，杂志附加发行《医学摘要》(*Medical Abstract*)向国内介绍国外医学期刊的文献摘要。

他不仅开垦出被战火烧焦的"文献土地"，还在其中辛勤耕耘，1938—1948年间，他继续在中华医学杂志等刊物发表眼科论文18篇，在学习西方医学的基础上，经过国内实践和我国眼科学历史的钻研，这些文章形成一种继往开来的文风：注重病种研究的历史演进,包括中外各方的研究与积累;以病情为依据,用现代方法检查分析,力求在诊断与治疗上有所发现和突破。其中,关于“重瞳”的研究,指出我国有关史料记录的重瞳,是世界上关于瞳孔异常最早的记载。另外,用英文在中华医学杂志上发表的《巩膜脓肿》、《眼睑结核瘤》、《Lucilia 丝状绿瓶蝇引起的结膜蝇蛆病》、《蓝巩膜合并鼻骨缺损》、《眼眶放线菌病》等论文,及时向国内外同行介绍我国眼科学研究成果。同时,借助所诊治的病人通过文章,仔细向国人介绍有关眼病的病史、临床资料、诊治方法与要点,集各家所长,携学子共进,这在《线状网膜炎》、《砒毒性脱皮性结膜炎与角膜炎》、《日食性网膜炎》、《网膜神经胶质瘤》等文章均可为范。在《网膜神经胶质瘤》一文写道:“本文之病案经手术后已一载半,毫无恶瘤再发之现象。在我国中得以如此常久观察一网膜神经胶质瘤案,诚属创举。将来五年或十年后,若仍能继续检查本患者,必将研究所得,供诸同道。”可见其对事业的执着与赤诚之一斑。

抗战时的成都常遭日机空袭。警报一响,人们纷纷藏身。陈耀真常置若罔闻,把孩子装入筐中嘱人带去防空洞,他继续做自己的事。他的不少论文,就在这样的情况下撰成。是什么力量支持他努力奋斗?用他自己的话可作回答。1944 年他在《现代医学》上发表了一篇题为《曼生爵士与中国》的文章,介绍了英国曼生(Patrick Manson)爵士早年在我国创办香港医学校及在中国百折不挠勤求济人济世之术的轶事,并写道:“曼生抱负远大,立志坚定,毕生提倡医学,努力奋斗,筚路蓝缕,披荆斩棘,灌输新医学于华夏,更发明致病之原虫多种。曼生虽逝,其学问事业仍活跃如生。今之学者,能不以为范乎?”持着这样的人生理想,他的思想和行为起点在常人和世俗之上,做出一件件令一般人瞠目结舌的事情。当时已成为眼耳鼻喉科医院的存仁医院手术设备限于专科器械,无一大外科的手术用具。敌机轰炸过后,医院里无人上班。陈耀真家在院内,一伤员叩门求救,他见到伤肢血流如注,毫不犹豫施以急救。凭借着熟悉的外科知识,他找来菜刀、大锯,消毒后代替手术器械,请其夫人作手术助手,因地制宜,医伤救人。战乱时期,疫情频发,一年霍乱流行,死人不计其数。他心急如焚,顾不得眼科与霍乱专业上的划分和传染的威胁,带着医疗队,奔到疫区,俯在濒死的霍乱病人跟前观察眼底变化,检查各种体征,积极施以救治。为了在成都救治更多的伤病员,他利用自己在香港的关系,往返香港和云南、贵州、四川之间组运送红十字会药物。

从 1937 年到 1949 年,战乱中的十二个春秋,陈耀真在成都以眼科为业,传授现代医学知识,为国育才;组建专科医疗基地;开展科学研究;组织专业学术团体和学术交流活动;深入边远山区考察治疗眼病。在国难当头尽力为社会服务,为现代眼科学在我国的起步与发展留下了一个个深深的足迹。

四

1949年,中华人民共和国成立,战乱停息,人民迎来和平。因战争聚集在成都的医学工作者开始为新中国医学事业的建设而奔走全国各地。1950年,陈耀真携全家来到广东,同夫人毛文书教授一起应聘到广州的岭南大学医学院,在新中国的阳光下开始了人生又一个新的里程。

当时,广州已有几所医学院,有一定医疗基础,但力量分散,眼科更加薄弱。岭南大学医学院所属博济医院仅有四名眼科医生,两张眼科病床。担任教研室主任的陈耀真教授以他一贯坚韧不拔的精神,和大家一起承担大量的日常诊治工作,护士忙不过来时他还亲自为病人抽血、打针。由于业务工作的开展和医疗服务能力的提高,这两张病床显然不能满足需要。他本着创业的精神,因陋就简,利用库房开辟业务用房,增加床位,多收病人观察治疗。

同时,他继续在医学教育岗位上创造业绩。当时,"我国眼科名词尚未统一,眼科著述中常多同病异名……不但眼科本身名词紊乱,而眼科、其他科学共有名词亦不一致。"《梅氏眼科学》是美国著名的现代眼科学教科书,当时在国外已刊出第20版。1952年,陈耀真"多方设法购买该新版,卒于本年秋购得。遂偕毛文书医师增删补译"。为解决国内专业名词不统一的问题,他查对了大量可参照的资料,书中眼科名词根据1940年眼科学会名词整理委员会所编的"眼科名词汇"译;普通医学名词根据1949年中华医学会出版委员会所编"医学辞记"第十版译;光学与其他物理学名词则采用1951年中国科学院编译局印的"物理学名词草案",巨大的工作量以及每日的医疗教学任务在他和夫人毛文书教授夜以继日的努力下,如愿以偿。几个月后,16开414页的《梅氏眼科学》译著赶出来了。1952年由中华医学会出版,解决了国内眼科教材方面的燃眉之急。

新中国的和平建设环境为他潜心钻研难度很大的祖国眼医史创造了安定的条件。到广州后,他利用和寻找一切可能的机会提高自己的古汉语和中国古代历史学养。他有一个在文史馆工作的妹夫,每次亲友聚会或探访,他总不忘带着研究中遇到的古文方面的难题与他一起讨论,解释疑难。他还虚心向有关专家学者求教,向中山大学中文、历史系的教授请教有关问题,由于这种性质的往来增多,中大有名的冼玉清教授等文科学者也成了他家的常客。

1952年4月,根据国家《关于改革学制的决定》,我国高等学校进行院系调整。广州的岭南大学医学院、中山大学医学院和光华医学院三院调整合并为"华南医学院"(1957年更名为中山医学院),陈耀真教授担任眼科教研室的主任。他以谦和的态度和学者的胸怀团结来自各院的眼科同仁和逐年调入的眼科骨干，无论是原三个医院的医生，还是从国外留学归来、从外省调来或自己培养毕业后留校的人员，他都一视同仁，不抱门户之见，按每个医生的专业所长和兴趣特点合理分工和安排工作，充分调动各方人员的积极性，满腔热情地投入新校新教研室的业务建设工作。

大家在一起工作，难免会发生磕磕碰碰的事。陈耀真总是因善解人意和诚恳待人而化解矛盾。曾有这样一件小事：当时有位年轻医生总喜欢大声说话，傲气逼人，同事因而避之。陈教授闻知后向大家和颜说道："这个医生说话爱大声，不是因傲气，而是因一种心理。在众人中其个子不高，为争取表达其意见便容易提高声量，大家应互相谅解。"在他主持教研室工作期间，气氛祥和友爱，紧张有序，门诊量逐年上升，专科病床也渐渐扩至二十多张。紧张的工作之后。假日，他邀请大家到郊外游玩，或在家里举行自助聚餐，在欢声笑语中解除疲劳，增进友谊。

有了一个团结协调的眼科集体，陈教授承担起卫生部的委托，1953 年起举办全国眼科医生进修班，在承担学院本科生教学的同时，培训为期一年的进修医生。在眼科学课程的讲授表里，他总为自己安排课时，带班讲课示教，一丝不苟，课后常常累得声音嘶哑。他对中青年教授的讲课也严格要求，除亲自到场听课指导外，还进行培养性试讲，提高讲授质量。为了使踏上眼科专业的年轻医生有远大的抱负和志向，为国争光，他还精心挑了一批在国际眼科学史上建功立业的科学家头像和简介，挂在教研室的墙上，向每批学生和进修医生介绍，激发和培养热爱科学，忠于事业的高尚情操。另外，他还多次亲自组织带领医生、进修人员深入社会，到海南岛、麻风病岛考察眼病，查盲治盲。用行动带出这个教研室的良好风气，脚踏实地，结合国情，开展眼病研究。

1955 年 5 月，他接到卫生部通知，代表中华医学会前往苏联参加眼科专家费拉托夫院士 80 寿辰大会，并要在会上介绍我国眼科学研究的一些情况。他在为时一周的"俄语速成班"里匆匆学习了俄语，便带着"俄语词典"在没有译员的情况下出国完成了任务。会议期间东欧各国代表到会，他向大会介绍了角膜移植术在我国推行的情况，又认真参观访问了费拉托夫眼科实验研究所、莫斯科医学院和眼科医院。在谈访问感想时，他说："中国在毛主席和共产党的领导下，五年来辉煌的成就，使我国的国际地位空前提高，所以在国外处处受到国际友人的尊敬和爱戴，可是在科学水平上，我们还是远远落在他们之后……从眼科来说，有两点值得我们特别学习的：(1)眼科分科非常细微，每项都非常深入，可以提高科学的质量。(2)专家讲演，注重所长，可以大力推广其研究成果，更好地为人民服务。"他，一个经过西方现代教育的学子，一个在旧中国为眼科艰难探索的"苦行僧"，一个在新中国为眼科起步而奋斗的开拓者，此时，心中酝酿着一个更新、更美的祖国眼科发展蓝图。

50年代中期,党中央召开关于知识分子问题会议,首次提出知识分子中的绝大部分已经是工人阶级的一部分的观点。毛泽东在闭幕会上号召全党努力学习科学知识,同党外知识分子团结一致,为迅速赶上世界科学先进水平而奋斗。不久,国家科委成立,并编制了我国科学发展12年规划,为我国科技工作者提出了正确的奋斗目标。全国迅速掀起了向科学进军的热潮,科学与教育也得到普遍重视。

然而,50年代,也是敌对势力对我们新生的社会主义祖国实行经济、文化封锁的年代,科技赶超国际先进水平,决不是一件易事,更不能仅仅以热情代替。科学需要积累、继承,才能有所突破,实现科学的演进。科学家是国家的宝贵财富,陈耀真以他的博学多才,在医学教育领域里,再次体现了生命的闪光和价值。

1955年8月始,他开始招收和培养新中国第一批眼科学研究生,在培养眼科专业队伍的基础上,着手致力于眼科学术梯队带头人和骨干的培养。他深知,一门学科要有它的生命,需要科学家本身的代谢作用才能持续和发展下去,医学的奥秘是一项没有尽头的探索。他除自己冲锋陷阵之外,还着手培养后一代继承人。

不同的情操和境界,在同一个事物上往往有不同取态。我们国家在研究条件上,可能还不能与先进国家的条件同日而语;在研究水平上,起步晚,很多研究尚未进行,更谈不上有所积累和发现,这在一些人看来,会成为袖手旁观或袖手而去的理由。但在他,却是自强不息的动力。他心里想的,只是为改变祖国这又穷又落后的面貌而努力的责任,只是为民族争光的赤诚。于是,他一面认真注意着当年的美国等同行——现已成为国际著名学者、专家们的研究成果,以科学家的胸怀为他们在眼科学上的成就予以由衷祝贺,一面俯视着祖国这块土地上眼病流行和发病情况,选择我国常见致盲眼病作为研究对象,以赤子的忠诚,从病例的统计分析做起,不倦地为日后的突破默默做积累性的研究工作。

为了在积累的基础上继承前人的研究成果,结合我国的实际情况开展研究,达到科学突破和演进,他一直保持着与世界各地著名学者在学术上的直接联系,及时获得最新的研究信息,并不断加以分类和综合,必要时提取运用,因此,他被同行与学生誉称为"活字典"、"活索引"。他自己的眼科藏书比当时医学院图书馆内的眼科藏书还要多,而且保管仔细,许多还经他亲手取出书内已生锈的铁书钉,重新用线固定过。

当时,他的研究生做课题,苦于没有文献索引指路,也没有几本可查的文献资料,研究工作从何下手,确是手足无措。陈耀真及时从自己的"活索引"库中搜索资料,参阅国际上研究动态,结合我国眼病发病情况和研究能力,选择研究方向,收集文献,亲自把学生引上研究之路,然后放手让学生独立思考,独立钻研,培养创造性的思维,闯出科学新路。在总结研究成果时,他非常注重科学性与逻辑性的分析。有时,为了指导学生准确精练地表达研究结果，他常用铅笔在稿纸边上密密麻麻地写满蝇头小字，不容许任何马虎和失误。每当在杂志上看到学生发表了研究论文，他比自己发表论文还要高兴。这也是老一代科学家把事业的延续看得比个人的存在更加宝贵这种人生价值观的写照。在他的精心培养和言传身教下，这批高级专门人才毕业后分别钻研屈光学、临床青光眼和视觉电生物专业。在后来都成为所学专业在全国学组的带头人，有的还在国际专业学会担任了亚洲和澳洲的学组领导人。

50年代的奋斗与开拓结出丰硕的成果——一支训练有素的眼科专业梯队为我国医学眼科教育学事业更上一个台阶准备了师资力量。1962年，受国家委托，陈耀真教授担任我国第一部全国高等医学院校通用教材《眼科学》主编(1963年，我国第一部《眼科学》由人民卫生出版社出版)。这标志着我国医学眼科学的教育工作开始依靠自己的力量，跟随现代眼科学普及的步伐迈进，有了时代的气息和生命。

在这本我国自编的系统的高校眼科学教科书里，陈耀真亲自在第一章以绪论的方式，撰写了以中国眼科学史为主要内容的眼科发展概况和眼科研究对象及目的、意义，并将自己回国后近三十年潜心研究的成果中部分精华凝缩在这一章节中，他用近千字的篇幅，引经据典，列举上至公元前1300多年，下至公元后1700多年中我国各时代有关眼科的代表性著述，从中揭示我国眼科学发展概况，接着，他把中国眼科学的发生、发展与外国眼科学的发生、发展加以比较，总结出我国人民对世界眼科学作出的贡献。他证明我国早在宋代，眼科已成为九科中一门独立科目；他还证明我国假眼配置术早于其他国家600多年。文章列举了收集到的关于我国古代关于眼科的解剖、手术、药物及与眼科有关的光学著述，他为祖国悠久光辉的历史和极为丰富的经验积累、理论知识感到自豪，动情地写道："关于与眼科有关的光学著述，首推墨翟(战国时人)所著《墨子》十五卷，其中论述光学的有八条：……以上五条已经将近代物理学中光学论影部分发挥完备。……此三条亦已将光学中论象部分包罗无遗。像这样有系统而完整的光学理论，出现在两千多年前，实在是伟大的科学发现。目前眼科学中光学部分所依据的主要原理，仍多不出墨翟的论述。"他以祖国眼科学的光辉历史，激发步入医学殿堂学子的民族自豪感和爱国热情。同时，他又把世界眼科学发展的近貌如实地传授给学生，给他们指出一条通往揭示眼科学奥秘的艰辛道路。他用无声的行动表现出的不畏艰苦、不急功近利、不图虚荣、不卖弄聪明的科学家品质，感召、教育、激励着身边一大批眼科工作者，跟随着他走向为祖国的眼科事业拼搏之路。

在这条路上，他以德高望重和博才多识带领着这支队伍分不同的专业方向展开了研究工作。60年代初，这个教研室逐渐形成分科的雏形：70多张病床中有青光眼等一部分专科病床，还设有屈光室、眼肌室、生理室、生化室和病理室等，结合临床开展专项研究的小科室。人才和已开展的业务为它的进一步发展创造了条件。当时，眼科在全国得到迅速发展，华东部分地区成立了眼科研究所和五官科医院。华南这块土地万事俱备，只欠东风。中南局书记陶铸同志了解到这一情况，马上给予鼎力支持，中山医学院柯麟院长在人力等方面给予具体帮助，1963 年，开始筹建眼科医院。1965 年，全国第一间眼科医院问世，陈耀真首任院长。医院设门诊部和专科建制，还保留了原有的实验室。机构的发展为眼科教学、医疗、科研走上正规轨道创造了条件。

这一系列创业和开拓，使陈耀真积劳成疾，但他没停止追索，还以患冠心病的病躯，苦苦探讨、发掘和总结祖国眼科学遗产中极有价值的科学成果。他研究我国古代预防眼科疾病的医学思想，从书斋走向社会，每到一处，都仔细观察民间建筑、日常用品和穿戴，通过对民间屋檐的宽窄、灯笼的式样、遮阳帽的颜色、额上扎的头带特点分析研究我国古代人民对光学的认识和保护眼睛的方法；他通过历史名人杜甫、欧阳修、陆游等人较多的史料，分析他们的眼病，查找当时诊断与医治手段；他看到我国第一期出版的青光眼专号上未载入祖国医学史中关于高眼压病症的讨论，“怅然若有所失，遂检阅旧籍”，撰写《我国青光眼病的史料摘录》，发表在《中华眼科杂志》上，“冀收抛砖引玉之功”。在推动和发展祖国眼科学事业的漫长道路上，他历史性地站在一个承上启下的位置上。在他以前的时代，有祖国人民几千年来与眼病斗争所获得的丰硕成果，但它们被西方医学思想和现代文明所捐弃、埋没；在他和他以后的时代，现代眼科学在我国萌芽、传播和开始发展。他的选择和努力衔接着这种历史交替中可能出现的断层。三四十年代他在济南、成都已付诸行动，到广州后的五六十年代更趋成熟。1950 年至 1965 年的 15 年中，他在中外有名的医学杂志上发表论文 56 篇，其中挖掘与总结祖国古代眼科史料和医学思想就有 11 篇，研究使他确信，“我国古代散见的、片断的，属于经验的眼科预防医学思想，对现代系统的、科学的眼科预防医学思想的形成，是有着卓越贡献的。”另外，为系统研究我国常见致盲眼病，他不惜花大量的时间和精力投入常见眼病的统计分析，1950 年至 1955 年，发表这类论文 10 篇，为进一步研究做好铺垫，作为医学教育家，他注重眼科与其他各科的医学联系，为全面认识疾病，作出正确诊断，还发表《从眼科观点看动脉硬化、高血压及肾炎》等有关眼与全身病的论文 12 篇。作为现代眼科学专家，他还发表专题研究、特殊病例分析等 20 余篇。其中，1954 年在《中华眼科杂志》发表的《我国人的屈光情况》是当时国内在这个专业领域较为详尽的一份文献。1964 年他和他的助手发表在《中华眼科杂志》的《视网膜中央静脉阻塞患者暗适应及电生理的观察》，是国内最早的一篇将电生理测定方法用于眼科疾病分析的文献。

1964 年，中华医学会眼科学会成立了由我国第一代现代眼科学专家组成的《眼科全书》编辑委员会，组织编写中国第一套眼科全书。陈耀真是十名编委之一，全书的第一卷于 1965 年出版，第一章是他的著名文章《我国眼科学发展概况(一)》。全文用 2 万多字精辟论述了我国从隋唐到明清时代的眼科学发展脉络和主要学术成就，概前人之说，启后人之迪，开凿出中国眼科学史的先河。

熟识陈耀真的人，无不折服于他的品德与才学。是什么使他在同代人中显现出超越群伦的风范？在他成堆的笔记和论著当中，从未为自己写过一个字的传，却多次提笔讴歌赞扬品德高尚、成就卓著的人物。1964 年发表了题为《残而不废的盲僧鉴真和尚》一文，对鉴真和尚甚为崇敬，一方面是由于他治学严谨，重视实践，虚心向上，诲人不倦的优良品质；一方面是他力排众议，冒万难，坚毅不移，六次东渡，终于在中日两国的友好关系和两国文化交流史上写下了光辉的一页。而站在眼科医生立场，特别值得敬仰的是他一生中最大的成就是在目盲之后，通常被认为残废的情况下仍能努力不懈，继续奋斗的结果。科学家的诚实与务实精神，令陈耀真把心底的崇敬全部灌注在生命的足迹中，甚至经历"文革"十年劫难，也未停止。

五

60 年代中期，中国的历史演进中出现了持续十年之久的大倒退——"文化大革命"，从 1966 年至 1976 年，全国处于无政府主义状态，国民经济受到很大的破坏，文化教育遭到空前劫难，知识分子也成为打击对象，学术带头人更无一幸免。在那个不可理喻的时代，陈耀真的博学多能成了"反动学术权威"的理由；他与各国眼科学者进行学术交往的信件成为里通外国的"罪证"；他苦心挖掘和总结祖国眼科宝库的遗产，为系统地联接祖国古代与现代眼科学发展史而不辞艰辛的著述，却被戴上"替死人招魂"的罪名……一夜之间，他被剥夺了人身自由。

在昏暗的日日夜夜，不但他的眼科生涯一片空白，连家庭生活也迫近绝望的边缘。这期间，他一向敬重的老母亲过世了。他的女儿们因株连，有的被迫出走，前途未卜；有的分配到边远山区；他和夫人分别被扣上莫须有的罪名关进"牛棚"，随时被揪斗。然而，他以一贯的坚毅，超人的意志承受着苦难，支持着病躯，燃烧着生命的蜡烛，翘望着祖国拨开云雾的一天，期盼着重新为眼科著书立说。

1976 年，十年动乱终于结束，病中的陈教授重获自由时已 77 岁高龄。现代科学的发展没有因这方土地上的停滞而放慢它的步履。当人们从恶梦中醒来后，作为现代科学知识载体的中国科学家又一次用他们的赤诚为民族挑起了振兴科技、振兴教育的大梁。陈耀真来不及医治自己身心的创伤，也无意追究往事的忧怨，迫不及待地把目光和精力投向执着的事业。当年，他整理发表了论文《眼部的犬弓蛔虫病》。文中，他科学、系统地引经据典，介绍病源、病况、分类、症状及检查方法，并结合当时农业大搞群众运动，但卫生条件很不完善的实际情况，特意写道："对犬弓蛔虫病的防治，主要是预防为主。避免和减少和犬接触，对这种病在我国农村应引起必要的注意。"次年，他又发表了专题研究论文《视网膜色素变性》，全面阐述该病的临床表现及二百年前在中国医学宝库中的记载，在现代遗传学方面的临床意义及中西医治疗方法，再次体现了一代承上启下的眼科宗师的文风，具有独特的学术价值。

1977年，他调往北京，任中国医学科学院首都医院眼科教授。1978年，全国科学大会在北京召开。同年，恢复了研究生招生制度。中国在百业待兴中，迎来了科学的春天。陈耀真在这一年又播下了科学的种子——招收培养眼科高级专门人才，用集体新陈代射的生命不断揭示眼的科学之谜，使这门科学造福人类。

"科学上经常由一个思想产生另一个思想"，陈耀真的科学活动也是这样。怎样才能全面认识眼的生理功能，是他长期苦苦求索的课题之一。临床学科的研究只有借助基础学科的理论与方法，才能进一步揭示内在规律。他的思考站在学科的高度，俯视全局，敏锐地预感到：不同学科中交叉专业的共同研究，将弥补跨学科造成的知识欠缺，拓宽本学科的研究水平与思路。恢复招研究生的第一年，他又开了我国眼科学教育的先河，招收了生物系物生物理专业人员从事眼科的视觉生物物理研究。

科学绝不是急功近利的事，每一个宏观构想必须脚踏实地与微观现实联系在一起，一步一个脚印走过去。他悉心引导着同属生命科学范畴的另一门学科的学子步入眼科学的殿堂，指导查阅专业文献，交待课题总体设想，然后又发挥其本学科专业思维的特长，展开创造性的研究。1980年，一篇《糖尿病的眼部暗适应功能计算机分析》通过了医学硕士学位论文答辩。此后，从眼科学的角度展开的视觉生物物理研究在我国医学界得到发展。

80年代，80多岁的陈耀真在他生命的最后历程，为推动祖国眼科学事业发展作出最后的冲刺。1980年，他在重新总结、整理祖国眼科遗产的大批资料中，整理发表了《我国古代眼外伤史简述》。

同年5月，他回到阔别46年的故地——到美国出席魏尔玛（Wilmer）眼科学年会，作《中国眼科与美国Wilmer眼科研究所》的演讲，赞扬科学家在学术上的互助与友谊，介绍了中国眼科学的发展。一个与自己祖国同甘苦共患难的中国眼科学家终生服务于祖国的事业的精神和他作出的卓越贡献，令国际同行肃然起敬。1981年和1982年，他分别应邀出席美国、日本等地的眼科会议。在全美眼科学会1981年年会上，他被推选为"贵宾"，这是该学会成立86年来首次由中国眼科学家获得的殊荣（同时当选的还有他的夫人毛文书教授）。在1981年日本眼科学大会上，他宣读了自己新的论文——《华佗:中国外科之父》,弘扬祖国医学的光辉历史,引起日本学术界热烈反应,很快在日本《临床眼科》的权威杂志上全文刊出。

1982年,他应邀参加在美国召开的第24届国际眼科学会议,在到会的全世界1700多名眼科工作者当中,他受到大家的敬重和爱戴。但,他的心情并未因此而轻松,反而加紧了思考——怎样才能在落后与先进水平之间缩短差距,加速我国眼科事业的发展,创造出有我国特点的眼科学?集近半个世纪从事祖国眼科学工作的经验,他认为中国地广人多,一门学科的发展,一要普及,让科学在中国的土壤生根;二要提高,以一定形式组成一支高水平的专业队伍,跟踪研究眼科学在国际上的最新进展,带动这一学科在普及基础上的提高。

为了更大范围地普及现代眼科专业知识,1980年,他以81岁高龄带领医疗队深入海南岛少数民族地区,进行眼病防治调查与防治宣传。1982年,他亲自翻译了《彩色眼科学图谱》,出版后,他将自己得到的2000册图文并茂的专业书籍分文不取地赠送给国内各省市眼科同行。1983年,东北眼科工作者创办《实用眼科学杂志》,他热情支持,专门题写了《祝愿这棵新苗茁壮成长》的文章刊在创刊号上。

为了在普及基础上的提高,他十分珍惜60年代以来在广州的中山医学院逐步形成的眼科专业队伍。“文革”后拨乱反正,1980年他重新兼任中山医学院眼科医院名誉院长。面对这曾留下创业的欣慰和“文革”创伤之地,他再次以学者的高风亮节泰然处之,亲自探访共过事的教授、医师、技术人员,甚至是伙房的工友,以及从各地调回因“文革”遣散的专业骨干,循循善诱地鼓励大家重振创业的志向,化解“文革”的恩怨。重整旗鼓之后,1983年,在他和夫人——我国眼科学著名教授毛文书的共同倡导下,卫生部批准在广州中山医科大学成立我国第一个集高等教学、临床医疗、前沿研究和防盲治盲多种功能于一体的眼科中心——中山眼科中心。中心下设眼科研究所、眼科医院、防盲治盲办公室三个机构。中心的成立,成为我国眼科学跟踪国际上本学科前沿水平的重要基地。陈耀真担任中心名誉主任。

1984年4月,为祖国眼科学的发展奋斗了整整半个世纪的陈耀真,终因身心交瘁,卧病不起。病床上他仍尽力看书撰文,指导发表了《视网膜色素变性、先天性色盲的皮纹学观察》论文。

1985年10月,中山眼科中心在广州召开了国际眼科学术会议,暨祝贺陈耀真教授回国执教51周年、眼科医院建院二十周年。这是在中国首次召开的国际性眼科学术会议。来自世界各地的700多名眼科工作者聚首一堂交流学术与技艺,许多当年与陈耀真共事的国际知名专家围绕在他的轮椅旁,留下了美好的合影。

1986年4月,在美国召开的美国视觉与眼科学研究会上,来自世界各地的眼科专家以敬仰的心情，一致通过授予为自己祖国的眼科事业奋斗半个多世纪的陈耀真“功勋奖”(Recognition Award)。而此时的陈耀真已病卧床榻。他看着那刻有光明使者的铜奖牌，默默无言。是啊！自从30年代怀着一腔青春的热血回到现代眼科学处于启蒙阶段的祖国，到80年代银发霜鬓以“贵宾”身分带着中国眼科学研究论文走向国际眼科学术讲坛，为了实现这历史的跨度，作为一代眼科宗师，他付出的是人最昂贵的代价——一生的心血，终身的辛劳。他所到之处，培养了一批批眼科专业人才，建立了学术气氛浓厚的专业基地，开展了一项项科学研究，考察了各地的多发常见眼病。他做了常人做不了的大量工作，却总把目光射向前方、远方，总思考着还要为中国的眼科学事业做些什么。“老骥伏枥，志在千里”，为了总结祖国眼科遗产而夜夜伏案整理的那一摞用蝇头小字整理而成的资料，无声地述说着他晚年的心志。

然而，他太累了。

1986年5月4日，陈耀真在广州病逝，享年87岁。

（原载广东省政协文史资料委员会、中山医科大学合编《广东文史资料》第77辑《医林群英——广东著名医学家传》，广东人民出版社1996年版）

陈心陶教授对并殖吸虫的研究

李友松　许龙善　林金祥　张世阳

我国幅员辽阔，地形地貌复杂，南方各省山岭延绵，林木繁茂，溪沟纵横，动植物资源丰富，为肺吸虫在自然界的孳生繁衍提供了良好的条件，是世界上最早发现病例的地区，而且虫种、第一、二中间宿主螺蟹及终末宿主种类繁多，病例散在发生，成为农村和林区群众的公共卫生问题。近年来更因人员的流动频繁，在旅游者及城市人群中流行，故近年产生"城市肺吸虫病"这一名称[①]。

迄今，全球已报告的并殖吸虫有近 50 种，其中我国占 25 种，但有的虫种独立性仍有争议，同物异名的问题有待进一步澄清。这其中陈心陶教授等报告的达 8 种[②]，并对一些虫种进行生活史考察，对虫种的特点及种属分类上的特点作了深入分析与归纳；对不同虫种的地理分布和对肺吸虫病流行病学调查方法的总结[③]等都有独到的创见和先驱发现，不但当时有很大影响，迄今仍有重大参考价值，文章千古，功垂不朽。

一、微观定虫种

由陈氏定种命名的并殖吸虫种，按时间顺序为：怡乐村并殖吸虫（*P. iloktsuenensis* Chen，1940）、斯氏并殖吸虫（*Pagumogonimus skrjabini* Chen，1959，1963）、三平正并殖吸虫（*Euparagonimus cenocopiosus* Chen，1963）、巨睾并殖吸虫（*P. macrorchis* Chen，1963）、异盘并殖吸虫（*P. heterotremus* Chen & Hsia，1964）、丰宫并殖吸虫（*P. proliferus* Hsia & Chen，1964）、扁囊并殖吸虫（*P. asymmetricus* Chen，1977）和泡囊并殖吸虫（*P. veoeularis* Chen & Li，1978）。

陈氏对虫种命名分别按发现地、学者姓氏和成虫或幼虫的形态特征进行。第一、二种方式均仅一种，分别为怡乐村并殖和斯氏并殖，前者是以发现于广州郊区淡海水交界

---

① 沈一平：《城市肺吸虫病》，《中国人兽共患病杂志》1997 年第 5 期。

② 陈心陶：《中国动物志扁形动物门吸虫纲复殖目（一）》，科学出版社 1985 年版，第 19—170 页。

③ 陈心陶：《我国并殖吸虫的种类、系谱关系与地理区划》，《寄生虫学报》1964 年第 1 期。

处一个地名为怡乐村的虫种而命名；而后者是 1959 年出席当时苏联塔什干（今乌兹别克斯坦共和国首都）一次国际寄生虫学会议上，为纪念东道主一位享誉世界的蠕虫学家斯克里亚宾（Skjabin）80 岁诞辰而以该姓氏命名。更多的情况是以虫的形态特征来命名，如将以睾丸巨大，占虫体 1/3 长而定名为巨睾并殖；将通常较小的口吸盘，而在本种口吸盘却比腹吸盘大近一倍者而定名为异盘并殖；将子宫庞大者为丰宫并殖；将囊蚴呈扁平形状而称为扁囊并殖；将囊蚴之排泄囊巨大，但排泄颗粒松散，透明度较高而称为泡囊并殖。这些命名多数细致确切，显示各自特点，这其中以怡乐村并殖、三平正并殖和斯氏并殖命名最具代表性。

怡乐村并殖是陈氏 1940 年最早报告的虫种，初出茅庐，旗开得胜。

20 年后的 20 世纪 60 年代，是我国并殖吸虫研究兴起一个此起彼伏、南北呼应的高潮期。这个时期，陈氏在理论与实践研究上左右逢源，因而成果累累，是创造的高峰期。首先他发现一种虫体形态不同于通常见到的椭圆形，而为长梭形；虫体最宽处不是通常所见的在虫体中部，而是位于虫体前 1/3；对人体的致病处不是肺脏，而是长期以童虫状态在皮肤或内脏间移行而引起皮下结节的虫种，故而定名为斯氏并殖，成为我国除卫氏并殖以外，对人体致病的又一重要虫种。

接着，陈氏发现斯氏并殖、三平正并殖等的特点，认为并殖属已无法包容，乃新建立狸殖属和正并殖属以容之。这两种正并殖吸虫为模式种，又以之建立正并殖亚种，置于并殖科下，说明这些虫种既属于并殖吸虫的范畴，又具有不同于并殖吸虫的通常特征。作为虫种鉴定的主要根据，大大推进了我国并殖吸虫的分类水平。尤其是三平正并殖的命名，形象准确，达到本专业的最高峰，令世人赞叹。新近的研究者在以 DNA 检测结果与绘制的发生树上均显示与卫氏并殖等并殖吸虫的差异①，所以我们不能苟同将三平正并殖吸虫等均归隶于并殖属而废除正并殖属。同样的道理，我们也谈谈并殖吸虫的名称问题。肺吸虫，是中文习惯名称，以本虫寄生于肺脏并引起呼吸系统疾患而称之，同华支睾吸虫习惯称之为肝吸虫（实际该虫寄生于与肝脏相连的胆囊）一样，并殖为学名 *Paragonimus* 的译文。词根 *Para* 为“相对、靠近”之意，而“*gonimus*”为睾丸之意，系取本虫的一对睾丸相对排列于虫体后部的特点而命名。而狸殖系 1963 年陈心陶认为斯氏并殖最早发现于果子狸，而虫体形态不同于习见的卫氏并殖等宽长比例在 1∶2 以内的椭圆形而为 1∶2.4 或以上的长梭形，对人体的寄生部位也不是肺脏，而是在皮下游串，生活史中第一中间宿主要求严格。根据这些特点，陈氏认为有必要对照区别于以卫氏

---

① Blair D., Wu B., Chang Z. S., et al., Amolecular Perspective on the genera *Paragonimus* Braun, Euparagonimus Chen and *Pagomugonimus* Chen. *J. Helminthol*, 1999, 33: 295—299。

并殖为代表的并殖属，而建立狸殖属(*Pagumogonimus*)。虽然此后从事肺吸虫调研者，并不十分介意名称差异，认为狸殖属的名称可通称为肺吸虫或并殖或并殖吸虫(但并殖属的虫种不能称为狸殖)。

新近，崔爱利等对我国五省 *P. skrjabini* 虫体作 DNA 序列分析，在讨论中认为通过 1TS2 和 CO1 基因序列分析，构建发生树，确立其分类地位仍应为并殖属，狸殖属不能成立。斯氏狸殖应恢复为斯氏并殖吸虫为妥[①]。我们认为，陈氏当年从形态、生活史、宿主的选择性，特别不适于人体肺脏寄生而是引起皮下结节为主要的症状、疫区环境类型等的同以 *P. westermani* 为主的并殖属的明显差别提出从中分立狸殖属以利于物种的识别、归类，是很自然的。其依然归隶于并殖科，由于同并殖属的差异点众多而且明显，所以其建属不但合理，而且必要。因为狸殖属并不意味着该属虫种不是并殖吸虫，而是表明与并殖科模式属的虫种有明显不同而已。因此，我们认为 DNA 序列分析结果和发生树的绘制依然明显分为二类，其所属各种不但在生育上严格隔离，在第一中间宿主的选择上尤其分明，所以狸殖属仍应保留。当然，为书写方便，将这些虫种(包括斯氏狸殖、三平正并殖等)统称为并殖、并殖吸虫、肺吸虫、*Paragonimus* 则未尝不可，称呼上的交互选用并不妨碍人们的理解。

二、宏观划分布

由于我国山地丘陵占大部分，所以并殖吸虫在我国不但虫种多，而且分布广，因此，流行病学上地理分布及其特点的确定是开展防治工作的基础。由于各地的防治工作者的调研范围多局限于工作单位所在的辖区，虽然有数以百计的调研论文报告，但多数只是分散、零星的资料。有鉴于此，陈氏放眼全国，提纲挈领，抓住卫氏并殖和斯氏并殖这两种对人体致病但临床表现不同的特点，将我国的卫氏并殖吸虫分布区划在黄河流域以南，而斯氏并殖则在陕西的秦岭以南。又根据卫氏并殖第二中间宿主的不同，划出东北地区以蛄为宿主型的卫氏并殖分布区，其余以溪蟹为宿主型的分布区，全国地图上仅三条线。简单分明，形象准确，频被引用，经久不衰，足以见其价值与分量。

三、争鸣促发展

60 年代，我国南北方分别以陈心陶教授和钟惠澜教授为代表，带领着并殖吸虫与

---

① 崔爱利、常正山、陈名刚:《我国五省斯氏并殖吸虫群体 DNA 序列分析的研究》,《中国寄生虫学与寄生虫病杂志》2003 年第 2 期。

并殖吸虫病的研究。他们是我国寄生虫学界的权威人士，虽然陈氏侧重在生物学上，钟氏侧重在临床学上，但对并殖吸虫新种的研究都倾情以赴，不遗余力；同时由于他们代表各自的观点，自60年代起进行争鸣，迄今并未完全了结。学界称之为“南陈北钟”，他们的争鸣被认为是“百家争鸣”的一个范例。最具代表性的是他们对斯氏并殖、四川并殖这两虫种究竟哪一种具独立性，哪一种为另一种的同物异名的争论。

钟惠澜等不同意陈氏等的看法，认为四川肺吸虫的独立性可以成立，并认为斯氏并殖吸虫的特点系陈氏屡经修改后使之越来越像四川并殖吸虫。例如，关于虫体的宽长比例，四川并殖吸虫报告的轻压标本为1∶2.8，未压标本为1∶3.3。而斯氏并殖吸虫的宽长比例数值逐渐由原来的1∶2.2增大到1∶2.4、1∶2.6、1∶2.6—3直至1∶2.4—3.7。在皮棘形态、虫卵大小等也更改使之愈加类同四川并殖吸虫。因此，钟惠澜等发表四川肺吸虫形态学与生活史的进一步研究报告。再次以虫体的宽长比例（1∶2.8—3.3对斯氏并殖吸虫的1∶2.2）混生型体棘同斯氏并殖吸虫的单生型体棘；虫卵大小（82.2μm×48.4μm对斯氏并殖吸虫的71μm×48μm）等方面的比较，认为有别于斯氏并殖吸虫，从而肯定了四川并殖吸虫是一种可使人体致病的新种。所谓四川并殖吸虫系斯氏并殖吸虫同物异名的说法应予以澄清①。

董苌安等在研究江西省的斯氏并殖吸虫材料后取得与陈心陶相一致的见解②。林宇光报告福建省发现的斯氏并殖吸虫的形态与生活史，并与陈氏等对斯氏并殖吸虫后期结果及钟氏等的四川并殖吸虫形态和生活史进行比较，看不出它们之间有明显的差别，因而认为斯氏并殖与四川并殖属于同一虫种③。

徐秉锟、詹希美作巨睾并殖、斯氏并殖、四川并殖、大平并殖和怡乐村并殖成虫结构特征排序，结果斯氏并殖与四川并殖不能分开。继之，他们对这6种虫进行聚类分析，借助电子计算机，对我国陕西等7个地区的并殖吸虫进行虫种鉴定，结果认为难以将斯氏并殖与四川肺吸虫分开，它们可能是同一种虫。所以，在我国似乎有这样的趋势：在寄生虫学、生物学文献中无论从广东、福建还是四川或是其它地方取得的标本多称之斯氏并殖吸虫或斯氏狸殖吸虫；而临床学资料则多采用四川肺吸虫名称④。但是仍有许多文献资料是均列两种名称。我们认为陈氏1959年报告的斯氏并殖以摘要方式描述种的特征简单不够全面，但陈氏1960年在《动物学报》上发表的斯氏并殖形态的补充报道，及在专著《医学寄生虫学》（1960年初版）在对斯氏并殖的记述，均确是早于钟氏等

① 钟惠澜、曹维霁、贺联印等：《四川肺吸虫形态学与生活史的进一步研究》，《动物学报》1974年第1期。
② 董苌安、黄玉英：《斯氏并殖吸虫和虫卵形态的进一步观察》，《寄生虫学报》1965年第2期。
③ 林宇光：《斯氏并殖的生活史及其地理分布》，《武夷科学》1981年第1期。
④ 上海第一医学院：《实用内科学》，人民卫生出版社1983年版，第524—531页。

1962 年对四川并殖所作的定种报道。依据国际动物命名法规,斯氏并殖具有优先权,因此四川并殖应作为斯氏并殖的同种异名处理。但是由于陈氏早期报道斯氏并殖简而不全,虽然以后屡经修正补充才趋完善,这便使人产生把原先报道的斯氏并殖逐渐修改到像四川并殖的错觉。同时陈氏对钟氏等在四川流行区对本种并殖所作的形态学、流行病学、生活史及临床学等大量科研工作和许多重要的新发现不加肯定,断然否定钟氏等研究成果,不仅难平钟氏等的愤慨,而且不能说服许多学者和实际工作者的意见。因此,我们说,斯氏并殖具有优先权,这是国际命名法则所规定,不能折衷或更改①。钟氏等对在四川流行区首先发现这种不同于卫氏并殖的新型肺吸虫致病虫种,病人具有游走型结节的临床症状;同时还首先阐明本虫的生活史,证明拟钉螺为其第一中间宿主,打破只有川卷贝作为肺吸虫第一中间宿主的界限,从而扩大了人们的眼界。钟氏等对本虫作出的历史性贡献,远远大于虫种的命名。对此,我们认为本着探求事物真理而展开的鉴定虫种的学术争鸣既是正常的,更是必要的。争鸣推动了并殖吸虫类的深入研究,从而提高了我国并殖吸虫的研究水平。我们对虫种的整理与分辨是对虫而非对人。陈心陶、钟惠澜教授都是我国寄生虫学、热带病学研究的前辈,在许多领域内有过卓著的贡献。他们的研究成果不仅极大丰富了世界并殖吸虫的科学宝库,而且也为我国科学界赢得荣誉。而今这两位老人均已谢世,我们缅怀他们,他们刻苦的研究工作和献身精神永远是我们学习的榜样。但是,智者千虑,或有一失,不能要求他们对事物的认识都能准确无误。我们认为对有关的问题提出讨论,正是出自对科学与真理的尊重和爱护,也是对前辈的崇仰。

四、匆忙也出错

人非圣贤,孰能无过。虽然陈氏报告了八种并殖吸虫,由于并殖吸虫形态变异大,媒介宿主繁多,导致病理与临床变化的不同,需具备病原生物学、临床学、流行病学多方面的知识才能不断加以揭示。在这个既深且广的研究进程中,发生一些偏颇,甚至错误都是不足为奇的。例如,卫氏并殖吸虫生活史研究是日本学者完成的,但在 1914 年,仲川却把螺蛳中发现的长尾巴幼虫当作肺吸虫尾蚴,以后经实践研究才纠正过来,确定并殖吸虫尾蚴为微尾型。而且陈氏还在拟钉螺和放逸短沟蜷中发现类似并殖吸虫尾蚴的某种吸虫尾蚴,仅仅在差别 20μm 左右,7 对穿刺腺清晰与否等,显示其精细过人的认真②。

---

① N. R. 斯托尔:《1964 年国际动物命名法规》,科学出版社 1984 年,第 14、15、35、37、38 页;李友松、程由注:《中国并殖吸虫若干虫种独立性的辨异》,《武夷科学》1992 年第 9 期。

② 李友松、林金祥:《放逸短沟蜷体内并殖吸虫尾蚴及类似吸虫尾蚴的发现及其比较》,《中国人兽共患病杂志》1994 年第 10 期。

陈氏在晚年并殖吸虫虫种报告时也因匆忙和材料不充分情况下发生误认与错误，扁囊并殖新种即是一例。扁囊并殖吸虫是陈氏于 1977 年提出，以后的报告散见于福建、江西、安徽、浙江等地的调查报告中。主要根据囊蚴呈不对称的椭圆形、钩虫卵状、橄榄状等特点而命名。刘思诚、李友松等(1981、1984)在福建省解剖大量的溪蟹标本时发现卫氏并殖吸虫的囊蚴除典型的圆形或近圆形外，还有多种的形态变异与畸形，如长椭圆形、扁形、肾形、类三角形等。这类囊蚴占蟹体内检出的卫氏并殖吸虫囊蚴中的少数，而且主要见于腮叶与肝脏中。将这些畸形囊蚴感染动物后可检及形态结构同卫氏并殖吸虫相似的虫体。据此，认为扁囊并殖吸虫囊蚴是卫氏并殖吸虫囊蚴的变异与畸形者，扁囊并殖吸虫虫体是这种囊蚴感染动物后所得卫氏并殖吸虫童虫的误报①。随后张耀娟等(1984)、黄文德等(1985)实验证实以类似扁囊并殖吸虫的囊蚴感染动物后所得的成虫，其形态结构以及囊蚴的蛋白质式样与区带等均与卫氏并殖吸虫无明显差别。这是陈氏在逝世前报告的虫种，系因标本少，又未经重复试验，匆促之间下的结论。这种情况发生在对专业已经娴熟无比的大专家身上，给后人再一次的提示：科学是老老实实的学问，来不得半点的焦燥与虚假。

科学研究上的失误，并不乏见。君子之过，犹为日月之食。雨过天晴，无伤大雅。这些失误，同他们的不懈努力和巨大贡献比起来，是九牛一毛。对前辈，我们既不苛求，也不护短，这才是对他们真正的尊重与爱护。陈心陶教授出生于 1904 年 5 月 4 日，福建省古田县人。1925 年靠勤工俭学完成福建协和大学学业。1928 年，赴美国明尼苏达大学攻读比较病理学和寄生虫学，获博士学位。回国后，历任岭南大学医学院教授、生物系主任、代院长等职。他旅外数十年，毕生致力于寄生虫调查研究和教书育人，贡献良多，成就斐然，最后终老穗城。虽少小离家，但乡音在，乡情浓，时时挂念家乡的建设与寄生虫调研。30 年前，当他得知林宇光教授带领大家在他孩童时读过书的建瓯县发现并殖吸虫时甚为振奋，寄标本，送材料，还想回来看一看。近年我们在开展并殖吸虫、广州管圆线虫、粪类圆线虫及异形科吸虫调查时，陈老的《医学寄生虫学》、《中国吸虫志》等巨著更是须臾不能离的参考书，备感他的博大精深。当今中大，云蒸霞蔚，俊彦迭出，陈老天上知之薪火相传、青出于蓝，当含笑欣慰。

(原载《医学与哲学》2004 年第 3 期，原题《大作百篇 弟子三千——概述陈心陶教授对并殖吸虫的研究——纪念他的百年诞辰》)

---

① 刘思诚、李友松等：《卫氏肺吸虫囊蚴形态变异的观察》，《科学通报》1981 年第 5 期；李友松、刘思诚：《三平正并殖吸虫囊蚴与类似扁囊并殖民吸虫囊蚴混合感染家猫的实验研究》，《动物学杂志》，1984 年第 3 期。

著名病理学家秦光煜教授

熊　敏　宗永生

秦光煜教授是我国著名的老一辈的病理学家。他数十年如一日，从事医学教育和病理学研究，学术造诣极深。他治学严谨，勤于学习，诲人不倦，培养了大批病理学人才。他科研兴趣广泛，对麻风病理学进行了开拓性研究，成绩卓著，为我国病理学发展作出了重大的贡献。

秦光煜教授1902年11月20日出生于江苏省无锡市的一个医药世家。从小见祖辈替邻里乡亲治病，深得人们敬重。祖辈也谆谆教诲“不为良相，便为良医”。耳濡目染在他幼小心灵里萌发了长大后继承祖业，为民解除疾苦，造福乡梓的志向。1920年在复旦附中毕业，旋即考入协和医学院医疗本科。在学期间，勤奋好学，1930年以优异成绩毕业并获得医学博士学位。毕业后留协和工作。亲朋好友劝他从事临床医疗工作可获得优厚待遇。他本人对临床内科也有浓厚的兴趣。但还在学习期间秦光煜便深感我国基础医学落后，制约着临床医学的发展。他认为当一名临床医生只能为少数病人解除疾苦；只有整个医学事业发展了，才能为更多的民众解除疾苦。获得优厚待遇，并不是他学医的本意。他说服了家人、同学、亲友，毅然放弃了临床医生的职位，留协和医学院病理科任教，选择了病理学作为终生献身的事业。

1930年至1942年任协和医学院病理科助教、讲师、副教授。1940年赴美研修脑病理学和脑肿瘤病理学。其间，他曾先后在哈佛大学、耶鲁大学、纽约蒙桑纳医学院与当地学者切磋脑病理和脑肿瘤病理，表现出他坚实的病理形态基础和渊博学识，深得美国同行的赞誉。1942年至1948年受聘为北京大学医学院病理科教授兼科主任。1948年南来广州，受聘为广州岭南大学医学院病理学教授兼病理科主任。

新中国的建立为秦光煜教授施展才干提供了广阔天地。他拥护中国共产党的领导，努力工作，活跃在教学、师资培养、科研和病理诊断业务等各个方面。1953年全国院系调整，中山大学医学院、岭南大学医学院和广州光华医学院合并为华南医学院(后改为中山医学院，为中山医科大学前身)，任病理学教授、教研室副主任、主任，病理形态研究室主任兼法医学教研究主任，中山医学院院务委员，积极参与病理学教研室和医学院的建设。

1954 年起任卫生部科学委员会病理形态学专题委员会委员、中华病理学会理事、中华病理学杂志编委、中华医学杂志(外文版)编委、广东省病理学会副理事长。

1955 年参加中国民主同盟,1958 年任第四届民盟广东省委委员,1960—1963 年任第五、第六届民盟广东省委常委,1961 年任民盟中山医学院支部主任委员。他积极参加盟内活动,团结各方专家,为新中国教育事业努力工作。

1964 年被选为第三届全国人大代表。

1966 年“文革”开始,他被扣上莫须有的罪名,蒙冤受屈,身心受到严重摧残,于1969 年 4 月 10 日在广州逝世,终年 67 岁。

勤学多思　重视实践

秦光煜勤于学习,善于总结,在病理形态学研究上有很深造诣,是我国优秀的临床病理学家。他指导青年教师、进修生业务学习,培养研究生,负担着国内疑难病例会诊。他不仅知识渊博,且实践经验丰富,深得同行专家敬佩。“冰冻三尺,非一日之寒”,秦光煜自幼勤奋好学,在学习中善于归纳总结,将掌握的资料分为正面意见和反面意见,逐条理顺,加以比较。工作认真,勤于实践。早在协和医学院工作期间,废寝忘食,埋头业务,与胡正祥教授共同努力,把协和医学院病理科建设为当时全国资料最丰富、有很高学术水平的病理单位。直至晚年,他已是国内外知名的病理学家,工作任务繁重,社会活动频繁,但从不脱离业务实践,常利用节假日做病理业务工作。他外出开会回来,经常是立即回教研室处理业务。1964 年出席第三届全国人代会回来,翌日回到教研室,以异常兴奋的心情传达了大会概况,便回办公室工作,听取研究生学习和科研情况的汇报。旅途劳累,有关领导劝他休息两天,他说:“我坐不住了,国家形势很好,我要多做一些工作。”熟悉他的领导和与他共事的同事也说,上班期间要找秦教授很容易,先到教研室,若见不到,去图书馆准能找到。有段时间,秦教授健康情况不好,在家休息。但他通知教研室,照常在家复查疑难外检和尸检病例。教研室的同志认为会影响他的休息,提议尸解病例和外地会诊病例待他身体康复后才复查。秦教授说:“这样不好,会影响临床工作。”他又语重心长地说:“业精于勤,荒于嬉。”他常常告诫青年教师:“求学之道无捷径,一分耕耘才有一分收获。”他把做学问形象地比喻为“麻雀啄食”,鼓励青年做学问不要怕辛苦,勤于学习才能获得真知。

严谨治学　培育人才

秦光煜教授治学严谨，从教数十年，备课从不马虎：上课前认真备课，写好讲授提纲，精心挑选挂图和幻灯片；讲课时旁征博引，论证精辟，深入浅出，逻辑性强，重点突出，语言风趣，深受学生欢迎。他注意教材建设。在协和医学院任教时和胡正祥教授共同编写《病理学》讲义；1951 年他和胡正祥教授、刘永教授编写并出版了我国第一部以国内资料为主体的《病理学》巨著，既是教材，亦是病理工作者的参考书，图文并茂，很受读者欢迎。1954 年至 1955 年，中央卫生部热带病研究所在当时疟疾流行区海南岛举办"高级疟疾防治学习班"，秦教授应邀授课，他编写了《疟疾病理学》讲义，以详实资料描述了疟疾所引起的全身器官的病变，特别对脑型疟疾病变的观察有独到之处。他还编写了《脑肿瘤病理学》、《血液病病理学》和《麻风病理学》等教材。1964 年他参与梁伯强教授主编的《病理解剖学》教科书的编写工作。

秦光煜教授重视事实，尊重科学，在学术上绝不盲从。50 年代，我们向苏联学习。在一次学习会上，秦教授说："我们学习苏联老大哥的经验，可以少走弯路，这是对的。但具体情况要具体分析。在医学科学上，苏联学者从宏观上来阐明疾病的原因和其发生、发展规律，这是正确的，我们要学习，我们应该接受。但西方的医学理论也有其合理部分，把疾病的本质归结为细胞损伤，这就把疾病的发生落在实处，我们不应该盲目反对，而应该批判地接受。"又如 1962 年某个国家的学者宣扬发现了人体新结构——××小体，沸沸扬扬。我国也曾派代表团去考察。根据考察团提供的图片和情况，秦光煜很幽默地说："我看过几千例皮肤切片，可从来没有发现什么小体。"事实最后证明，所谓人体的新结构，实为子虚乌有。

秦教授也非常注意人才培养。1951 年接受卫生部委托，培养四名高级病理学师资。1956 年开始招收研究生，尔后与梁伯强教授共同指导，连续举办了多期高级病理师资班和接受各类型进修生的培养，为全国兄弟医学院校、科研和医疗卫生单位输送了 400 多名病理学人才，其中大多数成为各单位业务骨干。

秦教授培养青年教师和研究生，严格而又细致。他给青年教师复查病例，要求事前有充分准备，详细观察标本，找好文献，提出初步诊断意见。复查时，秦教授边看标本，边询问，并作好笔记，联系临床，提出诊断根据，最后才字斟句酌写出诊断和总结，严格认真。直到现在教师们还常常提及，秦教授复查病例前，全身神经高度紧张，心跳也加快，可见精神非常集中。一位教师请秦教授复查血液病的病例，因尸解时没有取骨髓，复查时受到秦教授严厉批评："血液病不取骨髓，缺乏科学根据，会影响诊断的准确性。

以后不得再出现这类情况。”这位教师现在回忆说:“当时秦教授声色俱厉,几十年过去了,但记忆犹新。”一位青年教师上课时在黑板上写了别字,把“蜡”样变性,写成“腊”样变性。秦教授在教师会上很严肃地批评该教师,认为是由于备课不充分,作为教师绝对不容许出现这样的错误。一个病例,临床误诊了,被秦光煜教授选作全院性临床病理讨论会用,但临近讨论时,才发现主要的大体标本丢失了,要改换病例已经来不及了。秦教授又气又急,非常严厉地批评了有关的教师,认为丢失标本是失职。虽然有大体标本的照片,但秦教授认为照片代替不了标本,照片没有大体标本客观和真实。在讨论会上,轮到秦教授发言,他当着 200 多位医生作自我批评,认为大体标本丢失是工作没有做好,并表示歉意,而且非常庄重地表示以后不会出现类似情况。秦教授就是这样严谨治学,一丝不苟。

秦教授指导研究生和青年教师写作论文时,十分耐心细致。对初次写论文的教师,他亲自复查标本,指导文献检索,确定论文重点。初稿完成后,他逐字逐句,包括标点符号,反复修改多次,才最后定稿。论文作者很感慨地说:“论文这样‘三上三下’,收获很大。”秦教授指导青年教师作临床病理讨论,也很细致,从病例选择,查阅文献,写出诊断和尸解总结,连幻灯片制作也耐心指导。秦教授就是这样“身教、言教和笔传”,为我国培养出一大批优秀的病理师资和研究生。

著述甚丰 影响深远

秦光煜教授科研兴趣广泛,对肿瘤、内分泌、血液病、脑瘤、寄生虫病和麻风病等病理研究均有较深造诣,著述甚多,发表了 40 多篇具有深远影响的学术论文。1941 年发表的《视网膜母细胞瘤组织发生学》和《出血性胰腺炎病因研究》被国内外学者广为引用,至今仍成为这方面研究的参考文献。1955 年发表《中华分支睾吸虫并见肝原发性粘液癌》,此文细致描述了中华分支睾吸虫寄生胆管与肝管癌发生之间的形态学关系,秦教授据此提出中华分支睾吸虫胆管寄生可能是部分原发性肝癌发生的原因。他是我国第一位支持梁伯强教授学术观点的人。因早在 1928 年著名病理学家梁伯强教授在《中华肝吸虫传染和原发性肝癌发生》一文中,首先在我国提出,肝吸虫感染可能是原发性肝癌的原因之一。此观点于 1956 年始为原香港大学侯宝璋教授大量尸解材料所证实。1962 年首次发现界线类麻风内脏病变,被国际著名麻风病理学家誉为“创造性工作”。1964 年《网织细胞增生症或不白血性网织内皮细胞增生性疾病的本质》一文发表,此文根据丰富的临床病理资料,在我国首次阐明了该病的临床表现、病理形态特点和分类及与各种相关疾病的鉴别诊断,统一了对该病本质的认识,提高了我国病理学界和临床医生的诊断水平和治疗效果。此外，秦教授在寄生虫、疟疾、脑病病理和脑肿瘤病理等研究上成果颇丰，极大地丰富了我国病理学的内容。

冲破世俗偏见 开拓麻风病研究

秦光煜教授在学术上最主要的成就在于对麻风病的开拓性研究。

麻风病是由麻风杆菌引起的慢性全身性传染病，长期流行于我国沿海各省。由于麻风病患者免疫功能缺陷，故治疗效果不好。严重的晚期患者最终致残和毁容，流行区群众谈“麻”色变。更由于世俗偏见，麻风病人得不到合理治疗。麻风病者不但躯体受尽疾病的折磨，精神上也极端痛苦，而且连其亲属也受歧视。甚至麻风病医生也似乎低人一等，故极少有人愿意从事这一职业。麻风病的研究那更是凤毛麟角。50年代前后，麻风病肆虐广东。在广东一些流行地区甚至发生活埋麻风病人的悲剧。为了保护人民群众健康，为了医治麻风病患者，为了尽早消灭麻风病，1955年广东省委成立了麻风病防治领导小组。领导小组成员中有广东省委书记和省卫生厅行政领导。秦光煜教授是领导小组成员之一。领导小组下设临床研究组和基础研究组，秦教授是基础研究组的负责人。但就秦光煜教授本人来说，其科研的兴趣是从事肿瘤研究。不过他也常说：“科研工作要结合实际，才能出成果。”因此，当学院领导把麻风病基础研究的任务交给他时，他愉快地接受了，并坦诚地向学院领导表示：“虽然我个人的兴趣是研究肿瘤，但政府要消灭麻风病，我义无反顾地接受此任务，为尽早消灭麻风病作出微薄的贡献。”作为一位知名学者，要放弃自己喜爱的研究课题，而去接受不喜爱、毫无基础又被世人“歧视”的科研课题，要下多大的决心！这充分体现了一位爱国知识分子赤诚之心和顾全大局的高尚品质。

他接受了任务后，便积极地参与制订麻风病防治规划，积极地组织人力、组建和领导麻风病的基础研究工作。他首先组建了麻风病病理科研小组。根据工作需要挑选助手，把他培养的研究生、进修生的科研纳入麻风病的研究课题；然后吸收省市麻防单位的有关人员参加，逐步形成具有一定规模的科研队伍。

由于历史原因，我国对麻风病的基础研究没有很好开展。麻风病的病理诊断标准、分类、临床与病理关系、病人出入院标准、病变组织发生等方面认识不一致。秦光煜教授为了取得第一手材料，广泛收集麻风病人的皮肤病变组织；为了全面观察麻风病人全身各器官的病理变化，首先提出开展麻风病人的尸体解剖。尸体解剖本来就是很艰苦的工作，而麻风病人的尸体解剖更是困难。麻风病是传染病，从事病理的医生和研究人员都很清楚，解剖麻风病人的尸体过程中，稍有疏忽就可能被感染。因此，对麻风病人的尸体进行解剖，要克服巨大的心理压力，没有对科学献身的精神是很难办到的。况且麻风村、麻风医院都设在偏僻荒郊，交通不便，工作条件差，不具备尸体解剖设施，而麻风病人尸体又不得运回城市。秦光煜教授及其助手，在荒郊茅屋内将尸体垫上木板，解剖者蹲在地上进行操作，真是盛夏一身汗，严冬尽哆嗦。他们就是这样不怕艰苦，克服困难进行研究工作。50年代初，交通很不方便。有时基层麻风医院通知有病例可供解剖，但往往苦于买不到车船票而不能及时赶到现场进行尸解。为此，秦光煜教授亲自找到省委书记要求解决，后获得省领导的支持，由省公安厅发给特别通行证，优待购票，困难逐步克服。经过多年努力，终于收集到100例麻风病人尸解材料。他从大量的活检和尸检材料研究中，结合临床资料，对麻风病的病变发生、发展、各类型及其亚型的病理组织学改变，提出了独到见解。更为可贵的是在界线类麻风病人尸解材料中，首先在心肌、肝、脾、骨髓、神经组织、睾丸和内脏淋巴结等器官发现麻风病变。这一发现极大地丰富了人们对麻风病本质的认识，被国际麻风学界誉为“创造性工作”。

在麻风病研究过程中，秦光煜教授非常强调病理与临床结合，从而发现麻风病各临床亚型在病理学上有其特点。换句话说，麻风皮肤病损病理学上的改变能反映出临床特点。因此，可根据皮损病理学上的改变来评价治疗的效果，为临床治疗提供了理论根据。

在临床研究过程中，临床医生发现部分麻风病人出院后，很快复发。这是为什么？究竟麻风病人治愈出院的临床病理标准是什么？临床医生要病理学家回答。

秦光煜教授带领他的助手，从大量资料研究中发现，麻风病人经临床治疗后，皮肤病变的临床消退早于病理学上的消退。即是说，麻风病人皮肤损害临床上消退了，而病理学上却未完全消退，因此过早停止服药治疗，病灶可以慢慢地扩大而导致临床上的复发。此结论也为近年麻风病免疫生物学研究结果所证明。根据此项研究成果，秦教授与临床医生紧密合作，共同制定了麻风病人治愈出院的临床病理学标准。几十年的实践证明，那些标准是切实可行的。

辛勤的耕耘，获得了丰硕的收获。秦光煜教授与其助手根据研究成果，先后发表了五篇具有深远影响的麻风病病理研究论著。特别是关于《界线类麻风和瘤型麻风反应在内脏器官的麻风病变》、《结核样麻风进展期和消退期组织学改变和它的临床意义》、《瘤型及结核样型皮肤麻风各临床肉眼亚型与显微镜组织改变的对照研究》等三篇具有很高的学术价值，至今仍是麻风病理学研究的经典性文献。

麻风病理学研究的成果，为临床防治提供了理论根据，在此过程中也为广东省和邻省培养了大批麻风病理专门人才，他们至今仍活跃在各地的“麻防”线上，为争取在本世纪消灭麻风病而努力。

经过几十年的努力，广东省麻风病的防治工作取得了显著成效，年发病率已从1958年的19.72/10万，到1988年下降为0.4/10万。秦光煜教授在我国消灭麻风病的事业中作出了重大的贡献，人民将永远怀念他！

秦光煜教授爱祖国、爱人民、拥护中国共产党的领导；忠诚于医学教育事业；他勤于学习、学识渊博；扶植后进，愿为人梯；生活俭仆，平易近人。秦光煜教授虽然离开了我们，但他为科学献身的精神和全心全意为人民服务的高尚品质，他严谨的治学思想和实事求是的作风，将永远激励着他的学生和后人为继承和发展我国病理学事业而努力！

（原载广东省政协文史资料委员会、中山医科大学合编《广东文史资料》第77辑《医林群英——广东著名医学家传》，广东人民出版社1996年版）

生理学家林树模教授

姚愈忠　詹澄扬

林树模是中山医学院(中山医科大学)一级教授,中共党员,我国著名的生理学家,医学教育家。

林树模,号竹筠,1893 年 6 月 17 日出生于湖北省鄂城县林家畈村,幼年时,其父离家闭门读书,潜心科举,家中收入不丰,不能供其求学,因此由本乡商人资助读书。不久其父中举,派为河南扶沟县县令,他同全家随往河南,入私塾,读四书五经。后经友人介绍,1910 年进入武昌文华书院就读,临行前,其父嘱咐“立志读书”。少年林树模听从父训,埋头读书。六年后以优异成绩毕业,怀抱解除民众疾苦,拯救“东亚病夫”之心,考入湘雅医学院,后转入上海圣约翰大学医学院就读。1922 年毕业,获医学博士学位。此时,其父官场失意,家道中落,幸得其妻毛玉棠家资助赴美国宾夕法尼亚大学研究院留学。后转入康乃尔大学生理学系,1925 年毕业,获理学博士学位。

学成后,由刘端华(协和医学院耳鼻喉科专家,在美期间认识)介绍到协和医学院内科工作,从事血液化学研究。由于该科绝大多数医护人员是美国人,他们与中国人很不协调,于是他常到生理科去协助林可胜教授(中国现代生理学奠基人,当时是科主任)做实验,深得林的赏识,于 1930 年调到生理科任教。1931 年,由林可胜推荐到英国爱丁堡大学生理学系任研究员,对胃液分泌的调节进行研究,1932 年回国继续在协和医学院生理科执教,仍从事胃液分泌的调节研究,并在这一领域取得了丰硕成果。

1937 年广州岭南大学创办医学院,院长黄雯赴协和医学院招聘生理学与生物化学教授,林可胜认为林树模可兼任两科教授,便推荐来广州,应聘为岭南大学医学院生理学和生物化学主任教授,创建当时国内一流的生理学实验室和生物化学实验室,开设生理学和生物化学两门课程。1938 年,岭南大学迁往香港,兼任医学院院长的林可胜与香港大学联系,借用港大校舍继续上课。1941 年太平洋战争爆发,香港沦陷,岭南大学又被迫迁往粤北韶关,继续开学;1944 年韶关沦陷,林树模又辗转贵阳,在林可胜主持的卫生人员训练所任教,半年后到重庆,任中央医院检验科主任,并兼任迁渝的湘雅医学院生理学教授。抗战胜利后,林树模 1946 年回广州岭南大学医学院继续担任生理学和生物化学教授。全国解放后在院系调整时,中山大学医学院、岭南大学医学院和光华医学院合并为中山医学院，林树模曾任基础部主任、生理教研室主任，1982 年 3 月 1 日在广州逝世，享年 89 岁。

紧跟共产党 追求真理

林树模教授为人正直，胸怀坦白，勇于追求真理。他经历了清代、民国、新中国三个时期。一生饱受战乱之苦，抗日战争期间他辗转于广州、香港、韶关、贵阳、重庆，过着颠沛流离的生活，也不愿为日寇出力，不甘受奴役。当中国共产党领导的人民解放军兵临广州城下，有人造谣"共产党共妻共产"时，许多大学教师到香港或到国外去，友人也劝他离开广州，他坚定地回答："这回我不走了，我不信那些谣言。"于是他留了下来，为新生的人民共和国服务，他经过一段时间观察，发现共产党及其领导的人民军队纪律严明，全心全意为人民服务，他认定，"自己的选择是对的"。从此，他紧跟共产党认真执行党的方针、政策，出色地完成上级领导分配的任务，得到领导的信任和群众的支持，成为博济医院工会的第一任副主席。在整风运动中，由于他思想觉悟提高较快，被指定为整风学习小组长。他认真学习马列著作，努力改造世界观，积极靠拢党组织，在党的不断关怀教育下，他通过解放前后对比，逐步认识到唯有社会主义制度才是祖国富强之道，唯有共产党才能救中国。他在各个运动中，积极响应党的号召，努力改造世界观，于 1956 年 3 月在 63 岁高龄时由柯麟（中山医学院院长）和龙世雄（中共中山医学院党委书记）介绍加入中国共产党，后来还当选为中共中山医学院第三、四届委员会委员，广东省第四届政协委员。

科研成果丰硕

早在 20 世纪二三十年代，国内科研基础和仪器设备都很差，许多研究领域都处于空白状态，林树模教授不畏艰辛，刻苦钻研，进行了多方面的研究工作，作出了卓越的贡献。

血液化学方面 林教授虽然受过英美教育，但他没有忘记自己是炎黄子孙，当他使用英文编写的教材及临床检验正常值是外国人的资料时，他感到非常痛心，于是他下决心，潜心研究国人的各种生理正常值。他首先建立了分标本血液测定胆固醇的方法，改进了血液、脑脊液的尿中蛋白质的测定方法，用自己创建的方法测定了中国人的血液化学成分正常值和多种疾病患者的血液化学成分的变化，填补了这方面的空白，改变了过去一直沿用外国人血液化学数值所造成的脱离本国实际的状况，从而提高了临床诊断的准确性。他在此基础上编写了我国第一本血液生化检验手册《临床血液生化检验法》。

物质代谢方面 他在身体脂肪的来源、食物脂肪对血脂分布的影响、糖尿病人及肾病患者血浆脂肪酸饱和度的变化等课题上进行了卓有成效的研究，也为营养性水肿与血清蛋白质的关系、无机盐对水肿的影响等课题提供了重要的资料。他比较了自食鸭与填喂鸭碳水化合物的代谢，对人工填喂鸭进行详细的气体代谢与呼吸商测定。

消化生理方面 林教授提出了胰腺细胞分泌碳酸氢钠和氯化纳的浓度有一定的比例，胰液分泌量及阳离子总量有一定比例；还提出胃液中含磷的脂类由泌酶细胞排出，与线粒体有关，而不含磷的脂类由泌酸细胞排出，与高尔基氏器有关的观点。1929—1934 年与林可胜等研究了进食脂肪可抑制移植小胃分泌和运动，从而发现并提出一种假想的激素——肠抑胃素。这是中国人发现的第一个激素，这一发现被全世界认为是一项经典性工作。后来，他还试图对肠抑胃素进行提纯，并探讨了胃粘膜的胶氨基硫。解放后，林教授继续在消化生理方面进行研究，对胃液分泌的神经体液调节提供了不少有意义的资料。

内分泌生理方面 他研究了脑垂体与尿无机磷、硫，及氯化物排出的关系，甲状腺与血清蛋白的产关系。

林树模教授的一生发表了大量有价值的论文。重要的论文如下：《身体脂肪之来源》、《脑脊液蛋白之测定》、《康健之中国人血中化学成分之研究》、《检查血中化学成分对于诊断及治疗之价值》、《大脑垂体与尿中盐类成分之关系》、《患黑热病人血清中蛋白质之分配》、《营养不良性水肿、血清蛋白质与水肿发生之关系》及《几种无机盐对水肿之影响》、《食品内之油质之增减与血中脂肪质之关系》、《胃之脂类代谢与高复体之关系》、《肠粘膜内之血压抑制质，胃制止素之提纯》、《脂肪制止胃分泌机制，肠粘膜所含之制止胃分泌素》、《测定微量血液中胆固醇之法》等。上述论文先后发表在《中国生理学杂志》、《中华医学杂志》、《美国生物化学杂志》、《美国实验生物学和医学杂志》、《美国临床研究杂志》等国内外重要刊物上。

林树模教授非常关心生理学科学的发展，他除了努力开展生理学科研工作外，还致力于加强我国生理学者之间的联系，发展我国生理学术交流，他是中国生理学最早的会员，生前历任各届中国生理科学会理事；大力支持《中国生理学杂志》(《生理学报》前身)的工作，他积极参加生理科学会各种学术活动。1935 年，他作为中国生理学代表团成员，曾赴列宁格勒参加第 15 届国际生理学大会。1955 年林教授组织广东省生理科学工作者成立了中国生理科学会广东省分会，大大推动广东省生理科学的发展，他历任分会的理事长。1980 年成立广东省生理学会，林教授以德高望重，当选为名誉理事长，继续关心学会的各项活动。

治学严谨

林教授把一生献给了医学教育事业。岭南大学设立医学院时，他受聘到该院任教，一到校就把全部精力倾注到医学院的筹建上，从实验室的设计、实验器材，到课程设置等工作，都尽心尽力去做，使医学院能在当年7月依时开课。

林树模教授知识渊博，他在医学院不仅讲授生理学，而且还讲授生物化学和药理学。他深入浅出、纵横联系的教学方法，学生喜欢听。例如教授“水电解质平衡”时，他把水电解质的摄入、泌尿系统、呼吸系统、血液循环等有关理论有机地联系起来，使学生能够透彻地理解正常人体通过各有关器官系统共同作用维持水电解质平衡，这样的讲课颇受学生的欢迎，以至有一年，林教授由于要讲授研究生的课程，而未担任本科教学时，学生纷纷要求林教授上课，这是对一个教师的高度敬仰。

在教学中林教授要求学生多动手做实验，勤思考。生理学是实验性学科，实验课是重要环节，他要学生自己照实验指导完成每个实验并根据实验结果进行分析讨论，得出结论，按时写出实验报告，实验报告须得到教师签名认可，否则要重做。如果实验不及格，不准参加理论考试。这种严格要求和培养学生独立工作能力的做法，曾取得良好的效果。新中国成立后，他在总结前一阶段实验课基础上，于1950年编写并出版了具有自己特色的教材《生理学实验》和《生物化学实验》。

林教授对教师也一样严格要求，新任助教必须独立完成更广泛的实验项目，而且每一个实验都必须反复做，实验失败了，自己找原因解决，因此每一个实验都必须经历成功——失败——成功，或者失败——成功——再失败——再成功过程，直至熟练掌握其技术和实验方法，并对该实验有较深刻的理解才可通过。林教授对教师、研究生和进修生的科研工作着重于科学思维和科学方法的培养，他要求每个人从确定选题、制定科研方案，到准备实验、做实验、整理实验结果、写出论文全过程每一环节都要亲自动手，实验中注意出现的问题，并找出其原因加以解决。他强调，在科学工作中一定要有严谨的科学态度，一丝不苟，不怕失败，这样才能在艰巨的科学工作中做出成绩。几十年来，严谨的科学态度已成为教研室教学和科研工作中的座右铭。在教学中，我们强调一个理论是否正确主要看其实验根据是否充分，强调培养学生的科学分析能力和科学思维能力。在科研中，要求准确地记录实验结果，并对结果进行合乎逻辑的分析，得出正确的结论，以保证实验的精确性和科学性，这些都是林教授培养的结果。

林教授从事医学教育工作50多年，为祖国培养了大批医学人才。他曾陆续培养了一大批生理学研究生和进修生，经过进修学习后，在各地的生理学教学和科研工作中起着骨干作用。

（原载广东省政协文史资料委员会、中山医科大学合编：《广东文史资料》第77辑《医林群英——广东著名医学家传》，广东人民出版社1996年版）

钟世藩教授传略

沈皆平

钟世藩，福建省厦门市人，儿科专家。1901 年生，1930 年毕业于协和医学院，之后又取得美国纽约州立大学医学博士学位。1944 年至 1945 年考取公费留学，获洛克菲勒基金资助，在美国辛辛那提大学医学院进修病毒学。回国后曾任南京和贵阳中央医院儿科主任、湘雅医学院儿科教授。1946 年来广州，任广州中央医院院长兼儿科主任、岭南大学医学院儿科教授。1949 年被世界卫生组织聘为医学顾问。1953 年院系调整后任中山医学院儿科教授兼主任，并曾任中华医学会儿科学会委员、中华儿科杂志编辑委员、中华医学会广东分会儿科学会主任委员等职，是广东省政协第四届委员。

钟世藩重视科学研究工作，特别对病原微生物的研究有过贡献。30 年代，他与谢和平在协和医学院研究肺炎球菌时发现，用加有不同型别肺炎球菌抗血清的琼脂平板来培养肺炎球菌，在相同血清型别的菌落周围形成一个沉淀环，细菌繁殖受到抑制，认为这是一种特异性的抗原抗体反应。这种方法不仅缩短了鉴定肺炎球菌的时间，且提高了实验的特异性及可靠性。从方法学上来说，这种实验诊断就是目前广泛应用于临床和实验研究的免疫单向扩散技术的先驱。在病毒学开始发展的 40 年代，钟教授在美国进修病毒学期间，发现了细菌保护病毒活力的作用，是在细菌活跃繁殖状态下产生的，这一发现得到当时在辛辛那提大学的病毒学家赛宾（A. B. Sabin）的重视，认为值得报导。美国约翰·霍普金斯（Johns Hopkins）大学的病毒学家豪威（H. A. Howe）也认为这一发现是一贡献。辛辛那提大学儿科研究院院长韦切（A. A. Weech）誉为是一篇卓越的论文。其后论文发表于美国权威性的传染病杂志。50 年代，在学院党政领导支持下他创办了中山医学院儿科病毒实验室，利用实验室从事病毒研究及培养研究生。这不但是广东省而且是全国最早创办的临床病毒实验室之一。他的实验证实了直接接种乙型脑炎病毒于小白鼠胎鼠，病毒能得到很好的繁殖，认为有可能作为分离病毒的动物。研究成果 1964 年在全国第六届儿科学术会议上宣读。直到 80 年代，在他身体有病，行动不便的时候，还将病毒实验搬到他家中观察。他常常教导学生说，那些真正献身科学的人，对待科学研究工作是不会计较时间、条件和报酬的。他对在科研工作中数据资料的收集要求十分认真。他说，不准确的原始材料即使用了统计学分析，还是不会准确的。

他对学生及年轻医生要求严格，强调基本功的训练，在临床工作中很重视病历的质量。他说，看一个医生所写的病历，就大致可以看出他的医学水平，看一间医院的质量，也要先看它的病历。实际上病历的确能反映一位临床医生的临床思维和学识水平，这是临床医生基本功之一。就是有了许多先进的仪器和技术来给病人作检查诊断的今天，这种观点仍然没有过时。他也常常要求住院医生及实习医生亲自动手做一些对诊断有关键性作用的化验。例如怀疑患了阿米巴痢疾的病孩采取大便找阿米巴原虫，怀疑结核性脑膜炎的病人，自己动手把脑脊液的蛛网膜涂片找抗酸杆菌等等。他认为一些标本送去检查的过程就会得不到阳性的结果(如阿米巴原虫)，或者别人对病情的了解远不如主管医生自己那么清楚，也许没有医生本人认识这种检验对诊断有那么大的作用。对疑难病例，他必亲自做细致的体格检查，有些检查结果他甚至不只是看看报告，而且要亲自看看实物，例如X光片或血液涂片等，所以常常发现别人忽略了的一些特点，从而帮助作出正确的诊断。他学识渊博，勤奋好学，跟随他查房的医生都很佩服他对一些很少见的临床综合病症随时能讲得出其诊治要点。在一次疑难病例讨论中，他怀疑病人得了一种较少见的病，即时叫人取出一本美国纳尔逊编著的儿科学教科书让大家查对学习一下，他并指出这个病在第几页可以找到，其博闻强记的功夫可见一斑。他对讨论过的疑难病例，都记录在一个随身带的小本上，以后有机会就问主管医生追踪其结果。对不幸死去的病孩，他要求医生一直追踪到病理解剖室。他常常说，再高明的临床医生，在病理解剖医师面前也要低头。这种执着的对待医学科学的追求，的确对提高临床诊断水平有很大的帮助。在他的支持鼓励下，中山医学院儿科从1950年就开展做新生儿的尸体解剖，一直持续至今，已积累了相当丰富的资料，对一院新生儿学科的发展起了很大的促进作用。

在半个世纪漫长的岁月中，钟世藩担任过几间医院的儿科主任及医学院的儿科教授，为我国培养了许多儿科专业人才。他是新中国最早招收研究生的导师之一。他培养的研究生质量高，不少已成为儿科骨干力量和知名的儿科专家。他对研究生要求严格，要求他们搞科学研究也要从基本功做起，包括实验动物饲养及观察，甚至试管仪器的清洗等等。他说科研工作必须自己动手，关键的东西必须自己看到做到。他爱护关心年轻人的成长，在“文化大革命”中，他的一位研究生被下放到海南岛十分边远地区的卫生院做医生，他不管当时自己已经被审查，订了一份英文的北美儿科临床杂志送给这位学生，并鼓励他好好学习及工作。这在当时不少人连看外文书报都怕被扣上崇洋媚外的帽子的环境中，钟世藩就不怕冒多大的风险！由于有老师的鼓励和支持，这位从大城市大医院下放到穷乡僻壤工作的学生，振作了精神，努力工作，成为当地农民十分欢迎的医生；并且珍惜了时间，不荒废英语的学习，为后来赴美国大学进修打好了外语基础。

钟世藩严谨的治学态度也表现在他编写医学著作中。80年代他负责编写医学百科全书儿科分卷的条目时，他反复衡量了词条各部分的比例，在内容精练方面下了不少功夫。他撰写的部分得到编辑组的好评，并被通报作为编写人员学习的范文。

在“文革”十年动乱尚未结束时，为了把自己几十年临床经验总结出来留给后人，在70高龄和身体多病的情况下，毅然编写《儿科疾病鉴别诊断》一书。在编写的后期，他的眼球辐辏功能严重失调，视力显著减退，身体也很衰弱，但仍然坚持写作，并且经常带放大镜去图书馆查阅文献，核对和充实著作内容。在实在无法看清外文字母时，他请在馆内的年轻同志帮助辨认。这种对著作一丝不苟，对读者高度负责的精神使人深为感动，该书出版后深受读者欢迎，一再重版。1949年全国解放前夕，国民政府卫生署长曾到广州，命令当时任中央医院院长的钟世藩携带医院的13万美元，连夜全家撤往台湾，但钟教授对国民党的腐败无能深恶痛绝，对国民党已失去信心而对中国共产党充满了希望。他毅然拒绝了卫生署的命令，全家留在广州。在解放军入城后把此款都交给了军管会，充分体现了一个知识分子的执着追求。他热爱党，热爱社会主义事业，1959年加入中国共产党。当时国家正处于三年经济困难时期，他放弃海外亲友物质上的接济，自己宁愿和群众共甘苦度过这一困难时期。他处处考虑群众利益，从不为个人谋取私利，努力使自己成为了一个正直的人、高尚的人。

（原载广东省政协文史资料委员会、中山医科大学合编《广东文史资料》第77辑《医林群英——广东著名医学家传》，广东人民出版社1996年版）

内科学家周寿恺教授

余斌杰　马　越

周寿恺，福建厦门人，1906年11月10日出生，1970年6月15日逝世。生前为中山医学院内科学一级教授，著名医学教育家和内科学、内分泌学专家。曾任岭南大学医学院院长、中山医学院副院长。

周寿恺出身于书香门第，父亲周殿薰是厦门宿儒，热心文化教育事业，乐善好施，闾里称颂。在家庭的教育熏陶下，周寿恺自幼聪颖好学，有为国家效力，为人民解脱困苦的抱负。1919年，周寿恺13岁，进入厦门同文书院读书，以优异成绩毕业。1925年考入福州协和大学读书，次年转学至燕京大学，1928年医学预科毕业，获理学士学位。接着又在协和医学院攻读，1933年毕业获医学博士学位。

周寿恺学生时代已经初露才华，他勤奋好学、善于思考、热心公共事业，在协和医学院读书时他就获得过学习成绩优秀奖，并表现出很强的组织能力，被推选为学生会职员。毕业后，周寿恺留协和医学院任助教，担任医疗、教学工作，他基本知识扎实，大胆探索，临床医疗技术和教学水平提高很快，并初步形成个人的风格。他曾到美国哥伦比亚医学中心和哈佛大学医学院留学。新中国成立后，历任岭南大学医学院内科教授、副院长、院长，并兼博济医学院院长。1953年中山大学医学院、岭南大学医学院和光华医学院合并，改名华南医学院，周寿恺任内科教授兼校务委员会副主任。学校改名中山医学院后，周寿恺任副院长兼第二附属医院院长，系统内科教研室主任、内科教授。曾当选为第三届全国人大代表，第一、二届广东省人大代表，第二届广东省政协常委。

周寿恺选定学医的方向后，就立志为国为民做一番事业。毕业后不久，有人愿意出资让他开设私人医院，他拒绝了；他多次放弃香港和出国开业的机会。周寿恺是个民族尊严感很强的人，他热爱祖国。1937年，抗日战争爆发，这个热血青年毅然离开协和医学院，以满腔热情投身抗日救亡运动，先后担任过中国红十字会救护总队部内科指导员、战时卫生人员训练所内科主任，在艰苦的条件下努力工作。抗战胜利后，任上海国防医学院内科主任、教授兼教育长。1949年人民解放军席卷大江南北，国民党节节败退，周寿恺的命运面临着重大的转折。由于向往新中国，他随上海国防医学院到台湾后，借口处理搬迁的善后事情，又返回大陆，同人民一起迎接祖国的解放。这段时间，在台湾的国防医学院多次派人找他，要他回去。一次，派来的人找到了他，买好了他全家飞往台湾的飞机票。可是周寿恺决心已定，他不但表示自己不去，还劝说来人也不要去，在他的动员下，送机票的人也没有回台湾。1950年他的一个胞弟在香港带船起义回国，他知道这消息后，亲自到码头迎接，他说："你们的起义是爱国行动，震惊了国内外。"对他的胞弟鼓舞很大。在两种命运之前，周寿恺选择了新中国，即使后来在十年动乱中无辜受到劫难，他也从来没有后悔过自己的选择。

在长期从事医学事业的生涯中，周寿恺十分重视临床实践，用他厚实的理论知识，指导临床工作，解决临床实践中发现的具体问题，又从临床病例去提高实践工作的能力，因而他临床经验丰富，蜚声医坛，曾担负过许多重要的医疗任务。他与我国内分泌学的先驱刘士豪、朱宪彝教授一起，从事开拓钙磷代谢及其他内分泌临床实验的研究工作。三四十年代，他与同事合作，发表了《骨软化症的钙磷代谢》、《垂体促性腺抽提物对幼鼠卵巢和子宫的作用》、《阿狄森氏病血清电解质和矿物质的改变》等论文，这些课题的研究在当时是处于学科研究前沿的，尤其是对华北地区具有针对性的意义，对我国内分泌和代谢性疾病的研究作出了贡献。

50年代中期，内分泌学还是我们国家一门新兴的学科，周寿恺和他的同事在物质条件较困难、设备较简陋的情况下一起创建了内分泌实验室，并迅速开展对糖尿病糖代谢、植物神经功能状态对糖代谢的影响，以及席汉氏病动物模型的制备等课题的研究，确立了多种激素及其代谢产物的生物化学、生物测定方法，同时积极进行临床内分泌学的研究，以提高对内分泌疾病的诊疗水平。60年代初，中山医的内分泌学实验室从无到有，逐步完善，开始进行更深层课题的研究，如胰岛素放射免疫分析等。可惜这些研究工作因十年浩劫而中断，但它直到今天还是我国华南地区内分泌临床实验和基础理论研究的重要基地。

新中国成立后，周寿恺的主要精力放在教学和教学管理上。中山医学院成立之初，周寿恺是学校里八个最有名望的一级教授之一，为了搞好医学院的管理工作，他放弃了几乎全部专业工作的时间，出任副院长，主管教学工作。尽管已肩负了繁重的行政工作任务，他仍不辞劳苦，坚持抽时间给学生上课，坚持临床查房教学。在教学管理上，他经常下到课堂听课，从中发现教学中的新人新事，加以总结和推广。他常对行政管理人员说："你们应当首先是一个教师，然后才是一个管理者。"鼓励他们深入教学第一线。他自己则经常深入课堂，他几乎听过学校里每一个教师的课，每一门课程主要讲什么内容，谁的课上得好，他都心中有数，并能及时提出改进教学的指导性意见。周寿恺在教学管理工作中的一个重要贡献，就是组织各有关教研室的教师，理顺医学教学中36门课程之间的关系，对各门课程间内容的深度和广度、衔接和配合、继承和发展等作了平衡;同时对全部实验、实习训练课的要求和重点也进行过系统的研究。在这个基础上组织制定了教学大纲,使中山医学院的教学能走上正规化、规范化,教学水平大大提高。中山医学院的教学工作和教学质量受到全国同行的好评。

周寿恺在教学管理工作中的另一个重要贡献,就是协助柯麟院长联系校内的专家教授,建设一支高水平的师资队伍。50年代后期,中山医学院集中了一批全国著名的医学家,教学、医疗力量很强。周寿恺善于团结这批来自不同医学院校的知识分子,依靠他们形成一种好学风、好校风。他说,只一个人学风好不行,一批人都这样做就有了气候。他还说:"只有知识分子的作用得到发挥,学校才能昌盛。"在这个思想指导下,他积极发挥学校各位老专家的专长,积极培养新人,鼓励青年教师刻苦锻炼,勇于进取。他在工作中还注意做到以理服人。那时实验室设备陈旧,有的教师开设实验课有困难,产生怨言,他告诉那些教师说:"居里夫人发明镭的时候,用的是并不精密的百分之一误差的天平,决定实验成功与否的条件不是仪器,而是人。"不过,在资金许可的条件下,他也十分重视购进资料和仪器,千方百计改善实验条件。

周寿恺在教学管理工作中的第三个重要贡献,就是多次召开教学方法研讨会,强调改进教学方法的重要性,引起教师的重视,以提高教学质量。这一做法在50年代是先进的,在他的努力下,中山医逐步形成了一套有效的教学方法。

周寿恺始终深入到教学实践中去,对整个医学教育有系统、深刻的认识,在医学教育理论方面总结出一套有创造性和系统性的教学理论体系,提出根深才能叶茂的论点,强调基本理论、基本知识和基本训练三者结合。首先,他强调教师应该不断开展科研和教学法的研究,以利于深化认识和创造性地思维。其次,他重视临床实验研究,指出这是提高教学和医疗质量的重要环节。他认为只有在实践中摸索得来的经验才是最有价值的东西,这样得到的知识才能牢固。他提倡启发式的教学方法,要求教师不囿于课本讲课,目的是启发学生的临床思维,更好地领会理论知识。他讲课逻辑严密,富有创造性,以"有形的思维"见称;临床查房教学中,则以思路开阔,推理深邃为学生所推崇。他还提倡不同学术见解的自由争论,培养独立思维能力和独创精神。事实上他培养了一批优秀的青年医生,他们现在已成为教学、科研上的骨干力量。

周寿恺知识渊博,除了医学上的成就外,在自然科学和社会科学方面也有高深的造诣:他对立体电影、血白细胞计算器有创造性的研究成果;他深入钻研过我国的文字,提倡简化汉字,并发明了"轮廓字",出版了有关的专著,得到国家文字改革委员会的称赞。

周寿恺为人正直,严于律己,宽以待人。他工作勤奋,几乎没有节假日,也不因生病而休息,甚至从不上班迟到。他很少坐公车,有时在校园里看见教授路过,必定下车打招呼,问好。他决不坐公车办私事,也不为家人要求任何特殊照顾,他也不收受病人的礼物，哪怕是一篮苹果。他的孩子从小就从父亲那里得到严格的教育，靠自己奋斗成长。周寿恺自觉地接受党的教育，在解放后的一些政治运动中虽然他受到过不止一次的冲击，但他始终对祖国和人民怀着深深的挚爱，对党无限忠诚。1955 年肃反，他被错误地审查，后来陶铸同志亲自向他道歉，他坦然一笑，连说："没关系没关系，这就像打仗一样，有时难免会误伤自己人。"他就是这样，宽厚大度，将个人恩怨泯于一笑之中。

十年动乱期间，周寿恺无辜受到迫害，身心受到严重的摧残，加上长期患病得不到很好治疗，健康每况愈下。他不是担心自己的身体，而是担心中山医学院能否成为名副其实的全国重点医学院校，惋惜没有机会将自己多年积累的医学知识、教学经验总结出来，留给后人借鉴。

1970 年 6 月 15 日，周寿恺带着渊博的学识，带着对自己为之献身的医学事业未竟的遗憾，也带着对那场浩劫的许多不解，离开了人世，时年 64 岁。1978 年 12 月，周寿恺的错案平反了，他的一生又得到了党和人民公正的评价，追悼会上人们怀着沉重的心情悼念他，赞扬他。

周寿恺，一个正直的学者，一个为医学事业面献身、并做出了杰出贡献的专家！

（原载广东省政协文史资料委员会、中山医科大学合编《广东文史资料》第 77 辑《医林群英——广东著名医学家传》，广东人民出版社 1996 年版）

后　　记

2007年，我奉命兼任《中山大学学报》社科版主编，次年对学报进行全面改版和扩版，栏目也有所调整。比如长期设立"中山大学与现代中国"栏目，刊载与中山大学相关的事件、制度、学人、学术等方面的学理性研究论文。当时增设这个专栏是出于这样的考虑：首先，中山大学的一批杰出学人在中国现代学术史和文化史上书写了辉煌的篇章，这个专栏可以推进中山大学校史研究，了解和传承中山大学优秀的学术传统。而更宏大的目标是：以这个专栏为基点，彰显中山大学与现代中国社会和学术文化变迁之深刻关系，通过研究中山大学的建立与发展，来考察中国现代之大学教育及相关的政治文化的历史演变。

为了庆祝中山大学建校90周年，我们以"中山大学与现代中国"栏目所刊载的论文为基础，又补充了学界前辈与时贤的相关研究。关于本书的一些具体事项，书前有一简短"编辑说明"，敬请作者、读者垂注。

需要特别加以说明的是：本书的编纂采用"详远略近"的方式，中山大学建校初期的内容较多，书中研究的学人，皆已作古。改革开放，尤其是新世纪以来，中山大学取得一系列令人瞩目的伟大成就，涌现一批海内外著名的学者，其中必有可载之史册、传诸后世的，但本书较少涉及。"详远略近"并非"厚古薄今"，而是出于对历史的谨审与敬畏之态度。历史有待积淀，观察需要距离。"后之视今，亦犹今之视昔。"对于当下的人与事，相信后人的评价会比我们更为准确。

本书之编辑，始于孟冬，而成于仲夏。非常感谢许多朋友对本书编辑与出版的持续关心和大力支持。许宁生校长为本书亲赐大序，多有勉勖。李萍副书记、梁庆寅教授一直关心此事，组织专家审读书稿并列入学校重点资助出版计划。桑兵、刘志伟教授对本书选目多次提出中肯的批评与合理的建议。商务印书馆资深编辑、校友谢仲礼先生以其出色的能力解决了诸多问题。特别要感谢海内外所有作者的出色研究和慷慨赐稿。这些不同时代年代、视角独到、风格各异的心血成果，聚合汇编，散发出异样而夺目的光彩。本书在编辑过程中大量繁杂的具体工作，是由李青果博士完成的。当然，虽得之众助，由于本人的能力所限，加上时间匆促，本书肯定还存在不少问题，敬请读者方家教正。

吴承学

2014年夏记于康乐园